LA RUSSIE

PAR LE MARQUIS DE CUSTINE.

AVERTISSEMENT DE L'AUTEUR.

Ce livre a eu le sort de la vérité : lors de sa première apparition, il a étonné le grand nombre des lecteurs ; puis les esprits prévenus l'ont blâmé vivement ; puis enfin quelques juges indépendants l'ont loué et l'ont défendu. Ils voyaient là des tableaux nouveaux (le sujet était neuf alors), des aperçus hardis, des récits hasardés à force d'être sincères : c'est assez pour mériter l'indulgence des hommes supérieurs. Je suis heureux de pouvoir remercier ici ceux qui m'ont protégé. Grâce au suffrage de ces esprits qui mènent la foule, les lettres sur la Russie ont fait le tour de l'Europe. A la vérité, les colères de l'empereur Nicolas et les cris des Russes, qui se croyaient obligés de faire écho, ont merveilleusement aidé au succès. « Ce livre est une calamité ! » disait l'Empereur, et il le jetait à ses pieds en le déchirant. C'est qu'il est plein de remarques flatteuses qui doublent la portée du blâme ; elles font ressembler les critiques à des aveux arrachés à l'auteur plutôt qu'à des satires calculées ; il y a là une force. La vérité n'a jamais tant de puissance que lorsqu'on la fait voir pour ainsi dire sans y penser. Il faut, pour qu'elle soit acceptée, qu'elle échappe à tout soupçon de partialité, même à toute apparence de passion. De nos jours, l'esprit de parti est si bien connu, qu'il n'a plus de crédit : il frapperait juste, qu'il risquerait encore de manquer son coup. Le vrai n'est pas fait pour lui ; lorsqu'il le rencontre, il l'émousse en l'exagérant.

Un des écrivains dont le jugement a le plus d'autorité, M. Saint-Marc Girardin, a dit dans le journal des *Débats* au commencement d'un article très-bienveillant : « Ce voyage est plus qu'un livre, c'est un événement. »

Grâce à tant de circonstances heureuses, le débit a été plus considérable qu'on ne pouvait l'espérer. Des personnes qui prétendent bien connaître le résultat du travail de la commission chargée de constater le tort causé à la librairie française par les contrefaçons de Bruxelles, m'assurent qu'il s'est distribué en Belgique plus de 100,000 exemplaires de mon Voyage, chiffre qui, joint à celui des traductions anglaise, allemande et suédoise, fait monter le total de la vente en pays étranger à environ 200,000. Cette concurrence a dû nuire aux éditions de Paris, qui cependant se sont succédé rapidement.

Cet ouvrage ayant produit tout son effet, il semble qu'on ne doive plus s'en occuper, et qu'il n'y ait désormais qu'à laisser le temps le [illegible] ou le noyer. Mais le monde a marché depuis dix ans, et si vite, que des aperçus qui donnaient alors matière à controverse, sont devenus des faits incontestables. Je n'ai pas assurément la prétention de trancher du prophète, mais je crois devoir dire, le plus haut que je puis, que ce que j'ai aperçu en Russie, et ce que n'y voulaient pas découvrir une foule de gens aveuglés par des motifs divers, s'y trouve bien réellement. Tout le monde aujourd'hui verrait ce que j'y ai vu, si le pays était ouvert aux regards des curieux.

Je n'ai eu d'autre mérite que le courage de dire les choses comme elles sont, à une époque où l'on était convenu de les montrer comme elles devraient être. La Russie faisait alors rayonner le mensonge sur l'Europe ; il n'a fallu rien moins que la guerre actuelle pour détruire ce prestige : voila, à ce que je crois, un résultat qu'il est permis, qu'il est [illegible]ter. N'ayant rien à perdre en fait d'avantages, il ne m'est pas [illegible] défendu de revendiquer la petite part de mérite que j'ai eue à [illegible] les traits du souverain le mieux déguisé qui soit sur la terre, [illegible] masque lui est appliqué par tout un peuple dont l'hypocrisie [illegible] naturel.

L'empereur Nicolas est avant tout l'homme de son pays ; [illegible] ne peut avoir une politique franche, entraîné qu'il est [illegible] pente des conquêtes matérielles au profit du despotisme le plus [illegible] de civilisation que le monde ait vu. Il a fallu bien de la [illegible] une, bien de la mauvaise foi chez les autres pour [illegible] rendu le aux dangers qui menacent l'Europe.

Maintenant qu'un coin du voile [illegible] venu de lever le reste ; mais ce [illegible] teurs de profession que je m'adresse [illegible] le monde, de faire de ce livre [illegible] populaire. Aujourd'hui, en France, [illegible] qu'il lit, et sait se mettre au point [illegible] peut-être que beaucoup d'hommes [illegible] tentions des individus, il y aura [illegible] c'est d'eux que j'attends un nouveau [illegible]

parce qu'elles ne me connaissent pas. Il n'y a point d'indifférents parmi les gens qui nous connaissent; or les lecteurs indifférents valent presque les amis spirituels; ils sont, après tout, le vrai public de l'écrivain, celui devant lequel il aspire à paraître : c'est sur eux que je compte. Je ne suis pas de ceux qui pensent, ou du moins qui disent que le succès ne prouve rien. Quand on l'obtient, on trouve qu'il prouve beaucoup, et ce n'est jamais sans épouvante qu'on court la chance de ne l'obtenir pas.

Toutefois, ce qui m'encourage, c'est la pensée religieuse qui domine mon récit; quand la foi est en jeu, l'amour-propre de l'écrivain se calme aisément. Il se consolerait de la défaite par le sentiment du devoir accompli. Il y a quinze ans que j'annonçais le duel imminent de l'Église catholique contre l'Église *orthodoxe* de Russie; la lutte armée, la lutte terrible est commencée; comment finira-t-elle? Dieu fait son œuvre sans dire aux ouvriers à quelle fin il emploie leurs forces; il cache son secret à la terre et tient le miroir de la vérité tourné vers le ciel. L'homme s'agite et Dieu le mène, a dit un grand esprit. Jamais cette parole n'a reçu de sanction plus éclatante que par l'histoire de l'époque où nous vivons. Dieu la fait, l'écrira qui pourra. Quand l'intervention de la Providence dans la lutte des forces humaines a-t-elle été plus manifeste? Prouver au vulgaire le caractère surnaturel des événements arrivés de nos jours, c'est la mission que doit accomplir tout bon esprit selon ses facultés. Les voyageurs, simples narrateurs, fournissent à l'historien futur les matériaux de ses arrêts. Les affaires humaines sont une suite de procès dont le juge n'est jamais contemporain des parties. Quant à moi, je me trouverais suffisamment payé de mes fatigues si je pouvais me flatter d'avoir préparé quelques documents à soumettre au rapporteur qui devra résumer devant le tribunal de l'avenir les débats auxquels j'assiste. Ce but est encore ambitieux peut-être, mais j'en avais besoin pour me donner la force de poursuivre mon travail, quel qu'il soit.

15 Juin 1854.

AVANT-PROPOS.

Le goût des voyages n'a jamais été pour moi une mode, je l'apportai en naissant, et je l'ai satisfait dès ma première jeunesse. Nous sommes tous vaguement tourmentés du besoin de connaître un monde qui nous paraît un cachot parce que nous ne l'avons pas choisi pour demeure; il me semble que je ne pourrais sortir en paix de cet étroit univers, si je n'avais tenté de parcourir et d'explorer ma prison. Plus je l'examine et plus elle s'embellit et s'agrandit à mes yeux. *Voir pour savoir* : telle est la devise du voyageur; c'est la mienne : je ne l'ai pas choisie, la nature me l'a donnée.

Comparer les divers modes d'existence des nations de la terre, étudier la manière de penser et de sentir des peuples qui l'habitent, apprécier les rapports que Dieu a mis entre leur histoire, leurs mœurs et leur physionomie; voyager, en un mot, c'est un inépuisable aliment fourni à ma curiosité, un éternel moyen d'activité à ma pensée; m'empêcher de parcourir le monde, c'eût été me traiter comme un savant à qui l'on déroberait la clef de sa bibliothèque.

Mais si la curiosité m'emporte, un attachement qui tient des affections de famille me ramène. Je fais alors le résumé de mes observations, et je choisis parmi mon butin les idées qu'il me paraît le plus utile de répandre.

Pendant mon séjour en Russie, comme pendant toutes mes autres courses, deux pensées, ou plutôt deux sentiments n'ont cessé de dominer mon cœur : l'amour de la France, qui me rend sévère dans les jugements que je porte sur les étrangers et sur les Français eux-mêmes, car nulle affection passionnée n'est indulgente, et l'amour de l'humanité. Trouver le point d'équilibre entre ces deux termes de nos affections ici-bas, la patrie et le genre humain, c'est la vocation de toute âme élevée. La religion seule peut résoudre un tel problème; je ne me flatte pas d'avoir atteint ce but; mais je puis et je dois dire que je n'ai jamais cessé d'y tendre de tous mes efforts, sans égard aux variations de la mode. Avec mes idées religieuses, j'ai traversé une génération indifférente, et maintenant je vois, non sans une douce surprise, ces mêmes idées préoccuper les jeunes esprits de la génération nouvelle.

Je ne suis pas de ceux qui regardent le christianisme comme un voile sacré que la raison, dans ses progrès infinis, devait déchirer un jour. La religion est voilée, mais le voile n'est pas la religion; si le christianisme s'enveloppe de symboles, ce n'est pas parce que la vérité est obscure, c'est parce qu'elle est trop éclatante et que l'œil est faible : que si la vue se fortifie, il atteindra toujours plus loin; mais rien ne sera changé au fond des choses; les nuages ne sont pas sur les objets, ils sont sur nous.

Hors du christianisme, les hommes restent dans l'isolement, ou, s'ils s'unissent, c'est pour former des sociétés politiques, c'est-à-dire pour faire la guerre à d'autres hommes. Le christianisme seul a trouvé le secret de l'association universelle, pacifique et libre, parce que seul il a montré la liberté où elle est. Le christianisme régit et régira toujours plus étroitement la terre par l'application toujours plus exacte de sa divine morale aux transactions humaines. Jusqu'ici le monde chrétien a été plus occupé du côté mystique de la religion que de son côté politique : une nouvelle ère commence pour le christianisme; peut-être nos neveux verront-ils l'Évangile servir de base à l'ordre public.

Mais il y aurait impiété à croire que ce fût là le but suprême du divin législateur : ce n'est que son moyen....

La lumière surnaturelle ne peut être acquise au genre humain que par l'union des âmes en dehors et au-dessus de tous les gouvernements temporels : société spirituelle, société sans limites : tel est l'espoir, tel est l'avenir du monde.

J'entends dire que ce but sera désormais atteint sans le secours de notre religion; que le christianisme, bâti sur un fondement ruineux, le péché originel, a fait son temps; et que, pour accomplir sa véritable vocation, méconnue jusqu'à ce jour, l'homme n'a besoin que d'obéir aux lois de la nature.

Les ambitieux d'un ordre supérieur qui réchauffent ces vieilles doctrines par leur éloquence, toujours nouvelle, sont forcés d'ajouter, pour être conséquents, que le bien et le mal n'existent que dans la pensée humaine, et que l'homme qui créa ces fantômes est libre de les anéantir.

Les preuves, soi-disant neuves, qu'ils me donnent ne me satisfont pas; mais fussent-elles plus claires que le jour, qu'y aurait-il de changé en moi?... Qu'il soit déchu par le péché, ou qu'il soit à la place où la nature soumise à Dieu l'a voulu mettre, l'homme est un soldat enrôlé malgré lui dès sa naissance, et qui ne se dégage qu'à la mort; même alors le chrétien ne fait que changer de liens. Prisonnier de Dieu dans l'éternité, le travail, l'effort, telle est sa loi et sa vie : la lâcheté lui paraît un suicide, le doute est son supplice, la victoire son espérance, la foi son repos, l'obéissance sa gloire.

Tel est l'homme de tous les siècles et de tous les pays; mais tel est surtout l'homme civilisé par la religion de Jésus-Christ.

Le bien et le mal sont des inventions humaines, dites-vous? Mais si l'homme engendre par sa nature de si obstinés fantômes, qui donc le sauvera de lui-même? et comment échappera-t-il à cette maligne puissance de création intérieure, de mensonge si vous voulez, qui est et demeure en lui, malgré lui et malgré vous, depuis le commencement du monde?

Tant que vous ne mettrez pas la paix de votre conscience à la place des agitations de la mienne, vous n'aurez rien fait pour moi... La paix!... Non, si hardi que vous soyez, vous n'oseriez vous l'attribuer!!!... Et cependant... notez ce point, la paix, c'est le droit, c'est le devoir de la créature douée de raison, car sans la paix, elle tombe au-dessous de la brute; mais, ô mystère! mystère pour tous, mystère pour vous comme pour moi, ce but, nous ne l'atteindrons jamais de nous-mêmes; car, quoi que vous en disiez, la nature entière ne suffit pas pour donner la paix à une âme.

Ainsi, quand vous m'aurez forcé à tomber avec vous d'accord de toutes vos audacieuses assertions, vous n'aurez fait que me fournir de nouvelles preuves de la nécessité d'un médecin des âmes, d'un Rédempteur pour remédier aux inévitables hallucinations d'une créature si perverse, qu'elle enfante incessamment, inévitablement en elle-même, la lutte et la contradiction, et que de sa nature elle fuit le repos dont elle ne peut se passer, répandant au nom de la paix la guerre autour d'elle, avec l'illusion, le désordre et le malheur.

Or, la nécessité du Rédempteur une fois reconnue, vous me pardonnerez si j'aime mieux m'adresser à Jésus Christ qu'à vous!!!...

Ici nous touchons à la racine du mal. Il faut que l'orgueil de l'esprit s'abaisse, et que la raison reconnaisse son insuffisance. La source du raisonnement tarie, celle du sentiment coule à flots; l'âme redevient puissante dès qu'elle avoue son impuissance, elle ne commande plus, elle prie, et l'homme avance vers son but en tombant à genoux.

Mais quand tous seront abattus, quand tous baiseront la poussière, qui restera debout sur la terre? quel pouvoir subsistera sur les cendres du monde? Ce qui subsistera, c'est un pontife dans une Église.

Si cette Église, fille du Christ et mère du christianisme, a vu la révolte sortir de son sein, la faute en fut à ses prêtres; car ses prêtres étaient des hommes. Mais elle retrouvera son unité, parce que ces hommes, tout caducs qu'ils sont, n'en sont pas moins les successeurs directs des apôtres, ordonnés d'âge en âge par des évêques qui reçurent eux-mêmes d'évêque en évêque, sous l'imposition des mains, en remontant jusqu'à saint Pierre et Jésus-Christ, l'infusion de l'Esprit saint avec l'autorité nécessaire pour communiquer cette grâce au monde régénéré.

Supposez.... tout n'est-il pas possible à Dieu? supposez que le genre humain veuille devenir sérieusement chrétien, ira-t-il demander le christianisme à un livre? Non, il le demandera à des hommes qui lui expliqueront ce livre. Il faut donc toujours une autorité, même aux prédicateurs d'indépendance, et celle qu'on choisit arbitrairement ne vaut pas celle qu'on trouve établie depuis dix-huit siècles.

Croyez-vous que l'empereur de Russie soit un meilleur chef visible de l'Église que l'évêque de Rome? Les Russes devraient le croire; mais le croient-ils? Croyez-vous qu'ils le croient? Telle est pourtant la vérité religieuse qu'ils prêchent aujourd'hui aux Polonais!

Vous piquerez-vous de conséquence, et rejetterez-vous opiniâtrément toute autre autorité que celle de la raison individuelle? vous perpétuez la guerre parce que le gouvernement de la raison nourrit l'orgueil, et que l'orgueil engendre la division. Ah! les chrétiens ne savent pas de quel trésor ils se sont volontairement privés le jour où ils avisèrent qu'on pourrait avoir des Églises nationales!... Si toutes les Églises du monde étaient devenues nationales, c'est-à-dire protestantes ou schismatiques, il n'y aurait plus aujourd'hui de christianisme : il n'y aurait que des systèmes de théologie locale, soumis à la politique humaine, qui les modifierait à son gré, selon les préjugés nationaux et les intérêts du temps.

Je me résume : je suis chrétien, parce que les destinées de l'homme ne s'accomplissent pas sur la terre : je suis catholique, parce que hors de l'Église catholique, le christianisme s'altère et périt.

En faisant un grand mal, en rompant l'unité, les protestants ont pourtant fait un grand bien sans le savoir : ils ont réformé l'Église mère. L'Église qu'ils ont quittée est devenue, peu à peu depuis Luther et Calvin, ce qu'elle aurait dû être toujours : plus évangélique que politique. Au surplus, les protestants lui doivent un plus grand bien encore, ils lui doivent la vie, car le protestantisme, qui est une négation, ne subsisterait plus depuis longtemps s'il n'avait à lutter contre une religion positive. C'est la perpétuité de l'Église romaine qui fait la durée des sectes sorties de son sein.

Après avoir parcouru la plus grande partie du monde civilisé, après m'être appliqué de toutes mes forces, pendant ces diverses courses, à découvrir quelques-uns des ressorts cachés dont le jeu fait la vie des Empires, voici, selon mes observations attentives, l'avenir que nous pouvons présager au monde.

Du point de vue humain : l'universelle dispersion des esprits par le mépris de la seule autorité légitime en matière de foi ; c'est-à-dire l'abolition du christianisme, non comme système de morale et de philosophie, mais comme religion... et ce point suffit à la force de mon argument. Du point de vue surnaturel : le triomphe du christianisme par la réunion de toutes les Églises dans l'Église mère, dans cette Église ébranlée, mais indestructible, et dont chaque siècle élargit les portes pour y faire rentrer tout ce qui en est sorti. Il faut que l'univers redevienne païen ou catholique : païen d'un paganisme plus ou moins raffiné, avec la nature pour temple, les sens pour ministres du culte, et la raison pour idole ; ou catholique avec des prêtres, dont un certain nombre au moins, mette sincèrement en pratique, avant de le prêcher, le précepte de leur maître : « Mon royaume n'est pas de ce monde. »

Voilà le dilemme dont l'esprit humain ne sortira plus. Hors de là, il n'y a d'un côté que fourbe, de l'autre qu'illusion (1).

Ce résultat m'est apparu depuis que je pense ; toutefois, les idées du siècle étaient si loin de mes idées, que je manquais non de foi, mais de hardiesse ; j'éprouvais l'impuissance de l'isolement ; je n'ai cessé cependant de protester de toutes mes forces en faveur de ma croyance. Mais aujourd'hui, qu'elle est devenue populaire dans une partie de la chrétienté, aujourd'hui que les grands intérêts qui agitent le monde sont ceux qui m'ont toujours fait battre le cœur, aujourd'hui enfin que l'avenir, l'avenir prochain de l'Europe est gros du problème dont je n'ai cessé de chercher la solution dans mon obscurité, je reconnais que j'ai ma place en ce monde, je me sens appuyé, si ce n'est dans mon pays, encore épris de cette philosophie de destruction, philosophie étroite, arriérée qui relient une grande partie de la France actuelle hors de la mêlée des grands intérêts humains : au moins dans l'Europe chrétienne. C'est cet appui qui m'a autorisé à définir plus nettement mes idées dans plusieurs parties de cet ouvrage, et à en tirer les dernières conséquences.

Partout où j'ai posé le pied sur la terre, depuis Maroc jusqu'aux frontières de la Sibérie, j'ai senti couver le feu des guerres religieuses ; non plus peut-être, nous devons l'espérer, de la guerre à main armée, la moins décisive de toutes, mais de la guerre des idées. Dieu seul sait le secret des événements, mais tout homme qui observe et qui réfléchit peut prévoir quelques-unes des questions qui seront résolues par l'avenir : ces questions sont toutes religieuses. De l'attitude que la France saura prendre dans le monde comme puissance catholique dépend désormais son influence politique. A mesure que les esprits révolutionnaires s'éloignent d'elle, les cœurs catholiques s'en rapprochent. En ceci, la force des choses domine tellement les hommes, qu'un Roi, souverainement tolérant, et un ministre protestant sont devenus dans le monde entier les défenseurs les plus zélés du catholicisme, uniquement parce qu'ils sont Français (2).

Tels furent les constants objets de mes méditations et de ma sollicitude pendant le long pèlerinage dont on va lire le récit : récit varié comme la vie errante du voyageur, mais plus souvent encore monotone comme la nature du Nord, triste comme le despotisme, et pendant cette longue narration on verra toujours percer l'amour de la patrie combiné avec des idées plus générales.

Toutefois, à combien de controverses ne sont-elles pas sujettes, ces idées qui agitent aujourd'hui le monde, longtemps engourdi dans une civilisation trop matérielle ?

Reconnaître la divinité de Jésus-Christ, c'est beaucoup sans doute, c'est plus que ne font la plupart des protestants ; néanmoins ce n'est pas encore être enfanté au christianisme. Les païens ne voulaient-ils pas élever des temples à celui qui était venu pour démolir leurs temples ?... Lorsqu'ils proposaient aux apôtres de mettre Jésus-Christ au nombre de leurs dieux, étaient-ils chrétiens pour cela ?

Un chrétien est un membre de l'Église de Jésus-Christ. Or, cette Église exclusive est une ; elle a son chef visible, et elle s'enquiert de la foi de chaque homme autant que de ses actes, parce qu'elle gouverne par l'esprit.

Cette Église déplore l'étrange abus qu'on a fait de nos jours du mot de tolérance chrétienne au profit de l'indifférence philosophique. Faire de la tolérance un dogme, et substituer ce dogme humain à tous les dogmes divins, c'est détruire la religion sous prétexte de la rendre aimable. Du point de vue de l'Église catholique, pratiquer la vertu de tolérance, ce n'est pas transiger sur les principes ; c'est protester contre la violence, et mettre la prière, la patience, la douceur et la persuasion au service de l'éternelle vérité ; mais telle n'est pas la tolérance moderne. Ce *credo* de l'indifférence, devenu pendant plus d'un siècle la base de la nouvelle théologie, perd de ses droits à l'estime des vrais chrétiens, en proportion de la puissance qu'il ôte à la foi ; la véritable tolérance, la tolérance renfermée dans les limites de la piété, n'est pas l'état normal de l'âme, c'est le remède qu'une religion charitable et qu'une sage politique opposent aux maladies de l'esprit.

Que veut-on dire encore par cette qualification dernièrement inventée : le *néo-catholicisme* ? Le catholicisme ne peut être nouveau sans cesser d'être.

Il peut exister, il existe sans doute un grand nombre d'esprits, las de se laisser pousser à tous vents de doctrines, et qui se réfugient à l'abri du sanctuaire contre la tourmente des idées du siècle ; on peut donner à ces nouveaux convertis le nom de néo-catholiques ; mais on ne saurait parler de néo-catholicisme sans méconnaître l'essence même de la religion, car ce mot implique contradiction.

Rien de moins ambigu que notre foi ; ce n'est pas un système de philosophie dont chacun peut prendre ou rejeter ce qu'il lui plaît. On est catholique tout à fait, ou on ne l'est pas du tout ; on ne saurait l'être à moitié, ni d'une manière nouvelle. Un néo-catholicisme serait une secte déguisée qui abjurerait bientôt l'erreur pour rentrer dans le sein de l'Église, sous peine de se voir condamnée par celle-ci, préoccupée qu'elle est à juste titre de la nécessité de conserver la pureté de la foi, bien plus que de l'ambition de grossir en apparence le nombre douteux de ses équivoques enfants. Quand le monde adoptera le christianisme sincèrement, il saura bien le prendre où il est. L'essentiel, c'est que le dépôt sacré reste pur d'alliage.

Néanmoins l'Église catholique l'a prouvé, elle peut se réformer, quant aux mœurs, à la discipline du clergé, et même quant à la doctrine, sur les points qui ne touchent pas au fondement de la foi ; que dis-je ? son histoire, sa vie n'est qu'une réforme perpétuelle ; mais cette réforme légitime et non interrompue ne saurait s'opérer que sous la direction de l'autorité ecclésiastique et selon les lois canoniques.

Plus j'ai parcouru le monde, plus j'ai observé les races diverses et les divers États, et plus je me suis convaincu que la vérité est immuable : elle fut défendue avec barbarie par des hommes barbares dans des siècles barbares ; elle sera défendue avec plus d'humanité dans l'avenir ; mais sa pureté ne saurait être altérée ni par le prisme de l'erreur, dont ses adversaires sont éblouis, ni par les crimes de ses champions.

Je voudrais envoyer en Russie tous les chrétiens non catholiques pour leur montrer ce que peut devenir notre religion enseignée dans une église *nationale*, pratiquée sous la discipline d'un clergé *national*.

Le spectacle de l'avilissement où peut tomber le sacerdoce dans un vaste pays où l'Église ne relève que de l'État, ferait reculer tout protestant conséquent. Une église nationale, un clergé national : ces mots ne devraient jamais s'allier ; l'Église est par essence supérieure à toute société humaine ; quitter l'Église universelle pour entrer dans une Église politique quelconque, c'est donc plus qu'errer dans la foi, c'est renier la foi, c'est la rendre impossible, c'est retomber du ciel sur la terre.

Cependant combien d'hommes honnêtes, d'hommes excellents, à l'origine du protestantisme, ont cru purifier leur croyance en adoptant les nouvelles doctrines, et n'ont fait que se rétrécir l'esprit !... Depuis lors l'indifférence, glorifiée et masquée sous le beau nom de tolérance, a perpétué l'erreur...

Ce qui fait de la Russie l'État le plus curieux du monde à observer aujourd'hui, c'est qu'on y trouve en présence l'extrême barbarie favorisée par l'asservissement de l'Église, et l'extrême civilisation importée des pays étrangers par un gouvernement éclectique. Pour savoir comment le repos ou du moins l'immobilité peut naître du choc d'éléments si divers, il faut suivre le voyageur jusque dans le cœur de ce singulier pays.

Le procédé que j'emploie pour peindre les lieux et pour définir les caractères me paraît, sinon le plus favorable à l'écrivain, du moins le plus rassurant pour le lecteur que je force à me suivre, et que je rends lui-même juge du développement des idées suggérées au voyageur.

J'arrive dans un pays nouveau sans autres préventions que celles dont nul homme ne peut se défendre : celles que nous donne l'étude consciencieuse de son histoire. J'examine les objets, j'observe les faits et les personnes en permettant ingénument à l'expérience journalière de modifier mes opinions. Peu d'idées exclusives en politique me gênent dans ce travail spontané où la religion seule est ma règle immuable ; encore cette règle peut-elle être rejetée par le lecteur sans que le récit des faits et des conséquences morales qui en découlent soit entraîné dans la réprobation que j'encours et que je veux encourir aux yeux des incrédules.

On pourra m'accuser d'avoir des préjugés, on ne me reprochera jamais de déguiser sciemment la vérité.

Quand je décris ce que j'ai vu, je suis sur les lieux ; quand je raconte ce que j'ai entendu, c'est le soir même que je note mes souvenirs du jour. Ainsi, les conversations de l'Empereur, reproduites mot à mot dans mes lettres, ne peuvent manquer d'un genre d'intérêt : celui de l'exactitude. Elles serviront, je l'espère, à faire bien connaître ce prince si diversement jugé parmi nous et dans le reste de l'Europe.

Les lettres qu'on va lire ne furent pas toutes destinées au public : plusieurs parmi les premières étaient de pures confidences ; fatigué d'écrire, mais non de voyager, je comptais cette fois observer sans méthode, et garder mes descriptions pour mes amis ; on verra, dans le cours de l'ouvrage, les raisons qui m'ont décidé à tout imprimer.

La principale, c'est que j'ai senti chaque jour mes idées se modifier par l'examen auquel je soumettais une société absolument nouvelle pour moi. Il me semblait qu'en disant la vérité sur la Russie, je ferais une chose utile, neuve et hardie : jusqu'à présent la peur et l'intérêt ont dicté des éloges exagérés ; la haine a fait publier des calomnies : je ne crains ni l'un ni l'autre écueil.

J'allais en Russie pour y chercher des arguments contre le gouvernement représentatif, j'en reviens partisan des constitutions. Le gouvernement mixte n'est pas le plus favorable à l'action ; mais dans leur vieillesse, les peuples ont moins besoin d'agir ; ce gouvernement est celui qui aide le plus à la production, et qui procure aux hommes le plus de bien-être et de richesses ; il est surtout celui qui donne le plus d'activité à la pensée dans la sphère des idées pratiques ; enfin, il rend le citoyen indépendant, non par l'élévation des sentiments, mais par l'action des lois : certes, voilà de grandes compensations à de graves inconvénients. (1)

A mesure que j'ai appris à connaître le terrible et singulier gouvernement, régularisé, pour ne pas dire fondé par Pierre Ier, j'ai mieux compris l'importance de la mission que le hasard m'avait confiée.

L'extrême curiosité que mon travail inspirait aux Russes, évidemment inquiets de la réserve de mes discours, m'a fait penser d'abord que j'avais plus de puissance que je ne m'en étais attribué ; je devins attentif et prudent, car je ne tardai pas à découvrir le danger auquel pouvait m'exposer

(1) La suprématie du pontife romain, présidant aux droits et aux décrets de l'Église, assure la perpétuité de la foi ; voilà pourquoi le vicaire de Jésus-Christ restera souverain temporel tant que les chrétiens n'auront pas trouvé un autre moyen de lui garantir l'indépendance. C'est à lui d'user des grandeurs sans en abuser ; devoir chrétien que les malheurs de l'Église ne lui ont que trop enseigné. Le faible et tout pacifique pouvoir que la politique a laissé au représentant de Dieu sur la terre, n'est plus aujourd'hui pour ce prêtre, le chef de tous les prêtres, qu'un moyen de donner au monde l'exemple unique des vertus de l'apôtre, pratiquées sur le trône ; et ce qui lui rendra possible cet effort surnaturel, c'est le sentiment de sa dignité. Il sait qu'il est nécessaire à l'Église et que l'Église est nécessaire à l'accomplissement des vues de Dieu sur le genre humain ; cette conviction suffirait pour élever un homme ordinaire au-dessus de l'humanité.

(2) Cet Avant-propos a été écrit en 1843. — Voyez lettre vingt-huitième.

(1) L'auteur se résignait alors à la forme de gouvernement que la France s'était donnée ; mais il n'y a jamais été attaché de cœur.

ma sincérité. N'osant envoyer mes lettres par la poste, je les conservai toutes, et les tins cachées avec un soin extrême, comme des papiers suspects; par ce moyen, à mon retour en France, mon voyage était écrit, et il se trouvait tout entier dans mes mains. Cependant j'ai hésité trois années à le faire paraître : c'est le temps qu'il m'a fallu pour accorder, dans le secret de ma conscience, ce que je croyais devoir à la reconnaissance et à la vérité. Celle-ci l'emporte enfin parce qu'elle me paraît de nature à intéresser mon pays. Je ne puis oublier que j'écris pour la France avant tout, et je crois de mon devoir de lui révéler des faits utiles et graves.

Je me regarde comme le maître de juger, même sévèrement, si ma conscience l'exige, un pays où j'ai des amis, d'analyser sans tomber dans d'offensantes personnalités le caractère des hommes publics, de citer les paroles des hommes politiques, à commencer par celles du plus grand personnage de l'État, de raconter leurs actions, et de pousser jusqu'à leurs dernières conséquences les réflexions que cet examen peut me suggérer, pourvu toutefois qu'en suivant capricieusement le cours de mes idées, je ne donne aux autres mes opinions que tout juste pour la valeur qu'elles ont à mes propres yeux : voilà, ce me semble, ce qu'on peut appeler la probité de l'écrivain.

Mais en cédant au devoir, j'ai respecté, je l'espère du moins, les lois de la politesse; il y a une manière convenable de dire des vérités dures : cette manière consiste à ne parler que d'après sa conviction en repoussant les suggestions de la vanité.

Au surplus, ayant beaucoup admiré en Russie, j'ai dû mêler beaucoup de louanges à mes descriptions.

Les Russes ne seront pas satisfaits; l'amour-propre l'est-il jamais? Cependant personne n'a été plus frappé que moi de la grandeur de leur nation et de son importance politique. Les hautes destinées de ce peuple, le dernier venu sur le vieux théâtre du monde, m'ont préoccupé tout le temps de mon séjour chez lui. Les Russes en masse m'ont paru grands jusque dans leurs vices les plus choquants; isolés, ils m'ont paru aimables; j'ai trouvé au peuple un caractère intéressant : ces vérités flatteuses devraient suffire, ce me semble pour en compenser d'autres moins agréables. Mais jusqu'ici les Russes ont été traités en enfants gâtés par la plupart des voyageurs.

Si les discordances qu'on ne peut s'empêcher de remarquer dans leur société actuelle, si l'esprit de leur gouvernement, essentiellement opposé à mes habitudes, m'ont arraché des reproches, et comme des cris d'indignation, mes éloges, également involontaires, n'en ont que plus de portée.

Mais ces hommes de l'Orient, habitués qu'ils sont à respirer et à dispenser l'encens le plus grossier, se tenant toujours pour coupables quand ils se louent les uns les autres, ne seront sensibles qu'au blâme. Toute désapprobation leur paraît une trahison; ils qualifient de mensonge toute vérité dure; ils ne verront pas ce qu'il y a de délicate admiration sous mes critiques apparentes, de regret et, à certains égards, de sympathie sous mes remarques les plus sévères.

S'ils ne m'ont pas converti à leurs religions (ils en ont plusieurs, et chez eux la religion politique n'est pas la moins intolérante), si, au contraire, ils ont modifié mes idées monarchiques, en sens opposé au despotisme et favorable au gouvernement représentatif, ils se trouveront offensés par cela seul que je ne suis pas de leur avis. C'est un regret pour moi, mais je préfère le regret au remords.

Si je n'étais résigné à leur injustice, je n'imprimerais pas ces lettres. Au surplus, ils pourront se plaindre de moi en paroles, mais ils m'absoudront dans leur conscience; ce témoignage me suffit. Tout Russe de bonne foi conviendra que si j'ai commis des erreurs de détail, faute de temps pour rectifier mes illusions, j'ai peint en général la Russie comme elle est. Ils me tiendront compte des difficultés que j'avais à vaincre, et me féliciteront du bonheur et de la promptitude avec lesquels j'ai pu saisir les traits de leur caractère primitif sous le masque politique qui le défigure depuis tant de siècles.

Les faits dont je fus témoin sont rapportés par moi comme ils se sont passés sous mes yeux; ceux qu'on m'a racontés sont reproduits tels que je les ai recueillis : je n'ai point essayé de tromper le lecteur en me substituant aux personnes que j'ai consultées. Si je me suis abstenu, non-seulement de nommer celles-ci, mais de les désigner en aucune façon, ma discrétion sera sans doute appréciée; elle est une garantie de plus du degré de confiance que méritent les esprits éclairés à qui j'ai cru pouvoir m'adresser pour m'éclaircir de certains faits qu'il m'était impossible d'observer par moi-même. Il est superflu d'ajouter que je n'ai cité que ceux auxquels le caractère et la position des hommes de qui je les tiens donnaient à mes yeux un cachet incontestable d'authenticité.

Grâce à ma bonne foi scrupuleuse, le lecteur pourra juger par lui-même du degré d'autorité qu'il doit attribuer à ces faits secondaires, et qui d'ailleurs n'occupent qu'une très-petite place dans mes narrations.

LETTRE PREMIÈRE.

SOMMAIRE. — Arrivée du grand-duc héréditaire à Ems. — Caractère particulier des courtisans russes. — Différence de leurs manières quand le maître est présent ou absent. — Portrait du grand-duc. — Sa physionomie, son air souffrant. — Son père et son oncle au même âge. — Ses voitures. — Équipages négligés. — Mauvaise tenue des domestiques. — Supériorité de l'Angleterre dans les choses matérielles. — Soleil couchant sur le Rhin. — Le fleuve plus beau que ses bords. — Chaleur excessive.

Ems, ce 5 juin 1839.

Hier j'ai commencé mon voyage en Russie : le grand-duc héréditaire est arrivé à Ems, précédé de dix ou douze voitures et suivi d'une cour nombreuse.

Ce qui m'a frappé dès le premier abord, en voyant les courtisans russes à l'œuvre, c'est qu'ils font leur métier de grands seigneurs avec une soumission extraordinaire, c'est une espèce d'esclaves supérieurs. Mais aussitôt que le prince a disparu, ils reprennent un ton dégagé, des manières décidées, des airs délibérés, qui contrastent d'une façon peu agréable avec la complète abnégation d'eux-mêmes qu'ils affectaient l'instant d'auparavant; en un mot, il régnait parmi toute cette suite de l'héritier du trône impérial une habitude de domesticité dont les maîtres n'étaient pas plus exempts que les valets. Ce n'était pas simplement de l'étiquette, comme celle qui gouverne les autres cours, où le respect officiel, l'importance de la charge plus que celle de la personne, le rôle obligé enfin, produisent l'ennui et quelquefois le ridicule; c'était plus que cela, c'était de la servilité gratuite et involontaire qui n'excluait pas l'arrogance; il me semblait leur entendre dire en se piétant contre leur condition : « Puisque cela ne peut pas être autrement, j'en suis bien aise. » Ce mélange d'orgueil et d'humiliation m'a déplu et ne m'a nullement prévenu en faveur du pays que je vais parcourir.

Je me suis trouvé, parmi la foule des curieux, à côté du grand-duc, au moment où il descendait de voiture; avant d'entrer il s'est arrêté longtemps à la porte de la maison des bains, pour causer en public avec une dame russe, la comtesse***; j'ai donc pu l'examiner à loisir. Il a vingt ans, et c'est l'âge qu'on lui donnerait : sa taille est élevée, mais il m'a paru un peu gros pour un aussi jeune homme; ses traits seraient beaux sans la bouffissure de son visage, qui en efface la physionomie; sa figure ronde est plutôt allemande que russe; elle fait penser à ce qu'a dû être l'empereur Alexandre au même âge, sans cependant rappeler en aucune façon le type kalmouck. Ce visage passera par bien des phases avant d'avoir pris son caractère définitif; l'humeur habituelle qu'il dénote aujourd'hui est douce et bienveillante; pourtant il y a entre le jeune sourire des yeux et la contraction constante de la bouche, une discordance qui annonce peu de franchise, et peut-être quelque souffrance intérieure. Le chagrin de la jeunesse, de cet âge où le bonheur est dû à l'homme, est un secret d'autant mieux gardé qu'il est un mystère inexplicable même pour celui qui l'éprouve. L'expression du regard de ce jeune prince est la bonté; sa démarche est gracieuse, légère et noble : c'est vraiment un prince; il a l'air modeste sans timidité ce dont on lui sait gré; l'embarras des grands est si gênant pour tout le monde que leur aisance nous paraît de l'affabilité; c'en est réellement. Quand ils se croient des pagodes, ils sont gênés par l'opinion qu'ils ont d'eux-mêmes et qu'ils n'espèrent pas faire partager aux autres.

Cette sotte inquiétude n'atteint point le grand-duc; sa présence fait avant tout l'impression d'un homme parfaitement élevé; s'il règne jamais, c'est par l'attrait inhérent à la grâce qu'il se fera obéir, ce n'est pas par la terreur, à moins que les nécessités attachées à la charge d'empereur de Russie ne changent son naturel en changeant sa position.

(Suite de la lettre précédente.)

Le lendemain, 6 juin au soir.

J'ai revu le grand-duc héritier, je l'ai examiné plus longtemps, et de fort près; il avait quitté son uniforme, qui le serre et lui donne l'air gonflé; l'habit ordinaire lui va mieux, ce me semble : il a une tournure agréable, une démarche noble sans aucune roideur militaire, et l'espèce de grâce qui le distingue rappelle le charme particulier attaché à la race slave. Ce n'est pas la vivacité de passion des pays chauds, ce n'est pas non plus la froideur impassible des hommes du Nord; c'est un mélange de la simplicité, de la facilité méridionales et de la mélancolie scandinave. Les Slaves sont des Arabes blonds; le grand-duc est plus qu'à moitié Allemand; mais en Mecklembourg, ainsi que dans quelques parties du Holstein et de la Prusse, il y a des Allemands slaves.

Le visage de ce prince, malgré sa jeunesse, n'a pas autant d'agrément que sa taille, son teint n'est plus frais (1) : on voit qu'il souffre; sa paupière s'abaisse sur le coin extérieur de l'œil avec une mélancolie qui trahit déjà les soucis d'un âge plus avancé. Sa bouche gracieuse n'est pas sans douceur, son profil grec rappelle les médailles antiques ou les portraits de l'impératrice Catherine; mais à travers l'air de bonté que donnent presque toujours la beauté, la jeunesse et surtout le sang allemand, on ne peut s'empêcher de reconnaître ici une puissance de dissimulation qui fait peur dans un très-jeune homme. Ce trait est sans doute le sceau du destin; il me fait croire que ce prince est appelé à monter sur le trône. Il a le son de voix mélodieux, ce qui est rare dans sa famille; c'est un don qu'il a reçu, dit-on, de sa mère.

(1) Le grand-duc héritier avait été malade quelque temps avant l'époque de son arrivée à Ems.

Il brille au milieu des jeunes gens de sa société, sans qu'on sache à quoi tient la distance qu'on remarque entre eux, si ce n'est à la grâce parfaite de sa personne. La grâce dénote toujours une aimable disposition d'esprit : il y a tant d'âme dans la démarche, dans l'expression de la physionomie, dans les attitudes d'un homme !... Celui-ci est à la fois imposant et agréable. Les Russes voyageurs m'avaient annoncé sa beauté comme un phénomène : sans cette exagération j'en aurais été plus frappé ; d'ailleurs je me rappelais l'air romanesque, la figure d'archange de son père et de son oncle, le grand-duc Michel, en 1815, lorsqu'ils vinrent à Paris, où on les avait surnommés les aurores boréales, et je suis devenu sévère parce que j'avais été trompé. Tel qu'il est, le grand-duc de Russie me paraît encore un des plus beaux modèles de prince que j'aie jamais rencontrés.

J'ai été frappé du peu d'élégance de ses voitures, du désordre de ses bagages et de la tenue négligée des gens de service qui l'accompagnent. Quand on compare ce cortége impérial à la magnifique simplicité des voitures anglaises, et au soin particulier que les domestiques anglais ont de toutes choses, on voit qu'il ne suffit pas de faire faire ses équipages chez des selliers de Londres pour atteindre à la perfection matérielle qui assure la prépondérance de l'Angleterre dans un siècle positif comme le nôtre.

Hier, j'ai été voir coucher le soleil sur le Rhin : c'est un grand spectacle. Ce que je trouve de plus beau dans ce pays, trop fameux pourtant, ce ne sont pas les bords du fleuve avec leurs ruines monotones, avec leurs vignobles arides, et qui, pour le plaisir des yeux, prennent trop de place dans le paysage ; j'ai trouvé ailleurs des rives plus imposantes, plus variées, plus riantes ; de plus belles forêts, une végétation plus forte, des sites plus pittoresques, plus étonnants ; mais ce qui me paraît merveilleux, c'est le fleuve même, surtout contemplé du bord. Cette glace immense glissant d'un mouvement toujours égal à travers le pays qu'elle éclaire, reflète et vivifie, me révèle une puissance de création qui confond mon intelligence. Quand je mesure ce mouvement, je me compare au médecin interrogeant le pouls d'un homme pour connaître sa force : les fleuves sont les artères de notre planète, et devant cette manifestation de la vie universelle, je demeure frappé d'admiration, je me sens en présence de mon maître : je vois l'éternité, je crois, je touche à l'infini ; il y a là un mystère sublime ; dans la nature, ce que je ne comprends plus, je l'admire, et mon ignorance se réfugie dans l'adoration. Voilà pourquoi la science m'est moins nécessaire qu'elle ne l'est aux esprits mécontents.

Nous mourons de chaud, à la lettre : il y a bien des années que l'air toujours étouffant de la vallée d'Ems n'est monté à cette température ; la nuit dernière, en revenant des bords du Rhin, j'ai vu dans les bois une pluie de mouches lumineuses ; c'étaient mes chers *lucioli* d'Italie : je n'en avais jamais rencontré hors des pays chauds.

Je pars dans deux jours pour Berlin et Pétersbourg.

LETTRE DEUXIÈME.

SOMMAIRE. — Progrès de la civilisation matérielle en Allemagne. — Le protestantisme en Prusse. — La musique employée comme moyen d'éducation pour les paysans. — Le culte de l'art prépare l'âme au culte de Dieu. — La Prusse, auxiliaire de la Russie. — Rapport qui existe entre le caractère du peuple allemand et celui de Luther. — Le ministre de France en Prusse. — Correspondance de mon père, conservée dans les archives de la légation française à Berlin. — Mon père à vingt-deux ans, nommé ministre de France près des cours de Brunswick et de Prusse en 1792. — M. de Ségur. — Le coup de couteau. — Indiscrétion de l'impératrice Catherine. — Autre anecdote curieuse et inconnue relative à la convention de Pilnitz. — Mon père remplace M. de Ségur. — Son succès dans cette cour. — On le presse d'abandonner la France. — Il y retourne malgré les dangers qu'il prévoit. — Il fait deux campagnes comme volontaire sous son père. — Lettre de M. de Noailles alors ambassadeur de France à Vienne. — Ma mère. — Sa conduite pendant le procès du général Custine, son beau-père. — Elle l'accompagne au tribunal. — Danger qu'elle y court. — Le perron du palais de justice. — Comment elle échappe au massacre. — Les deux mères. — Mort du général. — Son courage religieux. — La Terreur le remplace à la Conciergerie. — Souvenirs de Versailles au pied de l'échafaud. — Mon père publie une justification de la conduite du général. — On l'arrête. — Ma mère prépare l'évasion de son mari. — Dévouement de la fille du concierge. — Héroïsme du prisonnier. — Un journal. — Scène tragique dans la prison. — Mon père, martyr d'humanité. — Dernière entrevue dans une salle de la Conciergerie. — Incident bizarre. — Premiers symptômes de matérialisme. — Le gouverneur de mon père frappé d'apoplexie en lisant dans un journal la mort de son élève.

Berlin, ce 25 juin 1839.

On doit le dire à la honte de l'homme, il existe pour les peuples une béatitude toute matérielle : c'est celle dont jouit maintenant l'Allemagne et particulièrement la Prusse. Grâce à ses routes magnifiquement entretenues, à son système de douanes, à son excellente administration, ce pays, berceau du protestantisme, nous devance aujourd'hui sur la route de la civilisation physique ; c'est une espèce de religion sensuelle qui a fait son Dieu de l'humanité. Il n'est que trop vrai que les gouvernements modernes favorisent ce matérialisme raffiné, dernière conséquence de la réformation religieuse du XVIe siècle. Réduisant leur action à exploiter le bonheur terrestre, ils semblent se proposer pour but unique de prouver au monde que l'idée divine n'est point nécessaire au bien-être d'une nation. Ce sont des vieillards qui se contentent de vivre.

Néanmoins la sagesse et l'économie qui président à l'administration de ce pays sont pour les Prussiens un sujet d'orgueil. Leurs écoles rurales sont dirigées consciencieusement et très-exactement surveillées. On emploie dans chaque village la musique comme moyen de civilisation et en même temps de divertissement pour le peuple : il n'y a pas une église qui ne possède un orgue, et dans chaque paroisse, le maître d'école sait la musique. Le dimanche, il enseigne le chant aux paysans, qu'il accompagne sur l'orgue ; ainsi, le moindre village peut entendre exécuter les chefs-d'œuvre de la vieille école italienne et allemande. Il n'est pas de morceau de chant ancien et sévère qui soit écrit à plus de quatre parties : quel est le magister qui ne pourra trouver autour de lui une basse, un ténor et deux enfants, premier et second dessus, pour chanter ces morceaux ? Chaque maître d'école, en Prusse, est un Choron, un Wilhem rustique (1). Ce concert champêtre entretient le goût de la musique, balance l'attrait du cabaret et prépare l'imagination des peuples à recevoir l'enseignement religieux. Celui-ci est dégénéré chez les protestants en un cours de morale pratique ; mais le temps n'est pas loin où la partie surnaturelle de la religion reprendra ses droits ; la créature douée d'immortalité ne se contentera pas toujours de l'empire de la terre, et les populations les plus aptes à goûter les plaisirs de l'art seront aussi les premières à comprendre les nouvelles preuves des révélations du ciel. Il est donc juste de convenir que le gouvernement prussien prépare dignement ses sujets à jouer un rôle dans la rénovation religieuse qui s'avance, et qui déjà s'annonce au monde par des signes irrécusables.

La Prusse sentira bientôt l'insuffisance de ses philosophies pour donner la paix aux âmes. En attendant ce glorieux avenir, la ville de Berlin appartient aujourd'hui au pays le moins philosophique du monde, à la Russie ; et cependant les peuples de l'Allemagne, séduits par une administration habile, tournent leurs regards vers la Prusse. Ils croient que c'est de ce côté que leur viendront les institutions libérales, que beaucoup d'hommes confondent encore avec les conquêtes de l'industrie, comme si luxe et liberté, richesse et indépendance, plaisir et vertu, étaient synonymes !

Le défaut capital du peuple allemand, personnifié dans Luther, c'est le penchant aux jouissances physiques : de notre temps, rien ne combat ce penchant, et tout contribue à l'accroître. Ainsi, sacrifiant sa dignité, peut-être son indépendance, au stérile espoir d'un bien-être tout matériel, la nation allemande, enchaînée par une politique de sensualité et par une religion de raisonnement, manque à ses devoirs envers elle-même et envers le monde. Chaque peuple, comme chaque individu, a sa vocation : si l'Allemagne oublie la sienne, la faute en est surtout à la Prusse, qui est l'ancien foyer de cette philosophie inconséquente appelée, par courtoisie, une religion (2).

La France est aujourd'hui représentée en Prusse par un ministre qui satisfait parfaitement à tout ce qu'on exige d'un homme en place dans le temps où nous vivons. Nul air mystérieux, nul silence affecté, nulle réticence inutile ne trahissent l'opinion qu'il se fait de son importance. On ne se souvient du poste qu'il occupe que parce qu'on lui reconnaît le mérite nécessaire pour en remplir les devoirs. Devinant avec un tact très-fin les besoins et les tendances des sociétés modernes, il marche tranquillement au-devant de l'avenir sans dédaigner les enseignements du passé ; enfin il est du petit nombre de ces hommes d'autrefois devenus nécessaires aujourd'hui (3).

Originaire de la même province que moi, il m'a donné d'abord sur l'histoire de ma famille des détails curieux et que j'ignorais ; de plus, je lui ai dû un grand plaisir de cœur, je l'avoue sans détour, car on ne peut attribuer à l'orgueil la religieuse admiration que nous éprouvons pour l'héroïsme de nos pères.

Je vous décrirai avec exactitude tout ce que j'ai senti dans cette occasion ; mais laissez-moi d'abord vous y préparer comme j'y ai été préparé moi-même.

Je savais qu'il existe dans les archives de la légation française à Berlin des lettres et des notes diplomatiques d'un grand intérêt pour tout le monde, et surtout pour moi : elles sont de mon père.

En 1792, à vingt-deux ans qu'il avait alors, il fut choisi par les ministres de Louis XVI, roi constitutionnel depuis un an, pour remplir auprès du duc de Brunswick une mission importante et délicate. Il s'agissait de décider le duc à refuser le commandement de l'armée coalisée contre la France. On espérait avec raison que les

(1) Ne se trouvera-t-il pas en France un certain nombre d'hommes qui se consacreront à reproduire chez nous cette admirable institution fondée depuis longtemps en Prusse, et qui [illegible] le plus favorable à la civilisation ? Wilhem a réalisé ce plan pour les ouvriers de Paris ; n'aura-t-il pas d'imitateurs en province ?

(2) On ne peut s'empêcher de faire remarquer que ces réflexions sont justifiées par les événements actuels.

(3) M. de Bresson, mort à Naples quelques années plus tard.

crises de notre révolution deviendraient moins périlleuses pour le pays et pour le roi, si les étrangers ne s'efforçaient pas d'en contrarier violemment la marche.

Mon père arriva trop tard à Brunswick; le duc avait donné sa parole. Cependant la confiance qu'inspiraient en France le caractère et l'habileté du jeune Custine était telle, qu'au lieu de le rappeler à Paris, on l'envoya encore tenter auprès de la cour de Prusse de nouveaux efforts pour détacher le roi Guillaume II de la même coalition, dont le duc de Brunswick avait déjà promis de commander les armées.

Peu de temps avant l'arrivée de mon père à Berlin, M. de Ségur, alors ambassadeur de France en Prusse, avait déjà échoué dans cette négociation difficile. Mon père fut chargé de le remplacer.

Le roi Guillaume avait traité mal M. de Ségur, si mal qu'un jour celui-ci rentra chez lui exaspéré; et croyant sa réputation d'homme habile à jamais compromise, il essaye de se tuer d'un coup de couteau; la lame ne pénétra pas fort avant, mais M. de Ségur quitta la Prusse.

Cet événement mit en défaut la sagacité de toutes les têtes politiques de l'Europe: rien ne put expliquer à cette époque l'extrême malveillance du roi pour un homme aussi distingué par sa naissance que par son esprit.

J'ai su de très-bonne part une anecdote qui jette quelque lumière sur ce fait encore obscur; la voici: M. de Ségur, lors de sa grande faveur auprès de l'impératrice Catherine, s'était souvent amusé à tourner en ridicule le neveu du grand Frédéric, devenu roi plus tard, sous le nom de Frédéric-Guillaume II; il se moquait de ses amours, de sa personne même; et, selon le goût du temps, il avait fait de ce prince et des personnes de sa société intime un portrait satirique qu'il envoya dans un billet du matin à l'Impératrice.

Après la mort du grand Frédéric, les circonstances politiques ayant subitement changé, la Czarine rechercha l'alliance de la Prusse, et, pour décider plus promptement le nouveau roi à s'unir avec elle contre la France, elle lui envoya tout simplement le billet de M. de Ségur, que Louis XVI venait de nommer ambassadeur à Berin.

Un autre fait également curieux avait précédé l'arrivée de mon père à la cour de Prusse; il vous fera voir quelle sympathie excitait alors la révolution française dans le monde civilisé.

Le projet du traité de Pilnitz venait d'être arrêté, mais les puissances coalisées mettaient un grand prix à laisser ignorer le plus longtemps possible à la France les conditions de cette alliance. La minute du traité se trouvait déjà entre les mains du roi de Prusse, et aucun des agents français en Europe n'en avait encore eu connaissance.

Un soir, assez tard, M. de Ségur, en rentrant chez lui à pied, croit remarquer qu'un inconnu, enveloppé d'un manteau, le suit de près, il presse le pas, l'inconnu presse le pas, il traverse la rue, l'inconnu la traverse avec lui; il s'arrête, l'inconnu recule, mais s'arrête à quelque distance. M. de Ségur était sans armes; doublement inquiet de cette rencontre à cause de la malveillance personnelle dont il sait qu'il est l'objet, aussi bien que de la gravité des circonstances politiques, il se met à courir en approchant de sa maison; mais, malgré toute sa diligence, il ne peut empêcher l'homme mystérieux d'arriver en même temps que lui à sa porte, et de disparaître aussitôt en jetant sous ses pieds, au moment où cette porte s'ouvre, un rouleau de papiers assez gros. M. de Ségur, avant de ramasser l'écrit, fait courir plusieurs de ses gens après l'inconnu; personne ne peut le retrouver.

Le rouleau de papiers était le projet du traité de Pilnitz, copié mot à mot *dans le cabinet même du roi de Prusse;* et voilà comment la France, servie par des esprits secrètement convertis à ses doctrines nouvelles, reçut la première communication de cet acte devenu depuis célèbre dans le monde entier.

Des circonstances plus fortes que le talent et que la volonté des hommes devaient rendre inutiles les nouvelles tentatives de mon père auprès du cabinet de Berlin; mais, malgré le peu de succès de ses négociations, il obtint l'estime et même l'amitié de toutes les personnes avec lesquelles les affaires le mirent en relation, sans excepter le roi et les ministres, qui le dédommagèrent personnellement du peu de fruit de sa mission politique.

Le souvenir du tact parfait avec lequel mon père se tira des difficultés qui l'attendaient à Berlin n'est pas encore effacé dans ce pays. Arrivant à la cour de Prusse comme ministre du gouvernement français d'alors, il y trouva sa belle-mère, madame de Sabran, réfugiée à cette même cour pour fuir ce même gouvernement français. La division des opinions se manifestait dans chaque maison, et la discorde qui menaçait les peuples s'annonçait dans les familles par le trouble et la contradiction.

Quand mon père voulut retourner en France pour rendre compte de ses négociations, sa belle-mère se joignit à tous les amis qu'il avait à Berlin pour tenter de le détourner de ce dessein. Un M. de Kalkreuth, le neveu du fameux compagnon d'armes du prince Henri de Prusse, se jeta presque à ses pieds pour le retenir à Berlin, et pour l'engager du moins à attendre en sûreté dans l'émigration le temps où il pourrait de nouveau servir son pays. Il lui prédit tout ce qui allait lui arriver à son retour en France.

Les scènes du 10 août venaient d'épouvanter l'Europe. Louis XVI était emprisonné, le désordre se répandait partout; chaque jour quelques nouveaux discours changeaient à la tribune la face des affaires; dans l'intérieur de la France, aussi bien que dans les pays étrangers, l'anarchie déliait de leurs obligations les hommes politiques employés par le gouvernement français. Ce gouvernement, lui disait-on, était sans autorité sur les peuples, sans respect pour lui-même, sans considération au dehors, en un mot, on ne négligeait rien pour faire sentir à mon père que sa fidélité envers les hommes qui dirigeaient momentanément les affaires de notre pays était un héroïsme plutôt digne de blâme que d'admiration.

Mon père ne se laissa séduire par aucune subtilité de conscience; il se conduisit de manière à justifier l'ancienne devise de sa famille: « Faits ce que doys, adviegne que pourra. »

« J'ai été envoyé, répondait-il à ses amis, par ce gouvernement; mon devoir est de retourner rendre compte de ma mission à ceux qui m'en ont chargé: je ferai mon devoir. »

Là-dessus mon père, Régulus ignoré d'un pays où l'héroïsme de la veille est étouffé par la gloire du jour et par l'ambition du lendemain, partit tranquillement pour la France, où l'échafaud l'attendait.

Il y trouva d'abord les affaires dans un tel désordre que, renonçant à la politique, il se rendit aussitôt à l'armée du Rhin, commandée par son père, le général Custine. Là, il fit avec honneur deux campagnes comme volontaire, et quand le général qui avait ouvert le chemin de la conquête à nos armées revint à Paris pour y mourir, il le suivit pour le défendre. Tous deux périrent de la même manière. Mais mon père survécut un peu de temps à son père; il ne fut condamné qu'avec les Girondins, parmi lesquels se trouvaient ses meilleurs amis.

Il mourut résigné à toutes les vertus du martyr, même à la vertu méconnue.

Ainsi, le patriotisme si éclairé du père et du fils, leur dévouement si pur à la cause de la liberté, reçut la même récompense.

C'est la correspondance diplomatique de mon père, à l'époque de son intéressante mission près de la cour de Berlin, que notre ministre actuel près de la même cour a bien voulu me laisser lire hier.

Rien n'est plus noble, plus simple que ces lettres; ce sont des modèles de style diplomatique, des chefs-d'œuvre d'exposition et de raisonnement. Ce sont aussi de dignes exemples de prudence et de courage. On y voit l'Europe, on y voit la France, entraînées l'une contre l'autre, se heurter et se méconnaître; on y voit le désordre croissant, malgré les remèdes proposés par quelques hommes sages et qui vont périr sans fruit, victimes de leur courageuse modération. La maturité d'esprit, la douceur et la force de caractère, la solidité d'instruction, la justesse de vues, la clarté d'idées, la force d'âme qu'elles supposent, sont surprenantes quand on pense à l'âge de celui qui les écrivit, et qu'on se rappelle qu'à cette époque le talent appartenait à l'âge mûr, à l'expérience; l'enfance n'était pas encore émancipée.

M. de Noailles, qui remplissait alors la charge d'ambassadeur de France à Vienne, et qui envoyait sa démission au malheureux Louis XVI, écrivit à mon père pour l'instruire du parti qu'il prenait. Ses lettres, conservées comme les autres dans nos archives à Berlin, renferment les éloges les plus flatteurs pour le nouveau diplomate, auquel il prédisait une carrière brillante.... Il était loin de penser qu'elle serait si courte!....

Mon père n'avait point de vanité; mais sa modestie dut lui faire trouver de grands encouragements dans le suffrage d'un homme expérimenté, et d'autant plus impartial qu'il se disposait à suivre une ligne de conduite opposée à celle que choisissait le jeune ministre de France à Berlin.

La mort que mon père vint chercher à Paris par devoir fut bien noble. Une circonstance ignorée du public l'a rendue sublime, à ce qu'il me semble. Ce trait vaut la peine de vous être conté en détail, mais, comme ma mère y joue un rôle important, je veux qu'il soit précédé d'un autre récit qui suffira pour vous la faire connaître.

Mes voyages sont mes Mémoires: voilà pourquoi je ne me fais aucun scrupule de commencer celui de Russie par une histoire qui m'intéresse personnellement plus que toutes les notions que je vais recueillir au loin.

Le général Custine venait d'être appelé à Paris, où il succomba sous les dénonciations de ses envieux.

C'est à l'armée qu'il avait appris la mort du roi, et la lecture des journaux lui causait une indignation dont il ne modérait pas toujours l'expression même en présence des commissaires de la Convention. Ceux-ci lui avaient entendu dire: « Je servais mon pays pour le défendre de l'invasion étrangère; mais qui peut se battre pour les hommes qui nous gouvernent aujourd'hui? »

Ces paroles, rapportées à Robespierre par Merlin de Thionville et par l'autre commissaire, décidèrent de la mort du général.

Ma mère, qui m'avait nourri, vivait retirée dans un village de Normandie, où elle se cachait avec moi, alors tout petit enfant. Sitôt qu'elle apprit le retour du général Custine à Paris, cette noble jeune femme crut de son devoir de quitter son asile, son enfant, de quitter tout, pour courir au secours de son beau-père, avec lequel sa famille était brouillée depuis plusieurs années, à cause des opinions politiques, qu'il avait manifestées dès le commencement de la révolution. Elle eut peine à se séparer de moi, car elle était vraiment mère, mais le malheur avait toujours les premiers droits sur ce grand cœur.

Elle me confia aux soins d'une berceuse née chez nous, en Lorraine, et dont la fidélité héréditaire était à toute épreuve. Cette femme devait me ramener à Paris.

Si le général Custine avait pu être sauvé, c'eût été par le dévouement et le courage de sa belle-fille.

Leur première entrevue fut touchante, surtout par la surprise du prisonnier. A peine le vieux soldat eut-il aperçu ma mère qu'il se crut délivré. En effet, sa jeunesse, sa beauté, sa timidité qui n'empêchait pas qu'elle n'eût, quand il le fallait, un courage de lion, inspirèrent bientôt un tel intérêt au public impartial, aux journalistes, au peuple et même aux juges du tribunal révolutionnaire, que les hommes qui avaient résolu la perte du général voulurent effrayer le plus éloquent de ses avocats, sa belle-fille.

Le gouvernement d'alors n'en était pas encore venu au point d'impudeur où il parvint depuis. On n'osa faire arrêter ma mère qu'après la mort de son beau-père et celle de son mari; mais les hommes qui craignaient de la mettre en prison ne craignirent pas de commander et de payer son massacre; des septembriseurs, comme on appelait à cette époque les assassins soldés, furent placés pendant plusieurs jours sur les marches du palais de justice et l'on eut soin d'avertir ma mère du danger qu'elle courrait chaque fois qu'elle oserait se présenter au tribunal. Rien ne l'arrêta; on la voyait tous les jours à l'audience assise aux pieds de son beau-père, où sa courageuse présence attendrissait jusqu'aux bourreaux[1].

Entre chaque séance, elle employait les soirées et les matinées à solliciter en secret les membres du tribunal révolutionnaire et ceux des comités. Ce qu'elle eut à souffrir dans ses visites, la manière dont elle fut reçue par plusieurs des hommes de cette époque, exigerait de longs récits. Mais je suis forcé de retrancher les détails, parce que je les ignore. Ma mère n'aimait pas à raconter cette partie de sa vie, si glorieuse, mais si douloureuse; c'était presque la recommencer.

Elle se faisait accompagner dans ses courses par un ami de mon père, costumé en homme du peuple, c'était l'habit de cour du temps; cet ami, vêtu d'une carmagnole, sans cravate et les cheveux non poudrés, coupés à la Titus, l'attendait ordinairement sur le palier ou dans l'antichambre, quand il y avait une antichambre.

A l'une des dernières séances du tribunal, ma mère, d'un regard, fit pleurer les femmes de la galerie, pourtant ces mégères ne passaient pas pour avoir le cœur bien tendre. On les appelait furies de guillotine et tricoteuses de Robespierre (1). Les marques de sympathie que ces enragées donnèrent à la belle-fille de Custine irritèrent tellement Fouquier-Tinville que, séance tenante, des ordres menaçants furent envoyés secrètement par l'accusateur public aux assassins du perron.

L'accusé venait d'être reconduit dans sa prison; sa belle-fille, au sortir du tribunal, s'apprêtait à descendre les marches du palais pour regagner seule et à pied le fiacre qui l'attendait dans une rue écartée. Nul n'osait l'accompagner, du moins ostensiblement, de peur d'aggraver le péril. Timide et sauvage comme une biche, elle avait eu toute sa vie, par instinct, une peur déraisonnable de la foule. Vous savez ce que c'est que le perron du palais de justice: figurez-vous cette longue suite de degrés assez roides, toute couverte des flots pressés d'une populace émue de colère, gorgée de sang, et trop expérimentée déjà, trop accoutumée à s'acquitter en conscience de son exécrable office, pour reculer devant un meurtre de plus.

Ma mère, tremblante, s'arrête au haut du perron; elle craint que le pied ne lui manque. Elle se rappelle que quelques mois auparavant, non loin de là, au guichet de l'Abbaye, madame de Lamballe fut massacrée pour s'être évanouie en apercevant dans la main d'un des bourreaux le sabre ensanglanté qui venait de servir à exécuter les sentences de Maillard. Un ami de mon père était parvenu à faire porter au tribunal un billet pour avertir ma mère de redoubler de prudence; mais cet avis accrut le péril au lieu de l'éloigner: ma mère, plus épouvantée, avait moins de présence d'esprit: elle se crut perdue, et cette idée pouvait la perdre. « Si je chancelle, si je tombe comme Mme de Lamballe, c'en est fait de moi, » se disait-elle, et la foule furieuse s'épaississait incessamment sur son passage. « C'est la Custine, c'est la belle-fille du traître! » criait-on de toutes parts. Chaque mot était assaisonné de jurements et d'imprécations atroces.

Comment descendre? comment traverser cette troupe infernale? Les uns, le sabre nu, se plaçaient au-devant d'elle; les autres, sans veste, les manches de la chemise relevées, écartaient déjà leurs femmes; c'était le signe précurseur de l'exécution: le danger croissait. Ma mère se disait qu'à la plus légère marque de faiblesse on la jetterait à terre, et que sa chute serait le signal de sa mort: elle m'a raconté qu'elle se mordait les mains et la langue au sang dans l'espoir de s'empêcher de pâlir à force de douleur. Enfin, en jetant les yeux autour d'elle, elle aperçut une poissarde (1) des plus hideuses, qui s'avançait au milieu de la foule. Cette femme portait un nourrisson dans ses bras. Poussée par le Dieu des mères, *la fille du traître* s'approche de cette mère... (une mère est plus qu'une femme), et lui dit: « Quel joli enfant vous avez là! — Prenez-le, » répond la mère, femme du peuple qui comprend tout d'un mot et d'un regard, « vous me le rendrez au bas du perron. »

L'électricité maternelle avait agi sur ces deux cœurs; elle se fit sentir aussi à la foule. Ma mère prend l'enfant, l'embrasse et s'en sert comme d'égide contre la populace ébahie.

L'homme de la nature reprend ses droits sur l'homme abruti par l'effet d'une maladie sociale; les barbares soi-disant civilisés sont vaincus par deux mères. La mienne, délivrée, descend dans la cour du palais de justice, la traverse, se dirige vers la place sans être frappée ni même injuriée, elle arrive à la grille, rend l'enfant à celle qui l'a prêté, puis à l'instant toutes deux s'éloignent sans se dire un seul mot; le lieu n'était favorable ni à un remercîment, ni à une explication: elles ne se sont point confié leur secret, elles ne se sont jamais revues: ces deux âmes de mères devaient se retrouver ailleurs.

Mais la jeune femme, miraculeusement sauvée, ne put sauver son père. Il mourut! Pour couronner sa vie, le vieux guerrier eut le courage de mourir en chrétien, et cet humble sacrifice, le plus difficile de tous dans un siècle de crimes et de vertus philosophiques, lui fut reproché!... Avec la sincérité d'un saint, il écrivait à mon père, la veille de sa mort, qu'il fallait être arrivé au dernier moment pour savoir comment on le supporterait... Voici sa lettre; la noblesse et la simplicité de ce langage en diront plus que tous mes commentaires.

« Adieu, mon fils, adieu. Conservez souvenir d'un père qui vit arriver la mort avec tranquillité. Je n'emporte qu'un regret, c'est celui de vous laisser un nom qu'un jugement fera croire un instant coupable de trahison, par quelques hommes crédules. Réhabilitez ma mémoire, quand vous le pourrez; si vous obteniez mes correspondances ce serait chose bien facile. Vivez pour votre aimable femme pour votre sœur que j'embrasse; aimez-vous, aimez-moi.

« Je crois que je verrai arriver avec calme ma dernière heure; au reste il faut y être arrivé.

« Adieu encore, adieu.

« Votre père, votre ami, C. »

25 août, à dix heures du soir, 1793.

Et c'est cette modestie sublime que les aveugles beaux esprits de l'époque ont qualifiée de pusillanimité!... Mais qui donc l'empêchait de se vanter d'avance, quitte à manquer à sa promesse si la nature venait à trahir sa fierté? Ce qui l'en empêchait, c'est l'amour de la vérité, poussé jusqu'à l'oubli de l'amour-propre; sentiment au-dessus de la portée des petites âmes.

Le général Custine, en allant à l'échafaud, baisa le crucifix, qu'il ne quitta qu'au sortir de la fatale charrette. Ce courage religieux ennoblit sa mort autant que le courage militaire avait ennobli sa vie, mais il scandalisa les Brutus parisiens.

Dans la lettre qu'on vient de lire, ne va-t-il pas jusqu'à prier mon père de réhabiliter sa mémoire? Naïve et sublime bonne foi d'un soldat, qui pense que l'échafaud de Robespierre peut entacher une renommée! Quoi de plus touchant que cette autorité supposée au bourreau par la victime?

La veille de sa mort, mon grand-père revit une dernière fois sa belle-fille; ma mère, en arrivant près de lui, fut surprise de ne plus le trouver dans son cachot, et de le voir bien établi dans une

1 Sa présence n'a pas toujours produit un résultat aussi favorable. On lit dans un journal du temps, intitulé *la Gazette française, papier-nouvelles de tous les jours et de tous les pays*. Mercredi, 21 août 1793, l'an II de la République: « Custine s'est défendu jusqu'à présent avec beaucoup de présence d'esprit; sa belle-fille n'a pas peu contribué à intéresser en sa faveur: cette jeune femme, qui est belle autant que sensible, est tous les jours au palais à six heures du matin: là elle attend que son père sorte de sa prison; elle lui saute au col; elle lui donne des nouvelles de ses amis et de sa famille, et lorsqu'il paraît devant ses juges, elle le fixe avec des yeux baignés de larmes; elle s'assied au pied du redoutable *escabelle* (sic): lorsque l'interrogatoire est suspendu, elle s'empresse de donner à son père les secours que son état exige. Aussitôt que Custine s'est arraché à ses embrassements pour rentrer dans sa prison, cette femme, intéressante par sa sensibilité et par sa piété filiale, va porter la consolation au sein de son époux détenu à la Force. Avant-hier elle sortit du palais au milieu de la foule, le sourire était sur ses lèvres; on crut qu'elle riait. Quelques femmes, peu touchées de sa situation, se mirent à crier: « Elle rit, mais elle ne rira pas longtemps; c'est la fille de Custine; son père jouera bientôt à la main chaude. » Chez un peuple républicain, comment se trouve-t-il encore des âmes qui insultent à l'infortune! On a vu avec plaisir que cet outrage fait à l'humanité était désapprouvé par le peuple; on répétait: « Pourquoi faut-il que ce soit la l'épouse et la fille de deux hommes accusés de trahir leur patrie! »

1. Femme de la Halle.

bonne chambre. « On m'a délogé cette nuit, » dit-il, « pour me faire céder ma place à la Reine ; parce que mon premier logement était le plus mauvais de la prison. »

Peu d'années auparavant, il avait perdu, dans un hiver, 300,000 fr. au jeu de la Reine, à Versailles ; dans ce temps-là, Marie-Antoinette, brillante, enviée, eût regardé comme un visionnaire celui qui lui aurait montré la Conciergerie, en lui disant que ce serait son dernier asile. Mon grand-père, qui l'avait adorée comme toute la cour, ne pouvait penser sans attendrissement au sort de cette fille de Marie-Thérèse ; il s'oubliait lui-même en voyant les revers de fortune de cette femme, si fière avec les grands, si affable avec ses serviteurs ; et il ne pouvait s'étonner assez de la singularité de leur rencontre au pied de l'échafaud.

Durant le procès du général Custine, mon père avait écrit et fait imprimer une défense modérée, mais franche, de la conduite politique et militaire de son père. Cette défense, qu'il avait fait placarder sur les murs de Paris, fut inutile ; elle ne fit qu'attirer sur l'auteur la haine de Robespierre et du parti de la Montagne, déjà fort irrité contre lui à cause de ses liaisons avec tous les hommes généreux et raisonnables de ce temps-là. Dès lors sa perte fut jurée. Avant la fin du procès de son père, il fut mis en prison, et quelques mois plus tard, il périt sur le même échafaud. A cette époque, la terreur avait fait de rapides progrès : être accusé, c'était être condamné ; on n'était plus jugé que pour la forme.

Ma mère encore libre, quoique sa conduite pendant le procès de son beau-père eût fixé sur elle l'attention publique, obtint la permission d'entrer tous les jours à la Force pour y voir son mari. Apprenant que la mort très-prochaine de mon père était résolue, elle mit tout en œuvre pour lui procurer les moyens de s'évader ; belle comme elle l'était, et plus que belle, charmante, elle parvint à intéresser même la fille du concierge au sort du jeune prisonnier. Toutefois, ce ne fut qu'à force d'argent et de promesses qu'elle put la décider à exécuter un plan d'évasion qu'elle avait conçu en examinant attentivement les localités.

Mon père n'était pas d'une grande taille : il était délicat, il avait encore assez de jeunesse et une assez jolie figure pour qu'on pût l'habiller en femme sans attirer les regards. Chaque fois qu'elle sortait de la prison, ma mère, uniquement occupée de son projet, descendait jusque dans la rue accompagnée de la fille du concierge : les deux femmes passaient ensemble devant les factionnaires, les corps de garde et les municipaux de service ; ces gens, habitués à voir la fille du geôlier escorter ainsi tous les étrangers qui pénétraient dans la prison, s'en rapportaient à cette jeune personne du soin de fermer les portes de l'escalier, après le départ des parents ou des amis de chaque prisonnier. Depuis la mort de son beau-père, ma mère était en grand deuil ; elle portait toujours un chapeau et un voile noirs, bien que ce costume fût dangereux dans les rues, car, à cette époque désastreuse, on n'affichait pas impunément la douleur. Il fut convenu qu'au jour indiqué mon père prendrait les habits de sa femme dans la prison, que ma mère se costumerait comme la fille du geôlier, et que tandis que celle-ci descendrait dans la rue par un autre escalier, le prisonnier et la fausse Louise sortiraient ensemble par la porte ordinaire et de la manière essayée maintes fois par les deux femmes. On partirait un peu avant l'heure où les lampes s'allumaient, afin de profiter de la brune : c'était au commencement de janvier. La véritable Louise, la fille du geôlier, était jolie et presque aussi blonde et aussi fraîche que l'était ma mère, dont les chagrins, à vingt-deux ans qu'elle avait à peine, n'avaient pu altérer ni la beauté ni la santé. On était convenu que la jeune fille, en passant par des détours connus d'elle seule, arriverait de son côté dans la rue en même temps que le prisonnier, lequel, avant de monter en fiacre, lui donnerait à l'heure même trente mille francs en or, qui seraient apportés dans la rue par un ami de ma mère. On lui assurait en outre une pension viagère de deux mille francs, dont on lui remettrait en même temps le contrat signé.

Toutes choses bien calculées, bien combinées, on prit jour pour l'exécution. Ce jour avait été choisi par Louise, d'après l'humeur et le caractère des municipaux de garde, qu'elle connaissait tous, et dont quelques uns lui paraissaient moins redoutables que les autres ; il tomba justement sur l'avant-veille de celui où mon père devait être conduit à la Conciergerie et de là au tribunal, c'est-à-dire à la mort : on était au mois de janvier 1794.

La veille de ce jour solennel on crut devoir faire une répétition dans la chambre de mon père, où les habillements de chacune des trois personnes qui allaient jouer leur rôle dans la scène du lendemain furent essayés avec un soin minutieux.

Ma mère rentra chez elle pleine d'espérance : elle ne devait revenir à la prison que le jour suivant vers le soir, et une heure seulement avant d'en sortir avec mon père.

Les atrocités politiques se multipliaient : la veille même du jour choisi pour l'évasion, la Convention décréta la peine de mort contre quiconque favoriserait la fuite d'un prisonnier politique. La loi disait qu'on poursuivrait avec une égale rigueur le complice et le recéleur ; enfin, vous aurez peine à le croire, elle condamnait à la même punition que les coupables *tous ceux qui ne les auraient pas dénoncés* !...

Le journal dans lequel cette loi monstrueuse fut publiée n'était pas de ceux qu'on cachait aux prisonniers. Il fut placé à dessein sous les yeux de mon père, par le geôlier de la Force, le père de Louise. Ceci eut lieu le matin du jour choisi pour l'évasion.

L'après-midi, un peu avant l'heure convenue, ma mère arrive à la prison. Elle trouve au bas de l'escalier Louise fondant en pleurs. « Qu'as tu, ma fille ? » lui dit ma mère. « Ah ! madame, » répond Louise, oubliant dans ce moment le tutoiement de rigueur, « ah ! madame, venez le décider, vous seule pouvez encore lui sauver la vie ; depuis ce matin je suis à le supplier inutilement ; il ne veut plus entendre parler de notre projet. »

Ma mère, craignant d'être espionnée, monte l'escalier tournant sans répondre. Louise la suit. Cette bonne fille, avant d'entrer dans la chambre du prisonnier, retient une seconde fois ma mère sur le palier et lui dit très-bas : « Il a lu le journal. » Ma mère devine le reste : connaissant l'inflexible délicatesse de cœur de son mari, elle s'arrête avant d'ouvrir la porte ; ses genoux manquent sous le poids de son corps, elle chancelle comme si elle le voyait déjà monter à l'échafaud. « Viens avec moi, Louise, » dit-elle, « tu auras plus de pouvoir que moi pour le vaincre, car c'est pour ne point exposer ta vie qu'il veut sacrifier la sienne. » Louise entre chez mon père, la porte se referme, et là commence à voix basse une scène que vous vous figurerez mieux que je ne pourrai vous la décrire. D'ailleurs ma mère n'a trouvé la force de me la conter qu'une seule fois, il y a bien longtemps, et encore en abrégeant les détails.

« Vous ne voulez plus vous sauver, » dit ma mère en entrant, « votre fils va donc rester orphelin, car je mourrai aussi, moi.

— Sacrifier la vie de cette fille pour conserver la mienne : c'est impossible.

— Tu ne la sacrifieras pas ; elle se cachera et se sauvera avec nous.

— On ne se cache plus en France, on ne sort plus de ce malheureux pays ; ce que tu demandes à Louise est plus que son devoir.

— Monsieur, sauvez-vous, » dit Louise ; « c'est devenu mon affaire, à moi.

— Tu ne connais donc pas la loi décrétée hier ? » Et il commence à lire. Louise l'interrompt :

« Je sais tout cela, mais, monsieur, encore une fois, sauvez-vous, je vous en supplie ; je vous le demande à genoux (elle se jette aux pieds de mon père), sauvez-vous, j'ai mis mon bonheur, ma vie, mon honneur dans notre projet. Vous m'aviez promis de faire ma fortune, vous ne serez peut-être pas en état de tenir votre parole. Eh bien ! monsieur, je veux vous sauver pour rien. Les trente mille francs en or qui nous attendent là-bas dans la rue serviront pour nous trois. Nous nous cacherons, nous émigrerons, et je travaillerai pour vous ; je ne vous demande rien ; mais laissez-moi faire.

— Nous serons repris et tu mourras.

— Eh bien ! si j'y consens, qu'avez-vous à me dire ? C'est vrai, je quitte pour vous mon pays, mon père, mon prétendu ; il allait m'épouser, mais je ne l'aime pas ; d'ailleurs, si les choses tournent bien, je ferai sa fortune avec ce que vous m'avez promis, n'est-il pas vrai ?... Si je ne réussis pas, je mourrai avec vous, mais puisque je le veux bien, qu'avez-vous à me dire ?

— Tu ne sais ce que tu me proposes, Louise ; tu te repentiras.

— C'est possible, mais vous serez sauvé.

— Jamais.

— Quoi ! » reprend ma mère, « vous pensez à elle, à cette noble Louise, plus qu'à votre femme, plus qu'à votre enfant ?... Tu ne sais donc pas que demain, on me défendra d'entrer ici, et qu'après-demain, tu seras transféré à la Conciergerie ; la Conciergerie, c'était la mort. Après cela, comment veux-tu que je vive, moi ? La vie de Louise n'est pourtant pas la seule que tu doives sauver ici. D'ailleurs, toutes les chances sont pour nous, et par conséquent pour elle ; mais il faut nous hâter !... »

Rien ne put ébranler la stoïque résolution du jeune prisonnier : les deux femmes à genoux, l'épouse suppliante, la mère furieuse, l'étrangère dévouée jusqu'à la mort, tout fut inutile. Le martyr de l'humanité ferma son cœur à l'égoïsme comme à la sensibilité : le sentiment de l'honneur et du devoir parlait plus haut dans cette âme que l'amour de la vie, que l'amour d'une femme ravissante de beauté, de courage, d'attendrissement, de force et de faiblesse, plus haut que l'amour paternel. Tous ces motifs étaient presque des devoirs aussi, néanmoins mon père fut inflexible : tant de jeunesse, un corps si délicat, des traits si fins et une si grande âme !... ce devait être un beau spectacle pour le ciel !

Le temps accordé à ma mère s'écoula en vaines instances ; il fallut l'emporter hors de la chambre : elle ne voulait pas quitter la prison. Louise presque aussi désespérée la reconduisit jusqu'à la rue, où l'attendait dans une anxiété que vous comprenez, M. Guy de Chaumont-Quitry, notre ami, avec les trente mille francs en or.

« Tout est perdu, » lui dit ma mère, « il ne veut plus se sauver. — J'en étais sûr, » répondit M. de Quitry.

Ce mot, digne de l'ami d'un tel homme, m'a toujours paru presque aussi beau que la conduite de mon père.

Et tout cela est resté ignoré... Cette vertu surnaturelle a passé inaperçue dans un temps où les enfants de la France prodiguaient l'héroïsme, comme ils avaient prodigué l'esprit cinquante ans auparavant.

Ma mère ne revit mon père qu'une seule fois à neuf heures du soir, deux jours après cette scène, elle avait obtenu à force d'argent la permission de dire un dernier adieu au condamné, c'était à la Conciergerie.

Cette entrevue solennelle fut troublée par une circonstance si étrange que j'ai longtemps hésité à vous la raconter. Elle vous paraîtra inventée par le génie tragi-comique de Shakspeare, mais elle est vraie, dans tous les genres, la réalité va plus loin que la fiction, si elle vous trouble dans votre attendrissement, ce n'est pas ma faute, tout n'est-il pas contradiction dans la nature?

Je vous ai dit que mon père était condamné et qu'il devait subir sa sentence le lendemain : il était âgé de vingt-quatre ans. Sa femme, Delphine de Sabran, était l'une des plus charmantes personnes de ce temps-là. Le dévouement qu'elle avait montré quelque mois auparavant au général, son beau père, lui assurait dès lors une place glorieuse dans les annales d'une révolution où l'héroïsme des femmes a bien souvent racheté l'horreur qu'inspiraient à trop juste titre le fanatisme et la férocité des hommes.

Ma mère s'approcha de mon père avec calme, l'embrassa en silence et s'assit pendant trois heures auprès de lui. Durant ce temps, pas un reproche ne fut exprimé : la mort était là. Le sentiment trop généreux peut-être qui avait amené cette catastrophe était pardonné, pas un regret ne fut avoué : le malheureux avait besoin de toutes ses forces pour couronner son sacrifice. Peu de paroles furent échangées entre le condamné et sa femme : mon nom seul fut prononcé plusieurs fois, et ce nom leur brisa le cœur... Mon père demanda grâce... ma mère ne parla plus de moi.

Dans ces temps héroïques, la mort était un spectacle où les victimes mettaient leur honneur à ne pas fléchir devant les bourreaux, ma pauvre mère respecta dans le cœur de mon père si jeune, si beau, si plein d'âme, d'esprit, et naguère encore si heureux, le besoin de conserver tout son courage pour le lendemain ; cette dernière épreuve d'un caractère noble était devenue alors le premier des devoirs, même aux yeux d'une femme naturellement timide. Tant il est vrai que le sublime est toujours à la portée des âmes sincères ! Nulle femme n'était plus vraie que ma mère ; aussi personne n'eut plus d'énergie dans les grandes circonstances. Minuit approchait; craignant de se trouver mal, elle allait se lever et se retirer.

Le condamné l'avait reçue dans une salle qui servait d'entrée à plusieurs chambres de la prison. Cette salle commune était assez grande, basse et obscure, tous deux s'étaient assis près d'une table sur laquelle brûlait une chandelle ; un côté de la salle était vitré, et derrière les vitres on entrevoyait la figure des gardiens.

Tout à coup on entend ouvrir une petite porte jusqu'alors inaperçue, un homme sort, une lanterne sourde à la main : cet homme, bizarrement costumé, était un prisonnier qui allait en visiter un autre. Il avait pour vêtement une petite robe de chambre ou plutôt une espèce de camisole un peu longue, bordée de peau de cygne, et dont le nom même était ridicule, des caleçons blancs, des bas et un grand bonnet de coton en pointe orné d'une énorme fontange couleur de feu, complétaient son ajustement : il s'avançait dans la chambre, lentement, à petits pas, glissant comme les courtisans de Louis XV glissaient, sans lever les pieds, lorsqu'ils traversaient la galerie de Versailles.

Quand la figure fut arrivée tout près des deux époux, elle les regarda un instant sans dire mot, et continua son chemin, ils virent alors que ce vieillard avait du rouge.

Cette apparition, contemplée en silence par les deux jeunes gens, les surprit au milieu de leur désespoir féroce, et, sans songer que le rouge n'était pas mis là pour farder un visage flétri, mais qu'il était peut-être destiné à empêcher un homme de cœur de pâlir devant l'échafaud du lendemain, ils partent ensemble d'un éclat de rire terrible : l'électricité nerveuse triompha un moment de la douleur de l'âme.

L'effort qu'ils faisaient depuis longtemps pour se cacher leurs pensées avait irrité les fibres de leur cerveau ; ils furent surpris sans défense par le sentiment du ridicule, la seule émotion sans doute à laquelle ils ne s'étaient point préparés : ainsi, malgré leurs efforts, ou plutôt à cause de leurs efforts, pour rester calmes, ils s'abandonnèrent à des rires désordonnés, et qui dégénérèrent bientôt en spasmes effrayants. Les gardiens, que leur expérience révolutionnaire éclairait sur ce phénomène du rire sardonique, eurent pitié de ma mère plus que, dans une autre occasion, quatre ans avant cette époque, la populace de Paris, moins expérimentée, n'avait eu pitié de la fille de M. Berthier.

Ces hommes entrèrent dans la salle, et emportèrent ma mère pendant une crise nerveuse qui se manifestait par des accès de rire toujours renouvelés; tandis que mon père resta seul livré aux mêmes convulsions.

Telle fut la dernière entrevue des deux époux, et tels furent les premiers récits dont on berça mon enfance.

Ma mère avait recommandé le silence autour de moi; mais les gens du peuple aiment à raconter les catastrophes auxquelles ils ont survécu. Les domestiques ne me parlaient que des malheurs de mes parents. Aussi, jamais n'oublierai-je l'impression de terreur que m'a causée mon début parmi les hommes.

Ma première affection fut la crainte. Cette peur de la vie est un sentiment qui devrait être partagé avec plus ou moins d'énergie par tous les hommes, car tous auront leur mesure de douleur à combler en ce monde. C'est sans doute ce sentiment qui m'a fait comprendre la religion chrétienne avant qu'on me l'enseignât; j'ai senti en naissant que je venais de tomber dans un lieu d'exil.

Revenu à lui-même, mon père passa le reste de la nuit à se remettre de la crise qu'il venait de subir : vers le matin, il écrivit à sa femme une lettre admirable de sang-froid et de courage. Elle a été publiée dans les Mémoires du temps, ainsi que l'avait été celle de mon grand-père à ce même fils, qui mourait pour avoir voulu défendre son père, et pour n'avoir voulu ni rester à la cour de Prusse comme émigré, ni se sauver de prison en risquant la vie d'une jeune fille inconnue.

M. Girard, son ancien gouverneur, était resté tendrement attaché à cet élève dont il se glorifiait. Retiré à Orléans pendant la terreur, il apprit la mort de mon père par le journal : cette nouvelle inattendue lui causa un tel saisissement, qu'il mourut à l'instant frappé d'apoplexie.

Si les ennemis mêmes de mon père ne parlaient de lui qu'avec une sorte de respect involontaire, combien ses amis ne devaient-ils pas le chérir ? Il avait une simplicité de manières qui explique l'intérêt qu'inspirait son mérite. Sa modestie non affectée, la douceur de son langage, lui firent pardonner sa supériorité, à l'époque où le démon de l'envie régnait sans contrôle sur le monde. Il a sans doute pensé plus d'une fois, pendant la dernière nuit, aux prédictions de ses amis de Berlin ; mais je ne crois pas qu'il se soit repenti du parti qu'il avait pris : il était d'un temps où la vie, quelque pleine d'espérance qu'elle fût, paraissait peu de chose en comparaison du témoignage d'une conscience pure. On ne saurait désespérer d'un pays tant qu'il s'y trouve des hommes dans le cœur desquels le devoir parle plus haut que toutes les affections.

LETTRE TROISIÈME.

SOMMAIRE. — Suite de la vie de ma mère. — Son isolement entre tous les partis. — Elle veut émigrer. — Son arrestation. — Papiers mal cachés. — Protection providentielle. — Maison dévastée. — Dévouement de Nanette, ma bonne. — Son imprudence au tombeau de Marat. — Dévots au nouveau saint. — Vie de ma mère en prison. — Mesdames de Lameth, d'Aiguillon et de Beauharnais, plus tard l'impératrice Joséphine. — Caractère de ces jeunes femmes. — Portrait de ma mère. — Anecdotes à ajouter aux Mémoires du temps. — Un polichinelle aristocrate. — Une femme du peuple emprisonnée parmi les grandes dames. — Son caractère. — Elle est guillotinée avec son mari. — La partie de barres. — Le décadi en prison. — Visites domiciliaires. — Plaisanterie de Dugazon. — Interrogatoire. — Le président cordonnier et bossu. — Trait de caractère. — Le soulier de peau à glaise. — Le maître maçon Jérôme. — Terrible moyen de salut. — Le carton fatal. — Le 9 thermidor. — Fin de la terreur. — Raffinements de quelques historiens sur le caractère de Robespierre. — Les prisons après sa chute. — La pétition de Nanette apostillée par des ouvriers. — Le bureau de Legendre. — Délivrance. — Retour de ma mère dans sa maison. — La misère. — Trait de délicatesse du maître maçon Jérôme. — Bon sens de cet homme. — Sa mort. — Voyage de ma mère en Suisse. — Son entrevue avec Mme de Sabran, sa mère. — La romance du Rosier reçue en prison. — Jugement de Lavater sur le caractère de ma mère. — Manière dont elle passait sa vie sous l'Empire. — Ses amis. — Second voyage en Suisse, en 1811. — Sa mort en 1826, à 56 ans.

Berlin, ce 26 juin 1839.

Puisque j'ai commencé à vous faire le récit des malheurs de ma famille, je veux le compléter aujourd'hui. Il me semble que cet épisode de notre révolution, raconté par le fils des deux personnes qui y jouèrent le principal rôle, doit avoir un intérêt indépendant de votre amitié pour moi.

Ma mère venait de perdre tout ce qui l'attachait à son pays ; elle n'avait plus d'autre devoir que celui de sauver ses jours et de conserver la vie de son unique enfant.

D'ailleurs, en France, elle avait bien plus à souffrir que les autres proscrits.

Notre nom, entaché de libéralisme, paraissait aussi odieux aux aristocrates d'alors qu'il l'était aux Jacobins. Les partisans exclusifs et passionnés de l'ancien régime ne pouvaient pardonner à mes parents le parti qu'ils avaient pris au commencement de la révolution, pas plus que les terroristes ne leur pardonnaient la modération de leur patriotisme républicain. Dans ce temps-là, en France, un homme de bien pouvait mourir sur l'échafaud sans être plaint ni regretté de personne.

Le parti des Girondins, qui étaient les doctrinaires de cette époque, aurait défendu mon père : il était anéanti, ou du moins il avait disparu depuis le triomphe de Robespierre.

Ma mère se trouvait donc plus isolée que la plupart des autres victimes des Jacobins. Ayant adopté par dévouement les opinions de son mari, elle s'était décidée à abandonner la société dans laquelle elle avait passé sa vie; et elle n'en avait pas retrouvé une autre : ce qui restait du monde d'autrefois, de ce monde qu'on a depuis appelé le faubourg Saint-Germain, n'était pas désarmé par nos malheurs; et peu s'en fallait que les aristocrates purs ne sortissent de leurs cachettes pour faire chorus avec les Marseillais, quand on criait dans les carrefours la condamnation du *traître* Custine.

Le parti des réformateurs prudents, celui des hommes du pays, des hommes dont l'amour pour la France est indépendant de la forme du gouvernement adopté par les Français, ce parti qui fait aujourd'hui une nation, n'était pas encore représenté chez nous. Mon père venait de mourir martyr des espérances de cette nation qui n'était pas née, et ma mère, à vingt-deux ans, subissait les fatales conséquences de la vertu de son mari, vertu trop sublime pour être appréciée par des hommes qui n'en pouvaient comprendre les motifs. L'énergique modération de mon père était méconnue de ses contemporains, et sa gloire injuriée poursuivait sa femme du fond du tombeau; ma pauvre mère, chargée d'un nom qui représentait l'impartialité, au milieu d'un monde plein de passions, se voyait abandonnée de tous dans son infortune. D'autres avaient la consolation de se plaindre ensemble : ma mère restait seule à pleurer.

Quelques jours après la dernière catastrophe qui venait de la rendre veuve, elle sentit qu'il fallait partir, mais on ne pouvait sortir de France sans un passe-port, qui ne s'obtenait qu'à grand'peine; s'éloigner de Paris, c'était s'exposer aux soupçons, à plus forte raison était-il dangereux de passer la frontière.

Néanmoins, à force d'argent, ma mère parvint à se procurer un faux passe-port; elle devait quitter la France par la Belgique sous le nom d'une marchande de dentelles, tandis que ma bonne, cette berceuse lorraine dont je vous ai parlé, devait sortir par l'Alsace pour me réunir à ma mère en Allemagne. Nanette Malriat, née près de Sarrebourg, à Niderviller, chez mon grand-père, parlait allemand mieux que français, elle pouvait passer pour une paysanne des Vosges voyageant avec son enfant, le lieu du rendez-vous avait été fixé à Pyrmont en Westphalie, de là nous devions nous rendre à Berlin où ma mère comptait rejoindre sa mère et son frère.

On ne mit personne que ma bonne dans la confidence de ce plan. Ma mère se défiait de ses gens; d'ailleurs, par égard pour eux-mêmes, elle voulait qu'ils pussent dire hardiment qu'ils avaient ignoré notre fuite. Tout en cherchant à sauver sa vie, elle n'avait garde de négliger le soin de leur sûreté.

Pour écarter tout soupçon de complicité, il fut convenu qu'elle sortirait de chez elle le soir, seule et à pied, déguisée en ouvrière, et que ma bonne sortirait une demi-heure plus tôt en m'emportant dans ses bras, caché sous son mantelet. On devait attacher au balcon du salon une échelle de corde qui ferait supposer que ma mère était descendue dans la rue, la nuit, par la fenêtre, à l'insu des gens de la maison. Nous logions au premier étage rue de Bourbon. On avait depuis quelques jours fait sortir de chez nous, un à un, plusieurs objets de première nécessité pour former le petit paquet de voyage de ma mère. Ces objets avaient été déposés chez un ami, qui devait les rendre à ma mère, hors de la barrière, à l'heure indiquée.

Tout étant prêt, Nanette part avec moi pour se rendre au bureau des voitures publiques de Strasbourg, et ma mère se prépare à sortir pour prendre en poste la route de Flandre.

Au dernier moment, elle était seule dans un cabinet, au fond de son appartement; les portes de la chambre et du salon étaient restées ouvertes, elle s'occupait à mettre en ordre des papiers importants qu'elle triait avec un soin religieux, ne voulant brûler avant de partir que ce qui aurait pu compromettre des parents ou des amis d'émigrés restés à Paris. Ces papiers étaient, pour la plupart, des lettres de sa mère, de son frère, des reçus d'argent envoyé à des officiers de l'armée de Condé ou à d'autres émigrés, des commissions données en secret par des personnes de province suspectes d'aristocratie, des demandes de secours adressées par de pauvres parents et par des amis sortis de France; enfin, il y avait, dans le carton et dans les tiroirs qu'elle s'occupait à vider, de quoi la faire guillotiner dans les vingt-quatre heures, et cinquante personnes avec elle.

Assise sur un grand canapé près de la cheminée, elle commençait à brûler les lettres les plus dangereuses, et serrait à mesure dans une cassette celles qu'elle croyait pouvoir laisser après elle sans inconvénient, dans l'espoir de les retrouver un jour; tant elle avait de répugnance à détruire ce qui lui venait de ses amis ou de ses parents!

Tout à coup elle entend ouvrir la première porte de son appartement, celle qui donnait de la salle à manger dans le salon, éclairée par un de ces pressentiments qui ne lui ont jamais manqué dans les moments de péril, elle se dit : « Je suis dénoncée, on vient m'arrêter. » et sans plus délibérer, sentant qu'il est trop tard pour brûler les masses de papiers dangereux dont elle est environnée, elle les ramasse sur la table, sur le canapé, dans le carton, et, les prenant à brassées, elle les jette rapidement, ainsi que la cassette, sous le canapé, dont les pieds, heureusement assez hauts, étaient couverts d'une housse qui traînait jusqu'à terre.

Ce travail terminé avec la rapidité de la peur, elle se lève et reçoit de l'air le plus calme les personnes qu'elle voit entrer dans son cabinet.

C'étaient en effet des membres du comité de sûreté générale et des hommes de la section qui venaient l'arrêter.

Ces figures, aussi ridicules qu'atroces, l'environnent en un moment : les sabres, les fusils brillent autour d'elle; elle ne songe qu'à ses papiers, qu'elle achève de repousser du pied sous le canapé, devant lequel elle reste toujours debout.

« Tu es arrêtée, » lui dit le président de la section.

Elle garde le silence.

« Tu es arrêtée, parce qu'on t'a dénoncée comme émigrée d'intention.

— C'est vrai, » dit ma mère, en voyant déjà dans les mains du président son portefeuille et son faux passe-port qui venaient d'être saisis dans sa poche, car le premier soin des agents de la municipalité avait été de la fouiller : « c'est vrai, je voulais fuir.

— Nous le savons bien. »

En cet instant, ma mère aperçoit ses gens qui avaient suivi les membres de la section et du comité.

Un coup d'œil lui suffit pour deviner par qui elle a été dénoncée, la physionomie de sa femme de chambre trahit une conscience troublée. « Je vous plains, » lui dit ma mère en s'approchant de cette fille. Celle-ci se met à pleurer et répond tout bas en sanglotant : « Pardonnez-moi, madame, j'ai eu peur.

— Si vous m'eussiez mieux espionnée, » lui réplique ma mère, « vous auriez compris que vous ne couriez aucun risque.

— A quelle prison veux-tu qu'on te conduise ? » dit un des membres du comité, « tu es libre... de choisir.

— N'importe.

— Viens donc. » Mais avant de sortir, on la fouille encore, on ouvre les armoires, les meubles, les secrétaires, on bouleverse la chambre, et personne ne pense à regarder sous le canapé! Les papiers restent intacts. Ma mère se garde de jeter les yeux du côté où elle les a si précipitamment et si mal cachés. Enfin elle sort et monte en fiacre avec trois hommes armés, qui la mènent rue de Vaugirard, aux Carmes, dans ce couvent changé en prison, et dont les murs trop fameux étaient encore teints du sang des victimes massacrées au 2 septembre 1792.

Cependant l'ami qui l'attendait à la barrière, voyant l'heure du départ passée, ne doute pas un instant de l'arrestation de ma mère, et, laissant à tout hasard un de ses frères à la place indiquée, il court sans hésiter au bureau de la diligence, afin d'empêcher Nanette de partir avec moi pour Strasbourg; il arrive à temps; on me ramène chez nous : ma mère n'y était plus!... déjà les scellés avaient été apposés sur son appartement; on n'avait laissé de libre que la cuisine, où ma pauvre bonne établit son lit près de mon berceau.

En une demi-heure tous les domestiques avaient été forcés de déguerpir, toutefois non sans trouver le temps de piller le linge et l'argenterie; la maison était déserte et démeublée, on eût dit d'un incendie : c'était la foudre.

Amis, parents, serviteurs, tout avait fui; un fusilier défendait la porte de la rue; dès le lendemain, un gardien civique fut substitué à l'ancien portier; ce gardien était le savetier du coin, qui reçut en même temps le titre de mon tuteur. Dans ce réduit dévasté, Nanette eut soin de moi comme si j'eusse été un grand seigneur; elle m'y garda huit mois avec une fidélité maternelle.

Elle ne possédait presqu'aucun objet de valeur; quand le peu d'argent qu'elle avait emporté pour le voyage fut épuisé, elle me nourrit du produit de ses hardes, qu'elle vendait une à une, tout en se disant que personne ne pourrait lui rendre le prix de ce qu'elle dépensait pour moi.

Si ma mère périssait, son projet était de m'emmener dans son pays, pour m'y faire élever et nourrir parmi les petits paysans de sa famille. J'avais deux ans, je tombai mortellement malade d'une fièvre maligne. Nanette trouva le moyen de me faire soigner par trois des premiers médecins de Paris, Portal, Gastaldi, j'ai oublié le nom du chirurgien. Sans doute ces hommes furent influencés par la réputation de mon père et par celle de mon grand-père; mais ils seraient venus dans notre réduit, même pour un enfant inconnu, car c'est une chose éprouvée que le désintéressement et le zèle des médecins français, le dévouement de ma bonne est plus étonnant : ils sont humains par état, chez eux la science aide à la vertu, c'est bien, mais elle fut noble et généreuse malgré sa pauvreté, malgré son manque de culture : c'est sublime. Pauvre Nanette! elle avait bien de l'énergie; toutefois, la force de sa raison ne répondait pas à sa puissance de sentiment. C'était une belle âme, un noble cœur : ce n'était pas un grand caractère. Mais quelle fidélité ! ... Les revers de ma famille n'ont que trop fait briller son désintéressement et son courage.

Elle portait la hardiesse jusqu'à l'aveuglement, pendant le procès de mon grand-père, les crieurs publics s'en allaient par les halles, débitant d'atroces injures contre le *traître Custine*; quand ma bonne les entendait passer, elle les arrêtait au milieu de la foule, se disputait avec eux, défendait son maître contre la populace, et en appelait jusque sur la place de la Révolution des arrêts du tribunal révolutionnaire.

« Que dit-on, qu'ose-t-on écrire contre le général Custine ? » s'écriait-elle sans égard au danger auquel elle s'exposait. « Tout cela est faux ; je suis née chez lui, moi, je le connais mieux que vous, car il m'a élevée, il est mon maître, il vaut mieux que vous tous, entendez-vous ? s'il l'avait voulu, il aurait arrêté votre gueuse de révolution avec son armée, et maintenant vous lui lécheriez les pieds au lieu de l'insulter, lâches que vous êtes ! »

C'est avec des discours semblables et bien d'autres éclairs de bon sens, tout aussi imprudents, qu'elle a plusieurs fois pensé se faire massacrer au milieu des rues de Paris, par les harpies de la révolution.

Un jour, c'était peu de temps après la mort de Marat, elle passait avec moi, qu'elle portait sur ses bras, au milieu de la place du Carrousel. Par une confusion d'idées qui caractérise cette époque de vertige, on avait élevé là un autel révolutionnaire en l'honneur du martyr de l'athéisme et de l'inhumanité. Au fond de cette espèce de chapelle ardente était déposé, je crois, le cœur, si ce n'est le corps de Marat. On voyait des femmes s'agenouiller dans ce lieu nouvellement sanctifié, y prier, Dieu sait quel dieu, puis se relever en faisant avec recueillement le signe de la croix et une révérence au nouveau saint. Tous ces actes contradictoires peignent énergiquement le désordre des âmes et des choses à cette époque.

Exaspérée par ce spectacle, Nanette oublie que je suis dans ses bras, elle apostrophe la dévote de nouvelle espèce, et l'accable d'injures ; la furie pieuse répond en criant au sacrilége ; des paroles, elle en vient aux coups ; la foule entoure les deux ennemies. Nanette est la plus jeune et la plus forte, mais, gênée par la crainte de me blesser, elle a le dessous, et tombant à terre avec moi, elle perd son bonnet ; elle se relève échevelée, cependant elle me tient toujours fidèlement serré contre sa poitrine ; de toutes parts des cris de mort la menacent : « L'aristocrate à la lanterne ! » On la traîne déjà par les cheveux vers le réverbère de la rue *Nicaise*, comme on disait alors. Une femme m'avait arraché des bras de la malheureuse, lorsqu'un homme, qui paraissait plus furieux que les autres, fend la foule, éloigne un instant les énergumènes acharnés contre la victime, et, faisant semblant de ramasser quelque chose à terre, lui dit à l'oreille : « Vous êtes folle, vous êtes folle, entendez-moi bien, ou vous êtes perdue ; sauvez-vous, ne craignez rien pour votre enfant, je vous le porterai de loin, mais contrefaites la folle, ou vous êtes morte. » Alors Nanette se met à chanter, à faire toutes sortes de grimaces : « C'est une folle, » dit celui qui la protége ; à l'instant d'autres voix répondent : « Elle est folle, elle est folle, vous le voyez bien ; laissez-la passer ! » Profitant du moyen de salut qu'on lui offre, elle s'échappe en courant et en dansant, traverse le pont Royal, s'arrête à l'entrée de la rue du Bac, et là elle se trouve mal en me recevant des mains de son libérateur.

Nanette, grâce à cette leçon, devint sage par attachement pour moi ; mais ma mère ne cessa de redouter son audace et ses accès de franchise.

Dès son entrée en prison, ma mère éprouva un sentiment de consolation ; là du moins elle n'était plus seule ; elle se lia aussitôt d'amitié intime avec quelques femmes distinguées, et dont les opinions s'accordaient avec celles de mon père et de mon grand-père. Elles vinrent spontanément au-devant d'une personne à laquelle elles s'intéressaient depuis longtemps sans la connaître, et lui témoignèrent une sympathie touchante, fondée sur beaucoup d'admiration. Elle m'a parlé de madame Charles de Lameth, mademoiselle Picot, personne d'un esprit aimable et même gai, malgré la rigueur des temps ; de madame d'Aiguillon, la dernière du nom de Navailles, belle-fille du duc d'Aiguillon, l'ami de madame Dubarry, et belle comme une médaille antique ; enfin de madame de Beauharnais, depuis l'impératrice Joséphine.

Ma mère et cette dernière étaient logées dans le même cabinet, elles se rendaient réciproquement les services de femme de chambre.

Ces femmes si jeunes, si belles, avaient les vertus et même l'orgueil de leur malheur. Ma mère m'a conté qu'elle s'empêchait de dormir, tant qu'elle ne se sentait pas la force de faire le sacrifice de sa vie, parce que, disait-elle, elle craignait de donner des marques de faiblesse, si on venait la nuit la réveiller en sursaut pour la conduire à la Conciergerie, c'est-à-dire à la mort.

Mesdames d'Aiguillon et de Lameth avaient beaucoup d'énergie ; mais madame de Beauharnais montrait un découragement qui faisait rougir ses compagnes d'infortune. Avec l'insouciance d'une créole, elle était pusillanime à l'excès ; les autres savaient se résigner, elle espérait toujours ; elle passait sa vie à tirer les cartes en cachette et à pleurer devant tout le monde, au grand scandale de ses compagnes. Mais elle était naturellement gracieuse ; et la grâce ne nous sert-elle pas à nous passer de tout ce qui nous manque ? Sa tournure, ses manières, son parler surtout, avaient un charme particulier : cependant, il faut le dire, elle n'était ni magnanime ni franche : les autres prisonnières la plaignaient, en déplorant son peu de courage, car, toutes victimes qu'elles étaient de la République, elles restaient républicaines par caractère : je parle de mesdames de Lameth et d'Aiguillon ; ma mère n'était que femme, mais avec tant de grandeur d'âme, que chaque sacrifice était pour elle un exemple qui lui donnait une sorte d'émulation noble, et l'élevait tout d'abord au niveau des actions inspirées par les sentiments mêmes qu'elle ne partageait pas.

Il avait fallu des combinaisons uniques dans l'histoire pour former une femme telle que ma mère ; on ne retrouvera jamais le mélange de grandeur d'âme et de sociabilité produit en elle par l'élégance et le bon goût des conversations qu'on entendait dans le salon de sa mère, dans celui de madame de Polignac à Versailles, et par les vertus surnaturelles qu'on acquérait sur les marches de l'échafaud de Robespierre, quand on avait du cœur. Tout le charme de l'esprit français du bon temps, tout le sublime des caractères antiques, se retrouvaient en ma mère, qui avait la physionomie et le teint des blondes têtes de Greuze avec un profil grec.

Quand il fallut manger à la gamelle, à des tables de plus de trente prisonniers de tout rang, ma mère, qui de sa nature était la personne du monde la plus dégoûtée, ne s'aperçut même pas de cette aggravation de peine introduite dans le régime de la prison à l'époque de la plus grande terreur. Les maux physiques ne l'atteignaient plus. Je ne lui ai jamais vu que des chagrins ; ses maladies étaient des effets, la cause venait de l'âme.

On a beaucoup écrit sur les singularités de la vie des prisons à cette époque ; si ma mère avait laissé des Mémoires, ils auraient révélé au public une foule de détails encore ignorés. Dans la prison des Carmes, les hommes étaient séparés des femmes. Quatorze femmes avaient leurs lits dans une des salles de l'ancien couvent ; parmi ces dames se trouvait une Anglaise fort âgée, sourde et presque aveugle. On n'a jamais pu lui faire comprendre pourquoi elle était là : elle s'adressait à tout le monde pour le savoir ; le bourreau a répondu à sa dernière question.

J'ai lu dans les Mémoires du temps la mort toute semblable d'une vieille dame traînée de la province à Paris. Les mêmes iniquités se répétaient ; la férocité ne varie guère dans ses effets, pas plus que dans ses causes. La lutte entre le bien et le mal soutient l'intérêt du drame de la vie ; mais quand le triomphe du crime est assuré, la monotonie rend l'existence [illegible]dante ; et l'ennui ouvre la porte de l'enfer. Le Dante nous peint dans un des cercles de ses damnés, l'état des âmes perdues, mais dont les corps, mus par un démon qui s'en est emparé, paraissent encore vivants sur la terre. C'est le plus énergique et en même temps le plus philosophique emblème qu'on ait imaginé pour montrer les résultats du crime et le triomphe du mauvais principe dans le cœur de l'homme.

Dans la même chambrée était la femme d'un farceur qui montrait les marionnettes ; tous deux avaient été arrêtés, disaient-ils, parce que leur polichinelle était trop aristocrate, et qu'il se moquait du père Duchesne en plein boulevard.

La femme avait une extrême vénération pour les grandeurs déchues ; grâce à ce respect, les nobles prisonnières retrouvaient sous les verrous les égards dont elles avaient été entourées naguère dans leur propre maison.

La femme du peuple les servait pour le seul plaisir de leur être agréable ; elle faisait leur chambre, leur lit ; elle leur rendait gratuitement toutes sortes de soins, et n'approchait de leurs personnes qu'avec les témoignages du plus profond respect, au point que les prisonnières, ayant déjà perdu l'habitude de cette politesse d'autrefois, crurent pendant quelque temps qu'elle se moquait, mais la pauvre femme périt tout de bon avec son mari, et, en prenant congé de ses illustres compagnes, qu'elle croyait ne précéder que de peu de jours sur l'échafaud, elle n'oublia pas un seul instant d'user de toutes les formules d'obéissance surannée qu'elle aurait employées autrefois pour leur demander une grâce. A l'entendre parler avec tant de cérémonie, on aurait pu se croire dans un château féodal, chez une châtelaine entichée de l'étiquette des cours. A cette époque, ce n'était qu'en prison qu'une citoyenne française pouvait se permettre tant d'audacieuse humilité ; la malheureuse ne craignait plus de se faire arrêter. Il y avait quelque chose de touchant dans le contraste que le langage de cette femme, commune d'ailleurs, faisait avec le ton et les paroles des geôliers, qui croyaient se relever par leur brutalité. Les prisonniers se réunissaient à certaines heures dans une espèce de jardin ; là tout le monde se promenait ensemble, et les hommes jouaient aux barres.

C'était ordinairement pendant ces moments de récréation que le tribunal révolutionnaire envoyait chercher les victimes. Si celle qu'on appelait était un homme, et si cet homme était du jeu, il disait un simple adieu à ses amis, puis *la partie continuait*. Si c'était une femme, elle faisait également ses adieux ; et son départ ne troublait pas davantage les divertissements de ceux et de celles qui lui survivaient. Cette prison était la terre en miniature, et Robespierre en était le dieu.

Le même glaive était suspendu sur toutes les têtes, et l'homme épargné une fois ne pensait pas survivre plus d'un jour à celui qu'il voyait partir devant lui. D'ailleurs, à cette époque de délire, les mœurs des opprimés paraissaient tout aussi hors de nature que l'étaient celles des oppresseurs.

C'est de cette manière qu'après cinq mois de prison ma mère vit partir pour l'échafaud M. de Beauharnais. En passant devant elle, il lui donna un talisman arabe, monté en bague : elle l'a toujours conservé : maintenant c'est moi qui le porte.

On ne comptait plus par semaines, le temps était divisé par dizaines : le dixième jour s'appelait le décadi, et répondait à notre dimanche, parce qu'on ne travaillait ni ne guillotinait ce jour-là. Donc, quand les prisonniers étaient arrivés au nonidi soir, ils étaient assurés de vingt-quatre heures d'existence ; c'était un siècle : alors on faisait une fête dans la prison.

Telle fut la vie de ma mère après la mort de son mari. Cette vie dura pendant les derniers six mois de la terreur ; belle-fille d'un condamné, femme d'un autre condamné, célèbre par son courage et sa beauté, arrêtée sur une tentative d'émigration, dont elle-même avait dédaigné de se justifier, puisqu'on l'avait surprise en habit de voyage, et qu'un faux passe-port avait été saisi dans sa poche, c'est par une espèce de miracle qu'elle put échapper si longtemps à l'échafaud.

Plusieurs circonstances singulières concoururent à son salut. pendant la première quinzaine de sa détention, elle fut reconduite chez elle à trois reprises, là on leva les scellés, et l'on visita ses papiers en sa présence. Par une volonté qui semble providentielle, aucun des espions chargés de faire ces minutieuses perquisitions n'imagina d'aller regarder sous le grand canapé où se trouvaient les importants papiers qu'elle y avait jetés pêle-mêle par brassées, au moment même de son arrestation. Elle n'avait osé charger personne de les retirer de leur cachette ; d'ailleurs, chaque fois qu'on la ramenait à sa prison, les scellés étaient réapposés devant elle sur toutes les portes de son appartement. Dieu voulut donc que ce meuble fût oublié, tandis que *dans le même cabinet* on défonçait sous ses yeux le milieu d'un secrétaire pour en fouiller la cachette, et, que se livrant, selon l'esprit du temps, aux recherches les plus ridicules, on levait jusqu'à des feuilles de parquet.

Ceci rappelle la plaisanterie de l'acteur Dugazon. Vous l'ignorez sans doute, car que n'ignorent pas sur l'époque de nos malheurs les hommes d'aujourd'hui ? Ils sont trop occupés eux-mêmes pour avoir le temps de recueillir les actes de leurs pères.

Dugazon, le comédien, était garde national ; un jour, faisant une patrouille près de la Halle, il s'arrête devant une marchande de pommes : « Ouvre-moi tes pommes, dit-il à cette femme. — Pourquoi faire ? — Ouvre-moi tes pommes. — Qu'est-ce que tu leur veux donc à mes pommes ? — Je veux voir si tu n'y as pas caché des canons. »

Malgré le jacobinisme, qu'on appelait alors le civisme de Dugazon, l'épigramme en public était dangereuse.

Vous figurez-vous les battements de cœur de ma mère chaque fois qu'on approchait du lieu où avaient été jetés ses redoutables papiers ? Elle m'a souvent répété que pendant toutes les visites domiciliaires auxquelles on la força d'assister, elle n'osa tourner une seule fois les regards vers le canapé fatal, et en même temps elle craignait de les détourner avec affectation.

Ceci ne fut pas l'unique marque de protection que Dieu lui donna dans ses malheurs ; comme elle ne devait pas périr là, l'esprit des hommes qui pouvaient la perdre fut tourné par une puissance invisible.

Douze membres de la section assistaient à ces recherches. Assis autour d'une table au milieu du salon, ils terminaient toujours leur visite par un interrogatoire long et détaillé, qu'ils faisaient subir à la prisonnière. La première fois, cette espèce de jury révolutionnaire fut présidé par un petit bossu, cordonnier de son métier et méchant autant qu'il était laid. Cet homme avait trouvé dans un coin un soulier qu'il prétendait être de peau anglaise : l'accusation était grave. Ma mère soutint d'abord que le soulier n'était pas de peau anglaise, le cordonnier président insista.

« C'est possible, » dit à la fin ma mère, « vous devez vous y connaître mieux que moi ; tout ce que je puis vous dire, c'est que je n'ai jamais rien fait venir d'Angleterre ; si ce soulier est anglais, il n'est donc pas à moi. »

On l'essaie ; il va au pied. « Quel est ton cordonnier ? » demande le président. Ma mère le nomme : c'était le cordonnier à la mode au commencement de la Révolution ; il travaillait à cette époque pour toutes les jeunes femmes de la cour.

« Un mauvais patriote, » répond le président bossu et jaloux.

« Un bon cordonnier, » dit ma mère.

« Nous voulions le mettre en prison, » réplique le président avec aigreur ; « mais il s'est caché, l'aristocrate, sa mauvaise conscience l'avait bien averti. Sais-tu où il est à présent ?

— Non, » répond ma mère, « d'ailleurs je le saurais que je ne vous le dirais pas. »

Ses réponses courageuses, et qui contrastaient avec son air timide, l'ironie de ses pensées, qui perçait malgré elle sous la modération obligée de ses paroles, l'espèce de taquinerie involontaire à laquelle l'excitaient ces scènes burlesques et tragiques à la fois, sa beauté ravissante, la finesse de ses traits, son profil parfait, son deuil, sa jeunesse, l'éclat de son teint, la magie de ses cheveux blond doré, l'expression particulière de son regard, sa physionomie à la fois passionnée, mélancolique, résignée et mutine, son air noble malgré elle, ses manières élégantes, et dont la facilité faisait rougir des hommes embarrassés dans leur grossièreté naturelle et affectée, sa fierté modeste, sa renommée déjà nationale, l'autorité du malheur, l'incomparable accent de sa voix argentine, de cette voix à la fois touchante et sonore, sa manière de prononcer le français si nette et pourtant si douce, le don de la popularité qu'elle possédait à un haut degré sans aucune nuance de lâche complaisance, l'instinct de la femme enfin, ce désir constant de plaire qui réussit toujours parce qu'il est inné et par conséquent naturel : tout, en elle contribuait à lui gagner le cœur de ses juges, quelque cruels qu'ils fussent. Aussi tous lui étaient-ils devenus favorables, excepté le petit bossu : cette rancune obstinée d'une créature disgraciée par la nature me paraît un trait de lumière jeté sur le cœur humain.

Ma mère avait un talent remarquable pour la peinture, elle possédait surtout le don de la ressemblance et le sentiment du pittoresque. Dans les moments de silence, elle se mit à crayonner les personnages qui l'entouraient, et elle fit en quelques traits une charmante esquisse du terrible tableau dont elle était la figure principale. J'ai vu ce dessin conservé longtemps chez nous ; il s'est perdu dans un déménagement. Ce dessin représentait une douzaine d'hommes assis autour d'une table ronde, et une femme debout qui paraissait répondre aux questions qu'on lui adressait.

Un maître maçon nommé Jérôme, l'un des plus ardents jacobins de ce temps-là, et qui faisait partie des membres du puissant comité de notre section, était présent à la scène : il lui enleva son dessin pour le faire passer de main en main ; chacun se reconnut, et tous s'égayèrent aux dépens du président, qu'on voyait monté sur sa chaise pour se grandir et pour montrer à tous les yeux d'un air grotesquement triomphant le soulier accusateur ; la bosse dissimulée avec une indulgence affectée ne paraissait qu'autant qu'il le fallait pour rendre hommage à la vérité.

Cette modération de la part du peintre qui était aussi la victime, fit plus d'effet sur l'assemblée que n'en aurait produit une caricature : je note ce dernier trait parce qu'il me paraît caractériser essentiellement la délicatesse de l'esprit français de ce temps-là, dans quelque classe qu'on l'observe. Ces hommes avaient été élevés sous *l'ancien régime*, époque de l'élégance française par excellence. Leurs petits-enfants ont peut-être plus de raison, mais ils ont moins de goût et de finesse.

« Tiens ! » s'écrièrent les terribles juges presque à l'unanimité, « tiens ! regarde donc comme ton portrait est flatté, président. La citoyenne t'a vu en beau, ma foi. »

Et des rires universels achevèrent d'exaspérer le cordonnier contrefait, mais tout-puissant, puisqu'il présidait à l'instruction des crimes imputés à l'accusée. Sa rage pouvait devenir funeste à ma mère ; pourtant elle dut la vie à l'imprudence qu'elle commit ce jour-là.

Le dessin qu'on lui prit fut joint aux pièces qui devaient servir au procès, et qu'on lui rendit plus tard. Jérôme, le maître maçon, qui affectait la plus grande colère contre ma mère, à laquelle il n'adressait jamais une parole sans y mêler quelque jurement terrible, Jérôme, tout féroce qu'il était, était jeune ; frappé d'admiration en voyant ce qui la distinguait des autres femmes, il n'eut plus qu'une pensée, ce fut de la préserver de la guillotine à son insu. Il le pouvait, il le fit : voici comment :

Il avait un libre accès dans les bureaux de Fouquier-Tinville, l'accusateur public. Là s'entassaient les papiers où se trouvait le nom de chaque détenu écroué dans les prisons de Paris. Ces feuilles passaient toutes dans le carton où elles étaient empilées une à une par Fouquier-Tinville, qui les employait à mesure et sans choix pour fournir aux exécutions de la journée, c'est-à-dire à trente, à quarante et jusqu'à soixante et quatre-vingts assassinats publics. Ces meurtres étaient alors le principal divertissement du peuple de Paris. Le nombre des pièces se recrutait journellement des différents envois qui se faisaient de toutes les prisons de la ville. Jérôme savait où était le carton fatal, et pendant six mois, il n'a pas manqué *une seule fois* de se rendre le soir dans le bureau, à l'instant où il était sûr de n'être pas observé, pour s'assurer que la feuille sur laquelle était inscrit le nom de ma mère se trouvait toujours au fond du carton. Lorsque de nouveaux papiers avaient été placés dans le même carton, et que l'accusateur public, par justice distributive, les avait mis sous les anciens, afin que chaque nom vint à son tour, Jérôme parcourait la liasse infernale, jusqu'à ce qu'il eût retrouvé le nom de ma mère, et remis sous toutes les feuilles la feuille où il était inscrit. La supprimer lui eût paru trop dangereux. On savait que Fouquier-Tinville ne prenait pas la peine de vérifier les noms, mais il pouvait compter les papiers, et Jérôme, accusé et convaincu d'une soustraction, montait le jour même sur l'échafaud; intervertir l'ordre des actes était un crime sans doute, mais c'était un crime moins grave et moins facile à prouver. D'ailleurs, je n'explique rien, je vous dis ce que j'ai souvent entendu raconter, dans mon enfance, par Jérôme lui-même. Il nous disait que la nuit, après que tout le monde était retiré, il retournait quelquefois au bureau dans la crainte que quelqu'un, à la fin de la journée, n'eût fait comme lui et n'eût interverti l'ordre des papiers, c'était uniquement à cet ordre que tenait la vie de ma mère. Effectivement, une fois son nom se trouva le premier. Jérôme frémit, et le remit sous les autres.

Ni moi, ni aucune des personnes qui écoutaient ce récit terrible, nous n'osions demander à Jérôme le nom des victimes dont il avait avancé le supplice en faveur de ma mère. Vous comprenez bien qu'elle n'a connu qu'après sa sortie de prison la ruse qui lui sauvait la vie.

Au moment où le 9 thermidor arriva, les prisons, à force de se désemplir, étaient presque vides. Il ne restait plus que trois feuilles dans le carton de Fouquier-Tinville; celle de ma mère était toujours la dernière, ce qui ne l'eût pas empêchée de périr, car on n'en aurait guère apporté davantage, le spectacle de la place de la Révolution commençait à lasser son public, et le projet de Robespierre et de ses conseillers intimes était, pour en finir avec les amis de l'ancien régime, d'ordonner un massacre général dans l'intérieur des prisons.

Ma mère, si forte contre l'échafaud, m'a souvent dit qu'elle ne se sentait nul courage à l'idée de se voir poursuivie et blessée par des assassins avant d'être égorgée.

Pendant les dernières semaines de la terreur, les anciens guichetiers de la prison des Carmes avaient été remplacés par des hommes plus féroces, destinés à prendre part eux-mêmes aux exécutions secrètes. Ils ne dissimulaient pas aux victimes le plan formé contre elles, le règlement de la prison était devenu plus sévère, personne du dehors ne pouvait voir les détenus; on n'osait leur rien envoyer; enfin l'accès des cours et des jardins leur était interdit, parce qu'on y creusait leurs fosses, voilà, du moins, ce qu'on leur disait; chaque bruit lointain, chaque murmure de la ville, leur paraissait le signal du carnage, chaque nuit leur semblait la dernière.

Leurs angoisses cessèrent le jour même de la chute de Robespierre.

Si l'on réfléchit à cette circonstance, on aura de la peine à ne pas rejeter la supposition de quelques esprits, qui, pour raffiner sur l'histoire de la terreur, ont prétendu que Robespierre n'était tombé que parce qu'il valait mieux que ses adversaires.

Il est vrai que ses complices ne sont devenus ses ennemis que lorsqu'ils ont tremblé pour eux-mêmes: leur principal mérite est d'avoir eu peur à temps, mais en se sauvant ils ont sauvé la France, qui serait devenue un antre de bêtes féroces si les plans de Robespierre se fussent accomplis. La Révolution du 9 thermidor est une conspiration de caverne, une révolte de bandits: d'accord, mais le chef de brigands est-il devenu un honnête homme pour avoir succombé sous les coups de sa troupe conjurée contre lui? S'il suffisait du malheur pour justifier le crime, où en serait la conscience? L'équité périrait sous une fausse générosité, sentiment dangereux, car il séduit les belles âmes et leur fait oublier qu'un homme de bien doit préférer la justice et la vérité à tout.

On a dit que Robespierre n'était pas féroce par tempérament: qu'importe? Robespierre, c'est l'envie devenue toute-puissante. Cette envie souveraine nourrie des humiliations méritées que cet homme avait souffertes dans l'ancienne société, lui avait fait concevoir l'idée d'une vengeance si atroce que la bassesse de son âme et la dureté de son cœur suffisent à peine à nous faire comprendre comment il a pu la réaliser. Soumettre une nation à des opérations mathématiques, appliquer l'algèbre aux passions politiques, écrire avec du sang, chiffrer avec des têtes, voilà ce que la France a laissé faire à Robespierre. Elle fait pis encore peut-être aujourd'hui, elle écoute des esprits distingués qui s'évertuent à justifier un tel homme!! Il n'a pas volé..... mais le tigre ne tue pas toujours pour manger.

Robespierre n'était pas féroce, dites-vous, il n'a pas pris plaisir à voir couler le sang: mais s'il l'a versé, le résultat est le même. Inventez donc si vous le voulez un mot pour l'assassinat politique par calcul; mais que cette vertu monstrueuse soit stigmatisée par l'histoire. Excuser l'assassinat par ce qui le rend plus odieux, par le sang-froid et par les combinaisons de l'assassin, c'est contribuer à l'un des plus grands maux de notre époque, à la perversion du jugement humain. Les hommes d'aujourd'hui, dans leurs arrêts dictés par une fausse sensibilité, annulent à force d'impartialité le bien et le mal, pour mieux s'arranger de la terre ils ont aboli d'un coup le ciel et l'enfer! Ils en sont venus au point que notre génération ne reconnaît plus qu'un seul crime: l'indignation contre le crime..... qu'une seule chose respectable, l'opinion qu'on n'a pas. Avoir un avis, c'est devenir injuste....., et dès lors incapable de comprendre les autres. Comprendre tout, et tout le monde, telle est la prétention à la mode. Blâmer les hommes pervers, les choses mauvaises, ce n'est plus faire acte de justice, c'est montrer les bornes de son esprit.

Voilà où nous a conduits la manie de tout comprendre, c'est-à-dire de tout confondre. Tels sont les sophismes où nous entraîne le prétendu adoucissement de nos mœurs, adoucissement qui n'est qu'une grande indifférence morale, une profonde incrédulité religieuse et une avidité sensuelle toujours croissante..... mais patience!!..... le monde est déjà revenu de plus loin.

Deux jours après le 9 thermidor, une grande partie des prisons de Paris était vide.

Mme de Beauharnais, liée avec Tallien, sortit en triomphe; Mmes d'Aiguillon et de Lameth n'avaient point péri, elles furent promptement délivrées; ma mère, oubliée aux Carmes, restait presque seule dans cette prison qui n'était plus même glorieuse. Elle voyait ses nobles compagnons d'infortune faire place aux terroristes, qui, d'après le revirement opéré dans la politique, venaient chaque jour sous les verrous prendre la place de leurs victimes. Les Jacobins, sous prétexte de punir les tyrans, avaient enseigné la tyrannie à la France, on les frappait avec leurs propres armes. Tous les parents, tous les amis de ma mère étaient dispersés: personne ne s'occupait d'elle. Jérôme, proscrit à son tour comme ami de Robespierre, était obligé de se cacher et ne pouvait plus la protéger.

Deux mortels mois se passèrent dans un abandon plus désolant peut-être que le péril; elle m'a répété bien des fois que ce temps d'épreuve fut le plus difficile à supporter.

La lutte des partis continuait: le gouvernement pouvait d'un jour à l'autre retomber dans les mains des Jacobins. Sans le courage de Boissy-d'Anglas, le meurtre de Féraud fût devenu le signal d'une seconde terreur pire que la première: ma mère savait tout cela, car en prison on n'ignore jamais ce qui peut inquiéter. Chaque jour elle faisait demander à me voir; j'étais mourant: ma bonne répondait que j'étais malade: ma mère pleurait et se décourageait.

Enfin, Nanette, après m'avoir sauvé la vie par ses soins, se mit sérieusement en peine de sa maîtresse. Voyant que personne ne faisait rien pour ma mère, elle s'en alla chez Dyle, marchand de porcelaine, pour s'entendre avec une cinquantaine d'ouvriers de notre pays qui travaillaient alors dans les ateliers de ce riche fabricant du boulevard du Temple: ces hommes avaient été employés à une manufacture de porcelaine fondée par mon grand-père à Niderviller, au pied des Vosges. Cette manufacture, établie avec beaucoup de magnificence, avait pendant longtemps fait vivre un grand nombre de personnes; elle fut confisquée avec les autres biens du général Custine, alors le travail cessa: ceux des ouvriers qui pensaient pouvoir gagner leur vie à Paris, vinrent y chercher de l'ouvrage chez Dyle, qui les employa tous. Parmi eux se trouvait Malriat, le père de Nanette.

C'est à ces hommes, montés alors au rang des plus puissants, qu'elle vint demander de s'intéresser au sort de leur ancienne dame. Depuis la Révolution, ils avaient assez entendu parler d'elle; d'ailleurs, son souvenir était présent dans tous les cœurs.

Ils signèrent avec empressement une pétition dictée par Nanette, qui parlait et écrivait le français de la Lorraine allemande, et elle porta elle-même cette requête ainsi rédigée et apostillée à Legendre, ancien boucher. Cet homme présidait le bureau où l'on déposait toutes les demandes adressées à la commune de Paris en faveur des détenus.

Le papier de Nanette fut reçu comme les autres, et jeté dans un coin sur un rayon ouvert où se trouvaient des centaines de pétitions semblables. Il demeura là quelque temps... à quoi tenait le sort des hommes à cette époque!!!

Un soir, trois jeunes gens, attachés à Legendre, et dont l'un s'appelait Rossigneux, j'ai oublié le nom des autres, entrèrent sans lumière, assez tard, dans le bureau, un peu échauffés par le vin; ils se mettent à courir les uns après les autres, à monter sur les tables, à se battre pour rire, enfin à faire mille folies. Dans ce désordre, ils ébranlent les rayons du casier, un papier tombe. L'un des tapageurs le ramasse.

« Qu'as-tu trouvé là? disent les autres.

— Sans doute une pétition, répond Rossigneux.

— Oui; mais quel est le nom du prisonnier? »

On appelle quelqu'un; on demande de la lumière. Dans l'intervalle, les trois étourdis se jurent de faire signer la liberté de la personne désignée dans cette pétition, quelle qu'elle soit, de la faire signer le soir même par Legendre lorsqu'il rentrera, et d'annoncer à l'instant sa délivrance au détenu.

« Je le jure, fût-ce la liberté du prince de Condé, dit Rossigneux.

— Je le crois bien, répondent à la fois les deux autres en riant, il n'est pas prisonnier. »

On lit la pétition; c'est celle de ma mère dictée par Nanette, et apostillée par les ouvriers de Niderviller.

La scène que vous venez de lire lui fut racontée plus tard en détail.

« Quel bonheur! s'écrient les jeunes gens, la belle Custine, une seconde Roland! Nous irons la tirer de prison tous les trois ensemble. »

Legendre rentre chez lui, pris de vin comme les autres, à une heure du matin; la mise en liberté de ma mère, présentée par trois étourdis, est signée par un homme ivre; et, à trois heures du matin, les jeunes gens, autorisés à se faire ouvrir la prison, frappent à la porte de sa chambre, aux Carmes. Elle logeait seule alors. Elle ne voulut ni ouvrir sa porte, ni sortir de la maison.

Les jeunes gens eurent beau insister et lui raconter le plus brièvement, mais le plus éloquemment possible, ce qui venait d'arriver, elle avait peur de monter en fiacre au milieu de la nuit avec des inconnus; elle pensait d'ailleurs que Nanette ne l'attendait pas à cette heure-là; elle résista donc aux instances de ses libérateurs, qui n'obtinrent que la permission de revenir la chercher le lendemain à dix heures.

Ainsi, après huit mois d'une prison si périlleuse, elle prolongea volontairement sa détention de plusieurs heures.

Quand elle sortit des Carmes, ils lui racontèrent, avec beaucoup de détails, ce qui avait décidé sa mise en liberté, insistant sur chaque circonstance, afin de lui prouver qu'elle ne devait rien à personne. On faisait alors une espèce de trafic des libertés; une foule d'intrigants rançonnaient, après leur élargissement, les malheureux prisonniers, pour la plupart ruinés par la Révolution.

Une grande dame, alliée d'assez près à ma mère, n'eut pas honte de lui demander 30,000 francs qu'elle avait dépensés disait elle, en corruptions pour obtenir sa sortie de prison. Ma mère répondit tout simplement par l'histoire de Rossigneux, et elle ne revit jamais sa parente.

Que trouva-t-elle en rentrant chez elle? Sa maison dévastée, les scellés encore apposés sur son appartement, ma bonne logée dans la cuisine avec moi, qui avais deux ans et demi, et qui étais resté sourd et imbécile à la suite de la maladie qui m'avait mis presque à la mort.

Ce que ma mère eut à souffrir lors de ce retour à la liberté brisa ses forces; elle avait résisté aux terreurs de l'échafaud en se résignant chaque soir à mourir avec courage; la grandeur du sacrifice soutenait son esprit et son corps; elle succomba à la misère. La jaunisse se déclara le lendemain de son retour chez elle. Cette maladie dura cinq mois; il lui en resta une affection du foie dont elle a souffert toute sa vie.

Ce mal contrastait d'une manière frappante avec le teint le plus frais et le plus éclatant que j'aie jamais vu.

Au bout de six mois, ma mère retrouva quelque argent; on lui rendit une très-petite partie des terres de son mari, non encore vendues. Nous étions alors guéris tous les deux.

« Avec quoi madame croit-elle qu'elle a vécu depuis sa sortie de prison? lui dit un jour Nanette.

— Je ne sais; j'étais malade. Tu auras vendu de l'argenterie?

— Il n'y en avait plus.

— Du linge, des bijoux?

— Il n'y avait plus rien.

— Eh bien! avec quoi?

— Avec l'argent que Jérôme, du fond de sa cachette, m'envoyait chaque semaine, y joignant l'ordre exprès de ne rien dire à madame; mais, à présent qu'elle peut le rendre, je dis ce qui est. J'en ai tenu note exactement: voici le compte. »

Ma mère eut le bonheur de sauver la vie à cet homme proscrit avec les terroristes. Elle le cacha et l'aida à fuir en Amérique.

Lorsqu'il revint, sous le consulat, il avait fait, aux États-Unis, une petite fortune qu'il augmenta depuis, à Paris, par des spéculations de terrains et de maisons.

Ma mère le traitait comme un ami; ma grand'mère, madame de Sabran, et mon oncle, revenus de l'émigration, le comblèrent de marques de reconnaissance; toutefois, il n'a jamais voulu faire partie de notre société. Il disait à ma mère (je ne vous reproduis pas exactement son langage, car il était Bordelais, et sa conversation n'était qu'une suite de gros mots), mais il disait à peu près dans son accent gascon: « Je viendrai vous voir quand vous serez seule; lorsqu'il y aura du monde chez vous, je n'irai pas. Vos amis me regarderaient comme une bête curieuse, vous me recevriez par bonté, car je connais votre cœur; mais je serais mal à mon aise chez vous, et je ne veux pas de ça. Je ne suis pas né comme vous; je ne parle pas comme vous; nous n'avons pas eu la même éducation. Si j'ai fait pour vous quelque chose, vous avez fait tout autant pour moi: nous sommes quittes. La folie du temps nous a rapprochés un moment; nous aurons toujours le droit de compter l'un sur l'autre, mais nous ne pouvons nous entendre. »

Sa conduite a été jusqu'à la fin conséquente à ce langage. Ma mère est restée pour lui, en toute occasion, une amie fidèle et serviable; on m'a élevé dans des sentiments de reconnaissance envers lui; néanmoins, dans sa physionomie, dans ses manières, il y avait toujours quelque chose qui m'étonnait.

Il ne parlait jamais politique ni religion; il avait une grande confiance en ma mère, à laquelle il racontait ses chagrins domestiques. Nous le voyions de temps en temps; j'étais encore enfant lorsqu'il mourut: c'était au commencement de l'Empire.

La première pensée que fait naître le souvenir des malheurs de cette jeune femme, et de la protection divine par laquelle elle échappa tant de fois au péril, c'est que Dieu la réservait sans doute à des joies qui la dédommageraient de tant d'épreuves. Hélas! ce n'est pas dans ce monde qu'elle les a trouvées.

Ne dirait-on pas qu'une créature ainsi poursuivie par le sort et protégée par le ciel devait inspirer à tous les hommes une sorte de respect et le désir de lui faire oublier ce qu'elle avait souffert? Mais les hommes ne pensent qu'à eux-mêmes.

Ma pauvre mère perdit, à lutter contre la pauvreté, les plus belles années de cette vie miraculeusement conservée.

L'énorme fortune de mon grand-père, confisquée et vendue à vil prix au profit de la nation, était presque évanouie: de toute cette opulence il ne nous restait que les dettes. Le gouvernement ne se chargeait pas de payer les créanciers; il prenait les biens et laissait les charges à ceux qu'il avait dépouillés de tout moyen de s'acquitter.

Vingt années s'écoulèrent en procès ruineux, pour arracher d'un côté à la nation, de l'autre à une formidable masse de créanciers qui ne voulaient pas s'entendre, ce qui me revenait de la fortune de mon aïeul paternel; j'étais créancier, non héritier de mon grand-père, et ma mère était ma tutrice. Son amour pour moi l'empêcha toujours de se remarier; d'ailleurs, devenue veuve par le bourreau, elle ne se sentait pas libre comme une autre femme.

Nos affaires, difficiles et embrouillées, ont fait son tourment; les vicissitudes d'une liquidation des plus laborieuses ont attristé ma jeunesse comme l'échafaud avait épouvanté mon enfance. Toujours suspendus entre la crainte et l'espérance, nous luttions contre le besoin; tantôt on nous promettait la richesse, tantôt un revers imprévu, une chicane habile, un procès perdu, nous rejetaient dans le dénûment. Si j'ai le goût de l'élégance, j'attribue ce penchant aux privations qui me furent imposées dans ma première jeunesse, et à celles dont je voyais souffrir ma mère. Il m'a été donné de ressentir un mal inconnu à l'enfance: le besoin d'argent; je vivais si près de ma mère que je devinais tout par elle.

Cependant, quelques rayons de joie ont brillé pour elle. Un an après sa délivrance, elle obtint un passe-port, et, m'ayant laissé en Lorraine, toujours aux soins de ma bonne Nanette, elle alla en Suisse, où l'attendaient sa mère et son frère, qui ne pouvaient alors s'approcher plus près de la France.

Cette réunion, malgré les douleurs qu'elle renouvelait, fut une consolation.

Madame de Sabran avait cru sa fille perdue; elle la retrouva, encore embellie par le malheur et réalisant l'ingénieux emblème du rosier, romance devenue célèbre alors dans l'Europe entière.

Ma grand'mère émigrée, ne pouvant écrire à sa fille pendant la terreur, lui avait fait parvenir en prison ces vers touchants autant que spirituels sur l'air de J.-Jacques.

Air: Je l'ai planté, je l'ai vu naître.

1

Est bien à moi, car l'ai fait naître,
Ce beau rosier, plaisirs trop courts!
Il a fallu fuir, et peut-être
Plus ne le verrai de mes jours.

2.

Beau rosier, cède à la tempête:
Faiblesse désarme fureurs,
Sous les autans courbe ta tête,
Ou bien c'en est fait de tes fleurs.

3.

Bien que me fis, mal que me causes,
En ton penser s'offrent à moi;
Auprès de toi n'ai vu que roses,
Ne sens qu'épines loin de toi.

4.

Étais ma joie, étais ma gloire,
Et mes plaisirs et mon bonheur;
Ne périras dans ma mémoire
Ta racine tient à mon cœur!...

5.

Rosier, prends soin de ton feuillage,
Sois toujours beau, sois toujours vert,
Afin que voye après l'orage
Tes fleurs égayer mon hiver.

Le vœu s'est accompli, le rosier a refleuri, et les enfants se sont de nouveau pressés sur le sein de leur mère.

Ce voyage en Suisse est un des moments les plus heureux de la vie de ma mère. Ma grand'mère était une femme des plus distinguées et des plus aimables de son temps ; mon oncle, le comte Elzéar de Sabran, plus jeune que ma mère, mais d'une sagacité d'esprit précoce, lui faisait sentir tout ce qu'il y avait de sublime et de nouveau pour elle dans le pays qu'ils parcouraient ensemble.

Tout ce qu'elle m'a raconté de cette époque avait une grâce poétique, c'était la pastorale après la tragédie.

Lavater était l'ami de madame de Sabran, qui fit avec ma mère le voyage de Zurich pour aller présenter sa fille à cet oracle de la philosophie d'alors. Le grand physionomiste, en apercevant ma mère, se tourna vers madame de Sabran et s'écria :

« Ah ! madame, que vous êtes une heureuse mère ! votre fille est transparente ! Jamais je n'ai vu tant de sincérité, on lit à travers son front. »

Revenue en France, elle n'eut plus que deux intérêts, c'est-à-dire un seul : rétablir ma fortune et diriger mon éducation. Je lui dois tout ce que je suis et tout ce que j'ai.

Ma mère devint le centre d'un cercle de personnes distinguées, parmi lesquelles se trouvaient les premiers hommes de notre pays. M. de Chateaubriand est resté son ami jusqu'à la fin.

Elle avait pour la peinture presque un talent d'artiste ; jamais je ne lui ai vu passer un jour sans se renfermer de midi à cinq heures dans son atelier. Elle n'aimait point le monde ; il l'intimidait, l'ennuyait et la dégoûtait. Elle en avait vu le fond trop vite. Cette expérience précoce lui avait donné la philosophie du malheur, cependant elle avait apporté en naissant et elle conserva toute sa vie la générosité, qui est la vertu des existences prospères.

Sa timidité était proverbiale dans sa famille ; son frère disait qu'elle avait plus peur d'un salon que de l'échafaud.

Pendant tout le temps de l'Empire, elle et ses amis vécurent dans l'opposition la plus prononcée, depuis la mort du duc d'Enghien ; elle ne remit pas le pied à la Malmaison à partir de cette mémorable époque, elle n'a même pas revu la femme du premier consul.

En 1811, voulant nous soustraire aux persécutions de la police impériale, elle fit avec moi le voyage de Suisse et d'Italie ; elle allait partout, elle franchissait les glaciers, entre autres celui du Mont-Gries, entre la cascade de la Toccia et le village d'Obergestlen dans le Haut-Valais ; elle traversait à pied ou à cheval les plus redoutables passages des Alpes, comme si elle eût eu de la force et du courage ; c'est qu'elle ne voulait ni m'empêcher d'aller ni me quitter.

Arrivée à Rome, elle y passa l'hiver et s'y forma une société charmante ; elle n'était plus jeune, cependant la pureté de ses traits avait frappé Canova. Elle aimait la naïveté d'esprit du grand artiste, dont les récits vénitiens la charmaient. Un jour je lui dis :

« Avec votre imagination romanesque, vous seriez capable d'épouser Canova !

— Ne m'en défie pas, me répondit-elle ; s'il n'était pas marquis d'Ischia, j'en serais tentée. » Ce mot la peint tout entière.

J'ai eu le bonheur de la conserver jusqu'au 13 juillet 1826. Elle est morte de la maladie dont mourut Napoléon. Ce mal, dont elle avait le germe depuis longtemps, fut développé par le chagrin, surtout par celui que lui avaient causé la perte de ma femme et celle de mon unique enfant ; elle se passionnait dans la douleur comme d'autres dans le plaisir. C'est en son honneur que madame de Staël, qui la connaissait bien, et qui l'aimait beaucoup, avait donné le nom de Delphine à l'héroïne du premier roman qu'elle publia.

A cinquante-six ans elle était belle encore au point de frapper même les étrangers qui n'avaient pu la connaître dans sa jeunesse, et qui par conséquent n'étaient point séduits par le charme de leurs souvenirs.

LETTRE QUATRIÈME.

SOMMAIRE. — Conversation avec l'aubergiste de Lubeck. — Ses remarques sur le caractère russe. — Différence d'humeur des Russes qui partent de chez eux et de ceux qui retournent en Russie. — Voyage de Berlin à Lubeck. — Inquiétude imaginaire. — Réalisation de ce qu'on pense. — Puissance de création mal employée. — Site de Travemünde. — Caractère des paysages du Nord. — Manière de vivre des pêcheurs de Holstein. — Grandeur particulière des paysages plats. — Nuits du Nord. — La civilisation sert à jouir des beautés de la nature. — Impression que me causent les noms. — C'est pour les steppes que je vais en Russie. — Naufrage du *Nicolas Ier*. — Description de cette scène. — Belle conduite d'un Français attaché à la légation de Danemark. — On ne sait pas même son nom. — Ingratitude humaine. — Le capitaine du *Nicolas* destitué par l'Empereur. — Route de Schwerin à Lubeck. — Trait de caractère d'un diplomate. — Esprit de cour naturel aux Allemands. — La baigneuse de Travemünde. — Tableau de mœurs. — Dix ans de vie. — La jeune fille devenue mère de famille. — Réflexions.

Travemünde, ce 4 juillet 1839.

Ce matin, à Lubeck, le maître de l'auberge apprenant que j'allais m'embarquer pour la Russie, est entré dans ma chambre d'un air de compassion qui m'a fait rire : cet homme est plus fin, il a l'esprit plus vif, plus railleur que le ton pleureur de sa voix et sa manière de prononcer le français ne le feraient supposer au premier abord.

En apprenant que je ne voyageais que pour mon plaisir, il s'est mis à me prêcher avec la bonhomie allemande pour me faire renoncer à mon projet.

« Vous connaissez la Russie ? lui dis-je.

— Non, monsieur, mais je connais les Russes ; il en passe beaucoup par Lubeck, et je juge du pays d'après la physionomie de ses habitants.

— Que trouvez-vous donc à l'expression de leur visage qui doive m'empêcher de les aller voir chez eux ?

— Monsieur, ils ont deux physionomies ; je ne parle pas des valets, qui n'en ont pas une seule, je parle des seigneurs : quand ceux-ci débarquent pour venir en Europe, ils ont l'air gai, libre, content ; ce sont des chevaux échappés, des oiseaux auxquels on ouvre la cage ; hommes, femmes, jeunes, vieux, tous sont heureux comme des écoliers en vacances : les mêmes personnes, à leur retour, ont des figures longues, sombres, tourmentées ; leur langage est bref, leur parole saccadée ; ils ont le front soucieux : j'ai conclu de cette différence qu'un pays que l'on quitte avec tant de joie et où l'on retourne avec tant de regret, est un mauvais pays.

— Peut-être avez-vous raison, repris-je ; mais vos remarques me prouvent que les Russes ne sont pas aussi dissimulés qu'on nous les dépeint ; je les croyais impénétrables.

— Ils le sont chez eux ; mais ils ne se méfient pas de nous autres bons Allemands, » dit l'aubergiste en se retirant et en souriant d'un air fin.

Voilà un homme qui a bien peur d'être pris pour un bonhomme ! pensai-je en riant tout seul...... Il faut voyager soi-même pour savoir combien les réputations que font aux divers peuples les voyageurs, souvent légers dans leurs jugements par paresse d'esprit, influent sur les caractères. Chaque individu en particulier s'efforce de protester contre l'opinion généralement établie à l'égard des gens de son pays.

Les femmes de Paris n'aspirent-elles pas au naturel, à la simplicité ? Au surplus, rien de plus antipathique que le caractère russe et le caractère allemand.

J'ai fait de Berlin à Lubeck le plus triste voyage du monde. Un chagrin imaginaire, du moins j'espère encore qu'il n'est fondé sur rien, m'a causé une de ces agitations plus vives que la douleur la mieux motivée ; l'imagination s'entend à tourmenter. Je mourrai sans comprendre à quel point, dans les mêmes occurrences, les gens que j'aime me paraissent en danger et les indifférents en sûreté. J'ai le cœur visionnaire.

Votre silence, après la lettre où vous m'en promettiez une autre par le prochain courrier, m'est devenu tout à coup la preuve certaine de quelque grand malheur, d'un accident, d'une chute en voiture, que sais-je ? de votre mort subite, et pourquoi pas ? ne voit-on pas chaque jour arriver des choses plus extraordinaires et plus inattendues ? Une fois que cette idée se fut emparée de ma pensée, je devins sa proie, la solitude de ma voiture se peupla de fantômes. Dans cette fièvre de l'âme, les craintes ne sont pas plutôt conçues que réalisées ; point d'obstacles aux ravages de l'imagination ; le vague centuple le danger, le temps qu'il faut pour éclaircir un doute équivaut à une certitude ; quinze jours d'angoisses, c'est pire que la mort ; ainsi, succombant aux distances qui créent l'illusion, le pauvre cœur se dévore, il cessera de battre avant d'avoir pu vérifier la cause du mal qui le tue, ou s'il bat, c'est pour subir mille fois le même martyre. Tout est possible, donc le malheur est certain : voilà comment raisonne le désespoir !..... de l'inquiétude il tire la preuve du mal dont la possibilité suffit pour alimenter cette même inquiétude.

Qui n'a senti ce tourment ? Mais personne ne l'éprouve aussi souvent ni aussi violemment que moi. Ah ! les peines de l'âme font redouter la mort, car la mort ne met fin qu'à celles du corps.

Voilà pourtant à quoi m'expose votre négligence, votre laisser-aller.... Je n'ai pas le cœur du voyageur : il y a deux hommes en moi : mon esprit m'emporte au bout du monde, ma sensibilité me rend casanier. Je parcours la terre comme si je m'ennuyais chez moi, je m'attache aux personnes comme si je ne pouvais bouger du lieu qu'elles habitent. Quoi ! me disais-je, tandis que je cours m'embarquer pour aller me divertir à Pétersbourg, on l'enterre à Paris, et toutes les terribles circonstances de cette double scène se succédaient devant les yeux de mon esprit avec une puissance d'illusion, une vérité désespérante. Ce parallélisme de ma vie et de votre mort, dans leurs moindres circonstances, me faisait dresser les cheveux sur la tête et m'arrêtait à chaque pas ; c'était une fantasmagorie dont la réalité allait jusqu'à la sensation : c'était plus que des chimères, c'était un monde en relief qui sortait du néant à la voix de ma douleur. Pour nous, les rêves sont plus vrais que les choses ; car il y a plus d'affinité entre les fantômes de l'imagination et l'âme qui les produit qu'entre cette âme et le monde extérieur.

Je rêvais éveillé. De la crainte à la certitude le passage est si court que je tombais dans le délire. Mon malheur était certain : je poussais des cris de terreur ; et cette phrase me revenait sans cesse à la bouche comme un refrain désolant : « C'est un rêve, mais les rêves sont des avertissements.... »

Ah! si le destin qui nous domine était un poëte, quel homme voudrait vivre? Les imaginations inventives sont si cruelles!... Heureusement que le destin est l'instrument d'un Dieu qui est plus que poëte. Chaque cœur porte en lui sa tragédie comme sa mort ; mais souvent ce prophète intime se trompe de vie ; ses prévisions ne s'accomplissent pas toutes en ce monde.

Ce matin, l'air frais de la prairie, la beauté du ciel, la contemplation du paysage uni, tranquille, et des doux rivages qui bordent la mer Baltique, à Travemünde, ont fait taire cette voix secrète et dissipé, comme par enchantement, le rêve sans réveil qui me tourmentait depuis trois jours. Si je ne vois plus votre mort, ce n'est pas que j'aie réfléchi : que peut le raisonnement contre les atteintes d'une puissance surnaturelle? Mais, lassé de craindre follement, je me tranquillise sans motif : aussi ce repos n'est-il rien moins que de la sécurité. Un mal sans cause appréciable, dissipé sans raison, peut revenir : un mot, un nuage, le vol d'un oiseau, peuvent me prouver invinciblement que j'ai tort d'être calme ; des arguments semblables m'ont bien convaincu que j'avais tort d'être inquiet.

Travemünde s'est embelli depuis dix ans, et, qui plus est, les embellissements ne l'ont pas gâté. Une route magnifique a été terminée entre Lubeck et la mer ; c'est un berceau en charmille, à l'ombre duquel la poste vous conduit au petit trot jusqu'à l'embouchure de la rivière à travers des vergers et des hameaux épars dans des herbages. Je n'ai rien vu de si pastoral au bord d'aucune mer. Le village s'est égayé, quoique le pays soit resté silencieux et agreste ; c'est une prairie à fleur de mer, les pâturages, animés par de nombreux troupeaux, qui les parcourent jour et nuit, ne finissent qu'à la grève ; ni galet, ni gravier, ni vase ne sépare la vague de l'herbe ; l'eau salée baigne le gazon.

Ces rives plates donnent à la mer Baltique l'apparence d'un lac, au pays une tranquillité qui paraît surnaturelle ; on se croit dans les champs Élysées de Virgile au milieu des ombres heureuses. La vue de la mer Baltique, malgré ses orages et ses écueils, m'inspire la sécurité. Les eaux des golfes, les plus dangereuses de toutes, ne font pas sur l'imagination l'impression d'une étendue sans bornes, c'est l'idée de l'infini qui épouvante l'homme arrêté au bord du grand Océan.

Le tintement de la clochette des troupeaux se confond sur le port de Travemünde avec le glas de la cloche des bateaux à vapeur. Cette apparition momentanée de l'industrie moderne au milieu d'une contrée où la vie pastorale est encore celle d'une grande partie de la population, me paraît poétique sans être étourdissante. Ce lieu inspire un repos salutaire, c'est un refuge contre les envahissements du siècle, et pourtant c'est une plaine ouverte, douce à voir, facile à parcourir, mais ici la solitude est le garant de la paix ; on est à l'extrémité d'un continent, on se croirait au milieu d'une île. Sous ces latitudes, le repos est inévitable, l'esprit sommeille, et le temps ploie ses ailes.

Les populations du Holstein et du Mecklembourg ont une beauté calme qui s'accorde avec l'aspect doux et paisible de leur pays, et avec le froid du climat. Le rose des visages, l'égalité du terrain, la monotonie des habitudes, l'uniformité des paysages, tout est en harmonie.

Les fatigues de la pêche pendant l'hiver, quand les hommes vont chercher la mer libre à travers une bordure de trois lieues de glaçons, coupés de crevasses et périlleux à franchir, donnent seules une sorte de mouvement poétique à une vie d'ailleurs bien ennuyeuse. Sans cette campagne d'hiver, les habitants du rivage languiraient auprès de leurs poêles, sous leurs pelisses de peau de mouton retournées. L'affluence des baigneurs sur cette belle plage sert aux paysans de la rive à gagner, pendant l'été, de quoi suffire à leurs premiers besoins pour tout le reste de l'année, sans s'exposer à tant de périls et de fatigues ; mais où il n'y a que le nécessaire, il n'y a rien. Parmi les hommes de Travemünde, la pêche d'hiver représente le superflu ; les dangers gratuits qu'ils affrontent pendant cette rude saison servent à leur élégance : c'est pour une bague à son doigt, pour des boucles à ses oreilles, pour une chaîne d'or au cou de sa maîtresse, pour une cravate de soie éclatante ; c'est pour briller enfin, et pour faire briller ce qu'il aime, ce n'est pas pour manger qu'un pêcheur de Travemünde lutte, au péril de ses jours, contre les flots et les glaces ; il n'affronterait pas cet inutile danger s'il n'était une créature supérieure à la brute, car le besoin du luxe tient à la noblesse de notre nature, et ne peut être dompté que par un sentiment encore plus noble.

Ce pays me plaît, malgré son aspect uniforme. La végétation y est belle. Au 5 juillet, la verdure me paraît fraîche et nouvelle ; les seringats des jardins commencent à peine à fleurir. Le soleil, sous ces climats paresseux, se lève tard, en grand seigneur, et se montre pour peu de temps ; le printemps n'arrive qu'au mois de juin, quand l'été va s'en aller ; mais si l'été y est court, les jours y sont longs. Et puis il règne une sorte de sérénité sublime dans ce paysage horizontal, où le sol est à peine visible et où le ciel tient la plus grande place : en contemplant cette terre basse comme la mer, qu'à peine elle arrête, cette terre unie et qui ne s'est jamais ressentie des commotions du globe, terre à l'abri des révolutions de la nature comme des troubles de la société, on admire, on s'attendrit, comme on adore un front virginal. Je trouve ici le charme d'une idylle qui me reposerait du dévergondage dramatique de nos romans et de nos comédies ; ce n'est pas pittoresque, mais c'est champêtre et différent de tout ; car ce n'est pas le champêtre et le pastoral des autres beaux lieux de l'Europe.

Le crépuscule de dix heures me rend la promenade du soir délicieuse ; il règne dans l'air à ce moment un silence solennel ; c'est la suspension de la vie, rien ne parle aux sens : ils sont pour ainsi dire hors d'atteinte ; mes regards, perdus dans la contemplation des pâles astres du Nord, s'enfoncent loin de la terre, ou plutôt ils s'arrêtent, ils renoncent, et mon esprit, déployant ses ailes dans le vague espace où il plane, échappe aux régions inférieures pour s'élancer librement jusqu'au delà du ciel visible.

Mais pour éprouver le charme de ces illusions, il faut venir de loin. La nature n'a tout son prix qu'aux yeux des étrangers civilisés : les rustiques indigènes ne jouissent pas comme nous du monde qui les environne : un des plus grands bienfaits de la société, c'est qu'elle révèle aux habitants des villes toutes les beautés des champs ; c'est la civilisation qui m'apprend à me plaire dans des contrées destinées par la nature à nous conserver l'image de la vie primitive ; je fuis les salons, les conversations, les bonnes auberges, les routes faciles, enfin tout ce qui pique la curiosité, tout ce qui excite l'admiration des hommes nés dans des sociétés à demi barbares, et malgré mon aversion pour la mer, je m'embarque demain sur un vaisseau dont je brave avec joie toutes les incommodités, pourvu qu'il me porte vers des déserts et des steppes... Des steppes ! ce nom oriental me fait pressentir à lui seul une nature inconnue et merveilleuse ; il réveille en moi un désir qui me tient lieu de jeunesse, de courage, et qui me rappelle que je ne suis venu en ce monde qu'à condition de voyager : telle est la fatalité de ma nature. Mais faut-il vous l'avouer? peut-être n'aurais-je jamais entrepris ce voyage s'il n'y avait pas de steppes en Russie. Je crains vraiment d'être trop jeune pour le siècle et le pays où nous vivons!.....

Ma voiture est déjà sur le paquebot : c'est, disent les Russes, un des plus beaux bateaux à vapeur du monde. On l'appelle *le Nicolas Ier*. Ce même vaisseau a brûlé l'année dernière, pendant une traversée de Pétersbourg à Travemünde ; on l'a refait, et depuis cette restauration, il en est à son deuxième voyage. Le souvenir de la catastrophe arrivée pendant le premier ne laisse pas que de causer quelque appréhension aux passagers. L'histoire de ce naufrage est honorable pour nous, à cause de la noble et courageuse conduite d'un jeune Français qui se trouvait parmi les voyageurs.

C'était la nuit, on voguait dans les parages du Mecklembourg, et le capitaine jouait tranquillement aux cartes avec quelques passagers. Ses amis ont prétendu, pour le justifier, qu'il savait l'accident dont était menacé le vaisseau, mais qu'ayant reconnu, dès le premier moment, que le mal était sans remède, il avait donné en secret l'ordre de s'approcher en toute hâte des côtes du Mecklembourg pour y faire échouer le bâtiment sur un banc de sable, afin d'atténuer le danger. Cependant, ajoutent les mêmes amis, il s'efforçait, par son héroïque sang-froid, de prolonger autant que possible la sécurité des passagers, sécurité nécessaire au salut du bâtiment ; vous verrez tout à l'heure ce que l'Empereur a pensé de cet effort de courage trop vanté!...

Il y avait plus de trente enfants, et beaucoup de femmes sur le vaisseau. Une dame russe s'aperçut du danger la première, elle jeta l'alarme parmi l'équipage. A la première nouvelle d'un péril imminent, la terreur fut grande : tout l'équipage poussa le cri sinistre : « Au feu ! au feu ! sauve qui peut ! » On était dans le mois d'octobre, au milieu de la nuit à plus d'une lieue de terre, et malgré la manœuvre ordonnée, dit-on, par le capitaine, l'on naviguait dans une sécurité profonde, quand on vit l'incendie éclater tout à coup en plusieurs endroits à la fois ; au même moment le vaisseau s'engrave et le mouvement des roues s'arrête. Le feu avait pris à des pièces de bois, lesquelles, par un défaut de construction, se trouvaient trop voisines du fourneau qui faisait aller la machine. Déjà la fumée pénétrait jusque dans les cabines des voyageurs. Un silence lugubre succède aux premières acclamations de la foule : les femmes, les enfants eux-mêmes se taisent, tant la stupeur s'accroît. Malheureusement le banc de sable sur lequel on venait d'échouer ne s'étendait pas jusqu'à la terre ferme, ce bas-fond était en quelque sorte pareil à une île, et séparé du continent par des parties de mer que la profondeur de l'eau ne permettait de franchir qu'en bateau ; grâce au ciel le temps était calme.

Tandis qu'une partie des matelots est occupée à faire jouer les pompes et à remplir des seaux destinés à retarder les progrès du feu, le capitaine ordonne de mettre la chaloupe à la mer pour transporter à terre tous les voyageurs. Cette chaloupe était petite, il fal-

Paris — Imprimerie Walder, rue Bonaparte, 44.

ait qu'elle fit bien des voyages avant de pouvoir sauver tout le monde. On décida que les femmes et les enfants seraient débarqués les premiers.

Les plus impatients risquèrent leur vie en se précipitant vers le banc de sable; le jeune Français dont je viens de vous parler sauta l'un des premiers sur ce bas-fond; il n'y demeura pas inactif; faisant l'office de matelot sans y être obligé, il passa plusieurs fois du vaisseau dans la chaloupe, et remonta au vaisseau pour aider des femmes et des enfants à s'embarquer. Malgré le danger toujours imminent, il ne sortit définitivement du paquebot embrasé qu'après tous les autres passagers. Pendant les nombreux trajets que son humanité lui fit volontairement accomplir, il sauva plusieurs femmes à la nage; l'excès de la fatigue lui causa plus tard une maladie grave.

Il était attaché, m'a-t-on dit, à la légation de France en Danemark, et voyageait pour son plaisir. Je ne sais pas son nom, ignorance bien involontaire, car, depuis hier, j'ai demandé à vingt personnes comment il s'appelait. Le trait d'humanité de ce jeune homme ne date que d'un an, et son nom est déjà oublié dans les lieux mêmes où il s'est distingué par son rare courage. Les détails que je viens de vous donner sont d'une grande exactitude.

Il me semble que j'ai assisté à la scène; la femme qui m'a conté le naufrage y était; elle admirait comme les autres le dévouement du jeune Français, et comme les autres, sans doute, elle n'a pas songé à retrouver le sauveur de tant de malheureux. Nouvelle preuve qu'en toute occasion, l'ingratitude des obligés sert de lustre et de relief à la vertu du bienfaiteur.

Mais figurez-vous dans ces régions septentrionales la misère de tant de femmes, d'enfants déposés à demi nus sur un point désert de la côte du Mecklembourg par une froide nuit d'automne!

Malgré la force et le dévouement de notre compatriote, secondé de quelques matelots de diverses nations, cinq personnes périrent dans ce naufrage; on attribue leur perte à la précipitation avec laquelle elles s'efforcèrent de sortir du bâtiment incendié. Cependant, je vous l'ai dit, ce magnifique vaisseau ne fut pas entièrement brûlé; à la fin, on se rendit maître du feu, et le nouveau *Nicolas Ier*, sur lequel je vais m'embarquer demain, a été en grande partie reconstruit avec les débris de l'ancien. Des esprits superstitieux craignent que, par quelque fatalité, le malheur ne s'attache encore à ses restes; moi, qui ne suis pas marin, je n'ai point cette peur poétique, mais je respecte tous les genres de superstitions inoffensives, comme résultats de ce noble plaisir de croire et de craindre, qui est le fondement de toute piété, et dont l'abus même classe l'homme au-dessus de tous les autres êtres de la création.

Après s'être fait rendre un compte détaillé de l'événement, l'Empereur cassa le capitaine, qui était Russe; ce malheureux fut remplacé par un Hollandais, marin renommé, dit-on, mais manquant d'autorité sur son équipage. Les étrangers ne prêtent guère à la Russie que les hommes dont ils ne veulent pas chez eux. Je saurai demain à quoi m'en tenir sur la valeur de celui-ci. Personne ne juge un commandant plus vite qu'un matelot et qu'un voyageur. L'amour de la vie, cet amour si passionnément raisonné, est un guide sûr pour apprécier tout homme de qui dépend notre existence. Tel qu'il est reconstruit, notre beau vaisseau prend tant d'eau qu'il ne peut remonter jusqu'à Pétersbourg; nous changerons de bâtiment à Kronstadt, puis deux jours plus tard les voitures nous seront envoyées sur un troisième vaisseau à fond plat. Voilà bien de l'ennui, mais la curiosité triomphe de tout; c'est le premier des devoirs pour un voyageur.

Le Mecklembourg est en progrès; une route magnifique conduit de Ludwigslust à Schwerin, où le grand-duc actuel a eu le bon esprit de reporter sa résidence. Schwerin est vieux et pittoresque; un lac, des coteaux, des bois, un palais antique, embellissent le paysage, et la ville a des souvenirs; elle a de plus un air ancien, un aspect pittoresque: tout cela manque à Ludwigslust.

Mais voulez-vous avoir une idée de la barbarie du moyen âge? montez en voiture dans la ville capitale du grand-duché de Mecklembourg et faites vous mener en poste à Lubeck. S'il a plu seulement vingt-quatre heures, vous resterez à moitié chemin; ce sont des fondrières à s'y perdre. On regrette le sable et les quartiers de roche des environs de Rostock, et l'on s'enfonce dans des ornières si creuses qu'on ne peut plus en sortir sans briser sa voiture ou sans verser. Notez que cela s'appelle *la grande route* de Schwerin à Lubeck et qu'elle a seize lieues: ce sont seize lieues de chemin impraticable. Pour voyager sûrement en Allemagne, il faut apprendre le français et ne pas oublier la différence qu'il y a entre une grande route et une chaussée: sortez de la *chaussée*, vous reculez de trois siècles.

Ce chemin m'avait pourtant été indiqué par le ministre de*** à Berlin, et même d'une façon assez plaisante: « Quelle route me conseillez-vous de prendre pour aller à Lubeck? » lui disais-je. Je savais qu'il venait de faire ce voyage.

« Elles sont toutes mauvaises, » me répondit le diplomate, « mais je vous conseille celle de Schwerin.

— Ma voiture, » lui repartis-je, « est légère, et si elle vient à casser je manquerai le départ du paquebot. Donc si vous connaissez une meilleure route, je la prendrais, fût-elle plus longue.

— Tout ce que je puis vous dire, » répliqua-t-il d'un ton officiel, « c'est que j'ai indiqué celle-ci à monseigneur*** (le neveu de son souverain); vous ne sauriez donc mieux faire que de la suivre.

— Les voitures des princes, » repris-je, « ont peut-être des priviléges comme leurs personnes. Les princes ont des corps de fer, et je ne voudrais pas vivre un jour comme ils vivent toute l'année. »

On ne me répondit pas à ce mot, que j'aurais cru fort innocent, s'il n'eût paru séditieux à *l'homme d'État* allemand.

Ce grave et prudent personnage, tout contristé de mon excès d'audace, s'éloigna de moi aussitôt qu'il put le faire sans trop de franchise. Quelle excellente pâte d'homme! Il est certains Allemands qui sont nés sujets; ils étaient courtisans avant d'être hommes. Je ne puis m'empêcher de me moquer de leur obséquieuse politesse, tout en la préférant de beaucoup à la disposition contraire que je blâme chez les Français; mais le ridicule aura toujours les premiers droits sur mon esprit, rieur en dépit de l'âge et de la réflexion. Au reste, une route, une vraie grande route ne tardera pas à être ouverte entre Lubeck et Schwerin (1).

La charmante baigneuse de Travemünde, que nous appelions *la Monna Lise*, est mariée; elle a trois enfants. J'ai été la voir dans son ménage, et ce n'est pas sans une tristesse mêlée de timidité que j'ai passé le seuil modeste de sa nouvelle demeure; elle m'attendait et avec la coquetterie de cœur qui vous rappellera les gens du Nord, froids, mais sensibles en secret, elle avait mis à son cou le foulard que je lui ai donné, il y a dix ans, jour pour jour, le 5 *juillet* 1829. Figurez-vous qu'à trente quatre ans cette charmante créature a déjà la goutte!... On voit qu'elle a été belle!... voilà tout. La beauté non appréciée passe vite; elle est inutile. Lise a un mari affreusement laid, et trois enfants, dont un garçon de neuf ans, qui ne sera jamais beau. Ce jeune rustre, bien élevé à la manière du pays, est entré dans la chambre la tête baissée, le regard vague, errant, et pourtant courageux. On voyait qu'il aurait fui l'étranger par timidité, non par peur, si la crainte d'être réprimandé par sa mère ne l'eût arrêté. Il nage comme un poisson, et il s'ennuie dès qu'il n'est pas dans l'eau, ou au moins sur l'eau, en bateau. La maison qu'ils habitent est à eux; ils paraissent à leur aise, mais que le cercle où tourne la vie d'une telle famille est étroit! En voyant ce père, cette mère et ces trois enfants, et en me rappelant ce qu'était Lise il y a dix ans, il me semblait que l'énigme de l'existence humaine s'offrait pour la première fois à ma pensée. Je ne pouvais respirer dans cette petite case, qui pourtant est propre et soignée: je suis sorti pour aller chercher un air libre. Je voyais là les heureux du pays, et je me répétais tout bas mon refrain: « Où il n'y a que le nécessaire, il n'y a rien. » Heureuse l'âme qui demande le reste à la religion!... Mais la religion des protestants ne donne elle-même que le nécessaire.

Depuis que cette belle créature est liée au sort commun, elle vit sans peine, mais sans plaisir, ce qui me semble la plus grande des peines. Le mari ne va pas à la pêche pendant l'hiver. La femme a rougi en me faisant cet aveu, qui m'a causé un secret plaisir. Ce mari, si laid, n'est pas courageux; mais Lise a repris comme pour répondre à ma pensée: « Mon fils ira bientôt. » Elle m'a montré, suspendue au fond de la chambre, une grosse pelisse de peau de mouton, doublée de sa laine, destinée au premier voyage de ce vigoureux enfant de la mer.

Je ne reverrai jamais, du moins je l'espère, *la Monna Lise* de Travemunde.

Pourquoi faut-il que la vie réelle ressemble si peu à la vie de l'imagination? A quelle fin nous est elle donc donnée, cette imagination... inutile? Que dis-je, inutile, nuisible? Mystère impénétrable et qui ne se dévoile qu'à l'espérance, encore par lueurs fugitives! L'homme est un forçat châtié, non corrigé. On l'enchaîne pour un crime qu'il ignore, on lui inflige le supplice de la vie, c'est-à-dire de la mort; il vit et meurt dans les fers, sans pouvoir obtenir qu'on le juge, ni même qu'on lui dise de quoi il est accusé. Ah! quand on voit la nature si arbitraire, faut-il s'étonner du peu de justice des sociétés? Pour apercevoir l'équité ici-bas, il faut les yeux de la foi qui pénètrent au delà de ce monde. La justice n'habite pas dans l'empire du temps. Creusez dans la nature, vous arrivez bien vite à la fatalité. Une puissance qui se venge de ce qu'elle fait est bornée, mais les bornes: qui les a posées? contre qui, et pourquoi? Plus le mystère est incompréhensible, plus le triomphe de la foi est grand et nécessaire!...

LETTRE CINQUIÈME.

SOMMAIRE. — Nuits polaires. — Influence du climat sur la pensée humaine. — Montesquieu et son système. — Je lis sans lumière à minuit. — Souvenirs de ma

(1) Elle est faite.

phénomènes. — Récompense des fatigues du voyage. — Paysages du Nord. — Accord des habitants avec le pays. — Aplatissement de la terre près du pôle. — On croit approcher du sommet des Alpes. — Côtes de Finlande. — Effets d'optique, rayons obliques du soleil. — Terreur poétique. — Mélancolie des peuples du Nord. — Conversation sur le bateau à vapeur. — Mal de mer dissipé par la mer. — Mot d'un critique. — Éloquence d'une femme de chambre citée par Grimm. — Arrivée du prince K*** sur le bateau à vapeur. — Son portrait, sa manière de faire connaissance. — Définition de la noblesse. — Différence qu'il y a entre les notions anglaises et nos idées sur ce sujet. — Le prince D***. — Son portrait. — Anecdote sur la noblesse anglaise. — L'empereur Alexandre et son médecin en Angleterre. — L'Empereur ne comprend pas la noblesse à l'anglaise. — Ton de la société russe. — Le prince K*** défend contre moi le gouvernement de la parole. — Par quoi on mène les hommes. — Canning. — Napoléon. — L'action plus persuasive que la parole. — Entretien confidentiel. — Coup d'œil sur l'histoire de Russie. — Pourquoi les Russes sont ce qu'ils sont. — Héros de leurs temps fabuleux. — Ils n'ont rien de chevaleresque. — Ce qu'est l'autocratie. — Les princes russes ont fait dans l'esclavage l'apprentissage de la tyrannie. — Le servage se légalisait en Russie quand on l'abolissait dans le reste de l'Europe. — Rapport qu'il y a entre mes opinions et celles du prince K***. — La politique et la religion ne font qu'un en Russie. — Avenir de ce pays et du monde. — Paris détrôné par la piété de la génération qui s'avance. — Il aurait le sort de l'ancienne Rome. — Récit que le prince et la princesse D*** nous font de leur séjour à Greiffenberg. — Cure par l'eau froide. — L'amateur du néophyte. — La princesse L***. — Le caractère de sa fille et le sien se révèlent au milieu de la mer Baltique. — Bon goût des personnes du grand monde en Russie. — La Princesse d'autrefois. — Le culte du respect salutaire aux productions de l'esprit. — Portrait d'un voyageur français, ex-lancier — sa littérature arriérée. — Pourquoi il amuse les dames russes. — Plaisir de la traversée. — Société unique. — Chants russes, danses nationales. — Les deux Américains. — Le français des dames russes préférable à celui de beaucoup de Parisiennes. — Accident survenu à la machine du bateau à vapeur. — Diversité des caractères mise en relief. — Mot des deux princesses. — La femme alerte. — Le jour trahit la peur passée. — Histoire romanesque pour la lettre suivante.

Le 8 juillet 1839, écrit sans lumière, à minuit, à bord du bateau à vapeur le Nicolas Ier, dans le golfe de Finlande.

Nous sommes à la fin du jour d'un mois qui commence, pour ces latitudes, vers le 8 juin, et qui décline vers le 4 juillet. Plus tard, les nuits reparaissent; elles sont d'abord très-courtes, mais déjà marquées; puis elles s'allongent insensiblement jusqu'à l'équinoxe de septembre. Elles croissent alors avec la même rapidité que les jours au printemps, et bientôt elles enveloppent de ténèbres le nord de la Russie, Pétersbourg, la Suède, Stockholm et tous les alentours du cercle polaire arctique. Pour les contrées renfermées dans ce cercle, l'année se partage en un jour et une nuit de six mois chacun, y compris deux crépuscules plus ou moins prolongés, selon que le lieu est plus ou moins éloigné du pôle. L'obscurité peu profonde de l'hiver dure autant qu'a duré le jour douteux et mélancolique de l'été.

Aujourd'hui je ne puis me distraire de l'admiration que me cause le phénomène d'une nuit du pôle à peu près aussi claire que le jour. Je me sens hors du monde où j'ai vécu jusqu'à présent; rien, dans mes voyages, ne m'a plus intéressé que la diversité de mesure dans la dispensation de la lumière aux différentes parties du globe. A la fin de l'année tous les points de la terre ont vu le soleil pendant un même nombre d'heures; mais quelle différence entre les journées! quelle variété de température et de couleurs! Le soleil, dont les feux tombent d'à-plomb sur la terre, et le soleil qui ne donne que des rayons obliques, n'est pas le même astre, du moins à en juger par les effets.

Pour moi, dont la vie tient de celle des plantes, je reconnais qu'il y a une sorte de fatalité dans les latitudes, et j'accorde volontiers à la théorie de Montesquieu un respect motivé par l'influence que le ciel exerce sur ma pensée. Mon humeur et mes facultés sont tellement soumises à l'action du climat, que je ne puis douter de ses résultats sur la politique. Seulement, le génie de Montesquieu a poussé trop loin les conséquences d'une action, réelle en certains cas, mais exagérée par le système de l'écrivain. L'écueil de la supériorité, c'est l'opiniâtreté; ces grands esprits ne voient que ce qu'ils veulent; le monde est en eux; ils comprennent tout, hors ce qu'on leur dit.

Depuis une heure environ, j'ai vu le soleil s'enfoncer dans la mer entre le nord-nord-ouest et le nord; il a laissé derrière lui une longue traînée lumineuse qui suffit encore pour m'éclairer à l'heure qu'il est, et qui me permet de vous écrire sans lumière sur le tillac, pendant que les passagers sont endormis; et quand j'interromps ma lettre en regardant autour de moi, j'aperçois déjà vers le nord-nord-est les premières teintes de l'aube matinale; hier est à peine fini, demain commence. Cette solennité polaire est pour moi la récompense de tous les ennuis du voyage. Dans ces régions du globe, le jour est une aurore sans terme, et qui ne tient jamais ce qu'elle promet. Ces lueurs qui n'amènent rien, mais qui ne cessent pas, m'agitent et m'étonnent. Singulier crépuscule qui ne précède ni la nuit ni le jour!... car ce qu'on appelle de ces noms dans les contrées méridionales n'existe réellement pas ici. On oublie la magie de la couleur, la religieuse obscurité des nuits, et l'on ne croit plus aux merveilles de ces climats bénis où le soleil a toute sa puissance. Ce n'est plus le monde des peintres; c'est la nature des dessinateurs. On se demande où l'on est, où l'on va, la clarté du jour diminue d'intensité en se répandant partout également; où l'ombre perd sa force, la lumière pâlit; la nuit, il ne fait pas noir; mais au grand jour il fait gris. Le soleil du Nord est une lampe d'albâtre qui tourne incessamment, suspendue à hauteur d'appui entre le ciel et la terre.

Cette lampe albâtrée, sans interruption pendant des semaines, des mois, répand indistinctement ses teintes mélancoliques sous la voûte qu'elle blanchit à peine; rien n'est éclatant, mais tout est visible: la nature illuminée avec cette pâleur, égale partout, ressemble au rêve d'un poëte en cheveux blancs. C'est Ossian qui ne se souvient plus de ses amours, et qui n'entend que la voix des tombeaux.

L'aspect de tous ces sites sans relief, de ces lointains sans plans, de ces horizons sans accidents et peu distincts, de ces lignes demi-effacées, toute cette confusion de formes et de tons vous plonge dans une rêverie douce dont le réveil pacifique est aussi près de la mort que de la vie. A son tour, l'âme reste suspendue entre le jour et la nuit, entre la veille et le sommeil; elle n'a point de vives joies; les transports de la passion lui manquent; mais l'inquiétude des désirs violents n'existe pas pour elle; si l'on n'est point exempt d'ennui, on est libre de peines: une quiétude perpétuelle s'empare du cœur et du corps, et se retrouve en image dans cette lumière indifféremment paresseuse qui répand avec égalité sa mortelle froideur, le jour et la nuit, sur les mers et sur les terres confondues par les neiges du pôle, et nivelées sous le pied pesant des hivers.

La lumière de ces plates régions est bien celle qui convient aux yeux bleus de faïence et qui sympathise avec les traits peu marqués, les cheveux cendrés, l'imagination timidement romanesque des femmes du Nord. Ces femmes rêvent éternellement ce que les autres font; et c'est pour elles surtout qu'on peut dire que la vie est le songe d'une ombre.

Aux approches des régions boréales, il vous semble gravir au plateau d'une chaîne de glaciers; plus vous avancez, plus cette illusion est près de se réaliser: c'est le globe lui-même que vous escaladez, la terre est votre montagne. Au moment d'atteindre le sommet de cette Alpe immense, vous ressentez ce que vous avez senti moins vivement en montant les autres Alpes; les rochers s'abaissent, les précipices se comblent; les populations fuient derrière vous; le monde habitable est sous vos pieds, vous touchez au pôle: vue de cette hauteur, la terre s'amoindrit; mais tandis que les côtes s'abaissent, et forment autour de vous un cercle à peine marqué, et qui va toujours en s'effaçant, la mer s'élève: vous montez avec elle; vous montez, vous montez, comme au sommet d'une coupole: ce dôme, c'est le monde, dont Dieu est l'architecte. De là vos regards planent sur des flots glacés, sur des champs de cristal, et vous vous croyez transporté dans le séjour des bienheureux, parmi les anges, immuables habitants d'un ciel inaltérable. Voilà ce que j'éprouve en avançant vers le golfe de Bothnie, dont la partie septentrionale touche à Tornéo.

Les côtes de la Finlande, réputées montagneuses, ne me paraissent qu'une suite de petites collines imperceptibles: tout se perd dans le vague et le vide des horizons brumeux. Ce ciel terne, impénétrable, ne laisse pas aux objets leurs vivantes couleurs; tout se ternit, tout se modifie sous cette voûte de nacre. Les vaisseaux qui glissent à l'horizon s'y détachent en noir; car les lueurs du crépuscule perpétuel miroitent à peine sur la moire de l'eau, elles n'ont pas la force de dorer la voilure d'un bâtiment lointain: les agrès des navires qu'on voit cingler au nord, loin de briller comme ils brilleraient sur d'autres mers, se dessinent légèrement en noir contre le rideau grisâtre du ciel qui ressemble à une toile tendue pour une représentation d'ombres chinoises. J'ai honte de le dire, mais dans le Nord le spectacle de la nature, tout grand qu'il est, me rappelle malgré moi une immense lanterne magique dont la lumière éclairerait mal et dont les verres seraient usés. Je n'aime pas les comparaisons qui rapetissent; mais à tout prix il faut tâcher de rendre ce qu'on sent. L'enthousiasme est plus commode à exprimer que le dénigrement; toutefois, pour être vrai, il faut peindre et définir l'un et l'autre.

A l'entrée de ces déserts blanchis, une terreur poétique vous saisit: vous vous arrêtez effrayé sur le seuil du palais de l'hiver habité par le temps: prêt à avancer dans ce séjour des froides illusions, des songes encore brillants non plus dorés, mais argentés, une tristesse indéfinissable vous saisit; votre pensée défaillante produit avec peine, et son inutile travail ressemble aux formes indécises des nuages pâlissants dont vos yeux sont éblouis.

Si vous revenez à vous, c'est pour partager la mélancolie jusqu'alors incompréhensible des peuples du Nord et pour sentir, comme ils le sentent, le charme de leur monotone poésie. Cette initiation aux douceurs de la tristesse est douloureuse, c'est un plaisir pourtant: vous suivez lentement, au bruit des tempêtes, le char de la mort en chantant des hymnes de regret et d'espérance; votre âme en deuil se prête à toutes les illusions, elle sympathise avec tous les objets dont vos yeux sont frappés. L'air, la brume, l'eau, tout vous cause une impression nouvelle, soit à l'odorat, soit au tact; il y a quelque chose d'étrange dans vos sensations; elles vous disent que vous approchez des dernières limites du monde vivant; la zone glaciale est là devant vous et le vent du pôle vous pénètre jusqu'au cœur. Ce n'est pas doux ; c'est curieux et nouveau.

Je ne puis me consoler d'avoir été retenu si tard cet été par ma santé à Paris et à Ems : si j'avais suivi mon premier plan de voyage, je serais maintenant en Laponie, sur les bords de la mer Blanche, bien au delà d'Archangel, mais, vous le voyez, je crois y être : c'est la même chose...

Quand je retombe du haut de mes illusions, je me retrouve non pas marchant terre à terre, mais voguant sur le bateau à vapeur *le Nicolas Ier*, dont je vous ai conté le naufrage, un des plus beaux et des plus commodes bâtiments de l'Europe, et je m'y retrouve au milieu de la société la plus élégante que j'aie rencontrée depuis longtemps.

Celui qui pourrait noter dans le style de Boccace les conversations auxquelles j'ai pris une part bien modeste depuis trois jours, ferait un livre aussi brillant, aussi amusant que le Décaméron et presque aussi profond que la Bruyère. Mes récits ne vous en donneraient qu'une idée imparfaite ; je veux pourtant essayer.

Souffrant depuis longtemps, j'étais malade à Travemünde, si malade que, le jour du départ, j'ai pensé renoncer au voyage. Cependant ma voiture était embarquée depuis la veille. Onze heures du matin venaient de sonner, et nous devions appareiller à trois heures après midi. Je sentais le frisson de la fièvre parcourir mes veines, et je craignais d'augmenter le mal de cœur qui me tourmentait, par le mal de mer qui me menaçait. Que ferai-je à Pétersbourg, à huit cents lieues de chez moi, si j'y tombe sérieusement malade ? me disais-je. Pourquoi causer cette peine à mes amis, quand je puis la leur épargner ?

S'embarquer avec la fièvre pour un voyage de long cours, n'est-ce pas de la démence ? Mais n'est-ce pas une folie plus ridicule encore que de reculer devant le dernier pas, et de faire rapporter ma voiture à terre, au grand étonnement de tout le pays ? Que dire aux habitants de Travemünde ? comment expliquer ma résolution tardive à mes amis de Paris ?

Je suis peu habitué à me laisser diriger par des considérations de cette nature, mais j'étais malade, et surtout faible : il eût fallu, pour m'arrêter en chemin, une résolution forte ; pour continuer, il ne fallait que du laisser-aller.

Le frisson redoublait pourtant ; une angoisse, une langueur inexplicables m'avertissaient de la nécessité du repos, un profond dégoût pour les aliments, une vive douleur de tête et de côté me faisaient redouter une traversée de quatre jours. Je ne la supporterai pas, me disais-je, ne suis-je pas insensé d'affronter tous les inconvénients de la mer, dans la disposition où je me trouve ? Mais changer de projet est ce qui coûte le plus aux malades..... comme aux autres hommes.

Les eaux d'Ems m'ont guéri ; mais c'est en substituant un mal à un autre. Pour me délivrer de cette seconde maladie, il faudrait du repos. Que de raisons pour ne pas aller en Sibérie ! J'y vais pourtant.

Je ne savais vraiment plus quel parti prendre pour sortir d'une situation plus que pénible, puisqu'elle était ridicule.

Enfin, je me décide à *jouer*, à croix ou pile, une vie que je ne sais plus diriger, et comme on met sa bourse sur une carte, j'appelle mon domestique, bien déterminé à faire ce qu'il décidera. Je lui demande conseil.

« Il faut continuer, répond-il, nous sommes si près.

— D'ordinaire vous craignez la mer ?

— Je la crains encore ; mais, à la place de monsieur, je ne voudrais pas reculer après avoir fait charger ma voiture sur le vaisseau.

— Pourquoi craignez-vous de reculer, et ne craignez-vous pas de me rendre sérieusement malade ? »

Point de réponse.

« Dites-moi donc pourquoi vous voulez continuer ?

— Parce que !!!

— A la bonne heure !!!... Eh bien ! d'après cela, partons.

— Mais si vous devenez plus malade, » reprend cet excellent homme, qui commence à s'effrayer de la responsabilité qui va peser sur lui, « je me reprocherai votre imprudence.

— Si je suis malade, vous me soignerez.

— Cela ne vous guérira pas.

— N'importe !!! nous allons partir. »

L'éloquence de mon domestique ne ressemblait pas mal à celle d'une femme de chambre dont parle Grimm. Une autre femme de chambre mourante était rebelle à toutes les exhortations de sa famille, de sa maîtresse et des prêtres. On appelle une ancienne camarade : celle-ci dit quelques mots, et la moribonde, parfaitement docile, se hâte de remplir, avec une résignation et une ferveur édifiantes, tous ses devoirs religieux. Ces mots, les voici : Quoi donc ? Eh bien donc ! Fi donc ! Allons donc ! Mademoiselle !

Persuadé comme cette demoiselle mourante, j'étais à trois heures assis sur le vaisseau encore à l'ancre, apportant dans le bâtiment le frisson, le mal de cœur, et un inexprimable regret de l'acte de faiblesse dont je me rendais coupable. Mille pressentiments funestes m'assaillirent alors, et j'arrangeais malgré moi d'avance toutes les scènes lugubres que ces pressentiments m'annonçaient.

On lève l'ancre ; je baisse la tête et me couvre les yeux de ma main, dans un excès de désespoir stupide. A peine les roues ont-elles commencé à tourner qu'il se fait en moi une révolution aussi soudaine, aussi complète qu'inexplicable. Vous me croirez, car vous êtes habitué à me croire ; d'ailleurs, quel motif aurais-je d'inventer une histoire qui n'a pour elle que la vérité ? Vous me croirez donc, et si je publie ceci, mes lecteurs me croiront comme vous, sachant que je me trompe quelquefois, mais que je ne mens jamais. Bref, les douleurs, les frissons se dissipent ; la tête s'éclaircit ; la maladie s'évanouit comme une vapeur, et je me trouve subitement en parfaite santé. Ce coup de baguette m'a tellement surpris que je n'ai pu me refuser le plaisir de vous en décrire les effets. La mer m'a guéri du mal de mer : ceci s'appelle de l'homéopathie en grand.

A la vérité, depuis que nous sommes embarqués le temps n'a pas cessé d'être admirable....

Près de quitter Travemünde, au plus fort de mes angoisses et comme on allait lever l'ancre, je vis arriver sur le bâtiment où j'étais venu m'établir d'avance, un homme âgé, très-gros : il se soutenait avec peine sur ses deux jambes énormément enflées ; sa tête, bien posée entre ses larges épaules, me parut noble ; c'était le portrait de Louis XVI. J'appris bientôt qu'il était Russe, descendant des conquérants varègues, et par conséquent de la plus ancienne noblesse ; il s'appelait le prince K***.

En le voyant se traîner péniblement vers un tabouret, et s'appuyer sur le bras de son secrétaire, j'avais pensé d'abord : Voilà un triste compagnon de voyage, mais lorsque je l'entendis nommer, je me rappelai que je le connaissais de réputation depuis longtemps, et je me reprochai l'incorrigible manie de juger sur l'apparence.

A peine assis, ce vieillard, à la physionomie ouverte, au regard fin, bien que noble et sincère, m'apostrophe par mon nom, quoique nous ne nous fussions jamais rencontrés. Interpellé si brusquement, je me lève avec surprise, mais sans répondre : le prince continue de ce ton de grand seigneur, dont la simplicité parfaite exclut toute cérémonie à force de vraie politesse.

« Vous qui avez vu à peu près l'Europe entière, me dit-il, vous serez de mon avis, j'en suis sûr.

— Sur quoi, prince ?

— Sur l'Angleterre. Je disais au prince *** que voici (en m'indiquant du doigt, sans autre présentation, l'homme avec lequel il causait), qu'il n'y a pas de noblesse chez les Anglais. Ils ont des titres et des charges, mais l'idée que nous attachons à la vraie noblesse, à celle qui ne peut ni se donner, ni s'acheter, leur est étrangère. Un souverain peut faire des princes, l'éducation, les circonstances, le génie, la vertu, peuvent faire des héros ; rien de tout cela ne saurait produire un gentilhomme.

— Prince, répliquai-je, la noblesse, comme on l'entendait autrefois en France, et comme nous l'entendons vous et moi ce me semble aujourd'hui, est devenue une fiction et l'a toujours été peut-être. Vous me rappelez le mot de M. Lauraguais, qui disait, en revenant d'une assemblée de maréchaux de France : « Nous étions douze ducs et pairs, mais il n'y avait que moi de gentilhomme. »

— Il disait vrai, reprit le prince. Sur le continent, le gentilhomme seul est regardé comme noble, parce que, dans les pays où la noblesse est encore quelque chose, elle tient au sang et non à la fortune ; à la faveur, aux talents, aux emplois ; c'est le produit de l'histoire ; et, de même qu'en physique, l'époque de la formation de certains métaux paraît être passée, de même, en politique, la période de la création des familles nobles est finie. Voilà ce que les Anglais ne veulent pas comprendre.

— Il est certain, répliquai-je, que tout en conservant l'orgueil de la féodalité, ils ont perdu le sens des institutions féodales. En Angleterre, la chevalerie a été subjuguée par l'industrie, qui a bien consenti de se loger dans une constitution baroniale, mais à condition que les anciens privilèges attribués aux noms fussent mis à portée des familles nouvelles. Par cette révolution sociale, résultat d'une suite de révolutions politiques, les droits héréditaires n'étant plus attachés aux races, se sont trouvés transférés aux emplois et aux terres. Jadis le guerrier ennoblissait le sol qu'il avait conquis, aujourd'hui c'est la possession de la terre qui constitue le seigneur : et ce qu'on appelle la noblesse en Angleterre me fait l'effet d'un habit doré dont tout homme peut se revêtir, pourvu qu'il soit assez riche pour le payer. Cette aristocratie de l'argent est très-différente, sans doute, de l'aristocratie du sang : le rang acheté dénote l'intelligence et l'activité de l'homme, le rang hérité atteste la faveur de la Providence. La confusion des idées sur les deux aristocraties, celle de l'argent et celle de la naissance, est telle en Angleterre, que les descendants d'une famille historique, s'ils sont pauvres et sans titre, vous disent : Nous ne sommes pas nobles, tandis que *Milord****, petit-fils d'un tailleur, fait, en sa qualité de membre de la chambre des pairs, partie de la haute aristocratie du pays. Ajoutez à cette bizarrerie les substitutions de noms tran-

par les femmes, et vous tomberez dans une confusion dont les étrangers ne peuvent se tirer (1).

— Je savais bien que nous étions d'accord, » reprit le prince avec une gravité gracieuse qui lui est particulière.

Vous comprenez que j'ai resserré en peu de lignes cette première conversation ; mais je vous en ai donné le résumé.

Frappé de cette manière facile de faire connaissance, et délivré comme par magie du mal qui m'avait tourmenté jusqu'au moment d'appareiller, je me mis à examiner le compatriote du prince K***, le prince D***, dont le grand nom historique avait d'abord attiré mon attention. Je vis un homme jeune encore, au teint plombé, à l'œil souffrant, mais au front bombé, à la taille élevée, noble, sa figure régulière était en accord avec la froideur de son maintien, et cette harmonie ne manquait pas d'agrément.

Le prince K***, qui ne laisse jamais tomber la conversation, et qui se plaît à traiter à fond les sujets qui l'intéressent, reprit après un instant de silence :

« Pour vous prouver que les Anglais et nous, nous n'avons point du tout la même manière de définir la noblesse, je veux vous conter une petite anecdote qui vous paraîtra peut-être plaisante.

« En 1814 j'accompagnais l'empereur Alexandre dans son voyage à Londres. A cette époque Sa Majesté m'honorait d'une assez grande confiance, et je dus à ma faveur apparente beaucoup de marques de bonté de la part du prince de Galles (2). Ce prince me prit un jour à part, et me dit : « Je voudrais faire quelque chose qui fût agréable à l'Empereur ; il paraît aimer beaucoup le médecin qui l'accompagne : pourrais-je accorder à cet homme une faveur qui fît plaisir à votre maître ?

— Oui, Monseigneur, répondis-je.

— Quoi donc ?

— La noblesse. »

« Le lendemain, le docteur *** fut nommé knight (chevalier).

« L'Empereur se fit expliquer, d'abord par moi et depuis par bien d'autres, ce que c'était que cette distinction qui valait à son médecin le titre de sir, et à la femme du sir, celui de lady ; mais, malgré sa perspicacité qui était grande, il est mort sans avoir pu comprendre nos explications, ni la valeur de la nouvelle dignité conférée à son docteur. Il m'en a encore parlé dix ans plus tard à Pétersbourg. »

« L'ignorance de l'empereur Alexandre, répliquai-je, est justifiée par celle de bien d'autres hommes d'esprit, à commencer par la plupart des romanciers étrangers qui veulent mettre en scène des personnages de la société anglaise. »

Cette histoire, contée avec une élégance de ton, une grâce de manières, une simplicité de gestes, une expression de physionomie, un son de voix qui ajoutent de la finesse aux moindres paroles, en décelant plus d'esprit que celui qui parle ne semble en vouloir montrer, nous mit tous de bonne humeur et servit de prélude à une conversation qui dura plusieurs heures.

Nous passâmes en revue la plupart des choses et des personnes remarquables de ce monde, et surtout de ce siècle ; je recueillis une foule d'anecdotes, de portraits, de définitions, d'aperçus fins qui jaillissaient involontairement du fond de l'entretien et de l'esprit naturel et cultivé du prince K***, ce plaisir rare et délicat me fit rougir encore une fois du premier jugement que j'avais porté sur ce vieux goutteux en le voyant arriver dans notre vaisseau. Jamais heures ne passèrent plus vite que ce temps presque uniquement employé par moi à écouter. J'étais instruit autant qu'amusé.

Le ton du grand monde, en Russie, est une politesse facile dont le secret s'est à peu près perdu chez nous. Il n'y eut pas jusqu'au secrétaire du prince K***, qui, quoique Français, ne me parût réservé, modeste, exempt de vanité, et dès lors supérieur aux soucis de l'amour-propre.

Si c'est là ce qu'on gagne à vivre sous le despotisme, vive la Russie (3). Comment les manières élégantes pourraient-elles subsister dans un pays où l'on ne respecte rien, puisque le bon ton n'est que le discernement dans les témoignages du respect ? Recommençons à montrer du respect pour ce qui a droit à notre déférence, nous redeviendrons naturellement et pour ainsi dire involontairement polis.

Malgré la réserve que je mettais dans mes réponses au prince K***, l'ancien diplomate fut bientôt frappé de la direction de mes idées : « Vous n'êtes ni de votre pays, ni de votre temps, me dit-il ; vous êtes l'ennemi de la parole comme levier politique.

— C'est vrai, lui répliquai-je ; tout autre moyen de découvrir la valeur des hommes me paraîtrait préférable à la parole publique dans un pays où l'amour-propre est aussi facile à exciter qu'il l'est dans le nôtre. Je ne crois pas qu'il se trouve en France beaucoup d'hommes d'un caractère assez ferme pour ne pas sacrifier leurs opinions les plus chères au désir de faire dire qu'ils ont débité un beau discours.

— Cependant, reprit le prince russe libéral, tout est dans la parole : l'homme tout entier et quelque chose de supérieur à lui-même se révèlent dans le discours ; la parole est divine.

— Je le crois comme vous, répondis-je, et voilà pourquoi je crains de la voir prostituée.

— Quand un talent comme celui de M. Canning, reprit le prince, captivait l'attention des premiers hommes de l'Angleterre et du monde, la parole politique était quelque chose, Monsieur.

— Quel bien a produit ce brillant génie ? et quel mal n'eût-il pas fait, s'il eût eu pour auditeurs des esprits faciles à enflammer ? La parole employée dans l'intimité comme un moyen de persuasion, la parole sincèrement appliquée à changer le cours des idées, à diriger la conduite d'un homme ou d'un petit nombre d'hommes, me paraît utile soit comme auxiliaire, soit comme contre-poids du pouvoir ; je la crains dans une assemblée politique nombreuse et dont les délibérations sont doublement publiques : par les discours prononcés en présence de la foule et par le rapport que le lendemain les journaux font de cette scène dont ils centuplent l'effet. C'est ainsi qu'on fait souvent triompher les vues courtes et les idées communes aux dépens des pensées élevées et des plans profondément médités. Imposer aux nations le gouvernement des majorités, c'est les soumettre à la médiocrité. Si tel n'est pas votre but, vous avez tort de vanter le règne de la parole. La politique du grand nombre est presque toujours timide, avare et mesquine ; si vous m'opposez l'exemple de l'Angleterre, je vous dirai que ce pays n'est pas ce qu'on croit qu'il est : il est vrai que dans les chambres on décide les questions à la majorité, mais cette majorité du parlement représente l'aristocratie du pays, qui, depuis longtemps, n'a cessé qu'à de biens courts intervalles de diriger l'État. D'ailleurs, à combien de mensonges la forme parlementaire n'a-t-elle pas fait descendre les chefs de cette oligarchie masquée ?... Est-ce là ce que vous enviez à l'Angleterre ?

— Il faut pourtant mener les hommes par la peur ou par la persuasion.

— D'accord, mais l'action est plus persuasive que la parole. Jugez-en par la monarchie prussienne, jugez-en par Napoléon, de grandes choses se sont accomplies sous son règne. Or Bonaparte, à son début, a gouverné par la persuasion autant et plus que par la force, et pourtant son éloquence, qui était grande, ne s'adressait directement qu'aux individus ; il n'a jamais parlé aux masses que par les faits : voilà comment on frappe l'imagination des hommes sans abuser des dons de Dieu : discuter la loi en public c'est ôter d'avance à la loi le respect qui fait sa puissance.

— Vous êtes un tyran.

— Au contraire, je crains les avocats et leur écho, le journal, qui n'est qu'une parole dont le retentissement dure vingt-quatre heures : voilà les tyrans qui nous menacent aujourd'hui.

— Venez chez nous, vous apprendrez à en redouter d'autres.

— Vous avez beau faire, ce n'est pas vous, prince, qui parviendrez à me donner mauvaise opinion de la Russie.

— N'en jugez, ni par moi, ni par aucun des Russes qui ont voyagé ; avec notre naturel flexible nous devenons cosmopolites dès que nous sortons de chez nous, et cette disposition d'esprit est déjà une satire contre notre gouvernement... »

Ici, malgré l'habitude qu'il a de parler franc sur toutes choses, le prince eut peur de moi, de lui-même, surtout des autres, et il se jeta dans des aperçus assez vagues.

Je ne me fatiguerai pas inutilement la mémoire à vous reproduire les formes d'un dialogue devenu trop peu sincère pour qu'il pût suppléer aux idées par l'éclat de l'expression, qui, je dois le dire, ne lui manquait jamais. Plus tard, le prince profita d'un moment de solitude pour achever de me développer son opinion sur le caractère des hommes et des institutions de son pays. Voici à peu près ce que j'ai retenu de ses déductions :

« La Russie est à peine aujourd'hui à quatre cents ans de l'invasion des barbares, tandis que l'Occident a subi la même crise depuis quatorze siècles : une civilisation de mille ans plus ancienne met une distance incommensurable entre les mœurs des nations.

« Bien des siècles avant l'irruption des Mongols, les Scandinaves envoyèrent aux Slaves, alors tout à fait sauvages, des chefs qui régnèrent à Novgorod la grande, et à Kiew, sous le nom de Varègues ; ces héros étrangers, venus avec une troupe peu nombreuse, furent les premiers princes des Russes, et leurs compagnons devinrent la souche de la noblesse la plus ancienne du pays. Les princes Varègues, espèce de demi-dieux, ont policé cette nation alors nomade. Dans le même temps, les empereurs et les patriarches de Constantinople lui donnaient le goût de leurs arts et de leur luxe. Telle fut, si vous me passez l'expression, la première couche de civilisation qui s'est abîmée sous les pieds des Tatars, lors de l'arrivée de ces nouveaux conquérants en Russie.

« De grandes figures de saints et de saintes qui sont les législateurs des peuples chrétiens, brillent dans les temps fabuleux de la

(1) Une des principales causes du malentendu, c'est que beaucoup de gens croient que les mots *gentleman* et *gentilhomme* sont synonymes tandis que la vraie traduction de ce mot anglais est homme bien élevé, vivant en bonne compagnie.

(2) Alors régent, plus tard Roi, sous le nom de Georges IV.

(3) L'auteur s'en rapporte au lecteur de bonne foi pour accorder ses apparentes contradictions : apprendre, c'est se contredire ; et de ces divers retours qu'on fait sur les choses et sur soi-même sort une opinion définitive la plus raisonnable qu'il soit possible d'indiquer. La formule définitivement appartient au philosophe, mais le voyageur doit rester dans son rôle ; il y a un degré de conséquence qui n'est qu'à la portée du mensonge : ce n'est pas à celui-là que j'aspire.

Russie. Des princes puissants par leurs féroces vertus ennoblirent la première époque des annales slaves. Leur mémoire traverse cette profonde obscurité comme des étoiles percent les nuages pendant une nuit orageuse. Or, le seul son de ces noms bizarres réveille l'imagination et fait appel à la curiosité. Rurick, Oleg, la reine Olga, saint Wladimir, Swiatopolk, Monomaque sont des personnages dont le caractère ne ressemble pas plus que le nom à celui de vos grands hommes de l'Occident.

« Ils n'ont rien de chevaleresque, ce sont des rois bibliques ; la nation qu'ils ont rendue glorieuse est restée voisine de l'Asie ; ignorant nos idées romantiques, elle a conservé ses mœurs patriarcales.

« Les Russes n'ont point été formés à cette brillante école de la bonne foi dont l'Europe chevaleresque a su si bien profiter, que le mot *honneur* fut longtemps synonyme de fidélité à la parole, et que *la parole d'honneur* est encore une chose sacrée, même en France où l'on a oublié tant de choses. La noble influence des chevaliers croisés s'est arrêtée en Pologne avec celle du catholicisme ; les Russes sont guerriers, mais pour conquérir ; ils se battent par obéissance et par avidité ; les chevaliers polonais guerroyaient par pur amour de la gloire ; ainsi, quoique dans l'origine ces deux nations sorties de la même souche eussent entre elles de grandes affinités, le résultat de l'histoire, qui est l'éducation des peuples, les a séparées si profondément qu'il faudra plus de siècles à la politique russe pour les confondre de nouveau, qu'il n'en a fallu à la religion et à la société pour les diviser (1).

« Tandis que l'Europe respirait à peine des efforts qu'elle avait faits pendant des siècles pour arracher le tombeau de Jésus-Christ aux *mécréants*, les Russes payaient tribut aux mahométans sous Usbeck et continuaient cependant à recevoir de l'empire grec, selon leur première habitude, ses arts, ses mœurs, ses sciences, sa religion, sa politique avec ses traditions d'astuce et de fraude, et son aversion pour les croisés latins. Si vous réfléchissez à toutes ces données religieuses, civiles et politiques, vous ne vous étonnerez plus du peu de fond qu'on peut faire sur la parole d'un Russe (c'est le prince russe qui parle), ni de l'esprit de ruse qui s'accorde avec la fausse culture byzantine et qui préside même à la vie sociale sous l'empire des czars, heureux successeurs des lieutenants de Bati.

« Le despotisme complet, tel qu'il règne chez nous, s'est fondé au moment où le servage s'abolissait dans le reste de l'Europe. Depuis l'invasion des Mongols, les Slaves, jusqu'alors l'un des peuples les plus libres du monde (2), sont devenus esclaves des vainqueurs d'abord, et ensuite de leurs propres princes. Le servage s'établit alors chez eux non-seulement comme un fait, mais comme une loi constitutive de la société. Il a dégradé la parole humaine en Russie, au point qu'elle n'y est plus considérée que comme un piége : notre gouvernement vit de mensonge, car la vérité fait peur au tyran comme à l'esclave. Aussi, quelque peu qu'on parle en Russie, y parle-t-on toujours trop, puisque dans ce pays tout discours est l'expression d'une hypocrisie religieuse ou politique.

« L'autocratie, qui n'est qu'une démocratie idolâtre, produit le nivellement chez nous tout comme la démocratie absolue le produit dans les républiques simples.

« Nos autocrates ont fait jadis à leurs dépens l'apprentissage de la tyrannie. *Les grands princes* (3), forcés de pressurer leurs peuples au profit des Tatars, traînés souvent eux-mêmes en esclavage jusqu'au fond de l'Asie, mandés à la horde pour un caprice, ne régnant qu'à condition qu'ils serviraient d'instruments dociles à l'oppression, détrônés aussitôt qu'ils cessaient d'obéir, instruits au despotisme par la servitude, ont familiarisé leurs peuples avec les violences de la conquête qu'ils subissaient personnellement (4) ; voilà comment, dans la suite des temps, les princes et la nation se sont mutuellement pervertis.

« Or, notez la différence, ceci se passait en Russie à l'époque où les rois de l'Occident et leurs grands vassaux luttaient de générosité pour affranchir les populations.

« Les Polonais se trouvent aujourd'hui vis-à-vis des Russes absolument dans la position où étaient ceux-ci vis-à-vis des Mongols sous les successeurs de Bati. Le joug qu'on a porté n'engage pas toujours à rendre moins pesant celui qu'on impose. Les princes et les peuples se vengent quelquefois comme de simples particuliers sur des innocents ; ils se croient forts parce qu'ils font des victimes. »

« Prince, repris-je, après avoir écouté attentivement cette longue série de déductions, je ne vous crois pas. C'est de l'élégance d'esprit que de s'élever au-dessus des préjugés nationaux et de faire comme vous le faites les honneurs de son pays à un étranger ; mais je ne me fie pas plus à vos concessions qu'aux prétentions des autres.

— Dans trois mois vous rendrez plus de justice au gouvernement de la parole et à moi ; en attendant, et tandis que nous sommes encore seuls, il disait ceci en regardant de tous côtés, je veux fixer votre attention sur un point capital : je vais vous donner une clef qui vous servira pour tout expliquer dans le pays où vous entrez.

« Pensez à chaque pas que vous ferez chez ce peuple asiatique, que l'influence chevaleresque et catholique a manqué aux Russes : non-seulement ils ne l'ont pas reçue, mais ils ont réagi contre elle avec animosité pendant leurs longues guerres contre la Lithuanie, la Pologne, enfin contre l'ordre Teutonique et l'ordre des chevaliers Porte-Glaive.

— Vous me rendez fier de ma perspicacité ; j'écrivais dernièrement à un de mes amis que, d'après ce que j'entrevoyais, l'intolérance religieuse était le ressort secret de la politique russe.

— Vous avez parfaitement deviné ce que vous allez voir : vous ne sauriez vous faire une juste idée de la profonde intolérance des Russes ; ceux qui ont l'esprit cultivé et qui communiquent par les affaires avec l'occident de l'Europe, mettent le plus grand art à cacher leur pensée dominante, qui est le triomphe de l'*orthodoxie* grecque, synonyme pour eux de la politique russe (1). Sans cette pensée, rien ne s'explique, ni dans nos mœurs, ni dans notre politique. Vous ne croyez pas, par exemple, que la persécution de la Pologne soit l'effet du ressentiment personnel de l'Empereur : elle est le résultat d'un calcul froid et profond. Ces actes de cruauté sont méritoires aux yeux des vrais croyants, c'est le Saint-Esprit qui éclaire le souverain au point d'élever son âme au-dessus de tout sentiment humain, et Dieu bénit l'exécuteur de ses hauts desseins : d'après cette manière de voir, juges et bourreaux sont d'autant plus saints qu'ils sont plus barbares. Vos journaux légitimistes ne savent ce qu'ils veulent quand ils cherchent des alliés chez les schismatiques. Nous verrons une révolution européenne avant de voir l'empereur de Russie servir de bonne foi un parti catholique : les protestants seront réunis au Pape plus aisément que le chef de l'autocratie russe, car les protestants ayant vu toutes leurs croyances dégénérer en systèmes et leur foi religieuse changée en un doute philosophique, n'ont plus que leur orgueil de sectaires à sacrifier à Rome ; tandis que l'Empereur possède un pouvoir spirituel très-réel et très-positif dont il ne se démettra jamais volontairement. Rome et tout ce qui se rattache à l'Église romaine n'a pas de plus dangereux ennemi que l'autocrate de Moscou, chef visible de son Église, et je m'étonne que la perspicacité italienne n'ait pas encore découvert le danger qui nous menace de ce côté (2). D'après ce tableau très-véridique, jugez de l'illusion dont se berce une partie des légitimistes de Paris..... »

Cette conversation vous donne l'idée de toutes les autres ; chaque fois que le sujet devenait inquiétant pour l'amour-propre moscovite, le prince K.... s'interrompait, à moins qu'il ne fût parfaitement sûr que personne ne pouvait nous entendre.

Ces confidences m'ont fait réfléchir, et mes réflexions m'ont fait peur.

Il y a autant d'avenir et peut-être plus dans ce pays longtemps compté pour rien par nos penseurs modernes, tant il paraissait arriéré, qu'il y en a dans les sociétés anglaises implantées sur le sol de l'Amérique et trop vantées par des philosophes dont les systèmes ont enfanté notre démocratie actuelle avec tous ses abus.

Si l'esprit militaire qui règne en Russie n'a rien produit de semblable à notre religion de l'honneur, ce n'est pas à dire que la nation ait moins de force parce que ses soldats sont moins brillants que les nôtres : l'honneur est une divinité humaine ; mais dans la vie pratique le devoir vaut l'honneur et plus que l'honneur, c'est moins éclatant, c'est plus soutenu, plus fort. Il ne sortira point de là des héros du Tasse ou de l'Arioste ; mais des personnages dignes d'inspirer un autre Homère, un autre Dante, peuvent renaître des ruines d'une seconde Ilion attaquée par un autre Achille.

Mon opinion est que l'empire du monde est dévolu désormais non pas aux peuples turbulents, mais aux peuples patients (3) : l'Europe, éclairée comme elle l'est, ne peut plus être soumise qu'à la force réelle : or, la force réelle des nations, c'est l'obéissance au pouvoir qui les commande, comme celle des armées est la discipline. Dorénavant, le mensonge nuira surtout à ceux qui l'emploieront ; la vérité redevient un moyen d'influence nouveau, tant l'oubli lui a rendu de jeunesse et de puissance.

Lorsque notre démocratie cosmopolite, portant ses derniers fruits, aura fait de la guerre une chose odieuse à des populations entières, lorsque les nations, soi-disant les plus civilisées de la terre, auront achevé de s'énerver dans leurs débauches politiques,

(1) Voyez Lettre quatorzième.

(2) Il est à remarquer que la liberté n'est pas toujours le fruit d'une civilisation perfectionnée ; loin de là, elle appartient le plus souvent aux peuples demi-barbares ou qui commencent à se réunir pour former une nation. Les Slaves étaient libres avant les progrès de leurs idées sociales ; les Arabes sont aujourd'hui, peut-être, les hommes les plus libres de la terre, et grâce aux institutions que nous leur apportons, ils perdront, du côté de l'indépendance, ce qu'ils gagneront du côté de l'ordre. Il faut bien définir le mot, lorsqu'on parle de liberté, sinon l'on risque de tomber dans des puérilités d'écolier.

(*Note de l'auteur pour cette édition.*)

(3) C'est le titre que les Russes ont donné pendant longtemps aux grands-ducs de Moscou.

(4) L'engourdissement prolongé des Slaves est la conséquence de ces siècles d'esclavage, espèce de torture politique qui démoralise en isolant les uns par les autres les peuples et les rois.

(1) On ne doit pas oublier que ceci fut écrit en 1839, et publié de 1843 à 1845.

(2) Le prince K*** était catholique. Tout ce qui a de l'indépendance d'esprit et de la piété en Russie, penche vers l'Église romaine.

(3) La bonne foi dont je fais profession ne m'a pas permis de rien retrancher à cette lettre ; seulement j'y prie de nouveau le lecteur qui voudra bien me suivre jusqu'au bout d'attendre, pour se former une opinion sur la Russie, qu'il ait pu comparer entre eux mes divers jugements avant et après le voyage.

et que de chute en chute elles seront tombées dans le sommeil au dedans et dans le mépris au dehors, toute alliance étant reconnue impossible avec ces sociétés évanouies dans l'égoïsme, les écluses du Nord se lèveront de nouveau sur nous, alors nous subirons une dernière invasion non plus de barbares ignorants, mais de maîtres rusés, avisés, plus avisés que nous, car ils auront appris de nos propres excès comment on peut et l'on doit nous gouverner.

Ce n'est pas pour rien que la Providence amoncelle tant de forces inactives à l'orient de l'Europe. Un jour le géant endormi se lèvera, et la violence mettra fin au règne de la parole. En vain, alors, l'égalité éperdue rappellera la vieille aristocratie au secours de la liberté; l'arme ressaisie trop tard, portée par des mains trop longtemps inactives, sera devenue impuissante. La société périra pour s'être fiée à des mots vides de sens ou contradictoires; alors les trompeurs échos de l'opinion, les journaux, voulant à tout prix conserver des lecteurs, pousseront au bouleversement, ne fût-ce qu'afin d'avoir quelque chose à raconter pendant un mois de plus; ils tueront la société pour vivre de son cadavre.

Les ténèbres renaissent de la multiplicité des lumières, l'éblouissement est une cécité momentanée.

L'Allemagne, avec ses gouvernements éclairés, avec ses peuples bons et sages, pouvait refonder en Europe une aristocratie tutélaire, mais ces gouvernements se sont séparés de leurs sujets: le roi de Prusse, devenu la sentinelle avancée de la Russie (1), a fait de ses soldats des révolutionnaires muets et patients, au lieu d'avoir mis à profit leur bon esprit pour en faire les défenseurs naturels de la vieille Europe, du seul coin de la terre où, jusqu'à ce jour, la liberté raisonnable ait trouvé un asile. En Allemagne on pourrait encore conjurer l'orage; en France, en Angleterre, en Espagne, nous ne pouvons déjà plus qu'attendre la foudre (2).

Un retour à l'unité religieuse sauverait l'Europe, mais cette unité, qui la fera reconnaître, qui la fera respecter? par quels nouveaux miracles s'imposera-t-elle au monde insouciant qui la méconnaît? sur quelle autorité s'appuiera-t-elle? c'est le secret de Dieu. L'esprit de l'homme pose les problèmes; l'action divine, c'est-à-dire le temps, les résout.

A ce propos une crainte amère m'est inspirée pour mon pays. Quand le monde, fatigué des demi-mesures, aura fait un pas vers la vérité, quand la religion sera reconnue pour l'affaire importante, unique des sociétés émues non plus pour des intérêts périssables, mais pour les seuls biens réels, c'est-à-dire éternels, Paris, le frivole Paris, élevé si haut sous le règne d'une philosophie sceptique, Paris, la folle capitale de l'indifférence et du cynisme, conservera-t-il sa suprématie parmi des générations enseignées par la crainte, sanctifiées par le malheur, désabusées par l'expérience et mûries par la méditation?

Il faudrait que la réaction partît de Paris même : pouvons-nous espérer ce prodige (3)? Qui nous assure qu'au sortir de l'époque de destruction, et quand la nouvelle lumière de la foi brillera au cœur de l'Europe, le centre de la civilisation ne sera pas déplacé? Qui nous dit enfin que la France, délaissée dans son impiété, ne deviendra pas alors pour les catholiques régénérés ce que fut la Grèce pour les premiers chrétiens : le foyer éteint de l'orgueil et de l'éloquence? De quel droit espérerait-elle une exception? Les nations meurent comme les hommes, et les nations volcans meurent vite.

Notre passé fut si brillant, notre présent est si terne, qu'au lieu d'invoquer témérairement l'avenir, nous devons le redouter. Je l'avoue, désormais je crains pour nous plus que je n'espère, et l'impatience de cette jeunesse française qui, sous le règne sanglant de la Convention, nous promettait tant de triomphes, me paraît aujourd'hui le signal de la décadence. L'état présent avec tous ses inconvénients est encore un ordre de choses plus heureux *pour tous* que ne le sera le siècle qu'il nous présage, et dont je m'efforce en vain de détourner ma pensée (4).

La curiosité que j'ai de voir la Russie et l'admiration que me cause l'esprit d'ordre qui doit présider à l'administration de ce vaste État, ne m'empêchent pas de juger avec impartialité la politique de son gouvernement. La domination de la Russie se bornât-elle aux exigences diplomatiques, sans aller jusqu'à la conquête, me paraîtrait ce qu'il y a de plus redoutable pour le monde. On se trompe sur le rôle que cet État jouerait en Europe : d'après son principe constitutif il représenterait l'ordre, mais d'après le caractère des hommes, il propagerait la tyrannie sous prétexte de remédier à l'anarchie; comme si l'arbitraire remédiait à aucun mal! L'élément moral manque à cette nation; avec ses mœurs militaires et ses souvenirs d'invasions elle en est encore aux guerres de conquêtes, les plus brutales de toutes, tandis que les luttes de la France et des autres nations de l'Occident seront dorénavant des guerres de propagande.

Le nombre des passagers que j'ai rencontrés sur *le Nicolas I*er est heureusement peu considérable; une jeune princesse D***, née princesse d'A***, accompagne son mari qui retourne à Saint-Pétersbourg; elle est charmante, c'est tout à fait l'héroïne d'une romance écossaise.

Cet aimable ménage revient de Greiffenberg en Silésie; la princesse est aussi accompagnée de son frère, jeune homme agréable. Ils ont passé plusieurs mois en Silésie à essayer en famille le fameux traitement d'eau froide, qu'on y fait subir aux adeptes. C'est plus qu'un remède, c'est un sacrement : c'est le baptême médical.

Dans la ferveur de leur croyance, le prince et la princesse nous ont raconté des résultats surprenants obtenus par ce nouveau moyen de guérison. Cette découverte est due à un paysan qui se croit supérieur à tous les médecins; justifiant sa foi par les effets, il croit en lui-même et cet exemple gagne les autres : bien des croyants au nouvel apôtre sont guéris par leur foi.

Une foule d'étrangers de tous les pays affluent à Greiffenberg; on y traite tous les maux, excepté les maladies de poitrine. On vous administre des douches d'eau à la glace, puis on vous roule pendant cinq ou six heures dans de la flanelle. « Rien ne résiste à la transpiration que ce traitement provoque au patient, disait le prince.

— Rien ni personne, repris-je.

— Vous vous trompez, répliqua le prince avec la vivacité d'un nouveau converti; sur une multitude de malades, il n'est mort que très-peu de personnes à Greiffenberg. Des princes, des princesses s'établissent près du nouveau sauveur, et quand on a essayé de son remède, l'eau devient une passion. »

Ici, le prince D*** interrompt sa narration, il regarde à sa montre et appelle un domestique. Cet homme arrive une grande bouteille d'eau froide à la main, et la lui verse tout entière sur le corps, entre son gilet et sa chemise : je n'en croyais pas mes yeux.

Le prince continue la conversation sans paraître remarquer mon étonnement : « Le père du duc régnant de Nassau, dit-il, vient de passer un an à Greiffenberg; il y est arrivé perclus et impotent : l'eau l'a ressuscité; mais comme il prétend à une guérison parfaite, il ignore encore quand il pourra quitter la place. Nul ne sait en arrivant à Greiffenberg combien de temps il y restera; la longueur du traitement dépend du mal et de l'humeur du malade : on ne peut calculer l'effet d'une passion, et cette manière d'employer l'eau devient une passion pour certaines personnes, qui dès lors se fixent indéfiniment près de la source de leur suprême félicité.

— Ainsi ce traitement devient dangereux, non parce qu'il fait du mal, mais parce qu'il fait trop de plaisir.

— Vous vous moquez, mais allez à Greiffenberg, vous reviendrez aussi croyant que je le suis. »

— Prince, en écoutant votre récit, je crois; mais quand je réfléchirai je douterai : ces cures merveilleuses ont souvent des suites fâcheuses : des transpirations si violentes finissent par décomposer le sang; que gagneront les malades à changer la goutte en hydropisie? Vous êtes un bien jeune adepte; si vous me paraissiez sérieusement malade, je n'oserais vous parler avec tant de franchise.

— Vous ne m'effrayez nullement, ajouta le prince, je suis si persuadé de l'efficacité du traitement par l'eau froide que je vais fonder chez moi un établissement semblable à celui de Greiffenberg. »

Les Slaves ont une autre manie que celle de l'eau froide, pensais-je tout bas, c'est la passion de toutes les nouveautés. L'esprit de ce peuple d'imitateurs s'exerce incessamment sur les inventions des autres.

Outre le prince K*** et la famille D***, une princesse L*** se trouve encore sur notre vaisseau. Cette dame retourne à Pétersbourg; elle en était partie, il y a huit jours, pour se rendre par l'Allemagne à Lausanne en Suisse, où elle comptait rejoindre sa fille près d'accoucher; mais en débarquant à Travemünde, la princesse demande par désœuvrement la liste des passagers partis pour la Russie par le dernier paquebot : quelle n'est pas sa surprise en y lisant le nom de sa fille! Elle prend des informations auprès du consul de Russie : plus de doute, la mère et la fille s'étaient croisées au milieu de la mer Baltique.

Aujourd'hui, la mère retourne à Pétersbourg où sa fille n'aura eu que le temps d'arriver pour ne pas accoucher sur mer.

Cette dame si contrariée est d'une société fort aimable : elle nous fait passer des soirées charmantes en nous chantant d'une voix agréable des airs russes tout nouveaux pour moi. La princesse D*** chante avec elle en partie et même accompagne quelquefois par de certains pas fort gracieux les airs de danse des Cosaques. Ce spectacle national, ce concert impromptu, suspend les conversations d'une manière amusante, aussi les heures de la nuit et du jour s'écoulent-elles pour nous comme des instants.

Les vrais modèles du bon goût et des manières sociales ne se trouvent que dans les pays aristocratiques. Là, personne ne songe à se donner l'*air comme il faut*; et c'est l'*air comme il faut* qui gâte la société dans les lieux sujets aux parvenus. Chez les aristocrates tous les gens qui se trouvent dans une chambre sont naturellement placés pour y entrer, destinés à se rencontrer tous les jours, ils s'habituent les uns aux autres : à défaut de sympathie, l'intimité

(1) Écrit le 10 juin 1839.

(2) Il a fallu l'expérience dont la France a si bien su profiter pour démentir cette assertion.

(3) Il s'est opéré sous nos yeux.

(4) Nous devons remercier la Providence du démenti donné à l'auteur depuis 1852.

s'établit entre eux l'aisance, même la confiance, on s'entend à demi-mot, chacun reconnaît sa manière de penser dans le langage de tous. On s'arrange les uns des autres pour la vie entière, et cette résignation se change en plaisir, des voyageurs destinés à rester longtemps ensemble s'entendent mieux que ceux qui ne se réunissent que pour un moment. De l'harmonie obligée naît la politesse générale qui n'exclut pas la variété ; les esprits gagnent à ne marquer leur diversité que par des nuances délicates, et l'élégance du discours embellit tout sans nuire à rien, car la sérité des sentiments ne perd rien aux sacrifices qu'exige la délicatesse des expressions. Ainsi, grâce à la sécurité qui s'établit dans toute société exclusive, la gêne disparaît, et la conversation sans grossièreté devient d'une facilité, d'une liberté ravissantes.

Autrefois, en France, chaque classe de citoyens pouvait jouir de cet avantage ; c'était le temps de la bonne causerie, de la causerie des personnes habituées à se voir tous les jours. Nous avons perdu ce plaisir par beaucoup de raisons que je ne prétends pas déduire ici, mais surtout par le mélange abusif des hommes de tous états dans le même salon.

Ces hommes se rapprochent par vanité au lieu de se chercher par plaisir. Depuis que tout le monde est partout, il n'y a de liberté nulle part, et l'aisance des manières est perdue en France. La gravité, la roideur anglaises, l'ont remplacée : c'est une arme indispensable dans une société mêlée. Mais pour apprendre à s'en servir, les Anglais du moins n'ont rien sacrifié, tandis que nous avons perdu des agréments qui faisaient le charme de la vie chez nous. Un homme qui croit ou qui pense à faire croire qu'il est de bonne compagnie parce qu'on le voit dans tel ou tel salon, ne peut plus être un homme aimable, un causeur amusant. La délicatesse réelle est une chose bonne en soi, la délicatesse jouée est une chose mauvaise comme toute affectation.

Notre société nouvelle est fondée sur des idées d'égalité démocratique, et ces idées nous ont apporté l'ennui en guise de nos plaisirs d'autrefois. Ce qui rend la conversation agréable, ce n'est pas de connaître beaucoup de monde, c'est de bien choisir et de bien connaître les personnes qu'on voit habituellement ; la société n'est que le moyen, le but est l'intimité. La vie sociale, pour être douce, impose aux individus des freins très puissants. Dans le monde des salons comme dans les arts, le cheval échappé gâte tout. J'aime le cheval de race, mais quand on est parvenu à le brider et à le dresser ; la sauvagerie incompatible n'est pas une force, elle dénote quelque chose d'incomplet dans l'organisation, et ce défaut physique se communique à l'âme. Un jugement sain est la récompense des passions réprimées.

Les intelligences qui produisent des chefs-d'œuvre ont mûri à l'abri d'une civilisation qu'elles n'ont jamais cessé de respecter, et à laquelle elles doivent le plus précieux de tous leurs avantages, l'équilibre. Rousseau, ce puissant démolisseur, est pourtant conservateur quand il se plaît à la peinture de la vie bourgeoise en Suisse, ou quand il explique la morale de l'Évangile aux philosophes incrédules et cyniques qui l'ébranlent et le déconcertent sans le convaincre.

Nos dames russes ont admis dans leur petit cercle un négociant français qui se trouve parmi les passagers. C'est un homme d'un âge plus que mûr, homme à grandes entreprises, à bateaux à vapeur, à chemins de fer, à prétentions de ci-devant jeune homme, un homme à sourires agréables, à mines gracieuses, à grimaces séduisantes, à gestes bourgeois, à idées arrêtées, à discours préparés ; du reste bon diable, causant volontiers et même bien, quand il parle de ce qu'il sait à fond ; spirituel, amusant, suffisant, mais tournant facilement à la sécheresse.

Il va en Russie pour *électriser* quelques esprits en faveur des grandes entreprises industrielles ; il voyage dans l'intérêt de plusieurs maisons de commerce françaises, qui se sont associées, dit-il, pour atteindre ce but intéressant, et sa tête, quoique remplie de graves idées commerciales, a place encore pour toutes les romances, chansons et petits couplets à la mode à Paris depuis vingt ans. Avant d'être négociant il a été lancier, et il a conservé de son premier métier des attitudes de beau de garnison assez plaisantes. Il ne parle aux Russes que de la supériorité des Français en tous genres, mais son amour-propre est trop en dehors pour devenir offensant : on en rit, c'est tout ce qu'on lui doit.

Il nous chante le vaudeville en lançant aux femmes des œillades galantes ; il déclame la *Parisienne* et la *Marseillaise* en se drapant dans son manteau d'un air théâtral : son répertoire, quelque peu grivois, amuse beaucoup nos étrangères. Elles croient faire un voyage à Paris ; le mauvais ton français ne les frappe nullement, parce qu'elles n'en connaissent ni la source ni la portée ; ce langage dont la vraie signification leur échappe, ne peut les effaroucher, d'ailleurs les personnes vraiment de bonne compagnie sont toujours les plus difficiles à blesser : le soin de leur réhabilitation ne les oblige pas de se gendarmer à tout propos.

Le vieux prince K*** et moi nous rions sous cape de tout ce qu'on leur fait écouter, elles rient de leur côté avec l'innocence de personnes tout à fait ignorantes, et qui ne peuvent savoir où finit le bon goût, où commence le mauvais en France dans la conversation légère.

Le mauvais ton commence dès qu'on pense à l'éviter ; c'est à quoi ne pensent jamais des personnes parfaitement sûres d'elles-mêmes.

Quand la gaieté de l'ex-lancier devient un peu trop vive, les dames russes la calment en chantant à leur tour ces airs nationaux si nouveaux pour nous, et dont la mélancolie et l'originalité me charment. C'est surtout la savante marche de l'harmonie qui me frappe dans ces chants antiques ; on sent qu'ils viennent de loin.

La princesse L*** nous a chanté quelques airs de Bohémiens-russes, et ils m'ont rappelé, à mon grand étonnement, les boléros espagnols. Les Gitanos d'Andalousie sont de la même race que les Bohémiens russes. Cette population dispersée, on ne sait par quelle cause, dans l'Europe entière, a conservé en tous lieux ses habitudes, ses traditions et ses chants nationaux.

Encore une fois, pourriez-vous vous figurer une manière plus agréable que la nôtre de passer une journée de voyage en mer ?

Cette traversée tant redoutée me divertit au point que j'en prévois la fin avec un véritable regret. D'ailleurs, qui ne tremblerait à l'idée d'arriver dans une grande ville où l'on n'a point d'affaire et où l'on va se trouver tout à fait étranger, une ville cependant trop européenne encore pour qu'on puisse se dispenser d'y voir ce qu'on appelle le monde ? Ma passion pour les courses lointaines se refroidit quand je considère que les voyages se composent uniquement de départs et d'arrivées. Mais que de plaisirs et d'avantages on achète par cette peine ! N'y trouvât-on que la facilité de s'instruire sans étude, on ferait encore très-bien de *feuilleter* les divers pays de la terre en guise de lectures, d'autant qu'un est toujours forcé d'en joindre quelque autre à celle-là.

Quand je me sens près de me décourager au milieu de mes pèlerinages, je me dis : Si je veux le but, il faut vouloir le moyen, et je continue ; je fais plus, à peine revenu chez moi je pense à recommencer. Le voyage perpétuel serait une douce manière de passer la vie surtout pour un homme qui n'est pas d'accord avec les idées qui dominent dans le monde et dans le temps où il vit : changer de pays équivaut à changer de siècle. C'est une époque bien reculée que j'espère étudier en Russie. L'histoire analysée dans ses résultats voilà ce qu'un homme apprend en variant ses voyages, et rien ne vaut cet enseignement des faits appliqué en grand aux besoins de l'esprit.

Quoi qu'il en soit, la composition de notre société pendant cette traversée est si amusante que je ne me souviens pas d'avoir rencontré rien de semblable. La réunion de quelques personnes spirituelles ne suffit pas toujours pour former un cercle agréable ; il faut encore des circonstances qui mettent chaque individu en valeur : nous menons ici une vie qui ressemble à la vie de château par le mauvais temps ; on ne peut sortir ; mais tout ce monde enfermé s'ennuierait si chacun ne s'efforçait de s'amuser en amusant les autres : ainsi la contrainte qui nous rapproche tourne à l'avantage de tous, mais c'est grâce à la sociabilité parfaite de quelques-uns des voyageurs que le hasard a rassemblés ici, et surtout à l'aimable autorité du prince K***. Sans la violence qu'il nous fit dès les premiers instants du voyage, personne n'aurait rompu la glace, et nous serions restés à nous regarder en silence tout le temps de la traversée : cet isolement devant témoins est triste et gênant ; au lieu de cela, on cause jour et nuit ; la clarté des jours de vingt-quatre heures fait qu'on trouve à tous moments des personnes prêtes à se réunir ; ces jours sans nuits effacent le temps, on n'a plus d'heures fixes pour dormir ; depuis trois heures que je vous écris, j'entends mes compagnons de voyage rire et parler dans la cabine ; si j'y descends, ils me feront lire des vers et de la prose en français, ils me demanderont de leur conter des histoires de Paris. On ne cesse de m'interroger sur mademoiselle Rachel, sur Duprez, les deux grandes réputations dramatiques du jour ; on désire attirer ici ces talents fameux, puisqu'on ne peut obtenir la permission d'aller les entendre chez nous.

Quand le lancier français, conquérant et commerçant, se mêle de la conversation, c'est ordinairement pour l'interrompre. Alors on rit, on chante, et puis on recommence à danser des danses russes.

Cette gaieté, quelque innocente qu'elle soit, n'en scandalise pas moins deux Américains qui vont à Pétersbourg pour affaires. Ces habitants du nouveau monde ne se permettent pas même de sourire aux folles joies des jeunes femmes de l'Europe ; ils ne voient pas que cette liberté est de l'insouciance, et que l'insouciance est la sauvegarde des jeunes cœurs. Leur puritanisme se révolte non-seulement devant le désordre, mais devant la joie : ce sont des jansénistes protestants, et pour leur complaire, il faudrait faire de la vie un long enterrement.

Heureusement que les femmes que nous avons à bord ne consentent pas à s'ennuyer pour donner raison à ces marchands méthodistes. Elles ont les manières plus simples que la plupart des femmes du Nord, qui, [illegible] à Paris [illegible] esprit pour nous séduire ; celle-ci [illegible] à plaire ; leur accent en français me paraît meilleur que celui de la plupart des femmes polonaises : elles chantent peu en parlant, et ne prétendent pas corriger notre langue, selon la manie de presque toutes les dames de Varsovie que j'ai rencontrées autrefois en Saxe et en Bohême, manie qui tient peut-être à la pédanterie des institutrices qu'on fait venir de Genève en Pologne, pour élever les enfants. Les dames russes qui se trouvent avec moi sur *le Nicolas Ier*, tâchent de parler français comme nous, et à très-peu de nuances près, elles y parviennent.

Hier, un accident survenu à la machine de notre bateau servit à mettre au jour le ressort secret des caractères.

Le souvenir toujours présent du naufrage et de l'incendie de ce paquebot rend les passagers craintifs à l'excès cette année ; il faut convenir que la composition de l'équipage n'est guère propre à rassurer les peureux. Un capitaine hollandais, un pilote danois, des matelots allemands de l'intérieur des terres : voilà les hommes destinés à faire manœuvrer notre bâtiment russe.

Hier donc, après le dîner, nous étions presque tous réunis sur le pont par un beau temps, un peu frais, et nous lisions avec grand plaisir un livre qui fait partie de la bibliothèque du bâtiment, les *Premières Années Littéraires* de Jules Janin, quand le mouvement des roues s'arrête subitement. Cependant un bruit inusité se fait entendre dans la région de la machine, et le bâtiment reste immobile au milieu d'une mer, grâce au ciel, parfaitement calme. On eût dit d'un modèle de vaisseau enclavé dans une table de marbre ; plusieurs matelots se mettent à courir vers le fourneau, le capitaine les suit d'un air préoccupé, sans vouloir répondre aux passagers, qui le questionnent du geste et du regard.

Nous nous trouvions au milieu de la mer Baltique, et dans la partie où elle a le plus de largeur, avant l'entrée du golfe de Finlande, au-dessous de celui de Bothnie, par conséquent le plus loin possible de toutes les côtes. Nous n'en apercevions aucune, quoique le temps fût clair.

Nous gardions tous un silence solennel ; de sinistres souvenirs troublaient les imaginations ; les plus superstitieux étaient les plus agités. Sur l'ordre du capitaine, deux matelots jettent la sonde. « C'est sans doute un écueil sur lequel nous avons touché, » dit une voix de femme, la première qui se fît entendre depuis l'accident ; jusque-là les seules paroles qui eussent retenti dans le silence de la peur étaient les ordres assez timides du capitaine. Le son de sa voix, son attitude n'étaient rien moins que rassurants. « La machine est trop chargée de vapeur, » dit une autre voix, « et risque d'éclater. »

A cet instant quelques matelots s'approchent des chaloupes et se mettent en devoir de les détacher.

Je me taisais, mais je pensais : « Voilà mes pressentiments réalisés. Ce n'était donc pas par caprice que je voulais renoncer à faire cette traversée. » Mes regards se tournaient vers Paris.

La princesse L***, dont la santé est délicate, éclate en sanglots, elle tombe en faiblesse ; on l'entend murmurer, à demi évanouie, ces mots entrecoupés par des pleurs : « Mourir si loin de mon mari ! » « Eh quoi ! le moment est-il venu ? » s'écrie la jeune princesse D***, en se serrant contre le bras du prince, avec un calme qu'on n'aurait pas attendu d'elle, à voir sa figure et sa tournure délicates. C'est une femme frêle, élégante, aux yeux bleus et tendres, à la voix sonore, mais faible, à la taille élevée et svelte. Cette enfance stoïque était devenue, en présence du danger, une héroïne prête à tout souffrir, à tout affronter.

Le gros et aimable prince K*** n'a changé ni de visage, ni de place ; il serait tombé de son fauteuil de sangle dans la mer sans se déranger. L'ex-lancier français, devenu négociant et resté comédien, faisant le beau en dépit des ans, le gai malgré le péril, se mit à fredonner un air de vaudeville. Cette bravade m'a déplu, et fait rougir pour la France, où la vanité cherche, à propos de tout, des moyens d'effet. La vraie dignité du monde n'exagère rien, pas même l'insouciance du danger. Les Américains ont continué leur lecture ; j'observais tout le monde.

Enfin le capitaine est venu nous dire que l'écrou principal d'un des pistons de la machine était cassé, qu'on allait le remplacer, et que dans un quart d'heure nous marcherions comme auparavant.

A cette nouvelle, la peur que chacun avait dissimulée à sa manière se trahit par l'explosion d'une gaîté générale. Tous racontèrent ce qu'ils avaient pensé, redouté, tous rirent les uns des autres ; ceux qui avouèrent le plus naïvement leurs craintes furent le plus épargnés ; ainsi cette soirée commencée tristement se prolongea dans les plaisanteries les plus piquantes, dans les danses et les chants jusqu'à plus de deux heures du matin.

Le respect scrupuleux que je professe pour la vérité me force à vous avouer qu'en cette occasion, l'attitude, la physionomie, le langage, et toute la conduite enfin de notre capitaine hollandais n'a que trop confirmé à mes yeux le mal que j'avais entendu dire de lui avant de m'embarquer sur son bord.

Au moment de nous séparer pour le reste de la nuit, le prince K*** m'adressa des compliments sur le plaisir que je paraissais prendre à ses récits : « On reconnaît l'homme bien élevé, » disait-il, « à la manière dont il a l'air d'écouter.

— Prince, » lui répliquai-je, « le meilleur moyen d'avoir l'air d'écouter, c'est d'écouter. »

Cette réponse, répétée par le prince, fut vantée au-delà de son mérite. Rien n'est perdu, et chaque pensée double de valeur avec des personnes spirituellement bienveillantes.

Le charme de l'ancienne société française tenait surtout à l'art de faire briller les autres, c'est pourtant cette société perdue qui nous valut autant de conquêtes qu'en ont fait la bravoure de nos soldats et le génie de nos généraux. Il faut plus de finesse d'esprit pour louer que pour dénigrer ; qui sait tout apprécier ne dédaigne rien et se refuse la moquerie ; mais où l'envie domine, le dénigrement prend la place de tout : c'est de la jalousie qui prend le masque du bon sens ; le faux bon sens est toujours moqueur : tels sont les mauvais sentiments qui aujourd'hui chez nous conspirent contre l'agrément de la vie sociale. A force de simuler le bien, la vraie politesse le réalisait.

Voici deux histoires qui vous prouveront combien l'attention dont on me loue est peu méritoire.

Nous passions tantôt devant l'île de Dago, à la pointe de l'Esthonie. L'aspect de cette terre est triste, c'est une froide solitude, la nature y paraît stérile et non plutôt que puissante et sauvage ; elle semble vouloir repousser l'homme par l'ennui plus que par la force. « Il s'est passé là une étrange scène, nous dit le prince K***.

— A quelle époque ?

— Il n'y a pas bien longtemps ; c'était sous l'empereur Paul.

— Contez-nous-la. »

Le prince prit la parole..... mais moi je suis fatigué d'écrire ; il est cinq heures du matin ; je vais sur le pont faire la conversation avec ceux de nos compagnons que je trouverai disponibles, puis je me coucherai. Ce soir je vous raconterai l'histoire du baron de Sternberg.

LETTRE SIXIÈME.

SOMMAIRE. — Histoire du baron Ungern de Sternberg. — Ses crimes ; sa punition sous l'empereur Paul. — Type des héros de lord Byron. — Parallèle de Walter Scott et de Byron. — Le roman historique. — Autre histoire racontée par le prince K***. — Mot [illegible] de l'empereur Pierre Ier. — Obstination du boyard Romodanowski. — L'Empereur cède. — Influence de la religion grecque sur les peuples. — Indifférence des Russes pour la vérité. — La tyrannie vit de mensonge. — Le cadavre d'un Croisé déposé dans l'église de Revel depuis la bataille de Narva. — L'empereur Alexandre trompé. — La Russie défendue contre un Russe. Inquiétude des Russes relativement à l'opinion des étrangers. — Peur qu'on a de moi. — L'espion savant trompé.

Ce 11 juillet 1839, six heures du matin, à bord du paquebot le Nicolas Ier.

N'oubliez pas que c'est le prince K*** qui parle.

« Un baron Ungern de Sternberg avait longtemps parcouru l'Europe en homme d'esprit qu'il était, et ses voyages avaient fait de lui tout ce qu'il pouvait devenir, c'est-à-dire un grand caractère développé par l'expérience et par l'étude.

« Revenu à Saint-Pétersbourg, il eut sous l'empereur Paul une disgrâce non méritée qui le décida à quitter la cour. Il se renferma dans l'île de Dago dont il était le seigneur, et retiré au milieu de cette sauvage souveraineté, il jure une haine à mort au genre humain tout entier, pour se venger de l'Empereur, de cet homme qui lui représente à lui seul les hommes.

« Ce personnage était vivant à l'époque de notre enfance.

« Relégué dans son île, il affecte soudain la passion de l'étude et, pour se livrer en liberté, dit-il, à ses travaux scientifiques, il fait ajouter à son manoir une tour très-élevée dont vous pouvez distinguer les murs avec une lunette d'approche. »

Ici le prince s'interrompit, et nous reconnûmes la tour de Dago.

Le prince reprit : « Il appela ce donjon sa bibliothèque, et le surmonta d'une espèce de lanterne vitrée de tous côtés comme un belvédère, comme un observatoire, ou plutôt comme un phare. Il ne pouvait, répétait-il souvent, travailler que la nuit et dans ce lieu solitaire. C'est là qu'il se retirait pour se recueillir et pour trouver la paix.

« Les seuls hôtes admis dans sa retraite étaient un fils unique, encore enfant, et le gouverneur de ce fils.

« Vers minuit, lorsqu'il les croyait tous deux endormis, il s'enfermait à certains jours dans son laboratoire : la tour vitrée était alors éclairée par une lampe tellement éclatante que de loin on la prenait pour un signal. Ce phare, qui n'en était pas un, était destiné à tromper les vaisseaux étrangers qui risquaient de se perdre sur l'île, si leur capitaine, venant de loin, ne connaissait pas parfaitement chaque point de la côte qu'il faut longer pour entrer dans le périlleux golfe de Finlande.

« Cette erreur est précisément ce qui faisait l'espoir du terrible baron. Bâtie sur un écueil au milieu d'une mer redoutable, la perfide tour devenait le point de mire des pilotes inexpérimentés, et les malheureux, égarés par le faux espoir qu'on faisait luire à leurs yeux, rencontraient la mort en croyant trouver un abri contre l'ouragan.

« Vous jugez que la police de la mer était mal faite alors en Russie.

« Dès qu'un vaisseau était près de naufrager, le baron descendait sur la plage, s'embarquait en secret avec quelques hommes habiles et déterminés qu'il entretenait pour le seconder dans ses expéditions nocturnes; il recueillait les marins étrangers, les achevait dans l'ombre au lieu de les secourir, et après les avoir étranglés, il pillait leur bâtiment ; le tout moins par cupidité que par pur amour du mal, par un zèle désintéressé pour la destruction.

« Doutant de tout et surtout de la justice, il regardait le désordre moral et social comme ce qu'il y avait de plus analogue à l'état de l'homme ici-bas, et les vertus civiles et politiques comme des chimères nuisibles, puisqu'elles ne font que contrarier la nature sans la dompter.

« Il prétendait, en décidant du sort de ses semblables, s'associer aux vues de la Providence qui se plaît, disait-il, à tirer la vie de la mort.

« Un soir, vers la fin de l'automne, à l'époque des plus longues nuits de l'année, il avait exterminé, selon sa coutume, l'équipage d'un vaisseau marchand hollandais ; et depuis plusieurs heures les forbans qu'il nourrissait à titre de gardes, parmi les serviteurs attachés à sa maison, s'occupaient à transporter à terre le reste de la cargaison du bâtiment échoué, sans remarquer que, pendant le massacre, le capitaine, profitant de l'obscurité, s'était sauvé dans une chaloupe où l'avaient suivi quelques matelots de son bord.

« Vers le point du jour, l'œuvre de ténèbres du baron et de ses sicaires n'était pas achevée, lorsqu'un signal annonce l'approche d'un canot : aussitôt on ferme les portes secrètes des souterrains où le produit du pillage est déposé, et le pont-levis s'abaisse devant l'étranger.

« Le seigneur, avec l'hospitalité élégante qui est un trait caractéristique et ineffaçable des mœurs russes, se hâte d'aller recevoir le chef des nouveaux débarqués : affectant la plus parfaite sécurité, il s'était rendu pour l'attendre dans une salle voisine de l'appartement de son fils ; le gouverneur de son fils était couché alors et dangereusement malade. La porte de la chambre de cet homme, qui donnait dans la salle, était restée ouverte. On annonce le voyageur.

« Monsieur le baron, » dit l'étranger d'un air d'assurance très-imprudent, « vous me connaissez, néanmoins vous ne pouvez me « reconnaître, car vous ne m'avez vu qu'une fois et dans l'obscurité. Je suis le capitaine du vaisseau dont l'équipage vient en « partie de périr sous vos murs ; c'est à regret que je rentre chez « vous; mais je suis forcé de vous dire que plusieurs de vos gens « ont été reconnus dans la mêlée, et que vous-même vous avez « été vu cette nuit égorgeant de votre main un de mes hommes. »

« Le baron, sans répondre, va fermer à petit bruit la porte de la chambre du gouverneur de son fils. Le naufragé continue : « Si « je vous parle de la sorte, c'est parce que mon intention n'est pas « de vous perdre ; je veux seulement vous prouver que vous êtes « dans ma dépendance. Rendez-moi ma cargaison et mon bâtiment, qui, tout endommagé qu'il est, peut encore me conduire « jusqu'à Saint-Pétersbourg ; je vous promets le secret auquel je « m'engage par serment. Si le désir de la vengeance me dominait, « je me serais jeté à la côte pour aller vous dénoncer dans le premier village. La démarche que je fais auprès de vous vous prouve « le désir que j'ai de vous sauver en vous avertissant du danger « auquel vous exposent vos crimes. »

« Le baron garde toujours un profond silence ; l'expression de son visage est grave, mais elle n'a rien de sinistre ; il demande un peu de temps pour réfléchir au parti qu'il doit prendre, et il se retire en disant que dans un quart d'heure il rapportera sa réponse.

« Quelques minutes avant l'expiration du délai convenu, il rentre inopinément dans la salle par une porte secrète, se jette sur le téméraire étranger et le poignarde !...

« L'ordre avait été donné d'égorger en même temps jusqu'au dernier homme de l'équipage : le silence un instant troublé par tant de meurtres recommence à régner dans ce repaire. Mais le gouverneur de l'enfant avait tout entendu : il écoute encore... il ne distingue plus que les pas du baron et le ronflement des corsaires roulés dans leur peau de mouton et couchés sur les marches de la tour.

« Le baron, inquiet et soupçonneux, rentre dans la chambre de cet homme qu'il examine longtemps avec une attention scrupuleuse ; debout, près du lit, le poignard encore sanglant à la main, il épie les moindres signes qui pourraient trahir la feinte ; à la fin, il le croit profondément endormi et se décide à le laisser vivre. La perfection dans le mal est aussi rare qu'en toute autre chose, » nous dit le prince K***, en interrompant sa narration.

Nous gardions le silence, car nous étions impatients de savoir la fin de l'histoire, il continue :

« Les soupçons de ce gouverneur étaient éveillés depuis longtemps ; sitôt que les premiers mots du capitaine hollandais étaient arrivés à son oreille, il s'était relevé pour être témoin du meurtre, dont il vit toutes les circonstances à travers les fentes de la porte, fermée à clef par le baron. Il eut, l'instant d'après, comme vous venez de le voir, assez de sang-froid pour tromper l'assassin et pour sauver sa vie. Resté seul enfin, il se lève et s'habille malgré la fièvre, il descend par une fenêtre avec des cordes, détache un canot qu'il trouve amarré au pied du rempart, pousse l'esquif en mer, le dirige à lui seul vers le continent, et gagne la terre sans accident : à peine débarqué il va dénoncer le coupable dans la ville la plus voisine.

« L'absence du malade est bientôt remarquée au château de Dago ; le baron, aveuglé par le vertige du crime, pense d'abord que le gouverneur de son fils s'est jeté à la mer dans un accès de fièvre chaude ; tout occupé à faire chercher le corps, il ne songe pas à fuir. Cependant la corde attachée à la fenêtre, le canot disparu, étaient des preuves irrécusables de l'évasion. Le brigand, cédant tardivement à l'évidence, allait songer à sa sûreté, quand il se vit assiégé par des troupes envoyées contre lui. C'était le lendemain du dernier massacre ; un moment il voulut se défendre : mais trahi par son monde, il fut pris et conduit à Saint-Pétersbourg où l'empereur Paul le condamna aux travaux forcés à perpétuité. Il est mort en Sibérie.

« Telle fut la triste fin d'un homme qui, par le charme de son esprit, la grâce et l'élégance de ses manières, avait fait les beaux jours des sociétés les plus brillantes de l'Europe.

« Nos mères pourraient se souvenir de l'avoir trouvé très-aimable.

« Ce fait, bien qu'il nous paraisse romanesque, s'est reproduit assez souvent pendant le moyen âge ; je ne vous l'aurais pas raconté s'il ne se fût passé pour ainsi dire de notre temps ; voilà ce qui le rend intéressant. En toutes choses, la Russie est en retard de quatre siècles. »

Quand le prince K*** eut cessé de parler, tout le monde s'écria que le baron de Sternberg était le type des Manfred et des Lara.

« C'est sans doute, reprit le prince K***, qui ne craint pas le paradoxe, parce que Byron a pris ses modèles dans le vrai, qu'il nous paraît si peu vraisemblable ; en poésie la réalité n'est jamais naturelle.

— C'est si juste, répliquai-je, que les mensonges de Walter Scott font plus d'illusion que l'exactitude de Byron.

— Peut-être ; mais il faut chercher encore d'autres causes à cette différence, repartit le prince : Walter Scott peint, Byron crée ; celui-ci ne se soucie pas de la réalité, même lorsqu'il la rencontre ; l'autre en a l'instinct, même lorsqu'il invente.

— Ne croyez-vous pas, prince, repris-je, que cet instinct de réalité que vous attribuez au grand romancier tient à ce qu'il est souvent commun ? Que de détails superflus ! que de dialogues vulgaires ! Et malgré cela, ce qu'il y a de plus exact dans ses peintures, c'est l'habit de ses personnages et l'arrangement de leur chambre.

— Ah ! je défends mon Walter Scott, s'écria le prince K***, je ne permets pas qu'on insulte un écrivain si amusant.

— C'est justement ce genre de mérite que je lui refuse, repris-je ; un roman ne en quatre ou cinq volumes pour préparer une scène est tout autre chose qu'amusant. Relisez *Gil Blas*, vous verrez ce que c'est qu'un écrivain divertissant, et dont la facilité n'ôte rien à sa profondeur. Walter Scott est bien heureux d'être venu à une époque où l'on ne sait plus ce que c'est que de s'amuser.

— Comme il peint le cœur humain ! s'écria le prince D*** (car tout le monde était contre moi).

— Oui, répliquai-je, pourvu qu'il ne le fasse point parler ; car l'expression lui manque dès qu'il touche aux sentiments passionnés et sublimes ; il dessine admirablement les caractères par l'action, parce qu'il a plus d'habileté, plus d'observation que d'éloquence ; talent philosophique et profond, esprit méthodique et calculateur, il est venu dans son temps et il en a merveilleusement résumé les idées les plus vulgaires, et par conséquent les plus en vogue.

— Le premier il a résolu d'une manière satisfaisante le difficile problème du roman historique : vous ne pouvez lui refuser ce mérite, ajouta le prince K***.

— C'est le cas d'appliquer le mot : je voudrais que ce fût impossible, repris-je ; que de notions fausses ont été répandues dans la foule des lecteurs peu érudits par le mélange de l'histoire et du roman ! Cet alliage est toujours pernicieux, et quoi que vous puissiez dire, il ne me paraît guère amusant... Quant à moi, j'aime mieux, même pour me divertir, lire M. Augustin Thierry que toutes les fables inventées sur des personnages connus... Je vous demande pardon de cet éloge, si peu digne d'un si grave écrivain, mais son nom s'est trouvé dans ma pensée comme y serait venu celui d'Hérodote, qui ne laisse pas que d'être amusant aussi.

— Si c'est affaire de goût, interrompit le prince K*** en souriant, nous n'en disputerons pas plus longtemps. »

Là-dessus, il prend mon bras pour se lever, et me prie de l'aider à descendre vers sa cabine, où il me fait asseoir, et me dit à voix très-basse : « Nous sommes seuls : vous aimez l'histoire ; voici un fait d'un ordre plus relevé que celui que je viens de vous conter : c'est à vous aussi que je le dis, car, devant des Russes, on ne peut pas parler d'histoire..... Vous savez, recommence le prince K***, que Pierre le Grand, après beaucoup d'hésitation, détruisit le patriarcat de Moscou pour réunir sur sa tête la tiare à la couronne. Ainsi, l'autocratie politique usurpa ouvertement la toute-puissance spirituelle, qu'elle convoitait et contrariait depuis longtemps ; union monstrueuse, aberration unique parmi les nations de l'Europe moderne. La chimère des papes au moyen âge est aujourd'hui réalisée dans un empire de soixante millions d'hommes, en partie hommes de l'Asie qui ne s'étonnent de rien, et qui ne sont pas fâchés de retrouver un grand Lama dans leur Czar.

« L'empereur Pierre veut épouser Catherine la vivandière. Pour accomplir ce vœu suprême, il faut commencer par trouver une famille à la future impératrice. On va lui chercher en Lithuanie, je crois, ou en Pologne, un gentilhomme obscur, qu'on commence par déclarer grand seigneur *d'origine*, et que l'on baptise ensuite du titre de frère de la souveraine élue.

« Le despotisme russe non-seulement compte les idées, les sentiments pour rien, mais il refait les faits, il lutte contre l'évidence, et triomphe dans la lutte ; car l'évidence n'a pas d'avocat chez nous, non plus que la justice, lorsqu'elles gênent le pouvoir. »

Je commençais à m'effrayer de la langue hardie du prince K***.

Singulier pays que celui qui ne produit que des esclaves recevant à genoux l'opinion qu'on leur fait, des espions qui n'en ont aucune, afin de mieux saisir celle des autres, ou des moqueurs qui exagèrent le mal : autre manière très-fine d'échapper au coup d'œil observateur des étrangers ; mais cette finesse même devient un aveu ; car chez quel autre peuple a-t-on jamais cru nécessaire d'y avoir recours ? Le métier de mystificateur des étrangers n'est connu qu'en Russie, et il sert à nous faire deviner et comprendre l'état de la société dans ce singulier pays. Tandis que ces réflexions me passaient par l'esprit, le prince poursuivait le cours de ses déductions philosophiques :

« Le peuple et même les grands, résignés spectateurs de cette guerre à la vérité, en supportent le scandale, parce que le mensonge du despote, quelque grossière que soit la feinte, paraît toujours une flatterie à l'esclave. Les Russes, qui souffrent tant de choses, ne souffriraient pas la tyrannie, si le tyran ne faisait humblement semblant de les croire dupes de sa politique. La dignité humaine, abîmée sous le gouvernement absolu, se prend à la moindre branche qu'elle peut saisir dans le naufrage : l'humanité veut bien se laisser dédaigner, bafouer, mais elle ne veut pas se laisser dire, en termes explicites, qu'on la dédaigne et qu'on la bafoue. Outragée par les actions, elle se sauve dans les paroles. Le mensonge est si avilissant que, forcer le tyran à l'hypocrisie, c'est une vengeance qui console la victime. Misérable et dernière illusion du malheur, qu'il faut pourtant respecter, de peur de rendre le serf encore plus vil et le despote encore plus fou.

« Il existait une ancienne coutume d'après laquelle, dans les processions solennelles, le patriarche de Moscou faisait marcher à ses côtés les deux plus grands seigneurs de l'Empire. Au moment du mariage, le czar-pontife résolut de choisir pour acolytes, dans le cortége de la cérémonie, d'un côté un boyard fameux, et de l'autre le nouveau beau-frère qu'il venait de se créer ; car en Russie la puissance souveraine fait plus que des grands seigneurs, elle suscite des parents à qui n'en avait point ; elle traite les familles comme des arbres qu'un jardinier peut élaguer, arracher, ou sur lesquels il peut greffer tout ce qu'il veut. Chez nous, le despotisme est plus fort que nature, l'Empereur est non-seulement le représentant de Dieu, il est la puissance créatrice elle-même : puissance plus étendue que celle de notre Dieu ; car celui-ci ne fait que l'avenir, tandis que l'Empereur refait le passé. La loi n'a point d'effet rétroactif, le caprice du despote en a un.

« Le personnage que Pierre voulait adjoindre au nouveau frère de l'Impératrice était le plus grand seigneur de Moscou, et, après le Czar, le principal personnage de l'Empire ; il s'appelait le prince Romodanowsky... Pierre lui fit dire par son premier ministre qu'il eût à se rendre à la cérémonie pour marcher à la procession à côté de l'Empereur, honneur que le boyard partagerait avec le nouveau frère de la nouvelle Impératrice.

« — C'est bien, répondit le prince ; mais de quel côté le Czar veut-il que je me place ?

— Mon cher prince, répond le ministre courtisan, pouvez-vous le demander ? le beau-frère de Sa Majesté ne doit-il pas avoir la droite ?

« — Je ne marcherai pas, » répond le fier boyard.

« Cette réponse, rapportée au Czar, provoque un second message :

« — Tu marcheras, lui fait dire le tyran, un moment démasqué par la colère, tu marcheras ou je te fais pendre !

« — Dites au Czar (1), réplique l'indomptable Moscovite, que je le prie de commencer par mon fils unique, qui n'a que quinze ans ; il se pourrait que cet enfant, après m'avoir vu périr, consentît par peur à marcher à la gauche du souverain, tandis que je suis assez sûr de moi pour ne jamais faire honte au sang des Romodanowsky, ni avant, ni après l'exécution de mon enfant. »

« Le Czar, je le dis à sa louange, céda ; mais par vengeance contre l'esprit indépendant de l'aristocratie moscovite, il fit de Pétersbourg non un simple port sur la mer Baltique, mais la ville que nous voyons.

« Nicolas, ajouta le prince K***, n'eût pas cédé ; il eût envoyé le boyard et son fils aux mines, et *déclaré* par un ukase conçu dans *des termes légaux*, que ni le père ni le fils ne pourraient avoir d'enfants ; peut-être aurait-il décrété que le père n'avait point été marié : il se passe de ces choses en Russie assez fréquemment encore, et ce qui prouve qu'il est toujours permis de les faire, c'est qu'il est défendu de les raconter. »

Quoi qu'il en soit, l'orgueil du noble moscovite donne parfaitement l'idée de la singulière combinaison dont est sortie la société russe actuelle : ce composé monstrueux des minuties de Byzance et de la férocité de la horde, cette lutte de l'étiquette du Bas-Empire et des vertus sauvages de l'Asie a produit le prodigieux État que l'Europe voit aujourd'hui debout, et dont elle ressentira peut-être demain l'influence sans pouvoir en comprendre les ressorts.

Vous venez d'assister à l'humiliation du pouvoir arbitraire, bravé de front par l'aristocratie. Ce fait et bien d'autres m'autorisent à soutenir que l'aristocratie est ce qu'il y a de plus opposé au despotisme d'un seul, à l'autocratie ; l'âme de l'aristocratie est l'orgueil, tandis que le génie de la démocratie est l'envie. Maintenant, vous allez voir combien un autocrate est facile à tromper.

Ce matin, nous avons passé devant Revel. La vue de cette terre, qui n'est russe que depuis assez peu de temps, nous a rappelé le grand nom de Charles XII et la bataille de Narva. Dans cette bataille mourut un Français, le prince de Croï, qui combattait pour le roi de Suède. On porta son corps à Revel, où il ne put être enterré, parce que, pendant la campagne, il avait contracté des dettes dans cette province, et qu'il ne laissait pas après lui de quoi les acquitter. D'après une ancienne loi, ou plutôt une coutume du pays, on déposa son corps dans l'église de Revel, en attendant que les héritiers pussent satisfaire les créanciers.

Ce cadavre est encore aujourd'hui dans la même église où il fut déposé il y a plus de cent ans.

Le capital de la dette primitive s'est augmenté d'abord des intérêts, puis de la somme destinée chaque jour à l'entretien du corps, très-mal entretenu. La créance principale, les frais et les intérêts accumulés ont produit une dette totale si énorme, qu'il est peu de fortunes aujourd'hui qui pourraient suffire à l'acquitter.

Or, il y a une vingtaine d'années que l'empereur Alexandre passait par Revel ; en visitant l'église principale de cette ville, il aperçoit le cadavre et se récrie contre ce hideux spectacle : on lui conte l'histoire du prince de Croï ; il ordonne que le corps soit mis en terre le lendemain, et l'église purifiée.

Le lendemain l'Empereur part et le corps du prince de Croï est porté au cimetière ; à la vérité, le surlendemain il était replacé dans l'église, à l'endroit même où l'avait laissé l'Empereur.

S'il n'y a pas de justice en Russie, vous voyez qu'il y a des habitudes plus fortes que la loi suprême.

Ce qui m'a le plus amusé, pendant cette trop courte traversée, c'est que je me suis vu sans cesse obligé de justifier la Russie contre le prince K***. Ce parti, que j'ai pris sans aucun calcul, uniquement pour obéir à mon instinct d'équité, m'a valu la bienveillance de tous les Russes qui nous entendaient causer. La sincérité des jugements que cet aimable prince K*** porte sur son pays me prouve au moins qu'en Russie quelqu'un peut avoir son franc parler. Quand je lui dis cela, il me répond qu'il n'est pas Russe !! Singulière prétention ! ... Russe ou étranger, il dit ce qu'il pense ; on le laisse parler, parce qu'il a occupé de grands emplois, dissipé deux fortunes, et que sa pauvreté ôte du poids à ses discours ; parce qu'il a usé la faveur de plusieurs souverains ; parce qu'il est vieux, malade, et particulièrement protégé par une personne de la famille impériale, qui sait trop bien ce que c'est que l'esprit pour le craindre. D'ailleurs, pour éviter la Sibérie, il prétend qu'il écrit des Mémoires, et qu'à mesure qu'il termine un volume il le dépose en France. L'Empereur craint la publicité comme la Russie craint l'Empereur. Je ne cesse d'écouter le prince K*** avec l'attention qu'il mérite ; je le trouve un homme des plus intéressants dans la conversation, mais j'appelle souvent de ses arrêts.

Je suis frappé de l'excessive inquiétude des Russes à l'égard du jugement qu'un étranger pourrait porter sur eux : on ne saurait montrer moins d'indépendance ; l'impression que leur pays doit produire sur l'esprit d'un voyageur les préoccupe sans cesse. Où en seraient les Allemands, les Anglais, les Français, tous les peuples de l'Europe, s'ils se laissaient aller à tant de puérilité ? Si les épigrammes du prince K*** révoltent ses compatriotes, c'est bien moins parce qu'elles blessent en eux une affection sérieuse, qu'à cause de l'influence qu'elles peuvent exercer sur moi, qui suis un

(1) Pierre Ier n'a pris le titre d'Empereur qu'en 1721.

homme important à leurs yeux, parce qu'on leur a dit que j'écrivais mes voyages.

« N'allez pas vous laisser prévenir contre la Russie par ce mauvais Russe, n'écrivez pas sous l'impression de ses mensonges, c'est pour faire de l'esprit français à nos dépens qu'il parle comme vous l'entendez parler; mais, au fond, il ne pense pas un mot de ce qu'il vous dit. »

Voilà ce qu'on me répète tout bas dix fois le jour. Ma pensée est comme un trésor où chacun se croit le droit de puiser à son profit; aussi, je sens mes pauvres idées se brouiller, et à la fin de la journée je doute moi-même de mon opinion : c'est ce qui plaît aux Russes; quand nous ne savons plus que dire ni que penser d'eux et de leur pays, ils triomphent.

Il me semble qu'ils se résigneraient à être effectivement plus mauvais et plus barbares qu'ils ne sont, pourvu qu'on les crût meilleurs et plus civilisés. Je n'aime pas les esprits disposés à faire si bon marché de la vérité; la civilisation n'est point une ruse, c'est une force qui a son résultat, une racine qui pousse sa tige, produit sa fleur et porte son fruit.

« Du moins vous ne nous appellerez pas *les barbares du Nord*, comme font vos compatriotes..... » Voilà ce qu'on me dit chaque fois qu'on me voit amusé ou touché de quelque récit intéressant, de quelque mélodie nationale, de quelque beau trait de patriotisme, de quelque sentiment noble et poétique attribué à un Russe.

Moi je réponds à toutes ces craintes par des compliments insignifiants, mais je pense tout bas que j'aimerais mieux les barbares du Nord que les singes du Midi.

Il y a des remèdes à la sauvagerie primitive, il n'y en a point à la manie de paraître ce qu'on n'est pas.

Une espèce de savant russe, un grammairien, traducteur de plusieurs ouvrages allemands, professeur à je ne sais quel collége, s'est approché de moi le plus qu'il a pu pendant ce voyage. Il vient de parcourir l'Europe, et retourne en Russie plein de zèle, dit-il, pour y propager ce qu'il y a de bon dans les idées modernes des peuples de l'Occident. La liberté de ses discours m'a paru suspecte; ce n'est pas le luxe d'indépendance du prince K***, c'est un libéralisme étudié et calculé pour faire parler les autres. J'ai pensé qu'il devait toujours se rencontrer quelque *savant* de cette espèce aux approches de la Russie, dans les auberges de Lubeck, sur les bateaux à vapeur, et même au Havre, qui, grâce à la navigation de la mer du Nord et de la mer Baltique, devient frontière moscovite.

Cet homme a tiré de moi fort peu de chose. Il désirait surtout savoir si j'écrirais mon voyage et m'offrait obligeamment le secours de ses lumières. Je ne l'ai guère questionné; ma réserve n'a pas laissé que de lui causer un certain étonnement mêlé de satisfaction. Je l'ai quitté bien persuadé « que je voyage uniquement afin de me distraire, et, cette fois, sans avoir l'intention de publier la relation d'une course qui sera si rapide, qu'elle ne me permettra pas de recueillir une quantité de détails suffisants pour intéresser le public. »

Il m'a paru tranquillisé par cette assurance, que je lui ai donnée sous toutes les formes, directement et indirectement. Mais son inquiétude, que j'ai su calmer, a éveillé la mienne. Si je veux écrire ce voyage, je dois m'attendre à inspirer de l'ombrage au gouvernement le plus fin et le mieux servi du monde par ses espions. C'est toujours désagréable : je cacherai mes lettres, je me tairai, mais je n'affecterai rien; en fait de masque, celui qui trompe le mieux, c'est encore le visage découvert.

Ma prochaine lettre sera datée de Pétersbourg.

LETTRE SEPTIÈME.

SOMMAIRE. — La marine russe. — Orgueil qu'elle inspire aux gens du pays. — Mot de lord Durham. — Évolutions des apprentis. — Grands efforts pour un petit résultat. — Cachet du despotisme. — Kronstadt. — Naufrage visible. — Douane russe. — Tristesse de la nature aux approches de Pétersbourg. — Souvenirs de Rome. — Nom donné par les Anglais aux vaisseaux de la marine royale. — Découragement. — Pensée de Pierre Ier. — Les Finnois. — Ile de Kronstadt. — Batteries de la forteresse. — Leur efficacité. — Plusieurs espèces de Russes de salon. — Difficultés du débarquement pour les voitures. — Abrutissement des employés inférieurs. — Interrogatoire subi par-devant les délégués de la police et de la douane. — Lenteurs des douaniers. — Mauvaise humeur des seigneurs russes. — Leur jugement sur la Russie. — Le chef suprême des douaniers. — Ses manières élégantes. — Nouvel examen. — L'Empereur n'y peut rien. — Changement subit dans les manières de mes compagnons de voyage. — Ils me quittent sans me dire adieu. — Ma surprise.

Pétersbourg, ce 10 juillet 1839.

Aux approches de Kronstadt, forteresse sous marine, dont les Russes s'enorgueillissent à juste titre, on voit le golfe de Finlande s'animer tout à coup; les imposants navires de la marine impériale le sillonnent en tous sens : c'est la flotte de l'Empereur : elle reste gelée dans le port pendant plus de six mois de l'année, et pendant les trois mois d'été les cadets de marine s'exercent à la faire manœuvrer entre Saint-Pétersbourg et la mer Baltique. Voilà comme on emploie, pour l'instruction de la jeunesse, le temps que le soleil accorde à la navigation sous ces latitudes. Avant d'arriver aux environs de Kronstadt, nous voguions sur une mer presque déserte et qui n'était égayée de loin à loin que par l'apparition de quelques rares vaisseaux marchands, ou par la fumée encore plus rare des pyroscaphes. *Pyroscaphes* est le nom savant qu'on donne aux bateaux à vapeur dans la langue maritime adoptée par une partie de l'Europe.

La mer Baltique avec ses teintes peu brillantes, avec ses eaux peu fréquentées, annonce le voisinage d'un continent dépeuplé par les rigueurs du climat. Là des côtes stériles sont en harmonie avec une mer froide et vide, et la tristesse du sol, du ciel, la teinte froide des eaux, glace le cœur du voyageur.

A peine se voit-il près de toucher à ce rivage peu attrayant qu'il voudrait déjà s'en éloigner; il se rappelle en soupirant le mot d'un favori de Catherine à l'Impératrice qui se plaignait des effets du climat de Pétersbourg sur sa santé : « *Ce n'est pas la faute du bon Dieu, Madame, si les hommes se sont obstinés à bâtir la capitale d'un grand Empire dans une terre destinée par la nature à servir de patrie aux ours et aux loups!* »

Mes compagnons de voyage m'ont expliqué avec orgueil les récents progrès de la marine russe. J'admire ce prodige sans l'apprécier comme ils l'apprécient. C'est une création ou plutôt une récréation de l'empereur Nicolas. Ce prince s'amuse à réaliser la pensée dominante de Pierre Ier, mais, quelque puissant que soit un homme, il est forcé tôt ou tard de reconnaître que la nature est plus forte que tous les hommes. Tant que la Russie *ne sortira pas* de ses limites naturelles, la marine russe sera le hochet des Empereurs; rien de plus!... Avec le quart des forces maritimes rassemblées à Kronstadt l'Empereur maintiendrait son autorité dans la mer Baltique : et c'est tout ce qu'exige une politique raisonnable.

On m'a expliqué que, pendant la saison des exercices nautiques, les plus jeunes élèves restent à faire leurs évolutions aux environs de Kronstadt, tandis que les habiles poussent leurs voyages de découvertes jusqu'à Riga, quelquefois même jusqu'à Copenhague. Que dis-je? deux vaisseaux russes dont, sans doute, la manœuvre est dirigée par des étrangers, ont déjà fait, ou se disposent à faire le tour du monde!

Malgré l'orgueil courtisan avec lequel les Russes me vantaient les prodiges de la volonté du maître qui veut avoir et qui a une marine impériale, dès que je sus que les vaisseaux que je voyais étaient là pour l'instruction des élèves, un secret ennui éteignit ma curiosité. Je me crus à l'école, et la vue de ce golfe uniquement animé par l'étude ne m'a plus causé qu'une inexprimable impression de tristesse.

Ce mouvement qui n'a pas sa nécessité dans les faits, qui n'est ni le résultat de la guerre, ni le résultat du commerce, m'a semblé une parade. Or, Dieu sait et les Russes savent si la parade est un plaisir!... Le goût des revues est poussé en Russie jusqu'à la manie : et voilà qu'avant d'entrer dans cet empire des évolutions militaires, il faut que j'assiste à une revue sur l'eau!... Je n'en veux pas rire : la puérilité en grand me paraît une chose épouvantable; c'est une monstruosité qui n'est possible que sous la tyrannie, dont elle est la révélation la plus terrible peut-être. Partout ailleurs que sous le despotisme absolu, quand les hommes font de grands efforts, c'est pour arriver à un grand but : il n'y a que chez les peuples aveuglément soumis, que le maître peut ordonner d'immenses sacrifices pour produire peu de chose.

La vue des forces maritimes de la Russie, réunies à la porte de la capitale pour l'amusement du Czar, l'orgueil de ses flatteurs et l'instruction de ses apprentis en navigation, ne m'a donc causé qu'une impression pénible. J'ai senti au fond de cet exercice de collége une volonté de fer employée à faux, et qui opprime les hommes pour se venger de ne pouvoir vaincre les choses. Des vaisseaux qui seront nécessairement perdus en peu d'hivers sans avoir servi me représentent, non la force d'un grand pays, mais les sueurs inutilement versées du pauvre peuple. L'eau glacée plus de la moitié de l'année est le plus redoutable ennemi de cette marine de guerre : chaque automne, au bout de trois mois d'exercice, l'aspirant rentre dans sa cage, le jouet dans sa boîte, et la gelée fait seule une guerre sérieuse aux finances impériales.

Lord Durham l'a dit à l'Empereur lui-même, et par cette franchise, il le blessait dans l'endroit le plus sensible de son cœur dominateur : « Les vaisseaux de guerre des Russes sont les joujoux de l'empereur de Russie. »

Quant à moi, ce colossal enfantillage ne me dispose nullement à l'admiration pour ce que je vais trouver dans l'intérieur de l'Empire. Pour admirer la Russie en y arrivant par eau, il faudrait oublier l'entrée de l'Angleterre par la Tamise : c'est la mort et la vie. Dans leur idiome si poétique dès qu'il peint les scènes maritimes, les Anglais appellent un vaisseau de la marine royale : *un homme de guerre*. Jamais les Russes ne dénommeront de la sorte leurs bâtiments de parade. Muets esclaves d'un maître capricieux, courtisans de bois, ces pauvres *hommes de cour*, fidèle emblème des eunuques du sérail, sont les invalides de la marine impériale.

Loin de m'inspirer l'admiration qu'on attend ici de moi, cette improvisation despotique me cause une sorte de peur : non la peur de la guerre, celle de la tyrannie. L'inutile marine de Nicolas Ier me retrace tout ce qu'il y avait d'inhumanité dans le cœur de Pierre le Grand, le type de tous les souverains russes, anciens et modernes..... et je me dis : Où vais-je ? qu'est-ce que la Russie? La Russie : c'est un pays où l'on peut faire les plus grandes choses pour le plus mince résultat...... N'y allons pas.....

En jetant l'ancre devant Kronstadt, nous apprîmes qu'un des beaux vaisseaux que nous avions vus manœuvrer autour de nous, l'instant d'auparavant, venait d'échouer sur un banc de sable. Ce naufrage sans danger n'était grave que pour le capitaine, qui s'attendait à être cassé le lendemain, et peut-être puni plus sévèrement. Le prince K*** me disait tout bas que ce malheureux aurait mieux fait de périr avec son vaisseau. L'équipage, moins exposé aux réprimandes, n'était pas de cet avis, ni notre compagne de voyage, la princesse L***.

Cette dame a un fils embarqué en ce moment sur le malencontreux vaisseau. Très-inquiète, elle allait s'évanouir encore une fois comme elle avait fait la veille, lors de l'accident arrivé à la machine de notre bâtiment ; mais elle fut rassurée à temps par le gouverneur de Kronstadt qui vint lui donner de bonnes nouvelles.

Les Russes me répètent sans cesse qu'il faut passer au moins deux ans en Russie avant de se permettre de juger leur pays, le plus difficile de la terre à définir.

Mais si la prudence et la patience sont des vertus nécessaires aux voyageurs savants, ou à ceux qui aspirent à la gloire de produire des ouvrages difficiles, moi qui crains ce qui a donné de la peine à écrire parce que cela en donne à lire, je suis résolu à ne pas faire d'un journal un travail. Jusqu'à présent je n'écris que pour vous et pour moi.

J'avais peur de la douane russe, mais on m'assure que mon écritoire sera respectée. Au surplus, pour peindre la Russie telle que je l'entrevois du premier coup d'œil et pour dire tout selon mon habitude, sans égard aux inconvénients de ma sincérité, je prévois qu'il faudrait casser bien des vitres..... je n'en casserai, je crois, aucune, la paresse l'emportera.

Rien n'est triste comme la nature aux approches de Pétersbourg ; à mesure qu'on s'enfonce dans le golfe, la marécageuse Ingrie, qui va toujours s'aplatissant, finit par se réduire à une petite ligne tremblotante tirée entre le ciel et la mer ; cette ligne c'est la Russie.... c'est-à-dire une lande humide, basse et parsemée à perte de vue de bouleaux qui ont l'air pauvres et malheureux. Ce paysage uni, vide, sans accidents, sans couleur, sans bornes et pourtant sans grandeur, est tout juste assez éclairé pour être visible. Ici la terre grise est bien digne du pâle soleil qui l'illumine, non d'en haut, mais de côté, presque d'en bas : tant ses rayons obliques forment un angle aigu avec la surface de ce sol disgracié du Créateur. En Russie, les nuits ont une clarté qui étonne, mais les jours conservent une obscurité qui attriste. Les plus beaux ont une teinte bleuâtre.

Kronstadt avec sa forêt de mâts, ses substructions et ses remparts de granit, interrompt noblement la monotone rêverie du pèlerin qui vient comme moi demander des tableaux à cette terre ingrate. Je n'ai rencontré aux approches d'aucune grande ville rien d'aussi triste que les bords de la Néva. La campagne de Rome est un désert ; mais que d'accidents pittoresques, que de souvenirs, que de lumière, que de feu, de poésie : si vous me passez le mot, je dirais que de passions animent cette terre biblique! En approchant de Pétersbourg, on traverse un désert d'eau encadré par un désert de tourbe : mers, côtes, ciel, tout se confond, c'est une glace, mais si terne, si morne qu'on dirait que le cristal n'en est point étamé ; cela ne reflète rien.

Quelques misérables barques, dirigées par des pêcheurs sales comme des Esquimaux, quelques bateaux employés à remorquer de longs trains de bois de construction qu'on destine à *la marine impériale*, quelques paquebots à vapeur, pour la plupart construits et conduits par des étrangers : voilà tout ce qui égayait la scène, ainsi rien ne m'empêchait de m'enfoncer dans mon humeur morose.

Telles sont les approches de Pétersbourg ; tout ce qu'il y avait dans le choix de ce site de contraire aux vues de la nature, aux besoins réels d'un grand peuple, a donc passé devant l'esprit de Pierre le Grand sans le frapper? La mer à tout prix : voilà ce qu'il disait!!... Bizarre idée pour un Russe que celle de fonder la capitale de l'Empire des Slaves, chez les Finnois, contre les Suédois! Pierre le Grand eut beau dire qu'il ne voulait que donner un port à la Russie, s'il avait le génie qu'on lui prête, il devait pressentir la portée de son œuvre, et quant à moi je ne doute pas qu'il ne l'ait pressentie. La politique, et je le crains bien, les vengeances d'amour-propre du Czar irrité par l'indépendance des vieux Moscovites, ont fait les destinées de la Russie moderne. Les Russes ont beau s'applaudir en paroles du sort qu'on leur a fait, ils pensent en secret comme moi que le contraire eût valu mieux.

La Russie est comme un homme plein de vigueur qui étouffe, elle manque de débouchés. Pierre Ier lui en avait promis, il lui a ouvert le golfe de Finlande, sans s'apercevoir qu'une mer nécessairement fermée huit mois de l'année n'est pas ce que sont les autres mers. Mais les noms sont tout pour les Russes. Les efforts de Pierre Ier, de ses sujets et de ses successeurs, tout étonnants qu'ils sont, n'ont produit qu'une ville difficile à habiter, à laquelle la Néva dispute son sol à chaque coup de vent qui part du golfe ; et d'où les hommes pensent à fuir à chaque pas que la guerre leur permet de faire vers le Midi. Pour un bivouac, des quais de granit étaient de trop.

Les Finois, près desquels les Russes sont allés bâtir leur capitale sont Scythes d'origine ; c'est un peuple presque païen encore tellement sauvage, que ce n'est qu'en 1836 qu'a paru l'ukase qui oblige le prêtre à joindre un nom de famille au nom de saint qu'il donne à l'enfant qu'il baptiste. Où la famille n'existe pas, à quoi sert de la désigner?

Cette race est sans physionomie ; elle a le milieu du visage aplati ; ce qui rend ses traits difformes. Ces hommes laids, sales, sont, m'a-t-on dit, assez forts ; ils n'en paraissent pas moins chétifs, petits et pauvres. Quoiqu'ils soient les indigènes, on en voit peu, dit-on, à Pétersbourg ; ils habitent aux environs dans des campagnes marécageuses et sur des côtes granitiques, mais peu élevées, ce n'est guère qu'aux jours de marché qu'ils viennent dans la ville.

Kronstadt est une île très-plate au milieu du golfe de Finlande : cette forteresse aquatique ne s'élève au-dessus de la mer que tout juste assez pour en défendre la navigation aux vaisseaux ennemis qui voudraient attaquer Pétersbourg. Ses cachots, ses fondations, sa force, sont en grande partie sous l'eau. L'artillerie dont elle est munie est disposée, disent les Russes, avec beaucoup d'art ; dans une décharge chaque coup porterait, et la mer tout entière serait labourée comme une terre émiettée par le soc et la herse : grâce à cette grêle de boulets qu'un ordre de l'Empereur peut faire pleuvoir à volonté sur l'ennemi, la place passe pour imprenable. J'ignore si ses canons peuvent fermer les deux passes du golfe ; les Russes qui pourraient m'instruire ne le voudraient pas. Pour répondre à cette question, il faudrait calculer la portée et la direction des boulets, et sonder la profondeur des deux détroits. Mon expérience, quoique de fraîche date, m'a déjà enseigné à me défier des rodomontades et des exagérations inspirées aux Russes par un excès de zèle pour le service de leur maître. Cet orgueil national ne me paraîtrait tolérable que chez un peuple libre. Quand on se montre fier par flatterie, la cause me fait haïr l'effet ; tant de gloire n'est que de la peur, me dis-je, tant de hauteur qu'une bassesse ingénieusement déguisée. Cette découverte me rend hostile.

En France comme en Russie, j'ai rencontré deux espèces de Russes de salon : ceux dont la prudence s'accorde avec l'amour-propre pour louer leur pays à outrance, et ceux qui, voulant se donner l'air plus élégant, plus civilisé, affectent soit un profond dédain, soit une excessive modestie chaque fois qu'ils parlent de la Russie. Jusqu'à présent je n'ai été dupe ni des uns ni des autres ; mais j'aimerais à trouver une troisième espèce, celle des Russes tout simples : je la cherche.

Nous sommes arrivés à Kronstadt vers l'aube d'un de ces jours sans fin comme sans commencement, que je me lasse de décrire, mais que je ne me lasse pas d'admirer, c'est-à-dire à minuit et demi. La saison de ces longs jours est courte ; déjà elle touche à son terme.

Nous jetâmes l'ancre devant la forteresse silencieuse, mais il fallut attendre longtemps le réveil d'une armée d'employés qui vinrent à notre bord les uns après les autres : commissaires de police, directeurs, sous-directeurs de la douane, et enfin le gouverneur de la douane lui-même ; cet important personnage se crut obligé de nous faire une visite en l'honneur des illustres passagers russes présents sur *le Nicolas Ier*. Il s'est longtemps entretenu avec les princes et princesses qui se disposent à rentrer à Pétersbourg. On parlait russe, probablement parce que la politique de l'Europe occidentale était le sujet de la conversation ; mais quand l'entretien tomba sur les embarras du débarquement et sur la nécessité d'abandonner sa voiture et de changer de vaisseau, on parla français.

Le paquebot de Travemünde prend trop d'eau pour remonter la Néva ; il reste à Kronstadt avec les gros bagages, tandis que les voyageurs sont transférés à Pétersbourg sur un petit bateau à vapeur sale et mal construit. Nous avons la permission d'emporter avec nous sur ce nouveau bâtiment nos paquets les plus légers, pourvu toutefois que nous les fassions plomber par les douaniers de Kronstadt. Cette formalité accomplie, on part avec l'espoir de voir arriver sa voiture à Pétersbourg le surlendemain ; en attendant, cette voiture reste à la garde de Dieu... et des douaniers qui la font charger par des hommes de peine d'un vaisseau sur l'autre ; opération toujours assez scabreuse, mais dont les inconvénients deviennent graves à Kronstadt, à cause du peu de soin des hommes auxquels on la confie.

Les princes russes furent obligés comme moi, simple étranger, de se soumettre à la loi de la douane ; cette égalité me plut tout d'abord; mais en arrivant à Pétersbourg je les vis délivrés en trois minutes, et moi j'eus à lutter trois heures contre des tracasseries de tout genre. Le privilége, un moment assez mal déguisé sous le niveau du despotisme, reparut, et cette résurrection me déplut.

Le luxe des petites précautions superflues engendre ici une population de commis; chacun de ces hommes s'acquitte de sa charge avec une pédanterie, un rigorisme, un air d'importance uniquement destiné à donner du relief à l'emploi le plus obscur; il ne se permet pas de proférer une parole, mais on le voit penser à peu près ceci :

« Place à moi, qui suis un des membres de la grande machine de l'État. »

Ce membre, fonctionnant d'après une volonté qui n'est pas en lui, a autant de vie qu'un rouage d'horloge, pourtant on appelle cela l'homme, en Russie!... La vue de ces automates volontaires me fait peur; il y a quelque chose de surnaturel dans un individu réduit à l'état de pure machine. Si, dans les pays où les mécaniques abondent, le bois et le métal nous semblent avoir une âme, sous le despotisme les hommes nous semblent de bois; on se demande ce qu'ils peuvent faire de leur superflu de pensée, et l'on se sent mal à l'aise à l'idée de la pression qu'il a fallu exercer contre des créatures intelligentes pour parvenir à en faire des choses; en Russie j'ai pitié des personnes, comme en Angleterre j'avais peur des machines. Là, il ne manque aux créations de l'homme que la parole, ici la parole est de trop aux créatures de l'État.

Ces machines incommodées d'une âme sont, au reste, d'une politesse épouvantable; on voit qu'elles ont été ployées dès le berceau à la civilité comme au maniement des armes; mais quel prix peuvent avoir les formes de l'urbanité quand le respect est de commande? Le despotisme a beau faire, la libre volonté de l'homme sera toujours une consécration nécessaire à tout acte humain, si l'on veut que l'acte ait une signification : la faculté de choisir son maître peut seule donner du prix à la fidélité; or, comme en Russie un inférieur ne choisit rien, tout ce qu'il fait et dit n'a aucun sens ni aucun prix.

A la vue de toutes ces catégories d'espions qui nous examinaient et nous interrogeaient, il me prenait une envie de bâiller qui aurait aisément pu se tourner en envie de pleurer, non sur moi, mais sur ce peuple; tant de précautions, qui passent ici pour indispensables, mais dont on se dispense parfaitement ailleurs, m'avertissaient que j'étais près d'entrer dans l'empire de la peur; et la peur se gagne comme la tristesse : donc j'avais peur et j'étais triste... par politesse... pour me mettre au diapason de tout le monde.

On m'engagea à descendre dans la grande salle de notre paquebot, où je devais comparaître devant un aréopage de commis assemblés pour interroger les passagers. Tous les membres de ce tribunal, plus redoutable qu'imposant, étaient assis devant une grande table; plusieurs de ces hommes feuilletaient des registres avec une attention sinistre; ils paraissaient trop absorbés pour n'avoir pas quelque charge secrète à remplir : leur emploi avoué ne suffisait pas à motiver tant de gravité.

Les uns, la plume à la main, écoutaient les réponses des voyageurs, ou, pour mieux dire, des accusés, car tout étranger est traité en coupable à son arrivée sur la frontière russe; les autres transmettaient de vive voix à des copistes des paroles auxquelles nous n'attachions nulle importance; ces paroles se traduisant de langue en langue, et passant du français par l'allemand, arrivaient enfin au russe, où le dernier des scribes les fixait irrévocablement et peut-être arbitrairement sur son livre. On copiait les noms inscrits sur les passe-ports; chaque date, chaque visa étaient examinés avec un soin minutieux; mais le passager, martyrisé par cette torture morale, n'était jamais interrogé qu'en phrases dont le tour, correctement poli, me paraissait destiné à le consoler sur la sellette.

Le résultat du long interrogatoire qu'on me fit subir, ainsi qu'à tous les autres, fut qu'on me prit mon passe-port après m'avoir fait signer une carte, moyennant laquelle je pourrais, me disait-on, réclamer ce passe-port à Saint-Pétersbourg.

Tous semblaient avoir satisfait aux formalités ordonnées par la police; les malles, les personnes étaient déjà sur le nouveau bateau; depuis quatre heures d'horloge nous languissions devant Kronstadt, et l'on ne parlait pas encore de partir.

A chaque instant de nouvelles nacelles noires sortaient de la ville et ramaient tristement vers nous : quoique nous eussions mouillé très près des murs de la ville, le silence était profond... Nulle voix ne sortait de ce tombeau; les ombres qu'on voyait naviguer autour de l'île étaient muettes comme les pierres qu'elles venaient de quitter; on aurait dit d'un convoi préparé pour un mort qui se faisait attendre. Les hommes qui dirigeaient ces embarcations lugubres et mal soignées étaient vêtus de grossières capotes de laine grise, leurs physionomies manquaient d'expression; ils avaient des yeux sans regard, un teint vert et jaune. On me dit que c'étaient des matelots attachés à la garnison; ils ressemblaient à des soldats. Le grand jour était venu depuis longtemps, et il ne nous avait apporté guère plus de lumière que l'aurore; l'air était étouffant, et le soleil, encore peu élevé, mais réfléchi sur l'eau, m'incommodait. Quelquefois les canots tournaient autour de nous en silence sans que personne montât à notre bord; d'autres fois six ou douze matelots déguenillés, à demi couverts de peaux de mouton retournées, la laine en dedans et le cuir crasseux en dehors, nous amenaient un nouvel agent de police, ou un officier de la garnison, ou un douanier en retard; ces allées et venues, qui n'avançaient pas nos affaires, me donnaient au moins le loisir de faire de tristes réflexions sur l'espèce de saleté particulière aux hommes du Nord. Ceux du Midi passent leur vie à l'air, à demi nus ou dans l'eau; ceux du Nord, presque toujours renfermés, ont une malpropreté huileuse et profonde qui me paraît repoussante; je préfère la négligence des peuples destinés à vivre sous le ciel et nés pour se chauffer au soleil.

L'ennui auquel les minuties russes nous condamnaient me donna aussi l'occasion de remarquer que les grands seigneurs du pays sont peu endurants pour les inconvénients de l'ordre public, quand cet ordre pèse sur eux.

« La Russie est le pays des formalités inutiles, » murmuraient-ils entre eux, mais en français, de peur d'être entendus des employés subalternes. J'ai retenu la remarque dont ma propre expérience ne m'a déjà que trop prouvé la justesse. D'après ce que j'ai pu entrevoir jusqu'ici, un ouvrage qui aurait pour titre *les Russes jugés par eux-mêmes*, serait sévère; l'amour de leur pays n'est pour eux qu'un moyen de flatter le maître : sitôt qu'ils pensent que ce maître ne peut les entendre, ils parlent de tout avec une franchise d'autant plus redoutable que ceux qui écoutent deviennent responsables.

La cause de tant de retards nous fut enfin révélée. Le chef des chefs, le supérieur des supérieurs, le directeur des directeurs des douaniers se présente : c'était cette dernière visite que nous attendions depuis longtemps sans le savoir. Au lieu de s'astreindre à porter l'uniforme, ce fonctionnaire suprême arrive en frac comme un simple particulier. Il paraît que son rôle est de jouer l'homme du monde : d'abord il fait le gracieux, l'élégant auprès des dames russes; il rappelle à la princesse D*** leur rencontre dans une maison où la princesse n'a jamais été; il lui parle des bals de la cour, où elle ne l'a jamais vu; enfin il nous donne la comédie. Il la donne surtout à moi, qui ne me doutais guère qu'on pût affecter d'être plus qu'on n'est, dans un pays où la vie est notée, où le rang de chacun est écrit sur son chapeau ou sur son épaulette; mais le fond de l'homme est le même partout... Notre douanier de salon, tout en continuant de se donner des airs de cour, confisque poliment un parasol, arrête une malle, emporte un nécessaire, et renouvelle, avec un sang-froid imperturbable, des recherches déjà consciencieusement faites par ses subordonnés.

Dans l'administration russe les minuties n'excluent pas le désordre. On se donne une grande peine pour atteindre un petit but, et l'on ne croit jamais pouvoir faire assez pour montrer son zèle. Il résulte de cette émulation de commis, qu'une formalité n'assure pas l'étranger contre une autre. C'est comme un pillage : parce que le voyageur est sorti des mains d'une première troupe, ce n'est pas à dire qu'il n'en rencontrera pas une seconde, une troisième, et toutes ces escouades échelonnées sur son passage le tracassent à l'envi.

La conscience plus ou moins timorée des employés de tous grades auxquels il peut avoir affaire, décide de son sort. Il aura beau dire, si on lui en veut, il ne sera jamais en règle. Et c'est un pays ainsi administré qui veut passer pour civilisé à la manière des États de l'Occident!...

Le chef suprême des geôliers de l'Empire procéda lentement à l'examen du bâtiment : il fut lent, très-lent à remplir sa charge; la conversation à soutenir est un soin qui complique les fonctions de ce cerbère musqué, musqué à la lettre, car il sent le musc d'une lieue. Enfin nous sommes débarrassés des cérémonies de la douane, des politesses de la police, délivrés des saluts militaires et du spectacle de la plus profonde misère qui puisse défigurer la race humaine, car les rameurs de messieurs de la douane russe sont des créatures d'une espèce à part. Comme je ne pouvais rien pour elles, leur présence m'était odieuse, et chaque fois que ces misérables amenaient à notre bord les officiers de tous grades employés au service des douanes et de la police maritime, la plus sévère police de l'Empire, je détournais les yeux. Ces matelots en haillons déshonorent leur pays : ce sont des espèces de galériens huileux qui passent leur vie à transporter les commis et les officiers de Kronstadt à bord des vaisseaux étrangers. En voyant leurs figures et en pensant à ce qui s'appelle exister pour ces infortunés, je me demandais ce que l'homme a fait à Dieu pour que soixante millions de ses semblables fussent condamnés à vivre en Russie.

Au moment d'appareiller, je m'approchai du prince K***.

« Vous êtes Russe, lui dis-je, aimez donc assez votre pays pour engager le ministre de l'intérieur ou celui de la police à changer tout cela : qu'il se déguise un beau jour en étranger non suspect, tel que moi, et qu'il vienne à Kronstadt pour voir de ses yeux ce que c'est que d'entrer en Russie.

— A quoi bon? » reprit le prince, « l'Empereur n'y pourrait rien.

— L'Empereur, non, mais le ministre. »

Enfin, nous partons, à la grande joie des princes et princesses russes qui vont retrouver famille et patrie : le bonheur qui se peignait sur leur physionomie démentait les observations de mon aubergiste de Lubeck, à moins que cette fois encore l'exception ne confirme la règle. Mais moi, je ne me réjouissais pas, je craignais au contraire de quitter une société charmante pour aller me perdre dans une ville dont les abords m'attristaient ; elle n'existait déjà plus cette société du hasard ; dès la veille, à l'approche de la terre, nos liens s'étaient rompus, liens fragiles formés uniquement par les passagères nécessités du voyage.

Ainsi le vent qui souffle vers le soir amoncelle des nuages à l'horizon : la lumière du couchant les illumine en variant leur aspect; leurs formes répondent aux rêves de l'imagination la plus riante ; ce ne sont que palais enchantés et bosquets peuplés d'êtres fantastiques, que nymphes, que déesses menant leur ronde joyeuse dans l'espace éthéré ; on ne voit que des grottes habitées par des syrènes, que des îles flottant sur une mer de feu ; enfin c'est un monde nouveau ; si quelque monstre, si quelque figure grotesque se mêle à ces groupes charmants, elle rehausse par le contraste la beauté des tableaux agréables : mais le vent vient-il à changer, ou seulement continue-t-il de souffler, le soleil de baisser : tout a disparu.... le rêve est fini, le froid, le vide succède aux créations de la lumière évanouie, le crépuscule s'enfuit avec son cortége d'illusions ; la nuit est venue.

Les femmes du Nord s'entendent merveilleusement à nous laisser croire qu'elles eussent choisi ce que la destinée leur fait rencontrer. Ce n'est pas fausseté, c'est coquetterie raffinée, elles sont polies envers le sort. C'est une grâce souveraine; la grâce est toujours naturelle, ce qui n'empêche pas qu'on s'en serve souvent pour cacher le mensonge : ce qu'il y a de violent et de forcé dans les diverses situations de la vie disparaît chez les femmes gracieuses et chez les hommes poëtes ; ce sont les êtres les plus trompeurs de la création ; le doute fuit devant leur souffle ; ils créent ce qu'ils imaginent ; nulle défiance ne tient contre leur parole ; s'ils ne mentent pas à d'autres, ils se mentent à eux-mêmes : car leur élément c'est le prestige ; leur bonheur, l'illusion ; leur vocation, le plaisir fondé sur l'apparence. Craignez la grâce des femmes et la poésie des hommes : armes d'autant plus dangereuses qu'on les redoute moins.

Voilà ce que je me disais en quittant les murs de Kronstadt; nous étions là tous présents encore, et nous n'étions plus réunis : l'âme manquait à ce cercle animé la veille par une secrète harmonie qui ne se rencontre que bien rarement dans les sociétés humaines. Peu de choses m'ont paru plus tristes que cette brusque vicissitude ; c'est la condition des plaisirs de ce monde, je l'avais prévu ; j'ai subi cent fois la même expérience, mais je n'ai pas toujours reçu la lumière d'une façon si brusque : d'ailleurs, qu'y a-t-il de plus poignant que les douleurs dont on ne peut accuser personne? Je voyais chacun prêt à rentrer dans sa voie : la destinée commune traçait son ornière devant ces pèlerins rengagés dans la vie habituelle ; la liberté du voyage n'existait plus pour eux, ils retournaient dans le monde réel, et moi je restais seul dans le monde des chimères, à errer de pays en pays : errer toujours ce n'est pas vivre. Je me sentais atteint de cet isolement du voyage le plus profond de tous, et je comparais la tristesse de ma solitude à leurs joies domestiques. L'isolement avait beau être volontaire, en était-il plus doux?... Dans ce moment, tout me paraissait préférable à mon indépendance, et je regrettais jusqu'aux soucis de la famille. Les uns pensaient à la cour et les autres à la douane, car, malgré le temps perdu à Kronstadt, nos gros bagages n'avaient encore été que plombés : maintes parures, maints objets de luxe, peut-être même des livres, pesaient sur ces consciences qui, la veille, affrontaient les flots sans trouble, et qui maintenant étaient bourrelées à la vue d'un commis..... Je lisais dans les yeux des femmes l'attente des maris, des enfants, de la couturière, du coiffeur, du bal de la cour ; et j'y lisais que, malgré les protestations de la veille, je n'existais déjà plus pour elles. Les gens du Nord ont des cœurs incertains, des sentiments douteux ; leurs affections sont toujours mourantes comme les pâles lueurs de leur soleil ; ne tenant à rien, ni à personne, quittant volontiers le sol qui les a vus naître ; créés pour les invasions, ces peuples sont uniquement destinés à descendre du pôle à des époques marquées par Dieu, pour rafraîchir les races du Midi brûlées par le feu des astres et par l'ardeur des passions.

Aussitôt arrivés à Pétersbourg, mes amis, servis selon leur rang, furent délivrés; ils quittèrent leur prison de voyage sans même me dire adieu, à moi qu'ils laissaient courbé sous le poids des fers de la police et de la douane. A quoi bon dire adieu? j'étais mort. — Qu'est-ce qu'un voyageur pour des mères de famille ?... Pas un mot cordial, pas un regard, pas un souvenir ne me fut accordé..... C'était la toile blanche de la lanterne magique après que les ombres y ont passé. Je vous le répète : je m'attendais bien à ce dénoûment, mais je ne m'attendais pas à la peine qu'il m'a causée ; tant il est vrai que c'est en nous-mêmes qu'est la source de toutes nos surprises !...

Trois jours avant d'arriver à terre, deux des aimables voyageuses m'avaient fait promettre d'aller les voir à Pétersbourg; la cour est tout ici, je n'ai pas encore été présenté ; j'attendrai.

LETTRE HUITIÈME.

SOMMAIRE. — Arrivée à Pétersbourg par la Néva. — Architecture. — Contradiction entre le caractère du site et le style des édifices importés du Midi. — Absurde imitation des monuments de la Grèce. — La nature aux environs de Pétersbourg. — Tracasseries de la douane et de la police. — Interrogatoires minutieux. — On retient mes livres. — Difficultés du débarquement. — Aspect des rues. — Statue de Pierre le Grand. — Trop fameuse. — Palais d'hiver. — Rebâti en un an. — A quel prix ! — *Le despotisme se révèle dès le premier pas qu'on fait dans ce pays.* — Citation d'Herberstein. — Karamsin. — La vanité des Russes les aveugle sur l'inhumanité de leur gouvernement. — Esprit de la nation d'accord avec la politique de l'autocrate.

Pétersbourg, ce 11 juillet, au soir.

Les rues de Pétersbourg ont un aspect étrange aux yeux d'un Français ; je tâcherai de vous les décrire, mais je vais d'abord vous parler de l'entrée de la ville par la Néva. Elle a de la célébrité et les Russes en sont fiers à juste titre ; cependant je l'ai trouvée au-dessous de sa réputation. Lorsque de très-loin on commence à découvrir quelques clochers, ce qu'on distingue fait un effet plus singulier qu'imposant. La légère épaisseur de terrain qu'on aperçevait de loin entre le ciel et la mer, devient un peu plus inégale dans quelques points que dans d'autres ; voilà tout, et ces irrégularités imperceptibles, ce sont les gigantesques monuments de la nouvelle capitale de la Russie. On dirait d'une ligne tracée par la main tremblante d'un enfant qui dessine quelque figure de mathématique. En approchant on commence à reconnaître les campaniles grecs, les coupoles dorées de quelques couvents, puis des monuments modernes, des établissements publics : le fronton de la bourse, les colonnades blanchies des écoles, des musées, des casernes, des palais qui bordent des quais de granit : une fois entré dans Pétersbourg, vous passez devant des sphinx également en granit ; ils sont de dimensions colossales, et leur aspect est imposant. Une ville de palais, c'est majestueux ! Toutefois, l'imitation des monuments classiques vous choque quand vous pensez au climat sous lequel ces modèles sont maladroitement transplantés. Mais bientôt vous êtes frappé de la quantité de flèches, de tourelles aux formes variées, d'aiguilles métalliques qui s'élèvent de toutes parts : ceci est au moins de l'architecture nationale. Pétersbourg est flanqué de vastes et nombreux édifices à clochers : ce sont des communautés religieuses ; ces villes sacrées servent de rempart à la ville profane. Les églises russes ont conservé leur originalité primitive. Ce n'est pas que les Russes aient inventé ce style lourd et capricieux qu'on appelle byzantin. Mais ils sont grecs de religion, et leur caractère, leur croyance, leur instruction, leur histoire justifient les emprunts qu'ils font au Bas-Empire : on peut leur permettre d'aller chercher les modèles de leurs monuments à Constantinople, mais non pas à Athènes. Vus de la Néva, les parapets des quais de Pétersbourg sont imposants et magnifiques ; mais au premier pas que vous faites à terre, vous découvrez que ces mêmes quais sont pavés en mauvais cailloux, incommodes, inégaux, aussi désagréables à l'œil que nuisibles aux piétons et pernicieux pour les voitures. Quelques flèches dorées, fines comme des paratonnerres ; des portiques dont la base disparaît presque sous l'eau, des places ornées de colonnes qui se perdent dans l'immensité des terrains qui les environnent ; des statues imitées de l'antique et dont les traits, le style et l'ajustement jurent avec la nature du sol, avec la couleur du ciel, avec le climat comme avec la figure, le costume et les habitudes des hommes, si bien qu'elles ressemblent à des héros prisonniers chez leurs ennemis ; des édifices dépaysés, des temples tombés du sommet des montagnes de la Grèce dans les marais de la Laponie, et qui, par conséquent, paraissent beaucoup trop écrasés pour le site où ils se trouvent transplantés sans savoir pourquoi : voilà ce qui m'a frappé d'abord.

Les magnifiques palais des dieux du paganisme, ces temples qui couronnent admirablement de leurs lignes horizontales, de leurs contours sévères, les promontoires des rivages ioniens et dont les marbres dorés brillent de loin au soleil sur les rochers du Péloponèse, dans les ruines des Acropolis antiques, sont devenus ici des tas de plâtre et de mortier ; les détails incomparables de la sculpture grecque, les merveilleuses finesses de l'art classique ont fait place à je ne sais quelle burlesque habitude de décoration moderne qui passe parmi les Finlandais pour la preuve d'un goût pur en fait d'art. Imiter ce qui est parfait, c'est le gâter ; on devrait copier strictement les modèles, ou inventer. Au surplus, la reproduction des monuments d'Athènes, si fidèle qu'on la suppose, serait perdue dans une plaine fangeuse toujours menacée d'être submergée par une eau à peu près aussi haute que le sol. Ici la nature demandait aux hommes tout le contraire de ce qu'ils ont imaginé ; au lieu d'imiter les temples païens, il fallait s'entourer de constructions aux formes hardies, aux lignes verticales pour percer les brumes d'un ciel polaire, et pour rompre la monotone surface des steppes humides et grises qui forment à perte de vue et d'imagination le territoire de Pétersbourg. L'architecture propre à un tel pays, ce n'était pas la colonne du Parthénon, la coupole du Panthéon, c'était la tour de Pékin. C'est à l'homme de bâtir des montagnes dans une contrée à laquelle la nature a refusé tout mouvement de terrain. Je commence à comprendre pourquoi les Russes nous engagent avec tant d'instance à venir les voir pendant l'hiver : six pieds de neige cacheraient tout cela, tandis qu'en été on voit le pays.

Parcourez le territoire de Pétersbourg et des provinces voisines, vous n'y trouverez m'a-t-on dit pendant des centaines de lieues que des flaques d'eau, des pins rabougris, et des bouleaux à la sombre verdure. Certes, le linceul de l'hiver vaut mieux que la grise végétation de la belle saison. Toujours les mêmes bas-fonds ornés des mêmes broussailles pour tout paysage, si ce n'est en vous dirigeant vers la Suède et la Finlande. Là, vous verriez une succession de petits rocs granitiques hérissés de pins qui changent l'aspect du terrain, sans varier beaucoup les paysages : vous pouvez bien penser que la tristesse d'une telle contrée n'est guère égayée par les lignes de petites colonnes que les hommes ont cru devoir bâtir sur cette terre plate et nue. Pour socle à des péristyles grecs, il faudrait des monts : il n'y a ici nul accord entre les inventions de l'art et les données de la nature, et ce manque d'harmonie me choque à chaque instant ; j'éprouve en me promenant dans cette ville le malaise qu'on ressent quand il faut causer avec une personne minaudière. Le portique, ornement aérien, est ici une gêne ajoutée à celle du climat ; en un mot, le goût des monuments sans goût est ce qui a présidé à la fondation et à l'agrandissement de Pétersbourg. Le contre-sens me paraît ce qu'il y a de plus caractéristique dans l'architecture de cette immense ville qui me fait l'effet d'une fabrique de mauvais style dans un parc ; mais le parc, c'est le tiers du monde et l'architecte : Pierre le Grand.

Aussi quelque choqué qu'on soit des sottes imitations qui gâtent l'aspect de Pétersbourg, ne peut-on contempler sans une sorte d'admiration cette ville sortie de la mer à la voix d'un homme, et qui pour subsister se défend contre une inondation périodique de glace et permanente d'eau : c'est le résultat d'une force de volonté immense : si l'on n'admire pas, on craint : c'est presque respecter.

Le paquebot de Kronstadt jeta l'ancre dans l'intérieur de Pétersbourg devant un quai de granit, le quai anglais en face du bureau des douanes est à peu de distance de la fameuse place où s'élève la statue de Pierre le Grand sur son rocher. Une fois ancré là, on y reste longtemps ; vous allez voir pourquoi.

Je voudrais vous épargner le détail des nouvelles persécutions que m'ont fait subir, sous le nom générique de *simples formalités*, la police et sa fidèle associée la douane ; cependant, c'est un devoir que de vous donner l'idée des difficultés qui attendent l'étranger à la frontière maritime de la Russie ; on dit l'entrée par terre plus facile.

Trois jours par an, le soleil de Pétersbourg est insupportable : hier, pour mon arrivée, je suis tombé sur un de ces jours. On a commencé par nous parquer une grande heure sur le tillac de notre bâtiment, moi et les autres : les étrangers, non les Russes. Là, nous étions exposés sans abri à la plus forte chaleur et au grand soleil du matin. Il était huit heures et il faisait grand jour depuis une heure après minuit. On parle de trente degrés de chaleur au thermomètre de Réaumur ; rappelez-vous que cette température devient plus incommode dans le Nord, parce que l'air y est lourd et chargé de brume.

Il a fallu comparaître devant un nouveau tribunal qui s'est assemblé, comme celui de Kronstadt, dans la grande chambre de notre bâtiment. Les mêmes questions m'ont été adressées avec la même politesse, et mes réponses traduites avec les mêmes formalités.

« Que venez-vous faire en Russie ?

— Voir le pays.

— Ce n'est pas là un motif de voyage. (N'admirez-vous pas l'humilité de l'objection ?)

— Je n'en ai pas d'autre.

— Qui comptez-vous voir à Pétersbourg ?

— Toutes les personnes qui me permettront de faire connaissance avec elles.

— Combien de temps comptez-vous rester en Russie ?

— Je ne sais.

— Dites à peu près.

— Quelques mois.

— Avez-vous une mission diplomatique publique ?

— Non.

— Secrète ?

— Non.

— Quelque but scientifique ?

— Non.

— Êtes-vous envoyé par votre gouvernement pour observer l'état social et politique de ce pays ?

— Non.

— Par une société commerciale ?

— Non.

— Vous voyagez donc librement et par pure curiosité ?

— Oui.

— Pourquoi vous êtes-vous dirigé vers la Russie ?

— Je ne sais, etc., etc., etc.

— Avez-vous des lettres de recommandation pour quelques personnes de ce pays. »

On m'avait prévenu de l'inconvénient de répondre trop franchement à cette question : je ne parlai que de mon banquier.

Au sortir de cette séance de cour d'assises, j'ai vu passer devant moi plusieurs de mes complices : on a vivement chicané ces étrangers sur quelques irrégularités reprochées à leurs passe-ports. Les limiers de la police russe ont l'odorat fin, et selon les personnes ils se rendent difficiles ou faciles en passe-ports ; il m'a paru qu'ils mettaient une grande inégalité dans leur manière de traiter les voyageurs. Un négociant italien qui passait devant moi a été fouillé impitoyablement, j'ai presque dit fouillé au sang, au sortir du vaisseau : on lui a fait ouvrir jusqu'à un petit portefeuille de poche, on a regardé dans l'intérieur des habits qu'il avait sur le corps : si l'on m'en fait autant, me disais-je, ils me trouveront bien suspect.

J'avais les poches pleines de lettres de recommandation qui m'avaient été données à Paris en partie par l'ambassadeur de Russie lui-même, et par d'autres personnes tout aussi connues, mais elles étaient cachetées : circonstance qui m'avait fait craindre de les laisser dans mon écritoire ; je fermai donc mon habit sur ma poitrine en voyant approcher les hommes de la police. Ils m'ont fait passer sans fouiller ma personne, mais lorsqu'il a fallu déballer toutes mes malles devant les commis de la douane, ces nouveaux ennemis se sont livrés au travail le plus minutieux sur mes effets, surtout sur mes livres. Après avoir été soumis à un interminable examen, ceux-ci m'ont été confisqués en masse sans aucune exception, toujours avec une politesse extraordinaire ; mais on ne tint aucun compte de mes réclamations. On m'a pris deux paires de pistolets de voyage et une vieille pendule portative ; j'ai vainement tâché de comprendre et de me faire expliquer pourquoi cet objet était sujet à confiscation ; tout ce qui m'a été pris me sera rendu, à ce qu'on m'assura, mais non sans beaucoup d'ennuis et de pourparlers. Je répète donc avec les seigneurs russes, que la Russie est le pays des formalités inutiles.

Depuis plus de vingt-quatre heures que je suis à Pétersbourg, je n'ai encore rien pu arracher à la douane, et, pour mettre le comble à mes embarras, ma voiture, envoyée de Kronstadt à Pétersbourg un jour plus tôt qu'on ne me l'avait promis, a été adressée à un prince russe et non à moi, pour peu qu'on se trompe de nom en Russie, on est sûr de tomber sur un prince. A présent il faudra des démarches et des explications sans fin avant de prouver l'erreur des douaniers, car le prince de ma voiture est absent. Grâce à cette confusion et à ce guignon, je vais être obligé peut-être de me passer pendant longtemps de tout ce que j'avais laissé dans cette voiture.

Entre neuf et dix heures je me suis vu personnellement, c'est à dire sans mes gros paquets, dégagé des entraves de la douane, et j'ai pu entrer à Pétersbourg, où j'eus à me louer des soins d'un voyageur allemand que le *hasard* m'a fait rencontrer sur le quai. Si c'est un espion, il est du moins serviable : il parlait russe et français, il voulut bien se charger de me faire chercher un droschki, tandis qu'avec une charrette il aidait lui-même mon valet de chambre à transporter chez Coulon, l'aubergiste, la petite partie de mes bagages qu'on venait de me rendre. J'avais recommandé à mon domestique de n'exprimer aucun mécontentement.

Coulon est un Français qui passe pour tenir la meilleure auberge de Pétersbourg : ce qui ne veut pas dire qu'on soit bien chez lui. En Russie, les étrangers perdent bientôt toute trace de nationalité, sans toutefois s'assimiler jamais aux indigènes. Le secourable étranger me trouva même un *guide* qui parlait allemand et qui monta dans le droschki, derrière moi, afin de répondre à toutes mes questions ; cet homme m'a nommé les monuments devant lesquels il nous fallut passer pendant le trajet de la douane à l'auberge, trajet qui ne laisse pas que d'être long, car les distances sont grandes à Pétersbourg.

La trop célèbre statue de Pierre le Grand attira d'abord mes regards ; elle m'a paru d'un effet singulièrement désagréable ; placée sur son rocher par Catherine, avec cette inscription assez orgueilleuse dans son apparente simplicité : *« A Pierre Ier Catherine II. »* Cette figure d'homme à cheval n'est ni antique ni moderne ; c'est un Romain du temps de Louis XV. Pour aider le cheval à se soutenir, on lui a mis aux jambes un énorme serpent : malheureuse idée ! qui ne sert qu'à trahir l'impuissance de l'artiste appelé de France à Pétersbourg pour élever ce monument vanté outre mesure, parce qu'il est en Russie.

Cette statue et la place sur laquelle elle se perd sont ce que j'ai vu de plus remarquable dans le trajet que j'ai fait de la douane à l'auberge.

Je me suis fait arrêter un instant devant les échafaudages d'un monument déjà fameux en Europe, quoiqu'il ne soit pas terminé : ce sera l'église de Saint-Isaac ; enfin j'ai vu la façade du nouveau palais d'hiver, autre résultat prodigieux de la volonté d'un homme, appliquée à lutter à force d'hommes contre les lois de la nature. Le but a été atteint ; car en un an ce palais est sorti de ses cendres, et c'est le plus grand, je crois, qui existe ; il équivaut au Louvre et aux Tuileries réunis.

Pour que le travail fût terminé à l'époque désignée par l'Empereur, il a fallu des efforts inouïs ; on a continué les ouvrages intérieurs pendant les grandes gelées ; six mille ouvriers étaient continuellement à l'œuvre : il en mourait chaque jour un nombre considérable, mais les victimes étant à l'instant remplacées par d'autres champions qui couvraient les vides pour périr à leur tour sur cette brèche inglorieuse, les morts ne paraissaient pas. Et le seul but de tant de sacrifices était de justifier le caprice d'un homme ! Chez les peuples naturellement, c'est-à-dire anciennement civilisés, on n'expose la vie des hommes que pour des intérêts communs, et dont presque tout le monde reconnaît la gravité. Mais combien de générations de souverains n'a pas corrompues l'exemple de Pierre Ier.

Pendant des froids de 26 à 30 degrés, six mille martyrs obscurs, martyrs sans mérite, martyrs d'une obéissance involontaire, car cette vertu est innée et forcée chez les Russes, étaient enfermés dans des salles chauffées à 30 degrés, afin d'en sécher plus vite les murailles. Ainsi ces malheureux subissaient, en entrant et en sortant de ce séjour de mort, devenu, grâce à leur sacrifice, l'asile des vanités, de la magnificence et du plaisir, une différence de température de 50 à 60 degrés.

Les travaux des mines de l'Oural sont moins contraires à la vie ; pourtant les ouvriers employés à Pétersbourg n'étaient pas des malfaiteurs. On m'a conté que ceux de ces infortunés qui peignaient l'intérieur des salles les plus chauffées, étaient obligés de mettre sur leurs têtes des espèces de bonnets de glace, afin de pouvoir conserver l'usage de leurs sens sous la température brûlante qu'ils étaient condamnés à supporter pendant tout le temps de leur travail. On voudrait nous dégoûter des arts, de la dorure, du luxe et de toutes les pompes des cours, qu'on n'y pourrait travailler d'une manière plus efficace. Néanmoins le souverain était appelé Père par tant d'hommes immolés sous ses yeux dans un but de pure vanité impériale.

Je me sens mal à l'aise à Pétersbourg depuis que j'ai vu ce palais et qu'on m'a dit ce qu'il a coûté d'hommes. Ce ne sont ni des espions ni des Russes moqueurs qui m'ont donné ces détails, j'en garantis l'authenticité.

Les millions de Versailles ont nourri autant de familles d'ouvriers français que ces douze mois du palais d'hiver ont tué de serfs slaves : mais, moyennant ce sacrifice, la parole de l'Empereur a réalisé des prodiges, et le palais terminé, à la satisfaction générale, va être inauguré par les fêtes d'un mariage. Un prince peut être populaire en Russie sans attacher grand prix à la vie des Russes. Rien de colossal ne s'obtient sans peine, mais quand un homme est à lui seul la nation et le gouvernement, il devrait s'imposer la loi de n'employer les grands ressorts de la machine qu'il fait mouvoir qu'à atteindre un but digne de l'effort.

Il me semble que, même dans l'intérêt bien entendu de son pouvoir, l'Empereur aurait pu accorder un an de plus aux gens de l'art pour réparer les désastres de l'incendie.

Un souverain absolu a tort de dire qu'il est pressé : il doit avant tout redouter le zèle de ses créatures, lesquelles peuvent se servir d'une parole du maître, innocente en apparence, comme d'un glaive pour opérer des miracles, mais aux dépens de la vie d'une armée d'esclaves. C'est grand, trop grand, car Dieu et les hommes finissent par tirer vengeance de ces inhumains prodiges ; il y a imprudence pour ne rien dire de plus de la part du prince à mettre à si haut prix une satisfaction d'orgueil : mais le renom qu'ils acquièrent chez les étrangers importe aux princes russes plus que toute autre chose, plus que la réalité du pouvoir. Et en cela ils agissent dans le sens de l'opinion publique ; au surplus, rien ne peut discréditer l'autorité chez un peuple où l'obéissance est devenue une condition de la vie. Des hommes ont adoré la lumière ; les Russes adorent l'éclipse : comment leurs yeux seraient-ils jamais dessillés ?

Je ne dis pas que leur système politique ne produise rien de bon ; je dis seulement que ce qu'il produit coûte cher.

Ce n'est pas d'aujourd'hui que les étrangers s'étonnent de l'amour de ce peuple pour son esclavage : vous allez lire un extrait de la correspondance du baron d'Herberstein, ambassadeur de l'empereur Maximilien, père de Charles V, près du czar Vassili Iwanowitch. J'en ai la mémoire fraîche, car j'ai trouvé ce passage dans Karamsin, que je lisais hier sur le bateau à vapeur. Le volume qui le contient a échappé à la vigilance de la police dans la poche de mon manteau de voyage. Les espions les plus fins ne le sont jamais assez ; je vous ai dit qu'on n'a point fouillé ma personne.

Si les Russes savaient tout ce que des lecteurs un peu attentifs peuvent apprendre de l'historien flatteur dont ils se glorifient, et que les étrangers ne consultent pourtant qu'avec une extrême [dé]fiance, à cause de sa partialité de courtisan, ils le prendraient [en] haine, et, se repentant d'avoir cédé à la manie des lumières, do[nt] l'Europe moderne est possédée, ils supplieraient l'Empereur de [dé]fendre la lecture de tous les historiens de la Russie, Karamsin [en] tête, afin de laisser le passé dans des ténèbres également fav[o]rables au repos du despote et à la félicité des sujets qui ne s[e]ront jamais si à plaindre que lorsqu'on les plaint. Les pauvres gens [se] croiraient heureux si nous autres étrangers nous ne les qualifio[ns] imprudemment de victimes. Le bon ordre et l'obéissance, les de[ux] divinités de la police et de la nation russes, exigent, ce me sem[]ble, ce dernier sacrifice.

Voici donc ce qu'écrivait Herberstein en se récriant sur le desp[o]tisme du monarque russe : « Il (le Czar) dit, et tout est fait ; la vi[e], la fortune des laïques et du clergé, des seigneurs et des citoyen[s], tout dépend de sa volonté suprême. Il ignore la contradiction, [et] tout en lui semble juste, comme dans la Divinité ; car les Russ[es] sont persuadés que le grand prince est l'exécuteur des décrets c[é]lestes : *Ainsi l'ont voulu Dieu et le Prince. Dieu et le Prince [le] savent*, telles sont les locutions ordinaires parmi eux, rien n'éga[le] leur zèle pour son service ; un de ses principaux officiers, vieillar[d] à cheveux blancs et autrefois ambassadeur en Espagne, vint à notr[e] rencontre lorsque nous entrâmes dans Moscou ; il courait à cheva[l] et s'agitait comme un jeune homme, la sueur découlait de so[n] visage, et comme je lui en témoignais ma surprise : *Ah ! monsieu[r] le baron*, me répondit-il tout haut, *nous servons notre Monarqu[e] d'une tout autre façon que vous.*

« J'ignore si c'est le caractère de la nation russe qui a formé d[e] tels autocrates, ou bien si les autocrates eux-mêmes ont donné c[e] caractère à la nation. »

Cette lettre écrite depuis plus de trois siècles vous peint le[s] Russes d'alors, absolument tels que je vois les Russes d'aujour[]d'hui. A l'instar de l'ambassadeur de Maximilien, je me demand[e] encore si c'est le caractère de la nation qui a fait l'autocratie, o[u] l'autocratie qui a fait le caractère russe, et je ne puis résoudre l[a] question non plus que ne le pouvait le diplomate allemand.

Il me semble cependant que l'influence est réciproque : ni le gouvernement russe ne se serait établi ailleurs qu'en Russie, ni les Russes ne seraient devenus ce qu'ils sont, sous un gouvernemen[t] différent de celui qu'ils ont.

J'ajoute une autre citation du même auteur Karamsin : il racont[e] ce que disaient au XVIe siècle les voyageurs qui avaient parcouru la Moscovie. « Est-il étonnant, disent les étrangers, que le gran[d] prince soit riche ? il ne donne d'argent ni à ses troupes, ni à se[s] ambassadeurs, même il enlève à ces derniers tout ce qu'ils rap[]portent de précieux des pays étrangers (1). C'est ainsi que le prince Yaroslowsky, à son retour d'Espagne, fut obligé de déposer au trésor toutes les chaînes d'or, les colliers, étoffes précieuses e[t] vases d'argent que l'Empereur et l'archiduc Ferdinand d'Autriche lui avaient donnés. Cependant ces hommes ne se plaignaient point, ils disaient : *le grand Prince prend, le grand Prince rendra.* »

Voilà comme on parlait du Czar en Russie au XVIe siècle.

Aujourd'hui vous entendrez, soit à Paris, soit en Russie, nombre de Russes s'extasier sur les prodigieux effets de la parole de l'Empereur ; et, tout en s'enorgueillissant des résultats, pas un ne s'apitoiera sur les moyens. La parole du Czar est créatrice, disent-ils. Oui : elle anime les pierres, mais c'est en tuant les hommes. Malgré cette petite restriction, tous les Russes sont fiers de pouvoir nous dire : « Vous le voyez, chez vous on délibère trois ans sur les moyens de rebâtir une salle de spectacle, tandis que notre Empereur relève en un an le plus grand palais de l'univers, » et ce puéril triomphe ne leur paraît pas payé trop cher par la mort de quelques chétifs milliers d'ouvriers sacrifiés à cette souveraine impatience, à cette fantaisie impériale qui devient, pour me servir des pluriels à la mode, une des gloires nationales. Et cependant, moi Français, je ne vois là qu'une pédanterie inhumaine. Mais, d'un bout de cet immense empire à l'autre, pas une protestation ne s'élève contre les orgies de la souveraineté absolue.

Peuple et gouvernement, ici tout est à l'unisson : les Russes ne renonceraient pas aux merveilles de volonté dont ils sont témoins, complices et victimes, quand il s'agirait de ressusciter tous les esclaves qu'elles ont coûté (2). Toutefois, ce qui me surprend, ce n'est pas qu'un homme, nourri dans l'idolâtrie de lui-même, un homme qualifié de tout-puissant par soixante millions d'hommes ou de presqu'hommes, entreprenne de telles choses et les mette à fin ; c'est que, parmi les voix qui racontent ces faits à la gloire de cet homme unique, pas une seule ne se sépare du chœur pour réclamer en faveur de l'humanité contre les miracles de l'autocratie. On peut dire des Russes grands et petits, qu'ils sont ivres d'esclavage.

(1) Dickens, dans son voyage aux États-Unis, dit que la même chose a lieu aujourd'hui en Amérique.

(2) Chez nous, le travail fait vivre l'homme ; sous le climat de la Russie, il le tue, à moins qu'il ne soit conduit avec précaution et lenteur.

(Note de l'Auteur pour cette édition.)

Paris. — Imprimerie Walder, rue Bonaparte, 44.

LETTRE NEUVIÈME.

SOMMAIRE. — Le droschki. — Costume des hommes du peuple. — Le cafetan. — Attelage russe. — Droschki perfectionné. — Pavés de bois. — Pétersbourg le matin. — La ville ressemble à une caserne. — Contraste entre la Russie et l'Espagne. — Courriers porteurs de dépêches. — La partie d'échecs. — Définition de la tyrannie. — Tyrannie et despotisme, confondus à dessein. — Le silence. — Caractère particulier du gouvernement russe. — La discipline à la place de l'ordre. — L'auberge. — Ce qu'on y risque. — Le lit de camp au milieu de la chambre. — Promenade au hasard. — Les deux palais Michel. — Souvenirs de la mort de Paul Ier. — L'espion trompé. — Statue de Souvaroff. — La Néva, les quais, les ponts. — Inconvénients du site de Pétersbourg. — La cabane de Pierre Ier. — La citadelle, ses tombeaux et ses cachots. — Le couvent et le tombeau de Saint-Alexandre Newski. — La chambre du czar Pierre changée en chapelle. — Les vétérans russes. — Autorité du Czar. — Foi des Russes en l'avenir. — Orgueil justifié. — Moscou explique Pétersbourg. — Grandeur de Pierre Ier. — Comparaison de Pétersbourg et de Munich. — Intérieur de la forteresse. — Prison souterraine. — Tombeaux de la famille impériale. — Idolâtrie politique. — Souffrance des prisonniers. — Différence qu'il y a entre les châteaux forts des autres pays et une forteresse russe. — Malheur des Russes. — Leur dégradation morale. — Église catholique. — Dominicains à Pétersbourg. — Tolérance précaire. — Sépulture du dernier roi de Pologne. — Moreau déposé dans l'église où est enterré Poniatowski.

Pétersbourg, ce 12 juillet 1839, au matin.

Ce fut avant-hier, entre neuf et dix heures, que j'obtins la libre entrée de Pétersbourg.

Cette ville est peu matinale : à ce moment de la journée, elle me fit l'effet d'une vaste solitude. De loin à loin je rencontrais quelques droschki... (Beaucoup de personnes disent droska : droschki est le pluriel : mais il me paraît adopté à Paris sans acception de nombre.) Donc le droschki est mené par un cocher habillé à la manière du pays. L'aspect singulier de ces hommes, de leurs chevaux, de leurs voitures, est ce qui m'a paru le plus amusant au premier abord.

Voici le costume ordinaire des hommes du peuple à Pétersbourg, non pas des portefaix, mais des ouvriers, des petits marchands, des cochers, etc., etc. : ils ont la tête couverte, soit d'une toque de drap à côtes, et en forme de melon, soit d'un chapeau à petit bord, à forme aplatie et plus large du haut que du bas : cette coiffure ressemble un peu à un turban de femme ou à un berret basque; elle sied bien aux hommes jeunes. Jeunes et vieux, tous ont de la barbe : les élégants l'ont soyeuse et peignée, les vieux et les négligents l'ont terne et mêlée. L'expression de leurs yeux est particulière; c'est le regard fourbe des peuples de l'Asie, tellement qu'en les voyant passer on croit voyager en Perse.

Les cheveux longs sur les côtés, mais coupés ras au-dessus de la nuque, tombent contre les joues, sur les deux oreilles qu'ils cachent. Cette manière originale d'arranger leur tête laisse voir le cou à nu par derrière : ils ne portent point de cravate.

Leur barbe descend quelquefois jusque sur la poitrine, quelquefois elle est coupée assez près du menton. Ils attachent beaucoup de prix à cet ornement qui s'accorde avec l'ensemble de leur costume mieux qu'avec les cols, les fracs, les gilets de nos jeunes élégants modernes. La barbe des Russes est imposante à tout âge, car les belles têtes blanches des popes plaisent aux peintres.

Le peuple russe a le sentiment du pittoresque : ses habitudes, ses meubles, ses ustensiles, son costume, sa figure conviennent à la peinture; aussi à chaque coin de rue de Pétersbourg trouve-t-on le sujet d'un gracieux tableau de genre.

Il faut vous compléter la description du costume national : nos redingotes et nos fracs sont remplacés par un cafetan, longue robe persane très-ample, en drap, le plus souvent bleu, mais quelquefois vert, brun, gris ou chamois : les plis de cette robe sans collet, coupée juste au col, qu'elle laisse libre, forment une ample draperie serrée autour des reins par une ceinture de soie ou de laine de couleur tranchante. Les bottes en cuir sont larges, arrondies du bout; elles prennent la forme du pied; leur tige, retombant sur elle-même, dessine naturellement quelques plis qui ne sont pas sans grâce.

Vous connaissez la singulière forme des droschki ; on en voit maintenant partout des imitations plus ou moins exactes. C'est la plus petite voiture possible; elle est à peu près cachée par les deux ou trois hommes qu'elle peut traîner rez terre, car elle est basse à faire rire ou à faire peur. Elle consiste en une banquette rembourrée et munie de quatre garde-crottes en cuir verni. Vous croiriez voir les ailes d'un insecte : cette banquette ainsi ornée est supportée par quatre petits ressorts placés de longueur sur quatre roues les plus basses possibles. Le cocher s'assied en avant, les pieds presque touchant aux jarrets du cheval; et tout près du cocher, à califourchon sur la banquette, sont cramponnés ses maîtres; deux hommes montent quelquefois dans le même droschki. Je n'y ai pas vu de femmes. A ces singulières voitures, toutes légères qu'elles sont, on attelle un, deux, même trois chevaux; le cheval principal, celui du brancard, a la tête passée dans un beau demi-cercle de bois assez élevé et qui figure un arc de triomphe mouvant. Ce n'est point un collier, car le cou du cheval est loin du bois; c'est plutôt un cerceau à travers lequel l'animal paraît s'avancer fièrement : cette manière d'atteler est sûre, elle est aussi d'un effet gracieux. Les diverses parties du harnais s'adaptent à ce bois d'une façon élégante et solide; une sonnette attachée au demi-cercle annonce l'approche du droschki. En voyant cet équipage, le plus bas des équipages et le plus petit, puisqu'il disparaît entièrement sous l'homme, glisser à terre et fuir entre deux files de maisons bien alignées, les plus basses possibles, vous ne vous croyez plus en Europe. Vous ne savez à quel siècle, à quel monde appartient ce que vous avez devant les yeux, et vous vous demandez comment des hommes qui vous paraissent ramper sur le pavé plutôt que diriger une voiture, ont pu disparaître au grand galop de leurs chevaux.

Le second cheval attelé hors la main est encore plus libre que le limonier; il porte la tête en dehors, il a l'encolure toujours ployée à gauche et galope continuellement, même quand son camarade ne fait que trotter : on l'appelle le furieux.

Dans le principe, le droschki n'était qu'une planche de bois brute posée sans ressorts presqu'à terre entre quatre petites roues sur deux essieux : ce carrosse primitif a été perfectionné, mais il a conservé sa légèreté originelle et son apparence étrange; quand vous enfourchez la planchette, vous croyez monter sur quelque bête apprivoisée; si pourtant vous ne voulez pas cheminer à cheval, vous vous asseyez de côté en vous tenant au cocher qui vous mène toujours au grand galop.

Il y a une nouvelle espèce de droschki où le banc n'est plus en long, et dont la caisse a la forme d'un tilbury; elle est posée sur quatre ressorts et portée par deux essieux et quatre roues, mais toujours rez terre (1). C'est un acheminement vers les voitures des autres pays, cela sent la mode anglaise; tant pis, car chez tous les peuples j'aime et je regrette ce qui est national.

La serre chaude, avec ses plantes d'autant plus souffrantes et d'autant plus étiolées qu'elles viennent de plus loin et qu'elles sont réputées plus précieuses, m'incommode d'abord et m'ennuie bientôt. J'aime mieux le désordre de la forêt indigène et dont les arbres puisent dans le sol natal, sous leur climat naturel, une vigueur inconnue ailleurs. Ce qui est national dans les sociétés équivaut à ce qui est sauvage dans les sites; il y a là une grâce primitive, une force, une ingénuité que rien n'imite ni ne remplace.

Ces imperceptibles voitures sont rudement cahotées sur les cailloux inégaux des rues de Pétersbourg; à la vérité, dans certains quartiers, les pavés, toujours irréguliers, sont corrigés des deux côtés de la rue par des voies en blocs de bois de sapin incrustés. On les trouve dans les plus larges rues de la ville; les chevaux courent là-dessus avec une grande vitesse, surtout par les temps secs, la pluie rend le bois glissant. Ces mosaïques du Nord forment un encaissement dispendieux à cause des réparations continuelles qu'il exige, mais elles valent mieux que le pavé des villes russes.

Les mouvements des hommes que je rencontrais me paraissaient roides et gênés; chaque geste exprime une volonté qui n'est point celle de l'homme qui le fait; tous ceux que je voyais passer portaient des ordres. Le matin est l'heure des commissions. Pas un individu ne paraissait marcher pour lui-même, et la vue de cette contrainte m'inspirait une tristesse involontaire. J'apercevais peu de femmes dans les rues, qui n'étaient égayées par aucun joli visage, par aucune voix de jeune fille; tout était morne, régulier comme à la caserne, comme au camp; c'était la guerre, moins l'enthousiasme, moins la vie. La discipline militaire domine la Russie. L'aspect de ce pays me fait regretter l'Espagne comme si j'étais né Andalous; ce n'est pourtant pas la chaleur qui manque ici, car on y étouffe; c'est la lumière et la joie.

Tantôt vous voyez passer un officier à cheval courant au grand galop pour aller *porter un ordre* à quelque commandant de troupes, tantôt c'est un feldjæger qui va *porter un ordre* à quelque gouverneur de province, peut-être à l'autre extrémité de l'Empire, où il se rend en kibitka, petit char à bancs russe sans ressort et non rembourré. Cette voiture, conduite par un vieux cocher à barbe, entraîne rapidement le courrier à qui son rang défendrait de se servir d'un équipage plus commode, en eût-il un à sa disposition; plus loin, des fantassins reviennent de l'exercice et se rendent à leurs quartiers pour prendre *l'ordre* de leur capitaine; rien que des fonctionnaires supérieurs qui commandent à des fonctionnaires inférieurs. Cette population d'automates ressemble à la moitié d'une partie d'échecs, car un seul homme fait jouer toutes les pièces, et l'adversaire invisible, c'est l'humanité. On ne se meut, on ne respire ici que par une permission ou par un ordre impérial; aussi tout y est-il sombre et contraint : le silence préside à la vie et la paralyse. Officiers, cochers, Cosaques, serfs, courtisans, tous serviteurs du même maître avec des grades divers, obéissent aveuglément à une pensée qu'ils ignorent; c'est un chef-d'œuvre de mécanique militaire; mais la vue de ce bel ordre ne me satisfait pas du tout, parce que tant de régularité ne s'obtient que par l'absence complète d'indépendance

(1) Un droschki de cette espèce roule actuellement dans Paris, où il a été apporté par M. Horace Vernet.

et de fantaisie. Je crois voir l'ombre de la mort planer sur cette partie du globe.

Parmi ce peuple privé de loisir et de volonté, on ne voit que des corps sans âmes, et l'on frémit en songeant que, pour une si grande multitude de bras et de jambes, il n'y a qu'une tête.

Le despotisme est un composé d'impatience et de paresse ; avec un peu plus de longanimité de la part du pouvoir, d'activité de la part du peuple, le même résultat s'obtiendrait à bien meilleur marché ; mais que deviendrait la tyrannie?... on reconnaîtrait qu'elle est inutile. La tyrannie, c'est la maladie imaginaire des peuples ; le tyran déguisé en médecin leur a persuadé que la santé n'est pas l'état naturel de l'homme civilisé, et que plus le danger est grand, plus le remède doit être violent : c'est ainsi qu'il entretient le mal sous prétexte de le guérir. L'ordre social coûte trop cher en Russie pour que je l'admire.

Que si vous me reprochez de confondre le despotisme avec la tyrannie, je vous répondrai que c'est à dessein que je le fais. Ils sont si proches parents, qu'ils ne manquent presque jamais de s'unir en secret pour le malheur des hommes. Sous le despotisme, la tyrannie peut durer parce qu'elle garde le masque.

Lorsque Pierre le Grand établit ce qu'on appelle ici le *tchin*, c'est-à-dire lorsqu'il appliqua la hiérarchie militaire à toute l'administration de l'Empire, il changea sa nation en un régiment de muets dont il se déclara lui même le colonel, avec le droit de passer ce grade à ses héritiers.

Vous figurez-vous les ardeurs, les rivalités, toutes les passions de la guerre en pleine paix? Si vous vous représentez bien cette absence de tout ce qui fait le bonheur domestique et social ; si, à la place des affections de famille, vous vous préparez à trouver partout l'agitation non avouée d'une ambition toujours bouillonnante, mais secrète, car pour réussir il faut qu'elle soit masquée ; si vous parvenez enfin à vous figurer le triomphe presque complet de la volonté d'un homme sur la volonté de Dieu, vous comprendrez la Russie.

Le gouvernement russe, c'est la discipline du camp substituée à l'ordre de la cité, c'est l'état de siége devenu l'état normal de la société.

Passé les heures de la matinée, la ville s'anime peu à peu, mais elle devient plus bruyante sans me paraître plus gaie ; on ne voit que des voitures peu élégantes qui emportent, de toute la vitesse de leurs deux, de leurs quatre et de leurs six chevaux, des gens toujours pressés, parce que leur vie se passe à *faire leur chemin*. Du plaisir sans but, c'est-à-dire du plaisir, c'est ici chose inconnue.

Aussi presque tous les grands artistes venus en Russie pour y recueillir le fruit de la renommée qu'ils avaient acquise ailleurs, n'y sont-ils restés qu'un instant, ou, s'ils y ont prolongé leur séjour, ils ont nui à leur talent. L'air de ce pays est contraire aux arts ; tout ce qui vient naturellement ailleurs ne pousse ici qu'en serre chaude. L'art russe ne sera jamais qu'une plante de jardin.

En arrivant à l'hôtel de Coulon, j'y ai trouvé un aubergiste français dégénéré ; sa maison est à peu près remplie de monde en ce moment à cause des fêtes du mariage de la grande-duchesse Marie, et il me parut presque contrarié d'être obligé de recevoir un hôte de plus ; aussi s'est-il donné peu de peine pour m'accommoder. Après quelques allées et venues et beaucoup de pourparlers, il m'a pourtant établi au second, dans un appartement étouffant, composé d'une entrée, d'un salon et d'une chambre à coucher ; le tout sans rideaux, sans stores, sans jalousies ; notez que le soleil reste environ vingt-deux heures par jour sur l'horizon, et que ses rayons obliques pénètrent plus loin dans les maisons que le soleil d'Afrique qui tombe d'aplomb sur les têtes, mais qui n'entre pas au fond des chambres. On respire dans ce logement une atmosphère de plâtre, des odeurs de four à chaux, de poussière, et de vivantes exhalaisons d'insectes mêlées de musc, tout à fait insupportables.

A peine installé, la fatigue de la nuit et de la matinée, l'ennui de la douane ont vaincu ma curiosité : au lieu d'aller me perdre dans Pétersbourg en errant selon mon habitude, seul, au hasard, à travers la grande ville inconnue, je me jetai tout enveloppé dans mon manteau sur un immense sofa de cuir, vert bouteille, qui tenait presque un panneau du salon, et je m'endormis profondément pendant... trois minutes.

Au bout de ce temps, je m'éveille avec la fièvre : et que vois-je en jetant les yeux sur mon manteau?... Un tissu brun, mais vivant ; il faut appeler les choses par leur nom : je suis couvert, je suis mangé de punaises. La Russie, en ce genre, n'a rien à envier aux Espagnes. Mais dans le Midi on se console, on se guérit au grand air ; ici, on reste emprisonné avec l'ennemi, et la guerre est plus sanglante. Je jette loin de moi tous mes habits et me mets à courir par la chambre en criant au secours ! Quel présage pour la nuit ! pensais-je, et je continuais de crier à tue-tête. Un garçon russe arrive, je lui fais comprendre que je veux parler à son maître. Le maître me fait attendre longtemps ; enfin il paraît, et quand je lui apprends le sujet de ma peine, il se met à rire et se retire aussitôt en me disant que je m'y habituerai, car je ne trouverai pas autre chose à Pétersbourg ; il me recommande cependant de ne jamais m'asseoir sur un canapé russe, parce que c'est sur ce meuble que couchent les domestiques qui portent toujours avec eux des légions d'insectes. Pour me tranquilliser, il m'assure que cette vermine ne viendra pas me chercher si je me tiens loin des meubles où elle reste discrètement renfermée.

Après m'avoir consolé de la sorte il m'abandonne dans la solitude de sa maison.

Les auberges de Pétersbourg tiennent du caravanserail ; à peine casé, vous restez là livré à vous-même, et si vous n'avez vos propres domestiques, vous n'êtes point servi : le mien ne sachant pas le russe, n'est au fait de rien : non-seulement il ne pourra m'être utile, mais il me gênera, car il faudra que j'aie soin de lui comme de moi-même.

Cependant, avec son intelligence italienne, il m'eut bientôt trouvé dans un des corridors noirs de ce désert muré qu'on appelle l'hôtel Coulon, un domestique de place qui cherchait fortune. Cet homme parle allemand, et le maître de l'auberge le recommande. Je l'arrête et lui dis ma peine. Aussitôt il me fait venir un lit de voyage en fer à la russe : j'achète ce meuble, j'en remplis le matelas avec de la paille la plus fraîche que je puisse obtenir, et j'établis mon coucher, les quatre pieds dans des jarres pleines d'eau, au beau milieu de la chambre que j'ai soin de faire démeubler entièrement. Ainsi retranché pour la nuit, je me rhabille, et, accompagné du domestique de place à qui je donne l'ordre de ne me point diriger, je sors de cette magnifique hôtellerie : palais en dehors, étable dorée et tendue de velours et de soie au dedans.

L'hôtel Coulon donne sur une espèce de *Square* assez gai pour ce pays-ci. Ce *Square* est borné d'un côté par le nouveau palais Michel, pompeuse habitation du grand-duc Michel, frère de l'Empereur. Je ne pouvais sortir sans passer devant la grille de ce palais qui attira mon attention tout d'abord. Les trois autres côtés de la place sont fermés par de belles rangées de maisons percées de belles rues. Singulier hasard ! à peine eus-je quitté le nouveau palais Michel que je me trouvai devant le vieux. Le vieux palais Saint-Michel est un vaste édifice carré, sombre et en tout point différent de l'élégante et moderne habitation du même nom.

Si les hommes se taisent en Russie, les pierres parlent et parlent d'une manière lamentable. Je ne m'étonne pas que les Russes craignent et négligent leurs vieux monuments : ce sont des témoins de leur histoire, que le plus souvent ils voudraient oublier. Quand je découvris les noirs perrons, les profonds canaux, les ponts massifs, les péristyles déserts de ce sinistre palais, j'en demandai le nom, et ce nom me rappela malgré moi la catastrophe qui fit monter Alexandre sur le trône ; aussitôt toutes les circonstances de la lugubre scène par laquelle se termina le règne de Paul Ier se représentèrent à mon imagination.

Ce n'est pas tout, par une ironie sanglante, devant la principale porte de ce sinistre édifice, on avait placé, avant la mort de celui qui l'occupait et d'après son ordre, la statue équestre de son père Pierre III, autre victime dont l'empereur Paul se plaisait à honorer la déplorable mémoire pour déshonorer la mémoire triomphante de sa mère (1). Que de tragédies se sont jouées à froid dans ce pays où l'ambition, la haine même sont calmes en apparence !! Chez les peuples du Midi, la passion me réconcilie en quelque sorte avec leur cruauté ; mais la réserve calculée, la froideur des hommes du Nord ajoute un vernis d'hypocrisie au crime : la neige est un masque ; ici l'homme paraît doux parce qu'il est impassible ; mais le meurtre sans haine me cause plus d'horreur que l'assassinat vindicatif. La religion de la vengeance n'est-elle pas plus naturelle que la trahison par intérêt ? Plus je reconnais une impulsion involontaire dans le mal, plus je me sens consolé. Malheureusement c'est le calcul et non la colère, c'est la prudence qui ont présidé au meurtre de Paul. Les bons Russes prétendent que les conjurés ne s'étaient préparés qu'à le mettre en prison. J'ai vu la porte secrète qui conduisait à l'appartement de l'Empereur par un escalier dérobé ; cette porte donne dans une partie de jardin, près d'un grand fossé ; Pahlen y fit placer des assassins dans la crainte que la victime n'eût l'idée d'échapper par cette issue.

Voici ce qu'il avait dit aux conjurés la veille au soir : « Ou vous aurez tué l'Empereur demain à cinq heures du matin, ou à cinq heures et demie vous serez dénoncé par moi à l'Empereur comme conspirateurs. » Le résultat de cette éloquente et laconique harangue n'était pas douteux.

Là-dessus, de peur des repentirs tardifs, il sortit de chez lui pour n'y pas rentrer de la nuit ; et afin d'être bien certain qu'aucun des conjurés ne le retrouverait avant l'exécution, il se mit à parcourir les diverses casernes de la ville : il voulait connaître l'esprit des troupes.

Le lendemain, à cinq heures, Alexandre était empereur et passait pour parricide ; quoiqu'il n'eût consenti (cette circonstance est vraie, je crois, qu'à faire enfermer son père, pour préserver sa mère de la prison, peut-être de la mort, pour se préserver lui-

(1) Depuis que ceci a été publié, des Russes m'ont assuré que cette statue représente Pierre Ier. On l'a peut-être baptisée deux fois.

même d'un sort pareil, pour sauver son pays des fureurs et des caprices d'un autocrate fou.

Aujourd'hui les Russes passent devant le vieux palais Saint-Michel sans oser lever les yeux : il est défendu de raconter dans les écoles ni ailleurs la mort de l'empereur Paul, ni même de croire à cet événement relégué parmi les fables.

Je m'étonne qu'on n'ait pas rasé le palais aux souvenirs incommodes : mais pour le voyageur, c'est une bonne fortune que de rencontrer un monument remarquable par son air de vétusté dans un pays où le despotisme rend tout uniforme, tout neuf ; où l'intérêt dominant efface chaque jour les traces du passé. Au reste, c'est cette mobilité qui explique pourquoi le vieux palais Saint-Michel est debout ; il a été oublié. Sa masse carrée, ses fossés profonds, ses souvenirs tragiques, ses escaliers dérobés, ses portes secrètes si favorables au crime, son élévation peu ordinaire dans un pays où tous les édifices me paraissent écrasés, lui donnent un style imposant, avantage rare à Pétersbourg. Je m'étonne à chaque pas de voir la confusion qu'on n'a cessé de faire ici de deux arts aussi différents que l'architecture et la décoration. Pierre le Grand et ses successeurs ont pris leur capitale pour un théâtre.

Je fus frappé de l'air effaré de mon guide quand je le questionnai le plus naturellement que je pus sur ce qui s'est passé dans le vieux palais Saint-Michel. La physionomie de cet homme disait : « On voit bien que vous êtes un nouveau débarqué. »

Vous voyez que tout le monde ici pense à ce que personne ne dit. L'étonnement, la terreur, la défiance, l'innocence affectée, l'ignorance jouée, l'expérience d'un vieux matois difficile à duper faisaient tour à tour de cette physionomie agitée malgré elle un livre aussi instructif qu'amusant à étudier.

Quand votre espion est mis en défaut par votre apparente sécurité, il fait une mine vraiment grotesque, car il se croit compromis par vous dès qu'il voit que vous n'avez pas peur de l'être par lui, l'espion ne croit qu'à l'espionnage ; et si vous échappez à ses filets, il se figure qu'il va tomber dans les vôtres.

Une promenade par les rues de Pétersbourg sous la garde d'un domestique de place, est, je vous assure, bien intéressante et ne ressemble guère à une course dans les capitales des autres pays du monde civilisé. Tout se tient dans un État gouverné avec une logique aussi serrée que l'est celle qui préside à la politique russe.

En quittant le vieux et tragique palais Saint-Michel, j'ai traversé une longue place qui ressemble au Champ de Mars de Paris, tant elle est vaste et vide. D'un côté un jardin public, de l'autre quelques maisons ; du sable au milieu et partout de la poussière, voilà cette place : sa forme est vague, sa grandeur immense, et elle finit à la Néva près d'une statue en bronze de Suwaroff.

La Neva, ses ponts et ses quais sont la vraie gloire de Pétersbourg. Ce tableau est si vaste que tout le reste paraît petit. La Néva est un vase plein jusqu'aux bords qui disparaissent sous l'eau prête à déborder de toutes parts. Venise et Amsterdam me semblent mieux défendues contre la mer que ne l'est Pétersbourg.

Je n'aime pas une ville qui n'est dominée par rien : certes le voisinage d'une rivière large comme un lac et qui coule à fleur de terre dans une plaine marécageuse perdue entre la brume du ciel et les vapeurs de la mer, était de tous les sites du monde, le moins favorable à la fondation d'une capitale. Ici l'eau fera raison tôt ou tard de l'orgueil de l'homme : le granit même n'est pas assuré contre le travail des hivers dans cette humide glacière où la citadelle bâtie par Pierre le Grand a déjà usé deux fois ses remparts et ses fondements de rochers. On les a refaits et on les refera encore pour défendre ce chef-d'œuvre d'orgueil et de volonté qui n'a pas cent quarante ans : quelle lutte ! Ici les pierres souffrent violence contre les hommes.

J'ai voulu passer le pont à l'instant même pour voir de près cette fameuse citadelle ; mon domestique m'a conduit d'abord en face de la forteresse, à la maison de Pierre le Grand, séparée du château fort par une route et par un terrain vague. C'est une cabane conservée, dit-on, dans l'état où l'a laissée le Czar. La citadelle renferme les sépultures des Empereurs, et les prisonniers d'État : singulière manière d'honorer les morts !... En pensant à tous les pleurs versés là, sous la tombe des souverains de la Russie, on croit assister aux funérailles de quelque roi de l'Asie. Même un tombeau arrosé de sang me semblerait moins impie ; les larmes coulent plus longtemps et plus douloureusement peut-être.

Tandis que l'Empereur ouvrier habitait la cabane, on bâtissait sous ses yeux sa future capitale. Il faut dire à sa louange qu'alors le palais lui importait moins que la ville. Une des chambres de cette illustre chaumière, celle qui servait d'atelier au Czar charpentier, est aujourd'hui transformée en chapelle ; on y entre avec autant de recueillement que dans les églises les plus révérées de l'Empire. Les Russes font volontiers des saints de leurs héros. Ils se plaisent à confondre les terribles vertus de leurs maîtres avec la bienfaisante puissance de leurs patrons, et s'efforcent de mettre les cruautés de l'histoire à l'abri de la foi.

Un autre héros russe, fort peu admirable à mon avis, a été sanctifié par les prêtres grecs : c'est Alexandre Newski, modèle de prudence, mais qui ne fut martyr ni de la bonne foi, ni de la générosité. L'Église nationale canonisa ce prince plus sage qu'héroïque. C'est l'Ulysse des saints. On a bâti autour de ses reliques un couvent d'une grandeur prodigieuse.

Le tombeau, renfermé dans l'église de ce Saint-Alexandre, est à lui seul un monument ; il est composé d'un autel d'argent massif surmonté d'une espèce de pyramide de même métal, et cette masse de trophées en argent monte ainsi jusqu'à la voûte d'une vaste église. Le couvent, l'église et le cénotaphe sont une des merveilles de la Russie. Ils sont situés à l'extrémité de la rue appelée *la Perspective Newski* ; promenade qui se termine dans la partie de la ville opposée à la citadelle ; je viens d'aller les contempler avec plus d'étonnement que d'admiration ; l'art n'entre pour rien dans cette œuvre de piété, mais le luxe en est prodigieux. Ce qu'il a fallu d'hommes et de lingots pour élever un tel mausolée effraie l'imagination.

Revenons à la cabane du Czar. On m'a montré là un canot construit par lui-même, et quelques autres objets religieusement conservés ; ils sont aujourd'hui gardés par un vétéran. En Russie, les églises, les palais et beaucoup de lieux publics ainsi que de maisons particulières, sont confiés à la surveillance de militaires invalides. Ces malheureux, toujours vieux au sortir de la caserne, sont changés en portiers, c'est leur unique ressource. A ce poste ils conservent leur longue redingote militaire, grossière capote de laine, de couleur sale et terne ; à chaque visite que vous faites, des hommes ainsi vêtus vous reçoivent à la porte des maisons ou à l'entrée des monuments ; ces espèces de spectres en uniforme vous rappellent la discipline sous laquelle vous vivez. Pétersbourg est un camp changé en ville.

Mon guide ne me fit pas grâce d'une image ni d'un morceau de bois dans la chaumière impériale. Le vétéran qui la garde, après avoir allumé plusieurs cierges dans la chapelle, qui n'est qu'un bouge célèbre, m'a montré la chambre à coucher de Pierre le Grand, empereur de toutes les Russies ; un charpentier de nos jours n'y logerait pas son apprenti.

Cette glorieuse austérité peint l'époque et le pays autant que l'homme ; alors en Russie on sacrifiait tout à l'avenir, on bâtissait des monuments trop magnifiques pour la génération vivante. Les constructeurs de tant de superbes édifices publics, sans éprouver pour eux-mêmes les besoins du luxe, se contentaient du rôle d'éclaireurs de la civilisation, précédant de loin les potentats inconnus dont ils s'enorgueillissaient de bâtir la ville, en attendant que leurs successeurs vinssent l'habiter et l'embellir. Certes, il y a de la grandeur d'âme dans ce soin que prend un chef et son peuple de la puissance, et même de la vanité des générations à naître ; cette confiance des hommes vivants en la gloire de leurs arrière-neveux a quelque chose de noble et d'original. C'est un sentiment désintéressé, poétique et fort au-dessus du respect ordinaire des hommes et des nations pour leurs ancêtres.

Ailleurs on a fait de grandes villes en mémoire des grands faits du passé ; ou bien les cités se sont faites d'elles-mêmes à l'aide des circonstances et de l'histoire, sans le concours du moins apparent des calculs humains. Saint-Pétersbourg avec sa magnificence et son immensité est un trophée élevé par les Russes à leur puissance à venir ; l'espérance qui produit de tels efforts me paraît un sentiment sublime. Depuis le temple des Juifs, jamais la foi d'un peuple en ses destinées n'a rien arraché à la terre de plus merveilleux que Saint-Pétersbourg. Et ce qui rend vraiment admirable ce legs fait par un homme à son ambitieux pays, c'est qu'il a été accepté par l'histoire.

La prophétie de Pierre le Géant, sculptée dans la mer en blocs de granit, s'accomplit depuis un siècle sous les yeux de l'univers. Quand on songe que ces phrases, emphatiques partout ailleurs, ne sont ici que l'expression juste de la réalité, on s'arrête avec respect et l'on se dit : Dieu est là ! C'est la première fois que l'orgueil me paraît touchant ; partout où la puissance de l'âme humaine se manifeste tout entière, il y a lieu de s'émerveiller.

Au surplus, l'histoire de Russie ne date pas, comme l'ignorante et frivole Europe paraît le penser, du règne de Pierre Ier : Moscou explique Saint-Pétersbourg ; et les Ivan préparaient la voie à Pierre le Grand.

La délivrance de la Moscovie après de longs siècles d'invasion ; plus tard, le siége et la prise de Kasan par Ivan le Terrible ; les luttes acharnées contre la Suède, et tant d'autres brillants et patients faits d'armes justifient la fière attitude de Pierre Ier et l'humble confiance de sa nation. La foi en l'inconnu est toujours imposante. Cet homme de fer avait le droit de s'appuyer sur l'avenir ; les caractères comme le sien font ce que les autres espèrent. Je le vois avec la simplicité d'un vrai grand seigneur, même d'un grand homme, assis sur le seuil de cette cabane d'où il prépare en même temps contre l'Europe une ville, une nation et une histoire. La grandeur de Pétersbourg n'est pas vide, et cette puissante ville, dominant ses glaces et ses marais pour dominer le monde, est superbe, moins superbe encore aux yeux qu'à la pensée. A la vérité, cette merveille a coûté cent mille hommes engloutis, par obéissance, dans des marais pestilentiels qui sont aujourd'hui une capitale.

L'Allemagne voit de nos jours s'accomplir un chef-d'œuvre de critique : une de ses villes se transforme savamment en une ville de la Grèce et de l'Italie ancienne, mais à la nouvelle Munich il manque un peuple antique : Pétersbourg eût manqué aux Russes.

Au sortir de la maison de Pierre le Grand, j'ai repassé devant le pont de la Néva qui conduit aux îles, et je suis entré dans la forteresse.

On ne m'a pas laissé voir les prisons : il y a des cachots sous l'eau, il y en a sous les toits ; tous sont pleins d'hommes. On ne m'a mené qu'à l'église où sont renfermés les tombeaux de la famille régnante. J'étais devant ces tombeaux et je les cherchais encore, ne pouvant me figurer qu'une pierre carrée, sans ornement, de la longueur et de la largeur d'un lit, recouverte d'une courte-pointe en drap vert, brodée aux armes impériales, servît de sépulture à l'impératrice Catherine Ire, à Pierre Ier, à Catherine II, et à tant d'autres princes, jusqu'à l'empereur Alexandre.

La religion grecque bannit la sculpture des églises ; elles y perdent en pompe et en religieuse magnificence plus qu'elles n'y gagnent en mysticité, d'autant que la foi byzantine s'accommode des dorures, des ciselures et de certaines peintures d'un goût très-peu sévère. Les Grecs sont les enfants des iconoclastes, mais puisqu'en Russie ils ont cru pouvoir mitiger la doctrine de leurs pères ils auraient dû aller plus loin.

Dans cette citadelle funèbre les morts me paraissaient plus libres que les vivants. Tant que je restai dans son enceinte, il me sembla que je ne respirais qu'avec peine. Si c'était une idée philosophique qui eût fait enfermer dans le même tombeau les prisonniers de l'Empereur et les prisonniers de la mort, les conspirateurs et les souverains contre lesquels on conspire, je la respecterais, mais je ne vois là que le cynisme du pouvoir absolu, que la brutale confiance d'un despotisme bien assuré. Avec cette force surnaturelle, on peut s'élever au-dessus des petites délicatesses humaines, bonnes pour le commun des gouvernements : un Empereur de Russie est si plein de ce qu'il se doit à lui-même, que sa justice ne s'efface pas devant celle de Dieu. Nous autres hommes de l'Occident, royalistes révolutionnaires, nous ne voyons dans un prisonnier d'État à Pétersbourg qu'une innocente victime du despotisme ; les Russes y voient un réprouvé. Voilà où mène l'idolâtrie politique. La Russie est un pays où le malheur calomnie sans exception tous ceux qu'il frappe.

Chaque bruit me paraissait une plainte, les pierres gémissaient sous mes pieds, et mon cœur se déchirait à faire l'écho des douleurs les plus atroces que l'homme ait jamais fait subir à l'homme. Ah ! je plains les prisonniers de cette forteresse ! A juger de l'existence des Russes enfermés sous la terre par celle des Russes qui se promènent dessus, [illegible] a sujet de frémir.

J'ai vu ailleurs des châteaux forts, mais ce nom ne voulait pas dire ce qu'il dit à Pétersbourg. Je frissonnais en pensant que la fidélité la plus scrupuleuse, la probité la plus intacte ne mettent nul homme à l'abri des prisons souterraines de la citadelle de Pétersbourg, et mon cœur se dilata quand je repassai les fossés qui défendent cette triste enceinte et la séparent du reste du monde.

Hé ! qui n'aurait pitié de ce peuple ? Les Russes, je parle de ceux des classes élevées, vivent aujourd'hui sur des préjugés, sur une ignorance qu'ils n'ont plus. [illegible] L'affectation de la résignation me paraît le dernier degré de l'abjection où puisse tomber un peuple esclave ; la révolte, le désespoir seraient plus terribles sans doute, mais moins ignobles ; la faiblesse dégradée au point de se refuser jusqu'à la plainte, cette consolation de la brute, la peur calmée par l'excès de la peur, c'est un phénomène moral dont on ne peut être témoin sans verser des larmes de sang.

Après avoir visité la sépulture des souverains de la Russie, je me suis fait ramener dans mon quartier et conduire à l'église catholique desservie par des moines dominicains. J'y venais demander une messe pour un anniversaire dont aucun de mes voyages ne m'a encore empêché de faire la commémoration dans une église catholique. Le couvent des dominicains est situé dans la Perspective Newski, la plus belle rue de Pétersbourg. L'église n'est pas magnifique, elle est décente ; les cloîtres sont solitaires, les cours encombrées de débris de bâtisses ; un air de tristesse règne dans toute la communauté, qui, malgré la tolérance dont elle jouit, m'a paru peu opulente et surtout peu rassurée. En Russie, la tolérance n'a pour garantie ni l'opinion publique ni la constitution de l'État : comme tout le reste, c'est une grâce octroyée par un homme ; et cet homme peut retirer demain ce qu'il donne aujourd'hui.

En attendant le moment d'entrer chez le prieur, je me suis arrêté dans l'église ; là, j'ai rencontré sous mes pieds une pierre où je lus un nom qui m'a vivement ému. Poniatowski ! Roi de [illegible] de la [illegible], ce trop crédule amant de Catherine II est enterré [illegible] sans aucune marque de distinction ; mais, dépouillé de la majesté du trône, il lui reste la majesté du malheur qui ne lui fait pas faute ; les infortunes de ce prince, son aveuglement si cruellement puni, et la perfide politique de ses ennemis, rendront tous les chrétiens et tous les voyageurs attentifs à son obscur tombeau.

Près de ce roi exilé a été déposé le corps tronqué de Moreau. L'empereur Alexandre l'a fait rapporter là de Dresde. L'idée de réunir les restes de deux hommes si à plaindre, afin de confondre dans une même prière les souvenirs de leurs destinées manquées, me paraît une des plus nobles pensées de ce prince qui, ne l'oublions jamais, a paru grand à son entrée dans une ville d'où venait de sortir Napoléon.

Vers quatre heures du soir, je me suis enfin souvenu que je n'étais pas arrivé en Russie seulement pour y voir des monuments plus ou moins curieux, ni pour y faire des réflexions plus ou moins philosophiques ; et j'ai couru chez l'ambassadeur de France.

Là, mon mécompte fut grand ; j'appris que le mariage de la grande-duchesse Marie avec le duc de Leuchtenberg devait avoir lieu le surlendemain, et que j'arrivais trop tard pour pouvoir être présenté avant la cérémonie. Manquer cette solennité de cour, dans un pays où la cour est tout, c'était perdre mon voyage.

LETTRE DIXIÈME.

SOMMAIRE. — Promenade des îles. — Caractère du paysage. — Beautés factices. — Étendue des villes russes. — Les Russes se reposent sur la rue. — Manière dont ils placent leurs fleurs dans leurs maisons. — Les Anglais font le contraire. — Les productions les plus communes de la nature sont ici du luxe. — Souvenirs de la solitude qui percent même au milieu des jardins. — But de la civilisation dans le Nord. — Vie des gens du monde pendant leur séjour aux îles. — Brièveté de la belle saison. — Déménagements dès la fin d'août. — Les autres grandes villes ont plus de solidité que n'en a Pétersbourg. — L'égalité sous le despotisme. — Rigueur des gouvernements trop logiques. — Le despotisme en grand. — Il faut être Russe pour vivre en Russie. — Traits caractéristiques de la société russe. — Malheur d'un souverain tout-puissant. — Source des vertus privées chez les princes absolus. — Pavillon de l'Impératrice aux îles. — A quoi ressemble le mouvement de la foule après le passage de l'Impératrice. — Vermine jusque dans les murs des auberges. — Le palais impérial n'en est pas exempt. — Portrait de l'homme du peuple quand il est de pure race slave. — Sa beauté. — La beauté rare chez les femmes. — Coiffure nationale des femmes. — Voitures dépourvues d'élégance. — L'état des paysans russes. — Rapports du paysan avec son seigneur. — Fortune des particuliers dans la main de l'Empereur. — Seigneurs massacrés par leurs serfs. — Réflexions. — Monnaie vivante. — Différence qu'il y a entre la condition des ouvriers dans les pays libres et celle des serfs en Russie. — Le commerce et l'industrie modifieront la situation actuelle. — Apparence trompeuse. — Personne pour vous éclairer sur le fond des choses. — L'empereur [illegible] de Pierre Ier, mal plus grand que tout le bien qu'a fait cet Empereur. — L'aristocratie russe manque à ses devoirs envers elle-même et envers le peuple. — Regards scrutateurs des Russes. — Leur curiosité envers les voyageurs qui écrivent. — État de la médecine en Russie. — Mystère universel. — Permission d'assister au mariage de la grande-duchesse Marie. — Faveur particulière.

Pétersbourg, le [illegible] jour, 12 juillet 1839, au soir.

On m'a mené à la promenade des îles ; c'est un agréable marécage ; jamais la vase ne fut mieux déguisée sous les fleurs. Figurez-vous un bas-fond humide, mais que l'eau laisse à découvert pendant l'été, grâce aux canaux qui servent à égoutter le sol : tel est le terrain qu'on a planté de superbes bosquets de bouleaux et recouvert d'une foule de charmantes maisons de campagne. Des avenues de bouleaux, qui avec les pins sont les seuls arbres indigènes de ces landes glacées, font quelque illusion ; on se croit dans un parc anglais. Ce vaste jardin, parsemé de *villas* et de *cottages*, tient lieu de campagne aux habitants de Pétersbourg ; c'est le bivouac des courtisans, richement habité pendant un moment de l'année, et désert le reste du temps ; voilà ce qu'on nomme ici le district des îles.

On y arrive en voiture par plusieurs routes fort belles, avec des ponts jetés sur divers bras de mer.

En parcourant ces allées ombragées, vous pouvez vous croire à la campagne, mais c'est une campagne monotone et artificielle. Pas de mouvement de terre, et toujours le même arbre : comment produire de grands effets pittoresques avec de telles données ? Le soin des hommes ne supplée qu'imparfaitement à la pauvreté de la nature. Ils ont fait ici tout ce qui pouvait se faire malgré le bon Dieu : c'est toujours bien peu de chose. Sous cette zone, les plantes de serre chaude, les fruits exotiques, même les produits des mines, l'or et les pierres précieuses sont moins rares que les arbres les plus communs de nos forêts ; avec la richesse on se procure ici tout ce qui vient sous verre et sous terre : c'est beaucoup dans un conte de fées, cela ne suffit pas dans un parc. Une des châtaigneraies, une des chênaies de nos collines seraient des merveilles à Pétersbourg ; des maisons italiennes entourées d'arbres de Laponie, et remplies de fleurs de tous les pays, font un contraste extraordinaire plutôt qu'agréable.

Les Parisiens qui n'oublient jamais Paris appelleraient cette campagne soignée les champs Élysées russes ; cependant c'est plus grand, plus champêtre et à la fois plus orné, plus factice que notre promenade de Paris. C'est aussi plus éloigné des quartiers élégants. Le district des îles est tout à la fois une ville et un marais boisé; quelques prés conquis sur la fange des tourbières vous font par moments croire qu'il y a là des bois, des champs véritables ; tandis que des maisons en forme de temples, des pilastres encadrant des serres chaudes, des colonnades devant des palais, des salles de spectacle à péristyles antiques, vous prouvent que vous n'êtes pas sorti de la ville.

Les Russes s'enorgueillissent à juste titre de ce jardin arraché à tant de frais au sol spongieux de Pétersbourg; mais si la nature est vaincue, elle se souvient de sa défaite et ne se soumet qu'avec humeur; les friches recommencent de l'autre côté de la haie du parc. Heureux les pays où la terre et le ciel luttent de profusion pour embellir le séjour de l'homme et pour lui rendre la vie facile et douce!

J'insisterais peu sur les désagréments de ce sol disgracié, je ne regretterais pas si souvent le soleil du Midi en voyageant dans le Nord, si les Russes affectaient moins de dédaigner ce qui manque à leur pays : leur parfait contentement s'étend jusqu'au climat, jusqu'à la terre ; naturellement portés aux fanfaronnades, ils sont fats même pour la nature, comme ils sont fiers de la société qu'ils ont fondée : ces prétentions m'empêchent de me résigner comme ce serait mon devoir, et comme c'était mon intention, à tous les inconvénients des contrées septentrionales.

Le delta renfermé entre la ville et l'une des embouchures de la Néva est aujourd'hui entièrement occupé par cette espèce de parc, et il est cependant compris dans l'enceinte de Pétersbourg ; les villes russes renferment des pays. Ce district serait devenu un des quartiers populeux de la nouvelle capitale si l'on avait suivi plus exactement le plan du fondateur. Mais peu à peu Pétersbourg s'est réfugié au milieu du fleuve dans l'espoir d'échapper aux inondations, et le terrain marécageux des îles a été réservé exclusivement aux maisons de printemps des personnes les plus riches et les plus élégantes de la cour : ces maisons restent à moitié cachées sous l'eau et sous la neige pendant neuf mois de l'année, alors les loups font la ronde autour du pavillon de l'Impératrice. Mais rien n'égale pendant les trois autres mois le luxe de fleurs de ces castors glacés le reste du temps; néanmoins sous cette élégance artificielle perce le naturel des indigènes : la manie de briller est la passion dominante des Russes, aussi dans leurs salons les fleurs sont-elles placées, non pas de manière à rendre l'intérieur de l'habitation plus agréable, mais à être admirées du dehors : c'est absolument le contraire de ce qui se voit en Angleterre, où l'on se garde avant tout de *tapisser sur la rue*. Les Anglais sont les hommes de la terre qui ont su le mieux remplacer le style par le goût ; leurs monuments sont des chefs-d'œuvre de ridicule, et leurs habitations particulières des modèles d'élégance et de bon sens.

Aux îles, toutes les maisons et tous les chemins se ressemblent. Dans cette promenade l'étranger erre sans ennui, du moins le premier jour. L'ombre du bouleau est transparente, mais sous le soleil du Nord on ne cherche pas une feuillée bien épaisse. Un canal succède à un lac, une prairie à un bosquet, une cabane à une villa, une allée à une allée au bout de laquelle vous retrouvez des sites tout pareils à ceux que vous venez de laisser derrière vous. Ces tableaux rêveurs captivent l'imagination sans l'intéresser vivement, sans piquer la curiosité : c'est du repos, et le repos est chose précieuse à la cour de Russie. Toutefois il n'y est pas estimé ce qu'il vaut.

Pendant quelques mois un théâtre égaye tant qu'il peut ce quartier d'été des grands seigneurs russes. Aux alentours de la salle de spectacle, des rivières artificielles, des canaux ombragés forment des allées d'eau, même cette eau s'étend quelquefois en petits lacs qui nourrissent l'herbe de leurs rives. L'herbe! merveilleuse création de l'art sous un sol qui, de soi, ne produit que de la bruyère et des lichens, on se promène entre une infinité d'habitations obscurcies de fleurs et cachées parmi les arbres comme les fabriques d'un parc anglais; mais, malgré ces prodiges, la pâle et monotone verdure du Nord attriste toujours l'aspect de cette ville jardin. Là le luxe le plus dispendieux ne peut s'appeler du superflu, car il y faut épuiser toutes les ressources de l'art, et dépenser des trésors pour produire ce qui vient de soi-même ailleurs, et ce qu'on y regarde comme des choses de pure nécessité.

Une lointaine forêt de pins élève par intervalles ses maigres et tristes aiguilles au-dessus des toits de quelques *villas* bâties en planches et peintes en pierre. Ces souvenirs de la solitude percent à travers la parure éphémère des jardins, comme pour témoigner de la rigueur de l'hiver et du voisinage de la Finlande.

Le but de la civilisation du Nord est sérieux. Sous ces climats la société est le fruit, non des plaisirs de l'homme, non d'intérêts et de passions faciles à contenter, mais d'une volonté persistante et toujours contrariée qui pousse les peuples à d'incompréhensibles efforts. Là si les individus s'unissent, c'est pour lutter contre une nature rebelle et qui répond toujours avec peine aux appels qu'on lui fait. Cette tristesse, cette âpreté du monde physique, engendre un ennui qui me fait comprendre les tragédies politiques si fréquentes dans cette cour. Là le drame se passe dans le monde positif, tandis que le théâtre reste livré au vaudeville qui ne fait peur à personne : en fait de spectacle, ce qu'on préfère ici, c'est le Gymnase, en fait de lecture, Paul de Kock. Les divertissements futiles sont les seuls permis en Russie. Sous un tel ordre de choses, la vie réelle est trop sérieuse pour admettre une littérature grave. La farce, l'idylle ou l'apologue, bien voilé, peuvent seuls subsister en présence d'une si terrible réalité. Que si, sous cette température hostile, les précautions du despotisme viennent encore accroître les difficultés de l'existence, tout bonheur sera refusé à l'homme, tout repos lui deviendra impossible. Paix, félicité : ce sont ici des mots aussi vagues que celui de paradis. Paresse sans loisir, inertie inquiète : voilà le résultat inévitable de l'autocratie boréale.

Les Russes jouissent peu de cette campagne qu'ils ont créée à leur porte. Les femmes vivent l'été aux îles comme l'hiver à Pétersbourg : se levant tard, faisant leur toilette le jour, des visites le soir, et jouant toute la nuit ; s'oublier, s'étourdir : tel est le but apparent de toutes les existences. On naît blasé, on meurt ennuyé et l'on vit dans une appréhension continuelle et continuellement dissimulée. Ceci ne peut s'appliquer qu'aux grands.

Le printemps des îles commence au milieu de juin et dure jusqu'à la fin d'août, dans ces deux mois, excepté cette année, on a huit jours de chaleur répartis sur tout l'été, les soirées sont humides, les nuits transparentes, mais nébuleuses, les jours gris; et la vie deviendrait d'une tristesse insupportable pour quiconque se laisserait induire à la réflexion. En Russie, converser c'est conspirer, penser c'est se révolter : hélas! la pensée n'est pas seulement un crime, c'est un malheur.

L'homme ne pense que pour améliorer son sort et celui des autres hommes; mais lorsqu'on ne peut rien changer à rien, la pensée inutile s'envenime dans l'âme, qu'elle empoisonne faute d'autre emploi. Et voilà pourquoi dans le grand monde russe on danse à tout âge.

Une fois l'été passé, une pluie fine comme des aiguilles tombe incessamment pendant des semaines. Alors, en deux jours, on voit les bouleaux des îles se dépouiller de leurs feuilles, les maisons de leurs fleurs et de leurs habitants; les rues, les ponts se couvrent de chars de déménagement, d'équipages crottés où s'entassent pêle-mêle avec le désordre, l'incurie et la malpropreté naturels aux peuples de race slave, des meubles, des étoffes, des planches, des caisses (1), et pendant que ce convoi de l'été s'achemine à pas lents vers l'autre extrémité de la ville, quelques équipages à quatre chevaux, quelques droschki élégants reconduisent rapidement dans leur séjour d'hiver les propriétaires de ces trésors emmagasinés jusqu'à l'année suivante. Voilà comment l'homme riche du Nord, revenu des trop passagères illusions de son été, fuit devant la bise, et comment les ours et les loups rentrent en possession de leurs légitimes domaines. Le silence reprend ses anciens droits sur les marais glacés, et la société frivole interrompt pour neuf mois ses représentations du désert. Acteurs et spectateurs, tous quittent la ville de bois pour la ville de pierre ; mais ils ne s'aperçoivent guère du changement, car à Pétersbourg la neige des nuits d'hiver répand presque autant d'éclat que le soleil des jours d'été, et les poêles russes sont plus chauds que les rayons obliques d'une pâle lumière.

Le spectacle fini, on replie les coulisses, les toiles, on éteint les lampes, les fleurs du caprice tombent, et quelques arbres malvenants gémissent seuls pendant neuf mois au-dessus des joncs du marécage, alors les tourbières du pôle, mises à nu, attristent de nouveau la forêt clair semée qu'on appelait l'Ingrie et dont on a tiré Pétersbourg par enchantement.

Ce qui arrive aux îles tous les ans, arrivera une fois à la ville entière. Que cette capitale sans racines dans l'histoire, ni dans le sol, soit oubliée du souverain un seul jour ; qu'une politique nouvelle porte ailleurs la pensée du maître, le granit caché sous l'eau s'émiette, les basses terres inondées rentrent dans leur état naturel et les hôtes légitimes de la solitude reprennent possession de leur gîte.

Ces idées occupent la pensée de tous les étrangers qui se promènent parmi les légers équipages de Pétersbourg ; personne ne croit à la durée de cette merveilleuse capitale. Pour peu qu'on médite (et quel est le voyageur digne de son métier qui ne médite pas?) on prévoit telle guerre, tel revirement de la politique qui ferait disparaître cette création de Pierre Ier, comme une bulle de savon sous un souffle.

Nulle part je ne fus plus pénétré de l'instabilité des choses humaines; souvent à Paris, à Londres, je me disais : Un temps viendra où ce bruyant séjour sera plus silencieux qu'Athènes, que Rome, Syracuse ou Carthage ; mais il n'est donné à nul homme de pressentir l'heure ni la cause immédiate de cette destruction, tandis que la disparition de Pétersbourg peut se prévoir ; elle peut arriver demain au milieu des chants de triomphe de son peuple victorieux. Le déclin des autres capitales suit l'extermination de leurs habitants, celle-ci périra au moment même où les Russes verront leur

(1) L'auteur a assisté lui-même à ce désenchantement lors de son retour à Moscou.

puissance s'étendre. Je crois à la durée de Péterbourg comme à celle d'un système politique, comme à la constance d'un homme. C'est ce qu'on ne peut dire d'aucune autre ville du monde.

Quelle terrible force que celle qui fit sortir du désert une capitale, et qui d'un mot peut rendre à la solitude tout ce qu'elle lui a pris! Ici la vie propre n'appartient qu'au souverain : la destinée, la force, la volonté d'un peuple entier sont renfermées dans une tête. L'empereur de Russie est la personnification du pouvoir social : au-dessous de lui règne en principe, si ce n'est de fait, l'égalité telle que la rêvent les démocrates modernes gallo-américains, Fourriéristes, etc. Mais les Russes reconnaissent une cause d'orage de plus que les autres hommes : la colère de l'Empereur. La tyrannie républicaine ou monarchique fait détester l'égalité absolue. Je ne crains rien tant qu'une logique inflexible appliquée à la politique. Si la France est matériellement heureuse depuis dix ans, c'est peut-être parce que l'apparente absurdité qui préside à ses affaires est une haute sagesse pratique; heureusement pour nous, le fait substitué à la spéculation nous domine.

En Russie, le principe du despotisme fonctionne toujours avec une rigueur mathématique, et le résultat de cette extrême conséquence est une extrême oppression. En voyant cet effet rigoureux d'une politique inflexible, on est indigné, et l'on se demande avec effroi d'où vient qu'il y a si peu d'humanité dans les œuvres de l'homme. Mais trembler ce n'est pas dédaigner : on ne méprise pas ce qu'on craint.

En contemplant Pétersbourg et en réfléchissant à la vie terrible des habitants de ce camp de granit, on peut douter de la miséricorde de Dieu, on peut gémir, blasphémer, on ne saurait s'ennuyer. Il y a là un mystère incompréhensible, mais en même temps une prodigieuse grandeur. Le despotisme organisé comme il l'est ici, devient un inépuisable sujet d'observations et de méditations. Cet Empire colossal que je vois se lever tout à coup devant moi à l'orient de l'Europe, de cette Europe où les sociétés souffrent de l'appauvrissement de toute autorité reconnue, me fait l'effet d'une résurrection. Je me crois chez une nation de l'Ancien Testament, et je m'arrête avec un effroi mêlé de curiosité aux pieds du géant anté diluvien.

Ce qu'on voit du premier coup d'œil en entrant au pays des Russes, c'est que la société telle qu'elle est arrangée par eux, ne peut servir qu'à leur usage : il faut être Russe pour vivre en Russie : et pourtant en apparence tout s'y passe comme ailleurs. Il n'y a de différence que dans le fond des choses.

Ce soir c'était une revue du monde élégant que j'étais allé faire aux îles : le monde élégant est, dit-on, le même partout, néanmoins je n'ai senti et pensé que des choses particulières : c'est que chaque société a une âme, et que cette âme a beau se laisser endormir comme une autre par la fée qu'on appelle civilisation et qui n'est que la mode de chaque siècle, elle conserve son caractère original.

Ce soir toute la ville de Pétersbourg, c'est-à-dire la cour, y compris sa suite, la domesticité, s'était réunie aux îles, non pour le plaisir désintéressé de la promenade par un beau jour, ce plaisir paraîtrait fade aux courtisans qui font la foule en ce pays; mais pour y voir passer *le paquebot* de l'Impératrice, spectacle sur lequel on ne se blase jamais. Ici tout souverain est un dieu; toute princesse est une Armide, une Cléopâtre. Le cortége de ces divinités changeantes est immuable, il se grossit d'un peuple toujours également fidèle, accouru sur leurs pas, à cheval, à pied, en voiture, le prince régnant est toujours à la mode et tout-puissant chez ce peuple.

Cependant ces hommes si soumis ont beau faire et beau dire, leur enthousiasme est contraint : c'est l'amour du troupeau pour le berger qui le nourrit pour le tuer. Un peuple sans liberté a des instincts, il n'a pas de sentiments; ces instincts se manifestent souvent d'une manière importune et peu délicate : les empereurs de Russie doivent être excédés de soumission, parfois l'encens fatigue l'idole. A la vérité ce culte admet des entr'actes terribles. Le gouvernement russe est une monarchie absolue, tempérée par l'assassinat, or, quand le prince tremble, il ne s'ennuie plus; il vit donc entre la terreur et le dégoût.

Si l'orgueil du despote veut des esclaves, l'homme cherche des semblables : mais un Czar n'a point de semblables; l'étiquette et la jalousie font à l'envi la garde autour de son cœur solitaire. Il est à plaindre plus encore que ne l'est son peuple, surtout s'il vaut quelque chose.

J'entends vanter les joies domestiques que goûte l'empereur Nicolas, mais j'y vois la consolation d'une belle âme plus que la preuve d'un bonheur complet. Le dédommagement n'est pas la félicité au contraire, le remède constate le mal; un empereur de Russie a toujours du cœur de reste, quand il en a; de là les vertus privées trop admirées chez l'empereur Nicolas.

Ce soir l'impératrice ayant quitté Péterhoff par mer, a débarqué à son pavillon des îles; c'est là qu'elle vient attendre le moment du mariage de sa fille qui doit se célébrer demain au nouveau palais d'hiver. Lorsqu'elle loge aux îles, les ombrages qui environnent son pavillon servent d'abri pendant le jour à son régiment des chevaliers-gardes, l'un des plus beaux de l'armée.

Nous sommes arrivés trop tard pour la voir sortir de son bate sacré; mais nous avons trouvé la foule encore émue du passa rapide de l'astre impérial. Les seuls tumultes possibles en Russ ce sont des joutes de flatteurs. Le sillage est sensible dans u foule de courtisans comme il l'est sur la mer où les plus gros vai seaux laissent les plus longues traces. Ce soir, le bouillonneme humain ressemblait tout à fait à l'agitation des vagues après passage d'un puissant bâtiment de guerre. L'altier navire fend l flots à toutes voiles et l'onde écume longtemps encore après que nef qui vient de la sillonner est entrée dans le port.

J'ai donc enfin respiré l'air de la cour! Mais jusqu'ici je n'ai p apercevoir aucune des divinités qui le font souffler sur les mortel

Les maisons de plaisance les plus remarquables sont bâties a tour, ou tout au moins dans le voisinage de ce pied-à-terre impéria Ici l'homme vit des regards du maître comme la plante des rayo du soleil; l'air appartient à l'Empereur; on n'en respire que qu'il en départ inégalement à chacun : chez le vrai courtisan, poumon obéit comme les épaules.

Il y a du calcul partout où il y a une cour et une société; ma nulle part il n'est à découvert comme ici. Cet Empire est u grande salle de comédie où de toutes les loges on voit dans les cou lisses.

Il est une heure du matin; le soleil va se lever; je ne puis dor mir encore; je finirai donc ma nuit comme je l'ai commencée, e vous écrivant *sans lumière*.

Malgré les prétentions des Russes à l'élégance, les étrangers n peuvent trouver dans tout Pétersbourg une auberge supportabl Les grands seigneurs amènent ici de l'intérieur de l'Empire u suite toujours nombreuse : comme il est leur propriété, l'homm est leur luxe. Sitôt que les valets sont laissés seuls dans l'apparte ment du maître, ils se vautrent à l'orientale sur tous les meubl qu'ils remplissent de vermine; ces bêtes passent du crin dans l bois, du bois dans le plâtre, dans les plafonds, dans les murs, dan les planchers; en peu de jours l'habitation est infectée sans res sources, et l'impossibilité de donner de l'air aux maisons pendan l'hiver éternise le mal.

Lorsqu'une habitation est trop infectée pour que les homme puissent continuer d'y vivre, on l'abandonne pendant un hiver, le fenêtres toutes grandes ouvertes. L'été suivant on y rentre.

Le nouveau palais impérial, rebâti à tant de frais d'hommes e d'argent, est déjà rempli de ces bêtes : on dirait que les malheureu ouvriers qui se tuèrent à orner plus vite l'habitation du maître, on d'avance vengé leur mort en inoculant leur vermine à ces mur homicides; déjà plusieurs chambres du palais impérial sont close et cernées avant d'avoir été occupées. Si le château est infecté d cette troupe d'ennemis nocturnes, comment dormirais-je che Coulon? J'y renonce, mais la clarté des nuits me console de tout

Tout à l'heure, à peine revenu des îles, à minuit, je suis encor ressorti à pied pour recueillir mes souvenirs et repasser dans m mémoire les conversations qui m'avaient le plus intéressé pendan cette journée. Je vous en donnerai le résumé dans un instant.

Cette promenade solitaire m'a conduit à la belle rue appelée l Perspective New-ki. Je voyais briller de loin, à la lueur du cré puscule, les petites colonnes de la tour de l'Amirauté. La flèche d ce minaret chrétien, haute aiguille métallique, est plus aigu qu'aucun clocher gothique, elle est dorée tout entière avec l'o des ducats qui furent envoyés en présent à l'empereur Pierre Ier par les États-Unis de Hollande.

Cette chambre d'auberge, d'une malpropreté révoltante, et c monument d'une magnificence fabuleuse, voilà Pétersbourg.

Comme vous le voyez, les contrastes ne manquent pas dans cett ville où l'Europe se donne en spectacle à l'Asie et l'Asie à l'Europe.

Le peuple est beau; les hommes de pure race slave, amenés de l'intérieur par les riches seigneurs qui les emploient à leur service, ou qui leur permettent d'exercer divers métiers dans Pétersbourg pendant un certain laps de temps, sont remarquables par leurs cheveux blonds et leur teint rosé, mais surtout par la perfection de leur profil qui rappelle les statues grecques; leurs yeux taillés en amande ont la coupe asiatique avec la couleur du Nord, ils sont ordinairement bleus de faïence, et ils ont une expression de douceur, de grâce et de fourberie particulière. Ce regard, toujours mobile, donne à l'iris des teintes chatoyantes et qui varient depuis le vert du serpent, le gris du chat jusqu'au noir de la gazelle, quoique le fond reste bleu (1), la bouche, ornée d'une moustache dorée et soyeuse, est d'une coupe parfaitement pure, et les dents, éclatantes de blancheur, éclairent le visage; leur forme quelquefois aiguë les rend alors semblables aux dents du tigre ou à une scie; le plus souvent cependant elles sont d'une régularité parfaite. Le costume de ces hommes est toujours original; c'est tantôt la tunique grecque avec une ceinture de couleur tranchante, tantôt la

(1) Voyez la Lettre trente-deuxième.

longue robe persane, tantôt la redingote russe courte, fourrée en peau de mouton tournée vers le dehors ou vers le dedans, selon la température.

Les femmes du peuple sont moins belles; on en rencontre peu dans les rues, et celles qu'on y voit n'ont rien d'attrayant; elles paraissent abruties. Chose singulière! les hommes ont de la recherche et les femmes de la négligence dans leur parure. Cela tient peut-être à ce que les hommes sont attachés à la maison des grands seigneurs par leur service. Les femmes du peuple ont la démarche pesante; elles portent pour chaussure de grosses bottes de cuir gras qui leur déforment le pied; leur personne, leur taille, tout en elles est sans élégance; leur teint terreux, même lorsqu'elles sont jeunes, n'a pas l'éclat de celui des hommes. Leur petite redingote à la russe, courte, ouverte par devant, est garnie de fourrures presque toujours déchirées et qui tombent en lambeaux. Ce costume serait joli s'il était *mieux porté*, comme disent nos marchands, et si l'effet n'en était gâté le plus souvent par une taille déformée et par une malpropreté repoussante; la coiffure nationale des femmes russes est belle, mais elle devient rare; on ne la voit plus, m'a-t-on dit, que sur la tête des nourrices et sur celle des femmes de la cour aux jours de cérémonie; c'est une espèce de tour de carton, dorée, brodée et très-évasée du haut.

Les attelages sont pittoresques; les chevaux ont de la vitesse, du nerf et du sang, mais les équipages que j'ai vus réunis ce soir aux îles, sans en excepter les voitures des plus grands seigneurs, sont dépourvus d'élégance, ils manquent même de propreté. Ceci m'explique le désordre, la négligence des domestiques du grand-duc héritier, lors de son passage à Ems, la pesanteur, le vilain vernis de ses carrosses. La magnificence en gros, le luxe voyant, la dorure, l'air de grandeur, sont naturels aux seigneurs russes; l'élégance, le soin, la propreté ne le sont pas. Autre chose est d'aimer à étonner les passants par l'opulence, autre chose de jouir de la richesse, même en secret, comme d'un moyen de se cacher à soi-même le plus qu'on peut les tristes conditions de l'existence humaine.

On m'a conté ce soir plusieurs traits curieux relatifs à ce que nous appelons l'esclavage des paysans russes.

Il est difficile de nous faire une juste idée de la vraie position de cette classe d'hommes qui n'ont aucun droit reconnu, et qui cependant sont la nation même. Privés de tout par les lois, ils ne sont pas aussi dégradés au moral qu'ils sont socialement avilis; ils ont de l'esprit, quelquefois de la fierté; mais ce qui domine dans leur caractère et dans la conduite de leur vie entière, c'est la ruse. Personne n'a le droit de leur reprocher cette conséquence trop naturelle de leur situation. Ce peuple, toujours en garde contre des maîtres dont il éprouve à chaque instant la mauvaise foi effrontée, doit compenser à force de finesse le manque de probité des seigneurs envers leurs serfs.

Les rapports du paysan avec le possesseur de la terre ainsi qu'avec la patrie, c'est-à-dire l'Empereur qui représente l'État, seraient un objet d'étude digne à lui seul d'un long séjour dans l'intérieur de la Russie.

Dans beaucoup de parties de l'Empire les paysans croient qu'ils appartiennent à la terre, condition d'existence qui leur paraît naturelle, tandis qu'ils ont plus de peine à comprendre comment des hommes sont la propriété d'un homme. Dans beaucoup d'autres contrées les paysans pensent que la terre leur appartient. Ceux-ci sont les plus heureux, s'ils ne sont les plus soumis des esclaves.

Il y en a qui, lorsqu'on les met en vente, envoient au loin prier un maître dont la réputation de bonté est venue jusqu'à eux, de les acheter, eux, leurs terres, leurs enfants et leurs bêtes, et si ce seigneur, célèbre parmi eux pour sa douceur (je ne dis pas pour sa justice, le sentiment de la justice est inconnu en Russie, même parmi les hommes dénués de tout pouvoir), si ce seigneur désirable n'a pas d'argent, ils lui en donnent afin d'être sûrs qu'ils n'appartiendront qu'à lui. Alors le bon seigneur, pour contenter ses nouveaux paysans, les achète de leurs propres deniers et les accepte comme serfs; puis il les exempte d'impôts pendant un certain nombre d'années et les dédommage ainsi du prix de leurs personnes qu'ils lui ont payé d'avance, en acquittant pour lui la somme qui représente la valeur du domaine dont ils dépendent, et dont ils l'ont, pour ainsi dire, forcé de devenir propriétaire. Voilà comment le serf opulent met le seigneur pauvre en état de le posséder à perpétuité, lui et ses descendants. Heureux de lui appartenir et à sa postérité, pour échapper par là au joug d'un maître inconnu, ou d'un seigneur réputé méchant. Vous voyez que la sphère de leur ambition n'est pas encore bien étendue.

Le plus grand malheur qui puisse arriver à ces hommes plantes, c'est de voir leur sol natal vendu : on les vend toujours avec la glèbe à laquelle ils sont toujours attachés; le seul avantage réel qu'ils aient retiré jusqu'ici de l'adoucissement des lois modernes, c'est qu'on ne peut plus vendre l'homme sans la terre. Encore cette défense est-elle éludée par des moyens connus de tout le monde : ainsi au lieu de vendre une terre entière avec ses paysans, on vend quelques arpents et cent et deux cents hommes par arpent. Si l'autorité apprend cette escobarderie, elle sévit; mais elle a rarement l'occasion d'intervenir, car entre le délit et la justice suprême, c'est-à-dire l'Empereur, il y a tout un monde de gens intéressés à perpétuer et à dissimuler les abus.....

Les propriétaires souffrent autant que les serfs de cet état de choses, surtout ceux dont les affaires sont dérangées. La terre est difficile à vendre, si difficile qu'un homme qui a des dettes et qui veut les payer, finit par emprunter à la banque impériale les sommes dont il a besoin, et la banque prend hypothèque sur les biens de l'emprunteur. Il résulte de là que l'Empereur devient le trésorier et le créancier de toute la noblesse russe, et que la noblesse ainsi bridée par le pouvoir suprême est dans l'impossibilité de remplir ses devoirs envers le peuple.

Un jour, un seigneur voulait vendre une terre : la nouvelle de ce projet met le pays en alarme; les paysans du seigneur députent vers lui les anciens du village qui se jettent à ses pieds et lui disent en pleurant qu'ils ne veulent pas être vendus. « Il le faut, répond le seigneur, il n'est pas dans mes principes d'augmenter l'impôt que paient mes paysans; cependant je ne suis pas assez riche pour garder une terre qui ne me rapporte presque rien. — N'est-ce que cela? s'écrient les députés des domaines du seigneur, nous sommes assez riches, nous, pour que vous puissiez nous garder. » Aussitôt, de leur plein gré, ils fixent leurs redevances au double de ce qu'ils payaient depuis un temps immémorial.

D'autres paysans, avec moins de douceur et une finesse plus détournée, se révoltent contre leur maître, uniquement dans l'espoir qu'ils deviendront serfs de la couronne. C'est le but de l'ambition de tous les paysans russes.

Affranchissez brusquement de tels hommes, vous mettez le feu au pays. Du moment où les serfs séparés de la terre verraient qu'on la vend, qu'on la loue, qu'on la cultive sans eux, ils se lèveraient en masse, en criant qu'on les dépouille de leur bien.

Dernièrement, dans un village lointain où le feu avait pris, les paysans qui se plaignaient de leur seigneur à cause de sa tyrannie, ont profité du désordre qu'ils avaient peut-être causé eux-mêmes, pour se saisir de leur ennemi, c'est-à-dire de leur maître, pour l'entraîner à l'écart, l'empaler et le faire rôtir au feu même de l'incendie; ils ont cru se justifier suffisamment de ce crime en assurant *par serment* que cet infortuné avait voulu brûler leurs maisons et qu'ils n'avaient fait que se défendre.

Sur de tels actes l'Empereur ordonne le plus souvent la déportation du village entier en Sibérie; voilà ce qu'on appelle à Pétersbourg *peupler l'Asie*.

Quand je pense à ces faits et à une foule d'autres cruautés plus ou moins secrètes qui ont lieu journellement dans le fond de cet immense Empire, où les distances favorisent également la révolte et l'oppression, je prends le pays, le gouvernement et toute la population en haine; un malaise indéfinissable me saisit, je ne songe plus qu'à fuir.

Le luxe de fleurs et de livrées étalé chez les grands m'amusait, il me révolte, et je me reproche comme un crime le plaisir que j'ai pris à le contempler d'abord : la fortune d'un propriétaire se suppute ici en têtes de paysans. L'homme non libre est monnayé, il vaut l'un dans l'autre dix roubles par an à son propriétaire qu'on appelle libre parce qu'il a des serfs. Il y a des contrées où chaque paysan rapporte trois et quatre fois cette somme à son seigneur. En Russie, la monnaie humaine change de valeur comme chez nous la terre, qui double de prix selon les débouchés qu'on trouve à ses produits. Je passe ici mon temps à calculer malgré moi combien il faut de familles pour payer un chapeau, un châle; si j'entre dans une maison, un rosier, un hortensia, ne sont pas à mes yeux ce qu'ils me paraîtraient ailleurs : tout me semble teint de sang; je ne vois de la médaille que le revers. La somme des âmes condamnées à souffrir jusqu'à la mort pour compléter les aunes d'étoffe employées dans l'ameublement, dans l'ajustement d'une jolie femme de la cour, m'occupe plus que sa parure et sa beauté. Absorbé par le travail de cette triste supputation, je me sens devenir injuste. Il est telle personne dont la figure toute charmante me rappelle, en dépit de mes réclamations secrètes, les caricatures faites contre Bonaparte et répandues en 1813 dans la France et dans l'Europe. Quand vous aperceviez d'un peu loin le colosse de l'Empereur, il était ressemblant; mais en regardant de près cette image, vous reconnaissiez que chaque trait du visage était un composé de cadavres mutilés.

Partout le pauvre travaille pour le riche qui le paie; mais ce pauvre dont le temps est rétribué par l'argent d'un autre homme, n'est pas parqué pour sa vie dans un clos comme une pièce de bétail, et bien qu'il soit obligé de vaquer au labeur qui lui fournit chaque jour le pain de ses enfants, il jouit d'une sorte de liberté au moins apparente; or, l'apparence, c'est presque tout pour un être à vue bornée et à imagination sans bornes. Chez nous le mercenaire a le droit de changer de pratiques, de domicile, même de métier; son travail n'est pas considéré comme la rente du riche qui l'emploie; mais le serf russe est la chose du seigneur; enrôlé depuis sa naissance jusqu'à sa mort au service d'un même maître, sa vie représente à ce propriétaire de son travail une parcelle de la somme nécessaire à des caprices, à des fantaisies annuelles; certes dans un

État constitué de la sorte, le luxe n'est plus innocent, il n'a point d'excuse. Toute société où la classe moyenne n'existe pas, devrait proscrire le luxe comme un scandale, parce que, dans les pays bien organisés, ce sont les profits que cette classe retire de la vanité des classes supérieures qui motivent et excusent l'opulence des grands.

Si, comme on le dit, la Russie devient un pays industriel, les rapports du serf avec le possesseur de la terre ne tarderont pas à se modifier; une population de marchands et d'artisans indépendants s'élèvera entre les nobles et les paysans, mais aujourd'hui elle commence à peine à se former; elle se recrute encore presque uniquement parmi des étrangers. Les fabricants, les commerçants, les marchands sont presque tous des Allemands.

Il n'est que trop facile ici de se laisser prendre aux apparences de la civilisation. Si vous voyez la cour et les gens qui la grossissent, vous vous croyez chez une nation avancée en culture et en économie politique; mais lorsque vous réfléchissez aux rapports qui existent entre les diverses classes de la société, lorsque vous voyez combien ces classes sont encore peu nombreuses, enfin lorsque vous examinez attentivement le fond des mœurs et des choses, vous apercevez une barbarie réelle à peine déguisée sous une magnificence révoltante.

Je ne reproche pas aux Russes d'être ce qu'ils sont; ce que je blâme en eux, c'est la prétention de paraître ce que nous sommes. Ils sont encore incultes; cet état laisse du moins le champ libre à l'espérance, mais je les vois incessamment occupés du désir de singer les autres nations, et ils les singent à la façon des singes, en se moquant de ce qu'ils copient. Alors je me dis : Voilà des hommes perdus pour l'état sauvage et manqués pour la civilisation, et le terrible mot de Voltaire ou de Diderot, oublié en France, me revient à l'esprit : « Les Russes sont pourris avant que d'être mûrs. »

A Pétersbourg, tout a l'air opulent, grand, magnifique, mais si vous jugiez de la réalité d'après cette figure des choses, vous vous trouveriez étrangement déçu; d'ordinaire le premier effet de la civilisation, c'est de rendre la vie matérielle facile; ici tout est difficile; une apathie rusée, tel est le secret de la vie du commun des hommes.

Voulez-vous apprendre avec exactitude ce qu'il faut voir dans cette grande ville? Si Schnitzler ne vous suffit pas, vous ne trouverez point d'autre guide (1); nul libraire ne vend un indicateur complet des curiosités de Pétersbourg, or, les hommes instruits que vous questionnez, ont un intérêt à ne pas vous éclairer, ou ils ont autre chose à faire qu'à vous répondre; l'Empereur, le lieu qu'il habite, le projet qui l'occupe ostensiblement, voilà le seul sujet digne d'absorber la pensée d'un Russe qui pense. Le catéchisme de cour suffit à la vie. Tous ont le désir de se rendre agréables au maître en contribuant à cacher quelque coin de la vérité aux voyageurs. Personne ne songe à favoriser les curieux; on aime à les tromper par des documents faux : il faudrait le talent d'un grand critique pour bien voyager en Russie. Sous le despotisme, curiosité est synonyme d'indiscrétion. L'Empire, c'est l'Empereur régnant; s'il se porte bien, vous êtes dispensé de tout autre souci, et votre cœur et votre esprit ont le pain quotidien. Pourvu que vous sachiez où réside et comment vit cette raison de toute pensée, ce moteur de toute volonté, de toute action, vous, étranger ou sujet russe, vous n'avez rien à demander à la Russie, pas même votre chemin, car sur le plan russe de la ville de Pétersbourg, vous ne trouvez indiqué que le nom des principales rues.

Et pourtant cet effrayant degré de puissance n'a pas suffi au czar Pierre; cet homme ne s'est pas contenté d'être la raison de son peuple, il en a voulu être la conscience; il a osé faire le destin des Russes dans l'éternité, comme il ordonnait de leurs démarches dans ce monde. Ce pouvoir, qui suit l'homme au delà du tombeau, me paraît monstrueux; le souverain qui n'a pas reculé devant une telle responsabilité, et qui, malgré ses longues hésitations, apparentes ou réelles, a fini par se rendre coupable d'une si exorbitante usurpation, a fait plus de mal au monde par ce seul attentat contre les prérogatives du prêtre et la liberté religieuse de l'homme, que de bien à la Russie par toutes ses qualités guerrières, administratives, et par son génie industrieux. Cet Empereur, type et modèle de l'Empire et des Empereurs actuels, est un singulier composé de grandeur et de minutie. Esprit dominateur comme les plus cruels tyrans de tous les siècles et de tous les pays, ouvrier assez ingénieux pour rivaliser avec les meilleurs mécaniciens de son époque, souverain scrupuleusement terrible; aigle et fourmi, lion et castor, ce maître impitoyable pendant sa vie s'impose encore comme une espèce de saint à la postérité dont il veut tyranniser le jugement après avoir passé ses jours à tyranniser les actes de ses sujets; juger cet homme, le qualifier avec impartialité, c'est encore aujourd'hui un sacrilége qui n'est pas sans danger même pour un étranger obligé de vivre en Russie. Je brave ce péril à chaque instant de la journée, car de tous les jougs, le plus insupportable pour moi c'est celui d'une admiration convenue (1).

En Russie, le pouvoir, tout illimité qu'il est, a une peur extrême du blâme, ou seulement de la franchise. Un oppresseur est de tous les hommes celui qui craint le plus la vérité; il n'échappe au ridicule que par la terreur et le mystère; de là il arrive qu'on ne peut parler ici ni des personnes, ni des faits, ni de rien; pas plus des maladies dont sont morts les empereurs Pierre III et Paul Ier que des clandestines amours que quelques malveillants prêtent à l'Empereur régnant. Les distractions de ce prince ne passent... que pour des distractions. Ceci une fois reconnu, quelques conséquences qu'elles aient d'ailleurs pour certaines familles, on doit les ignorer sous peine d'être accusé du plus grand des crimes aux yeux d'un peuple composé d'esclaves et de diplomates, du crime d'indiscrétion.

Je suis impatient de voir l'Impératrice. On la dit charmante, cependant elle passe ici pour frivole et pour fière. Il faut tout à la fois de la hauteur de sentiment et de la légèreté d'esprit pour supporter une existence comme celle qu'on lui a faite. Elle ne se mêle d'aucune affaire, ne s'informe d'aucune chose; on sait toujours trop quand on ne peut rien. L'Impératrice fait comme les sujets de l'Empereur : tout ce qui est né russe ou veut vivre en Russie se donne le mot pour se taire indistinctement sur toute chose; rien ne se dit ici, et pourtant tout se sait : les conversations secrètes devraient être bien intéressantes; mais qui se les permet? Réfléchir, discerner, c'est se rendre suspect.

M. de Repnin gouvernait l'Empire et l'Empereur : M. de Repnin est disgracié depuis *deux ans*, et depuis *deux ans* la Russie n'a pas entendu prononcer ce nom, qui naguère était dans toutes les bouches. Il est tombé en un jour du faîte du pouvoir dans la plus profonde obscurité : personne n'ose se souvenir de lui ni même croire à sa vie, non pas à sa vie présente, mais à sa vie passée. En Russie le jour de la chute d'un ministre, ses amis deviennent sourds et aveugles. Un homme est enterré aussitôt qu'il a l'air disgracié. Je dis l'air, parce qu'on ne s'avance jamais jusqu'à dire qu'un homme soit disgracié, quoiqu'il le paraisse quelquefois. Avouer la disgrâce c'est tuer. Voilà pourquoi la Russie ne sait pas aujourd'hui si le ministre qui la gouvernait hier existe. Sous Louis XV, l'exil de M. de Choiseul fut un triomphe, en Russie la retraite de M. de Repnin est la mort.

A qui le peuple en appellera-t-il un jour du mutisme des grands? Quelle explosion de vengeance prépare contre l'autocratie l'abdication d'une aussi lâche aristocratie? Que fait la noblesse russe? Elle adore l'Empereur, et se rend complice des abus du pouvoir souverain pour continuer elle même à opprimer le peuple, qu'elle fustigera tant que le Dieu qu'elle sert lui laissera le fouet et la main (notez que c'est elle qui a créé ce dieu). Était-ce là le rôle que lui réservait la Providence dans l'économie de ce vaste Empire? Elle en occupe les postes d'honneur. Qu'a-t-elle fait pour les mériter? Le pouvoir exorbitant et toujours croissant du maître est la trop juste punition de la faiblesse des grands. Dans l'histoire de Russie, personne, hors l'Empereur, n'a fait son métier; la noblesse, le clergé, toutes les classes de la société se sont manqué à elles-mêmes. Un peuple opprimé a toujours mérité sa peine; la tyrannie est l'œuvre des nations, ce n'est pas le chef-d'œuvre d'un homme. Ou le monde civilisé passera de nouveau avant cinquante ans sous le joug des Barbares, ou la Russie subira une révolution plus terrible que ne le fut la révolution dont l'Occident de l'Europe ressent encore les effets.

Je remarque qu'on me craint ici parce qu'on sait que j'écris avec conviction; nul étranger ne peut mettre le pied dans ce pays sans se sentir aussitôt pesé et jugé. « C'est un homme sincère, pense-t-on, donc il peut être dangereux. » Voyez la différence : sous le gouvernement des avocats, un homme sincère n'est qu'inutile! « La haine du despotisme règne vaguement en France, disent-ils, elle est exagérée et n'est point éclairée, aussi nous la bravons; mais le jour où un voyageur, croyable parce qu'il croit, dira les abus réels qui ne peuvent manquer de lui sauter aux yeux chez nous, on nous verra tels que nous sommes. Aujourd'hui la France aboie contre nous sans nous connaître; elle nous mordra le jour où elle nous connaîtra (2). »

Les Russes me font trop d'honneur sans doute par cette inquié-

(1) Schnitzler est l'auteur de la meilleure statistique qu'on ait faite sur la Russie.

(1) On lit dans M. de Ségur les faits suivants : « Pierre, lui-même, a interrogé « ces criminels (les Strélitz) par la torture; puis, à l'imitation d'Iwan le Tyran, il « se fait leur juge, leur bourreau, il force ses nobles, restés fidèles, à trancher les « têtes des nobles coupables, qu'ils viennent de condamner. Le cruel, du haut de « son trône, assiste d'un œil sec à ces exécutions; il fait plus, il mêle aux joies des « festins l'horreur des supplices. Ivre de vin et de sang, le verre d'une main, la « hache de l'autre, en une seule heure vingt libations successives marquent la chute « de vingt têtes de Strélitz, qu'il abat à ses pieds, en s'enorgueillissant de son hor- « rible adresse. L'année d'après, le contre-coup, soit du soulèvement de ces janis- « saires, soit de l'atrocité de leur supplice, retentit au loin dans l'Empire, d'autres « révoltes éclatent. Quatre-vingts Strélitz, chargés de chaînes, sont traînés d'Azof à « Moscou, et leurs têtes, qu'un boyard tient successivement par les cheveux, tom- « bent encore sous la hache du Czar. » *Histoire de Russie et de Pierre le Grand*, par M. le général comte de Ségur, pages 327 et 328; Paris, Baudouin, 1829, 2e édition.

(2) L'auteur lui-même ne croyait pas dire si vrai.

tude ; mais, malgré la dissimulation de ces cœurs profonds, ils ne peuvent me cacher leur préoccupation à mon égard. Je ne sais si je dirai ce que je pense de leur pays, mais je sais qu'ils se rendent justice à eux-mêmes quand ils redoutent les vérités que je puis dire.

Les Russes ont le nom de tout et ils n'ont la chose de rien ; ils ne sont riches qu'en affiches : lisez les étiquettes, ils ont la civilisation, la société, la littérature, le théâtre, les arts, la science, mais ils n'ont pas un médecin : le savoir consciencieux est inconnu dans une société qui vient de naître. Êtes-vous malade, avez-vous la fièvre? Traitez-vous vous-même, ou faites appeler un médecin étranger. Si vous demandez à tout hasard le médecin accrédité dans le quartier que vous habitez, vous êtes mort, car la médecine russe est dans l'enfance. Hors le médecin de l'Empereur, qui est Russe et savant, m'a-t-on dit, les seuls docteurs qui ne vous assassinent pas sont pour la plupart des Allemands attachés aux princes : mais les princes vivent dans un mouvement perpétuel, vous ne pouvez savoir positivement où ils sont : vous n'avez donc, à proprement parler, point de médecin. Ceci n'est pas une imagination ; c'est le résultat d'un fait que j'ai observé de mes yeux depuis plusieurs jours, et que je me refuse le plaisir de caractériser dans ce récit pour ne compromettre personne. Comment faire courir à 20, 40 ou 60 verstes (deux lieues de France font sept verstes) pour savoir quel mal vous avez? Et si, après avoir envoyé chercher le médecin à la résidence habituelle de son prince, on ne l'y trouve pas, que devient votre espoir? « M. le docteur n'est point ici. » Vous ne pouvez obtenir d'autre réponse ; quel parti prendre? Vous informer ailleurs? mais en Russie tout est matière à silence, tout sert à montrer la vertu favorite du pays : la réserve ; l'occasion de passer pour discret est une bonne fortune. Quel Russe ne voudrait la saisir, et négligerait de se faire valoir à si peu de frais? On doit ignorer les projets et la marche des grands ou des gens attachés à leur personne par un emploi de confiance tel que celui de médecin ; tout ce qu'il ne leur plaît pas d'en faire connaître officiellement doit rester secret. Ici le mystère tient lieu de mérite : si vous avez été éconduit par une première réponse évasive, gardez-vous donc de revenir à la charge et de recommencer vos questions. Vous êtes malade? c'est bon : ou vous guérirez tout seul, ou vous mourrez, ou vous attendrez le retour de votre médecin.

Au surplus, le plus habile de ces docteurs de princes est encore fort inférieur au dernier de nos médecins d'hôpitaux ; les plus savants professeurs ne tardent pas à se rouiller quand ils passent leur vie dans une cour. La cour a beau tenir lieu de tout à Pétersbourg, rien ne remplace, pour le praticien, l'expérience qu'il acquiert au lit du malade. Je lirais avec un vif intérêt de curiosité les Mémoires secrets et véridiques d'un médecin de cour en Russie, mais je ne suivrais pas ses ordonnances ; ces hommes sont placés pour être meilleurs chroniqueurs que docteurs. Donc, en dernière analyse, ce que vous avez de mieux à faire si vous tombez malade chez ce peuple soi-disant civilisé, c'est de vous croire parmi des sauvages et de laisser agir la nature.

En rentrant chez moi, ce soir, j'y ai trouvé une lettre qui m'a causé la plus agréable surprise. Grâce à la protection de notre ambassadeur, je serai admis demain dans la chapelle impériale, et j'y verrai le mariage de la grande-duchesse.

Paraître à la cour avant d'être présenté, c'est contre toutes les lois de l'étiquette ; j'étais loin d'espérer une telle faveur. L'Empereur me l'accorde. Le comte Woronsoff, grand maître des cérémonies, sans m'avoir prévenu, car il ne voulait pas me leurrer d'une vague espérance, avait envoyé un courrier à Péterhoff, qui est à dix lieues de Saint-Pétersbourg, afin de supplier Sa Majesté de vouloir bien ordonner de mon sort pour le lendemain. Ce soin gracieux n'a pas été perdu. L'Empereur a répondu que je verrais le mariage dans la chapelle de la cour, et que je serais présenté sans cérémonie le soir du même jour au bal.

À demain donc, au sortir de la chapelle impériale.

LETTRE ONZIÈME.

SOMMAIRE. — Rapprochement des dates : 14 juillet 1789 : prise de la Bastille : 14 juillet 1839 : mariage du petit-fils de M. de Beauharnais. — Chapelle de la cour. — Première impression produite par la physionomie de l'Empereur. — Conséquences du despotisme pour le despote. — Portrait de l'empereur Nicolas. — Caractère de sa physionomie. — L'Impératrice. — Son air souffrant. — Esclavage de tous. — L'Impératrice n'a pas la liberté d'être malade. — Danger des voyages pour les Russes. — Abords du palais. — Mon entrée à la cour. — Accident ridicule. — Chapelle impériale. — Magnificence des décorations et des costumes. — Entrée de la famille impériale. — Fautes d'étiquette réparées : par qui? — M. de Pahlen tient la couronne sur la tête du marié. — Réflexion. — Émotion de l'Impératrice. — Portrait du jeune duc de Leuchtenberg. — Son impatience. — Pruderie du langage actuel. — Ce qui la cause. — Musique de la chapelle impériale. — Vieux chants grecs arrangés autrefois par des compositeurs italiens. — Effet merveilleux de cette musique. — *Te Deum*. — L'archevêque. — L'Empereur lui baise la main. — Impassibilité du duc de Leuchtenberg. — Son air défiant. — Politique fausse. — Souvenir de la terreur. — Talisman de M. de Beauharnais. — C'est moi qui le possède. — On ne sait ce que c'est que la foule en Russie. — Immensité des places publiques. — Tout paraît petit dans ce pays où l'espace est sans bornes. — La colonne d'Alexandre. — L'Amirauté. — L'église de Saint-Isaac. — Place qui est une plaine. — Le sentiment de l'art manque aux Russes. — Quelle eût été l'architecture propre à leur climat et à leur pays. — Le génie de l'Orient planait sur la Russie. — Le granit ne résiste pas aux hivers de Pétersbourg. — Char de triomphe. — Profanation de l'art antique. — Architecture russe. — Prétention du despotisme à vaincre la nature. — Ouragan au moment du mariage. — L'Empereur. — Expressions diverses de son visage. — Caractère particulier de sa physionomie. — Ce que signifie le mot acteur en grec. — L'Empereur est toujours dans son rôle. — Quel attachement il inspire. — La cour de Russie. — L'Empereur est à plaindre. — Sa vie agitée. — L'Impératrice y succombe. — Influence de cette frivolité sur l'éducation de leurs enfants. — Ma présentation. — Nuances de politesse. — Mot de l'Empereur. — *Le son de sa voix*. — L'Impératrice. — Son affabilité. — Son langage. — Fêtes à la cour. — Surprise des courtisans en rentrant dans ce palais fermé depuis l'incendie. — Influence de l'air de la cour. — Courtisans à tous les étages de cette société. — Danses de cour. — La polonaise. — La grande galerie. — Admiration des esprits positifs pour le despotisme. — Conditions imposées à chaque gouvernement. — La France n'a pas l'esprit de son gouvernement. — Le plaisir n'est pas le but de l'existence. — Autre galerie. — Souper. — Le khan des Kirguises. — La reine de Géorgie. — Sa figure. — Le malheur ridicule. — Habit de cour russe. — Coiffure nationale. — Le Genevois à la table de l'Empereur. — Trait de politesse de ce prince. — La petite table. — Imperturbable sang-froid d'un Suisse. — Effet du soleil couchant vu par une fenêtre. — Nouvelle merveille : nuits du Nord. — Description. — La ville et le palais font contraste. — Rencontre inattendue. — L'Impératrice. — Cour intérieure du palais. — Elle est remplie d'un peuple mort d'admiration. — Joie menteuse. — Conspiration contre la vérité. — Mot de madame de Staël. — Plaisirs désintéressés du peuple. — Philosophie du despotisme.

Ce 14 juillet 1839. (Cinquante ans jour pour jour après la prise de la Bastille, 14 juillet 1789.)

Remarquez d'abord ces dates dont le rapprochement me paraît assez curieux. Le commencement de nos révolutions et le mariage du fils d'Eugène de Beauharnais ont eu lieu le même jour, à cinquante ans de distance.

Je reviens de la cour après avoir assisté dans la chapelle impériale à toutes les cérémonies grecques du mariage de la grande-duchesse Marie avec le duc de Leuchtenberg. Tout à l'heure, je vous les décrirai de mon mieux et en détail, mais avant tout, je veux vous parler de l'Empereur.

Au premier abord, le caractère dominant de sa physionomie est la sévérité inquiète, expression peu agréable, il faut l'avouer, malgré la régularité de ses traits. Les physionomistes prétendent, à juste titre, que l'endurcissement du cœur peut nuire à la beauté du visage. Néanmoins, chez l'empereur Nicolas, cette disposition peu bienveillante paraît être le résultat de l'expérience plus que l'œuvre de la nature. Ne faut-il pas qu'un homme soit torturé par une longue et cruelle souffrance pour que sa physionomie nous fasse peur, malgré la confiance involontaire qu'inspire ordinairement une noble figure?

Un homme chargé de diriger dans ses moindres détails une machine immense, craint incessamment de voir quelque rouage se déranger ; celui qui obéit ne souffre que selon la mesure matérielle du mal qu'il ressent ; celui qui commande souffre d'abord comme les autres hommes, puis l'amour-propre et l'imagination centuplent pour lui seul le mal commun à tous. La responsabilité est la punition du souverain absolu.

S'il est le mobile de toutes les volontés, il devient le foyer de toutes les douleurs : plus on le redoute, plus je le trouve à plaindre.

Celui qui peut tout, qui fait tout, est accusé de tout : soumettant le monde à ses ordres suprêmes, il voit jusque dans les hasards une ombre de révolte ; persuadé que ses droits sont sacrés, il ne reconnaît d'autres bornes à sa puissance que celles de son intelligence et de sa force, et il s'en indigne. On l'invoque comme dieu, peu s'en faut qu'on ne l'adore, et les prières qu'on lui adresse ne font que révéler son infirmité. Une mouche qui vole mal à propos dans le palais impérial, pendant une cérémonie, humilie l'Empereur. L'indépendance de la nature lui paraît d'un mauvais exemple ; tout être qu'il ne peut assujettir à ses lois arbitraires, devient à ses yeux un soldat qui se révolte contre son sergent au milieu de la bataille ; la honte en rejaillit sur l'armée et jusque sur le général : l'empereur de Russie est un chef militaire, et chacun de ses jours est un jour de bataille.

Pourtant de loin en loin des éclairs de douceur tempèrent le regard impérieux ou impérial du maître, alors une expression d'affabilité charmante fait tout à coup ressortir la beauté native de cette tête antique. Dans le cœur du père et de l'époux l'humanité triomphe par instants de la politique du prince. Quand le souverain se repose du joug qu'il fait peser sur toutes les têtes, il paraît heureux. Ce combat de la dignité primitive de l'homme contre la gravité affectée du maître, me semble bien curieux à observer. C'est à quoi j'ai passé la plus grande partie de mon temps dans la chapelle.

L'Empereur est plus grand que les hommes ordinaires de la moitié de la tête ; sa taille est noble quoique peu flexible ; il a pris dès sa jeunesse l'habitude russe de se sangler au-dessous des reins, au point de se faire remonter le ventre dans la poitrine, ce qui a dû produire un gonflement des côtes ; cette proéminence peu naturelle nuit à la santé comme à la grâce du corps ; l'estomac bombé excessivement sous l'uniforme finit en pointe et retombe par-dessus la ceinture.

Cette difformité volontaire, qui gêne la liberté des mouvements, diminue l'élégance de la tournure, et donne de la roideur à toute la personne. On dit que lorsque l'Empereur se desserre les reins, les viscères, reprenant tout à coup, pour un moment, leur équilibre dérangé, lui font éprouver une prostration de force extraordinaire. On peut déplacer le ventre, on ne peut pas l'anéantir.

Il a le profil grec; le front haut, mais déprimé en arrière, le nez droit et parfaitement formé, la bouche très-belle, le visage noble, ovale, mais un peu long, l'air militaire et plutôt allemand que slave.

Sa démarche, ses attitudes sont volontairement imposantes.

Il s'attend toujours à être regardé, il n'oublie pas un instant qu'on le regarde; même vous diriez qu'il veut être le point de mire de tous les yeux. On lui a trop répété ou trop fait supposer qu'il était beau à voir et bon à montrer aux amis et aux ennemis de la Russie.

Il passe la plus grande partie de sa vie en plein air pour des revues ou pour de rapides voyages; aussi, pendant l'été, l'ombre de son chapeau militaire dessine-t-elle, à travers son front hâlé, une ligne oblique qui marque l'action du soleil sur la peau dont la blancheur s'arrête à l'endroit protégé par la coiffure; cette ligne produit un effet singulier, mais qui n'est pas désagréable, parce qu'on en devine aussitôt la cause.

En examinant attentivement la belle figure de cet homme, dont la volonté décide de la vie de tant d'hommes, j'ai remarqué avec une pitié involontaire qu'il ne peut sourire à la fois des yeux et de la bouche : désaccord qui dénote une perpétuelle contrainte, et me fait regretter toutes les nuances de grâce naturelle qu'on admirait dans le visage moins régulier peut être, mais plus agréable, de son frère l'empereur Alexandre. Celui-ci, toujours charmant, avait quelquefois l'air faux : l'empereur Nicolas est plus sincère, mais habituellement il a l'expression de la sévérité, quelquefois même cette sévérité va jusqu'à lui donner l'air dur et inflexible ; s'il est moins séduisant, il a plus de force : mais aussi est-il bien plus souvent obligé d'en faire usage ; la grâce assure l'autorité en prévenant les résistances. Cette adroite économie dans l'emploi du pouvoir est un secret ignoré de l'empereur Nicolas. Il est toujours l'homme qui veut être obéi : d'autres ont voulu être aimés.

L'Impératrice a la taille la plus élégante ; et, malgré son excessive maigreur, je trouve à toute sa personne une grâce indéfinissable. Son attitude, loin d'être orgueilleuse, comme on me l'avait annoncé, exprime l'habitude de la résignation dans une âme fière. En entrant dans la chapelle, elle était fort émue, elle m'a paru mourante : une convulsion nerveuse agite les traits de son visage, elles lui fait même quelquefois branler la tête ; ses yeux creux, bleus et doux, trahissent des souffrances profondes, supportées avec un calme angélique ; son regard plein de sentiment a d'autant plus de puissance qu'elle pense moins à lui en donner : détruite avant le temps, elle n'a pas d'âge, et l'on ne saurait, en la voyant, deviner ses années ; elle est si faible qu'on dirait qu'elle n'a pas ce qu'il faut pour vivre : elle tombe dans le marasme, elle va s'éteindre, elle n'appartient plus à la terre : c'est une ombre. Elle n'a jamais pu se remettre des angoisses qu'elle ressentit le jour de son avénement au trône : le devoir conjugal a consumé le reste de sa vie.

Elle a donné trop d'idoles à la Russie, trop d'enfants à l'Empereur. « S'épuiser en grands-ducs : quelle destinée !... » disait une grande dame polonaise qui ne se croit pas obligée d'adorer en paroles ce qu'elle hait dans le cœur.

Tout le monde voit l'état de l'Impératrice ; personne n'en parle : l'Empereur l'aime ; a-t-elle la fièvre ? est-elle au lit ? il la soigne lui-même ; il veille près d'elle, prépare ses boissons, les lui fait avaler comme une garde-malade ; mais dès qu'elle est sur pied, il la tue de nouveau à force d'agitation, de fêtes, de voyages, d'amour ; à la vérité sitôt que le danger est déclaré, il renonce à ses projets ; mais il a horreur des précautions qui préviendraient le mal ; femme, enfants, serviteurs, parents, favoris, en Russie, tout, doit suivre le tourbillon impérial, en souriant jusqu'à la mort.

Tout doit s'efforcer d'obéir à la pensée du souverain ; cette pensée unique fait la destinée de tous : plus une personne est placée près de ce soleil des esprits, et plus elle est esclave de la gloire attachée à son rang : l'Impératrice en meurt.

Voilà ce que chacun sait ici et ce que personne ne dit, car, règle générale, personne ne profère jamais un mot qui pourrait intéresser vivement quelqu'un ; ni l'homme qui parle, ni l'homme à qui l'on parle ne doivent avouer que le sujet de leur entretien mérite une attention soutenue ou réveille une passion vive. Toutes les ressources du langage sont épuisées à rayer du discours l'idée et le sentiment, sans toutefois avoir l'air de les dissimuler, ce qui serait gauche. La gêne profonde qui résulte de ce travail prodigieux, prodigieux surtout par l'art avec lequel il est caché, empoisonne la vie des Russes. Un tel travail sert d'expiation à des hommes qui se dépouillent volontairement des deux plus grands dons de Dieu : l'âme et la parole qui la communique ; autrement dit, le sentiment et la liberté.

Plus je vois la Russie, plus j'approuve l'Empereur lorsqu'il défend aux Russes de voyager, et rend l'accès de son pays diffic[ile] aux étrangers. Le régime politique de la Russie ne résisterait p[as] vingt ans à la libre communication avec l'Occident de l'Europ[e]. N'écoutez pas les forfanteries des Russes, ils prennent le faste po[ur] l'élégance, le luxe pour la politesse, la police et la peur pour l[es] fondements de la société. A leur sens, être discipliné c'est être civ[i]lisé ; ils oublient qu'il y a des sauvages de mœurs très-douces [et] des soldats fort cruels ; malgré toutes leurs prétentions aux bonn[es] manières, malgré leur instruction superficielle et leur profon[de] corruption précoce, malgré leur facilité à deviner et à comprend[re] le positif de la vie, les Russes ne sont pas encore civilisés. Ce so[nt] des Tartares enrégimentés : rien de plus.

En fait de civilisation, ils se sont jusqu'à présent contentés d[e] l'apparence ; mais si jamais ils peuvent se venger de leur infériori[té] réelle, ils nous feront cruellement expier nos avantages.

Ce matin, après m'être habillé à la hâte pour me rendre à l[a] chapelle impériale, seul dans ma voiture, je suivais celle de l'am[bas]sadeur de France à travers les places et les rues qui conduisen[t] au palais, et j'examinais avec curiosité tout ce qui se trouvait su[r] mon passage. J'ai remarqué aux abords du palais des troupes qu[i] ne me parurent pas assez magnifiques pour leur réputation ; cepen[dant] les chevaux sont superbes : la place immense qui sépare l[a] demeure du souverain du reste de la ville était traversée en sen[s] divers par les voitures de la cour, par des hommes en livrée et pa[r] des soldats en uniformes de toutes couleurs. Les Cosaques sont le[s] plus remarquables. Malgré l'affluence il n'y avait pas foule : tan[t] l'espace est vaste !

Dans les États nouveaux il y a du vide partout, surtout quan[d] leur gouvernement est absolu, l'absence de liberté crée la solitude et répand la tristesse. Il n'y a de peuplés que les pays libres.

Il m'a paru que les équipages des personnes de la cour avaient bon air sans être véritablement soignés ni élégants. Les voitures mal peintes, encore plus mal vernies, sont d'une forme peu légère et attelées de quatre chevaux ; les traits de ces attelages sont démesurément longs.

Un cocher conduit les chevaux du timon ; un petit postillon, vêtu en robe persane longue comme l'*armiak* (1) du cocher, est planté tout au bout de l'attelage, sur ou plutôt dans une selle creuse, épaisse, rembourrée et relevée par devant et par derrière comme un oreiller : cet enfant nommé, je crois d'après l'allemand, le *vorreiter*, et en russe, le *faleïler*, est toujours juché, remarquez bien ceci, sur le cheval de droite de la volée ; c'est le contraire de l'usage suivi dans tous les autres pays, où le postillon monte à gauche, afin d'avoir la main droite libre pour diriger le cheval de trait. Cette manière d'atteler m'a frappé par sa singularité : la vivacité, le nerf des chevaux russes, qui tous ont de la race, si tous n'ont de la beauté : la dextérité des cochers, la richesse des habits, tout l'ensemble du spectacle annonce des splendeurs que nous ne connaissons plus : c'est encore une puissance que la cour de Russie ; la cour de tous les autres pays, même la plus brillante, n'est plus qu'un spectacle.

J'étais préoccupé de cette différence et d'une foule de réflexions que me suggérait la nouveauté des objets en présence desquels je me trouvais, lorsque ma voiture s'arrête sous un péristyle grandiose où l'on descend à couvert au milieu des mille bruits divers d'une foule dorée, toute composée de courtisans très-raffinés dans leur air. Ceux-ci étaient accompagnés de leurs vassaux très-sauvages en apparence comme en réalité : le costume des valets est presque aussi éclatant que celui des maîtres.

En descendant de voiture à la hâte pour ne pas me séparer des personnes qui s'étaient chargées de moi, je m'aperçus à peine d'un coup assez violent que je me donnai à la jambe contre le marchepied, où l'éperon de ma botte fut au moment de s'accrocher ; mais figurez-vous mon angoisse lorsqu'un instant après cet accident, en posant le pied sur la première marche du superbe escalier du palais d'hiver, je vis que je venais de perdre un de mes éperons, et, ce qui était bien pis, que l'éperon, en se détachant, avait emporté avec lui le talon de la botte dans lequel il était fixé. J'étais donc à moitié déchaussé d'un pied. Près de paraître pour la première fois devant un homme qu'on dit aussi minutieux qu'il est puissant, cet accident me parut un vrai malheur. Les Russes sont moqueurs, et l'idée de leur prêter à rire dès mon début m'était singulièrement désagréable. Que faire ? retourner sous le péristyle pour y chercher le débris de ma chaussure : à quoi bon ? des voitures avaient déjà passé sur ce fragment de botte. Retrouver le talon perdu, ce serait un miracle impossible à espérer ; d'ailleurs qu'en ferais-je ? le porterais-je à la main pour entrer dans le palais ? Que résoudre ? Fallait-il quitter l'ambassadeur de France et m'en retourner chez moi ? Mais dans un pareil moment c'eût été déjà faire scène ; d'un autre côté, me montrer dans l'état où j'étais, c'était me perdre dans l'esprit du maître et de ses courtisans, et je n'ai nulle philosophie contre un ridicule auquel je suis venu m'exposer volontairement. En ce genre, c'est bien assez de supporter l'inévitable... Les dîme-

(1) Longue robe.

gréments qu'on s'attire à plaisir à mille lieues de chez soi me paraissent humiliants. Il est si facile de ne pas aller, que lorsqu'on va gauchement, on est impardonnable.

J'aspirais en rougissant à me cacher dans la foule ; mais, je vous le répète, il n'y a jamais foule en Russie, surtout sur un escalier comme celui du nouveau palais d'hiver, qui ressemble à quelque décoration de l'opéra de *Gustave*. Ce palais est, je crois, la plus grande et la plus magnifique habitation de souverain qu'il y ait au monde. Je sentis ma timidité naturelle s'accroître par la confusion où me jetait un accident risible, mais tout à coup je me fis un courage de ma peur elle-même, et je me mis à boiter le plus légèrement que je pus à travers des salles immenses et des galeries pompeuses dont je maudissais l'éclat et la longueur, puisque cette pompe sans désordre m'ôtait tout espoir d'échapper aux regards investigateurs des courtisans. Les Russes sont froids, fins, moqueurs, spirituels et naturellement peu sensibles comme tous les ambitieux. Ils sont de plus défiants envers les étrangers, dont ils redoutent les jugements, parce qu'ils nous croient peu bienveillants pour eux ; ceci les rend d'avance hostiles, dénigrants et secrètement caustiques, quoiqu'en apparence ils soient hospitaliers et polis.

J'arrivai enfin, non sans effort, au fond de la chapelle impériale ; là, j'ai tout oublié, même moi et mon sot embarras ; d'ailleurs dans ce lieu la foule était épaisse et personne n'y pouvait voir ce qui manquait à ma chaussure. La nouveauté du spectacle qui m'attendait m'a rendu mon sang-froid et mon empire sur moi-même. Je rougissais du trouble auquel venait de m'exposer ma vanité de courtisan déconcerté ; simple voyageur, je rentrais dans mon rôle et je retrouvais l'impassibilité de l'observateur philosophe.

Encore un mot sur mon costume : il avait été l'objet d'une consultation grave ; quelques-uns des jeunes gens attachés à la légation française m'avaient conseillé l'habit de garde national ; je craignais que cet uniforme ne déplût à l'Empereur : je me décidai pour celui d'officier d'état-major, avec les épaulettes de lieutenant-colonel, qui sont celles de mon grade.

On m'avait averti que cet habit paraîtrait nouveau, et qu'il deviendrait, de la part des princes de la famille impériale et de l'Empereur lui-même, le sujet d'une foule de questions qui pourraient m'embarrasser. Jusqu'à présent personne n'a encore eu le temps de s'occuper d'une si petite affaire.

Les cérémonies du mariage grec sont longues et majestueuses : tout est symbolique dans l'Église d'Orient. Il m'a semblé que les splendeurs de la religion rehaussaient le lustre des solennités de la cour.

Les murs, les plafonds de la chapelle, les habillements des prêtres et de leurs acolytes, tout étincelait d'or et de pierreries : il y avait là des richesses à étonner l'imagination la moins poétique. Ce spectacle vaut les descriptions les plus fantastiques des Mille et une Nuits ; c'est de la poésie comme Lalla Rhook, comme la Lampe merveilleuse : c'est de cette poésie orientale où la sensation domine le sentiment et la pensée.

La chapelle impériale n'est pas d'une grande dimension ; elle était remplie par les représentants de tous les souverains de l'Europe et presque de l'Asie ; par quelques étrangers tels que moi, admis à entrer à la suite du corps diplomatique, par les femmes des ambassadeurs, enfin par les grandes charges de la cour ; une balustrade nous séparait de l'enceinte circulaire où s'élève l'autel. Cet autel est semblable à une table carrée assez basse. On remarquait dans le chœur les places réservées à la famille impériale. Au moment de notre arrivée elles étaient vides.

J'ai vu peu de choses à comparer pour la magnificence et la solennité à l'entrée de l'Empereur dans cette chapelle étincelante de dorures. Il a paru, s'avançant avec l'Impératrice et suivi de toute la cour : aussitôt mes regards et ceux des assistants se sont fixés sur lui ; nous avons ensuite admiré sa famille : les deux jeunes époux brillaient entre tous. Un mariage d'inclination sous des habits brodés et dans des lieux si pompeux, c'est une rareté qui mettait le comble à l'intérêt de la scène. Voilà ce que tout le monde disait autour de moi ; mais moi, je ne crois pas à cette merveille et je ne puis m'empêcher de voir une intention politique dans tout ce qu'on fait et dit ici. L'Empereur s'y trompe peut-être lui-même ; il croit faire acte de tendresse paternelle, tandis qu'au fond de sa pensée l'espoir de quelque avantage à venir a décidé son choix. Il en est de l'ambition comme de l'avarice : les avares calculent toujours, même lorsqu'ils croient céder à des sentiments désintéressés.

Quoique la cour fût nombreuse et que la chapelle soit petite, il n'y avait point de confusion. J'étais debout au milieu du corps diplomatique, près de la balustrade qui nous séparait du sanctuaire. Nous n'étions point assez pressés pour ne pas pouvoir distinguer les traits et les mouvements de chacun des personnages que le devoir ou la curiosité réunissait là. Le silence du respect n'était troublé par aucun désordre. Un soleil éclatant illuminait l'intérieur de la chapelle, où la température s'élevait, m'a-t-on dit, à trente degrés. On voyait à la suite de l'Empereur, en longue robe dorée et en bonnet pointu également orné de broderies d'or, un khan tartare, moitié tributaire, moitié indépendant de la Russie. Ce petit souverain esclave a pensé, d'après la position équivoque que lui fait la politique conquérante de ses protecteurs, qu'il serait à propos de venir prier l'Empereur de toutes les Russies d'admettre parmi ses pages un fils de douze ans qu'il amène à Pétersbourg, afin d'assurer à cet enfant un sort convenable. Cette puissance déchue, qui servait de relief à la puissance triomphante, m'a rappelé les pompes de Rome.

Les premières dames de la cour de Russie et les femmes des ambassadeurs de toutes les cours, parmi lesquelles j'ai reconnu mademoiselle Sontag, aujourd'hui comtesse de Rossi, garnissaient le tour de la chapelle ; dans le fond, terminé en une rotonde éclatante de peinture, était rangée toute la famille impériale. La dorure des lambris, embrasée par les rayons d'un soleil ardent, formait une espèce d'auréole sur la tête des souverains et de leurs enfants. La parure et les diamants des femmes brillaient d'un éclat magique au milieu de tous les trésors de l'Asie étalés sur les murs du sanctuaire, où la magnificence royale semblait défier la majesté du Dieu qu'elle honorait sans s'oublier elle-même. Tout cela est beau, c'est surtout étonnant pour nous, si nous nous rappelons le temps encore peu éloigné où le mariage de la fille d'un Czar aurait été à peu près ignoré en Europe, et où Pierre Ier publiait qu'il avait le droit de laisser sa couronne à qui bon lui semblerait. Que de progrès en peu d'années !

Quand on réfléchit aux conquêtes diplomatiques et autres de cette puissance, naguère encore comptée pour peu dans les affaires du monde civilisé, on se demande si ce qu'on voit est un rêve. L'Empereur lui-même ne me semblait pas très-accoutumé à ce qui se passait devant lui, car à chaque instant il quittait son prie-Dieu et faisait quelques pas de côté et d'autre pour venir redresser les fautes d'étiquette de ses enfants ou de son clergé. Ceci m'a prouvé qu'en Russie la cour elle-même est en progrès. Son gendre n'était pas à la place convenable, il le faisait reculer ou avancer de deux pieds ; la grande-duchesse, les prêtres aussi, les grandes charges, tout semblait soumis à sa direction minutieuse quoique suprême ; j'aurais trouvé plus digne de laisser aller les choses comme elles pouvaient, et j'aurais voulu qu'une fois dans la chapelle, il ne pensât plus qu'à Dieu, laissant chaque homme s'acquitter de ses fonctions sans rectifier scrupuleusement jusqu'à la moindre erreur de discipline religieuse ou de cérémonial de cour. Mais dans ce singulier pays l'absence de liberté se révèle partout ; on la retrouve même au pied des autels. Ici l'esprit de Pierre le Grand domine tous les esprits.

Pendant la messe du mariage grec, à un certain moment de la cérémonie, les deux époux boivent ensemble dans la même coupe. Plus tard, accompagnés du prêtre officiant, ils font trois fois le tour de l'autel en se tenant par la main pour signifier l'union conjugale et pour marquer la fidélité avec laquelle ils doivent marcher toujours du même pas dans la vie. Tous ces actes sont d'autant plus imposants qu'ils rappellent des usages de la primitive Église.

Ces cérémonies accomplies, une couronne fut tenue pendant fort longtemps au-dessus de la tête de chacun des deux mariés. La couronne de la grande-duchesse par son frère le grand-duc héritier, dont l'Empereur lui-même, quittant son prie-Dieu une fois de plus, eut soin de rectifier la pose avec un mélange de bonhomie et de minutie que j'avais peine à m'expliquer ; la couronne du duc de Leuchtenberg était tenue par le comte de Pahlen, ambassadeur de Russie à Paris, et fils de l'ami trop fameux et trop zélé d'Alexandre. Ce souvenir, banni de tous les discours, et peut-être de toutes les pensées des Russes d'aujourd'hui, n'a cessé de me préoccuper pendant que le comte de Pahlen, avec la noble simplicité qui lui est naturelle, s'acquittait d'une charge enviée sans doute de tout ce qui aspire aux faveurs de cour. Il était censé appeler, par la fonction qu'il remplissait dans cette cérémonie sainte, la protection du ciel sur la tête du mari de la petite-fille de Paul Ier. Ce rapprochement était bien étrange ; mais, je le répète, personne, je crois, n'y prenait garde, tant la politique en ce pays a d'effet rétroactif.

La flatterie défait et refait jusqu'au passé au profit de l'intérêt du jour. Il paraît qu'ici le tact n'est nécessaire qu'à ceux qui n'ont pas le pouvoir. Si la mémoire du fait qui m'occupait eût été présente à l'esprit de l'Empereur, il eût chargé quelque autre personne de tenir la couronne sur la tête de son gendre. Mais dans un pays où l'on n'écrit ni ne parle, rien n'est si loin de l'événement du jour que l'histoire de la veille, aussi le pouvoir a-t-il des inadvertances, des naïvetés qui prouvent qu'il s'endort dans une sécurité quelquefois trompeuse. La politique russe n'est entravée dans sa marche ni par les opinions ni même par les actions ; la faveur du maître est tout ; tant qu'elle dure, elle tient lieu de mérite, de vertu, et, qui plus est, d'innocence à l'homme sur lequel elle se répand ; de même qu'en se retirant, elle le prive de tout. Chacun admirait avec une sorte d'anxiété l'immobilité des bras qui soutenaient les deux couronnes. Cette scène dura longtemps, et elle dut être fatigante pour les acteurs.

La jeune mariée est pleine de grâce, de pureté ; elle est blonde, elle a les yeux bleus ; son teint délicat et fin brille de tout l'éclat de la première jeunesse, l'expression de son visage est la candeur spirituelle. Cette princesse et sa sœur, la grande-duchesse Olga, m'ont paru les deux plus belles personnes de la cour : heureux accord des avantages du rang et des dons de la nature!

Quand l'évêque officiant présenta les mariés à leurs augustes parents, ceux-ci les embrassèrent avec une cordialité touchante. L'instant d'après l'impératrice se jeta dans les bras de son mari : effusion de tendresse qui aurait pu être mieux placée dans une chambre que dans une chapelle, mais en Russie les souverains sont chez eux partout, même dans la maison de Dieu. D'ailleurs l'attendrissement de l'impératrice semblait tout à fait involontaire, la manifestation n'en pouvait donc avoir rien de choquant. Malheur à ceux qui trouveraient ridicule l'émotion produite par un sentiment vrai! Une telle explosion de sensibilité est communicative. La cordialité allemande ne se perd jamais, il faut avoir de l'âme pour conserver sur le trône la faculté de l'abandon.

Avant la bénédiction, deux pigeons gris avaient été lâchés selon l'usage dans la chapelle : au bout d'un moment ils se sont posés sur une corniche dorée qui faisait saillie tout juste au-dessus de la tête des deux époux, et là ils n'ont fait que se becqueter pendant toute la messe.

Les pigeons sont bien heureux en Russie : on les révère comme le symbole sacré du Saint-Esprit, et il est défendu de les tuer; heureusement que le goût de leur chair déplaît aux Russes.

Le duc de Leuchtenberg est un jeune homme grand, fort et bien fait; les traits de son visage n'ont rien de distingué; ses yeux sont beaux, mais il a la bouche saillante et de forme peu régulière; sa taille est belle sans noblesse; l'uniforme lui sied et supplée à l'élégance qui manque à sa personne; c'est plutôt un sous-lieutenant bien découplé qu'un prince. Pas un seul parent de son côté n'était venu à Pétersbourg pour assister à la cérémonie.

Pendant la messe il paraissait singulièrement impatient de se trouver seul avec sa femme; et les yeux de l'assemblée entière se dirigèrent par un mouvement spontané vers le groupe des deux pigeons perchés au-dessus de l'autel.

Je n'ai ni le cynisme de Saint-Simon, ni son génie d'expression, ni la gaieté naïve des écrivains du bon vieux temps; dispensez-moi donc des détails, quelque divertissants qu'ils pussent vous paraître.

Dans le siècle de Louis XIV on avait une liberté de langage qui tenait à la certitude de n'être entendu que par des gens qui vivaient et parlaient tous de la même manière : il y avait une société et point de public. Aujourd'hui il y a un public, et il n'y a point de société. Chez nos pères chaque conteur, dans son cercle, pouvait être vrai sans conséquence; aujourd'hui que toutes les classes sont mêlées on manque de bienveillance et des lors de sécurité. La franchise d'expression paraîtrait de mauvais ton à des personnes qui n'ont pas toutes appris le français dans le même vocabulaire. Quelque chose de la susceptibilité bourgeoise a passé dans le langage de la meilleure compagnie de France, plus le nombre des esprits auxquels on s'adresse grandit, et plus on doit prendre un air grave en parlant : une nation veut être respectée plus qu'une société intime, quelque élégante qu'on la suppose.

En fait de décence de langage, une foule est plus exigeante qu'une cour : plus la hardiesse aurait de témoins, et plus elle deviendrait inconvenante. Tels sont mes motifs pour me dispenser de vous dire ce qui a fait sourire plus d'un grave personnage et peut-être plus d'une vertueuse dame ce matin dans la chapelle impériale. Mais je ne pouvais passer tout à fait sous silence un incident qui contrastait d'une manière par trop singulière avec la majesté de la scène et le sérieux obligé des spectateurs.

Il vient un moment, pendant la longue cérémonie du mariage grec, où tout le monde doit tomber à genoux. L'Empereur, avant de se prosterner comme les autres, jeta d'abord sur l'assemblée un regard de surveillance peu gracieux. Il me parut qu'il voulait s'assurer que personne ne restait debout, précaution superflue, car, bien qu'il y eût là des catholiques et des protestants, il n'était venu sans doute à la pensée de pas un de ces étrangers de ne point se conformer extérieurement à tous les rites de l'Église grecque (1).

La possibilité d'un doute à cet égard justifie ce que je vous ai dit plus haut, et m'autorise à vous répéter que la sévérité inquiète est devenue l'expression habituelle de la physionomie de l'Empereur.

Aujourd'hui que la révolte est, pour ainsi dire, dans l'air, l'autocratie elle-même redouterait-elle quelque atteinte à sa puissance? Cette crainte fait un contraste désagréable et même effrayant avec l'idée qu'elle conserve de ses droits. Le pouvoir absolu devient par trop redoutable quand il a peur.

En voyant le tremblement nerveux, la faiblesse et la maigreur de l'impératrice, de cette femme si gracieuse, je me rappelais ce qu'elle avait dû souffrir pendant la révolte des troupes au moment de l'avénement au trône, et je me dis tout bas : « L'héroïsme se paie!!!... » C'est de la force, mais une force qui épuise la vie.

Je vous ai dit que tout le monde était tombé à genoux, et l'Empereur après tout le monde : les époux sont mariés; la famille impériale, la foule se relève; à ce moment les prêtres et le chœur entonnent le *Te Deum*, tandis qu'au dehors des décharges d'artillerie annoncent à la ville la consécration du mariage. L'effet de cette musique céleste accompagnée par des coups de canon, par le tintement des cloches et par les acclamations lointaines du peuple est inexprimable. Tout instrument de musique est banni de l'église grecque, et les seules voix d'hommes y célèbrent les louanges du Seigneur. Cette sévérité du rite oriental est favorable à l'art, qui elle conserve toute sa simplicité, et elle produit des effets de chant vraiment célestes. Je croyais entendre au loin le battement des cœurs de soixante millions de sujets; orchestre vivant qui suivait, sans le couvrir, le chant de triomphe des prêtres. J'étais ému; la musique peut faire tout oublier pour un moment, même le despotisme.

Je ne puis comparer ces chœurs sans accompagnement qu'au *Miserere* de la semaine sainte dans la chapelle Sixtine à Rome, excepté que la chapelle du pape n'est plus que l'ombre de ce qu'elle était jadis. C'est une ruine de plus dans les ruines de Rome.

Au milieu du siècle dernier, à l'époque où l'école italienne brillait de tout son éclat, les vieux chants grecs furent refondus, sans être gâtés, par des compositeurs venus tout exprès de Rome à Pétersbourg; ces étrangers produisirent un chef-d'œuvre, parce que tout leur esprit et toute leur science furent appliqués à respecter l'œuvre de l'antiquité. Leur travail est devenu une composition classique, et l'exécution est digne de la conception : les voix de soprano, c'est-à-dire d'enfants de chœur, car nulle femme ne fait partie de la musique de la chapelle impériale, chantent avec une justesse parfaite : les basses-tailles sont fortes, graves et pures. Je ne me souviens pas d'en avoir entendu d'aussi belles ni d[illegible] basses.

Pour un amateur de l'art, la musique de la chapelle impériale vaut seule le voyage de Pétersbourg; les *piano*, les *forte*, les nuances les plus fines de l'expression sont observées avec un profond sentiment, avec un art merveilleux et un ensemble admirable : le peuple russe est musical, on n'en peut douter quand on a entendu ses chants d'église. J'écoutais sans oser respirer et j'appelais de tous mes vœux notre savant ami Meyerbeer pour m'expliquer des beautés que je sentais profondément sans les comprendre; il les aurait comprises en s'en inspirant, car sa manière d'admirer les modèles, c'est de les égaler.

Pendant ce *Te Deum*, au moment où deux chœurs se répondent, le tabernacle s'ouvre et l'on voit les prêtres coiffés de leurs tiares étincelantes de pierreries, vêtus de leurs robes d'or, sur lesquelles se détachent majestueusement leurs barbes d'argent : il y en a qui tombent jusqu'à la ceinture; les assistants sont aussi brillants que les officiants. Cette cour est magnifique et le costume militaire y reluit de tout son éclat. Je voyais avec admiration le monde apporter à Dieu l'hommage de toutes ses pompes, de toutes ses richesses. La musique sacrée était écoutée, par un auditoire profane, avec un silence, un recueillement qui rendraient beaux des chants moins sublimes. Dieu est là, et sa présence sanctifie même la cour; le monde n'est plus que l'accessoire, la pensée dominante est le ciel.

L'archevêque officiant ne déparait pas la majesté de cette scène. S'il n'est pas beau, il est vieux; sa petite figure est celle d'une belette souffrante, mais sa tête est blanchie par l'âge; il a l'air fatigué, malade; un prêtre vieux et faible ne peut être ignoble. A la fin de la cérémonie, l'Empereur est venu s'incliner devant lui et lui baiser la main avec respect. Jamais l'Autocrate ne manque une occasion de donner l'exemple de la soumission, quand cet exemple peut lui profiter. J'admirais ce pauvre archevêque qui paraissait mourant au milieu de sa gloire, cet empereur à la taille majestueuse, au visage noble, qui s'abaissait devant le pouvoir religieux : et plus loin, les deux jeunes époux, la famille, la foule, enfin toute la cour qui remplissait et animait la chapelle : il y avait là le sujet d'un tableau.

(1) La crainte de l'Empereur est en quelque sorte expliquée par le récit qu'on va lire, et qui m'a été envoyé de Rome au mois de janvier 1843 par une des personnes les plus véridiques que je connaisse. « Le dernier jour de décembre, je fus à l'église del Gesù qui avait été décorée de superbes tapisseries. Une enceinte avait été formée devant le magnifique autel de saint Ignace, qui était resplendissant de lumières. Les orgues jouèrent des symphonies très-harmonieuses; l'église était remplie de ce que Rome possède de plus distingué; deux fauteuils avaient été placés à gauche de l'autel. On vit bientôt arriver la grande-duchesse Marie, fille de l'empereur de Russie, et son mari le duc de Leuchtenberg, accompagnés des principaux personnages de leur suite et des gardes nobles qui les escortaient; ils prirent place sur les fauteuils réservés pour eux, sans se mettre à genoux sur les prie-Dieu qui étaient devant eux, et sans faire attention au saint-sacrement qui était exposé. Les dames d'honneur s'assirent derrière le prince et la princesse, ce qui obligeait ceux-ci à renverser la tête de côté pour faire la conversation comme s'ils eussent été dans un salon. Deux chambellans étaient restés debout, comme c'est l'usage auprès des grands. Un assistant crut que c'était parce qu'ils n'avaient pas de siéges; il s'empressa de leur en porter, ce qui excita le rire du prince, de la princesse et de leur entourage d'une manière tout à fait inconvenante. A mesure que les cardinaux arrivaient, ils prenaient leur place; le pape est arrivé ensuite, et est allé s'agenouiller sur un prie-Dieu où il est resté tout le temps de la cérémonie. Le *Te Deum* fut chanté en action de grâces pour les faveurs obtenues dans le courant de l'année qui vient de s'écouler; un cardinal donna la bénédiction. Sa Sainteté était toujours prosternée; le prince de Leuchtenberg s'était mis à genoux, mais la princesse était restée assise. »

Avant la cérémonie, je crus que l'archevêque allait tomber en défaillance: la cour l'avait fait attendre longtemps au mépris du mot de Louis XVIII : « L'exactitude est la politesse des rois. »

Malgré l'expression rusée de sa physionomie, ce vieillard m'inspirait de la pitié à défaut de respect : il était si débile, il soutenait la fatigue avec tant de patience que je le plaignais. Qu'importe que cette patience fût puisée dans la piété ou dans l'ambition? elle était cruellement éprouvée.

Quant à la figure du jeune duc de Leuchtenberg, j'avais beau faire effort pour m'habituer à elle, elle ne me plaisait pas plus à la fin de la cérémonie qu'au commencement. Ce jeune homme a une belle tournure militaire, voilà tout : il me prouve ce que je savais : c'est que de nos jours les princes sont moins rares que les gentilshommes. Le jeune duc m'eût paru mieux placé dans la garde de l'Empereur que dans sa famille. Nulle émotion ne s'est manifestée sur sa physionomie à aucun moment de ces cérémonies qui pourtant m'ont paru touchantes, à moi, spectateur indifférent. J'avais apporté là de la curiosité, j'y ai senti du recueillement, et le gendre de l'Empereur, le héros de la scène, avait l'air étranger à ce qui se passait autour de lui. Il n'a point de physionomie. Il paraissait embarrassé de sa personne plus qu'intéressé à ce qu'il faisait. On voit qu'il compte peu sur la bienveillance d'une cour où le calcul règne plus absolument que dans toute autre cour, et où sa fortune inattendue doit lui faire plus d'envieux que d'amis. Le respect ne s'improvise pas; je hais toute position qui n'est pas simple et ne puis me défendre d'une sévérité quelquefois injuste pour l'homme qui accepte, par quelque motif que ce soit, une telle position. Ce jeune prince a cependant une légère ressemblance avec son père dont le visage était intelligent et gracieux; malgré l'uniforme russe, où tous les hommes sont gênés, tant on y est serré, il m'a paru que sa démarche était légère comme celle d'un Français : il ne se doutait guère, en passant devant moi, qu'il y avait là un homme qui portait sur sa poitrine un souvenir précieux pour tous deux, mais surtout pour le fils d'Eugène Beauharnais. C'est le talisman arabe que M. de Beauharnais, le père du vice-roi d'Italie et le grand-père du duc de Leuchtenberg, a donné à ma mère en passant devant la chambre qu'elle habitait aux Carmes, au moment où il partait pour l'échafaud. J'ai raconté ce fait plus haut.

La cérémonie religieuse terminée dans la chapelle grecque devait être suivie d'une seconde bénédiction nuptiale par un prêtre catholique dans une des salles du palais, consacrée, pour aujourd'hui seulement à ce pieux usage. Après ces deux mariages, les époux et leur famille devaient se mettre à table. moi, n'ayant la permission d'assister ni au mariage catholique, ni au banquet, je suivis le gros de la cour et je sortis pour venir respirer un air moins étouffant en me félicitant du peu d'effet qu'avait produit ma botte emportée. Pourtant quelques personnes m'en ont parlé en riant, voilà tout. En bien comme en mal, rien de ce qui ne regarde que nous-mêmes n'est aussi important que nous le pensons.

Au lieu de me reposer je vous écris. Voila comme je vis en voyage.

Au sortir du palais j'ai retrouvé ma voiture sans peine; je vous le répète, il n'y a de grande affluence nulle part en Russie; le vide qui règne ici partout fait paraître les monuments trop petits pour les lieux; ils se perdent dans l'immensité. La colonne d'Alexandre passe pour être plus haute que celle de la place Vendôme à cause des dimensions de son piédestal; le fût est d'un seul morceau de granit, et c'est le plus grand de tous ceux qui ont jamais été travaillés de main d'homme. Eh bien! cette immense colonne élevée entre le palais d'hiver et le demi-cercle de bâtiments qui termine une des extrémités de la place, fait à l'œil l'effet d'un pieu, et les maisons qui bordent cette place semblent si plates et si basses qu'elles ont l'air d'une palissade. Figurez-vous une enceinte où cent mille hommes manœuvreraient sans la remplir et sans qu'elle parût peuplée : rien n'y peut rester grand. Cette place ou plutôt ce Champ de Mars russe est fermé par le palais d'hiver dont les façades viennent d'être rebâties sur les plans de l'ancien palais de l'impératrice Élisabeth. Celui-ci, du moins, repose les yeux des roides et mesquines imitations de tant de monuments d'Athènes et de Rome : il est dans le goût de la régence, c'est du Louis XIV dégénéré, mais très-grand. Le côté de la place opposé au palais d'hiver est terminé en demi-cercle et clos par des bâtiments où l'on a établi plusieurs ministères : ces édifices sont pour la plupart construits dans le style grec antique. Singulier goût!... des temples élevés à des commis! Le long de la même place se trouvent les bâtiments de l'Amirauté : ceux-ci sont pittoresques, leurs petites colonnes, leurs aiguilles dorées, leurs chapelles font un bon effet. Une allée d'arbres orne la place en cet endroit et la rend moins monotone. Vers l'une des extrémités de ce champ immense, du côté opposé à la colonne d'Alexandre, s'élève l'église de Saint-Isaac, avec son péristyle colossal et sa coupole d'airain encore à moitié cachée sous les échafaudages de l'architecte; plus loin on voit le palais du Sénat et d'autres édifices toujours en forme de temples païens, quoiqu'ils servent d'habitation au ministre de la guerre; puis dans un angle avancé que forme cette longue place, à son extrémité vers la Néva, on voit, ou du moins on cherche à voir la statue de Pierre le Grand, supportée par son rocher de granit qui disparaît dans l'immensité comme un caillou sur la grève. La statue du héros a été rendue trop fameuse par l'orgueil charlatan de la femme qui la fit ériger : cette statue est bien au-dessous de sa réputation. Avec les édifices que je viens de vous nommer, il y aurait de quoi bâtir une ville entière, et pourtant ils ne meublent pas la grande place de Pétersbourg : c'est une plaine non de blé, mais de colonnes. Les Russes ont beau imiter avec plus ou moins de bonheur tout ce que l'art a produit de plus beau dans tous les temps et dans tous les pays, ils oublient que la nature est la plus forte. Ils ne la consultent jamais assez, et elle se venge en les écrasant. Les chefs-d'œuvre en tous genres n'ont été produits que par des hommes qui écoutaient et sentaient la nature. La nature est la pensée de Dieu, l'art est le rapport de la pensée humaine avec la puissance qui a créé le monde et qui le perpétue. L'artiste répète à la terre ce qu'il entend dans le ciel : il n'est que le traducteur de Dieu; ceux qui font d'eux-mêmes produisent des monstres.

Chez les anciens, les architectes entassaient les monuments dans des lieux escarpés et resserrés où le pittoresque du site ajoutait à l'effet des œuvres de l'homme. Les Russes qui croient recommencer l'antiquité, et qui ne font que l'imiter maladroitement, dispersent au contraire leurs bâtisses soi-disant grecques et romaines dans des champs sans limites, où l'œil les aperçoit à peine. Aussi est-ce toujours des steppes de l'Asie qu'on se souvient dans ces cités où l'on a prétendu reproduire le forum romain (1). Ils auront beau faire, la Moscovie tiendra toujours de l'Asie plus que de l'Europe. Le génie de l'Orient plane sur la Russie, qui abdique quand elle se met à marcher à la suite de l'Occident.

Le demi-cercle d'édifices qui correspond au palais impérial produit, du côté de la place, l'effet d'un amphithéâtre antique manqué, il faut le regarder de loin; on n'y voit de près qu'une décoration recrépie tous les ans pour réparer les ravages de l'hiver. Les anciens bâtissaient avec des matériaux indestructibles sous un ciel conservateur; ici, sans égard à un climat qui détruit tout, on élève des palais de bois, des maisons de planches et des temples de plâtre; aussi les ouvriers russes passent-ils leur vie à refaire pendant l'été ce que l'hiver a démoli; rien ne résiste à l'influence de ce climat; les édifices, même ceux qui paraissent les plus anciens, sont reconstruits d'hier; la pierre ici dure autant que le mortier et la chaux durent ailleurs. Le fût de la colonne d'Alexandre, ce prodigieux morceau de granit, est déjà lézardé par le froid; à Pétersbourg il faut employer le bronze pour soutenir le granit, et, malgré tant d'avertissements, on ne se lasse pas d'imiter dans cette ville les monuments des pays chauds. On peuple les solitudes du pôle de statues, de bas-reliefs destinés à perpétuer l'histoire, sans penser que dans ce pays les monuments vont encore moins loin que le souvenir.

Les Russes font toutes sortes de choses; mais on dirait qu'avant même de les avoir terminées, ils se disent : Quand abandonnerons-nous tout cela? Pétersbourg est comme l'échafaudage d'un édifice; l'échafaudage tombera dès que le monument sera parfait. Ce chef-d'œuvre, non d'architecture, mais de politique, ce sera la conquête de Byzance, qui, dans la secrète et profonde pensée des Russes, est la future capitale de la Russie et du monde.

En face du palais, une immense arcade perce le demi-cercle de bâtiments imités de l'antique; elle sert d'issue à la place et conduit à la rue *Morskoï*; au-dessus de cette voûte énorme s'élève pompeusement un char à six chevaux de front, en bronze, conduits par je ne sais quelle figure allégorique ou historique. Je ne crois pas qu'on puisse voir ailleurs rien d'aussi mauvais goût que cette colossale porte cochère ouverte sous une maison, et bourgeoisement flanquée d'habitations qui ne l'empêchent pas d'être traitée d'arc de triomphe, grâce aux prétentions monumentales des architectes russes. J'irai bien à regret regarder de près ces chevaux dorés, et la statue et le char; mais fussent-ils d'un beau travail, ce dont je doute, ils sont si mal placés que je ne les admirerais pas. Dans les monuments, c'est d'abord l'harmonie de l'ensemble qui engage le curieux à examiner les détails; sans la beauté de la conception, qu'importe la finesse de l'exécution? d'ailleurs l'une et l'autre manquent également aux productions de l'art russe. Jusqu'à présent cet art n'est que de la patience; il consiste à imiter tant bien que mal, pour le transporter chez soi sans choix ni goût, ce qui a été inventé ailleurs. Tout cela est mesquin, quoique colossal; car en architecture ce n'est pas la dimension des murailles qui fait la grandeur, c'est la sévérité du style.

La sculpture en plein air me fait ici l'effet des plantes exotiques qu'il faudrait rentrer tous les automnes; rien ne convient moins que ce faux luxe aux habitudes et au génie de ce peuple, à son sol et à son climat. Dans un pays où il y a quelquefois 60 degrés de différence entre la température de l'hiver et celle de l'été, on de-

(1) Ce reproche ne s'adresse qu'aux monuments construits depuis Pierre Ier; les Russes du moyen âge, quand ils bâtissaient le Kremlin, avaient bien su trouver l'architecture qui convenait à leur pays et à leur génie.

vrait renoncer à l'architecture des beaux climats. Mais les Russes ont pris l'habitude de traiter la nature elle-même en esclave, et de compter le temps pour rien. Imitateurs obstinés, ils prennent leur vanité pour du génie et se croient appelés à reproduire chez eux, tout à la fois et sur une plus grande échelle, les monuments du monde entier. Cette ville avec ses quais de granit est une merveille, mais le palais de glace où l'Impératrice Élisabeth a donné une fête était une merveille aussi; il a duré ce que durent les flocons de neige, ces roses de Sibérie.

Jusqu'à présent les créations commandées par les souverains de la Russie m'ont paru inspirées, non par l'amour de l'art, mais par l'amour-propre de l'homme.

Entre autres fanfaronnades, j'entends dire à beaucoup de Russes que leur climat s'adoucit. Dieu serait-il complice de l'ambition de ce peuple avide? Voudrait-il lui livrer jusqu'au ciel, jusqu'à l'air du Midi? Verrons-nous Athènes en Laponie, Rome à Moscou, et les richesses de la Tamise dans le golfe de Finlande? L'histoire des peuples se réduit-elle à une question de latitude et de longitude? Le monde assistera-t-il toujours aux mêmes scènes jouées sur d'autres théâtres?

Cette prétention, toute risible qu'elle vous paraît, vous prouve jusqu'où peut aller l'ambition des Russes.

Tandis que ma voiture, au sortir du palais, traversait rapidement le carré long formé par l'immense place que je viens de vous décrire, un vent violent soulevait des flots de poussière; je n'apercevais plus qu'à travers un voile mouvant les équipages qui sillonnaient rapidement dans tous les sens le rude pavé de la ville. La poussière de l'été est un des fléaux de Pétersbourg; c'est au point qu'elle me fait désirer la neige de l'hiver. Je n'ai eu que le temps de rentrer chez moi avant que l'orage éclatât; il vient d'épouvanter par des pronostics plus ou moins significatifs tous les superstitieux de la ville; les ténèbres en plein jour, une température étouffante, des coups de foudre qui redoublent et n'amènent point d'eau, un vent à emporter les maisons, une tempête sèche : tel est le spectacle que le ciel nous a donné pendant le banquet nuptial. Les Russes se rassurent en disant que l'orage a duré peu et que l'air est déjà plus pur qu'il n'était avant cette crise. Je raconte ce que je vois sans y prendre part; je n'apporte ici d'autre intérêt que celui d'un curieux attentif, mais étranger par le cœur à ce qui se passe sous ses yeux. Il y a entre la France et la Russie une muraille de la Chine : la langue et le caractère slaves. En dépit des prétentions inspirées aux Russes par Pierre le Grand, la Sibérie commence à la Vistule.

Suite de la lettre onzième.

10 juillet.

Hier au soir, à sept heures, je suis retourné au palais avec plusieurs autres étrangers. Nous devions être présentés à l'Empereur et à l'Impératrice.

On voit que l'Empereur ne peut oublier un seul instant ce qu'il est, ni la constante attention qu'il excite; il *pose* incessamment, d'où il résulte qu'il n'est jamais naturel, même lorsqu'il est sincère; son visage a trois expressions dont pas une n'est la bonté toute simple. La plus habituelle me paraît toujours la sévérité. Une autre expression, quoique plus rare, convient peut-être mieux encore à cette belle figure, c'est la solennité; une troisième, c'est la politesse, et dans celle-ci se glissent quelques nuances de grâce qui tempèrent le froid étonnement causé d'abord par les deux autres. Mais, malgré cette grâce, quelque chose nuit à l'influence morale de l'homme, c'est que chacune de ces physionomies qui se succèdent arbitrairement sur la figure est prise ou quittée complétement, et sans qu'aucune trace de celle qui disparaît reste pour modifier l'expression nouvelle. C'est un changement de décoration à vue et que nulle transition ne prépare; on dirait d'un masque qu'on met et qu'on dépose à volonté. N'allez pas vous méprendre au sens que je donne ici au mot de masque; je l'emploie selon l'étymologie. En grec, *hypocrite* voulait dire acteur; l'hypocrite était un homme qui se masquait pour jouer la comédie. Je veux donc dire que l'Empereur est toujours dans son rôle, et qu'il le remplit en grand acteur.

Hypocrite ou comédien sont des mots malsonnants, surtout dans la bouche d'un homme qui prétend être impartial et respectueux. Mais il me semble que pour des lecteurs intelligents, les seuls auxquels je m'adresse, les paroles ne sont rien en elles-mêmes, et que la valeur des expressions dépend du sens qu'on veut leur donner. Ce n'est pas à dire que la physionomie de ce prince manque de franchise, non, je le répète, elle ne manque que de naturel : ainsi le plus grand des maux que souffre la Russie, l'absence de liberté, se peint jusque sur la face de son souverain : il a plusieurs masques, il n'a pas un visage. Cherchez-vous l'homme? vous trouverez toujours l'Empereur.

Je crois qu'on peut tourner cette remarque à sa louange : il prend son métier en patience. Avec une taille qui dépasse celle des hommes ordinaires comme son trône domine les autres siéges, il s'accuserait de faiblesse s'il était un instant *tout bonnement*, et s'il laissait voir qu'il vit, pense et sent comme un simple mortel. Sans paraître partager aucune de nos affections, il est toujours chef, juge, général, amiral, prince enfin, rien de plus, rien de moins (1). Il se trouvera bien las vers la fin de sa vie; mais il sera placé haut dans l'esprit de son peuple et peut-être du monde, car la foule aime les efforts qui l'étonnent, elle s'enorgueillit en voyant la peine qu'on prend pour l'éblouir.

Les personnes qui ont connu l'empereur Alexandre font de ce prince un éloge tout contraire; les qualités et les défauts des deux frères étaient opposés; ils n'avaient nulle ressemblance et ils n'éprouvaient nulle sympathie l'un pour l'autre. En ce pays la mémoire de l'Empereur défunt n'est guère honorée; mais cette fois l'inclination s'accorde avec la politique pour faire oublier le règne précédent. Pierre le Grand est plus près de Nicolas qu'Alexandre, et il est plus à la mode aujourd'hui. Si les ancêtres des Empereurs sont flattés, leurs prédécesseurs immédiats sont calomniés.

L'Empereur actuel n'oublie la majesté suprême que dans ses rapports de famille. C'est là qu'il se souvient que l'homme primitif a des plaisirs indépendants de ses devoirs d'état; du moins j'espère pour lui que c'est ce sentiment désintéressé qui l'attache à son intérieur; ses vertus domestiques l'aident sans doute à gouverner, puisqu'elles lui assurent l'estime du monde, mais il les pratiquerait, je le crois, sans calcul.

Chez les Russes le pouvoir souverain est respecté comme une religion dont l'autorité reste indépendante du mérite personnel de ses prêtres; les vertus du prince étant superflues, elles sont donc sincères.

Si je vivais à Pétersbourg je deviendrais courtisan, non par amour du pouvoir, non par avidité, ni par puérile vanité, mais dans le désir de découvrir quelque chemin pour arriver au cœur de cet homme unique et différent de tous les autres hommes. L'insensibilité n'est pas chez lui un vice de nature, c'est le résultat inévitable d'une position qu'il n'a pas choisie et qu'il ne peut quitter.

Abdiquer un pouvoir disputé, c'est quelquefois une vengeance; abdiquer un pouvoir absolu, ce serait une lâcheté.

Quoi qu'il en soit, la singulière destinée d'un empereur de Russie m'inspire un vif intérêt de curiosité d'abord, de charité ensuite; comment ne pas compatir aux peines de ce glorieux exil!

J'ignore si l'empereur Nicolas avait reçu de Dieu un cœur susceptible d'amitié, mais je sens que l'espoir de témoigner un attachement désintéressé à un homme auquel la société refuse des semblables, pourrait tenir lieu d'ambition. Le souverain absolu est de tous les hommes celui qui moralement souffre le plus de l'inégalité des conditions, et ses peines sont d'autant plus grandes que, enviées du vulgaire, elles doivent paraître irrémédiables à celui qui les subit.

Le danger même donnerait à mon zèle l'attrait de l'enthousiasme. Quoi! dira-t-on, de l'attachement pour un homme qui n'a plus rien d'humain, dont la physionomie sévère inspire un respect toujours mêlé de crainte, dont le regard ferme et fixe, en excluant la familiarité, commande l'obéissance, et dont la bouche, quand elle sourit, ne s'accorde jamais avec l'expression des yeux; pour un homme enfin qui n'oublie pas un instant son rôle de prince absolu! Pourquoi non! ce désaccord, cette dureté apparente n'est pas un tort, c'est un malheur. Je vois là une habitude forcée, je n'y vois pas un caractère; et moi qui crois deviner cet homme que vous calomniez par votre crainte et par vos précautions comme par vos flatteries, moi qui pressens ce qu'il lui en coûte pour faire son devoir de souverain, je ne veux pas abandonner ce malheureux dieu de la terre à l'implacable envie, à l'hypocrite soumission de ses esclaves. Retrouver son prochain même dans un prince, l'aimer comme un frère, c'est une vocation religieuse, une œuvre de miséricorde, une mission sainte et que Dieu doit bénir.

Plus on voit ce que c'est que la cour, plus on compatit au sort de l'homme obligé de la diriger, surtout la cour de Russie. Elle me fait de plus en plus l'effet d'un théâtre où les acteurs passeraient leur vie en répétitions générales (2). Pas un ne sait son rôle, et le jour de la représentation n'arrive jamais, parce que le directeur n'est jamais satisfait du jeu de ses sujets. Acteurs et directeur, tous perdent ainsi leur vie à préparer, à corriger, à perfectionner sans cesse leur interminable comédie de société, qui a pour titre « de la civilisation du Nord. » Si c'est fatigant à voir, jugez de ce que cela doit coûter à jouer!..... J'aime mieux l'Asie, il y a plus d'accord. A chaque pas que vous faites en Russie, vous êtes frappé des conséquences que doivent avoir la nouveauté dans les choses et dans les institutions, et l'inexpérience des hommes. Tout cela se cache avec grand soin; mais un peu d'attention suffit au voyageur pour apercevoir ce qu'on ne veut pas lui montrer.

(1) L'autre jour un Russe revenait de Pétersbourg à Paris; une femme de son pays lui dit : « Comment avez-vous trouvé le maître? — Très-bien. — Et l'homme? — L'homme, je ne l'ai pas vu. » Je ne cesse de le répéter : les Russes sont de mon avis, mais c'est ce qu'ils ne diront pas.

(2) Voyez même Lettre.

L'Empereur, par son sang même, est Allemand plus qu'il n'est Russe. Aussi la beauté de ses traits, la régularité de son profil, sa tournure militaire, sa tenue naturellement un peu roide, rappellent-elles l'Allemagne plus qu'elles ne caractérisent la Russie. Sa nature germanique a dû le gêner longtemps pour devenir ce qu'il est maintenant, un vrai Russe. Qui sait? il était peut-être né un bonhomme!... Vous figurez-vous alors ce qu'il a dû souffrir pour se réduire à paraître uniquement le chef des Slaves? N'est pas despote qui veut; l'obligation de remporter une continuelle victoire sur soi-même pour régner sur les autres expliquerait l'exagération du nouveau patriotisme de l'empereur Nicolas.

Loin de m'inspirer de l'éloignement, toutes ces choses m'attirent. Je ne puis m'empêcher de m'intéresser à un homme redouté du reste du monde, et qui n'en est que plus à plaindre.

Pour échapper autant que possible à la contrainte qu'il s'impose, il s'agite comme un lion en cage, comme un malade pendant la fièvre; il sort à cheval, à pied, il passe une revue, fait une petite guerre, voyage sur l'eau, donne une fête, exerce sa marine; tout cela le même jour; le loisir est ce qu'on redoute le plus à cette cour; d'où je conclus que nulle part on ne s'ennuie davantage. L'empereur voyage sans cesse; il parcourt au moins quinze cents lieues dans une saison, et il n'admet pas que tout le monde n'ait pas la force de faire ce qu'il fait. L'Impératrice l'aime; elle craint de le quitter, elle le suit tant qu'elle peut, et elle meurt à la peine; elle s'est habituée à une vie tout extérieure. Ce genre de dissipation, devenu nécessaire à son esprit, tue son corps.

Une absence si complète de repos doit nuire à l'éducation des enfants, qui exige du sérieux dans les habitudes des parents. Les jeunes princes ne vivent pas assez isolés pour que la frivolité d'une cour toujours en l'air, l'absence de toute conversation intéressante et suivie, l'impossibilité de la méditation, n'influent pas d'une manière fâcheuse sur leur caractère. Quand on pense à la distribution de leur temps, on doute même de l'esprit qu'ils montrent; comme on craindrait pour l'éclat d'une fleur si sa racine n'était pas dans le terrain qui lui convient. Tout est apparence en Russie, ce qui fait qu'on se défie de tout.

J'ai été présenté ce soir, non par l'ambassadeur de France, mais par le grand-maître des cérémonies de la cour. Tel était l'ordre qu'avait donné l'Empereur et dont j'ai été instruit par M. l'ambassadeur de France. Je ne sais si les choses se sont passées selon l'usage ordinaire, mais c'est ainsi que j'ai été nommé à LL. MM.

Tous les étrangers admis à l'honneur d'approcher de leurs personnes étaient réunis dans un des salons qu'elles devaient traverser pour aller ouvrir le bal. Ce salon précède la grande galerie nouvellement rebâtie et dorée, et que la cour n'avait pas vue depuis le jour de l'incendie. Arrivés à l'heure indiquée, nous attendîmes assez longtemps l'apparition du maître. Nous étions peu nombreux.

Il y avait près de moi quelques Français, un Polonais, un Genevois et plusieurs Allemands. Le côté opposé du salon était occupé par un rang de dames russes réunies là pour faire leur cour.

L'Empereur nous accueillit tous avec une politesse recherchée et délicate. On reconnaissait du premier coup d'œil un homme obligé et habitué à ménager l'amour-propre des autres. Chacun se sentit classé d'un mot, d'un regard, dans la pensée royale, et dès lors dans l'esprit de tous.

Pour me faire connaître qu'il me verrait sans déplaisir parcourir son empire, l'Empereur me fit la grâce de me dire qu'il fallait aller au moins jusqu'à Moscou et à Nijni, afin d'avoir une juste idée du pays. « Pétersbourg est russe, ajouta-t-il, mais ce n'est pas la Russie. »

Ce peu de mots fut prononcé d'un son de voix qu'on ne peut oublier tant il a d'autorité, tant il est grave et ferme. Tout le monde m'avait parlé de l'air imposant, de la noblesse des traits et de la taille de l'Empereur; personne ne m'avait averti de la puissance de sa voix; cette voix est bien celle d'un homme né pour commander. Il n'y a là ni effort ni étude; c'est un don développé par l'habitude de s'en servir.

L'Impératrice, quand on l'approche, a une expression de figure très-séduisante, et le son de sa voix est aussi doux, aussi pénétrant que la voix de l'Empereur est naturellement impérieuse.

Elle me demanda si je venais à Pétersbourg en simple voyageur. Je lui répondis que oui. « Je sais que vous êtes un curieux, reprit-elle.

— Oui, Madame, répliquai-je, c'est la curiosité qui m'amène en Russie, et cette fois du moins je ne me repentirai pas d'avoir cédé à la passion de parcourir le monde.

— Vous croyez? reprit-elle avec une grâce charmante.

— Il me semble qu'il y a des choses si étonnantes en ce pays que pour les croire il faut les avoir vues de ses yeux.

— Je désire que vous voyiez beaucoup et bien.

— Ce désir de Votre Majesté est un encouragement.

— Si vous pensez du bien, vous le direz, mais inutilement; on ne vous croira pas: nous sommes mal connus, et l'on ne veut pas nous connaître mieux. »

Cette parole me frappa dans la bouche de l'Impératrice, à cause de la préoccupation qu'elle décelait. Il me parut aussi qu'elle marquait une sorte de bienveillance pour moi, exprimée avec une politesse et une simplicité rares.

L'Impératrice inspire dès le premier abord autant de confiance que de respect: à travers la réserve obligée du langage et des habitudes de la cour, on voit qu'elle a du cœur. Ce malheur lui donne un charme indéfinissable; elle est plus qu'Impératrice, elle est femme.

Elle m'a paru extrêmement fatiguée; sa maigreur est effrayante. Il n'y a personne qui ne dise que l'agitation de la vie qu'elle mène la consumera, et que l'ennui d'une vie plus calme la tuerait.

La fête qui suivit notre présentation est une des plus magnifiques que j'aie vues de ma vie. C'était de la féerie, et l'admiration et l'étonnement qu'inspirait à toute la cour chaque salon de ce palais renouvelé en un an, mêlaient un intérêt dramatique aux pompes un peu froides des solennités ordinaires. Chaque salle, chaque peinture était un sujet de surprise pour les Russes eux-mêmes, qui avaient assisté à la catastrophe et n'avaient point revu ce merveilleux séjour depuis qu'à la parole du dieu le temple est ressorti de ses cendres. Quel effort de volonté! pensais-je à chaque galerie, à chaque marbre, à chaque peinture que je voyais. Le style de ces ornements, bien qu'ils fussent refaits d'hier, rappelait le siècle où le palais fut fondé; ce que je voyais me semblait déjà ancien; on copie tout en Russie, même le temps. Ces merveilles inspiraient à la foule une admiration contagieuse; en voyant le triomphe de la volonté d'un homme, et en écoutant les exclamations des autres hommes, je commençais moi-même à m'indigner moins du prix qu'avait coûté le miracle. Si je ressens cette influence au bout de deux jours de séjour, combien ne devons-nous pas d'indulgence à des hommes qui sont nés et qui passent leur vie dans l'air de cette cour!... c'est-à-dire en Russie; car c'est toujours l'air de la cour qu'on y respire d'un bout de l'Empire à l'autre. Je ne parle pas des serfs; encore ceux-ci mêmes éprouvent-ils, par leurs rapports avec le seigneur, l'effet de la pensée souveraine qui seule anime l'Empire; le courtisan, qui est leur maître, est pour eux l'image du maître suprême; l'Empereur et la cour apparaissent aux Russes partout où il y a un homme qui obéit à un homme qui commande.

Ailleurs le pauvre est un mendiant ou un ennemi; en Russie il est toujours un courtisan; il s'y trouve des courtisans à tous les étages de la société: voilà pourquoi je dis que la cour est partout, et qu'il y a entre les sentiments des seigneurs russes et des gentilshommes de la vieille Europe, la différence qu'il y a entre la courtisanerie et l'aristocratie: entre la vanité et l'orgueil, l'un tue l'autre: au reste, le véritable orgueil est rare partout presque autant que la vertu. Au lieu d'injurier les courtisans comme Beaumarchais et tant d'autres l'ont fait, il faut plaindre ces hommes qui, quoi qu'on en dise, ressemblent à tous les hommes. Pauvres courtisans!... ils ne sont pas les monstres des romans ou des comédies modernes ni des journaux révolutionnaires; ils sont tout simplement des êtres faibles, corrompus et corrupteurs, autant mais pas plus que d'autres qui sont moins exposés à la tentation. L'ennui est la plaie des riches; toutefois l'ennui n'est pas un crime: la vanité, l'intérêt sont plus vivement excités dans les cours que partout ailleurs, et ces passions y abrégent la vie. Mais si les cœurs qu'elles agitent sont plus tourmentés, ils ne sont pas plus pervers que ceux des autres hommes, car ils n'ont point cherché, ils n'ont pas choisi leur condition. La sagesse humaine aurait fait un grand pas si l'on parvenait à faire comprendre à la foule combien elle doit de pitié aux possesseurs des faux biens qu'elle envie.

J'en ai vu qui dansaient à la place même où ils avaient pensé périr sous les décombres et où plus tard d'autres hommes étaient morts en foule, morts pour amuser la cour au jour fixé par l'Empereur.

Tout cela me paraissait plus extraordinaire encore que beau; d'irrésistibles réflexions philosophiques attristent pour moi toutes les fêtes, toutes les solennités russes: ailleurs la liberté fait naître une gaieté favorable aux illusions; ici le despotisme inspire inévitablement la méditation, qui chasse le prestige, car lorsqu'on se laisse aller à penser, on ne se laisse guère éblouir.

L'espèce de danse la plus en usage dans ce pays ne dérange pas le cours des idées: on se promène d'un pas solennel et réglé par la musique; chaque homme mène par la main une femme; des centaines de couples se suivent ainsi processionnellement à travers des salles immenses, en parcourant tout un palais, car le cortége passe de chambre en chambre et serpente au milieu des galeries et des salons au gré du caprice de l'homme qui le conduit: c'est là ce qu'on appelle *danser la polonaise*. C'est amusant à voir une fois: mais je crois que, pour les gens destinés à danser cela toute leur vie, le bal doit devenir un supplice.

La polonaise de Pétersbourg m'a reporté au congrès de Vienne, où je l'avais dansée en 1814 à la Grande Redoute. Nulle étiquette n'était observée alors dans ces fêtes européennes; chacun marchait au hasard au milieu de tous les souverains de la terre. Mon sort m'avait assigné une place entre l'empereur de Russie (Alexandre) et sa femme, qui était une princesse de Bade. Je suivais la marche du cortége, assez gêné de me sentir placé malgré moi auprès de personnages si augustes. Tout à coup la file des couples dansants s'arrête, sans qu'on sache pourquoi, la musique continue. L'Empereur, impatienté, passe la tête par-dessus mon épaule, et s'adressant à l'Impératrice, lui dit du ton le plus brusque : « Avancez donc ! » L'Impératrice se retourne, et apercevant derrière moi l'Empereur qui dansait avec une femme pour laquelle il affichait depuis quelques jours une grande passion, elle répondit avec une expression indéfinissable : « Toujours poli ! » L'autocrate voyageur se mordit les lèvres en me regardant. Le cortége recommença de marcher et la danse continua.

J'ai été ébloui de l'éclat de la grande galerie, elle est aujourd'hui entièrement dorée, elle n'était que peinte en blanc avant l'incendie. Ce désastre a servi le goût qu'a l'Empereur pour les magnificences... royales... ce mot ne dit pas assez : *divines* approcherait davantage de l'idée que le pouvoir souverain se fait de lui-même en Russie.

Les ambassadeurs de l'Europe entière avaient été invités là pour admirer les merveilleux résultats de ce gouvernement d'autant plus amèrement critiqué par le vulgaire, qu'il est plus envié, plus admiré des hommes politiques, esprits essentiellement pratiques, et qui doivent être frappés d'abord de la simplicité des rouages du despotisme. Un palais, l'un des plus grands du monde, rebâti en un an ; quel sujet d'admiration pour des hommes habitués à respirer l'air des cours !

Jamais les grandes choses ne s'obtiennent sans de grands sacrifices ; l'unité du commandement, la force, l'autorité, la puissance militaire s'achètent ici par l'absence de la liberté, tandis que la liberté politique et la richesse industrielle ont coûté à la France son antique esprit chevaleresque et cette vieille délicatesse de sentiment qu'on appelait autrefois l'honneur national. Cet honneur est remplacé par d'autres vertus moins patriotiques mais plus universelles, par l'humanité, par la religion, par la charité. Tout le monde convient qu'en France aujourd'hui il y a plus de religion qu'au temps où le clergé était tout-puissant. Vouloir conserver des avantages qui s'excluent, c'est perdre ceux qui sont propres à chaque situation. Voilà ce qu'on ne veut pas reconnaître chez nous où l'on s'expose à tout détruire en voulant tout garder. Chaque [illegible] à des nécessités qu'il doit accepter et respecter sous peine d'anéantissement.

Nous voulons être commerçants comme les Anglais, libres comme les Américains, inconséquents comme les Polonais du temps de leurs diètes, conquérants comme les Russes : ce qui équivaut à n'être rien. Le bon sens d'une nation consiste à pressentir d'abord, puis à choisir son but selon son génie, et à ne reculer devant aucun des sacrifices nécessaires pour atteindre ce but indiqué par la nature et par l'histoire. C'est là ce qui fait la force de l'Angleterre.

La France manque de bon sens dans les idées, et de modération dans les désirs.

Elle est généreuse, elle est même résignée, mais elle ne sait pas [illegible] et diriger ses forces. Elle va au hasard [illegible] de Fénelon, on n'a fait que parler politique, il est encore à point [illegible] hommes [illegible] le mal et qui le déplorent [illegible] dans ses passions, et par conséquent personne ne le [illegible] car les passions ne persuadent que ceux qui les ont.

Pourtant, c'est encore à Paris qu'on mène la plus douce vie [illegible] à Pétersbourg, une femme de [illegible] au surplus le plaisir n'est pas le but de l'existence [illegible] n'est pas même pour les individus, à plus forte raison [illegible] pas pour les nations.

Ce qui m'a paru plus admirable encore que la salle de danse du palais d'hiver toute dorée qu'elle est, c'est la galerie où fut servi le souper. Elle n'est pas entièrement terminée, mais ce soir, les lustres [illegible] destinés à éclairer provisoirement la nef royale avaient une forme fantastique qui ne me déplaisait pas. Cette illumination improvisée pour le jour du mariage, ne répondait pas [illegible] à l'ameublement de ce palais magique, mais elle produisait la clarté du soleil ; c'est assez pour moi. Grâce aux progrès de l'industrie, on ne sait plus en France ce que c'est qu'une bougie, il me semble qu'il y a encore de véritables chandelles de cire en Russie. La table du souper était éclatante ; dans cette fête tout me semblait colossal, tout était innombrable, et je ne savais ce qui faisait admirer le plus de l'effet de l'ensemble ou de la grandeur et de la quantité des objets considérés séparément. Mille personnes étaient assises à la fois à cette table servie dans une seule salle.

Parmi ces mille personnes, plus ou moins brillantes d'or et de [illegible] le khan des Kirghises, que j'avais vu le matin [illegible] accompagné de son fils et de leur suite, par [illegible] la reine de Géorgie détrônée depuis trente [illegible] femme languissait sans honneur à la cour de ses [illegible] figure, ferait une profonde pitié, si elle ne ressemblait un peu trop à une figure échappée du cabinet de Curtius.

Son visage est basané comme celui d'un homme habitué aux fatigues des camps, et elle est habillée grotesquement. Nous nous laissons trop aisément aller à rire de l'infortune quand elle nous apparaît sous une forme déplaisante, le malheur ridicule perd ses droits. On voudrait que la captivité embellit, surtout une reine de Géorgie ; il n'en est pas ainsi, au contraire ; et le cœur devient bien vite injuste envers ce qui déplaît aux yeux. Cette manière de se dispenser de la pitié n'est pas généreuse ; mais, je l'avoue, je n'ai pu garder mon sérieux en voyant une tête royale coiffée d'une espèce de shako d'où pendait un voile fort singulier, le reste de la personne répondait à la coiffure, et tandis que toutes les dames de la cour étaient en robes à queue, cette reine d'Orient avait une jupe écourtée et toute surchargée de broderies. Elle faisait rire et elle faisait peur, tant il y avait de mauvais goût dans son ajustement, d'ennui et en même temps de courtisanerie dans sa physionomie, de laideur dans ses traits, de disgrâce dans sa personne. Encore une fois, on ne va pas si loin pour se croire obligé de plaindre des gens qui déplaisent.

L'habit national des dames russes à la cour est imposant et vieux de forme. Elles portent sur la tête une espèce de fortification d'une riche étoffe ; cette coiffure ressemble à la forme d'un chapeau d'homme dont on aurait diminué la hauteur et retranché le fond qui reste ouvert par-dessus pour laisser voir à nu le derrière de la tête. Ce diadème, haut de plusieurs pouces, encadre agréablement le visage sans le couvrir ; il est ordinairement brodé de pierres précieuses et placé au-dessus du front qu'il laisse à découvert. C'est un ornement ancien, il donne à toute la parure un air de noblesse et d'originalité qui sied à merveille aux belles personnes et qui enlaidit singulièrement les laides. Par malheur celles-ci sont en nombre à la cour de Russie, d'où l'on ne se retire guère qu'à la mort ; tant les vieilles gens ont d'attache pour les charges qu'elles y remplissent ! En général, je vous le répète, la beauté des femmes est rare à Pétersbourg, mais dans le grand monde, la grâce et le charme suppléent le plus souvent à la régularité des traits, à la [illegible] des formes. Il y a pourtant quelques Géorgiennes qui réunissent ces deux avantages. Ces astres brillent au milieu des femmes du Nord comme des étoiles dans la profonde obscurité des nuits méridionales. La forme de la robe de cour, avec ses longues manches et sa queue traînante, donne à toute la personne un aspect oriental qui rend l'ensemble d'un cercle fort imposant.

Un incident assez singulier m'a donné la mesure de la parfaite politesse de l'Empereur.

Pendant le bal, un maître des cérémonies avait indiqué à ceux des étrangers qui paraissaient pour la première fois à cette cour, la place qui leur était réservée à la table du souper. « Quand vous verrez le bal interrompu, nous avait-il dit à chacun, vous suivrez la foule jusque dans la galerie, là vous trouverez une grande table servie, et alors vous vous dirigerez vers la droite, où vous vous assiérez aux premières places que vous verrez libres. »

Il n'y avait qu'une seule et même table de mille couverts pour le corps diplomatique, les étrangers et toutes les personnes de la cour. Mais en entrant dans la salle se trouvait à droite et en avant une petite table ronde à huit places.

Un Genevois, jeune homme instruit et spirituel, avait été présenté le soir même, en uniforme de garde national, habit qui d'ordinaire n'est pas agréable aux yeux de l'Empereur ; néanmoins ce jeune Suisse paraissait parfaitement à son aise, soit suffisance naturelle, soit sagesse [illegible] simplicité de cœur, il semblait [illegible] l'entouraient ni à l'effet [illegible] sa parfaite sécurité que j'étais loin de partager. Nos manières, quoique fort différentes, eurent le même succès, l'Empereur nous traita également bien l'un et l'autre.

Une personne expérimentée et spirituelle m'avait recommandé d'un ton moitié sérieux, moitié railleur, d'avoir le regard respectueux et l'air timide, si je voulais plaire au maître. Ce conseil était bien superflu, car pour entrer dans la hutte d'un charbonnier et faire connaissance avec lui, j'éprouverais une sorte d'embarras physique, tant la sauvagerie m'est naturelle ! Ce n'est pas pour rien qu'on a du sang allemand ; j'eus donc tout naturellement la dose d'embarras et de réserve requise pour rassurer l'inquiète Majesté du Czar qui serait aussi grand qu'il le veut paraître s'il était moins préoccupé de l'idée qu'on va lui manquer de respect. Nouvelle preuve de la justesse de ma remarque qu'à cette cour on passe sa vie en répétitions générales ! Cette inquiétude de l'Empereur n'est pourtant pas toujours dominante. Voici un exemple de la dignité naturelle de ce prince.

Je vous ai dit que le Genevois, loin de partager ma modestie surannée, n'était rien moins qu'inquiet. Il est jeune, il a le prix de son temps, c'est tout simple ; aussi admirai-je avec une sorte d'envie son air d'assurance chaque fois que l'Empereur lui parlait.

L'affabilité de Sa Majesté fut bientôt mise par le jeune Suisse à une épreuve plus décisive. Au moment de passer dans la salle du festin, le républicain se dirigeant vers la droite, selon l'instruction qu'il avait reçue, alla d'abord attention à la petite table ronde et s'y

Paris. — Imprimerie Walder, rue Bonaparte, 44.

assit intrépidement tout seul de sa personne, car cette table était vide. Un moment après, la foule des convives étant placée, l'Empereur, suivi de quelques officiers de son étroite intimité, vient s'asseoir à la même table ronde en face du bienheureux garde national de Genève. Je dois vous dire que l'Impératrice n'était pas à cette petite table. Le voyageur reste à sa place avec l'imperturbable sécurité que j'avais déjà tant admirée en lui, et qui dans cette circonstance devenait une grâce d'État.

Une place manquait, car l'Empereur ne s'était pas attendu à ce neuvième convive. Mais avec une politesse dont l'élégance parfaite équivaut à la délicatesse d'un bon cœur, il ordonna tout bas à un homme de service d'apporter une chaise et un couvert de plus ; ce qui fut exécuté sans bruit et sans trouble.

Placé à l'une des extrémités de la grande table, je me trouvais très-près de celle de l'Empereur, dont le mouvement ne put m'échapper, ni par conséquent échapper à celui qui en était l'objet. Mais ce bienheureux jeune homme, loin de se troubler en s'apercevant qu'il s'était mis là contre l'intention du maître, soutint imperturbablement la conversation du souper avec ses deux plus proches voisins. Je me disais : Il a peut-être du tact, il ne veut pas faire événement, et sans doute il n'attend que le moment où se lèvera l'Empereur pour aller à lui et pour lui adresser un mot d'explication. Point du tout... A peine le souper fini, mon homme, loin de s'excuser, semble trouver tout naturel l'honneur qu'il vient de recevoir. Le soir, en rentrant chez lui, il aura mis tout bonnement sur son journal « souper avec l'Empereur. » Néanmoins, Sa Majesté abrégea le plaisir, et, se levant avant les personnes placées à la grande table, elle se mit à se promener derrière nous, tout en exigeant qu'on restât assis. Le grand-duc héritier accompagnait son père : j'ai vu ce jeune prince s'arrêter debout derrière la chaise d'un grand seigneur anglais, le marquis ***, et plaisanter avec le jeune lord ***, fils de ce même marquis. Ces étrangers, restant assis comme tout le monde devant le prince et devant l'Empereur, leur répondaient le dos tourné et continuaient de manger.

Cet échantillon de la politesse anglaise vous prouve que l'empereur de Russie a plus de simplicité dans les manières que n'en ont bien des particuliers maîtres de maison.

Je ne m'attendais guère à éprouver dans ce bal un plaisir tout à fait étranger aux personnes et aux objets qui m'entouraient ; je veux parler de l'impression que m'ont toujours causée les grands phénomènes de la nature. La température du jour s'était élevée à 30 degrés, et, malgré la fraîcheur du soir, l'atmosphère du palais pendant la fête était étouffante. En sortant de table, je me réfugiai au plus vite dans l'embrasure d'une fenêtre ouverte. Là, complétement distrait de ce qui m'environnait, je fus tout à coup saisi d'admiration à la vue d'un de ces effets de lumière dont on ne jouit que dans le Nord et pendant la magique clarté des nuits du pôle. Plusieurs étages de nuages orageux très-noirs, très-lourds, partageaient le ciel par zones, il était minuit et demi, les nuits qui recommencent pour Pétersbourg sont encore si courtes qu'à peine a-t-on le temps de les remarquer ; à cette heure, l'aube du jour apparaissait déjà dans la direction d'Archangel ; le vent de terre était tombé, et dans les intervalles qui séparaient les bandes de nuages immobiles, on voyait le fond du ciel semblable, tant le blanc en était vif et brillant, à des lames d'argent séparées par de massives guirlandes de broderie. Cette lumière se réfléchissait sur la Néva sans courant, car le golfe encore agité par l'orage du jour, repoussait l'eau dans le lit du fleuve et donnait à la vaste nappe de cette rivière endormie l'apparence d'une mer de lait ou d'un lac de nacre.

La plus grande partie de Pétersbourg avec ses quais et les aiguilles de ses chapelles s'étendait devant mes yeux. C'était une véritable composition de Breughel de Velours. Les teintes de ce tableau ne peuvent se rendre par des paroles. L'église de Saint-Nicolas, avec ses pavillons pour clochers, se détachait en bleu de lapis sur un ciel blanc ; les restes d'une illumination éteinte par l'aurore brillaient encore sous le portique de la Bourse, monument grec, qui termine avec une pompe théâtrale une des îles de la Néva, dans l'endroit où le fleuve se partage en deux bras principaux ; les colonnes éclairées du monument, dont le mauvais style disparaissait à cette heure et à cette distance, se répétaient dans l'eau du fleuve blanc où elles dessinaient un fronton et un péristyle d'or renversés ; tout le reste de la ville était d'un bleu cru comme le lointain des paysages des vieux peintres ; ce tableau fantastique, peint sur un fond d'outremer, encadré par une fenêtre dorée, contrastait d'une manière tout à fait surnaturelle avec la lumière des lustres et la pompe de l'intérieur du palais. On eût dit que la ville, le ciel, la mer, que la nature entière voulaient concourir aux splendeurs de cette cour et solenniser la fête donnée à sa fille par le souverain de ces immenses régions. L'aspect du ciel avait quelque chose de si étonnant qu'avec un peu d'imagination on aurait pu croire que des déserts de la Laponie à la Crimée, du Caucase et de la Vistule au Kamtschatka, le roi du ciel répondait par quelque signe à l'appel du roi de la terre. Le ciel du Nord est riche en présages. Tout cela était extraordinaire et même beau.

J'étais absorbé dans une contemplation de plus en plus profonde, lorsque je fus réveillé par une voix de femme douce et pénétrante. « Que faites-vous donc là ? me dit-elle. — Madame, j'admire ; je ne sais faire que cela aujourd'hui. »

C'était l'Impératrice. Elle se trouvait seule avec moi dans l'embrasure de cette fenêtre qui ressemblait à un pavillon ouvert sur la Néva. « Moi, j'étouffe, reprit Sa Majesté, c'est moins poétique ; mais vous avez bien raison d'admirer ce tableau, car il est magnifique. » Elle se mit à regarder avec moi :

« Je suis sûre, ajouta-t-elle, que vous et moi nous sommes les seuls ici à remarquer cet effet de lumière.

— Tout ce que je vois est nouveau pour moi, Madame, et je ne me consolerai jamais de n'être pas venu en Russie dans ma jeunesse.

— On est toujours jeune de cœur et d'imagination. » Je n'osais répondre, car l'Impératrice, aussi bien que moi, n'a plus que cette jeunesse-là, et c'est ce que je ne voulais pas lui faire sentir ; elle ne m'aurait pas laissé le temps et je n'aurais pas eu la hardiesse de lui dire combien elle a de dédommagements pour se consoler de la marche du temps. En s'éloignant elle me dit avec la grâce qui la distingue essentiellement : « Je me souviendrai d'avoir souffert et admiré avec vous. » Puis elle ajouta : « Je ne pars pas encore, nous nous reverrons ce soir. »

Je suis lié intimement avec une famille polonaise qui est celle de la femme qu'elle aime le mieux. La baronne ***, née comtesse ***, cette dame élevée en Prusse avec la fille du Roi, a suivi la princesse en Russie et ne l'a jamais quittée ; elle s'est mariée à Pétersbourg, où elle n'a d'autre état que celui d'amie de l'Impératrice. Une telle constance de sentiment les honore tous deux. La baronne *** aura dit du bien de moi à l'Empereur et à l'Impératrice, et ma timidité naturelle, flatterie d'autant plus fine qu'elle est involontaire, a complété mon succès.

En sortant de la salle du souper pour passer dans la galerie du bal, je m'approchai encore d'une fenêtre. Elle ouvrait sur la cour intérieure du palais ; j'eus là un spectacle d'un tout autre genre, mais aussi peu attendu, aussi surprenant que le lever de l'aurore dans le beau ciel de Pétersbourg. C'est la vue de la grande cour du palais d'hiver ; elle est carrée comme celle du Louvre. Pendant le bal, peu à peu, toute cette enceinte s'était remplie de peuple ; les lueurs du crépuscule devenaient de plus en plus distinctes, le jour paraissait ; en voyant cette foule muette d'admiration, ce peuple immobile, silencieux, et pour ainsi dire fasciné par les splendeurs du palais de son maître, humant avec un respect timide, avec une sorte de joie animale les émanations du royal festin, j'éprouvai une impression de plaisir. Enfin j'avais trouvé de la foule en Russie ; je ne voyais là-bas que des hommes ; pas un pouce de terrain ne paraissait, tant la presse était grande. Néanmoins dans les pays despotiques tous les divertissements du peuple me paraissent suspects quand ils concourent à ceux du prince ; la crainte et la flatterie des petits, l'orgueil et l'hypocrite générosité des grands, sont les seuls sentiments que je crois réels entre des hommes qui vivent sous le régime de l'autocratie.

Au milieu des fêtes de Pétersbourg, je ne puis oublier le voyage en Crimée de l'impératrice Catherine et les façades de villages figurées de distance en distance en planches et en toiles peintes, à un quart de lieue de la route, pour faire croire à la souveraine triomphante que le désert s'était peuplé sous son règne. Des préoccupations semblables possèdent encore les esprits russes ; chacun masque le mal et figure le bien aux yeux du maître. C'est une permanente conjuration de sourires conspirant contre la vérité en faveur du contentement d'esprit de celui qui est censé vouloir et agir pour le bien de tous ; l'Empereur est le seul homme de l'Empire qui soit vivant ; car manger ce n'est pas vivre....

Il faut convenir pourtant que ce peuple restait là presque volontairement ; rien ne me semblait le forcer à venir sous les fenêtres de l'Empereur pour sembler s'amuser ; il s'amusait donc, mais du seul plaisir de ses maîtres ; il s'amusait *moult tristement*, comme dit Froissart. Toutefois les coiffures des femmes du peuple, les belles robes de drap et les éclatantes ceintures de laine ou de soie des hommes vêtus à la russe, c'est-à-dire à la persane, la diversité des couleurs, l'immobilité des personnes me faisaient l'illusion d'un immense tapis de Turquie jeté d'un bout de la cour à l'autre par ordre du magicien qui préside ici à tous les miracles. Un parterre de têtes, tel était le plus bel ornement du palais de l'Empereur pendant la première nuit des noces de sa fille ; ce prince pensait là-dessus comme moi, car il fit remarquer complaisamment aux étrangers cette foule sans acclamations, qui témoignait par sa présence seule de la part qu'elle prenait au bonheur de ses maîtres. C'était l'ombre d'un peuple à genoux devant des dieux invisibles. Leurs Majestés sont les divinités de cet Élysée dont les habitants, pliés à la résignation, se forgent une félicité admirative toute composée de privations et de sacrifices.

Je m'aperçois que je parle ici comme les radicaux parlent à Paris : démocrate en Russie, je n'en suis pas moins, en France, un aristocrate obstiné ; c'est qu'un paysan des environs de Paris, un petit bourgeois de chez nous est plus libre que ne l'est un seigneur en Russie. Il faut voyager pour apprendre à quel point le cœur humain est sujet aux effets d'optique. Cette expérience confirme l'observation de madame de Staël, qui disait qu'en France « on est toujours ou le jacobin ou l'ultra de quelqu'un. »

Je suis rentré chez moi étourdi de la grandeur et de la magnificence de l'Empereur, et plus étonné encore de la généreuse admiration du peuple pour des biens qu'il n'a pas, qu'il n'aura jamais et qu'il n'ose même pas regretter. Si je ne voyais tous les jours combien la liberté enfante d'ambitieux égoïstes, j'aurais peine à croire que le despotisme pût faire tant de philosophes désintéressés.

LETTRE DOUZIÈME.

SOMMAIRE. — Note. — Agitation de la vie à Pétersbourg. — L'Empereur vraiment Russe. — L'impératrice : son affabilité. — Importance qu'on attache en Russie à l'opinion des étrangers. — Comparaison de Paris et de Pétersbourg. — Définition de la politesse. — Fête au palais Michel. — La grande-duchesse Hélène. — Sa conversation. — Éclat des bals où les hommes sont en uniforme. — Illumination magnifique. — Verdure éclairée. — Musique [illegible] — Bosquet dans une galerie. — Jet d'eau dans la salle de bal. — Plantes exotiques. — Décoration tout en glaces. — Salle de danse. — Asile préparé pour l'impératrice. — Résultat de la démocratie. — Ce qu'on prend pour nos neveux. — Conversation intéressante avec l'Empereur. — Tour de son esprit. — La Russie expliquée. — Travaux qu'il entreprend au Kremlin. — Sa délicatesse. — Anecdote placée en note. — Politesse anglaise. — Le bal de l'impératrice pour la famille D***. — Portrait d'un Français. — M. de Barante. — Le grand chambellan. — Inadvertance d'un de ses subordonnés. — Dure réprimande de l'Empereur. — Difficulté qu'on trouve à voir les choses en Russie.

NOTE.

La lettre qu'on va lire a été portée de Pétersbourg à Paris par une personne sûre, et l'ami à qui elle était adressée me l'a conservée à cause de quelques détails qui lui ont paru curieux. Si le ton est plus louangeur que celui des lettres que je gardais, c'est parce qu'une trop grande sincérité aurait pu, en certaine occurrence, compromettre la personne obligeante qui m'avait offert de me servir de courrier. Je me suis donc cru obligé dans cette lettre, mais seulement dans celle-ci, d'outrer le bien et d'atténuer le mal : si je crois devoir faire cet aveu, c'est parce que le moindre déguisement serait une faute dans un ouvrage dont le prix tient uniquement à l'exactitude scrupuleuse de l'écrivain. La fiction gâte le récit d'un voyage, par la même raison qu'un fait réel encadré et par conséquent plus ou moins dénaturé dans une œuvre d'imagination, la dépare.

Je désire donc que cette lettre soit lue avec un peu plus de précaution que les autres, et surtout qu'on n'en passe pas les notes qui lui servent de correctif.

Pétersbourg, ce 19 juillet 1839.

Le croiriez-vous? il y a cinq jours que j'ai reçu votre lettre du 1er juillet, et, sans exagération, je n'ai pas eu le temps d'y répondre. Je n'aurais pu le prendre que sur mes nuits; mais avec les mortelles chaleurs de Laponie qui nous accablent, ne pas dormir serait dangereux.

Il faut être Russe et même Empereur pour résister à la fatigue de la vie de Pétersbourg en ce moment : le soir, des fêtes telles qu'on n'en voit qu'en Russie, le matin des félicitations de cour, des cérémonies, des réceptions ou bien des solennités publiques, des parades sur mer et sur terre; un vaisseau de 120 canons lancé dans la Néva devant toute la cour doublée de toute la ville : voilà ce qui absorbe mes forces et occupe ma curiosité. Avec des jours ainsi remplis, la correspondance devient impossible.

Quand je vous dis que la ville et la cour réunies ont vu lancer un vaisseau dans la Néva, le plus grand vaisseau qu'elle ait porté, ne vous figurez pas pour cela qu'il y eût foule à cette fête navale, les quatre ou cinq cent mille hommes qui habitent Pétersbourg sans le peupler se perdent dans la vaste enceinte de cette ville immense dont le cœur est de granit et d'airain, le corps de plâtre et de mortier, et dont les extrémités sont de bois peint et de planches pourries. Ces planches sont plantées en guise de murailles autour d'un marais désert (1). Colosse aux pieds d'argile, cette ville d'une magnificence fabuleuse ne ressemble à aucune des capitales du monde civilisé, quoique pour la bâtir on les ait copiées toutes; mais l'homme a beau aller chercher ses modèles au bout du monde, le sol et le climat sont ses maîtres, ils le forcent à faire du nouveau, même quand il ne voudrait que reproduire l'antique.

J'ai vu le congrès de Vienne, mais je ne me souviens d'aucune réunion comparable pour la richesse des pierreries, des habits, pour la variété, le luxe des uniformes, ni pour la grandeur et l'ordonnance de l'ensemble, à la fête donnée par l'Empereur le soir du mariage de sa fille, dans ce même palais d'hiver brûlé il y a un an, et qui renaît de ses cendres à la voix d'un seul homme.

Pierre le Grand n'est pas mort. Sa force morale vit toujours, agit toujours : Nicolas est le seul souverain russe qu'ait eu la Russie depuis le fondateur de sa capitale.

Vers la fin de la soirée donnée à la cour pour célébrer les noces de la grande-duchesse Marie, comme je me tenais à l'écart sc mon u age, l'impératrice, qui m'avait adressé déjà quelques m gracieux dans l'embrasure d'une fenêtre, m'a fait chercher d tout le bal pendant un quart d'heure par des officiers de service ne me trouvaient pas. J'étais absorbé par la beauté du ciel, et j'a mirais la nuit, appuyé contre cette même fenêtre où l'impérat m'avait laissé. Depuis le souper je n'avais quitté cette place qu' instant pour me trouver sur le passage de Leurs Majestés; m n'ayant pas été aperçu j'étais retourné dans l'espèce de tribune d' je contemplais à loisir le poétique spectacle d'un lever de soleil une grande ville pendant un bal de cour. Les officiers qui me che chaient par ordre m'aperçurent enfin dans ma cachette, et se hâ rent de me mener près de l'impératrice qui m'attendait. Elle eut bonté de me dire devant toute la cour : « Monsieur de Custine, il a bien longtemps que je vous demande, pourquoi me fuyez-vous?

— Madame, je me suis placé deux fois sur le passage de Vo Majesté, elle ne m'a pas vu.

— C'est votre faute, car je vous cherchais depuis que je suis re trée dans la salle de bal. Je tiens à ce que vous voyiez ici tout choses en détail, afin que vous emportiez de la Russie une opinio qui puisse rectifier celle des sots et des méchants

— Madame, je suis loin de m'attribuer ce pouvoir ; mais si m impressions étaient communicatives, bientôt la France regarder la Russie comme le pays des fées.

— Il ne faut pas vous en tenir aux apparences, vous devez jug du fond des choses, car vous avez tout ce qu'il faut pour cela. Adie je ne voulais que vous dire bonsoir, la chaleur me fatigue ; n'oubli pas de vous faire montrer dans le plus grand détail mes nouveau appartements, ils ont été refaits sur les idées de l'Empereur. Je do nerai des ordres pour qu'on vous fasse tout voir. »

En sortant elle me laissa l'objet de la curiosité générale et de l bienveillance apparente des assistants.

Cette vie de la cour est si nouvelle pour moi qu'elle m'amuse c'est un voyage dans l'ancien temps; je me crois à Versailles et re culé d'un siècle. La politesse magnifique est ici le naturel; vou voyez combien Pétersbourg est loin de notre pays actuel. Il y a d luxe à Paris, de la richesse, de l'élégance même; mais il n'y a plu ni grandeur ni urbanité : depuis la première révolution nous habi tons un pays conquis où les spoliateurs et les spoliés se sont abrité ensemble comme ils ont pu. Pour être poli, il faut avoir quelqu chose à donner : la politesse est l'art de faire aux autres les hon neurs des avantages qu'on possède : de son esprit, de ses richesse de son rang, de son crédit et de tout autre moyen de plaisir : êtr poli, c'est savoir offrir et accepter avec grâce ; mais quand personn n'a rien d'assuré, personne ne peut rien donner. En France, au jourd'hui rien ne s'échange de gré à gré, tout s'arrache à l'intérêt à l'ambition ou à la peur; l'esprit n'a de valeur chez nous que d'aprè le parti qu'on en peut tirer, et la conversation même tombe à plat dè qu'un secret calcul ne l'anime pas.

La sécurité dans les conditions est la première base de l'urbanit dans les rapports de la société et la source des saillies de l'espri dans la conversation.

A peine reposés du bal de la cour, nous avons eu hier une autre fête au palais Michel, chez la grande-duchesse Hélène, belle-sœur de l'Empereur, femme du grand-duc Michel et fille du prince Paul de Wurtemberg qui habite Paris. Elle passe pour l'une des personnes les plus distinguées de l'Europe, sa conversation est extrêmement intéressante. J'ai eu l'honneur de lui être présenté avant le bal : dans ce premier moment elle ne m'a dit qu'un mot, mais pendant la soirée elle m'a donné plusieurs fois l'occasion de causer avec elle. Voici ce que j'ai retenu de ses gracieuses paroles :

« On m'a dit que vous aviez à Paris et à la campagne une société fort agréable.

— Oui, Madame, j'aime les personnes d'esprit, et leur conversation est mon plus grand plaisir; mais j'étais loin de penser que Votre Altesse Impériale pût savoir ce détail.

— Nous connaissons Paris et nous savons qu'il s'y trouve peu de gens qui comprennent bien le temps actuel, tout en conservant le souvenir du temps passé. C'est sans doute de ces esprits-là qu'on rencontre chez vous. Nous aimons par leurs ouvrages plusieurs des personnes que vous voyez habituellement, surtout madame Gay et sa fille, madame de Girardin.

— Ces dames sont bien spirituelles et bien distinguées; j'ai le bonheur d'être leur ami.

— Vous avez là pour amis des esprits fort supérieurs. »

Rien n'est si rare que de se croire obligé d'être modeste pour les autres, c'est pourtant une nuance de sentiment que j'éprouvais en ce moment. Vous me direz que de toutes les modesties c'est celle qui coûte le moins à manifester. Égayez-vous là-dessus tant qu'il vous plaira, il n'en est pas moins vrai qu'il me semblait que j'aurais manqué de délicatesse en livrant trop crûment mes amis à une admiration dont mon amour-propre eût profité. A Paris, j'aurais dit tout net ce que je pensais ; à Pétersbourg, je craignais d'avoir l'air de me faire valoir moi-même sous prétexte de rendre justice aux autres. La grande-duchesse insista

(1) Les quais de la Néva sont de granit, la coupole de Saint-Isaac est de cuivre le palais d'hiver, la colonne d'Alexandre sont de belle pierre, de marbre et de granit, la statue de Pierre Ier est d'airain.

« Nous lisons, dit-elle, avec grand plaisir les livres de madame Gay; que vous en semble?

— Il me semble, Madame, qu'on y retrouve la société d'autrefois peinte par une personne qui la comprend.

— Pourquoi madame de Girardin n'écrit-elle plus?

— Madame de Girardin est poëte, Madame, et pour un poëte, se taire c'est travailler.

— J'espère que telle est la cause de son silence, car avec cet esprit d'observation et ce beau talent poétique il serait dommage qu'elle ne fît plus que des ouvrages éphémères (1). »

Dans cet entretien, je devais m'imposer la loi de ne faire qu'écouter et répondre; mais je m'attendais à ce que d'autres noms prononcés par la grande-duchesse vinssent encore flatter mon orgueil patriotique et mettre ma réserve d'ami à de nouvelles épreuves.

Mon attente fut trompée; la grande-duchesse, qui passe sa vie dans le pays du tact par excellence, sait mieux que moi sans doute ce qu'il faut dire et ce qu'il faut taire; craignant également la signification de mes paroles et celle de mon silence, elle ne prononça pas un mot de plus sur notre littérature contemporaine.

Il est certain nom dont le son seul troublerait l'égalité d'âme et l'uniformité de pensée imposée despotiquement à tout ce qui veut vivre à la cour de Russie.

Voilà ce que je vous prie d'aller dire à mesdames Gay et de Girardin : je n'ai pas la force de recommencer ce récit dans une autre lettre, ni matériellement le temps d'écrire à personne. Mais, une fois pour toutes, je veux vous décrire les fêtes magiques auxquelles j'assiste ici chaque soir.

Chez nous, les bals sont déparés par le triste habit des hommes, tandis que les uniformes variés et brillants des officiers russes donnent un éclat particulier aux salons de Pétersbourg. En Russie, la magnificence de la parure des femmes se trouve en accord avec l'or des habits militaires, et les danseurs n'ont pas l'air d'être les clercs de procureur de leurs danseuses.

La façade extérieure du palais Michel, du côté du jardin, est ornée dans toute sa longueur d'un portique à l'italienne. Hier, on avait profité d'une chaleur de 26 degrés pour illuminer les entre-colonnements de cette galerie extérieure par des groupes de lampions d'un effet original. Ces lampions étaient de papier, et ils avaient la forme de tulipes, de lyres, de vases... C'était élégant et nouveau.

À chaque fête que donne la grande-duchesse Hélène, elle imagine, m'a-t-on dit, quelque chose d'inconnu ailleurs; une telle réputation doit lui peser, car elle est difficile à soutenir. Aussi cette princesse si belle, si spirituelle, et qui est célèbre en Europe par la grâce de ses manières et l'intérêt de sa conversation, m'a-t-elle paru moins naturelle et plus contrainte que les autres femmes de la famille impériale. C'est un lourd fardeau à porter dans une cour que le renom d'une femme bel esprit. Celle-ci est une personne élégante, distinguée, mais elle a l'air de s'ennuyer : peut-être eût-elle vécu plus heureuse, si, née avec du bon sens, peu d'esprit et point d'instruction, elle fût restée une princesse allemande renfermée dans le cercle monotone des événements d'une petite souveraineté. L'obligation de faire les honneurs de la littérature française à la cour de l'empereur Nicolas m'épouvante pour la grande-duchesse Hélène.

La lumière des groupes de lampions se reflétait d'une manière pittoresque sur les colonnes du palais et jusque sur les arbres du jardin; il était rempli de peuple. Dans les fêtes de Pétersbourg, le peuple sert d'ornement, comme une collection de plantes rares embellit une serre chaude. Du fond des massifs plusieurs orchestres exécutaient des symphonies militaires et se répondaient au loin avec une harmonie admirable. Des groupes d'arbres illuminés à feux couverts produisaient un effet charmant : rien n'est fantastique comme la verdure éclairée pendant une belle nuit.

L'intérieur de la grande galerie où l'on dansait était tapissé avec un luxe merveilleux; quinze cents caisses et pots de fleurs des plus rares formaient un bosquet odorant. On voyait à l'une des extrémités de la salle, au plus épais d'un taillis de plantes exotiques, un bassin d'eau fraîche et limpide d'où jaillissait une gerbe sans cesse renaissante. Ces jets d'eau, éclairés par des faisceaux de bougies, brillaient comme une poussière de diamants et rafraîchissaient l'air toujours agité par d'énormes branches de palmiers humides de pluie et de bananiers luisants de rosée, dont le vent de la valse secouait les perles sur la mousse du bosquet odorant. On aurait dit que toutes ces plantes étrangères, dont la racine était cachée sous un tapis de verdure, croissaient là dans leur terrain, et que le cortége des danseuses et des danseurs du Nord se promenait par enchantement sous les forêts des tropiques. Je croyais rêver. Ce n'était pas seulement du luxe, c'était de la poésie. L'éclat de cette magique galerie était centuplé par une profusion de glaces que je n'avais encore vue nulle part. Les fenêtres donnant sur le portique dont je vous ai décrit l'ingénieuse illumination, restaient ouvertes à cause de la chaleur excessive de cette nuit d'été; mais, hors celles qui servaient d'issues, toutes les baies étaient cachées par d'énormes écrans dorés, à glaces d'un seul morceau, et le pied des écrans disparaissait dans des corbeilles de fleurs; les dimensions de ces miroirs encadrés de dorures et rehaussés d'un nombre immense de bougies, m'ont paru prodigieuses. On croyait voir les portes d'un palais de fées. Ces glaces s'adaptaient comme des pièces de marqueterie à l'embrasure de la croisée qu'elles étaient destinées à dissimuler : c'étaient des rideaux de diamant brodés d'or. Remarquez que la hauteur de la galerie est considérable, et que les jours dont elle est percée sont extrêmement larges. Les glaces remplissaient ces ouvertures sans toutefois intercepter entièrement l'air, car on avait laissé entre les écrans et les châssis ouverts un intervalle de plusieurs pouces, qui ne paraissait pas et qui suffisait cependant pour rafraîchir la température. Sur le panneau opposé à la galerie du jardin, on avait également appliqué des glaces à cadres dorés, de même grandeur que celles des croisées correspondantes. Cette salle est longue comme la moitié du palais. Vous pouvez vous figurer l'effet d'une telle magnificence. On ne savait où l'on était; les limites avaient disparu, tout devenait espace, lumière, dorure, fleurs, reflet, illusion : le mouvement de la foule et la foule elle-même se multipliaient à l'infini. Chacun des acteurs de cette scène en valait cent, tant les glaces produisaient d'effet. Ce palais de cristal sans ombres est fait pour une fête; il me semblait que le bal fini, la salle allait disparaître ainsi que les danseurs. Je n'ai rien vu de plus beau, mais le bal ressemblait à d'autres bals et ne répondait pas à la décoration extraordinaire de l'édifice. Je m'étonnais que ce peuple de danseurs n'imaginât pas quelque chose de nouveau à jouer sur un théâtre si différent de tous les lieux où l'on a coutume de danser et de s'ennuyer, sous prétexte de se réjouir. J'aurais voulu voir là des quadrilles, des surprises, des apparitions, des ballets, des théâtres mobiles. Il me semble qu'au moyen âge l'imagination avait plus de part aux divertissements de cour. Je n'ai vu danser au palais Michel que des polonaises, des valses et de ces contredanses dégénérées qu'on appelle des quadrilles dans le français-russe; même les masourkes qu'on danse à Pétersbourg sont moins gaies et moins gracieuses que les vraies danses de Varsovie. La gravité russe ne pourrait s'accommoder de la vivacité, de la verve et de l'abandon des danses vraiment polonaises.

Sous les ombrages parfumés de la galerie que je vous ai décrite, l'Impératrice venait se reposer après chaque polonaise; elle trouvait là un abri contre la chaleur du jardin illuminé, dont l'air, pendant cette orageuse nuit d'été, était tout aussi étouffant que celui de l'intérieur du palais.

Dans cette fête, j'ai eu le loisir de comparer les deux pays, et mes observations n'étaient pas à l'avantage de la France. La démocratie doit nuire à l'ordonnance d'une grande assemblée; la fête du palais Michel s'embellissait de tous les hommages, de tous les soins dont la souveraine était l'objet. Il faut une reine aux divertissements élégants, mais l'égalité a tant d'autres avantages qu'on peut bien lui sacrifier le luxe des plaisirs; c'est ce que nous faisons en France avec un désintéressement méritoire; seulement je crains que nos arrière-neveux n'aient changé d'avis quand le temps sera venu de jouir des perfectionnements préparés pour eux par des grands-pères trop généreux. Qui sait alors si ces générations, détrompées, ne diront pas en parlant de nous : « Séduits par une éloquence fausse, ils furent vaguement fanatiques et nous ont rendus positivement misérables (1)? »

Quoi qu'il en puisse être de cet avenir américain tant promis à l'Europe, je ne saurais assez vous faire admirer la fête du palais Michel. Admirez donc de toutes vos forces, et ce que je vous décris et ce que je ne puis vous peindre.

Avant l'heure du souper l'Impératrice, assise sous son dais de verdure exotique, me fit signe de m'approcher d'elle : à peine avais-je obéi que l'Empereur vint près du bassin magique, dont la gerbe d'eau jaillissante nous éclairait de ses diamants en nous rafraîchissant de ses émanations embaumées. Il me prit par la main pour me mener à quelques pas du fauteuil de sa femme, et là il voulut bien causer avec moi plus d'un quart d'heure sur des choses intéressantes : car ce prince ne vous parle pas comme beaucoup d'autres princes, seulement pour qu'on voie qu'il vous parle.

Il me dit d'abord quelques mots sur la belle ordonnance de la fête. Je lui répondis « qu'avec une vie aussi active que la sienne, je m'étonnais qu'il pût trouver du temps pour tout, et même pour partager les plaisirs de la foule.

— Heureusement, reprit-il, que la machine administrative est fort simple dans mon pays : car avec des distances qui rendent tout difficile, si la forme du gouvernement était compliquée, la tête d'un homme n'y suffirait pas. »

J'étais surpris et flatté de ce ton de franchise; l'Empereur, qui, mieux que personne, entend ce qu'on ne lui dit pas, continua en répondant à ma pensée : « Si je vous parle de la sorte, c'est parce que je sais que vous pouvez me comprendre : nous continuons l'œuvre de Pierre le Grand.

(1) Cette conversation est reproduite mot à mot.

(1) Les temps ont été abrégés, cette prédiction s'est vérifiée plus tôt que l'auteur n'avait pensé.

— Il n'est pas mort, Sire, son génie et sa volonté gouvernent encore la Russie. »

Quand on cause en public avec l'Empereur, un grand cercle de courtisans se forme à une distance respectueuse. De là, personne ne peut entendre ce que dit le maître sur lequel s'arrêtent cependant tous les regards.

Ce n'est pas le prince qui vous embarrasse quand il vous fait l'honneur de vous parler, c'est sa cour.

L'Empereur reprit : « Cette volonté est très-difficile à faire exécuter ; la soumission vous fait croire à l'uniformité chez nous : détrompez-vous ; il n'y a pas de pays où il y ait autant de diversité de races, de mœurs, de religion et d'esprit qu'en Russie. La variété demeure au fond, l'uniformité est à la superficie, et l'unité n'est qu'apparente. Vous voyez là près de nous vingt officiers : les deux premiers seuls sont Russes, les trois suivants sont des Polonais réconciliés, une partie des autres sont Allemands ; il y a jusqu'à des khans de Kirguises qui m'amènent leurs fils pour les faire élever parmi mes cadets : en voici un, » me dit-il en me montrant du doigt un petit singe chinois, dans son bizarre costume de velours tout chamarré d'or ; cet enfant de l'Asie était affublé d'un haut bonnet roide et pointu, à grands rebords arrondis et retroussés, semblable à la coiffure d'un escamoteur.

« Là, deux cent mille enfants sont élevés et instruits à mes frais avec cet enfant.

— Sire, tout se fait en grand en Russie : tout y est colossal.

— Trop colossal pour un homme.

— Quel homme fut jamais plus près de son peuple ?

— Vous parlez de Pierre le Grand ?

— Non, Sire.

— J'espère que vous ne vous bornerez pas à voir Pétersbourg : quel est votre plan de voyage dans mon pays ?

— Sire, je désire partir aussitôt après la fête de Péterhoff.

— Pour aller ?

— A Moscou et à Nijni.

— C'est bien ; mais vous vous y prenez trop tôt : vous quitterez Moscou avant mon arrivée, cependant j'aurais été bien aise de vous y voir.

— Sire, ce mot de Votre Majesté me fera changer de projet.

— Tant mieux, nous vous montrerons les nouveaux travaux que nous faisons au Kremlin. Mon but est de rendre l'architecture de ces vieux édifices plus conforme à l'usage qu'on en fait aujourd'hui ; le palais trop petit devenait incommode pour moi : vous assisterez aussi à une cérémonie curieuse dans la plaine de Borodino : j'y dois poser la première pierre d'un monument que je fais élever en commémoration de cette Bataille. »

Je gardais le silence, et sans doute l'expression de mon visage devint sérieuse. L'Empereur fixa ses yeux sur moi, puis il reprit d'un ton de bonté et avec une nuance de délicatesse et même de sensibilité qui me toucha : « Le spectacle des manœuvres *au moins* vous intéressera. — Sire, tout m'intéresse en Russie. »

J'ai vu le vieux marquis D***, qui n'a qu'une jambe, danser la polonaise avec l'Impératrice ; tout estropié qu'il est, il peut marcher cette danse qui n'est qu'une procession solennelle. Il est venu ici avec ses fils : ils voyagent vraiment en grands seigneurs : un yacht à eux les a portés de Londres jusqu'à Pétersbourg, où ils se sont fait envoyer des chevaux anglais et des voitures anglaises en grand nombre. Leurs équipages sont les plus élégants s'ils ne sont les plus riches de la Russie : on traite ici ces voyageurs avec une bienveillance marquée : ils vivent dans l'intimité de la famille impériale, le goût de la chasse et les souvenirs du voyage de l'Empereur à Londres, quand il était grand duc, ont établi entre lui et le marquis D*** cette espèce de familiarité qui me paraît devoir être plus agréable aux princes qu'aux particuliers devenus l'objet d'une telle faveur. Où l'amitié est impossible, l'intimité me semble gênante. On dirait quelquefois, à voir les manières des fils du marquis envers les personnes de la famille impériale, qu'ils pensent là-dessus comme moi. Si la franchise gagne les hommes de cour, où la louange se réfugiera-t-elle et la politesse avec elle (1) ?

Vous ne sauriez vous faire une idée de l'agitation de la vie que nous menons ici : le spectacle seul de tant de mouvement serait pour moi une fatigue.

Le jeune *** est à Pétersbourg, nous nous rencontrons partout, et avec plaisir : c'est le type du Français actuel, mais vraiment bien élevé. Il me paraît enchanté de tout ; ce contentement est si naturel qu'il est communicatif ; aussi je crois que ce jeune homme plaît autant qu'il veut plaire ; il voyage bien, il a de l'instruction, il recueille beaucoup de faits, qu'il suppute mieux qu'il ne les classe car à son âge on chiffre plus qu'on n'observe. Il est très-fort sur les dates, les mesures, les nombres et quelques autres données positives, ce qui fait que sa conversation m'intéresse et m'instruit. Mais quelle conversation variée que celle de notre ambassadeur ! Que d'esprit de trop pour les affaires, et combien la littérature le regretterait si le temps qu'il donne à la politique n'était encore une étude dont les lettres profiteront plus tard. Jamais homme ne fut mieux à sa place, et ne parut moins occupé de son rôle : de la capacité sans importance : voilà aujourd'hui, ce me semble, la condition du succès pour tout Français occupé d'affaires publiques. Personne, depuis la révolution de Juillet, n'a rempli aussi bien que M. de Barante la charge difficile d'ambassadeur de France à Pétersbourg.

Je joins ici le cérémonial observé pour toutes les fêtes du mariage de la grande-duchesse Marie. Cette lecture vous ennuiera comme celle de tout cérémonial. Mais il n'y a rien que de curieux dans un pays si éloigné du nôtre. La Russie est tellement inconnue chez nous, que les descriptions qu'on nous en fait nous intéressent toujours. La ressemblance de certaines choses m'étonne autant que la différence de certaines autres, et la comparaison entre deux pays séparés par une telle distance, et rapprochés par une influence mutuelle, ne peut manquer de piquer vivement la curiosité (1).

Le grand chambellan est mort avant le mariage.

Cette charge vient d'être donnée au comte Golowkin, ancien ambassadeur de Russie en Chine, où il n'a pu pénétrer. Ce seigneur, entré en fonction à l'occasion des fêtes du mariage, a moins d'expérience que n'en avait son prédécesseur. Un jeune chambellan, nommé par lui, vient d'encourir la colère de l'Empereur, et d'exposer son chef à une réprimande un peu sévère. C'était au bal de la grande-duchesse Hélène.

L'Empereur causait avec l'ambassadeur d'Autriche. Le jeune chambellan reçoit de la grande-duchesse Marie l'ordre d'aller inviter, de sa part, cet ambassadeur à danser avec elle. Dans son zèle, le pauvre débutant, rompant le cercle que je vous ai décrit, arrive intrépidement jusqu'à la personne de l'Empereur, pour dire devant Sa Majesté elle-même à l'ambassadeur d'Autriche : « Monsieur le comte, madame la duchesse de Leuchtenberg vous prie à danser pour la première polonaise. »

L'Empereur, choqué de l'ignorance du nouveau chambellan, lui dit très-haut : « Vous venez d'être nommé à votre charge, Monsieur, apprenez donc à la remplir : d'abord ma fille ne s'appelle pas la duchesse de Leuchtenberg, elle s'appelle la grande-duchesse Ma-

(1) Quelques jours après que cette lettre fut écrite, il se passa dans l'intérieur de la cour une petite scène qui fera connaître les manières des jeunes gens les plus à la mode aujourd'hui en Angleterre ; ceux-ci n'ont rien à reprocher ni à envier aux agréables les plus impolis de Paris : il y a loin de ce genre d'élégance brutale à la politesse des Buckingham, des Lauzun et des Richelieu. — L'Impératrice voulait donner un bal intime à cette famille près de quitter Pétersbourg. Elle commence par inviter elle-même le père qui danse si bien avec sa jambe de bois. « Madame, répond le vieux marquis ***, on m'a comblé à Pétersbourg, mais tant de plaisirs surpassent mes forces ; j'espère que Votre Majesté me permettra de prendre congé d'elle ce soir et de me retirer demain matin sur mon yacht pour retourner en Angleterre ; sans cela je mourrais de joie en Russie. — Eh bien, je renonce à vous, » reprend l'Impératrice, satisfaite de cette réponse polie, et digne de l'époque où le vieux lord est entré dans le monde ; puis se retournant vers les fils du marquis qui voulaient prolonger leur séjour à Pétersbourg : « Je compte au moins sur vous, » dit-elle à l'aîné. — « Madame, répond celui-ci, nous avons pour ce jour-là une partie de chasse aux élans. » L'Impératrice, qu'on dit fière, ne se décourage pas, et s'adressant au cadet : « Vous, du moins, vous me restez, » lui dit-elle. Le jeune homme, à bout d'excuses, ne sait que répondre ; mais dans son dépit il appelle son frère et lui dit tout haut : « C'est donc moi qui suis la victime ? » Cette anecdote a fait la joie de la cour.

(1) Cérémonial de la Célébration du Mariage de Son Altesse Impériale Madame la Grande-Duchesse MARIE NICOLAIEVNA avec Son Altesse Sérénissime Monseigneur le Duc MAXIMILIEN de LEUCHTENBERG, approuvé par Sa Majesté l'Empereur.

Le jour qui aura été choisi pour la cérémonie, une salve de cinq coups de canon, tirés des remparts de la forteresse de Saint-Pétersbourg, annoncera que dans cette journée devra avoir lieu la célébration du Mariage de Son Altesse Impériale Madame la Grande-Duchesse MARIE NICOLAIEVNA avec Son Altesse Sérénissime Monseigneur le Duc MAXIMILIEN de LEUCHTENBERG.

D'après les annonces qui auront été envoyées, les membres du Saint-Synode et du Haut Clergé, la Cour et les autres personnes de distinction des deux sexes, les Ambassadeurs et Ministres étrangers, les Généraux, les officiers de tout grade de la Garde et les officiers supérieurs des autres troupes, se réuniront au Palais d'hiver, à heures du matin, les Dames en costume russe et les cavaliers en grand uniforme.

Lorsque les Dames d'honneur, qui auront été appelées pour habiller l'Auguste Fiancée, sortiront des appartements intérieurs après avoir accompli cette fonction, un Maître des Cérémonies en avertira l'Auguste Fiancée, et l'accompagnera jusqu'aux appartements intérieurs.

Dans cette journée, l'Auguste Fiancée portera une couronne sur la tête, et par-dessus la robe un manteau de velours ponceau, doublé d'hermine, dont la longue traîne sera portée aux côtés par quatre Chambellans, et à l'extrémité par le dignitaire en fonctions d'Écuyer de Son Altesse Impériale.

Leurs Majestés l'Empereur et l'Impératrice se rendront des appartements intérieurs, à la chapelle du Palais, dans l'ordre suivant :

I. Les Fourriers de la Cour et les Fourriers de la Chambre Impériale ;

II. Les Maîtres des Cérémonies et le Grand-Maître des Cérémonies ;

III. Les Gentilshommes de la Chambre, les Chambellans et les Cavaliers de la Cour Impériale, marchant deux à deux, les moins anciens en avant ;

IV. Les Premières Charges de la Cour, deux à deux, les moins anciens en avant ;

V. Un Maréchal de la Cour avec son Bâton ;

VI. Le Grand-Chambellan et le Grand-Maréchal de la Cour avec son Bâton ;

VII. Leurs Majestés l'Empereur et l'Impératrice, suivis du Ministre de la Maison de l'Empereur, ainsi que des Aides de Camp Généraux et Aides de Camp de Sa Majesté Impériale, de service ;

VIII. Son Altesse Impériale Monseigneur le Césarévitch Grand-Duc Alexandre Nicolaievitch ;

IX. Leurs Altesses Impériales Messeigneurs les Grands-Ducs Constantin Nicolaievitch, Nicolas Nicolaievitch et Michel Nicolaievitch ;

X. Leurs Altesses Impériales Monseigneur le Grand-Duc Michel Pavlovitch et Madame la Grande-Duchesse Hélène Pavlovna ;

XI. Son Altesse Impériale Madame la Grande-Duchesse Marie Nicolaievna, avec son Auguste Fiancé, Son Altesse Sérénissime Monseigneur le Duc Maximilien de Leuchtenberg ;

XII. Leurs Altesses Impériales Mesdames les Grandes-Duchesses Olga Nicolaievna, Alexandra Nicolaievna et Marie Mikhaïlovna ;

rie (1) ; ensuite vous devez savoir qu'on ne vient pas m'interrompre quand je cause avec quelqu'un (2). »

Le nouveau chambellan, qui recevait cette dure réprimande de la bouche même du maître, était malheureusement un pauvre gentilhomme polonais. La rigidité de l'Empereur ne se contenta pas de ce peu de mots : il fit appeler le grand chambellan, et lui recommanda d'être à l'avenir plus circonspect dans ses choix.

Cette scène rappelle ce qui se passait assez souvent à la cour de l'empereur Napoléon. Les Russes achèteraient bien cher un passé de quelques siècles.

J'ai quitté le bal du palais Michel de fort bonne heure ; en sortant, je m'arrêtai sur l'escalier, où j'aurais voulu demeurer : c'était un bois d'orangers en fleurs. Je n'ai rien vu de plus magnifique, de mieux ordonné que cette fête ; mais je ne connais rien de si fatigant que l'admiration prolongée, quand elle ne porte ni sur les phénomènes de la nature, ni sur les ouvrages de l'art.

Je vous quitte pour aller dîner chez un officier russe, le jeune comte de ***, qui m'a mené ce matin au cabinet de minéralogie, le plus beau, je crois, de l'Europe; car les mines de l'Oural sont d'une richesse incomparable. On ne peut rien voir seul ici; une personne du pays est toujours avec vous pour vous faire les honneurs des établissements publics, et il y a dans l'année peu de jours favorables pour les bien voir. L'été, on replâtre les édifices dégradés par le froid ; l'hiver, on va dans le monde, on danse quand on ne gèle pas. Vous croirez que j'exagère, si je vous dis qu'on ne voit guère mieux la Russie à Pétersbourg qu'en France. Dégagez cette observation de sa forme paradoxale, vous aurez la vérité pure. Il est certain qu'il ne suffit pas de venir dans ce pays pour le connaître. Sans protection, vous n'auriez l'idée de rien, et souvent la protection vous tyrannise et vous expose à vous former des notions fausses (1).

XIII. Leurs Altesses Sérénissimes Monseigneur le Prince Pierre d'Oldenbourg et Madame la Princesse son Épouse.

Les Dames d'honneur, les Demoiselles d'honneur à portrait, les Demoiselles d'honneur de Sa Majesté l'Impératrice et de Leurs Altesses Impériales Mesdames les Grandes Duchesses, ainsi que les autres personnes de distinction des deux sexes, suivront par ordre d'ancienneté.

À l'entrée de la Chapelle, Leurs Majestés Impériales seront reçues par les Membres du Saint Synode et du Haut Clergé, portant la Croix et l'eau bénite.

Au commencement du service divin, lorsque l'on chantera le verset :

Господи силою твоею возвеселится царь,

Sa Majesté l'Empereur conduira les Augustes Fiancés à la place préparée pour la célébration du mariage, et en même temps les personnes désignées pour porter les couronnes s'approcheront des Augustes Fiancés.

Alors commencera, d'après le rit de l'Église Grecque, la Cérémonie du Mariage, pendant laquelle, après l'Évangile, on fera mention, dans la prière pour la Famille Impériale, de Madame la Grande-Duchesse Marie Nicolaievna et de son Époux.

Après la Cérémonie du Mariage, les Augustes Époux présenteront leurs remercîments à Leurs Majestés Impériales, et reviendront occuper leurs places. Le Métropolitain, assisté des Membres du Saint-Synode, commencera ensuite les prières d'actions de grâces, et lorsqu'on entonnera le *Te Deum*, il sera tiré des remparts de la forteresse de Saint-Pétersbourg une salve de cent un coups de canon.

À l'issue de la cérémonie religieuse, les Membres du Saint-Synode et du Haut-Clergé offriront leurs félicitations à Leurs Majestés Impériales.

En sortant de la Chapelle Leurs Majestés Impériales et la Famille Impériale retourneront dans les appartements intérieurs avec le même cortége et dans l'ordre énoncé ci-dessus. À leur arrivée dans la pièce où un Autel Catholique aura été dressé, Sa Majesté l'Empereur conduira les Augustes Époux à cet Autel, où la Cérémonie du Mariage sera alors célébrée d'après le rit Catholique-Romain, à l'issue de cette cérémonie, la Famille Impériale rentrera dans l'intérieur des appartements, après avoir reçu les félicitations du Clergé Catholique Romain.

Lorsque l'heure du banquet sera venue, et que les dignitaires des trois premières classes auront occupé les places qui leur auront été désignées, on viendra l'annoncer à Leurs Majestés Impériales, qui se rendront à table accompagnées de la Famille Impériale, et précédées de la Cour.

Leurs Majestés Impériales et tous les Membres de la Famille Impériale seront servis à table par des Chambellans; les coupes seront présentées à Leurs Majestés Impériales par les Grands Échansons, aux Augustes nouveaux Époux par le dignitaire en fonctions d'Écuyer de la Cour de Son Altesse Impériale Madame la Grande-Duchesse; à Leurs Altesses Impériales Monseigneur le Césarévitch Grand-Duc Héritier par le dignitaire faisant fonctions d'Écuyer de Son Altesse Impériale; à Messeigneurs les Grands-Ducs et Mesdames les Grandes-Duchesses, par des Chambellans.

Pendant le repas il y aura concert vocal et instrumental.

Les toasts seront portés au bruit des salves d'artillerie tirées des remparts de la forteresse de Saint-Pétersbourg ;

Savoir :

1° À la santé de Leurs Majestés Impériales — 51 coups de canon.

2° Des Augustes nouveaux Époux — 31 coups de canon.

3° De toute la Famille Impériale. — 31 coups de canon.

4° De Son Altesse Royale Madame la Duchesse de Leuchtenberg. — 31 coups de canon.

5° Du Clergé et de tous les fidèles sujets de Sa Majesté l'Empereur. — 31 coups de canon.

Après le banquet Leurs Majestés Impériales et la Famille Impériale retourneront avec le même cortége dans les appartements intérieurs.

Dans la soirée du même jour, il y aura un bal paré auquel assisteront toutes les personnes de distinction des deux sexes, les Ambassadeurs et Ministres étrangers, et les personnes présentées à la Cour.

Avant la fin du bal, les personnes désignées par l'Empereur pour recevoir les nouveaux Époux, se rendront dans les appartements de Leurs Altesses, où Leurs Majestés l'Empereur et l'Impératrice, précédés de la Cour, les accompagneront.

À l'entrée de ces appartements, Leurs Majestés Impériales et les nouveaux Époux seront reçus par les personnes désignées à cet effet, et se rendront ensuite dans l'intérieur des appartements, où se trouvera une Dame d'honneur pour le déshabillé de Madame la Grande-Duchesse.

Dans cette journée il sera récité des prières d'actions de grâces dans toutes les églises et les cloches sonneront, ainsi que les deux jours suivants; la Capitale sera illuminée le soir, pendant trois jours.

* Le 3 juillet spectacle au Grand Théâtre en gala.

Le 4 juillet, les Augustes Époux recevront, à onze heures du matin, les félicitations des personnes de distinction des deux sexes admises à la Cour, et à une heure de l'après-midi, celles du Corps diplomatique.

Le soir, grand bal dans la salle Blanche du Palais d'hiver, et souper.

Le 5 juillet, bal chez Leurs Altesses Impériales Monseigneur le Grand-Duc Michel Pavlovitch et Madame la Grande-Duchesse Hélène Pavlovna.

Le 8 juillet, bal chez le Prince d'Oldenbourg.

Le 9 juillet, départ de la Cour Impériale pour Péterhoff.

Le 11 juillet, bal masqué public et illumination à Péterhoff.

* D'après le calendrier Julien.

(1) Ce titre lui avait été conservé en la mariant.

(2) Ne vous l'ai-je pas dit? à cette cour on passe sa vie en répétitions générales. Depuis Pierre Ier, un Empereur de Russie n'oublie jamais qu'il est chargé de tout enseigner lui-même à son peuple, et en même temps il est toujours préoccupé de la crainte qu'on ne vienne à lui manquer de respect.

LETTRE TREIZIÈME.

SOMMAIRE. — Ton des femmes de la cour. — Races diverses. — Les Finois. — Une représentation en gala à l'Opéra. — Entrée de l'Empereur et de sa cour dans la loge impériale. — Aspect imposant de ce prince. — Son avénement au trône. — Courage de l'Impératrice. — Récit de cette scène par l'Empereur lui-même. — Nobles sentiments. — Révolution subite opérée dans son caractère. — Supercherie des conspirateurs. — Second portrait de l'Empereur. — Suite de sa conversation. — Maladie de l'Impératrice. — Opinion de l'Empereur sur les trois gouvernements : républicain, despotique, représentatif. — Sincérité de son langage. — Fête chez la duchesse d'Oldenbourg. — Bal magnifiquement champêtre. — Souper. — Bonhomie obligée des diplomates. — Parquet en plein air. — Luxe de fleurs exotiques. — Luttes des Russes contre la nature. — L'amie de l'Impératrice. — De quoi se compose une foule populaire en Russie. — L'Empereur cause avec moi à plusieurs reprises. — Affabilité souveraine. — Belles paroles de l'Empereur. — Quel est l'homme de l'Empire qui m'inspire le plus de confiance. — Pourquoi. — L'aristocratie est le seul rempart de la liberté. — Résumé de mes jugements divers sur l'Empereur. — Esprit des courtisans. — Grands seigneurs sous le despotisme. — Parallèle de l'autocratie et de la démocratie. — Moyens différents pour arriver au même but. — Problème insoluble. — Restriction en faveur de la France. — Le spectacle en gala. — Les artistes à Pétersbourg. — Tout vrai talent est national.

Pétersbourg, ce 21 juillet 1839.

Plusieurs des dames de la cour, mais en petit nombre, ont une réputation de beauté méritée, d'autres en ont une usurpée à force de coquetterie, d'agitation et de recherche, le tout imité de l'anglais, car les Russes du grand monde passent leur vie à chercher au loin les types de la mode; ils se trompent quelquefois dans le choix de leurs modèles; cette méprise produit alors une élégance fort étrange, l'élégance sans goût. Un Russe abandonné à lui-même passerait sa vie dans les transes de la vanité mécontente; il se croirait un barbare : rien ne nuit au naturel, et, par conséquent, à l'esprit d'un peuple, comme cette préoccupation continuelle de la supériorité sociale des autres nations. Être humble, rougir de soi à force de fatuité, c'est une des bizarreries de l'amour-propre humain. J'ai déjà eu le temps de m'apercevoir que ce phénomène n'est pas rare en Russie où l'on peut étudier le caractère du parvenu dans toutes les castes et à tous les rangs.

En général, dans les diverses classes de la nation, la beauté est moins commune chez les femmes qu'elle ne l'est chez les hommes, ce qui n'empêche pas qu'on ne trouve parmi ceux-ci un grand nombre de physionomies plates et dénuées d'expression. Les races finoises ont les pommettes des joues saillantes, les yeux petits, ternes, enfoncés, le visage écrasé; on dirait que tous ces hommes, à leur naissance, sont tombés sur le nez; de plus, ils ont la bouche difforme, et l'ensemble de leur figure, vrai masque d'esclave, est sans aucune expression. Le portrait que je vous fais là ressemble aux Finois, non aux Slaves.

J'ai rencontré beaucoup de personnes marquées de petite vérole, chose rare aujourd'hui dans le reste de l'Europe et qui atteste la négligence de l'administration russe sur un point important.

À Pétersbourg, les races sont tellement mêlées qu'on n'y peut avoir une idée de la vraie population de la Russie : les Allemands, les Suédois, les Livoniens, les Finois, qui sont des espèces de Lapons descendus des hauteurs du pôle, les Kalmoucks et d'autres races tartares ont confondu leur sang avec celui des Slaves dont la beauté primitive s'est altérée peu à peu parmi les habitants de la capitale, ce qui me fait penser souvent à la justesse du mot de l'Empereur : « Pétersbourg est russe, mais ce n'est pas la Russie. »

J'ai vu à l'Opéra ce qu'on appelle une représentation *en gala*. La salle magnifiquement éclairée m'a paru grande et d'une belle forme. On ne connaît ici ni galeries ni balcons; il n'y a pas à Pétersbourg de bourgeoisie à placer pour gêner les architectes dans leur plan, les salles de spectacle peuvent donc être bâties sur des dessins simples et réguliers comme les théâtres d'Italie, où les femmes qui ne sont pas du grand monde vont au parterre.

Par une faveur particulière j'avais obtenu pour cette représentation un fauteuil au premier rang du parterre. Les jours de gala, ces fauteuils sont réservés aux plus grands seigneurs, c'est-à-dire aux

(1) C'est ce qu'on veut.

plus grandes charges de la cour; nul n'y est admis qu'en uniforme, dans le costume de son grade et de sa place.

Mon voisin de droite, voyant à mon habit que j'étais étranger, m'adressa la parole en français avec la politesse hospitalière qui distingue à Pétersbourg les hommes des classes élevées, et, jusqu'à un certain point, les hommes de toutes les classes, car ici tous sont polis : les grands par vanité pour faire preuve de bonne éducation; les petits par peur.

Après quelques mots de conversation insignifiante, je demandai à mon obligeant inconnu ce qu'on allait représenter : « C'est un ouvrage traduit du français, me répondit-il : *le Diable boiteux*. »

Je me creusais la tête inutilement pour savoir quel drame avait pu être traduit sous ce titre. Jugez de mon étonnement quand j'appris que la *traduction* était une pantomime calquée sur notre ballet du *Diable boiteux*.

Je n'ai pas beaucoup admiré le spectacle; j'étais surtout occupé des spectateurs. La cour arriva enfin; la loge impériale est un brillant salon qui occupe le fond de la salle, et ce salon est encore plus éclairé que le reste du théâtre qui l'est beaucoup.

L'entrée de l'Empereur m'a paru imposante. Quand il approche du devant de sa loge, accompagné de l'Impératrice et suivi de sa famille et de sa cour, le public se lève en masse. L'Empereur en grand uniforme d'un rouge éclatant est singulièrement beau. L'uniforme des Cosaques ne va bien qu'aux hommes très-jeunes; celui-ci sied mieux à un homme de l'âge de Sa Majesté, il rehausse la noblesse de ses traits et de sa taille. Avant de s'asseoir, l'Empereur salue l'assemblée avec la dignité pleine de politesse qui le caractérise. L'Impératrice salue en même temps; mais ce qui m'a paru un manque de respect envers le public, c'est que leur suite même salue. La salle tout entière rend aux deux souverains révérence pour révérence, et, de plus, les couvre d'applaudissements et de hourras.

Ces démonstrations exagérées avaient un caractère officiel qui diminuait beaucoup de leur prix. La belle merveille qu'un empereur applaudi chez lui par un parterre de courtisans choisis! En Russie la vraie flatterie, ce serait l'apparence de l'indépendance. Les Russes n'ont pas découvert ce moyen détourné de plaire; à la vérité, l'emploi en pourrait parfois devenir périlleux, malgré l'ennui que la servilité des sujets doit causer au prince.

La soumission obligée qu'il rencontre habituellement est cause que l'Empereur actuel n'a éprouvé que deux jours en sa vie la satisfaction de mesurer sa puissance personnelle sur la foule assemblée, et c'était dans des émeutes. Il n'y a d'homme libre en Russie que le soldat révolté.

Vu du point où je me trouvais, et qui faisait à peu près le milieu entre les deux théâtres, la scène et la cour, l'Empereur me paraissait digne de commander aux hommes, tant sa figure est noble et majestueuse, tant il avait un grand air! Aussitôt je me suis rappelé sa conduite au moment où il est monté sur le trône, et cette belle page d'histoire m'a distrait du spectacle auquel j'assistais.

Ce que vous allez lire m'a été dit il y a peu de jours par l'Empereur lui-même; si je ne vous ai pas raconté cette conversation dans ma dernière lettre, c'est parce que les papiers qui contiendraient de pareils détails ne peuvent se confier à la poste russe ni même à aucun voyageur.

Le jour où Nicolas parvint au trône fut celui où la rébellion éclata dans la garde; à la première nouvelle de la révolte des troupes, l'Empereur et l'Impératrice descendirent *seuls* dans leur chapelle, et là, tombant à genoux sur les degrés de l'autel, ils se jurèrent l'un à l'autre, devant Dieu, de mourir en souverains s'ils ne pouvaient triompher de l'émeute.

L'Empereur jugeait le mal sérieux, car il venait d'apprendre que l'archevêque avait déjà tenté en vain d'apaiser les soldats. En Russie, lorsque le pouvoir religieux échoue, le désordre est redoutable.

Après avoir fait le signe de la croix, l'Empereur partit pour aller maîtriser les rebelles par sa seule présence et par l'énergie calme de sa physionomie. Il m'a raconté lui-même cette scène en des termes plus modestes que ceux dont je viens de me servir; malheureusement j'ai oublié la première partie de son récit, parce qu'au premier abord je fus un peu troublé du tour inattendu que prenait notre conversation; je vais le reprendre au moment dont le souvenir m'est présent.

« Sire, votre Majesté avait puisé sa force à la vraie source.

— J'ignorais ce que j'allais faire et dire, j'ai été inspiré.

— Pour avoir de pareilles inspirations, il faut les mériter.

— Je n'ai rien fait d'extraordinaire; j'ai dit aux soldats : Retournez à vos rangs, et au moment de passer le régiment en revue, j'ai crié : A genoux! Tous ont obéi. Ce qui m'a rendu fort, c'est que l'instant d'auparavant je m'étais résigné à la mort. Je suis reconnaissant du succès; je n'en suis pas fier, car je n'y ai aucun mérite. »

Telles furent les nobles expressions dont se servit l'Empereur pour me raconter cette tragédie contemporaine.

Vous pouvez juger par là de l'intérêt des sujets qui fournissent à sa conversation avec les étrangers qu'il veut bien honorer de sa bienveillance; il y a loin de ce récit aux banalités de cour. Ceci doit vous faire comprendre l'espèce de pouvoir qu'il exerce sur nous comme sur ses peuples et sur sa famille. C'est le Louis XIV des Slaves.

Des témoins oculaires m'ont assuré qu'on le voyait grandir à chaque pas qu'il faisait en s'avançant au-devant des mutins. De taciturne, mélancolique et minutieux qu'il avait paru dans sa jeunesse, il devint un héros sitôt qu'il fut souverain. C'est le contraire de la plupart des princes qui promettent plus qu'ils ne tiennent.

Celui-ci est tellement dans son rôle que le trône est pour lui ce qu'est la scène pour un grand acteur. Son attitude devant la garde rebelle était si imposante, dit-on, que l'un des conjurés s'est approché de lui quatre fois pour le tuer pendant qu'il haranguait sa troupe, et quatre fois le courage a manqué à ce misérable, comme au Cimbre de Marius. Des gens bien instruits ont attribué cette émeute à l'influence des sociétés secrètes par lesquelles la Russie est travaillée, dit-on, depuis les campagnes des alliés en France et les fréquents voyages des officiers russes en Allemagne.

Je vous répète ce que j'entends dire : ce sont des faits obscurs et qu'il m'est impossible de vérifier.

Le moyen qu'avaient pris les conspirateurs pour soulever l'armée, était un mensonge ridicule : on avait répandu le bruit que Nicolas usurpait la couronne contre son frère Constantin, lequel s'acheminait, disait-on, vers Pétersbourg pour défendre ses droits les armes à la main. Voici la ruse à laquelle on avait eu recours pour décider les révoltés à crier sous les fenêtres du palais : Vive la constitution! Les meneurs leur avaient persuadé que ce mot *constitution* était le nom de la femme de Constantin, leur impératrice supposée. Vous voyez qu'une idée de devoir était au fond du cœur des soldats, puisqu'on n'a pu les entraîner à la rébellion que par une supercherie.

Le fait est que Constantin n'a refusé le trône que par faiblesse : il craignait d'être empoisonné : c'est en quoi consistait sa philosophie. Dieu sait, et peut-être quelques hommes savent si son abdication le sauva du péril qu'il crut éviter.

C'était donc dans l'intérêt de la légitimité que les soldats trompés se révoltèrent contre leur souverain légitime.

On a remarqué que, pendant tout le temps que l'Empereur resta devant les troupes, il ne mit pas une seule fois son cheval au galop, tant il avait de calme; mais il était très-pâle. Il faisait l'essai de sa puissance, et le succès de l'épreuve lui assura l'obéissance de sa nation.

Un tel homme ne peut être jugé d'après la mesure qu'on applique aux hommes ordinaires. Sa voix grave et pleine d'autorité, son regard magnétique et fortement appuyé sur l'objet qui l'attire, mais rendu souvent froid et fixe par l'habitude de réprimer ses passions plus encore que de dissimuler ses pensées, car il est franc : son front superbe, ses traits qui tiennent de l'Apollon et du Jupiter, sa physionomie peu mobile, imposante, impérieuse, sa figure plus noble que douce, plus monumentale qu'humaine, exerce sur quiconque approche de sa personne un pouvoir souverain. Il devient l'arbitre des volontés d'autrui, parce qu'on voit qu'il est maître de sa propre volonté.

Voici ce que j'ai encore retenu de la suite de notre entretien :

« L'émeute apaisée, Sire, Votre Majesté a dû rentrer au palais dans une disposition bien différente de celle où elle était avant d'en sortir, car elle venait de s'assurer, avec le trône, l'admiration du monde et la sympathie de toutes les âmes élevées.

— Je ne le croyais pas; on a beaucoup trop vanté ce que j'ai fait alors. »

L'Empereur ne me dit pas qu'en revenant auprès de sa femme, il la trouva atteinte d'un tremblement de la tête, maladie nerveuse dont elle n'a jamais pu se guérir entièrement. Cette convulsion est à peine sensible; elle ne l'est pas du tout les jours où l'Impératrice est calme et en bonne santé; mais dès qu'elle souffre moralement ou physiquement, le mal revient et augmente. Il faut que cette noble femme ait bien lutté contre l'inquiétude pendant que son mari s'exposait si audacieusement aux coups des assassins. En le voyant reparaître, elle l'embrassa sans parler; mais l'Empereur, après l'avoir rassurée, se sentit faiblir à son tour; redevenu homme un instant, il se jeta dans les bras d'un de ses plus fidèles serviteurs qui se trouvait présent à cette scène, et s'écria : « Quel commencement de règne! »

Je publierai ces détails; il est bon de les faire connaître pour apprendre aux hommes obscurs à moins envier la fortune des grands.

Quelque inégalité apparente que les législateurs aient établie entre les diverses conditions des hommes civilisés, l'équité de la Providence se sauve dans une égalité secrète et que rien ne peut anéantir; celle qui naît des peines morales, lesquelles croissent ordinairement dans la même proportion que les privations physiques diminuent. Il y a moins d'injustice dans ce monde que les instituteurs des nations n'y en ont mis et que le vulgaire n'en aperçoit; la nature est plus équitable que ne l'est la loi humaine.

Ces réflexions me passaient rapidement par l'esprit, tandis que je causais avec l'Empereur : elles firent naître pour lui dans mon cœur un sentiment qu'il serait, je crois, un peu surpris d'inspirer, une indéfinissable pitié. J'eus soin de dissimuler le plus possible cette émotion, dont je n'aurais pas osé lui avouer la nature ni lui expliquer la cause, et je répliquai à ce qu'il me disait sur l'exagération des louanges que lui avait values sa conduite pendant l'émeute.

« Ce qu'il y a de certain, Sire, c'est qu'un des principaux motifs de ma curiosité, avant de venir en Russie, était le désir de m'approcher d'un prince qui exerce un tel pouvoir sur les hommes.

— Les Russes sont bons, mais il faut se rendre digne de gouverner un tel peuple.

— Votre Majesté a deviné ce qui convenait à la Russie mieux qu'aucun de ses prédécesseurs.

— Le despotisme existe encore en Russie, puisque c'est l'essence de mon gouvernement; mais il est d'accord avec le génie de la nation.

— Sire, vous arrêtez la Russie sur la route de l'imitation, et vous la rendez à elle-même.

— J'aime mon pays, et je crois l'avoir compris; je vous assure que lorsque je suis bien las de toutes les misères du temps, je cherche à oublier le reste de l'Europe en me retirant vers l'intérieur de la Russie.

— Pour vous retremper à votre source?

— Précisément! Personne n'est plus Russe de cœur que je le suis. Je vais vous dire une chose que je ne dirais pas à un autre, mais je sens que vous me comprenez, vous. »

Ici l'Empereur s'interrompt et me regarde attentivement; je continue d'écouter sans répliquer; il poursuit:

« Je conçois la république, c'est un gouvernement net et sincère, ou qui du moins peut l'être; je conçois la monarchie absolue, puisque je suis le chef d'un semblable ordre de choses, mais je ne conçois pas la monarchie représentative. C'est le gouvernement du mensonge, de la fraude, de la corruption; et j'aimerais mieux reculer jusqu'à la Chine, que de l'adopter jamais.

— Sire, j'ai toujours regardé le gouvernement représentatif comme une transaction inévitable dans certaines sociétés à certaines époques, mais, ainsi que toutes les transactions, elle ne résout aucune question, elle ajourne les difficultés (1). »

L'Empereur semblait me dire: Parlez. Je continuai:

« C'est une trêve signée entre la démocratie et la monarchie sous les auspices de deux tyrans fort bas: la peur et l'intérêt; et prolongée par l'orgueil de l'esprit qui se complaît dans la loquacité et par la vanité populaire qui se paie de mots. Enfin, c'est l'aristocratie de la parole substituée à celle de la naissance, car c'est le gouvernement des avocats.

— Monsieur, vous parlez avec vérité, me dit l'Empereur en me serrant la main; j'ai été souverain représentatif (2) et le monde sait ce qu'il m'en a coûté pour n'avoir pas voulu me soumettre aux exigences de CET INFAME gouvernement (je cite littéralement). Acheter des voix, corrompre des consciences, séduire les uns afin de tromper les autres, tous ces moyens, je les ai dédaignés comme avilissants pour ceux qui obéissent autant que pour celui qui commande, et j'ai payé cher la peine de ma franchise; mais Dieu soit loué, j'en ai fini pour toujours avec cette odieuse machine politique. Je ne serai plus roi constitutionnel. J'ai trop besoin de dire ce que je pense pour consentir jamais à régner sur aucun peuple par la ruse et par l'intrigue. »

Le nom de la Pologne, qui se présentait incessamment à nos esprits, n'a pas été prononcé dans ce curieux entretien.

L'effet qu'il a produit sur moi fut grand, je me sentais subjugué: la noblesse des sentiments que l'Empereur venait de me montrer, la franchise de ses paroles me paraissaient donner un grand relief à sa toute puissance, j'étais ébloui, je l'avoue. Un homme qui, malgré mes idées d'indépendance se faisait pardonner d'être souverain absolu de soixante millions d'hommes, était à mes yeux un être au dessus de la nature, mais je me défiais de mon admiration, j'étais comme les bourgeois de chez nous lorsqu'ils se sentent près de se laisser prendre à la grâce, à l'adresse des hommes d'autrefois; leur bon goût les porte à s'abandonner à l'attrait qu'ils éprouvent, mais leurs principes résistent; ils demeurent roides et paraissent le plus insensibles qu'ils peuvent; c'est une lutte semblable que je soutenais. Il n'est pas dans ma nature de douter de la parole humaine au moment où je l'entends. Un homme qui parle est pour moi l'instrument de Dieu: ce n'est qu'à force de réflexion et d'expérience que je reconnais la possibilité du calcul et de la feinte. Vous appellerez cela de la niaiserie, c'en est peut-être, mais je me complais dans cette faiblesse d'esprit parce qu'elle tient à de la force d'âme; ma bonne foi me fait croire à la sincérité d'autrui, même à celle d'un empereur de Russie.

La beauté de celui-ci est encore pour lui un moyen de persuasion: car cette beauté est morale autant que physique. J'en attribue l'effet à la vérité des sentiments qui se peignent habituellement sur sa physionomie, encore plus qu'à la régularité des traits de son visage. C'est à une fête chez la duchesse d'Oldenbourg que j'eus avec l'Empereur cette intéressante conversation. C'était un bal singulier et qui mérite encore de vous être décrit.

La duchesse d'Oldenbourg, née princesse de Nassau, est alliée de très-près à l'Empereur par son mari; elle avait voulu donner une soirée à l'occasion du mariage de la grande duchesse Marie; mais, ne pouvant renchérir sur les magnificences des fêtes précédentes ni rivaliser de richesse avec la cour, elle imagina d'improviser un bal champêtre dans sa maison des Iles.

L'archiduc d'Autriche, arrivé depuis deux jours pour assister aux fêtes de Pétersbourg, les ambassadeurs du monde entier (singuliers acteurs pour jouer une pastorale), toute la Russie enfin et tous les plus grands seigneurs étrangers, ayant eu bien soin de prendre un air de bonhomie, se sont réunis dans un jardin parsemé de promeneurs et d'orchestres cachés parmi des bosquets lointains.

L'Empereur donne le ton de chaque fête; le mot d'ordre de ce jour là était: naïveté décente, ou l'élégante simplicité d'Horace.

Telle fut toute la soirée la disposition dominante de tous les esprits, y compris le corps diplomatique; je croyais lire une églogue, non de Théocrite ou de Virgile, mais de Fontenelle.

On a dansé en plein air jusqu'à onze heures du soir, puis, quand des flots de rosée eurent assez inondé les têtes et les épaules des femmes jeunes et vieilles qui assistaient à ce triomphe de la volonté humaine contre le climat, on rentra dans le petit palais qui sert ordinairement d'habitation d'été à la duchesse d'Oldenbourg.

Au centre de la villa (en russe *datcha*) se trouve une rotonde tout éblouissante de dorures et de bougies: le bal continua dans cette salle, tandis que la foule non dansante inondait le reste de l'habitation. La lumière partait du centre, et dardait ses traits au dehors. On eût dit du soleil, dont les rayons émergents portent en tous sens la chaleur et la vie dans les profondes solitudes de l'Empyrée. Cette éblouissante rotonde était à mes yeux l'orbite où tournait l'astre impérial dont l'éclat illuminait tout le palais.

Au premier étage, on avait dressé des tentes sur des terrasses pour y mettre la table de l'Empereur et celle des personnes invitées au souper. Il régnait dans cette fête, moins nombreuse que les précédentes, un désordre si magnifiquement ordonné, qu'elle m'a plus diverti que toutes les autres, sans parler de la gêne comique, exprimée par certaines physionomies obligées d'affecter pour un temps la simplicité champêtre; c'était une soirée tout à fait originale, une espèce de Tivoli impérial où l'on se sentait presque libre, quoiqu'en présence d'un maître absolu. Le souverain qui s'amuse ne paraît plus un despote; ce soir là, l'Empereur s'amusait.

Je vous ai dit que jusqu'à l'heure d'entrer dans la rotonde, on avait dansé en plein air: heureusement que les excessives chaleurs de cette année avaient favorisé la duchesse dans son plan. Sa maison d'été est située dans la plus jolie partie des Iles; c'est donc là qu'au milieu d'un jardin éblouissant de fleurs en pots, mais qui toutes paraissaient venues naturellement sur un gazon anglais, autre merveille, elle avait fait établir une salle de danse à découvert: c'était un superbe parquet de salon posé sur une pelouse, et entouré d'élégantes balustrades toutes garnies de fleurs. Cette salle originale, à laquelle le ciel servait de plafond, ressemblait assez au tillac d'un vaisseau pavoisé pour une fête maritime: on y accédait d'un côté par quelques marches qui partaient de la pelouse; de l'autre, par un perron adapté au vestibule de la maison, et déguisé sous des berceaux de fleurs exotiques. En ce pays, la profusion des fleurs étrangères supplée à la rareté des arbres. Les hommes qui l'habitent, et qui sont venus de l'Asie pour s'emprisonner dans les glaces du Nord, se souviennent du luxe oriental de leur première patrie; ils font ce qu'ils peuvent pour suppléer à la stérilité de la nature qui ne laisse venir en pleine terre que des pins et des bouleaux. L'art produit ici en serres chaudes une infinité d'arbustes et de plantes; et comme tout est factice, la peine n'est pas plus grande pour faire croître des fleurs d'Amérique que des violettes et des lilas de France. Ce n'est pas la fécondité primitive du sol qui orne et varie les habitations de luxe à Pétersbourg, c'est la civilisation qui met à profit les richesses du monde entier afin de déguiser la pauvreté de la terre et l'avarice du ciel polaire. Ne vous étonnez donc plus des vanteries des Russes; la nature n'est pour eux qu'un ennemi de plus, vaincu par leur opiniâtreté; au fond de tous leurs divertissements, il y a la joie et l'orgueil du triomphe.

L'Impératrice, toute délicate qu'elle est, la con tu, la tête découverte, a dansé chaque polonaise sur l'élégant parquet du bal magnifiquement champêtre que lui donnait sa cousine. En Russie, chacun poursuit sa carrière jusqu'au bout de ses forces. Le devoir d'une impératrice est de s'amuser à la mort. Celle-ci remplira sa charge comme les autres esclaves remplissent la leur: elle dansera tant qu'elle pourra.

Cette princesse allemande, victime d'une frivolité qui doit lui paraître pesante, comme les chaînes aux prisonniers, jouit en Russie d'un bonheur rare dans tous les pays, dans toutes les conditions, et unique dans la vie d'une impératrice: elle a une amie.

Je vous ai déjà parlé de cette dame. C'est la baronne de ***, née comtesse de ***. Depuis le mariage de l'Impératrice, ces deux fem-

(1) Cette définition est restée l'expression définitive de mon opinion. Un gouvernement monarchique où l'autorité souveraine est tempérée par les mœurs me paraît le plus raisonnable et le plus durable. (*Note écrite pour cette édition.*)

(2) En Pologne.

lies, dont les destinées sont si différentes, ne se sont presque jamais quittées. La baronne, d'un caractère sincère, d'un cœur dévoué, n'a pas profité de sa faveur ; l'homme qu'elle a épousé est un des officiers de l'armée auxquels l'Empereur doit le plus, car le baron lui a sauvé la vie le jour de l'émeute de l'avénement au trône, en s'exposant pour lui avec un dévouement non calculé. Rien ne peut payer un tel acte de courage, aussi ne le paie-t-on pas.

D'ailleurs, en fait de reconnaissance, les princes ne comprennent que celle qu'ils inspirent, encore n'y tiennent-ils guère, car ils prévoient toujours l'ingratitude. La reconnaissance les déconcerte dans leurs calculs d'esprit plus qu'elle ne les console dans leurs peines de cœur. C'est une leçon qu'ils n'aiment pas à recevoir ; il leur paraît plus commode et plus simple de mépriser le genre humain en masse. Ceci s'applique à tous les hommes puissants, mais surtout aux plus puissants.

Le jardin devenait sombre ; une musique lointaine répondait à l'orchestre du bal, et chassait harmonieusement la tristesse de la nuit ; tristesse trop naturelle dans des bois monotones, sous ce climat ennemi de la joie.

Un bras détourné de la Néva coule lentement, car ici toute eau paraît dormante, devant les fenêtres de la petite maison de prince qu'habite la duchesse d'Oldenbourg. Ce soir là, cette rivière était couverte de barques remplies de curieux, et le chemin fourmillait de piétons : foule sans nom, composé indéfinissable de bourgeois aussi esclaves que les paysans, d'ouvriers serfs, courtisans des courtisans qui se pressaient à travers les voitures des princes et des grands pour contempler la livrée du maître de leurs maîtres.

Ce spectacle me paraissait piquant et original. En Russie, les noms sont les mêmes qu'ailleurs, mais les choses sont tout autres. Je m'échappais souvent de l'enceinte destinée au bal pour aller sous les arbres du parc rêver à la tristesse d'une fête dans un tel pays. Cependant mes méditations étaient courtes, car ce jour là l'Empereur voulait continuer à s'emparer de mon esprit. Avait-il démêlé dans le fond de ma pensée quelque prévention peu favorable, et qui pourtant n'était que le résultat de ce que j'avais entendu dire de lui avant de lui être présenté, car l'impression que me causaient sa personne et ses discours était toute à son avantage ? ou trouvait-il divertissant de causer quelques instants avec un homme différent de ceux qui lui passent tous les jours devant les yeux ? ou bien madame de *** avait elle influé favorablement pour moi sur son esprit ? Je ne saurais m'expliquer nettement à moi-même la vraie cause de tant de grâce.

L'Empereur n'est pas seulement habitué à commander aux actions, il sait régner sur les cœurs ; peut-être a-t-il voulu conquérir le mien ; peut-être les glaces de ma timidité servaient-elles de stimulant à son amour-propre : l'envie de plaire lui est naturelle. Forcer l'admiration c'est encore se faire obéir. Peut-être avait-il le désir d'essayer son pouvoir sur un étranger ; peut être enfin était-ce l'instinct d'un homme longtemps privé de la vérité, et qui croit rencontrer une fois un caractère véridique. Je vous le répète, j'ignore ses vrais motifs ; mais ce que je sais, c'est que ce soir-là je ne pouvais me trouver sur son passage, ni même dans un coin retiré de l'enceinte où il se tenait, sans qu'il m'obligeât à venir causer avec lui.

En me voyant rentrer dans le bal, il me dit :

« Qu'avez-vous fait ce matin ?

— Sire, j'ai vu le cabinet d'histoire naturelle et le fameux mammouth de Sibérie.

— C'est un morceau unique dans le monde.

— Oui Sire, il y a bien des choses en Russie qu'on ne trouve point ailleurs.

— Vous me flattez.

— Sire, je respecte trop Votre Majesté pour oser la flatter, mais je ne la crains peut-être plus assez, et je lui dis ingénument ma pensée, même quand la vérité ressemble à un compliment.

— Ceci en est un très-délicat, Monsieur ; les étrangers nous gâtent.

— Sire, Votre Majesté a voulu que je fusse à mon aise avec elle, elle a réussi comme à tout ce qu'elle entreprend ; elle m'a corrigé, du moins pour un temps, de ma timidité naturelle. »

Forcé d'éviter toute allusion aux grands intérêts politiques du jour, je désirais ramener la conversation vers un sujet qui m'intéressât au moins autant ; j'ajoutai donc : « Je reconnais, chaque fois qu'elle me permet de m'approcher d'elle, le pouvoir qui a fait tomber ses ennemis à ses pieds le jour de son avénement au trône.

— On a contre nous, dans votre pays, des préventions dont il est plus difficile de triompher que des passions d'une armée révoltée.

— Sire, on vous voit de trop loin, si Votre Majesté était plus connue, elle serait mieux appréciée, et elle trouverait chez nous comme ici beaucoup d'admirateurs. Le commencement de son règne lui a déjà valu de justes louanges ; elle s'est encore élevée à la même hauteur à l'époque du choléra, et même plus haut, car à cette seconde émeute, Votre Majesté a déployé la même autorité, mais tempérée par le plus noble dévouement à l'humanité ; la force [illegible] que jamais dans le danger.

— Les moments dont vous me retracez le souvenir ont été les plus beaux de ma vie, sans doute, néanmoins ils m'ont paru les plus affreux.

— Je le comprends, Sire ; pour dompter la nature en soi et dans les autres, il faut un effort...

— Un effort terrible, interrompit l'Empereur avec une expression qui me saisit, et c'est plus tard qu'on s'en ressent.

— Oui ; mais on a été sublime.

— Je n'ai pas été sublime ; je n'ai fait que mon métier : en pareille circonstance nul ne peut savoir ce qu'il dira. On court audevant du péril sans se demander comment on s'en tirera.

— C'est Dieu qui vous a inspiré, Sire, et si l'on pouvait comparer deux choses aussi dissemblables que poésie et gouvernement, je dirais que vous avez agi comme les poëtes chantent, en écoutant la voix d'en haut.

— Il n'y avait nulle poésie dans mon fait. »

Je m'aperçus que ma comparaison n'avait pas paru flatteuse parce qu'elle n'avait pas été comprise dans le sens du mot poëte en latin ; à la cour on a coutume de regarder la poésie comme un jeu d'esprit ; il aurait fallu entamer une discussion afin de prouver qu'elle est la plus pure et la plus vive lumière de l'âme ; j'aimai mieux garder le silence ; mais l'Empereur ne voulant pas sans doute, en s'éloignant de moi, me laisser le regret d'avoir pu lui déplaire, me retint encore longtemps au grand étonnement de la cour ; il reprit la conversation avec une bonté charmante.

« Quel est décidément votre plan de voyage ? me dit-il.

— Sire, après la fête de Péterhoff je compte partir pour Moscou d'où j'irai voir la foire de Nijni, mais à temps pour être de retour à Moscou avant l'arrivée de Votre Majesté.

— Je serais bien aise que vous pussiez examiner en détail mes travaux du Kremlin : je vous expliquerai moi-même tous mes plans pour l'embellissement de cette partie de Moscou, que nous regardons comme le berceau de l'Empire. Mais vous n'avez pas de temps à perdre, car vous avez d'immenses espaces à parcourir ; les distances, voilà le fléau de la Russie.

— Sire, ne vous en plaignez pas ; ce sont des cadres à remplir ; ailleurs la terre manque aux hommes, elle ne vous manquera jamais.

— Le temps me manque.

— L'avenir est à vous.

— On me connaît bien peu quand on me reproche mon ambition et le désir de m'agrandir ; loin de chercher à étendre notre territoire, je voudrais pouvoir resserrer autour de moi la population de la Russie tout entière. C'est uniquement sur la misère et la barbarie que je veux faire des conquêtes : améliorer le sort des Russes, cela serait mieux que d'acquérir de nouvelles provinces (1) ! Si vous saviez quel bon peuple est le peuple russe !... comme il a de la douceur ; comme il est naturellement aimable et poli !... Vous le verrez à Péterhoff ; mais c'est surtout ici au 1er janvier que je voudrais vous le montrer. » Puis, revenant à son thème favori : « Mais il n'est pas facile, poursuivit-il, de se rendre digne de gouverner une telle nation.

— Votre Majesté a déjà fait beaucoup pour la Russie.

— Je crains quelquefois de n'avoir pas fait tout ce que j'aurais pu faire. »

Ce mot chrétien, parti du fond du cœur, me toucha aux larmes ; il me fit d'autant plus d'impression que je me disais tout bas : L'Empereur est plus fin que moi, s'il avait un intérêt quelconque à dire cela, il sentirait qu'il ne faut pas le dire. Il m'a donc montré là tout simplement un beau et noble sentiment, le scrupule d'un souverain consciencieux. Ce cri d'humanité sorti d'une âme que tout a dû contribuer à enorgueillir, m'attendrit subitement. Nous étions en public, je cherchai à déguiser mon émotion ; mais lui, qui répond à ce qu'on pense plus qu'à ce qu'on dit (et c'est surtout à cette sagacité puissante que tient le charme de sa conversation, l'efficacité de sa volonté), il s'aperçut de l'impression qu'il venait de produire et que je cherchais à dissimuler, et, se rapprochant de moi au moment de s'éloigner, il me prit la main avec un air de bienveillance, et me la serra en me disant : « Au revoir. »

L'Empereur est le seul homme de l'Empire avec lequel on puisse causer sans craindre les délateurs : il est aussi le seul jusqu'à présent en qui j'aie reconnu des sentiments naturels et un langage sincère. Si je vivais en ce pays, et que j'eusse un secret à cacher, je commencerais par aller le lui confier.

Tout prestige, toute étiquette et toute flatterie à part, il me paraît un des premiers hommes de la Russie. A la vérité, aucun des autres ne m'a jugé digne de me parler avec autant de franchise qu'il en a mis dans ses conversations avec moi.

S'il a, comme je le pense, plus de fierté que d'amour propre, plus de dignité que d'arrogance, il devrait être satisfait de l'ensemble des divers portraits que je vous ai successivement tracés de lui, et surtout de l'impression que m'a causée son langage. A la vérité,

(1) Pour bien connaître l'homme, il faut comparer ce langage au style de la correspondance secrète de l'Empereur avec le gouvernement anglais.

(Note pour cette édition.)

je me défends de toute ma force contre l'attrait qu'il exerce. Certes, je ne suis rien moins que révolutionnaire, mais je suis révolutionné; voilà ce que c'est que d'être né en France et que d'y vivre. Je trouve encore une meilleure raison pour vous expliquer la résistance que je crois devoir opposer à l'influence de l'Empereur sur moi. Aristocrate par caractère autant que par conviction, je sens que l'aristocratie seule peut résister aux séductions comme aux abus du pouvoir absolu. Pourquoi la noblesse française n'a-t-elle pas toujours pensé là-dessus comme je pense? Sans aristocratie il n'y a que tyrannie dans les monarchies, comme dans les démocraties, le spectacle du despotisme me révolte malgré moi, et blesse toutes les idées de liberté qui ont leur source dans mes sentiments intimes et dans mes croyances politiques. Le despotisme naît de l'égalité universelle, aussi bien que de l'autocratie : le pouvoir d'un seul et le pouvoir de tous mène au même but. Sous la démocratie la loi est un être de raison; sous l'autocratie la loi c'est un homme; même il est encore plus commode de traiter avec celui-ci qu'avec les passions de tous. La démocratie absolue est une force brutale, espèce de tourbillon politique, plus sourd, plus aveugle, plus imperturbable que l'orgueil d'aucun prince. Nul aristocrate ne peut se soumettre sans répugnance à voir passer le niveau despotique sur les peuples, c'est pourtant ce qui arrive dans les démocraties pures comme dans les monarchies absolues.

Au surplus, il me semble que si j'étais souverain j'aimerais la société des esprits qui reconnaîtraient en moi l'homme à travers le prince, surtout si dépouillé de mes titres et réduit à moi-même, j'avais encore le droit d'être jugé un homme sincère, ferme et probe. Interrogez-vous sérieusement, et dites-moi si, de tout ce que je vous ai raconté de l'empereur Nicolas depuis mon arrivée en Russie, il résulte que ce prince soit au-dessous de l'idée que vous vous étiez formée de son caractère avant d'avoir lu mes lettres. Votre réponse, si elle est sincère, sera ma justification (1).

Nos fréquents entretiens en public m'ont valu ici de nombreuses connaissances et reconnaissances. Plusieurs personnes que j'avais rencontrées ailleurs, se jettent à ma tête; mais seulement depuis qu'elles m'ont vu l'objet de la bienveillance particulière du maître; notez que ces personnes sont des premières de la cour, mais c'est l'habitude des gens du monde, et surtout des hommes en place, d'être économes de tout, excepté de calculs ambitieux. Pour conserver, en vivant à la cour, des sentiments au-dessus du vulgaire, il faudrait être doué d'une âme très-noble; or, les âmes nobles sont rares.

On ne peut trop le répéter, il n'y a pas de grand seigneur en Russie, parce qu'il n'y a pas de caractères indépendants, excepté les âmes d'élite, qui sont en trop petit nombre pour que le monde obéisse à leurs instincts : c'est la fierté qu'inspire la haute naissance, qui rend l'homme indépendant plus que la richesse, plus que le rang qu'on acquiert par industrie; or sans indépendance, point de grand seigneur.

Ce pays, si différent du nôtre à bien des égards, se rapproche cependant de la France sous un rapport : il manque de hiérarchie sociale. Grâce à cette lacune dans le corps politique, l'égalité universelle existe en Russie comme elle existe en France; aussi dans l'un et l'autre pays la masse des hommes a-t-elle l'esprit inquiet : chez nous elle s'agite avec éclat, en Russie les passions politiques sont concentrées. En France chacun peut arriver à tout en partant de la tribune; en Russie, en partant de la cour : le dernier des hommes, s'il sait plaire au maître, peut devenir demain le premier après l'Empereur. La faveur de ce dieu est un appât qui fait faire des prodiges aux ambitieux, comme le désir de la popularité produit chez nous des métamorphoses miraculeuses. On devient flatteur profond à Pétersbourg, de même qu'orateur sublime à Paris. Quel talent d'observation n'a-t-il pas fallu aux courtisans russes pour découvrir qu'un moyen de plaire à l'Empereur est de se promener l'hiver sans redingote dans les rues de Pétersbourg! Cette flatterie héroïque, adressée directement au climat et indirectement au maître, a coûté la vie à plus d'un ambitieux. Ambitieux est même trop dire, car ici on flatte avec désintéressement. Vous concevez qu'il est facile de déplaire dans un pays où de telles manières de plaire sont en usage. Deux fanatismes, deux passions plus analogues qu'elles ne le paraissent, l'orgueil populaire et l'abnégation servile du courtisan font des miracles : l'une élève la parole au comble de l'éloquence, l'autre donne la force du silence; mais toutes deux marchent au même but. Voilà donc sous le despotisme sans bornes les esprits aussi émus, aussi tourmentés que sous la république, avec cette différence que l'agitation muette des sujets de l'autocratie trouble profondément les âmes à cause du secret que l'ambition est forcée de s'imposer pour réussir sous un gouvernement absolu. Chez nous, les sacrifices, pour être profitables, doivent être publics; ici, au contraire, ils doivent rester ignorés. Le souverain tout-puissant ne déteste rien tant qu'un sujet ouvertement dévoué : tout zèle qui va au delà d'une obéissance aveugle et servile lui devient importun et suspect; les exceptions ouvrent la porte aux prétentions : les prétentions se transforment en droits, et sous un despote, un sujet qui se croit des droits est un rebelle.

Le maréchal Paskiewitch pourrait attester la vérité de ces remarques : on n'ose l'écraser, mais on l'annule tant qu'on peut.

Avant ce voyage mes idées sur le despotisme m'avaient été suggérées par l'étude que j'avais faite des sociétés autrichienne et prussienne. Je ne songeais pas que ces États ne sont despotiques que de nom, et que les mœurs y servent de correctif aux institutions; je me disais : Là, des peuples qu'on dit gouvernés despotiquement me paraissent les plus heureux hommes de la terre; le despotisme mitigé par la douceur des habitudes n'est donc pas une chose aussi détestable que nos philosophes nous le disent; je ne savais pas encore ce que c'est que la rencontre d'un gouvernement absolu et d'une nation d'esclaves.

C'est en Russie qu'il faut venir pour voir le résultat de cette terrible combinaison de l'esprit et de la science de l'Europe avec le génie de l'Asie : je la trouve d'autant plus redoutable qu'elle peut durer, parce que l'ambition et la peur, passions qui ailleurs perdent les hommes en les faisant trop parler, engendrent ici le silence. Ce silence violent produit un calme forcé, un ordre apparent plus fort et plus affreux que l'anarchie, parce que, je vous le répète, le malaise qu'il cause paraît éternel.

Je n'admets que bien peu d'idées fondamentales en politique, attendu qu'en fait de gouvernement je crois à l'efficacité des circonstances, des coutumes plus qu'à celle des principes; mais mon indifférence ne va pas jusqu'à tolérer des institutions qui me paraissent nécessairement exclure la dignité des caractères.

Peut-être qu'une justice indépendante et qu'une aristocratie forte mettraient du calme dans les esprits russes, de l'élévation dans les âmes, du bonheur dans le pays; mais je ne crois pas que l'Empereur songe à ce moyen d'améliorer la condition de ses peuples : quelque supérieur qu'un homme puisse être, il ne renonce pas volontairement à faire par lui-même le sort d'autrui.

De quel droit d'ailleurs reprocherions-nous à l'empereur de Russie son amour de l'autorité? la révolution n'est-elle pas aussi tyrannique à Paris que l'autocratie l'est à Saint-Pétersbourg?

Toutefois, nous nous devons à nous-mêmes de faire ici une restriction pour constater la différence qu'il y a entre l'état social des deux pays. En France, la tyrannie révolutionnaire est un mal de transition; en Russie, la tyrannie du despotisme est une révolution permanente.

Vous êtes bien heureux que je me sois distrait du sujet de cette lettre, je l'avais commencée pour vous décrire le théâtre illuminé, la représentation en gala et pour vous analyser la *traduction*, pantomime (expression russe) d'un ballet français. Si je m'en étais souvenu, vous auriez ressenti le contre-coup de mon ennui, car cette solennité dramatique m'a fatigué sans m'éblouir, en dépit des habits dorés des spectateurs; mais aussi la danse de l'Opéra de Pétersbourg sans mademoiselle Taglioni est roide et froide comme toutes les danses des théâtres européens quand elles ne sont pas exécutées par les premiers talents du monde, et la présence de la cour ne réchauffe personne, ni acteurs ni spectateurs. Vous savez que devant le souverain il n'est pas permis d'applaudir.

Les arts, disciplinés comme ils le sont à Pétersbourg, produisent des intermèdes de commande, bons pour amuser des soldats pendant les entr'actes des exercices militaires. C'est plus ou moins magnifique : c'est royal, impérial.... ce n'est pas amusant. Ici les artistes s'enrichissent, ils ne s'inspirent pas : la richesse et l'élégance sont utiles aux talents; mais ce qui leur est indispensable, c'est le bon goût et la liberté d'esprit du public qui les juge.

Les Russes ne sont pas encore arrivés au point de civilisation où l'on peut réellement jouir des arts. Jusqu'à présent leur enthousiasme en ce genre est pure vanité; c'est une prétention. Que ce peuple rentre en lui-même, qu'il écoute son génie primitif, et, s'il a reçu du ciel le sentiment des arts, il renoncera aux copies pour produire ce que Dieu et la nature attendent de lui; jusque là toutes ses magnificences à la suite ne vaudront jamais, pour le petit nombre de Russes vrais amateurs du beau qui végètent à Pétersbourg, un séjour à Paris ou un voyage en Italie.

La salle de l'Opéra est bâtie sur le dessin des salles de Milan et de Naples; toutefois, celles-ci sont plus nobles et d'un effet plus harmonieux que tout ce que j'ai vu jusqu'à présent dans ce genre en Russie.

LETTRE QUATORZIÈME.

SOMMAIRE. — Population de Pétersbourg. — Ce qu'il faut croire des récits des Russes. — L'attelage à quatre chevaux. — Solitude des rues. — Profusion de colonnes. — Caractère de l'architecture sous le despotisme. — Architectes français. — Place du Carrousel à Paris. — Place du Grand-Duc à Florence. — Perspective Newski. — Pavé de bois. — Vrai caractère d'une ville slave. — La débâcle. — Cris

(1) Plusieurs Russes en m'accusant d'exagération ne se sont pas fait faute, pour appuyer ce reproche, de citer les éloges que je donne au souverain qui les gouverne. « Il a tout grandi, disent-ils très-bas, même l'Empereur. » Cette critique, qu'ils n'ont point osé imprimer, me flatte et me justifie.

[illegible] — Intérieur des habitations. — Le lit russe. — Visite au prince [illegible]. — [illegible] et de verdure dans les salons. — Beauté du peuple slave. — Aspect original des hommes. — Cochers russes. — Leur adresse. — Leur silence. — Les voitures. — Les harnais. — Petit postillon. — Condition des cochers et des chevaux de remise. — Hommes morts de froid. — Propos d'une dame russe à ce sujet. — Valeur qu'a la vie dans ce pays. — Le feldjæger. — Ce qu'il représente. — Effets du despotisme sur l'imagination. — Contraste entre les hommes et les choses. — Caractère slave. — Architecture pittoresque des églises. — Les voitures et les équipages russes. — Flèches de la citadelle et de l'Amirauté. — Clochers [illegible]. — Description de l'ensemble de Pétersbourg. — Aspect particulier de la Néva. — [illegible] dans les [illegible]. — Beautés du crépuscule. — [illegible] aux Russes. — Le gouvernement des Slaves en Pologne. — Quelques traits de ressemblance entre les Russes et les Espagnols. — [illegible] des races dans l'histoire. — Chaleur de l'été de cette année. — Approvisionnement de bois pour l'hiver. — Charrettes qui le transportent. — Adresse du peuple russe. — Rareté du combustible à Pétersbourg. — Dilapidation des forêts. — Charrettes russes. — [illegible]. — Les Romains du Nord. — [illegible] du bois sur la Néva. — Le [illegible] russe. — Laideur et malpropreté des femmes dans les basses classes. — Beauté des hommes. — Rareté des femmes à Pétersbourg. — Souvenir des mœurs asiatiques. — Tristesse inévitable d'une ville militaire.

Pétersbourg, ce 22 juillet 1839.

La population de Pétersbourg est de quatre cent cinquante mille âmes sans la garnison, à ce que disent les Russes bons patriotes; mais des gens bien informés et qui, conséquemment passent ici pour malintentionnés, m'assurent qu'elle n'atteint pas à quatre cent mille, y compris la garnison. Ce qu'il y a de certain, c'est que cette ville de palais, avec ses immenses espaces vides qu'on appelle des places, ressemble à des parties de champs clos de planches. Les petites maisons de bois dominent dans les quartiers éloignés du centre.

Les Russes, sortis d'une agglomération de peuplades longtemps nomades et toujours guerrières, n'ont pas encore complètement oublié la vie du bivouac. Tous les peuples fraîchement arrivés de l'Asie campent en Europe comme les Turcs. Pétersbourg est l'état-major d'une armée et non la capitale d'une nation. Toute magnifique qu'est cette ville militaire, elle paraît nue à l'œil d'un homme de l'Occident.

Les distances sont le fléau de la Russie, m'a dit l'Empereur; c'est une remarque dont on peut vérifier la justesse dans les rues mêmes de Pétersbourg : aussi n'est-ce pas par luxe qu'on s'y promène en voiture à quatre chevaux conduits par un cocher et un postillon. Là, une visite est une excursion. Les chevaux russes, pleins de feu et de nerf, n'ont pas autant de force musculaire que les nôtres; la rudesse des pavés les fatigue : deux chevaux auraient de la peine à traîner longtemps dans les rues de Pétersbourg une voiture ordinaire; l'attelage de quatre est donc un objet de première nécessité pour quiconque veut aller un peu dans le monde.

Parmi les gens du pays, tous n'ont pas le droit d'avoir quatre chevaux à leur voiture; on n'accorde cette permission qu'à des personnes d'un certain rang.

Pour peu que vous vous éloigniez du centre de la ville, vous vous perdez dans des terrains vagues, bordés de baraques qui semblent destinées à loger des ouvriers rassemblés là provisoirement pour quelque grand travail. Ce sont des magasins de fourrages, des hangars remplis d'habillements et de toutes sortes d'approvisionnements pour les soldats : on se croit au moment d'une revue ou à la veille d'une foire qui n'arrive jamais. L'herbe croît dans ces soi-disant rues, toujours désertes, parce qu'elles sont trop spacieuses pour la population qui les parcourt.

Tant de péristyles ont été ajoutés aux maisons, tant de portiques ornent les casernes qui représentent des palais, un tel luxe de décorations d'emprunt a présidé à la construction de cette capitale provisoire, que je compte moins d'hommes que de colonnes sur les places de Pétersbourg, toujours silencieuses et tristes, à cause de leur grandeur et surtout de leur imperturbable régularité. L'équerre et le cordeau s'accordent si bien avec la manière de voir des souverains absolus, que les angles droits sont un des attributs de l'architecture despotique. L'architecture vivante, passez-moi l'expression, ne se commande pas; elle naît pour ainsi dire d'elle-même, et sort comme involontairement du génie et des besoins d'un peuple. Faire une grande nation, c'est créer immanquablement une architecture : je ne serais pas étonné si l'on venait à prouver qu'il y a eu autant d'architectures originales que de langues mères.

Au reste, la manie de la symétrie n'est pas particulière aux Russes. C'est chez nous un héritage de l'Empire. Sans ce mauvais goût des architectes parisiens, il y a longtemps que nous aurions un plan raisonnable pour orner et terminer notre monstrueuse place du Carrousel, mais la nécessité des parallèles arrête tout.

Lorsque des artistes de génie réunirent successivement leurs efforts pour faire de la place du Grand-Duc de Florence une des plus belles choses du monde, ils n'étaient pas tyrannisés par la passion des lignes droites et des monuments symétriques; ils concevaient le beau dans sa liberté, hors des carrés longs et des carrés parfaits. A Venise pas une place n'est symétriquement régulière. A défaut du sentiment de l'art, de la science de l'harmonie et des libres créations de la fantaisie, une justesse de coup d'œil mathématique a présidé à la création de Pétersbourg. Aussi ne peut-on oublier un instant, en parcourant cette patrie des monuments sans génie, que c'est une ville née d'un homme et non d'un peuple. Les conceptions y paraissent étroites, quoique les dimensions y soient énormes. En voyant des efforts si prodigieux et des effets si mesquins, on reconnaît que tout peut se commander, hors la grâce, sœur de l'imagination et fille de la liberté.

La principale rue de Pétersbourg est la Perspective Newski, l'une des trois avenues qui aboutissent au palais de l'Amirauté. Ces trois lignes, formant patte d'oie, divisent régulièrement en cinq parties la ville méridionale, qui prend la forme d'un éventail comme Versailles. Cette ville, en partie plus moderne que le port, créé près des îles par Pierre Ier, s'est étendue sur la rive gauche de la Néva, malgré la volonté de fer du fondateur; cette fois la peur de l'inondation l'a emporté sur la peur de la désobéissance, et la tyrannie de la nature a vaincu le despotisme de l'homme.

Cette Perspective Newski mérite de vous être décrite avec quelque détail. C'est une belle rue longue d'une lieue, large comme nos boulevards, et dans plusieurs parties de laquelle on a planté des arbres aussi malheureux que ceux de Paris; elle sert de promenade et de rendez-vous à tous les désœuvrés de la ville. A la vérité, il y en a peu, car ici on ne remue guère pour remuer, chaque pas que chacun fait ayant son but indépendant du plaisir. Porter un ordre, faire sa cour, obéir à un maître quel qu'il soit, voilà ce qui met en mouvement la plus grande partie de la population de Pétersbourg et de l'Empire.

D'abominables cailloux en tête de chat servent de pavés à ce boulevard, appelé la Perspective. Mais ici du moins, ainsi que dans quelques autres des principales rues, on a incrusté au milieu des pierres des blocs de bois qui font glissoirs pour les roues des voitures; ces belles voies au rez du pavé sont formées par une marqueterie en dés et quelquefois en octogones de sapins profondément encaissés. Elles consistent chacune en deux bandes larges de deux à trois pieds et séparées par une voie de cailloux ordinaires sur laquelle marche le limonier : deux de ces voies, c'est-à-dire quatre bandes de bois, longent la Perspective Newski, l'une à droite, l'autre à gauche de la rue, sans toucher aux maisons, dont elles sont encore séparées par des dalles qui servent de trottoirs aux piétons. Ces beaux promenoirs diffèrent beaucoup des misérables trottoirs en planches qui déshonorent encore aujourd'hui quelques-unes des rues écartées. Il y a donc quatre lignes de pavement dans cette belle et vaste Perspective qui s'étend, tout en se dépeuplant insensiblement, en s'enlaidissant et en s'attristant graduellement, jusqu'aux limites indéterminées de la ville habitable, c'est-à-dire jusque vers les confins de la barbarie asiatique dont Pétersbourg est toujours assiégé, car on retrouve le désert à l'extrémité de ses rues les plus somptueuses. Un peu au delà du pont d'Ani-koff, vous rencontrez une rue qu'on appelle la rue Telejnaïa, laquelle conduit à un désert nommé la place d'Alexandre. Je doute que l'empereur Nicolas ait jamais vu cette rue. La superbe ville créée par Pierre le Grand, embellie par Catherine II, tirée au cordeau par tous les autres souverains, à travers une lande spongieuse et presque toujours submergée, se perd enfin dans un horrible mélange d'échoppes et d'ateliers, amas confus d'édifices sans nom, vastes places sans dessin, et que le désordre naturel et la saleté innée du peuple de ce pays laissent depuis cent ans s'encombrer de débris de toutes choses, d'immondices de tous genres. Ces ordures s'entassent d'année en année dans les villes russes pour protester contre la prétention des princes allemands, qui se flattent de policer foncièrement les nations slaves. Le caractère primitif de ces peuples, quelque défiguré qu'il soit par le joug qu'on lui impose, se fait jour au moins dans quelque coin de leurs villes de despotes et de leurs maisons d'esclaves; et si même ils ont de ces choses qu'on appelle des villes et des maisons, ce n'est pas parce qu'ils les aiment ou qu'ils en sentent le besoin, c'est parce qu'on leur dit qu'il faut les avoir ou plutôt les subir pour marcher de front avec les vieilles races de l'Occident civilisé; c'est surtout parce que, s'ils s'avisaient de discuter contre les hommes qui les conduisent et les instruisent militairement, ces hommes étant tout à la fois leurs caporaux et leurs pédagogues, on les renverrait à coups de fouet dans leur patrie d'Asie. Ces pauvres oiseaux exotiques, mis en cage par la civilisation européenne qu'ils ne peuvent s'empêcher de haïr ni de singer, sont les victimes de la manie ou, pour mieux dire, de l'ambition profondément calculée des Czars, conquérants du monde à venir, et qui savent bien qu'avant de nous subjuguer il faut nous imiter.

Une horde de Calmoucks qui campent sous des baraques autour d'un amas de temples antiques, une ville grecque improvisée pour des Tartares comme une décoration de théâtre, décoration magnifique, mais sans goût, préparée pour servir de cadre à un drame réel et terrible, voilà ce qu'on aperçoit du premier coup-d'œil à Saint Pétersbourg.

Je vous ai parlé du malheur des arbres condamnés à servir d'ornement à la Perspective Newski : ces pauvres bouleaux malingres vivent tout juste assez pour ne pas mourir; ils seront bientôt aussi à plaindre que les ormes des boulevards et des champs Elysées de Paris, que nous voyons lentement dépérir, piqués au cœur par les boutiquiers qui les offusquent, desséchés par le gaz et à demi enterrés dans le bitume : triste spectacle offert pendant la belle saison aux habitués de Tortoni et du Cirque olympique. Les arbres de Pétersbourg n'ont pas un meilleur sort : l'été la poussière les ronge, l'hiver la neige les ensevelit; puis le dégel les écorche, les coupe, les déracine.

La nature et l'histoire ne sont pour rien dans la civilisation russe : rien n'est sorti du sol ni du peuple : il n'y a pas eu de progrès; un beau jour tout fut importé de l'étranger. Dans ce triomphe de l'imitation il y a plus de métier que d'art : c'est la différence d'une gravure à un dessin. Le talent du graveur ne s'exerce que sur les idées des autres.

Nul étranger, dit on, ne peut se figurer le bouleversement des rues de Pétersbourg à la fonte des neiges. Durant les quinze jours qui suivent la débâcle, la Néva charrie des blocs de glace; tous les ponts sont enlevés, les communications sont pendant quelques jours interrompues entre les deux principales parties de la ville; plusieurs quartiers restent isolés. On m'a conté la mort d'une personne considérable causée par l'impossibilité de faire venir son médecin durant ces jours désastreux. Alors les rues ressemblent à des lits de torrents furieux où l'inondation élève en passant ses barricades annuelles. Peu de crises politiques causeraient autant de dégâts que cette révolte périodique de la nature contre une civilisation incomplète et impossible.

Depuis qu'on m'a décrit le dégel de Pétersbourg, je ne me plains plus du pavé, tout détestable qu'il est, car il est à refaire tous les ans. C'est un triomphe de volonté que de circuler onze mois en voiture dans une ville ainsi labourée par les zéphyrs du pôle.

Passé midi, la Perspective Newski, la grande place du palais, les quais, les ponts, sont traversés par une assez grande quantité de voitures de diverses sortes et de formes singulières ; ce mouvement égale un peu la tristesse habituelle de cette ville, la plus monotone des capitales de l'Europe. C'est une résidence allemande sur une plus grande échelle.

L'intérieur des habitations est également triste, parce que, malgré la magnificence de l'ameublement, entassé à l'anglaise dans certaines pièces destinées à recevoir du monde, on entrevoit dans l'ombre une saleté domestique, un désordre naturel et profond qui rappelle l'Asie.

Le meuble dont on use le moins dans une maison russe, c'est le lit. Les femmes de service couchent dans des soupentes pareilles à celles des anciennes loges de portiers en France, tandis que les hommes se roulent sur l'escalier, dans les vestibules, et même, dit-on, dans le salon, sur des coussins qu'ils jettent à terre pour la nuit.

Ce matin, j'ai fait une visite au prince ***. C'est un grand seigneur ruiné, infirme, malade, hydropique ; il souffre au point de ne pouvoir se lever, et néanmoins il n'a pas de quoi se coucher, je veux dire qu'il n'a pas ce qu'on appelle un lit dans les pays où la civilisation date de loin. Il loge dans la maison de sa sœur, qui est absente. Seul, au fond de ce palais nu, il passe la nuit sur une banquette de bois, recouverte d'un tapis et de quelques oreillers. Ceci ne peut être attribué au goût particulier d'un homme : dans toutes les maisons russes où je suis entré, j'ai vu que le paravent est nécessaire au lit des Slaves, comme le musc l'est à leur personne : profonde malpropreté qui n'exclut pas l'élégance apparente. Quelquefois on a un lit de parade, objet de luxe dont on fait montre par respect pour la mode européenne, mais dont on ne fait pas d'usage.

Il y a un ornement particulier aux habitations de quelques Russes élégants : c'est un petit jardin factice dans un coin du salon. Trois longues caisses à fleurs enserrent une fenêtre, et forment une salle de verdure (*altona*), espèce de kiosque qui rappelle ceux des jardins. Les caisses sont surmontées d'une palissade ou balustrade en bois des îles ou en bois doré, faisant barrière à hauteur d'homme. Ce petit boudoir découvert s'entoure de lierre et d'autres plantes grimpantes qui serpentent le long du treillage, et produisent un effet agréable au milieu d'un vaste appartement rempli de dorure et obstrué de meubles ; ainsi, dans un salon brillant, la vue est récréée par un peu de verdure et de fraîcheur, choses de luxe pour ce pays. Là se tient la maîtresse de la maison, assise devant une table ; près d'elle on voit quelques chaises, deux ou trois personnes au plus peuvent entrer à la fois dans cette retraite peu profonde, mais pourtant assez secrète pour plaire à l'imagination.

L'effet de cette espèce de bosquet de chambre m'a paru agréable, et l'idée en est raisonnable dans un pays où le mystère doit présider à toute conversation intime. Je crois cet usage importé de l'Asie.

Je ne serais pas surpris si on introduisait un jour dans quelque maison de Paris le jardin artificiel des salons russes. Il ne déparerait pas la demeure des femmes d'État les plus à la mode en France aujourd'hui. Je me réjouirais de cette innovation, ne fût-ce que pour faire pièce aux anglomanes, à qui je ne pardonnerai jamais le mal qu'ils ont fait au bon goût et au véritable esprit français.

Les Slaves, lorsqu'ils sont beaux, ont une taille svelte, élégante, et qui cependant donne l'idée de la force ; ils ont tous les yeux coupés en amande, et le regard fourbe et furtif des peuples de l'Asie. Leurs yeux, qu'ils soient noirs ou bleus, sont toujours transparents, ils ont de la vivacité, du mouvement et beaucoup de charme, parce qu'ils rient.

Ce peuple, sérieux par nécessité plus que par nature, n'ose guère rire que du regard ; mais à force de paroles réprimées, ce regard, animé par le silence, supplée à l'éloquence, tant il donne de passion à la physionomie. Il est presque toujours spirituel, quelquefois doux, lent, plus souvent triste jusqu'à la férocité ; il tient de celui de la bête fauve prise au piége.

Ces hommes, nés pour guider un char, ont de la race, ainsi que les chevaux qu'ils conduisent : leur aspect étrange et la légèreté de leurs bêtes rendent les rues de Pétersbourg amusantes à parcourir. Ainsi, grâce à ses habitants et malgré ses architectes, cette ville ne ressemble à aucune des villes européennes.

Les cochers russes sont assis droits sur leurs siéges ; ils mènent leurs chevaux toujours grand train, mais avec beaucoup de sûreté, quoiqu'un peu rudement : la justesse, la promptitude de leur coup d'œil est admirable ; et, soit qu'ils conduisent à deux ou à quatre chevaux, ils ont toujours deux rênes pour chaque cheval, et les tiennent à pleines mains, avec force, les bras tendus en avant, très-loin du corps ; nul embarras ne les arrête. Bêtes et hommes à demi sauvages parcourent précipitamment la ville avec un air de liberté inquiétant ; mais la nature les a rendus prestes et adroits ; aussi, malgré l'extrême audace de ces cochers, les accidents sont-ils rares dans les rues de Pétersbourg. Souvent ces hommes n'ont pas de fouet ; quand ils en ont un, il est si court qu'ils ne peuvent s'en servir. Ne faisant pas non plus usage de la voix, ils ne mènent que des rênes et du frein. Vous pouvez parcourir Pétersbourg pendant des heures sans entendre un seul cri. Si les piétons ne se rangent pas assez vite, le falleiter (postillon de volée qui monte *le cheval de droite* des attelages à quatre chevaux) pousse un petit glapissement assez semblable aux gémissements aigus d'une marmotte relancée dans son gîte ; à ce bruit menaçant, qui veut dire, Rangez-vous ! tout s'écarte, et la voiture a passé, comme par magie, sans ralentir son train.

Les équipages sont en général dépourvus de goût et mal tenus ; les voitures, mal lavées, mal peintes, encore plus mal vernies, n'ont pas de véritable élégance ; si l'on en fait venir une d'Angleterre, elle ne résiste que peu de temps aux pavés de Pétersbourg et au train des chevaux russes. Les harnais solides, légers et gracieux, sont faits d'excellent cuir ; en somme, malgré la négligence des gens d'écurie, et le peu d'invention des ouvriers, l'ensemble des équipages a un caractère original et pittoresque qui remplace jusqu'à un certain point le soin minutieux dont on se pique ailleurs ; et comme les grands seigneurs vont toujours à quatre chevaux, les cérémonies de la cour ont bon air, même vues de la rue.

On n'attelle quatre chevaux de front que pour les voyages et les longues courses hors la ville; dans l'intérieur de Pétersbourg, les chevaux vont toujours deux à deux ; les traits de volée sont démesurément longs, l'enfant qui les mène est costumé à la persane, de même que le cocher : cet habit, nommé *armiak*, ne convient pourtant qu'à l'homme assis sur son siége, il n'est pas commode pour enfourcher un cheval, mais malgré ce désavantage, le postillon russe est leste et hardi.

Je ne saurais vous peindre le sérieux, la fierté silencieuse, l'adresse, l'imperturbable témérité de ces petits polissons slaves ; leur insolence et leur habileté font ma joie chaque fois que je me promène dans la ville ; voilà pourquoi je vous parle d'eux souvent et en détail ; enfin, et c'est chose plus rare ici qu'ailleurs, ils ont l'air heureux.

Il est dans la nature de l'homme d'éprouver du contentement à bien faire ce qu'il fait ; les cochers et les postillons russes, étant des plus habiles du monde, peuvent se trouver satisfaits de leur condition, quelque rude qu'elle soit d'ailleurs.

Il faut dire aussi que ceux qui sont au service des seigneurs se piquent d'élégance et paraissent bien soignés, mais les chevaux de remise et leurs tristes conducteurs me font pitié, tant leur vie est dure : ils demeurent dans la rue depuis le matin jusqu'au soir, à la porte de la personne qui les loue ou sur les places que la police leur assigne. Les bêtes toujours attelées, et les hommes toujours sur le siége, mangent à leur poste, sans l'abandonner un instant. Pauvres chevaux !... je plains moins les hommes ; le Russe a le goût de la servitude. On donne aux chevaux des auges portatives, posées sur des tréteaux : ainsi, vous trouvez votre voiture prête chaque fois que vous voulez sortir, sans qu'il soit nécessaire de la commander.

Cependant les cochers ne vivent de cette manière que pendant l'été ; pour l'hiver ils ont des hangars bâtis au milieu des places les plus fréquentées. On allume de grands feux autour de ces abris à la portée des spectacles, des palais et de tous les lieux où se donnent des fêtes, et c'est là que se réchauffent les domestiques ; néanmoins il ne se passe guère de nuit de bal, au mois de janvier, sans qu'un homme ou deux meurent de froid dans la rue ; les précautions mêmes prouvent le danger plutôt qu'elles ne l'écartent, et les dénégations obstinées des Russes me confirment la vérité du fait que je vous rapporte.

Une femme, plus sincère que les autres, m'a répondu aux questions réitérées que je lui adressais à ce sujet : « C'est possible, mais je n'en ai jamais entendu parler. » Dénégation qui équivaut à un aveu précieux. Il faut venir ici pour savoir jusqu'où l'homme riche peut porter le dédain pour la vie de l'homme pauvre, et pour apprendre en général le peu de valeur qu'a l'existence aux yeux de l'homme condamné à vivre sous l'absolutisme.

En Russie, la vie est pénible pour tout le monde : l'Empereur n'y est guère moins rompu à la fatigue que le dernier des serfs. On m'a montré son lit : la dureté de cette couche étonnerait nos laboureurs. Ici, tous les hommes sont forcés de se répéter une vérité sévère : c'est que le but de la création n'est pas sur la terre, et que le moyen de l'atteindre n'est pas le plaisir.

L'inexorable image du devoir et de la soumission vous apparaît à chaque instant et ne vous permet pas d'oublier la sévère condition de l'existence humaine : le travail et la douleur ! Il n'est permis de subsister en Russie qu'en sacrifiant tout à l'amour de la patrie terrestre, sanctifié par la foi en la patrie céleste.

Si par moments, au milieu d'une promenade publique, la rencontre de quelques oisifs me fait illusion en me persuadant qu'il pourrait y avoir en Russie comme ailleurs des hommes qui s'amuseraient pour s'amuser, des hommes pour qui le plaisir serait une affaire, je suis détrompé l'instant d'après par la vue du feldjæger, qui passe ailleurs seulement au grand galop dans sa kibitka. Le feldjæger est l'homme du pouvoir, il est la parole du maître, télégraphe vivant, il va porter un ordre à un autre homme aussi ignorant que lui de la pensée qui les fait mouvoir : cet autre automate l'attend à cent, à mille, à quinze cents lieues dans les terres. La kibitka sur laquelle chemine l'homme de fer est, de toutes les voitures de voyage, la plus incommode. Figurez-vous une petite charrette à deux bancs de cuir, sans ressorts et sans dossier ; aucun autre équipage ne peut servir dans les chemins de traverse, auxquels aboutissent toutes les grandes routes commencées jusqu'à ce jour à travers ce vague et sauvage empire. Le premier banc est réservé au postillon ou au cocher qui change à chaque relais, le second au courrier qui voyage jusqu'à la mort laquelle vient de bonne heure pour les hommes voués à ce dur métier.

Ceux que je vois rapidement traverser dans toutes les directions les belles rues de la ville me représentent aussitôt les solitudes où ils vont s'enfoncer : je les suis en esprit, et au bout de leur course m'apparaît la Sibérie, le Kamtschatka, le désert salé, la muraille de la Chine, la Laponie, la mer Glaciale, la Nouvelle-Zemble, la Perse, le Caucase ; ces noms historiques, presque fabuleux, produisent sur ma pensée l'effet d'un lointain vaporeux dans un grand paysage ; mais vous pouvez vous imaginer combien ce genre de rêverie attriste l'âme..... Néanmoins l'apparition de ces courriers sourds, aveugles et muets, est un aliment poétique incessamment fourni à l'imagination de l'étranger. Cet homme, né pour vivre et mourir sur sa charrette, tout en portant dans son portefeuille les destinées du monde, répand à lui seul un intérêt mélancolique sur les moindres scènes de la vie ; rien de prosaïque ne peut subsister dans la pensée en présence de tant de souffrances et de tant de grandeur. Il faut convenir que si le despotisme rend malheureux les peuples qu'il opprime, il a été inventé pour le plaisir des voyageurs, qu'il jette dans un étonnement toujours nouveau. Sous la liberté, tout se publie et s'oublie, car tout est vu d'un coup d'œil ; sous le gouvernement absolu, tout se cache, mais tout se devine, de là un vif intérêt : on retient, on remarque les moindres circonstances, une secrète curiosité anime la conversation, rendue plus piquante par le mystère, et par l'absence même d'intérêt apparent ; là, l'esprit est paré de ses voiles comme la beauté chez les musulmans, et les habitants d'un pays mal gouverné ne peuvent s'y amuser de bon cœur, un étranger ne s'y peut ennuyer de bonne foi. Moins on jouerait le fond des choses, et plus l'apparence devrait intéresser. Moi, je pense un peu trop à ce que je ne vois pas pour être tout à fait satisfait de ce que je vois ; néanmoins, tout en m'affligeant, le spectacle me paraît attachant.

La Russie n'a point de passé, disent les amateurs de l'antiquité. C'est vrai ; mais l'avenir et l'espace y servent de pâture aux imaginations les plus ardentes. Le philosophe est à plaindre en Russie ; le poëte peut et doit s'y plaire.

Il n'y a de poëtes vraiment malheureux que ceux qui sont condamnés à languir sous le régime de la publicité. Quand tout le monde peut tout dire, le poëte n'a plus qu'à se taire. La poésie est un mystère qui sert à exprimer plus que la parole : elle ne saurait subsister chez les peuples qui ont perdu la pudeur de la pensée. La vision, l'allégorie, l'apologue, c'est la vérité poétique ; or, dans les pays de publicité, cette vérité-là est tuée par la réalité, toujours trop grossière au gré de la fantaisie. Là, l'élément poétique manque au génie, qui de sa nature produit toujours, mais qui ne produit rien de complet.

Il faut que la nature ait mis un sentiment profondément poétique dans l'âme des Russes, peuple moqueur et mélancolique, pour qu'ils aient trouvé le moyen de donner un aspect original et pittoresque à des villes bâties par des architectes entièrement dépourvus d'imagination, et cela dans le pays le plus triste, le plus monotone et le plus nu de la terre. Des plaines éternelles, de sombres et plates solitudes : voilà la Russie. Cependant, si je pouvais vous montrer Pétersbourg, ses rues et ses habitants, tels que je les vois, je vous ferais un tableau de genre à chaque ligne, tant le génie de la nation slave a puissamment réagi contre la stérile manie de son gouvernement. Ce gouvernement antinational n'avance que par évolutions militaires : il rappelle la Prusse sous son premier roi.

Je vous ai décrit une ville sans caractère, plutôt pompeuse qu'imposante, plus vaste que belle, remplie d'édifices sans style, sans goût, sans signification historique. Mais pour être complet, c'est-à-dire vrai, il fallait en même temps faire mouvoir à vos yeux, dans ce cadre prétentieux et ridicule, des hommes naturellement gracieux, et qui, avec leur génie oriental, ont su s'approprier une ville bâtie pour un peuple qui n'existe nulle part ; car Pétersbourg a été fait par des hommes riches et dont l'esprit s'était formé en comparant, sans étude approfondie, les divers pays de l'Europe. Cette légion de voyageurs plus ou moins raffinés, plus expérimentés que savants, était une nation artificielle, un choix d'esprits intelligents et habiles recrutés chez toutes les nations du monde : ce n'était pas le peuple russe, celui-ci est narquois comme l'esclave qui se console de son joug en se moquant tout bas de ses oppresseurs, peuple superstitieux, fanfaron, brave et paresseux comme le soldat ; poétique, musical et réfléchi comme le berger, car les habitudes des races nomades seront longtemps dominantes parmi les Slaves ; tout cela ne s'accorde ni avec le style des édifices ni avec le plan des rues de Pétersbourg, il y a évidemment scission ici entre l'architecte et l'habitant. Les ingénieurs européens sont venus dire aux Moscovites comment ils devaient construire et orner une capitale digne de l'admiration de l'Europe, et ceux-ci, avec leur soumission militaire, ont cédé à la force du commandement. Pierre le Grand a bâti Pétersbourg contre les Suédois bien plus que pour les Russes ; mais le naturel du peuple s'est fait jour malgré son respect pour les caprices du maître, et malgré sa défiance de soi-même ; et c'est à cette désobéissance involontaire que la Russie doit son cachet d'originalité : rien n'a pu effacer le caractère primitif des habitants ; ce triomphe des facultés innées contre une éducation mal dirigée est un spectacle intéressant pour tout voyageur capable de l'apprécier.

Heureusement pour le peintre et pour le poëte que les Russes sont essentiellement religieux ; leurs églises, au moins, sont à eux ; la forme immuable des édifices pieux fait ici partie du culte, et la superstition défend ces forteresses sacrées contre la manie des figures de mathématiques en pierres de taille, des carrés longs, des surfaces planes et des lignes droites, enfin contre l'architecture militaire plutôt que classique qui donne à chacune des villes de ce pays l'air d'un camp destiné à durer quelques semaines pendant les grandes manœuvres.

On reconnaît également le génie d'un peuple nomade dans les chariots, les voitures, les harnais et les attelages russes. Figurez-vous des essaims, des nuées de droschki rasant la terre et roulant entre des maisons très-basses, mais au-dessus desquelles on découvre les aiguilles d'une multitude d'églises et de quelques monuments célèbres ; si cet ensemble n'est pas beau, il est au moins étonnant. Ces flèches dorées ou peintes rompent les lignes monotones des toits de la ville ; elles percent les airs de dards tellement aigus qu'à peine l'œil peut-il distinguer le point où leur dorure s'éteint dans la brume d'un ciel polaire. La flèche de la citadelle, racine et berceau de Pétersbourg, et celle de l'Amirauté, revêtue de l'or des ducats de Hollande, sont les plus remarquables. Ces aigrettes monumentales, imitées de parures asiatiques, dont sont ornés, dit-on, les édifices de Moscou, me paraissent d'une hauteur et d'une hardiesse vraiment extraordinaires. On ne conçoit ni comment elles se soutiennent en l'air, ni comment elles ont été portées là ; c'est un ornement vraiment russe. Figurez-vous donc un assemblage immense de dômes accompagnés des quatre campaniles obligés chez les Grecs modernes pour faire une église. Imaginez-vous une multitude de coupoles argentées, dorées, azurées, étoilées, et les toits des palais peints en vert d'émeraude ou d'outremer, les places ornées de statues de bronze en l'honneur des principaux personnages historiques de la Russie et des Empereurs ; bordez ce tableau d'un fleuve immense qui, les jours de calme, sert de miroir, et les jours de tempête, de repoussoir à tous les objets ; joignez-y le pont de bateaux de Troïtza, jeté sur le point le plus large de la Néva, entre le champ de Mars, où la statue de Suwarow se perd dans l'espace, et la citadelle où dorment dans leurs tombeaux dépouillés d'ornements Pierre le Grand et sa famille (1) ; enfin rappelez-vous que la nappe d'eau de la Néva toujours pleine coule rez terre et respecte à peine au milieu de la ville une île toute bordée d'édifices à colonnes grecques, supportés par des fondements de granit et bâtis d'après des dessins de temples païens ; et si vous saisissez bien cet ensemble, vous comprendrez comment Pétersbourg est une ville infiniment pittoresque, malgré le mauvais goût de son architecture d'emprunt, malgré la teinte marécageuse des campagnes qui

(1) Le rit grec défend la sculpture dans les églises.

l'environnent, malgré l'absence totale d'accidents dans le terrain et la pâleur des beaux jours d'été sous le terne climat du Nord.

Le peu de mouvement du fleuve aux approches de son embouchure, où très-souvent la mer le force de s'arrêter et même de rebrousser chemin, ajoute encore à la singularité de la scène.

Ne me reprochez pas mes contradictions je les ai aperçues avant vous sans vouloir les éviter, car elles sont dans les choses ; ceci soit dit une fois pour toutes. Comment vous donner l'idée réelle de ce que je vous dépeins, si ce n'est en me contredisant à chaque mot ? Si j'étais moins sincère je vous paraîtrais plus conséquent ; considérez que, dans l'ordre physique comme dans l'ordre moral, la vérité n'est qu'un assemblage de contrastes tellement criants, qu'on dirait que la nature et la société n'ont été créées que pour faire tenir ensemble des éléments qui sans elles devraient s'abhorrer et s'exclure.

Rien n'est triste comme le ciel de Pétersbourg à midi ; mais si le jour est sans éclat sous cette latitude, les soirs, les matins y sont superbes ; c'est alors qu'on voit se répandre dans l'air et sur la glace des eaux presque sans rivages qui continuent le ciel, certaines gerbes de lumière, des jets, des bouquets de feu que je n'avais encore aperçus nulle part.

Le crépuscule, qui dure ici les trois quarts de la vie, est riche en accidents admirables ; le soleil d'été, un moment submergé vers minuit, nage longtemps à l'horizon au niveau de la Néva et des basses terres qui la bordent ; il darde dans le vide des lueurs d'incendie qui rendraient belle la nature la plus pauvre ; ce qu'on éprouve à cet aspect, ce n'est pas l'enthousiasme que produit la couleur des paysages de la zone torride, c'est l'attrait d'un rêve, c'est l'irrésistible pouvoir d'un sommeil plein de souvenirs et d'espérance. La promenade des îles à cette heure-là est une véritable idylle. Sans doute il manque beaucoup de choses à ces sites pour en faire de beaux tableaux bien composés, mais la nature a plus de puissance que l'art sur l'imagination de l'homme ; son aspect ingénu suffit sous toutes les zones au besoin d'admiration qu'il a dans l'âme : et comment placerait-il mieux ce sentiment ? Dieu, aux environs du pôle, a beau réduire la terre au dernier degré d'aplatissement et de nudité, malgré cette misère, le spectacle de la création sera toujours pour l'œil de l'homme le plus éloquent interprète des desseins du Créateur ; les têtes chauves n'ont-elles pas leur beauté ? Quant à moi, je trouve les sites des environs de Pétersbourg plus que beaux, ils ont un caractère de tristesse sublime, et qui équivaut bien, pour la profondeur de l'impression, à la richesse et à la variété des paysages les plus célèbres de la terre. Ce n'est pas une œuvre pompeuse, artificielle, une invention agréable, c'est une profonde solitude, une solitude terrible et belle comme la mort. D'un bout de ses plaines, d'un rivage de ses mers à l'autre, la Russie entend la voix de Dieu que rien n'arrête, et qui dit à l'homme enorgueilli de la mesquine magnificence de ses pauvres villes : Tu as beau faire, je suis toujours le plus grand ! Tel est l'effet de nos préoccupations d'immortalité que ce qui intéresse surtout l'habitant de la terre, c'est ce qui lui parle d'autre chose que de la terre.

Admirez la puissance des dons primitifs chez les nations : pendant plus de cent ans les Russes bien élevés, les grands seigneurs, les savants, les puissants du pays, ont été mendier des idées et copier des modèles dans toutes les sociétés de l'Europe : eh bien ! cette ridicule fantaisie de princes et de courtisans n'a pas empêché le peuple de rester original (1).

Cette race spirituelle est trop fine de sa nature, elle a le tact trop délicat pour se pouvoir confondre avec les peuples teutoniques. La bourgeoise Allemagne est encore aujourd'hui plus étrangère à la Russie que ne l'est l'Espagne avec ses peuples de sang arabe. La lenteur, la lourdeur, la grossièreté, la timidité, la gaucherie, sont antipathiques au génie des Slaves. Ils supporteraient mieux la vengeance et la tyrannie ; les vertus germaniques elles-mêmes sont odieuses aux Russes ; aussi en peu d'années ceux-ci, malgré leurs atrocités religieuses et politiques, ont-ils fait plus de progrès à Varsovie que les Prussiens, avec les rares et solides qualités qui distinguent la race teutonique ; je ne dis pas que ceci soit un bien, je le note comme un fait : tous les frères ne s'aiment pas, mais tous se comprennent (2).

Quant à l'analogie que je crois découvrir sur certains points entre les Russes et les Espagnols, elle s'explique par les rapports qui ont pu exister originairement entre les tribus arabes et quelques-unes des hordes qui passèrent de l'Asie en Moscovie. L'architecture moresque a du rapport avec la byzantine, type de la vraie architecture moscovite. Le génie des peuples asiatiques errants en Afrique ne saurait être contraire à celui des autres nations de l'Orient à peine établies en Europe : l'histoire s'explique par l'influence progressive des races ; ce sont des nécessités sociales comme les caractères sont des fatalités personnelles.

Sans la différence de religion, sans les mœurs diverses des peuples, je me croirais ici dans une des plaines les plus élevées et les plus stériles de la Castille. A la vérité, il y fait une chaleur d'Afrique ; depuis vingt ans, la Russie n'a pas vu un été aussi brûlant.

Malgré cette température des tropiques, je vois déjà les Russes faire leur provision de bois. Des bateaux chargés de bûches de bouleau, le seul chauffage dont on fasse usage ici, où le chêne est un arbre de luxe, obstruent les nombreux et larges canaux qui coupent en tous sens cette ville bâtie sur le modèle d'Amsterdam, car dans les principales rues de Pétersbourg coule un bras de la Néva ; cette eau disparaît l'hiver sous la neige, et l'été sous la quantité de barques qui se pressent le long des quais pour déposer à terre leurs approvisionnements.

Le bois est d'avance scié très-court ; puis au sortir des bateaux, on le place sur des voitures assez singulières. Ces charrettes, d'une simplicité primitive, consistent en deux gaules qui font brancards et qui sont destinées à lier le train de devant avec celui de derrière : on entasse sur ces longues perches très-rapprochées l'une de l'autre, car la voie du char est étroite, un rang de bûches montées comme une muraille à la hauteur de sept ou huit pieds. Vu de côté, cet échafaudage est une maison qui marche. On lie le bois sur la charrette avec une chaîne : si la chaîne vient à se lâcher dans les secousses du pavé, le conducteur la resserre chemin faisant avec une corde et un bâton qu'il emploie en forme de tourniquet, sans arrêter ni même ralentir son cheval. On voit l'homme pendu à son pan de bois pour en relier avec effort toutes les parties : on dirait d'un écureuil qui se balance à sa corde dans une cage, ou à sa branche dans une forêt, et pendant cette opération silencieuse, la muraille de bois continue silencieusement son chemin dans la rue, qu'elle suit sans encombres, car sous ce gouvernement violent, tout se passe sans heurt, ni paroles ni bruit. C'est que la peur inspire à l'homme une mansuétude calculée, plus égale et plus sûre que la douceur naturelle.

Je n'ai pas vu un seul de ces chancelants édifices s'écrouler pendant les scabreux, et souvent les longs trajets qu'on leur fait faire à travers la ville.

Le peuple russe est souverainement adroit : c'est contre le vœu de la nature que cette race d'hommes a été poussée près du pôle par les révolutions humaines, et qu'elle y est retenue par les nécessités politiques. Qui pénétrerait plus avant dans les vues de la Providence, reconnaîtrait peut-être que la guerre contre les éléments est la rude épreuve à laquelle Dieu a voulu soumettre cette nation marquée par lui pour en dominer un jour beaucoup d'autres. La lutte est l'école de la Providence (1).

Le combustible devient rare en Russie. Le bois se paye à Pétersbourg aussi cher qu'à Paris. Il est telle maison ici dont le chauffage coûte, par hiver, de neuf à dix mille francs. En voyant la dilapidation des forêts, on se demande avec inquiétude de quoi bois se chauffera la génération qui suivra celle-ci.

Pardonnez-moi la plaisanterie : je pense souvent que ce serait une mesure de prudence de la part des peuples qui jouissent d'un beau climat que de fournir aux Russes de quoi faire bon feu chez eux. Ils regretteraient moins le soleil.

Les charrettes destinées à emporter les immondices de la ville sont petites et incommodes ; avec une telle machine un homme et un cheval ne peuvent faire que peu d'ouvrage en un jour. Généralement les Russes manifestent leur intelligence plutôt par la manière d'employer de mauvais ustensiles que par le soin qu'ils mettent à perfectionner ceux qu'ils ont. Doués de peu d'invention, ils manquent le plus souvent des mécaniques appropriées au but qu'ils veulent atteindre. Ce peuple, qui a tant de grâce et de facilité, est dépourvu de génie créateur. Les Russes ont tiré leurs sciences et leurs arts de l'étranger. Ils ont de l'esprit, mais c'est un esprit imitateur, et par conséquent plus ironique que fécond : cet esprit contrefait tout, il n'imagine rien.

La moquerie est le trait dominant du caractère des tyrans et des esclaves. Toute nation opprimée a l'esprit tourné au dénigrement, à la satire, à la caricature ; elle se venge de son inaction et de son abaissement par des sarcasmes. Reste à calculer et à formuler le rapport qui existe entre les nations et les constitutions qu'elles se donnent ou qu'elles subissent. Mon opinion est que chaque nation policée a pour gouvernement le seul qu'elle puisse avoir. Je ne prétends pas vous imposer ni même vous exposer ce système : c'est un travail que je laisse à de plus dignes et à de plus savants que moi ; mon but aujourd'hui est moins ambitieux, c'est de vous décrire ce qui me frappe dans les rues et sur les quais de Pétersbourg.

En quelques endroits la Néva disparaît couverte par des barques de foin. Ces rustiques édifices sont plus grands que bien des maisons, et leur aspect me semble pittoresque et ingénieux comme tout ce que les Slaves ne doivent qu'à eux-mêmes. Ces barques, habitées par les hommes qui les conduisent, sont tendues de tapis de paille, espèce de sparterie qui, toute grossière qu'elle est, donne un air de pavillon oriental, de jonque chinoise au mobile édifice : ce

(1) Ce reproche, qui tombe sur Pierre Ier et sur ses successeurs immédiats, complète l'éloge de l'Empereur Nicolas, qui a commencé d'arrêter ce torrent.

(2) Voyez les Lettres cinquième et vingt-neuvième.

(1) Ceci doit s'entendre des peuples à demi sauvages que la Russie semble destinée à incorporer dans son corps politique pour étendre leur civilisation.
(Note de l'auteur pour cette édition.)

n'est qu'à Pétersbourg que j'ai vu des murailles de foin tapissées de paillassons, et des familles sortir de dessous ce foin comme des bêtes s'élancent de leurs tanières.

Le métier de badigeonneur devient important dans une ville où l'intérieur des maisons reste en proie à des fourmilières de vermine, tandis que l'extérieur est régulièrement dégradé par les hivers. En Russie, il faut recrépir chaque année tout édifice qu'on veut préserver d'une prompte destruction.

La manière dont le badigeonneur russe fait son métier est curieuse : il n'a que trois mois par an pour travailler au dehors des maisons. Vous jugez que le nombre des ouvriers doit être considérable : on en rencontre à chaque coin de rue. Ces hommes, assis au péril de leur vie sur une planchette mal attachée à une grande corde flottante, se balancent comme des insectes contre les édifices qu'ils reblanchissent. Quelque chose de semblable a lieu chez nous, où des ouvriers se pendent aussi aux nœuds d'une corde pour monter et descendre le long des maisons. Mais les badigeonneurs français, toujours en petit nombre, sont bien moins téméraires que les Russes. En tout lieu l'homme apprécie sa vie ce qu'elle vaut.

Figurez-vous des centaines d'araignées pendues au fil de leurs toiles déchirées par l'orage, et qu'elles s'empressent de réparer avec une dextérité, une activité merveilleuses, et vous aurez l'idée du travail des badigeonneurs dans les rues de Pétersbourg pendant le court été du Nord. Les maisons n'ont guère plus de trois étages; elles sont blanches, mais leur apparence est trompeuse, car on les croirait propres. Moi qui sais la vérité sur l'intérieur, je passe devant ces brillantes façades avec un respectueux dégoût.

En province, on badigeonne les villes où l'Empereur doit passer : est-ce un honneur rendu au souverain, ou veut-on lui faire illusion sur la misère du pays?

En général, les Russes portent avec eux une odeur désagréable et dont on s'aperçoit même en plein air et de loin. Les gens du monde sentent le musc, et les gens du peuple le chou aigre, mêlé d'une exhalaison d'oignons et de vieux cuirs gras parfumés. Ces senteurs ne varient pas.

Vous pouvez conclure de là que les trente mille sujets de l'Empereur qui viennent au 1er janvier lui offrir leurs félicitations jusque dans son palais, et les six ou sept mille que nous verrons demain se presser dans l'intérieur du château de Péterhoff pour fêter leur Impératrice, doivent laisser sur leur passage un parfum redoutable.

De toutes les femmes du peuple que j'ai rencontrées jusqu'ici dans les rues, pas une seule ne m'a semblé belle; et le plus grand nombre d'entre elles m'a paru d'une laideur remarquable et d'une malpropreté repoussante. On s'étonne en pensant que ce sont là les épouses et les mères de ces hommes aux traits si fins, si réguliers, aux profils grecs, à la taille élégante et souple, qu'on aperçoit même parmi les dernières classes de la nation. Rien de si beau que les vieillards, de si affreux que les vieilles femmes russes. J'ai vu peu de bourgeoises. Une des singularités de Pétersbourg, c'est que le nombre des femmes, relativement à celui des hommes, y est moindre que dans les capitales des autres pays; on m'assure qu'elles forment tout au plus le tiers de la population totale de la ville.

Cette rareté fait qu'elles ne sont que trop fêtées : on leur témoigne tant d'empressement qu'il n'en est guère qui se risquent seules passé une certaine heure dans les rues des quartiers peu populeux. Dans la capitale d'un pays tout militaire et chez un peuple adonné à l'ivrognerie, cette réserve me paraît assez motivée. En général, les femmes russes se montrent moins en public que les Françaises; il ne faudrait pas remonter bien haut pour arriver au temps où elles passaient leur vie enfermées comme les femmes de l'Asie. Il n'y a guère plus de cent ans que les Russes les tenaient sous clef. Cette réserve, dont le souvenir se perpétue, rappelle, comme tant d'autres coutumes russes, l'origine de ce peuple : elle contribue à la tristesse des fêtes et des rues de Pétersbourg. Ce qu'on voit de plus beau dans cette ville, ce sont les parades, tant il est vrai que c'est à bon droit que je vous ai dit que toute ville russe, à commencer par la capitale, est un camp un peu plus stable et plus pacifique qu'un bivouac.

On compte peu de cafés dans Pétersbourg; il n'y a point de bals publics autorisés dans l'intérieur de la ville; les promenades ne sont guère fréquentées et on les parcourt avec une gravité peu réjouissante. Néanmoins le séjour de Pétersbourg serait tout à fait agréable pour un voyageur du grand monde qui croirait aux paroles et qui aurait en même temps du caractère. Mais il en faudrait beaucoup afin de refuser les fêtes et de renoncer aux dîners, véritables fléaux de la société russe, et l'on peut dire de toutes les sociétés où sont admis les étrangers, et d'où par conséquent l'intimité est bannie.

Je n'ai accepté ici que bien peu d'invitations chez les particuliers : j'étais surtout curieux des solennités de cour; mais j'en ai assez vu; on se blase vite sur des merveilles où le cœur n'a rien à sentir. Si l'on était amoureux, on pourrait se résigner à suivre au palais une femme qu'on aimerait, tout en maudissant le sort qui l'attache à une société uniquement animée par l'ambition, la peur et la vanité.

On a beau dire que le grand monde est le même partout; la Russie est aujourd'hui le pays de l'Europe où les intrigues de cour tiennent le plus de place dans l'existence de chaque individu.

LETTRE QUINZIÈME.

SOMMAIRE. — Fête de Péterhoff. — Le peuple dans le palais de son maître. — Ce qu'il y a de réel dans cet acte de popularité. — L'Asie et l'Europe en présence. — Prestige attaché à la personne de l'Empereur. — Pourquoi l'impératrice Catherine instituait des écoles en Russie. — Vanité russe. — L'Empereur y pourra-t-il remédier? — Fausse civilisation. — Plan de l'empereur Nicolas. — La Russie telle qu'on la montre aux étrangers et la Russie telle qu'elle est. — Souvenirs du voyage de l'impératrice Catherine en Crimée. — Ce que les Russes pensent des diplomates européens. — Hospitalité russe. — Le fond des choses. — Dissimulation à l'ordre du jour. — Étrangers complices des Russes. — Ce que c'est que la popularité des empereurs de Russie. — Composition de la foule admise dans le palais. — [illegible] — [illegible] — Peine de mort. — Comment elle est abolie. — [illegible] des physionomies. — Motifs du voyageur pour visiter la Russie. — [illegible] — L'Empereur lui-même est à plaindre. — Compensation. — Oppression. — La Sibérie. — Manière dont l'étranger doit se conduire pour être bien vu. — [illegible] des Russes. — Leur sens politique. — Danger que court l'étranger en Russie. — Probité du moujik, paysan russe. — La montre de l'ambassadeur de Sardaigne. — Autre vol. — Moyen de gouvernement. — [illegible] — Le *Journal des Débats*, pourquoi l'Empereur le lit. — Bois de Péterhoff. — Le parc. — Efforts de l'art. — Illuminations. — [illegible] — Voitures, présages : leur nombre. — Bivouac bourgeois. — Nombre des [illegible] — [illegible] pour les [illegible] — Comportement de la foule autour de Péterhoff. — Parcs d'équipages. — Voleur du peuple russe. — Palais [illegible] — [illegible] dans le corps diplomatique et les étrangers invités sont traités. — [illegible] — Le portail. — Bivouacs militaires. — [illegible] — Le bal. — Les appartements. — Manière dont l'Empereur [illegible] la foule. — [illegible] — Illumination des vaisseaux. — Ouragan. — Accidents sur la mer pendant la fête. — Prix de la vie sous le despotisme. — Tristes présages. — Chiffre de l'Impératrice [illegible] — Ce qu'il en coûte à l'homme qui veut la [illegible] — Description de la journée de l'Impératrice. — [illegible] — Tristesse des anniversaires. — Promenade en lignes. — Description de cette voiture. — Rencontre d'une dame russe en ligne. — Sa conversation. — Magnificence de la promenade nocturne. — Lac de Marly. — Souvenirs de Versailles. — Maison de Pierre le Grand. — Grottes, cascades illuminées. — Départ de la foule après la fête. — Image de la retraite de Moscou. — Revue du corps des cadets passée par l'Empereur. — Toujours la cour. — Ce qu'il faut pour supporter cette vie. — Triomphe d'un cadet. — Évolutions des soldats circassiens.

Péterhoff, ce 23 juillet 1839.

Il faut considérer la fête de Péterhoff de deux points de vue différents : le matériel et le moral; sous ces deux rapports le même spectacle produit des impressions contraires.

Je n'ai rien vu de plus beau pour les yeux, de plus triste pour la pensée, que ce rassemblement soi-disant national de courtisans et de paysans, qui se réunissent de fait dans les mêmes salons sans se rapprocher de cœur. Socialement ceci me déplaît, parce qu'il me paraît que l'Empereur, par ce faux luxe de popularité, abaisse les grands sans relever les petits. Tous les hommes sont égaux devant Dieu, et, pour un Russe, Dieu, c'est le maître : ce maître suprême est si loin de la terre qu'il ne voit pas de distance entre le serf et le seigneur; des hauteurs où réside sa sublimité, les petites nuances qui divisent le genre humain échappent à ses augustes regards. C'est ainsi que les aspérités qui hérissent la surface du globe s'évanouiraient aux yeux d'un habitant du soleil.

Lorsque l'Empereur ouvre librement, en apparence, son palais aux paysans privilégiés, aux bourgeois choisis qu'il admet deux fois l'an à l'honneur de lui faire leur cour (1), il ne dit pas au laboureur, au marchand : « Tu es homme comme moi; » mais il dit au grand seigneur (2) : « Tu es esclave comme le serf, et moi, votre dieu, je plane sur vous tous également. » Tel est, toute fiction politique à part, le sens moral de cette fête, et voilà ce qui en gâte le spectacle à mes yeux. Au surplus, j'ai remarqué qu'il plaisait au maître et aux paysans beaucoup plus qu'aux courtisans de profession.

Chercher un simulacre de popularité dans l'égalité des autres, c'est un jeu cruel, une plaisanterie de despote qui pouvait éblouir les hommes d'un autre siècle, mais qui ne saurait tromper des peuples parvenus à l'âge de l'expérience et de la réflexion. Ce n'est pas l'empereur Nicolas qui a eu recours à une telle supercherie, mais puisqu'il n'a pas inventé cette puérilité politique, il serait digne de lui de l'abolir. Il est vrai que rien ne s'abolit sans péril en Russie; les peuples qui manquent de garantie ne s'appuient que sur les habitudes. L'attachement opiniâtre à la coutume, défendue par l'émeute et le poison, est une des colonnes de la constitution, et la mort périodique des souverains prouve aux Russes que cette constitution sait se faire respecter. L'équilibre d'une telle machine est pour moi un profond et douloureux mystère.

Comme décoration, comme assemblage pittoresque d'hommes de tous états, comme revue de costumes magnifiques ou singuliers, on ne saurait faire assez d'éloges de la fête de Péterhoff. Rien de ce que

(1) Au 1er janvier à Pétersbourg, et à Péterhoff pour la fête de l'Impératrice.

(2) Nous nous servons de ce terme parce que [illegible] de créer un vocabulaire à notre usage; mais on ne doit [illegible] qu'il n'a pas la signification qu'on lui donne ailleurs. Où la liberté manque [illegible] il y a [illegible] une classe de gens qui porte des titres, il n'y a pas de noblesse.

j'en avais lu, de ce qu'on m'en avait raconté n'aurait pu me donner l'idée d'une telle féerie ; l'imagination était restée au-dessous de la réalité.

Figurez-vous un palais bâti sur une terrasse dont la hauteur équivaut à une montagne dans un pays de plaines à perte de vue, pays tellement plat, que, d'une élévation de soixante pieds, vous jouissez d'un horizon immense ; au-dessous de cette imposante construction commence un vaste parc auquel la mer sert de limite. Vous apercevez là une ligne de vaisseaux de guerre qui, le soir de la fête, doivent être illuminés : c'est de la magie ; le feu s'allume, brille et s'étend comme un incendie, depuis les bosquets et les terrasses du palais jusque sur les flots du golfe de Finlande. Dans le parc, les lampions font l'effet du grand jour. Vous y voyez des arbres diversement éclairés par des soleils de toutes couleurs ; ce n'est pas par milliers, par dix milliers, que l'on compte les lumières de ces jardins d'Armide, c'est par centaines de mille, et vous admirez tout cela à travers les fenêtres d'un château pris d'assaut par un peuple aussi respectueux que s'il avait passé sa vie à la cour.

Néanmoins, dans cette foule où l'on cherche à effacer les rangs, toutes les classes se rencontrent sans se confondre. Quelques attaques qu'ait portées le despotisme à l'aristocratie, il y a encore des castes en Russie.

C'est un point de ressemblance de plus avec l'Orient, et ce n'est pas une des contradictions les moins frappantes de l'ordre social tel que l'ont fait les mœurs du peuple combinées avec le gouvernement du pays. Ainsi, à cette fête de l'Impératrice, vraie bacchanale du pouvoir absolu, j'ai reconnu l'image de l'ordre qui règne dans l'État sous le désordre apparent du bal. C'étaient toujours des marchands, des soldats, des laboureurs, des courtisans, que je rencontrais, et tous se distinguaient à leur costume : un habit qui n'indiquerait pas le rang de l'homme, un homme qui n'aurait de valeur que son mérite personnel, seraient ici des anomalies, des inventions européennes importées par des novateurs inquiets et d'imprudents voyageurs. N'oubliez pas que nous sommes aux confins de l'Asie : un Russe en frac chez lui me fait l'effet d'un étranger.

La Russie est placée sur la limite de deux continents : ce qui vient de l'Europe n'est pas de nature à s'amalgamer complétement avec ce qui a été apporté de l'Asie. Cette société n'a jusqu'à présent été policée qu'en souffrant la violence et l'incohérence de deux civilisations en présence, mais toujours très diverses ; c'est pour le voyageur une source d'observations intéressantes, sinon consolantes.

Le bal est une cohue ; il est soi-disant masqué parce que les hommes y portent sous le bras un petit chiffon de soie baptisé manteau vénitien, et qui flotte ridiculement par-dessus les uniformes. Les salles du vieux palais, remplies de monde, sont un océan de têtes à cheveux gras, toutes dominées par la noble tête de l'Empereur, de qui la taille, la voix et la volonté planent sur son peuple. Ce prince paraît digne et capable de subjuguer les esprits comme il surpasse les corps ; une sorte de prestige est attaché à sa personne ; à Péterhoff, comme à la parade, comme à la guerre, comme dans tout l'Empire, comme à tous les moments de sa vie, vous voyez en lui l'homme qui règne.

Ce règne perpétuel et perpétuellement adoré serait une vraie comédie, si de cette représentation permanente ne dépendait l'existence de soixante millions d'hommes, qui ne vivent que parce que l'homme que vous voyez là, devant vous, en attitude d'empereur, leur accorde la permission de respirer et leur dicte la manière d'user de cette permission : c'est le droit divin appliqué au mécanisme de la vie sociale ; tel est le côté sérieux de la représentation : de là dérivent des faits tellement graves que la peur qu'on en a étouffe l'envie d'en rire.

Il n'existe pas aujourd'hui sur la terre un seul homme qui jouisse d'un tel pouvoir, et qui en use : pas en Turquie, pas même en Chine. Figurez-vous l'habileté de nos gouvernements, éprouvée par des siècles d'exercice, mise au service d'une société encore jeune et féroce ; les rubriques des administrations de l'Occident aidant de toute l'expérience moderne le despotisme de l'Orient, la discipline européenne soutenant la tyrannie de l'Asie, la police appliquée à cacher la barbarie pour la perpétuer au lieu de l'étouffer, la brutalité, la cruauté disciplinées, la tactique des armées de l'Europe servant à fortifier la politique des cours de l'Orient : faites-vous l'idée d'un peuple à demi sauvage, qu'on a enrégimenté sans le civiliser ; et vous comprendrez l'état moral et social du peuple russe.

Profiter des progrès administratifs des nations européennes pour gouverner soixante millions d'hommes à l'orientale, tel est, depuis Pierre Ier, le problème à résoudre pour les hommes qui dirigent la Russie.

Les règnes de Catherine la Grande et d'Alexandre n'ont fait que prolonger l'enfance systématique de cette nation, qui n'existe encore que de nom.

Catherine avait institué des écoles pour contenter les philosophes français, dont sa vanité quêtait les louanges. Le gouverneur de Moscou, l'un de ses anciens favoris, récompensé par un pompeux exil dans l'ancienne capitale de l'Empire, lui écrivait un jour que personne n'envoyait ses enfants à l'école ; l'Impératrice répondit à peu près en ces termes :

« Mon cher prince, ne vous plaignez pas de ce que les Russes « n'ont pas le désir de s'instruire ; si j'institue des écoles, ce n'est « pas pour nous, c'est pour l'Europe, où il faut maintenir notre « RANG DANS L'OPINION, mais du jour où nos paysans voudraient « s'éclairer, ni vous ni moi nous ne resterions à nos places. »

Cette lettre a été lue par une personne digne de toute ma confiance ; sans doute en l'écrivant l'Impératrice était en distraction, et c'est précisément parce qu'elle était sujette à de telles absences qu'on la trouvait si aimable et qu'elle exerçait tant de puissance sur l'esprit des hommes à imagination.

Les Russes nieront l'authenticité de l'anecdote selon leur tactique ordinaire ; mais si je ne suis pas sûr de l'exactitude des paroles, je puis affirmer qu'elles expriment la vraie pensée de la souveraine. Ceci doit suffire pour vous et pour moi.

Vous pouvez reconnaître à ce trait l'esprit de vanité qui gouverne et tourmente les Russes, et qui pervertit jusque dans sa source le pouvoir établi sur eux.

Cette malheureuse opinion européenne est un fantôme qui les poursuit dans le secret de leur pensée, et qui réduit pour eux la civilisation à un tour de passe-passe exécuté plus ou moins adroitement.

L'empereur actuel, avec son jugement sain, son esprit clair, a vu l'écueil, mais pourra-t-il l'éviter ? Il faut plus que la force de Pierre le Grand pour remédier au mal causé par ce premier corrupteur des Russes.

Aujourd'hui la difficulté est double ; l'esprit du paysan, resté rude et barbare, regimbe contre la culture, tandis que ses habitudes, sa complexion, le soumettent au frein ; en même temps, la fausse élégance des grands seigneurs contrarie le caractère national, sur lequel il faudrait s'appuyer pour ennoblir le peuple : quelle complication ! qui déliera ce nouveau nœud gordien ?...

J'admire l'empereur Nicolas : un homme de génie peut seul accomplir la tâche qu'il s'est imposée. Il a vu le mal, il a entrevu le remède, et il s'efforce de l'appliquer : lumières et volonté, voilà ce qui fait les grands princes.

Cependant un règne peut-il suffire pour guérir des maux qui datent d'un siècle et demi ? le mal est si enraciné qu'il frappe même l'œil des étrangers un peu attentifs, et pourtant la Russie est un pays où tout le monde conspire à tromper le voyageur.

Savez-vous ce que c'est que de voyager en Russie ? Pour un esprit léger, c'est se nourrir d'illusions ; mais pour quiconque a les yeux ouverts et joint à un peu de puissance d'observation une humeur indépendante, c'est un travail continu, opiniâtre, et qui consiste à discerner péniblement à tout propos deux nations luttant dans une multitude. Ces deux nations, c'est la Russie telle qu'elle est, et la Russie telle qu'on voudrait la montrer à l'Europe.

L'Empereur, moins que personne, est garanti contre le piége des illusions. Souvenez-vous sans cesse du voyage de Catherine à Cherson (1) : comme elle n'allait pas regarder derrière les coulisses de ce théâtre, où le tyran jouait le niais, elle crut ses provinces méridionales peuplées, tandis qu'elles restaient frappées d'une stérilité causée par l'oppression de son gouvernement, bien plus que par les rigueurs de la nature. La finesse des hommes chargés par l'Empereur des détails de l'administration russe expose encore aujourd'hui le souverain à des déceptions du même genre. Aussi ce fait me revient-il souvent à la mémoire, et je le rappelle à la vôtre tout autant de fois.

Le corps diplomatique, et en général les Occidentaux, ont toujours été considérés, par ce gouvernement à l'esprit byzantin et par la Russie tout entière, comme des espions malveillants et jaloux. Il y a ce rapport entre les Russes et les Chinois que les uns et les autres croient toujours que les étrangers les envient ; ils nous jugent d'après eux.

Aussi l'hospitalité moscovite tant vantée est-elle devenue un art qui se résout en une politique très-fine ; il consiste à rendre ses hôtes contents aux moindres frais possibles de sincérité. Parmi les voyageurs, ceux qui se laissent le plus débonnairement et le plus longtemps piper sont les mieux vus. Ici la politesse n'est que l'art de se déguiser réciproquement la double peur qu'on éprouve et qu'on inspire. J'entrevois au fond de toute chose une violence hypocrite, pire que la tyrannie de Bati, dont la Russie moderne est moins loin qu'on ne voudrait nous le faire croire. J'entends parler partout le langage de la philosophie, et partout je vois l'oppression à l'ordre du jour. On me dit : « Nous voudrions bien pouvoir nous passer d'arbitraire, nous serions plus riches et plus forts ; mais nous avons affaire à des peuples de l'Asie. » En même temps on pense : « Nous voudrions bien pouvoir nous dispenser de parler libéralisme, philanthropie, nous serions plus heureux et plus forts ; mais nous avons à traiter avec les gouvernements de l'Europe. » Ces gouvernements, on les déteste, on les craint et on les flatte.

Il faut le dire, les Russes de toutes les classes conspirent avec

(1) Voyez lettre onzième.

un accord merveilleux à faire triompher chez eux la duplicité. Ils ont une dextérité dans le mensonge, un naturel dans la fausseté dont le succès révolte ma sincérité autant qu'il m'épouvante. Tout ce que j'admire ailleurs, je le hais ici, parce que je le trouve payé trop cher. L'ordre, la patience, le calme, l'élégance, la politesse, le respect, les rapports naturels et moraux qui doivent s'établir entre celui qui conçoit et celui qui exécute, enfin tout ce qui fait le prix, le charme des sociétés bien organisées, tout ce qui donne un sens et un but aux institutions politiques, se confond ici dans un seul sentiment, la crainte. En Russie, la crainte remplace, c'est-à-dire paralyse la pensée ; ce sentiment, quand il règne seul, ne peut produire que des apparences de civilisation : n'en déplaise aux législateurs à vue courte, la crainte ne sera jamais l'âme d'une société bien organisée ; ce n'est pas l'ordre, c'est le voile du chaos, voilà tout : où la liberté manque, manquent l'âme et la vérité. La Russie est un corps sans vie, un colosse qui subsiste par la tête, mais dont tous les membres, également privés de force, languissent.... De là une inquiétude profonde, un malaise inexprimable, et ce malaise ne tient pas, comme chez les nouveaux révolutionnaires français, aux inconséquences de notre éducation, au vague des idées, à l'abus, à l'ennui de la prospérité matérielle, aux jalousies qui naissent de la concurrence ; il est l'expression d'une souffrance positive, l'indice d'une maladie organique.

Je crois que de toutes les parties de la terre, la Russie est celle où les hommes ont le moins de bonheur réel. Nous ne sommes pas heureux chez nous, mais nous sentons que le bonheur dépend de nous (1) ; chez les Russes, il est impossible. Figurez-vous les passions républicaines (car encore une fois sous l'empereur de Russie règne une égalité fictive) bouillonnant dans le silence du despotisme ; c'est une combinaison effrayante, surtout par l'avenir qu'elle présage au monde. La Russie est une chaudière d'eau bouillante bien fermée, mais placée sur un feu qui devient toujours plus ardent : je crains l'explosion ; et ce qui n'est pas fait pour me rassurer, c'est que l'Empereur a plusieurs fois éprouvé la même crainte que moi dans le cours de son règne laborieux : laborieux dans la paix comme dans la guerre ; car de nos jours les empires sont comme des machines qui s'usent au repos. L'inquiétude dans l'inaction les dévore.

C'est donc cette tête sans corps, ce souverain sans peuple qui donne des fêtes populaires. Il me semble qu'avant de faire de la popularité, il faudrait faire un peuple.

À la vérité ce pays se prête merveilleusement à tous les genres de fraude ; il existe ailleurs des esclaves, mais, pour trouver autant d'esclaves courtisans, c'est en Russie qu'il faut venir. On ne sait de quoi s'émerveiller le plus, de l'inconséquence ou de l'hypocrisie qui règnent dans cet empire. Catherine II n'est pas morte, car, malgré le caractère si franc de son petit-fils (2), c'est toujours par la dissimulation que la Russie est gouvernée. En ce pays, la tyrannie avouée serait un progrès.

Sur ce point, comme sur bien d'autres, les étrangers qui ont décrit la Russie sont d'accord avec les Russes pour tromper le monde. Peut-on être plus traîtreusement complaisants que la plupart de ces écrivains accourus ici de tous les coins de l'Europe pour faire de la sensibilité sur la touchante familiarité qui règne entre l'empereur de Russie et son peuple ? Le prestige du despotisme serait-il donc si grand qu'il subjuguât même les simples curieux ? Ou ce pays n'a encore été peint que par des hommes dont la position, dont le caractère ne leur permettaient pas l'indépendance, ou les esprits les plus sincères perdent la liberté du jugement dès qu'ils entrent en Russie.

Quant à moi, je me défends de cette influence par l'aversion que j'ai pour la feinte.

Je ne hais qu'un mal, et si je le hais, c'est parce que je crois qu'il engendre et suppose tous les autres maux ; ce mal, c'est le mensonge. Aussi m'efforcé-je de le démasquer partout où je le rencontre ; c'est l'horreur que j'ai pour la fausseté qui me donne le désir et le courage d'écrire ce voyage : je l'ai entrepris par curiosité, je le raconterai par devoir.

La passion de la vérité est une muse qui tient lieu de force, de jeunesse, de lumières. Ce sentiment va si loin en moi qu'il me fait aimer le temps où nous vivons ; si notre siècle est un peu grossier, il est du moins plus sincère que ne le fut celui qui l'a précédé ; il se distingue par la répugnance quelquefois brutale qu'il montre pour toutes les affectations, et je partage cette aversion. La haine de l'hypocrisie est le flambeau dont je me sers pour me guider dans le labyrinthe du monde : ceux qui trompent les hommes, de quelque manière que ce soit, me paraissent des empoisonneurs, et les plus élevés, les plus puissants, sont les plus coupables. Quand la parole ment, quand l'écrit ment, quand l'action ment, je les démens ; quand le silence ment comme en Russie, je l'interprète. C'est le punir.

Voilà ce qui m'a empêché hier de jouir, par la pensée, d'un spectacle que j'admirais des yeux malgré moi ; s'il n'était pas touchant, comme on voulait me le faire croire, il était pompeux, magnifique, singulier, nouveau ; mais il paraissait trompeur ; cette idée suffisait pour lui ôter son prestige à mes yeux. La passion de la vérité qui domine aujourd'hui les cœurs français est encore inconnue en Russie.

Après tout, quelle est donc cette foule baptisée peuple, et dont l'Europe se croit obligée de vanter niaisement la respectueuse familiarité en présence de ses souverains ? Ne vous y trompez pas : ce sont des esclaves d'esclaves. Les grands seigneurs envoient pour fêter l'impératrice des paysans choisis et qu'on dit venus là au hasard ; ces serfs d'élite sont admis à l'honneur de représenter dans le palais un peuple qui n'existe point ailleurs ; ils font foule avec la domesticité de la cour, dont on accorde également l'entrée ce jour-là aux marchands les mieux famés, les plus connus par leur dévouement, car il faut quelques hommes à barbe pour satisfaire les vrais, les vieux Russes. Voilà en réalité ce que c'est que ce peuple dont les excellents sentiments sont donnés pour exemple aux autres peuples par les souverains de la Russie, depuis le temps de l'impératrice Élisabeth ! C'est, je crois, de ce règne que datent ces sortes de fêtes ; aujourd'hui l'empereur Nicolas, avec son caractère de fer, son admirable droiture d'intention, et toute l'autorité que lui assurent ses vertus publiques et privées, n'en pourrait peut-être pas abolir l'usage. Il est donc vrai que, même sous le gouvernement le plus absolu en apparence, les choses sont plus fortes que les hommes. Le despotisme ne se montre à découvert et indépendant que par moments, sous les fous ou sous les tyrans dont la fureur l'énerve.

Rien n'est si périlleux pour un homme, quelque élevé qu'il soit au-dessus des autres, que de dire à une nation : « On t'a trompée, et je ne veux plus être complice de ton erreur. » Le vulgaire tient au mensonge, même à celui qui lui nuit, plus qu'à la vérité, parce que l'orgueil humain préfère ce qui vient de l'homme à ce qui vient de Dieu. Ceci est vrai sous tous les gouvernements, mais c'est doublement vrai sous le despotisme.

Une indépendance comme celle des mougiks de Péterhoff n'inquiète qui que ce soit. Voilà une liberté, une égalité comme il en faut aux despotes ! on peut vanter celle-là sans risque ; mais conseillez à la Russie une émancipation graduelle, vous verrez ce qu'on vous fera et ce qu'on dira de vous en ce pays.

J'entendais hier tous les gens de la cour en passant près de moi vanter la politesse de leurs serfs. « Allez donc donner une fête pareille en France, » disaient-ils. J'étais bien tenté de leur répondre : « Pour comparer nos deux peuples, attendez que le vôtre existe. »

Je me rappelais en même temps une fête donnée par moi à des gens du peuple, à Séville ; c'était pourtant sous le despotisme de Ferdinand VII ; la vraie politesse de ces hommes, libres de fait, si ce n'est de droit, me fournissait un objet de comparaison peu favorable aux Russes (1).

La Russie est l'empire des catalogues : à lire comme collection d'étiquettes, c'est superbe ; mais gardez-vous d'aller plus loin que les titres. Si vous ouvrez le livre, vous n'y trouverez rien de ce qu'il annonce : tous les chapitres sont indiqués, mais tous sont à faire. Combien de forêts ne sont que des marécages où vous ne couperiez pas un fagot !... Les régiments éloignés sont des cadres où il n'y a pas un homme ; les villes, les routes, sont en projet ; la nation elle-même n'est encore qu'une affiche placardée sur l'Europe, dupe d'une imprudente fiction diplomatique (2). Je n'ai trouvé ici de vie propre qu'à l'Empereur et de naturel qu'à la cour.

Les marchands, qui formeraient une classe moyenne, sont en si petit nombre qu'ils ne peuvent marquer dans l'État ; d'ailleurs, presque tous sont étrangers. Les écrivains se comptent par un ou deux à chaque génération : les artistes sont comme les écrivains, leur petit nombre les fait estimer ; mais si leur rareté sert à leur fortune personnelle, elle nuit à leur influence sociale. Il n'y a pas d'avocats dans un pays où il n'y a pas de justice ; où donc trouver cette classe moyenne qui fait la force des États, et sans laquelle un peuple n'est qu'un troupeau conduit par quelques limiers habilement dressés ?

Je n'ai pas mentionné une espèce d'hommes qui ne doivent être comptés ni parmi les grands ni parmi les petits : ce sont les fils de prêtres ; presque tous deviennent des employés subalternes, et ce peuple de commis est la plaie de la Russie (3) ; il forme une espèce de corps de noblesse obscure très-hostile aux grands seigneurs ; une noblesse dont l'esprit est antiaristocratique dans la vraie signification politique du mot, et qui n'en est pas moins très-pesante aux serfs : ce sont ces hommes incommodes à l'État, fruits du schisme, lequel permit au prêtre d'avoir une femme, qui commenceront la prochaine révolution de la Russie.

Le corps de cette noblesse secondaire se recrute également des

(1) Il ne faut jamais oublier la date de ces lettres écrites en 1839 et publiées en 1843.

(2) On voit que le voyageur était par moments presque aussi dupe que l'Europe.

(1) Voyez l'Espagne sous Ferdinand VII, par le même auteur.

(2) L'auteur, en laissant cette boutade, la donne pour ce qu'elle vaut. Son humeur, aigrie par l'affectation d'une popularité impossible, le pousse à la révolte contre une déception d'autant plus dangereuse qu'elle a trompé de bons esprits.

(3) Voir plus loin la Lettre trente et unième, datée de Yaroslaw.

Paris.— Imprimerie Walder, rue Bonaparte, 44.

administrateurs, des artistes, des employés de tous genres venus de l'étranger et de leurs enfants anoblis : voyez-vous dans tout cela l'élément d'un peuple vraiment russe, et digne et capable de justifier, d'apprécier la popularité du souverain?

Encore une fois, tout est déception en Russie, et la gracieuse familiarité du Czar accueillant dans son palais ses serfs et les serfs de ses courtisans, n'est qu'une dérision de plus.

La peine de mort n'existe pas en ce pays, hors pour crime de haute trahison; pourtant il est de certains coupables qu'on veut tuer. Or, voici comment on s'y prend pour concilier la douceur des codes avec la férocité traditionnelle des mœurs : quand un criminel est condamné à plus de cent coups de knout, le bourreau, qui sait ce que signifie cet arrêt, tue par humanité le patient au troisième coup en le frappant dans un endroit mortel. Mais la peine de mort est abolie (1)!... Mentir ainsi à la loi, n'est-ce pas faire pis que de proclamer la tyrannie la plus audacieuse?

Parmi les six ou sept mille représentants de cette fausse nation russe entassés hier au soir dans le palais de Péterhoff, j'ai vainement cherché une figure gaie : on ne rit pas quand on ment.

Vous pouvez m'en croire sur ces résultats du gouvernement absolu, car lorsque je suis venu examiner ce pays, c'était dans l'espoir d'y trouver un remède contre les maux qui menacent le nôtre. Si vous pensez que je juge la Russie trop sévèrement, n'accusez que l'impression involontaire que je reçois chaque jour des choses et des personnes, et que tout ami de l'humanité en recevrait à ma place s'il s'efforçait de regarder comme je le fais au delà de ce qu'on lui montre.

Cet empire, tout immense qu'il est, n'est qu'une prison dont l'Empereur tient la clef; et dans cet État, qui ne peut vivre que de conquêtes, rien en pleine paix n'approche du malheur de ses sujets, si ce n'est le malheur du prince. La vie du geôlier m'a toujours paru tellement semblable à celle du prisonnier, que je ne puis me lasser d'admirer le prestige d'imagination qui fait que l'un de ces deux hommes se croit infiniment moins à plaindre que l'autre.

L'homme ne connaît ici ni les vraies jouissances sociales des esprits cultivés, ni la liberté absolue et brutale du sauvage, ni l'indépendance d'action du demi-sauvage, du barbare; je ne vois de compensation au malheur de naître sous ce régime que les rêves de l'orgueil et l'espoir de la domination : c'est à cette passion que j'en reviens chaque fois que je veux analyser la vie morale des habitants de la Russie. Le Russe pense et vit en soldat..... en soldat conquérant.

Un vrai soldat, quel que soit son pays, n'est guère citoyen; il l'est ici moins que partout ailleurs; c'est un prisonnier à vie condamné à garder des prisonniers.

Remarquez bien qu'en Russie le mot de prison indique quelque chose de plus que ce qu'il signifie ailleurs. Quand on pense à toutes les cruautés souterraines dérobées à notre pitié par la discipline du silence dans un pays où tout homme fait en naissant l'apprentissage de la discrétion, on frémit. Il faut venir ici pour prendre la réserve en haine; tant de prudence révèle une tyrannie secrète, et dont l'image me devient présente en tous lieux. Chaque mouvement de physionomie, chaque réticence, chaque inflexion de voix m'apprend le danger de la confiance et du naturel.

Il n'est pas jusqu'à l'aspect des maisons qui ne reporte ma pensée vers les douloureuses conditions de l'existence humaine en ce pays.

Si je passe le seuil du palais de quelque grand seigneur, et que je vois régner une saleté dégoûtante, mal déguisée sous un luxe fastueux; si, pour ainsi dire, je respire la vermine jusque sous le toit de l'opulence, je ne me dis pas : Voici des défauts, et partant de sincérité..... non, je ne m'arrête point à ce qui frappe mes sens, je vais plus loin, et je me représente aussitôt l'ordure qui doit empester les cachots d'un pays où les hommes riches ne craignent pas la malpropreté pour eux-mêmes; lorsque je souffre de l'humidité de ma chambre, je pense aux malheureux exposés à celle des cachots sous-marins de Kronstadt, de la forteresse de Pétersbourg et de bien d'autres tombeaux politiques dont j'ignore jusqu'au nom; le teint hâve des soldats que je vois passer dans la rue me retrace les rapines des employés chargés de l'approvisionnement de l'armée; la fraude de ces traîtres rétribués par l'Empereur pour nourrir ses gardes, qu'ils affament, est écrite en traits de plomb sur le visage livide des infortunés privés d'une nourriture saine et même suffisante, par des hommes qui ne pensent qu'à s'enrichir vite, sans craindre de déshonorer le gouvernement qu'ils volent, ni d'encourir la malédiction des esclaves enrégimentés qu'ils tuent; enfin, à chaque pas que je fais ici, je vois se lever devant moi le fantôme de la Sibérie, et je pense à tout ce que signifie le nom de ce désert politique, de cet abîme de misères, de ce cimetière des vivants; monde des douleurs fabuleuses, terre peuplée de criminels infâmes et de héros sublimes, colonie sans laquelle cet empire serait incomplet comme un palais sans caves.

Tels sont les sombres tableaux qui se présentent à mon imagination au moment où l'on nous vante les rapports touchants du Czar avec ses sujets. Non, certes, je ne suis point disposé à me laisser éblouir par la popularité impériale; au contraire, je le suis à perdre l'amitié des Russes plutôt que la liberté d'esprit dont j'use pour juger leurs ruses et les moyens employés par eux afin de nous tromper et de se tromper eux-mêmes; mais je crains peu leur colère, car je leur rends la justice de croire qu'au fond du cœur ils jugent leur pays plus sévèrement que je ne le juge, parce qu'ils le connaissent mieux que je ne le connais. En me blâmant tout haut, ils m'absoudront tout bas; c'est assez pour moi. Un voyageur qui se laisserait endoctriner ici par les gens du pays, pourrait parcourir l'Empire d'un bout à l'autre et revenir chez lui sans avoir fait autre chose qu'un cours de façades : c'est là ce qu'il faut pour plaire à mes hôtes, je le vois; mais à ce prix leur hospitalité me coûterait trop cher; j'aime mieux renoncer à leurs éloges que de perdre le véritable, l'unique fruit de mon voyage : l'expérience.

Pourvu qu'un étranger se montre niaisement actif, qu'il se lève de bonne heure après s'être couché tard, qu'il ne manque pas un bal après avoir assisté à toutes les manœuvres, en un mot, qu'il s'agite au point de ne pouvoir penser, il est le bienvenu partout; on le juge avec bienveillance; on le fête; une foule d'inconnus lui serreront la main chaque fois que l'Empereur lui aura parlé ou souri, et en partant il sera déclaré un voyageur distingué. Il me semble voir le bourgeois gentilhomme turlupiné par le mufti de Molière. Les Russes ont fait un mot français excellent pour désigner leur hospitalité politique; en parlant des étrangers, qu'ils aveuglent à force de fêtes : il faut les *enguirlander*, disent-ils (1). Mais qu'il se garde de montrer que le zèle du métier se ralentit en lui; au premier symptôme de fatigue ou de clairvoyance, à la moindre négligence qui trahirait non pas l'ennui, mais la faculté de s'ennuyer, il verrait se lever contre lui, comme un serpent irrité, l'esprit russe, le plus caustique des esprits.

La moquerie, cette impuissante consolation de l'opprimé, est ici le plaisir du paysan, comme le sarcasme est l'élégance du grand seigneur; l'ironie et l'imitation sont les seuls talents naturels que j'aie reconnus aux Russes. L'étranger une fois en butte au venin de leur critique ne s'en relèverait pas; il serait passé aux langues comme un déserteur aux baguettes; avili, abattu, il finirait par tomber sous les pieds d'une tourbe d'ambitieux, les plus impitoyables, les plus bronzés qu'il y ait au monde. Les ambitieux prennent en tout temps plaisir à tuer un homme. « Étouffons-le par précaution; c'en est toujours un de moins : un homme est presque un rival, car il pourrait le devenir. »

Ce n'est pas à la cour qu'il faut vivre pour conserver quelque illusion sur l'hospitalité orientale pratiquée parmi les Russes. Ici l'hospitalité est comme ces vieux refrains chantés par les peuples même après que la chanson n'a plus de sens pour ceux qui la répètent; l'Empereur donne le ton de ce refrain, et les courtisans reprennent en chœur. Les courtisans russes me font l'effet de marionnettes dont les ficelles sont trop grosses.

Je ne crois pas davantage à la probité du *mougik*. On m'assure avec emphase qu'il ne déroberait pas une fleur dans les jardins de son Czar : là-dessus je ne dispute point; je sais les miracles qu'on obtient de la peur; mais ce que je sais aussi, c'est que ce peuple modèle, ce paysan de cour, ne se fait point faute de voler les grands seigneurs ses rivaux d'un jour, si, trop attendris de sa présence au palais et trop confiants dans les sentiments d'honneur du serf ennobli par l'affabilité du prince, ils cessent un instant de veiller sur les mouvements de ses mains.

Hier au bal impérial et populaire du palais de Péterhoff, l'ambassadeur de Sardaigne a eu sa montre fort adroitement enlevée du gousset, malgré la chaîne de sûreté qui devait la défendre. Beaucoup de personnes ont perdu dans la bagarre leurs mouchoirs et d'autres objets. On m'a pris à moi une bourse garnie de quelques ducats, et je me suis consolé de cette perte en riant sous cape des éloges prodigués à la probité de ce peuple par ses seigneurs. Ceux-ci savent bien ce que valent leurs belles phrases; mais je ne suis pas fâché de le savoir aussi bien qu'eux.

En voyant tant de finesses inutiles, je cherche les dupes de ces puérils mensonges, et je m'écrie comme Basile : « Qui trompe-t-on ici? tout le monde est dans le secret. »

Les Russes ont beau dire et beau faire, tout observateur sincère ne verra chez eux que des Grecs du Bas-Empire formés à la stratégie moderne par les Prussiens du XVIIIe siècle et par les Français du XIXe.

La popularité d'un autocrate me paraît aussi suspecte en Russie que l'est à mes yeux la bonne foi des hommes qui prêchent en France la démocratie absolue au nom de la liberté : sophismes sanglants!... Détruire la liberté en prêchant le libéralisme, c'est assassiner, car la société vit de vérité; faire de la tyrannie patriarcale, c'est encore assassiner!...

J'ai une idée fixe : c'est qu'on peut et qu'on doit régner sur les

(1) Voyez la brochure de M. Tolstoï intitulée : *Coup d'œil sur la législation russe*, etc.

(1) Voyez la conclusion de la Lettre onzième.

hommes sans les tromper (1). Si dans la vie privée le mensonge est une bassesse, dans la vie publique c'est un crime, et un jour ce crime deviendra une maladresse. Tout gouvernement qui ment est un conspirateur plus dangereux que le meurtrier qu'il fait décapiter légalement; et, malgré l'exemple de certains grands esprits gâtés par un siècle de beaux esprits, le crime, c'est-à-dire le mensonge, est la plus énorme des fautes : en renonçant à la vérité, le génie abdique; et, par un renversement étrange, alors c'est le maître qui s'humilie devant l'esclave, car l'homme qui trompe est au-dessous de l'homme trompé. Ceci s'applique au gouvernement, à la littérature, comme à la religion.

Mon idée sur la possibilité de faire servir la sincérité chrétienne à la politique n'est pas si creuse qu'elle peut le paraître aux habiles, car c'est aussi celle de l'empereur Nicolas, esprit pratique et lucide s'il en est. Je ne crois pas qu'il y ait aujourd'hui sur aucun trône un prince qui déteste autant le mensonge et qui mente aussi peu que ce prince (2).

Il s'est fait le champion du pouvoir monarchique en Europe, et vous savez s'il soutient ce rôle avec franchise. On ne le voit pas, comme certain gouvernement, prêcher dans chaque localité une politique différente selon des intérêts purement mercantiles; loin de là, il favorise partout indistinctement les principes qui s'accordent avec son système : voilà comme il est royaliste absolu. Est-ce ainsi que l'Angleterre est libérale, constitutionnelle et favorable à la philanthropie?

L'empereur Nicolas lit tous les jours lui-même, d'un bout à l'autre, un journal français, un seul : le *Journal des Débats*. Il ne parcourt les autres que lorsqu'on lui indique quelque article intéressant.

Soutenir le pouvoir pour sauver l'ordre social, c'est en France le but des meilleurs esprits, c'est aussi la pensée constante du *Journal des Débats*, pensée défendue avec une supériorité de raison qui explique la considération accordée à cette feuille dans notre pays comme dans le reste de l'Europe.

La France souffre du mal du siècle; elle en est plus malade qu'aucun autre pays : ce mal, c'est la haine de l'autorité; le remède consiste donc à fortifier l'autorité : voilà ce que pensent l'Empereur à Pétersbourg et le *Journal des Débats* à Paris.

Mais, comme ils ne s'accordent que sur le but, ils sont d'autant plus ennemis qu'ils semblent plus rapprochés l'un de l'autre. Le choix des moyens ne divise-t-il pas souvent des esprits réunis sous la même bannière? on se rencontrait alliés, on se sépare ennemis.

La légitimité par droit d'héritage paraît à l'empereur de Russie l'unique moyen d'arriver à son but, tandis qu'en forçant un peu le sens ordinaire du vieux mot légitimité, sous prétexte qu'il en existe une autre plus sûre, celle de l'élection basée sur les vrais intérêts du pays, le *Journal des Débats* élève autel contre autel au nom du salut des sociétés.

Or, du combat de ces deux légitimités, dont l'une est aveugle comme la nécessité, l'autre flottante comme la passion, il résulte une guerre d'autant plus vive que les raisons décisives manquent aux avocats des deux systèmes, qui se servent des mêmes termes pour arriver à des conclusions opposées.

Ce qu'il y a de certain parmi tant de doutes, c'est que tout homme qui se retracera l'histoire de la Russie depuis l'origine de cet Empire, mais surtout depuis l'avénement des Romanoff, ne pourra que s'émerveiller de voir le prince qui règne aujourd'hui sur ce pays se porter le défenseur du dogme monarchique de la légitimité par droit d'héritage, selon le sens que dans sa religion politique la France donnait autrefois au mot légitimité, tandis qu'en faisant un retour sur lui-même et sur les moyens violents employés par plusieurs de ses ancêtres pour transmettre le pouvoir à leurs successeurs, il apprendrait de la logique des événements à préférer la légitimité du *Journal des Débats*. Mais il obéit à sa conviction sans retour sur lui-même.

Je me complais dans les digressions, vous le savez depuis longtemps; je n'aime point à laisser de côté les idées accessoires que m'offre un sujet : cette espèce de désordre séduit mon imagination éprise de tout ce qui ressemble à la liberté. Je ne m'en corrigerais que s'il fallait chaque fois m'en excuser, et multiplier les précautions oratoires pour varier les transitions, parce qu'alors la peine passerait le plaisir.

Le site de Péterhoff est jusqu'à présent le plus beau tableau naturel que j'aie vu en Russie. Une falaise peu élevée domine la mer, qui commence à l'extrémité du parc, environ à un tiers de lieue au-dessous du palais, lequel est bâti au bord de cette petite falaise, coupée presque à pic par la nature. En cet endroit, on a pratiqué de magnifiques rampes; vous descendez de terrasse en terrasse jusque dans le parc, où vous trouvez des bosquets majestueux par l'épaisseur de leur ombre et par leur étendue. Ce parc est orné de jets d'eau et de cascades artificielles, dans le goût de celles de Versailles, et il est assez varié pour un jardin dessiné à la manière de Le Nôtre. Il s'y trouve certains points élevés, certaines fabriques d'où l'on découvre la mer, les côtes de Finlande, puis l'arsenal de la marine russe, l'île de Kronstadt avec ses remparts de granit à fleur d'eau, et plus loin, à neuf lieues vers la droite, Pétersbourg, blanche ville, qui de loin paraît gaie et brillante, et qui, avec ses amas de palais aux toits peints, ses îles, ses temples aux colonnes plâtrées, ses forêts de clochers semblables à des minarets, ressemble vers le soir à une forêt de sapins dont les pyramides argentées seraient illuminées par un incendie.

Du milieu de cette forêt coupée par des bras de rivière, on voit déboucher, ou du moins on devine les divers lits de la Néva, laquelle se divise près du golfe et vient finir à la mer dans toute la majesté d'un grand fleuve dont la magnifique embouchure fait oublier qu'il n'a que dix-huit lieues de cours. Encore une apparence! On dirait qu'ici la nature est d'accord avec les hommes pour entourer d'illusions le voyageur ébloui. Ce paysage est plat, froid, mais grandiose, et sa tristesse impose.

La végétation ne répand que peu de variété dans les sites de l'Ingrie : celle des jardins est toute factice, celle de la campagne consiste en quelques bouquets de bouleaux, d'un vert triste, et en des allées du même arbre, plantées comme limites entre des prés marécageux, des bois noueux et malingres et des champs cultivés où le froment ne vient pas; car, qu'est-ce qui vient sous le soixantième degré de latitude?

Quand je pense à tous les obstacles que l'homme a vaincus ici pour y vivre en société, pour bâtir une ville et loger plus qu'un roi dans des repaires d'ours et de loups, comme on disait à Catherine, et pour l'y maintenir avec la magnificence convenable à la vanité des grands princes et des grands peuples, je ne vois pas une laitue, pas une rose, sans être tenté de crier au miracle. Si Pétersbourg est une Laponie badigeonnée, Péterhoff est le palais d'Armide sous verre. Je ne me crois pas en plein air quand je vois tant de choses pompeuses, délicates, brillantes, et que je pense qu'à quelques degrés plus haut l'année se divise en quatre parties égales : un jour, une nuit et deux crépuscules de trois mois chacun. C'est alors surtout que je ne puis m'empêcher d'admirer.

J'admire le triomphe de la volonté humaine partout où je le reconnais, ce qui ne m'oblige pas d'admirer bien souvent.

On fait une lieue en voiture dans le parc impérial de Péterhoff sans passer deux fois par la même allée, or, figurez-vous ce parc tout de feu. Dans ce pays glacial et privé de vive lumière, les illuminations sont un incendie; on dirait que la nuit doit consoler du jour. Les arbres disparaissent sous une décoration de diamants : dans chaque allée il y a autant de lampions que de feuilles : c'est l'Asie, non l'Asie réelle, l'Asie moderne, mais la fabuleuse Bagdad des *Mille et une Nuits*, ou, la plus fabuleuse Babylone de Sémiramis.

On dit que le jour de la fête de l'Impératrice, six mille voitures, trente mille piétons et une innombrable quantité de barques sortent de Pétersbourg pour venir former des campements autour de Péterhoff. C'est le seul jour et le seul lieu où j'aie vu de la foule en Russie. Un bivouac bourgeois dans un pays tout militaire est une curiosité. Ce n'est pas que l'armée manque à la fête, une partie de la garde et le corps des cadets sont également cantonnés autour de la résidence souveraine : et tout ce monde, officiers, soldats, marchands, serfs, maîtres, seigneurs, errent ensemble dans des bois d'où la nuit est chassée par deux cent cinquante mille lampions.

On m'a dit ce chiffre, je vous le répète au hasard; car pour moi deux cent mille ou deux millions, c'est tout un, je n'ai pas de mesure dans l'œil, mais ce que je sais, c'est que cette masse de feu jette une lumière artificielle dont n'approche pas la clarté naturelle du jour du Nord. En Russie, l'Empereur fait pâlir le soleil. A cette époque de l'été, les nuits recommencent, elles allongent rapidement, et hier, sans l'illumination, il aurait fait noir pendant quelques heures sous les grandes allées du parc de Péterhoff.

On dit encore qu'en trente-cinq minutes tous les lampions du parc sont allumés par dix-huit cents hommes; la partie des illuminations qui fait face au château s'éclaire en cinq minutes. Elle comprend entre autres un canal qui correspond au principal balcon du palais, et s'enfonce en ligne droite dans le parc vers la mer, à une grande distance. Cette perspective est d'un effet magique, la nappe d'eau du canal est tellement bordée de lumières, elle reflète des clartés si vives, qu'on la prend pour du feu. L'Arioste aurait peut-être l'imagination assez brillante pour vous peindre tant de merveilles dans la langue des fées; il y a du goût et de la fantaisie dans l'usage qu'on a fait ici de cette prodigieuse masse de lumière : on a donné à divers groupes de lampions, heureusement dispersés, des formes originales : ce sont des fleurs grandes comme des arbres, des soleils, des vases, des berceaux de pampres imitant les *pergole* (1) italiennes, des obélisques, des colonnes, des murailles ciselées à la manière moresque; enfin tout un monde fantastique vous

(1) Cette chimère est devenue une réalité.

(*Note de l'auteur pour cette édition.*)

(2) On voit par ce passage à quel point le voyageur qui voyait clair lorsqu'il apercevait la nation, se trompait lorsqu'il jugeait l'homme.

(1) Treilles portées sur des colonnes ou des pilastres.

passe sous les yeux sans que rien fixe vos regards, car les merveilles se succèdent avec une incroyable rapidité. Vous êtes distrait d'une fortification de feu par des draperies, par des dentelles de pierres précieuses; tout brille, tout brûle, tout est de flamme et de diamant; on craint que ce magnifique spectacle ne finisse comme un incendie par un tas de cendres.

Mais ce qu'il y a de plus étonnant vu du palais, c'est toujours le grand canal, qui ressemble à une lave immobile dans une forêt embrasée.

A l'extrémité de ce canal s'élève, sur une énorme pyramide de feux de couleur (elle a, je crois, soixante et dix pieds de haut), le chiffre de l'Impératrice, qui brille d'un blanc éclatant, au-dessus de toutes les lumières rouges, vertes et bleues qui l'environnent : on dirait d'une aigrette de diamants entourée de pierres de couleur. Tout cela est sur une si grande échelle que vous doutez de ce qui vous apparaît. De tels efforts pour une fête annuelle, c'est impossible, dites-vous: ce que je vois est trop grand pour être réel, c'est le rêve d'un géant amoureux raconté par un poëte fou.

Il y a quelque chose d'aussi prodigieux que la fête elle-même, ce sont les épisodes auxquels elle donne lieu. Pendant deux ou trois nuits, toute cette foule dont je vous ai parlé campe autour du village et se disperse à une assez grande distance du château. Beaucoup de femmes couchent dans leur voiture, des paysannes dorment dans leurs charettes; tous ces équipages, renfermés par centaines dans des enclos de planches, forment des camps très-amusants à parcourir et qui seraient dignes d'être reproduits par quelque artiste spirituel.

Les villes d'un jour que les Russes improvisent pour leurs fêtes sont bien plus amusantes, elles ont un caractère bien plus national que les véritables villes bâties en Russie par des étrangers. A Péterhoff, chevaux, maîtres et cochers, tout est réuni dans des enceintes de bois; ces bivouacs sont indispensables, car il n'y a dans le village qu'un petit nombre de maisons passablement sales, dont les chambres se paient deux cents et jusqu'à cinq cents roubles par nuit : le rouble de papier équivaut à vingt trois sous de France.

Ce qui accroît mon malaise depuis que je vis parmi les Russes, c'est que tout me révèle la valeur réelle de ce peuple opprimé. L'idée de ce qu'il pourrait faire, s'il était libre, exaspère la colère que je ressens, en voyant ce qu'il fait aujourd'hui.

Les ambassadeurs, avec leur famille et leur suite, ainsi que les étrangers présentés, sont logés et hébergés aux frais de l'Empereur; on réserve à cet effet un vaste et charmant édifice en forme de pavillon carré, appelé le palais anglais. Cette habitation est située à un quart de lieue du palais impérial, à l'extrémité du village, dans un beau parc dessiné à l'anglaise, et qui paraît naturel tant il est pittoresque. L'abondance et la beauté des eaux, le mouvement du terrain, choses rares dans les environs de Pétersbourg, rendent ce jardin agréable. Cette année le nombre des étrangers étant plus grand que de coutume, ils n'ont pu trouver place dans le palais anglais, qu'on a été forcé de réserver aux charges et aux personnes invitées d'office; je n'y ai donc point couché, mais j'y dîne tous les jours, avec le corps diplomatique et sept à huit cents personnes, à une table parfaitement bien servie. Voilà, certes, une magnifique hospitalité!... Lorsqu'on loge au village, il faut faire mettre ses chevaux et s'habiller en uniforme pour aller dîner à cette table présidée par un des grands officiers de l'Empire.

Pour la nuit le directeur général des théâtres de la cour a mis à ma disposition deux loges d'acteurs dans la salle de spectacle de Péterhoff, et ce logement m'est envié par tout le monde. Je n'y manque de rien, si ce n'est d'un lit. Heureusement que j'ai apporté mon petit lit de fer de Pétersbourg. C'est un objet de première nécessité pour un Européen qui voyage en Russie, et qui ne veut pas s'accoutumer à passer la nuit roulé dans un tapis, sur un banc ou sur un escalier. On se munit ici de son lit comme on porte son matelas en Espagne.... A défaut de paille, chose rare dans un pays où le blé ne vient pas, mon matelas se remplit de foin : on en trouve à peu près partout.

Si l'on ne veut pas se charger d'un lit, il faut au moins porter avec soi la toile d'une paillasse. C'est ce que je fais pour mon valet de chambre, qui n'est pas plus que moi résigné à dormir à la russe. Même je me passerais de lit encore plus facilement que lui, puisque j'ai employé près de deux nuits à vous écrire ce que vous lisez.

Les bivouacs d'amateurs sont ce qu'il y a de plus pittoresque à Péterhoff, car dans les campements des soldats on trouve l'uniformité militaire. Les Hulans bivouaquent au milieu d'une prairie, autour d'un étang, aux environs du palais, et près de là est aussi campé le régiment des gardes à cheval de l'Impératrice, sans compter les Circassiens casernés à l'une des extrémités du village; enfin, les cadets sont en partie distribués dans les maisons, en partie parqués militairement dans un champ.

Dans tout autre pays, un si grand rassemblement d'hommes produirait un mouvement, un tumulte divertissants. En Russie, tout se passe avec gravité, tout prend le caractère d'une cérémonie; là, le silence est de rigueur; à voir tous ces jeunes gens réunis pour leur plaisir, ou pour celui des autres, n'osant ni rire, ni chanter, ni se quereller, ni jouer, ni danser, ni courir, on dirait d'une troupe de prisonniers près de partir pour le lieu de leur destination. Encore un souvenir de la Sibérie!... Ce qui manque à tout ce que je vois ici, ce n'est assurément ni la grandeur, ni la magnificence, ni même le goût et l'élégance; c'est la gaieté; la gaieté ne se commande pas; au contraire, le commandement la fait fuir, comme le cordeau et le niveau détruisent dans une ville les tableaux pittoresques. Je n'ai rien vu en Russie qui ne fût symétrique, qui n'eût l'air ordonné; ce qui donnerait du prix à l'ordre, la variété, d'où naît l'harmonie, est inconnu ici.

Les soldats au bivouac sont soumis à une discipline plus sévère qu'à la caserne : tant de rigidité en pleine paix, en plein champ et en un jour de fête, me rappelle le mot du grand-duc Constantin sur la guerre : « Je n'aime pas la guerre, disait-il; elle gâte les soldats, salit les habits et détruit la discipline. »

Ce prince militaire ne disait pas tout : il avait un autre motif pour ne pas aimer la guerre. C'est ce qu'a prouvé sa conduite en Pologne.

Le jour du bal et de l'illumination, à sept heures du soir, on se rend au palais impérial. Les personnes de la cour, le corps diplomatique, les étrangers invités et les soi-disant gens du peuple admis à la fête, sont introduits pêle-mêle dans les grands appartements. Pour les hommes, excepté les mougiks qui sont en habit national, et les marchands qui portent le caftan, le tabarro, manteau vénitien par-dessus l'uniforme, est de rigueur, parce que cette fête s'appelle un bal masqué.

Vous attendez là pendant assez longtemps, pressé par la foule, l'apparition de l'Empereur et de la famille impériale. Dès que le maître, ce soleil du palais, commence à poindre, l'espace s'ouvre devant lui; suivi de son noble cortége, il traverse librement et sans même être effleuré par la foule, des salles où l'instant d'auparavant on n'aurait pas cru pouvoir laisser pénétrer une seule personne de plus. Aussitôt que Sa Majesté a disparu, le flot des paysans se referme derrière elle. C'est toujours l'effet du sillage après le passage d'un vaisseau.

La noble figure de Nicolas, dont la tête domine toutes les têtes, imprime le respect à cette mer agitée, c'est le Neptune de Virgile; on ne saurait être plus empereur qu'il ne l'est. Il danse pendant deux ou trois heures de suite des polonaises avec des dames de sa famille et de sa cour. Cette danse était autrefois une marche cadencée et cérémonieuse : aujourd'hui, c'est tout bonnement une promenade au son des instruments. L'Empereur et son cortége serpentent d'une manière surprenante au milieu de la foule, qui, sans prévoir la direction qu'il va prendre, se sépare cependant toujours à temps pour ne pas gêner la marche du souverain.

L'Empereur parle à quelques hommes à barbes, habillés à la russe, c'est-à-dire vêtus de la robe persane, et vers dix heures et demie, à la nuit close, l'illumination commence. Je vous ai déjà dit la promptitude magique avec laquelle on voit s'allumer des milliers de lampions : c'est une vraie féerie.

On m'avait assuré qu'ordinairement plusieurs vaisseaux de la marine impériale s'approchent du rivage à ce moment de la fête, et répondent à la musique de terre par des salves d'artillerie lointaines. Hier, le mauvais temps nous priva de ce magnifique épisode de la fête. Je dois cependant ajouter qu'un Français, depuis longtemps établi dans ce pays, m'a raconté que tous les ans il survient quelque chose qui fait manquer l'illumination des navires. Choisissez entre le dire des habitants et l'assertion des étrangers.

Nous avons cru pendant une grande partie du jour que l'illumination n'aurait pas lieu. Vers les trois heures, comme nous étions à dîner au palais anglais, un grain est venu fondre sur Péterhoff : les arbres du parc s'agitaient violemment, leurs cimes se tordaient dans les airs, leurs branches rasaient le sol, et tandis que nous considérions ce spectacle, nous étions loin de penser que les sœurs, les mères, les amis d'une foule de personnes assises tranquillement à la même table que nous, périssaient sur l'eau par ce même coup de vent dont nous observions froidement les effets. Notre curiosité insouciante approchait de la gaieté, tandis qu'un grand nombre de barques, parties de Pétersbourg pour se rendre à Péterhoff, chaviraient au milieu du golfe. Aujourd'hui on avoue deux cents personnes noyées, d'autres disent quinze cents, deux mille : nul ne saura la vérité, et les journaux ne parleront pas du malheur, ce serait affliger l'Impératrice et accuser l'Empereur.

Le secret des désastres du jour a été gardé pendant toute la soirée, rien n'a transpiré qu'après la fête; et ce matin, la cour n'en paraît ni plus ni moins triste; là, l'étiquette veut avant tout que personne ne parle de ce qui occupe la pensée de tous; même hors du palais, les confidences ne se font qu'à demi-mot, en passant, et bien bas. La tristesse habituelle de la vie des hommes en ce pays vient de ce qu'elle est comptée pour rien par eux-mêmes; chacun sent que son existence tient à un fil, et chacun prend là-dessus son parti, pour ainsi dire, de naissance.

Tous les ans, des accidents semblables, quoique moins nombreux, attristent les fêtes de Péterhoff, qui se changeraient en un deuil imposant, en une pompe funèbre, si d'autres que moi venaient à songer à tout ce que coûte cette magnificence ; mais ici je suis seul à réfléchir.

Depuis hier les esprits superstitieux ont recueilli plus d'un triste pronostic : le temps, qui avait été beau pendant trois semaines, n'a changé que le jour de la fête de l'Impératrice ; le chiffre de cette princesse ne voulait pas s'allumer : l'homme chargé de surveiller cette partie essentielle de l'illumination monte au sommet de la pyramide et se met à l'œuvre ; mais le vent éteint ses lampions à mesure qu'il les allume. Il remonte à plusieurs reprises, enfin le pied lui manque, il tombe d'une hauteur de soixante-dix pieds et se tue sur la place. On l'emporte : le chiffre reste à demi effacé !...

L'effrayante maigreur de l'Impératrice, son air languissant, son regard terne rendent ces présages plus sinistres. La vie qu'elle mène lui devient mortelle : des fêtes, des bals tous les soirs ! Il faut s'amuser ici incessamment sous peine d'y mourir d'ennui.

Pour l'Impératrice et pour les courtisans zélés le spectacle des revues, des parades, commence de bonne heure le matin ; elles sont toujours suivies de quelques réceptions ; l'Impératrice rentre dans son intérieur pour un quart d'heure, puis elle va se promener en voiture pendant deux heures ; ensuite elle prend un bain avant de ressortir à cheval. Rentrée chez elle une seconde fois, elle reçoit encore ; enfin, elle va visiter quelques établissements utiles qu'elle dirige, ou quelque personne de son intimité : elle sort de là pour suivre l'Empereur au camp.....il y en a toujours un quelque part ; ils rentrent pour danser ; et voilà comment sa journée, son année se passent, et comment ses forces se perdent avec sa vie.

Les personnes qui n'ont pas le courage ni la santé nécessaires pour partager cette terrible vie ne sont pas en faveur.

L'Impératrice me disait l'autre jour, en parlant d'une femme très-distinguée, mais délicate : « Elle est toujours malade ! » Au ton, à l'air dont fut prononcé ce jugement, je sentis qu'il décidait du sort d'une famille. Dans un monde où l'on ne se contente pas des bonnes intentions, une maladie équivaut à une disgrâce.

L'Impératrice ne se croit pas plus dispensée que les autres de la nécessité de payer de sa personne.

Elle ne peut se résigner à laisser l'Empereur s'éloigner d'elle un instant. Les princes sont de fer !... La noble femme voudrait et croit par moments n'être pas sujette aux infirmités humaines ; mais la privation totale de repos physique et moral, le manque d'occupation suivie, l'absence de toute conversation sérieuse, la nécessité toujours renaissante des distractions qui lui sont imposées, tout nourrit la fièvre qui la mine, et voilà comment ce terrible genre de vie lui est devenu funeste et indispensable. Elle ne peut aujourd'hui ni le quitter ni le soutenir. On craint la consomption, le marasme, on craint surtout pour elle l'hiver de Pétersbourg ; mais rien ne la déciderait à passer six mois loin de l'Empereur (1).

A la vue de cette figure intéressante, mais dévastée par la souffrance, errant comme un spectre au milieu d'une fête qu'on appelle la sienne, et qu'elle ne reverra peut-être plus, je me sens le cœur navré ; et tout ébloui que je suis du faste des grandeurs humaines, je fais un retour sur les misères de notre nature. Hélas ! plus on tombe de haut et plus rude est la chute. Les grands expient en un jour, dès ce monde, toutes les privations du pauvre pendant une longue vie.

L'inégalité des conditions disparaît sous le court et pesant niveau de la mort. Le temps n'est qu'une illusion dont la passion s'affranchit ; l'intensité du sentiment, plaisir ou douleur, telle est la mesure de la réalité... Cette réalité fait tôt ou tard sa part aux idées sérieuses dans la vie la plus frivole, et le sérieux forcé est amer autant que l'autre eût été doux. A la place de l'Impératrice je n'aurais pas voulu laisser célébrer ma fête hier, si toutefois j'avais eu le pouvoir de me soustraire à ce plaisir d'étiquette.

Les personnes, même les plus haut placées, sont mal inspirées lorsqu'elles prétendent s'amuser à jour fixe. Une date solennisée chaque année ne sert qu'à faire mieux sentir les progrès du temps par la comparaison du présent et du passé. Les souvenirs, bien qu'on les célèbre par des réjouissances nous inspirent toujours une foule d'idées tristes ; la première jeunesse évanouie, nous entrons dans la décadence ; au retour de chaque fête périodique nous avons quelques joies de moins avec quelques regrets de plus : l'échange est pénible ! Ne vaudrait-il pas mieux laisser les jours fuir en silence ? Les anniversaires sont les échos du temps, voix plaintives qui n'apportent à l'âme que des paroles douloureuses..

Hier, à la fin du bal que je vous ai décrit, on soupa ; puis, tout en nage, car la chaleur des appartements où se pressait la foule était insupportable, on monta dans les voitures de la cour qu'on appelle des *lignes* ; alors on s'est mis à faire le tour des illuminations par une nuit très-noire, sous une rosée dont heureusement la fraîcheur était tempérée par la fumée des lampions. Vous ne pouvez vous figurer la chaleur qui rayonnait dans toutes les allées de cette forêt enchantée, tant l'incroyable profusion de feux dont nous étions éblouis chauffe le parc en l'éclairant !

(1) L'année suivante les eaux d'Ems ont rendu la santé à l'Impératrice.

Les *lignes* sont des espèces de chars à bancs doubles, où les personnes s'asseyent commodément dos à dos ; leur forme, les dorures, les harnais antiques des chevaux qui les traînent, tout cet ensemble ne manque ni de grandeur ni d'originalité. Un luxe vraiment royal : c'est aujourd'hui chose rare en Europe.

Le nombre de ces équipages est considérable, c'est une des magnificences de la fête de Péterhoff ; il y en a pour tout ce qui est invité, moins les serfs et les bourgeois de parade parqués dans les salles du palais.

Un maître des cérémonies m'avait indiqué la *ligne* dans laquelle je devais monter, mais au milieu du désordre de la sortie personne n'atteint sa place ; je ne pus retrouver ni mon domestique ni mon manteau, et j'entrai à la fin dans une des dernières *lignes* où je m'assis à côté d'une dame russe qui n'avait point été au bal, mais qui était venue là de Pétersbourg pour montrer l'illumination à ses filles. La conversation de ces dames, qui paraissaient tenir à toutes les familles de la cour, était franche, et en cela, elle différait de celle des personnes de service au palais. La mère se mit tout d'abord en rapport avec moi, son ton était d'une facilité de bon goût qui révélait la grande dame. Je reconnus là ce que j'avais déjà remarqué ailleurs, c'est que lorsque les femmes russes sont naturelles, ce n'est ni la douceur ni l'indulgence qui dominent dans leur conversation. Elle me nomma toutes les personnes que nous voyions passer devant nous ; car, dans cette promenade magique, les *lignes* se croisent souvent ; une moitié de ces voitures suit une allée, tandis que l'autre moitié longe en sens opposé l'allée voisine séparée par une charmille percée de larges ouvertures en forme d'arcades. Le royal cortége se passe ainsi en revue lui-même.

Si je ne craignais de vous fatiguer, et surtout de vous inspirer quelque défiance en épuisant les formules d'admiration, je vous dirais que je n'ai rien vu d'aussi étonnant que ces portiques de lampions parcourus dans un silence solennel par toutes les voitures de la cour, au milieu d'un parc inondé d'une foule aussi épaisse dans les jardins que l'était l'instant d'auparavant celle des paysans dans les salles du palais.

Nous nous sommes promenés ainsi, pendant une heure, à travers des bosquets enchantés ; et nous avons fait le tour d'un lac qu'on appelle Marly ; il est à l'extrémité du parc de Péterhoff. Versailles et toutes les magiques créations de Louis XIV furent présents à la pensée des princes de l'Europe pendant plus de cent ans. C'est à ce lac de Marly que les illuminations m'ont paru les plus extraordinaires. A l'extrémité de la pièce d'eau, j'allais dire de la pièce d'or, tant cette eau est lumineuse et brillante, s'élève une maison qui servit d'habitation à Pierre le Grand : elle était illuminée comme le reste.

Ce qui m'a le plus frappé, c'est la teinte de l'eau où se reflétait le feu des milliers de lampions scintillant autour de ce lac de feu. L'eau et les arbres ajoutent singulièrement à l'effet des illuminations. En traversant le parc nous avons passé devant des grottes où la lumière allumée dans l'intérieur se faisait jour au dehors à travers une nappe d'eau qui tombait devant l'ouverture de la brillante caverne : le mouvement de la cascade roulant par-dessus ce feu était d'un effet merveilleux. Le palais impérial domine toutes ces magnifiques chutes d'eau, et l'on dirait qu'il en est la source : lui seul n'est point illuminé ; il est blanc, mais il devient brillant par l'immense faisceau de lumières qui montent vers lui de toutes les parties du parc, et se reflètent sur ses murailles. Les teintes de la pierre et la verdure des arbres sont changées par les rayons d'un jour aussi éclatant que celui du soleil. Ce seul spectacle méritera une promenade à Péterhoff. Si jamais je retournais à cette fête, je me bornerais à parcourir à pied les jardins.

Cette promenade est sans contredit ce qu'il y a de plus beau à la fête de l'Impératrice. Mais encore une fois, la magie n'est pas de la gaieté : personne ici ne rit, ne chante, ne danse ; on parle bas, on s'amuse avec précaution, il semble que les sujets russes, rompus à la politesse, respectent jusqu'à leur plaisir. Enfin la liberté manque à Péterhoff comme partout ailleurs.

J'ai gagné ma chambre, c'est-à-dire ma loge, à minuit et demi. Dès la nuit, la retraite des curieux a commencé, et pendant que ce torrent défilait sous mes fenêtres, je me suis mis à vous écrire ; aussi bien le sommeil eût été impossible au milieu d'un tel tumulte. En Russie, les chevaux seuls ont la permission de faire du bruit. C'était un flot de voitures de toutes formes, de toutes grandeurs et de toutes sortes, défilant sur quatre rangs à travers un peuple de femmes, d'enfants et de mougiks à pied ; c'était la vie naturelle qui recommençait après la contrainte d'une fête royale. On eût dit d'une troupe de prisonniers délivrés de leurs chaînes. Le peuple du grand chemin n'était plus la foule disciplinée du parc. Cette tourbe redevenue sauvage, et se précipitant vers Pétersbourg avec une violence et une rapidité effrayantes, me rappelait les descriptions de la retraite de Moscou, et plusieurs chevaux tombés morts sur la route ajoutaient à l'illusion.

A peine avais-je eu le temps de me déshabiller et de me jeter sur mon lit, qu'il fallut me remettre sur pied pour courir vers le palais afin d'assister à la revue du corps des cadets que l'Empereur devait passer lui-même.

Ma surprise fut grande de retrouver déjà toute la cour debout et à l'œuvre; les femmes étaient parées en fraîches toilettes du matin, les hommes revêtus des habits de leur charge; tout le monde attendait l'Empereur au lieu du rendez-vous. Le désir de se montrer zélé animait cette foule brodée : chacun était allègre comme si les magnificences et les fatigues de la nuit n'avaient pesé que sur moi. Je rougis de ma paresse, et je sentis que je n'étais pas né pour faire un bon courtisan russe. La chaîne a beau être dorée, elle ne m'en paraît pas plus légère.

Je n'eus que le temps de percer la foule avant l'arrivée de l'Impératrice, et je n'avais pas encore atteint ma place, que l'Empereur parcourait déjà les rangs de ses officiers enfants, tandis que l'Impératrice, si fatiguée la veille, l'attendait dans une calèche au milieu de la place. Je souffrais pour elle : cependant l'abattement qui m'avait frappé le jour d'auparavant avait disparu. Ma pitié se concentra donc sur moi-même qui me sentais harassé pour tout le monde, et qui voyais avec envie les plus vieilles gens de la cour porter légèrement un fardeau qui m'accablait. L'ambition est ici la condition de la vie; sans cette dose d'activité factice, on serait toujours morne et triste.

La voix de l'Empereur commandait l'exercice aux élèves; après quelques manœuvres parfaitement exécutées, Sa Majesté parut satisfaite : elle prit par la main un des plus jeunes cadets qu'elle venait de faire sortir des rangs, le mena elle-même à l'Impératrice à laquelle elle le présenta, puis élevant cet enfant dans ses bras à la hauteur de sa tête, c'est-à-dire au-dessus de la tête de tout le monde, elle l'embrassa publiquement. Quel intérêt l'Empereur avait-il à se montrer si débonnaire ce jour-là en public? c'est ce que personne n'a pu ou n'a voulu me dire.

Je demandai aux gens qui m'entouraient quel était le bienheureux père de ce cadet modèle comblé de la faveur du souverain. Nul ne satisfit ma curiosité, en Russie on fait mystère de tout. Après cette parade sentimentale, l'Empereur et l'Impératrice retournèrent au palais de Peterhoff, où ils reçurent dans les grands appartements tous ceux qui voulurent leur faire leur cour; puis vers onze heures ils parurent sur l'un des balcons du palais devant lequel les soldats de la garde circassienne se mirent à faire des exercices pittoresques sur leurs magnifiques chevaux de l'Asie. La beauté de cette troupe superbement costumée contribue au luxe militaire d'une cour qui, malgré ses efforts et ses prétentions, est toujours et sera longtemps encore plus orientale qu'européenne. Vers midi, sentant s'user ma curiosité, n'ayant pas pour suppléer à ma force naturelle le ressort tout puissant de cette ambition de cour qui fait ici tant de miracles, je suis retourné à mon lit, d'où je viens de sortir pour vous achever ce récit.

Je compte passer ici le reste du jour à laisser la foule s'écouler; d'ailleurs, je suis retenu à Péterhoff par l'espoir d'un plaisir auquel j'attache beaucoup de prix.

Demain, si j'en ai le temps, je vous conterai le succès de mes intrigues.

LETTRE SEIZIÈME.

SOMMAIRE. — Cottage de Peterhoff. — Surprise. — L'Impératrice. — Sa toilette du matin. — Ses manières, son air, sa conversation. — Le Grand-Duc héritier. — Sa bonté. — Question embarrassante. — Comment le Grand-Duc y répond pour moi. — Intérieur du cottage. — Affections de famille. — Timidité gênante. — Le Grand-Duc fait le cicerone. — Politesse exquise. — La perfection de l'hospitalité. — Scène muette. — Le cabinet de travail de l'Empereur. — Petit télégraphe. — Château d'Oranienbaum. — Souvenirs attristants. — Petit château de Pierre III, ce qu'il en reste. — Tout ce qu'on fait ici pour cacher la vérité. — Avantage des hommes obscurs sur les grands. — Citation de Rulhière. — Pavillons du parc. — Souvenirs de Catherine II. — Camp de Czarscoéselo. — Retour à Pétersbourg. — Mensonges puérils.

Pétersbourg, ce 27 juillet 1839.

J'avais instamment prié madame Froederick de me faire voir le *cottage* (1) de l'Empereur et de l'Impératrice. C'est une petite maison bâtie par eux dans le nouveau style gothique à la mode en Angleterre. Elle est située au milieu du magnifique parc de Péterhoff. « Rien n'est plus difficile, m'avait répondu madame Froederick, que d'entrer au cottage pendant le séjour qu'y font Leurs Majestés, rien ne serait plus facile en leur absence. Cependant j'essaierai. »

Là-dessus j'avais prolongé mon séjour à Péterhoff, attendant avec impatience, mais sans beaucoup d'espoir, la réponse de madame Froederick. Enfin, hier matin, de bonne heure, je reçois d'elle un petit mot ainsi conçu : « Venez chez moi à onze heures moins un quart. On m'a permis, par faveur très-particulière, de vous montrer le cottage à l'heure où l'Empereur et l'Impératrice vont se promener ensemble, c'est-à-dire à onze heures précises. Vous connaissez leur exactitude. »

(1) Chaumière anglaise.

Je n'eus garde de manquer au rendez-vous. Madame Froederick habite un fort joli château bâti dans un coin du parc. Elle suit partout l'Impératrice, mais elle loge autant que possible dans des maisons séparées, quoique très-voisines des diverses résidences impériales. J'étais chez elle à dix heures et demie. A onze heures moins un quart nous montons dans une voiture à quatre chevaux, nous traversons le parc rapidement, et à onze heures moins quelques minutes nous arrivons à la porte du cottage.

C'est exactement une maison anglaise entourée de fleurs et ombragée d'arbres; elle est bâtie sur le modèle des plus jolies habitations qu'on voit près de Londres, à Twickenham, au bord de la Tamise. A peine avions-nous traversé un vestibule assez petit, élevé de quelques marches, et nous étions-nous arrêtés quelques instants à examiner un salon dont l'ameublement me semblait un peu trop recherché pour l'ensemble de la maison, qu'un valet de chambre en frac vint chuchoter quelques mots à l'oreille de madame Froederick, qui me parut surprise.

« Qu'y a-t-il? lui dis-je quand l'homme fut sorti.

— C'est l'Impératrice qui rentre.

— Quelle trahison! m'écriai-je, je n'aurai le temps de rien voir.

— Peut-être; sortez par cette terrasse, descendez au jardin et retournez m'attendre à l'entrée de la maison. »

J'étais là depuis deux minutes à peine, lorsque je vis venir à moi l'Impératrice toute seule, qui descendait rapidement les degrés du perron. Sa taille élevée et svelte a une grâce singulière, sa démarche est vive, légère et pourtant noble; elle a certains mouvements des bras et des mains, certaines attitudes, certain tour de tête qu'on ne peut oublier. Elle était vêtue de blanc; son visage, entouré d'une capote blanche, paraissait reposé; ses yeux avaient l'expression de la mélancolie, de la douceur et du calme, un voile relevé avec grâce encadrait son visage; une écharpe transparente se drapait autour de ses épaules et complétait le costume du matin le plus élégant. Jamais elle ne m'avait paru si à son avantage : à cet aspect les sinistres présages du bal se dissipèrent entièrement, l'Impératrice me parut ressuscitée, et j'éprouvai l'espèce de sécurité qui renaît avec le jour après une nuit agitée. Il faut, pensai-je, qu'elle soit plus forte que moi, pour avoir supporté la fête d'avant-hier, la revue et le cercle d'hier, et pour se lever aujourd'hui brillante comme je la vois.

« J'ai abrégé ma promenade, me dit-elle, parce que je savais que vous étiez ici.

— Ah! Madame, j'étais loin de m'attendre à tant de bonté.

— Je n'avais rien dit de mon projet à madame Froederick qui vient de me gronder d'être venue vous surprendre, elle prétend que je vous dérange dans votre examen. Vous voulez donc venir ici pour deviner nos secrets?

— Je le voudrais bien, Madame; on ne peut que gagner à pénétrer la pensée des personnes qui savent si bien choisir entre le faste et l'élégance.

— Le séjour de Péterhoff m'est insupportable, et c'est pour me reposer les yeux de cette dorure massive que j'ai demandé une chaumière à l'Empereur. Je n'ai jamais été si heureuse que dans cette maison; mais maintenant que voilà une de mes filles mariée, et que mes fils font leurs études ailleurs, elle est devenue trop grande pour nous. »

Je souris sans répondre; j'étais sous le charme : il me parut que cette femme, si différente de celle en l'honneur de qui s'était donnée la somptueuse fête de la veille, devait avoir partagé toutes mes impressions : elle a senti comme moi, me disais-je, la fatigue, le vide, elle a jugé l'éclat menteur de cette magnificence commandée, et maintenant elle sent aussi qu'elle est digne de quelque chose de mieux. Je comparais les fleurs du cottage aux lustres du palais, le soleil d'une belle matinée aux feux d'une nuit de cérémonies, le silence d'une délicieuse retraite au tumulte de la foule dans un palais, la fête de la nature à la fête de la cour, la femme à l'Impératrice, et j'étais enchanté du bon goût et de l'esprit avec lesquels cette princesse avait su fuir les ennuis de la représentation, pour s'entourer de tout ce qui fait le charme de la vie privée. C'était une féerie nouvelle dont le prestige captivait mon imagination, bien plus que la magie du pouvoir et des grandeurs.

« Je ne veux pas donner raison à madame Froederick, reprit l'Impératrice. Vous allez voir le cottage en détail, et c'est mon fils qui vous le montrera. Pendant ce temps-là j'irai visiter mes fleurs, et je vous retrouverai avant de vous laisser partir. »

Tel fut l'accueil que je reçus de cette femme qui passe pour hautaine non-seulement en Europe, où on ne la connaît guère, mais en Russie, où on la voit de près.

Dans ce moment, le grand-duc héritier vint rejoindre sa mère : il était avec madame Froederick et avec la fille aînée de cette dame, jeune personne âgée d'environ quatorze ans, fraîche comme une rose, et jolie comme on l'était en France du temps de Boucher. Cette jeune personne est le vivant modèle d'un des plus agréables portraits de ce peintre, à la poudre près.

J'attendais que l'Impératrice me donnât mon congé; on se mit à se promener en allant et venant devant la maison, mais sans s'éloigner de l'entrée devant laquelle nous nous étions arrêtés d'abord.

L'Impératrice connaît l'intérêt que je prends à toute la famille de madame Frederick qui est Polonaise. Sa Majesté sait aussi que depuis plusieurs années un des frères de cette dame est à Paris. Elle mit la conversation sur la manière de vivre de ce jeune homme, et s'informa longtemps, avec un intérêt marqué, de ses sentiments, de ses opinions, de son caractère; c'était me donner toute facilité pour lui dire ce que me dicterait l'attachement que je lui porte. Elle m'écouta fort attentivement. Quand j'eus cessé de parler, le grand-duc, s'adressant à sa mère, continua sur le même sujet, et dit : « Je viens de le rencontrer à Ems, et je l'ai trouvé très-bien.

— C'est pourtant un homme aussi distingué qu'on empêche de venir ici, parce qu'il s'est retiré en Allemagne après la révolution de Pologne! » s'écria madame Frederick avec son affection de sœur et la naïveté d'expression que l'habitude de vivre à la cour depuis son enfance n'a pu lui faire perdre.

— Mais qu'a-t-il donc fait? » me dit l'Impératrice avec un accent inimitable par le mélange d'impatience et de bonté qu'il exprimait.

J'étais embarrassé de répondre à une question si directe, car il fallait aborder le délicat sujet de la politique, et c'était risquer de tout gâter.

Le grand-duc vint encore à mon secours avec une grâce, une affabilité que je serais bien ingrat d'oublier; sans doute il pensait que j'avais trop à dire pour oser répondre, alors prévenant quelque détail qui eût trahi mon embarras et compromis la cause que je désirais plaider : « Mais, ma mère, s'écria-t-il vivement, qui jamais a demandé à un enfant de quinze ans ce qu'il a fait en politique? »

Cette réponse pleine de cœur et de sens me tira de peine, mais elle mit fin à la conversation. Si j'osais interpréter le silence de l'Impératrice, je dirais que voici ce qu'elle pensait : « Que faire aujourd'hui, en Russie, d'un Polonais rentré en grâce? Il sera toujours un objet d'envie pour les vieux Russes, et il n'inspirera que de la défiance à ses nouveaux maîtres. Sa vie, sa santé se perdront dans les épreuves auxquelles on sera obligé de le soumettre pour s'assurer de sa fidélité; puis, en dernier résultat, si l'on croit pouvoir compter sur lui, on le méprisera précisément parce qu'on y compte. D'ailleurs, que puis-je faire pour ce jeune homme? j'ai si peu de crédit! »

Je ne crois pas me tromper de beaucoup en disant que telles étaient les pensées de l'Impératrice. Elles étaient aussi à peu près les miennes. Nous conclûmes tout bas, l'un et l'autre, qu'entre deux malheurs, le moindre pour un gentilhomme qui n'a plus ni concitoyens, ni frères d'armes, c'est de rester loin du pays qui l'a vu naître : la terre seule ne fait pas la patrie, et la pire des conditions serait celle d'un homme qui vivrait en étranger chez lui.

Sur un signe de l'Impératrice, le grand-duc, madame Frederick, sa fille et moi nous rentrâmes dans le cottage. J'aurais désiré trouver moins de luxe d'ameublement dans cette maison, et plus d'objets d'art. Le rez-de-chaussée ressemble à toutes les habitations des gens élégants et riches en Angleterre; mais pas un tableau du premier ordre, pas un fragment de marbre, pas une terre cuite n'annoncent chez les maîtres du lieu, un penchant prononcé pour les chefs-d'œuvre en peinture et en sculpture. Ce n'est pas de dessiner plus ou moins bien soi-même, c'est le goût du beau qui prouve qu'on a l'amour et le sentiment de l'art. Je regrette toujours l'absence de cette passion chez des personnes auxquelles il serait si facile de la satisfaire.

On a beau dire que des statues ou des tableaux de grand prix seraient mal placés dans un cottage, cette maison est le lieu de prédilection de ceux qui la possèdent, et lorsqu'on s'arrange à soi-même un séjour selon sa fantaisie, si l'on aime beaucoup les arts, ce goût se trahit toujours, au risque d'une disparate de style, d'une faute d'harmonie; d'ailleurs, quelque discordance serait bien permise dans un cottage impérial.

Au surplus, les Empereurs de Russie ne sont pas des Empereurs romains; ils ne se croient pas obligés d'aimer les arts par état.

On reconnaît, dans la distribution et la décoration du cottage, que des affections et des habitudes de famille ont présidé à l'arrangement et au plan de cette habitation. Ceci vaut mieux encore que le sentiment du beau dans les œuvres du génie. Une seule chose m'a déplu dans l'ordonnance et dans l'ameublement de cette élégante retraite : c'est une soumission trop servile à la mode anglaise.

Nous avons vu le rez-de-chaussée très-rapidement, de peur d'ennuyer notre guide. La présence d'un si auguste *cicerone* m'embarrassait. Je sais que rien ne gêne les princes autant que notre timidité, à moins qu'elle ne soit affectée pour les flatter; cette connaissance de leur humeur augmente ma peine par la conviction où je suis de leur déplaire inévitablement. Ils aiment qu'on les mette à leur aise et l'on n'y parvient qu'en y étant soi-même. Je suis donc sûr de mon fait : une telle conviction m'est on ne saurait plus désagréable, car personne n'aime à déplaire.

Avec un prince sérieux, je puis espérer quelquefois de me sauver par la conversation; mais avec un prince jeune, léger, élégant et gai, je suis sans ressource.

Un escalier fort étroit, mais embelli par des tapis anglais, nous a conduits à l'étage supérieur; c'est là qu'est la chambre, où la grande-duchesse Marie a passé une partie de son enfance (elle est mariée); celle de la grande-duchesse Olga ne restera probablement pas longtemps habitée. L'Impératrice avait donc raison de dire que le cottage est trop grand. Ces deux chambres à peu près pareilles sont d'une simplicité charmante.

Le grand-duc, s'arrêtant au haut de l'escalier, me dit avec la politesse souveraine dont il a le secret malgré sa grande jeunesse : « Je suis sûr que vous aimerez mieux voir tout ceci sans moi, et puis je l'ai vu si souvent, que j'aime autant, je vous l'avoue, vous laisser achever votre examen avec madame Frederick toute seule. Je vais donc rejoindre ma mère et vous attendre près d'elle. »

Là-dessus, il nous fit un salut plein de grâce et me laissa charmé de la flatteuse facilité de ses manières.

C'est un grand avantage pour un prince que d'être un homme parfaitement bien élevé. Je n'avais donc pas produit mon effet, cette fois; la gêne que j'éprouvais n'avait point été communicative. S'il se fût ressenti de mon malaise il serait resté, car la timidité ne sait que subir son supplice, elle ne sait pas se soustraire; nulle élévation ne préserve de ses atteintes; la victime qu'elle paralyse, en quelque rang qu'elle soit placée, ne peut trouver la force ni d'affronter ni de fuir ce qui cause sa gêne.

Cette souffrance est quelquefois l'effet d'un amour-propre mécontent et raffiné. Un homme qui craint d'être seul de son avis sur lui-même deviendra timide par vanité.

Mais le plus souvent la timidité est purement physique, c'est une maladie.

Il y a des hommes qui ne peuvent sentir, sans un malaise inexplicable, le regard humain s'arrêter sur eux. Ce regard les pétrifie, il les gêne en marchant, en pensant, il les empêche de parler, de se mouvoir; ceci est si vrai que j'ai souvent souffert de cette timidité physique dans les villages où j'attirais tous les yeux, en ma qualité d'étranger, bien plus que dans les salons les plus imposants, où personne ne faisait attention à moi. Je pourrais écrire un traité sur les divers genres de timidité, car j'en suis le modèle accompli; personne n'a plus gémi que moi, dès mon enfance, des atteintes de ce mal incurable, mais grâce à Dieu, à peu près inconnu aux hommes de la génération qui suit la mienne; ce qui prouverait qu'outre la prédisposition physique la timidité est surtout le résultat de l'éducation.

L'habitude du monde fait qu'on dissimule cette infirmité, voilà tout. Les plus timides des hommes sont souvent les plus éminents en naissance, en dignités et même en mérite. J'avais cru longtemps que la timidité était de la modestie combinée avec un respect exagéré pour les distinctions sociales ou pour les dons de l'esprit; mais alors comment expliquer la timidité des grands seigneurs et celle des princes? Heureusement les princes de la famille impériale de Russie ne sont point timides, ils sont de leur siècle; on n'aperçoit dans leurs manières ni dans leur langage aucun vestige de l'embarras qui fit longtemps le tourment des augustes hôtes de Versailles et celui de leurs courtisans; car quoi de plus gênant qu'un prince timide?

Quoi qu'il en soit, je me sentis délivré quand je vis partir le grand-duc; je le remerciai tout bas d'avoir si bien deviné mon désir et de l'avoir si poliment satisfait. Un homme à demi cultivé ne s'avisera guère de laisser les gens seuls pour leur être agréable. Cependant c'est quelquefois le plus grand plaisir qu'on leur puisse faire. Savoir quitter son hôte sans le choquer, c'est le comble de l'urbanité, le chef-d'œuvre de l'hospitalité. Cette facilité est dans la vie habituelle du monde élégant ce que serait en politique la liberté sans désordre, problème qu'on se propose sans cesse et qu'on ne résout guère.

Au moment où le grand-duc s'éloigna, mademoiselle Frederick se trouvait derrière sa mère; le jeune prince en passant devant elle, s'arrête d'un air très-grave, un peu moqueur, et lui fait une profonde révérence sans dire mot. La jeune personne voyant que ce salut est ironique, reste muette, dans l'attitude du respect, mais sans rendre le salut.

J'admirai cette nuance qui me parut d'une délicatesse exquise. Je doute qu'à cette cour aucune femme de vingt-cinq ans se distinguât par un tel trait de courage. Il n'appartient qu'à l'innocence de savoir joindre au juste sentiment de sa propre dignité, que nul être humain ne doit perdre, les égards dus aux prérogatives sociales. Cet exemple de tact ne passa point inaperçu.

« Toujours la même! » dit en s'éloignant le grand-duc héritier.

Ils ont été enfants ensemble : une différence d'âge de cinq ans ne les a pas empêchés de jouer souvent aux mêmes jeux. Une telle familiarité ne s'oublie pas, même à la cour. Je me suis fort amusé de la scène muette qu'ils ont jouée là.

Ce coup d'œil jeté sur l'intérieur de la famille impériale m'a singulièrement intéressé. Il faut voir de près ces princes pour les apprécier : ils sont faits pour être à la tête de leur pays, car ils sont des premiers de leur nation à tous égards. La famille impériale est ce que j'ai vu en Russie de plus digne d'exciter l'admiration et l'envie des étrangers.

Au plus haut du cottage se trouve le cabinet de travail de l'Empereur. C'est une bibliothèque assez grande et très-simplement ornée. Elle ouvre sur un balcon qui fait terrasse en face de la mer. Sans sortir de cette vigie studieuse l'Empereur peut donner lui-même ses ordres à sa flotte. A cet effet, il a une lunette d'approche, un porte-voix et un petit télégraphe qu'il fait mouvoir à volonté.

J'aurais voulu examiner en détail cette chambre avec tout ce qu'elle contient, et faire beaucoup de questions ; mais je craignis que ma curiosité ne parût indiscrète et j'aimai mieux voir mal que de me donner l'air d'être venu-là pour faire un inventaire.

D'ailleurs je ne suis curieux que de l'ensemble des choses qui, en général, me frappe plus que les détails. Je voyage pour voir et pour juger les objets, non pour les mesurer, les énumérer et les aligner.

C'est une faveur que d'entrer dans le cottage, pour ainsi dire en présence de ceux qui l'habitent. J'ai donc cru devoir m'en montrer digne en évitant des recherches trop minutieuses, et qui auraient passé les bornes d'un hommage respectueusement flatteur.

Après avoir expliqué ma pensée à madame Frederiks qui comprit parfaitement cette délicatesse, je me hâtai d'aller prendre congé de l'Impératrice et du grand-duc héritier.

Nous les retrouvâmes dans le jardin où, après m'avoir encore adressé quelques mots gracieux, ils me quittèrent en me laissant ébloui de tout ce que je venais de voir, mais surtout reconnaissant de leur bonté et charmé de la noblesse et de la grâce singulière de leur accueil.

Au sortir du cottage, je montai en voiture pour aller visiter en toute hâte Oranienbaum, la fameuse habitation de Catherine II, bâtie par Menzikoff. Ce malheureux fut envoyé en Sibérie avant d'avoir complété les merveilles de son palais jugé trop royal pour un ministre.

Il appartient maintenant à la grande-duchesse Hélène, belle-sœur de l'Empereur actuel. Situé à deux ou trois lieues de Péterhoff, en vue de la mer et sur une prolongation de la même falaise sur laquelle est bâti le palais impérial, le château d'Oranienbaum, quoique construit en bois, est imposant ; j'y suis arrivé d'assez bonne heure pour bien voir tout ce qu'il renferme de curieux et pour parcourir les jardins. La grande-duchesse n'était pas à Oranienbaum. Malgré le luxe imprudent de l'homme qui construisit ce palais et la magnificence des grands personnages qui l'ont habité à sa place, il n'est pas extrêmement vaste. Des terrasses, des rampes, des perrons, des balcons couverts d'orangers et de fleurs unissent la maison avec le parc, et ces ornements embellissent l'une et l'autre ; l'architecture en elle-même n'est rien moins que magnifique. La grande-duchesse Hélène a montré ici le goût qui préside à tous ses arrangements, et elle a fait d'Oranienbaum une habitation charmante, nonobstant la tristesse du paysage et l'obsédant souvenir des drames qui furent joués en ce lieu.

En descendant du palais, j'ai demandé à voir ce qui reste du petit château fort d'où l'on fit sortir Pierre III pour l'entraîner à Ropscha, où il fut assassiné. On m'a conduit dans une espèce de hameau écarté ; là, j'ai vu des fossés à sec, des vestiges de fortifications et des tas de pierres et de briques : ruine moderne où la politique a plus de part que le temps. Mais le silence commandé, la solitude forcée qui règnent autour de ces débris maudits, nous retracent précisément ce qu'on voudrait nous cacher ; ici comme ailleurs, le mensonge officiel est annulé par les faits ; l'histoire est un miroir magique où les peuples voient après la mort toutes les horribles grimaces des hommes qui furent les plus influents dans les affaires. Les personnes ont passé, mais leurs physionomies restent gravées sur cet inexorable cristal. On n'enterre pas la vérité avec les morts : elle triomphe de la peur des princes et de la flatterie des peuples, toujours impuissantes pour étouffer le cri du sang. Si je n'avais pas su que le château de Pierre III était démoli, j'aurais dû le deviner, mais ce qui m'étonne en voyant le prix qu'on met ici à faire oublier le passé, c'est que l'on y conserve encore quelque chose. Les pierres mêmes devraient disparaître avec les murs.

Il ne suffisait pas de démolir la forteresse, il fallait raser le palais qui n'en était qu'à un quart de lieue ; quiconque vient à Oranienbaum y cherche avec anxiété les vestiges de cette prison où Pierre III a signé de force son abdication volontaire qui devint l'arrêt de sa mort, car ayant une fois obtenu de lui ce sacrifice, il fallait l'empêcher de le révoquer.

Voici comment l'assassinat de ce prince à Ropscha est raconté par M. de Rulhière dans les anecdotes sur la Russie, imprimées à la suite de son *Histoire de Pologne*. « Les soldats étaient étonnés « de ce qu'ils avaient fait : ils ne concevaient pas par quel enchantement on les avait conduits jusqu'à détrôner le petit-fils de « Pierre le Grand pour donner sa couronne à une Allemande. La « plupart, sans projet et sans idées, avaient été entraînés par le « mouvement des autres ; et chacun, rentré dans sa bassesse, après « que le plaisir de disposer d'une couronne fut évanoui, ne sentit « plus que des remords. Les matelots qu'on n'avait pas intéressés « dans le soulèvement, reprochaient publiquement aux gardes dans « les cabarets d'avoir vendu leur Empereur pour de la bière. La « pitié, qui justifie même les plus grands criminels, se faisait en« tendre dans tous les cœurs. Une nuit, une troupe de soldats « attachés à l'Impératrice s'ameuta par une vaine crainte, disant « que leur mère était en danger. Il fallut la réveiller pour qu'ils « la vissent. La nuit suivante, nouvelle émeute plus dangereuse. « Tant que la vie de l'Empereur laissait un prétexte aux inquiétudes, « on pensa qu'on n'aurait point de tranquillité.

« Un des comtes Orlof, car dès le premier jour ce titre leur fut « donné, ce même soldat surnommé *le balafré*, qui avait soustrait « le billet de la princesse d'Aschekof, et un nommé Téplof, parvenu « des plus bas emplois par un art singulier de perdre ses rivaux, « furent ensemble chez ce malheureux prince ; ils lui annoncèrent, « en entrant, qu'ils étaient venus pour dîner avec lui, et selon l'u« sage des Russes, on apporta avant le repas des verres d'eau-de« vie. Celui que but l'Empereur était un verre de poison. Soit qu'ils « eussent hâte de rapporter leur nouvelle, soit que l'horreur même « de leur action la leur fît précipiter, ils voulurent un moment « après lui verser un second verre. Déjà ses entrailles brûlaient et « l'atrocité de leurs physionomies les lui rendant suspects, il refusa « ce verre : ils mirent de la violence à le lui faire prendre, et lui « à les repousser. Dans ce terrible débat, pour étouffer ses cris qui « commençaient à se faire entendre de loin, ils se précipitèrent sur « lui, le saisirent à la gorge, et le renversèrent ; mais comme il se « défendait avec toutes les forces que donne le dernier désespoir, « et qu'ils évitaient de lui porter aucune blessure, réduits à crain« dre pour eux-mêmes, ils appelèrent à leur secours deux officiers « chargés de sa garde, qui, à ce moment, se tenaient en dehors, à « la porte de sa prison. C'étaient le plus jeune des princes Bara« tinski et un nommé Potemkin, âgé de dix-sept ans. Ils avaient « montré tant de zèle dans la conspiration, que, malgré leur ex« trême jeunesse, on les avait chargés de cette garde : ils accouru« rent, et trois de ces meurtriers ayant noué et serré une serviette « autour du cou de ce malheureux Empereur, tandis qu'Orlof de « ses deux genoux lui pressait la poitrine et le tenait étouffé, ils ache« vèrent ainsi de l'étrangler ; et il demeura sans vie entre leurs « mains.

« On ne sait pas avec certitude quelle part l'Impératrice eut à « cet événement ; mais ce qu'on peut assurer, c'est que, le jour « même qu'il se passa, cette princesse commençant son dîner avec « beaucoup de gaieté, on vit entrer ce même Orlof échevelé, cou« vert de sueur et de poussière, ses habits déchirés, sa physionomie « agitée, pleine d'horreur et de précipitation. En entrant, ses yeux « étincelants et troublés cherchèrent les yeux de l'Impératrice. « Elle se leva en silence, passa dans un cabinet où il la suivit, et « quelques instants après elle fit appeler le comte Panin ; déjà « nommé son ministre : elle lui apprit que l'Empereur était mort. « Panin conseilla de laisser passer une nuit, et de répandre la nou« velle le lendemain, comme si on l'avait reçue pendant la nuit. « Ce conseil ayant été agréé, l'Impératrice rentra avec le même « visage et continua son dîner avec la même gaieté. Le lendemain, « quand on eut répandu que Pierre était mort d'une colique hémor« roïdale, elle parut baignée de pleurs, et publia sa douleur par « un édit. »

En parcourant le parc d'Oranienbaum, qui est grand et beau, j'ai visité plusieurs des pavillons où l'Impératrice Catherine donnait ses rendez-vous amoureux ; il y en a de magnifiques ; il y en a où le mauvais goût, les ornements puérils dominent : en général, l'architecture de ces fabriques manque de style et de grandeur ; c'est assez bon pour l'usage auquel la divinité du lieu les destinait.

De retour à Péterhoff, j'ai couché pour la troisième nuit dans le théâtre.

Ce matin, en revenant à Pétersbourg, j'ai pris la route de Czarskoselo où il y a un camp assez curieux à voir. On dit que quarante mille hommes de la garde impériale sont logés là sous des tentes ou dispersés dans des villages voisins, d'autres disent soixante-dix mille. En Russie, chacun m'impose son chiffre, mais rien ne m'est plus indifférent que les énumérations de fantaisie, car rien n'est plus menteur. Ce que j'admire, c'est le prix qu'on attache ici à tromper sur ces choses. Il y a un genre de feinte qui est de l'enfantillage.

Les peuples s'en corrigent lorsqu'ils passent de l'enfance à la virilité.

Je me suis amusé à considérer la variété des uniformes et à comparer les figures expressives et sauvages de ces soldats choisis et amenés là de toutes les parties de l'Empire ; de longues lignes de tentes blanches brillaient au soleil, dans les inégalités d'un terrain qu'on croirait uni en l'apercevant de loin, mais qui, à le parcourir, paraît très-coupé et assez pittoresque. Je regrette à chaque instant l'insuffisance de mes paroles pour représenter certains effets du Nord et surtout certains effets de lumière. Quelques coups de pinceau vous en apprendraient plus sur l'aspect original de ce triste et singulier pays que des volumes de descriptions.

LETTRE DIX-SEPTIÈME.

SOMMAIRE. — Superstition politique. — Conséquences du pouvoir absolu. — Responsabilité de l'Empereur. — Nombre des naufragés de Péterhoff. — Mort de deux Anglais. — Leur mère. — Citation d'une lettre. — Récit de cet accident par un peintre. — Extrait du Journal des Débats du mois d'octobre 1842. — Ménagements forcés. — Scène de désordre sur le bateau à vapeur. — Le bâtiment sauvé par un Anglais. — Ce que c'est que le tact en Russie. — Ce qui manque à la Russie. — Conséquences de ce régime ; ce que l'Empereur en doit souffrir. — Esprit de la police russe. — Disparition d'une femme de chambre. — Silence sur des faits semblables. — Politesse des gens du peuple. — Ce qu'elle signifie. — Les deux cochers. — Cruauté d'un feldjæger. — A quoi sert le christianisme dans un tel pays. — [illegible] — Querelle de portefaix sur un bateau de bois. — Le sang russe. — Comment procèdent les agents de la police. — Cruauté révoltante. — [illegible] des Russes. — Mot de l'archevêque de Tarente. — De la religion en Russie. — Deux espèces de civilisation. — L'empereur Nicolas élève la colonne d'Alexandre. — Réflexions du voyageur. — Comment les femmes de la cour étudient les ordres de l'Empereur. — L'église de Saint-Isaac. — Son immensité. — Esprit de la religion grecque. — Différence qu'il y a entre l'Église catholique et les Églises schismatiques. — Asservissement de l'Église grecque par l'usurpation de Pierre Ier. — Conversation avec un Français. — Voltaire catholique. — Rapport qu'il y a entre la politique et la théologie. — Exemple cité par un mot de l'Empereur. — Scènes champêtres sur les bords du Volga. — Hypocrisie du gouvernement russe. — Histoire du poëte Pouschkine. — [illegible] — La jalousie. — Duel contre son beau-frère. — Pouschkine est tué. — Part que prend l'Empereur à la douleur publique. — Jeune enthousiaste. — Ode à l'Empereur. — Comment elle est récompensée. — Le Caucase. — Caractère du talent de Pouschkine. — Langage des gens du grand monde en Russie. — Abus des langues étrangères. — [illegible] des gouvernantes anglaises en France. — Supériorité des Chinois. — Le mélange des langues. — Résumé. —

Pétersbourg, ce 29 juillet 1839.

D'après les derniers renseignements que j'ai pu me procurer ce matin sur les désastres de la fête de Péterhoff, ils ont outre-passé mes suppositions. Au surplus, jamais nous ne saurons exactement les circonstances de cet événement. Tout accident est ici traité d'affaire d'État ; c'est le bon Dieu qui oublie ce qu'il doit à l'Empereur.

La superstition politique, qui est l'âme de cette société, en expose le chef à tous les griefs de la faiblesse contre la force, à toutes les plaintes de la terre contre le ciel ; quand mon chien est blessé, c'est à moi qu'il vient demander sa guérison ; quand Dieu frappe les Russes, ceux-ci en appellent au Czar. Ce prince, qui n'est responsable de rien politiquement, répond de tout providentiellement, conséquence naturelle des empiétements de l'homme sur les droits de Dieu. Un Roi qui consent à être reconnu pour plus qu'un mortel, prend sur lui tout le mal que le ciel peut envoyer à la terre pendant son règne ; il résulte de cette espèce de fanatisme politique des susceptibilités, des délicatesses ombrageuses dont on n'a nulle idée dans aucun autre pays (1). Au surplus, le secret que la police croit devoir garder ici touchant les malheurs les plus indépendants de la volonté humaine, manque le but, en ce qu'il laisse le champ libre à l'imagination ; chaque homme raconte les mêmes faits différemment, selon son intérêt, ses craintes, son ambition ou son humeur, selon l'opinion que lui imposent sa charge à la cour et sa position dans le monde ; il arrive de là que la vérité est à Pétersbourg un être de raison tout comme elle l'est devenue en France par des causes contraires : une censure arbitraire et une liberté illimitée peuvent amener des résultats semblables, et rendre impossible la vérification du fait le plus simple.

Ainsi les uns disent qu'il n'a péri, avant-hier, que treize personnes, tandis que les autres parlent de douze cents, de deux mille, et d'autres encore de cent cinquante : jugez de nos incertitudes sur toutes choses, puisque les circonstances d'un événement arrivé pour ainsi dire sous nos yeux resteront toujours douteuses, même pour nous.

Je ne cesse de m'émerveiller en voyant qu'il existe ici un peuple maintenant au point de vivre et de mourir tranquille dans le demi-jour que lui accorde la police de ses maîtres. Jusqu'à présent j'ai cru que l'homme ne pouvait pas plus se passer de vérité pour l'esprit, que d'air et de soleil pour le corps ; mon voyage en Russie me détrompe. La vérité n'est un besoin que pour les âmes d'élite ou pour les nations les plus avancées ; le vulgaire s'accommode de mensonges favorables à ses passions et à ses habitudes ; ici mentir c'est protéger la société, dire la vérité c'est bouleverser l'État (2).

Voici deux épisodes dont je vous garantis l'authenticité :

Neuf personnes de la même famille et de la même maison, arrivées depuis peu de la province à Pétersbourg, maîtres, femmes, enfants, valets, s'étaient embarquées imprudemment sur un bateau sans pont et trop frêle pour résister à la mer ; le grain est venu : pas un n'a reparu ; depuis trois jours qu'on fait des perquisitions sur les côtes on n'avait encore ce matin découvert nulle trace de ces malheureux, réclamés seulement par les voisins, car ils n'ont pas de parents à Pétersbourg. A la fin l'esquif qui les portait a été retrouvé ; il était retourné et échoué sur un banc de sable près de la grève, à trois lieues de Péterhoff et à six de Pétersbourg ; des personnes, nulle trace, pas plus des matelots que des passagers. Voilà donc neuf morts, bien constatées, non compris les marins : et le nombre des petits bâtiments submergés comme le fut celui-ci est considérable. On est venu ce matin apposer les scellés sur la porte de la maison vide. Elle est voisine de la mienne, circonstance sans laquelle je ne vous aurais pas raconté ce fait, car je l'ignorerais, comme j'en ignore bien d'autres. Le crépuscule de la politique est moins transparent que celui du ciel polaire. Pourtant, tout bien pesé, la franchise serait un meilleur calcul, car lorsqu'on me cache un peu je suppose beaucoup.

Voici l'autre épisode de la catastrophe de Péterhoff :

Trois jeunes Anglais, dont je connais l'aîné, étaient depuis quelques jours à Pétersbourg ; leur père est en Angleterre, et leur mère les attend à Carlsbad. Le jour de la fête de Péterhoff, les deux plus jeunes s'embarquent sans leur frère qui se refuse à leurs instances en répondant toujours qu'il n'est pas curieux ;.... donc, s'obstinant à rester, il voit partir en petite barque ses deux frères qui lui crient : A demain !... Trois heures après, tous deux avaient péri avec plusieurs femmes, quelques enfants et deux ou trois hommes qui se trouvaient sur le même bateau ; un matelot de l'équipage, bon nageur, s'est sauvé seul. Le malheureux frère qui survit, presque honteux d'exister, est dans un désespoir difficile à peindre ; il s'apprête à partir pour aller annoncer cette nouvelle à sa mère ; elle leur avait écrit de ne pas renoncer à la fête de Péterhoff, accordant toute latitude à leur curiosité s'ils désiraient prolonger leur voyage, et leur répétant qu'elle les attendrait patiemment à Carlsbad. Avec plus d'exigence elle leur eût peut-être sauvé la vie.

Vous figurez-vous les mille récits, les discussions, les propos de tous genres, les conjectures, les cris auxquels de pareils événements donneraient lieu dans tout autre pays que celui-ci, et surtout dans le nôtre ? Que de journaux diraient, et que de voix répéteraient que la police ne fait jamais son devoir, que les bateaux sont mauvais, les bateliers avides, et que l'autorité, loin de remédier au danger, l'aggrave, soit par son insouciance, soit par sa cupidité : on ajouterait que le mariage de la grande-duchesse a été célébré sous de tristes auspices, comme bien d'autres mariages de princes ; et alors les dates, les allusions, les citations abonderaient.... Ici rien !!! Un silence plus effrayant que le malheur lui-même !... Deux lignes dans la gazette sans détails, et à la cour, à la ville, dans les salons du grand monde, pas une parole : si l'on ne parle pas là on ne parle guère ailleurs : il n'y a pas de cafés à Pétersbourg pour y commenter des journaux qui n'existent pas ; les petits employés sont plus timorés que les grands seigneurs, et ce que l'on n'ose dire chez les chefs se dit encore moins chez les subordonnés ; restent les négociants et les boutiquiers : ceux-ci sont cauteleux comme tout ce qui veut vivre et prospérer dans ce pays. S'ils parlent sur des sujets graves et dès lors périlleux, ce n'est qu'à l'oreille et en tête-à-tête (1).

La Russie s'est donné le mot pour ne rien dire qui puisse rendre l'Impératrice nerveuse, et voilà comme on la laisse vivre et mourir en dansant : « *Elle serait affligée, taisez-vous !* » Là-dessus, enfants, amis, parents, tout ce qu'on aime se noie et l'on n'ose pleurer. On est trop malheureux pour se plaindre.

Les Russes sont toujours courtisans : soldats de caserne ou d'église, espions, geôliers, bourreaux, dans ce pays, tous font plus que leur devoir : ils font leur métier. Qui me dira où peut aller une société qui n'a pas pour base la dignité humaine ?

Je le répète souvent, il faudrait tout défaire ici pour y faire un peuple.

Cette fois le silence de la police n'est pas pure flatterie, il est aussi l'effet de la peur. L'esclave craint la mauvaise humeur du maître, et s'applique de toutes ses forces à le maintenir dans une gaieté tutélaire. Les fers, le cachot, le knout, la Sibérie sont bien près d'un Czar irrité, ou tout au moins le Caucase, cette Sibérie

(1) Voir la brochure de M. Gretsch.

(2) Voyez la note suivante.

(1) *Je crois devoir insérer ici l'extrait d'une lettre qui m'a été écrite cette année par une femme de mes amies ; ce récit n'ajoute rien aux détails que vous venez de lire, si ce n'est que la singulière prudence d'un étranger, d'un artiste [illegible] dans un salon de Paris où il raconte un événement arrivé trois ans auparavant à Pétersbourg, vous donne mieux l'idée de l'oppression des esprits en Russie, que ce que je puis vous en dire moi-même.* « Un peintre italien qui se trouvait en même « temps que vous à Saint-Pétersbourg, est maintenant à Paris. Il racontait, comme « vous me l'avez raconté, cette catastrophe où périrent à peu près quatre cents « individus. Le peintre faisait son récit tout bas. — Eh bien ! je sais cela, lui dis-je, « mais pourquoi dites-vous cela tout bas ? — Oh ! c'est que l'Empereur a défendu « qu'on en parlât. » *J'ai admiré cette obéissance malgré le temps et les distances.* « Mais vous, qui ne pouvez tenir une vérité captive, quand publierez-vous votre « voyage ? »

Je joins encore ici un extrait des longs articles imprimés dans le Journal des Débats, le 13 octobre 1842, au sujet du livre intitulé : Persécutions et souffrances de l'Église catholique en Russie.

« Au mois d'octobre [illegible], deux convois [illegible] sur le chemin « de fer de Saint-Pétersbourg à Tsarskoé-Sélo se rencontrèrent faute d'avoir pu s'a- « percevoir à cause d'un épais brouillard. Tout fut brisé du choc. Cinq cents per- « sonnes, dit-on, restèrent sur le carreau tuées, mutilées, ou plus ou moins griève- « ment blessées. C'est à peine si on en eut connaissance à Saint-Pétersbourg. Le « lendemain, de très-grand matin, quelques curieux voulurent encore aller visiter « le lieu de la catastrophe : ils trouvèrent tous les débris déblayés, les morts et les « blessés enlevés, et comme seuls signes de l'accident quelques agents de police « qui, après avoir interrogé les curieux sur les motifs de leur visite matinale, les « gourmandèrent de leur curiosité et leur enjoignirent [illegible] de retourner chez « eux chez soi. »

mitigée à l'usage d'un despotisme qui, dit-on, s'adoucit tous les jours selon les progrès du siècle.

On ne peut nier que dans cette circonstance la première cause du mal ne tienne à l'insouciance de l'administration; si l'on eût empêché les bateliers de Saint-Pétersbourg de surcharger leurs barques ou de se hasarder dans le golfe avec des bâtiments trop faibles pour résister à la vague, personne n'eût péri... Encore qui sait? les Russes sont généralement mauvais marins, avec eux le danger est partout. Prenez des Asiatiques à longues robes, à longues barbes pour en faire des matelots, et puis étonnez-vous des naufrages.

Le jour de la fête, un des bateaux à vapeur qui font ordinairement le service entre Pétersbourg et Kronstadt, était parti pour Péterhoff. Il a pensé chavirer comme les moindres esquifs; pourtant il est d'une dimension et d'une solidité rassurantes; il allait sombrer sans un étranger qui se trouvait du voyage. Cet homme (c'était un Anglais), voyant à peu de distance périr plusieurs barques, sentant tout le danger qu'il courait lui et l'équipage avec lui; reconnaissant d'ailleurs que la manœuvre se faisait mal faute de commandement, eut l'heureuse idée de couper avec son propre couteau toutes les cordes de la tente dressée sur le tillac pour l'agrément et la commodité des passagers. La première chose qu'on doit faire à la moindre menace du mauvais temps, c'est d'enlever cette tente; les Russes n'avaient pas songé à une précaution si simple, et sans le trait de présence d'esprit de l'étranger, le bâtiment chavirait immanquablement. Il fut sauvé, mais avarié, forcé de renoncer à continuer sa route, et trop heureux de rentrer au plus vite à Pétersbourg. Si l'Anglais qui l'a préservé du naufrage n'était de la connaissance d'un autre Anglais de mes amis, j'aurais ignoré que ce bâtiment avait couru des risques. J'en ai dit un mot à quelques personnes bien instruites; elles m'ont confirmé le fait, mais avec prière de le tenir secret....

Il serait inconvenant de parler du déluge si cette catastrophe était arrivée sous le règne d'un empereur de Russie.

De toutes les facultés de l'intelligence, la seule qu'on estime ici c'est le tact (1). Figurez-vous une nation entière ployée sous le joug de cette vertu de salon. Représentez-vous tout un peuple devenu prudent comme un diplomate qui a sa fortune à faire; et vous aurez l'idée de ce que devient l'agrément de la conversation en Russie. Si l'air de la cour nous pèse même à la cour, combien ne doit-il pas nous paraître contraire à la vie quand il nous poursuit jusque dans notre intérieur le plus secret.

La Russie est une nation de muets; quelque magicien a changé soixante millions d'hommes en automates qui attendent la baguette d'un autre enchanteur pour renaître et pour vivre. Ce pays me fait l'effet du palais de la Belle au bois dormant: c'est brillant, doré, magnifique; il n'y manque rien... que la liberté, c'est-à-dire la vie.

L'Empereur doit souffrir d'un tel état de choses. Quiconque est né pour commander aime l'obéissance sans doute; mais l'obéissance d'un homme vaut mieux que celle d'une machine: le mensonge est si près de la servilité, qu'un prince entouré de complaisants ignorera toujours tout ce qu'on espérera lui pouvoir cacher; il est donc condamné à douter de chaque parole, à se défier de chaque homme. Tel est le lot d'un maître absolu; il aurait beau se montrer bon et vouloir vivre en homme, la force des choses le ferait insensible malgré lui; il occupe la place d'un despote, force lui est d'en subir la destinée, d'en adopter les sentiments ou du moins d'en jouer le rôle.

Le mal de la dissimulation s'étend ici plus loin qu'on ne pense: la police russe, si alerte pour tourmenter les gens, est lente à les éclairer quand ils s'adressent à elle afin de s'éclaircir d'un fait douteux.

Voici un exemple de cette inertie calculée: au dernier carnaval une femme de ma connaissance avait permis à sa femme de chambre de sortir le dimanche gras; la nuit venue, cette fille ne rentre pas. Le lendemain matin, la dame très inquiète envoie prendre des renseignements à la police (2).

On répond qu'aucun accident n'étant arrivé à Pétersbourg la nuit précédente, il est impossible que la femme de chambre égarée ne se retrouve pas bientôt saine et sauve.

Le jour se passe dans cette sécurité trompeuse, point de nouvelles; enfin, le surlendemain, un parent de la fille, jeune homme assez au fait des secrètes menées de la police du pays, a l'idée de s'en aller à l'amphithéâtre de chirurgie où l'un de ses amis le fait entrer. A peine introduit, il reconnaît le cadavre de sa cousine prêt à être disséqué par les élèves.

En bon Russe, il conserve assez d'empire sur lui-même pour dissimuler son émotion. « Quel est ce corps?

— On ne sait, c'est celui d'une fille qui a été trouvée morte la nuit d'avant-hier dans telle rue; on croit qu'elle a été étranglée en voulant se défendre contre des hommes qui essayaient de lui faire violence.

— Quels sont ces hommes?

— Nous l'ignorons; on ne peut former sur cet événement que des conjectures; les preuves manquent.

— Comment vous êtes-vous procuré ce corps?

— La police nous l'a vendu secrètement, ainsi ne parlez pas de cela, » refrain obligé et qui revient comme une phrase parasite, après chaque phrase articulée par un Russe ou par un étranger acclimaté.

J'avoue que ce trait n'est pas aussi révoltant que le crime de Burk en Angleterre, mais ce qui caractérise la Russie, c'est le silence protecteur qu'on y garde religieusement sur de semblables forfaits.

Le cousin s'est tu; la maîtresse de la victime n'a pas osé se plaindre; et aujourd'hui, après six mois, je suis peut-être la seule personne à laquelle elle ait raconté la mort de sa femme de chambre, parce que je suis étranger... et que je n'écris pas, à ce que je lui ai dit.

Vous voyez comment les agents subalternes de la police russe font leur devoir. Ces employés infidèles ont trouvé un double avantage à trafiquer du corps de la femme assassinée: ils en tiraient d'abord quelques roubles, ensuite ils cachaient le meurtre qui leur eût attiré une sévère remontrance, si le bruit de cet événement se fût répandu.

Les réprimandes adressées aux hommes de cette classe sont, je crois, accompagnées de démonstrations un peu rudes et destinées à graver ineffaçablement les paroles dans la mémoire du malheureux qui les écoute.

Un Russe de la basse classe est autant battu que salué en sa vie. Je n'ai jamais vu autant de gens se traiter avec égard, et cela dans toutes les classes: le cocher de droschki salue imperturbablement son camarade, qui n'a garde de passer à côté de lui sans lui rendre révérence pour révérence; le portefaix salue le badigeonneur, et ainsi des autres. Le chapeau et le bâton sont ici des objets de première nécessité. Les coups de verges (en Russie la verge est un grand roseau fendu) et les inclinations de tête distribués à doses égales, s'emploient efficacement dans l'éducation sociale de ce peuple étiqueté plutôt que policé; son urbanité me paraît jouée ou du moins forcée, et, malgré cela, cette apparence d'aménité contribue à l'agrément de la vie. Si la politesse menteuse a tant d'avantages, quel charme ne devrait pas avoir la vraie politesse, la politesse du cœur?

On ne peut être battu en Russie que dans telle classe et par un homme de telle autre classe. Ici les mauvais traitements sont réglés comme un tarif de douane; ceci rappelle le code d'Ivan. La dignité de la caste est admise, mais, jusqu'à présent, nul n'a songé à faire passer dans les lois ni même dans les usages la dignité de l'homme. Rappelez-vous ce que je vous ai dit de la politesse des Russes de toutes les classes. Je vous laisse à penser ce que vaut cette urbanité, et je me borne à vous raconter quelques-unes des scènes qui se passent journellement sous mes yeux.

J'ai vu dans une même rue deux cochers de droschki (fiacre russe) ôter cérémonieusement leur chapeau en se rencontrant: c'est un usage reçu; s'ils sont liés un peu intimement, ils appuient d'un air amical, en passant l'un devant l'autre, la main sur leur bouche et la baisent en se faisant un petit signe des yeux fort spirituel et fort expressif: voilà pour la politesse. Voici pour la justice: un peu plus loin, j'ai vu un courrier à cheval ou un feldjæger ou quelque autre employé infime du gouvernement, descendre de sa voiture, courir à l'un de ces deux cochers bien élevés et le frapper brutalement à coups de fouet, de bâton ou de poing, qu'il lui assène sans pitié dans la poitrine, dans la figure et sur la tête; cependant le malheureux qui ne se sera pas rangé assez vite, se laisse assommer sans la moindre réclamation ni résistance par respect pour l'uniforme et pour la caste de son bourreau; mais la colère de celui-ci n'est pas toujours désarmée par la prompte soumission du délinquant.

N'ai-je pas vu un de ces porteurs de dépêches, courrier de quelque ministre ou valet de chambre galonné de quelque aide de camp de l'Empereur, arracher de dessus son siége un jeune cocher qu'il n'a cessé de battre que lorsqu'il lui eut mis le visage en sang? La victime subissait cette exécution en véritable agneau sans la moindre résistance et comme on obéit à un arrêt souverain, comme on cède à quelque commotion de la nature; cependant, les passants n'étaient nullement émus de tant de cruauté, même un des camarades du patient qui faisait boire ses chevaux à quelques pas plus loin, obéissant à un signe du feldjæger irrité, était accouru pour tenir la bride de la monture de ce personnage public, pendant tout le temps qu'il lui plairait de prolonger l'exécution. Allez dans tout autre pays demander à un homme du peuple son assistance pour une exécution contre un camarade arbitrairement puni!... Mais l'emploi et l'habit de l'homme qui donnait les coups lui assuraient le droit de battre à outrance le cocher de fiacre qui les recevait; la punition était donc légitime; moi je dis: Tant pis pour le pays où de pareils actes sont légaux.

La scène que je vous raconte se passait dans le plus beau quar-

(1) Voyez M. Gretsch.
(2) Je me crois obligé de changer quelques circonstances et de taire les noms qui pourraient faire connaître les personnes; mais l'essentiel de l'histoire est scrupuleusement conservé dans ce récit.

tier de la ville, à l'heure de la promenade. Quand le malheureux battu fut relâché, il essuya le sang qui ruisselait le long de ses joues, et remonta tranquillement sur son siége en recommençant le cours de ses révérences à chaque rencontre nouvelle.

Le délit, quel qu'il fût, n'avait cependant causé aucun accident grave. Notez que cette abomination s'exécutait avec un ordre parfait en présence d'une foule silencieuse, et qui loin de songer à défendre ou à excuser le coupable, n'osait pas même s'arrêter longtemps pour assister au châtiment. Une nation gouvernée chrétiennement protesterait contre une discipline sociale qui détruit toute liberté individuelle. Mais ici l'influence du prêtre se borne à obtenir du peuple et des grands des signes de croix et des génuflexions.

Malgré le culte du Saint Esprit, cette nation a toujours son Dieu sur la terre. Comme Bati, comme Tamerlan, l'empereur de Russie est idolâtré de ses sujets; la loi russe n'est point baptisée.

J'entends tous les jours vanter les allures douces, l'humeur pacifique, la politesse du peuple de Saint-Pétersbourg. Ailleurs j'admirerais ce calme; ici je le regarde comme le symptôme le plus effrayant du mal dont je me plains. On tremble au point de dissimuler sa crainte sous une tranquillité satisfaisante pour l'oppresseur et rassurante pour l'opprimé. Les vrais tyrans veulent qu'on sourie. Grâce à la terreur qui plane sur toutes les têtes, la soumission sert à tout le monde: victimes et bourreaux, tous croient avoir intérêt à l'obéissance qui perpétue le mal qu'ils infligent et le mal qu'ils subissent.

On sait que l'intervention de la police entre gens qui se querellent, exposerait les combattants à des punitions bien plus redoutables que les coups qu'ils se portent en silence; et l'on évite le bruit parce que la colère qui éclate appellerait le bourreau qui châtie.

Voici pourtant une scène tumultueuse de laquelle le hasard m'a rendu témoin ce matin:

Je passais le long d'un canal couvert de bateaux chargés de bois. Des hommes transportaient ce bois à terre pour l'élever en forme de murailles sur leurs charrettes; je vous ai décrit ailleurs cette espèce de rempart mouvant, qui traverse les rues au pas des chevaux. Un des portefaix occupés à tirer le bois de la barque pour le brouetter jusqu'à la charrette, se prend de querelle avec ses camarades; et tous se mettent à se battre franchement comme des crocheteurs de chez nous. L'agresseur se sentant le plus faible a recours à la fuite: il grimpe avec la souplesse d'un écureuil au grand mât du bateau; jusque-là je trouvais la scène amusante: perché sur une vergue, le fuyard défie ses adversaires moins lestes que lui. Ces hommes se voyant trompés dans leur espoir de vengeance, oubliant qu'ils sont en Russie, passent toutes les bornes de leur politesse, c'est-à-dire de leur prudence accoutumée, et manifestent leur fureur par des redoublements de cris et des menaces sauvages.

Il y a de distance en distance dans toutes les rues de la ville des agents de police en uniforme; deux de ces espèces de sergents de ville, attirés par les vociférations des combattants, arrivent sur le théâtre de la querelle et somment le principal coupable de descendre de dessus sa perche. Celui-ci n'obéit pas; le sergent saute à bord, le rebelle se cramponne au mât: l'homme du pouvoir réitère ses sommations, le révolté persiste dans sa résistance. L'agent furieux essaie de grimper lui-même au mât et réussit à saisir un des pieds du réfractaire. Que croyez-vous qu'il fasse alors? il tire de toutes ses forces son adversaire, sans précaution, sans s'embarrasser de la manière dont il va faire descendre ce malheureux; celui-ci désespérant d'échapper à la punition qui l'attend, s'abandonne enfin à son sort; il se renverse et tombe en arrière la tête la première de deux fois la hauteur d'un homme sur une pile de bois, où son corps reste immobile comme un sac.

Je vous laisse à penser si la chute fut rude! La tête rebondit sur les bûches et le retentissement du coup arriva jusqu'à mon oreille, bien que je me fusse arrêté à une cinquantaine de pas. Je crus l'homme tué, le sang lui couvrait la figure; cependant revenu du premier étourdissement, ce pauvre sauvage, pris au piége, se relève; ce qu'on aperçoit de son visage sous les taches de sang est d'une pâleur livide; il se met à beugler comme un bœuf; ses horribles cris diminuaient ma compassion, il me semblait que ce n'était plus qu'une brute et que j'avais tort de m'attendrir sur lui comme sur un de mes semblables. Plus l'homme hurlait, plus mon cœur s'endurcissait: tant il est vrai que nous avons besoin que les objets de notre compassion conservent quelque sentiment de leur propre dignité pour que nous puissions prendre sérieusement part à leur peine!!... la pitié est une association; et quel est l'homme, si compatissant qu'il soit, qui voudrait s'associer à ce qu'il méprise?

On l'emporte enfin quoiqu'il oppose une résistance désespérée et assez longue: une petite barque amenée à l'instant même par d'autres agents de police s'approche rapidement: on garrotte le prisonnier, et, les mains attachées derrière le dos, on le jette sur le nez au fond du bateau; cette seconde chute, fort rude encore, est suivie d'une grêle de coups; ce n'est pas tout, et vous n'êtes pas au bout du supplice préalable; le sergent qui l'a saisi ne voit pas plutôt la victime abattue qu'il lui saute sur le corps; je m'étais approché, j'ai donc été témoin de ce que je vous raconte. Ce bourreau étant descendu à fond de cale et marchant sur le dos du patient, se mit à trépigner à coups redoublés sur ce pauvre homme et à fouler aux pieds le malheureux comme on vendange la grappe dans le pressoir. Pendant cette horrible exécution, les hurlements féroces du supplicié redoublèrent d'abord; mais quand ils commencèrent à faiblir j'ai senti que la force me manquait à moi-même et j'ai fui: ne pouvant rien empêcher, j'en avais trop vu. Voilà ce qui s'est passé sous mes yeux, en pleine rue, pendant une promenade de récréation, car je voulais me reposer au moins pour quelques jours de mon métier de voyageur écrivain. Mais comment réprimer mon indignation? elle m'a fait reprendre la plume à l'instant.

Ce qui me révolte, c'est le spectacle de l'élégance la plus raffinée à côté d'une barbarie si repoussante. S'il y avait moins de luxe et de délicatesse dans la vie des gens du monde, la condition des hommes du peuple m'inspirerait moins de pitié. Ici les riches ne sont pas les concitoyens des pauvres. De tels faits et tout ce qu'ils sous-entendent laissent deviner me feraient haïr le plus beau pays de la terre, à plus forte raison me font-ils détester une lande badigeonnée, un marais plâtré. Quelle exagération! s'écrieront les Russes!... ne voilà-t-il pas de bien grandes phrases pour peu de chose!!! Vous appelez cela peu de chose, je le sais, et c'est ce que je vous reproche; l'habitude que vous avez de ces horreurs explique votre indifférence sans la justifier. Vous ne faites pas plus d'état des cordes dont vous voyez garrotter un homme que du collier de force qu'on met à vos chiens de chasse.

J'en conviens, ces actes sont dans vos mœurs, car je n'ai pu saisir une expression de blâme ou d'horreur sur la physionomie d'aucun des spectateurs de ces abominables scènes; et il y avait là des hommes de toutes les classes. Si vous me donnez cette approbation tacite de la foule pour excuse, nous sommes d'accord.

En plein jour, en pleine rue, frapper un homme à mort avant de le juger, voilà ce qui paraît fort simple au public et aux sbires de Pétersbourg. Bourgeois, seigneurs, soldats et citadins, pauvres et riches, grands et petits, élégants et manants, rustres et dandys, tous s'entendent pour laisser s'opérer tranquillement de telles choses sous leurs yeux, sans s'embarrasser de la légalité de l'acte. Ailleurs, le citoyen est protégé par tout le monde contre l'agent du pouvoir qui abuse: ici, l'agent public est protégé contre la juste réclamation de l'homme maltraité. Le serf ne doit pas réclamer.

L'empereur Nicolas a fait un code. Si les faits que je vous raconte sont d'accord avec les lois de ce code, tant pis pour le législateur; s'ils sont illégaux, tant pis pour l'administrateur. C'est toujours l'Empereur qui est responsable. Quel malheur de n'être qu'un homme quand on accepte la charge d'un dieu!... et qu'on est forcé de l'accepter! Le gouvernement absolu ne devrait être confié qu'à des anges.

Je proteste de l'exactitude des faits que j'ai rapportés; je n'ai ni ajouté ni retranché un geste dans le récit que vous venez de lire, et je suis rentré pour le joindre à ma lettre, pendant que les moindres circonstances de la scène m'étaient encore présentes à la pensée (1).

Si de pareils détails pouvaient se publier à Pétersbourg avec les commentaires indispensables pour les faire remarquer par des esprits blasés sur tous les genres de férocité et d'illégalités, ils ne produiraient pas le bien qu'on s'en pourrait promettre. L'administration russe s'arrangerait de manière à ce que la police de la ville affectât dorénavant plus de douceur dans ses rapports avec les hommes du peuple, ne fût-ce que par respect pour les yeux délicats des étrangers: voilà tout!... Les mœurs d'un peuple sont le produit lent de l'action réciproque des lois sur les usages et des usages sur les lois; elles ne se transforment pas d'un coup de baguette. Celles des Russes, malgré toutes les prétentions de ces demi-sauvages, sont et resteront encore longtemps cruelles. Il n'y a guère plus d'un siècle qu'ils étaient de vrais Tatares; c'est Pierre le Grand qui a commencé à forcer les hommes d'introduire les femmes dans les assemblées; et sous leur élégance moderne, plusieurs de ces parvenus de la civilisation ont conservé la peau de l'ours, ils n'ont fait que la retourner, mais pour peu qu'on gratte, le poil se retrouve et se redresse (2).

A présent qu'il a laissé passer l'époque de la chevalerie dont les nations de l'Europe occidentale ont si bien profité dans leur jeunesse, ce qu'il faudrait à ce peuple, c'est une religion indépendante et conquérante: la Russie a de la foi; mais la foi politique n'émancipe pas l'esprit de l'homme, elle le renferme dans le cercle étroit de ses affections naturelles; avec la foi catholique, les Russes ac-

(1) Il n'est pas inutile de répéter que cette lettre, comme presque toutes les autres, a été conservée et cachée avec soin pendant tout le temps de mon séjour en Russie.

(2) Ce mot est de l'archevêque de Tarente, dont M. Valery vient de faire un portrait [illegible]

pourraient bientôt des idées générales fondées sur une instruction raisonnable et sur une liberté proportionnée à leurs lumières : quant à moi, je suis persuadé que de cette hauteur, s'ils y pouvaient atteindre, ils domineraient le monde. Le mal est profond; et les remèdes employés jusqu'ici n'agissaient qu'à la surface, ils ont caché la plaie sans la guérir. La bonne civilisation va du centre à la circonférence, tandis que la civilisation russe est venue de la circonférence au centre : c'est de la barbarie recrépie voilà tout.

De ce qu'un sauvage a la vanité d'un homme du monde, s'ensuit-il qu'il en ait la culture? Je l'ai dit, je le répète et je le répéterai peut-être encore : les Russes tiennent bien moins à être civilisés qu'à nous faire croire qu'ils le sont. Tant que cette maladie de la vanité publique leur rongera le cœur et leur faussera l'esprit, ils auront quelques grands seigneurs qui pourront jouer à l'élégance chez eux et chez nous, et ils resteront barbares au fond : mais malheureusement le sauvage a des armes à feu.

L'empereur Nicolas justifie mon jugement : il a pensé avant moi que le temps des apparences est passé pour la Russie, et que tout l'édifice de la civilisation est à refaire dans ce pays : il a repris la société en sous-œuvre; Pierre, dit le Grand, la renverserait une seconde fois pour la refaire : Nicolas est plus habile. Il cache son but afin de l'atteindre plus sûrement. Je me sens saisi de respect devant cet homme qui, de toute la force de sa volonté, lutte en secret contre l'œuvre du génie de Pierre le Grand; tout en déifiant ce grand réformateur, il ramène à son naturel une nation fourvoyée durant plus d'un siècle dans les voies de l'imitation servile.

La pensée de l'Empereur actuel se manifeste jusque dans les rues de Pétersbourg : il ne s'amuse pas à bâtir à la hâte des colonnades de briques recrépies; partout il remplace l'apparence par la réalité, partout la pierre chasse le plâtre, et des édifices d'une architecture forte et massive font disparaître les prestiges d'une fausse grandeur. C'est en ramenant d'abord un peuple à son caractère primitif qu'on le rend capable et digne de la vraie civilisation sans laquelle une nation ne saurait travailler pour la postérité; pour qu'un peuple produise tout ce qu'il peut produire, il ne s'agit pas de lui faire copier les étrangers, il faut développer, sans le contrarier, le génie national. Ce qui dans ce monde approche le plus de la Divinité, c'est la nature. La nature, jusqu'à présent contrariée chez les Russes, appelle peut-être ces hommes aux grandes choses, tandis que, depuis leur soi-disant civilisation, on les occupait à des minuties : l'empereur Nicolas a compris leur vocation mieux que ses devanciers, et sous ce règne tout s'est agrandi par un retour à la vérité.

Une colonne domine Pétersbourg : c'est le plus grand morceau de granit qui ait été taillé de main d'homme, sans excepter les monuments égyptiens. Un jour, soixante-dix mille soldats, la cour, la ville et une partie de la campagne affluèrent sans se gêner, sans se fouler, sur la place du palais impérial pour assister dans un silence religieux à la miraculeuse érection de ce monument conçu, exécuté, mis en place par un Français, M. de Montferrand; car les Français sont encore nécessaires aux Russes. Des machines prodigieuses fonctionnent avec succès; les mécaniques animent la pierre, et au moment où la colonne, sortant de ses entraves, se lève comme vivant de sa propre vie et semble se mouvoir d'elle-même, l'armée, la foule, l'Empereur lui-même, tombent à genoux pour remercier Dieu d'un tel miracle et le louer des grandes choses qu'il leur permet d'accomplir. Voilà ce que j'appelle une fête nationale : ceci n'est pas une flatterie qu'on pourrait prendre pour une satire, comme la mascarade de Péterhoff; ce n'est point un tableau de genre, c'est un tableau d'histoire et du plus haut style. Le grand, le petit, le mauvais, le sublime, tous les contraires entrent dans la constitution de ce singulier pays, le silence perpétue le prodige et empêche la machine de se briser.

L'empereur Nicolas étend la réforme jusque sur le langage des personnes qui l'entourent; il exige qu'on parle russe à sa cour. La plupart des femmes du monde, surtout de celles qui sont nées à Saint-Pétersbourg, ignorent leur langue nationale; mais elles apprennent quelques phrases de russe qu'elles débitent pour obéir à l'Empereur, lorsqu'il vient à passer dans les salles du palais où leur service les retient; l'une d'elles est toujours de garde pour annoncer à temps par un signe convenu l'approche du maître : aussitôt les conversations françaises cessent et les phrases russes destinées à flatter l'oreille impériale retentissent dans le palais; le souverain s'applaudit de voir jusqu'où s'étend son pouvoir de réformateur, et ses sujettes rebelles par espièglerie se mettent à rire dès qu'il est passé..... Je ne sais de quoi je suis le plus frappé, en voyant cette immense puissance, de sa force ou de sa faiblesse.

Mais comme tout réformateur, l'Empereur est doué de l'opiniâtreté qui fait réussir.

A l'extrémité de la place, vaste comme un pays, où s'élève la colonne, vous voyez une montagne de granit : l'église de Saint-Isaac de Pétersbourg. Ce monument moins pompeux, moins beau de dessin et moins chargé d'ornements que Saint-Pierre de Rome, est tout aussi étonnant. Il n'est point terminé, on ne peut donc juger de l'ensemble, ce sera une œuvre hors de proportion avec ce que l'esprit du siècle enfante aujourd'hui chez les autres peuples. Ses matériaux sont le granit, le bronze et le fer : rien d'autre. La couleur en est imposante, mais sombre; commencé sous Alexandre, ce merveilleux temple sera bientôt achevé sous Nicolas par le même Français, M. de Montferrand, qui a élevé la colonne.

Tant d'efforts au profit d'un culte tronqué par la politique! Eh quoi! la parole de Dieu ne se fera jamais entendre sous cette voûte? Les temples grecs ne servent plus de toit à la chaire de vérité. Au mépris des saint Athanase, des saint Chrysostome, la religion ne s'enseigne point publiquement aux Russes. Les Gréco-Moscovites retranchent la parole de leur culte, tandis que les protestants réduisent le leur à la parole : ni les uns ni les autres ne veulent écouter le Christ qui, la croix à la main, rassemblant des deux bouts de la terre ses troupeaux égarés, crie du haut de la chaire de Saint-Pierre : « Venez à moi, vous tous qui avez le cœur pur, qui avez des oreilles pour entendre et des yeux pour voir!.... »

L'Empereur, aidé de ses armées de soldats et d'artistes, aura beau s'évertuer, il n'investira jamais l'Église grecque d'une puissance que Dieu ne lui a pas donnée : on peut la rendre persécutrice, on ne la rendra point apostolique, c'est-à-dire *civilisatrice*, et conquérante dans le monde moral; discipliner des hommes, ce n'est pas convertir les âmes. Cette Église politique et nationale n'a ni la vie morale ni la vie surnaturelle. Tout vient à manquer à qui manque d'indépendance. Le schisme, en séparant le prêtre de son chef indépendant, le met aussitôt dans la main de son chef temporel; ainsi la révolte est punie par l'esclavage. Il faudrait douter de Dieu si l'instrument de l'oppression devenait celui de la délivrance (1).

Aux époques les plus sanglantes de l'histoire, l'Église catholique travaillait encore à émanciper les nations : le prêtre adultère vendait le Dieu du ciel au Dieu du monde pour tyranniser l'homme au nom du Christ; mais ce prêtre impie éclairait encore l'esprit lors même qu'il donnait la mort au corps; car, tout détourné de ses voies qu'il était, il faisait pourtant partie d'une Église qui possédait la vie et la lumière; le prêtre grec ne donne ni la vie ni la mort : il est mort lui-même.

Des signes de croix, des salutations dans la rue, des génuflexions devant des chapelles, des prosternations de vieilles dévotes contre le pavé des églises, des baisements de main; une femme, des enfants, et le mépris universel, voilà tout le fruit que le pope a recueilli de son abdication... voilà tout ce qu'il a pu obtenir de la nation la plus superstitieuse du monde... Quelle leçon!... quelle punition! Voyez et admirez, c'est au milieu du triomphe de son schisme que le prêtre schismatique est frappé d'impuissance. Le prêtre, lorsqu'il veut accaparer le pouvoir temporel, périt faute de vues assez élevées pour reconnaître la voie que Dieu lui ouvre, le prêtre qui se laisse détrôner par le roi périt faute de courage pour suivre cette voie : tous les deux manquent également à leur vocation suprême.

Pierre Ier n'avait-il pas la conscience chargée d'un assez grand poids de responsabilité, lorsqu'il a pris, pour lui et ses successeurs, l'ombre d'indépendance, le reste de liberté conservés à sa malheureuse Église? il a entrepris une œuvre au dessus des forces humaines; depuis ce moment la fin du schisme est devenue impossible... c'est-à-dire aux yeux de la raison, et si l'on considère le genre humain d'un point de vue purement humain (2).

Je rends grâce au vagabondage de ma pensée, puisqu'en la laissant sauter librement d'objets en objets, d'idées en idées, je vous peins la Russie tout entière; avec un style plus méthodique je craindrais de me heurter aux contrastes trop criants, et pour éviter le reproche de confusion, de divagation ou d'inconséquence, je perdrais les moyens de vous montrer les vérités telles qu'elles m'apparaissent : toutes de front. L'état du peuple, la grandeur de l'Empereur, l'aspect des rues, la beauté des monuments, l'abrutissement des esprits, conséquence de la dégénération du principe religieux, tout cela frappe mes yeux en un instant, et passe pour ainsi dire à la fois sous ma plume; et tout cela, c'est la Russie même dont le principe de vie se révèle à ma pensée à propos des objets les moins significatifs en apparence.

Vous n'êtes pas au bout : je n'ai pas terminé mes courses sentimentales. Hier je me promenais à pied avec un Français de beaucoup d'esprit et qui connaît bien Pétersbourg; placé comme instituteur dans une famille de grands seigneurs, il est à portée de savoir la vérité, que nous autres, étrangers de passage, nous poursuivons en vain. Aussi trouve-t-il mes jugements trop favorables à la Russie. Je ris de ses reproches quand je pense à ceux que me feront les Russes et je soutiens que je suis de bonne foi, vu que je hais ce qui me paraît mal et que j'admire ce qui me paraît bien dans ce pays comme ailleurs. Ce Français passe sa vie avec des aristocrates russes; il y a là une nuance d'opinion assez curieuse à observer.

(1) Voyez le livre des vicissitudes de l'Église catholique des deux rites, écrit en allemand par un prêtre de l'Oratoire, et traduit par M. le comte de Montalembert. Paris, 1843.

(2) Voyez les dernières conséquences de cette usurpation dans l'histoire des règnes de Catherine et de Nicolas, racontée dans le livre ci-dessus indiqué, livre plein de faits curieux et peu connus.

Nous marchions au hasard; parvenus au milieu de la Perspective Newski, la rue la plus belle et la plus fréquentée de la ville, nous ralentîmes le pas pour rester plus longtemps sur les trottoirs de cette brillante promenade; j'étais en train d'admirer. Tout à coup une voiture noire ou d'un vert foncé vient au-devant de nous. Elle est longue, carrée, assez basse et fermée de quatre côtés. On eût dit d'une bière énorme posée sur un train de charrette. Quatre petites ouvertures d'environ six pouces en carré, grillées par des barreaux de fer, donnent de l'air et du jour à ce tombeau roulant; un enfant de huit ou dix ans au plus conduisait les deux chevaux attelés à la machine, et, à ma grande surprise, un nombre assez considérable de soldats l'escortaient. Je demande à mon guide à quoi peut servir un équipage aussi singulier; ma question n'était pas achevée qu'un visage hâve se montre à l'un des guichets de la boîte et se charge de la réponse : cette voiture sert à transporter les prisonniers au lieu de leur destination.

« C'est la voiture cellulaire des Russes, me dit mon compagnon; ailleurs il y a sans doute quelque chose de semblable, mais c'est un objet odieux et qu'on dérobe aux regards le plus possible : ne vous semble-t-il pas ici qu'on en fasse montre? quel gouvernement!

— Songez, repartis-je, aux difficultés qu'il rencontre.

— Ah! vous êtes encore la dupe de leurs paroles dorées; je le vois bien, les autorités russes feront de vous ce qu'elles voudront.

— Je tâche de me mettre à leur point de vue : rien ne mérite plus d'égards que le point de vue des hommes qui gouvernent, car ce ne sont pas eux qui le choisissent. Tout gouvernement est obligé de partir des faits accomplis; celui-ci n'a pas créé l'ordre de choses qu'il est appelé à défendre énergiquement, et à perfectionner prudemment. Si la verge de fer qui dirige ce peuple encore brut cessait un instant de s'appesantir sur lui, la société entière serait bouleversée.

— On vous dit cela : mais croyez bien qu'on se plaît à cette prétendue nécessité : ceux qui se plaignent le plus des sévérités dont ils sont forcés d'user, diront-ils, n'y renonceraient qu'à regret : au fond ils aiment les gouvernements sans contre-poids; cela se mène plus aisément. Nul homme ne sacrifie volontiers ce qui lui facilite sa tâche. Exigez donc d'un prédicateur qu'il se passe de l'enfer pour convertir les pécheurs endurcis! L'enfer, c'est la peine de mort des théologiens (1) : ils s'en servent d'abord à regret, comme d'un mal nécessaire, et finissent par prendre goût au métier de damner la plus grosse part du genre humain. Il en est de même des mesures sévères en politique : on les craint avant de les essayer, puis, quand on en voit le succès, on les admire; voilà, n'en doutez pas, ce qui arrive trop souvent dans ce pays; il me semble qu'on y fait naître à plaisir les occasions de sévir de peur d'en perdre l'habitude. Ignorez-vous ce qui se passe à l'heure qu'il est sur le Volga?

— J'ai entendu parler de troubles graves, promptement réprimés.

— Sans doute; mais à quel prix? Et si je vous disais que ces affreux désordres sont le résultat d'une parole de l'Empereur....

— Jamais vous ne me ferez croire qu'il ait approuvé de telles horreurs.

— Ce n'est pas non plus ce que je veux dire, toutefois c'est un mot prononcé par lui innocemment, je le pense comme vous, qui a causé le mal : voici le fait. Malgré les injustices des préposés de la couronne, le sort des paysans de l'Empereur est encore préférable à celui des autres serfs, et sitôt que le souverain se rend propriétaire de quelque nouveau domaine, les habitants de ces terres acquises par la couronne deviennent l'objet de l'envie de tous leurs voisins. Dernièrement il acheta une propriété considérable dans le canton qui s'est révolté depuis, à l'instant, des paysans sont députés de tous les points du pays vers les nouveaux administrateurs des terres impériales, pour faire supplier l'Empereur d'acheter aussi les hommes et les domaines du voisinage; des serfs choisis pour ambassadeurs sont envoyés jusqu'à Pétersbourg : l'Empereur les reçoit, il les accueille avec bonté; cependant, à leur grand regret, il ne les achète pas. « Je ne puis, leur dit-il, acquérir la Russie tout entière, mais un temps viendra, je l'espère, où chaque paysan de cet empire sera libre; si cela ne dépendait que de moi, les Russes jouiraient dès aujourd'hui de l'indépendance que je leur souhaite, et que je travaille de toutes mes forces à leur procurer dans l'avenir. »

— Eh bien, cette réponse me paraît pleine de raison de franchise et d'humanité.

— Sans doute, mais l'Empereur devrait savoir à qui s'adressent ses paroles, et ne pas faire égorger sa noblesse par tendresse pour ses serfs. Ce discours, interprété par des hommes sauvages et envieux, a mis toute une province en feu. Puis il a fallu punir le peuple des crimes qu'on lui avait fait commettre. « Le Père veut » notre délivrance, s'écrient sur les bords du Volga les députés » revenus de leur mission. Il n'aspire qu'à faire notre bonheur, il « nous l'a dit lui-même; ce sont donc les seigneurs et tous leurs « préposés qui sont nos ennemis et qui s'opposent aux bons des « seins du Père! vengeons-nous, vengeons l'Empereur! » Là-dessus les paysans croient faire une œuvre pie en se jetant sur leurs maîtres, et voilà tous les seigneurs d'un canton et tous les intendants massacrés à la fois avec leurs familles. Ils embrochent l'un pour le faire rôtir tout vif, ils font bouillir l'autre dans une chaudière, ils éventrent les délégués, tuent de diverses manières les préposés des administrations, ils font main basse sur tout ce qu'ils rencontrent, mettent des villes entières à feu et à sang, enfin ils dévastent une province, non pas au nom de la liberté, ils ne savent ce que c'est, mais au nom de la délivrance et au cri de *Vive l'Empereur!* mots clairs et bien définis pour eux.

— C'est peut-être quelques-uns de ces cannibales que nous venons de voir passer dans la cage aux prisonniers. Savez-vous qu'il y aurait de quoi tempérer notre indignation philanthropique..... Menez donc de tels sauvages avec les moyens de douceur que vous exigez des gouvernements de l'Occident!

— Il faudrait changer graduellement l'esprit des populations; au lieu de cela on trouve plus commode de changer leur domicile; à chaque scène du genre de celle-ci on déporte en masse des villages, des cantons tout entiers; nulle population n'est assurée de garder son territoire; le résultat d'un tel système, c'est que l'homme attaché comme il l'est à la glèbe n'a pas même dans l'esclavage l'unique dédommagement que comporte sa condition : la fixité, l'habitude, l'attachement à son gîte. Par une combinaison infernale il est mobile sans être libre. Un mot du souverain le déracine comme un arbre, l'arrache à sa terre natale et l'envoie périr ou languir au bout du monde : que devient l'habitant des champs transplanté dans un village qui ne l'a pas vu naître, lui dont la vie est liée à tous les objets qui l'environnent (1)? Le paysan exposé à ces ouragans du pouvoir suprême n'aime plus sa cabane, la seule chose qu'il pût aimer en ce monde : il déteste sa vie et méconnaît ses devoirs, car il faut donner quelque bonheur à l'homme pour lui faire comprendre ses obligations; le malheur ne l'instruit qu'à l'hypocrisie et à la révolte. Si l'intérêt bien entendu n'est pas le fondement de la morale, il en est l'appui. S'il m'était permis de vous donner les détails authentiques que j'ai recueillis hier sur les événements de ***, vous frémiriez en les écoutant.

— Il est malaisé de changer l'esprit d'un peuple; ce n'est pas l'affaire d'un jour ni même celle d'un règne.

— Y travaille-t-on de bonne foi?

— Je le crois, mais avec prudence.

— Ce que vous appelez prudence, je l'appelle fausseté; vous ne connaissez pas l'Empereur.

— Reprochez-lui d'être inflexible, non pas d'être faux; or, dans un prince, l'inflexibilité est souvent une vertu.

— Ceci pourrait se nier; mais je ne veux pas m'écarter de mon thème : vous croyez le caractère de l'Empereur sincère? rappelez-vous sa conduite à la mort de Pouschkin.

— Je ne connais pas les circonstances de ce fait. »

Tout en devisant de la sorte nous étions arrivés au champ de Mars, vaste plaine qui paraît déserte quoiqu'elle occupe le milieu de la ville; mais elle est tellement étendue que les hommes s'y perdent : on les voit venir de loin et l'on peut y causer avec plus de sécurité que dans sa chambre. Mon cicerone continua :

« Pouschkin était, comme vous le savez, le plus grand poëte de la Russie.

— Nous n'en sommes pas juges.

— Nous le sommes au moins de sa réputation.

— On vante son style, c'est un mérite facile pour un homme né chez un peuple encore inculte quoiqu'à une époque de civilisation raffinée, car tout en recueillant les sentiments et les idées en circulation chez les nations voisines, il peut paraître original chez lui. Sa langue est à lui, puisqu'elle est toute neuve; et pour faire époque dans une nation ignorante, entourée de nations éclairées, il n'a qu'à traduire, il n'a nul frais de pensées à faire. Imitateur, il passera pour créateur.

— Fondée ou non, sa réputation était grande. Il était encore jeune et d'un caractère irascible : vous savez qu'il avait du sang maure par sa mère. Sa femme, très-belle personne, lui inspirait plus de passion que de confiance; avec son âme de poëte et son caractère africain, il était porté à la jalousie : le malheureux, exaspéré par des apparences, par de faux rapports envenimés avec une perfidie qui rappelle la conception de Shakspeare, l'Othello russe perd toute mesure et veut forcer l'homme par lequel il se croit offensé à se battre avec lui. Cet homme était un Français, et de plus son beau-frère; il s'appelle M. d'Antès. Le duel en Russie est une affaire grave, d'autant plus grave qu'au lieu de s'accorder, comme chez nous, avec les mœurs contre les lois, il blesse les idées reçues chez cette nation plus orientale que chevaleresque. Le duel est illé-

(1) N'oubliez pas, je vous prie, que ce n'est pas moi qui parle ainsi.

(1) Le Russe souffre moins qu'un autre de ce changement, grâce à l'aspect monotone de la nature dans toute l'étendue de la Russie, et à la simplicité des mœurs des paysans, c'est ce que j'ai prouvé ailleurs.

gal comme il l'est partout, et il a de moins qu'ailleurs l'appel de l'opinion publique.

« M. d'Antès fit ce qu'il put pour éviter l'éclat : pressé vivement par l'époux courroucé, il refuse satisfaction avec assez de dignité; mais il continue ses assiduités. Pouschkin devient presque fou : la présence inévitable de l'homme dont il veut la mort lui paraît un outrage permanent, il risque tout pour le chasser de chez lui; les choses en viennent au point que désormais le duel est commandé. Les deux beaux-frères se battent donc, et M. d'Antès tue Pouschkin; l'homme que l'opinion publique accuse est celui qui triomphe, et le mari offensé, le poëte national, l'innocent, succombe.

« Cette mort fut un scandale public et un deuil universel. Pouschkin, le poëte russe par excellence, l'auteur des plus belles odes de la langue, l'honneur du pays, le restaurateur de la poésie slave, le premier talent indigène dont le nom ait retenti avec quelque éclat en Europe.... en Europe!!!... enfin la gloire du jour, l'espoir de l'avenir, tout est perdu, l'idole est abattue dans son temple, et le héros, frappé dans sa force, tombe sous la main d'un Français... Que de haines, que de passions en jeu! Pétersbourg, Moscou, l'Empire s'est ému; un deuil général atteste le mérite du mort, et prouve la gloire du pays, qui peut dire à l'Europe : J'ai eu mon poëte!!!... et j'ai l'honneur de le pleurer!

« L'Empereur, l'homme de la Russie qui connaît le mieux les Russes, et qui se connaît le mieux en flatterie, n'a garde de ne point prendre part à l'affliction publique, il ordonne un service; je ne sais même pas s'il ne porte point la coquetterie pieuse jusqu'à se rendre en personne à cette cérémonie, afin de publier ses regrets en prenant Dieu même à témoin de son admiration pour le génie national enlevé trop tôt à sa gloire.

« Quoi qu'il en soit, la sympathie du maître flatte si bien l'esprit moscovite qu'il réveille un généreux patriotisme dans le cœur d'un jeune homme doué de beaucoup de talent; ce poëte trop crédule s'enthousiasme pour l'acte d'auguste protection accordée au premier des arts, et le voilà qui s'enhardit au point de se croire inspiré! dans l'expansion naïve de sa reconnaissance, il ose même écrire une ode.... admirez l'audace!... une ode patriotique pour remercier l'Empereur de se faire le protecteur des lettres! Il finit cette pièce remarquable en chantant les louanges du poëte évanoui : rien de plus.... J'ai lu ces vers, et je puis vous attester l'innocence des intentions de l'auteur, à moins que vous ne lui fassiez un crime de cacher dans le fond de son cœur une espérance bien permise, ce me semble, à une jeune imagination. J'ai cru voir qu'il pensait, sans le dire, qu'un jour peut-être Pouschkin ressusciterait en lui et que le fils de l'Empereur récompenserait le second poëte de la Russie, comme l'Empereur honore le premier... Téméraire!... ambitionner une renommée! avouer la passion de la gloire sous le despotisme! c'est comme si Prométhée eût dit à Jupiter : « Prends garde, défends-toi, je vais te dérober la foudre. » Or, voici quelle récompense reçut le jeune aspirant au triomphe, c'est-à-dire au martyre. Le malheureux, pour s'être fié insolemment à l'amour public de son maître pour les beaux-arts et pour les belles-lettres, encourut sa disgrâce particulière, et reçut EN SECRET l'ordre d'aller développer ses dispositions poétiques au Caucase, succursale adoucie de l'antique Sibérie.

« Après être resté là deux années, il en est revenu avec une santé délabrée, une âme abattue, une imagination radicalement guérie de ses chimères, en attendant que son corps guérisse aussi des fièvres de Géorgie. Après ce trait, vous fierez-vous encore aux paroles officielles de l'Empereur, à ses actes publics? »

Voici à peu près ce que je répondis au récit de mon compatriote :

« L'Empereur est homme, il participe aux faiblesses humaines. Quelque chose l'aura choqué dans la direction des idées de ce jeune poëte. Soyez sûr qu'elles étaient européennes plutôt que nationales. L'Empereur fait le contraire de Catherine II; il brave l'Europe au lieu de la flatter : c'est un tort, j'en conviens, car la taquinerie est encore une espèce de dépendance, puisqu'avec elle on ne se détermine que par la contradiction; mais ce tort est pardonnable, surtout si vous réfléchissez au mal fait à la Russie par des princes qui furent possédés toute leur vie de la manie de l'imitation.

— Vous êtes incorrigible, s'est écrié l'avocat des derniers boyards. Vous aussi vous croyez à la possibilité d'une civilisation à la russe. C'était bon avant Pierre Ier, mais ce prince a détruit le fruit dans son germe. Allez à Moscou, c'est le centre de l'ancien Empire : vous verrez cependant que tous les esprits s'y tournent vers les spéculations industrielles, et que le caractère national est aussi effacé là qu'il l'est à Saint-Pétersbourg. L'empereur Nicolas commet aujourd'hui, dans un autre sens, une faute pareille à celle de l'empereur Pierre Ier, il compte pour rien l'histoire d'un siècle entier, du siècle de Pierre le Grand; l'histoire a ses fatalités, partout le passé étend son influence sur le présent. Malheur au prince qui ne veut pas s'y soumettre! »

L'heure était avancée; nous nous séparâmes, et je continuai ma promenade, rêvant tout seul à l'énergique sentiment d'opposition qui doit germer au fond des âmes habituées à réfléchir dans le silence du despotisme. Les caractères qu'un tel gouvernement n'abrutit pas se fortifient.

Je suis rentré pour vous écrire; c'est ce que je fais presque tous les jours; néanmoins il se passera bien du temps avant que vous receviez ces lettres, vu que je les cache comme des plans de conspiration, en attendant que je puisse vous les envoyer sûrement, chose si difficile que je crains d'être obligé de vous les porter moi-même.

(Suite de la lettre précédente.)

Ce 30 juillet 1839.

Hier, en finissant d'écrire, je me suis mis à relire quelques traductions des poésies de Pouschkin : elles m'ont confirmé dans l'opinion qu'une première lecture m'avait donnée de lui. Cet homme a emprunté une partie de ses couleurs à la nouvelle école poétique de l'Europe occidentale. Ce n'est pas qu'il ait adopté les opinions antireligieuses de lord Byron, les idées sociales de nos poëtes ni la philosophie des poëtes allemands; mais il a *pris* leur manière de peindre. Je ne vois donc pas encore en lui un vrai poëte moscovite. Le polonais Mickiewicz me paraît bien plus slave, quoiqu'il ait subi comme Pouschkin l'influence des littératures de l'Occident.

Au reste, le vrai poëte moscovite, s'il existait, ne pourrait aujourd'hui parler qu'au peuple; il ne serait ni entendu ni lu dans les salons. Où il n'y a pas de langue, il n'y a pas de poésie : il n'y a pas non plus de penseurs. On rit aujourd'hui de ce que l'empereur Nicolas exige qu'on parle russe à la cour, cette nouveauté paraît l'effet d'un caprice du maître; la génération suivante le remerciera de cette victoire du bon sens sur le beau monde.

Comment l'esprit naturel se ferait-il jour dans une société où l'on parle quatre langues avant d'en savoir une? L'originalité de la pensée tient de plus près qu'on ne croit à l'intégrité de l'idiome. Voilà ce qu'on oublie en Russie depuis un siècle, et en France depuis quelques années. Nos enfants se ressentiront de la manie des bonnes anglaises qui s'est emparée chez nous de toutes les mères *fashionables*.

En France, le premier, et je crois le meilleur maître de français, c'était la nourrice : l'homme doit étudier sa langue naturelle toute sa vie, mais l'enfant ne doit pas l'apprendre, il la reçoit au berceau sans étude. Au lieu de cela nos petits Français d'aujourd'hui balbutient l'anglais et estropient l'allemand en naissant : puis on leur enseigne le français comme une langue étrangère.

Montaigne se félicite d'avoir appris le latin avant le français; c'est peut-être à cet avantage dont s'applaudit l'auteur des *Essais* que nous avons dû le talent le plus naïf et le plus national de notre ancienne littérature; il avait sujet de se réjouir, car le latin est la racine de notre langue; mais la netteté, la spontanéité de l'expression se perd chez un peuple qui ne respecte pas l'idiome de ses pères; nos enfants parlent anglais comme nos gens portent de la poudre : par l'effet d'une manie. Je suis persuadé que le peu d'originalité des littératures slaves modernes tient à l'habitude qu'ont prise les Russes et les Polonais pendant le XVIIIe siècle et depuis, d'introduire dans leurs familles des gouvernantes et des précepteurs étrangers; quand ils reviennent à leur langue, les Russes bien élevés traduisent, et ce style d'emprunt arrête l'élan de la pensée en détruisant la simplicité de l'expression.

Pourquoi les Chinois ont-ils jusqu'ici fait plus pour le genre humain en littérature, en philosophie, en morale, en législation, que n'ont fait les Russes? C'est peut-être parce que ces hommes n'ont cessé de professer un grand amour pour leur idiome primitif.

La confusion des langues ne nuit pas aux esprits médiocres, au contraire, elle les sert dans leurs industries; l'instruction superficielle, la seule qui convienne à ces esprits-là, est facilitée par l'étude également superficielle des langues vivantes, étude légère ou plutôt jeu d'esprit parfaitement approprié aux facultés des intelligences paresseuses ou tournées vers un but matériel; mais si le malheur veut que ce système soit, une fois entre mille, appliqué à l'éducation d'un talent supérieur, il arrête le travail de la nature, il égare le génie et lui prépare pour l'avenir une source de regrets stériles ou de travaux auxquels peu d'hommes même distingués ont le loisir et le courage de se livrer passé la première jeunesse (1). Tous les grands écrivains ne sont pas des Rousseau : Rousseau étudia notre langue comme un étranger et il fallut son génie d'expression, sa mobilité d'imagination, joints à sa ténacité de caractère; on a il fallut son isolement dans la société pour qu'il pût parvenir à savoir le français comme s'il ne l'eût point appris. Cependant le français des Genevois est moins loin de celui de Saint-Simon et de Fénelon que le jargon mêlé d'anglais et d'allemand qu'apprennent aujourd'hui à Paris les enfants des personnes élégantes par excellence. Je dis plus, peut être l'artifice qui paraît trop dans les phrases de Rousseau n'existerait-il pas, si le grand écrivain fût né en France dans le temps où les enfants y parlaient français. La confusion des langues favorise le vague des idées : la médiocrité s'en accommode,

(1) Cette opinion était celle de M. de Chateaubriand.

(Note de l'Auteur pour cette édition.)

la supériorité s'en indigne, et s'épuise à refaire l'instrument du génie : la langue. Si l'on n'y prend garde, dans cinquante ans, le français, le vrai, le vieux français sera une langue morte.

L'étude des langues anciennes, à la mode autrefois, loin d'avoir un fâcheux résultat, nous donnait les seuls moyens d'arriver à une connaissance approfondie de la nôtre qui en dérive. Cette étude, qui nous faisait remonter à notre source, nous fortifiait dans notre naturel, sans compter qu'elle était la plus appropriée aux facultés et aux besoins de l'enfance.

Tandis que la Russie régénérée lentement par le souverain qui la gouverne aujourd'hui d'après des principes méconnus des anciens chefs de ce pays, se crée une langue, des poëtes et des prosateurs, les gens élégants et soi-disant éclairés chez nous préparent à la France une génération d'écrivains imitateurs et de femmes sans indépendance d'esprit, qui entendront si bien Shakspeare et Goethe dans l'original, qu'ils n'apprécieront plus la prose de Bossuet et de Chateaubriand, ni la poésie ailée de Hugo, ni les périodes de Racine, ni l'originalité, ni la franchise de Molière et de La Fontaine, le style gaulois par excellence, ni l'esprit de madame de Sévigné, ni le sentiment, ni la divine harmonie de Lamartine. Voilà comme on les aura rendus incapables de rien produire d'assez original pour continuer la gloire de leur langue, et pour forcer, comme autrefois, les hommes des autres pays de venir en France étudier les mystères du goût.

LETTRE DIX-HUITIÈME.

SOMMAIRE. — Rapport de nos idées avec les objets extérieurs qui les provoquent. — Côté dramatique du voyage. — Traits de férocité de notre révolution comparés à la cruauté des Russes. — Différence entre les crimes des deux peuples. — Ordre dans le désordre. — Caractère particulier des émeutes en Russie. — Respect des Russes pour l'autorité. — Danger des idées libérales inculquées à des populations sauvages. — Pourquoi les Russes ont l'avantage sur nous en diplomatie. — Histoire de Télénef.

Pétersbourg, ce 30 juillet 1839, à onze heures du soir.

Ce matin de bonne heure j'ai reçu la visite de la personne dont la conversation vous a été racontée dans ma lettre d'hier. Elle m'apportait quelques pages écrites en français par le jeune prince ***, le fils de son protecteur. Cette relation d'un fait trop véritable est un des nombreux épisodes de l'événement assez récent dont toutes les âmes sensibles, tous les esprits sérieux sont ici préoccupés en secret. Peut-on jouir sans trouble du luxe d'une magnifique résidence, quand on pense qu'à quelques centaines de lieues du palais les sujets s'égorgent, et que la société se dissoudrait sans les terribles moyens employés pour la défendre ?

Le jeune prince *** qui vient d'écrire cette histoire, serait à jamais perdu, si l'on pouvait se douter qu'il en fût l'auteur. Voilà pourquoi il me confie son manuscrit et me charge de le publier. Il consent à me laisser insérer l'anecdote de la mort de Télénef dans le texte de mon voyage, où je la donnerai pour ce qu'elle est, sans toutefois compromettre personne, mais je profite avec reconnaissance d'un moyen de jeter quelque variété dans ma narration. On me garantit l'exactitude des faits principaux ; vous y ajouterez foi autant et aussi peu qu'il vous plaira ; moi, je crois toujours ce que disent les gens que je ne connais pas ; l'idée du mensonge ne me vient qu'après la preuve.

J'ai pensé un instant qu'il vaudrait mieux ne publier ce récit qu'à la suite de mes lettres : je craignais de nuire à la gravité de mes remarques si j'interrompais la narration de faits réels par un roman ; mais en réfléchissant je trouve que j'avais tort.

Indépendamment de ce que le fond de Télénef est vrai, il y a un sens secret dans l'analogie qui existe entre les scènes du monde et les idées qu'elles font naître à chaque homme : l'enchaînement des circonstances qui nous entraînent, la coïncidence des événements qui nous frappent, est la manifestation de la volonté divine à l'égard de notre pensée et de notre jugement. Tout homme ne finit-il pas par apprécier les choses et les personnes d'après les incidents qui composent sa propre histoire ? C'est toujours de là que part la pensée de l'homme, supérieur ou médiocre pour juger de toutes choses. Nous ne voyons le monde qu'en perspective, et l'arrangement des objets présentés à nos observations ne dépend pas de nous. Cette intervention de Dieu dans notre vie intellectuelle est une fatalité de notre esprit.

Donc, la meilleure justification de notre manière de juger sera toujours d'exposer dans leur ordre les épreuves qui l'ont provoquée et motivée.

C'est aujourd'hui que j'ai lu l'histoire de Télénef, c'est également sous cette date que vous la lirez.

Le grand poëte qui préside à nos destinées connaît mieux que nous l'importance des préparations pour l'effet du drame de la vie. Un voyage est un drame, sans art à la vérité, mais qui, pour rester au-dessous des règles de la composition littéraire, n'en a pas moins un but philosophique et moral, une espèce de dénoûment dénué d'artifice, non d'intérêt ni d'utilité : ce dénoûment tout intellectuel consiste dans la rectification d'une foule de préjugés et de préventions. L'homme qui voyage se soumet à une sorte d'opération morale exercée sur son intelligence par la bienfaisante justice de Dieu, qui se manifeste dans le spectacle du monde ; l'homme qui écrit son voyage y soumet le lecteur.

Le jeune Russe, auteur de ce fragment, voulant justifier par le souvenir des horreurs de notre révolution la férocité des hommes de son pays, a cité chez nous un acte de cruauté : le massacre de M. de Belzunce à Caen. Il aurait pu grossir sa liste : mademoiselle de Sombreuil forcée de boire un verre de sang pour racheter la vie de son père, la mort héroïque de l'archevêque d'Arles et de ses glorieux compagnons de martyre dans le cloître des Carmes à Paris, les mitraillades de Lyon, et... honte éternelle au zèle des bourreaux révolutionnaires ! ! les promesses trompeuses des mitrailleurs pour engager celles des victimes qui vivaient encore, après la première décharge de mousqueterie, à se relever ; les noyades de Nantes surnommées par Carrier les mariages républicains, et bien d'autres atrocités que les historiens n'ont pas même recueillies, pourraient servir à prouver que la férocité humaine n'est qu'endormie chez les nations les plus civilisées (1) ; pourtant il y a une différence entre la cruauté méthodique, froide et persistante des *moujiks* et la frénésie passagère des Français. Ceux-ci, pendant la guerre qu'ils faisaient à Dieu et à l'humanité, n'étaient pas dans leur état naturel : la mode du sang avait changé leur caractère, et l'inconséquence des passions présidait à leurs actes ; car jamais ils ne furent moins libres qu'à l'époque où tout se faisait chez eux au nom de la liberté. Vous allez voir au contraire les Russes s'entr'égorger sans démentir leur caractère ; c'est un devoir qu'ils accomplissent.

Chez ce peuple obéissant l'influence des institutions sociales est si grande dans toutes les classes, l'éducation involontaire des habitudes domine à tel point les caractères, que les derniers emportements de la vengeance y paraissent encore réglés par une certaine discipline. Là, le meurtre calculé s'exécute en cadence ; des hommes donnent la mort à d'autres hommes militairement, religieusement, sans colère, sans émotion, sans paroles, avec un calme plus terrible que le délire de la haine. Ils se heurtent, se renversent, s'écrasent, ils se passent sur le corps les uns des autres comme des mécaniques tournent régulièrement sur leurs pivots. Cette impassibilité physique au milieu des actes les plus violents, cette monstrueuse audace dans la conception, cette froideur dans l'exécution, ce silence de la rage, ce fanatisme muet, c'est, si l'on peut s'exprimer ainsi, le crime consciencieux ; un certain ordre contre nature préside dans cet étonnant pays aux excès les plus inouïs ; la tyrannie et la révolte y marchent en mesure et se règlent sur le pas l'une de l'autre.

Ici la terre même, l'aspect monotone des campagnes inspirent la symétrie : l'absence complète de mouvement dans un terrain partout uni et le plus souvent nu, le manque de variété dans la végétation toujours pauvre des terres septentrionales, le défaut absolu d'accidents pittoresques dans d'éternelles plaines où l'on dirait qu'un seul site obsède le voyageur et le poursuit comme un rêve d'une extrémité de l'Empire à l'autre ; enfin, tout ce que Dieu n'a pas fait pour ce pays y concourt à l'imperturbable uniformité de la vie politique et sociale des hommes.

Comme tout se ressemble, l'immense étendue du territoire n'empêche pas que tout ne s'exécute d'un bout de la Russie à l'autre avec une ponctualité, avec un accord magiques. Si jamais on réussissait à opérer une véritable révolution parmi le peuple russe, le massacre serait régulier comme les évolutions d'un régiment. On verrait les villages changés en casernes et le meurtre organisé sortant tout armé des chaumières s'avancer en ligne, en bon ordre ; enfin, les Russes se prépareraient au pillage depuis Smolensk jusqu'à Irkoutsk, comme ils marchent à la parade sur la place du palais d'hiver à Pétersbourg. De tant d'uniformité il résulte entre les dispositions naturelles du peuple et ses habitudes sociales un accord dont les effets peuvent devenir prodigieux en bien comme en mal.

Tout est obscur dans l'avenir du monde ; mais ce qui est certain, c'est qu'il verra d'étranges scènes qui seront jouées devant les nations par cette nation prédestinée.

C'est presque toujours par un respect aveugle pour le pouvoir que les Russes troublent l'ordre public. Ainsi, s'il faut en croire ce qu'on répète tout bas, sans le mot de l'Empereur aux députés des paysans, ceux-ci n'auraient pas pris les armes.

J'espère que ce fait et ceux que je vous ai cités ailleurs vous feront apercevoir le danger d'inculquer des opinions libérales à des populations si mal préparées pour les comprendre. En fait de liberté politique, plus on aime la chose, plus on doit éviter d'en

(1) A l'époque où ceci fut écrit, on ne prévoyait pas qu'une nouvelle liste de crimes s'ajouterait à cette longue énumération des forfaits de notre première révolution.

(*Note de l'Auteur pour cette édition.*)

prononcer le nom devant les hommes qui ne peuvent que compromettre une cause sainte par leur manière de la défendre; c'est ce qui me fait douter de l'imprudente réponse attribuée à l'Empereur. Ce prince connaît mieux que personne le caractère de son peuple, et je ne puis m'imaginer qu'il ait provoqué la révolte des paysans, même sans le vouloir. Toutefois, je dois ajouter que plusieurs personnes bien instruites pensent là-dessus autrement que je ne pense.

Les horreurs de l'émeute sont décrites par l'auteur de Telenef avec une exactitude d'autant plus scrupuleuse, que l'action principale s'est passée dans la famille même de celui qui la raconte.

S'il s'est permis d'ennoblir le caractère et l'amour des deux jeunes gens, c'est qu'il a l'imagination poétique; mais tout en embellissant les sentiments il conserve aux hommes leurs habitudes nationales: enfin ni par les faits, ni par les passions, ni par les mœurs, ce petit roman ne me paraît déplacé au milieu d'un ouvrage dont tout le mérite consiste dans la vérité des peintures.

J'ajoute que des scènes sanglantes se renouvellent encore journellement sur plusieurs points de la même contrée, où l'ordre public vient d'être troublé et rétabli d'une si effroyable manière. Vous voyez que les Russes ont mauvaise grâce de reprocher à la France ses désordres politiques, et d'en tirer des conséquences en faveur du despotisme. Qu'on accorde pendant vingt-quatre heures la liberté de la presse à la Russie, ce que vous apprendrez vous fera reculer d'horreur. Le silence est indispensable à l'oppression. Sous un gouvernement absolu il est telle indiscrétion qui équivaut à un crime de haute trahison.

S'il se trouve parmi les Russes de meilleurs diplomates que chez les peuples les plus avancés en civilisation, c'est que nos journaux les avertissent de tout ce qui se passe et se projette chez nous, et qu'au lieu de leur déguiser nos faiblesses avec prudence, nous les leur révélons avec passion tous les matins, tandis qu'au contraire leur politique byzantine, travaillant dans l'ombre, nous cache soigneusement ce qu'on pense, ce qu'on fait et ce qu'on craint chez eux (1). Nous marchons au grand jour, ils avancent à couvert: la partie n'est pas égale. L'ignorance où ils nous laissent nous aveugle; notre sincérité les éclaire; nous avons la faiblesse du bavardage, ils ont la force du secret: voilà surtout ce qui fait leur habileté.

HISTOIRE DE TELENEF (2).

Les terres du prince *** étaient administrées depuis plusieurs années par un intendant, nommé Telenef. Le prince ***, occupé ailleurs, ne pensait guère à ses domaines; trompé dans ses espérances ambitieuses, il voyagea longtemps pour secouer l'ennui du grand seigneur disgracié, puis, lorsqu'il fut las de demander aux arts et à la nature des consolations contre les mécomptes de la politique, il revint dans son pays, afin de se rapprocher de la cour qu'il ne quitte plus et pour tâcher, à force de soins et d'assiduités, de recouvrer la faveur du maître.

Mais tandis que sa vie et sa fortune s'épuisaient infructueusement à faire tour à tour le courtisan à Saint-Pétersbourg et l'amateur des antiquités dans le midi de l'Europe, il perdait l'affection de ses paysans, exaspérés par les mauvais traitements de Telenef.

Cet homme était souverain dans les vastes domaines de Vologda (3), où sa manière d'exercer l'autorité seigneuriale le faisait exécrer.

Mais Telenef avait une fille charmante nommée Xenie (4): la douceur de cette jeune personne était une vertu infuse, car ayant de bonne heure perdu sa mère, elle ne reçut d'éducation que celle que son père lui pouvait donner. Il lui enseigna le français: elle apprit pour ainsi dire par cœur quelques classiques du siècle de Louis XIV oubliés dans le château de Vologda par le père du prince. La Bible en français, les *Pensées de Pascal*, *Télémaque*, étaient ses livres favoris; quand on lit peu d'auteurs, qu'on les choisit bien, et qu'on les relit souvent, on profite beaucoup de ses lectures. Une des causes de la frivolité des esprits modernes, c'est la quantité de livres plutôt mal lus que mal écrits, dont le monde est inondé. Un service à rendre aux générations à venir, ce serait de leur apprendre à lire, talent qui devient de plus en plus rare depuis que tout le monde sait écrire.....

Grâce à sa réputation de *savante*, Xenie à dix-neuf ans jouissait dans le gouvernement de *** d'une considération méritée. On venait la consulter de tous les villages voisins; dans les maladies, dans les afflictions, dans les chagrins des pauvres paysans, Xenie était leur guide et leur appui.

Son esprit conciliateur lui attirait souvent les réprimandes de son père; mais la certitude d'avoir fait quelque bien ou empêché quelque mal le dédommageait de tout. Dans un pays où en général les femmes ont peu d'influence (1), elle exerçait un pouvoir que nul homme du canton n'eût pu lui disputer: le pouvoir de la raison sur des esprits bruts.

Son père même, tout violent qu'il était par nature et par habitude, ressentait l'influence de cette âme bienfaisante; il rougissait trop souvent de se voir arrêté dans l'explosion de sa colère par la crainte de faire quelque peine à Xenie, et comme un prince tyrannique se reproche la clémence, il s'accusait d'être trop débonnaire. Il s'était fait une vertu de ses emportements qu'il qualifiait de justice, mais que les serfs du prince *** nommaient d'un autre nom.

Le père et la fille habitaient le château de Vologda situé dans une plaine d'une étendue immense, mais d'un aspect assez pastoral pour la Russie.

Le château est bâti au bord d'un lac qui l'entoure de trois côtés. Ce lac aux rives plates communique avec le Volga par des émissaires dont le cours peu rapide et divisé en plusieurs bras n'est pas long. Ces ruisseaux tortueux coulent encaissés dans le vaste terrain de la plaine, et l'œil, sans pouvoir jouir de la vue des méandres cachés en partie, en suit vaguement de loin quelques sinuosités, guidé par des touffes de saules grêles, chétifs, et par d'autres broussailles malingres croissant çà et là le long des profonds canaux creusés à travers la prairie qu'ils sillonnent en sens divers, sans l'embellir ni la fertiliser, car l'eau qui s'égare n'améliore pas des terrains marécageux.

L'aspect de l'habitation a un certain caractère de grandeur. Des fenêtres de ce château la vue s'étend d'un côté sur le lac, qui rappelle la mer, car ses rives unies et sableuses disparaissent matin et soir dans les brumes de l'horizon, et de l'autre, sur de vastes pâtures coupées de fossés et parsemées d'oseraies. Ces herbages non fauchés font la principale richesse du pays, et les soins donnés à l'éducation des bestiaux qui les parcourent en liberté, l'unique occupation des paysans.

De nombreux troupeaux paissent au bord du lac de Vologda. Ces groupes d'animaux, uniques accidents du paysage, attirent seuls les regards dans des campagnes plates et froides, où les horizons sans dessins, le ciel toujours gris et brumeux ne varient la monotonie des lointains ni par les lignes ni par les couleurs. Les bêtes, d'une race petite, débile, se ressentent des rigueurs du climat; mais malgré leur mince apparence, l'émail de leur robe égaie un peu les berges élevées qui forment digues dans le marais: cette diversité de tons repose l'œil des teintes tourbeuses de la prairie, espèce de bas-fond où croissent plus de glaïeuls que d'herbes. De tels paysages n'ont rien de beau sans doute, néanmoins ils sont calmes, imposants, vagues, grands, et dans leur sérénité profonde ils ne manquent ni de majesté ni de poésie: c'est l'Orient sans soleil.

Un matin, Xenie était sortie en même temps que son père pour assister avec lui au dénombrement des bestiaux, opération qu'il faisait lui-même chaque jour. Les animaux rangés pittoresquement de distance en distance devant le château animaient le rivage et brillaient sur le gazon au lever du soleil, tandis que la cloche d'une chapelle voisine appelait à la prière du matin quelques femmes désœuvrées, grâce à leurs infirmités, et quelques vieillards caducs qui jouissaient du repos de l'âge avec résignation. La noblesse de ces fronts à cheveux blancs, les teintes encore rosées de ces figures à barbes d'argent, prouvent la salubrité de l'air et attestent la beauté de la race humaine sous cette zone glacée. Ce n'est pas aux jeunes visages qu'il faut demander si l'homme est beau dans un pays.

« Voyez, mon père, dit Xenie en traversant la digue qui réunit la presqu'île du château à la plaine, voyez le pavillon flotter sur la cabane de mon frère de lait. »

Les paysans russes s'absentent souvent par permission afin d'aller exercer leurs forces et leur industrie dans quelques villes voisines, et jusqu'à Saint-Pétersbourg; ils paient alors une redevance au maître, et ce qu'ils gagnent au-delà est à eux. Quand un de ces serfs voyageurs revient chez sa femme, on voit s'élever sur leur cabane un pin en manière de mât, et une oriflamme s'agite et brille au plus haut de l'arbre du retour, afin qu'à ce signe d'allégresse les habitants du hameau et ceux des villages voisins partagent la joie de l'épouse.

C'est d'après cet usage antique qu'on venait d'arborer la banderole sur le faîte de la chaumière des Pacôme. La vieille Elisabeth, mère de Fedor, avait été la nourrice de Xenie.

« Il est donc revenu cette nuit, ton garnement de frère de lait? reprit Telenef.

— Ah! j'en suis bien aise, s'écria Xenie.

— Un mauvais sujet de plus dans le canton, répliqua Telenef; nous en avons assez. »

Et la figure de l'intendant, habituellement mélancolique, prit une expression plus rébarbative.

(1) Cette remarque se vérifie tous les jours depuis le commencement de la guerre actuelle. (Note de l'Auteur pour cette édition.)

(2) J'ai choisi au hasard les noms de lieux et de personnes, car mon but était uniquement de [illegible] les vérités. J'ai même [illegible] ceux-ci tout à fait [illegible] de [illegible], enfin je me suis permis de corriger dans le style quelques expressions étrangères au génie de notre langue.

(3) Nom peut-être [illegible].

(4) Ce joli nom est celui d'une sainte russe.

(1) On sait qu'avant le [illegible] siècle, les femmes russes vivaient pour ainsi dire cloîtrées.

« Il serait facile de le rendre bon, répliqua Xenie, mais vous ne voulez pas exercer votre pouvoir.

— C'est toi qui m'en empêches, tu gâtes le métier de maître avec tes habitudes de douceur et tes conseils de fausse prudence. Ah ! ce n'est pas ainsi que mon père et mon grand-père menaient les serfs du père de notre seigneur.

— Vous ne vous souvenez donc pas, reprit Xenie d'une voix tremblante, que l'enfance de Fedor a été plus heureuse que celle des paysans ordinaires; comment serait-il semblable aux autres? son éducation fut d'abord soignée comme la mienne.

— Il devrait être meilleur; il est pire : voilà le beau fruit de l'instruction... C'est ta faute;... toi et ta nourrice vous l'attiriez sans cesse au château; et moi, dans ma bonté, ne voulant que te complaire, j'oubliais et je lui laissais oublier qu'il n'était pas né pour vivre avec nous.

— Vous le lui avez cruellement rappelé dans la suite ! répliqua Xenie en soupirant.

— Tu as des idées qui ne sont pas russes; tôt ou tard tu apprendras à tes dépens comment il fallait gouverner nos paysans. Puis, continuant entre ses dents : Ce diable de Fedor, qu'a-t-il fait pour revenir ici malgré mes lettres au prince? C'est que le prince ne les lit pas.... et que l'intendant de là-bas est jaloux de moi. »

Xenie avait entendu l'aparté de Telenef et suivi avec anxiété les progrès du ressentiment du régisseur, bravé jusque chez lui par un serf indocile; elle crut l'adoucir en lui disant ces paroles pleines de raison : « Il y a deux ans que vous avez fait battre presque à mort mon pauvre frère de lait; qu'en avez-vous obtenu par vos outrages? Rien; pas un mot d'excuse n'est sorti de sa bouche; il aurait rendu l'âme sous les verges plutôt que de s'abaisser devant vous. C'est que la peine fut trop sévère pour l'offense; un coupable révolté ne se repent pas. Il vous avait désobéi, j'en conviens, mais il était amoureux de Catherine : la cause de la faute en diminuait la gravité, voilà ce que vous n'avez pas voulu comprendre. Depuis cette scène et le mariage et le départ qui l'ont suivie, la haine de tous nos paysans est devenue si terrible qu'elle me fait peur pour vous, mon père.

— Et voilà pourquoi tu te réjouis du retour d'un de mes plus redoutables ennemis? s'écria Telenef exaspéré.

— Ah ! je ne crains pas celui-ci; nous avons bu le même lait : il mourrait plutôt que de m'affliger.

— Ne l'a-t-il pas bien prouvé vraiment?... il serait le premier à m'égorger, s'il l'osait.

— Vous le jugez mal; au contraire, Fedor vous défendrait envers et contre tous, j'en suis sûre, quoique vous l'ayez mortellement offensé; vous vous souviendrez de votre rigueur pour qu'il l'oublie, lui; n'est-il pas vrai, mon père? Il est marié maintenant, et sa femme a déjà un petit enfant; ce bonheur doit adoucir son caractère : les enfants changent le cœur des pères.

— Tais-toi, tu me ferais perdre l'esprit avec tes idées romanesques. Va chercher dans les livres tes paysans tendres et tes esclaves généreux. Je connais mieux que toi les hommes auxquels j'ai affaire : ils sont paresseux, vindicatifs comme leurs pères, et tu ne les convertiras jamais.

— Si vous me laissiez faire, si vous m'aidiez, nous les convertirions ensemble. Mais voici ma bonne Elisabeth qui revient de la messe. »

En achevant ces mots, Xenie court se jeter au cou de sa nourrice.

« Te voilà bien heureuse !

— Peut-être, réplique tout bas la vieille.

— Il est revenu.

— Pas pour longtemps; j'ai peur...

— Que veux-tu dire?

— Ils ont tous perdu la raison; mais chut !

— Eh bien ! la mère, dit Telenef en jetant à la vieille un regard oblique : voici ton mauvais sujet de fils rentré chez toi... Sa femme doit être contente. Ce retour vous prouve à tous que je ne lui en veux pas.

— Tant mieux, monsieur l'intendant, nous avons besoin de votre protection... Le prince va venir, et nous ne le connaissons pas.

— Comment !... quel prince? notre maître?... Puis, s'interrompant : Ah ! sans doute, s'écria Telenef surpris, mais ne voulant pas ignorer ce que paraissait savoir une paysanne, sans doute je vous protégerai. Au reste, il ne viendra pas de sitôt; le même bruit court tous les ans dans cette saison.

— Pardonnez-moi, monsieur Telenef, il sera ici avant peu. »

L'intendant aurait voulu presser de questions la nourrice de Xenie; mais sa dignité le gênait. Xenie devina son embarras et vint à son secours.

« Dis-moi, nourrice, comment es-tu si bien instruite des projets et de la marche de notre seigneur le prince ***?

— J'ai appris cela de Fedor. Ah ! mon fils sait bien d'autres choses encore ! il est devenu un homme. Il a vingt et un ans, juste une année de plus que vous, ma belle demoiselle; mais il est encore grandi : si j'osais... je dirais... il est si beau !... je dirai vous vous ressembliez.

— Tais-toi, babillarde; pourquoi ma fille ressemblerait-e ton fils?

— Ils ont sucé le même lait; on se ressemble de plus loi même... mais non... quand vous ne serez plus notre chef, je dirai ce que je pense de leurs caractères.

— Quand je ne serai plus votre chef?

— Sans doute... Mon fils a vu *le Père* (1).

— L'Empereur?

— Oui; et l'Empereur lui-même nous fait dire que nous al être libres; c'est sa volonté; s'il ne dépendait que de lui, cela se fait (2). »

Telenef hausse les épaules, puis il reprend :

« Comment Fedor a-t-il pu faire pour parler à l'Empereur?

— Comment?... il s'est joint à nos gens qui étaient envoyés tous ceux du pays et des villages voisins, pour aller demande notre Père... » Ici la mère Paxôme s'arrêta tout court.

« Pour lui demander quoi? »

La vieille, qui s'était aperçue un peu tard de son indiscréti prit le parti de se taire obstinément, malgré les questions préc tées du régisseur. Ce brusque silence avait quelque chose d'inq qui pouvait paraître significatif.

« Mais, à la fin, qu'est-ce que vous machinez ici contre no s'écria Telenef furieux et en prenant la vieille par les deux épau

— C'est facile à deviner, dit Xenie en s'avançant pour sépa son père de sa nourrice : vous savez que l'Empereur a fait au pr temps de l'année dernière l'acquisition du domaine de ***, voi du nôtre. Depuis ce temps-là tous nos paysans ne rêvent qu bonheur d'appartenir à la couronne. Ils envient leurs voisins, d la condition, à ce qu'ils croient, s'est de beaucoup amélior tandis que naguère elle était semblable à la leur : plusieurs vi lards des plus respectés de nos cantons sont venus vous demand sous divers prétextes, des permissions de voyage : j'ai su, dep leur départ, qu'ils avaient été choisis comme députés par les aut serfs, pour aller supplier l'Empereur de les acheter, ainsi q acheta leurs voisins. Divers districts des environs se sont réu aux envoyés du domaine de Vologda, pour présenter une semblab requête à Sa Majesté. On assure qu'ils lui ont offert tout l'arge nécessaire pour acquérir le domaine du prince *** : les homm avec la terre.

— C'est la vérité, dit la vieille, et mon garçon Fedor, qui les rencontrés à Saint-Petersbourg, s'est joint à eux pour aller par à notre Père; ils sont revenus tous ensemble hier.

— Si je ne vous ai pas instruit de ces tentatives, reprit Xenie regardant son père interdit, c'est que je savais d'avance qu'ell n'aboutiraient à rien.

— Tu t'es trompée puisqu'ils ont vu le Père.

— Le Père lui-même ne peut pas faire ce qu'on lui demande; lui faudrait acheter la Russie tout entière.

— Voyez-vous la ruse, répliqua Telenef, les coquins sont ass riches pour offrir de tels présents à l'Empereur, et avec nous font les mendiants, et ils n'ont pas honte de dire que nous les d pouillons de tout, tandis que si nous avions plus de bon sens moins de bonté, nous leur ôterions jusqu'à la corde avec laquel ils nous étrangleror

— Vous n'en aurez pas le temps, monsieur l'intendant, » d d'une voix très-basse et très-douce un jeune homme qui s'était ap proché sans être vu, et se tenait debout d'un air sauvage, mais no timide, la toque à la main devant une cépée d'osiers, du milieu d laquelle on le vit sortir comme par enchantement.

« Ah ! c'est toi... vaurien ! s'écria Telenef.

— Fedor, tu ne dis rien à ta sœur de lait, interrompit Xenie; t m'avais tant promis de ne pas m'oublier !!!... Moi, j'ai tenu parol mieux que toi; car je n'ai pas omis un seul jour ton nom dans m prière, là, au fond de la chapelle, devant l'image de saint Wlad mir, qui me rappelait ton départ. T'en souvient-il? c'est dans cett chapelle que tu m'as dit adieu, il y a bientôt un an. »

En achevant ces mots, elle jeta sur son frère un regard de ten dresse et de reproche dont la douceur et la sévérité avaient un grande puissance.

« Moi vous oublier ! » s'écria le jeune homme en levant les yeux vers le ciel.

Xenie se tut, effrayée de l'expression religieuse, mais un peu fa rouche de ce regard, habituellement baissé; il avait quelque chose d'inquiétant qui contrastait avec la douceur de la voix, des parole et des gestes du jeune homme.

Xenie était une de ces beautés du Nord telles qu'on n'en voit en aucun autre pays : à peine semblait-elle appartenir à la terre : la pureté de ses traits, qui rappelait Raphaël, eût paru froideur si la sensibilité la plus délicate n'eût donc nuancé sa physionomie, que nulle passion ne troublait encore. A vingt ans qu'elle avait co

(1) C'est le nom que tous les paysans russes donnent à leur Empereur.

(2) Historique.

Paris. — Imprimerie Walder, rue Bonaparte, 44.

jour-là même, elle ignorait ce qui agite le cœur : elle était grande et mince; sa taille, un peu frêle, avait une grâce singulière, quoique la lenteur habituelle de ses mouvements en cachât la souplesse : à la voir effleurer l'herbe encore blanche de rosée, on eût dit du dernier rayon de la lune fuyant devant l'aurore sur le lac immobile. Sa langueur avait un charme qui n'appartient qu'aux femmes de son pays, plutôt belles que jolies, mais parfaitement belles quand elles le sont, ce qui est rare parmi celles d'une classe inférieure ; car, en Russie, il y a de l'aristocratie dans la beauté ; les paysannes y sont en général moins bien douées par la nature que les grandes dames. Xenie était belle comme une reine, et elle avait la fraîcheur d'une villageoise.

Elle partageait ses cheveux en bandeaux sur un front haut et d'un blanc d'ivoire ; ses yeux d'azur, bordés de longs cils noirs recourbés, et qui faisaient ombre sur des joues fraîches, mais à peine colorées, étaient transparents comme une source d'eau limpide ; ses sourcils, parfaitement dessinés, mais peu marqués, étaient cependant d'une teinte plus foncée que celle de ses cheveux ; sa bouche, assez grande, laissait voir des dents si blanches que tout le visage en était éclairé ; ses lèvres roses brillaient de l'éclat de l'innocence ; son visage presque rond avait pourtant beaucoup de noblesse, et sa physionomie exprimait une délicatesse de sentiment, une tendresse religieuse dont le charme communicatif était ressenti par tout le monde au premier coup d'œil. Il ne lui manquait qu'une auréole d'argent pour être la plus belle des madones byzantines, dont on permet d'orner les églises russes (1).

Son frère de lait était un des plus beaux hommes de ce gouvernement renommé par la beauté, la taille svelte, élevée, la santé et l'air dégagé de ses habitants. Les serfs de cette partie de l'Empire sont, sans contredit, les hommes les moins à plaindre de la Russie.

L'élégant costume des paysans lui seyait à merveille. Ses cheveux blonds, partagés avec grâce, tombaient en boucles soyeuses des deux côtés du visage, dont la forme était celle d'un ovale parfait ; le cou large et fort restait à découvert, parce que les cheveux étaient taillés ras par derrière au-dessus de la nuque, tandis qu'un cordon, en forme de diadème, coupait le front blanc du jeune laboureur et tenait le haut de ses cheveux serré et lisse sur le sommet de la tête, qui brillait au soleil comme un Christ du Guide.

Il portait la chemise de toile de couleur, à petites raies, coupée juste au cou, et fendue seulement sur le côté autant qu'il le faut pour donner passage à la tête ; deux boutons fixés entre l'épaule et la clavicule en fermaient l'étroite ouverture. Ce vêtement des paysans russes, qui rappelle la tunique grecque, retombe en dehors par-dessus le pantalon caché jusqu'au genou. Ceci ressemblerait un peu à la blouse française, si ce n'était infiniment plus gracieux, tant à cause de la manière dont est taillé ce vêtement, que du goût ignoré avec lequel il est porté. Fedor avait une taille élancée, souple et naturellement élégante ; sa tête, bien placée sur ses épaules larges, basses et modelées comme celles d'une statue antique, aurait affecté d'elle-même les plus nobles poses, mais le jeune homme la tenait presque toujours abaissée vers la poitrine. Un secret abattement moral se peignait sur ce beau visage. Avec un profil grec, des yeux bleus de faïence, mais scintillants de jeunesse et d'esprit naturel, avec une bouche dédaigneuse formée sur le type même des médailles antiques et surmontée d'une petite moustache dorée, luisante comme la soie dans sa teinte naturelle, avec une jeune barbe de couleur pareille, courte, frisée, soyeuse, épaisse déjà quoiqu'à peine échappée au duvet de l'enfance ; enfin, avec la force musculaire de l'athlète du cirque jointe à l'agilité du matador espagnol et au teint brillant de l'homme du Nord ; c'est-à-dire comblé de tous les dons extérieurs qui rendraient un homme fier et assuré, Fedor, humilié par une éducation supérieure au rang qu'il occupait dans son pays... et peut-être par l'instinct de sa dignité naturelle, qui contrastait avec son abjecte condition, se tenait presque toujours dans l'attitude d'un condamné qui va subir sa sentence.

Il avait adopté cette pose douloureuse à dix-neuf ans, le jour qu'il souffrit le supplice ordonné par Telenef, sous prétexte que ce jeune homme, le frère de lait de sa fille, et jusqu'alors son favori, son enfant gâté, avait négligé d'obéir à je ne sais quel ordre soi-disant important.

On verra plus loin le vrai et grave motif de cette barbarie, qui ne fut pas l'effet d'un simple caprice.

Xenie avait cru deviner la cause de la faute qui devint funeste à son frère ; elle s'imagina que Fedor était amoureux de Catherine, jeune et belle paysanne des environs ; et sitôt que le malheureux fut guéri de ses blessures, ce qui n'arriva qu'au bout de quelques semaines, car l'exécution avait été cruelle, elle s'occupa de réparer le mal autant que cela pouvait dépendre d'elle ; elle pensait que le seul moyen de réussir dans ce dessein était de le marier à la jeune fille dont elle le croyait épris. A peine ce projet eut-il été annoncé par Xenie que la haine de Telenef parut se calmer : le mariage se fit en toute hâte à la grande satisfaction de Xenie, qui crut que Fedor trouverait dans le bonheur du cœur l'oubli de son profond chagrin et de ses ressentiments.

Elle se trompait : rien ne put consoler son frère. Elle seule devinait la honte dont il était accablé ; elle était sa confidente sans qu'il lui eût rien confié, car jamais il ne se plaignait ; d'ailleurs le traitement dont il s'était vu la victime était une chose si ordinaire que nul n'y attachait d'importance : hors lui et Xenie, personne n'y pensait dans le pays.

Il évitait avec un admirable instinct de fierté tout ce qui aurait pu rappeler ce qu'il avait souffert ; mais il fuyait involontairement en frissonnant lorsqu'il voyait qu'on allait frapper un de ses camarades, et il pâlissait à l'aspect d'un roseau, d'une baguette dans la main d'un homme.

On doit le répéter : il avait commencé sa vie d'une manière trop facile ; favorisé par l'intendant, et dès lors ménagé par tous ses supérieurs, envié de ses camarades, cité comme le plus heureux aussi bien que le plus beau des hommes nés sur les terres du prince *** ; idolâtré de sa mère, ennobli à ses propres yeux par l'amitié de Xenie, par cette amitié ingénieuse et délicate d'une femme adorable, d'un ange qui l'appelait son frère, il n'avait point été préparé aux rigueurs de sa condition ; et c'est en un jour qu'il découvrit toute sa misère ; dès lors il considéra les nécessités de sa vie comme une injustice ; avili aux yeux des hommes, mais surtout à ses propres yeux, de l'être le plus heureux il était devenu, en un moment, le plus à plaindre ; le dieu tombé de l'autel fut métamorphosé en brute. Qui le consolera de tant de bonheur évanoui pour jamais sous la verge du bourreau ? L'amour d'une épouse pourrait-il relever cette orgueilleuse âme d'esclave ? Non !... sa félicité passée le poursuivra partout et lui rendra la honte plus insupportable. Sa sœur Xenie a cru lui assurer la paix en le mariant : il a obéi ; mais cette condescendance ne servit qu'à croître son malheur, car l'homme qui veut s'enchaîner à la vertu en accumulant les devoirs ne fait qu'ouvrir de nouvelles sources aux remords (1).

Fedor désespéré sentit trop tard qu'avec toute son amitié, Xenie n'avait rien fait pour lui. Ne pouvant plus supporter la vie dans les lieux témoins de sa dégradation, il quitta son village, abandonnant sa femme et son ange gardien.

Sa femme se sentait humiliée, mais par un autre motif : l'épouse rougit de honte quand l'époux n'est point heureux ; aussi s'était-elle gardée de lui dire qu'elle était grosse ; elle ne voulait pas employer ce moyen pour retenir près d'elle un époux dont elle voyait qu'elle ne pouvait faire le bonheur.

Enfin, après un an d'absence, il revient. Il a retrouvé sa mère, sa femme, un enfant au berceau, un petit ange qui lui ressemble ; mais rien ne peut guérir la tristesse qui le ronge. Il reste là immobile et silencieux, même devant sa sœur Xenie qu'il n'ose plus nommer que mademoiselle.

Leurs nobles visages qui, selon le dire de la nourrice, avaient quelques traits de ressemblance ainsi que leurs caractères, brillaient au soleil du matin parmi des groupes d'animaux dont ils semblaient les rois. On eût cru voir Adam et Ève peints par Albert Durer. Xenie était calme et presque joyeuse, tandis que la physionomie du jeune homme trahissait de violentes émotions mal déguisées sous une impassibilité affectée.

Xenie, malgré son sûr instinct de femme, fut trompée cette fois par le silence de Fedor ; elle n'attribuait le chagrin de son frère qu'à des souvenirs pénibles, et pensait que la vue des lieux où il avait souffert suffisait pour aigrir sa douleur ; elle comptait toujours sur l'amour et sur l'amitié pour achever de guérir sa plaie.

En quittant son frère, elle lui promit d'aller le voir souvent dans la cabane de sa nourrice.

Le dernier regard de Fedor effraya pourtant la jeune fille : il y avait plus que de la tristesse dans ce regard ; il y avait une joie fébrile, tempérée par une inexplicable sollicitude. Elle craignait qu'il ne devînt fou.

La folie lui avait toujours causé une terreur qui lui paraissait surnaturelle, et comme elle attribuait cette crainte à un pressentiment, sa superstition augmentait l'inquiétude qu'elle ressentait. La peur, quand on la prend pour une prophétie, devient indomptable.... ; d'un pressentiment vague et fugitif on fait une destinée ; à force de prévoyance l'imagination crée ce qu'elle redoute ; raison, vérité, réalité, elle finit par vaincre même le sort, et par dominer les événements pour réaliser ses chimères.

Quelques jours s'étaient écoulés pendant lesquels Telenef avait fait de fréquentes absences. Xenie, tout entière au chagrin que lui causait l'incurable mélancolie dont Fedor paraissait atteint depuis son retour, n'avait vu que sa nourrice et pensé qu'à son frère.

Un soir, elle était seule au château, son père, sorti depuis le matin, avait fait dire qu'on ne l'attendît pas pour la nuit. Xenie,

(1) Le culte des images est toujours défendu jusqu'à un certain point dans l'Église grecque, où les vrais croyants n'admettent que des peintures d'un style de convention, couvertes de certains ornements d'or et d'argent en relief ; le mérite du tableau disparaît totalement sous ces applications. Telles sont les seules peintures tolérées dans la maison de Dieu par les Russes orthodoxes.

(Note du Voyageur.)

(1) Pour les paysans russes le mariage est loin d'être une chose aussi sérieuse qu'il l'est chez nous.

(Note du Voyageur.)

habituée à ces voyages, n'avait nul souci de l'absence de Telenef; l'étendue des domaines qu'il régissait l'obligeait à se déplacer souvent, et pour un temps assez long. Elle lisait. Tout à coup sa nourrice se présente devant elle.

« Que me veux-tu si tard? lui dit Xénie.

— Venez prendre votre thé chez nous, je vous l'ai préparé, répliqua la nourrice (1) d'un air indifférent.

— Je ne suis pas habituée à sortir à cette heure.

— Il faut pourtant sortir aujourd'hui. Venez; que craignez-vous avec moi? »

Xenie, accoutumée à la taciturnité des paysans russes, pense que sa nourrice lui a préparé quelque surprise. Elle se lève et suit la vieille.

Le village était désert. D'abord Xenie le crut endormi; la nuit, parfaitement calme, n'était pas très obscure; aucun souffle de vent n'agitait les saules du marécage ni ne courbait les grandes herbes de la prairie, pas un nuage ne voilait les pâles étoiles. On n'entendait ni l'aboiement lointain du chien ni le bêlement de l'agneau; la cavale ne hennissait pas en galopant derrière les lisses de son parc; le bœuf avait cessé de mugir sous le toit des chaudes étables; le pâtre ne chantait plus sa note mélancolique, pareille à la tenue qui précède la cadence du rossignol; un silence plus profond que le silence des nuits ordinaires régnait dans la plaine, et pesait sur le cœur de Xenie qui commençait à éprouver des mouvements de terreur indéfinissables, sans oser hasarder une question. L'ange de la mort a-t-il passé sur Vologda? pensait tout bas la tremblante jeune fille...

Une lueur soudaine apparaît à l'horizon.

« D'où vient cette clarté? s'écrie Xenie épouvantée.

— Je ne sais, réplique la vieille en hésitant; ce sont peut-être les derniers rayons du jour.

— Non, dit Xenie, un village brûle.

— Un château, répond Elisabeth d'un son de voix caverneux; c'est le tour des seigneurs.

— Que veux-tu dire? reprend Xenie en saisissant avec effroi le bras de sa nourrice, les sinistres prédictions de mon père vont-elles s'accomplir?

— Hâtons-nous; il faut presser le pas, j'ai à vous conduire plus loin que notre cabane, réplique Elisabeth.

— Où veux-tu donc me mener?

— En un lieu sûr; il n'y en a plus pour vous à Vologda.

— Mais mon père? qu'est-il devenu? Je n'ai rien à craindre pour moi, où est mon père?

— Il est sauvé.

— Sauvé?... de quel péril? par qui? qu'en sais-tu?... Ah! tu me tranquillises pour faire de moi ce que tu veux!

— Non, je vous le jure par la lumière du Saint-Esprit, mon fils l'a caché, et il a fait cela pour vous, au risque de sa propre vie, car tous les traîtres périront cette nuit.

— Fedor a sauvé mon père! quelle générosité!

— Je ne suis point généreux, mademoiselle, » dit le jeune homme en s'approchant pour soutenir Xenie prête à défaillir.

Fedor avait voulu accompagner sa mère jusqu'à la porte du château de Vologda où il n'osa pas entrer avec elle; resté à la tête du pont, il s'était tenu caché à quelque distance, puis il avait suivi de loin les deux femmes afin de protéger la fuite de Xenie, sans se laisser voir. Le saisissement qui troublait les sens de sa sœur le força de se montrer et de s'approcher d'elle pour la secourir. Mais celle-ci retrouva bientôt l'énergie que le danger réveille dans les âmes fortes.

« De grands événements se préparent; explique-moi ce mystère, Fedor, qu'y a-t-il?

— Il y a que les Russes sont libres et qu'ils se vengent, mais hâtez-vous de me suivre, reprit-il en la forçant d'avancer.

— Ils se vengent?... mais sur qui donc?... je n'ai fait de mal à personne, moi.

— C'est vrai, vous êtes un ange... pourtant j'ai peur que dans le premier moment on ne fasse grâce à qui que ce soit. Les insensés!! ils ne voient que des ennemis dont nos anciens maîtres et dans toute leur race; l'heure du carnage est arrivée: fuyons. Si vous n'entendez pas le tocsin, c'est qu'on a défendu de sonner les cloches, parce que le glas pourrait avertir nos ennemis, d'ailleurs il ne retentit pas assez loin; on a décidé que les dernières lueurs du soleil du soir seraient le signal de l'incendie des châteaux et du massacre de tous leurs habitants.

— Ah!... tu me fais frémir! »

Fedor reprit, tout en forçant la jeune fille à presser le pas, « J'étais nommé pour marcher avec les plus jeunes et les plus braves sur la ville de ***, où les nôtres vont surprendre la garnison qui n'est composée que de quelques vétérans. Nous sommes les plus forts; j'ai pensé qu'on pouvait se passer de moi pour la première expédition, alors j'ai manqué seulement à mon devoir, j'ai trahi la cause sainte, déserté le bataillon sacré pour courir au lieu où je savais que je trouverais votre père, averti à temps par moi Telenef s'est réfugié dans une cabane dépendante des domaines de la couronne. Mais maintenant je crains qu'il ne soit trop tard pour vous cacher, dit-il en l'entraînant toujours vers la retraite qu'il lui avait choisie. L'espoir de sauver votre père m'a fait perdre un temps précieux pour vous; je croyais vous obéir, et je pensais que vous ne me reprocheriez pas le retard; d'ailleurs, vous êtes moins exposée que Telenef, et nous vous sauverons encore, je l'espère.

— Oui, mais toi, toi, tu t'es perdu, dit la mère d'un ton douloureux et que le silence qu'elle vient de s'imposer rend plus passionné.

— Perdu! interrompit Xenie, mon frère s'est perdu pour moi!

— N'a-t-il pas déserté à l'heure du combat? reprit la vieille; il est coupable, on le tuera.

— J'ai mérité la mort.

— Et je serais cause d'un tel malheur! s'écrie Xenie, non, non, tu fuiras, tu te cacheras avec moi.

— Jamais. »

Pendant la marche précipitée des fugitifs, la clarté de l'incendie croissait en silence, et du bord de l'horizon, où d'abord on l'avait vue poindre, elle s'étendait déjà dans le ciel; pas un cri, pas un coup de fusil, pas un tintement de cloche, ne trahissait l'approche du désordre, c'était un massacre muet. Ce calme d'une belle nuit favorisant tant de meurtres, cette conspiration doublement formidable par le secret avec lequel elle avait été ourdie (1) et par l'espèce de complicité de la nature, qui semblait assister avec plaisir aux apprêts du carnage, remplissaient l'âme d'épouvante. C'était comme un jugement de Dieu. La Providence pour les punir laissait faire les hommes.

« Tu n'abandonneras pas ta sœur? continua Xenie en frissonnant.

— Non, mademoiselle, mais, une fois tranquille sur votre vie, j'irai me livrer moi-même.

— J'irai avec toi, reprit la jeune fille en lui serrant le bras convulsivement, je ne te quitte plus. Tu crois donc que la vie était tout pour moi? »

En ce moment les fugitifs virent défiler devant eux à la lueur des étoiles un cortège d'ombres silencieuses et terribles. Ces figures passaient tout au plus à une centaine de pas de Xenie. Fedor s'arrêta.

« Qu'est-ce que cela? dit la jeune fille à voix basse.

— Taisez-vous! reprend Fedor encore plus bas, et en se tapissant contre un mur de planches qu'il s'efforce [illegible] épaisse; puis quand le dernier [illegible] eut traversé la route:

— C'est un détachement de nos gens qui marche en silence pour aller surprendre le château du comte ***. Nous sommes en péril ici, hâtons-nous.

— Où me conduis-tu donc?

— D'abord chez un frère de ma mère, à quatre verstes (2) de Vologda, mon vieil oncle n'a plus sa tête, c'est un innocent, il ne nous trahira pas. Là, vous changerez d'habits en toute hâte, car ceux que vous portez vous feraient reconnaître, j'en ai vu d'autres; ma mère restera près de son frère, et j'espère avant la fin de la nuit vous faire arriver à la retraite où j'ai laissé Telenef. Aucun lieu n'est sûr dans notre canton; mais celui-là est encore le plus à l'abri des surprises.

— Tu veux me rendre à mon père, merci, mais une fois là?, dit la jeune fille avec anxiété.

— Une fois là... je vous dirai adieu.

— Jamais.

— Non, non, Xenie a raison, tu resteras avec eux, s'écrie la pauvre mère.

— Telenef ne me le permettrait pas, » réplique le jeune homme avec amertume.

Xenie sent que ce n'est pas le moment de répondre. Les trois fugitifs poursuivent leur route en silence et sans accident jusqu'à la porte de la cabane du vieux paysan.

Elle n'était pas fermée à clef, ils entrent en poussant un loquet avec précaution. Le vieillard dormait, enveloppé dans une peau de mouton noir étendue sur un des bancs rustiques qui faisaient divan autour de la salle. Au-dessus de sa tête, une petite lampe brûlait suspendue devant une madone grecque presque entièrement cachée sous des applications d'argent qui figuraient la coiffure et le vêtement de la Vierge. Une bouilloire pleine d'eau chaude, une théière et quelques tasses étaient restées sur la table. Peu de moments avant l'arrivée de la mère Pacôme et de Fedor, l'épouse de celui-ci avait quitté la chaumière de leur oncle, pour aller avec son enfant se réfugier chez son père. Fedor ne parut ni surpris ni contrarié de la

(1) Les plus pauvres des Russes ont une théière, une bouilloire de cuivre, et prennent du thé, matin et soir, en la ville, dans des chaumières dont les murs et les plafonds sont des madriers de bois de sapin brut entaillés aux extrémités pour entrer l'un dans l'autre en formant les angles de l'édifice; ces solives, assez mal jointes sont calfeutrées de mousse et de goudron; vous voyez que la rusticité de l'habitation contraste d'une manière frappante avec l'élégance et la délicatesse du breuvage qu'on y prend.

(*Note du Voyageur.*)

(1) Historique.

(2) La verste équivaut à peu près à un quart de lieue de France.

(*Note du Voyageur.*)

trouver partie : il ne lui avait pas dit de l'attendre ; il désirait que la retraite de Xenie fût ignorée de tout le monde.

Après avoir allumé une lampe à celle de l'image, il conduisit sa mère et sa sœur de lait dans un petit cabinet presque percé à jour, et qui faisait soupente au-dessus de la pièce d'entrée. Toutes les maisons des paysans russes se ressemblent.

Resté seul, Fedor s'assit sur la première marche du petit escalier que venait de monter sa sœur ; alors, non sans lui recommander encore une fois à travers le plancher de ne pas perdre un instant pour changer d'habits, il appuya ses deux coudes sur ses genoux, et pencha la tête dans ses mains d'un air pensif.

Xenie, de son petit cabinet, aurait pu entendre tout ce qui se serait dit dans la salle silencieuse ; elle répondit à son frère qu'il ne l'attendrait pas longtemps.

A peine avait-elle dénoué le paquet de ses nouveaux vêtements que Fedor, se levant avec l'expression d'une vive anxiété, siffle doucement pour appeler sa mère. « Que veux-tu ? répond celle-ci à voix basse.

— Eteignez votre lampe, j'entends des pas, réplique le jeune homme à voix plus basse. Eteignez donc votre lampe, elle brille à travers les fentes ; surtout ne faites aucun mouvement. »

La lumière d'en haut s'éteint, tout reste en silence.

Quelques moments se passent dans une attente pleine d'angoisse ; une porte s'ouvre, Xenie respire à peine : un homme entre couvert de sueur et de sang. « C'est toi, père, dit Fedor en s'avançant au-devant de l'étranger : tu viens seul ?

— Non pas ; un détachement de nos gens est là qui m'attend devant la porte... Pas de lumière ?

— Je vais t'en donner, » répond Fedor en montant les marches du petit escalier qu'il redescend à l'instant pour aller rallumer à la lampe de la madone celle qu'il vient de retirer des mains tremblantes de sa mère ; il n'a fait qu'entr'ouvrir la porte contre laquelle les deux femmes restent appuyées pour mieux écouter.

« Tu veux du thé, père ?

— Oui.

— En voici. »

Le nouveau venu se mit à vider par petites gorgées la tasse que lui présentait Fedor.

Cet homme portait une marque de commandement sur la poitrine : vêtu comme les autres paysans, il était armé d'un sabre nu et ensanglanté ; sa barbe épaisse et rousse lui donnait un air dur que ne tempérait nullement son regard de bête sauvage. Ce regard, qui ne peut se fixer sur rien, est fréquent parmi les Russes, excepté chez ceux qui sont tout à fait abrutis par l'esclavage ; ceux-ci ont des yeux sans regard. Sa taille n'était pas haute, il avait le corps trapu, le nez camus, le front bombé, mais bas ; les pommettes de ses joues étaient très-saillantes et rouges, ce qui dénotait l'abus des liqueurs fortes. Sa bouche serrée laissait voir en s'ouvrant des dents blanches, mais aiguës et séparées : cette bouche était la gueule d'une panthère ; la barbe touffue et emmêlée paraissait souillée d'écume ; les mains étaient tachées de sang.

« D'où te vient ce sabre ? dit Fedor.

— Je l'ai arraché des mains d'un officier que je viens de tuer avec son arme même. Nous sommes vainqueurs, la ville de *** est à nous... Ah ! nous avons fait là bombance... et maison nette !... Tout ce qui n'a pas voulu se joindre à notre troupe et piller avec nous y a passé : femmes, enfants, vieillards, enfin tout !... Il y en a qu'on a fait bouillir dans la chaudière des vétérans sur la grande place... (1). Nous nous chauffions au même feu où cuisaient nos ennemis ; c'était beau ! »

Fedor ne répondit pas.

« Tu ne dis rien ?

— Je pense.

— Et qu'est-ce que tu penses ?

— Je pense que nous jouons gros jeu... La ville était sans défense : quinze cents habitants et cinquante vétérans sont bientôt mis hors de combat par deux mille paysans tombant sur eux à l'improviste ; mais un peu plus loin il y a des forces considérables ; on s'est trop pressé, nous serons écrasés.

— Oui dà !... et la justice de Dieu, donc ! et la volonté de l'Empereur !! Blanc-bec, ne sais-tu pas d'ailleurs qu'il n'est plus temps de reculer ? Après ce qui vient de se passer, il faut vaincre ou mourir... Écoute-moi donc, au lieu de détourner ainsi la tête... Nous avons mis tout à feu et à sang, m'entends-tu bien ? Après un tel carnage, plus de pardon possible. La ville est morte ; on dirait qu'on s'y est battu huit jours. Quand nous nous y mettons, nous autres, nous allons vite en besogne... Tu n'as pas l'air content de notre triomphe [illegible]

— Je n'aime [illegible] qu'on tue des femmes.

— Il faut [illegible] débarrasser du mauvais sang une fois pour toutes. »

Fedor garde le silence. Basile poursuit tranquillement son discours qu'il n'a interrompu que pour avaler des gorgées de thé.

« Tu as l'air bien triste, mon fils ? »

Fedor continue de se taire.

« C'est pourtant ton fol amour pour la fille de Telenef, de notre mortel ennemi, qui t'a perdu.

— Moi, de l'amour pour ma sœur de lait ! y pensez-vous ? j'ai de l'amitié pour elle, sans doute, mais...

— Ta... ta... ta..., drôle d'amitié que la tienne !... à d'autres ! »

Fedor se lève et veut lui mettre la main sur la bouche.

« Que me veux-tu donc, enfant ? ne dirait-on pas qu'on nous écoute ? » poursuit Basile sans changer de contenance.

Fedor, interdit, resta immobile ; le paysan poursuit :

« Ce n'est pas moi qui serai ta dupe ; son père Telenef ne l'était pas plus que moi quand il t'a maltraité..., tu sais bien... ; il te souvient de ce qu'il t'a fait avant ton mariage. »

Fedor veut encore l'interrompre.

« Ah çà, me laisseras-tu parler ? oui ou non !... Tu n'as pas oublié, ni moi non plus, qu'il t'a fait fouetter un jour. C'était pour te punir, non pas de je ne sais quelle faute inventée par lui, mais de ton secret amour pour sa fille ; il prit le premier prétexte venu pour cacher le fond de sa pensée. Il voulait te faire partir du pays avant que le mal fût sans remède. »

Fedor, dans la plus violente agitation, arpentait la chambre sans proférer un seul mot. Il se mordait les mains dans une rage impuissante.

« Vous me rappelez un triste jour, compère ; parlons d'autre chose.

— Je parle de ce qui me plaît, moi ; si tu ne veux pas me répondre, permis à toi ; je veux bien parler tout seul, mais, encore une fois, je ne permets pas qu'on m'interrompe. Je suis ton ancien, le parrain de ton enfant nouveau-né, ton chef... Vois-tu ce signe sur ma poitrine ? c'est celui de mon grade dans notre armée : j'ai donc le droit de parler devant toi..., et si tu dis un mot, j'ai mes hommes qui bivouaquent là-bas ! d'un coup de sifflet, je les fais venir autour de la maison, qui ne sera pas longtemps à brûler comme un flambeau de résine...... tu n'as qu'à dire..... aussi bien..... patience..., nous laissons mûrir l'épi pour mieux... mais patience ! »

Fedor s'assied en affectant l'air le plus insouciant.

« A la bonne heure !! continue Basile en grommelant dans ses dents... Ah ! je te rappelle un souvenir désagréable, pas vrai ? c'est que tu l'as trop oublié ce souvenir-là, vois-tu, mon fils. Puis élevant la voix : je veux te raconter ta propre histoire ; ça sera drôle ; tu verras au moins que je sais lire dans les pensées, et s'il y avait jamais en toi l'étoffe d'un traître... »

Ici Basile s'interrompt encore, ouvre un vasistas et parle à l'oreille d'un homme qui se présente à la lucarne accompagné de cinq autres paysans tous armés comme lui, et qu'on entrevoit dans l'ombre.

Fedor avait saisi son poignard ; il le replace dans sa ceinture ; la vie de Xenie est en jeu, la moindre imprudence ferait brûler la maison et périr tout ce qu'elle renferme !... il se contient... ; il voulait revoir sa sœur... Qui peut analyser tous les mystères de l'amour ? Le secret de sa vie venait d'être révélé à Xenie sans qu'il y eût de sa faute ; et dans cet instant si terrible il n'éprouvait qu'une joie immense !... Qu'importe la courte durée de la félicité suprême, n'est-elle pas éternelle tant qu'on la sent ?... Mais ces puissantes illusions du cœur seront toujours inconnues aux hommes qui ne sont pas capables d'aimer. L'amour vrai n'est point soumis au temps, sa mesure est toute surnaturelle... ses allures ne sauraient être calculées par la froide raison humaine.

Après un silence, la voix criarde de Basile fit enfin cesser la douce et douloureuse extase de Fedor.

« Mais puisque tu n'aimais pas ta femme, pourquoi l'avoir épousée ? tu as fait là un mauvais calcul ! »

Cette question bouleversait de nouveau l'âme du jeune homme. Dire qu'il aimait sa femme, c'était perdre tout ce qu'il venait de gagner... « Je croyais l'aimer, répliqua-t-il ; on me disait qu'il fallait me marier, savais-je ce que j'avais dans le cœur ? Je voulais complaire à la fille de Telenef ; j'obéis sans réflexion ; n'est-ce pas notre habitude, à nous autres ?

— C'est cela ! tu prétends que tu ne savais pas ce que tu voulais ! Eh bien ! je vais te le dire, moi, tu voulais tout simplement te réconcilier avec Telenef...

— Ah ! vous me connaissez mal.

— Je te connais mieux que tu ne te connais toi-même, peut-être ; tu as pensé : on a toujours besoin de ses tyrans, alors tu as cédé pour obtenir le pardon de Telenef ; en vérité, nous en aurions tous fait autant à ta place ; mais ce que je te reproche, c'est de vouloir me tromper, moi qui devine tout. Il n'y avait pas d'autre moyen pour regagner la faveur du père que de le rassurer sur les suites de ton amour pour la fille ; et voilà comment tu t'es marié, sans égard aux chagrins de ta pauvre femme, que tu condamnais au malheur, et que tu n'as pas craint d'abandonner au moment où elle espérait te donner un fils.

— Je l'ignorais quand je l'ai quittée ; elle m'avait caché son état

(1) Historique.

encore une fois, j'ai agi sans projet; j'étais habitué à me laisser guider par ma sœur de lait; elle a tant d'esprit!

— Oui, c'est dommage...

— Comment?

— Je dis que c'est dommage; ce sera une perte pour le pays.

— Vous pourriez!...

— Nous pourrons l'exterminer tout comme les autres... Crois-tu que nous serons assez simples pour ne pas verser jusqu'à la dernière goutte du sang de Telenef, de notre plus mortel ennemi?

— Mais elle ne vous a jamais fait que du bien.

— Elle est sa fille, c'est assez!... Nous enverrons le père en enfer, et la fille en paradis. Voilà toute la différence (1).

— Vous ne commettrez pas une telle horreur!

— Qui nous en empêchera?

— Moi.

— Toi, Fedor! toi, traître! toi qui es mon prisonnier: toi qui as déserté l'armée de tes frères, au moment du combat pour... » Il ne put achever.

Depuis quelques instants, Fedor, pour dernier moyen de salut, se préparait à le frapper; il s'élance sur lui comme un tigre, et, visant juste entre les côtes, il lui enfonce son poignard jusqu'au cœur. En même temps, il étouffe un commencement de cri, le seul, avec une pelisse qu'il trouve sous sa main; les derniers râlements du mourant n'épouvantent pas Fedor; ils sont trop faibles pour être entendus au dehors. Rassurant sa mère d'un mot, il se met en devoir de lui rendre la lampe, afin de préparer de nouveau la fuite de Xenie; mais au moment où il passe devant le vieillard endormi, celui-ci se réveille en sursaut. « Qui es-tu, jeune homme? dit-il à son neveu, qu'il ne reconnaît pas, et dont il saisit le bras avec force. Quelle vapeur! du sang! Puis jetant avec horreur ses regards autour de la chambre: un mort!... »

Fedor avait éteint sa lampe, mais celle de la madone brûlait toujours: « A l'assassin! à l'assassin!.. au secours! à moi, à moi!» crie le vieillard d'une voix de tonnerre. Fedor ne put arrêter ces cris, qui furent poussés plus vite qu'on ne saurait les répéter, car l'épouvante du vieillard était au comble, et sa force très-grande encore: le malheureux jeune homme cherchait en vain ce qu'il pouvait faire. Dieu ne le protégeait pas!... La troupe de Basile, aux aguets, entend les cris du vieillard; avant que Fedor pût se dégager des puissantes étreintes du pauvre insensé, dont un reste de respect lui faisait épargner la vie, six hommes munis de cordes, armés de fourches, de pieux et de faux, se précipitent dans la cabane; saisir Fedor, le désarmer, le garrotter, c'est l'affaire d'un instant; on l'entraîne: « Où me conduisez-vous?...

— Au château de Vologda pour t'y brûler avec Telenef;... tu vois que ta trahison ne t'a pas sauvé. »

Ces mots furent prononcés par le plus ancien de la troupe. Fedor ne répondant point, cet homme continua tranquillement: « Tu n'avais pas prévu que notre victoire serait si complète et si prompte; notre armée se répand partout à la fois, c'est une inondation de la justice divine: nul ne nous échappera, nos ennemis se sont pris à leurs propres piéges: Dieu est avec nous; on se défiait de toi, nous t'observions de près; Telenef a été suivi et saisi dans la cachette où tu l'avais conduit: vous mourrez ensemble; le château brûle déjà. »

Fedor, sans proférer une parole, baisse la tête et suit ses bourreaux: il lui semble qu'en s'éloignant avec rapidité de la fatale cabane, il sauve encore Xenie.

Six hommes portent devant lui le corps de Basile, six autres les escortent avec des torches; le reste suit sans proférer une parole. Le lugubre cortége traverse en silence les campagnes incendiées. De moment en moment l'horizon semble se rétrécir: un cercle de feu borde la plaine. Vologda brûle, la ville de*** brûle, tous les châteaux, toutes les métairies du prince*** brûlent avec plusieurs villages des environs; les forêts elles-mêmes brûlent; le carnage est partout. L'incendie éclaire les plus secrètes profondeurs des futaies; l'ombre est bannie de la solitude, il n'y a plus de solitude: qui peut se cacher dans une plaine quand les forêts sont de feu! point d'asile assuré contre ce torrent de lumière qui déborde de tous côtés: l'épouvante est au comble; l'obscurité chassée des halliers enflammés a disparu, la nuit a fui, et pourtant le soleil n'est pas levé!...

Le cortége de Fedor se grossit de tous les maraudeurs qui parcourent la campagne. La foule est grande; on arrive enfin sur la place du château.

(1) Il y a peu d'années, lors de la fameuse révolte de la colonie militaire, près de Novogorod la Grande, à cinquante lieues de Pétersbourg, les soldats, exaspérés par les exactions d'un de leurs chefs, résolurent de massacrer les officiers et leurs familles; ils avaient juré la mort de tous, sans exception, et ils tinrent parole en tuant ceux qu'ils aimaient aussi bien que ceux qu'ils haïssaient. Ayant cerné l'habitation d'un de ces malheureux, ils firent passer devant lui sa femme et ses filles, qu'ils égorgèrent d'abord tout doucement à ses yeux; puis ils se saisirent de lui. « Vous m'avez privé de tout, leur dit-il, laissez-moi la vie; pourquoi me l'ôter? vous n'avez jamais eu à vous plaindre de moi. — C'est vrai, répliquèrent les bourreaux avec beaucoup de douceur, tu es un brave homme, nous t'avons toujours aimé, nous t'aimons encore, mais les autres y ont passé, nous ne pouvons faire une injustice en ta faveur. Adieu donc, notre bon père!... » Et ils l'ont assommé comme ses camarades, par esprit d'équité. (Note du Voyageur.)

Là, quel spectacle attendait le prisonnier!

Le château de Vologda, bâti tout en bois, est devenu un immense bûcher dont la flamme s'élève jusqu'au ciel!!! Les paysans, qui avaient cerné cet antique manoir avant d'y mettre le feu, pensent avoir brûlé Xenie dans l'habitation même de son père.

Une ligne de barques, serrées l'une contre l'autre, complétait sur l'eau le cercle du blocus de terre. Au milieu de la demi-lune formée devant le château par l'armée des insurgés, le malheureux Telenef, arraché à sa retraite et apporté de force sur cette place désignée pour son supplice, est garrotté contre un poteau. De toutes parts la foule des vainqueurs, curieuse d'un tel spectacle, afflue au lieu du rendez-vous.

La troupe, qui venait d'escorter les victimes vivantes, forme un cercle autour de sa proie, et elle étalait à la lueur de l'incendie ses dégoûtantes bannières: quels drapeaux, bon Dieu! c'étaient les dépouilles sanglantes des premières victimes; elles étaient portées sur des sabres et sur des piques. On voyait des têtes de femmes aux chevelures flottantes, des lambeaux de corps sur des fourches, des enfants mutilés, des ossements tout dégouttants de sang... Là deux fantômes qu'on eût dit échappés de l'enfer pour venir assister aux bacchanales des derniers habitants de la terre.

Ce soi-disant triomphe de la liberté était une scène de la fin du monde. Les flammes et les bruits qui sortaient du château, foyer de l'incendie, ressemblaient à l'éruption d'un volcan. La vengeance des peuples est comme la lave qui bouillonne longtemps dans les profondeurs de la terre avant de se faire jour au sommet du mont. Des murmures confus parcourent la foule, mais on ne distingue nulle voix, si ce n'est celle de la victime dont les imprécations réjouissent les bourreaux. Ces inhumains sont, pour la plupart, des hommes d'une beauté remarquable; tous ont l'air naturellement noble et doux: ce sont des anges féroces, des démons au visage céleste. Fedor lui-même ressemble en beau à ses persécuteurs. Tous les Russes de pure race slave ont un air de famille; et même lorsqu'ils s'exterminent, on voit que ce sont des frères: circonstance qui rend le carnage plus horrible. Voilà ce que peut devenir l'homme de la nature quand il s'abandonne à des passions excitées par une civilisation trompeuse.

Mais alors ce n'est plus l'homme de la nature, c'est l'homme perverti par une société marâtre. L'homme de la nature n'existe que dans les livres; c'est un thème à déclamation philosophique, un type idéal d'après lequel raisonnent les moralistes comme les mathématiciens opèrent, dans certains calculs, sur des quantités supposées, qu'ils éliminent ensuite pour arriver à un résultat positif. La nature, pour l'homme primitif comme pour l'homme dégénéré, c'est une société quelconque, et quoi qu'on en puisse dire, la plus civilisée est encore la meilleure.

Le cercle fatal s'ouvre un moment pour laisser entrer Fedor et son exécrable cortége; Telenef était tourné de manière à n'apercevoir pas d'abord son jeune libérateur. Son supplice allait commencer quand un murmure d'épouvante parcourt la foule.

Un spectre!... un spectre!... c'est elle!... s'écrie-t-on de toutes parts. Le cercle se rompt de nouveau et se disperse; les bourreaux fuient devant un fantôme!... La cruauté s'allie volontiers à la superstition.

Pourtant quelques forcenés arrêtent les fuyards... « Revenez, revenez; c'est elle-même; c'est Xenie; elle n'est pas morte!!

— Arrêtez! arrêtez! s'écrie une voix de femme, dont l'accent déchirant retentit dans tous les cœurs, mais surtout dans celui de Fedor... Laissez-moi passer, je veux les voir!! c'est mon père! c'est mon frère!... Vous ne m'empêcherez pas de mourir avec eux. »

En achevant ces mots Xenie, échevelée, vient tomber expirante aux pieds de Fedor. Le malheureux jeune homme, immobile à force de saisissement, était devenu insensible à ses liens.

On sent le besoin d'abréger les détails de cette horrible scène. Elle fut longue: nous la décrirons en peu de mots; nous la décrirons pourtant, car nous sommes en Russie. Nous demandons grâce d'avance pour ce qu'il nous reste à peindre.

Xenie, dans la cabane où nous l'avions abandonnée, s'était d'abord laissé persuader de se taire, de peur d'aggraver le danger que courait Fedor, qui perdrait toute mesure et toute retenue s'il la voyait dans les mains des assassins; elle craignait aussi d'exposer sa nourrice. Mais une fois les deux femmes seules, la jeune fille s'était échappée pour venir partager le sort de son père.

Le supplice de Telenef commence. Quel supplice, bon Dieu! Pour rendre la mort plus affreuse à ce malheureux, on plaça d'abord devant ses yeux Fedor et Xenie, assis et liés à peu de distance de lui sur une grossière estrade que l'on venait de construire à la hâte... puis... puis on lui coupa, à plusieurs reprises, les pieds et les mains, l'un après l'autre, et quand ce tronc mutilé fut presque épuisé de sang, on le laissa mourir en souffletant la tête de ses propres mains, et en étouffant les hurlements de la bouche avec un de ses pieds.

Les hommes du faubourg de Caen, mangeant le cœur de M. de Belzunce sur le pont de Vauxelles, étaient des modèles d'humanité auprès des spectateurs tranquilles de la mort de Telenef (1).

Et voilà ce qui se passait, il y a peu de mois, à quelques journées d'une ville pompeuse où l'Europe entière afflue aujourd'hui pour assister gaiement aux plus belles fêtes du monde; à des fêtes si magnifiques que le pays qui les donne pourrait être réputé le plus civilisé de la terre si l'on ne voulait voir que les palais.

Achevons notre tâche :

Quand le père eut cessé de souffrir, on voulut, selon le programme de la bacchanale, égorger aussi la fille : un des exécuteurs s'approche pour saisir Xenie par ses cheveux, qui flottaient épars et descendaient jusque sur les épaules; mais elle est roide et froide; pendant et depuis le supplice de son père, elle n'a pas fait un mouvement, elle n'a pas proféré une parole.

Fedor, par une révolution surnaturelle qui s'opère en lui, retrouve toute sa force et sa présence d'esprit; il brise miraculeusement ses liens, s'arrache des mains de ses gardiens, se précipite vers sa bien-aimée sœur, la presse dans ses bras, l'enlève de la terre et la serre longtemps contre son cœur; puis la reposant sur l'herbe avec respect, il s'adresse aux bourreaux d'un air calme, de ce calme apparent naturel aux Orientaux, même dans les moments les plus tragiques de la vie.

« Vous ne la toucherez pas, Dieu a étendu sa main sur elle; elle est folle.

— Folle! répond la foule superstitieuse : Dieu est avec elle !

— C'est lui, le traître, c'est son amant qui lui a conseillé de contrefaire la folle!! non, non, il faut en finir avec tous les ennemis de Dieu et des hommes, s'écrient les plus acharnés; d'ailleurs, notre serment nous lie : faisons notre devoir; *le père* (l'Empereur) le veut, il nous récompensera.

— Approchez donc si vous l'osez, s'écrie encore Fedor dans le délire du désespoir; elle s'est laissé presser dans mes bras sans se défendre. Vous voyez bien qu'elle est folle! Mais elle parle : écoutez. »

On approche, et l'on n'entend que ces mots :

« C'est donc moi qu'il aimait! »

Fedor, qui seul comprend le sens de cette phrase, tombe à genoux en remerciant Dieu et en fondant en larmes.

Les bourreaux s'éloignent de Xenie avec un respect involontaire. Elle est folle! répètent-ils tout bas. . . . .

Depuis ce jour elle n'a jamais passé une minute sans redire les mêmes paroles : « C'est donc moi qu'il aimait!... »

Plusieurs, en la voyant si calme, doutent de sa folie : on croit que l'amour de Fedor, révélé malgré lui, a réveillé dans le cœur de sa sœur la tendresse innocente et passionnée que cette malheureuse jeune fille ressentait depuis longtemps pour lui, à leur insu à tous deux, et que cet éclair d'une lumière tardive lui a brisé le cœur.

Nulle exhortation n'a pu jusqu'ici l'empêcher de répéter ces paroles qui sortent mécaniquement de sa bouche avec une volubilité effrayante et sans un instant de relâche : « C'est donc moi qu'il aimait! »

Sa pensée, sa vie, se sont arrêtées et concentrées sur l'aveu involontaire de l'amour de Fedor, et les organes de l'intelligence, continuant leurs fonctions, pour ainsi dire, par l'effet d'un ressort, obéissent comme en rêve à ce reste de volonté qui leur commande de dire et de redire la parole mystérieuse et sacrée qui suffit à sa vie.

Si Fedor n'a pas péri après Telenef, ce n'est pas à la fatigue des bourreaux qu'il a dû son salut, c'est à celle des spectateurs; car l'homme inactif se lasse du crime plus vite que l'homme qui l'exécute : la foule, saturée de sang, demanda qu'on remît le supplice du jeune homme à la nuit suivante. Dans l'intervalle, des forces considérables arrivèrent de plusieurs côtés. Dès le matin, tout le canton où la révolte avait pris naissance fut cerné, on décima les villages : les plus coupables, condamnés non à mort, mais à cent vingt coups de knout, périrent; puis on déporta le reste en Sibérie. Cependant les populations de Vologda ne sont point rentrées dans l'ordre; on voit chaque jour des paysans de divers cantons, exilés en masse, partir par centaines pour la Sibérie. Les seigneurs de ces villages désolés se trouvent ruinés, puisque, dans ces sortes de propriétés, les hommes sont la fortune du maître. Les riches domaines du prince*** sont devenus solitaires.

Fedor, avec sa mère et sa femme, a été forcé de suivre en Sibérie les habitants de son village déserté.

Au moment du départ des exilés, Xenie assistait à la scène, mais sans dire adieu, car ce nouveau malheur ne lui a pas rendu un éclair de raison.

A ce moment fatal, un événement inattendu aggrava cruellement la douleur de Fedor et de sa famille. Déjà sa femme et sa mère étaient sur la charrette; il allait y monter pour les suivre et quitter à jamais Vologda; mais il ne voyait que Xenie. Il ne souffrait que pour sa sœur, orpheline, privée de sentiment ou du moins de mémoire, et qu'il abandonnait sur les cendres encore tièdes de leur hameau natal. A présent qu'elle a besoin de tout le monde, pensait-il, des étrangers vont être ses seuls protecteurs; et le désespoir tarissait ses larmes. Un cri déchirant parti de la charrette le rappelle auprès de sa femme, qu'il trouve évanouie, un des soldats de l'escorte venait d'emporter l'enfant de Fedor.

« Que vas-tu faire? s'écrie le père ivre de douleur.

— Le poser là, le long du chemin, pour qu'on l'enterre; ne vois-tu pas qu'il est mort? reprend le Cosaque.

— Je veux l'emporter, moi!

— Tu ne l'emporteras pas. »

En ce moment, d'autres soldats attirés par le bruit s'emparent de Fedor, qui, cédant à la force, tombe dans la stupeur, puis il pleure, il supplie : « Il n'est pas mort, il n'est qu'évanoui; laissez-moi l'embrasser. Je vous promets, dit-il en sanglotant, de renoncer à l'emporter si son cœur ne bat plus. Vous avez peut-être un fils, vous avez un père; ayez pitié de moi, » disait le malheureux jeune homme, vaincu par tant de douleurs! Le Cosaque attendri lui rend son enfant : à peine le père a-t-il touché ce corps glacé que ses cheveux se hérissent sur son front : il jette les yeux autour de lui, ses regards rencontrent le regard inspiré de Xenie : ni le malheur, ni l'injustice, ni la mort, ni la folie, rien sur la terre n'empêche ces deux cœurs nés pour s'entendre de se deviner : Dieu le veut.

Fedor fait un signe à Xenie, les soldats respectent la pauvre insensée, qui s'avance et reçoit le corps de l'enfant des mains du père, mais toujours en silence. Alors la fille de Telenef, sans proférer une parole, ôte son voile pour le donner à Fedor, puis elle presse le petit corps dans ses bras. Chargée de son pieux fardeau, elle reste là debout, immobile, jusqu'à ce qu'elle ait vu son bien-aimé frère, assis entre une mère qui pleure et une épouse mourante, s'éloigner pour toujours. Elle suit longtemps de l'œil le convoi des mugics déportés; enfin quand le dernier chariot a disparu sur la route de Sibérie, quand elle est seule, elle emporte l'enfant et se met à jouer avec cette froide dépouille en lui donnant les soins les plus ingénieux et les plus tendres.

Il n'est donc pas mort! disaient les assistants; il va renaître, elle le ressuscitera!....

Puissance de l'amour!... qui peut vous assigner des bornes?

La mère de Fedor se reprochait sans cesse de n'avoir pas retenu Xenie dans la chaumière du vieil insensé : « elle n'aurait pas du moins été forcée d'assister au supplice de son père, disait la bonne Elisabeth.

— Vous lui auriez conservé la raison pour souffrir davantage, » répondait Fedor à sa mère, et leur morne silence recommençait.

La pauvre vieille femme parut longtemps résignée; ni les massacres ni l'incendie ne lui avaient arraché une plainte; mais lorsqu'il fallut subir avec les autres Vologdiens la peine de l'exil, quitter la cabane où son fils était né, où le père de son fils était mort, lorsqu'on l'obligea d'abandonner son frère en démence, elle perdit courage : la force lui manqua tout à fait; elle se cramponnait aux madriers de leur chaumière, baisant, arrachant dans son désespoir la mousse goudronnée qui calfeutrait les fentes du bois. Cette femme, qui avait tout perdu sans se plaindre, ne pouvait se consoler de s'éloigner du foyer domestique. On finit par l'emporter et par l'attacher sur la téléga où nous venons de la voir pleurer le nouveau-né de son fils chéri.

Ce qu'on aura peine à croire, c'est que les soins, le souffle vivifiant de Xenie, peut-être sa prière, ont rendu la vie à l'enfant que Fedor avait cru perdu. Ce miracle de tendresse ou de piété la fait vénérer aujourd'hui comme une sainte, par les étrangers envoyés du Nord pour repeupler les ruines abandonnées de Vologda.

Ceux mêmes qui la croient folle n'oseraient lui enlever l'enfant de son frère; nul ne pense à lui disputer cette proie si précieusement ravie à la mort. Ce miracle de l'amour consolera le père exilé, dont le cœur s'ouvrira encore au bonheur, quand il saura que son fils a été sauvé, et sauvé par elle!!...

Une chèvre la suit pour nourrir l'enfant. Quelquefois on voit la vierge mère, vivant tableau, assise au soleil sur les noirs débris du château où elle est née et souriant fraternellement au fils de son âme, à l'enfant de l'exilé.

Elle berce le petit sur ses genoux avec une grâce toute virginale, et le ressuscité lui rend son ineffable sourire avec une joie angélique. Sans se douter de la vie, elle a passé de la charité à l'amour, de l'amour à la folie, et de la folie à la maternité : Dieu la protége; l'ange et la folle s'embrassent au-dessus de la région des pleurs, comme les oiseaux voyageurs se rencontrent au delà des nuages.

Quelquefois elle paraît frappée d'un souvenir doux et triste : alors sa bouche, insensible écho du passé, murmure machinalement ces mystérieuses paroles, unique et dernière expression de sa vie, et dont aucun des nouveaux habitants de Vologda ne peut deviner le sens : « C'est donc moi qu'il aimait! »

FIN DE L'HISTOIRE DE TELENEF.

Ni le poëte russe ni moi nous n'avons reculé devant l'expression de *vierge mère*, pour désigner Xenie, et nous ne croyons ni l'un ni

(1) [illegible] qui savent à quel point les Russes sont au fait des [illegible] de notre histoire.

(Note du voyageur.)

Sans avoir manqué de respect au sublime vers du poète catholique :

O vergine Madre, figlia del tuo figlio (1),

ni profané le profond mystère qu'il indique en si peu de mots.

LETTRE DIX-NEUVIÈME.

SOMMAIRE. — Pétersbourg en l'absence de l'Empereur. — Contre-sens des architectes. — Rareté des femmes dans les rues de Pétersbourg. — L'œil du maître. — Agitation des courtisans. — Les métamorphoses. — Caractère particulier de l'ambition des Russes. — Esprit militaire. — Hommage qui domine l'Empereur lui-même. — Le tchinn. — Esprit de cette institution. — Pierre Ier. — Sa conception. — La Russie devient un régiment. — La noblesse anéantie. — Nicolas plus Russe que Pierre Ier. — Division du tchinn en quatorze classes. — Ce qu'on gagne à faire partie de la dernière. — Correspondance des classes civiles avec les grades de l'armée. — L'avancement dépend uniquement de la volonté de l'Empereur. — Fermentation prodigieuse. — Effets de l'ambition. — Pensée dominante du peuple russe. — Opinions diverses sur l'avenir de cet Empire. — Coup d'œil sur le caractère de ce peuple. — Comparaison des hommes du peuple en Angleterre, en France et en Russie. — Misère du soldat russe. — Danger que court l'Europe. — Hospitalité russe. — A quoi elle sert. — Difficulté qu'on éprouve à voir les choses par soi-même. — Formalités [illegible] de politesse. — Souvenirs de l'Orient. — [illegible]. — Action du gouvernement sur le caractère national. — Affinité des Russes avec les Chinois. — Ce qui excuse l'ingratitude. — Ton des personnes de la cour. — Préjugés des Russes contre les étrangers. — Différence entre le caractère des Russes et celui des Français. — Défiance universelle. — Mot de Pierre le Grand sur le caractère de ses sujets. — Grecs du Bas-Empire. — Jugement de Napoléon. — L'homme le plus sincère de l'Empire. — Manie des voyages. — Œuvre de Pierre le Grand perpétuée par ses successeurs. — L'empereur Nicolas seul y a cherché un remède. — Esprit de ce règne. — Mot de M. de la Ferronnays. — Goût des princes. — Architecture insensée. — Beauté et utilité des quais à Pétersbourg. — Description de Pétersbourg en 1718 par Weber. — Église de Saint-Isaac. — Pourquoi les princes se trompent plus que les nations sur le choix des sites. — La cathédrale de Kazan. — Superstition grecque. — L'église de Smolna. — Congrégation de femmes menée militairement. — Palais de la Tauride. — Vénus antique. — Présent du pape Clément XI à Pierre Ier. — Réflexions. — L'Ermitage. — Galerie de tableaux. — L'impératrice Catherine. — Portraits par madame Le Brun. — Règlement de la société intime de l'Ermitage, rédigé par l'impératrice Catherine II.

Pétersbourg, ce 1er août 1839.

La dernière fois que j'ai pu vous envoyer de mes nouvelles, je vous ai promis de ne pas revenir en France avant d'avoir poussé jusqu'à Moscou; depuis ce moment, vous ne pensez plus qu'à cette cité fabuleuse, fabuleuse en dépit de l'histoire (2). En effet, le nom de Moscou a beau être assez moderne et nous rappeler les faits les plus positifs de notre siècle, la distance des lieux, la grandeur des événements, le rendent poétique par-dessus tout autre nom. Ces scènes de poëme épique ont une grandeur qui contraste d'une manière bizarre avec l'esprit de notre siècle de géomètres et d'agioteurs. Je suis donc très-impatient d'atteindre Moscou; c'est maintenant le but de mon voyage; je pars dans deux jours; mais, d'ici là, je vous écrirai plus assidûment que jamais, car je tiens à compléter, selon mes moyens, le tableau de ce vaste et singulier Empire.

On ne saurait se figurer la tristesse de Saint-Pétersbourg les jours où l'Empereur est absent; à la vérité cette ville n'est en aucun temps, ce qui s'appelle gaie; mais sans la cour, c'est un désert : vous savez d'ailleurs qu'elle est toujours menacée de destruction par la mer. Aussi me disais-je ce matin en parcourant ses quais solitaires, et voyant ses promenades vides : « Pétersbourg va donc être submergé; les hommes ont fui, et l'eau revient prendre possession du marécage; cette fois la nature a fait raison des efforts de l'art. » Ce n'est rien de tout cela, Pétersbourg est mort parce que l'Empereur est à Péterhoff; voilà tout.

L'eau de la Néva, repoussée par la mer, monte si haut, les terres sont si basses, que ce large débouché avec ses innombrables bras ressemble à une inondation stagnante, à un marais : on appelle la Néva un fleuve, faute de lui trouver quelque qualification plus exacte. A Pétersbourg la Néva, c'est déjà la mer; à quelques lieues plus haut, c'est un long émissaire qui sert de décharge au lac Ladoga, dont il apporte les eaux dans le golfe de Finlande.

A l'époque où l'on construisait les quais de Pétersbourg, le goût des édifices peu élevés était dominant chez les Russes, goût fort déraisonnable dans un pays où la neige diminue pendant huit mois de l'année l'élévation des murailles, et où le sol n'offre aucun accident qui puisse couper d'une manière un peu pittoresque le cercle régulier que forme l'immuable ligne de l'horizon servant de cadre à des sites plats comme la mer.

Un ciel gris, une eau peu vive, un climat ennemi de la vie, une terre spongieuse, basse, infertile et sans solidité, une plaine si peu variée que la terre y ressemble à de l'eau d'une teinte légèrement foncée, tels sont les désavantages contre lesquels l'homme avait à lutter pour embellir Pétersbourg et ses environs. C'est assurément par un caprice bien contraire au sentiment du beau qu'on s'avise de poser sur une table rase une suite de monuments très-plats, et qui marquent à peine leur place sur la mousse unie des marés

Dans ma jeunesse, je m'enthousiasmais au pied des montagn côtes de la Calabre devant des paysages dont toutes les lignes é verticales, la mer exceptée. Ici au contraire la terre n'est q surface plane qui se termine par une ligne parfaitement horiz tirée entre le ciel et l'eau. Les hôtels, les palais et les collége bordent la Néva paraissent à peine sortir du sol ou plutôt de la il y en a qui n'ont qu'un étage, les plus élevés en ont trois, e semblent écrasés. Les mâts des bateaux dépassent les toits maisons; ces toits sont de fer peint : c'est propre et léger; ma les a faits très-plats à l'italienne; autre contre-sens! Les toits tus conviennent seuls aux pays où la neige abonde. En Russ est choqué à chaque pas des résultats d'une imitation irréfléch

Entre ces carrés d'édifices dont l'architecture veut être rom vous apercevez de vastes percées droites et vides qu'on appell rues; l'aspect de ces ouvertures, malgré les colonnades class qui les bordent, n'est rien moins que méridional. Le vent b sans obstacle ces routes alignées et larges comme les allées qu visent les compartiments d'un camp.

La rareté des femmes contribue à la tristesse de la ville. C qui sont jolies ne sortent guère à pied. Les personnes riche veulent marcher ne manquent jamais de se faire suivre pa laquais; cet usage est ici fondé sur la prudence et la nécessité

L'Empereur seul a la puissance de peupler cet ennuyeux sé seul il fait foule dans ce bivouac, abandonné sitôt que le maî disparu. Il prête une passion, une pensée à des machines; en est le magicien dont la présence éveille la Russie et dont l'abs l'endort : dès que la cour a quitté Pétersbourg, cette magnif résidence prend l'aspect d'une salle de spectacle après la repré tation. L'Empereur est la lumière de la lampe. Depuis mon re de Péterhoff, je ne reconnais pas Pétersbourg; ce n'est plus la que j'ai quittée il y a quatre jours; si l'Empereur revenait nuit, demain on trouverait un vif intérêt à tout ce qui ennuie jourd'hui. Il faut être Russe pour comprendre le pouvoir de du maître; c'est bien autre chose que l'œil de l'amant cité La Fontaine.

Vous croyez qu'une jeune fille pense à ses amours en prés de l'Empereur : détrompez-vous; elle pense à obtenir un g pour son frère. Une vieille femme, dès qu'elle sent le voisinag la cour, ne sent plus ses infirmités; elle n'a pas de famille à po voir : n'importe; on fait de la *courtisanerie* pour le plaisir faire, et l'on est servile sans intérêt, comme on aime le jeu lui-même, c'est le désintéressement de la passion. Ici la flatt n'a pas d'âge. Ainsi, à force de secouer le fardeau des ans, c marionnette ridée perd la dignité de la vieillesse : on se sent pitoyable pour la décrépitude agitée, parce qu'elle est ridic C'est surtout à la fin de la vie qu'il faudrait savoir pratiquer leçons du temps, qui ne cesse de nous enseigner le grand art renoncer. Heureux les hommes qui de bonne heure ont su prof de ses avertissements!... le renoncement prouve la force de l'â quitter avant de perdre, telle est la coquetterie de la vieillesse.

Elle n'est guère à l'usage des gens de cour; aussi l'exerce-t à Saint-Pétersbourg moins que partout ailleurs. Les vieilles femm remuantes me paraissent le fléau de la cour de Russie. Le soleil la faveur aveugle les ambitieux et surtout les ambitieuses; il empêche de discerner leur véritable intérêt, qui serait de sauver fierté en cachant les misères de son cœur. Au contraire, les cou sans russes, pareils aux dévots perdus en Dieu, se glorifient de l pauvreté d'âme; ils font flèche de tout bois, ils exercent leur mé à découvert. Ici l'adulateur joue les cartes sur la table; et ce m'étonne, c'est qu'il puisse encore gagner à un jeu si connu de le monde. En présence de l'Empereur l'hydropique respire, le vi lard paralysé devient agile, il n'y a plus de malade, plus de go teux; il n'y a plus d'amoureux qui brûle, plus de jeune homme s'amuse, plus d'homme d'esprit qui pense, il n'y a plus d'homm C'est l'avanie de l'espèce. Pour tenir lieu d'âme à ces apparen humaines, il leur reste un dernier souffle d'avarice et de vanité les anime jusqu'à la fin : ces deux passions font vivre toutes cours, mais ici elles donnent à leurs victimes l'émulation militai c'est une rivalité disciplinée qui s'agite à tous les étages de la ciété. Monter d'un grade en attendant mieux, telle est la pensée cette foule étiquetée.

Mais aussi quelle prostration de force a lieu quand l'astre faisait mouvoir ces atomes politiques n'est plus sur l'ho zon! On croit voir la rosée du soir tomber sur la poussière, ou nonnes de Robert le Diable se recoucher dans leurs sépulcres attendant le signal d'une nouvelle ronde.

Avec cette continuelle tension de l'esprit de tous et de chac vers l'avancement, pas de conversation possible : les yeux d Russes du grand monde sont des tournesols de palais; on vous par sans s'intéresser à ce qu'on vous dit, et le regard reste fasciné p le soleil de la faveur.

Ne croyez pas que l'absence de l'Empereur rende la conversati plus libre; il est toujours présent à l'esprit : alors à défaut d yeux c'est la pensée qui fait tournesol. En un mot, l'Empereur

(1) *Paradis du Dante*, Chant XXXIII, 1er vers.
(2) Ceci répond à une lettre reçue de Paris.

le bon Dieu, il est la vie, il est l'amour pour ce malheureux peuple. C'est en Russie surtout qu'il faudrait répéter sans se lasser la prière du sage : « Mon Dieu, préservez-moi de l'ensorcellement des niaiseries ! »

Vous figurez-vous la vie humaine réduite à l'espoir de faire la révérence au maître pour le remercier d'un regard? Dieu avait mis trop de passions dans le cœur de l'homme pour l'usage qu'il en fait ici.

Que si je me mets à la place du seul homme à qui l'on y reconnaisse le droit de vivre libre, je tremble pour lui. Terrible rôle à jouer que celui de la providence de soixante millions d'âmes ! ! ! Cette divinité, née d'une superstition politique, n'a que deux partis à prendre : prouver qu'elle est homme en se laissant écraser, ou pousser ses sectateurs à la conquête du monde pour soutenir qu'elle est Dieu; voilà comment en Russie la vie entière n'est que l'école de l'ambition.

Mais par quel chemin les Russes ont-ils passé pour arriver à cette abnégation d'eux-mêmes? Quel moyen humain a pu amener un tel résultat politique? Le moyen?... le voici, c'est le *tchinn*; le tchinn est le galvanisme, la vie apparente des corps et des esprits, c'est la passion qui survit à toutes les passions. .. Je vous ai montré les effets du tchinn; maintenant il est juste que je vous dise ce que c'est que le tchinn.

Le tchinn, c'est une nation enrégimentée, c'est le régime militaire appliqué à une société tout entière, et même aux castes qui ne vont pas à la guerre. En un mot, c'est la division de la population civile en classes qui répondent aux grades de l'armée. Depuis que cette hiérarchie est instituée, tel homme qui n'a jamais vu faire l'exercice peut obtenir le rang de colonel.

Pierre le Grand, c'est toujours à lui qu'il faut remonter pour comprendre la Russie actuelle, Pierre le Grand importuné de certains préjugés nationaux qui ressemblaient à de l'aristocratie, et qui le gênaient dans l'exécution de ses plans, s'avisa un jour de trouver les têtes de son troupeau trop pensantes, trop indépendantes, voulant remédier à cet inconvénient, le plus grave de tous aux yeux d'un esprit actif et sagace dans sa sphère, mais trop borné pour comprendre les avantages de la liberté, quelque profitable qu'elle soit aux nations et même aux hommes qui les gouvernent, ce grand maître en fait d'arbitraire n'imagina rien de mieux dans sa pénétration profonde, mais restreinte, que de diviser le troupeau, c'est-à-dire le pays, en diverses classes indépendantes du nom de la naissance des individus et de l'illustration des familles; si bien que le fils du plus grand seigneur de l'Empire peut faire partie d'une classe inférieure, tandis que le fils d'un de ses paysans peut monter aux premières classes selon le bon plaisir de l'Empereur. Dans cette division du peuple, chaque homme reçoit sa place de la faveur du prince; et voilà comment la Russie est devenue un régiment de soixante millions d'hommes : c'est ce qu'on appelle le *tchinn*, et c'est la plus grande œuvre de Pierre le Grand.

Vous voyez de quelle manière ce prince, qui a fait tant de mal par précipitation, s'est affranchi en un jour des entraves des siècles. Ce tyran du bien, quand il a voulu régénérer son peuple, a compté la nature, l'histoire, le passé, le caractère, la vie des hommes, pour rien. De tels sacrifices rendent les grands résultats faciles, aussi Pierre Ier a-t-il fait de grandes choses, mais avec d'immenses moyens; et ces grandes choses ont été rarement bonnes. Il sentait fort bien et savait mieux que personne que tant que la noblesse subsiste dans une société, le despotisme d'un seul n'y sera jamais qu'une fiction; donc il s'est dit : Pour réaliser mon gouvernement, il faut anéantir ce qui reste du régime féodal, et le meilleur moyen d'atteindre à ce but c'est de faire des caricatures de gentilshommes, d'accaparer la noblesse, c'est-à-dire de la détruire en la faisant dépendre de moi; aussitôt la noblesse a été sinon abolie, du moins transformée, c'est-à-dire annulée par une institution qui la supplée sans la remplacer. Il est des castes dans cette hiérarchie où il suffit d'entrer pour acquérir la noblesse héréditaire. Pierre le Grand, que j'appellerais plus volontiers Pierre le Fort, devançant de plus d'un demi-siècle les révolutions modernes, a écrasé la féodalité par ce moyen. Moins puissante à la vérité chez lui qu'elle ne l'était chez nous, elle a succombé sous l'institution moitié civile, moitié militaire, qui a fait la Russie actuelle. Il était doué d'un esprit lucide, et néanmoins de courte portée. Aussi, en élevant son pouvoir sur tant de ruines, n'a-t-il su profiter de la force exorbitante qu'il accaparait que pour singer plus à son aise la civilisation de l'Europe.

Avec les moyens d'action usurpés par ce prince, un esprit créateur eût opéré bien d'autres miracles. Mais la nation russe, montée après toutes les autres sur la grande scène du monde, a eu pour génie l'imitation, et pour organe un élève charpentier. Avec un chef moins minutieux, moins attaché aux détails, cette nation eût fait parler d'elle, plus tard, il est vrai, mais d'une manière plus glorieuse. Son pouvoir, fondé sur des nécessités intérieures, eût été utile au monde; il n'est qu'étonnant.

Les successeurs de ce législateur en sayon ont joint pendant cent ans l'ambition de subjuguer leurs voisins à la faiblesse de les copier. Aujourd'hui l'empereur Nicolas croit enfin le temps venu où la Russie n'a plus besoin d'aller prendre ses modèles chez les étrangers pour dominer et pour conquérir le monde. Il est le premier souverain vraiment Russe qu'ait eu la Russie depuis Ivan IV. Pierre Ier, Russe par son caractère, ne l'était pas par sa politique; Nicolas, Allemand par nature, est Russe par calcul et par nécessité (1).

Le tchinn est composé de quatorze classes et chacune de ces classes a des priviléges qui lui sont propres. La quatorzième est la plus basse.

Placée immédiatement au-dessus des serfs, elle a pour unique avantage celui d'être composée d'hommes intitulés libres. Cette liberté consiste à ne pouvoir être frappé sans que celui qui donne les coups encoure des poursuites criminelles. En revanche, tout individu qui fait partie de cette classe est tenu d'écrire sur sa porte son numéro de classe, afin que nul supérieur ne puisse être induit en tentation ni en erreur; averti par cette précaution, le batteur d'homme libre deviendrait coupable et serait passible d'une peine.

Cette quatorzième classe est composée des derniers employés du gouvernement, des commis de la poste, facteurs, et autres subalternes chargés de porter ou d'exécuter les ordres des administrateurs supérieurs : elle répond au grade de sous-officier dans l'armée impériale. Les hommes qui la composent, serviteurs de l'Empereur, ne sont serfs de personne, et ont le sentiment de leur dignité sociale; quant à la dignité humaine, vous le savez, elle n'est pas connue en Russie.

Toutes les classes du tchinn répondant à autant de grades militaires, la hiérarchie de l'armée se trouve pour ainsi dire en parallèle avec l'ordre qui règne dans l'Etat tout entier. La première classe est au sommet de la pyramide, et elle se compose aujourd'hui d'un seul homme : le maréchal Paskiewitch, vice-roi de Varsovie.

Je vous le répète, c'est uniquement la volonté de l'Empereur qui fait qu'un individu avance dans le tchinn. Ainsi, un homme monté de degrés en degrés jusqu'au rang le plus élevé de cette nation artificielle peut parvenir aux derniers honneurs militaires sans avoir servi dans aucune arme.

La faveur de l'avancement ne se demande jamais, mais elle se brigue toujours.

Il y a là une force de fermentation immense mise à la disposition du chef de l'Etat. Les médecins se plaignent de ne pouvoir donner la fièvre à certains patients pour les guérir des maladies chroniques : le czar Pierre a inoculé la fièvre de l'ambition à tout son peuple pour le rendre plus pliable et pour le gouverner à sa guise.

L'aristocratie anglaise est également indépendante de la naissance, puisqu'elle tient à deux choses qui s'acquièrent : à la charge et à la terre. Or, si cette aristocratie, toute mitigée qu'elle est, prête encore une énorme influence à la couronne, quelle ne doit donc pas être la puissance d'un maître de qui relèvent toutes ces choses à la fois, en droit comme en fait?...

Il résulte d'une semblable organisation sociale une fièvre d'envie tellement violente, une tension si constante des esprits vers l'ambition, que le peuple russe a dû devenir inepte à tout, excepté à la conquête du monde. J'en reviens toujours à ce terme, parce qu'on ne peut s'expliquer que pour un tel but l'excès des sacrifices imposés ici à l'individu par la société. Si l'ambition désordonnée dessèche le cœur d'un homme, elle peut bien aussi tarir la pensée, égarer le jugement d'une nation au point de lui faire sacrifier sa liberté à la victoire. Sans cette arrière-pensée, avouée ou non, et à laquelle bien des hommes obéissent peut-être à leur insu, l'histoire de la Russie me paraîtrait une énigme inexplicable.

Ici s'élève une question capitale : La pensée conquérante, qui est la vie secrète de la Russie, est-elle un leurre propre à séduire plus ou moins longtemps des populations grossières, ou bien doit-elle un jour se réaliser?

Ce doute m'obsède sans cesse, et malgré tous mes efforts je n'ai pu le résoudre. Tout ce que je puis vous dire, c'est que depuis que je suis en Russie, je vois en noir l'avenir de l'Europe. Pourtant ma conscience m'oblige à vous avouer que cette opinion est combattue par des hommes très-sages et très-expérimentés.

Ces hommes disent que je m'exagère la puissance russe, que chaque société a ses fatalités, que le destin de celle-ci est de pousser ses conquêtes vers l'Orient, puis de se diviser elle-même. Ces esprits qui s'obstinent à ne pas croire au brillant avenir des Slaves conviennent avec moi des heureuses et aimables dispositions de ce peuple; ils reconnaissent qu'il est doué de l'instinct du pittoresque; ils lui accordent le sentiment musical; ils concluent que ces dispositions peuvent l'aider à cultiver les beaux-arts jusqu'à un certain point, mais qu'elles ne suffisent pas à réaliser les prétentions dominatrices que je lui attribue ou que je suppose à son gouvernement. « Le génie scientifique manque aux Russes, ajoutent-ils; ils n'ont jamais montré de puissance créatrice; n'ayant reçu de la nature qu'un esprit paresseux et superficiel, s'ils s'appliquent, c'est

(1) Nous ne cesserons de renvoyer le lecteur à la date de ces lettres. (*Note de l'Éditeur.*)

par peur plus que par penchant; la peur les rend aptes à tout entreprendre, à ébaucher tout; mais aussi elle les empêche d'aller loin sur aucune route; le génie est de sa nature hardi comme l'héroïsme, il vit de liberté, tandis que la peur et l'esclavage n'ont qu'un règne et une sphère bornés comme la médiocrité dont ils sont les armes. Les Russes, bons soldats, sont mauvais marins; en général, ils sont plus résignés que réfléchis, plus religieux que philosophes, ils ont plus d'obéissance que de volonté, leur pensée manque de ressort comme leur âme de liberté (1). Ce qui leur paraît le plus difficile, et ce qui leur est le moins naturel, c'est d'occuper sérieusement leur intelligence et de fixer leur imagination, afin de l'exercer utilement : toujours enfants, ils pourront pour un moment être conquérants dans le domaine du sabre : ils ne le seront jamais dans celui des idées; or, un peuple qui n'a rien à enseigner aux peuples qu'il veut subjuguer, n'est pas longtemps le plus fort.

« Physiquement même les paysans français et anglais sont plus robustes que les Russes : ceux-ci sont plus agiles que musculeux, plus féroces qu'énergiques, plus rusés qu'entreprenants; ils ont le courage passif, mais ils manquent d'audace et de persévérance : l'armée, si remarquable par sa discipline et par sa bonne tenue les jours de parade, est composée, à l'exception de quelques corps d'élite, d'hommes bien habillés quand ils se montrent en public, mais tenus salement lorsqu'ils restent dans l'intérieur des casernes. Le teint hâve des soldats trahit la souffrance et la faim; car les fournisseurs volent ces malheureux, qui ne sont pas assez payés pour subvenir à leurs besoins, en prélevant sur leur solde de quoi se mieux nourrir : les deux campagnes de Turquie ont assez montré la faiblesse du colosse (2) : bref, une société qui n'a pas goûté de la liberté en naissant, et chez laquelle toutes les grandes crises politiques ont été provoquées par l'influence d'une civilisation étrangère, énervée dans son germe, n'a pas un long avenir... »

De tout cela l'on conclut que la Russie puissante chez elle, redoutable tant qu'elle ne luttera qu'avec des populations asiatiques, se briserait contre l'Europe le jour où elle voudrait jeter le masque et faire la guerre pour soutenir, par la force des armes, son arrogante diplomatie.

Telles sont, ce me semble, les plus fortes raisons opposées à mes craintes par les optimistes politiques. Je n'ai point affaibli les arguments de mes adversaires; ils m'accusent d'exagérer le danger. À la vérité, mon opinion est partagée par d'autres esprits tout aussi graves et qui ne cessent de reprocher aux optimistes leur aveuglement, en les exhortant à reconnaître le mal avant qu'il soit devenu irremédiable. Je vous ai présenté la question sous ses deux faces; prononcez : votre arrêt sera pour moi d'un grand poids; toutefois, je vous préviens que si votre décision m'est contraire, elle n'aura d'autre résultat prochain que de me forcer à défendre mon opinion le plus longtemps et le plus vigoureusement possible, en tâchant de l'étayer par de meilleures raisons. Je vois le colosse de près, et j'ai peine à me persuader que cette œuvre de la Providence n'ait pour but que de diminuer la barbarie de l'Asie. Il me semble qu'elle est principalement destinée à châtier la mauvaise civilisation de l'Europe par une nouvelle invasion; l'éternelle tyrannie orientale nous menace incessamment et nous la subirons si nos extravagances et nos iniquités nous rendent dignes d'un tel châtiment. Les Russes n'ont rien à nous enseigner, dit-on; soit. Mais ils ont beaucoup à nous faire oublier; d'ailleurs, ne savent-ils pas mieux que nous obéir et patienter? En politique la résignation du peuple fait la puissance du gouvernement.

Vous n'attendez pas de moi un voyage complet; je néglige de vous parler de bien des choses célèbres ou intéressantes, parce qu'elles n'ont fait que peu d'impression sur moi : je veux rester libre, et ne décrire que ce qui me frappe vivement. Les nomenclatures obligées me dégoûteraient des voyages : il y a bien assez de catalogues sans que j'ajoute mes listes à tant de chiffres.

On ne peut rien voir ici sans cérémonie et sans préparation. Aller quelque part que ce soit, quand l'envie vous prend d'y aller, c'est chose impossible; s'il faut prévoir quatre jours d'avance où vous portera votre fantaisie, autant n'avoir point de fantaisie : c'est à quoi l'on finit par se résigner en vivant ici. L'hospitalité russe, hérissée de formalités, rend la vie difficile aux étrangers les plus favorisés; c'est un prétexte honnête pour gêner les mouvements du voyageur et pour borner la licence de ses observations. On vous fait soi-disant les honneurs du pays, et, grâce à cette fastidieuse politesse, l'observateur ne peut visiter les lieux, examiner les choses qu'avec un guide; n'étant jamais seul, il a plus de peine à juger d'après lui-même, et c'est ce qu'on veut. Pour entrer en Russie, il faut déposer, avec votre passe-port, votre libre arbitre à la frontière. Voulez-vous voir les curiosités d'un palais impérial? on vous donnera un chambellan qui vous en fera les honneurs du haut en bas, et vous forcera par sa présence à observer chaque chose en détail, c'est-à-dire à ne voir que de son point de vue et à tout admirer sans choix. Voulez-vous parcourir un camp, qui n'a d'autre inté pour vous que le site des baraques, l'aspect pittoresque des u formes, la beauté des chevaux, la tenue du soldat sous la ten un officier, quelquefois un général, vous accompagnera à un hô tal? le médecin en chef vous escortera : une forteresse? le gouv neur vous la montrera ou plutôt vous la cachera poliment : école, un établissement public quelconque? le directeur, l'insp teur sera prévenu de votre visite, vous le trouverez sous les arm et l'esprit bien préparé à braver votre examen : un édifice? l'arc tecte vous en fera parcourir toutes les parties, et vous expliqu de lui-même tout ce que vous ne lui demanderez pas afin d'évi de vous instruire de ce que vous avez intérêt d'apprendre.

Il résulte de ce cérémonial oriental que, pour ne point pas votre temps à faire le métier de demander des permissions, vo renoncez à voir bien des choses : premier avantage.... Ou si vo curiosité est assez robuste pour vous faire persister à importun les gens, vous serez au moins surveillé de si près dans vos perq sitions qu'elles n'aboutiront à rien, vous ne communiquerez qu'o ficiellement avec les chefs des établissements soi-disant publics, l'on ne vous laissera d'autre liberté que celle d'exprimer deva l'autorité légitime votre admiration commandée par la polites par la prudence et par une reconnaissance dont les Russes so fort jaloux. On ne vous refuse rien, mais on vous accompagne pa tout : la politesse devient ici un moyen de surveillance.

Voilà comme on vous tyrannise sous prétexte de vous faire ho neur. Tel est le sort des voyageurs privilégiés. Quant aux voy geurs non protégés, ils ne voient rien du tout. Ce pays est organ de façon que sans l'intervention immédiate des agents de l'autorit nul étranger ne peut le parcourir agréablement ni même sûremen Vous reconnaissez, j'espère, les mœurs et la politique de l'Orie déguisées sous l'urbanité européenne... Cette alliance de l'Orient de l'Occident, dont on retrouve les conséquences à chaque pas, c ce qui caractérise l'Empire russe.

La demi-civilisation procède par des formalités; une civilisatio raffinée les fait disparaître : c'est ainsi que la politesse parfai exclut les façons.

Les Russes sont encore persuadés de l'efficacité du mensong et cette illusion m'étonne de la part de gens qui en ont tant usé... Ce n'est pas que leur esprit manque de finesse et de compréher sion; mais dans un pays où les gouvernants n'ont pas encore com pris les avantages de la liberté même pour eux, les gouverné doivent reculer devant les inconvénients immédiats de la sincérité On est forcé de le répéter à chaque instant : ici, peuples et grand tous nous rappellent les Grecs du Bas-Empire.

Je ne suis peut-être pas assez reconnaissant des soins dont c peuple affecte d'entourer un étranger connu : c'est que je vois l fond des pensées et que je me dis malgré moi : Tout cet empresse ment montre moins de bienveillance qu'il ne trahit d'inquiétude

On veut, d'après le judicieux précepte de Monomaque (1), qu *l'étranger sorte content du pays*.

Ce n'est pas que le vrai pays se soucie de ce qu'on dit et pens de lui; mais quelques familles prépondérantes sont travaillées d puéril désir de refaire en Europe la réputation de la Russie.

Si je regarde plus avant, j'aperçois sous le voile dont on se plaî à couvrir les objets le goût du mystère pour le mystère même c'est un effet de l'habitude et de la complexion..... Ici la réserv est à l'ordre du jour comme l'imprudence l'est à Paris.

En Russie, le secret préside à tout : secret administratif, politi que, social; discrétion utile et inutile, silence superflu pour assure le nécessaire; telles sont les inévitables conséquences du caractèr primitif de ces hommes, corroboré par l'influence de leur gouver nement. Tout voyageur est un indiscret; il faut le plus polimen possible garder à vue l'étranger toujours trop curieux, de peu qu'il ne voie les choses telles qu'elles sont, ce qui serait la plu grande des inconvenances (2). Bref, les Russes sont des Chinoi déguisés; ils ne veulent pas avouer leur aversion pour les observa teurs venus de loin, mais s'ils osaient braver, ainsi que les vrai Chinois, le reproche de barbarie, ils nous refuseraient l'entrée d Pétersbourg comme on nous exclut de Pékin, et ils n'admettraien chez eux que les gens de métiers, en ayant soin de ne plus per mettre à l'ouvrier qui serait reçu de retourner dans son pays. Vous voyez pourquoi l'hospitalité russe trop vantée m'importune plu qu'elle ne me flatte et ne me touche; on m'enchaîne sous prétexte de me protéger; mais de toutes les espèces de gênes, la plus insupportable me paraît celle dont je n'ai pas le droit de me plaindre. La reconnaissance que j'éprouve ici pour l'empressement dont je me vois l'objet est celle d'un soldat enrôlé de force : moi, indépendant avant tout, c'est-à-dire voyageur, je me sens passer sous le joug; on s'évertue sans cesse à discipliner mes idées... On ne sai faire autre chose ici que l'exercice; les esprits y manœuvren comme les soldats; chaque soir, en rentrant chez moi, je me tâte pour voir quel uniforme je porte, j'examine mes pensées pour leu demander leur grade, car les idées sont classées en ce pays selon

(1) Voir le portrait des Russes, lettre trente-deuxième, Moscou; et plus loin, au résumé du voyage.
(2) Que dire de la troisième? (Note de l'Auteur.)

(1) Voyez le résumé du voyage.
(2) Voyez la réfutation de M. Gretch.

les personnes. A tel rang, l'on a ou l'on professe telle manière de voir, et plus on monte, moins on pense, c'est-à-dire moins on ose parler.

Ayant évité soigneusement de me lier avec beaucoup de grands seigneurs, je n'ai bien vu que la cour ; je voulais conserver mes droits de juge indépendant et impartial, je craignais de me faire accuser d'ingratitude ou d'infidélité ; je craignais surtout de rendre des personnes du pays responsables de mes opinions particulières. Mais à la cour j'ai passé en revue toute la société.

L'affectation du ton français, moins l'esprit de conversation naturel à la France, voilà ce qui m'a frappé d'abord. J'ai bien entrevu un esprit russe, esprit caustique, sarcastique, moqueur, et qui me paraîtrait amusant dans un entretien libre, sans jamais m'inspirer de sécurité ni de bienveillance. Mais cet esprit demeure caché aux étrangers comme tout le reste. Si je séjournais ici un peu de temps, j'arracherais leur masque à ces marionnettes ; car je m'ennuie de les voir copier les grimaces françaises. A mon âge, on n'a plus rien à apprendre de l'affectation : la vérité seule intéresse toujours parce qu'elle instruit ; elle seule est toujours nouvelle.

Voilà donc pourquoi j'ai profité le moins possible de l'hospitalité des gens du grand monde ; c'est bien assez de subir l'indispensable hospitalité des administrateurs et des employés de tous grades ; cette surveillance, qu'on s'efforce de décorer d'un nom patriarcal, me rebute comme l'hypocrisie. Parlez-moi des pays où l'hospitalité n'est pas un impôt régulier ! celle qu'on y reçoit a le prix d'une faveur.

J'ai remarqué dès le premier abord que tout Russe des basses classes, soupçonneux par nature, déteste les étrangers par ignorance, par préjugé national ; j'ai trouvé ensuite que tout Russe des classes élevées, également soupçonneux, les craint parce qu'il les croit hostiles ; il dit : « Les Français, les Anglais sont persuadés de leur supériorité sur tous les peuples ; » ce motif suffit au Russe pour haïr l'étranger, comme en France le provincial se défie du Parisien. Une jalousie de sauvage, une envie puérile, mais impossible à désarmer, domine la plupart des Russes dans leurs rapports avec les hommes des autres pays ; et comme vous sentez partout cette disposition peu sociable, vous finissez, tout en vous en plaignant, par partager la méfiance que vous inspirez. Vous concluez qu'une confiance, qui ne devient jamais réciproque, est de la duperie, et dès lors vous restez froid, réservé, comme les cœurs au fond desquels vous lisez malgré vous et malgré eux.

Le caractère russe, sous beaucoup de rapports, est le contraire du caractère allemand. Voilà pourquoi les Russes disent qu'ils ressemblent aux Français ; mais cette analogie n'est qu'apparente : dans le fond des âmes, il y a une grande dissemblance. Vous pouvez admirer, si bon vous semble, en Russie, la pompe, la dignité orientale, vous y pouvez étudier l'astuce grecque : gardez-vous d'y chercher la naïveté gauloise, la sociabilité, l'amabilité des Français quand ils sont naturels ; vous y trouveriez encore moins, je l'avoue, la bonne foi, la solidité d'instruction, la cordialité germaniques. En Russie on rencontrera de la bonté, puisqu'il y en a partout où il y a des hommes ; mais on n'y rencontrera jamais de la bonhomie.

Tout Russe est né imitateur, donc il est observateur avant tout, et même, pour tout dire, ce talent, qui est celui des peuples enfants, dégénère souvent en un espionnage assez bas ; il produit des questions importunes, impolies et qui deviennent choquantes de la part de gens toujours impénétrables eux-mêmes et dont les réponses ne sont que des faux-fuyants. On dirait ici que l'amitié même a quelque accointance avec la police. Comment se sentir à son aise avec des hommes si avisés, si discrets quant à ce qui les concerne, et si inquisitifs à l'égard des autres ? S'ils vous voyaient prendre avec eux des manières plus naturelles que celles qu'ils ont avec vous, ils vous croiraient leur dupe : gardez-vous donc de leur laisser voir de l'abandon, de leur témoigner de la confiance : pour des hommes qui ne sentent rien, il y a un amusement à observer les émotions des autres ; mais je n'aime pas à servir à ce divertissement. Nous voir vivre, c'est le plus grand plaisir des Russes ; si nous les laissions faire, ils se plairaient à lire dans notre cœur, à faire l'analyse de nos sentiments, comme on va au spectacle.

La défiance excessive des gens auxquels vous avez affaire ici, à quelque classe qu'ils appartiennent, vous avertit de vous tenir sur vos gardes : le danger que vous courez vous est révélé par la peur que vous inspirez.

L'autre jour, à Péterhoff, un traiteur n'a pas voulu permettre à mon domestique de place de me servir un mauvais souper dans ma loge d'acteur, sans lui en faire déposer le prix d'avance. Notez que la boutique de cet homme si prudent est à deux pas du théâtre. Ce que vous portez à votre bouche d'une main il faut le payer de l'autre ; si vous commandez quelque chose à un marchand sans lui donner des arrhes, il croira que vous plaisantez et ne travaillera pas pour vous ; nul ne peut quitter la Russie s'il n'a prévenu de son projet tous ses créanciers, c'est-à-dire s'il n'a fait annoncer son départ trois fois dans les gazettes, et mis une distance de huit jours entre chaque publication. Ceci est de rigueur, à moins de payer la police pour abréger les délais ; mais il faut que l'insertion ait eu lieu au moins une ou deux fois. On ne vous accorde des chevaux de poste que sur une attestation de l'autorité qui certifie que vous ne devez rien à personne.

Tant de précautions dénotent la mauvaise foi qui règne dans ce pays ; et comme jusqu'à présent les Russes ont eu personnellement peu de rapport avec les étrangers, ils n'ont pu prendre leçon de ruse que d'eux-mêmes. L'expérience ne leur est venue que des relations qu'ils ont entre eux. Ces hommes ne nous permettent pas d'oublier le mot de leur souverain favori, Pierre le Grand : « Il faut trois juifs pour tromper un Russe. »

A chaque pas que vous faites ici vous reconnaissez ces politiques de Byzance dépeints par les historiens du temps des croisés et retrouvés par l'empereur Napoléon dans l'empereur Alexandre, dont il disait souvent : « C'est un Grec du Bas-Empire ! ! !... »

Il faut, autant qu'on peut, éviter d'avoir aucune affaire à traiter avec des esprits dont les modèles et les instituteurs furent toujours ennemis de la chevalerie ; ces esprits sont esclaves de leurs intérêts, et souverains de leur parole ; je me plais à le répéter : jusqu'à présent, dans tout l'Empire russe, je n'ai trouvé qu'une seule personne qui me parût sincère : c'est l'Empereur.

A la vérité la franchise coûte moins à un autocrate qu'elle ne coûte à ses sujets. Pour le Czar parler sans déguisement c'est faire acte d'autorité : le souverain absolu qui ment, abdique.

Mais combien ne s'en est-il pas trouvé qui ont méconnu sur ce point leur pouvoir et leur dignité ! Les âmes basses ne se croient jamais au-dessus du mensonge ; il faut donc savoir gré de sa sincérité même à un homme tout-puissant. L'empereur Nicolas unit la franchise à la politesse ; et ces deux qualités, qui s'excluent chez le vulgaire, se servent merveilleusement l'une l'autre chez ce prince.

Parmi les grands seigneurs, ceux qui ont bon ton, l'ont parfait : c'est ce dont on peut s'assurer tous les jours à Paris et ailleurs. Mais un Russe de salon qui n'arrive pas à la vraie politesse, c'est-à-dire à l'expression facile d'une aménité réelle, est d'une grossièreté d'âme qui devient doublement choquante par la fausse élégance de ses manières et de son langage. Ces Russes mal élevés et déjà bien endoctrinés, bien habillés, tranchants, sûrs d'eux-mêmes, suivent au pas de charge l'élégance de l'Europe, sans savoir que l'élégance des habitudes n'a de prix qu'autant qu'elle dénote quelque chose de mieux dans le cœur de ceux qui la possèdent ; apprentis de la mode, ils prennent l'apparence pour la chose : ce sont des ours façonnés qui me font regretter les ours bruts ; ils ne sont pas encore des hommes cultivés, qu'ils sont déjà des sauvages gâtés.

Puisque la Sibérie existe, et qu'on en fait parfois l'usage que vous savez, je voudrais la peupler de jeunes officiers ennuyés et de belles dames qui ont mal aux nerfs. « Vous demandez des passeports pour Paris, en voici pour Tobolsk. »

Voilà comment je voudrais que l'Empereur remédiât à la manie des voyages qui fait d'effrayants progrès en Russie parmi les sous-lieutenants à imagination et les femmes vaporeuses.

Si en même temps il reportait le siége de son empire à Moscou, il aurait réparé le mal causé par Pierre le Grand autant qu'un homme peut atténuer les erreurs des générations.

Pétersbourg, cette ville bâtie contre la Suède plus encore que pour la Russie, ne devait être qu'un port de mer, un Dantsick russe : au lieu de cela, Pierre Ier construisit à ses boyards une loge sur l'Europe ; il enchaîna dans une salle de bal ses grands seigneurs, les laissant lorgner de loin avec envie une civilisation qu'on leur défendait d'atteindre ; car forcer à copier, c'est empêcher d'égaler. Puis il leur dit : « Vous m'appellerez PIERRE LE GRAND sous peine de mort, parce que c'est moi qui vous civilise au prix de la vie de mon peuple et de la tête de mon fils ! »

Pierre le Grand, dans toutes ses œuvres, a compté l'humanité, le temps et la nature pour rien. Cette erreur, qui est le propre de la médiocrité obstinée et toute-puissante, c'est-à-dire de la tyrannie dont elle devient le cachet, ne peut être pardonnée à un homme qualifié de génie créateur par son peuple. Plus on examine la Russie et plus on se confirme dans l'opinion que ce prince a été trop exalté, même chez les étrangers ; la postérité peut manquer d'équité par excès d'admiration. Si le czar Pierre eût été aussi grand qu'on le dit, il eût évité la fausse route dans laquelle il a poussé son peuple, il eût prévu et détesté la frivolité d'esprit, l'instruction superficielle à laquelle il l'a condamné pour des siècles. Peut-on lui pardonner les abus de son despotisme, à lui qui avait vu l'Europe au XVIIIe siècle ?

Il s'est servi de ses avantages moins en législateur qu'en tyran pour repétrir sa nation au gré de sa volonté. Malheureusement cette volonté fut d'un magicien plutôt que d'un esprit solide. Les hommes supérieurs pour faire l'avenir n'annulent point le passé ; ils l'acceptent afin d'en modifier les conséquences. Loin de continuer à diviniser cet ennemi de leur naturel, les Russes devraient lui reprocher d'avoir annulé leur caractère ; c'est lui dont l'influence, perpétuée par l'admiration irréfléchie de la postérité, les empêche encore aujourd'hui de produire dans les arts et les sciences un homme digne de faire époque chez les peuples étrangers (1). Un législateur comme Confucius ne pouvait venir à la suite d'un réformateur tel que le charpentier de Saardenham, et tel que le voyageur capricieux dont l'Europe d'alors avait vu la barbarie avec effroi, tout en admirant la force prodigieuse cachée sous cette rude écorce. Ce missionnaire couronné força un moment la nature, parce qu'il le pouvait, mais c'est tout ce qu'il pouvait.... S'il avait été dans sa vie ce qu'il est devenu dans l'histoire, grâce à la superstition des peuples et à l'exagération des écrivains, qu'aurait-il fait? il eût attendu; et, par cette patience, il eût mérité son brevet de grand homme : il a mieux aimé l'obtenir d'avance et se faire canoniser de son vivant.

Toutes ses idées avec les défauts de caractère dont elles étaient la conséquence ont encore été exagérées sous les règnes suivants ; l'empereur Nicolas le premier commence à remonter le torrent en rappelant les Russes à eux-mêmes : c'est une entreprise que le monde admirera quand il aura reconnu la fermeté de l'esprit qui l'a conçue. Après des règnes comme ceux de Catherine et de Paul, refaire de la Russie, telle que l'avait laissée l'empereur Alexandre, un empire russe, parler russe, penser en Russe, avouer qu'on est Russe de cœur, tout en présidant une cour de grands seigneurs héritiers des favoris de la *Sémiramis du Nord* : c'est hardi!... Quel que soit le succès d'un tel plan, il honorera celui qui l'a tracé.

Les courtisans du Czar n'ont nuls droits reconnus et assurés, il est vrai; mais ils sont toujours forts contre leurs maîtres par les traditions perpétuées dans le pays ; heurter de front les prétentions de ces hommes, se montrer dans le cours d'un règne déjà long aussi courageux contre d'hypocrites amis qu'on le fut contre des soldats révoltés, c'est assurément le fait d'un souverain fort supérieur : cette double lutte du maître contre ses esclaves furieux et contre ses impérieux courtisans est un beau spectacle : l'empereur Nicolas tient ce qu'il a promis le jour de son avénement au trône ; et certes, c'est dire beaucoup, car aucun prince n'a hérité du pouvoir dans des circonstances plus critiques, nul n'a fait face à un plus imminent péril avec plus d'énergie et de grandeur d'âme !...

Après l'émeute du 13 décembre, M. de la Ferronnays s'écriait : Je viens de voir Pierre le Grand civilisé; mot qui avait de la portée, parce qu'il avait de la vérité; en voyant ce même homme dans sa cour développer ses idées de régénération nationale avec une persévérance infatigable, et cela sans faste, sans bruit, sans violence, on peut s'écrier à plus juste titre encore : C'est Pierre le Grand qui revient pour réparer le mal fait par Pierre l'aveugle.

En cherchant à juger ce prince avec toute l'impartialité dont je suis capable, j'ai trouvé en lui tant de choses dignes d'éloges que je ne permets pas qu'on me parle de ce qui pourrait me troubler dans mon admiration.

Les pauvres souverains sont comme les statues : on les examine avec une si minutieuse attention que leurs moindres défauts magnifiés par la critique font oublier les mérites les plus rares et les plus réels Mais plus j'admire l'empereur Nicolas plus vous me trouverez injuste peut-être envers le czar Pierre. Cependant j'apprécie de mon mieux les efforts de volonté qu'il a faits pour tirer d'un marais gelé pendant huit mois de l'année, une ville telle que Pétersbourg. Mais si j'ai le malheur d'apercevoir quelques-uns de ces misérables *pastiches* dont sa passion pour l'architecture classique, partagée par ses successeurs, a doté la Russie, mes sens et mon goût révoltés me font perdre tout ce que j'avais gagné par le raisonnement : des palais d'architecture classique pour servir de casernes à des Finois ; des colonnes, des corniches, des frontons, des péristyles romains sous le pôle, et ces choses à refaire chaque année en beau plâtre blanc : vous conviendrez qu'une telle parodie de la Grèce et de l'Italie, moins le marbre et le soleil, peut bien me rendre toute ma colère ; d'ailleurs, je renonce avec d'autant plus de résignation au titre de voyageur impartial, que je suis persuadé que j'y ai droit.

Vous me menaceriez de la Sibérie, que vous ne m'empêcheriez pas de répéter que le manque de bon sens dans l'ensemble d'un monument, de goût et d'harmonie dans les détails, est insupportable. En architecture, le génie sert à trouver le moyen le plus court et le plus simple d'adapter les édifices à l'usage auquel on les destine. Or, devinez, je vous prie, à quelle fin des hommes de bon sens ont entassé tant de pilastres, d'arcades et de colonnades dans un pays qu'on ne peut habiter qu'avec de doubles châssis aux fenêtres hermétiquement closes pendant neuf mois de l'année. A Pétersbourg, c'est sous des remparts qu'il faudrait se promener, non sous des péristyles aériens. Que ne bâtissez-vous des tunnels et des galeries voûtées pour servir de vestibules, d'ouvrages avancés, de défense à vos palais (2)? Le ciel est votre ennemi, fuyez-en donc la vue; le soleil vous manque, vivez aux flambeaux ; des fortifications et des casemates ou tout au moins des passages fermés, des galeries closes vous seraient plus utiles que des promenoirs à découvert. Avec votre architecture méridionale vous affichez une prétention au beau climat qui me rend vos pluies et vos vents de l'été plus insupportables, sans parler des aiguilles de g[illegible] qu'on respire sur vos magnifiques perrons pendant vos interm[illegible] bles hivers.

Les quais de Pétersbourg sont une des plus belles choses [illegible] l'Europe : pourquoi? parce que le luxe est là dans la solidité. [illegible] blocs de granit apportés dans un bas-fond pour y suppléer la ter[illegible] l'éternité du marbre opposée à la puissance de destruction du fro[illegible] me donnent l'idée d'une force et d'une grandeur intelligentes. [illegible]tersbourg est en même temps garanti contre la Néva et orné p[illegible] les magnifiques parapets dont on a bordé cette rivière. Le sol n[illegible] manque, nous ferons un pavé de rocs pour porter notre capital[illegible] cent mille hommes y mourront à la peine. Peu nous importe, no[illegible] aurons une ville européenne et le renom d'un grand peuple. [illegible] tout en déplorant l'inhumanité qui préside à cette gloire, je perm[illegible] qu'on admire, et j'admire moi-même quoiqu'à regret..... J'adm[illegible] encore quelques-uns des points de vue dont on jouit devant le Pal[illegible] d'hiver. Ce palais est bâti dans ce qu'on appelle l'île de l'Amirau[illegible] aujourd'hui le plus beau quartier de la ville. Voici la descripti[illegible] qu'en fait Weber, elle est, je crois, de 1718; je ne l'ai lue que da[illegible] Schnitzler, qui n'en indique pas clairement la date. « Le quartier co[illegible]tigu à celui du Jardin d'été, en descendant la Néva, est ce qu'[illegible] « nomme l'île de l'Amirauté ou aussi la *Slobode des Allemands*, c[illegible] « c'est là que la plupart des étrangers sont établis. On y rencont[illegible] « d'abord (là où la Moika sort de la Néva) la grande poste et la mais[illegible] « bâtie pour l'éléphant de Perse, mais où depuis l'on a placé [illegible] « globe de Gottorp. L'église luthérienne des Finlandais et celle d[illegible] « catholiques, toutes deux en bois, sont dans cette partie de l'î[illegible] « appelée aussi *Finnische Scheeren*, parce qu'elle est occupée e[illegible] « partie par des exilés de Finlande et de Suède. Les tristes caban[illegible] « de ce quartier ressemblent plus à des cages qu'à des maisons. [illegible] « serait difficile d'y trouver les personnes que l'on cherche, attend[illegible] « qu'aucune rue ne porte un nom, et que toutes se désignent pa[illegible] « quelques notables habitants qui y demeurent. Cependant le[illegible] « maisons de Millionne et celles du quai du Palais d'hiver offren[illegible] « déjà un bel aspect (1). »

Voilà ce qu'était, il y a un peu plus de cent ans, le plus bea[illegible] quartier du Pétersbourg actuel.

Quoique les plus grands monuments de cette ville se perden[illegible] dans un espace qui est plutôt une plaine qu'une place, le palais es[illegible] imposant, le style de cette architecture du temps de la Régence [illegible] de la noblesse, et la couleur rouge du grès dont l'édifice est bâ[illegible] plaît à l'œil. La colonne d'Alexandre, l'Etat-Major, l'Arc de Triom[illegible]phe au fond de son demi-cercle d'édifices, les chevaux, les chars [illegible] l'Amirauté avec ses élégantes colonnettes et son aiguille dorée [illegible] Pierre le Grand sur son rocher, les ministères qui sont autant de [illegible] palais, enfin l'étonnante église de Saint-Isaac, en face d'un des trois ponts jetés sur la Néva, tout cela, perdu dans l'enceinte d'une seule place, n'est pas beau, mais c'est étonnamment grand...... Cet enclos bâti est ce qu'on appelle la place du Palais. C'est réellement un composé de trois places immenses qui n'en font qu'une : Pétrofskoi, Isaakskii, et la place du Palais d'hiver (2). J'y trouve beaucoup de choses à critiquer ; mais j'admire l'ensemble de ces édifices, tout perdus qu'ils sont dans l'espace qu'ils devraient orner.

Je suis monté sur la coupole d'airain de l'église de Saint Isaac. Les échafaudages de ce dôme, l'un des plus élevés du monde, sont à eux seuls des monuments. L'église n'étant pas terminée, je ne puis avoir l'idée de l'effet qu'elle produira dans son ensemble.

On voit de là Pétersbourg et ses plats environs; c'est toujours la même chose à perte de vue, l'homme ne peut vivre ici que par des efforts soutenus. Le triste et pompeux résultat de ces merveilles me dégoûte des miracles humains, et servira, j'espère, de leçon aux princes qui s'aviseraient encore une fois de compter la nature pour rien dans le choix des lieux où doivent s'élever leurs villes. Une nation ne tombe guère dans de telles erreurs, elles sont ordinairement le fruit de l'orgueil des souverains. Ceux-ci se croient le pouvoir de faire de grandes choses dans les lieux où la Providence avait voulu ne rien faire du tout; prenant la flatterie à la lettre, ils se regardent comme des esprits créateurs. Ce que les princes craignent le moins, c'est d'être dupes de leur amour propre ; ils se défient de tout le monde, hors d'eux-mêmes.

J'ai visité quelques églises : celle de la Trinité est belle, mais nue, comme l'intérieur de la plupart des églises grecques que j'ai vues ici : en revanche l'extérieur des dômes est revêtu d'azur et parsemé d'étoiles d'or très-brillantes. La cathédrale de Kasan, bâtie par Alexandre, est vaste et belle; mais on y entre par un coin : c'est pour respecter la loi religieuse qui veut que l'autel grec soit invariablement tourné au levant. La rue dite la Perspective n'étant pas dirigée de manière à obéir à ce règlement, on a mis l'église de travers; les gens de l'art ont eu le dessous, les fidèles l'ont em-

(1) Les Russes, superficiels en tout, ne sont profonds que dans l'art de feindre.
(2) Voyez la description de Moscou. Là on a compris ce qu'exige le climat.

(1) Voyez *la Russie, la Pologne et la Finlande*, par M. J. H. Schnitzler; Paris, chez Jules Renouard, 1835, p. 125. — Je dois dire une fois pour toutes que ce bon et utile ouvrage, protégé à Pétersbourg, est extrêmement partial, du moins dans la forme du langage, condition nécessaire si l'on veut faire tolérer en Russie ce qu'on écrit touchant ce pays.

(2) Voyez, pour les nomenclatures, les mesures, les monuments et pour toute la partie technique de la description des lieux, la statistique de Schnitzler p. 290.

porté, et l'un des plus beaux monuments de la Russie a été gâté par la superstition.

L'église de Smolna est la plus grande et la plus magnifique de toutes celles de Pétersbourg : elle appartient à une congrégation, c'est une espèce de chapitre de femmes et de filles fondé par l'impératrice Anne. Des bâtiments énormes sont destinés à loger ces dames. En parcourant l'enceinte de ce noble asile, de ce cloître grand comme une ville, mais dont l'architecture serait plus appropriée à un établissement militaire qu'à une congrégation, on ne sait où l'on est ; ce qu'on voit n'est ni palais ni couvent : c'est une caserne de femmes.

En Russie, tout est soumis au régime militaire ; la discipline de l'armée règne dans le chapitre des dames de Smolna.

Près de là, on voit le petit palais de la Tauride bâti en quelques semaines par Potemkin pour Catherine : palais élégant, mais abandonné ; or, dans ce pays, ce qui est abandonné est bientôt détruit, car les pierres mêmes n'y durent qu'à condition qu'on les soigne.

Un jardin d'hiver occupait tout un côté de l'édifice : cette magnifique serre chaude est vide dans la saison où nous sommes ; je la crois négligée en toutes saisons. C'est de la vieille élégance dépourvue de la majesté que le temps imprime sur ce qui est antique ; de vieux lustres prouvent qu'on a donné là des fêtes, qu'on y a dansé, qu'on y a soupé. Je crois que le dernier bal qu'a vu et que verra la Tauride a eu lieu pour le mariage de la grande-duchesse Hélène, femme du grand-duc Michel.

Il y a dans un coin une Vénus de Médecis, qu'on dit vraiment *antique* ; vous savez que ce type a été souvent reproduit par les Romains.

Cette statue est placée sur un piédestal et on y lit l'inscription suivante écrite en russe :

PRÉSENT DU PAPE CLÉMENT XI, A L'EMPEREUR PIERRE Ier.

1717 ou 1719.

Cette Vénus, envoyée à un prince schismatique par un pape, et dans le costume que vous connaissez, est sans contredit un singulier présent..... Le Czar qui méditait depuis longtemps le projet d'éterniser le schisme en usurpant les dernières libertés de l'Église russe, a dû sourire à cette marque de bienveillance de *l'évêque de Rome* (1).

J'ai vu aussi les tableaux de l'Ermitage et je ne vous les décrirai pas, parce que je pars demain pour Moscou. L'Ermitage ! n'est-ce pas un nom un peu prétentieux pour l'habitation de plaisance d'un souverain au milieu de sa capitale, à côté de son palais ordinaire ? On passe de l'un de ces palais dans l'autre par un pont jeté sur une rue.

Vous savez comme tout le monde qu'il y a là des trésors surtout de l'école hollandaise. Mais... je n'aime pas la peinture en Russie, pas plus que la musique à Londres, où la manière dont on écoute les plus grands talents et les plus sublimes chefs-d'œuvre me dégoûterait de l'art. Si près du pôle, la lumière n'est pas favorable aux tableaux, et personne n'est disposé à jouir des merveilleuses nuances du coloris le plus savant avec des yeux affaiblis par la neige, ou éblouis par une lumière oblique et persistante. La salle des Rembrandt est admirable sans doute, néanmoins j'aime mieux ce que j'ai vu de ce maître à Paris et ailleurs.

Les Claude Lorrain, les Poussin, et quelques tableaux des maîtres italiens, surtout les Mantegna, les Giambellini, les Salvator Rosa méritent une mention.

Mais ce qui nuit à cette collection, c'est le grand nombre de tableaux médiocres qu'il faut oublier pour jouir des chefs-d'œuvre. En formant la galerie de l'Ermitage, on a prodigué les noms des grands maîtres, ce qui n'empêche pas que leurs œuvres authentiques n'y soient rares : ces pompeux baptêmes de tableaux très-ordinaires impatientent les curieux sans les séduire. Dans une collection d'objets d'art, le voisinage du beau sert au beau, le mauvais lui nuit : un juge ennuyé est incapable de juger : l'ennui rend injuste et cruel.

Si les Rembrandt et les Claude Lorrain de l'Ermitage produisent quelque effet, c'est qu'ils sont exposés dans des salles où ils n'ont point de voisins.

Cette galerie est belle, mais elle me paraît perdue dans une ville où trop peu de personnes en jouissent.

Une tristesse inexprimable règne dans le palais, devenu musée depuis la mort de celle qui l'animait de sa présence et l'habitait avec esprit. Cette souveraine absolue entendait mieux que personne la vie intime et la conversation libre. Ne voulant pas se résigner à la solitude à laquelle la condamnait sa charge, elle a su causer familièrement tout en régnant arbitrairement : c'était cumuler des avantages qui s'excluent ; mais je crains que l'impératrice ne se soit trouvée mieux que son peuple de cette espèce de tour de force.

Le plus beau portrait qui existe d'elle se voit dans une des salles de l'Ermitage. J'ai remarqué aussi un portrait de l'impératrice Marie, femme de Paul Ier, par madame le Brun. Il y a, de la même artiste, un génie écrivant sur un bouclier. Ce dernier ouvrage est un des meilleurs de l'auteur, dont le coloris qui brave le climat et le temps fait honneur à l'école française.

A l'entrée d'une salle j'ai trouvé sous un rideau vert ce que vous allez lire. C'est le règlement de la *société intime* de l'Ermitage à l'usage des personnes admises par la Czarine dans cet asile de la liberté.... impériale.

Je me suis fait traduire littéralement cette charte secrète octroyée par le caprice de la souveraine de ce lieu jadis enchanté ; on l'a copiée pour moi devant moi.

RÈGLES D'APRÈS LESQUELLES ON DOIT SE CONDUIRE EN ENTRANT.

ART. 1er.

« On déposera en entrant ses titres et son rang, de même que son chapeau et son épée.

2.

« Les prétentions fondées sur les prérogatives de la naissance, l'orgueil ou autres sentiments de nature semblable, devront aussi rester à la porte.

3.

« Soyez gai ; toutefois ne *cassez*, ni *ne gâtez rien*.

4.

« Asseyez-vous, restez debout, marchez, faites ce que bon vous semblera sans faire attention à personne.

5.

« Parlez modérément et pas trop pour ne pas troubler les autres.

6.

« Discutez sans colère et sans vivacité.

7.

« Bannissez *les soupirs et les bâillements*, pour ne causer d'ennui et n'être à charge à personne.

8.

« Les jeux innocents proposés par une personne de la société doivent être acceptés par les autres.

9.

« Mangez doucement et avec *appétit* ; buvez avec modération pour que chacun retrouve ses jambes en sortant.

10.

« Laissez les querelles à la porte ; *ce qui entre par une oreille doit sortir par l'autre* avant de passer le seuil de l'Ermitage. Si quelqu'un manquait au règlement ci-dessus, pour chaque faute, et sur le témoignage de deux personnes, il sera obligé de boire *un verre d'eau fraîche (sans en excepter les dames)* ; indépendamment de cela, il lira à haute voix une page de la *Télémachide* (poëme de Frediakofsky) ; quiconque manquerait dans une soirée à trois articles du règlement sera tenu d'apprendre par cœur six lignes de la *Télémachide*. Celui qui manquerait au dixième article ne pourrait plus rentrer à l'Ermitage. »

Avant d'avoir lu cette pièce, je croyais à l'impératrice Catherine un esprit plus léger. Est-ce une simple plaisanterie ? alors elle est mauvaise, puisqu'en fait de plaisanterie les plus courtes sont les meilleures. Ce qui ne me cause pas moins de surprise que le manque de goût que dénotent ces statuts, c'est le soin qu'on a pris ici de les conserver comme une chose précieuse.

Mais ce dont j'ai le plus ri, en lisant ce code social, qui fait le pendant des instructions galantes de l'empereur Pierre Ier et de l'impératrice Élisabeth à leurs sujets, c'est l'emploi qu'on y fait du poëme de Frediakofsky. Malheur au poëte immortalisé par un souverain !!!...

Je pars après-demain pour Moscou.

LETTRE VINGTIÈME.

SOMMAIRE. — Le ministre de la guerre comte Tchernicheff. — Je lui demande la permission de voir la forteresse de Schlusselbourg. — Sa réponse. — Site de ce château fort. — Permission pour les écluses. — Formalités. — Entraves ; politesse gênante à dessein. — Hallucinations. — Exil du poëte Kotzebue en Sibérie. — Analogie de nos situations. — Mon départ. — Le feldjæger ; effet de sa présence sur ma voiture. — Quartier des manufactures. — Influence du feldjæger. — Arme à deux tranchants. — Bords de la Néva. — Villages. — Maisons des paysans russes. — Le relais. — Vénus russe. — Description d'une ferme. — L'étalon. — Le hangar. — Intérieur de la cabane. — Le thé des paysans. — Leur ens-

(1) Voyez la lettre vingt-troisième, et rappelez-vous aussi les sentiments affectés par le Czar qui, à plusieurs époques de son règne, a prétendu n'avoir d'autres désirs que celui de faire cesser le schisme et de réunir l'Église grecque à l'Église latine.

tume. — Caractère de ce peuple. — Dissimulation nécessaire pour vivre en Russie. — Malpropreté des hommes du Nord. — Usage des bains. — Les femmes de la campagne. — Leur manière de s'habiller, leur taille. — Mauvais chemin. — Portion de route planchéiée. — Canal Ladoga. — La maison de l'ingénieur. — Sa femme. — Affectation des femmes du Nord. — Les écluses de Schlusselbourg. — La source de la Néva. — La forteresse de Schlusselbourg. — Site du château. — Promenade sur le lac. — Signe auquel on reconnaît à Schlusselbourg que Pétersbourg est inondé. — Détour que je prends pour obtenir la permission d'entrer dans la forteresse. — Comment on nous y reçoit. — Le gouverneur. — Son appartement; sa femme; conversation traduite. — Mes instances pour voir la prison d'Ivan. — Description des bâtiments de la forteresse, cour intérieure. — Ornements d'église. — Prix des chapes. — Tombeau d'Ivan. — Prisonniers d'État. — Susceptibilité du gouverneur à propos de cette expression. — L'ingénieur gourmandé par le gouverneur. — Je renonce à voir la chambre du prisonnier d'Élisabeth. — Différence qu'il y a entre une forteresse russe et les châteaux forts des autres pays. — Mystère maladroit. — Cachots sous-marins de Kronstadt. — A quoi sert le raisonnement. — Abîme d'iniquité. — Le juge seul paraît coupable. — Dîner de cérémonie chez l'ingénieur. — Sa famille. — La moyenne classe en Russie. — Esprit de la bourgeoisie : le même partout. — Conversation littéraire. — Franchise désagréable. — Curiosité naturelle des Russes. — Leur hostilité contre les étrangers. — Dialogue peu poli. — Allusion à l'ordre de choses établi en France. — Querelle de mariniers apaisée par la seule apparition de l'ingénieur. — Conversation; madame de Genlis; *Souvenirs de Félicie*; ma famille. — Influence de la littérature française. — Dîner. — Livres modernes prohibés. — Soupe froide; ragoût russe : kwass, espèce de bière. — Mon départ. — Visite au château de ***. — Une personne du grand monde. — Différence de ton. — Prétentions bien fondées. — Avantage des ridicules. — Le grand et le petit monde. — Retour à Pétersbourg à deux heures du matin. — Ce qu'on exige des bêtes dans un pays où les hommes sont comptés pour rien.

Pétersbourg, ce 2 août 1839.

Le jour de la fête de Péterhoff, j'avais demandé au ministre de la guerre comment je devais m'y prendre pour obtenir la permission de voir la forteresse de Schlusselbourg.

Ce grave personnage est le comte Tchernicheff : l'aide de camp brillant, l'élégant envoyé d'Alexandre à la cour de Napoléon est devenu un homme sérieux, important et l'un des ministres les plus occupés de l'Empire : il ne se passe pas de matinée qu'il ne travaille avec l'Empereur. Il me répondit : « Je ferai part de votre désir à Sa Majesté. » Ce ton de prudence, mêlé de quelque surprise, me fit trouver la réponse significative. Ma demande, quelque simple qu'elle m'eût paru, avait de l'importance aux yeux d'un ministre. Penser à visiter une forteresse devenue historique depuis la détention et la mort d'Ivan VI, arrivée *sous le règne de l'impératrice Élisabeth*, c'était une hardiesse énorme.... Je reconnus que j'avais touché sans m'en douter une corde sensible, et je me tus.

A quelques jours de là, c'est-à-dire avant-hier, au moment où je me préparais à partir pour Moscou, je reçus une lettre du ministre de la guerre qui m'annonçait la permission de voir les *écluses* de Schlusselbourg.

L'ancienne forteresse suédoise, dénommée la clef de la Baltique par Pierre Ier, est située précisément à l'origine de la Néva dans une île du lac Ladoga, dont cette rivière est, à proprement parler, l'émissaire, espèce de canal naturel par lequel le lac envoie ses eaux jusqu'au golfe de Finlande. Mais ce canal, qui est la Néva, se grossit encore d'une abondante gerbe d'eau qu'on regarde exclusivement comme la source du fleuve : on la voit sourdre au fond des eaux qui la recouvrent, précisément sous les murs de la forteresse de Schlusselbourg, entre la rivière et le lac, dont les flots s'écoulant par l'émissaire se confondent aussitôt avec celles de la source qu'elles entraînent dans leur cours; c'est une curiosité naturelle des plus remarquables qu'il y ait en Russie; et le site, quoique très-plat, comme tous ceux du pays, est l'un des plus intéressants des environs de Pétersbourg.

Moyennant des écluses, les bateaux évitent le danger, ils longent le lac sans passer sur la source de la Néva, et ils arrivent dans le fleuve, à environ une demi-lieue au-dessous du lac, qu'ils ne sont plus obligés de traverser.

Voilà le beau travail qu'on me permettait d'examiner en détail : j'avais demandé une prison d'État, on me répond par des écluses.

Le ministre de la guerre terminait son billet en m'annonçant que l'aide de camp général, directeur des voies de communications de l'Empire, avait reçu l'ordre de me donner les moyens de faire ce voyage avec facilité.

Quelle facilité!.... bon Dieu!.... à quels ennuis m'avait exposé ma curiosité! et quelle leçon de discrétion ne me donnait-on pas par tant de cérémonies qualifiées de politesses! Ne pas profiter de la permission quand les ordres étaient envoyés pour moi sur toute la route, c'eût été m'exposer au reproche d'ingratitude; examiner les écluses avec la minutie russe, sans même voir le château de Schlusselbourg, c'était donner volontairement dans le piége et perdre un jour : perte grave en cette saison déjà bien avancée pour tout ce que j'ai projet de voir encore en Russie, sans toutefois y passer l'hiver.

Je résume les faits : vous en tirerez les conséquences. On n'est pas arrivé ici jusqu'à parler librement des iniquités du règne d'Élisabeth; tout ce qui fait réfléchir sur la singulière espèce de légitimité du pouvoir actuel passe pour une impiété; il a donc fallu mettre ma demande sous les yeux de l'Empereur : celui-ci ne veut ni l'accorder ni la refuser directement : il la modifie et me permet d'admirer une merveille d'industrie à laquelle je n'avais pas songé; de l'Empereur cette permission redescend au ministre, du min[istre] au directeur général, du directeur général à un ingénieur en [...] et enfin à un sous-officier chargé de m'accompagner, de me s[ervir] de guide et de répondre de ma *sûreté* pendant tout le temp[s du] voyage, *faveur* qui rappelle un peu le janissaire dont on honor[e les] étrangers en Turquie..... Cette marque de protection me paraî[t] trop semblable à une preuve de défiance pour me flatter au[tant] qu'elle me gênait : ainsi, tout en rongeant mon frein et en bro[yant] dans mes mains la lettre de recommandation du ministre, je dis : « Le prince *** que j'ai rencontré sur le bateau de Travemü[nde] avait bien raison quand il s'écriait que la Russie est le pays des [for]malités inutiles. »

Je suis allé chez l'aide de camp général, directeur des voies [de] communications, etc., etc., etc., pour réclamer l'exécution d[e la] parole suprême.

Le directeur ne recevait pas, ou il était sorti : on me renvoie [au] lendemain; ne voulant pas perdre un jour de plus, j'insiste : [on] me dit de revenir le soir. Je reviens et je parviens enfin jusqu'à [ce] grave personnage; il me reçoit avec la politesse à laquelle m'[ont] habitué ici les hommes en place, et après une visite d'un q[uart] d'heure, je sors de chez lui muni, notez ceci, des ordres néces[sai]res pour l'ingénieur de Schlusselbourg, mais non pour le gouv[er]neur du château. En me reconduisant jusqu'à l'antichambre, [il] me promit qu'un sous-officier serait à ma porte le lendemain [à] quatre heures du matin.

Je ne dormis pas; j'étais frappé d'une idée qui vous paraî[tra] folle : de l'idée que mon protecteur pourrait devenir mon bo[ur]reau. Si cet homme, au lieu de me conduire à Schlusselbour[g, à] dix-huit lieues de Pétersbourg, exhibe au sortir de la ville l'or[dre] de me déporter en Sibérie pour m'y faire expier ma curiosité inc[on]venante, que ferai-je, que dirai-je? il faudra commencer [par] obéir; et plus tard, en arrivant à Tobolsk, si j'y arrive, je réclam[e]rai.... La politesse ne me rassure pas, au contraire; car je n['ai] point oublié les caresses d'Alexandre à l'un de ses ministres s[aisi] par le feldjæger au sortir même du cabinet de l'Empereur, [qui] avait donné l'ordre de le conduire en Sibérie, à partir du pala[is,] sans le ramener un seul instant chez lui. Bien d'autres exemp[les] d'exécutions de ce genre venaient justifier mes pressentiments [et] me troubler l'imagination.

La qualité d'étranger n'est pas non plus une garantie suf[fi]sante (1) : je me retraçais les circonstances de l'enlèvement de K[ot]zebue qui, au commencement de ce siècle, fut également saisi [par] un feldjæger et transporté d'un trait ainsi que moi (je me croy[ais] déjà en chemin) de Pétersbourg à Tobolsk.

Il est vrai que l'exil du poëte allemand ne dura que six semaine[s;] aussi dans ma jeunesse m'étais-je moqué de ses lamentations; ma[is] cette nuit, je n'en riais plus. Soit que l'analogie possible de n[os] destinées m'eût fait changer de point de vue, soit que l'âge m'e[ût] rendu plus équitable, je plaignais Kotzebue du fond du cœur. [Un] pareil supplice ne doit pas s'apprécier d'après sa durée : le voyage [de] dix-huit cents lieues en téléga sur des rondins et sous ce climat e[st] déjà une torture que bien des corps ne pourraient supporter; ma[is] sans s'arrêter à ce premier inconvénient, quel homme n'aura[it] compassion d'un pauvre étranger enlevé à ses amis, à sa famille [et] qui, pendant six semaines, croit qu'il est destiné à finir ses jou[rs] dans des déserts sans noms, sans limites, parmi des malfaiteurs [et] leurs gardiens, voire même parmi des administrateurs à grad[es] plus ou moins élevés? Une telle perspective est pire que la mort [:] suffit pour la donner, ou au moins pour troubler la raison.

Mon ambassadeur me réclamera; oui, mais pendant six semain[es] j'aurai subi le commencement d'un exil éternel. Ajoutez que n[on]obstant toute réclamation, si l'on trouve un intérêt sérieux à [se] défaire de moi, on répandra le bruit qu'en me promenant en peti[te] barque sur le lac Ladoga, j'ai chaviré. Cela se voit tous les jour[s.] L'ambassadeur de France ira-t-il me repêcher au fond de c[et] abîme? On lui dira qu'on a fait de vaines recherches pour retrou[]ver mon corps : la dignité de notre nation à couvert, il sera satis[]fait et moi perdu.

Quelle avait été l'offense de Kotzebue? Il s'était fait craindre parce qu'il publiait ses opinions et qu'on pensait qu'elles n'étaie[nt] pas toutes également favorables à l'ordre de choses établi en Rus[]sie. Or, qui m'assure que je n'ai pas encouru précisément le même reproche, ou, ce qui serait suffisant, le même soupçon? C'est c[e] que je me disais en arpentant ma chambre, faute de pouvoir trou[]ver le sommeil dans mon lit. N'ai-je pas aussi la manie de pense[r] et d'écrire? Si je donne ici le moindre ombrage, puis-je espérer qu'on aura plus d'égards pour moi qu'on n'en a eu pour tant d'au[]tres plus puissants et plus en évidence? J'ai beau répéter à tout l[e] monde que je ne publierai rien sur ce pays, on croit d'autan[t] moins sans doute à mes paroles que j'affecte plus d'admiration pou[r] ce qu'on me montre; on a beau se flatter, on ne peut penser qu[e] tout me plaise également. Les Russes se connaissent en mensonge[s] prudents.... D'ailleurs je suis espionné : tout étranger l'est; on sa[it]

(1) Voyez dans l'Appendice l'histoire de l'emprisonnement d'un Français à Moscou.

donc que j'écris des lettres, que je les garde; on sait aussi que je ne sors pas de la ville, ne fût-ce que pour un jour, sans emporter avec moi ces mystérieux papiers dans un grand portefeuille; on sera peut-être curieux de connaître ma pensée véritable. On me préparera un guet-apens dans quelque forêt; on m'attaquera, on me pillera pour m'enlever mes lettres, et l'on me tuera pour me faire taire.

Telles sont les craintes qui m'obsédèrent toute la nuit d'avant-hier, et quoique j'aie visité hier sans accident la forteresse de Schlusselbourg, elles ne sont pas tellement déraisonnables que je m'en sente tout à fait à l'abri pour le reste de mon voyage. J'ai beau me répéter que la police russe, prudente, éclairée, bien informée, ne se permet, en fait de coups d'État, que ceux qu'elle croit nécessaires; que c'est attacher bien de l'importance à mes remarques et à ma personne que de me figurer qu'elles puissent inquiéter les hommes qui gouvernent cet Empire : ces motifs de sécurité et bien d'autres encore que je me dispense de noter ici me paraissent plus spécieux que solides; l'expérience ne m'a que trop prouvé l'esprit de minutie qui règne chez les personnages trop puissants; tout importe à qui veut cacher qu'il domine par la peur; et quiconque tient à l'opinion ne peut dédaigner celle d'un homme indépendant qui écrit : un gouvernement qui vit de mystère et dont la force est dans la dissimulation, pour ne pas dire la feinte, s'effarouche de tout; tout lui paraît de conséquence; en un mot, l'amour-propre s'accorde avec la réflexion et avec mes souvenirs pour me persuader que je cours ici quelques dangers.

Si j'appuie sur ces inquiétudes, c'est parce qu'elles vous peignent le pays. Supposez que mes craintes soient des visions, ce sont au moins des visions qui ne pourraient me troubler l'esprit qu'à Pétersbourg et à Maroc : voilà ce que je veux constater. Toutefois, mes appréhensions se dissipent dès qu'il faut agir; les fantômes d'une nuit d'insomnie ne me suivent pas sur le grand chemin. Téméraire dans l'action, je ne suis pusillanime que dans la réflexion; il m'est plus difficile de penser que d'agir énergiquement. Le mouvement me rend autant d'audace que l'immobilité m'inspirait de défiance.

Hier, à cinq heures du matin, je suis parti dans une calèche attelée de quatre chevaux de front; dès qu'on fait une course à la campagne ou un voyage en poste, les cochers russes adoptent cet attelage antique qu'ils mènent avec adresse et témérité.

Mon feldjæger s'est placé devant moi sur le siége, à côté du cocher, et nous avons traversé Pétersbourg très-rapidement, laissant derrière nous le quartier élégant, puis le quartier des manufactures, où se trouvent entre autres celles des glaces qui est magnifique, puis d'immenses filatures de coton, ainsi que bien d'autres usines pour la plupart dirigées par des Anglais. Cette partie de la ville ressemble à une colonie : c'est la cité des fabricants.

Comme un homme n'est apprécié ici que d'après ses rapports avec le gouvernement, la présence du feldjæger sur ma voiture produisait beaucoup d'effet. Cette marque de protection suprême faisait de moi un personnage, et mon propre cocher, qui me mène depuis que je suis à Pétersbourg, paraissait s'enorgueillir soudain de la dignité trop longtemps ignorée de son maître : il me regardait avec un respect qu'il ne m'avait jamais témoigné : on eût dit qu'il voulait me dédommager de tous les honneurs dont jusqu'alors il m'avait privé mentalement par ignorance. Les paysans à pied, les cochers de drowska et les charretiers, tout le monde subissait la magique influence de mon sous-officier : celui-ci n'avait pas besoin de montrer son cantchou, d'un signe du doigt il écartait les embarras comme par magie, et la foule, ordinairement assez peu pliable, était devenue pareille à un banc d'anguilles au fond d'un vivier où elles se tordent en tous sens, s'écartent rapidement, s'anéantissent, pour ainsi dire, afin d'éviter la fouine qu'elles ont aperçue de loin dans la main du pêcheur, ainsi faisaient les hommes à l'approche de mon sous-officier.

Je remarquais avec épouvante l'efficacité merveilleuse de ce pouvoir chargé de me protéger, et je pensais qu'il se ferait obéir avec la même ponctualité s'il recevait l'ordre de m'écraser. La difficulté qu'on éprouve pour s'introduire dans ce pays m'ennuie, mais elle m'effraie peu; ce dont je suis frappé, c'est de celle qu'on aurait à s'enfuir. Les gens du peuple disent : « Pour entrer en Russie, les portes sont larges; pour en sortir elles sont étroites. » Quelque grand que soit cet Empire, j'y suis à la gêne; la prison a beau être vaste, le prisonnier s'y trouve toujours à l'étroit. C'est une illusion de l'imagination, j'en conviens, mais il fallait venir ici pour y être sujet.

Sous la garde de mon soldat, j'ai suivi rapidement les bords de la Néva; on sort de Pétersbourg par une espèce de rue de village un peu moins monotone que les routes que j'ai parcourues jusqu'ici en Russie. Quelques échappées de vue sur la rivière à travers des allées de bouleaux, une suite de fabriques, des usines en assez grand nombre et qui paraissent en grande activité, des hameaux bâtis en bois varient un peu le paysage. N'allez pas vous figurer une nature vraiment pittoresque dans l'acception ordinaire de ce terme; cette partie du pays est moins désolée que ce qu'on a vu de l'autre côté de la ville; voilà tout. D'ailleurs, j'ai de la prédilection pour les sites tristes; il y a toujours quelque grandeur dans une nature dont la contemplation porte à la rêverie. J'aime encore mieux, comme paysage poétique, les bords de la Néva, que le revers de Montmartre du côté de la plaine de Saint-Denis, ou que les riches champs de blé de la Beauce et de la Brie.

L'apparence de certains villages m'a surpris : il y a là une richesse réelle et même une sorte d'élégance rustique qui plaît; les maisons sont alignées le long d'une rue unique; ces habitations, toujours de bois, paraissent assez soignées. Elles sont peintes sur la rue, et les extrémités de leurs toits sont chargées d'ornements qu'on peut dire prétentieux; car en comparant ce luxe extérieur avec la rareté des choses commodes et le manque de propreté dont on est frappé dans l'intérieur de ces logis, on regrette de voir régner déjà le goût du superflu chez un peuple qui ne connaît pas encore le nécessaire. En y regardant de près, on voit que ces baraques sont réellement fort mal construites. Ce sont des poutres et des solives à peine équarries, échancrées aux deux bouts, et enchevêtrées l'une dans l'autre pour former les coins de la cabane; ces madriers, grossièrement entassés les uns sur les autres, laissent entre eux des interstices soigneusement calfeutrés de mousse goudronnée, dont l'odeur sauvage se répand dans toute l'habitation et même au dehors.

Les ornements ajustés aux toits des chaumières consistent en une espèce de dentelle de bois; ces ciselures peintes ressemblent aux découpures des papiers de confiseurs. Ce sont des planches appliquées sur le pignon de la maison, toujours tourné vers la rue; elles descendent de la pointe jusqu'au bas du toit. Les dépendances rurales se trouvent dans une cour planchéiée. Ne voilà-t-il pas des mots qui sonnent bien à votre oreille? mais aux yeux, c'est triste et fangeux. Néanmoins, ces cabanes, ainsi galonnées sur la rue, m'amusent à voir du dehors, mais je ne puis les croire destinées à servir d'habitations aux paysans que je vois dans les champs. Avec leurs planches extrêmement ouvragées, percées à jour et bariolées de mille couleurs, elles ressemblent à des cages entourées de guirlandes de fleurs, et leurs habitants me paraissent des marchands forains dont les baraques vont être enlevées après la fête.

Toujours le même goût pour ce qui saute aux yeux !!... Le paysan est traité comme le seigneur se traite lui-même; les uns et les autres trouvent plus naturel et plus agréable d'orner la route que d'embellir l'intérieur de la maison; on se nourrit ici de l'admiration, peut-être de l'envie qu'on inspire. Mais le plaisir, le vrai plaisir, où est-il? Les Russes eux-mêmes seraient bien embarrassés de répondre à cette question.

L'opulence en Russie est une vanité colossale; moi qui n'aime de la magnificence que ce qui ne paraît pas, je blâme dans ma pensée tout ce qu'on espère me faire admirer ici. Une nation de décorateurs et de tapissiers ne réussira jamais qu'à m'inspirer la crainte d'être sa dupe; en mettant le pied sur ce théâtre où les fausses trappes dominent, je n'ai qu'un désir : le désir d'aller regarder derrière la coulisse, et j'éprouve la tentation de lever un coin de la toile de fond. Je viens voir un pays, je trouve une salle de spectacle.

J'avais envoyé un relais à dix lieues de Pétersbourg : quatre chevaux frais et tout garnis m'attendaient dans un village. J'ai trouvé là une espèce de venta russe, et j'y suis entré. En voyage, j'aime à ne rien perdre de mes premières impressions; c'est pour les sentir que je parcours le monde, et pour les renouveler que je décris mes courses. Je suis donc descendu de voiture afin de voir une ferme russe. C'est la première fois que j'aperçois les paysans chez eux. Péterhoff n'était pas la Russie naturelle : la foule entassée là pour une fête changeait l'aspect ordinaire du pays, et transportait à la campagne les habitudes de la ville. C'est donc ici mon début dans les champs.

Un vaste hangar tout en bois; murs en planches de trois côtés, planches sous les pieds, planches sur la tête; voilà ce que je remarque d'abord. J'entre sous cette halle énorme qui occupe la plus grande partie de l'habitation rustique, et, malgré les courants d'air, je suis saisi par l'odeur d'oignons, de choux aigres et de vieux cuir gras qu'exhalent les villageois et les villages russes.

Un magnifique étalon attaché à un poteau absorbait l'attention de plusieurs hommes occupés à le ferrer, non sans peine. Ces hommes étaient munis de cordes pour garrotter le fougueux animal, de morceaux de laine pour lui couvrir les yeux, de caveçon et de torchenez pour le mater. Cette superbe bête appartient, m'a-t-on dit, au haras du seigneur voisin, dans la même enceinte, au fond du hangar, un paysan monté sur une voiture fort petite, comme toutes les charrettes russes, entasse dans un grenier du foin non bottelé, et qu'il enlève par fourchetées afin de l'élever au-dessus de sa tête; un autre homme s'en empare et va le serrer sous le toit. Huit personnes environ restent occupées autour du cheval; tous ces hommes ont une taille, un costume et une physionomie remarquables. Cependant la population des provinces attenantes à la capitale n'est pas belle, elle n'est même pas russe, étant fort mêlée d'hommes de race finnoise et qui ressemblent aux Lapons.

On dit que dans l'intérieur de l'Empire je retrouverai les types des statues grecques dont j'ai déjà remarqué quelques modèles à Saint-Pétersbourg, où les seigneurs élégants se font servir par des hommes nés dans leurs domaines lointains. Une salle basse et peu spacieuse est attenante à ce prodigieux hangar; j'y pénètre et me crois dans la chambre principale de quelque bateau plat naviguant sur une rivière : je me crois aussi dans un tonneau; tout est en bois; les murs, le plafond, le plancher, les siéges, la table, ne sont qu'un assemblage de madriers et de douves de diverses longueurs et grossièrement travaillés. L'odeur du chou aigre et de la poix domine toujours.

Dans ce réduit presque privé d'air et de lumière, car les portes en sont basses et les fenêtres petites comme des lucarnes, j'aperçois une vieille femme occupée à servir du thé à quatre ou cinq paysans barbus, couverts de pelisses de mouton dont la laine est tournée en dedans (il fait assez froid déjà depuis quelques jours, le 1er août); ces hommes, de petite taille pour la plupart, sont assis à une table; leur pelisse de cuir drape l'homme de plusieurs manières, elle a du style. Sur la table brille une bouilloire en cuivre jaune et une théière. Le thé est toujours de bonne qualité, fait avec soin, et si l'on ne veut pas le boire pur, on trouve partout du bon lait. Cet élégant breuvage, servi dans des bouges meublés comme des granges, je dis granges pour m'exprimer poliment, me rappelle le chocolat des Espagnols. C'est un des mille contrastes dont le voyageur est frappé à chaque pas qu'il fait chez ces deux peuples également singuliers dans des genres aussi différents que les climats qu'ils habitent.

J'ai souvent lieu de vous le répéter, le peuple russe a le sentiment de ce qui prête à la peinture : parmi les groupes d'hommes et d'animaux qui m'environnaient dans cet intérieur de ferme russe, un peintre aurait trouvé le sujet de plusieurs charmants tableaux.

La chemise rouge ou bleue des paysans, boutonnée sur la clavicule et serrée autour des reins avec une ceinture par-dessus laquelle le haut de cette espèce de sayon retombe en plis antiques, tandis que le bas flotte comme une tunique et recouvre le pantalon où on ne l'enferme pas (1); la longue robe à la persane souvent ouverte, et qui, lorsque l'homme ne travaille pas, recouvre en partie cette blouse, les cheveux longs des côtés séparés sur le front, mais coupés ras par derrière un peu plus haut que la nuque, ce qui laisse à découvert la force du col : tout cet ensemble ne compose-t-il pas un costume original et pittoresque?.... L'air doux et sauvage à la fois des paysans russes n'est pas dénué de grâce : leur taille élégante, leur force qui ne nuit pas à la légèreté, leur souplesse, leurs larges épaules, le sourire doux de leur bouche, le mélange de tendresse et de férocité qui se retrouve dans leur regard sauvage et triste, rend leur aspect aussi différent de celui de nos laboureurs que les lieux qu'ils habitent et le pays qu'ils cultivent sont différents du reste de l'Europe. Tout est nouveau ici pour un étranger. Les personnes y ont un certain charme qu'on sent et qui ne s'exprime pas : c'est la langueur orientale jointe à la rêverie romantique des peuples du Nord; et tout cela sous une forme inculte, mais noble, qui lui donne l'agrément des dons primitifs. Ce peuple inspire beaucoup d'intérêt sans confiance : c'est encore une nuance de sentiment que j'ai appris à connaître ici. Les hommes du peuple en Russie sont des fourbes amusants. On pourrait les mener loin si on ne les trompait pas; mais les paysans, lorsqu'ils voient que leurs maîtres ou les agents de leurs maîtres mentent plus qu'eux, s'abrutissent dans la ruse et la bassesse. Il faut valoir quelque chose pour savoir civiliser un peuple : la barbarie du serf accuse la corruption du seigneur.

Si vous êtes étonné de la malveillance de mes jugements, je vous étonnerai davantage en ajoutant que je ne fais qu'exprimer l'opinion générale, seulement je dis ingénument ce que tout le monde ici dissimule avec une prudence que vous cesseriez de mépriser si vous voyiez comme moi à quel point cette vertu, qui en exclut tant d'autres, est nécessaire à qui veut vivre en Russie.

La malpropreté est grande en ce pays; mais celle des maisons et des habits me frappe plus que celle des individus : les Russes prennent assez de soin de leurs personnes; à la vérité, leurs bains de vapeur nous paraissent dégoûtants; ce sont des émanations d'eau chaude : j'aimerais mieux l'eau pure à grands flots; cependant ce brouillard bouillant lave le corps et le fortifie, tout en ridant la peau prématurément. Toutefois, grâce à l'usage de ces bains, on voit souvent des paysans qui ont la barbe et les cheveux nets, tandis qu'on n'en peut dire autant de leurs habits. Des vêtements chauds coûtent cher : on est forcé de les porter longtemps; et ils paraissent sales bien avant d'être usés; des chambres où l'on ne pense qu'à se garantir du froid sont nécessairement moins aérées que ne le sont les logements des hommes du Midi. En général, la saleté des gens du Nord, toujours renfermée, est plus repoussante et plus profonde que celle des peuples qui vivent au soleil : l'air qui purifie manque aux Russes pendant neuf mois de l'année.

(1) Voir Lettre dix-huitième la description du costume de Fédor par le prince *** dans l'histoire de Telenef.

Dans certaines contrées les hommes qui travaillent portent sur la tête une casquette de drap bleu foncé en forme de ballon. Cette coiffure ressemble à celle des bonzes; ils ont plusieurs autres manières de se couvrir la tête; toutes ces toques et tous ces bonnets de formes diverses sont assez agréables à l'œil. Que de goût, en comparaison de la négligence prétentieuse des gens du peuple aux environs de Paris!

Lorsqu'ils travaillent nu-tête, ils seraient gênés par leurs longs cheveux; pour remédier à cet inconvénient ils s'avisent de se couronner d'un diadème (1), c'est-à-dire qu'ils se nouent un ruban, une ficelle, un roseau, un jonc, une lanière de cuir autour de la tête; ce diadème grossier, mais toujours attaché avec soin, leur coupe le front et lisse leurs cheveux; il sied aux jeunes gens, et comme les hommes de cette race ont en général la tête ovale et d'une jolie forme, ils se sont fait une parure d'une coiffure de travail.

Mais que vous dirai-je des femmes? Jusqu'ici celles que j'ai aperçues m'ont paru repoussantes. J'espérais, dans cette excursion, rencontrer quelques belles villageoises. Mais c'est ici comme à Pétersbourg, elles ont de grosses tailles courtes, et elles se mettent la ceinture aux épaules un peu au-dessus de la gorge, qui continue de s'étendre librement sous la jupe; c'est hideux. Ajoutez à cette difformité volontaire de grosses bottes d'hommes, en cuir puant et gras, et une espèce de houppelande de peau de mouton, pareille à celle des pelisses de leurs maris, et vous vous ferez l'idée d'une créature souverainement désagréable; malheureusement cette idée sera exacte. Pour comble de laideur, la fourrure des femmes est coupée d'une manière moins gracieuse que la petite redingote des hommes, et — ceci tient sans doute à une louable économie — elle est aussi d'ordinaire plus mangée des vers; elle tombe en lambeaux, à la lettre.... Telle est leur parure. Nulle part, assurément, le beau sexe ne se dispense de coquetterie plus que chez les paysannes russes (je parle du coin de pays que j'ai vu); néanmoins ces femmes sont les mères des soldats dont l'Empereur est fier, et des beaux cochers qu'on aperçoit dans les rues de Pétersbourg, portant si bien l'armiak et le cafetan persan.

A la vérité, la plupart des femmes qu'on rencontre dans le gouvernement de Pétersbourg sont de race finoise. On m'assure que dans l'intérieur du pays que je vais visiter il y a de fort belles paysannes.

La route de Pétersbourg à Schlusselbourg est mauvaise dans quelques passages : ce sont tantôt des sables profonds, tantôt des boues mouvantes sur lesquelles on a jeté des planches insuffisantes pour les piétons et nuisibles aux voitures; ces morceaux de bois mal assujettis font la bascule et vous éclaboussent jusqu'au fond de votre calèche : c'est là le moindre des inconvénients du chemin; il y a quelque chose de pis que les planches, je veux parler des rondins non fendus et posés tout bruts en travers, sur certaines portions de terrains spongieux qu'il faut franchir de distance en distance, et dont le sol sans solidité engloutirait tout autre encaissement qu'une route de bûches. Malheureusement ce rustique et mobile parquet posé sur la bourbe, est construit en bouts de bois mal joints, inégaux : tout l'édifice branlant danse à la fois sous les roues dans un terrain sans fond, toujours détrempé, et qui, à la moindre pression, devient élastique. Au train dont on voyage en Russie on a bientôt brisé sa voiture sur de pareilles routes : les hommes s'y cassent les os et de verste en verste les boulons des calèches sautent de tous côtés; le fer des roues se coupe, les ressorts éclatent, ceci doit réduire les équipages à leur plus simple expression, à quelque chose d'aussi primitif que la téléga.

Excepté la fameuse chaussée de Pétersbourg à Moscou, la route de Schlusselbourg est encore un des chemins où il y a le moins de ces redoutables rondins. J'y ai compté beaucoup de ponts en mauvaises planches, et l'un de ces ponts m'a semblé périlleux. La vie humaine est peu de chose en Russie. Avec soixante millions d'enfants, peut-on avoir des entrailles de père?

A mon arrivée à Schlusselbourg, où j'étais attendu, je fus reçu par l'ingénieur chargé de diriger les travaux des écluses.

Le canal Ladoga, tel qu'il est aujourd'hui, longe la partie du lac qui se trouve entre la ville du même nom et Schlusselbourg : c'est un magnifique ouvrage; il sert à préserver les bateaux des dangers auxquels les tempêtes du lac les exposaient jadis; maintenant les barques tournent cette mer orageuse, et les ouragans ne peuvent plus interrompre une navigation qui passait autrefois, même parmi les plus hardis mariniers, pour très-redoutable (2).

(1) Voyez l'histoire de Telenef dans la Lettre dix-neuvième.

(2) « Pierre Ier, en joignant par un canal la Msta à la Tverza, avait établi une communication entre la mer Caspienne et le lac Ladoga, c'est-à-dire entre les rivages de la Perse et ceux de la mer Baltique; mais le lac, souvent orageux, est hérissé d'écueils, sur lesquels la Russie perdait chaque année un grand nombre de bâtiments. L'empereur Pierre Ier conçut le projet d'épargner au commerce ce passage funeste en réunissant, par un nouveau canal, le Volkof à la Neva. Il commença les travaux, mais fut mal secondé. Les ingénieurs qui obtinrent sa confiance se trompèrent et le trompèrent lui-même; les nivellements furent mal pris, et cet ouvrage utile ne fut terminé que sous le règne de Pierre II. »

(*Histoire de Russie et des principales nations de l'Empire russe* par Pierre-Charles Levêque, 4e édition; publiée par Malte-Brun, Depping.)

Il faisait un temps gris, froid, venteux ; à peine descendu de voiture devant la maison de l'ingénieur, bonne habitation toute de bois, je fus introduit par lui-même dans un salon convenable, où il m'offrit une légère collation en me présentant avec une sorte d'orgueil conjugal à une jeune et belle personne ; c'était sa femme. Elle m'attendait là toute seule, assise sur un canapé, d'où elle ne se leva pas à mon arrivée ; elle ne disait mot, parce qu'elle ne savait pas le français, et n'osait se mouvoir, je ne sais pourquoi ; elle prenait peut-être l'immobilité pour de la politesse et confondait les airs guindés avec le bon goût ; sa manière de me faire les honneurs de chez elle consistait à ne se permettre aucun mouvement ; elle semblait s'appliquer à représenter devant moi la statue de l'hospitalité vêtue de mousseline blanche doublée de rose : parure plus recherchée qu'élégante ; en considérant avec attention sa jupe brochée, ouverte par devant et doublée de soie, et tous les pompons dont elle s'était affublée pour éblouir l'étranger ; en voyant, dis-je, cette figure de cire, rose, impassible, étalée sur un grand sofa, duquel on eût dit qu'elle ne pouvait se détacher, je la prenais pour une madone grecque sur l'autel ; il ne lui manquait que des lèvres moins roses, des joues moins fraîches, qu'une châsse et des applications d'or et d'argent pour rendre l'illusion complète. Je mangeais et me réchauffais en silence ; elle me regardait sans presque oser détourner les yeux de dessus moi : c'eût été les mouvoir, et le parti de l'immobilité était si bien pris chez elle que ses regards mêmes étaient fixes. Si j'avais pu soupçonner qu'il y eût au fond de ce singulier accueil de la timidité, j'aurais éprouvé de la sympathie ; je ne sentis que de l'étonnement : mon sentiment en pareil cas ne me trompe guère, car je me connais en timidité.

Mon hôte me laissa contempler à loisir cette curieuse pagode, qui me prouva ce que je savais, c'est que les femmes du Nord sont rarement naturelles, et que leur affectation est quelquefois si grande qu'elle n'a pas besoin de paroles pour se trahir ; ce brave ingénieur me parut flatté de l'effet que son *épouse* produisait sur un étranger : il prenait mon ébahissement pour de l'admiration, cependant, voulant remplir sa charge en conscience, il finit par me dire : « Je regrette de vous presser de sortir, mais nous n'avons pas trop de temps pour visiter les travaux que j'ai reçu l'ordre de vous montrer en détail. »

J'avais prévu le coup sans pouvoir le parer, je le reçus avec résignation et me laissai conduire d'écluse en écluse, toujours pensant avec un inutile regret à cette forteresse, tombeau du jeune Ivan dont on ne voulait pas me laisser approcher. J'avais sans cesse présent à la pensée ce but non avoué de ma course : vous verrez bientôt comment il fut atteint.

Le nombre de quartiers de granit que j'ai vus pendant cette matinée de vannes enchâssées dans des rainures pratiquées au milieu des blocs de cette même matière, de dalles également de granit employées à paver le fond d'un canal gigantesque, ne vous importe guère, et j'en suis fort aise, car je ne pourrais vous le dire : sachez seulement que depuis dix ans que les premières écluses sont terminées, elles n'ont exigé aucune réparation. Étonnant exemple de solidité dans un climat comme celui du lac Ladoga, où le granit, les pierres, les marbres les plus solides ne durent que quelques années.

Ce magnique ouvrage est destiné à égaliser la différence de niveau qu'il y a entre le canal Ladoga et le cours de la Néva près de sa source, à l'extrémité occidentale de l'émissaire qui débouche dans la rivière par plusieurs déversoirs. On a multiplié les émissaires avec un luxe admirable afin de rendre aussi facile et aussi prompte que possible une navigation que la rigueur des saisons laisse à peine libre pendant trois ou quatre mois de l'année.

Rien n'a été épargné pour la solidité ni pour la précision du travail ; on se sert autant que possible du granit de Finlande pour les ponts, pour les parapets, même, je le répète avec admiration, pour le fond du lit du canal ; les ouvrages en bois sont soignés de manière à répondre à ce luxe de matériaux ; bref, on a profité de toutes les inventions, de tous les perfectionnements de la science moderne ; et l'on a complété à Schlusselbourg un travail aussi parfait dans son genre que le permettent les rigueurs de la nature sous ces climats ingrats.

La navigation intérieure de la Russie mérite d'occuper toute l'attention des hommes du métier ; c'est une des principales sources de la richesse du pays ; moyennant un système de canalisation colossale, comme tout ce qui s'exécute dans cet Empire, on est parvenu, depuis Pierre le Grand, à joindre, sans danger pour les bateaux, la mer Caspienne à la mer Baltique par le Volga, le lac Ladoga et la Néva. L'Europe et l'Asie sont ainsi traversées par des eaux qui joignent le Nord au Midi. Cette pensée, hardie à concevoir, prodigieuse à réaliser, a fini par produire une des merveilles du monde civilisé : c'est beau et bon à savoir, mais j'ai trouvé que c'était ennuyeux à voir, surtout sous la conduite d'un des exécuteurs du chef-d'œuvre ; l'homme du métier accorde à son ouvrage l'estime qu'il mérite sans doute, mais pour un simple curieux tel que moi, l'admiration reste étouffée sous des détails minutieux et dont je vous fais grâce. Nouvelle preuve de ce que je vous ai dit ailleurs : abandonné à soi-même, un voyageur en Russie ne voit rien ; protégé, c'est-à-dire escorté, gardé à vue, il voit trop, ce qui revient au même.

Quand je crus avoir strictement accordé ce qui était dû de mon temps et de mes éloges aux merveilles que j'étais contraint de passer en revue pour répondre à la grâce qu'on croyait me faire, je revins au premier motif de mon voyage, et déguisant mon but pour le mieux atteindre, je demandai à voir la source de la Néva. Ce désir, dont l'insidieuse innocence ne put dissimuler l'indiscrétion, fut d'abord éludé par mon ingénieur qui me répondit : « Elle surgit sous l'eau à la sortie du lac Ladoga, au fond du canal qui sépare ce lac de l'île où s'élève la forteresse. »

Je le savais.

« C'est une des curiosités naturelles de la Russie, repris-je. N'y aurait-il pas moyen d'aller visiter cette source ?

— Le vent est trop fort ; nous ne pourrons apercevoir les bouillonnements de la source ; il faudrait un temps calme pour que l'œil pût distinguer une gerbe d'eau qui s'élance au fond des vagues ; cependant je vais faire ce que je pourrai afin de satisfaire votre curiosité. »

A ces mots, l'ingénieur fit avancer un fort joli bateau conduit par six rameurs élégamment habillés, et nous partîmes soi-disant pour aller voir la source de la Néva, mais réellement pour nous approcher des murs du château fort, ou plutôt de la prison enchantée dont on me refusait l'accès avec la plus habile politesse ; mais les difficultés ne faisaient qu'exciter mon ardeur ; j'aurais eu parole d'y pouvoir délivrer quelque malheureux prisonnier que mon impatience n'eût guère été plus vive.

La forteresse de Schlusselbourg est bâtie sur une île plate, espèce d'écueil peu élevé au-dessus du niveau des eaux. Ce roc divise le fleuve en deux ; il sépare également le fleuve du lac proprement dit, et il sert d'indication pour reconnaître la ligne où les eaux se confondent. Nous tournâmes autour de la forteresse afin, disions-nous, d'approcher le plus près possible de la source de la Néva. Notre embarcation nous porta bientôt tout juste au-dessus de ce tourbillon. Les rameurs étaient si habiles à couper les lames que malgré le mauvais temps et la petitesse de notre barque, nous sentions à peine le balancement de la vague qui pourtant s'agite en cet endroit comme au milieu de la mer. Ne pouvant distinguer la source dont le tourbillon était caché par le mouvement des flots qui nous emportaient, nous fîmes d'abord une promenade sur le grand lac, puis au retour, le vent un peu calmé nous permit d'apercevoir à une assez grande profondeur quelques bouillonnements : c'était la source même de la Néva au-dessus de laquelle nous voguions.

Lorsque le vent d'ouest fait refluer le lac, le canal qui tient lieu d'émissaire à cette mer intérieure reste presque à sec, et alors cette belle source paraît à découvert. Dans ces moments, heureusement fort rares, les habitants de Schlusselbourg savent que Pétersbourg est sous l'eau, et ils attendent d'heure en heure le récit de la nouvelle catastrophe. Ce récit n'a jamais manqué de leur arriver le lendemain, parce que le même vent d'ouest qui repousse les eaux du lac Ladoga, et met à sec la Néva près de sa source, fait refluer, lorsqu'il est violent, les vagues du golfe de Finlande dans l'embouchure de la Néva. Aussitôt le cours de cette rivière s'arrête ; et l'eau trouvant le passage barré par la mer, rebrousse chemin en débordant sur Pétersbourg et sur les environs.

Quand j'eus bien admiré le site de Schlusselbourg, bien vanté cette curiosité naturelle, bien contemplé avec la lunette d'approche la position de la batterie placée par Pierre le Grand pour bombarder le château fort des Suédois, enfin bien admiré tout ce qui ne m'intéressait guère : « Allons voir l'intérieur de la forteresse, dis-je de l'air du monde le plus dégagé : elle est dans un site qui me paraît bien pittoresque, » ajoutai-je un peu moins adroitement, car c'est surtout en fait de finesse qu'il ne faut rien de trop. Le Russe jeta sur moi un regard scrutateur dont je sentis toute la portée ; et le mathématicien devenu diplomate, reprit :

« Cette forteresse n'a rien de curieux pour un étranger, monsieur.

— N'importe, tout est curieux dans un pays aussi intéressant que le vôtre.

— Mais, si le commandant ne nous attend pas, on ne nous laissera pas entrer.

— Vous lui ferez demander la permission d'introduire un voyageur dans la forteresse ; d'ailleurs, je crois qu'il nous attend. »

En effet, on nous admit sur le premier message de l'ingénieur, ce qui me fit supposer que ma visite avait été sinon annoncée comme certaine, au moins indiquée comme probable.

Reçus avec le cérémonial militaire, nous fûmes conduits sous une voûte à travers une porte assez mal défendue, et, après avoir

Si l'[illegible] lui est [illegible], c'est par un sentiment d'équité. Je juge Pierre Ier d'une manière différente de la plupart des écrivains, et j'ai trouvé juste de citer, à propos des travaux qui font honneur aux règnes suivants, un trait propre à mettre en relief la capacité d'esprit du fondateur de l'Empire russe moderne. Il s'est trompé [illegible] dans la direction de sa politique intérieure, mais il apportait un jugement sûr, un tact fin dans les détails de l'administration.

traversé une cour où l'herbe croît, on nous introduisit dans.... la prison?.... point du tout, dans l'appartement du commandant. Il ne sait pas un mot de français, mais il m'accueillit avec honnêteté; affectant de prendre ma visite pour une politesse dont lui seul était l'objet, il me faisait traduire par l'ingénieur les remercîments qu'il ne pouvait m'exprimer lui-même. Ces compliments astucieux me paraissaient plus curieux que satisfaisants. Il fallut faire salon et avoir l'air de causer avec la femme du commandant, qui, elle non plus, ne parlait guère le français; il fallut prendre du chocolat, enfin s'occuper à toute autre chose qu'à visiter la prison d'Ivan, ce prix fabuleux de toutes les peines, de toutes les ruses, de toutes les politesses et de tous les ennuis du jour. Jamais l'accès d'un palais de fées ne fut désiré plus vivement que je souhaitais l'entrée de ce cachot.

Enfin, quand le temps d'une visite raisonnable me parut écoulé, je demandai à mon guide s'il était possible de voir l'intérieur de la forteresse. Quelques mots, quelques coups d'œil furent rapidement échangés entre le commandant et l'ingénieur, et nous sortîmes de la chambre.

Je croyais toucher au terme de mes efforts; la forteresse de Schlusselbourg n'a rien de pittoresque; c'est une enceinte de murailles suédoises peu élevées et dont l'intérieur ressemble à une espèce de verger où l'on aurait dispersé divers bâtiments tous très-bas; savoir : une église, une habitation pour le commandant, une caserne, enfin des cachots invisibles et masqués par des trous dont la hauteur n'excède pas celle du rempart. Rien n'annonce la violence, le mystère est ici dans le fond des choses, il n'est pas dans leur apparence. L'aspect presque serein de cette prison d'État me semble plus effrayant pour la pensée que pour la vue. Les grilles, les ponts-levis, les créneaux, enfin l'appareil un peu théâtral qui décorait les redoutables châteaux du moyen âge ne se retrouvent point ici. En sortant du salon du gouverneur, on a commencé par me montrer de *superbes ornements d'église!* Les quatre chapes qui furent solennellement déployées devant moi ont coûté trente mille roubles, à ce que le commandant a pris la peine de me dire lui-même. Las de tant de simagrées, j'ai parlé tout simplement du tombeau d'Ivan VI; à cela on a répondu en me montrant une brèche faite aux murailles par le canon du czar Pierre, lorsqu'il assiégeait en personne la forteresse suédoise, la clef de la Baltique.

« Le tombeau d'Ivan, ai-je repris, sans me déconcerter, où est-il? » Cette fois on m'a mené derrière l'église, près d'un rosier du Bengale : « Il est ici, » m'a-t-on dit.

Je conclus que les victimes n'ont pas de tombeau en Russie.

« Et la chambre d'Ivan? » poursuivis-je avec des instances qui devaient paraître aussi singulières à mes hôtes que l'étaient pour moi leurs scrupules, leurs réticences et leurs tergiversations. »

L'ingénieur me répondit à demi-voix qu'on ne pouvait pas montrer la chambre d'Ivan, parce qu'elle était dans une des parties de la forteresse actuellement occupée par des prisonniers d'État.

L'excuse me parut légitime, je m'y attendais; mais ce qui me surprit, ce fut la colère du commandant de la place; soit qu'il entendît le français mieux qu'il ne le parlait, soit qu'il eût voulu me tromper en faisant semblant d'ignorer notre langue, soit enfin qu'il eût deviné le sens de l'explication qu'on venait de me donner, il réprimanda vertement mon guide à qui son indiscrétion, ajouta-t-il, pourrait quelque jour devenir funeste. C'est ce que celui-ci, piqué de la semonce, trouva le moyen de me dire en choisissant un instant favorable, et en ajoutant que le gouverneur l'avait averti, d'une manière très-significative, de s'abstenir désormais de parler *d'affaires publiques*, ni d'introduire des étrangers dans une prison d'État. Cet ingénieur a toutes les dispositions nécessaires pour devenir bon Russe, mais il est jeune et ne sait pas encore le fond de son métier.... Ce n'est pas de celui d'ingénieur que je veux parler.

Je sentis qu'il fallait céder; j'étais le plus faible, je me reconnus vaincu et je renonçai à visiter la chambre où le malheureux héritier du trône de Russie était mort imbécile, parce qu'on avait trouvé plus commode de le faire crétin qu'empereur. Je ne pouvais assez m'étonner de la manière dont le gouvernement russe est servi par ses agents. Je me souvenais de la mine du ministre de la guerre, la première fois que j'osai témoigner le désir de visiter un château devenu historique par un crime commis du temps de l'impératrice Élisabeth; et je comparais avec une admiration mêlée d'effroi le désordre des idées qui règne chez nous à l'absence de toute pensée, de toute opinion personnelle, à la soumission aveugle qui fait la règle de conduite des chefs de l'administration russe, aussi bien que des employés subalternes : l'unité d'action de ce gouvernement m'épouvantait; j'admirais en frémissant l'accord tacite des supérieurs et des subordonnés pour faire la guerre aux idées et même aux faits. Je me sentais autant d'envie de sortir, que l'instant d'auparavant j'avais eu d'impatience d'entrer, et rien ne pouvant plus attirer ma curiosité dans une forteresse dont on n'avait voulu me montrer que la sacristie, je demandai impatiemment à retourner à Schlusselbourg comme si j'eusse redouté de devenir par force un des habitants de ce séjour des larmes secrètes et des douleurs ignorées. Dans mon angoisse toujours croissante, je n'aspirais plus qu'au plaisir physique de marcher, de respirer; j'oubliais que le pays même que j'allais revoir est encore une prison : prison d'autant plus redoutable, qu'elle est plus vaste, et qu'on en atteint, franchit plus difficilement les limites.

Une forteresse russe!!! ce mot produit sur l'imagination une impression différente de ce qu'on ressent en visitant les châteaux forts des peuples réellement civilisés, sincèrement humains. Les puériles précautions qu'on prend en Russie pour dissimuler ce qu'on qualifie de secrets d'État, me confirment plus que ne le feraient des actes de barbarie à découvert dans l'idée que ce gouvernement n'est qu'une tyrannie hypocrite. Depuis que j'ai pénétré dans une prison d'État russe, et que j'ai moi-même éprouvé l'impossibilité d'y parler de ce que tout étranger vient pourtant chercher dans un lieu pareil, je me dis que tant de dissimulation doit servir de masque à une profonde inhumanité : ce n'est pas le bien qu'on voile avec un pareil soin.

Si, au lieu de chercher à déguiser la vérité sous une fausse politesse, on m'eût mené simplement dans les lieux qu'il est permis de montrer; si l'on eût répondu avec franchise à mes questions sur un fait accompli depuis un siècle, j'eusse été moins occupé de ce que je n'aurais pu voir; mais ce qu'on m'a refusé trop artificieusement m'a prouvé le contraire de ce qu'on voulait me persuader. Tous ces vains détours sont des révélations aux yeux de l'observateur expérimenté. Ce qui m'indignait, c'était que les hommes qui usaient avec moi de ces subterfuges pussent croire que j'étais la dupe de leurs ruses d'enfants. On m'assure, et je tiens ceci de bon lieu, que les cachots sous-marins de Kronstadt renferment, entre autres prisonniers d'État, des infortunés qui s'y trouvent relégués depuis le règne d'Alexandre. Ces malheureux sont abrutis par un supplice dont rien ne peut excuser ni motiver l'atrocité; s'ils venaient maintenant à sortir de terre, ils se lèveraient comme autant de spectres vengeurs qui feraient reculer d'effroi le despote lui-même, et tomber en ruine l'édifice du despotisme; tout peut se défendre par de belles paroles et même par de bonnes raisons; les arguments ne manquent pas à une des opinions qui divisent le monde politique, littéraire et religieux; mais on dira ce qu'on voudra, un régime dont la violence exige qu'on le soutienne par de tels moyens est un régime profondément vicieux.

Les victimes de cette odieuse politique ne sont plus des hommes : ces infortunés, déchus du droit commun, croupissant étrangers au monde, oubliés de tous, abandonnés d'eux-mêmes dans la nuit de leur captivité, où l'imbécillité devient le fruit et la dernière consolation d'un ennui sans terme, ils ont perdu la mémoire et jusqu'à la raison, cette lumière humaine qu'aucun homme n'a le droit d'éteindre dans l'âme de son semblable. Ils ont oublié même leur nom que les gardiens s'amusent à leur demander, par une dérision brutale et toujours impunie; car il règne au fond de ces abîmes d'iniquité un tel désordre, les ténèbres y sont si épaisses, que les traces de toute justice s'y effacent (1).

On ignore jusqu'au crime de certains prisonniers, qu'on retient pourtant toujours, parce qu'on ne sait à qui les rendre, et qu'on pense qu'il y a moins d'inconvénient à perpétuer le forfait qu'à le publier. On craint le mauvais effet de l'équité tardive, et l'on aggrave le mal, pour n'être pas forcé d'en justifier les excès.... : atroce pusillanimité qui s'appelle respect pour *les convenances*, prudence, obéissance, sagesse, sacrifice au bien public, à la raison d'État..., que sais-je?... Quand il parle, le despotisme est discret : n'y a-t-il pas deux noms pour toutes choses dans les sociétés humaines? C'est ainsi qu'on nous dit à chaque instant qu'il n'y a pas de peine de mort en Russie. Enterrer vif, ce n'est pas tuer! Quand on pense d'un côté à tant de malheurs, de l'autre à tant d'injustice et d'hypocrisie, on ne connaît plus de coupable en prison; le juge seul paraît criminel, et, ce qui porte au comble mon épouvante, c'est que je reconnais que ce juge inique n'est point féroce par plaisir. Voilà ce qu'un mauvais gouvernement peut faire des hommes intéressés à sa durée!.... Mais la Russie marche au-devant de ses destinées; ceci répond à tout. Certes, si l'on mesure la grandeur du but à l'étendue des sacrifices, on doit présager à cette nation l'empire du monde.

Au retour de cette triste visite, une nouvelle corvée m'attendait chez l'ingénieur : un dîner de cérémonie avec des personnes de la classe moyenne. L'ingénieur avait réuni chez lui, pour me faire honneur, des parents de sa femme et quelques propriétaires des environs : société qui m'eût paru curieuse à observer si dès le dé-

(1) Pour réfuter ces faits et beaucoup d'autres du même genre, les Russes ont coutume d'employer un singulier argument. Ils disent : « Ce voyageur a été dupe des mystificateurs qui pullulent chez nous. »

Cette justification n'est-elle pas caractéristique? Dans quel autre pays trouverait-on des gens dont le métier ou le passe-temps serait de tromper les étrangers qui les interrogent de bonne foi? Notez que les Russes les plus graves nous parlent de cette espèce d'hommes, non-seulement sans moquerie et sans indignation, mais avec une sorte de triomphe, comme si l'étranger induit en erreur avait seul à rougir du mensonge employé pour le décevoir.

Au reste, je persiste à regarder comme authentiques les détails que je rapporte, et que je crois puisés à de très-bonnes sources; quant aux inductions que j'en tire, j'en demeure seul responsable.

Paris — Imprimerie Walder, rue Bonaparte, 44.

bai je n'eusse reconnu que je n'avais rien à y apprendre. Il y a peu de bourgeois en Russie; la classe des petits employés et des propriétaires, obscurs bien qu'anoblis, y représente la bourgeoisie des autres pays. Envieux des grands, mais en butte à l'envie des petits, ces hommes ont beau s'appeler nobles, ils se trouvent exactement dans la position où les bourgeois étaient en France avant la révolution; les mêmes données produisent partout les mêmes résultats.

Je sentis qu'il régnait dans cette société une hostilité mal déguisée contre la véritable grandeur et contre l'élégance réelle de quelque pays qu'elle fût. Cette roideur de manières, cette aigreur de sentiments à peine cachée sous un ton doucereux et des airs patelins ne me rappelaient que trop l'époque où nous vivons et que j'avais un peu oubliée en Russie où, depuis mon arrivée à Pétersbourg, je vois uniquement la société des gens de la cour. J'étais chez des ambitieux subalternes, inquiets de ce qu'on doit penser d'eux; et ces hommes-là sont les mêmes dans tous les pays.

Les hommes ne me parlèrent pas et parurent faire peu d'attention à moi; ils ne savent le français que pour le lire, encore difficilement : ils formaient un groupe dans un coin de la chambre et causaient en russe. Une ou deux femmes de la famille portaient tout le poids de la conversation française. Je vis avec surprise qu'elles connaissaient de notre littérature tout ce que la police russe en laisse pénétrer dans leur pays.

La toilette de ces dames, qui, excepté la maîtresse de la maison, étaient toutes des personnes âgées, me parut manquer d'élégance; le costume des hommes était encore plus négligé : de grandes redingotes brunes traînant presque à terre remplaçaient l'habit national, qu'elles rappelaient un peu cependant, tout en le faisant regretter; mais, ce qui m'a surpris plus que la tenue négligée des personnes de cette société, c'est le ton mordant et contrariant de leurs discours et le manque d'aménité de leur langage. La pensée russe, déguisée avec soin par le tact des hommes du grand monde, se montrait ici à découvert. Cette société, plus franche, était moins polie que celle de la cour, et je vis clairement ce que je n'avais fait que pressentir ailleurs, c'est que l'esprit d'examen, de sarcasme et de critique domine dans les relations des Russes avec les étrangers : ils nous détestent comme tout imitateur hait son modèle; leurs regards scrutateurs nous cherchent des défauts avec le désir de nous en trouver. Quand j'eus reconnu cette disposition, je ne me sentis nullement porté à l'indulgence. C'est peut-être de cette société, pensai-je, que sortiront les hommes qui feront l'avenir de la Russie. La classe bourgeoise ne fait que naître en cet Empire, et Dieu sait l'influence qu'elle aura sur les destinées de la Russie!... et du monde!!...

J'avais cru devoir adresser quelques mots d'excuses sur mon ignorance de la langue russe à la personne qui s'était chargée d'abord de causer avec moi; je finis mon apologie en alléguant mon âge qui rend presqu'impossible l'étude d'un idiôme compliqué et difficile, mais je n'en convins pas moins à plusieurs reprises que tout voyageur devait savoir la langue du pays où il va, attendu qu'il est plus naturel qu'il se donne la peine de s'exprimer comme les personnes qu'il vient chercher que de leur imposer celle de parler comme il parle.

A ce compliment on me répondit sur un ton d'humeur : qu'il fallait cependant bien me résigner à entendre estropier le français par les Russes sous peine de voyager en muet.

« C'est ce dont je me plains, répliquai-je; si je savais estropier le russe comme je le devrais, je ne vous forcerais pas à changer vos habitudes pour parler ma langue.

— Autrefois nous ne parlions que français.

— C'était un tort.

— Ce n'est pas à vous de nous le reprocher.

— Je suis vrai avant tout.

— La vérité est donc encore bonne à quelque chose en France?

— Je l'ignore; mais ce que je sais, c'est qu'on doit aimer la vérité sans calcul.

— Cet amour-là n'est pas de notre siècle.

— En Russie?

— Nulle part, ni surtout dans un pays gouverné par les journaux. »

J'étais de l'avis de la dame; ce qui me donna le désir de changer de conversation, car je ne voulais ni parler contre mon opinion, ni acquiescer à celle d'une personne qui, même lorqu'elle pensait comme moi, exprimait sa manière de voir avec une âpreté capable de me dégoûter de la mienne. Je ne dois pas oublier de noter que cette disposition hostile, espèce de bouclier opposé d'avance à la moquerie française, était déguisée sous un son de voix flûté, factice, et d'une douceur extrêmement désagréable.

Un incident vint fort à propos faire diversion à l'entretien. Un bruit de voix dans la rue attira tout le monde à la fenêtre : c'était une querelle de bateliers; ces hommes paraissaient furieux; la rixe menaçait de devenir sanglante, mais l'ingénieur se montre sur le balcon, et la vue seule de son uniforme produit un coup de théâtre. La rage de ces hommes [illegible] calme, sans qu'il soit nécessaire de leur dire une par[illegible] plus rompu aux faussetés de cour ne pourrait mieux dissimuler son ressentiment. Je fus émerveillé de cette politesse de manants.

« Quel bon peuple! » s'écria la dame qui m'avait entrepris.

Pauvres gens! pensais-je en me raservant, car je n'admirerai jamais les miracles de la peur; toutefois je jugeai prudent de me taire....

« L'ordre ne se rétablirait pas ainsi chez vous, » poursuivit mon infatigable ennemie, sans cesser de me percer de ses regards inquisitifs.

Cette impolitesse était nouvelle pour moi; en général j'avais trouvé à tous les Russes des manières presque trop affectueuses à cause de la malignité de leur pensée, que je devinais sous leur langage patelin; ici je reconnaissais un accord encore plus désagréable entre les sentiments et l'expression. Un bourru pour être poli n'en est pas plus sincère.

« Nous avons chez nous les inconvénients de la liberté, mais nous en avons les avantages, répliquai-je.

— Quels sont-ils?

— On ne les comprendrait point en Russie.

— On s'en passe.

— Comme de tout ce qu'on ne connaît pas. »

Mon adversaire piquée tâcha de me cacher son dépit en changeant subitement le sujet de la conversation.

« Est-ce de votre famille que madame de Genlis parle si longuement dans les *Souvenirs de Félicie*, et de votre personne dans ses Mémoires? »

Je répondis affirmativement; puis je témoignai ma surprise de ce qu'on connût ces livres à Schlusselbourg. « Vous nous prenez donc pour des Lapons, repartit la dame avec le fond d'aigreur que je ne pus parvenir à lui faire quitter, et qui à la longue réagissait sur moi au point de me monter au même diapason.

— Non, madame, mais pour des Russes qui ont mieux à faire que de s'occuper des commérages de la société française.

— Madame de Genlis n'est point une commère.

— Tant s'en faut; mais ceux de ses écrits où elle ne fait que raconter avec grâce les petites anecdotes de la société de son temps ne devraient, ce me semble, intéresser que les Français.

— Vous ne voulez pas que nous fassions cas de vous et de vos écrivains?

— Je veux qu'on nous estime pour notre vrai mérite.

— Si l'on vous ôte l'influence que vous avez exercée sur l'Europe par l'esprit de société, que vous restera-t-il? »

Je sentis que j'avais affaire à forte partie : « Il nous restera la gloire de notre histoire et même celle de l'histoire de Russie, car cet Empire ne doit sa nouvelle influence en Europe qu'à l'énergie avec laquelle il s'est vengé de la conquête de sa capitale par les Français.

— Il est sûr que vous nous avez prodigieusement servis, quoique sans le vouloir.

— Avez-vous perdu quelque personne chère dans cette terrible guerre?

— Non, monsieur. »

J'espérais pouvoir m'expliquer par un ressentiment trop légitime l'aversion contre la France qui perçait à chaque mot dans la conversation de cette rude dame. Mon attente fut trompée.

La conversation qui ne pouvait devenir générale languit jusqu'au dîner sur le même ton inquisitif et amer d'une part, contraint et forcément réservé de l'autre. J'étais décidé à garder beaucoup de mesure, et j'y réussissais, excepté quand la colère me faisait oublier la prudence. Je cherchai à détourner l'entretien vers notre nouvelle école littéraire : on ne connaissait que Balzac, qu'on admire infiniment et qu'on juge bien.... Presque tous les livres de nos écrivains modernes sont prohibés en Russie; ce qui atteste l'influence qu'on leur suppose. Peut-être connaissait-on d'autres écrivains, car il est avec la douane des accommodements; mais on jugea qu'il n'était pas prudent de parler de ces auteurs. Au reste, ceci est une pure supposition.

Enfin, après une mortelle attente, on se mit à table. La maîtresse de la maison, toujours fidèle à son rôle d'idole, ne fit de la journée qu'un seul mouvement; elle se transporta, sans remuer les yeux ni les lèvres, de son canapé du salon à sa chaise de la salle à manger; ce déplacement opéré spontanément me prouva que la pagode avait des jambes.

Le dîner se passa non sans gêne, mais il ne fut pas long et me parut assez bon, hors la soupe dont l'originalité passait les bornes. Cette soupe était froide et remplie de morceaux de poisson qui nageaient dans un bouillon de vinaigre très-épicé, très-sucré, très-fort. A part ce ragoût infernal et le kivass aigre qui est une boisson du pays, je mangeai et bus de tout avec appétit. On servit d'excellent vin de Bordeaux et de Champagne, mais je voyais clairement qu'on s'imposait une grande gêne à mon égard : ce qui me mettait moi-même au supplice. L'ingénieur n'était pas complice de tant de contrainte; tout entier à ses écluses il s'annulait absolument chez lui, et laissait sa belle-mère faire les honneurs de sa maison avec la grâce dont vous avez pu juger.

A six heures du soir, mes hôtes et moi, avec un contentement réciproque et non dissimulé, il faut l'avouer, nous prîmes congé les uns des autres, et je partis pour le château de ***, où j'étais attendu.

La franchise de ces bourgeoises m'avait raccommodé avec les minauderies de certaines grandes dames ; tout vaut mieux qu'une sincérité déplaisante. On peut triompher de l'affectation ; le naturel désagréable est invincible.

Tel fut mon début dans les classes moyennes, et tel fut le premier essai que je fis de cette hospitalité russe tant vantée en Europe.

Il faisait encore jour quand j'arrivai à ***, qui n'est qu'à six ou huit lieues de Schlusselbourg ; je passai là le reste de la soirée à me promener au crépuscule dans un jardin fort beau pour le pays, à voguer en petit bateau sur la Néva et surtout à jouir de l'élégante et gracieuse conversation d'une personne du grand monde. J'avais besoin de cette diversion aux souvenirs de la politesse ou plutôt de l'impolitesse bourgeoise que je venais d'essuyer. J'appris dans cette journée qu'en fait de prétentions les pires ne sont pas les plus mal fondées, car toutes celles dont on m'avait fait souffrir étaient justifiées ; c'est ce que je reconnaissais avec un dépit comique. J'avais causé avec une femme qui prétendait parler assez bien le français : elle ne le parlait pas mal, quoique moyennant beaucoup de temps entre chaque phrase et d'accent à chaque mot ; elle prétendait connaître la France ; elle la jugeait assez bien, quoiqu'avec prévention ; elle prétendait aimer son pays, elle l'aimait trop ; enfin elle voulait se montrer capable de faire sans fausse humilité les honneurs de la maison de sa fille à un Parisien, et elle m'accabla du poids de tous ses avantages : c'était un aplomb imperturbable, une phraséologie d'hospitalité plutôt cérémonieuse que polie, mais irréprochable au moins aux yeux d'une dame russe du second rang en province.

Je conclus que ces pauvres ridicules tant bafoués sont quelquefois bons à quelque chose, quand ce ne serait qu'à mettre à leur aise ceux qui s'en croient exempts : j'ai trouvé là des personnes désagréablement hostiles. Mais tous les inconvénients de leur conversation portaient sur moi et ne prêtaient nullement à rire à leurs dépens, comme il arrive en pareille circonstance dans les pays à bonnes gens, à esprits naïfs ; la surveillance continuelle qu'elles exerçaient sur elles-mêmes et sur moi me prouvait que rien ne pourrait leur produire une impression nouvelle ; toutes leurs idées étaient arrêtées depuis vingt ans ; cette conviction a fini par me faire sentir mon isolement en leur présence, au point de regretter la bonhomie des esprits moins difficiles à émouvoir et à satisfaire ; j'ai presque dit : la crédulité des sots.... voilà où m'a réduit la malveillance trop visible des Russes de province. Ce que j'en ai vu à Schlusselbourg ne me fera pas rechercher les occasions d'affronter des interrogatoires tels que ceux que j'ai subis dans cette société-là. De pareils salons ressemblent à des champs de bataille. Le grand monde avec tous ses vices me paraît valoir mieux que ce petit monde avec ses vertus.

Revenu à Pétersbourg à trois heures après minuit, j'avais fait dans ma journée à peu près trente-six lieues par des chemins sablonneux ou fangeux, avec deux attelages de chevaux de remise.

Ce qu'on fait faire aux bêtes en ce pays est en proportion de ce qu'on exige des hommes : les chevaux russes ne durent guère plus de huit à dix ans. Il faut convenir que le pavé de Pétersbourg est funeste aux animaux, aux voitures et même aux personnes ; dès que vous sortez des incrustations de bois qui n'existent que dans un petit nombre de rues, la tête vous fend. Il est vrai que les Russes, qui mettent beaucoup de luxe aux choses mal faites, dessinent sur leur détestable pavé de beaux compartiments en grosses pierres, ornement qui accroît encore le mal, car il rend les rues plus raboteuses. Lorsque les roues passent sur ces cordons de pierre, semblables pour le coup d'œil aux dessins d'un parquet, la voiture et ceux qu'elle transporte éprouvent une secousse à tout le moins. Mais qu'importe aux Russes que les choses qu'ils font servent à l'usage auquel ils les destinent ? Un certain air d'élégance, l'apparence de la magnificence, la fanfaronnade de la richesse et de la grandeur : voilà uniquement ce qu'ils cherchent en toutes choses. Ils ont commencé le travail de la civilisation par le superflu ; si c'était là le moyen d'aller loin, il faudrait crier : *Vive la vanité ! à bas le sens commun !* Ils changeront de route pour atteindre leur but.

Je pars sans faute après-demain pour Moscou ; pour Moscou, entendez-vous bien ?

LETTRE VINGT ET UNIÈME.

SOMMAIRE. — Adieux à Pétersbourg. — Effets de l'imagination. — Description de Pétersbourg [illegible]. — [illegible] du ciel au couchant et au levant. — [illegible]. — Lanterne magique. — Tableaux [illegible]. — Mythologie du Nord expliquée par les sites. — Dieu visible par toute la terre. — Ballade [illegible]. — [illegible]. — Le pire des intolérances. — Conditions [illegible] pour vivre dans le monde. — De quoi se compose le succès. — [illegible] des opinions. — Diplomatie du salon. — Défauts des esprits solitaires. — [illegible]. — Le pont de la Néva la nuit. — [illegible] du tableau. — Pétersbourg comparé à Venise. — L'Évangile dangereux. — On ne prêche [illegible] Russie. — Jésuites. — Soi-disant conspirations polonaises. — Ce qui en résulte. — Argument des Russes. — Scènes de meurtres au bord du Volga. — [illegible] de La Fontaine. — Avenir certain, époque douteuse. — [illegible]. — Communications intéressantes. — Histoire du prince et de la princesse T[illegible]. — Révolte lors de l'avènement de l'Empereur au trône. — [illegible] de la princesse Troubetzkoï. — Quatorze années dans les mines de l'Oural. — Justice humaine. — Comment on dompte [illegible]. — [illegible] sur la condition des condamnés aux mines. — [illegible] 40 degrés. — Première lettre au bout de sept ans de galères. — Les [illegible]. — Réponse de l'Empereur. — Justice russe. — Ce qu'on appelle [illegible], colonie. — Les enfants [illegible]. — [illegible]. — Seconde lettre au bout de quatorze ans. — Réponse de l'Empereur. — Seconde lettre de la princesse. — Comment il faut qu'il y de [illegible]. — Ce qu'il faut entendre par l'abolition de la peine de mort en Russie. — [illegible] des exilés. — L'Empereur suppléé par la mère de famille. — [illegible] qu'elle donne à ses enfants. — Apostrophe de Dieu. — Changement dans mes projets et dans mes sentiments. — Conjectures. — Parti que je prends pour cacher mes lettres. — Moyen détourné de tromper la police. — [illegible] la peine de mort. — Citation de la brochure de M. de Tolstoï. — Ce qu'on y apprend.

Pétersbourg, ce 2 août 1839, à minuit.

Je viens de jeter un dernier coup d'œil sur cette ville extraordinaire : j'ai dit adieu à Pétersbourg..... Adieu ! ! c'est un mot magique ! il prête aux lieux comme aux personnes un attrait inconnu. L'âme riche d'illusions a donc le pouvoir de métamorphoser le monde dont la figure n'est jamais pour nous que le reflet de notre vie intérieure. Ceux qui disent que rien n'existe hors de nous ont peut-être raison ; mais moi, philosophe sans le vouloir, métaphysicien sans autre mission que le laisser aller naturel de mon esprit, inclinant toujours vers les questions insolubles, j'ai tort de chercher à me rendre compte de cet incompréhensible prestige. Le tourment de ma pensée, le plus grand défaut de mon style, tient au besoin de définir l'indéfinissable ; ma force se perd à la poursuite ; cette chasse à l'idée nuit à la clarté de l'expression de l'impossible ; la première règle de l'art d'écrire, c'est de tirer sa pensée au clair. Nos rêves, nos visions, sont aux idées nettes ce qu'un horizon de nuages brillants est aux montagnes dont ils imitent quelquefois la chaîne entre le ciel et la terre. Nulle expression ne peut rendre ces fugitives créations de la fantaisie qui s'évanouissent sous la plume de l'écrivain, comme les brillantes perles d'une eau vive et courante échappent aux filets du pêcheur.

N'importe, cherchons toujours : expliquez-moi ce que peut ajouter à la beauté réelle d'un lieu l'idée que vous allez le quitter.

Notre destin est si mobile, comparé à l'immobilité des choses, le courant que nous descendons est tellement rapide, que ce que nous laissons sur le bord nous semble à l'abri du temps, et dès lors nous l'admirons ; l'eau de la cascade doit croire à l'immortalité de l'arbre qui l'ombrage ; et le monde nous paraît éternel, [illegible] nous passons précipitamment.

Peut-être la vie du voyageur n'est-elle si féconde en émotions que parce que les départs dont elle se compose sont une répétition de la mort. Voilà sans doute une des raisons qui font qu'on voit en beau ce qu'on quitte ; mais il y en a une autre qu'à peine j'ose indiquer ici.

Dans certaines âmes le besoin de l'indépendance va jusqu'à la passion ; la peur des liens fait qu'on ne s'attache qu'à ce qu'on fuit, parce que l'attrait qu'on sent pour ce qu'on va laisser derrière soi n'engage à rien. Vous vous enthousiasmez sans conséquence ; vous partez. Partir, n'est-ce pas faire acte de liberté ? Par l'absence on se dégage des entraves du sentiment ; l'homme jouit en toute sécurité du plaisir de s'intéresser à ce qu'il ne reverra jamais ; il s'abandonne à ses affections, à ses préférences, sans crainte et sans contrainte : il croit qu'il a des ailes ! !... Mais quand, à force de les déployer et de les reployer, il sent qu'il les use ; quand il découvre que le voyage l'instruit moins qu'il ne le fatigue, alors le temps du retour et du repos est venu ; je m'aperçois qu'il approche pour moi.

C'était la nuit : l'obscurité a son prestige comme l'absence ; comme elle, elle nous force à deviner ; aussi vers la fin de la journée l'esprit s'abandonne à la rêverie, le cœur s'ouvre à la sensibilité, aux regrets ; quand tout ce qu'on voit disparaît, il ne reste que ce qu'on sent ; le présent meurt, le passé revient ; la mort, la terre rendent ce qu'elles avaient pris, et la nuit riche d'ombre laisse tomber sur les objets un voile qui les agrandit et les fait paraître plus touchants ; l'obscurité comme l'absence captive la pensée par l'incertitude, elle appelle le vague de la poésie au secours de ses enchantements : la nuit, l'absence et la mort sont des magiciennes, et leur puissance à toutes les trois est un mystère aussi bien que tout ce qui agit sur l'imagination. L'imagination dans ses rapports avec la nature, dans ses effets, dans ses prestiges ne sera jamais définie d'une manière satisfaisante ni par les esprits les plus subtils, ni par les plus sublimes. Définir clairement l'imagination, ce serait remonter à la cause des passions. Source de l'amour, véhicule de la pitié, instrument du génie, don redoutable entre tous les dons, car il fait de l'homme un nouveau Prométhée, l'imagination est [illegible] forme du Créateur, prêtée pour un instant à la créature ; l'homme la reçoit, il ne la mesure pas : elle est en lui, elle n'est pas à lui.

Quand la voix cesse de chanter, quand l'arc-en-ciel s'efface, savez-vous où sont allés les sons et les couleurs ? pouvez-vous dire d'où ils étaient venus ? Tels sont, mais bien plus incalculables, bien plus variés, plus fugitifs et surtout plus inquiétants les prestiges de l'imagination..... Je l'ai senti toute ma vie avec un inutile effroi ; j'ai beaucoup trop d'imagination pour ce que j'en fais : je devais me rendre le maître de cette faculté ; j'en suis resté le jouet et devenu la victime.

Abîme de désirs et de contradictions !.... c'est elle encore qui me presse de parcourir le monde, et c'est elle qui m'attache aux lieux dans le moment même où elle m'appelle ailleurs. O illusions ! que vous êtes perfides quand vous nous séduisez, et cruelles quand vous nous quittez !!...

Il était plus de dix heures : je revenais de la promenade des îles. C'est le moment où l'aspect de la ville est d'un effet singulier et bien difficile à décrire, car la beauté de ce tableau ne consiste pas dans les lignes, puisque le site est entièrement plat, elle est dans la magie des vaporeuses nuits du Nord ; nuits lumineuses et qu'il faut voir pour en comprendre la poétique majesté.

Du côté du couchant la ville restait sombre ; la ligne tremblante qu'elle dessinait à l'horizon ressemblait à une petite découpure en papier noir collé sur un fond blanc : ce fond, c'est le ciel à l'Occident, où le crépuscule luit longtemps après que le soleil a disparu, tandis que, par un effet contraire la même lueur illumine à l'Orient les édifices du quartier opposé dont les élégantes façades se détachent en clair sur une partie du ciel moins transparente et plus profonde que celle où brille la gloire du couchant. Il arrive de cette opposition qu'à l'ouest la ville est noire et que le ciel est clair, tandis qu'à l'est, ce qui s'élève sur la terre est éclairé et se détache en blanc sur un ciel sombre ; ce contraste produit à l'œil un effet que les paroles ne rendent que très-imparfaitement. La lente dégradation des teintes du crépuscule, qui semble perpétuer le jour en luttant contre l'obscurité toujours croissante, communique à toute la nature un mouvement mystérieux : les terres basses de la ville, avec leurs édifices peu élevés au bord de la Néva, semblent osciller entre le ciel et l'eau : on s'attend à les voir disparaître dans le vide.

La Hollande, quoiqu'elle ait un meilleur climat et une plus belle végétation, pourrait donner l'idée de quelques-unes des vues de Pétersbourg, mais seulement en plein jour, car les nuits polaires ont des apparitions merveilleuses.

Plusieurs des tours et des clochers de la ville sont, comme je vous l'ai dit ailleurs, surmontés de flèches aiguës et qui ressemblent à des mâts de vaisseau ; la nuit, ces aigrettes dorées selon l'usage national, nagent dans le vague de l'air, sous un ciel qui n'est ni noir ni clair, et lorsqu'elles ne s'y détachent pas en ombre, elles brillent de mille reflets semblables à la moire des écailles du lézard.

Nous sommes au commencement du mois d'août, c'est la fin de l'été sous cette latitude : pourtant une petite partie du ciel reste encore lumineuse pendant toute la nuit ; cette auréole de nacre fixée sur l'horizon se reflète dans la Néva, qui, les jours calmes, paraît sans courant ; le fleuve, ou plutôt le lac, ainsi éclairé, devient semblable à une immense plaque de métal, et cette plaine argentée n'est séparée du ciel, blanc comme elle, que par la silhouette d'une ville. Ce peu de terre qu'on voit se détacher et trembler sur l'eau comme une écume apportée par l'inondation, ces petits points noirs et irréguliers, à peine marqués entre le blanc du ciel et le blanc du fleuve, seraient-ils la capitale d'un vaste empire, ou bien tout cela n'est-il qu'une apparence, qu'un effet d'optique ? Le fond du tableau est une toile et les figures sont des ombres animées un instant par la lanterne magique qui leur prête une existence imaginaire, mais tandis qu'elles mènent dans l'espace leur ronde silencieuse, la lampe va s'éteindre, la ville va retomber dans le vide, et le spectacle finira comme une fantasmagorie.

J'ai vu l'aiguille de l'église de la cathédrale où sont déposés les restes des derniers souverains de la Russie, se détacher en noir sur la toile blanche du ciel : cette flèche domine la forteresse et la cité ; plus haute et plus aiguë que la pyramide d'un cyprès, elle produisait sur le gris de perle du lointain l'effet d'un coup de pinceau trop dur et trop hardi donné par l'artiste dans un moment d'erreur ; un trait qui attire l'œil gâterait un tableau ; il embellit la réalité : Dieu ne sait pas peindre comme nous. C'était beau... peu de mouvement, mais un calme solennel, un vague inexprimable. Tous les bruits, toutes les agitations de la vie ordinaire étaient interrompus ; les hommes avaient disparu, la terre restait livrée aux puissances surnaturelles ; il y a dans ces dernières lueurs d'un jour indéfiniment prolongé, dans ces inégales et mourantes clartés des nuits boréales, des magies que je ne saurais définir et qui expliquent la mythologie du Nord. Je comprends aujourd'hui toutes les superstitions des Scandinaves. Dieu se cache dans la lumière du pôle comme il se révèle dans le jour éclatant des tropiques. Tous les lieux, tous les climats sont beaux aux yeux du sage qui ne veut voir dans la création que le Créateur.

En quelque coin du monde que l'inquiétude de mon cœur me fasse porter mes pas, c'est toujours le même Dieu que j'admire, toujours la même voix que j'interroge. Partout où l'homme abaisse son regard religieux, il reconnaît que la nature est le corps dont Dieu est l'âme.

Vous vous rappelez la ballade de Coleridge, où le matelot anglais voit le spectre d'un vaisseau glisser sur la mer : c'est à quoi je songeais tout à l'heure devant le spectre d'une ville endormie. Ces prestiges nocturnes sont pour les habitants des régions polaires, ce qu'est la Fata Morgana en plein jour pour les hommes du Midi : les couleurs, les lignes, les heures sont différentes ; l'illusion est la même.

En contemplant avec attendrissement une des contrées de la terre où la nature est la plus pauvre et passe pour la moins digne d'admiration, j'aime à me reposer sur cette consolante pensée que Dieu a départi assez de beautés à chaque point du globe pour que ses enfants puissent le reconnaître partout à des signes non douteux, et qu'ils aient sujet de lui rendre grâce, quelles que soient les zones où sa providence les appelle à vivre. La physionomie du Créateur est empreinte sur toutes les parties de la terre, qu'elle rend saintes à l'œil de l'homme.

Je voudrais pouvoir passer un été à Pétersbourg, uniquement occupé à faire chaque soir ce que j'ai fait aujourd'hui.

Quand j'ai trouvé le beau site d'un pays ou d'une ville, je m'y attache avec passion, j'y reviens tous les jours à l'heure favorable. C'est le même refrain sans cesse répété, mais qui chaque fois nous dit quelque chose de nouveau. Les lieux ont leur âme, selon l'expression si poétique de Jocelyn ; je ne puis me lasser d'un site qui me parle ; l'enseignement que j'en retire suffit au modeste bonheur de ma vie. Le goût des voyages n'est chez moi ni une mode, ni une prétention, ni une consolation. Je suis né voyageur comme on naît homme d'État ; ma patrie à moi est partout où j'admire, où je reconnais Dieu dans ses œuvres ; or, de toutes les œuvres de Dieu, celle que je comprends le plus facilement, c'est l'aspect de la nature et ses affinités avec les créations de l'art. Dieu est là qui se révèle à mon cœur par les indéfinissables rapports établis entre son Verbe éternel et la pensée fugitive de l'homme : j'y trouve le sujet d'une méditation féconde. Cette contemplation toujours la même et toujours nouvelle est l'aliment de ma pensée, le secret, la justification de ma vie ; elle emploie mes forces morales et intellectuelles, elle occupe mon temps, elle absorbe mon esprit. Oui, dans l'isolement mélancolique mais délicieux auquel me condamne cette vocation de pèlerin, ma curiosité me tient lieu d'ambition, de puissance, de crédit, de carrière... ; ces rêveries, je le sais, ne sont pas de mon âge ; M. de Chateaubriand était trop grand poète pour nous peindre un René vieillissant. Les langueurs de la jeunesse excitent la sympathie, son avenir lui tient lieu de force ; mais la résignation du René grisonnant ne prête guère à l'éloquence ; pourtant mon destin, à moi, pauvre glaneur dans le champ de la poésie, était de vous montrer comment vieillit un homme né pour mourir jeune ; sujet plus triste qu'intéressant, tâche ingrate entre toutes les tâches ! Mais je vous dis tout sans crainte, sans scrupule, parce que je n'affecte rien.

Appelé par mon caractère, qui a fait mon sort, à voir passer la vie des autres plutôt qu'à vivre moi-même, si vous me refusez la rêverie sous prétexte que j'ai joui trop longtemps de cette ivresse des enfants et des poètes, vous m'ôtez avant l'heure ce que Dieu m'avait départi d'existence.

C'est par un esprit de réaction contre les doctrines chrétiennes qu'on est convenu dans le monde, surtout depuis un siècle, de préconiser l'ambition en la donnant pour remède à l'égoïsme ; comme si la plus cruelle, la plus impitoyable des passions, l'envie, fille de l'ambition, n'était pas tout à la fois une cause et un effet de l'égoïsme, et comme si l'État se voyait à chaque instant menacé de manquer de talents orgueilleux, de cœurs avides, d'esprits dominateurs. De cette soi-disant vertu des ambitieux il suit que les meneurs des peuples, les hommes d'action, semblent avoir le privilége de l'iniquité ; quant à moi, je ne vois nulle différence entre l'injuste convoitise d'une nation conquérante et le vol à main armée d'un brigand. La seule distinction à établir entre les crimes publics et les forfaits isolés, c'est que les uns font un grand et les autres un petit mal.

Mais que deviendrait la société, dites-vous, si tous les hommes faisaient ce que vous faites et disaient ce que vous dites ? Singulière crainte des serviteurs du siècle ! Ils croient toujours leur idole menacée d'abandon. Eux qui prétendent tout comprendre, ils n'admettent pas les exceptions. Je n'ai garde de les prêcher, néanmoins je rappellerai à ces glorieux esprits que la pire des intolérances est l'intolérance philosophique.

Je ne puis vivre de la vie du monde parce que ses intérêts, son but ou du moins les moyens qu'il emploie pour les défendre et pour l'atteindre n'ont rien qui m'inspire cette émulation salutaire, sans laquelle un homme est vaincu d'avance dans les luttes d'ambition ou de vertu qui font la vie des sociétés. Là le succès se compose de deux problèmes contraires : vaincre ses rivaux et faire profession sa victoire par ses rivaux. Voilà pourquoi il est si difficile à conquérir une fois, si rare pour ne pas dire si impossible à obtenir longtemps...

J'y ai renoncé même avant l'âge du découragement. Puisque je dois cesser de lutter un jour, j'aime mieux ne pas commencer : c'est ce que mon cœur me disait en me rappelant la belle expression du prédicateur des gens du monde : « Tout ce qui finit est si court ! » Là-dessus je laisse défiler sans envie comme sans dédain le cortége de ces audacieux jouteurs qui croient que le monde est à eux parce qu'ils se donnent à lui.

Accordez-moi mon congé sans craindre que jamais les soldats viennent à manquer à vos batailles, et laissez-moi tirer tout le parti possible de mon loisir et de mon indifférence ; ne voyez-vous pas d'ailleurs que l'inaction n'est qu'apparente, et que l'intelligence profite de sa liberté pour observer plus attentivement, pour réfléchir sans distraction ?

L'homme qui voit les sociétés à distance est plus lucide dans ses jugements que celui qui s'expose toute sa vie au froissement de la machine politique : l'esprit discerne d'autant mieux la figure des mécaniques employées à la fabrication des choses de ce monde, qu'il demeure plus étranger à leur trituration : ce n'est pas en grimpant sur une montagne qu'on en distingue les formes.

Les hommes d'action n'observent que de mémoire et ne pensent à peindre ce qu'ils ont vu que lorsqu'ils sont retirés du théâtre ; mais alors aigris par une disgrâce, sentant s'approcher leur fin, fatigués, désenchantés, ou livrés à des accès d'espérance dont l'inutile retour est une inépuisable source de déception, ils gardent presque toujours pour eux seuls le trésor de leur expérience.

Croyez-vous que si j'eusse été poussé à Pétersbourg par le courant des affaires, j'aurais deviné, j'aurais aperçu le revers des choses comme je les vois, et en si peu de temps? Renfermé dans la société des diplomates, j'aurais considéré ce pays de leur point de vue ; obligé de traiter avec eux, il m'eût fallu conserver ma force pour l'affaire en discussion; sur tout le reste, j'aurais eu intérêt à me concilier leur bienveillance par une grande facilité; ne croyez pas que ce manége puisse s'exercer longtemps impunément et sans réagir sur le jugement de celui qui s'en impose la contrainte. J'aurais fini par me persuader que, sur beaucoup de points, je pensais comme ils pensent, ne fût-ce que pour m'excuser à mes propres yeux de la faiblesse de parler comme ils parlent. Des opinions que vous n'osez réfuter, quelque peu fondées que vous les trouviez d'abord, finissent par modifier les vôtres : quand la politesse va jusqu'à une tolérance aveugle, elle équivaut à une trahison envers soi-même ; elle nuit au coup d'œil de l'observateur qui doit vous montrer les choses et les personnes non comme il les veut, mais comme il les voit.

Et encore, malgré toute l'indépendance dont je me targue, suis-je souvent forcé pour ma sûreté personnelle de flatter l'amour-propre féroce de cette nation ombrageuse, parce que tout peuple à demi barbare est défiant. Ne croyez pas que mes jugements sur les Russes et sur la Russie étonnent ceux des diplomates étrangers qui ont eu le loisir, le goût et le temps d'apprendre à connaître cet Empire : soyez sûr qu'ils sont de mon avis ; mais c'est ce dont ils ne conviendront pas tout haut..... Heureux l'observateur placé de manière à ce que personne n'ait le droit de lui reprocher un abus de confiance !

Toutefois je ne me dissimule pas les inconvénients de ma liberté : pour servir à la vérité, il ne suffit pas de l'apercevoir, il faut la manifester aux autres. Le défaut des esprits solitaires, c'est qu'ils sont trop de leur avis, tout en changeant à chaque instant de point de vue ; la solitude livre l'esprit de l'homme à l'imagination qui le rend mobile.

Mais vous, vous pouvez et vous devez mettre à profit mes apparentes contradictions pour retrouver l'exacte figure des personnes et des choses à travers mes capricieuses et mouvantes peintures. Remerciez-moi : peu d'écrivains sont assez courageux pour abandonner au lecteur une partie de leur tâche et pour braver le reproche d'inconséquence plutôt que de charger leur conscience d'un mérite affecté. Quand l'expérience du jour dément mes conclusions de la veille, je ne crains pas de l'avouer : grâce à la sincérité dont je fais profession, mes voyages deviennent des confessions : les hommes de parti pris sont tout méthode, tout ordonnance, et par là ils échappent à la critique pointilleuse ; mais ceux qui, comme moi, disent ce qu'ils sentent sans s'embarrasser de ce qu'ils ont senti, doivent s'attendre à payer la peine de leur laisser-aller. Ce naïf et superstitieux amour de l'exactitude est sans doute une flatterie au lecteur, mais c'est une flatterie dangereuse par le temps qui court. Aussi m'arrive-t-il parfois de craindre que le monde où nous vivons ne soit pas digne du compliment.

J'aurai donc tout risqué pour satisfaire l'amour de la vérité, vertu que personne n'a ; et dans mon zèle imprudent, sacrifiant à une divinité qui n'a plus de temple, prenant au positif une allégorie, je manquerai la gloire du martyre et passerai pour un niais. Tant il est vrai que dans une société où le mensonge trouve toujours son salaire, la bonne foi est nécessairement punie !... Le monde a des croix pour chaque vérité.

C'est pour méditer sur ces matières et sur bien d'autres, que je me suis arrêté longtemps au milieu du grand pont de la Néva : je désirais me graver dans la mémoire les deux tableaux différents dont j'y pouvais jouir en me retournant seulement et sans changer de place.

Je serais demeuré là longtemps, j'y serais encore si je n'avais voulu me hâter de rentrer chez moi pour vous peindre, avant d'en avoir perdu la mémoire, une partie de l'admiration rêveuse que me faisaient éprouver les tons décroissants de ce mouvant tableau. L'ensemble des choses se décrit mieux de souvenir, mais, pour rendre certains détails, il faut saisir ses premières impressions au vol.

Le spectacle que je viens de vous peindre me remplissait d'un attendrissement religieux que je craignais de perdre. On a beau croire à la réalité de ce qu'on sent profondément, on n'est point arrivé à l'âge que j'ai sans savoir qu'entre tout ce qui passe, rien ne passe si vite que les émotions tellement vives qu'elles nous semblent devoir durer toujours.

Pétersbourg me paraît moins beau, mais plus étonnant que Venise. Ce sont deux colosses élevés par la peur : Venise fut l'œuvre de la peur toute simple : les derniers des Romains aimèrent mieux fuir que mourir, et le fruit de la peur de ces colosses antiques devient une des merveilles du monde moderne; Pétersbourg est également le produit de la terreur, mais d'une terreur pieuse, car la politique russe a su faire de l'obéissance à l'Empereur un dogme. Le peuple russe passe pour très-religieux, soit : mais qu'est-ce qu'une religion qu'il est défendu d'enseigner? On ne prêche jamais dans les églises russes. L'Évangile révélerait la liberté aux Slaves.

Cette crainte de laisser comprendre une partie de ce qu'on veut faire croire m'est suspecte : plus la raison, plus la science restreignent le domaine de la foi, et plus cette lumière divine concentrée dans son foyer divin répand d'éclat ; on croit mieux quand on croit moins. Les signes de croix ne prouvent pas la dévotion ; aussi, malgré leurs génuflexions et toutes leurs marques extérieures de piété, il me semble que les Russes dans leurs prières pensent à l'Empereur plus qu'au Roi des rois. A ce peuple idolâtre de ses maîtres, il faudrait, comme au Japonais, un second souverain : un Empereur spirituel pour le conduire au ciel. Le souverain temporel l'attache trop à la terre. « Réveillez-moi quand vous en serez au bon Dieu, » disait un ambassadeur à moitié endormi dans une église russe par la liturgie impériale.

Quelquefois pourtant je me sens prêt à partager la superstition de ce peuple. L'enthousiasme devient communicatif lorsqu'il est général, ou seulement qu'il le paraît ; mais sitôt que le mal me gagne, je pense à la Sibérie, à cet auxiliaire indispensable de la civilisation moscovite, et soudain je retrouve mon calme et mon indépendance.

La foi politique est plus ferme ici que la foi religieuse ; l'unité de l'Église grecque n'est qu'apparente : Byzance et Moscou ne sont jamais d'accord, les sectes, réduites au silence par le silence habilement calculé de l'Église dominante, creusent leurs chemins sous terre, mais les nations ne sont muettes qu'un temps : tôt ou tard le jour de la discussion se lève : la religion, la politique, tout parle, tout s'explique à la fin. Or, sitôt que la parole sera rendue à ce peuple muselé, on entendra tant de disputes que le monde étonné se croira revenu à la confusion de Babel : c'est par les dissensions religieuses qu'arrivera quelque jour une révolution sociale en Russie.

Lorsque je m'approche de l'Empereur, que je vois sa dignité, sa beauté, j'admire cette merveille ; un homme à sa place, c'est chose rare à rencontrer partout ; mais sur le trône, c'est le phénix. Je me réjouis de vivre dans un temps où ce prodige existe, vu que j'aime à respecter, comme d'autres se plaisent à insulter.

Toutefois j'examine avec un soin scrupuleux les objets de mon respect ; il arrive de là que lorsque je considère de près ce personnage unique sur la terre, je crois que sa tête est à deux faces comme celle de Janus, et que les mots violence, exil, oppression, ou leur équivalent à tous, Sibérie, sont gravés sur celui des deux fronts que je ne vois pas.

Cette idée me poursuit sans cesse, même quand je lui parle. J'ai beau m'efforcer de ne penser qu'à ce que je lui dis, mon imagination voyage malgré moi de Varsovie à Tobolsk, et ce seul nom de Varsovie me rend toute ma défiance.

Savez-vous qu'à l'heure qu'il est les chemins de l'Asie sont encore une fois couverts d'exilés nouvellement arrachés à leurs foyers, et qui vont à pied chercher leur tombe comme les troupeaux sortent du pâturage pour marcher à la boucherie? Ce renouvellement de colère est dû à une soi-disant conspiration polonaise ; conspiration de *jeunes fous*, qui passeraient pour des héros s'ils avaient réussi, quoique pour être désespérées leurs tentatives n'en soient, ce me semble, que plus généreuses. Mon cœur saigne pour les bannis, pour leur famille, pour leur pays..... Qu'arrivera-t-il, quand les oppresseurs de ce coin de terre où fleurit naguère la chevalerie, auront peuplé la Tartarie de ce qu'il y avait de plus noble et de plus courageux parmi les enfants de la vieille Europe? Alors, achevant de combler leur glacière politique, ils jouiront de leur succès : la Sibérie sera devenue le royaume et la Pologne le désert.

Ne devrait-on pas rougir de honte en prononçant le mot de libéralisme, quand on pense qu'il existe en Europe un peuple qui fut indépendant, et qui ne connaît plus d'autre liberté que celle de l'apostasie? Les Russes, lorsqu'ils tournent contre l'Occident les armes qu'ils emploient avec succès contre l'Asie, oublient que le même mode d'action qui peut aider au progrès chez les Calmouks, devient un crime de lèse-humanité chez un peuple depuis longtemps civilisé. Je m'abstiens, vous voyez avec quel soin, de proférer le mot de tyrannie : il serait pourtant à sa place; mais il prêterait des armes contre moi à des hommes blasés sur les plaintes qu'ils excitent sans cesse. Ces hommes sont toujours prompts à crier aux *déclamations révolutionnaires* (1)! Ils répondent aux arguments par le silence, cette raison du plus fort; à l'indignation par le mépris, ce droit du plus faible usurpé par le plus fort; connaissant leur tactique, je ne veux pas les faire sourire..... Mais de quoi me vais-je inquiéter? Passé quelques pages, ils ne me liront pas; ils mettront le livre à l'index et défendront d'en parler; ce livre n'existera pas, il n'aura jamais existé pour eux ni chez eux (2); leur gouvernement se défend en faisant le muet comme leur Église, qui ne vit que de silence; une telle politique a réussi jusqu'à ce jour et doit réussir longtemps encore dans un pays où les distances, l'isolement, les marais, les bois et les hivers tiennent lieu de conscience aux hommes qui commandent, et de patience à ceux qui obéissent (3).

On ne peut assez le répéter, leur révolution sera d'autant plus terrible qu'elle se fera au nom de la religion : la politique russe a fini par fondre l'Église dans l'État, par confondre le ciel et la terre : un homme qui voit Dieu dans son maître n'espère le paradis que de la grâce de l'Empereur. Un tel homme détrompé deviendra un fanatique de liberté.

Les scènes du Volga continuent; et l'on attribue ces horreurs aux provocations des émissaires polonais : imputation qui rappelle la justice du loup de La Fontaine. Ces cruautés, ces iniquités réciproques préludent aux convulsion du dénoûment et suffisent pour nous faire prévoir quelle en sera la nature. Mais dans une nation gouvernée comme l'est celle-ci, les passions bouillonnent longtemps avant d'éclater; le péril a beau s'approcher d'heure en heure, le mal se prolonge, la crise se retarde; nos petits-enfants ne verront peut-être pas l'explosion que nous pouvons cependant présager dès aujourd'hui comme inévitable, mais sans en prédire l'époque.

(Suite de la lettre précédente.)

Pétersbourg, ce 3 août 1839.

Je ne partirai jamais, le bon Dieu s'en mêle.... encore un retard!... mais celui-ci est légitime, vous ne me le reprocherez pas... J'allais monter en voiture; un de mes amis insiste pour me voir : il entre. C'est une lettre qu'il veut me faire lire à l'instant même. Quelle lettre, bon Dieu!!... Elle est de la princesse Troubetzkoï, qui l'adresse à une personne de sa famille, chargée de la montrer à l'Empereur. Je désirais la copier pour l'imprimer sans y changer un mot, c'est ce qu'on n'a pas voulu me permettre. « Elle parcourrait la terre entière, disait mon ami, effrayé de l'effet qu'il venait de produire sur moi.

— Raison de plus pour la faire connaître, répondis-je.

— Impossible. Il y va de l'existence de plusieurs individus; on ne me l'a prêtée que pour vous la montrer sous parole d'honneur et à condition qu'elle sera rendue dans une demi-heure. »

Malheureux pays, où tout étranger apparaît comme un sauveur aux yeux d'un troupeau d'opprimés, parce qu'il représente la vérité, la publicité, la liberté chez un peuple privé de tous ces biens!

Avant de vous dire ce que contient cette lettre, il faut vous conter en peu de mots une lamentable histoire. Vous en connaissez les principaux faits, mais vaguement, comme tout ce qu'on sait d'un pays lointain et auquel on ne prend qu'un froid intérêt de curiosité : ce vague vous rend cruel et indifférent comme je l'étais avant de venir en Russie : lisez et rougissez; oui, rougissez, car quiconque n'a pas protesté de toutes ses forces contre la politique d'un pays où de pareils actes sont possibles, et où l'on ose dire qu'ils sont nécessaires, en est jusqu'à un certain point complice et responsable.

Je renvoie les chevaux par mon feldjæger, sous prétexte d'indisposition subite, et je le charge de dire à la poste que je ne partirai que demain; débarrassé de cet espion officieux, je me mets à vous écrire.

Le prince Troubetzkoï fut condamné *aux galères* il y a quatorze ans; jeune alors il venait de prendre une part très-active à la révolte du 14 décembre.

Il s'agissait de tromper les soldats sur la légitimité de l'empereur Nicolas. Les chefs des conjurés espéraient profiter de l'erreur des troupes pour opérer, à la faveur d'une émeute de caserne, une révolution politique dont heureusement ou malheureusement pour la Russie eux seuls jusqu'alors avaient senti le besoin. Le nombre de ces réformateurs était trop peu considérable pour que les troubles excités par eux pussent aboutir au résultat qu'ils se proposaient : c'était faire du désordre pour le désordre.

La conspiration fut déconcertée par la présence d'esprit de l'Empereur (1), ou mieux par l'intrépidité de son regard; ce prince, dès son avénement au pouvoir, puisa dans l'énergie de son attitude toute la force de son règne.

La révolution arrêtée, il fallut procéder à la punition des coupables. Le prince Troubetzkoï, un des plus compromis, ne put se justifier; on l'envoya comme forçat aux mines de l'Oural pour quatorze ou quinze ans, et pour le reste de sa vie en Sibérie dans une de ces colonies lointaines que les malfaiteurs sont destinés à peupler.

Le prince avait une femme dont la famille tient à ce qu'il y a de plus considérable dans le pays; on ne put jamais persuader à la princesse de ne pas suivre son mari au tombeau. « C'est mon devoir, disait-elle, je le remplirai; nulle puissance humaine n'a le droit de séparer une femme de son mari; je veux partager le sort du mien. » Cette noble épouse obtint la grâce d'être enterrée vivante avec son époux. Ce qui m'étonne depuis que je vois la Russie, et que j'entrevois l'esprit qui préside à ce gouvernement, c'est que, par un reste de vergogne, on ait cru devoir respecter cet acte de dévouement pendant quatorze années. Qu'on favorise l'héroïsme patriotique, c'est tout simple, on en profite; mais tolérer une vertu sublime qui ne s'accorde pas avec les vues politiques du souverain, c'est un oubli qu'on a dû se reprocher. On aura craint les amis des Troubetzkoï : une aristocratie, quelque énervée qu'elle soit, conserve toujours une ombre d'indépendance, et cette ombre suffit pour offusquer le despotisme. Les contrastes abondent dans cette société terrible : beaucoup d'hommes y parlent entre eux aussi librement que s'ils vivaient en France : cette liberté secrète les console de l'esclavage public qui fait la honte et le malheur de leur pays.

Donc dans la crainte d'exaspérer des familles prépondérantes, on aura cédé à je ne sais quel genre de prudence ou de miséricorde : la princesse est partie avec son mari le galérien; et ce qu'il y a de plus merveilleux, c'est qu'elle est arrivée. Trajet immense, et qui était à lui seul une épreuve terrible. Vous savez que ces voyages se font en téléga, petite charrette découverte, sans ressort; on roule pendant des centaines, des milliers de lieues sur des rondins qui brisent les voitures et les corps. La malheureuse femme a supporté cette fatigue et bien d'autres après celle-là : j'entrevois ses privations, ses souffrances, mais je ne puis vous les décrire, les détails me manquent, et je ne veux rien imaginer : la vérité dans cette histoire m'est sacrée.

L'effort vous paraîtra plus héroïque quand vous saurez que jusqu'à l'époque de la catastrophe les deux époux avaient vécu assez froidement ensemble. Mais un dévouement passionné ne tient-il pas lieu d'amour? n'est-ce pas l'amour lui-même? L'amour a plusieurs sources, et le sacrifice est la plus abondante.

Ils n'avaient point eu d'enfants à Pétersbourg; ils en eurent cinq en Sibérie!

Cet homme glorifié par la générosité de sa femme est devenu un être sacré aux yeux de tout ce qui s'approche de lui. Eh! qui ne vénérerait l'objet d'une amitié si sainte!

Quelque criminel que fût le prince Troubetzkoï, sa grâce, que l'Empereur refusera probablement jusqu'à la fin, car il croit devoir à son peuple et se devoir à lui-même une sévérité implacable, est depuis longtemps accordée au coupable par le Roi des rois; les vertus presque surnaturelles d'une épouse peuvent apaiser la colère divine, elles n'ont pu désarmer la justice humaine. C'est que la toute-puissance de Dieu est une réalité, tandis que celle de l'empereur de Russie n'est qu'une fiction. Il en coûte bien plus pour la soutenir.

Il y a longtemps qu'il aurait pardonné s'il était aussi grand qu'il le paraît; mais dans l'obligation où il est de jouer un rôle, la clémence, outre qu'elle répugne à son naturel, lui semble une faiblesse par laquelle le roi manquerait à la royauté; habitué qu'il est à mesurer sa force à la peur qu'il inspire, il regarderait la pitié comme une infidélité à son code de morale politique.

Quant à moi qui ne juge du pouvoir d'un homme sur les autres que par celui que je lui vois exercer sur lui-même, je ne crois son autorité assurée que lorsqu'il a su pardonner; l'empereur Nicolas n'a osé que punir. C'est que l'empereur Nicolas, qui se connaît en flatterie, puisqu'il est flatté toute sa vie par soixante millions d'hommes, lesquels s'évertuent à lui persuader qu'il est au-dessus de l'humanité, croit devoir rendre à son tour quelques grains d'encens à la foule dont il est adoré, et cet encens empoisonné inspire la cruauté. Le pardon serait une leçon dangereuse à donner à un peuple aussi rude encore au fond du cœur que l'est le peuple russe. Le prince se

(1) Ne m'accusera-t-on pas, dans une réfutation de ce livre, d'être un jacobin?
(2) L'Empereur m'a préservé de ce malheur. (*Note de l'Auteur.*)
(3) On a démenti ce passage par des livres et beaucoup de discours, mais la vérité finit toujours par triompher.

(1) Voyez treizième Lettre, conversation de l'Empereur.

s'abaisse au niveau de ses sauvages sujets ; il s'endurcit avec eux, il ne craint pas de les abrutir pour se les attacher : peuple et souverain luttent entre eux de déceptions, de préjugés et d'inhumanité. Abominable combinaison de barbarie et de faiblesse, échange de férocité, circulation de mensonge qui fait la vie d'un monstre, d'un corps cadavéreux dont le sang est du venin : voilà le despotisme dans son essence et dans sa fatalité !...

Les deux époux ont vécu pendant quatorze ans à côté, pour ainsi dire, des mines de l'Oural, car les bras d'un ouvrier comme le prince avancent peu le travail matériel de la pioche ; il est là pour y être... voilà tout ; mais il est galérien, cela suffit... Vous verrez tout à l'heure à quoi cette condition condamne un homme... *et ses enfants!!!*...

Il ne manque pas de bons Russes à Pétersbourg, et j'en ai rencontrés, qui regardent la vie des condamnés aux mines comme fort supportable (1) et qui se plaignent de ce que les *modernes faiseurs de phrases* exagèrent les souffrances des conspirateurs de l'Oural. A la vérité, ils conviennent qu'on ne peut leur faire parvenir aucun argent ; mais leurs parents ont la permission de leur envoyer des denrées ; ils reçoivent ainsi des vêtements et des vivres... Des vivres!... il est peu d'aliments qui puissent traverser ces distances fabuleuses sous un tel climat sans se détériorer. Mais quelles que soient les privations, les souffrances des condamnés, les vrais patriotes approuvent sans restriction le bagne politique d'invention russe. Ces courtisans des bourreaux trouvent toujours la peine trop douce pour le crime.

Au 18 fructidor, les républicains français ont usé du même moyen : l'un des cinq directeurs, Barthélemy, fut déporté à Cayenne, ainsi qu'un nombre considérable de personnes accusées et convaincues de n'avoir pas adopté avec assez d'enthousiasme les idées philanthropiques du parti de la majorité ; mais au moins ces malheureux furent exilés sans être dégradés, on les traitait en citoyens quoique en ennemis vaincus. La République les envoyait mourir dans des pays où l'air empoisonne les Européens, mais en les tuant pour se débarrasser d'eux, elle n'en faisait pas des parias.

Quoi qu'il en soit des délices de la Sibérie, la santé de la princesse Troubetzkoï est altérée par son séjour aux mines : on a peine à comprendre qu'une femme habituée au luxe du grand monde dans un pays voluptueux, ait pu supporter si longtemps les privations de tous genres auxquelles elle s'est soumise par choix. Elle a voulu vivre, elle a vécu, elle est devenue grosse, elle est accouchée, elle a élevé ses enfants sous une zone où la longueur et le froid de l'hiver nous paraissent contraires à la vie. Le thermomètre y descend chaque année de 36 à 40 degrés : cette température seule suffirait pour détruire la race humaine... Mais la sainte femme a bien d'autres soucis.

Au bout de sept années d'exil, lorsqu'elle vit ses enfants grandir, elle crut devoir écrire à une personne de sa famille pour tâcher qu'on suppliât humblement l'Empereur de permettre qu'ils fussent envoyés à Pétersbourg ou dans quelque autre grande ville, afin d'y recevoir une éducation convenable.

La supplique fut portée aux pieds du Czar, et le digne successeur des Ivan et de Pierre Ier a répondu que des enfants de galérien, galériens eux-mêmes, sont toujours assez savants.

Sur cette réponse, la famille,... la mère,... le condamné, ont gardé le silence pendant sept autres années. L'humanité, l'honneur, la charité chrétienne, la religion humiliée, protestaient seuls pour eux, mais tout bas ; pas une voix ne s'est élevée pour réclamer contre une telle *justice*.

Cependant aujourd'hui un redoublement de misère vient de tirer un dernier cri du fond de cet abîme.

Le prince a fait son temps de galères, et maintenant les exilés libérés, comme on dit, sont condamnés à former, eux et leur jeune famille, une colonie dans un coin des plus reculés du désert. Le lieu de leur nouvelle résidence, choisi à dessein par l'Empereur lui-même, est si sauvage que le nom de cet antre n'est pas même encore marqué sur les cartes de l'état-major russe, les plus fidèles et les plus minutieuses cartes géographiques que l'on connaisse.

Vous comprendrez que la condition de la princesse (je ne nomme qu'elle) est plus malheureuse depuis qu'on lui permet d'habiter cette solitude (remarquez que dans cette langue d'opprimés, interprétée par l'oppresseur, les permissions sont obligatoires) ; aux mines elle se chauffait sous terre ; là du moins cette mère de famille avait des compagnons d'infortune, des consolateurs muets, des témoins de son héroïsme : elle rencontrait des regards humains qui contemplaient et déploraient respectueusement son martyre inglorieux, circonstance qui le rendait plus sublime. Il s'y trouvait des cœurs qui battaient à sa vue ; enfin, sans même avoir besoin de parler, elle se sentait en société, car les gouvernements ont beau faire de leur pis, la pitié se fera jour partout où il y aura des hommes.

(1) L'un d'eux a imprimé en trois langues que la vie des exilés en Sibérie est si douce qu'ils passent leur temps à cultiver des [illegible] et à arroser des fleurs. Pourquoi donc tous les Russes n'[illegible] ils pas pour aller habiter cet Éden ? (*Réfutation de la Russie en 1839*, par M. Gretch.)

Mais comment attendrir des ours, percer des bois impénétrables, fondre des glaces éternelles, franchir les bruyères marécageuses d'un marais sans bornes, se garantir d'un froid mortel dans une baraque, comment enfin subsister seule avec son mari et ses cinq enfants à cent lieues, peut-être plus loin, de toute habitation humaine, si ce n'est de celle du surveillant des colons ? car c'est là ce qu'on appelle en Sibérie coloniser !...

Ce que j'admire autant que la résignation de la princesse, c'est ce qu'il lui a fallu trouver dans son cœur d'éloquence et de tendresse ingénieuse pour surmonter la résistance de son mari, et pour réussir à lui persuader qu'elle était encore moins à plaindre en restant avec lui, en souffrant comme lui, qu'elle ne le serait à Pétersbourg entourée de toutes les commodités de la vie, mais séparée de lui. Quand je considère ce qu'elle est parvenue à donner et à faire recevoir, je reste muet d'admiration ; c'est ce triomphe du dévouement récompensé par le succès, puisqu'il est consenti par l'objet de tant d'amour, que je regarde comme un miracle de délicatesse, de force et de sensibilité : savoir faire le sacrifice de soi-même, c'est noble et rare ; savoir faire accepter un pareil sacrifice, c'est sublime...

Aujourd'hui, ce père et cette mère dénués de tout secours, sans force physique contre tant d'infortunes, épuisés par les trompeuses espérances du passé, par l'inquiétude de l'avenir, ensevelis dans leur solitude, brisés dans l'orgueil de leur malheur qui n'a plus même de spectateurs, punis dans leurs enfants, dont l'innocence ne sert que d'aggravation au supplice des parents : ces martyrs d'une politique féroce ne savent plus comment vivre eux et leur famille. Ces petits forçats de naissance, ces parias impériaux ont beau porter des numéros en guise de noms, s'ils n'ont plus de patrie, plus de place dans l'État, la nature leur a donné des corps qu'il faut nourrir et vêtir : une mère, quelque dignité, quelque élévation d'âme qu'elle ait, verra-t-elle périr le fruit de ses entrailles sans demander grâce ? non, elle s'humilie ;... et cette fois ce n'est pas par vertu chrétienne ; la femme forte est vaincue par l'épouse au désespoir ; prier Dieu ne suffit que pour le salut éternel, elle prie l'homme pour du pain... que Dieu lui pardonne !... elle voit ses enfants malades sans pouvoir les secourir, sans avoir aucun remède à leur administrer pour les soulager, pour les guérir, pour leur sauver la vie qu'ils vont perdre peut-être... Aux mines, on pouvait encore les faire soigner ; dans leur nouvel exil ils manquent de tout. Dans ce dénûment extrême, elle ne voit plus que leur misère ; le père, le cœur flétri par tant de malheur, la laisse agir selon son inspiration ; bref, pardonnant... (demander grâce, c'est pardonner...), pardonnant avec une générosité héroïque à la cruauté d'un premier refus, la princesse écrit une seconde lettre du fond de sa hutte ; cette lettre est adressée à sa famille, mais destinée à l'Empereur. C'était se mettre sous les pieds de son ennemi, c'était oublier ce qu'on se doit à soi-même ; mais qui ne l'absoudrait, l'infortunée ?... Dieu appelle ses élus à tous les genres de sacrifices, même à celui de la fierté la plus légitime ; Dieu est généreux et ses trésors sont inépuisables... Oh ! l'homme qui pourrait comprendre la vie sans l'éternité n'aurait vu des choses de ce monde que le beau côté ! il aurait vécu d'illusions comme on voudrait me faire voyager en Russie.

La lettre de la princesse est arrivée à sa destination, l'Empereur l'a lue ; et c'est pour me communiquer cette lettre qu'on m'a empêché de partir ; je ne regrette pas le retard : je n'ai rien lu de plus simple et de plus touchant : des actions comme les siennes dispensent des paroles : elle use de son privilége d'héroïne, elle est laconique, même en demandant la vie de ses enfants... C'est en peu de lignes qu'elle expose sa situation, sans déclamations, sans plaintes. Elle s'est placée au-dessus de toute éloquence : les faits seuls parlent pour elle ; elle finit en implorant pour unique faveur la permission d'habiter à portée d'une apothicairerie, afin, dit-elle, de pouvoir donner quelque médecine à ses enfants quand ils sont malades... Les environs de Tobolsk, d'Irkutsk ou d'Orenbourg lui paraîtraient le paradis. Dans les derniers mots de sa lettre elle ne s'adresse plus à l'Empereur, elle oublie tout, excepté son mari ; c'est la pensée de leur cœur qu'elle exprime avec une délicatesse et une dignité qui mériteraient l'oubli du forfait le plus exécrable ; et elle est innocente !... et le maître auquel elle parle est tout-puissant, et il n'a que Dieu pour juge de ses actes !... « Je suis bien malheureuse, dit-elle, pourtant si c'était à refaire, je le ferais encore. » Ce mot sublime est sans doute ce qui a endurci le cœur du maître... Malheur à lui !...

Il s'est trouvé dans la famille de cette femme une personne assez courageuse, et quiconque connaît la Russie doit rendre hommage à cet acte de piété, une personne assez courageuse pour oser porter cette lettre à l'Empereur et même pour appuyer d'une humble supplication la requête d'une parente disgraciée. On n'en parle au souverain qu'avec terreur comme on parlerait d'une criminelle ; cependant, devant tout autre homme que l'empereur de Russie, on se glorifierait d'être allié à cette noble victime du devoir conjugal. Que dis-je ? il y a là bien plus que le devoir d'une femme, il y a l'enthousiasme d'un ange.

Néanmoins il faut compter pour rien tant d'héroïsme; il faut trembler, demander grâce pour une vertu qui force les portes du ciel; tous les époux, tous les fils, toutes les femmes, tous les humains devraient élever un monument en l'honneur de ce modèle des épouses;... oui, tous devraient tomber à ses pieds en chantant ses louanges; cependant tous se taisent : on la glorifierait devant les saints; on n'ose la nommer devant l'Empereur!!... Pourquoi règne-t-on, si ce n'est pour faire justice à tous les genres de mérite? Quant à moi, si elle revenait dans le monde, j'irais la voir passer, et si je ne pouvais m'approcher d'elle et lui parler, je me contenterais de la plaindre, de l'envier, et de la suivre de loin comme on marche derrière une bannière bénie.

Eh bien! après quatorze ans de vengeance suivie sans relâche, mais non assouvie... Ah! laissez éclater mon indignation : ménager les termes en racontant de tels faits ce serait trahir une cause sacrée! Que les Russes réclament s'ils l'osent : j'aime mieux manquer de respect au despotisme qu'au malheur, ils m'écraseront s'ils le peuvent, mais au moins l'Europe apprendra qu'un homme à qui soixante millions d'hommes ne cessent de dire qu'il est tout puissant, se venge! .. Oui, c'est le mot vengeance que je veux attacher à une telle justice!... Donc, après quatorze ans, cette femme ennoblie par tant d'héroïques misères, obtient de l'Empereur Nicolas, pour toute réponse, les paroles que vous allez lire, et que j'ai recueillies de la bouche même d'une personne à qui le courageux parent de la victime venait de les répéter : « Je suis étonné qu'on ose encore me parler... (deux fois en quinze ans!...) d'une famille dont le chef a conspiré contre moi. » Doutez de cette réponse, j'en voudrais douter moi-même, mais j'ai la preuve qu'elle est vraie. La personne qui me l'a redite, mérite toute confiance; d'ailleurs les faits parlent : la lettre n'a rien changé au sort des exilés.

Et la Russie se vante de l'abolition de la peine de mort!!... Modérez votre zèle, abolissez seulement le mensonge qui préside à tout, défigure tout, envenime tout chez vous, et vous aurez fait assez pour le bien de l'humanité.

Les parents des exilés, les Troubetzkoi, famille puissante, vivent à Pétersbourg; et ils vont à la cour!!!... Et le jour du départ de l'exilé *le père de la princesse* a donné une fête à la famille impériale!!!... Voilà l'esprit de corps, la dignité, l'indépendance de l'aristocratie russe. Dans cet Empire de la violence, la peur justifie tout!... bien plus, elle est assurée d'une récompense. La peur, embellie du nom de prudence et de modération, est le seul mérite qui ne reste jamais oublié.

Il y a ici des personnes qui accusent la princesse Troubetzkoi de folie : « Ne peut-elle revenir seule à Pétersbourg? » dit-on. La dérision de la bassesse, c'est le coup de pied de l'âne. Fuyez un pays où l'on ne tue pas légalement, il est vrai, mais où l'on fait des familles de damnés au nom d'un fanatisme politique qui sert à tout absoudre.

Plus d'hésitation, plus d'incertitude!!... Pour moi, l'empereur Nicolas est enfin jugé... C'est un homme de caractère et de volonté : il en faut pour se constituer le geôlier d'un tiers du globe; mais il manque de magnanimité : l'usage qu'il fait de son pouvoir ne me le prouve que trop. Que Dieu lui pardonne; je ne le verrai plus, heureusement! Je lui dirais ce que je pense de cette histoire et ce serait le dernier degré de l'insolence... D'ailleurs, par cette audace gratuite, je porterais le coup de grâce aux infortunés dont j'aurais pris la défense sans mission, et je me perdrais moi-même (1).

Quel cœur ne saignerait à l'idée du supplice volontaire de cette malheureuse mère? Mon Dieu! si c'est là ce que vous destinez sur la terre à la vertu la plus héroïque, montrez-lui donc votre ciel, ouvrez-le pour elle avant l'heure de la mort!... Se figure-t-on ce que doit éprouver cette femme quand elle jette les yeux sur ses enfants, et qu'aidée de son mari, elle tâche de suppléer à l'éducation qui leur manque? L'éducation!... c'est du poison pour ces brutes au mérite! et cependant des gens du monde, des personnes élevées comme nous, peuvent-elles se résigner à n'enseigner à leurs enfants que ce qu'ils doivent savoir pour être heureux dans la colonie sibérienne? Peuvent-elles renier tous leurs souvenirs de famille, toutes leurs habitudes pour dissimuler le malheur de leur position aux innocentes victimes de leur amour? L'élégance native des parents ne doit-elle pas inspirer à ces jeunes sauvages des désirs qu'ils ne pourront jamais réaliser? quel danger, quel tourment de tous les instants pour eux et quelle mortelle contrainte pour leur mère! Cette torture morale ajoutée à tant de souffrances physiques est pour moi un rêve affreux dont je ne puis me réveiller : depuis hier matin, à chaque instant du jour ce cauchemar me poursuit; je me surprends disant : Que fait maintenant la princesse Troubetzkoi? Que dit-elle à ses enfants? De quel œil les regarde-t-elle? Quelle prière adresse-t-elle à Dieu pour ces créatures damnées avant de naître par la providence des Russes? Ah! ce supplice qui tombe sur une génération innocente déshonore toute une nation!!...

Je finis par l'application trop méritée de ces vers de Dante. Quand je les appris par cœur j'étais loin de me douter de l'usage qu'ils me fourniraient ici :

> Ahi Pisa! vituperio delle genti
> Del bel paese là dove 'l sì suona,
> Poich' i vicini a te punir son lenti,
> Muovasi la Capraia e la Gorgona,
> E faccian siepe ad Arno in su la foce,
> Sì ch' egli anneghi in te ogni persona.
> Chè se 'l conte Ugolino aveva voce
> D'aver tradita te delle castella,
> Non dovei tu i figliuoi porre a tal croce?
> Innocenti facea l' età novella,
> Novella Tebe! Uguccion, e 'l Brigata
> E gli altri duo, ch' el canto suso appella.

« Ah! Pise! honte des peuples de cette belle contrée, où le oui est sonore; puisque les voisins sont lents à te punir, que la Capraia et la Gorgona s'ébranlent et forment digue à l'Arno près de la mer afin qu'il noie chez toi tous tes citoyens. Que si le comte Ugolin passait pour avoir livré tes forteresses, devais-tu condamner ses enfants à un tel supplice? Innocents les faisait leur âge encore nouveau, nouvelle Thèbes, Uguiccion et le Brigata et les autres, que j'ai chantés plus haut (1). »

J'achèverai mon voyage, mais sans aller à Borodino, sans assister à l'entrée de la cour au Kremlin, sans vous parler davantage de l'Empereur : qu'aurais-je à vous dire de ce prince que vous ne sachiez maintenant aussi bien que moi? Songez, pour vous faire une idée des hommes et des choses de ce pays, qu'il s'y passe bien d'autres histoires du genre de celles que vous venez de lire : mais elles sont et resteront ignorées; il a fallu un concours de circonstances que je regarde comme providentiel pour me révéler les faits et les détails que ma conscience me force à consigner ici (2).

(1) Je n'ai plus cette crainte en publiant mon voyage, car ayant écrit librement mon opinion sur toutes choses, je ne puis être soupçonné de parler, en cette circonstance, à la prière d'une famille ou d'une personne.

(1) A quoi servent les institutions dans un pays où le gouvernement est au-dessus des lois, où le peuple languit dans l'oppression à côté de la justice, qui lui est montrée de loin comme on présente un morceau friand à un chien qu'on bat s'il ose en approcher, comme une curiosité qui subsiste à condition que personne n'y touche? On croit rêver quand, sous un régime aussi cruellement arbitraire, on lit dans la brochure de M. J. Tolstoï, déjà citée : *Coup d'œil sur la législation russe*, suivi d'un léger aperçu sur l'administration de ce pays, ces paroles dérisoires : « C'est elle (l'impératrice Élisabeth) qui décréta l'abolition de la peine de mort; cette « question si difficile à résoudre, que les publicistes les plus éclairés, les criminalistes et les jurisconsultes de nos jours ont examinée, controversée et débattue « sous toutes ses faces sans parvenir à en trouver la solution, Élisabeth l'a résolue il y a environ un siècle dans un pays qu'on ne cesse de représenter comme « une terre barbare. » Ce chant de triomphe, exécuté d'un air si délibéré, nous donne un échantillon de la manière dont les Russes comprennent la civilisation. En fait de progrès politique et législatif, la Russie jusqu'à présent s'est contentée du mot; à la manière dont les lois sont observées dans ce pays on ne risque rien de les faire douces. C'est ainsi que par un système opposé on les faisait sévères dans l'Europe occidentale au moyen âge et avec tout aussi peu de succès! On devrait dire aux Russes : Commencez par décréter la permission de vivre, vous raffinerez ensuite sur le code pénal.

En 1836, la sœur d'un M. Pawlof, employé dans je ne sais quelle administration, avait été séduite par un jeune homme qui refusait de l'épouser, malgré les sommations du frère. Celui-ci apprenant que le séducteur allait se marier à une autre femme, attend le fiancé à la porte de sa maison au moment où le cortège revenait de la messe et il le poignarde. Le lendemain, Pawlof fut dégradé; il allait subir la peine légale de l'exil, mais l'Empereur, mieux informé casse l'arrêt de l'Empereur mal informé!... et le surlendemain, l'assassin est réhabilité.

Lors de l'affaire d'Alibaud, un Russe, qui n'est pas un paysan puisqu'il est le neveu d'un des grands seigneurs les plus spirituels de la Russie, déclamait contre le gouvernement français : « Quel pays! s'écriait-il; juger un pareil monstre!... que ne l'exécutait-on le lendemain de son attentat!!... »

Voilà l'idée que les Russes se font du respect qu'on doit à la justice et au monarque.

La courte brochure de M. J. Tolstoï n'est qu'un hymne en prose en l'honneur du despotisme, qu'il confond sans cesse, soit à dessein, soit naïvement, avec la monarchie tempérée; cet ouvrage est précieux par les aveux qui s'y trouvent renfermés sous la forme de louanges : il a d'ailleurs un caractère officiel comme tout ce que publient les Russes qui veulent continuer de vivre dans leur pays. Voici quelques exemples de cette flatterie innocente qui ailleurs s'appellerait insulte; mais ici l'encens n'est pas raffiné. L'auteur loue l'empereur Nicolas des réformes introduites par ce prince dans le code des lois russes; grâce à ces améliorations, dit-il, *aucun noble ne pourra désormais être mis aux fers, quelle que soit sa condamnation*. Ce titre de gloire du législateur, rapproché des actes de l'Empereur, et particulièrement des faits que vous venez de lire, vous donne la mesure de la confiance que vous pouvez accorder aux lois de ce pays et à ceux qui s'enorgueillissent tantôt de leur douceur, tantôt de leur efficacité. Ailleurs le même courtisan..., j'allais dire écrivain, poursuit son cours de louanges et s'extasie en ces termes sur ce qu'il prend pour la constitution de son malheureux pays : « En Russie, « la loi qui émane directement du souverain, acquiert plus de force que les lois qui « proviennent des assemblées délibérantes par la raison qu'il y a un sentiment religieux attaché à tout ce qui dérive de ce principe, l'Empereur étant le chef de la religion du pays; et le peuple que des doctrines délétères n'ont pas encore « corrompu, considère comme sacré tout ce qui découle de cette source. »

La sécurité avec laquelle cette flatterie est dispensée rend toute remarque superflue, mais notre [illegible] ne pourrait porter coup [illegible] de l'éloge. Le choix du point de vue du logicien, homme du monde, homme d'esprit, homme d'affaires, vous en apprend plus sur [illegible] religieuse, politique et juridique qu'on appelle l'ordre social en Russie, sur la vie civile, sur l'esprit, les opinions et les mœurs des Russes que tout ce que j'essaierais de vous développer dans des volumes de réflexions.

(2) Depuis que la première édition de ce livre a paru, une personne attachée à l'ambassade de France lors de la mort de l'empereur Alexandre, m'a raconté le trait suivant dont elle a été un des témoins :

Après l'avénement de son successeur au trône, l'empereur Nicolas condamna à mort les cinq principaux chefs du complot (voyez la brochure de M. Tolstoï, sur la législation russe, au chapitre ci-dessus cité : *Abolition de la peine de mort*); il fut décidé qu'on les pendrait à deux heures du matin sur le glacis de la citadelle, au bord d'un fossé profond de vingt-cinq pieds. Les patients furent placés au-dessous

Je vais recueillir toutes les lettres que j'ai écrites pour vous depuis mon arrivée en Russie, et que vous n'avez pas reçues, puisque je les ai conservées par prudence; j'y joindrai celle-ci, et j'en ferai un paquet bien cacheté que je déposerai en mains sûres, ce qui n'est pas chose facile à trouver à Pétersbourg. Puis je terminerai ma journée en vous écrivant une autre lettre, une lettre officielle qui partira demain par la poste; toutes les personnes, toutes les choses que je vois ici seront louées à outrance dans cette lettre. Vous y verrez que j'admire ce pays sans restriction avec tout ce qui s'y trouve et tout ce qui s'y fait... Ce qu'il y a de plaisant, c'est que je suis persuadé que la police russe et que vous-même vous serez également les dupes de mon enthousiasme de commande et de mes éloges sans discernement ni restrictions (1).

Si vous n'entendez plus parler de moi, pensez qu'on m'a emporté en Sibérie : ce voyage seul pourrait déranger celui de Moscou que je ne différerai pas davantage, car mon feldjæger revient me dire que les chevaux de poste seront irrévocablement à ma porte demain matin.

LETTRE VINGT-DEUXIÈME.

SOMMAIRE. — Route de Pétersbourg à Moscou. — Rapidité du voyage. — Nature des matériaux. — Balustrades des ponts. — Cheval tombé. — Mot de mon feldjæger. — Portrait de cet homme. — Postillon battu. — Train dont on mène l'Empereur. — Asservissement des Russes. — Ce que l'ambition coûte aux peuples. — Le plus sûr moyen de gouverner. — A quoi devrait servir le pouvoir absolu? — Mot de l'Évangile. — Malheur des Slaves. — Domaine de Dieu sur l'homme. — Rencontre d'un voyageur russe. — Ce qu'il me prédit touchant ma voiture. — Prophétie accomplie. — Le postillon russe. — Ressemblance du peuple russe avec les gitanos d'Espagne. — Femmes de la campagne. — Leur coiffure, leurs ajustements, leur chaussure. — La condition des paysans, meilleure que celle des autres Russes. — Résultat bienfaisant de l'agriculture. — Aspect du pays. — Bétail chétif. — Question. — La maison de poste. — Manière dont elle est décorée. — Des distances en Russie. — Aspect désolé du pays. — Habitations rurales. — Montagnes de Valdaï : exagération des Russes. — Toque des paysans, plumes de paon. — Chaussures de nattes. — Rareté des femmes. — Leur costume. — Rencontre d'une voiture de dames russes. — Leur manière de s'habiller en voyage. — Petites villes russes. — Petit lac; couvent dans un site romantique. — Forêts agréables. — Plaines monotones. — Torjeck. — Cuir brodé, maroquin. — Histoire des côtelettes de poulet. — Aspect de la ville. — Ses environs. — Double chemin. — Troupeaux de bœufs. — Charrettes. — Encombrement de la route.

Pomerania, maison de poste à dix-huit lieues de Pétersbourg, ce 3 août 1839.

Voyager en poste sur la route de Pétersbourg à Moscou, c'est se donner pendant des jours entiers la sensation qu'on éprouvait lorsqu'on descendait les montagnes russes à Paris. On fait bien d'apporter une voiture anglaise à Pétersbourg, uniquement pour avoir le plaisir de parcourir sur des ressorts réellement élastiques (ceux des voitures russes ne le sont que de nom) cette fameuse route, la plus belle chaussée de l'Europe, au dire des Russes, et je crois des étrangers. Il faut convenir qu'elle est bien soignée, mais dure, à cause de la nature des matériaux qui, tout cassés qu'ils sont, et même en assez petits morceaux, s'incrustent dans le corps de la chaussée, où ils forment de petites aspérités immobiles, et secouent les boulons au point d'en faire sauter un ou deux par poste; d'où il arrive qu'on perd au relais le temps qu'on a gagné sur la route, où l'on tourbillonne dans la poussière avec l'étourdissante rapidité d'un ouragan chassant les nuages devant lui. La voiture anglaise est bien agréable pour les premiers relais, mais à la longue on sent ici le besoin d'un équipage russe pour résister au train des postillons et à la dureté du chemin. Les garde-fous des ponts sont en belles grilles de fer ornées d'écussons aux armes impériales, et les poteaux qui soutiennent ces élégantes balustrades sont des piliers de granit équarris avec luxe; toutes ces choses ne font qu'apparaître aux yeux du voyageur abasourdi, le monde fuit derrière lui comme les rêves d'un malade.

Cette route, plus large que les routes d'Angleterre, est tout aussi unie quoique moins douce, et les chevaux qui vous traînent sont petits, mais pleins de nerf.

de la potence sur un banc élevé de quelques pieds. Tous les apprêts du supplice terminés, le comte de Tchernicheff, chargé par son maître de présider à l'exécution, commence son office de chef des bourreaux en donnant le signal convenu : le tambour bat et le banc est retiré de dessous les pieds des criminels : à l'instant trois des cordes cassent, deux des victimes délivrées tombent au fond du fossé, la troisième s'arrête sur la berge. Les personnes qui avaient pu assister à cette lugubre scène d'épouvante, leurs cœurs battent de joie et de reconnaissance en pensant que l'Empereur a pris ce moyen pour accorder les droits de l'humanité avec les devoirs de la politique. Mais le comte de Tchernicheff fait continuer le roulement des tambours, les exécuteurs des hautes œuvres descendent dans le fossé, ramassent deux des victimes, dont l'une avait les jambes cassées et l'autre la mâchoire fracassée; ils les aident à se replacer sous la potence, leur rattachent la corde au cou; mais, tandis que le troisième condamné, resté intact, subit la même opération, cet infortuné rassemble ses forces et, avec une rage héroïque, il s'écrie de manière à se faire entendre malgré le tambour : « Malheureux pays où l'on ne sait pas même pendre ! » Il avait été l'âme de la conspiration et il s'appelait Pestel.

Cette énergie du vaincu et cette barbarie du pouvoir triomphant, voilà toute la Russie! Pour compléter le tableau, il faut dire qu'à la suite de cette scène, M. de Tchernicheff fut créé comte et nommé ministre de la guerre.

(1) Je pensais, non sans fondement, que ces flatteries circonstanciées saisies à la frontière m'assureraient une tranquillité pendant le reste de mon voyage.

Mon feldjæger a des idées, une tenue, une figure qui ne me permettent pas d'oublier l'esprit qui règne dans son pays. En arriv[ant] au second relais, un de nos quatre chevaux attelés de front man[que] des quatre pieds, et tombe sous la roue. Heureusement le coch[er], sûr de ceux qui lui restent, les arrête sur place : malgré la sai[son] avancée, il fait encore dans le milieu du jour une chaleur brûla[nte] et la poussière rend l'air étouffant. Je pense que le cheval tom[bé] vient d'être frappé d'un coup de soleil, et que si on ne le saign[e] l'instant il va mourir; j'appelle mon feldjæger, et, tirant de [ma] poche un étui contenant une flamme de vétérinaire, je la lui o[ffre] en lui disant d'en faire usage tout de suite, s'il veut sauver la p[au]vre bête. Il me répond avec un flegme malicieux, sans prendre l'[ins]trument que je lui présente, sans regarder l'animal : « C'est b[ien] inutile, nous sommes au relais. »

Là dessus, au lieu d'aider le malheureux postillon à dégager l'[a]nimal, il entre dans l'écurie voisine pour nous faire préparer [un] autre attelage.

Les Russes sont encore loin d'avoir, comme les Anglais, une [loi] pour protéger les animaux contre les mauvais traitements [des] hommes; chez eux au contraire les hommes auraient besoin qu'[on] plaidât leur cause comme on plaide à Londres pour les chiens et [les] chevaux. Mon feldjæger ne croirait pas à l'existence d'une telle l[oi].

Cet homme, Livonien d'origine, parle allemand, heureuseme[nt] pour moi. Sous les dehors d'une politesse officielle, à travers un la[n]gage obséquieux, on lui lit dans la pensée beaucoup d'insolence [et] d'obstination. Sa taille est grêle ses cheveux d'un blond de filas[se] donnent à ses traits un air enfantin que dément l'expression du[re] de sa physionomie et surtout de ses yeux, dont le regard est fa[ux] et cruel; ils sont gris, bordés de cils presque blancs, son front [est] bombé, mais bas; ses épais sourcils sont d'un blond fade; son v[i]sage est sec; sa peau serait blanche, mais elle est tannée par l'a[c]tion habituelle de l'air; sa bouche fine, toujours serrée au repo[s], est bordée de lèvres si minces, qu'on ne les entrevoit que lorsqu['il] parle. Son uniforme, vert russe, proprement tenu, bien coupé, fi[xé] autour des reins au moyen d'une ceinture de cuir bouclée par d[e]vant, lui donne une sorte d'élégance. Il a la démarche légère, ma[is] l'esprit extrêmement lent.

Malgré la discipline qui l'a façonné, on s'aperçoit qu'il n'est p[as] Russe d'origine : la race moitié suédoise, moitié teutonne qui peup[le] la côte méridionale du golfe de Finlande, est très-différente de cel[le] des Slaves et des Finois qui dominent dans le gouvernement [de] Pétersbourg. Les vrais Russes valaient primitivement mieux que [les] populations bâtardes qui défendent aujourd'hui les abords du pay[s].

Ce feldjæger m'inspire peu de confiance; officiellement il s'a[p]pelle mon protecteur, mon guide; mais je vois en lui un e[s]pion déguisé, et je pense qu'à chaque instant il pourrait recevo[ir] l'ordre de se déclarer sbire ou geôlier... De telles idées trouble[raient] le plaisir de voyager, mais je vous ai déjà dit qu'elles ne m[e] viennent que lorsque j'écris : en route le mouvement qui m'em[porte] et la succession rapide des objets me distraient de tout.

Je vous ai dit aussi que les Russes entre eux font assaut de pol[i]tesse et de brutalité, tous se saluent et se frappent à l'envi les u[ns] des autres : voici, entre mille, un nouvel exemple de cet échange [de] compliments et de mauvais traitements. Le postillon qui vient de m[e] conduire à la maison de poste d'où je vous écris, avait encouru au dé[part], je ne sais par quelle faute, une peine qu'il est plus habitué à s[u]bir que je ne le suis à la voir infliger par un homme à un autre homme. Celui-ci donc, tout jeune, on peut même dire tout enfant qu'il es[t], a été foulé aux pieds avant de me mener, et rudement frappé [à] coups de poing par son camarade, le chef de l'écurie. Les coup[s] étaient forts, car je les entendais de loin retentir dans la poitrin[e] du patient. Quand l'exécuteur des hautes œuvres, le justicier de [la] poste fut las de sa tâche, la victime se releva sans proférer une pa[role] : essoufflé, tremblant, le malheureux rajuste sa chevelure, s[a]lue son supérieur, et, encouragé par le traitement qu'il vient de re[]cevoir de lui, il monte légèrement sur mon siége, pour me faire fair[e] au triple galop quatre lieues et demie ou cinq lieues en une heure.

L'Empereur en fait sept. Les wagons du chemin de fer auraien[t] de la peine à suivre sa voiture. Que d'hommes doivent être battus, que de chevaux doivent crever pour rendre possible une si éton[]nante vélocité, et cela pendant cent quatre-vingts lieues de suite!... On prétend que l'incroyable rapidité de ces voyages en voiture dé[]couverte nuit à la santé : peu de poitrines résistent à l'habitude d[e] fendre l'air si rapidement. L'Empereur est constitué de manière [à] supporter tout, mais son fils, moins robuste, se ressent déjà de[s] assauts qu'on livre à son corps, sous prétexte de le fortifier. Ave[c] le caractère que ses manières sa physionomie et son langage fon[t] supposer, ce prince doit souffrir dans son pays moralement autan[t] que physiquement. C'est le cas d'appliquer le mot de Chamfort : « Dans la vie de l'homme, il vient inévitablement un âge où il fau[t] que le cœur se bronze ou se brise. »

Le peuple russe me fait l'effet de ces hommes d'un talent gra[]cieux, et qui se croient nés exclusivement pour la force : avec l[e] laisser-aller des Orientaux il possède le sentiment des arts, ce qu[i] équivaut à dire que la nature a donné à ces hommes le besoin de l[a] liberté : au lieu de cela leurs maîtres en font des machines à oppression. Un homme, pour peu qu'il s'élève d'une ligne au-dessus de la tourbe, acquiert aussitôt le droit, bien plus, il contracte l'obligation de maltraiter d'autres hommes auxquels il est chargé de transmettre les coups qu'il reçoit d'en haut, quitte à chercher dans les maux qu'il inflige, des dédommagements à ceux qu'il subit. Ainsi descend d'étage en étage l'esprit d'iniquité jusque dans les fondements de cette malheureuse société qui ne subsiste que par la violence, mais une violence telle qu'elle force l'esclave à se mentir à lui-même pour remercier le tyran ; et de tant d'actes arbitraires dont se compose chaque existence particulière, naît ce qu'on appelle ici l'ordre public, c'est-à-dire une tranquillité morne, une paix effrayante, car elle tient de celle du tombeau : les Russes sont fiers de ce calme. Tant qu'un homme n'a pas pris son parti de marcher à quatre pattes, il faut bien qu'il s'enorgueillisse de quelque chose, ne fût-ce que pour conserver son droit au titre de créature intelligente... Que si l'on parvenait à me prouver la nécessité de l'injustice et de la violence pour obtenir de grands résultats politiques, j'en conclurais que le patriotisme, loin d'être une vertu civique, comme on l'a dit jusqu'à présent, est un crime de lèse-humanité.

Les Russes s'excusent à leurs propres yeux par la pensée que le gouvernement qu'ils subissent est favorable à leurs ambitieuses espérances ; mais tout but qui ne peut être atteint que par de tels moyens est mauvais. Ce peuple est intéressant ; je reconnais chez les individus des dernières classes une sorte d'esprit dans leur pantomime, de souplesse, de prestesse dans leurs mouvements, de finesse, de mélancolie, de grâce dans leur physionomie qui dénote des hommes de race : on en a fait des bêtes de somme. Me persuadera-t-on qu'il faille superposer les dépouilles de ce bétail humain dans le sol, pour que la terre s'engraisse pendant des siècles avant de pouvoir produire des générations dignes de recueillir la gloire que la Providence promet aux Slaves ? La Providence défend de faire un petit mal, même dans l'espoir du plus grand bien.

Ce n'est pas à dire qu'on doive et qu'on puisse aujourd'hui gouverner la Russie comme on gouverne les autres pays de l'Europe ; seulement, je soutiens qu'on éviterait bien des maux si l'exemple de l'adoucissement des mœurs était donné d'en haut. Mais qu'espérer d'un peuple de flatteurs, flatté par son souverain ? Au lieu de les élever à lui, il s'efforce de s'abaisser à leur niveau.

Si la politesse de la cour influe sur les manières des hommes des dernières classes, n'est-il pas permis de penser que l'exemple de la clémence donné par un prince absolu, inspirerait le sentiment de l'humanité à tout son peuple ?

Usez de sévérité contre ceux qui abusent et de mansuétude contre ceux qui souffrent, et bientôt vous aurez changé votre troupeau en nation... problème difficile à résoudre sans doute ; mais n'est-ce pas pour exécuter ce qui serait impossible à d'autres que vous êtes déclaré et reconnu tout-puissant ici-bas ? L'homme qui occupe la place de Dieu sur la terre ne doit reconnaître d'impossible que le mal. Il est obligé de ressembler à la Providence pour légitimer la puissance qu'il s'attribue.

Si le pouvoir absolu n'est qu'une fiction qui flatte l'amour-propre d'un seul homme aux dépens de la dignité d'un peuple, il faut l'abolir : si c'est une réalité, elle coûte trop cher pour ne servir à rien.

Vous voulez gouverner la terre comme les anciennes sociétés par la conquête, vous prétendez vous emparer par les armes des pays qui sont à votre convenance, et de là opprimer le reste du monde par la terreur. L'extension de puissance que vous rêvez n'est point intelligente, elle n'est point morale, et si Dieu vous l'accorde, ce sera pour le malheur du monde.

Je le sais trop, la terre n'est pas le lieu où la justice absolue triomphe. Néanmoins le principe reste immuable, le mal est mal en soi sans égard à ses effets : soit qu'il serve à la perte ou à l'agrandissement d'un peuple, à la fortune ou au déshonneur d'un homme, il pèse toujours du même poids dans la balance éternelle. Ni la perversité d'un individu, ni les crimes d'un gouvernement ne sont jamais entrés dans les desseins de la Providence. Mais si Dieu n'a pas voulu les actions coupables, le résultat des événements s'accorde toujours avec les vues de sa justice, car cette justice veut toutes les conséquences du crime qu'elle n'a pas voulu. Dieu fait l'éducation du genre humain, et toute éducation est une suite d'épreuves.

Les conquêtes de l'Empire romain n'ont pas ébranlé la foi chrétienne ; le pouvoir oppressif de la Russie n'empêchera pas la même foi de subsister dans le cœur des justes. La foi durera sur la terre autant que l'inexplicable et l'incompréhensible.

Dans un monde où tout est mystère, depuis la grandeur et la décadence des nations jusqu'à la reproduction et la disparition d'un brin d'herbe, où le microscope nous en apprend autant sur l'intervention de Dieu dans la nature, que le télescope dans le ciel, que la renommée dans l'histoire, la foi se fortifie de l'expérience de chaque jour, car elle est la seule lumière analogue aux besoins d'un être entouré de ténèbres, avide de certitude, et qui de sa nature n'atteint qu'au doute.

Si nous étions destinés à souffrir l'ignominie d'une nouvelle invasion, le triomphe des vainqueurs ne m'attesterait que les fautes des vaincus.

Aux yeux de l'homme qui pense, le succès ne prouve rien, si ce n'est que la vie de la terre n'est ni le premier ni le dernier mode de la vie humaine. Laissons aux juifs leur croyance intéressée et rappelons-nous le mot de Jésus-Christ : *Mon royaume n'est pas de ce monde.*

Ce mot si choquant pour l'homme charnel, on est bien forcé de le répéter à chaque pas qu'on fait en Russie ; à la vue de tant de souffrances inévitables, de tant de cruautés nécessaires, de tant de larmes non essuyées, de tant d'iniquités volontaires et involontaires, car ici l'injuste est dans l'air ; devant le spectacle de ces calamités répandues non sur une famille, non sur une ville, mais sur une race, sur un peuple habitant le tiers du globe, l'âme éperdue est contrainte de se détourner de la terre, et de s'écrier : « C'est bien vrai, mon Dieu ! votre royaume n'est pas de ce monde. »

Hélas ! pourquoi mes paroles ont-elles si peu de puissance ? Que ne peuvent-elles égaler par leur énergie l'excès d'un malheur qu'on ne saurait consoler que par un excès de pitié ! Le spectacle de cette société, dont tous les ressorts sont tendus comme la batterie d'une arme qu'on va tirer, me fait peur au point de me donner le vertige.

Depuis que je vis en ce pays, et que je connais le fond du cœur de l'homme qui le gouverne, j'ai la fièvre et je m'en vante, car si l'air de la tyrannie me suffoque, si le mensonge me révolte, je suis donc né pour quelque chose de mieux, et les besoins de ma nature, trop nobles pour pouvoir être satisfaits dans des sociétés comme celle que je contemple ici, me présagent un bonheur plus pur. Dieu ne nous a pas doués de facultés sans emploi. Sa pensée nous assigne notre place de toute éternité ; c'est à nous de ne pas nous rendre indignes de la gloire qu'il nous réserve et du poste qu'il nous destine. Ce qu'il y a de meilleur en nous a son terme en lui.

Savez-vous ce qui m'a donné le loisir d'écrire ces réflexions et de vous peindre tout ce qui naît dans ma pensée ? c'est un accident arrivé à ma voiture.

A deux heures d'ici, j'ai rencontré un Russe de ma connaissance qui avait été visiter une de ses terres et revenait à Pétersbourg. Nous nous arrêtons pour causer un instant ; le Russe, en regardant mon briska, se met à rire et à me montrer un lisoir, une traverse, des brides, l'encastrure, les mains de derrière et une des jambes de force d'un ressort.

« Vous voyez toutes ces pièces ? me dit-il, elles n'arriveront pas entières à Moscou. Les étrangers qui s'obstinent à se servir de leurs voitures chez nous, partent comme vous partez et reviennent en diligence.

— Même pour n'aller qu'à Moscou ?

— Même pour n'aller qu'à Moscou.

— Les Russes m'ont dit que c'était la plus belle route de l'Europe ; je les ai crus sur parole.

— Il y a des ponts qui manquent, des parties de chemins à refaire ; on quitte la chaussée à chaque instant pour traverser des ponts provisoires en planches inégales, et grâce à l'inattention de nos postillons les voitures étrangères cassent toujours dans ces mauvais pas.

— Ma voiture est anglaise et éprouvée par de longs voyages.

— Nulle part on ne mène aussi vite que chez nous ; les voitures ainsi emportées éprouvent tous les mouvements d'un vaisseau : le tangage et le roulis combinés comme dans les grands orages ; pour résister à ces longs balancements sur une route unie comme celle-ci, mais dont le fond est dur, il faut, je vous le répète, qu'elles aient été construites dans le pays.

— Vous avez encore le vieux préjugé des voitures lourdes et massives, ce ne sont pourtant pas les plus solides.

— Bon voyage ! vous me direz des nouvelles de la vôtre, si elle arrive à Moscou. »

A peine avais-je quitté cet oiseau de mauvais augure qu'un lisoir a cassé. Nous étions près du relais, où me voici arrêté. Notez que je n'ai fait encore que dix-huit lieues sur cent quatre-vingts. Je serai forcé de renoncer au plaisir d'aller vite, et j'apprends un mot russe pour crier aux postillons : doucement ; c'est le contraire de ce que disent les autres voyageurs.

Un postillon russe, vêtu de son cafetan de gros drap, ou s'il fait chaud comme aujourd'hui, couvert de sa simple chemise de couleur qui fait tunique, paraît au premier coup d'œil un homme de race orientale ; à voir seulement l'attitude qu'il prend en s'asseyant sur son siége, on reconnaît la grâce asiatique. Les Russes ne mènent qu'en cochers, à moins qu'une voiture très-lourde n'exige un attelage de six ou huit chevaux, et même dans ce cas le premier postillon mène du siége. Ce postillon ou cocher tient dans ses mains tout un sac de cordes ; ce sont les huit rênes du quadrige : deux pour chacun des chevaux attelés de front. La grâce, la facilité, la prestesse et la sûreté avec lesquelles il dirige ce pittoresque attelage, la vivacité de ses moindres mouvements, la légèreté de sa démarche lorsqu'il met pied à terre, sa taille élancée, sa manière de porter ses vêtements, toute sa personne enfin rappelle les peuples

les plus naturellement élégants de la terre, et surtout les gitanos d'Espagne. Les Russes sont des gitanos blonds.

Déjà j'ai aperçu quelques paysannes moins laides que celles des rues de Pétersbourg. Leur taille manque toujours de finesse, mais leur visage a de l'éclat, leur teint est frais et brillant; dans cette saison leur coiffure consiste en un mouchoir d'indienne lié autour de la tête, et dont les pointes retombent par derrière avec une grâce qui me paraît naturelle à ce peuple. Elles portent quelquefois une petite redingote coupée aux genoux, liée à la taille avec une ceinture et fendue au-dessous des hanches pour former deux basques qui s'ouvrent par devant en laissant voir la jupe. La forme de cet ajustement a de l'élégance, mais ce qui dépare ces femmes, c'est leur chaussure : elle consiste en une paire de bottes de cuir gras à grosses semelles arrondies du bout. Les pieds de ces bottes sont larges, grimaçants, et la tige en est plissée au point de cacher entièrement la forme de la jambe : on dirait qu'elles ont dérobé la chaussure de leurs maris.

Les maisons ressemblent à celles que je vous ai décrites en revenant de Schlusselbourg; mais elles ne sont pas toutes aussi élégantes. L'aspect des villages est monotone : un village, c'est toujours deux lignes plus ou moins longues de chaumières en bois, régulièrement plantées, à une certaine distance de la grande route, car en général la rue du village dont la chaussée fait le milieu, est plus large que l'encaissement de cette route. Chaque cabane, construite en pièces de bois assez grossières, a le pignon tourné vers le chemin. Ces habitations se ressemblent toutes; mais malgré l'inévitable ennui qui résulte d'une telle uniformité, il m'a paru qu'un air d'aisance et même de bien-être régnait dans les villages. Ils sont champêtres sans être pittoresques, on y respire le calme de la vie pastorale, dont on jouit doublement en quittant Pétersbourg. Les habitants des campagnes ne me paraissent pas gais, mais ils n'ont pas non plus l'air malheureux comme les soldats et les employés du gouvernement; de tous les Russes, ce sont ceux qui souffrent le moins de l'absence de la liberté; s'ils sont les plus esclaves, ils sont les moins inquiets.

Les travaux de l'agriculture sont propres à réconcilier l'homme avec la vie sociale, quelque prix qu'elle coûte, ils lui inspirent la patience par des joies innocentes, et lui font supporter tout pourvu qu'on lui permette de se livrer sans trouble à des occupations qui toutes ont de secrètes analogies avec sa nature.

Le pays que j'ai parcouru jusqu'ici est une mauvaise forêt marécageuse où l'on ne découvre à perte de vue que de petits bouleaux avortés et de misérables pins clair-semés dans une plaine stérile. On ne voit ni campagne cultivée, ni bois touffus et productifs, l'œil ne se repose que sur de maigres champs ou sur des forêts dévastées. Le bétail est ce qui rapporte le plus, mais il est chétif et de mauvaise qualité. Ici le climat opprime les bêtes comme le despotisme tyrannise l'homme. On dirait que la nature et la société luttent d'efforts pour y rendre la vie difficile. Quand on pense aux données physiques d'où il a fallu partir pour organiser une telle société, on n'a plus le droit de s'étonner de rien, si ce n'est de trouver la civilisation matérielle aussi avancée qu'elle l'est chez un peuple si peu favorisé par la nature.

Serait-il vrai qu'il y eût dans l'unité des idées et dans la fixité des choses des compensations à l'oppression même la plus révoltante? Quant à moi je ne le pense pas, mais s'il m'était prouvé que ce régime fût le seul sous lequel pouvait se fonder et se soutenir l'Empire russe, je répondrais par une simple question : Était-il essentiel aux destinées du genre humain que les marais de la Finlande fussent peuplés, et que des hommes réunis là pour leur malheur y bâtissent une ville merveilleuse à voir, mais qui au fond n'est qu'une singerie de l'Europe occidentale? Le monde civilisé n'a gagné à l'agrandissement des Moscovites que la peur d'une invasion nouvelle et le modèle d'un despotisme sans miséricorde comme sans exemple, si ce n'est dans l'histoire ancienne. Encore, s'il était heureux, ce peuple!... mais il est la première victime de l'ambition dont se nourrit l'orgueil de ses maîtres.

La maison d'où je vous écris est d'une élégance qui contraste grossièrement avec la nudité des campagnes environnantes; elle est à la fois poste et auberge, et je la trouve presque propre. On la prendrait pour l'habitation de campagne de quelque particulier aisé; des stations de ce genre, quoique moins soignées que celle de Poméranie, sont bâties et entretenues de distance en distance, sur cette route, aux frais du gouvernement : les murs et les plafonds de celle-ci sont peints à l'italienne; le rez-de-chaussée, composé de plusieurs salles spacieuses, ressemble assez à un restaurateur de province en France. Les meubles sont recouverts en cuir; les siéges sont en canne et propres en apparence : partout on voit de grands canapés pouvant tenir lieu de lits, mais j'ai déjà trop d'expérience pour risquer d'y dormir, je n'ose même pas m'y asseoir; dans les auberges russes, sans excepter les plus recherchées, les meubles de bois à coussins rembourrés sont autant de ruches où fourmille et pullule la vermine.

Je porte avec moi mon lit, qui est un chef-d'œuvre d'industrie. Si je casse encore une fois d'ici à Moscou, j'aurai le temps de profiter de ce meuble, et de m'applaudir de ma précaution; mais moins d'accident on n'a pas besoin de s'arrêter entre Pétersbourg et Moscou. La route est belle, et il n'y a rien à voir : il faut donc être forcé à descendre de voiture pour interrompre le voyage.

(Suite de la même lettre.)

(Tedrova entre Novgorod-la-Grande et Valdaï, ce 4 août 18

Il n'y a pas de distances en Russie : c'est ce que disent les Russes et ce que tous les voyageurs sont convenus de répéter; j'avais adopté comme les autres ce jugement tout fait; mais l'incommode expérience me force de dire précisément le contraire. Tout est distance en Russie : il n'y a pas autre chose dans ces plaines vides à perte de vue; deux ou trois points intéressants sont séparés les uns des autres par des espaces immenses. Ces intervalles sont des déserts sans beautés pittoresques : la route de poste détruit la poésie de la steppe; il ne reste que l'étendue de l'espace, et l'ennui de la stérilité. C'est nu et pauvre, ce n'est pas imposant comme un sol illustré par la gloire de ses habitants, comme la Grèce ou la Judée dévastées par l'histoire, et devenues le poétique cimetière des nations; ce n'est pas non plus grandiose comme une nature vierge, ce n'est que laid, c'est une plaine tantôt aride, tantôt marécageuse; ces deux espèces de stérilité varient seules l'aspect des paysages. Quelques villages de moins en moins soignés à mesure qu'on s'éloigne de Pétersbourg, attristent le paysage au lieu de l'égayer. Les maisons ne sont que des amas de troncs d'arbres assez bien joints, supportant des toits de planches auxquels on ajoute quelquefois pour l'hiver une double couverture en chaume. Ces habitations doivent être chaudes, mais leur aspect est attristant : elles ressemblent aux baraques d'un camp, seulement elles sont plus sales que l'intérieur des baraques provisoires des soldats.

Les chambres de ces cases sont infectes, noires, et l'on y manque d'air. Il ne s'y trouve pas de lits : l'été on dort sur des bancs qui forment divan le long des murs de la salle, et l'hiver sur le poêle ou sur le plancher autour du poêle, c'est-à-dire qu'un paysan russe campe toute sa vie. Le mot demeurer suppose une manière de vivre confortable, des habitudes domestiques sont ignorées de ce peuple.

En passant par Novgorod-la-Grande (1), je n'ai vu aucun des anciens édifices de cette ville qui fut longtemps une république, et qui devint le berceau de l'Empire russe; je dormais profondément quand nous l'avons traversée; si je retourne en Allemagne par Vilna et Varsovie, je n'aurai vu ni le Volkof, ce fleuve qui fut le tombeau de tant de citoyens, car la turbulente république n'épargnait pas la vie de ses enfants, ni l'église de Sainte-Sophie, à laquelle se rattache le souvenir des événements les plus glorieux de l'histoire russe, avant la dévastation et l'asservissement définitif de Novgorod par Ivan IV, ce modèle de tous les tyrans modernes.

On m'avait beaucoup parlé des montagnes de Valdaï que les Russes appellent pompeusement la Suisse moscovite. J'approche de cette ville, et depuis une trentaine de lieues je remarque que le terrain devient inégal, sans qu'on puisse dire qu'il soit montagneux; ce sont de petits ravins où la route est tracée de manière à ce qu'on monte et descende les pentes au galop; on continue d'être bien mené tout en perdant du temps à chaque relais : les postillons russes sont lents à garnir et à atteler leurs chevaux.

Les paysans de ce canton portent une toque aplatie et large du haut, mais très-serrée contre la tête : cette coiffure ressemble à un champignon : elle est quelquefois entourée d'une plume de paon roulée autour du bandeau qui touche le front; si l'homme porte un chapeau, le même ornement est fixé autour du ruban. Le plus souvent leur chaussure est faite de nattes de roseau, tissées par les paysans eux-mêmes et attachées aux jambes en guise de bottines avec des ficelles pour servir de lacets. C'est plus beau en sculpture qu'agréable à voir dans la vie usuelle. Quelques statues antiques nous prouvent l'ancienneté de cet ajustement.

Les paysannes sont toujours rares (2), on voit dix hommes avant de rencontrer une femme : celles que j'ai pu apercevoir avaient un costume qui annonce l'absence totale de coquetterie : c'est une espèce de peignoir très-large qui s'agrafe au col et tombe jusqu'à terre. Ce surtout, qui ne marque nullement la taille, est fermé par devant au moyen d'un rang de boutons; un grand tablier de la même longueur et attaché derrière les épaules par deux courtes bretelles croisées sans aucune grâce, car elles ressemblent aux cordons d'un sac, complète le costume champêtre. Elles marchent presque toutes pieds nus; les plus riches ont toujours pour chaussures les grosses bottes que j'ai déjà décrites. Elles se couvrent la tête avec des mouchoirs d'indienne ou des morceaux de toile en façon de serre-tête. La vraie coiffure nationale des femmes russes ne se porte que les jours de fête : ce diadème extrêmement élevé qui fait le tour de la tête, est brodé de fleurs en fils d'or et d'argent. Cette couronne a de la noblesse et ne ressemble à aucune autre coiffure, si ce n'est à la tour de Cybèle.

(1) Voir pour la description de ce qui reste de cette ville célèbre la relation écrite au retour de Moscou.

(2) Il y a un peu plus de contrées que les femmes russes vivaient renfermées

Les paysannes ne sont pas les seules femmes mal soignées. J'ai vu des dames russes qui ont en voyage une toilette des plus négligées. Ce matin, dans une maison de poste où je m'étais arrêté pour déjeuner, j'ai rencontré toute une famille que je venais de laisser à Pétersbourg, où elle habite un de ces palais élégants que les Russes sont fiers de montrer aux étrangers. Ces dames étaient là magnifiquement vêtues à la mode de Paris. Mais dans l'auberge où, grâce à de nouveaux accidents arrivés à ma voiture, je fus rejoint par elles, c'étaient d'autres personnes; je les trouvais si bizarrement métamorphosées qu'à peine pouvais-je les reconnaître; les fées étaient devenues sorcières. Figurez-vous des jeunes personnes que vous n'auriez vues que dans le monde et qui, tout à coup, reparaîtraient devant vous en costume de Cendrillon, et pire! coiffées de vieux serre-tête en toile soi-disant blanche, sans chapeaux ni bonnets, portant des robes sales, des fichus déguenillés et qui ressemblent à des serviettes, traînant aux pieds des savates en guise de souliers ou de pantoufles : il y a bien là de quoi vous persuader que vous êtes ensorcelé.

Ce qu'il y avait de pis, c'est que les voyageuses étaient suivies d'un train considérable. Ce peuple de valets, hommes et femmes, affublés de vieux habits plus dégoûtants que ceux de leurs maîtresses, allant, venant, faisant un bruit infernal, complétaient l'illusion d'une scène de sabbat. Tout cela criait, courait çà et là; on buvait, on mangeait, on engloutissait les vivres avec une avidité capable d'ôter l'appétit à l'homme le plus affamé. Cependant ces dames n'oubliaient pas de se plaindre avec affectation devant moi de la malpropreté de la maison de poste, comme si elles eussent eu le droit de remarquer de la négligence quelque part; je me croyais tombé au milieu d'une halte de Bohémiennes, si ce n'est que les Bohémiennes n'ont pas de prétentions.

Moi qui me pique de n'être pas difficile en voyage, je trouve les maisons de poste établies sur cette route par le gouvernement, c'est-à-dire par l'Empereur, assez confortables; j'y ai fait presque bonne chère; on y pourrait même coucher pourvu qu'on se passât de lit : vous le savez, ce peuple nomade ne connaît que le tapis de Perse ou de peau de mouton, ou même de natte étendue sur un divan, et sous une tente, tente de bois, de plâtre ou de toile : c'est toujours un souvenir du bivouac; l'usage du coucher comme meuble de première nécessité n'a pas encore été adopté par les peuples de race slave : le lit européen finit à l'Oder, et la plupart des Russes dorment tout habillés.

Quelquefois au bord des petits lacs dont est parsemé l'immense marécage qu'on appelle la Russie, on aperçoit de loin une ville, c'est-à-dire un amas de maisonnettes en planches grises qui se reflètent dans l'eau et produisent un effet assez pittoresque. J'ai traversé deux ou trois de ces ruches d'homme, mais je n'ai remarqué que la ville de [illegible]magoy. C'est une rue de maisons toutes en bois, cette rue [illegible] montueuse a une lieue de long, et ce qui fait qu'on ne l'oublie pas, c'est qu'à quelque distance, on découvre de l'autre côté d'un des golfes du petit lac du même nom, un couvent romantique et dont les tours blanches se détachent pittoresquement au-dessus d'une forêt de sapins, qui m'a paru plus haute et plus touffue qu'aucune de celles que j'ai vues jusqu'à présent en Russie. Quand on songe à la consommation de bois que font les Russes, soit pour construire leurs maisons, soit pour les chauffer, on s'étonne qu'il reste des forêts dans leur pays.

Toutes celles que j'ai traversées jusqu'ici sont dégarnies d'arbres. On appelle cela des bois, mais ce sont des halliers fangeux et dévastés, où dominent de loin à loin des pins de peu d'apparence, et quelques bouleaux dont les maigres cépées ne peuvent servir qu'à empêcher de cultiver la terre.

(*Suite de la même lettre.*)

Torjeck, ce 5 août 1839.

On ne voit pas de loin dans les plaines parce que tout y fait obstacle à l'œil; un buisson, une barrière, un palais vous cachent des lieues de terrain avec l'horizon qui les termine. Du reste ici nul paysage ne se grave dans la mémoire, nul site n'attire vos regards; pas une ligne pittoresque, les plans sont tirés, sans mouvement, sans lignes contrariées; aussi ne contrastent-ils point entre eux; sur un terrain dénué d'accidents, il faudrait au moins les couleurs du ciel méridional : elles manquent à cette partie de la Russie, où la nature doit être comptée absolument pour rien.

Ce qu'on appelle les montagnes de Valdaï sont une suite de pentes et de contre-pentes aussi monotones que les plaines tourbeuses de Novgorod.

La ville de Torjeck est citée pour ses fabriques de cuir; c'est ici qu'on fait ces belles bottes ouvragées, ces pantoufles brodées en fil d'or et d'argent, délices de tous les élégants de l'Europe, surtout de ceux qui aiment les choses bizarres pourvu qu'elles viennent de loin. Les voyageurs qui passent par Torjeck y paient les cuirs fabriqués dans cette ville beaucoup plus cher qu'on ne les vend à Pétersbourg et à Moscou.

Le beau maroquin, le cuir de Russie parfumé se fait à Kazan, et c'est surtout à la foire de Nijni qu'on peut, dit-on, l'acheter à bon marché, et choisir ce qu'on veut parmi des montagnes de peaux.

Torjeck a encore une autre spécialité, pour parler le langage du jour, ce sont les côtelettes de poulet. L'Empereur s'arrêtant un jour à Torjeck, dans une petite auberge, y a mangé des côtelettes de poulet farcies, et à son grand étonnement, il les a trouvées bonnes. Aussitôt les côtelettes de Torjeck sont devenues célèbres par toute la Russie. Voici leur origine. Un Français malheureux avait été bien reçu et bien traité dans ce lieu par l'aubergiste. Avant de partir il dit à cette femme : « Je ne puis vous payer, mais je ferai votre fortune; » et il lui montra comment il fallait accommoder les côtelettes de poulet. Le bonheur voulut, m'a-t-on dit, que cette précieuse recette fût éprouvée d'abord sur l'Empereur et qu'elle réussit. L'aubergiste de Torjeck est morte; mais ses enfants ont hérité de sa renommée, et ils l'exploitent.

Torjeck, lorsque cette ville apparaît tout d'un coup aux yeux du voyageur qui vient de Pétersbourg, fait l'effet d'un camp au milieu d'un champ de blé. Ses maisons blanchies, ses tours, ses pavillons rappellent aussi les minarets des mosquées de l'Orient. On aperçoit les flèches dorées des dômes, on voit des clochers ronds, d'autres carrés; les uns sont à plusieurs étages, les autres sont bas; tous sont peints en vert, en bleu; quelques-uns sont ornés de petites colonnes, en un mot, cette ville annonce Moscou. Le terrain qui l'entoure est bien cultivé, c'est une plaine nue, ornée de seigle; je préfère de beaucoup encore cette vue à l'aspect des bois malades dont mes yeux ont été attristés depuis deux jours : la terre labourée est au moins fertile; on pardonne à une contrée de manquer de beautés pittoresques en faveur de sa richesse; mais une terre stérile et qui pourtant n'a pas la majesté du désert, est ce que je connais de plus ennuyeux à parcourir.

J'ai oublié de faire mention d'une chose assez singulière qui m'a frappé au commencement du voyage.

Entre Pétersbourg et Novgorod, pendant plusieurs relais de suite, je remarquai une seconde route parallèle à la chaussée principale qu'elle suivait sans interruption à une distance peu considérable. Cette espèce de contre-allée a des barrières, des garde-fous, des ponts en bois pour aider à traverser les cours d'eau et les mares; enfin on n'a rien négligé afin de rendre ce chemin praticable, quoiqu'il soit moins beau et beaucoup plus raboteux que la grande route. Arrivé à un relais, je fis demander au maître de poste la cause de cette singularité : mon feldjæger me transmit l'explication donnée par cet homme, la voici : cette route de rechange est destinée aux rouliers, aux bestiaux et aux voyageurs, les jours où l'Empereur ou les personnes de la famille impériale se rendent à Moscou. On évite par cette séparation la poussière et les embarras qui incommoderaient et retarderaient les augustes voyageurs si la grande route restait publique au moment de leur passage. Je ne sais si le maître de poste s'est moqué de moi, il parlait d'un air très-sérieux, et trouvait fort simple, à ce qu'il me parut, de laisser accaparer le chemin par le souverain dans un pays où le souverain est tout. Le roi qui disait : *La France, c'est moi!* s'arrêtait pour laisser passer un troupeau de moutons, et sous son règne le piéton, le roulier, le manant qui suivait le grand chemin, répétait notre vieil adage aux princes qu'il rencontrait : « La route est pour tout le monde; » ce qui fait vraiment les lois, c'est la manière de les appliquer.

En France les mœurs et les usages ont de tout temps rectifié les institutions politiques; en Russie, ils les exagèrent dans l'application, ce qui fait que les conséquences y deviennent pires que les principes.

Au reste, je dois dire que cette double route finit à Novgorod; on a sans doute pensé que l'encombrement serait plus grand aux environs de la capitale; ou peut-être a-t-on renoncé à continuer ce chemin de rebut.

Il faut convenir que du train dont on est mené en Russie, les troupeaux de bœufs que vous rencontrez à chaque instant sur la grande route, ainsi que les longues files de charrettes conduites par un seul roulier, peuvent occasionner des accidents graves et fréquents. La précaution de la double route est peut-être plus nécessaire ici qu'ailleurs; mais je ne voudrais pas qu'on attendît pour écarter le danger qu'il menaçât la vie de l'Empereur ou des membres de sa famille : ceci n'est pas dans l'esprit de Pierre le Grand, qui empruntait aux marchands de Pétersbourg le prix des droschki de louage dans lesquels il se faisait voiturer : le même prince, lorsqu'on voulait fermer un de ses parcs au public, s'écriait : « Vous croyez donc que j'ai dépensé tant d'argent pour moi tout seul? »

Adieu; si je continue mon voyage sans accident, ma première lettre sera datée de Moscou. Chacune des lettres que je vous écris est ployée, sans adresse, et cachée le plus secrètement possible. Mais toutes mes précautions seraient insuffisantes si l'on venait à m'arrêter et à fouiller ma voiture.

LETTRE VINGT-TROISIÈME.

SOMMAIRE. — Madame la comtesse O'Donnell. — Postillons enfants. — Leur manière de mener. — Elle ressemble à une tempête sur mer. — Souvenirs du cirque des anciens. — Pindare. — Marche poétique. — Adresse merveilleuse. — Routes comparées de routiers. — Charrette à un cheval. — Grâce naturelle du peuple russe. — Élégance qu'il donne aux objets dont il se sert. — Intérêt particulier que la Russie doit inspirer aux penseurs. — Costume des femmes. — Bourgeoises de Torjock. — Leur toilette. — La balançoire. — Plaisirs silencieux. — Hardiesse des Russes. — Beauté des paysannes. — Beaux vieillards. — Beauté parfaite. — Chaumières russes. — Divans des paysans. — Bronzes champêtres. — Postillons en vol. — Politesse, dévotion. — Poésie populaire. — Mon feldjæger vole les postillons. — Propos d'une grande dame. — Parallèle de l'esprit du grand monde en France et en Russie. — Femmes d'État. — Diplomatie, double emploi des femmes dans la politique. — Conversation des dames russes. — Manque de moralité chez les paysans. — Réponse d'un ouvrier à son seigneur. — Bonheur des serfs russes. — Ce qui fait l'homme social. — Vérité poétique. — Droits du voyageur. — Vertus et crimes russes. — Rapports de l'Église avec le chef de l'État. — Abolition du patriarcat de Moscou. — Citation de l'Histoire de Russie, par M. Lévesque. — Esclavage de l'Église russe. — Différence fondamentale entre les sectes et l'Église mère. — L'Évangile instrument de révolution en Russie. — Honneurs d'un pontife. — À quoi tiennent les vertus. — Responsabilité du crime; plus redoutable chez les anciens que chez les modernes. — Rêve d'un homme éveillé. — Première vue du Volga. — Souvenirs de l'histoire russe. — L'Espagne et la Russie comparées. — Routes du Nord; leur danger.

À MADAME LA COMTESSE O'DONNELL (1).

Klin, petite ville à quelques lieues de Moscou, ce 6 août 1839.

Encore un temps d'arrêt et toujours pour la même cause! nous cassons régulièrement toutes les vingt lieues. Certes l'officier russe de Poméranie était un *gettatore!*...

Il y a des moments où, malgré mes réclamations et l'usage réitéré du mot *tischné* (doucement), les postillons me font perdre haleine; alors convaincu de l'inutilité de mes instances, je me tais et je ferme les yeux pour éviter le vertige. Au reste, parmi tant de postillons, je n'ai pas rencontré un maladroit, même plusieurs de ceux qu'on m'a donnés jusqu'à présent étaient d'une habileté surprenante. Les Napolitains et les Russes sont les premiers cochers du monde, les plus habiles étaient des vieillards et des enfants; les enfants surtout m'étonnent. La première fois que je vis ma voiture et ma vie confiées à un bambin de dix ans, je protestai contre une telle imprudence; mais mon feldjæger m'assura que c'était l'usage, et comme sa personne était exposée autant que la mienne, je crus à ce qu'il me disait; et nous partîmes au galop de nos quatre chevaux, dont l'ardeur sauvage et l'air indépendant n'étaient pas faits pour me rassurer. L'enfant expérimenté se gardait bien d'essayer de les arrêter, au contraire, les défiant à la course, il les lançait ventre à terre et la voiture suivait comme elle pouvait. Ce manége, plus d'accord avec le tempérament de l'animal qu'avec celui de l'équipage, durait tout le temps du relais; seulement au bout d'une verste, les rôles étaient changés, alors c'était le cocher toujours plus impatient qui pressait l'attelage essoufflé; à peine les chevaux paraissaient-ils vouloir ralentir leur course que l'homme les fouettait jusqu'à ce qu'ils eussent repris leur premier train; l'émulation qui s'établit facilement entre quatre chevaux courageux, menés de front, nous faisait conserver une extrême vitesse jusqu'au bout du relais. Ces ardents animaux, courant tous quatre l'un à côté de l'autre, s'efforcent de se devancer tout le temps du relais, ils mourraient plutôt qu'ils ne renonceraient à la lutte. En appréciant le caractère de cette race de chevaux et en voyant le parti que les hommes en tirent, je reconnus bientôt que le mot que j'avais appris à prononcer avec tant de soin, le mot *tischné*, ne servirait à rien dans ce voyage, et que même je m'exposerais à des accidents, si je m'obstinais à vouloir ralentir le train ordinaire des postillons. Les Russes ont le don et le talent de l'équilibre; hommes et chevaux perdraient leur aplomb au petit trot; leur manière d'aller me divertirait beaucoup avec une voiture plus solide que la mienne; mais à chaque tour de roue, je crois sentir notre équipage tomber en pièces, et nous cassons si souvent que ces appréhensions ne sont que trop justifiées. Sans mon valet de chambre italien qui me sert de charron et de serrurier, nous serions déjà restés en chemin; cependant j'admire l'air de nonchalance avec lequel nos cochers prennent possession de leur siége. Ils s'asseyent de côté avec une grâce non apprise et bien préférable à l'élégance étudiée des cochers civilisés. Quand la route descend, ils se dressent tout à coup sur leurs pieds et mènent debout, le corps légèrement arqué, les bras et les huit rênes tendus. Dans cette attitude de bas-relief antique, on les prendrait pour des cochers du cirque. On fend l'air, des nuages de poussière semblables à l'écume des flots bouillonnant sous un navire marquent le passage des chevaux sur la terre qu'ils effleurent à peine. Alors les ressorts anglais font éprouver à la caisse de la voiture un balancement semblable à celui d'une barque emportée par un vent furieux, mais dont la violence serait neutralisée par des courants contraires; dans le choc des éléments, on sent le char près de s'effondrer : cependant il fuit dans la carrière; on croit relire Pindare, on croit rêver, car cette foudroyante rapidité ne paraît possible qu'à l'imagination; il s'établit alors je ne sais quel rapport entre la volonté de l'homme et l'intelligence de la bête. Il y va de la vie pour tous; ce n'est pas

(1) Milan, ce 1er janvier 1842.

Trois années ne se sont pas encore écoulées depuis le jour que cette lettre fut écrite, et madame la comtesse O'Donnell, à qui elle était adressée, n'existe plus; à peine arrivée jusqu'au milieu de la vie, elle est morte, quasi subitement, sans presque avoir été malade, sans pouvoir préparer sa famille, ses amis, à la douleur de la perdre.

Nous qui comptions sur ses soins ingénieux pour nous consoler dans les inévitables chagrins de la vieillesse, faut-il que nous l'ayons vue, jeune encore, aimée, admirée, nous devancer sur cette pente que nous descendrons vieux et délaissés en regrettant à chaque pas l'appui que nous promettait son cœur généreux, son charmant esprit?

Hélas! naïve crainte désormais de la compromettre en lui adressant mes jugements sur le singulier pays que je décris, je mets ici son nom à l'abri du tombeau. Aussi ce nom paraîtra-t-il seul, cette fois, parmi les lettres que je publierai.

C'était une des femmes les plus aimables, les plus spirituelles que j'aie connues; elle était en même temps l'une des plus dignes d'inspirer, comme des plus capables d'éprouver une amitié véritable. Elle savait à la fois diriger hardiment, et doucement embellir la vie de ses amis; sa raison courageuse lui inspirait les conseils les plus sages, son cœur lui dictait les résolutions les plus nobles, les plus fortes, et la gaîté de son esprit rendait l'existence facile aux plus malheureux : comment désespérer de l'avenir quand on rit du présent?

C'était un caractère sérieux, un esprit léger, piquant, aussi prompt à la réplique qu'indépendant dans ses aperçus, esprit plein de ressort, esprit imprévu comme les circonstances qui provoquaient ses saillies, esprit toujours prêt à répondre au besoin qu'on avait de lui, et qu'il avait de lui-même, car ses reparties étaient parfois une défense terrible.

Ennemie éclairée de toute affectation, elle compatissait à la faiblesse; elle usait avec discernement des armes que lui fournissait sa pénétration naturelle; équitable jusque dans ses plaisanteries, juste même dans ses vivacités, elle ne frappait que sur les ridicules de salon : douée d'un jugement droit, et en même temps exempte de toute pédanterie, elle rectifiait les pensées des autres avec une adresse d'autant plus efficace qu'elle était mieux cachée; avec la sincérité du sentiment qui la guidait dans ce travail bienfaisant, on aurait pris son habile instinct, son goût sûr et délicat pour de l'art, tant elle réussissait à corriger les défauts, et même à redresser les torts sans blesser les personnes! Mais cet art était de la bonté. La finesse ne lui a jamais servi qu'à réaliser les désirs bienveillants de son cœur.

Lorsqu'elle croyait de son devoir d'éclairer la raison d'un ami, elle disait des vérités sévères sans irriter l'amour-propre, car sa franchise était une preuve d'intérêt, et rien n'était plus flatteur que de l'intéresser, parce qu'elle avait l'âme trop noble pour n'être pas indépendante; exclusive dans ses affections, elle libérait ce qu'elle aimait; car elle avait l'esprit d'une rare justesse, qualité sans laquelle toutes les autres sont perdues.

Ce qu'elle montrait de son caractère était agréable, ce qu'elle en cachait était attachant; elle avait toujours l'envie de faire du bien, mais elle n'avouait ordinairement que celle d'amuser et de plaire.

D'autant plus légère, plus élégante, plus libre dans ses allures qu'il s'appliquait moins à produire, son esprit aimait à se jeter par la fenêtre comme l'or des riches. Elle disait qu'elle jouissait mieux du talent des autres, parce qu'elle ne possédait que celui de l'apprécier.

La vie de famille lui avait fourni d'abord, plus qu'à personne les exemples nécessaires et les occasions favorables au développement de cette aimable disposition tendre à louer sincèrement des productions d'autrui *, faculté qu'elle eut exercée ensuite d'une manière gracieuse au profit de tout le monde.

Toutefois, on se serait trompé si l'on eût pris au mot sa modestie naturelle : un esprit si fécond en aperçus fins, en expressions originales et pittoresques, brillant parmi les plus brillants, primesautier, comme dirait Montaigne, équivaut bien au talent; c'était l'esprit de conversation de la société parisienne au meilleur temps, mais appliqué à juger notre époque qu'elle comprenait comme un philosophe et peignait comme un miroir. Tant de qualités diverses, tant de solidité de caractère, de bonté de cœur, de mouvement d'esprit, un si heureux mélange de raison et de gaieté faisait d'elle un des types de ces femmes françaises qui, avec leur énergie cachée sous des grâces dont elles seules ont le secret, sont selon les temps des coquettes séduisantes ou des héros. Les révolutions éprouvent le fond des cœurs et mettent au jour les vertus ignorées.

Naturellement obligeante, elle était heureuse du bien qu'elle faisait plus que des services qu'on lui rendait et pourtant... faculté rare!... elle avait poussé la délicatesse de l'amitié au point d'apprendre à recevoir aussi bien qu'à donner; c'est avoir atteint la perfection du sentiment.

Veillant de près et de loin sur ses amis, sans jamais les importuner de sa sollicitude; toujours sincère avec elle-même et patiente envers les autres; résignée à leurs imperfections comme à la nécessité, cachant avec un soin contraire à celui que prennent les femmes ordinaires, une philosophie profonde sous la légèreté du discours, elle voyait les hommes comme ils sont, et les choses du côté consolant. Ceux qui l'ont connue, savent aussi bien que moi tout ce qu'il y avait de sagesse, de courage dans sa manière prompte et simple de se soumettre aux circonstances, et de charité, d'élévation, de pénétration dans ses jugements sur les caractères.

Éclairée sur les objets de ses affections, elle les aimait malgré leurs défauts qu'elle ne cherchait à cacher qu'aux yeux du monde, elle les aimait dans leurs succès comme dans leurs revers, car elle était exempte d'envie, et ce qui est plus rare et plus beau, elle savait en même temps s'abstenir de toute générosité de parade.

Ses procédés envers les amis malheureux paraissaient le résultat d'une douce inspiration plutôt que le produit d'un calcul de vertu formulé d'avance; rien en elle n'annonçait la contrainte, et tout avait le charme de l'imprévu : mère, fille, sœur, amie excellente, elle n'employait sa vie qu'à faire du bien aux personnes qui lui étaient chères, et loin de se vanter de tant de dévouement, elle était la dernière à s'apercevoir des sacrifices qu'elle faisait; elle en obtenait le prix sans le demander; enfin on pardonnait en elle ce qu'on hait dans les autres : la jalousie; elle était jalouse... mais seulement des affections et jamais des avantages; cette inquiétude exempte d'exigence et de vanité désarmait les cœurs les plus fiers qu'elle attachait sans les révolter : l'envie inspire le mépris, la jalousie telle qu'elle l'éprouvait mérite la compassion.

Voilà ce qu'était la femme à qui j'écrivais cette lettre au moment d'entrer à Moscou; celui qui m'aurait dit alors qu'avant de la publier j'y ajouterais une si triste note, m'aurait découragé pour tout le reste du voyage.

Elle était si aimée, si vivante, qu'on ne peut croire à sa mort, même en la pleurant. Elle revit dans tous nos souvenirs; chacun de nos plaisirs, chacune de nos peines la font renaître dans notre imagination, et désormais notre vie ne sera qu'une continuelle évocation de cette vie que nous n'espérions jamais de voir s'éteindre.

Ce n'est pas moi seul que je désigne ici par ce mot *nous*, je parle pour tous ceux qui l'ont aimée, c'est-à-dire bien connue, pour sa famille, surtout pour sa mère qui lui ressemble, et je suis assuré que malgré la distance qui nous sépare en ce moment, ils retrouveront une partie de leurs sentiments dans l'expression des miens.

* Madame O'Donnell était fille de madame Sophie Gay et sœur de madame Delphine de Girardin.

seulement d'après une impulsion mécanique que l'équipage est guidé, on reconnaît qu'il y a là échange de pensées et de sentiments : c'est de la magie animale, un vrai magnétisme. Cette manière de marcher me paraît un prodige continuel. Le conducteur, miraculeusement obéi, accroît la surprise du voyageur en faisant arrêter, tourner à volonté ses quatre animaux qu'il guide de front comme un seul cheval. Tantôt il les resserre au point de ne tenir guère plus de place qu'un attelage de deux chevaux, et ils passent alors dans d'étroits défilés; tantôt il les espace de manière à ce qu'ils remplissent à eux seuls la moitié de la grande route. C'est un jeu, c'est une guerre qui tient sans cesse en haleine l'esprit et les sens. En fait de civilisation, tout est incomplet en Russie, parce que tout est moderne; sur le plus beau chemin du monde, il reste toujours quelque travail interrompu; à chaque instant, vous rencontrez des ponts volants ou provisoires, et que vous êtes obligé de traverser pour sortir brusquement de la chaussée principale, obstruée par quelque réparation urgente; alors le cocher, sans ralentir sa course fait tourner le quadrige sur place et le mène hors de la route au grand galop comme un habile écuyer dirigerait sa monture. Reste-t-on sur la grande route, on n'y marche jamais droit, car presque tout le temps du relais, on serpente d'un côté du chemin à l'autre, et toujours avec la même adresse, la même rapidité furieuse, entre une multitude de petites charrettes à un cheval, dispersées sans ordre sur la chaussée, parce que dix de ces chariots au moins étant conduits par un seul roulier, cet homme unique ne peut maintenir en ligne un si grand nombre de voitures traînées chacune par un cheval quinteux. En Russie, l'indépendance s'est réfugiée chez les bêtes.

La route est donc nécessairement encombrée par tous ces chariots, et sans l'adresse des postillons russes à trouver un passage au milieu de ce labyrinthe mouvant, il faudrait que la poste marchât au train des rouliers, c'est-à-dire au pas. Ces voitures de transport ressemblent à de grandes tonnes coupées en long par la moitié et posées ainsi tout ouvertes sur des brancards à essieux, ce sont des espèces de coquilles de noix qui rappellent un peu nos chars de Franche-Comté, mais seulement sous le rapport de la légèreté, car la construction de l'équipage et la manière d'atteler sont particulières à la Russie. On voiture là-dessus, en fait de denrées, tout ce qu'on ne fait pas voyager par eau. Le chariot est attelé d'un seul cheval assez petit, mais dont la force est proportionnée à la charge qu'il traîne; cet animal courageux, plein de nerf, tire peu, mais il lutte longtemps avec énergie, il marche jusqu'à la mort et tombe avant de s'arrêter aussi sa vie est-elle courte autant que généreuse ; en Russie un cheval de douze ans est un phénomène.

Rien n'est plus original, plus différent de tout ce que j'ai vu ailleurs que l'aspect des voitures, des hommes et des bêtes qu'on rencontre sur les chemins de ce pays. Le peuple russe a reçu en partage l'élégance naturelle, la grâce qui fait que tout ce qu'il arrange, tout ce qu'il touche, ou ce qu'il porte prend à son insu et malgré lui un aspect pittoresque. Condamnez des hommes d'une race moins fine à faire usage des maisons, des habits, des ustensiles des Russes, ces objets vous paraîtront tout simplement hideux; ici je les trouve étranges, singuliers, mais significatifs et dignes d'être peints. Obligez les Russes à porter le costume des ouvriers de Paris, ils en feront quelque chose d'agréable à l'œil, ou pour mieux dire, jamais Russe n'imaginerait des ajustements si dénués de goût. La vie de ce peuple est amusante, si ce n'est pour lui-même, au moins pour le spectateur; l'ingénieux tour d'esprit de l'homme a réussi à triompher du climat et des obstacles de tous genres que la nature opposait à la vie sociale dans un désert sans poésie. Le contraste de l'aveugle soumission politique d'un peuple attaché à la glèbe, et de la lutte énergique et continue de ce même peuple contre la tyrannie d'un climat ennemi de l'homme, son indépendance sauvage vis-à-vis de la nature perçant à chaque instant sous le joug du despotisme politique : toutes ces choses sont des sources inépuisables de tableaux piquants et de méditations graves. Pour faire un voyage de Russie complet, il faudrait associer un Horace Vernet à un Montesquieu.

Dans aucune de mes courses je n'ai regretté, comme je le fais dans celle-ci, de me sentir peu de talent pour le dessin. La Russie est moins connue que l'Inde, elle a été moins souvent décrite et dessinée : elle est néanmoins tout aussi curieuse que l'Asie elle-même sous le rapport de l'art, de la poésie, mais surtout de l'histoire.

La tyrannie patriarcale des gouvernements de l'Asie en contact avec les théories de la philanthropie moderne, les caractères des peuples de l'Orient et de l'Occident incompatibles par nature et pourtant violemment enchaînés l'un à l'autre dans une société à demi-barbare, mais régularisée par la peur; c'est un spectacle qu'on ne peut observer qu'en Russie; et certes, nul homme qui pense ne regrettera la peine qu'il faut prendre pour venir l'examiner de près.

L'état social, intellectuel et politique de la Russie actuelle, est le résultat, et pour ainsi dire le résumé des règnes d'Ivan IV, surnommé le Terrible, par les Russes eux-mêmes ; de Pierre Ier, dit le Grand, par des hommes qui se glorifient de singer l'Europe, et de Catherine II, divinisée par un peuple qui rêve la conquête du monde et qui nous flatte en attendant qu'il nous dévore; tel est le redoutable héritage dont l'empereur Nicolas dispose... Dieu sait à quelle fin !... Nos neveux l'apprendront, car sur les faits de ce monde nul homme de l'avenir sera aussi éclairé que la Providence l'est aujourd'hui.

J'ai continué de rencontrer de loin en loin quelques paysannes assez jolies; mais je ne cesse de me récrier contre la coupe disgracieuse de leurs habits. Ce n'est pas d'après cet accoutrement qu'il faut juger du sens pittoresque que j'attribue aux Russes. L'ajustement de ces femmes défigurerait, ce me semble, la beauté la plus parfaite. Représentez-vous une manière de peignoir sans corsage, sans forme, un sac qui leur tient lieu de robe, et qu'elles froncent tout juste sous l'aisselle : ce sont, je crois, les seules femmes du monde qui aient la fantaisie de se faire une taille au-dessus et non au-dessous du sein, contrairement à l'usage indiqué par la nature, et adopté par toutes les autres femmes ; c'est l'exagération de nos modes du Directoire ; non pas que les femmes moscovites aient imité les Françaises du pavillon d'Hanovre habillées à la grecque par David et ses élèves ; mais sans le savoir elles sont la caricature des statues antiques que Paris a vues se promener sur les boulevards après le temps de la terreur. Ces paysannes russes se font une taille qui n'en est pas une, puisqu'elle est raccourcie comme je viens de vous le dire, au point de s'arrêter au-dessus de la gorge. Voici ce qui en résulte : à la première vue, la personne entière ne représente plus qu'un grand ballot, où toutes les parties du corps sont confondues sans grâce et pourtant sans liberté. Mais ce costume a encore bien d'autres inconvénients assez difficiles à décrire; une de ses plus graves conséquences, sans contredit, c'est qu'une paysanne russe pourrait donner à téter par-dessus l'épaule, comme les Hottentotes. Telle est l'inévitable difformité produite par une mode qui détruit la grâce du corps ; les Circassiennes comprennent mieux la beauté de la femme et le moyen de la conserver; elles portent, dès le jeune âge, autour des reins une ceinture qu'elles ne quittent jamais.

J'ai remarqué à Torjeck une variante dans la toilette des femmes; elle mérite, ce me semble, d'être mentionnée. Les bourgeoises de cette ville portent un manteau court, espèce de pèlerine plissée que je n'ai vue qu'à elles, car ce collet a cela de particulier qu'il est entièrement fermé par devant, un peu échancré par derrière, montrant à nu le col et une partie du dos, et qu'il s'ouvre au-dessus des reins, entre les deux épaules ; c'est précisément le contraire de tous les collets ordinaires, qui sont fendus par devant. Figurez-vous un grand falbala haut de huit à dix pouces, en velours, en soie ou en drap noir, attaché au-dessous de l'omoplate, faisant par devant tout le tour de la personne comme un camail d'évêque, et revenant s'agrafer à l'épaule opposée, sans que les deux extrémités de cette espèce de rideau se rejoignent ou se croisent par derrière. C'est plus singulier que joli ou commode; mais l'extraordinaire suffit pour amuser un passant ; ce que nous cherchons en voyage, c'est ce qui nous prouve que nous sommes loin de chez nous, voilà ce que les Russes ne veulent pas comprendre. Le talent de la singerie leur est si naturel, qu'ils se choquent tout naïvement quand on leur dit que leur pays ne ressemble à aucun autre: l'originalité, qui nous paraît un mérite, leur semble un reste de barbarie ; ils s'imaginent qu'après nous être donné la peine de venir les voir de si loin, nous devons nous estimer fort heureux de retrouver, à mille lieues de chez nous, une mauvaise parodie de ce que nous venons de quitter, par amour pour le changement.

La balançoire est le grand plaisir des paysans russes : cet exercice développe le don de l'équilibre naturel aux hommes de ce pays. Ajoutez à cela que c'est un plaisir silencieux, et que les divertissements calmes conviennent à un peuple rendu prudent par la peur.

Le silence préside à toutes les fêtes des villageois russes. Ils boivent beaucoup, parlent peu, crient encore moins : ils se taisent ou ils chantent en chœur d'une voix nasillarde des notes mélancoliques et soutenues, formant des accords d'une harmonie recherchée, mais peu bruyante. Les chants nationaux des Russes ont une expression triste; ce qui m'a surpris, c'est que presque toutes ces mélodies manquent de simplicité.

Le dimanche, en passant par des villages populeux, je voyais des rangées de quatre à huit jeunes filles se balancer par un mouvement à peine sensible sur des planches suspendues à des cordes, tandis qu'à quelques pas plus loin, un nombre égal de jeunes garçons se trouvaient placés de la même manière en face des femmes : leur jeu muet dure longtemps, jamais je n'ai eu la patience d'en attendre la fin. Ce doux balancement n'est qu'une espèce d'intermède qui sert de délassement dans les intervalles du divertissement animé de la véritable balançoire. Celui-ci est très-vif, même il effraie le spectateur. Une haute potence d'où descendent quatre cordes soutient, à deux pieds de terre environ, une planche aux extrémités de laquelle se placent deux personnes, cette planche et les quatre poteaux qui la portent sont disposés de manière à ce que le balancement puisse se faire à volonté en long ou en large.

Je n'ai jamais vu dans les moments sérieux plus de deux personnes à la fois sur la planche ; ces deux personnes sont tantôt un homme et une femme, tantôt deux hommes ou deux femmes : elles se placent toujours debout, droites sur leurs jambes, aux deux extrémités de la planche, où elles conservent l'équilibre en s'attachant fortement aux cordes qui font aller la machine. Dans cette attitude elles sont lancées en l'air jusqu'à des hauteurs effrayantes, car à chaque volée on voit le moment où la machine fera le tour, et où les jouteurs arrachés de leur place seront précipités à terre d'une hauteur de trente ou quarante pieds; car j'ai vu des poteaux qui, je crois, avaient bien vingt pieds de haut. Les Russes, dont le corps est droite et la taille souple, trouvent aisément un aplomb qui nous étonne : ils montrent dans cet exercice beaucoup d'agilité, de grâce et de hardiesse.

Je me suis arrêté dans plusieurs villages à voir ainsi lutter des jeunes filles avec des jeunes gens, et j'ai enfin trouvé à admirer quelques visages de femmes parfaitement beaux. Elles ont le teint d'une blancheur délicate : leurs couleurs sont pour ainsi dire sous la peau, qui est transparente et d'une finesse extrême. Elles ont des dents éclatantes de blancheur, et chose rare!!... leur bouche est d'une forme parfaitement pure, et dessinée à l'antique; leurs yeux ordinairement bleus sont cependant fendus à l'orientale; ils sont à fleur de tête, et ils ont cette expression de fourberie et d'inquiétude naturelle au regard des Slaves, qui en général voient de côté et même derrière eux sans tourner la tête. Cet ensemble a bien du charme; mais soit par un caprice de la nature, soit par l'effet du costume, tous ces agréments se trouvent plus rarement réunis chez les femmes russes que chez les hommes. Entre cent paysannes on en rencontre une charmante, tandis que le grand nombre des hommes est remarquable par la forme de la tête et la pureté des traits. Il y a des vieillards aux joues roses, au front chauve encadré de cheveux d'argent, et dont la barbe également blanche et soyeuse descend sur leur large poitrine. A voir ces beaux visages on dirait que le temps leur prête en dignité tout ce qu'il leur ôte en jeunesse : ce sont des têtes plus belles à peindre que tout ce que j'ai vu de Rubens, de l'Espagnolet ou du Titien, mais je n'ai pas trouvé une seule tête de vieille femme à mettre dans un tableau.

Il arrive quelquefois qu'un profil régulièrement grec se réunit à des traits d'une si extrême finesse que l'expression de la physionomie ne perd rien à la perfection des lignes du visage : alors on reste frappé d'admiration. Pourtant le type qui domine dans les figures d'hommes et de femmes c'est le calmouk : ils ont pour la plupart les pommettes des joues saillantes et le nez écrasé. Les femmes sont plus casanières que dans l'occident de l'Europe; elles vivent enfermées, on a peu d'occasions de les voir, si ce n'est le dimanche, ou dans les foires; encore ces jours-là même sortent-elles moins que leurs maris. Les chaumières russes sont mieux closes que celles de nos paysans; aussi la mauvaise odeur, l'obscurité qui règnent au fond de ces réduits font-elles repentir le voyageur lorsqu'il tente par curiosité de pénétrer dans l'intérieur d'un ménage rural.

A l'heure où les paysans se reposent, je suis entré dans plusieurs de ces cases presque privées d'air, point de lits : hommes et femmes sont étendus pêle-mêle sur des bancs de bois qui font divans tout autour de la salle; mais la malpropreté de ce bivouac champêtre m'a toujours arrêté, j'ai reculé; cependant jamais assez vite pour ne pas emporter dans mes habits quelque souvenir vivant en punition de mes indiscrètes tentatives.

Pour se garantir des courtes, mais vives chaleurs de l'été, il y a hors de quelques chaumières un divan en plein air, c'est un large balcon couvert, mais à jour : cette espèce de terrasse tourne autour de la maison, et sert de lit à la famille, qui même choisit quelquefois pour se coucher la terre nue. Les souvenirs de l'Orient nous suivent partout.

A toutes les postes où je suis descendu pendant la nuit, j'ai trouvé une rangée de peaux de mouton noires jetées dans la rue le long des maisons. Ces toisons, que je prenais pour des sacs oubliés à terre, étaient des hommes couchés à la belle étoile pour jouir du frais. Nous avons cet été des chaleurs telles qu'on n'en a pas vu en Russie de mémoire d'homme.

Les peaux de mouton, taillées en petites redingotes, servent aux paysans russes non-seulement d'habits, mais encore de lits, de tapis et de tentes. Les ouvriers qui, pendant la grande chaleur du jour, dorment au milieu des champs, ôtent leur houppelande et s'en font un toit pittoresque pour se défendre des rayons du soleil ; ils passent, avec l'ingénieuse adresse qui les distingue des hommes de l'occident de l'Europe, les deux brancards de leur brouette dans les manches de cette pelisse, et tournent ensuite ce toit mouvant contre le jour pour s'en faire un abri, et pour dormir tranquillement à l'ombre de leur draperie rustique. Cet habit fort chaud est d'une forme élégante ; il serait joli s'il n'était toujours vieux et graisseux ; un pauvre paysan ne peut renouveler souvent un ajustement qui coûte si cher ; ils le portent jusqu'à l'user.

Le paysan russe est industrieux, et sait se tirer d'embarras en toute occasion : il ne sort jamais sans sa hache, petit instrument de fer propre à tout dans les mains d'un homme adroit et d'un pays où le bois ne manque pas encore. Avec un Russe à votre service, si vous vous perdiez dans une forêt, vous auriez une maison en peu d'heures pour y passer la nuit plus commodément peut-être et à coup sûr plus proprement que dans un vieux village. Mais si vous avez des objets de cuir, ils ne sont en sûreté nulle part : les Russes volent, avec l'adresse qu'ils mettent à tout, les courroies, les tabliers, les sangles de vos malles et de vos voitures, ce qui n'empêche pas ces mêmes hommes d'être fort dévots.

Je n'ai jamais achevé un relais sans que mon postillon fît au moins vingt signes de croix pour saluer autant de petites chapelles; puis, remplissant avec la même ponctualité ses devoirs de politesse, il saluait de son bonnet tous les charretiers qu'il rencontrait, et Dieu sait si le nombre en était grand!... Ces formalités accomplies, nous arrivions à la poste, où il se trouvait toujours que, soit en attelant, soit en dételant, l'adroit, le pieux, le poli filou nous avait volé quelque chose, une valise servant de ferrière, une courroie, une enveloppe de malle, ne fût-ce qu'une bougie de lanterne, un clou, une vis ; enfin il ne retournait jamais au logis les mains nettes.

Ces hommes, tout avides d'argent qu'ils sont, n'osent se plaindre quand on les paie mal. C'est ce qui arrivait souvent ces jours derniers à ceux qui nous menaient, parce que mon feldjæger gagnait sur le prix des guides dont je lui avais remis le montant d'avance à Pétersbourg avec celui des chevaux pour toute la route. Dans le cours du voyage, m'étant aperçu de cette supercherie, je suppléai de ma poche aux guides du malheureux postillon privé d'une partie du salaire que, d'après les habitudes des voyageurs ordinaires, il avait le droit d'espérer de moi, et le fripon de feldjæger s'étant aperçu à son tour de ma générosité (c'est ainsi qu'il appelait ma justice), s'en plaignit effrontément, en me disant qu'il ne pouvait plus répondre de moi en voyage si je continuais de le contrarier dans le légitime exercice de son autorité.

Au surplus, faut-il s'étonner de voir les hommes du commun dénués de sentiments délicats dans un pays où les grands regardent les plus simples règles de la probité comme des lois bonnes pour régir les bourgeois, mais qui ne peuvent atteindre des hommes de leur rang? Ne croyez pas que j'exagère, je vous dis ce que je vois; un orgueil aristocratique, dégénéré et directement contraire au véritable honneur, règne en Russie dans la plupart des familles prépondérantes. Dernièrement, une grande dame me fit, sans s'en douter, un aveu naïf; son discours m'a trop frappé pour que je ne sois pas sûr de vous le rendre mot à mot; de pareils sentiments, assez communs ici parmi les hommes, sont rares parmi les femmes, qui ont conservé mieux que leurs maris ou que leurs frères la tradition des idées véritablement nobles. Voilà pourquoi ce langage m'a doublement surpris dans la bouche de la personne qui le tenait.

« Nous ne saurions, disait-elle, nous faire une juste idée d'un état social tel que le vôtre ; on m'assure qu'en France aujourd'hui le plus grand seigneur pourrait être mis en prison pour une dette de deux cents francs : c'est révoltant, voyez la différence : il n'y a pas dans toute la Russie un fournisseur, un marchand qui osât nous refuser du crédit pour un temps illimité ; avec vos opinions aristocratiques, ajouta-t-elle, vous devez vous trouver à l'aise chez nous. Il y a plus de rapports entre les Français de l'ancien régime et nous, qu'entre aucune des autres nations de l'Europe. »

Il est certain que j'ai rencontré plusieurs vieux Russes qui ont la réputation de faire très-bien de petits couplets impromptus.

Je ne saurais vous dire ce qu'il m'a fallu d'empire sur moi-même pour ne pas protester soudain et hautement contre l'affinité dont se vantait cette dame. Cependant malgré ma prudence obligée je ne pus m'empêcher de lui faire remarquer qu'un homme qui passerait aujourd'hui chez nous pour un aristocrate arriéré, pourrait bien être rangé, à Pétersbourg, parmi les libéraux les plus exagérés et je finis en ajoutant : « Quand vous m'assurez que, dans vos familles, on ne pense pas qu'il soit nécessaire d'acquitter ses dettes, je ne vous en crois pas sur parole.

— Vous avez tort ; plusieurs d'entre nous ont des fortunes énormes, mais ils seraient ruinés s'ils voulaient payer ce qu'ils doivent. »

J'ai regardé d'abord ce langage comme une vanterie de mauvais goût, ou même comme un piége tendu à ma crédulité ; mais les informations que j'ai prises plus tard m'ont prouvé qu'il était sérieux.

Pour me faire comprendre à quel point les personnes du grand monde en Russie ont l'esprit français, la même dame me racontait qu'un de ses parents chez lequel on jouait un jour des vaudevilles, répondit par des vers improvisés à d'autres vers chantés en l'honneur du maître de la maison, le tout sur le même air : « Vous voyez combien nous sommes Français, » ajoutait-elle avec un orgueil qui me faisait rire tout bas. « Oui, plus que nous, » répondis-je, et nous parlâmes d'autre chose. Je me figurais l'étonnement de cette dame franco-russe, assistant à Paris dans *les salons* (1) de madame ***, et démandant à notre France actuelle ce qu'est devenue la France du temps de Louis XV.

Sous l'impératrice Catherine, la conversation du palais et celle de quelques personnes de la cour ressemblaient à celle des salons de Paris : aujourd'hui nous sommes plus sérieux en paroles, ou du moins plus hardis qu'aucun des peuples de l'Europe, et sous ce rapport nos Français modernes sont loin de ressembler aux Russes; nous parlons de tout et les Russes ne parlent de rien.

Le règne de Catherine a laissé dans la mémoire de quelques dames russes des traces profondes; ces aspirantes au titre de femme d'État ont le génie de la politique, et comme plusieurs d'entre elles joignent à ce don des mœurs qui rappellent tout à fait celles du XVIIIe siècle, ce sont autant d'impératrices voyageuses remplissant l'Europe du bruit de leur dévergondage, mais qui, sous ce cynisme de conduite, cachent un profond esprit de gouvernement et d'observation. Grâce au génie d'intrigue de ces Aspasies du Nord, il n'y a presque pas une capitale en Europe qui n'ait deux ou trois ambassadeurs russes : l'un public, accrédité, reconnu et revêtu de tous les insignes de sa charge; les autres, secrets, non avoués, non responsables, et remplissant en jupe et en bonnet le double rôle d'ambassadeur indépendant et d'espion de l'ambassadeur officiel.

Dans tous les temps des femmes ont été employées avec succès aux négociations politiques; plusieurs des révolutionnaires modernes se sont servis de femmes pour conspirer plus habilement, plus en sûreté, et avec plus de secret; l'Espagne a vu de ces infortunées devenues des héroïnes par le courage avec lequel elles ont subi la punition de leur dévouement amoureux, car la galanterie entre toujours pour beaucoup dans le courage d'une Espagnole. Chez les femmes russes, au contraire, l'amour est l'accessoire. La Russie a toute une diplomatie féminine organisée, et l'Europe n'est peut-être pas assez attentive à ce singulier moyen d'influence. Avec son armée d'agents amphibies, d'amazones politiques, à l'esprit fin et mâle, au langage féminin, au caractère astucieux, la cour de Russie recueille des nouvelles, reçoit des rapports, des avis qui, s'ils étaient connus, expliqueraient bien des mystères, donneraient la clef de bien des contradictions, révéleraient bien des petitesses.

La préoccupation politique de la plupart des femmes russes rend leur conversation insipide, d'intéressante qu'elle pourrait être. Ce malheur arrive surtout aux femmes les plus distinguées, qui sont naturellement les plus distraites lorsque l'entretien ne roule pas sur des sujets graves; il y a un monde entre leurs pensées et leurs discours : elles vous parlent pour détourner l'attention; leur esprit est ailleurs; elles s'occupent toujours d'autre chose que de ce qu'elles disent; il résulte de cette complication un manque d'accord, une absence de naturel, en un mot, une duplicité fatigante dans les rapports ordinaires de la vie sociale. La politique est de sa nature une chose peu divertissante; on en supporte les ennuis par le sentiment du devoir, et il en sort quelquefois des traits de lumière qui animent la conversation des hommes d'État; mais la politique frauduleuse, la politique d'amateur est le fléau de la conversation. L'esprit qui se livre par choix à cette occupation mercenaire s'avilit, s'annule, et perd son éclat sans compensation comme sans excuse.

On m'assure que le sentiment moral n'est presque pas développé parmi les paysans russes; à peine se doutent-ils des devoirs et des pures joies de la famille; et mon expérience journalière confirme les récits que j'entends faire aux personnes le mieux instruites.

Un grand seigneur m'a conté qu'un homme à lui, habile en je ne sais quel métier, était venu en permission exercer son talent à Pétersbourg : au bout de deux ans révolus, on lui donne congé pour quelques semaines, qu'il désire aller passer dans son village, près de sa femme. Il revient à Pétersbourg au jour prescrit.

« Es-tu content d'avoir revu ta famille? lui dit son maître.

— Fort content, réplique naïvement l'ouvrier; ma femme m'avait donné deux enfants de plus en mon absence, et je les ai trouvés chez nous avec grand plaisir. »

Ces pauvres gens n'ont rien à eux, ni leur chaumière, ni leurs femmes, ni leurs enfants, ni même leur cœur; ils ne sont pas jaloux; de quoi le seraient-ils?... d'un accident? l'amour chez eux n'est pas autre chose... Telle est pourtant l'existence des hommes les plus heureux de la Russie : des serfs. J'ai souvent entendu envier leur sort par les grands, et peut-être à juste titre.

« Ils n'ont point de soucis, dit-on, nous sommes chargés d'eux et de leurs familles (Dieu sait comment on s'acquitte de cette charge, quand les paysans deviennent vieux et inutiles); assurés du nécessaire pour leur vie et celle de leurs descendants, ils sont moins à plaindre cent fois que les paysans libres ne le sont chez vous. »

Je me taisais en écoutant ce panégyrique du servage, mais je pensais : s'ils n'ont point de soucis, ils n'ont point de propriété, et partant point d'affections, point de bonheur, point de sentiment moral, point de compensation aux peines matérielles de la vie; car c'est la propriété particulière qui fait l'homme social, parce qu'elle seule constitue la famille. Or il n'y a que les vertus de famille qui nous dédommagent toujours des sacrifices qu'elles nous coûtent.

Les faits que je vous cite me paraissent s'accorder mal avec les sentiments poétiques exprimés par l'auteur de Telenef. Ma mission n'est pas de concilier les contradictions; je ne suis obligé qu'à peindre les contrastes : les expliquera qui pourra.

D'ailleurs les poëtes russes ont le monopole du mensonge comme tous les autres poëtes : lorsque ces privilégiés de la pensée imaginent, c'est pour être plus vrais que les historiens.

La vérité morale est la seule qui mérite notre culte, et c'est à la saisir que tendent tous les efforts de l'esprit humain, quelle que soit la sphère de ses travaux.

Si dans mes voyages je mets un soin extrême à peindre le monde tel qu'il est, c'est pour exciter dans tous les cœurs et surtout dans le mien le regret de ne pas le trouver tel qu'il devrait être. C'est pour réveiller dans les âmes le sentiment de l'immortalité en nous rappelant à chaque injustice, à chaque abus inhérent aux choses de la terre, le mot de Jésus-Christ : « Mon royaume n'est pas de ce monde. »

Jamais je n'ai eu tant d'occasions d'appliquer ce mot que depuis mon séjour en Russie : il me revient à chaque instant à l'esprit; sous le despotisme, toutes les lois sont calculées pour profiter à l'oppression, c'est-à-dire que plus l'opprimé aura sujet de se plaindre, moins il en aura le droit ni la hardiesse. Il faut avouer que, devant Dieu, la mauvaise action d'un citoyen est plus criminelle que la mauvaise action d'un serf, et même que l'injustice du maître d'un serf : car dans un tel pays la barbarie est dans l'air. Celui qui voit tout tient compte de l'insensibilité de sa conscience à l'homme abruti par le spectacle de l'iniquité toujours triomphante.

Le mal est mal partout, dira-t-on, et l'homme qui vole à Moscou est un voleur tout comme le filou de Paris. Voilà précisément ce que je nie. C'est de l'éducation générale que reçoit un peuple que dépend en grande partie la moralité de chaque individu, d'où il suit qu'une effrayante et mystérieuse solidarité de torts et de mérites a été établie par la Providence entre les gouvernements et les sujets, et qu'il vient un moment dans l'histoire des sociétés où l'État est jugé, condamné, exterminé comme un seul homme.

Il faut le répéter souvent, les vertus, les vices, les crimes des esclaves n'ont pas la même signification que ceux des hommes libres : ainsi, lorsque j'examine le peuple russe, je puis constater comme un fait qui n'implique pas ici le même blâme qu'il impliquerait chez nous, qu'en général il manque de fierté, de délicatesse, de noblesse, et qu'il supplée à ces qualités par la patience et la finesse : tel est mon droit d'exposition, droit acquis à tout observateur véridique; mais je l'avoue, à tort ou à raison, je vais plus loin encore, je condamne ou je loue ce que je vois; ce n'est pas assez de peindre, je veux juger; si vous me trouvez passionné, permis à vous d'être plus raisonnable que moi.

L'impassibilité est une vertu facile au lecteur; tandis qu'elle a toujours paru difficile si ce n'est impossible à l'écrivain.

« Le peuple russe est doux, » s'écrie-t-on; à cela je réponds : « Je ne lui en sais nul gré, c'est l'habitude de la soumission... » D'autres me disent : « Le peuple russe n'est doux que parce qu'il n'ose montrer ce qu'il a dans le cœur : le fond de ses sentiments et de ses idées, c'est la superstition et la férocité. » A ceci je réponds : « Pauvre peuple! il est si mal élevé. »

Voilà pourquoi les paysans russes me font grande pitié, quoiqu'ils soient les hommes les plus heureux, c'est-à-dire les moins à plaindre de la Russie. Les Russes se récrieront et protesteront de bonne foi contre mes exagérations, car il n'est pas de maux que l'habitude et l'ignorance des biens contraires n'atténuent; mais moi, je suis de bonne foi aussi, et le point d'où je considère les objets me permet d'apercevoir, quoiqu'en courant, des choses qui échappent aux yeux blasés des indigènes.

De tout ce que je vois en ce monde et surtout en ce pays, il résulte que le bonheur n'est pas le vrai but de la mission de l'homme ici bas. Ce but est tout religieux : c'est le perfectionnement moral, la lutte et la victoire.

Mais depuis les usurpations de l'autorité temporelle, la religion chrétienne en Russie a perdu sa vertu : elle est stationnaire; c'est un des rouages du despotisme : voilà tout. Dans ce pays où rien n'est défini nettement, et pour cause, on a peine à comprendre les rapports actuels de l'Église avec le chef de l'État, qui s'est fait aussi l'arbitre de la foi, sans cependant proclamer positivement cette prérogative : il se l'est arrogée, il l'exerce de fait; mais il n'ose la revendiquer comme un droit; il a conservé un synode : c'est un dernier hommage rendu par la tyrannie au Roi des rois et à son Église ruinée. Voici comment cette révolution religieuse est racontée dans Lévesque, que je lisais tout à l'heure.

J'étais descendu de voiture à la poste, et pendant qu'on allait me chercher un forgeron pour raccommoder une des mains de derrière de ma calèche, je parcourais l'*Histoire de Russie*, d'où j'ai extrait ce passage, que je vous copie sans y changer un mot :

(1) *Les salons d'une femme !... expression nouvellement empruntée aux restaurateurs par les gens du grand monde. Autrefois on disait le salon de madame ***, sans indiquer le nombre de pièces où elle recevait son monde.*

« 1721. Depuis la mort d'Adrien (1), Pierre (2) avait paru différer « longtemps de se prêter à l'élection d'un nouveau patriarche. Pen- « dant vingt années de délai, la vénération religieuse du peuple « pour un chef de l'Église s'était insensiblement refroidie.

« L'Empereur crut pouvoir déclarer enfin que cette dignité était « abolie pour toujours. Il partagea la puissance ecclésiastique, réu- « nie auparavant tout entière dans la personne d'un grand pontife, « et fit ressortir toutes les matières qui concernent la religion à un « nouveau tribunal qu'on appelle le saint synode.

« Il ne se déclara pas le chef de l'Église; *mais il le fut en effet* « par le serment que lui prêtèrent les membres du nouveau collége « ecclésiastique. Le voici : « Je jure d'être fidèle et obéissant serviteur « et sujet de mon naturel et véritable souverain..... *Je reconnais* « *qu'il est le juge suprême de ce collége spirituel.* »

« Le synode est composé d'un président, de deux vice-présidents, « de quatre conseillers et quatre assesseurs. Ces juges amovibles « des causes ecclésiastiques sont bien éloignés d'avoir ensemble le « pouvoir que possédait seul le patriarche, et dont autrefois avait « joui le métropolite. Ils ne sont point appelés dans les conseils; « leur nom ne paraît point dans les actes de la souveraineté; ils « n'ont même, dans les matières qui leur sont soumises, qu'une « autorité subordonnée à celle du souverain. Comme aucune mar- « que extérieure ne les distingue des autres prélats, et que leur « autorité cesse dès qu'ils ne siégent plus sur leur tribunal; enfin, « comme ce tribunal lui-même n'a rien de fort imposant, ils n'ins- « pirent point au peuple une vénération particulière. »

(*Histoire de Russie et des principales nations de l'Empire russe*, par Pierre-Charles Lévesque, 4e édition, publiée par Malte-Brun et Depping, volume 5, pages 89 et 90. Paris, 1812. Fournier, *rue Poupée*, n° 7; Ferra, rue des Grands-Augustins, n° 11.)

Ce qui me console des accidents arrivés à ma voiture, c'est que ces retards sont favorables à mes travaux.

Le peuple russe est de nos jours le plus croyant des peuples chrétiens : vous venez de voir la principale cause du peu d'efficacité de sa foi. Quand l'Église abdique la liberté, elle perd la virtualité morale; esclave, elle n'enfante que l'esclavage. On ne peut assez le répéter, la seule Église véritablement indépendante, c'est l'Église catholique, qui seule aussi a conservé le dépôt de la vraie charité; toutes les autres Églises font partie constitutive des États, qui s'en servent comme de moyens politiques pour appuyer leur puissance. Ces Églises sont d'excellents auxiliaires du gouvernement; complaisantes pour les dépositaires du pouvoir temporel, princes ou magistrats, dures pour les sujets, elles appellent la Divinité au secours de la police, le résultat immédiat est sûr, c'est le bon ordre dans la société, mais l'Église catholique, tout aussi puissante, politiquement, vient de plus haut et va plus loin. Les Églises nationales font des citoyens; l'Église universelle fait des hommes.

En Russie, le respect pour l'autorité est encore aujourd'hui l'unique ressort de la machine publique; ce respect est nécessaire sans doute, mais, pour civiliser profondément le cœur des hommes, il faut leur enseigner quelque chose de plus qu'une aveugle obéissance.

Le jour où le fils de l'empereur Nicolas (je dis le fils, car cette noble tâche n'appartient pas au père, obligé qu'est celui-ci d'employer son règne laborieux à resserrer les liens de la virile discipline militaire, qui est tout le gouvernement moscovite), du jour où le fils de l'Empereur aura fait pénétrer parmi toutes les classes de cette nation l'idée que celui qui commande doit du respect à celui qui obéit, une révolution morale se sera opérée en Russie; et l'instrument de cette révolution, c'est l'Évangile.

Plus je vis dans ce pays, plus je reconnais que le mépris pour le faible est contagieux, ce sentiment devient si naturel ici que ceux qui le blâment le plus vivement finissent par le partager. J'en suis la preuve.

En Russie, le besoin de voyager vite devient une passion, et cette passion sert de prétexte à toutes sortes d'actes inhumains. Mon courrier la partage et me la communique; d'où il suit que je me rends souvent, sans me l'avouer, complice de ses injustices. Il se fâche lorsque le cocher descend de son siége pour rajuster un harnais, ou que cet homme s'arrête en chemin sous tout autre prétexte.

Hier au soir, au commencement d'un relais, un jeune enfant, qui nous menait, avait été plusieurs fois menacé de coups par mon feldjæger pour un semblable délit, et je partageais l'impatience et la colère de cet homme; tout à coup un poulain, âgé seulement de quelques jours et bien connu de l'enfant, s'échappe d'un enclos voisin de la route et se met à galoper et à hennir auprès de ma voiture, car il prenait une des cavales de notre attelage pour sa mère. Le jeune postillon, déjà coupable de retard, veut encore une fois s'arrêter pour venir en aide au poulain, qu'il voit à chaque instant menacé d'être écrasé sous ma voiture. Mon courrier lui défend impérieusement de descendre; l'enfant, immobile sur son siége, obéit en bon Russe qu'il est, et continue de nous mener au galop sans proférer une plainte; j'approuve l'acte de sévérité de mon courrier : « Il faut soutenir l'autorité, même quand elle fait une faute, me dis-je, c'est l'esprit du gouvernement russe; mon feldjæger n'a pas trop de zèle; si je le décourage lorsqu'il montre de l'empressement à faire son devoir, il laissera tout aller au hasard et ne me servira plus à rien; d'ailleurs, c'est l'usage; pourquoi serais-je moins pressé qu'un autre, il faut voyager vite, il y va de ma dignité; avoir du temps, c'est se déshonorer; on doit paraître impatient pour être important dans ce pays... » Pendant que je me faisais à moi-même ces raisonnements et bien d'autres, la nuit était venue.

Je m'accuse d'avoir eu la dureté, plus que russe, car je n'ai pas pour excuse mes habitudes d'enfance, de laisser jusqu'au bout le pauvre poulain et le malheureux enfant se lamenter de concert, l'un en hennissant de toute sa force, l'autre en pleurant tout bas; différence qui donnait à la brute un avantage réel sur l'homme. J'aurais dû interposer mon autorité pour faire cesser ce double supplice : mais non, j'ai assisté, j'ai contribué au martyre avec indifférence. Il fut long, car le relais était de six lieues; l'enfant condamné à torturer l'animal qu'il aurait voulu sauver, souffrait avec une résignation qui m'aurait touché, si je n'avais eu déjà le cœur endurci par mon séjour dans ce pays : chaque fois qu'un paysan paraissait de loin sur la route, l'enfant sentait renaître l'espoir de délivrer son cher poulain; il faisait de loin des signes, il se préparait à parler, il criait de cent pas au-devant du piéton, mais n'osant ralentir l'impitoyable galop de nos chevaux, il ne parvenait pas à se faire comprendre à temps. Si parfois un paysan, plus avisé que les autres, pensait de lui-même à s'emparer du poulain, la voiture lancée ne le laissait point approcher, et le jeune animal collé aux flancs d'une de nos juments, passait hors d'atteinte devant l'homme déconcerté; la même chose avait lieu dans les villages; à la fin, le découragement de notre postillon devint tel que cet enfant abruti n'appelait même plus les gens au secours de son protégé. Cette valeureuse bête, âgée de huit jours, au dire du postillon, eut assez de nerf pour faire ces six lieues au galop.

Là, notre esclave, c'est de l'homme que je parle, se voyant enfin délivré du joug rigoureux de la discipline, put appeler le village tout entier au secours du poulain; l'énergie de ce généreux animal était telle que, malgré la fatigue d'une course forcée, malgré la roideur de ses membres ruinés avant d'être formés, il fut encore très-difficile à prendre. On ne put s'en saisir qu'en le faisant entrer dans une écurie à la suite de la jument qu'il avait adoptée pour mère. Quand on lui eut mis un licol, on l'enferma près d'une autre jument qui lui donna son lait; mais il n'avait plus la force de teter. Les uns disaient qu'il tetterait plus tard, d'autres qu'il était fourbu, et qu'il allait mourir. Je commence à comprendre quelques mots de russe; en écoutant cet arrêt, prononcé par l'ancien du village, notre petit postillon s'identifiait avec le jeune animal, et prévoyant sans doute le traitement réservé au gardien des poulains, il paraissait consterné comme s'il eût dû recevoir lui-même les coups dont on allait accabler son camarade. Jamais je n'ai vu l'expression du désespoir plus profondément empreinte sur un visage d'enfant; mais pas un regard, pas un geste de reproche contre mon cruel courrier ne lui échappa. Tant d'empire sur soi-même, tant de contrainte à cet âge me faisait peur et pitié.

Cependant le courrier, sans s'occuper un instant du poulain, sans accorder un regard à l'enfant désolé, remplissait gravement sa charge, et s'occupait, avec l'air d'importance requis en pareil cas, de nous faire amener un nouvel attelage.

Sur cette route, la principale et la plus fréquentée de la Russie, les villages où se trouvent les relais sont peuplés de paysans établis là pour desservir la poste; à l'arrivée d'une voiture, le directeur impérial envoie de maison en maison chercher des chevaux et un homme disponibles : quelquefois les distances sont assez considérables pour faire perdre aux voyageurs pressés un quart d'heure et beaucoup plus, j'aimerais mieux relayer plus promptement, et faire la poste avec un peu moins de rapidité. Au moment où je quittai le poulain surmené et le jeune postillon désespéré, je ne sentis pas le remords. Il ne m'est venu qu'en réfléchissant, et surtout en vous écrivant : la honte a réveillé le repentir. Vous voyez qu'on se corrompt vite à respirer l'air du despotisme... que dis-je? en Russie le despotisme est sur le trône, mais la tyrannie est partout.

Si vous faites la part de l'éducation et des circonstances, vous reconnaîtrez que le seigneur russe le plus habitué à subir et à exercer le pouvoir arbitraire ne peut commettre au fond de sa province une barbarie plus blâmable que l'acte de cruauté dont je me suis rendu coupable hier au soir par mon silence.

Moi, Français, qui me crois doux de caractère, qui prétends à être civilisé de longue date, qui voyage chez un peuple dont j'observe les mœurs avec une attention sévère, voilà qu'à la première occasion d'exercer un petit acte de férocité inutile, je succombe à la tentation; le Parisien se conduit en Tatare! le mal est dans l'air...

En France, où l'on sait respecter la vie, même chez les animaux, si mon postillon n'eût pas songé à sauver le poulain, j'aurais fait

(1) Le dernier patriarche de Moscou. (*Note du Voyageur.*)
(2) L'Empereur. (*Idem.*)

arrêter pour appeler moi-même des paysans, et je n'aurais continué ma route qu'après avoir mis la bête en sûreté : ici j'ai contribué à sa perte par un silence impitoyable. Soyez donc fier de vos vertus quand vous êtes forcé de reconnaître qu'elles dépendent des circonstances plus que de vous!! Un grand seigneur russe, qui dans un accès de colère ne bat pas à mort un de ses paysans, mérite des éloges, il est humain ; tandis qu'un Français peut être cruel pour avoir laissé courir un poulain sur une route.

J'ai passé la nuit à méditer sur le grand problème des vertus et des vices relatifs ; et j'ai conclu qu'on n'a pas assez éclairci de nos jours un point de morale politique fort important. C'est la part de mérite ou de responsabilité qui revient à chaque individu dans ses propres actions, et celle qui appartient à la société où il est né. Si la société se glorifie des grandes choses que produisent quelques-uns de ses enfants, elle doit aussi se regarder comme solidaire des crimes de quelques autres. Sous ce rapport, l'antiquité était plus avancée que nous ne le sommes ; le bouc émissaire des Juifs nous montre à quel point la nation craignait la solidarité du crime. De ce point de vue, la peine de mort n'était pas seulement le châtiment plus ou moins juste du coupable, elle était une expiation publique, une protestation de la société contre toute participation au forfait et à la pensée qui l'inspire. Ceci nous sert à comprendre comment l'homme social a pu s'arroger le droit de disposer légalement de la vie de son semblable ; œil pour œil, dent pour dent, vie pour vie : la loi du talion, en un mot, était politique ; une société qui veut subsister doit rejeter de son sein le criminel : quand Jésus-Christ est venu mettre sa charité à la place de la rigoureuse justice de Moïse, il savait bien qu'il abrégeait la durée des royaumes de la terre ; mais il ouvrait aux hommes le royaume du ciel... Sans l'éternité et l'immortalité, le christianisme coûterait à la terre plus qu'il ne lui rapporte. C'est à quoi je rêvais tout éveillé cette nuit.

Un cortége d'idées indécises, fantômes de l'intelligence, active à demi, à demi-engourdie, défilait lentement dans ma tête ; le galop des chevaux qui m'emportaient me semblait plus rapide que le travail de mon esprit appesanti ; le corps avait des ailes, la pensée était de plomb ; je la laissais, pour ainsi dire, derrière moi, en roulant dans la poussière plus vite que l'imagination ne traverse l'espace : les steppes, les marais avec leurs pins étiolés et leurs bouleaux difformes, les villages, les villes fuyaient devant mes yeux comme des figures fantastiques, sans que je pusse me rendre compte de ce qui m'avait amené devant ce mouvant spectacle où l'âme ne parvenait pas à suivre le corps, tant la sensation était prompte!... Ce renversement de la nature, ces illusions de l'esprit dont la cause était matérielle, ce jeu d'optique appliqué au mécanisme des idées, ce déplacement de la vie, ces songes volontaires étaient prolongés par les chants monotones des hommes qui conduisaient mes chevaux ; tristes notes semblables aux psalmodies du plain-chant dans nos églises, ou plutôt aux accents nasillards des vieux juifs dans les synagogues allemandes. C'est à quoi se sont réduits pour moi jusqu'à présent les airs russes tant vantés. On dit ce peuple très-musical : nous verrons plus loin ; je n'ai rien entendu encore qui mérite la peine d'être écouté : la conversation chantée du cocher avec ses chevaux pendant la nuit était lugubre ; ce roucoulement sans rhythme, espèce de rêverie déclamée où l'homme confie son chagrin à la brute, la seule espèce d'amis dont il n'ait point à se défier, me remplissait l'âme d'une mélancolie plus profonde que douce.

Il y a un moment où la route s'abat brusquement sur un pont de bateaux très-bas en ce moment, parce que la sécheresse a resserré le fleuve qu'il traverse. Ce fleuve, large encore, quoique rétréci par les chaleurs de l'été, a un grand nom : c'est le Volga : sur le bord de ce fleuve fameux, une ville m'apparaît au clair de lune : ses longues murailles blanches brillent dans la nuit, qui n'est qu'un crépuscule favorable aux évocations ; une route nouvellement rechargée tourne autour de cette ville nouvellement recrépie et où je retrouve les éternels frontons romains et les colonnades de plâtre que les Russes aiment tant, parce qu'ils croient prouver par là qu'ils s'entendent aux arts ; on ne peut avancer qu'au pas sur cette route encombrée. La ville, dont je fais le tour, me paraît immense : c'est Twer, nom qui me retrace les interminables disputes de famille dont est remplie l'histoire de Russie jusqu'à l'invasion des Tatares : j'entends les frères insulter leurs frères ; le cri de guerre retentit ; j'assiste au massacre, le Volga roule du sang ; du fond de l'Asie les Calmoucks viennent le boire pour en verser d'autre. Mais moi, pourquoi suis-je mêlé à cette foule altérée de carnage? c'est pour avoir un nouveau voyage à vous raconter ; comme si le tableau d'un pays où la nature n'a rien fait, où l'art n'a produit que des ébauches ou des copies pouvait vous intéresser après la description de l'Espagne, de cette terre où le peuple le plus original, le plus gai, le plus indépendant de caractère, et même le plus libre de fait, si ce n'est de droit (1), lutte sourdement contre le gouvernement le plus sombre ; où l'on danse, où l'on prie ensemble en attendant qu'on s'égorge et qu'on pille les églises : voilà le tableau qu'il faut vous faire oublier par la peinture d'une plaine de quelques mille lieues, et par la description d'une société qui n'a d'original que ce qu'elle cache... La tâche est rude.

Moscou même ne me dédommagera pas de la peine que je me donne pour l'aller voir. Renonçons à Moscou, faisons tourner bride au postillon, et partons en toute hâte pour Paris. J'en étais là de mes rêveries quand le jour est venu. Ma calèche était restée découverte et dans mon demi-sommeil je ne m'apercevais pas de la maligne influence des rosées du Nord : mes habits étaient traversés, mes cheveux comme trempés de sueur, tous les cuirs de ma voiture baignés d'une eau malfaisante. J'avais mal aux yeux, un voile était sur ma vue : je me rappelais le prince de *** devenu aveugle en vingt-quatre heures pour avoir bivouaqué en Pologne sous la même latitude dans une prairie humide (1).

Mon domestique m'annonce que ma voiture est raccommodée : je pars, et si l'on ne m'a pas ensorcelé, si quelque accident nouveau ne me retient pas en chemin, si je ne suis pas destiné à faire mon entrée à Moscou en charrette ou à pied, ma première lettre sera datée de la ville sainte des Russes, où l'on me fait espérer que j'arriverai dans quelques heures.

Me voyez-vous occupé à cacher mes écritures, car chacune de mes lettres, même celle qui vous paraîtrait la plus innocente, suffirait pour me faire envoyer en Sibérie? J'ai soin de m'enfermer pour écrire, et quand c'est mon feldjæger ou quelqu'un de la poste qui frappe à ma porte, je serre mes papiers avant d'ouvrir et fais semblant de lire. Je vais glisser cette lettre-ci entre la forme et la doublure de mon chapeau : ces précautions sont superflues, je l'espère bien, mais je crois nécessaire de les prendre, c'est assez pour vous donner une idée du gouvernement russe.

LETTRE VINGT-QUATRIÈME.

SOMMAIRE. — Première apparition de Moscou. — Flotte en pleine terre. — Campaniles des églises grecques ; leur nombre sacramentel. — Sens symbolique de cette architecture. — Peinture des toits et des clochers, décoration métallique des églises. — Château de Petrowski. — Style de son architecture. — Entrée de Moscou. — Privilége de l'art. — Aspect du Kremlin. — Couleur du ciel. — L'église de Saint-Basile vue de loin. — Les Français à Moscou. — Anecdote relative à la marche de notre armée au delà de Smolensk. — La cassette du ministre de la guerre. — Bataille de la Moskowa. — Le Kremlin est une cité. — Origine du titre de Czar. — Intérieur de Moscou. — Auberge de madame Howard. — Précautions qu'elle prend pour maintenir la propreté chez elle. — Promenade nocturne. — Description de la ville pendant la nuit. — Aspect du Kremlin au clair de lune. — Poussière des rues ; nuées de droschki. — Chaleurs de l'été. — Population de Moscou. — Illuminations officielles. — Réflexions. — Plantations sous les murs du Kremlin. — Aspect de ses remparts. — Ce que c'est que le Kremlin. — Souvenir des Alpes. — Ivan III. — Chemin voûté. — Magie de la nuit et de l'architecture. — Bonaparte au Kremlin.

Moscou, ce 7 août 1839.

Ne vous est-il jamais arrivé, aux approches de quelque port de la Manche ou du golfe de Biscaye, d'apercevoir les mâts d'une flotte derrière des dunes peu élevées qui vous cachaient la ville, les jetées, la plage, la mer elle-même avec la coque des navires qu'elle portait? Vous ne pouviez découvrir au-dessus du rempart naturel qu'une forêt dépouillée, portant des voiles éclatantes de blancheur, des vergues, des pavillons bariolés, des banderoles flottantes, des oriflammes de couleurs vives et variées : et vous restiez surpris devant cette apparition d'une escadre en pleine terre : eh bien! tel est exactement l'effet qu'a produit sur moi la première vue de Moscou : une multitude de clochers brillait seule au-dessus de la poudre de la route, et le corps de la ville disparaissait sous ce nuage tourbillonnant, tandis qu'au-dessus des derniers lointains du paysage la ligne de l'horizon s'effaçait derrière les vapeurs du ciel d'été toujours un peu voilé dans ces parages.

La plaine inégale, à peine habitée, à demi cultivée, infertile à l'œil, ressemble à des dunes où croîtraient de maigres bosquets de sapins et où des pêcheurs auraient bâti de loin à loin quelques cabanes peu solides, mais suffisantes pour abriter leur indigence. C'est du milieu de cette solitude que je vis tout à coup sortir des centaines de tours peintes et de campaniles étoilés dont je n'apercevais pas la base : c'était la ville ; les maisons basses restaient encore cachées dans une des ondulations du sol, tandis que les flèches aériennes des églises, les formes bizarres des clochers, des palais et des vieux couvents attiraient déjà mes regards comme une flotte à l'ancre et dont on ne peut découvrir que les mâts planant dans le ciel (2).

(1) A 20 lieues de Madrid, du temps de la monarchie absolue, le berger castillan ne se doutait pas qu'il y eût un gouvernement en Espagne.

(1) Peu s'en fallut que ce malheur auquel je croyais avoir échappé ne m'arrivât. Le mal d'yeux qui commençait, quand j'écrivais cette lettre, n'a fait qu'augmenter pendant tout mon séjour à Moscou et plus loin ; enfin, au retour de la foire de Nijni, il a dégénéré en une ophthalmie chronique dont je me ressens encore.

(2) Schnitzler, dans sa statistique, décrit ainsi le territoire du gouvernement de Moscou ; je copie littéralement :

« Généralement le sol est maigre, fangeux et peu fertile, et quelque près de la

Cette première vue de la capitale de l'Empire des Slaves, qui s'élève brillante dans les froides solitudes de l'Orient chrétien, produit une impression qu'on ne peut oublier.

On a devant soi un paysage triste, mais grand comme l'Océan, et pour animer ce vide, une ville poétique et dont l'architecture n'a point de nom, comme elle n'a point de modèle.

Pour bien comprendre la singularité du tableau, il faut vous rappeler le dessin orthodoxe de toute église grecque ; le faîte de ces pieux monuments est toujours composé de plusieurs tours qui varient dans leur forme et dans leur hauteur, mais dont le nombre est de cinq au moins ; ce nombre sacramentel est quelquefois beaucoup plus considérable. Le clocher du milieu est le plus élevé : les quatre autres, moins hautes à des étages inférieurs, entourent avec respect la tour principale. Leur forme varie : le sommet de ces donjons symboliques ressemble assez souvent à des bonnets pointus posés sur une tête ; on peut aussi comparer le grand clocher de certaines églises, peint et doré extérieurement, à une mitre d'évêque, à une tiare ornée de pierreries, à un pavillon chinois, à un minaret, à une toque de bonze ; souvent aussi c'est tout simplement une petite coupole en forme de boule et terminée par une pointe ; toutes ces figures plus ou moins bizarres sont surmontées de grandes croix de cuivre travaillées à jour, dorées, et dont le dessin compliqué rappelle un peu les ouvrages en filigrane. Le nombre et la disposition de ces campaniles a toujours un sens religieux ; ils signifient les degrés de la hiérarchie ecclésiastique. C'est le patriarche entouré de ses prêtres, de ses diacres et sous-diacres élevant entre la terre et le ciel sa tête radieuse. Une variété pleine de fantaisie préside au dessin de ces toitures plus ou moins ornées, mais l'intention primitive, l'idée théologique y est toujours scrupuleusement respectée. De brillantes chaînes de métal dorées ou argentées unissent les croix des flèches inférieures à la croix de la tour principale ; et ce filet métallique tendu sur une ville entière produit un effet impossible à rendre même dans un tableau, à plus forte raison dans une description ; car les mots restent presqu'aussi loin des couleurs que des sons. Imaginez-vous donc, si vous pouvez, l'effet de cette sainte cohorte de clochers, qui, sans représenter avec précision la forme humaine, retracent grotesquement une réunion de personnages assemblés sur le faîte de chaque église comme sur les toits des moindres chapelles : c'est une phalange de fantômes qui planent sur une ville.

Mais je ne vous ai pas dit encore ce qu'il y a de plus singulier dans l'aspect des églises russes : leurs dômes mystérieux sont, pour ainsi dire, cuirassés, tant le travail de leur enveloppe est recherché. On dirait d'une armure damasquinée, et l'on reste muet d'étonnement en voyant briller au soleil cette multitude de toits guillochés, écaillés, émaillés, pailletés, zébrés, rayés par bandes et peints de couleurs diverses, mais toujours très-vives et très brillantes.

Représentez-vous de riches tentures étalées du haut en bas le long des édifices les plus apparents d'une ville dont les masses d'architecture se détachent sur le fond vert d'eau de la campagne solitaire. Le désert est pour ainsi dire illuminé par ce magique réseau d'escarboucles qui se détache sur un fond de sable métallique. Le jeu de la lumière miroitant sur cette ville aérienne, produit une espèce de fantasmagorie en plein jour qui rappelle l'éclat des lampes reflétées dans la boutique d'un lapidaire : ces lueurs chatoyantes donnent à Moscou un aspect différent de celui de toutes les autres grandes cités de l'Europe. Vous pouvez vous figurer l'effet du ciel vu du milieu d'une telle ville : c'est une gloire pareille à celle des vieux tableaux, on n'y voit que de l'or.

Je ne dois pas négliger de vous rappeler le grand nombre des églises que renferme cette ville. Schnitzler, page 52, rapporte qu'en 1730 Weber avait compté à Moscou 1500 églises, et que les gens du pays faisaient alors monter ce chiffre à 1600, mais il ajoute que c'est une exagération. Coxe en 1778 le fixe à 484. Lasseau réduit encore ce nombre. Quant à moi, je me contente de vous peindre l'aspect des choses. J'admire sans compter et je renvoie les amateurs de catalogues aux livres faits exclusivement avec des chiffres.

J'en ai dit assez, j'espère, pour vous faire comprendre et partager ma surprise à la première apparition de Moscou : voilà mon unique ambition. Votre étonnement s'accroîtra, si vous rappelez à votre souvenir ce que vous avez lu partout : que cette ville est un pays tout entier, et que les champs, les lacs, les bois renfermés dans son enceinte mettent des distances considérables entre les divers édifices dont elle est ornée. Il résulte d'un tel éparpillement un surcroît d'illusions ; la plaine entière est couverte d'une gaze d'argent ; trois ou quatre cents églises ainsi espacées forment à l'œil un demi-cercle immense ; aussi lorsqu'on approche pour la première fois de la ville vers l'heure du soleil couchant et que le ciel est orageux, on croit voir un arc-en-ciel de feu planant sur les églises de Moscou ; c'est l'auréole de la ville sainte.

Mais à trois quarts de lieue environ de la porte, le prestige s'évanouit, on s'arrête devant le très-réel château de Pétrowski, lourd palais de briques brutes, bâti par Catherine II dans un goût bizarre d'après un dessin moderne surchargé d'ornements qui se détachent en blanc sur le rouge des murs. Cette parure, de plâtre, à ce que je crois, et non de pierre, tient du gothique, mais ce n'est pas du gothique de bon style, ce n'est qu'extravagant. L'édifice est carré comme un dé ; régularité de plan qui ne rend pas l'aspect général plus imposant ni surtout plus léger. C'est là que s'arrête le souverain quand il veut faire une entrée solennelle à Moscou. J'y reviendrai, car on y a établi un spectacle d'été, planté un jardin, et bâti une salle de bal, espèce de café public, rendez-vous des oisifs de la ville pendant la belle saison.

Passé Pétrowski, le désenchantement va toujours croissant, tellement qu'en entrant dans Moscou on finit par ne plus croire à ce qu'on avait aperçu de loin : on rêvait, et au réveil on se retrouve dans ce qu'il y a de plus prosaïque et de plus ennuyeux au monde, dans une grande ville sans monuments, c'est-à-dire sans un seul objet d'art qui soit digne d'une admiration réfléchie ; devant cette lourde et maladroite copie de l'Europe, vous vous demandez ce qu'est devenue l'Asie qui vous était apparue. Moscou, vu du dehors et dans son ensemble, est une création des sylphes, c'est le monde des chimères ; de près et en détail, c'est une vaste cité marchande inégale, poudreuse, mal pavée, mal bâtie, peu peuplée, qui dénote sans doute l'œuvre d'une main puissante, mais en même temps la pensée d'une tête à qui l'idée du beau a manqué pour produire un chef-d'œuvre. Le peuple russe a la force des bras, c'est-à-dire celle du nombre ; la puissance de l'imagination lui manque.

Sans génie pour l'architecture, sans talent, sans goût pour la sculpture, on peut entasser des pierres, faire des choses énormes par les dimensions ; on ne peut produire rien d'harmonieux, c'est-à dire de grand par les proportions. Heureux privilége de l'art !.. les chefs-d'œuvre se survivent à eux-mêmes, ils subsistent dans la mémoire des hommes bien des siècles après que le temps les a ruinés, ils participent par l'inspiration qui se manifeste jusque dans leurs derniers débris, à l'immortalité de la pensée qui les a créés, tandis que des masses informes, quelque solidité qu'on leur donne, seront oubliées même avant que le temps en ait fait raison. L'art, lorsqu'il atteint à sa perfection, donne de l'âme aux pierres : c'est un mystère. Voilà ce qu'on apprend en Grèce, où chaque morceau de sculpture concourt à l'effet du plan général de chaque monument. En architecture, comme dans les autres arts, c'est de l'excellence des moindres détails et de leurs rapports savamment combinés avec le plan général, que naît le sentiment du beau. Rien dans toute la Russie ne produit cette impression.

Néanmoins, dans le chaos de plâtre, de briques et de planches qu'on appelle Moscou, deux points fixent incessamment les regards, l'église de Saint-Basile, je vous en décrirai tout à l'heure l'apparence, et le Kremlin, le Kremlin, dont Napoléon lui-même n'a pu faire sauter que quelques pierres !

Ce prodigieux monument, avec ses murs blancs, inégaux, bizarrement déchirés, ses créneaux étagés, est à lui seul grand comme une ville. On me dit qu'il a une lieue de tour. Vers la fin du jour, au moment où j'entrais à Moscou, les masses extraordinaires des palais et des églises renfermés dans cette citadelle se détachaient en clair sur un fond de paysage vaporeux, simple de lignes, pauvre de plans, grand de vide, mais froid de ton, ce qui n'empêche pas que nous soyons brûlés de chaleur, étouffés de poussière, dévorés des mousquites. C'est la longue durée de la saison chaude qui colore les sites méridionaux ; dans le Nord, on sent les effets de l'été, on ne les voit pas ; l'air a beau s'échauffer par moments, la terre reste toujours décolorée.

Je n'oublierai jamais le frisson de terreur que je viens d'éprouver à la première apparition du berceau de l'Empire russe moderne : le Kremlin vaut le voyage de Moscou.

A la porte de cette forteresse, mais en dehors de son enceinte, à ce que me dit mon feldjæger, car je n'ai pu encore arriver jusque-là, s'élève l'église de Saint-Basile, *Vassili Blagennoï* ; elle est connue aussi sous le nom de cathédrale de la protection de la Sainte-Vierge. Dans le rit grec, on prodigue aux églises le titre de cathédrale ; chaque quartier, chaque ville en a plusieurs ; celle de Vassili est à coup sûr le monument le plus singulier, si ce n'est le plus beau de la Russie. Je ne l'ai vue que de loin, l'effet qu'elle produit est prodigieux. Figurez-vous une agglomération de petites tourelles inégales, composant ensemble un buisson, un bouquet de fleurs ; figurez-vous plutôt une espèce de fruit irrégulier, tout hérissé d'excroissances, un melon cantaloup à côtes brodées, ou mieux encore une cristallisation de mille couleurs, dont le poli métallique a des reflets qui brillent de loin aux rayons du soleil comme le verre de Bohême ou de Venise ; comme la faïence de Delft la plus bariolée, comme l'émail de la Chine le mieux verni : ce sont des écailles de poissons dorés, des peaux de serpents étendues sur des tas de pierres informes ; des têtes de dragons, des armures de lézards à teintes changeantes, des ornements d'autel, des habits de prêtre ; et le tout est surmonté de flèches dont la peinture ressemble à des étoffes de soie mordorées : dans les

moitié de sa surface soit en culture ; il n'est nullement proportionné à la population, et ne donne qu'un produit très-médiocre, insuffisant pour la consommation, etc., etc. » (*La Russie, la Pologne et la Finlande, par M. J. H. Schnitzler*. Paris, chez J. Renouard, 1835. Page 57.)

étroits intervalles de ces campaniles, ornés comme on parerait des personnes, vous voyez reluire des toits peints en couleur gorge de pigeon, en rose, en azur, et toujours bien vernis; le scintillement de ces tapisseries éblouit l'œil et fascine l'imagination. « Certes, le pays où un pareil monument s'appelle un lieu de prière, n'est pas l'Europe, c'est l'Inde, la Perse, la Chine, et les hommes qui vont adorer Dieu dans cette boîte de confiture ne sont pas des chrétiens. » Telle est l'exclamation qui m'est échappée en apercevant pour la première fois la singulière église de Vassili; depuis que je suis entré dans Moscou, je n'ai d'autre désir que d'aller examiner de près ce chef-d'œuvre du caprice. Il faut que ce monument soit d'un style bien extraordinaire pour m'avoir distrait du Kremlin au moment où ce redoutable château m'apparaissait pour la première fois.

Mais bientôt mes idées prenant un autre tour, mon attention s'est distraite de ce qui frappait mes regards pour se représenter les faits accomplis dans ces lieux. Quel est le Français qui pourrait se défendre d'un mouvement de respect et de fierté... (le malheur a son orgueil, et c'est le plus légitime) en entrant dans l'unique ville où il se soit passé, de notre temps, un événement biblique, une scène imposante comme les plus grands faits de l'histoire ancienne?

Le moyen que la ville asiatique a pris pour repousser son ennemi est un acte de désespoir sublime, et désormais le nom de Moscou est fatalement uni à celui du plus grand capitaine des temps modernes : l'oiseau sacré des Grecs s'est consumé pour échapper aux serres de l'aigle, et semblable au phénix, la colombe mystique renaît de ses cendres.

Dans cette guerre de géants, où tout était gloire, la renommée est indépendante du succès. Le feu sous la glace, les armes des démons de Dante : telles furent les machines de guerre que Dieu mit aux mains des Russes pour nous repousser et nous anéantir! Une armée de braves peut s'honorer d'être venue jusque-là, fût-ce pour y mourir.

Mais qui peut excuser le chef de qui l'imprévoyance l'a exposée à une telle lutte? A Smolensk, Bonaparte dictait ou refusait la paix qu'on n'a même pas daigné lui offrir à Moscou. Il l'espérait pourtant, il l'espérait en vain. Ainsi, la manie des collections a borné l'intelligence du grand politique, il a sacrifié son armée à la puérile satisfaction d'occuper une capitale de plus!!... Repoussant les avis les plus sages, il fit violence à sa propre raison, afin de venir s'installer dans la forteresse des Czars, comme il avait dormi dans le palais de presque tous les potentats de l'Europe; et pour ce vain triomphe du chef aventureux, l'Empereur a perdu le sceptre du monde.

La manie des capitales a causé l'anéantissement de la plus belle armée de France et du monde, et deux ans plus tard la chute de l'Empire.

Voici un fait ignoré chez nous, mais dont je vous garantis l'authenticité : il vient à l'appui de mon opinion sur la faute impardonnable commise par Napoléon lorsqu'il a marché sur Moscou. Cette opinion d'ailleurs n'a rien de particulier, puisqu'elle est aujourd'hui celle des hommes les plus éclairés et les plus impartiaux de tous les pays.

Smolensk était considéré par les Russes comme le boulevard de leur pays. Ils espéraient que notre armée se contenterait d'occuper la Pologne et la Lithuanie sans s'aventurer au delà : mais lorsqu'on apprit la conquête de cette ville, la clef de l'Empire, un cri d'épouvante s'éleva de toutes parts, la cour et le pays furent dans la consternation, et la Russie se crut au pouvoir du vainqueur. C'est à Pétersbourg que l'empereur Alexandre reçut cette désastreuse nouvelle.

Son ministre de la guerre partageait l'opinion générale, et voulant soustraire à l'ennemi ce qu'il avait de plus précieux, il mit une quantité considérable d'or, de papiers, de bijoux, de diamants, dans une petite caisse qu'il fit porter à Ladoga par un de ses secrétaires, le seul homme auquel il crut pouvoir confier un tel dépôt. Et il lui dit d'attendre là de nouvelles instructions, en lui annonçant que probablement il lui enverrait l'ordre de se rendre avec la cassette au port d'Archangel, et plus tard en Angleterre. On attendait avec anxiété des détails ultérieurs; quelques jours se passèrent sans qu'on vît arriver de courrier; enfin le ministre reçut l'avis officiel de la marche de notre armée vers Moscou. Sans hésiter un seul instant, il renvoie chercher à Ladoga son secrétaire et la cassette dont cet homme était porteur, et se rend chez l'Empereur d'un air triomphant : Alexandre savait déjà ce qu'on venait lui apprendre. « Sire, lui dit le ministre, Votre Majesté a des grâces à rendre à la Providence; si vous persistez à suivre le plan arrêté, la Russie est sauvée : c'est une expédition à la Charles XII.

— Mais Moscou, reprit l'Empereur. — Il faut l'abandonner, Sire : combattre serait donner quelque chose au hasard, nous retirer en affamant le pays, c'est perdre l'ennemi sans rien risquer. La dévastation et la disette commenceront sa ruine, l'hiver et l'incendie la consommeront; brûlons Moscou pour sauver le monde. »

L'empereur Alexandre modifia ce plan dans l'exécution. Il exigea qu'un dernier effort fût tenté pour garantir sa capitale.

On sait avec quel courage les Russes combattirent à la Moskowa. Cette bataille, qui a reçu de leur maître le nom de Borodino, fut glorieuse pour eux; elle le fut pour nous, puisque, malgré leurs généreux efforts, ils ne purent empêcher notre entrée à Moscou.

Dieu voulait fournir un récit épique aux gazetiers du siècle le plus prosaïque entre tous ceux que le monde a vus s'écouler. Moscou fut sacrifié volontairement, et la flamme de ce pieux incendie devint le signal de la révolution de l'Allemagne et de la délivrance de l'Europe.

Les peuples sentirent enfin qu'ils n'auraient de repos qu'après avoir anéanti cet infatigable conquérant, qui voulait la paix par le moyen de la guerre perpétuelle.

Tels sont les souvenirs qui dominaient ma pensée à la première vue du Kremlin. Pour récompenser dignement Moscou, l'Empereur de Russie aurait dû reporter sa résidence dans cette ville deux fois sainte.

Le Kremlin n'est pas un palais comme un autre, c'est une cité tout entière et cette cité est la souche de Moscou; elle sert de frontière à deux parties du monde, l'Orient et l'Occident; le monde ancien et le monde moderne sont là en présence; sous les successeurs de Gengis-Khan, l'Asie s'était ruée une dernière fois sur l'Europe; en se retirant, elle a frappé du pied la terre, il en est sorti le Kremlin.

Les princes qui possèdent aujourd'hui cet asile sacré du despotisme oriental disent qu'ils sont Européens, parce qu'ils ont chassé de la Moscovie les Calmouks leurs frères, leurs tyrans et leurs instituteurs; ne leur en déplaise, rien ne ressemblait aux khans de Saraï comme leurs antagonistes et leurs successeurs, les Czars de Moscou, qui leur ont emprunté jusqu'à leur titre. Les Russes appelaient Czars les khans des Tatars. Karamsin dit à ce sujet, volume VI, p. 438 :

« Ce mot n'est pas l'abrégé du latin César, comme plusieurs savants le croient sans fondement. C'est un ancien nom oriental que nous connûmes par la traduction slavonne de la Bible : donné d'abord par nous aux empereurs d'Orient, et ensuite aux khans des Tatars, il signifie en persan *trône*, *autorité suprême*, et se fait remarquer dans la terminaison des noms des rois d'Assyrie et de Babylone, comme Phalassar, Nabonassar, etc. » Et en note il ajoute : « Voyez Boyer, *Origines russ.* Dans notre traduction de l'Écriture sainte, on écrit Kessar au lieu de César, mais Tsar ou *Czar* est tout à fait un autre mot. »

Une fois entré dans l'enceinte de Moscou, j'ai traversé un boulevard qui ressemble à tout, puis j'ai suivi une pente assez douce au bas de laquelle je suis arrivé dans un quartier élégant, bâti en pierre, et dont les rues sont tirées au cordeau; enfin on m'a conduit dans la Dmitriskoi : c'est la rue où m'attendait une belle et bonne chambre retenue pour moi dans une excellente auberge anglaise. J'avais été recommandé dès Pétersbourg à madame Howard, qui ne m'aurait pas admis chez elle sans cette précaution. Je n'ai garde de lui reprocher ses scrupules, car, grâce à tant de prudence, on peut dormir tranquille dans sa maison.

Êtes-vous curieux de savoir à quel prix elle achète une propreté difficile à obtenir partout, mais qui devient une vraie merveille en Russie! elle a bâti dans sa cour un corps de logis séparé, afin d'y faire coucher tous les domestiques russes. Ces hommes n'entrent dans la maison principale que pour y vaquer au service de leurs maîtres. En fait de précautions, madame Howard va plus loin encore. Elle ne reçoit presque aucun Russe; aussi ni mon postillon ni mon feldjæger ne connaissaient sa demeure; nous avons eu quelque peine à la trouver, quoique cette maison, sans enseigne il est vrai, soit la meilleure auberge de Moscou et de la Russie.

Aussitôt que je fus installé, je me suis mis à vous écrire pour me reposer. La nuit approche, il fait clair de lune; je m'interromps afin d'aller parcourir la ville; je reviendrai vous raconter ma promenade.

(*Suite de la même lettre.*)

Moscou, ce 8 août 1839, à 1 heure du matin.

Sorti vers dix heures du soir, sans guide, seul, me dirigeant au hasard, selon ma coutume, j'ai commencé à parcourir de longues rues larges, mal pavées comme toutes les rues des villes russes, et de plus montueuses; mais ces vilaines rues sont tracées régulièrement. La ligne droite ne fait pas faute à l'architecture de ce pays, cependant l'équerre et le cordeau ont moins défiguré Moscou qu'ils n'ont gâté Pétersbourg. Là ces imbéciles tyrans des villes modernes trouvèrent table rase, mais ils avaient à lutter ici contre les inégalités du terrain et contre de vieux monuments nationaux; grâce à ces invincibles obstacles de l'histoire et de la nature, l'aspect de Moscou est resté celui d'une ville ancienne; c'est la plus pittoresque de toutes celles de l'Empire qui la reconnaît toujours pour sa capitale, en dépit des efforts presque surnaturels du Czar Pierre et de ses successeurs, tant la loi des choses est forte contre la volonté des hommes même les plus puissants!

Dépouillée de ses honneurs religieux, privée de son patriarche, abandonnée de ses souverains et des plus courtisans de ses vieux boyards, sans autre prestige que celui d'un trait d'héroïsme trop moderne pour être justement apprécié des contemporains, Moscou est devenu, faute de mieux, une ville de commerce et d'industrie; on vante sa fabrique de soieries!!... Mais l'histoire et l'architecture sont toujours là pour lui conserver ses droits imprescriptibles à la suprématie politique. Le gouvernement russe favorise les usines : ne pouvant arrêter tout à fait le torrent du siècle, il aime encore mieux enrichir le peuple que l'affranchir.

Ce soir vers dix heures, le jour tombait et la lune se levait brillante à travers la poussière animée d'un horizon du Nord, au moment du crépuscule. Les flèches des couvents, les aiguilles des chapelles, les tours, les remparts, les palais et toutes les masses irrégulières et imposantes du Kremlin recevaient par accident des traits de lumière resplendissants comme des franges d'or, tandis que le corps de la ville, rentré dans l'ombre, perdait peu à peu les luisants reflets du soleil couchant que je voyais glisser en s'affaiblissant de tuile peinte en tuile peinte, de coupole de cuivre en coupole, papillotant et se fondant par flots lumineux sur les chaînes dorées et sur les toits métalliques, qui sont le firmament de Moscou : tous ces monuments dont les peintures ressemblent à de riches tapisseries, brillaient d'un air de fête sur le fond bleuâtre du ciel. On eût dit que le soleil à son déclin voulait saluer la ville qu'il allait fuir; cet adieu du jour au palais de fées de la vieille capitale de la Russie était magnifique. Mais des nuées de moustiques bourdonnaient à mes oreilles, tandis que mes yeux étaient brûlés du sable des rues, incessamment enlevé sous les pieds des chevaux qui traînent au galop dans tous les sens des milliers d'équipages.

Les plus nombreux et les plus pittoresques sont les droschki, cette voiture vraiment nationale est le traîneau d'été. Ne pouvant transporter commodément qu'une personne à la fois, les droschki doivent se multiplier à l'infini pour suffire aux besoins d'une population active, nombreuse mais perdue dans une ville immense et dont les habitants refluent continuellement de toutes les extrémités vers le centre. La poussière de Moscou est extrêmement incommode, fine comme la cendre, légère comme les tourbillons d'insectes auxquels elle se mêle en cette saison, elle offusque la vue et gêne la respiration. Nous avons une température brûlante tout le jour, et les nuits sont encore trop courtes pour que la fraîcheur pernicieuse des rosées puisse tempérer l'aride chaleur du matin, la lueur de ce jour dévorant ne finit que bien avant dans la soirée. Au surplus, les Russes sont étonnés de l'intensité des chaleurs de cet été comme de leur durée.

L'Empire slave, ce soleil levant du monde politique, vers lequel toute la terre tourne les yeux, aurait-il aussi pour lui le soleil de Dieu? Les gens du pays prétendent et ils répètent souvent que le climat de la Russie s'adoucit. Étonnant pouvoir de la civilisation humaine, dont les progrès changeraient jusqu'à la température du globe! Quoi qu'il en soit des hivers de Moscou et de Pétersbourg, je connais peu de climats plus désagréables que celui de ces deux villes pendant l'été. C'est la belle saison qui est le vilain temps des pays du Nord.

La première chose qui m'a frappé dans les rues de Moscou, c'est une population qui paraissait plus vive dans ses allures, plus franche dans sa gaieté que celle de Pétersbourg, on respire ici un air de liberté inconnu dans le reste de l'Empire, c'est ce qui m'explique la secrète aversion des souverains pour cette ville, qu'ils flattent, qu'ils redoutent et qu'ils fuient.

L'empereur Nicolas qui est bon Russe l'aime beaucoup, dit-il, néanmoins je ne vois pas qu'il l'habite plus souvent que n'ont fait ses prédécesseurs, qui la détestaient.

Ce soir on avait illuminé quelques rues, mais mesquinement et par un assez petit nombre de lampions dont quelques-uns n'étaient que posés à terre. On a peine à s'expliquer le goût des Russes pour les illuminations, quand on pense que pendant la courte saison où l'on peut jouir de ce genre de décoration, il n'y a presque pas de nuit sous les latitudes de Moscou, et surtout de Saint-Pétersbourg.

En rentrant chez moi j'ai demandé à quelle occasion se faisaient ces modestes démonstrations de joie. On m'a répondu qu'on illuminait pour célébrer les anniversaires de la naissance ou du baptême de toutes les personnes de la famille impériale : ce sont des réjouissances permanentes. Il y a chaque année tant de fêtes de ce genre en Russie, qu'elles passent à peu près inaperçues. Cette indifférence m'a prouvé que la peur a ses imprudences, et qu'elle ne sait pas toujours si bien flatter qu'elle le voudrait. Il n'y a de flatteur habile que l'amour, parce que ses louanges, même les plus exagérées, sont sincères. Voilà une vérité que la conscience dit inutilement aux despotes.

L'inutilité de la conscience dans les affaires humaines, dans les plus grandes comme dans les moindres, est à mes yeux le plus étonnant mystère de ce monde, car il me prouve l'existence de l'autre. Dieu ne fait rien sans but; donc puisqu'il a donné la conscience à tous les hommes et que cette lumière intérieure ne sert à rien sur la terre, il faut qu'elle ait sa destination quelque part : les injustices de ce monde ont pour excuses nos passions : l'in-flexible justice de l'autre aura pour avocat notre conscience.

J'ai suivi lentement des promeneurs désœuvrés et après av- descendu et remonté plusieurs pentes à la suite d'un flot d'oi- que je prenais machinalement pour guides, je suis arrivé v- le centre de la ville, sur une place vague où commence u- allée de jardin, cette promenade me parut très-brillante : entendait de la musique lointaine, on voyait scintiller des lumiè- nombreuses, plusieurs cafés ouverts rappelaient l'Europe; mais ne pouvais m'intéresser à ces plaisirs; j'étais sous les murs Kremlin; montagne colossale élevée pour la tyrannie, par les b- des esclaves. On a fait pour la ville moderne une promenade p- blique, une espèce de jardin planté à l'anglaise autour des murs cette ancienne forteresse de Moscou.

Savez-vous ce que c'est que les murs du Kremlin? Ce mot murs vous donne l'idée d'une chose trop ordinaire, trop mesqui- il vous trompe; les murailles du Kremlin : c'est une chaîne montagnes... Cette citadelle bâtie aux confins de l'Europe et l'Asie est aux remparts ordinaires ce que les Alpes sont à nos c- lines : le Kremlin est le mont Blanc des forteresses. Si le géant qu' appelle l'Empire russe avait un cœur, je dirais que le Kremlin e- le cœur de ce monstre : il en est la tête...

Je voudrais pouvoir vous donner l'idée de cette masse de pierr- qui se dessinait en gradins dans le ciel : singulière contradi- tion!!... cet asile du despotisme s'éleva au nom de la liberté, car Kremlin fut un rempart opposé aux Calmouks par les Russes; s- murailles à deux fins ont favorisé l'indépendance de l'État et ser- la tyrannie du souverain. Elles suivent avec hardiesse les profond- sinuosités du terrain; lorsque les pentes du coteau deviennent tr- rapides le rempart s'abaisse par escaliers, ces degrés qui monte- entre le ciel et la terre sont énormes, c'est l'échelle des géants q- vont faire la guerre aux dieux.

La ligne de cette première ceinture de constructions est coupé- par des tours fantastiques si élevées, si fortes et d'une forme si b- zarre qu'elles représentent des rocs de diverses figures et des gla- ciers de mille couleurs; l'obscurité, sans doute, contribuait grandir les objets, à leur donner un dessin et des teintes hors d- nature; je dis des teintes parce que la nuit a son coloris comme gravure.... J'ignore d'où venait le prestige dont je ressentais l'in- fluence : mais ce que je sais c'est que je ne pouvais me défende d'une secrète épouvante... et voir des messieurs et des dames vêtu- à la parisienne se promener au pied de ce palais fabuleux, c'est croire qu'on rêve!.. Je rêvais. Qu'aurait dit Ivan III, le restaura- teur, on peut bien dire le fondateur du Kremlin, s'il eût pu aperce- voir au pied de la forteresse sacrée ses vieux Moscovites rasés frisés, en frac, en pantalons blancs, en gants jaunes, nonchal- m- ment assis au son des instruments et prenant des glaces bien su- crées devant un café bien illuminé? il aurait dit comme moi : c'es- impossible!... et pourtant c'est ce qui se voit maintenant tous le- soirs d'été à Moscou.

J'ai donc parcouru les jardins publics plantés sur les glacis de la citadelle des Czars, j'ai vu des tours, puis d'autres tours, des étages puis d'autres étages de murailles, et mes regards planaient sur une ville enchantée. C'est trop peu dire que de parler de féerie!... i- faudrait l'éloquence de la jeunesse, que tout étonne et surprend pour trouver des mots analogues à ces choses prodigieuses. Au- dessus d'une longue voûte que je venais de traverser, j'ai aperç- un chemin suspendu par lequel piétons et voitures entrent dans la sainte Cité. Ce spectacle me paraissait incompréhensible, rien que des tours, des portes, des terrasses élevées les unes sur les autres, en lignes contrariées, rien que des rampes rapides, que des arceaux qui servent à porter des routes par lesquelles on sort du Moscou d'aujourd'hui, du Moscou vulgaire, pour entrer au Kremlin, au Moscou de l'histoire, au Moscou merveilleux. Ces aqueducs, sans eau, supportent encore d'autres étages d'édifices plus fantastiques; j'ai entrevu, appuyé sur un de ces passages suspendus, une tour ronde, toute hérissée de créneaux en fer de lance : la blancheur éclatante de cet ornement singulier se détache sur un mur rouge de sang : contraste criant! et que l'obscurité toujours un peu transparente des nuits septentrionales ne m'empêchait pas de discerner. Cette tour quoique assez basse est un géant qui domine de toute sa tête le fort dont il paraît le gardien. Quand je fus rassasié du plaisir de rêver tout éveillé, je tâchai de retrouver mon chemin pour rentrer chez moi, où je me suis mis à vous écrire : occupation peu propre à calmer mon agitation. Mais je suis trop fatigué, je ne puis me reposer, il faut de la force pour dormir.

Que ne voit-on pas la nuit au clair de lune en tournant au pied du Kremlin? là tout est surnaturel, on y croit aux spectres malgré soi : qui pourrait approcher sans une religieuse terreur de ce boulevard sacré dont une pierre détachée par Bonaparte a rebondi jusqu'à Sainte-Hélène pour écraser au milieu de l'Océan le téméraire triomphateur... Pardon, je suis né du temps des phrases. La plus nouvelle des nouvelles écoles achève de les bannir et de simplifier le langage d'après cette loi : que les peuples les plus dénués d'imagination sont ceux qui se gardent le plus soigneusement des écarts d'une faculté qu'ils n'ont pas. Je puis admirer le style puritain lorsqu'il est employé par des talents supérieurs et capables d'en racheter la monotonie : je ne saurais l'imiter.

Après avoir vu ce que j'ai vu ce soir, on ferait bien de s'en retourner tout droit dans son pays : l'émotion du voyage est épuisée.

LETTRE VINGT-CINQUIÈME.

SOMMAIRE. — *Le Kremlin au grand jour.* — Ses hôtes naturels. — Caractère de son architecture. — Dimension des églises russes. — L'histoire employée comme un moyen de décrire les lieux. — Influence d'Ivan IV. — Mot de Pierre Ier. — Patience coupable. — Les sujets d'Ivan IV et les Russes actuels. — Ivan IV comparé à tous les tyrans cités dans l'histoire. — Source où j'ai puisé les faits racontés. — Brochure du prince Wiasemski. — Pourquoi on doit se fier à Karamsin.

Moscou, ce 8 août 1839.

L'ophthalmie que j'ai gagnée entre Pétersbourg et Moscou m'inquiète et me fait souffrir. Malgré ce mal, j'ai voulu recommencer aujourd'hui ma promenade d'hier au soir, afin de comparer le Kremlin du grand jour avec le fantastique Kremlin de la nuit. L'ombre grandit, déplace toutes choses, mais le soleil rend aux objets leurs formes et leurs proportions.

A cette seconde épreuve, la forteresse des Czars m'a encore surpris. Le clair de lune agrandissait et faisait ressortir certaines masses de pierres, mais il m'en cachait d'autres, et tout en rectifiant quelques erreurs, en reconnaissant que je m'étais figuré trop de voûtes, trop de galeries couvertes, trop de chemins suspendus, de portiques, et de souterrains, j'ai retrouvé assez de toutes ces choses pour justifier ma surprise.

Il y a de tout au Kremlin : c'est un paysage en pierres.

La solidité de ses remparts surpasse la force des rochers qui les supportent ; le nombre et la forme de ses monuments est une merveille. Ce labyrinthe de palais, de musées, de donjons, d'églises, de cachots est effrayant comme l'architecture de Martin ; c'est tout aussi grand et plus irrégulier que les compositions du peintre anglais (1). Des bruits mystérieux sortent du fond des souterrains ; de telles demeures ne peuvent convenir à des êtres semblables à nous. On y rêve aux scènes les plus étonnantes, et l'on frémit quand on se souvient que ces scènes ne sont point de pure invention. Les bruits qu'on entend là semblent sortir du tombeau : il n'y a rien qu'on ne puisse croire à l'aspect d'un pareil monument.

Persuadez-vous bien que le Kremlin de Moscou n'est nullement ce qu'on dit qu'il est. Ce n'est pas un palais ; ce n'est pas un sanctuaire national où se conservent les trésors historiques de l'Empire ; ce n'est pas le boulevard de la Russie, l'asile révéré où dorment les saints protecteurs de la patrie : c'est moins et c'est plus que tout cela, c'est tout simplement la citadelle des spectres.

Ce matin, marchant toujours sans guide, je suis arrivé jusqu'au milieu même du Kremlin, et j'ai pénétré seul dans l'intérieur de quelques-unes des églises qui font l'ornement de cette cité pieuse, aussi vénérée par les Russes pour ses reliques que pour les richesses mondaines et les glorieux trophées qu'elle renferme. Je suis trop agité en cet instant pour vous décrire les lieux avec détail : plus tard je ferai une visite méthodique au trésor et vous saurez ce que j'y aurai vu.

Le Kremlin sur sa colline m'est apparu de loin comme une ville princière, bâtie au milieu de la ville populaire. Ce tyrannique château, cet orgueilleux monceau de pierres domine le séjour du commun des hommes de toute la hauteur de ses rochers, de ses murs et de ses campaniles, et, contrairement à ce qui arrive aux monuments d'une dimension ordinaire, plus on approche de cette masse indestructible, et plus on est émerveillé. Tel que certains ossements d'animaux gigantesques, le Kremlin nous prouve l'histoire d'un monde dont nous ne pouvons nous empêcher de douter encore, même en en retrouvant les débris. A cette création prodigieuse, la force tient lieu de beauté, le caprice d'élégance ; c'est le rêve d'un tyran, mais c'est puissant, c'est effrayant comme la pensée d'un homme qui commande à la pensée d'un peuple ; il y a là quelque chose de disproportionné : je vois des moyens de défense qui supposent des guerres comme il ne s'en fait plus ; cette architecture n'est pas en rapport avec les besoins de la civilisation moderne.

Héritage des temps fabuleux, où le mensonge était roi sans contrôle, geôle, palais, sanctuaire ; boulevard contre l'étranger, bastille contre la nation, appui des tyrans, cachot des peuples : voilà le Kremlin !

Espèce d'Acropolis du Nord, de Panthéon barbare, ce sanctuaire national pourrait s'appeler l'Alcazar des Slaves.

Tel fut donc le séjour de prédilection des vieux princes moscovites, et pourtant ces redoutables murailles ne suffirent pas encore à calmer l'épouvante d'Ivan IV.

(1) Célèbre par le caractère de ses compositions.

La peur d'un homme tout-puissant est ce qu'il y a de plus terrible en ce monde, aussi n'approche-t-on du Kremlin qu'en frémissant.

Des tours de toutes les formes : rondes, carrées, ovales, à flèches aiguës, des beffrois, des donjons, des tourelles, des vedettes, des guérites sur des minarets, des clochers de toutes les hauteurs, différant de couleurs, de style et de destination ; des palais, des dômes, des vigies, des murs crénelés, percés ; des meurtrières, des mâchicoulis, des remparts, des poternes, des fortifications de toutes sortes, des fantaisies bizarres, des inventions incompréhensibles, un kiosque à côté d'une cathédrale ; ici tout annonce la violence dans le désordre, tout trahit la continuelle surveillance nécessaire à la sûreté des êtres singuliers qui se condamnèrent à vivre dans ce monde surnaturel. Mais ces innombrables monuments d'orgueil, de caprice, de volupté, de vanité, de piété, malgré leur variété apparente n'expriment qu'une seule et même pensée qui domine tout : la guerre et la peur. Le Kremlin est sans contredit l'œuvre d'un être surhumain, mais d'un être malfaisant. La gloire moyennant l'esclavage, telle est l'allégorie figurée par ce monument satanique, aussi extraordinaire en architecture que les visions de saint Jean sont extraordinaires en poésie : c'est l'habitation qui convient aux personnages de l'Apocalypse.

En vain chaque tourelle a son caractère et son usage particulier, toutes ont la même signification : la terreur armée !

Les unes ressemblent à des bonnets de prêtres, d'autres à la gueule d'un dragon, d'autres à des glaives renversés : la garde en bas, la pointe en haut ; d'autres rappellent la forme et jusqu'à la couleur de certains fruits exotiques ; d'autres encore ont la figure d'une coiffure de Czars pointue et ornée de pierreries comme celle du doge de Venise ; d'autres enfin sont de simples couronnes, et toutes ces espèces de tours revêtues de tuiles vernissées ; toutes ces coupoles métalliques, tous ces dômes émaillés, dorés, azurés, argentés, brillent au soleil comme des émaux sur une étagère, ou plutôt comme les stalactites colossales des mines de sel qu'on voit aux environs de Cracovie. Ces énormes piliers, ces flèches de diverses formes, pyramidales, rondes, pointues, mais rappelant toujours un peu la figure humaine, dominent la ville et le pays.

A les voir de loin briller dans le ciel, on dirait d'une réunion de potentats richement vêtus et décorés des insignes de leur dignité ; c'est une assemblée d'ancêtres, siégeant sur des tombeaux ; ce sont des spectres qui veillent sur leurs descendants au faîte d'un palais.

Habiter le Kremlin, ce n'est pas vivre, c'est se défendre ; l'oppression crée la révolte, la révolte nécessite les précautions, les précautions accroissent le danger, et de cette longue suite d'actions et de réactions naît un monstre : le despotisme qui s'est bâti une maison à Moscou : voilà le Kremlin ! Les géants du monde antédiluvien s'ils revenaient sur terre pour visiter leurs faibles successeurs, après avoir vainement cherché quelques traces de leurs asiles primitifs, pourraient encore se fixer là.

Tout a un sens symbolique, volontaire ou non, dans l'architecture du Kremlin ; mais ce qui reste de réel quand vous avez surmonté votre première épouvante pour pénétrer au sein de ces sauvages magnificences, c'est un amas de cachots pompeusement surnommés palais et cathédrales. Les Russes ont beau faire, ils ne sortent pas de prison.

Leur climat lui-même est complice de la tyrannie. Le froid de ce pays ne permet pas d'y construire de vastes églises, où les fidèles seraient gelés pendant la prière ; ici l'esprit n'est point élevé au ciel par la pompe de l'architecture religieuse ; sous cette zone, l'homme ne peut bâtir au bon Dieu que des donjons obscurs. Les sombres cathédrales du Kremlin, avec leurs voûtes étroites et leurs épaisses murailles, ressemblent à des caveaux funèbres : ce sont des prisons peintes comme les palais sont des geôles dorées.

Des merveilles de cette effrayante architecture il faut dire ce que les voyageurs disent de l'intérieur des Alpes : voilà de belles horreurs.

(Suite de la lettre vingt-cinquième.)

Le même jour, au soir.

Mon œil s'enflamme de plus en plus : je viens de faire appeler un médecin qui m'a condamné à passer trois jours dans ma chambre avec un bandeau. Heureusement que l'un de mes yeux me reste ; je puis m'occuper.

J'ai le projet d'employer ces trois jours de loisir forcé à terminer un travail commencé pour vous à Pétersbourg, et interrompu par les agitations de la vie que je menais dans cette ville. C'est le résumé du règne d'Ivan IV, le tyran par excellence, et l'âme du Kremlin. Ce n'est pas qu'il ait bâti cette forteresse, mais il y est né, il y est mort, il y revient, son esprit y demeure.

Le plan en fut conçu et exécuté par son aïeul Ivan III et par des hommes de cette trempe ; et je veux me servir de ces figures colossales comme de miroirs pour vous représenter le Kremlin, qu'il me faut, je le sens, renoncer à vous peindre tout simplement, car ici les paroles ne vont pas aux choses. D'ailleurs cette manière détournée de compléter une description me paraît neuve, et je la crois sûre ; aussi bien j'ai fait jusqu'à présent ce qui dépendait de moi pour vous donner l'idée du lieu en lui-même, il faut maintenant vous le montrer sous un aspect nouveau, en vous faisant l'histoire des hommes qui l'habitèrent.

Si de l'arrangement d'une maison nous déduisons le caractère de la personne qui l'habite, ne pouvons-nous pas, par une opération d'esprit analogue, nous figurer l'aspect des édifices d'après les hommes pour lesquels ils furent construits? Nos passions, nos habitudes, notre génie sont bien assez puissants pour se graver ineffaçablement jusque sur les pierres de nos demeures.

Certes, s'il existe un monument auquel puisse s'appliquer ce procédé de l'imagination, c'est le Kremlin.

On voit là l'Europe et l'Asie en présence, et le génie des Grecs du Bas-Empire les unit.

A tout prendre, soit que l'on considère cette forteresse sous le rapport purement historique, soit qu'on la contemple du point de vue poétique et pittoresque, c'est le monument le plus national de la Russie, et, par conséquent, le plus intéressant pour les Russes comme pour les étrangers.

Je vous l'ai dit, Ivan IV n'a point bâti le Kremlin* : ce tabernacle du despotisme fut reconstruit en pierre sous Ivan III, en 1485, par deux architectes italiens, Marco et Pietro-Antonio, appelés à Moscou par le *Grand-Prince*, qui voulait relever les remparts naguère de bois de la forteresse fondée plus anciennement sous Dmitri Donskoi.

Mais si ce palais n'est pas l'œuvre d'Ivan IV, il est sa pensée. C'est par esprit de prophétie que le grand roi Ivan III a bâti le palais du tyran son petit-fils. Il y a eu des architectes italiens partout ; nulle part ces hommes n'ont rien produit qui ressemble à l'œuvre accomplie par eux à Moscou. J'ajoute qu'il y a eu ailleurs des souverains absolus, injustes, arbitraires, bizarres, et que pourtant le règne d'aucun de ces monstres ne ressemble au règne d'Ivan IV : la même graine germant sous des zones et dans des terrains différents fait naître des plantes du même genre, mais de dimensions et d'aspects divers. La terre ne verra pas deux chefs-d'œuvre du despotisme pareils au Kremlin, ni deux nations aussi superstitieusement patientes que le fut la nation moscovite sous le règne fabuleux de son tyran.

Les suites s'en font encore sentir de nos jours. Si vous m'aviez accompagné dans ce voyage, vous découvririez avec moi au fond de l'âme du peuple russe les inévitables ravages du pouvoir arbitraire poussé à ses dernières conséquences, d'abord c'est une indifférence sauvage pour la sainteté de la parole, pour la vérité des sentiments, pour la justice des actes, puis c'est le mensonge triomphant dans toutes les actions et les transactions de la vie ; c'est le manque de probité, la mauvaise foi, la fraude sous toutes les formes ; en un mot, le sens moral est émoussé.

Il me semble voir une procession de vices sortir par toutes les portes du Kremlin pour inonder la Russie.

Pierre Ier disait qu'il faudrait trois juifs pour tromper un Russe ; nous qui ne sommes pas obligés de ménager nos termes comme un Empereur, nous traduisons ce mot ainsi : « Un Russe à lui seul attraperait trois juifs. »

D'autres nations ont supporté l'oppression, la nation russe l'a aimée ; elle l'aime encore. Ce fanatisme d'obéissance n'est-il pas caractéristique? Toutefois, on ne peut nier que cette manie populaire ne devienne, par exception, le principe d'actions sublimes. Dans ce pays inhumain, si la société a dénaturé l'homme, elle ne l'a pas rapetissé ; il porte parfois la bassesse jusqu'à l'héroïsme ; il n'est pas bon, mais il n'est pas mesquin ; c'est aussi ce qu'on peut dire du Kremlin. Cela ne fait pas plaisir à regarder, mais cela fait peur. Ce n'est pas beau, c'est terrible, terrible comme le règne d'Ivan IV.

Un tel règne aveugle à jamais l'âme humaine chez la nation qui l'a subi patiemment jusqu'au bout ; les derniers neveux de ces hommes, stigmatisés par les bourreaux, se ressentiront de la perversion de leurs pères ; le crime de lèse-humanité dégrade les peuples jusque dans leur postérité la plus reculée. Ce crime ne consiste pas seulement à exercer l'injustice, mais à la tolérer ; un peuple qui, sous prétexte que l'obéissance est la première des vertus, lègue la tyrannie à ses neveux, méconnaît ses propres intérêts ; il fait pis que cela, il manque à ses devoirs.

L'aveugle patience des sujets, leur silence, leur fidélité à des maîtres insensés sont de mauvaises vertus ; la soumission n'est louable, la souveraineté vénérable qu'autant qu'elles deviennent des moyens d'assurer les droits de l'humanité. Quand le roi les méconnaît, quand il oublie à quelles conditions il est permis à un homme de régner sur ses semblables, les citoyens ne relèvent plus que de Dieu, leur maître éternel, qui les délie du serment de fidélité au maître temporel.

Voilà des restrictions que les Russes n'ont jamais admises ni comprises, pourtant elles sont nécessaires au développement de la vraie civilisation ; sans elles, il arriverait un moment où l'état social deviendrait plus nuisible qu'utile à l'humanité, et les sophistes auraient beau jeu pour renvoyer l'homme au fond des bois.

Cependant une telle doctrine, avec quelque modération qu'on l'expose et qu'on veuille la mettre en pratique, passe pour séditieuse à Pétersbourg, bien qu'elle ne soit que l'application des saintes Écritures. Donc, les Russes de nos jours sont les dignes enfants des sujets d'Ivan IV. C'est un des motifs qui me décident à vous faire en abrégé l'histoire de ce règne.

En France j'avais oublié ces faits ; mais en Russie on est bien forcé de s'en retracer les affreux détails. Ce sera le sujet de ma prochaine lettre ; ne craignez pas l'ennui : jamais récit ne fut plus intéressant ou du moins plus curieux.

Cet insensé a, pour ainsi dire, dépassé les limites de la sphère où la créature a reçu de Dieu, sous le nom de libre arbitre, la permission de faire du mal : jamais le bras de l'homme n'a porté si loin. La brutale férocité d'Ivan IV fait pâlir les Tibère, les Néron, les Caracalla, les Louis XI, les Pierre le Cruel, les Richard III, les Henry VIII, enfin tous les tyrans anciens et modernes avec leurs juges les plus incorruptibles, Tacite à leur tête.

Aussi, avant de vous retracer les détails de ces incroyables excès, je sens le besoin de protester de mon exactitude. Je ne citerai rien de mémoire ; en commençant ce voyage, j'ai rempli ma voiture des livres qui m'étaient nécessaires, et la principale source où j'ai puisé, c'est Karamsin, auteur qui ne peut être récusé par les Russes, puisqu'on lui reproche d'avoir adouci plutôt qu'exagéré les faits défavorables à la renommée de sa nation. Une prudence excessive et qui va jusqu'à la partialité, tel est le défaut de cet auteur ; en Russie, le patriotisme est toujours entaché de complaisance. Tout écrivain russe est courtisan : Karamsin l'était ; j'en trouve la preuve dans une petite brochure publiée par un autre courtisan, le prince Wiasemski ; c'est la description de l'incendie du palais d'hiver à Pétersbourg, description qui est écrite tout à la louange du souverain, lequel a mérité cette fois les éloges qu'on lui adresse. On y trouve le passage suivant :

« Quelle est la noble famille de Russie qui n'ait aussi quelque « glorieux souvenir à revendiquer dans ses murs (1)? Nos pères, nos « ancêtres, toutes nos illustrations politiques, administratives, guer- « rières, y reçurent des mains du souverain, et au nom de la patrie, « les témoignages éclatants dus à leurs travaux, à leurs services, à « leur valeur. C'est ici que Lomonosoff, que Derjavine firent résonner leur lyre nationale, que *Karamsin lut les pages de son histoire* devant un auditoire auguste (2). Ce palais était le palladium « des souvenirs de toutes nos gloires ; c'était le Kremlin de notre « histoire moderne. » (*Incendie du palais d'hiver, à Saint-Pétersbourg*, par le prince Wiasemski. Paris, G.-A. Dentu, Palais-Royal, page 11.)

On peut, on doit donc ajouter foi à Karamsin quand il raconte les monstruosités de la vie d'Ivan IV. J'affirme que tous les faits que vous lirez dans mon précis se trouvent rapportés avec plus de détails par cet historien, dans son livre intitulé : *Histoire de l'Empire de Russie*, par M. de Karamsin, traduite par Jauffret et terminée par M. de Divoff, conseiller d'État actuel et chambellan de l'Empereur de Russie, onze volumes grand in-8, Paris, à la galerie de Bossange père, rue Richelieu, n° 60, 1826.

LETTRE VINGT-SIXIÈME.

SOMMAIRE. — Histoire d'Ivan IV. — Citation de la brochure de M. Tolstoi. — Début du règne d'Ivan IV. — Effets de sa tyrannie sur les Russes. — Une des causes de sa cruauté. — Siége de Kazan. — Prise d'Astrakan. — Comment il traite ses anciens amis. — Souvenirs de son enfance. — Changement du mal et pire que [illegible] — Ses mariages. — Mensonge inhérent au despotisme. — Ses raffinements de cruauté. — Supplices ordonnés et surveillés par lui. — Sac de Novgorod. — Jusqu'où vont ses vengeances. — [illegible] — [illegible] — Ce que font les Russes à cette occasion. — Motif secret de leur servitude. — Ivan reprend la couronne. — A quelle condition. — La Slobode Alexandrowsk. — L'opritchnina, ou les élus. — Portrait d'Ivan IV, par Karamsin. — Divers extraits du même écrivain. — Conséquences de l'opritchnina. — Lâcheté d'Ivan IV. — Sa conduite lors de l'incendie de Moscou. — Ce qu'il fait de sa victoire. — La Livonie conquise. — Sympathie d'Ivan pour Élisabeth d'Angleterre. — Lettre d'Élisabeth à Ivan. — Projet de mariage avec Marie Hastings, parente de la reine d'Angleterre. — Travestissement d'Ivan et de ses compagnons de débauche. — Résignation religieuse des sujets d'Ivan. — Église russe enchaînée. — Quelle est la seule Église indépendante. — Le prêtre russe. — Mort qui attend toute Église schismatique. — Le prêtre catholique. — Autres extraits de Karamsin. — Trait de férocité du grand duc Constantin. — Ressemblance des Russes actuels avec leurs ancêtres. — Encore une citation de Karamsin : l'ambassadeur et le supplice. — Correspondance du Czar avec [illegible]. — La Livonie cédée par Ivan à Batory. — Conséquence de cette trahison. — Mort du Czarewitch, fils du Czar. — Tragédie. — Vocation divine. — Puissance de l'âme humaine. — Mort d'Ivan IV. — Son dernier crime. — APPENDICE. — Le Kremlin. — Nouveaux extraits de Karamsin. — Excuse au despotisme. — Ce que les Russes devraient penser et dire de Karamsin. — [illegible] chrétien. — Souvenir que le peuple russe a conservé d'Ivan IV. — Portrait d'Ivan III par Karamsin. — Ressemblance de Pierre le Grand avec les Ivan. — Extraits de M. de Ségur. — Conduite du czar Pierre Ier envers son fils. — Supplice de Glebof. — Mort d'Alexis, fils du czar Pierre.

(1) Le palais d'hiver à Pétersbourg fut brûlé le 29 décembre 1837.

(2) Karamsin n'a sûrement pas cherché à exagérer ce qui pouvait déplaire à de tels juges.

Moscou, ce 11 août 1839.

Si vous n'avez pas fait une étude particulière des annales de la Russie, le travail que vous allez lire vous paraîtra le résultat d'une combinaison monstrueuse, et pourtant ce n'est que le résumé de faits authentiques.

Mais tout cet amas d'abominations attestées par l'histoire, et qu'on lit comme des fables, n'est pas ce qui donne le plus à penser lorsqu'on se retrace le long règne d'Ivan IV. Non, un problème tout à fait insoluble pour le philosophe, un éternel sujet de surprise et de redoutables méditations, c'est l'effet produit par cette tyrannie sans seconde sur la nation qu'elle a décimée, non-seulement elle ne révolte pas les populations, elle les attache. Cette circonstance prodigieuse me paraît jeter un jour nouveau sur les mystères du cœur humain.

Ivan IV, encore enfant, monte sur le trône en 1533; couronné à dix-sept ans, le 16 janvier 1546, il est mort dans son lit au Kremlin, après un règne de cinquante et un ans, le 18 janvier 1584, à soixante-quatre ans, et il a été pleuré par sa nation tout entière, sans excepter les enfants de ses victimes. On ne sait si les mères moscovites l'ont pleuré, c'est ce dont il est permis de douter, grâce au silence des annalistes sur ce point.

Sous les mauvais régimes, les femmes se dénaturent moins complétement que les hommes; ceux-ci participant seuls aux actes du gouvernement, il arrive nécessairement que les préjugés sociaux en circulation dans chaque siècle et dans chaque pays ont prise sur eux plus que sur elles. Quoi qu'il en soit, il faut bien le dire, ce règne monstrueux a fasciné la Russie au point de lui faire trouver jusque dans le pouvoir effronté des princes qui la gouvernent un objet d'admiration. L'obéissance politique est devenue pour les Russes un culte, une religion (1). Ce n'est que chez ce peuple, du moins je le crois, qu'on a vu les martyrs en adoration devant les bourreaux!... Rome est-elle tombée aux pieds de Tibère et de Néron pour les supplier de ne point abdiquer le pouvoir absolu et de continuer à la brûler, à la piller, à se baigner tranquillement dans son sang, à déshonorer ses enfants? C'est ce que vous verrez faire aux Moscovites au milieu du règne et au plus fort de la tyrannie d'Ivan IV.

Il voudra se retirer, mais les Russes, luttant de ruse avec ce terrible maître, le supplieront de continuer à les gouverner selon son bonheur. Ainsi justifié, ainsi garanti, le tyran recommencera le cours de ses exécutions. Pour lui, régner c'est tuer, il tue par peur et par devoir, et cette trop simple charte est confirmée par l'assentiment de la Russie et par les regrets et les pleurs de la nation entière lors de la mort du tyran (*). Ivan, lorsqu'il se décide comme Néron à secouer le joug de la gloire et de la vertu pour régner uniquement par la terreur, ne se borne pas à des recherches de cruautés inconnues avant et après lui, il accable encore d'invectives les malheureux objets de ses fureurs, il est ingénieux, il est comique dans l'atrocité; l'horrible et le burlesque récréent à la fois son esprit satirique et impitoyable. Il perce les cœurs par des paroles sarcastiques en même temps qu'il déchire lui-même les corps, et dans l'œuvre infernale accomplie par lui contre ses semblables, que son orgueil épouvanté prend pour autant d'ennemis, le raffinement des paroles surpasse la barbarie des actes.

Ceci ne veut pas dire qu'il n'ait point renchéri, en fait de supplices sur toutes les manières inventées avant lui de déchirer les corps et de prolonger la douleur: son gouvernement est le règne de la torture.

L'imagination refuse de croire à la durée d'un tel phénomène moral et politique. Je viens de le dire, et il est à propos de le répéter: Ivan IV commence, comme le fils d'Agrippine, par la vertu et par ce qui commande plus encore peut-être l'amour d'une nation ambitieuse et vaine, par les conquêtes. A cette époque de sa vie, faisant taire les appétits grossiers et les terreurs brutales qu'il avait manifestés dès son enfance, il se soumet à la direction d'amis sages et sévères.

De pieux conseillers, de prudents directeurs font du début de ce règne une des époques les plus brillantes et les plus heureuses des annales moscovites; mais le début fut court auprès du reste, et la métamorphose prompte, terrible et complète.

Kazan, ce redoutable boulevard de l'islamisme en Asie, tombe, en 1552, sous les coups du jeune Czar, après un siége mémorable; l'énergie que ce prince déploie paraît surprenante même aux yeux d'hommes à demi-barbares. Il défend ses plans de campagne avec une opiniâtreté de courage et une sagacité d'esprit qui terrasse les plus vieux capitaines et finit par commander leur admiration.

A son début dans la carrière des armes, l'audace de ses entreprises eût fait paraître pusillanime tout courage prudent; mais bientôt vous le verrez aussi lâche, aussi rampant qu'il fut téméraire; il devient craintif en même temps que cruel: c'est que chez lui, comme chez presque tous les monstres, la cruauté avait sa principale racine dans la peur. Il s'est souvenu toute sa vie de ce qu'il a souffert dans son enfance: le despotisme des boyards, leurs dissensions avaient menacé ses jours à l'époque où la force lui manquait pour les défendre: on dirait que la virilité ne lui apporta d'autre désir que celui de se venger de l'imbécillité du premier âge.

Mais s'il y a un fait profondément moral dans l'épouvantable histoire de la vie de cet homme, c'est qu'il perd l'audace en perdant la vertu.

Serait-il vrai que Dieu, lorsqu'il fit le cœur de l'homme, lui dit: Tu ne seras brave qu'autant que tu seras humain?

S'il en était ainsi, et si de trop nombreux et de trop célèbres exemples ne démentaient cette règle désirable, la foi nous deviendrait trop facile: nous verrions Dieu face à face dans les destinées de toutes ses créatures, comme nous le voyons à découvert dans la vie d'un Ivan IV. Ce prince, dont l'histoire ainsi que le caractère contrastent d'une manière frappante avec les autres histoires, se montre courageux comme un lion tant qu'il est généreux, il devient poltron comme un esclave dès qu'il est sans pitié. Cette leçon, bien qu'elle fasse exception dans les annales du genre humain, me paraît précieuse et consolante, et je me félicite de la recueillir au fond de cet abominable récit.

Grâce à la persévérance du jeune héros, blâmée alors par tout son conseil, Astrakan subit le sort de Kazan. La Russie, délivrée du voisinage de ses anciens maîtres, les Tatars, jette des cris d'allégresse, mais ce peuple de subalternes, qui ne sait échapper à un joug que pour passer sous un autre, idolâtre son jeune souverain avec l'orgueil et la timidité de l'affranchi. A cet âge la beauté d'Ivan répondait à l'énergie de son âme: il était le dieu des Russes.

Mais tout à coup le Czar fatigué se repose et s'arrête au milieu de sa gloire, il s'ennuie de ses vertus bénies, il succombe sous le poids des lauriers et des palmes, et renonce pour jamais à poursuivre sa sainte carrière. Il aime mieux se méfier de tous et punir ses amis de la peur qu'ils lui inspirent, que d'écouter plus longtemps de prudents conseils. Cependant sa folie est dans le cœur, elle ne gagne pas la tête. Car au milieu des actions les plus déraisonnables, ses discours sont pleins de sens, ses lettres de logique, leur style incisif peint la malignité de son âme, mais il fait honneur à la pénétration, à la lucidité de son esprit.

Ses anciens conseillers sont les premiers en butte à ses coups; ils lui apparaissent comme des traîtres, ou, ce qui est synonyme à ses yeux, comme des maîtres. Il condamne à l'exil, à la mort ces criminels de lèse-autocratie, ces insolents ministres qui s'avisèrent pendant longtemps de se croire plus sages que leur maître; et l'arrêt paraît équitable aux yeux de la nation. C'était aux avis de ces hommes incorruptibles qu'il avait dû sa gloire; il ne peut supporter le poids de la reconnaissance qu'il leur doit, et de peur de leur paraître ingrat, il les tue. Une fureur sauvage s'allume alors en lui, les terreurs de l'enfant éveillent la cruauté de l'homme; le souvenir toujours présent des dissensions et des violences des grands qui se disputèrent la garde de son berceau, lui montre partout des traîtres et des conspirateurs.

L'idolâtrie de lui-même, appliquée dans toutes ses conséquences au gouvernement de l'État, tel est le code des justices du Czar, confirmé par l'assentiment de la Russie entière. Malgré ses forfaits, Ivan IV est à Moscou l'élu de la nation; ailleurs on l'eût regardé comme un monstre vomi par l'enfer.

Las de mentir, il pousse le cynisme de la tyrannie au point de se dispenser de la dissimulation, de cette dernière précaution des tyrans vulgaires. Il se montre simplement féroce; et pour n'avoir plus à rougir des vertus des autres, il abandonne les derniers de ses austères amis aux vengeances de favoris plus indulgents.

Alors s'établit entre le Czar et ses satellites une émulation de crime qui fait frémir, et... (ici Dieu se dévoile encore dans cette histoire presque surnaturelle) de même que sa vie morale se partage

(1) M. de Tourguenef, que j'ai cité ailleurs, expose en ces termes la doctrine des hommes politiques de son pays:

« Et qu'on ne dise pas qu'un seul homme peut faillir, que ses observations pourraient donner de graves conséquences, d'autant plus qu'aucune responsabilité ne [illegible] ses actes.

« Est-il possible d'admettre l'absence du sentiment patriotique dans un homme appelé par la Providence à gouverner ses semblables? Un tel prince serait une exception monstrueuse.

« Pour ce qui regarde la responsabilité, elle existe dans la malédiction des peuples *, et dans les tables de l'histoire, qui burine sans pitié les méfaits des puissants de la terre. [illegible] l'empire de Russie et Pierre le Grand [illegible] dans l'exercice de son pouvoir?

« On [illegible] les Russes, [illegible] députés se réunissent chaque année pour poser ses mains à délibérer sur des mesures dont la plupart d'entre eux n'ont aucune idée? Car le système gouvernemental n'est pas [illegible]; et que deviendrait-on, si [illegible] à la tête des destinées de la Russie un monarque dont la pensée sage et énergique, libre de tout contrôle, n'est dirigée que vers un seul but, le bonheur de la Russie? ** » (Coup d'œil sur la législation russe. Pages 143, 144.)

On peut lire à ce propos dans un livre curieux un parallèle entre le voyage de Fletcher au XVIe siècle et mes lettres sur la Russie. Ce livre est intitulé: Tableau pittoresque de la Russie aux XVIe et XIXe siècles, par le baron [illegible] de [illegible].

(Note de l'Auteur.)

* Elle n'existe pas dans un pays où l'on laisse la tyrannie dans ses [illegible].

(Note du Voyageur.)

** C'est assez, je pense, pour prouver que les idées politiques des Russes les plus éclairés de [illegible] ne diffèrent pas beaucoup de celles des sujets d'Ivan IV, et que dans leur idolâtrie [illegible] ils en viennent à confondre le despotisme illimité avec un gouvernement [illegible].

(Note du Voyageur.)

en deux époques, son aspect physique change avant l'âge : beau dans sa première jeunesse, il devient hideux quand il est criminel.

Il perd une épouse accomplie ; il en reprend une autre aussi sanguinaire que lui ; celle-ci meurt encore. Il se remarie au grand scandale de l'Eglise grecque, qui ne permet pas les troisièmes noces ; il se remarie ainsi, cinq, six et sept fois !!!... On ignore le nombre exact de ses mariages. Il répudie, il tue, il oublie ses femmes ; aucune ne résiste longtemps à ses caresses ni à ses fureurs ; et malgré son indifférence affichée pour les objets de ses anciennes amours, il s'applique à venger leur mort avec une rage scrupuleuse, qui, à chaque veuvage du souverain, répand une nouvelle épouvante dans l'Empire. Cependant, le plus souvent, cette mort qui servait de prétexte à tant d'exécutions, avait été causée ou commandée par le Czar lui-même. Ses deuils ne sont pour lui qu'une occasion de verser du sang et de faire pleurer les autres.

Il fait publier en tous lieux que la pieuse Czarine, que la belle Czarine, que l'infortunée Czarine a été empoisonnée par les ministres, par les conseillers du Czar, ou par les boyards dont il veut se défaire.

Ne le voyez-vous pas ? c'est en vain qu'il a voulu jeter le masque ; il ment par habitude, et ce n'est par nécessité, tant le mensonge est inhérent à la tyrannie ! C'est l'aliment des âmes qui se dégradent et des gouvernements dont on outre le principe, comme la vérité est la nourriture des âmes qui se régénèrent et des sociétés raisonnablement organisées.

Les calomnies d'Ivan IV sont toujours prouvées d'avance ; quiconque est atteint du venin de sa parole succombe ; les cadavres s'amoncellent autour de lui ; mais la mort est le moindre des maux dont il accable les condamnés. Sa cruauté approfondie a découvert l'art de leur faire désirer longtemps le dernier coup. Expert dans les tortures, il jouit de la douleur raffinée de ses victimes ; il la prolonge avec une infernale adresse, et dans sa cruelle sollicitude il aime leur supplice et craint leur fin autant qu'elles la souhaitent. La mort est le seul bien qu'il accorde à ses sujets.

Il faut cependant vous décrire, une fois pour toutes, quelques-uns des nouveaux moyens de cruauté inventés par lui et longtemps exercés contre les soi-disant coupables qu'il veut punir (*) : il les fait bouillir par parties, tandis qu'on les arrose d'eau glacée sur le reste du corps ; il les fait écorcher vifs *en sa présence* ; puis il fait lacérer par lanières leurs chairs mises à nu et palpitantes ; cependant ses yeux se repaissent de leur sang, de leurs convulsions, ses oreilles de leurs cris ; quelquefois il les achève de sa main à coups de poignard ; mais le plus souvent, se reprochant cet acte de clémence comme une faiblesse, il ménage aussi longtemps que possible le cœur et la tête, pour faire durer le supplice ; il ordonne qu'on dépèce les membres, mais avec art et sans attaquer le tronc, puis il fait jeter un à un ces tronçons vivants à des bêtes affamées et avides de cette misérable chair dont elles s'arrachent les affreux lambeaux, en présence des victimes à demi-hachées.

On soutient les torses palpitants avec des soins, avec une science, une intelligence atroces, afin de les forcer d'assister plus longtemps à cette curée humaine dont ils font les frais, et où le Czar le dispute au tigre en férocité..

Il lassera les bourreaux ; les prêtres ne pourront suffire aux enterrements. Novogorod-la-Grande sera choisie pour servir d'exemple à la colère du monstre. La ville en masse, accusée de trahison en faveur des Polonais, mais coupable surtout d'avoir été longtemps indépendante et glorieuse, est empestée à dessein par la multitude des exécutions arbitraires qui ont lieu dans ses murs ensanglantés ; les eaux du Volkoff se corrompent sous les cadavres restés sans sépulture autour des remparts de la cité maudite, et comme si la mort par les supplices n'était pas assez féconde, une épidémie factice rivalise avec les échafauds pour décimer en masse les populations et pour assouvir la rage du *Père*, nom d'affection, ou peut-être que les Russes flatteurs avec cordialité donnent machinalement à leurs tout-puissants et bien aimés souverains quels qu'ils soient.

Sous ce règne insensé nul homme ne suit le cours naturel de sa vie, nul n'atteint le terme probable de son existence : l'impiété humaine anticipe sur la prérogative divine ; la mort elle-même, la mort, réduite à la condition de valet de bourreau, perd de son prestige en proportion de ce que la vie perd de son prix. Le tyran a détrôné l'ange, et la terre, baignée de pleurs et de sang, voit avec résignation le ministre des justices de Dieu marcher docilement à la suite des sicaires du prince. Sous le Czar, la mort devient l'esclave d'un homme. Ce tout-puissant insensé a enrégimenté la peste qui dépeuple avec la soumission d'un caporal des pays entiers dévoués à la désolation par le caprice du prince. La joie de cet homme est le désespoir des autres ; son pouvoir, l'extermination ; sa vie, la guerre sans gloire, la guerre en pleine paix, la guerre à de pauvres créatures privées de défense, nues, sans volonté, et que Dieu avait mises sous sa protection sacrée ; sa loi, la haine du genre humain ; sa passion, la peur ; la peur double : celle qu'il ress[ent] et celle qu'il inspire.

Quand il se venge, il poursuit le cours de ses *justices* jusqu['au] dernier degré de parenté, exterminant des familles entières, jeun[es] filles, vieillards, femmes grosses et petits enfants ; il ne se bor[ne] pas, ainsi que les tyrans vulgaires, à frapper simplement quelq[ues] races, quelques individus suspects ; on le voit singeant le Dieu d[es] Juifs, tuer jusqu'à des provinces sans y faire grâce à personne ; to[ut] y passe, tout ce qui a eu vie disparaît ; tout, jusqu'aux animau[x,] jusqu'aux poissons qu'il empoisonne dans les lacs, dans les rivière[s]. Le croiriez-vous ? il oblige des fils à faire l'office de bourreaux contre leurs pères !... et il s'en trouve qui obéissent !!!... Il no[us] apprend que l'homme peut porter l'amour de la vie au point [de] tuer, de peur de la perdre, l'être de qui il la tient.

Se servant de corps humains pour horloges, Ivan invente des p[oi]sons à heure fixe, et parvient à marquer avec une régularité sati[s]faisante les moindres divisions de son temps par la mort de ses s[u]jets, échelonnés avec art de minute en minute sur le chemin [du] tombeau qu'il tient sans cesse ouvert sous leurs pas ; la précision [la] plus scrupuleuse préside à ce divertissement infernal. Infernal n'es[t-]il pas le mot propre ? l'homme à lui seul inventerait-il de tell[es] voluptés ? oserait-il surtout profaner le saint nom de justice en l'a[p]pliquant à ce jeu impie ? qui oserait douter de l'enfer en lisant u[ne] pareille histoire ?

Le monstre assiste lui-même à tous les supplices qu'il commande ; la vapeur du sang l'enivre sans le saturer ; il n'est jamais plus all[è]gre que lorsqu'il a vu mourir et fait souffrir beaucoup de malheureu[x].

Il se fait un divertissement, que dis-je ? un devoir d'insulter à le[ur] martyre, et le tranchant de sa parole moqueuse est plus acéré q[ue] le fer de ses poignards.

Eh bien ! devant ce spectacle, la Russie reste muette !! ... Ma[is] non, bientôt vous la verrez s'émouvoir, elle va protester. Garde[z-]vous de croire que ce soit en faveur de l'humanité outragée ; el[le] proteste contre le malheur de perdre un prince qui la gouverne [de] la manière que vous venez de voir.

Le monstre, après avoir donné tant de gages de férocité, dev[ait] être connu de son peuple ; il l'était ! Tout à coup, soit pour s'am[u]ser à mesurer la longanimité des Russes, soit repentir chrétien, [car] il affectait du respect pour les choses saintes, l'hypocrisie même pu se changer en dévotion vraie à certains moments d'une vie tou[te] surnaturelle, car la grâce, cette manne des esprits, ce poison céles[te] pénètre par intervalles dans le cœur des plus grands criminels, ta[nt] que la mort n'a pas consommé leur réprobation ; soit donc repen[tir] chrétien, soit peur, soit caprice, soit fatigue, soit ruse, un jour [il] dépose son sceptre, c'est-à-dire sa hache, et jette sa couronne [à] terre. Alors, mais alors seulement dans tout le cours de ce lo[ng] règne, l'Empire s'émeut ; la nation menacée de délivrance se révei[lle] comme en sursaut ; les Russes, jusque là témoins muets, instr[u]ments passifs de tant d'horreurs, retrouvent la voix, et cette voix [du] peuple qui prétend être la voix de Dieu, s'élève tout à coup po[ur] déplorer la perte d'un tel tyran ! Peut-être doutait-on de sa bon[ne] foi, on craignait à juste titre ses vengeances, si l'on eût accepté [sa] feinte abdication ; qui sait si tout cet amour pour le prince n'ava[it] pas sa source dans la terreur qu'inspirait le bourreau ? les Russ[es] ont raffiné la peur ; ils lui prêtent le masque de l'amour.

Moscou est menacé d'invasion ; le pénitent avait bien cho[isi] son temps ; on craint l'anarchie, autrement dit, les Russes pr[é]voient le moment où, ne pouvant se garantir de la liberté, [ils] seront exposés à penser, à vouloir par et pour eux-mêmes, à [se] montrer hommes, et, qui pis est, citoyens ; ce qui ferait le bonhe[ur] d'un autre peuple exaspère celui-ci. Bref, la Russie aux abo[is] énervée par sa longue incurie, tombe éperdue aux pieds d'Iva[n] qu'elle redoute moins qu'elle ne se craint elle-même ; elle implo[re] ce maître indispensable ; elle ramasse sa couronne et son scep[tre] ensanglantés, les lui rend, et lui demande pour unique faveur [la] permission de reprendre le joug de fer qu'elle ne se lassera jam[ais] de porter.

Si c'est de l'humilité, elle va trop loin, même pour des chrétien[s] ; si c'est de la lâcheté, elle est impardonnable ; si c'est du patriotism[e,] il est impie. Que l'homme brise son orgueil, il fait bien ; qu'il ai[me] l'esclavage, il fait mal ; la religion humilie, l'esclavage avilit ; il y [a] entre eux la différence de la sainteté à la brutalité.

Quoi qu'il en soit, les Russes, étouffant le cri de leur conscienc[e,] croient au prince plus qu'à Dieu ; aussi se font-ils une vertu de s[a]crifier tout au salut de l'Empire.... détestable Empire que celui do[nt] l'existence ne pourrait se perpétuer qu'au mépris de la dignité hu[]maine !!!... Aveuglés par leur fétichisme monarchique, à genou[x] devant l'idole politique qu'ils se sont faite eux-mêmes, les Russe[s,] ceux de notre siècle aussi bien que ceux du siècle d'Ivan, oublie[nt] que le respect pour la justice, que le culte de la vérité importe pl[us] à tous les hommes, y compris les Slaves, que le sort de la Russ[ie].

Ici m'apparaît encore une fois, dans ce drame aux formes ant[i]ques, l'intervention d'un pouvoir surnaturel. On se demande en fr[é]missant quel est l'avenir réservé par la Providence à une société q[ui] paie à ce prix la prolongation de sa vie.

(*) [illegible]

(Note du Voyageur.)

J'ai trop souvent lieu de vous le faire remarquer, un nouvel Empire romain couve en Russie sous les cendres de l'Empire grec. La peur seule n'inspire pas tant de patience. Non, croyez-en mon instinct, il est une passion que les Russes comprennent comme aucun peuple ne l'a comprise depuis les Romains : c'est l'ambition. L'ambition leur fait sacrifier tout, absolument tout, comme Bonaparte, à la nécessité d'être.

C'est cette loi souveraine qui soumet une nation à un Ivan IV : un tigre pour Dieu plutôt que l'anéantissement de l'Empire : telle fut la politique russe sous ce règne qui a fait la Russie, et qui m'épouvante bien plus encore par la longanimité des victimes que par la frénésie du tyran ; politique d'instinct ou de calcul, peu m'importe !... Ce qui m'importe, et ce que je vois avec terreur, c'est qu'elle se perpétue tout en se modifiant d'après les circonstances, et qu'aujourd'hui encore elle produirait les mêmes effets sous un règne semblable, s'il était donné à la terre de faire naître deux fois un Ivan IV.

Admirez donc ce tableau unique dans l'histoire du monde : les Russes, avec le courage et la bassesse des hommes qui veulent posséder la terre, pleurent aux pieds d'Ivan pour qu'il continue de les gouverner..... vous savez comment, et pour qu'il leur conserve ce qui ferait haïr la société à tout peuple qui ne serait pas enivré du pressentiment fanatique de sa gloire.

Tous jurent, les grands, les petits, les boyards, les marchands, les castes et les individus, en un mot, la nation en masse jure avec larmes, avec amour de se soumettre à tout, pourvu qu'il ne l'abandonne pas à elle-même : ce comble d'infortune est le seul revers que les Russes, dans leur ignoble patriotisme, ne puissent envisager de sang-froid, attendu que l'inévitable désordre qui en résulterait détruirait leur empire d'esclaves. L'ignominie, poussée à ce degré, approche du sublime, c'est de la vertu romaine : elle perpétue l'État.... mais quel État, bon Dieu !... Le moyen déshonore le but !

Cependant la bête féroce attendrie prend en pitié les animaux dont elle fit longtemps sa pâture, elle promet au troupeau de recommencer à le décimer, elle reprend le pouvoir sans concessions, au contraire, à des conditions absurdes, et toutes à l'avantage de son orgueil et de sa fureur ; encore les fait elle accepter comme des faveurs à ce peuple exalté pour la soumission autant que d'autres sont fanatiques de liberté, à ce peuple altéré de son propre sang, et qui veut qu'on le tue pour amuser son maître, car il s'inquiète, il tremble dès qu'il respire en paix.

A dater de ce moment s'organise une tyrannie méthodique, et pourtant si violente, que les annales du genre humain n'offrent rien de semblable, vu qu'il y a autant de démence à la subir qu'à l'exercer. Prince et nation, à cette époque, tout l'Empire devient frénétique, et les suites de l'accès durent encore.

Le redoutable Kremlin, avec tous ses prestiges, avec ses portes de fer, ses souterrains fabuleux, ses inaccessibles remparts élevés jusqu'au ciel, ses mâchicoulis, ses créneaux, ses donjons, paraît un asile trop faiblement défendu à l'insensé monarque qui veut exterminer la moitié de son peuple pour pouvoir gouverner l'autre en paix. Dans ce cœur qui se pervertit lui-même à force de terreur et de cruauté, où le mal et l'effroi qu'il engendre font chaque jour de nouveaux ravages, une inexplicable défiance, puisqu'elle est sans motif apparent, ou du moins positif, s'allie à une atrocité sans but ; ainsi la lâcheté la plus honteuse plaide en faveur de la férocité la plus aveugle. Nouveau Nabuchodonosor, le roi est changé en tigre.

Il se retire d'abord dans un palais voisin du Kremlin, et qu'il fait fortifier comme une citadelle, puis dans *une solitude* : la Slobode Alexandrowsky. Ce lieu devient sa résidence habituelle. C'est là que parmi les plus débauchés, les plus perdus de ses esclaves, il se choisit pour garde une troupe d'élite, composée de mille hommes, qu'il appelle les élus : *opritchnina*. A cette légion infernale il livre, pendant sept années consécutives, la fortune, la vie du peuple russe : je dirais son honneur, si ce mot pouvait avoir un sens chez des hommes qu'il fallait bâillonner pour les gouverner à leur gré.

Voici comment Karamsin, tome IX, page 96, nous peint Ivan IV, en l'année 1565, dix-neuf ans après son couronnement :

« Ce prince, dit-il, grand, bien fait, avait les épaules hautes, les « bras musculeux, la poitrine large, de beaux cheveux, de longues « moustaches, le nez aquilin, de petits yeux gris, mais brillants, « pleins de feu, et au total, une physionomie qui avait eu autrefois « de l'agrément. A cette époque, il était tellement changé qu'à peine « on pouvait le reconnaître. Une sombre férocité se peignait dans « ses traits déformés. Il avait l'œil éteint, il était presque chauve, « et il ne lui restait plus que quelques poils à la barbe, inexplicable « effet de la fureur qui dévorait son âme ! Après une nouvelle énu« mération des fautes commises par les boyards, il répéta son « consentement à garder la couronne, s'étendit longuement sur « l'obligation imposée aux princes de maintenir la tranquillité dans « leurs États, et de prendre à cet effet toutes les mesures qu'ils ju« gent convenables ; *sur le néant de la vie humaine* (1), la nécessité de « porter ses regards au delà du tombeau, enfin il proposa l'établis« sement de l'*opritchnina*, nom jusqu'alors inconnu. Les résultats « de cet établissement firent de nouveau trembler la Russie. . . . . « Le Czar annonça qu'il choisirait mille satellites parmi les princes, « les gentilshommes et les enfants boyards (1), et qu'il leur donne« rait, dans ses districts, des fiefs dont les propriétaires actuels « seraient transférés dans d'autres lieux.

« Il s'empara, dans Moscou même, de plusieurs rues, d'où il « fallut chasser les gentilshommes et employés qui ne se trouvaient « pas inscrits dans le millier du Czar. . . . .

« Comme s'il eût pris en haine les augustes souvenirs du Kremlin « et les tombeaux de ses ancêtres, il ne voulut pas habiter le ma« gnifique palais d'Ivan III ; en dehors des murs du Kremlin il en « fit construire un nouveau, entouré de remparts élevés, ainsi « qu'une forteresse. Cette partie de la Russie et de Moscou, ce *mil« lier* du Czar, cette cour nouvelle, formèrent ensemble une pro« priété particulière d'Ivan IV, placée sous sa dépendance immé« diate, et reçut le nom d'*opritchnina*. »

Plus loin, page 99 et suivantes, même tome, on voit recommencer les supplices des boyards, c'est-à-dire le règne d'Ivan IV.

« Le 5 février, Moscou vit remplir les conditions annoncées par le « Czar au clergé, ainsi qu'aux boyards, dans le bourg d'Alexan« drowsky. On commença les exécutions des prétendus traîtres « accusés d'avoir conspiré, avec Kourbsky, contre les jours du mo« narque, de la czarine Anastasie et de ses enfants. La première « victime fut le célèbre Voïévode, prince Alexandre Gorbati« Schouisky, descendant de saint Vladimir, de Vsevolod le Grand « et des anciens princes de Souzdal. Cet homme, d'un *génie profond*, « militaire habile, animé d'une égale ardeur pour la religion et la « patrie, qui avait enfin puissamment contribué à la réduction du « royaume de Kazan, fut condamné à mort, ainsi que son fils « Pierre, jeune homme de dix-sept ans (2). Ils se rendirent tous « deux au lieu du supplice avec calme et dignité, sans frayeur, et « se tenant par la main : afin de ne pas être témoin de la mort de « l'auteur de ses jours, le jeune Pierre présenta le premier la tête « au glaive, mais son père le fit reculer en disant avec émotion : « *Non, mon fils, que je ne te voie pas mourir.* Le jeune homme lui « céda le pas, et aussitôt la tête du prince est détachée du corps ; « son fils la prend entre ses mains, la couvre de baisers, et levant « les yeux au ciel, il se livre d'un air serein entre les mains du « bourreau. Le beau-frère de Gorbati, prince Khovrin, Grec d'ori« gine, le grand-officier Golovin, le prince Soukhoï Kachin, grand« échanson, le prince Pierre Gorensky furent décapités le même « jour. Le prince Shevirel fut empalé. On rapporte que cet infortuné « supporta pendant un jour entier ses horribles souffrances, mais « que, soutenu par la religion, il les oubliait pour chanter le canti« que de Jésus. Les deux boyards, princes Kourakin et Nemoï, fu« rent contraints d'embrasser l'état monastique ; un grand nombre de « gentilshommes et d'enfants boyards virent leurs biens confisqués, « d'autres furent exilés... »

A la page 104, même tome, Karamsin nous décrit la manière dont le Czar formait sa nouvelle garde, qui ne fut pas longtemps restreinte au nombre de mille, annoncé d'abord, ni choisie parmi les classes élevées de la société.

« On amenait, dit-il, des jeunes gens dans lesquels on ne recher« chait pas la distinction du mérite, mais une certaine audace, cités « par leurs débauches, et une corruption qui les rendait propres à « tout entreprendre ; Ivan leur adressait des questions sur leur « naissance, leurs amis, leurs protecteurs. On exigeait surtout qu'ils « n'eussent aucune espèce de liaison avec les grands boyards : l'obs« curité, la bassesse même de l'extraction était un titre d'adoption. « Le Czar porta leur nombre jusqu'à six mille hommes, qui lui prê« tèrent serment de le servir envers et contre tous ; de dénoncer les « traîtres, de n'avoir aucune relation avec les citoyens *de la com« mune*, c'est-à-dire avec tout ce qui n'était pas inscrit dans la « légion des élus (3), de ne connaître ni parenté ni famille lorsqu'il « s'agirait du souverain. En récompense leur Czar leur abandonna, « non-seulement les terres, mais encore les maisons et les biens « meubles de douze mille propriétaires, qui furent chassés, les « mains vides, des lieux affectés à la légion, de sorte qu'un grand « nombre d'entre eux, hommes distingués par leurs services, cou« verts d'honorables blessures, se trouvèrent dans la cruelle néces« sité de partir à pied, pendant l'hiver, avec leurs femmes et leurs « enfants, pour d'autres domaines éloignés et déserts. . . . . etc. « etc., (4). »

C'est encore dans Karamsin qu'il faut lire les résultats de cette institution infernale. Mais les développements dont l'historien appuie son récit ne peuvent trouver place dans un cadre aussi resserré que celui-ci.

(1) Ce mélange de cruauté et de foi se retrouve encore aujourd'hui dans les actes du gouvernement russe. Le fond est le même et la forme n'est pas aussi changée qu'on le croit en Occident. (*Note de de l'Auteur pour cette édition.*)

(1) Les enfants boyards sont un corps de trois cent mille hommes tenanciers de la couronne, institués comme une noblesse secondaire par Jean III, aïeul d'Ivan IV.

(2) Le supplice de ceux-ci fut simple : grâce [illegible] du temps des malheureux sous ce règne. (*Note du Voyageur.*)

(3) Dans la commune était la Russie entière, moins les six mille hommes [illegible] par le Czar. (*Note du Voyageur.*)

(4) Ceci ne ressemble-t-il pas aux ukases dernièrement promulgués contre les juifs des frontières russes ?

Une fois cette horde lâchée contre le pays, on ne voit partout que rapines, qu'assassinats ; les villes sont pillées par les nouveaux privilégiés de la tyrannie, et toujours impunément. Les marchands, les boyards avec leurs paysans, les bourgeois, enfin tout ce qui n'est pas des *élus* appartient aux *élus*. Cette garde terrible est comme un seul homme dont l'Empereur est l'âme.

Des tournées nocturnes se font dans Moscou et aux environs au profit des pillards; le mérite, la naissance, la fortune, la beauté, tous les genres d'avantages nuisent à qui les possède : les femmes, les filles qui sont belles et qui ont le malheur de passer pour vertueuses, sont enlevées afin de servir de jouet à la brutalité des favoris du Czar. Ce prince retient les malheureuses dans son repaire; puis quand il est las de les y voir, on renvoie à leurs époux, à leur famille celles qu'on n'a pas fait périr dans l'ombre par des supplices inventés tout exprès pour elles. Ces femmes échappées aux griffes des tigres reviennent mourir de honte dans leurs foyers déshonorés.

C'est peu ; l'instigateur de tant d'abominations, le Czar veut que ses propres fils prennent part aux orgies du crime ; par ce raffinement de tyrannie, il ôte jusqu'à l'avenir à ses stupides sujets.

Espérer en un règne meilleur ce serait conspirer contre le souverain actuel. Peut-être aussi craindrait-il de trouver un censeur dans un fils moins impur, moins dégradé qu'il ne l'est lui-même. D'ailleurs... faut-il sonder la profondeur de cet abîme de corruption? Ivan trouve de la volupté à pervertir : c'est une autre espèce de mort. En perdant l'âme il se repose de la fatigue de tuer le corps, mais il continue de détruire. Tel est son délassement.

Dans la conduite des affaires, la vie de ce monstre est un mélange inexplicable d'énergie et de lâcheté. Il menace ses ennemis tant qu'il se croit le plus fort; vaincu, il pleure, il prie, il rampe, il se déshonore, il déshonore son pays, son peuple, et toujours sans éprouver de résistance, sans qu'une seule voix réclame contre ces énormités !!! La honte, ce dernier châtiment des nations qui se manquent à elles-mêmes, ne dessille pas les yeux des Russes !...

Le khan de Crimée brûle Moscou, le Czar fuit : il revient quand sa capitale est un tas de cendres ; sa présence produit plus de terreur parmi ce reste d'habitants que n'en avait causé celle de l'ennemi. N'importe, pas un murmure ne rappelle au monarque qu'il est homme et qu'il a failli en abandonnant son poste de roi.

Les Polonais, les Suédois éprouvent tour à tour les excès de son arrogance et de sa lâcheté. Dans les négociations avec le khan de Crimée, il s'abaisse au point d'offrir aux Tatars Kazan et Astrakan, qu'il leur avait arrachés jadis avec tant de gloire. Il se joue de la gloire comme de tout.

Plus tard on le verra livrer à Etienne Batori la Livonie, ce prix du sang, ce but des efforts de sa nation pendant des guerres de plusieurs siècles; mais malgré les trahisons réitérées de son chef, la Russie, toujours infatigable dans la servilité, ne se dégoûte pas un instant d'une obéissance aussi onéreuse qu'avilissante; l'héroïsme eût coûté moins cher à cette nation acharnée contre elle-même. Et même de nos jours, Karamsin se croit obligé d'adoucir en ces termes l'indignation que devrait inspirer à tous les Russes la déshonorante conduite de leur chef :

« Nous avons déjà fait mention des institutions militaires de ce « règne : Jean, dont la *lâcheté sur* le champ de bataille *couvrait de* « *honte* les drapeaux de la patrie, lui laissa cependant une armée « mieux disciplinée et beaucoup plus nombreuse qu'elle n'en avait « jamais eu jusqu'alors. » Tom. IX, page 567. Ceci est un fait, mais comment n'y pas ajouter un mot pour protester en faveur de l'humanité et de la gloire nationale?

C'est sous ce règne que la Sibérie fut pour ainsi dire découverte et qu'elle fut conquise par d'héroïques aventuriers moscovites. Il était dans la destinée d'Ivan IV de léguer à ses successeurs ce moyen de tyrannie.

Ivan ressent pour Elisabeth d'Angleterre une sympathie qui tient de l'instinct ; les deux tigres se devinent, ils se reconnaissent de loin, les affinités de leur nature agissent malgré la différence des situations qui explique celle des actes. Ivan IV est un tigre en liberté, Elisabeth un tigre en cage.

Toujours en proie à des terreurs imaginaires, le tyran moscovite écrit à la cruelle fille de Henri VIII, à la triomphante rivale de Marie Stuart, pour lui demander un asile dans ses Etats en cas de revers de fortune. Celle-ci lui répond une lettre détaillée et pleine de tendresse. Karamsin ne cite textuellement que des parties de cette lettre : je traduis littéralement les passages anglais qu'il nous donne ; l'original est conservé, dit-il, dans les archives de la Russie.

« Au cher et très-grand, très-puissant prince, notre frère Em- « pereur et grand-duc Ivan Vassili, souverain de toute la Russie.

« Si à une époque il arrive que vous soyez par quelque circons- « tance casuelle, ou par quelque conspiration secrète, ou par quel- « que hostilité étrangère, obligé de changer de pays, et que vous « désiriez venir dans notre royaume, ainsi que la noble impéra- « trice, votre épouse, et que vos enfants chéris, avec tout honneur « et courtoisie, nous recevrons et nous traiterons Votre Altesse et « sa suite comme il convient à un si grand prince, vous laissant « mener une vie libre et tranquille avec tous ceux que vous am- « nerez à votre suite. Et il vous sera loisible de pratiquer votre re- « ligion chrétienne en la manière que vous aimerez le mieux, « nous n'avons pas la pensée d'essayer de rien faire pour offen- « Votre Majesté ou quelqu'un de vos sujets, ni de nous mêler « aucune façon de la conscience et de la religion(1) de Votre Alte « ni de lui arracher sa foi par violence. Et nous désignerons un « droit dans notre royaume que vous habiterez *à vos propres fr* « aussi longtemps que vous voudrez bien rester chez nous. No « promettons ceci par notre lettre et par la parole d'un sou « chrétien. En foi de quoi, nous la Reine Elisabeth, nous sousc « vons cette lettre de notre propre main en présence de notre n « blesse et conseil :

« Nicolas Bacon, chevalier (le père du célèbre philosophe), gra « chancelier de notre royaume d'Angleterre, William lord Pa « marquis de Northampton, chevalier de la Jarretière, Henri com « d'Arundell, chevalier dudit ordre, Robert Dudley, lord Dobig « comte de Leicester, grand écuyer et chevalier de la Jarretiè « Suivent encore quelques noms dont le dernier est Cecil, chevali « premier secrétaire. »

Dans la conclusion, la Reine ajoute ces lignes : « Promettant q « nous unirons nos forces pour combattre ensemble nos ennem « communs, et que nous observerons tout ce qui est exprimé da « cette lettre, aussi longtemps que Dieu nous prêtera vie, et cela « confirmé par la parole et la foi royale.

« A notre palais de Hampton-Court, le 18 mai, 12e année « notre règne et l'an de Notre-Seigneur 1570. » (Note 66 du tom IX de l'*Histoire de Russie*, par Karamsin, pages 620, 621, 622.)

Cette amitié dura jusqu'à la fin de la vie du Czar, qui fut mêm au moment de contracter un huitième mariage avec Marie Hasting parente de la reine d'Angleterre : mais la réputation d'Ivan n'exerça pas sur l'imagination de sa fiancée le même prestige q fascinait le mâle esprit d'Elisabeth ; heureusement il n'est p donné à beaucoup de cœurs de ressentir les attraits de la cruauté.

Les négociations relatives à ce projet de mariage avaient été en tamées par un des médecins de la cour d'Angleterre, Robert Jacob qu'Elisabeth envoya près *de son ami*, peu de temps avant la mo de ce prince, Jacobi était porteur d'une lettre ainsi conçue :

« Je vous cède, *mon frère chéri*, l'homme le plus habile da « l'art de guérir, bien qu'il me soit très utile, mais parce qu'il vo « est nécessaire, vous pouvez en toute confiance lui abandonne « votre santé. Je vous envoie avec lui des pharmaciens et des chi « rurgiens, expédiés *de gré ou de force*, quoique nous n'ayons pa « nous-même un nombre suffisant de gens de cette espèce. » (*His toire de Russie*, par Karamsin, t. IV, p. 533.)

Ces citations suffisent pour faire connaître l'espèce de liaison qu l'instinct du despotisme et les intérêts commerciaux, dès lors le premiers de tous pour l'Angleterre, avaient fondée entre les deu souverains. Achevons l'esquisse de la tyrannie d'Ivan.

Un jour il imagine de se revêtir du froc, il en revêt ses compa gnons de débauche ; travesti de la sorte, il continue d'épouvante le ciel et la terre par son inhumanité ainsi que par son libertinag monstrueux. Il émousse l'indignation dans le cœur des peuples, tente le désespoir, mais toujours en vain ! A l'insatiable cruauté, la démence du maître, l'esclave oppose une invincible résigna tion ; les Russes veulent vivre sous ce prince, ils l'aiment avec se fureurs et ses déportements, prenant en pitié ses terreurs, il donnent volontiers leur vie pour le rassurer. Ils se trouvent ass heureux, assez indépendants, assez hommes, pourvu qu'il so Czar et qu'il règne. Rien n'assouvit leur inextinguible soif de ser vitude, ce sont des martyrs d'abjection ; jamais brute ne fut plu généreuse, je veux dire plus aveugle dans sa soumission.... Non l'obéissance poussée à cet excès n'est plus de la patience, c'est d la passion, et voilà le mot de l'énigme !

Chez les nations encore jeunes, il existe une telle foi en l'univer selle présence de Dieu, un tel sentiment de son intervention dan les moindres événements de ce monde, que la marche des affaire humaines n'y est jamais attribuée à l'homme ; tout ce qui arriv est le résultat d'un décret du ciel : quels sont les biens périssable que n'abandonne pas avec joie un vrai croyant? La vie n'est rie pour qui n'aspire qu'au bonheur des élus. Quelle que soit la mai qui vous ôte le jour, elle vous sert au lieu de vous nuire. Vou quittez peu pour trouver beaucoup, vous souffrez un temps pou jouir pendant une éternité ; qu'est-ce que la possession de la terr entière en comparaison du prix assuré à la vertu, à cet unique bie dont la tyrannie ne puisse dépouiller les hommes, puisqu'au con traire le bourreau accroît, centuple ce trésor des victimes par le moyens de sanctification qu'il offre à leur résignation pieuse?

C'est ainsi que raisonnent les peuples passionnés pour la soumission à toute épreuve ; mais jamais cette dangereuse religion n'a produit autant de fanatiques qu'en a vu et qu'en voit encore la Russie.

On frémit en reconnaissant à quel usage les vérités religieuse

(1) Il est des cœurs chez qui la tolérance a le pas sur l'humanité.
(*Note de l'Auteur pour cette édition.*)

peuvent servir ici-bas ; et l'on tombe à genoux devant Dieu pour lui demander une grâce, une seule, c'est de vouloir que les interprètes de sa suprême sagesse soient toujours des hommes libres : un prêtre esclave est inévitablement un menteur, un apostat, un empoisonneur et peut devenir un bourreau. Toute Église *nationale* est au moins schismatique et dès lors dépendante. Le sanctuaire, une fois qu'il a été profané par la révolte, devient une officine où se distille le poison sous l'apparence du remède. Tout véritable prêtre est citoyen du monde et pèlerin du ciel. Sans s'élever au-dessus des lois de son pays comme homme, il n'a pour juge de sa foi comme apôtre que l'évêque des évêques, que le seul pontife indépendant qu'il y ait sur la terre. C'est l'indépendance du chef visible de l'Église qui assure à tous les prêtres catholiques la dignité sacerdotale ; dignité que lui seul possède, tandis que les autres l'affectent. C'est elle aussi qui promet au pape la perpétuité du pouvoir. Tous les prêtres infidèles, tous les lévites révoltés reviendront à l'Église mère quand ils reconnaîtront la sainteté de leur mission, et ils pleureront l'éclatante honte de leur apostasie. Alors le pouvoir temporel ne trouvera plus de ministres pour justifier ses envahissements contre le spirituel. Le schisme et l'hérésie, ces religions nationales, feront place à l'Église catholique, à la religion du genre humain, l'universalité est là, tandis que selon la belle expression de M. de Chateaubriand, le protestantisme est la religion des princes. C'est beaucoup, mais ce n'est pas assez.

Toutefois, il faut le dire, malgré la timidité proverbiale du clergé russe, c'est encore le pouvoir religieux qui, durant l'incompréhensible règne d'Ivan IV, a le plus longtemps résisté. Plus tard, Pierre Ier et Catherine II ont vengé leur prédécesseur des hardiesses de l'Église. Le sacrifice est consommé ; le prêtre russe, appauvri, humilié, dégradé, marié, privé de son chef suprême dans l'ordre spirituel, dépouillé de tout prestige, de toute-puissance surnaturelle, homme de chair et de sang, se traîne à la suite du char triomphal de son ennemi qu'il appelle encore son maître, il est devenu ce que ce maître a voulu qu'il fût : le plus humble des esclaves de l'autocratie ; grâce à la persévérance de Pierre Ier et de Catherine II, Ivan IV est content. Désormais, d'un bout de la Russie à l'autre, on est sûr que la voix de Dieu ne peut plus couvrir la voix de l'Empereur (1).

Tel est l'inévitable abîme où tomberont à la fin toutes les Églises nationales ; les circonstances pourront être diverses, l'asservissement moral sera le même partout ; partout où le prêtre abdique, l'État usurpe. Faire secte, c'est enchaîner le sacerdoce. Dans toute Église séparée du trône, la conscience du prêtre est une puissance illusoire ; dès lors, la pureté de la foi s'altère, et la charité, ce feu du ciel, dont le cœur des saints est brûlé, dégénère en humanité !!...

Alors, on voit le dépôt de mendicité substitué à l'aumône, et la grâce céder la place à la raison qui, en matière de foi, n'est que l'auxiliaire hypocrite de la force matérielle.

De là vient la haine profonde de tous les ministres et de tous les docteurs sectaires contre le prêtre catholique. Tous reconnaissent qu'il est leur seul ennemi, car lui seul est prêtre ; il enseigne, les autres plaident.

Si l'on veut compléter le portrait d'Ivan IV, il faut encore recourir à Karamsin : je vais donc choisir dans son histoire, pour terminer mon travail, quelques passages des plus caractéristiques, tome IX, page 343 (Karamsin).

« Des querelles de prééminence avaient lieu dans le service de « la Cour. » (Vous le voyez, l'étiquette régnait dans l'antre de la bête féroce.) « Le beau Boris Godounof (2), nouvel échanson et favori de Jean, eut à ce sujet, en 1578, un procès avec le prince « Basile Sitsky : le fils de celui-ci refusait de servir à la table du « Czar de pair avec Boris : et bien que le prince Basile fût revêtu « de la dignité de boyard, Godounof fut déclaré par une lettre pa- « tente du souverain, plus élevé que lui *de plusieurs rangs*, parce « que l'aïeul de Godounof était inscrit dans les anciens registres « avant les Sitsky ; mais, s'il fermait les yeux sur les disputes des « voïévodes à l'occasion de la primauté, il ne leur pardonnait jamais « de fautes dans leur conduite militaire : par exemple, le prince « Michel Nosdrovaty, officier de haut rang, *fut fouetté dans les* « *écuries* pour avoir mal disposé le siége de Militan. »

Voilà comment le Czar entendait la dignité de la noblesse et de l'armée. Ce fait, qui se passa en 1577, me rappelle un autre fait de l'histoire de Russie, tout moderne, puisqu'il est arrivé de nos jours. Je m'applique à confronter les époques, pour vous prouver qu'il y a moins de différence que vous ne pensez entre le passé et le présent de ce pays. C'était à Varsovie, du temps du grand-duc Constantin, et sous le règne de l'empereur Alexandre, le plus philanthrope des Czars (3).

Un jour Constantin passait sa garde en revue ; et voulant montrer à un étranger de marque à quel point la discipline était observée dans l'armée russe, il descend de cheval, s'approche d'*un de ses généraux*... D'UN GÉNÉRAL !... et sans le prévenir d'aucune façon, sans articuler un reproche, il lui perce tranquillement le pied de son épée. Le général demeure immobile et ne pousse pas une plainte : on l'emporte quand le grand-duc a retiré son arme. Ce stoïcisme d'esclave justifie la définition de l'abbé Galiani : *Le courage*, disait, le Napolitain philosophe, *n'est qu'une très-grande peur !*

Les spectateurs de la scène restent muets. Ceci s'est passé dans le XIXe siècle à Varsovie sur la place publique.

Vous le voyez, les Russes de notre époque sont les dignes petits-fils des sujets d'Ivan, et ne venez pas m'objecter la folie de Constantin. Cette folie, supposez-la réelle, devait être connue, puisque la conduite de cet homme depuis sa première jeunesse n'avait été qu'une suite d'actes publics de démence. Or, après tant de preuves d'aliénation mentale, lui laisser commander des armées, gouverner un royaume, c'est afficher un mépris révoltant pour l'humanité, c'est une dérision aussi nuisible à ceux qui exercent l'autorité qu'insultante pour ceux qui obéissent. Mais moi, je nie la folie du grand-duc Constantin, et je ne vois dans sa vie qu'une cruauté effrénée.

On a souvent répété que la folie était héréditaire dans la famille impériale de Russie : c'est une flatterie. Je crois que ce mal tient à la nature même du gouvernement et non à l'organisation vicieuse des individus. Le pouvoir absolu, quand il est une vérité, troublerait, à la longue, la raison la plus ferme ; le despotisme aveugle les hommes ; peuple et souverain, tous s'enivrent ensemble à la coupe de la tyrannie. Cette vérité me paraît prouvée jusqu'à l'évidence par l'histoire de Russie.

Continuons nos extraits, même page : c'est un annaliste livonien, cité par Karamsin, qui parle. Cette fois, nous verrons successivement en scène un ambassadeur et un supplicié, tous deux également idolâtres de leur maître et bourreau. « Ni les supplices, ni le « déshonneur ne pouvaient affaiblir le dévouement de ces hommes « à leur souverain. Nous allons en citer un mémorable témoi- « gnage : Le prince Sougorsky, envoyé vers l'empereur Maximi- « lien en 1576, tomba malade au moment où il traversait la Cour- « lande. Par respect pour le Czar, le duc fit demander plusieurs « fois des nouvelles de cet envoyé par son propre ministre qui l'en- « tendait répéter sans cesse : *Ma santé n'est rien, pourvu que* « *celle de notre souverain prospère*. Le ministre étonné lui dit : « — *Comment pouvez-vous servir un tyran avec autant de zèle ?* « — *Nous autres Russes*, répondit le prince Sougorsky, *nous som-* « *mes toujours dévoués à nos Czars bons ou cruels*. Pour preuve de « ce qu'il avançait, le ma[illegible] raconta que quelque temps aupara- « vant, Jean avait fait empaler un *de ses hommes de marque* pour « UNE FAUTE LÉGÈRE, que cet infortuné avait vécu vingt-quatre heu- « res dans des tourments affreux, s'entretenant avec sa femme et « ses enfants, et répétant sans cesse : Grand Dieu ! protége le « Czar (1) !... C'est-à-dire (ajoute Karamsin lui-même) que les Rus- « ses faisaient gloire de ce que leur reprochaient les étrangers : « d'un dévouement aveugle et sans bornes à la volonté du monar- « que, lors même que dans ses écarts les plus insensés, il foulait « aux pieds toutes les lois de la justice et de l'humanité. »

Je regrette de n'oser multiplier ces curieux extraits, mais il faut choisir. Je me bornerai donc à copier encore ici la correspondance du Czar avec une de ses créatures, tome IX, p. 266.

« Le khan de Crimée avait en son pouvoir Vassili Griaznoï, l'un « des favoris de Jean, fait prisonnier par les Tatars dans une re- « connaissance, près de Moloschnievody ; il offrit de l'échanger « contre Mourza Divy, proposition que le Czar ne voulut pas ac- « cepter, bien qu'il plaignît le sort de Griaznoï, et qu'il lui écrivît « *des lettres amicales*, dans lesquelles, selon son caractère, il ridi- « culisait les services de son favori malheureux. « Tu as cru, lui « disait-il, qu'il était aussi facile de faire la guerre aux Tatars que « de plaisanter à ma table : ils ne sont pas comme vous autres ; ils « ne s'endorment pas en pays ennemi, et ne répètent pas sans cesse : « *Il est temps de retourner chez nous !*... Quelle singulière idée « t'est venue de te faire passer pour un homme de marque ! il est « vrai qu'obligé d'éloigner les perfides boyards qui nous entou- « raient, nous avons dû rapprocher de notre personne des esclaves « comme toi de basse extraction : mais tu ne dois pas oublier ton « père et ton aïeul. Oses-tu t'égaler à Divy ? La liberté te rendrait « un lit voluptueux, tandis qu'elle lui mettrait un glaive à la main

(1) Voyez le livre intitulé : *Persécution de l'Église catholique en Pologne et en Russie*, par un prêtre de l'Oratoire, traduit de l'allemand par M. le comte de Montalembert, et les extraits que j'en donne à la suite du résumé du voyage.

(2) Qui plus tard fut l'assassin de l'héritier du trône et l'usurpateur de la couronne. (*Note du Voyageur.*)

(3) Plusieurs Russes ont révoqué en doute cette anecdote, et ils ont appuyé leurs dénégations d'une singulière raison. « La même chose s'est passée sous Ivan IV, disent-ils ; c'est donc un conte inventé pour calomnier Constantin. »

Je laisse aux esprits méditatifs et qui comprennent l'histoire de Russie avec l'état politique et social de ce pays tel qu'il est aujourd'hui, à peser la force de l'argument qu'on m'oppose, et je proteste en même temps de ma confiance en la véracité des personnes qui m'ont raconté la scène jouée à Varsovie au XIXe siècle par le frère de l'Empereur régnant. (*Note du Voyageur.*)

(1) Ce dévouement de la victime au tyran est certainement une espèce de fanatisme particulière aux hommes de l'Asie et aux Russes. (*Note du Voyageur.*)

« contre les chrétiens. Il doit suffire que protégeant ceux de nos « esclaves qui nous servent avec zèle, nous soyons prêts à payer « une rançon pour toi. »

La réponse du serviteur est digne de la lettre du maître : la voici telle que Karamsin nous la rapporte : il y a là plus que la peinture du cœur d'un homme vil ; on peut s'y faire une idée de l'espionnage exercé dès lors chez l'étranger par les Russes. Il en est peu sans doute qui seraient capables de commettre les crimes de Griaznoï, mais je ne puis m'empêcher de croire qu'il en est plusieurs qui écriraient des lettres pareilles, au moins pour le fond des sentiments, à celle de ce misérable ; la voici :

« Mon seigneur, je n'ai pas dormi en pays ennemi : *j'exécutais « tes ordres, je recueillais des renseignements pour la sûreté de « l'Empire* ; ne me fiant à personne et veillant jour et nuit, j'ai été « pris couvert de blessures, au moment de rendre le dernier sou- « pir, abandonné de mes lâches compagnons d'armes J'exterminais « au combat les ennemis du nom chrétien, et pendant ma captivité « *j'ai fait périr les traîtres Russes* qui ont voulu te perdre : *ils « ont été secrètement immolés de ma main* ; et il n'en reste plus « dans ces lieux un seul au nombre des vivants (1). Je plaisantais à « la table de mon souverain pour l'égayer, aujourd'hui je meurs « pour DIEU et pour LUI. C'est par une grâce particulière du Très- « Haut que je respire encore ; c'est l'ardeur de mon zèle pour ton « service qui me soutient, afin que je puisse retourner en Russie « *pour recommencer à divertir* mon prince. Mon corps est en Cri- « mée, mais mon âme est avec *Dieu* et *Ta Majesté*. Je ne crains « pas la mort, je ne crains que ta disgrâce. »

Telle est la correspondance *amicale* du Czar avec sa créature.

Karamsin ajoute : « C'étaient des misérables de cette espèce qu'il « fallait à Jean pour son gouvernement, et, à ce qu'il croyait, pour « sa sûreté. »

Mais tous les événements de ce règne prodigieux, prodigieux surtout par son calme et sa longue durée, s'effacent devant le plus épouvantable des forfaits.

Nous l'avons déjà dit : avili, tremblant au seul nom de la Pologne, Ivan cède à Batori, presque sans combat, la Livonie, province disputée depuis des siècles avec acharnement aux Suédois, aux Polonais, à ses propres habitants, et surtout à ses souverains conquérants, les chevaliers porte glaive. La Livonie était pour la Russie la porte de l'Europe, la communication avec le monde civilisé, elle faisait depuis un temps immémorial l'objet de la convoitise des Czars et le but des efforts de la nation moscovite (2). Dans un incompréhensible accès de terreur, le plus arrogant, et tout à la fois le plus lâche des princes, renonce à cette proie qu'il abandonne à l'ennemi, non pas à la suite d'une bataille désastreuse, mais spontanément, d'un trait de plume, et quoiqu'il se trouve encore riche d'une innombrable armée et d'un trésor inépuisable : or, écoutez la scène qui fut la première conséquence de cette trahison.

Le Czarewitch, le fils chéri d'Ivan IV, l'objet de toutes ses complaisances, qu'il formait à son image dans l'exercice du crime et dans les habitudes de la plus honteuse débauche, ressent quelque vergogne en voyant la déshonorante conduite de son père et de son souverain ; il ne hasarde pas de remontrance, il connaît Ivan, mais, évitant avec soin toute parole qui pourrait ressembler à une plainte, il se borne à demander la permission d'aller combattre les Polonais.

« Ah ! tu blâmes ma politique : c'est déjà me trahir, répond le « Czar ; qui sait si tu n'as pas dans le cœur la pensée de lever l'éten- « dard de la révolte contre ton père ? »

Là-dessus, enflammé d'une colère subite, il saisit son bâton ferré et il en frappe avec violence la tête de son fils ; un favori veut retenir le bras du tyran, Ivan redouble ; le Czarewitch tombe, blessé à mort !

Ici commence la seule scène attendrissante de la vie d'Ivan IV. Le pathétique en est au-dessus de la nature : il faudrait le langage de la poésie pour faire croire à des vertus tellement sublimes qu'elles en sont incompréhensibles.

Le prince eut une agonie de plus d'un jour : sitôt que le Czar vit qu'il venait de tuer de sa main ce qu'il avait de plus cher au monde, il tomba dans un désespoir sauvage aussi violent que sa colère avait été terrible : il se roulait dans la poussière en poussant des hurlements féroces, il mêlait ses larmes au sang de son malheureux fils, baisant ses plaies, invoquant le ciel et la terre pour lui conserver la vie qu'il venait de lui arracher, appelant à lui médecins, sorciers, et promettant trésors, honneurs, pouvoir, à qui lui rendrait l'héritier de son trône, l'unique objet de sa tendresse... de la tendresse d'Ivan IV !!...

Tout est inutile ! l'inévitable mort s'approche, le père a frappé : Dieu a jugé le père et le fils ; le fils va mourir !!... Mais le supplice est long ; Ivan apprendra une fois à souffrir de la douleur d'un autre.

La victime pleine de vie lutte pendant quatre jours entiers cont l'agonie.

Mais à quoi croyez-vous que ces quatre jours sont employé comment croyez-vous que cet enfant perverti par son père, notez point, injustement soupçonné, injurié, tué par son père, comme croyez-vous qu'il se venge de la perte de toutes ses espérances ce monde et des quatre jours de torture auxquels le ciel le co damne pour l'édification de la terre, et, s'il est possible, pour conversion de son bourreau ?

Il passe ce temps d'épreuves à prier Dieu pour son père, à co soler ce père qui ne veut pas le quitter, à le justifier, à lui prouve à lui répéter avec une délicatesse digne du fils d'un meilleur homm que son châtiment, si sévère qu'il paraisse, n'est point inique, c un fils qui blâme même dans le secret du cœur la conduite d'u père couronné, mérite de périr. La mort est là ; ce n'est plus peur qui parle, c'est la superstition politique, mais cette fois l'eff en est sublime.

Quand les dernières crises approchent, l'infortuné ne pense pl qu'à voiler les horreurs de sa mort aux yeux de son assassin, qu' vénère à l'égal du meilleur des pères et du plus grand des rois ; supplie le Czar de s'éloigner.

Et lorsqu'au lieu de céder aux instances du mourant, Ivan, dan le délire du remords, se jette sur le lit de son fils, puis retombe genoux par terre pour demander un tardif pardon à sa victime, héros de piété filiale retrouve dans le sentiment du devoir une puis sance surnaturelle ; déjà aux prises avec la mort, il arrête son âm au passage, il se suspend un instant à la vie, qu'il retient comme pa miracle pour répéter avec plus d'énergie et de solennité qu'il e coupable, que sa mort est juste, qu'elle est trop douce ; à forc d'amour filial et de respect pour la souveraineté, il parvient à de guiser l'agonie ; c'est ainsi que jusqu'au dernier moment, il cache son père les tourments d'un corps où la jeunesse révoltée lutte con tre la destruction. Le gladiateur tombe avec grâce, non cette fo par un vil orgueil, mais par un effort de charité, uniqueme pour adoucir le remords dans le cœur de son coupable père. Il pr teste jusqu'à son dernier souffle de sa fidélité, de sa soumission a souverain légitime de la Russie, et il meurt enfin en baisant la ma qui l'a tué, en bénissant Dieu, son pays et son père.

Ici toute mon indignation se change en un étonnement pieu j'admire les merveilleuses ressources de l'âme humaine qui pe remplir sa vocation divine, partout, en dépit des institutions et de habitudes les plus vicieuses... Mais je m'arrête effrayé devant m pensée, car je sens venir la crainte que la servilité de l'esclave n'a suivi jusqu'aux portes du ciel le martyr dans son triomphe.

Oh ! non, la mort n'est pas flatteuse, pas même en Russie, non non, cet exemple de vertu surnaturelle nous prouve seulement, c'est une belle chose à prouver, que l'action de la société la plu corrompue est insuffisante pour dénaturer les plans primitifs de l Providence, et que l'homme qui, selon Platon, est un ange tombé peut toujours devenir un saint.

Le Czarewitch expire hors de Moscou dans le repaire de la ty rannie appelé la Slobode Alexandrowsky.

Quelle tragédie ! Jamais Rome païenne ni Rome chrétienne n'on rien produit de plus noble que ces longs adieux du fils d'Ivan IV son père.

Si les Russes ne savent pas être humains, ils savent quelquefoi s'élever au-dessus de l'humanité. Ils font mentir le proverbe vul gaire : pouvant le plus, ils ne peuvent pas le moins.

Karamsin, plus sévère, révoque en doute la sincérité de la dou leur du Czar. Il est vrai qu'elle dura peu, mais je veux croire qu'ell fut un instant véritable.

Quoi qu'il en soit, il faut le dire, cette épreuve n'adoucit pas le caractère du monstre, qui continua jusqu'à la fin de ses jours à s'abreuver de sang innocent et à se vautrer dans la plus sale dé bauche.

Aux approches du trépas, il se fit porter plusieurs fois dans l'appartement qui renfermait ses trésors. Là, d'un regard éteint, il contemple avidement ses pierres précieuses : impuissantes richesses qui lui échappent avec la vie !

Après avoir vécu en bête féroce, on le voit mourir en satyre, outrageant, par un acte de lubricité révoltante, sa belle-fille elle-même un ange de vertu, de pureté, la jeune et chaste épouse de son second fils Fedor, devenu, depuis la mort du Czarewitch Jean, l'héritier de l'empire. Cette jeune femme s'approchait du lit du moribond pour le consoler à ses derniers moments ;........ mais soudain on la voit reculer et s'enfuir en jetant un cri d'épouvante.

Voilà comme Ivan IV est mort au Kremlin, et..... on a peine à le croire, il fut pleuré, pleuré longtemps par la nation tout entière, par les grands, le peuple, les bourgeois et le clergé, comme s'il eût été le meilleur des princes. Ces marques de sympathie, libres ou non, ne sont pas encourageantes, il faut l'avouer, pour les souverains bienfaisants. Reconnaissons donc et ne nous lassons pas de le répéter, que le despotisme sans frein produit sur l'esprit humain l'effet d'un breuvage enivrant. Il faudrait qu'un empereur de Russie fût un ange ou au moins un homme de génie pour conserver sa

(1) On peut voir tous les jours à la cour de l'empereur Nicolas un grand seigneur [illegible] nommé tout bas l'empoisonneur, et qui [illegible] de ce sobriquet.

(2) Elle était alors pour les Russes ce qu'est aujourd'hui Constantinople.

(*Note de l'Auteur pour cette édition.*)

raison après vingt ans de règne; mais ce qui accroît mon étonnement et mon épouvante, c'est de voir que la démence de l'homme qui exerce la tyrannie se communique si facilement aux hommes qui la subissent; les victimes deviennent les plus zélés complices de leurs bourreaux. Voilà ce qu'on apprend en Russie.

Une histoire détaillée et tout à fait véridique de ce pays serait peut-être le livre le plus instructif qu'on pût offrir à la méditation des hommes; mais il est impossible à faire. Karamsin, qui l'a tenté, a flatté ses modèles, et encore s'est-il arrêté avant l'avénement des Romanow; il est mort au moment où il lui devenait impossible de continuer son œuvre. Toutefois, l'esquisse affaiblie et abrégée que je viens de vous tracer suffit pour vous représenter les faits et les hommes vers lesquels la pensée se reporte malgré soi à la vue des épouvantables boulevards du Kremlin.

APPENDICE.

En terminant ici le précis historique rédigé d'après un travail commencé dès mon arrivée à Pétersbourg, je veux vous répéter que l'art n'a pas de nom pour caractériser l'architecture de la forteresse infernale dont j'ai voulu vous donner l'idée par le récit d'un règne unique dans les annales des nations; le style de ces palais, de ces prisons, de ces chapelles, surnommées cathédrales, ne ressemble à rien de connu; le Kremlin n'a point de modèle: il n'est bâti ni dans le goût moresque, ni dans le goût gothique, ni dans le goût ancien, ni même dans le style byzantin pur; il ne rappelle ni l'Alhambra, ni les monuments de l'Égypte, ni ceux de la Grèce d'aucun temps, ni l'Inde, ni la Chine, ni Rome... C'est, passez-moi l'expression, c'est de l'architecture czarique.

Ivan est l'idéal du tyran; le Kremlin est l'idéal du palais d'un tyran. Le Czar, c'est l'habitant du Kremlin; le Kremlin, c'est la maison du Czar. J'ai peu de goût pour les mots de nouvelle fabrique, surtout pour ceux qui ne sont encore autorisés que par l'usage que j'en fais, mais l'architecture czarique est une expression nécessaire à tout voyageur, aucune autre ne pourrait vous représenter ce qu'elle peint à la pensée de quiconque sait ce que c'est qu'un Czar.

Rêvez, un jour de fièvre, que vous parcourez l'habitation des hommes que vous venez de voir vivre et mourir devant vous, et vous vous figurerez aussitôt cette ville de géants, dont les édifices s'élèvent les uns sur les autres, au milieu de la ville des hommes. Il y a dans Moscou deux cités en présence, celle des bourreaux et celle des victimes. L'histoire nous montre comment ces deux cités ont pu naître l'une de l'autre, et subsister l'une dans l'autre.

Le Kremlin a été deviné par M. de Lamartine, qui, sans l'avoir vu, l'a peint dans ses descriptions de la ville des géants antédiluviens. Malgré la rapidité du travail, ou peut-être grâce à cette rapidité qui tient de l'improvisation, il y a dans *la Chute d'un Ange* des beautés du premier ordre; c'est de la poésie à fresque; mais le public français a pris la loupe pour la juger, il a comparé la première inspiration du génie à des œuvres achevées; il s'est trompé, ce qui arrive parfois même à un public.

J'avoue qu'il m'a fallu, pour bien apprécier le mérite de cette ébauche épique, venir jusqu'au pied du Kremlin lire les pages sanglantes de l'*Histoire de Russie*. Karamsin, tout timide historien qu'il est, est instructif, parce qu'il a un fond de loyauté qui perce à travers ses habitudes de prudence, et qui lutte contre son origine russe et contre ses préjugés d'éducation. Dieu l'avait appelé à venger l'humanité, malgré lui peut-être, et malgré elle. Sans les ménagements que je lui reproche, on ne l'eût pas laissé écrire: l'équité fait ici l'effet d'une révolution, et ma sincérité y sera taxée de trahison. « Parler de la sorte d'un pays où l'on a été si bien reçu! » Et que dirait-on si j'eusse été mal reçu? on dirait: « C'est une basse vengeance. » J'aime encore mieux le reproche d'ingratitude. De toutes ces considérations étrangères au fond des choses, il résulterait que pour oser dire ce qu'on pense sur la Russie, il faudrait n'y avoir pas été reçu du tout. Peu importe au lecteur que j'aie le droit de dire la vérité: l'essentiel est de savoir si je l'ai dite.

J'ajoute ici divers extraits qui me paraissent appuyer d'une manière frappante l'opinion que ce voyage m'a forcé de prendre des Russes et de leur pays.

Je commence par les excuses que Karamsin croit devoir adresser au despotisme pour avoir osé peindre la tyrannie; le mélange de hardiesse et de crainte que vous reconnaîtrez dans ce passage vous inspirera, comme il me l'inspire, une admiration mêlée de pitié pour un historien si gêné par les chaînes dans l'expression des idées.

Volume IX, page 536 et suivantes: « A peine soustraite au joug des « Mogols, la Russie avait dû se voir encore la proie d'un tyran. Elle le « supporta et conserva l'amour de l'aristocratie (1), persuadée que Dieu « lui-même envoyait parmi les hommes la peste, les tremblements de « terre et les tyrans. Au lieu de briser entre les mains de Jean le sceptre « de fer dont il l'accablait, elle se soumit au destructeur pendant vingt- « quatre années (2), sans autre soutien que la prière et la patience, afin « d'obtenir, dans des temps plus heureux, Pierre le Grand et Catherine II « (l'histoire n'aime pas à citer les vivants). Comme les Grecs aux Ther- « mopyles (3), d'humbles et généreux martyrs périssaient sur les échafauds « pour la patrie, la religion et la foi jurée, sans concevoir même l'idée de « la révolte (1). C'est en vain que, pour excuser la cruauté de Jean, quelques « historiens étrangers ont parlé des factions qu'elle avait anéanties; d'a- « près le témoignage universel de nos annales, d'après tous les documents « officiels, ces factions n'existaient que dans l'esprit troublé du Tzar. Si les « boyards, le clergé, les citoyens eussent tramé la trahison qu'on leur im- « putait, avec autant d'absurdités que de sortiléges (2), ils n'auraient point « rappelé le tigre de son antre d'Alexandrowsky. Non, il s'abreuvait du « sang des agneaux, et le dernier regard que ses victimes jetèrent sur la « terre, demandait à leurs contemporains, ainsi qu'à la postérité, justice et « un souvenir de compassion.

« Malgré toutes les explications possibles, morales et métaphysiques, le « caractère d'Ivan, héros de vertu dans sa jeunesse, tyran sanguinaire dans « l'âge mûr et au déclin de sa vie, *est une énigme pour le cœur humain*, « *et nous aurions révoqué en doute les rapports les plus authentiques sur* « *sa vie, si les annales des autres peuples n'offraient des exemples aussi* « *étonnants.* »

Karamsin continue son plaidoyer par un parallèle beaucoup trop flatteur pour Ivan IV, qu'il compare à Caligula, à Néron et à Louis XI, puis l'historien poursuit: « *Ces êtres dénaturés*, contraires à toutes les lois de la « raison, paraissent dans l'espace des siècles comme d'effrayants météores, « pour nous montrer l'abîme de dépravation où peut tomber l'homme et « nous faire trembler!... La vie d'un tyran est une calamité pour le genre « humain, mais son histoire offre toujours d'utiles leçons aux souverains « et aux nations. Inspirer l'horreur du mal, n'est-ce pas répandre l'amour « du bien dans tous les cœurs? Gloire à l'époque où l'historien, armé du « flambeau de la vérité, peut, sous un gouvernement autocrate, vouer les « despotes à un éternel opprobre, afin de préserver l'avenir du malheur « d'en rencontrer d'autres! Si l'insensibilité règne au delà du tombeau, « les vivants au moins redoutent la malédiction universelle et la réproba- « tion de l'histoire. *Celle-ci* est insuffisante pour corriger les méchants, « mais elle prévient quelquefois ces crimes toujours possibles, parce que « les passions exercent aussi leurs fureurs dans les siècles de civilisation. « Trop souvent leur violence force la raison à se taire, ou à justifier « d'une voix servile les excès qui en sont le résultat. » Pages 558, 559, tome IX, Karamsin, *Histoire de Russie.*

Suit un éloge de la gloire du monstre. Toutes ces tergiversations morales, toutes ces précautions oratoires se changent innocemment en une satire sanglante; une telle timidité équivaut à de l'audace, car c'est une révélation, révélation d'autant plus frappante qu'elle est involontaire.

Néanmoins les Russes, autorisés par l'approbation du souverain, s'enorgueillissent de ce talent qu'ils admirent, par ordre, tandis qu'ils devraient bannir le livre de toutes leurs bibliothèques, en refaire une édition, déclarer la première apocryphe, ou plutôt en nier l'existence, soutenir qu'elle n'a jamais paru, et que la publication n'a commencé qu'à la seconde, qui deviendrait la première.

N'est-ce pas leur manière de procéder contre toute vérité gênante? A Saint-Pétersbourg, on étouffe les hommes dangereux et l'on supprime les faits incommodes; avec cela on fait *ce* qu'on veut. Si les Russes ne prennent ce moyen pour se défendre des coups que le livre de leur Karamsin porte au despotisme, la vengeance de l'histoire sera presque assurée, car la vérité est en partie dévoilée.

L'Europe, au contraire, doit des honneurs à la mémoire de Karamsin; quel est l'étranger qui aurait obtenu la permission d'aller fouiller aux sources où il a puisé pour en tirer le peu de clarté qu'il jette sur la plus ténébreuse des histoires modernes? Ne suffit-il pas que le régime despotique rende toujours de telles conséquences possibles, pour qu'il soit jugé et condamné? Un pareil gouvernement ne peut subsister qu'à force de silence et de ténèbres.

Il paraît que Dieu veut qu'il dure dans ce pays singulier: car s'il aveugle l'esprit du peuple, celui des écrivains et des grands, il enseigne au pouvoir absolu, je suis forcé d'en convenir, à tempérer l'ardeur du feu dans la fournaise; la tyrannie est devenue moins pesante, mais son principe persiste et produit trop souvent encore les résultats les plus extrêmes; la Sibérie le sait... les souterrains de la forteresse de Pierre le Grand à Pétersbourg, les prisons de Moscou, de Schlusselbourg, tant d'autres cachots muets, et qui me sont inconnus, le savent, la Pologne le sait (3)...

Les décrets de Dieu sont impénétrables: la terre les subit sans les comprendre.... Mais, malgré son aveuglement originel, l'homme conserve l'éternel besoin de la justice et de la vérité; ce besoin que rien ne peut étouffer dans les cœurs est une promesse d'immortalité, car ce n'est point ici-bas qu'il sera satisfait. Il est en nous, mais il vient de plus haut que la terre, et nous conduit plus loin.

Le spiritualisme reproché de nos jours aux chrétiens, par des hommes qui s'efforcent d'expliquer l'Évangile dans un sens favorable à leur politique, et qui veulent appuyer sur la jouissance une religion fondée sur le renoncement, ce spiritualisme qu'on nous représente comme une pieuse fraude de nos prêtres, est pourtant le seul remède que Dieu ait offert aux hommes contre les inévitables maux de la vie telle qu'il la leur a faite, et qu'ils se la sont faite à eux-mêmes.

Le peuple russe est de tous les peuples civilisés celui chez lequel le sentiment de l'équité est le plus faible et le plus vague; aussi, en donnant à Ivan IV le surnom de Terrible, accordé autrefois à titre d'éloge à son aïeul Ivan III, n'a-t-il fait justice ni au glorieux monarque, ni au tyran; il a flatté celui-ci après sa mort, et ce trait est encore caractéristique. Est-il vrai qu'en Russie la tyrannie ne meurt pas? Voyez toujours Karamsin, pages 600 et 601, vol. IX.

« Il est à remarquer, dit-il, que dans *la mémoire du peuple*, la *brillante*

(1) Je suppose qu'il y a ici une erreur du traducteur, et qu'il faudrait substituer le mot d'*autocratie* à celui d'*aristocratie*; mais je copie littéralement. (*Note du Voyageur.*)

(2) Tel est le terme assigné par Karamsin à la tyrannie d'Ivan IV, qui régna cinquante ans. (*Ibid.*)

(3) Comparaison vraiment russe, et qui montre combien l'étude de l'histoire est inutile quand on en tire des conséquences fausses. Néanmoins, il faut le répéter, Karamsin est un esprit distingué; mais il est né et il a vécu en Russie. (*Ibid.*)

(1) Et vous osez qualifier du titre de martyre une telle servilité. (*Ibid.*)

(2) Copie littérale. (*Ibid.*)

(3) Depuis que ceci est écrit, les faits ont donné un démenti au jugement que le voyageur prononce ici; pendant les années qui viennent de s'écouler et surtout pendant la guerre actuelle, la tyrannie a reparu en Russie, plus terrible qu'on ne l'avait vue peut-être depuis le règne de Paul Ier. (*Note de l'Auteur pour cette édition.*)

« vénements de Jean (1) a survécu au souvenir de ses mauvaises qualités. Les gémissements avaient cessé, les victimes étaient réduites en poussière, des événements nouveaux faisaient oublier les anciennes traditions, et le nom de ce prince paraissait en tête du code des lois; il rappelait la conquête des trois royaumes mongols. Les témoignages de ses actions atroces étaient ensevelis au fond des archives, tandis que dans le cours des siècles, Kazan, Astrakan, la Sibérie étaient aux yeux du peuple d'impérissables monuments de sa gloire. Les Russes, qui révéraient en lui l'illustre auteur de leur puissance, de leur civilisation, avaient rejeté ou mis en oubli le surnom de tyran que lui avaient donné ses contemporains. Seulement, d'après quelques souvenirs confus de sa cruauté, ils le nomment encore de nos jours *Jean le Terrible*, mais sans le distinguer de son aïeul, à qui l'ancienne Russie avait accordé la même épithète, plutôt comme éloge qu'à titre de reproche. L'histoire ne pardonne pas aux mauvais princes aussi facilement que les peuples. »

Vous le voyez, le grand prince et le monstre sont qualifiés du même surnom *le Terrible*!... et cela *par la postérité!* C'est de l'équité à la russe; le temps ici est complice de l'injustice. Lecointe Laveau, dans son *Guide de Moscou*, en décrivant le palais des Czars au Kremlin, ne rougit pas d'invoquer l'ombre d'Ivan IV, qu'il ose comparer à David pleurant les fautes de sa jeunesse. Ce livre est écrit pour des Russes.

Je ne puis me refuser le plaisir de vous faire lire une dernière citation de Karamsin; c'est le résumé du caractère d'un prince dont la Russie se glorifie. Un Russe seul pouvait parler d'Ivan III comme en parle Karamsin, et croire qu'il en fait l'éloge. Un Russe seul pouvait peindre le règne d'Ivan IV comme le peint Karamsin, et finir ce tableau par des excuses au despotisme. Voici textuellement comment l'historien caractérise le grand Ivan III, l'aïeul d'Ivan IV. Tome VI, pages 434, 435, 436.

« Fier dans ses relations avec les autres souverains, Ivan III aimait à déployer une grande pompe devant leurs ambassadeurs; il introduisit l'usage de baiser la main du monarque, en signe de faveur distinguée; il voulut, par tous les moyens extérieurs possibles, s'élever au-dessus des hommes, pour frapper fortement l'imagination; ayant enfin pénétré le secret de l'autocratie, il devint comme un dieu terrestre aux yeux des Russes, qui commencèrent *dès lors* (c'est Karamsin ou son traducteur qui souligne ce mot) à étonner tous les autres peuples par une aveugle soumission à la volonté de leur souverain. Le premier, il reçut en Russie le surnom de *Terrible*; mais terrible seulement à ses ennemis et aux rebelles. Cependant, sans être un tyran comme son petit-fils Jean IV, il avait reçu de la nature une certaine dureté de caractère, qu'il savait modérer par la force de sa raison. Les fondateurs des monarchies se sont rarement fait distinguer par leur sensibilité; et la fermeté pour les grandes actions politiques est bien voisine de la rudesse. On dit qu'un seul regard de Jean, lorsqu'il était enflammé de colère, suffisait pour faire évanouir les femmes timides; que les solliciteurs craignaient de s'approcher du trône; qu'à sa table même, les grands tremblaient devant lui, n'osant proférer une seule parole, ni faire le plus léger mouvement, lorsque le monarque, fatigué d'une bruyante conversation, et échauffé par le vin, s'abandonnait au sommeil vers la fin du repas: tous assis dans un profond silence, attendaient un nouvel ordre pour le divertir, ou pour se livrer eux-mêmes à la joie. »

« Nous ajouterons aux remarques que nous avons déjà faites sur la sévérité de Jean, que les dignitaires marquants, tant séculiers que membres du clergé, dépouillés de leurs emplois pour quelque crime, n'étaient pas exempts du terrible supplice du knout. En 1491, par exemple, le prince Oukhtomsky, le gentilhomme Khomoutof et l'Archimandrite de Tchoudof furent knoutés publiquement pour un faux titre qu'ils avaient fabriqué, à l'effet de s'approprier un domaine appartenant à l'un des frères du grand-prince.

« L'histoire n'étant point un panégyrique, il est impossible qu'elle ne trouve pas quelques taches dans la vie des plus grands hommes eux-mêmes. A ne considérer que l'homme dans Jean III, il n'eut point les aimables qualités de Monomaque, ni celles de Dmitri Donskoï; mais comme souverain, il s'est placé au plus haut degré de grandeur. Toujours guidé par la circonspection, il parut quelquefois timide ou indécis: mais cette irrésolution fut toujours de la prudence, vertu qui ne nous charme pas autant qu'une généreuse témérité, mais plus propre à consolider ses créations par des progrès lents et d'abord incomplets. Combien d'illustres héros n'ont légué à la postérité que le souvenir de leur gloire! Jean nous a laissé un empire d'une immense étendue, puissant par le nombre de ses peuples, et plus encore par l'esprit de son gouvernement; cet empire enfin qu'il nous est aujourd'hui si doux, si glorieux d'appeler notre patrie. »

Les louanges données par l'historien courtisan au héros me paraissent significatives, autant du moins que les timides reproches adressés au tyran. Le panégyrique du roi glorieux ressemble tellement à l'arrêt prononcé contre le monstre, que l'un et l'autre servent à mesurer la confusion d'idées et de sentiments qui règne dans les têtes russes les mieux organisées. Cette indifférence au bien et au mal nous fait apprécier la distance qui sépare la Russie du reste de l'Europe.

C'est Ivan III qui fut le véritable fondateur du moderne empire des Russes; c'est lui aussi qui a rebâti en pierre les murs du Kremlin. Encore un bâtir terrible; encore un esprit bien digne de hanter ce palais, et de se reposer au sommet de ses tours!!!...

Ce portrait d'Ivan III, par Karamsin, ne dément pas le mot du même grand-prince: « Je donnerai la Russie à qui bon me semblera. » C'est ce qu'il répondit aux boyards, lorsque ceux-ci réclamaient la couronne au profit de son petit-fils, qu'il dépouillait en faveur du fils de sa seconde femme; car jusqu'à présent, la légitimité russe a été soumise au bon plaisir des Czars (2). Or, qui peut dire ce que devient ce qu'on appelle la noblesse dans un pays gouverné de la sorte?

Pierre le Grand a mis en pratique le principe d'Ivan III, en soumettant comme ce prince la succession de la couronne au caprice des Czars. Ce même réformateur s'est encore plus rapproché du tyran, par le supplice qu'il a fait subir à son fils et aux soi-disant complices de ce fils. On va lire un extrait de M. de Ségur, qui prouve que le grand réformateur moderne était plus semblable au monstre que l'histoire ne l'a dit avant l'écrivain français. Il s'agit des lois promulguées par Pierre le Grand, de la traitement de ce prince envers son malheureux fils, et du supplice des prêtres et autres personnages qui encourageraient le jeune prince dans sa résistance à la civilisation importée de l'Occident, et ordonnée comme le plus saint des devoirs par le cruel fondateur du nouvel empire de Russie.

« Code militaire, divisé en deux parties, en quatre-vingt-onze chapitres, et publié dès 1716.

« Le début en est remarquable; soit piété sincère, soit politique d'un chef de religion qui veut conserver dans toute sa force un si puissant mobile, il y déclare que de tous les vrais chrétiens, le militaire est celui dont les mœurs doivent être le plus honnêtes, décentes et chrétiennes; le guerrier chrétien devant être toujours prêt à paraître devant Dieu, sans quoi il n'aurait point la sécurité nécessaire pour le sacrifice continuel que sa patrie exige de lui. » — « Et il termine par cette citation de Xénophon: Que dans les batailles, ceux qui craignent le plus les dieux sont ceux qui craignent le moins les hommes! » — « Puis, il prévoit jusqu'aux moindres délits contre Dieu, contre la discipline, les mœurs, l'honneur, et même contre la civilité! comme s'il eût voulu faire de son armée une nation à part dans la nation, et son modèle.

« Mais c'est là surtout que se développe avec une complaisance effrayante le génie de son despotisme! » — « Tout l'État, dit-il, est à lui, tout doit se faire pour lui, maître absolu et despotique, qui ne doit compte de sa conduite qu'à Dieu seul! » — « C'est pourquoi toute parole injurieuse contre sa personne, tout jugement indécent de ses actions ou intentions, doivent être punis de mort.

« C'était en 1716 que le Czar se déclarait ainsi en dehors et au-dessus de toutes les lois, comme s'il se fût préparé au terrible coup d'État dont en 1718, il devait ensanglanter sa renommée. » (*Histoire de Russie et de Pierre le Grand*, par M. le général comte de Ségur. 2e édition, Baudouin. Paris, livre XI, chapitre VI, pages 489, 490.)

Plus loin: « En septembre 1716, Alexis, pour échapper à la civilisation naissante des Russes, se réfugie au milieu de la civilisation européenne. Il s'est mis sous la protection de l'Autriche, et vit caché dans Naples avec une maîtresse.

« Pierre découvre sa retraite. Il lui écrit. Sa lettre commence par des reproches fondés; elle finit par des menaces terribles s'il n'obéit aux ordres qu'il lui envoie.

« Ces mots surtout y dominent: « Me craignez-vous? Je vous assure, je vous promets, au nom de Dieu et par le jugement dernier, que si vous vous soumettez à ma volonté et que vous reveniez ici, je ne vous ferai subir aucune punition, et que même je vous aimerai encore plus qu'auparavant. »

« Sur cette foi solennelle d'un père et d'un souverain, Alexis revient à Moscou le 3 février 1718, et le lendemain, il est désarmé, saisi, interrogé, exclu honteusement du trône, lui et sa postérité; il est même maudit s'il ose jamais en appeler.

« Ce n'est pas tout encore: on le jette dans une forteresse. Là, chaque jour, chaque nuit, un père absolu, violant la foi jurée, tous les sentiments, toutes les lois de la nature et celles que lui-même a données à son Empire (1), s'arme, contre un fils trop confiant, d'une inquisition politique égale en insidieuse atrocité à l'inquisition religieuse. Il torture l'esprit pusillanime de cet infortuné par toutes les peurs du ciel et de la terre; il le contraint à dénoncer amis, parents, jusqu'à sa mère; enfin à s'accuser, à se rendre indigne de vivre, et à se condamner lui-même à mort sous peine de mort.

« Ce long crime dure cinq mois. Il a ses redoublements. Dans les deux premiers, l'exil et le dépouillement de plusieurs grands, l'exhérédation d'un fils, l'emprisonnement d'une sœur, la réclusion, la flagellation de sa première femme, le supplice d'un beau-frère, ne suffisent point.

« Pourtant, dans une même journée Glébof, un général russe, amant avéré de la Czarine répudiée, vient d'être empalé au milieu d'un échafaud, dont les têtes d'un évêque, d'un boyard et de deux dignitaires roués et décapités, marquent les quatre coins (2). Cet horrible échafaud est lui-même entouré d'un cercle de troncs d'arbres sur lesquels plus de cinquante prêtres et autres citoyens ont eu la tête tranchée.

« Vengeance effroyable contre ceux dont les intrigues et l'obstination superstitieuse jetèrent ce cœur inflexible dans la nécessité de sacrifier son fils à son Empire! Punition cent fois plus coupable que la faute; car, pour tant d'atrocités, quel motif peut être une excuse? Mais il semble que, poussé par cet instinct soupçonneux des gouvernements contre nature, Pierre se soit obstiné à chercher et à trouver une conspiration où il n'existait qu'une inerte opposition de mœurs, qui espérait et attendait sa mort pour éclater.

« Et pourtant cette horrible boucherie a trouvé des flatteurs! Le vainqueur de Pultawa s'en est lui-même enorgueilli comme d'une victoire. Quand le feu, a-t-il dit, rencontre la paille, il la consume; mais s'il rencontre du fer, il faut qu'il s'éteigne. » Puis il s'est promené froidement au milieu de ces supplices. On dit même que, poussé par une inquiète férocité, il est venu jusque sur son échafaud interroger encore l'agonie de Glébof, et que celui-ci, lui faisant signe d'approcher de son supplice, lui a craché au visage.

« Moscou elle-même est prisonnière; en sortir sans avis est un crime capital. Ses citoyens ont ordre, sous peine de mort, d'être réciproquement leurs espions et leurs délateurs.

« Cependant, la principale victime est restée tremblante, isolée par tant de coups frappés autour d'elle. Pierre l'entraîne alors des prisons de Moscou dans celles de Pétersbourg.

« C'est là surtout qu'il se tourmente à torturer l'âme de son fils pour

(1) Jean IV.

(2) L'indifférence pour ces questions est un des caractères de tyran. Cet inquiétant empire pour l'homme n'appartient qu'à l'homme consumé par un long abus du pouvoir absolu. (*Note de l'Auteur pour cette édition.*)

(1) Voyez dans son Code ou Concordance des lois, au chap. VI, les art. 1, 2, 5 et 8.

(2) Bruce.

« en extorquer jusqu'aux moindres souvenirs d'irritation, d'indocilité ou de rébellion ; il les note chaque jour avec un horrible soin ; s'applaudissant à chaque aveu, ajoutant les uns aux autres tous ces soupirs, toutes ces larmes, en dressant un détestable compte ; s'efforçant enfin de composer un crime capital de toutes ces velléités, de tous ces regrets auxquels il prétend donner un poids dans la balance de sa justice (1).

« Puis, quand, à force d'interprétations, il croit avoir fait de rien quelque chose, il se hâte d'appeler l'élite de ses esclaves. Il leur dit son œuvre maudite; il leur en étale l'iniquité féroce et tyrannique avec une naïveté de barbarie, une candeur de despotisme qu'aveugle son droit de souverain absolu, comme s'il existait un droit hors de la justice, et que tout cédât à son but qui, par bonheur, se trouvait grand et utile.

« Par là, il espère faire attribuer à la justice le sacrifice qu'il fait à sa politique. Il veut se justifier aux dépens de sa victime, et faire taire le double cri de sa conscience et de la nature qui l'importune.

« Après que, par cette longue accusation, ce maître absolu croit avoir irrévocablement condamné, il interpelle les siens. « *Ils viennent d'entendre*, s'est-il écrié, la longue déduction de crimes presque inouïs dans le monde, dont son fils est coupable contre lui, son père et son souverain. On sait assez que seul il aurait le droit de le juger ; néanmoins, il vient leur demander leur secours ; *car il appréhende la mort éternelle, d'autant plus qu'il a promis le pardon à son fils, et qu'il le lui a juré sur les jugements de Dieu*.... C'est donc à eux à en faire justice, sans considération pour sa naissance, sans égard pour sa personne, afin que la patrie ne soit point lésée. » Il est vrai qu'à cet ordre clair et terrible, il a entremêlé ces mots grossièrement astucieux : Qu'on doit prononcer, sans le flatter ni craindre sa disgrâce, si l'on décide que son fils ne mérite qu'une punition légère.

« Les esclaves ont compris leur maître : ils voient quel est l'horrible secours qu'il leur demande. Aussi, les prêtres consultés n'ont-ils répondu que par des citations de leurs saints livres, choisissant en nombre égal celles qui condamnent et celles qui pardonnent, sans oser mettre de poids dans la balance, pas même cette foi jurée qu'ils craignent de rappeler.

« En même temps, les grands de l'État, au nombre de cent vingt-quatre, ont obéi. Ils ont prononcé la mort unanimement et sans hésiter ; mais leur arrêt les condamne eux-mêmes bien plus que leur victime. On y voit les dégoûtants efforts de cette foule d'esclaves se tourmentant à effacer le parjure de leur maître; et comme leur lâche mensonge, s'ajoutant au sien, le fait ressortir davantage!

« Pour lui, il achève inflexiblement : rien ne l'arrête, ni le temps qui vient de s'écouler sur sa colère, ni ses remords, ni le repentir d'un infortuné, ni sa faiblesse tremblante, soumise, suppliante! Enfin, tout ce qui d'ordinaire, même entre ennemis étrangers, apaise et désarme, est sans effet sur le cœur d'un père pour son fils.

« Bien plus, comme il vient d'être son accusateur et son juge, il sera son bourreau. C'est le 7 juillet 1718, le lendemain même du jugement, qu'il va, suivi de tous ses grands, recevoir les dernières larmes de son fils, y mêler les siennes; et quand enfin on le croit attendri, il envoie chercher *la forte potion* que lui-même a fait préparer! Impatient, il en hâte l'arrivée par un second message ; il la fait présenter devant lui comme un remède salutaire, et ne se retire, profondément triste, il est vrai (2), qu'après avoir empoisonné l'infortuné qui implorait encore son pardon. Puis, il attribue la mort de sa victime, expirée quelques heures après dans d'affreuses convulsions, à la frayeur dont l'a frappée son arrêt ! Il ne couvre toute cette horreur, aux yeux des siens, que de cette grossière apparence : il la juge suffisante à leurs mœurs brutales, leur commandant, au reste, le silence, *et étant si bien obéi que, sans les Mémoires d'un étranger* (Bruce), *témoin, acteur même dans cet horrible drame, l'histoire en eût à jamais ignoré les terribles et derniers détails* (3).

(*Histoire de Russie et de Pierre le Grand*, par M. le général comte de Ségur. Livre X, chapitre III, pages 438, 439, 440, 441, 442, 443, 444.)

LETTRE VINGT-SEPTIÈME.

SOMMAIRE. — Club anglais. — Nouvelle visite au trésor du Kremlin. — Caractère particulier de l'architecture de Moscou. — Mot de madame de Staël. — Avantage des voyageurs obscurs. — Kitaigorod, ville des marchands. — Madone de Vladimir. — [illegible] par un fanatisme. — Groupe de Minine et Pojarski. — Palais de Vassili [illegible]. — Monastère dont le czar Ivan [illegible]. — Porte sainte. — Pourquoi on ne la passe point sans ôter son chapeau. — Avantage de la foi sur le doute. — Contraste de l'extérieur et de l'intérieur du Kremlin. — Cathédrale de l'Assomption. — Artistes étrangers. — Pourquoi on fut obligé de les appeler à Moscou. — [illegible]. — Clocher de Jean le Grand. — Église du Sauveur dans les bois. — La grande cloche. — Couvent des Miracles et couvent de l'Ascension. — Tombeau de la czarine Hélène, mère d'Ivan IV. — Intérieur du trésor. — Hiérarchie des couronnes et des trônes. — Couronne de Monomaque. — Couronne de Sibérie. — Couronne de Pologne. — Réflexions. — Vases anciens. — Verreries rares. — Brancard de Charles XII. — [illegible]. — Singularité historique. — Parallèle entre les grands-ducs de Russie et les autres princes régnant en Europe à la même époque. — Carrosses de parade des Czars et du patriarche de Moscou. — Palais actuel de l'Empereur au Kremlin. — Divers palais. — Palais anciens. — Caractère de son architecture. — Nouveaux travaux commencés au Kremlin par ordre de l'Empereur. — Profanation. — Faute de l'empereur Pierre Ier et de l'empereur Nicolas. — Où est la vraie capitale de l'Empire russe. — Ce que pourrait devenir Moscou. — Plan de Catherine II, repris par un [illegible]. — Vue qu'on a de la terrasse du Kremlin, le soir. — Coucher de soleil. — Souterrain ouvert. — Pensée de Moscou, la nuit. — La montagne des Moineaux. — Souvenirs de l'armée française. — Mot de l'empereur Napoléon. — Danger d'être accompagné d'un valet en Russie. — Lutte de médiocrité. — Responsabilité des maîtres absolus. — Bonaparte craint de passer pour un grand homme. — Sa brochure. — Conséquence qu'on en doit tirer. — Chute de Napoléon : son dernier résultat. — Louis XIV. — Phénomène historique.

Moscou, ce 11 août 1839, au soir.

L'inflammation de mon œil est diminuée, et je suis sorti de ma prison hier pour aller dîner au club anglais. C'est une espèce de salon de restaurateur où l'on ne peut être admis qu'à la demande d'un des membres de la société, laquelle est composée des personnes les plus distinguées de la ville. Cette institution assez nouvelle est imitée de l'anglais, à l'instar de nos cercles de Paris. Je vous en parlerai une autre fois.

Dans l'état où la fréquence des communications a mis l'Europe moderne, on ne sait plus à quelle nation s'adresser pour trouver des mœurs originales, des habitudes qui soient l'expression vraie des caractères. Les usages adoptés récemment chez chaque peuple sont le résultat d'une foule d'emprunts : il résulte de cette trituration de tous les caractères dans la mécanique de la civilisation universelle, une monotonie bien contraire au plaisir du voyageur; pourtant, à aucune époque, le goût des voyages ne fut plus répandu. C'est que la plupart des gens voyagent par ennui plutôt que par besoin de s'instruire. Je ne suis pas de ces voyageurs-là ; curieux infatigable, je reconnais chaque jour, à mes dépens, que les différences sont ce qu'il y a de plus rare en ce monde ; les ressemblances font le désespoir du voyageur, qu'elles réduisent au rôle de dupe, le plus difficile de tous à accepter, précisément parce qu'il est le plus facile à jouer.

On voyage pour sortir du monde où l'on a passé sa vie, et l'on n'en peut pas sortir ! le monde civilisé n'a plus de limites, c'est la terre. Le genre humain se refond, les langues se perdent, l'idiome dans lequel nous écrivons aujourd'hui se détruit, les nations abdiquent, la philosophie réduit les religions à une croyance intérieure, dernier produit du catholicisme effacé, en attendant qu'il brille d'un nouvel éclat, et serve de base à la société future. Qui peut assigner un terme à ce remaniement du genre humain? Il est impossible de ne pas entrevoir ici un but providentiel. La malédiction de Babel touche à son terme, et les nations vont s'entendre malgré tout ce qui les a désunies (1).

Aujourd'hui j'ai recommencé mon voyage par une visite méthodique et détaillée au Kremlin, sous la conduite de M***, à qui j'avais été recommandé ; toujours le Kremlin! c'est pour moi tout Moscou, toute la Russie! le Kremlin, c'est un monde! Mon domestique de place étant allé, dès le matin, au trésor prévenir le gardien, celui-ci nous attendait. Je croyais trouver un concierge comme tant d'autres ; au lieu de cela nous avons été reçus par un officier, homme instruit et poli.

Le trésor du Kremlin fait à juste titre l'orgueil de la Russie ; il pourrait tenir lieu de chronique à ce pays ; c'est une histoire en pierres précieuses, comme le *Forum romanum* était une histoire en pierres de taille.

Les vases d'or ; les armures, les vieux meubles, ne sont pas exposés ici seulement pour y être admirés ; chacun de ces objets retrace quelque fait glorieux, singulier, digne de commémoration. Mais avant de vous décrire ou plutôt de vous indiquer rapidement les magnificences d'un arsenal qui n'a pas, je crois, son second en Europe, je veux vous faire suivre pas à pas le chemin par où l'on m'a conduit jusqu'à ce sanctuaire révéré des Russes, et justement admiré des étrangers.

En sortant de la grande Dmitrinkoi pour me rendre au trésor, j'ai traversé, comme l'autre jour, plusieurs places où débouchent des rues montueuses, mais tirées au cordeau : puis arrivé en vue de la forteresse, j'ai passé sous une voûte que mon domestique de place m'a forcé d'admirer en faisant arrêter ma voiture d'autorité, sans juger seulement nécessaire de me consulter, tant l'intérêt qui s'attache à ce lieu est chose reconnue !!!... Cette voûte forme le dessous d'une tour d'un aspect bizarre, comme tout ce qu'on aperçoit aux approches du vieux quartier de Moscou.

Je n'ai point vu Constantinople, mais je crois qu'après cette ville, Moscou est de toutes les capitales de l'Europe celle dont l'aspect général est le plus frappant. C'est la Byzance de terre ferme. Dieu merci, les places de la vieille capitale ne sont pas immenses comme celles de Pétersbourg, où Saint-Pierre de Rome se perdrait. A Moscou, les monuments sont moins espacés ; et dès lors ils produisent plus d'effet. Le despotisme des lignes droites et des plans symétriques s'est vu gêné ici par l'histoire et par la nature ; Moscou est surtout pittoresque. Le ciel, sans y être pur, prend une teinte argentée et brillante ; des modèles de tous les genres d'architecture sont entassés là sans ordre et sans plan ; aucun monument n'est parfait, néanmoins l'ensemble vous saisit, non d'admiration, mais d'étonnement. Les inégalités du sol multiplient les points de vue. Les églises avec leurs coupoles, dont le nombre varie et dépasse

(1) Ici Pierre le Grand n'est-il pas plus odieux, s'il est possible, qu'Ivan IV *le Terrible*?

(2) Pleurer sur sa victime est un des traits du caractère russe.

(*Note du Voyageur.*)

(3) Révoquerons-nous en doute le supplice d'Alexis parce que cette mort rappelle celle du fils d'Ivan IV? *Voir plus haut le trait du grand-duc Constantin.*

(*Ibid.*)

(1) Écrit en 1839.

surveut de beaucoup le chiffre sacramentel commandé aux architectes par l'orthodoxie grecque, font scintiller dans l'air leurs magiques auréoles. Une multitude de pyramides dorées et de clochers en forme de minarets dessinent sur l'azur des profils reluisants de soleil ; un pavillon oriental, un dôme indien, vous transportent à Delhi ; un donjon, une tourelle, vous ramènent en Europe au temps des croisades ; la sentinelle qui veille sur la tour de garde vous représente le muezzin invitant les fidèles à la prière ; enfin, pour achever de confondre vos idées, la croix qui brille partout, avertissant le peuple de se prosterner devant le Verbe, semble tombée là du ciel au milieu de l'assemblée des nations de l'Asie pour les guider toutes ensemble dans l'étroite voie du salut : c'est devant ce poétique tableau, sans doute, que madame de Staël s'est écriée : *Moscou est la Rome du Nord !*

Le mot manque de justesse, car, sous aucun rapport, on ne pourrait établir un parallèle entre ces deux villes. C'est à Ninive, à Palmyre, à Babylone qu'on pense lorsqu'on entre à Moscou, non aux chefs-d'œuvre de l'art renfermés dans la Rome païenne ou chrétienne : l'histoire, la religion de ce pays ne reportent pas davantage vers Rome l'esprit du voyageur. Rome est plus étrangère à Moscou que Pékin ; mais madame de Staël pensait à tout autre chose qu'à regarder la Russie lorsqu'elle a traversé ce pays pour aller en Suède et en Angleterre faire la guerre du génie et des idées à l'ennemi de toute liberté de pensée, à Bonaparte. Elle se sera débarrassée en quelques paroles de sa tâche de grand esprit arrivant dans une contrée nouvelle. Le malheur des personnes célèbres qui voyagent, c'est qu'elles sont obligées de semer des mots derrière elles, et si elles s'obstinent à n'en pas dire, on leur en prête.

Je n'ai de confiance qu'aux relations de voyageurs inconnus : vous direz que je prêche pour mon saint ; je ne m'en défends pas, mais du moins je profite de mon obscurité pour chercher et pour découvrir le vrai. Le bonheur de rectifier les préventions et les préjugés d'un esprit tel que le vôtre, et du petit nombre de ceux qui lui ressemblent, suffirait à ma gloire. Vous voyez que mon ambition est modeste, car rien n'est plus facile à corriger que les erreurs des hommes distingués. Il me semble que s'il en est quelques-uns qui ne haïssent pas le despotisme autant que je le hais, ils le haïront malgré ses pompes, et grâce à ses œuvres, après avoir lu le tableau véridique que j'offre à votre méditation.

La massive tour au pied de laquelle mon domestique de place m'a fait descendre de voiture, est percée pittoresquement de deux arches ; elle sépare les murs du Kremlin, proprement dits, de leur continuation, qui sert d'enceinte au Kitaigorod, ville des marchands, autre quartier du vieux Moscou, fondé par la mère du czar Jean Vassilievitch, en 1534. Cette date nous paraît nouvelle, mais elle est antique pour la Russie, la plus jeune des sociétés de l'Europe.

Le Kitaigorod, espèce d'annexe du Kremlin, est un immense bazar, un quartier, une ville toute percée de ruelles sombres et voûtées, ce qui les fait ressembler à des souterrains : ces catacombes marchandes ne sont rien moins qu'un cimetière ; c'est une foire en permanence ; labyrinthe de galeries, ces voûtes ressemblent un peu aux passages de Paris, quoiqu'elles aient moins d'élégance et d'éclat et plus de solidité. Ce système de construction est motivé, il est conforme aux besoins du commerce sous ce climat : dans le Nord, les rues couvertes remédient autant que possible aux inconvénients et aux rigueurs du ciel, pourquoi donc y sont-elles si rares ? Les vendeurs et les acheteurs s'y trouvent à l'abri du vent, de la neige, du froid et des inondations du dégel ; au contraire, les légères colonnades à jour, les portiques aériens font là un contresens risible : au lieu des Grecs et des Romains, les architectes russes auraient dû prendre pour modèles les taupes et les fourmis. Les Arabes ont mieux compris la nécessité d'accorder les données de la nature avec les lois de l'art. Dans les ruches de l'Alhambra, ils ont inventé l'architecture qui convenait au sol et au climat de l'Espagne, ainsi qu'aux mœurs de ses habitants.

A chaque pas que vous faites dans Moscou, vous rencontrez quelque chapelle vénérée par le peuple, et saluée par tout le monde. Ces chapelles ou ces niches renferment ordinairement une image de la Vierge, conservée sous verre et honorée d'une lampe qui brûle sans cesse. Ces châsses sont gardées par un vieux soldat. Les vétérans servent en Russie de suisses aux grands seigneurs, et de domestiques au bon Dieu. On en rencontre toujours quelques-uns à l'entrée de l'habitation des personnes riches dont ils gardent l'antichambre, et dans les églises qu'ils balayent. La vie d'un vieux soldat russe qui ne serait recueilli ni par les riches ni par les prêtres serait bien misérable.

Entre la double arcade de la tour est incrustée, dans le pilier qui sépare ces deux passages, la Vierge de Vivielski, ancienne image peinte dans le style grec, et très-vénérée à Moscou.

J'ai remarqué que toutes les personnes qui passaient devant cette chapelle, seigneurs, paysans, grandes dames, bourgeois et militaires, s'inclinaient et faisaient de nombreux signes de croix ; plusieurs, sans se contenter de cet hommage facile, s'arrêtaient, des femmes bien habillées se prosternaient jusqu'à terre devant la Vierge miraculeuse, même elles touchaient de leur front humilié le pavé de la rue : des hommes qui n'étaient pas de simple paysa[ns] s'agenouillaient et faisaient des signes de croix répétés jusqu'à la lassitude : ces actes religieux s'accomplissaient en pleine rue a[vec] une rapidité insouciante qui dénote plus d'habitude que de ferve[ur].

Mon domestique de place est Italien ; rien de plus bouffon qu[e le] mélange de préjugés divers qui s'est opéré dans la tête de ce p[au]vre étranger, établi depuis un grand nombre d'années à Moscou, [sa] patrie adoptive ; ses idées d'enfance, apportées de Rome, le dis[po]sent à croire à l'intervention des saints et de la Vierge, et sans [se] perdre dans des subtilités théologiques, il prend pour bons, à dé[faut] de mieux, les miracles des reliques et des images de l'Eglise gr[ec]que. Ce pauvre catholique, devenu un adorateur zélé de la Vi[erge] de Vivielski, me prouvait la toute-puissance de l'unanimité d[ans] les croyances : cette unanimité ne fût-elle qu'apparente, et d[']effet irrésistible. Il ne cessait de me répéter, avec sa loquacité [ita]lienne : « Signor, creda a me : questa madonna fa dei miracoli, « dei miracoli veri, veri, verissimi ; non è come da noi altri ; « questo paese tutti gli miracoli sono veri. »

Cet Italien, apportant la vivacité naïve et la bonhomie des g[ens] de son pays dans l'empire du silence et de la réserve, m'amus[ait] parfaitement, en même temps qu'il m'épouvantait ; quelle terr[ible] politique révèle cette foi à une religion étrangère !

Un bavard en Russie, c'est un phénomène ; cette rareté est p[ré]cieuse à rencontrer : elle réjouit le voyageur opprimé par le tac[t et] la prudence de tous les naturels du pays. Pour engager cet hom[me] à parler, ce qui n'était pas difficile, je me hasardai à lui témoig[ner] quelques doutes sur l'authenticité de sa Vierge de Vivielski ; j'a[u]rais nié l'autorité spirituelle du pape que mon Romain n'eût pas plus scandalisé.

En voyant ce catholique s'évertuer à me prouver le pouv[oir] surnaturel d'une peinture grecque, je pensais que ce n'est p[as] la théologie qui sépare les deux Eglises. L'histoire des nations ch[ré]tiennes nous enseigne que la politique des princes a profité de l'[o]piniâtreté de la subtilité et du talent de dialectique des prêtres po[ur] envenimer les disputes religieuses.

Au sortir de la voûte qui perce la tour au pilier de laquelle s'[est] nichée cette fameuse madone, et sur une place de médiocre dime[n]sion, est un groupe en bronze, d'un très-mauvais style soi-disa[nt] classique. Je me crois dans un atelier de sculpture, au Louvre, so[us] l'Empire, chez un artiste du second ordre. Ce groupe représen[te] sous la figure de deux Romains, Minine et Pojarski, les libérateurs [de] la Russie dont ils ont chassé les Polonais au commencement [du] XVIIe siècle, singuliers héros pour porter le manteau romain !... C[es] deux personnages sont très à la mode aujourd'hui. Plus loin, q[ue] vois-je devant moi ? c'est la merveilleuse église de Vassili Blagenn[oï], dont l'aspect m'avait tant frappé de loin que, depuis mon arrivé[e à] Moscou, ce souvenir m'ôtait le repos. Le style de ce grotesque mon[u]ment contraste d'une manière par trop bizarre avec les statues clas[si]ques des libérateurs de Moscou. Dans mes promenades, entrepri[ses] seul et au hasard, j'avais pénétré au Kremlin par des portes él[oi]gnées, de sorte que l'église « peau de serpent, » autrement dite de [la] protection de la Vierge, monument vraiment russe, s'était toujours [dé]robée à mes investigations. Enfin la voilà devant moi, cette fois j'y e[n]tre, mais quel désenchantement !!... une quantité de coupoles bulbe[u]ses, dont pas une n'est semblable à l'autre, un plat de fruits, un va[se] de faïence de Delft rempli d'ananas tout piqués de croix d'or, u[ne] cristallisation colossale : il n'y a pas là de quoi faire un monume[nt] d'architecture : celui-ci perd son prestige à n'être pas vu de lo[in]. Cette église est petite comme toute église russe, à bien peu d'exce[p]tions près ; la flèche informe ne brille qu'à distance, et malgré l'[in]compréhensible bariolage de ses couleurs, elle n'intéresse pas lon[g]temps l'observateur attentif : deux rampes assez belles conduise[nt] à l'esplanade sur laquelle l'édifice est construit : de cette terras[se] on entre dans l'intérieur qui est resserré, mesquin, sans caractè[re]. Cette œuvre impatientante a causé la perte de l'homme qui l'acco[m]plit. Elle fut commandée en mémoire de la prise de Kasan, l'a[n]née 1554, par Ivan IV, dit poliment *le Terrible* (1). Ce prince q[ue] vous allez reconnaître, voulant, sans démentir son caractère, r[e]mercier dignement l'architecte d'avoir embelli Moscou, fit crev[er] les yeux à ce pauvre homme sous prétexte que le czar ne voulait p[as] que ce chef-d'œuvre pût être reproduit ailleurs.

Si le malheureux n'eût pas réussi, sans doute il eût été empal[é] ; son succès a surpassé l'attente du grand-prince, aussi n'a-t-il per[du] que les yeux : alternative qui ne laissait pas que d'être encour[a]geante pour des artistes de ce temps-là.

En quittant l'Eglise de la Protection, nous avons passé [la] porte sainte du Kremlin ; et selon l'usage religieusement obser[vé] par les Russes, j'ai eu soin d'ôter mon chapeau avant d'entrer so[us] cette voûte qui n'est pas longue. Cet usage remonte, à ce qu'on a[s]sure, au temps de la dernière attaque des Calmouks, qu'une inte[r]vention miraculeuse des saints protecteurs de l'Empire aurait em[-] pêchés de pénétrer dans la forteresse sacrée. Les saints ont eu leu[r]

(1) Ceci est pris de Laveau. J'ai lu ailleurs que cette église avait été constru[ite] sous Vassili le Béni, auquel on attribuait le même trait d'inhumanité dont Lave[au] accuse avec plus de vraisemblance Ivan IV.

Paris. — Imprimerie Walder, rue Bonaparte, 44.

moments de distraction; mais ce jour-là ils veillaient, le Kremlin fut sauvé, et la Russie reconnaissante perpétue, par une marque de respect à chaque instant renouvelée, le souvenir de la protection dont elle se glorifie.

Il y a dans ces manifestations publiques d'un sentiment religieux plus de philosophie pratique que dans l'incrédulité des peuples qui se disent les plus éclairés de la terre, parce qu'après avoir usé et abusé des forces de l'intelligence, blasés qu'ils sont sur le vrai et le simple, ils doutent de tout et s'en vantent pour encourager les autres à les imiter, comme si leur perplexité était bien digne d'envie!... Vous voyez, combien nous sommes à plaindre, imitez-nous donc!... Les esprits forts sont des esprits morts qui répandent autour d'eux la torpeur dont ils sont atteints : ces redoutables sages privent les nations de leurs mobiles d'activité sans pouvoir remplacer ce qu'ils détruisent, car l'avidité de la richesse et du plaisir n'inspire aux hommes qu'une agitation fébrile, et passagère comme leur courte vie, dont elle subit les phases. C'est le cours du sang plus que la lumière de la pensée qui guide les matérialistes dans leur marche indécise, et toujours contrariée par le doute, car la raison d'un homme de bonne foi, fût-il le premier penseur de son pays, fût-il Gœthe, n'a pas encore atteint plus haut que le doute : or, le doute porte le cœur à la tolérance, mais il le détourne du sacrifice. Cependant dans les arts, dans les sciences comme dans la politique, le sacrifice est la base de toute œuvre durable, de tout effort sublime. On n'en veut plus : on reproche au christianisme de prêcher l'abnégation : c'est blâmer la vertu. Les prêtres de Jésus-Christ ouvrent à la foule une route qui n'était connue et pratiquée que par les âmes d'élite!! Qui peut dire où vont les peuples guidés par de si dangereux instituteurs?

Je ne me lasse pas sur l'effet du Kremlin vu du dehors; ses bâtiments bizarres, ses prodigieux remparts, la multitude d'ogives, de voûtes, de vedettes, de clochers, d'assommoirs, de créneaux qu'on découvre à chaque pas qu'on fait autour de ce fabuleux monument, les dimensions prodigieuses de toutes ces choses, l'entassement de leurs masses, les déchirures des murailles, produisent sur mon imagination une impression toujours nouvelle. Les murs extérieurs inégalement dentelés, montant et descendant pour suivre les profondes et abruptes sinuosités des coteaux et des vallons, tant d'étages d'édifices d'un style étrange, portés les uns sur les autres, composent une décoration des plus originales et des plus poétiques qu'il y ait au monde; ce n'est pas à moi, c'est aux peintres de vous montrer ces merveilles; les paroles me manquent pour en décrire l'effet : ce sont de ces choses dont les yeux seuls sont juges. Pourtant il faudrait que le dessinateur choisît ses points de vue avec discernement, car contemplé du dehors, le Kremlin est prodigieux; du dedans, il est plat et commun.

Comment vous exprimer ma surprise lorsqu'en entrant dans l'intérieur de cette ville magique, je m'approchai du bâtiment moderne qu'on nomme le Trésor, et que je vis devant moi un petit palais aux angles aigus, aux lignes roides, aux frontons grecs ornés de colonnes corinthiennes? Cette froide et mesquine imitation de l'antique à laquelle j'aurais dû être préparé, me parut si ridicule que je reculai de quelques pas, et que je demandai à mon compagnon la permission de retarder notre visite au Trésor sous prétexte d'aller admirer d'abord quelques églises. Depuis le temps que je suis en Russie, je devrais être fait à tout ce que le mauvais goût des architectes empiriques peut inventer de plus incohérent, mais cette fois la dissonance était trop criante, elle me frappa comme une nouveauté.

Nous avons donc commencé notre revue par une visite à la cathédrale de l'Assomption. Cette église possède une des innombrables peintures de la Vierge Marie que les bons chrétiens de tous les pays attribuent à l'apôtre saint Luc. L'édifice rappelle les constructions saxonnes et normandes plutôt que nos églises gothiques. Il est l'œuvre d'un architecte italien du XVe siècle; cet artiste fut appelé à Moscou par un des grands-princes, parce que les Russes d'alors ne pouvaient se passer du secours des étrangers pour bâtir. Cette église avait croulé plusieurs fois sur les ignorants ouvriers employés à la construire par de plus ignorants architectes : enfin après deux années d'essais infructueux tentés par des artistes moscovites, on eut recours aux Italiens; celui qui fut appelé à Moscou n'a servi qu'à rendre l'œuvre solide; pour le style des ornements, il s'est soumis au goût du pays. Les voûtes sont élevées, les murs épais, et l'ensemble de l'édifice est curieux, sans grandeur, ni clarté, ni beauté.

J'ignore la règle prescrite par l'Église grecque-russe relativement au culte des images; mais en voyant cette église entièrement ornée de peintures à fresque de mauvais goût, et dessinées dans le style roide et monotone qu'on appelle le style grec moderne, parce que les modèles en étaient à Byzance, je me demande quelles sont donc les figures, quels sont donc les sujets qu'il est défendu de représenter dans les églises russes? apparemment on ne bannit de ces pieux asiles que les beaux tableaux.

En passant devant la Vierge de saint Luc, mon cicerone italien m'a bien assuré qu'elle est authentique; il ajoutait avec la foi d'un mougik : « Signore, signore, è il paese dei miracoli... » « C'est le pays des miracles!... » Je le crois bien, la peur est le premier des thaumaturges! Quel curieux voyage que celui qui vous reporte en quinze jours à l'Europe d'il y a quatre cents ans! Et encore, chez nous, au moyen âge, l'homme sentait mieux sa dignité qu'il ne la sent aujourd'hui en Russie. Des princes aussi rusés, aussi faux que les héros russes du Kremlin n'auraient jamais été surnommés grands chez nous.

L'iconostase de cette cathédrale est magnifiquement peint et doré depuis le pavé de l'église jusqu'au plus haut des voûtes. L'iconostase est une cloison, un panneau élevé dans les églises grecques, entre le sanctuaire toujours caché par des portes et la nef de l'église, où se tiennent les fidèles; cette séparation monte ici jusqu'au faîte de l'édifice : elle est décorée magnifiquement. L'église, à peu près carrée, et très-haute, est si petite qu'en la parcourant, on croit marcher en long et en large dans le fond d'un cachot.

Cette cathédrale renferme les tombeaux de beaucoup de patriarches; il s'y trouve aussi des châsses très-riches et des reliques fameuses apportées de l'Asie; vu en détail, le monument n'est rien moins que beau; mais dans son ensemble, il a quelque chose d'imposant. A défaut d'admiration, on y est saisi de tristesse : c'est beaucoup; la tristesse dispose l'âme aux sentiments religieux : à qui recourir quand on souffre? Mais dans les grands monuments élevés par l'Église catholique, il y a plus que la religieuse tristesse du christianisme, il y a le chant de triomphe de la foi victorieuse.

La sacristie renferme des curiosités qu'il serait trop ennuyeux de vous décrire ici : n'attendez pas de moi une liste des richesses de Moscou, pas plus qu'un catalogue de ses monuments. Tout cela est curieux à voir en masse, mais insipide à peindre en détail. Je vous dis ce qui me frappe; pour le reste, je vous renvoie à Laveau et à Schnitzler, et surtout à nos successeurs qui feront mieux que moi. De nouveaux voyageurs ne peuvent tarder à explorer la Russie, car ce pays ne saurait rester longtemps aussi mal connu qu'il l'est.

Le clocher de Jean le Grand, Ivan Velikii, est renfermé dans l'enceinte du Kremlin. C'est l'édifice le plus élevé de la ville, sa coupole, selon l'usage russe, est dorée en or de ducat. Nous avons passé devant cette riche tour de bizarre construction, et qui fait l'objet de la vénération des paysans moscovites. Tout est saint à Moscou, tant il y a de puissance de respect dans le cœur du peuple russe!

On m'a montré en passant l'église de Spassnaborou (du Sauveur dans les bois), la plus ancienne de Moscou, puis une cloche dont il manque un morceau, la plus grosse cloche du monde, à ce que je crois, qui est posée à terre et qui fait coupole à elle toute seule : cette cloche fut refondue, dit-on, après un incendie qui l'avait fait tomber, sous le règne de l'impératrice Anne. M. de Montferrand, l'architecte français qui bâtit en ce moment l'église de Saint-Isaac, à Saint-Pétersbourg, est parvenu à tirer cette cloche du terrain où elle s'était à demi enfoncée. Le succès de cette opération, qui a exigé plusieurs essais et coûté beaucoup d'argent, fait honneur à notre compatriote.

Nous avons encore visité deux couvents, toujours dans l'enceinte du Kremlin, celui des Miracles, qui renferme deux églises avec des reliques de saints, et le couvent de l'Ascension où se trouvent les tombeaux de plusieurs Czarines, entre autres celui d'Hélène, la mère de Jean le Terrible : elle était digne de lui; impitoyable comme son fils, elle n'avait que de l'esprit. Quelques-unes des épouses de ce prince sont également enterrées là. Les églises du couvent de l'Ascension étonnent les étrangers par leur richesse.

Enfin j'ai pris sur moi d'affronter les péristyles grecs, les colonnades corinthiennes du Trésor, et bravant, les yeux fermés, ces dragons du mauvais goût, je suis monté dans l'arsenal glorieux où se trouvent rangés, comme dans un cabinet de curiosités, les monuments historiques les plus intéressants de la Russie.

Quelle collection d'armures, de vases, et de bijoux nationaux! quelle profusion de couronnes et de trônes réunis dans une seule enceinte! La manière dont ces objets sont rangés ajoute à l'impression qu'ils produisent. On ne peut s'empêcher d'admirer le goût de décoration, et plus que cela l'intelligence politique, qui ont présidé à la disposition tant soit peu orgueilleuse de tant d'insignes et de trophées; mais l'orgueil patriotique est le plus légitime de tous les orgueils. On pardonne à la passion qui aide à remplir tant de devoirs. Il y a là une idée profonde dont les choses ne sont que le symbole.

Les couronnes sont posées sur des coussins portés par des piédestaux, et les trônes rangés près des murs sont exhaussés sur autant d'estrades. Il ne manque à cette évocation du passé que la présence des hommes pour qui toutes ces choses furent faites. Leur absence vaut un sermon sur la vanité des choses humaines. Le Kremlin sans ses Czars, c'est un théâtre sans lumière et sans acteurs.

La plus respectable, sinon la plus imposante des couronnes, est celle de Monomaque; elle lui fut apportée de Byzance à Kiew en 1116.

Une autre couronne est également attribuée à Monomaque, quoique plusieurs la regardent comme plus ancienne encore que le règne de ce prince.

Viennent ensuite couronnes sur couronnes, mais qui toutes sont subordonnées à la couronne impériale. On compte dans cette constellation royale les couronnes des royaumes de Kazan, d'Astrakan, de Géorgie, de Crimée : la vue de ces satellites de la royauté maintenus à une distance respectueuse de l'étoile qui les domine tous, est singulièrement imposante : tout fait emblème en Russie, c'est un pays poétique... poétique comme la douleur! quoi de plus éloquent que les larmes qui coulent en dedans et retombent sur le cœur? La couronne de Sibérie se trouve parmi tant d'autres couronnes : celle-ci est de fabrique russe, c'est un insigne imaginaire qui fut déposé là pour mentionner un grand fait historique accompli par des aventuriers commerçants et guerriers sous le règne d'Ivan IV, époque d'où date non la découverte, mais la conquête de la Sibérie. Toutes ces couronnes sont couvertes de pierres les plus précieuses et les plus énormes du monde. Les entrailles de cette terre de désolation se sont ouvertes pour fournir un aliment à l'orgueil du despotisme dont elle est l'asile.

Le trône et la couronne de Pologne font partie de ce superbe firmament impérial et royal... Tant de joyaux renfermés dans un petit espace brillaient à mes regards comme la roue d'un paon. Quelle vanité sanglante! me répétais-je tout bas à chaque nouvelle merveille devant laquelle mes guides me forçaient de m'arrêter.....

Les couronnes de Pierre Ier, de Catherine Ire et d'Elisabeth m'ont surtout frappé : que d'or, de diamants..... et de poussière!!! Où sont maintenant les têtes qui les portaient? Les globes impériaux, les trônes, les sceptres, tout est réuni là pour attester la grandeur des choses, le néant des hommes, et quand on pense que ce néant s'étend jusqu'aux empires, on ne sait plus à quelle branche s'accrocher sur le torrent du temps.

Comment s'attacher à un monde où la forme est la vie et où nulle forme ne dure? Si Dieu n'eût pas fait un paradis il se serait trouvé des âmes d'une trempe assez forte pour remplir cette lacune de la création... La pensée platonique d'un monde immuable et purement spirituel, type idéal de tous les univers, équivaut pour moi à l'existence même d'un tel monde. Comment pourrions-nous comprendre que Dieu fût moins fécond, moins riche, moins puissant et moins équitable que le cerveau de l'homme? Notre imagination dépasserait les bornes de l'œuvre du Créateur, de qui nous tenons la pensée. Ah!... c'est impossible... cela implique contradiction. On a dit que c'est l'homme qui crée Dieu à son image : oui, comme un enfant fait la guerre avec des soldats de plomb ; mais ce jeu ne suffit-il pas pour servir de preuve à l'histoire? Sans Turenne, sans Frédéric II et Napoléon, nos enfants s'amuseraient-ils à figurer des batailles?

Les vases ciselés à la manière de Benvenuto Cellini, les coupes ornées de pierreries, les armes, les armures, les étoffes précieuses, les broderies rares, les verreries de tous les pays et de tous les siècles abondent dans cette merveilleuse collection, dont un vrai curieux ne terminerait pas l'inventaire en une semaine. J'ai vu là, outre les trônes ou fauteuils de tous les princes russes de tous les siècles, les caparaçons de leurs chevaux, leurs vêtements, leurs meubles; et ces choses plus ou moins riches, plus ou moins rares, éblouissaient mes yeux. Je vous fais penser aux palais des *Mille et une Nuits* ; tant mieux, je n'avais pas que ce moyen de vous décrire un séjour fabuleux, si ce n'est enchanté.

Mais ici l'intérêt de l'histoire ajoute encore à l'effet de tant de merveilles : combien de faits curieux ne sont-ils pas enregistrés là pittoresquement, et attestés par de vénérables reliques!... Depuis le casque ouvragé de saint Alexandre Newski jusqu'au brancard qui portait Charles XII à Pultawa, chaque objet vous rappelle un souvenir intéressant, un fait singulier. Ce trésor est le véritable album des géants du Kremlin.

En terminant l'examen de ces orgueilleuses dépouilles du temps, je me suis rappelé, comme par inspiration, un passage de Montaigne que je vous copie, pour compléter par un contraste curieux cette description des magnificences du trésor moscovite. Vous savez que je ne voyage jamais sans Montaigne :

« Le duc de Moscovie debvoit anciennement cette révérence aux « Tartares quand ils envoyoient vers lui des ambassadeurs qu'il leur « alloit au-devant à pied et leur présentoit un gobeau de laict de « jument (breuvage qui leur est en délices), et si, en buvant, quelque « goutte en tomboit sur le crin de leurs chevaux il estoit tenu de la « lescher avec la langue (1).

« En Russie, l'armée que l'empereur Bajazet y avoit envoyée feut « accablée d'un si horrible ravage de neige que pour s'en mettre à « couvert et sauver du froid plusieurs s'advisèrent de tuer et esven- « trer leurs chevaulx pour se jecter dedans et jouir de la chaleur « vitale. »

Je cite ce dernier trait parce qu'il rappelle l'admirable et terrible description que M. de Ségur fait du champ de bataille de la Moskowa dans son *Histoire de la campagne de Russie*. Voyez aussi pour confirmer la citation de Montaigne, le même trait de servilité, rapporté par le même M. de Ségur dans son *Histoire de Russie et de Pierre le Grand*.

L'Empereur de toutes les Russies, avec tous ses trônes, avec toutes ses fiertés, n'est cependant que le successeur de ces mêmes grands-ducs que nous voyons si humiliés au XVIe siècle ; encore ne leur a-t-il succédé que par des droits contestables ; car, sans parler de l'élection des Troubetzkoï, annulée par les intrigues de la famille Romanow et de ses amis, les crimes de plusieurs générations de princes ont seuls pu faire arriver au trône les enfants de Catherine II. Ce n'est donc pas sans motif qu'on cache l'histoire de Russie aux Russes, et qu'on voudrait la cacher au monde. Certes, la rigidité des principes politiques d'un prince assis sur un trône ainsi fondé n'est pas une des moindres singularités de l'histoire de ce temps-ci.

A l'époque où les grands-ducs de Moscou portaient à genoux le joug honteux qui leur était imposé par les Mongols, l'esprit chevaleresque florissait en Europe, surtout en Espagne où le sang coulait par torrents pour l'honneur et l'indépendance de la chrétienté. Je ne crois pas que, malgré la barbarie du moyen âge, on eût trouvé dans l'Europe occidentale un seul roi capable de déshonorer la souveraineté en acceptant pour régner, les conditions imposées aux grands-ducs de Moscovie aux XIIIe, XIVe et XVe siècles par leurs maîtres les Tatars. Plutôt perdre la couronne que d'avilir la majesté royale : voilà ce qu'eût dit un prince français, espagnol ou tout autre roi de la vieille Europe. Mais en Russie la gloire est de fraîche date comme tout le reste. Le temps qu'a duré l'invasion a divisé l'histoire de ce pays en deux époques distinctes : l'histoire des Slaves indépendants et l'histoire des Russes façonnés à la tyrannie par trois siècles d'esclavage. Et ces deux peuples n'ont à vrai dire de commun que le nom avec les anciennes tribus réunies en corps de nation par les Varègues. Celles-ci avaient autant d'indépendance que les Russes actuels en ont peu.

Au rez-de-chaussée du palais du Trésor on m'a montré les voitures de parade des Empereurs et des Impératrices de Russie ; le vieux carrosse du dernier patriarche se trouve aussi parmi cette collection, plusieurs des glaces de ce coche sont en corne ; c'est une vraie relique, et ce n'est pas l'un des objets les moins curieux de l'orgueilleux garde-meuble historique du Kremlin.

On m'a fait voir le petit palais qu'habite l'Empereur lorsque ce prince vient au Kremlin, et je n'y ai trouvé rien qui me parût digne de remarque, si ce n'est un tableau de la dernière élection d'un roi de Pologne. Cette turbulente diète, qui mit Poniatowski sur le trône et la Pologne sous le joug, a été curieusement représentée par un peintre français dont je n'ai pu savoir le nom.

D'autres merveilles m'attendaient ailleurs : j'ai visité le sénat, les palais impériaux, l'ancien palais du patriarche, qui n'ont d'intéressant que leurs noms, et enfin le petit palais anguleux qui est un bijou et un joujou, cette construction rappelle un peu les chefs-d'œuvre de l'architecture moresque, elle brille par son élégance au milieu des lourdes masses qui l'environnent : on dirait d'une escarboucle enchâssée dans des pierres de taille ; ce palais est à plusieurs étages, dont les inférieurs sont plus vastes que ceux qu'ils supportent ; ce qui multiplie les terrasses et donne à l'édifice entier une forme pyramidale d'un effet très-pittoresque. Chaque étage s'élève en retraite sur l'étage inférieur, et le dernier, qui forme la pointe de la pyramide, n'est qu'un petit pavillon. A chacun de ces étages des carreaux de faïence vernissés à la manière des Arabes, dessinent les lignes d'architecture avec beaucoup de goût et de précision ; malheureusement ces ornements sont modernes. L'intérieur vient d'être remeublé, vitré, colorié, restauré en entier, non sans intelligence.

Vous dire le contraste produit par tant d'édifices divers entassés sur un seul point qui fait le centre d'une ville immense, et, au milieu de cette confusion, vous peindre l'effet de ce petit palais nouvellement reconstruit, mais dont les ornements sont d'un style ancien approchant du gothique et mélangé d'arabe, c'est impossible ; ici des temples grecs, là des forts gothiques, plus loin des tours indiennes, des pavillons chinois, le tout bizarrement enchâssé dans une enceinte fermée par des murailles cyclopéennes : voilà ce qu'il faudrait vous montrer d'un mot, comme on l'aperçoit d'un coup d'œil.

Les paroles ne peignent les objets que par les souvenirs qu'elles rappellent : or, aucun de vos souvenirs ne peut vous servir à vous figurer le Kremlin. Il faut être Russe pour comprendre une pareille architecture.

L'étage inférieur de ce petit chef-d'œuvre est presque entièrement occupé par une voûte énorme portée sur un seul pilier qui fait le milieu de la pièce. C'est la salle du trône, les Empereurs s'y rendent au sortir de l'église après leur couronnement. Là, tout rappelle les magnificences des anciens Czars, et l'imagination est forcée de se reporter aux règnes des Ivan, des Alexis : c'est vraiment moscovite. Les peintures toutes nouvelles qui recouvrent les murs de ce palais m'ont paru cependant d'assez bon goût : l'ensemble

(1) Voyez la Chronique de Moscovie, par P. Petréius, suédois, imprimée en allemand, à Leipsick, en 1620, in-4, part. II, p. 219. Cette sujétion d'esclavage commença vers le milieu du XIIIe siècle, et dura près de deux cent cinquante ans. Note par Coste, Essais de Montaigne, livre Ier, chap. 48, des Destriers, p. 24 de l'édition de Paris, Firmin Didot frères, 1838, en un seul volume.

(Note de l'Éditeur de Montaigne.)

rappelle les dessins que j'ai vus de la tour de porcelaine à Pékin. Le groupe de monuments fait du Kremlin une des décorations les plus théâtrales du monde : mais aucun des édifices entassés l'un sur l'autre dans ce forum russe ne supporterait l'examen, pas plus que ceux qui se trouvent dispersés dans le reste de la ville. À la première vue, Moscou produit un effet prodigieux ; ce serait la plus belle des villes pour un porteur de dépêches qui passerait au galop le long des murs de toutes ses églises, de ses couvents, de ses palais et de ses châteaux forts, constructions qui sont loin d'être d'un goût pur, mais qu'au premier coup d'œil on prend pour le séjour d'êtres surnaturels.

Malheureusement, on bâtit aujourd'hui au Kremlin un nouveau palais, à fin de rendre plus commode l'ancienne habitation de l'Empereur ; mais s'est-on demandé si cette amélioration impie ne gâtera pas l'ensemble, unique au monde, des anciens édifices de la forteresse sainte ? L'habitation actuelle du souverain est mesquine, j'en conviens, mais pour remédier à cet inconvénient on entame les édifices les plus respectables du vieux sanctuaire national : c'est une profanation. À la place de l'Empereur, j'aurais suspendu mon nouveau palais dans les airs plutôt que d'abattre une pierre des vieux remparts du Kremlin.

Un jour à Saint-Pétersbourg, lorsqu'il me parla de ces travaux, ce prince me dit qu'ils embelliraient Moscou ; j'en doute, pensais-je ; c'est comme si l'on voulait orner l'histoire. Certes, l'architecture de l'ancienne forteresse n'était guère conforme aux règles de l'art, mais elle était l'expression des mœurs, des actes et des idées d'un peuple et d'un temps que le monde ne reverra plus ; c'était sacré, comme l'irrévocable. Il y avait là le sceau d'une puissance supérieure à l'homme : la puissance du temps. Mais en Russie l'autorité touche à tout. L'Empereur, qui sans doute vit sur ma figure une expression de regret, me quitta en m'assurant que son nouveau palais serait beaucoup plus vaste et plus conforme aux besoins de sa cour que ne l'était l'ancien. Cette raison répond à tout dans un pays [illegible] celui-ci.

En attendant que la cour soit mieux logée, on englobe dans l'enceinte du nouveau palais la petite église du Sauveur dans les bois. Ce vénérable sanctuaire, le plus ancien du Kremlin et de Moscou, je crois, va donc disparaître sous les belles murailles unies et blanches dont on l'entoure, au grand regret des amateurs d'antiquités et de points de vue pittoresques.

Au surplus, cette profanation se complique avec un respect dérisoire qui me la rend plus odieuse : on se vante de laisser debout le vieux monument, c'est-à-dire qu'il ne sera pas rasé, mais qu'il sera enterré vif dans un palais. Tel est le moyen employé ici pour concilier le culte officiel du passé avec la passion du confort nouvellement importée d'Angleterre. Cette manière d'embellir la ville nationale des Russes est tout à fait digne de Pierre le Grand. Ne suffisait-il pas que le fondateur de la nouvelle capitale eût abandonné l'ancienne ? Voilà que ses successeurs la démolissent sous prétexte de l'orner.

L'empereur Nicolas pouvait acquérir une gloire personnelle, au lieu de se traîner sur la route tracée par un autre ; il n'avait qu'à quitter le palais d'hiver brûlé à Pétersbourg, et revenir fixer à jamais la résidence impériale dans le Kremlin tel qu'il est ; puis, pour les besoins de sa maison, pour les grandes fêtes de la cour, il eût bâti hors de l'enceinte sacrée tous les palais qu'il aurait crus nécessaires. Par ce retour il eût réparé la faute du czar Pierre, qui, au lieu d'entraîner ses boyards dans la salle de spectacle qu'il leur bâtissait sur la Baltique, eût pu et dû les civiliser chez eux, en profitant des admirables éléments que la nature avait mis à leur portée et à sa disposition ; éléments qu'il a méconnus avec un dédain, avec une légèreté d'esprit indignes d'un homme supérieur comme il l'était sous certains rapports. Aussi, à chaque pas que l'étranger fait sur la route de Pétersbourg à Moscou, la Russie, avec son territoire sans bornes, avec ses immenses ressources agricoles, grandit dans son esprit autant que Pierre le Grand rapetisse. Monomaque, au XIe siècle, était un prince vraiment russe ; Pierre Ier, au XVIIIe, grâce à sa fausse méthode de perfectionnement, n'est qu'un tributaire de l'étranger, un singe des Hollandais, un imitateur de la civilisation qu'il copie avec la minutie d'un sauvage. Ou la Russie n'accomplira pas ce qui nous paraît sa destinée, ou Moscou redeviendra quelque jour la capitale de l'Empire, car elle seule possède le germe de l'indépendance et de l'originalité russe. La racine de l'arbre est là, c'est là qu'il doit porter ses fruits ; jamais greffe n'acquit la force de la semence.

Si je voyais jamais le trône de Russie majestueusement replacé sur sa véritable base, au centre de l'Empire russe, à Moscou ; si Saint-Pétersbourg, laissant ses plâtres et ses dorures retomber en poussière dans le marais fangeux où on les apporte, redevenait ce qu'il aurait dû être toujours, un simple port de mer en granit, un magnifique entrepôt de commerce entre la Russie et l'Occident, tandis que, d'un autre côté, Kazan et Nijni serviraient d'échelles entre la Russie et la Sibérie, je dirais : La nation slave, triomphant par un juste orgueil de la vanité de ses guides, vit enfin de sa propre vie, elle est enfin capable d'atteindre au but de son ambition : Constantinople l'attend : là, les arts et la richesse récompenseront naturellement les efforts d'un peuple appelé à devenir d'autant plus grand, plus glorieux, qu'il fut plus longtemps obscur et résigné.

Se figure-t-on la majesté d'une capitale assise au centre d'une plaine de plusieurs milliers de lieues ; d'une plaine qui va de la Perse à la Laponie, d'Astrakan et de la mer Caspienne jusqu'à l'Oural, et à la mer Blanche avec son port d'Archangel ? puis, en redescendant vers les contrées plus naturellement habitables, cette plaine borde la mer Baltique, où se trouvent Saint-Pétersbourg et Kronstadt, les deux arsenaux de Moscou ; enfin elle s'étend vers l'ouest et le sud, depuis la Vistule jusqu'au Bosphore, où les Russes sont attendus ; Constantinople sert de porte de communication entre Moscou, la ville sainte des Russes, et le monde !!... Certes, la majesté de cette ville impériale, avec toutes ses succursales situées vers les quatre points du ciel, serait imposante entre toutes les puissances de ce monde, et justifierait le superbe emblème des couronnes du trésor gardé au Kremlin.

L'empereur Nicolas, malgré son grand sens pratique et sa profonde sagacité, n'a pas discerné le meilleur moyen d'atteindre un tel but : il vient de temps en temps se promener au Kremlin ; ce n'est pas suffisant : il aurait dû reconnaître la nécessité de s'y fixer ; s'il l'a reconnue, il n'a pas eu la force de se résigner à un tel sacrifice : c'est une faute. Sous Alexandre, les Russes ont brûlé Moscou pour sauver l'Empire ; sous Nicolas, Dieu a brûlé le palais de Pétersbourg pour avancer les destinées de la Russie : et Nicolas n'a pas répondu à l'appel de la Providence. La Russie attend encore !... Au lieu de s'enraciner comme un cèdre dans le seul terrain qui lui soit propre, il remue, il bouleverse ce sol pour y bâtir des écuries et un palais. Il veut, dit-il, se loger plus commodément pendant ses voyages, et dans cet intérêt misérable, il oublie que chaque pierre de la forteresse nationale est un objet de vénération pour les vrais Moscovites, ou du moins, qu'elle devrait l'être. Était-ce à lui, souverain superstitieusement obéi de son peuple, d'ébranler par un sacrilége le respect des Moscovites pour le seul monument vraiment national qu'ils possèdent ? Le Kremlin est l'œuvre du génie russe ; mais cette merveille irrégulière, pittoresque, l'orgueil de tant de siècles, va subir enfin le joug de l'art moderne ; c'est encore le goût de Catherine II qui règne sur la Russie.

Cette femme qui, malgré l'étendue de son esprit, ne connaissait rien aux arts ni à la poésie, non contente d'avoir couvert l'Empire de monuments informes, copiés d'après les chefs-d'œuvre de l'antiquité, a laissé un plan pour rendre plus régulière la façade du Kremlin ; et voilà que son petit-fils exécute en partie ce projet monstrueux : des surfaces planes et blanches, des lignes roides, des angles droits remplacent les pleins et les vides où se jouaient les ombres et la lumière ; ces terrasses, ces escaliers extérieurs, ces rampes, ces admirables saillies et ces renfoncements, sources de contrastes et de surprises qui plaisaient à l'œil et faisaient rêver l'esprit, ces murailles peintes, ces façades incrustées de tuiles moresques, ces palais de faïence de Delft dont l'aspect parlait à l'imagination, vont disparaître. Qu'on les démolisse ou qu'on les enterre, peu importe, ils feront place à de belles murailles bien lisses, à de belles baies de fenêtres bien carrées et à de grandes portes cérémonieuses ;... non, certes, Pierre le Grand n'est pas mort ; des Asiatiques enrégimentés sous leur chef, voyageur comme lui, comme lui imitateur de l'Europe, qu'il continue de copier tout en affectant de la dédaigner, poursuivent son œuvre de barbarie, soi-disant de civilisation, trompés qu'ils sont par la parole d'un nouveau maître, qui a pris pour devise l'uniformité et pour emblème l'uniforme.

Il n'y a donc pas d'artistes en Russie ; il n'y a pas d'architectes : tout ce qui conserve quelque sentiment du beau devrait se jeter aux pieds de l'Empereur et lui demander la grâce de son Kremlin. Ce que l'ennemi n'a pu faire, l'Empereur l'accomplit : il détruit les saints remparts dont les mines de Napoléon ont à peine fait sauter un coin.

Et moi, qui suis venu au Kremlin pour voir gâter cette merveille historique, j'assisterais à l'œuvre impie sans oser jeter un seul cri de douleur, sans demander au nom de l'histoire, au nom des arts et du goût le salut des vieux monuments condamnés à disparaître sous les conceptions avortées de l'architecture moderne. Non, je protesterai, mais en France, et en attendant je me plains tout bas de ce crime de lèse-nationalité, de lèse-bon goût, de ce mépris de l'histoire ; et si quelques hommes des plus spirituels et des plus savants qu'il y ait ici osent m'écouter, voici ce qu'ils m'osent répondre : « L'Empereur, disent-ils imperturbablement, veut que sa nouvelle résidence soit plus convenable que ne l'était l'ancienne. » (Vous le savez, convenable est le mot sacramentel du despotisme russe.) « De quoi vous plaignez-vous ? Il a ordonné qu'elle fût rebâtie à la place même du palais de ses ancêtres ; il n'y aura rien de changé. »

Et voilà le courage que la peur donne aux esprits les plus distingués : le courage de l'absurde !! Je suis prudent et ne risque rien, parce que je suis étranger et partant plus indifférent que ne le doit être un homme du pays. Mais moi Russe, je défendrais pierre à pierre les vieux murs, les tours magiques de la forteresse des Ivan, et je préférerais le cachot sous la Néva, ou l'exil, à la honte de rester muet complice de ce vandalisme impérial! !... Le martyr du bon goût aurait encore une place honorable au dessous des martyrs de la foi : les arts sont une religion, et de nos jours ce n'est pas la moins puissante ni la moins révérée.

La vue qu'on a du haut de la terrasse du Kremlin est magnifique : c'est surtout le soir qu'il faut l'admirer ; je viens de retourner seul au pied du clocher de Jean le Grand, la tour de Velikii, la plus élevée du Kremlin, et je crois de Moscou ; de là j'ai vu coucher le soleil, et j'y reviendrai souvent, car rien ne m'intéresse à Moscou comme le Kremlin.

Les plantations nouvelles dont depuis quelques années on a entouré la plus grande partie de ses remparts sont un ornement de fort bon goût. Elles embellissent la ville marchande, ville toute moderne, et en même temps elles encadrent l'Alcazar des vieux Russes. Les arbres ajoutent à l'effet pittoresque des murailles anciennes. Il y a de vastes espaces dans l'épaisseur des murs de ce château fabuleux ; on y voit des escaliers dont la hardiesse et la hauteur font rêver ; on y suit de l'œil toute une population de morts qu'on ressuscite en esprit, qui parcourent des terre-pleins, qui descendent des pentes douces, et qui s'appuient sur des balustrades, au sommet de leurs vieilles tours, lesquelles sont portées sur des voûtes étonnantes d'audace et de solidité ; de là penchant la tête, ils jettent sur le monde le regard froid et dédaigneux de la mort : plus je contemple ces masses inégales et d'une variété de forme infinie, plus j'en admire l'architecture biblique et les poétiques constructeurs.

Quand le soleil disparaît derrière les arbres de la promenade, ses rayons éclairent encore le sommet des tourelles du palais et des églises, qui brillent dans l'azur foncé du ciel, avec tous leurs clochers : c'est un tableau magique.

Il y a au milieu des plantations qui font extérieurement le tour des remparts une voûte que je vous ai déjà décrite, mais qui vient de m'étonner comme si je l'eusse aperçue pour la première fois ; c'est un souterrain monstre. Vous quittez une ville au sol inégal, une ville toute hérissée de tours qui s'élèvent jusqu'aux nues, vous vous enfoncez dans un chemin couvert et sombre ; vous montez dans ce souterrain obscur dont la pente est longue et rapide : parvenu au sommet vous vous retrouvez sous le ciel et vous planez au-dessus d'une autre partie de la ville jusque-là inaperçue qui se confond avec la poussière animée des rues et des promenades, et s'étend sous vos pieds au bord d'une rivière à demi desséchée par l'été, la Moskowa ; quand les derniers rayons du soleil sont près de s'éteindre, on voit le reste d'eau oublié dans le lit de ce fleuve poudreux se colorer d'une teinte de feu. Figurez-vous ce miroir naturel encadré dans de gracieuses collines dont les masses sont rejetées aux extrémités du paysage comme la bordure d'un tableau : c'est imposant! Plusieurs de ces monuments lointains, entr'autres l'hospice des enfants trouvés, sont grands comme une ville ; ce sont des établissements de charité, des écoles, des fondations pieuses. Figurez-vous la Moskowa avec son pont de pierre, figurez-vous les vieux couvents avec leurs innombrables coupoles, avec leurs petits dômes métalliques qui représentent au-dessus de la ville sainte des colosses de prêtres perpétuellement en prière ; représentez-vous le tintement adouci des cloches dont le son est particulièrement harmonieux en ce pays, murmure pieux qui s'accorde avec le mouvement d'une foule calme, et cependant nombreuse, continuellement animée, mais jamais agitée par le passage silencieux et rapide des chevaux et des voitures dont le nombre est grand à Moscou comme à Pétersbourg : et vous aurez l'idée d'un soleil couchant dans la poussière de cette vieille cité. Toutes ces choses font que chaque soir d'été, Moscou devient une ville unique au monde : ce n'est ni l'Europe ni l'Asie : c'est la Russie, et c'en est le cœur.

Au-delà des sinuosités de la Moskowa, au-dessus des toits enluminés et de la poussière pailletée de la ville, on découvre la montagne des Moineaux. C'est du haut de cette côte que nos soldats aperçurent Moscou pour la première fois...

Quel souvenir pour un Français!! En parcourant de l'œil tous les quartiers de cette grande ville, j'y cherchais en vain quelques traces de l'incendie qui réveilla l'Europe et détrôna Napoléon. De conquérant, de dominateur qu'il était en entrant à Moscou, il est sorti de la ville sainte des Russes fugitif et désormais condamné à ployer de la fortune, dont il croyait l'inconstance vaincue.

Le mot cité par l'abbé de Pradt, et pourtant avéré, donne, ce me semble, la mesure de ce qui peut entrer de cruauté dans l'ambition désordonnée d'un soldat : « *Du sublime au ridicule il n'y a qu'un pas!* » s'écriait à Varsovie le héros sans armée. Eh quoi! dans ce moment solennel, il ne pensait qu'à la figure qu'il allait faire dans un article de journal!... Certes, les cadavres de tant d'hommes qui périssaient pour lui n'étaient rien moins que ridicules! la colossale vanité de l'empereur Napoléon pouvait seule être frappée du côté moquable de ce désastre, qui fera trembler les nations jusqu'à la fin des siècles, et dont le seul souvenir rend depuis trente ans la guerre impossible en Europe (1). S'occuper de soi dans un moment si solennel, c'est pousser la personnalité jusqu'au crime. Le moi cité par l'archevêque de Malines est le cri du cœur de l'égoïste, un instant maître du monde, mais qui n'a pu l'être de soi. Un pareil trait d'inhumanité, dans un pareil moment, sera noté par l'histoire lorsqu'elle aura pris le temps de devenir équitable.

J'aurais voulu pouvoir relever devant moi la décoration de cette scène d'épopée, le plus étonnant événement des temps modernes ; mais tous s'efforcent ici de faire oublier les grandes choses : un peuple esclave a peur de son propre héroïsme, et dans cette nation d'hommes naturellement et nécessairement discrets et prudents, chacun s'efface pour lutter d'insignifiance et d'obscurité. On n'aspire qu'à disparaître, on s'annule à l'envi et l'on jette les nobles actions, les hauts faits à la tête de ses rivaux, de ses ennemis, [illegible] ailleurs les ambitieux s'entre-reprochent les bassesses. Je n'ai trouvé personne ici qui voulût répondre à mes questions sur le trait de patriotisme et de dévouement le plus glorieux de l'histoire de Russie.

En rappelant aux étrangers de tels faits, je ne me sens pas humilié dans mon orgueil national. Quand je pense à quel prix ce peuple a reconquis son indépendance, je reste fier, quoique assis sur les cendres de nos soldats : la défense donne la mesure de l'attaque ; l'histoire dira que l'une fut au niveau de l'autre ; mais, comme elle est incorruptible, elle ajoutera que la défense fut plus juste.

C'est à Napoléon de répondre à ceci : la France était alors dans la main d'un seul homme ; elle agissait, elle ne pensait plus ; elle était ivre de gloire comme les Russes sont ivres d'obéissance : c'est à ceux qui pensent pour tout un peuple de répondre des événements. Ici maintenant toutes ces grandes choses ne paraissent bonnes qu'à être oubliées, et si l'on s'en souvient encore, ce n'est pas pour s'en vanter, c'est pour s'en excuser.

Rostopchin, après avoir passé des années à Paris, où il avait même établi sa famille, eut la fantaisie de retourner dans son pays. Mais, redoutant la gloire patriotique attachée, à tort ou à raison, à son nom, il se fit précéder auprès de l'empereur Alexandre par une brochure publiée uniquement dans le but de prouver que l'incendie de Moscou avait éclaté spontanément ; l'auteur s'évertue à prouver que cette catastrophe n'a pas été le résultat d'un plan concerté d'avance. Ainsi Rostopchin mettait tout son esprit à se justifier en Russie de l'héroïsme dont il était accusé par l'Europe étonnée de la grandeur et, depuis sa brochure, de la misère de cet homme, né pour servir un meilleur gouvernement!... Quoi qu'il en soit de son mérite, le général russe, cachant, reniant son courage, se plaignait amèrement de cette espèce de calomnie d'un genre nouveau, par laquelle on voulait faire d'un militaire obscur le libérateur de son pays!

L'empereur Alexandre, de son côté, n'a cessé de répéter qu'il n'avait jamais donné l'ordre d'incendier sa capitale.

Ce combat de médiocrité est caractéristique ; on ne peut assez s'étonner de la sublimité du drame, en voyant par quels acteurs il fut joué. Jamais comédiens se sont-ils donné tant de peine pour persuader aux spectateurs qu'ils ne comprenaient rien à ce qu'ils faisaient?

Aussitôt que j'eus lu Rostopchin, je l'ai pris au mot, car je me suis dit : Un homme qui a si peur de passer pour grand est bien ce qu'il prétend être. En ce genre, on doit croire les gens sur parole, la fausse modestie elle-même est sincère malgré elle ; c'est un brevet de petitesse ; car les hommes vraiment supérieurs n'affectent rien ; ils se rendent justice tout bas, et s'ils sont forcés de parler d'eux, ils le font sans orgueil, mais aussi sans trompeuse humilité. Il y a longtemps que j'ai lu cette singulière brochure ; jamais elle ne m'est sortie de la mémoire, parce qu'elle m'a révélé dès lors l'esprit du gouvernement et de la nation russe.

Au moment où j'ai quitté le Kremlin, il faisait presque nuit ; les teintes des édifices de Moscou, dont quelques-uns sont grands comme des villes, et celles des coteaux lointains s'étaient doucement rembrunies ; le silence et la nuit descendaient sur la ville ; les sinuosités de la Moskowa n'étaient plus dessinées en traits éclatants : le soleil ne réfléchissait plus ses lueurs brillantes dans les flaques d'eau du fleuve à demi desséché, la flamme de l'occident assoupie, éteinte, était devenue brune : ce site grandiose et tous les souvenirs que son aspect réveillait en moi me serraient le cœur ; je croyais voir l'ombre d'Ivan IV, d'Ivan le Terrible, se lever sur la plus haute des tours de son palais désert, et, à l'aide de sa sœur et amie, Élisabeth d'Angleterre, s'efforcer de noyer Napoléon dans une mare de sang!... Ces deux fantômes semblaient applaudir à la chute du géant qui, par un arrêt fatal, devait en tombant laisser ses deux ennemis plus puissants qu'il ne les avait trouvés.

L'Angleterre et la Russie ont sujet de rendre des actions de grâces à Napoléon, aussi ne les lui refusent-elles point. Tel ne fut pas pour la France le résultat du règne de Louis XIV. Voilà pourquoi la haine européenne a survécu pendant un siècle et demi au grand roi ; tandis que le grand capitaine est déifié depuis sa chute, et que, à de rares exceptions près, ses geôliers ne craignent pas de mêler leur voix discordante au concert de louanges parties de tous les bouts de l'Europe ; phénomène historique que je crois unique

(1) Écrit en 1839, comme tout le voyage.

dans les annales du monde, et qui ne s'explique que par l'esprit d'opposition dominant aujourd'hui chez toutes les nations civilisées. Au surplus, le règne de cet esprit là tire à sa fin. Nous pouvons donc espérer de lire bientôt des écrits où Napoléon sera jugé en lui-même, et sans allusions malignes contre le pouvoir régnant en France ou ailleurs (1).

J'aspire à voir se lever le jour du jugement pour cet homme, aussi étonnant par les passions qu'il fomente après sa mort que par les actions de sa vie. La vérité n'atteint encore que le piédestal de cette figure, défendue jusqu'à présent contre l'équitable sévérité de l'histoire par le double prestige des fortunes et des infortunes les plus inouïes.

Il faudra pourtant bien que nos neveux apprennent qu'il avait plus d'étendue d'esprit que de dignité de caractère, et qu'il fut plus grand par son talent à profiter du succès que par sa constance à lutter contre les revers. Alors, mais seulement alors, les terribles conséquences de son immoralité politique et de tous les mensonges de son gouvernement machiavélique seront atténuées.

Descendu des terrasses du Kremlin, je suis rentré chez moi fatigué comme un homme qui vient d'assister à une horrible tragédie, ou plutôt comme un malade qui se réveille du cauchemar avec la fièvre.

LETTRE VINGT-HUITIÈME.

SOMMAIRE. — *Aspect oriental de Moscou.* — Rapport qui existe entre l'architecture de cette ville et le caractère de ses habitants. — Ce que les Russes répondent au reproche d'inconstance qu'on leur adresse. — Fabriques de soie. — Apparences de liberté. — A quoi elles tiennent. — Club anglais. — Isolement de Moscou au milieu d'un vaste continent. — Fierté des Russes. — Entretien sur ce sujet avec un homme d'esprit. — Que l'Angleterre sait bien tirer parti de l'hypocrisie! — De l'Église anglicane. — De ses inconséquences. — Les vrais dévots et les hommes d'État. — Erreur des libéraux lorsqu'ils repoussent le catholicisme. — Puissance de l'Angleterre. — Sur quoi elle s'appuie. — Vrai moyen de faire la guerre à l'Angleterre. — Sacerdoce des Jésuites. — Ce gouvernement est-il plus moral que ceux des continentaux? — Église gréco-russe. — Silence officiel. — Point de prédication. — Point d'enseignement religieux en public. — Sectes nombreuses. — Le catholicisme y domine. — Doctrine politique. — Secte qui favorise la polygamie. — Corps des marchands. — Fête publique au monastère de Devitchepol. — Vierge miraculeuse. — Tombeaux de plusieurs princesses de la famille impériale. — Cimetière. — Foule populaire. — Caractère particulier des paysages. — Le pays dans la ville. — Ivrognerie : vice des Russes. — Ce qui l'excuse. — Emblème de la nation et de son gouvernement. — Place où se donne la fête. — [illegible] du couvent. — Singularité de cette fête. — Physionomie du peuple. — Parole cachée. — Chant des Cosaques du Don. — Mélodie analogue aux Boléros d'Espagne. — Style de la musique chez les peuples septentrionaux. — Les Cosaques. — Leur caractère. — Subterfuge indigne employé par les officiers. — Courage entravé. — L'Attelage : fable polonaise traduite.

Moscou, ce 12 août 1839.

Avant de venir en Russie, j'avais lu, je crois, la plupart des descriptions de Moscou publiées par les voyageurs : cependant je ne me figurais pas le singulier aspect de cette cité montueuse, sortant de terre comme par magie, et apparaissant dans des espaces unis, immenses, avec ses collines encore exhaussées par les bâtiments qu'elles supportent et qui font saillie au milieu d'une plaine onduleuse. C'est une décoration de théâtre. Moscou est à peu près le seul pays de montagnes qu'il y ait au centre de la Russie... N'allez pas, sur ce mot, vous imaginer la Suisse ou l'Italie : c'est un terrain inégal, voilà tout. Mais le contraste de ces accidents du sol au milieu d'espaces où l'œil et la pensée se perdent comme dans les savanes de l'Amérique ou comme dans les steppes de l'Asie, produit des effets surprenants. Cette ville rappelle l'idée qu'on s'est formée, sans trop savoir pourquoi, de Persépolis, de Bagdad, de Babylone, de Palmyre, romanesques capitales des pays fabuleux dont l'histoire est une poésie et l'architecture un rêve; en un mot, à Moscou, on oublie l'Europe. Voilà ce que j'ignorais en France.

Les voyageurs ont donc manqué à leur devoir. Il en est un surtout auquel je ne puis pardonner de ne m'avoir pas fait jouir de son séjour en Russie. Nulle description ne vaut les dessins d'un peintre aussi pittoresque à la fois comme Horace Vernet. Quel homme fut jamais mieux doué pour sentir et pour faire sentir aux autres l'esprit qui vit dans les choses? il comprend comme un poète la physionomie des objets, et la reproduit comme un artiste : aussi je ne sens pas de colère contre lui, chaque fois que je reconnais l'insuffisance de mes paroles : regardez les Horace Vernet, vous dirais-je, et vous connaîtrez Moscou; alors j'atteindrais mon but sans peine, tandis que je me fatigue à le manquer.

Ici tout fait paysage. Si l'art a peu fait pour cette ville, le caprice des ouvriers et la force des choses y ont créé des merveilles. L'aspect extraordinaire des groupes d'édifices, la grandeur des masses frappent l'imagination. A la vérité, c'est une jouissance d'un ordre inférieur : Moscou n'est pas le produit du génie, et les connaisseurs n'y trouvent aucun monument digne d'un examen attentif; ce n'est pas non plus une majestueuse solitude où le temps silencieux transforme incessamment ce qu'a fait la nature : c'est l'habitation désertée de quelque race de géants, race intermédiaire entre Dieu et l'homme; c'est l'œuvre des cyclopes. On ne saurait la comparer au reste de l'Europe; mais dans une ville où nul grand artiste en aucun genre n'a laissé l'empreinte de sa pensée, on s'étonne, rien de plus; or, l'étonnement s'épuise vite, et l'âme ne se complaît guère à l'exprimer.

Toutefois il n'y a pas jusqu'au désenchantement qui suit ici la première surprise, dont je ne tire quelque leçon; il marque un rapport intime entre l'aspect de la ville et le caractère des hommes. Les Russes aiment ce qui brille, ils se laissent séduire par l'apparence, et c'est aussi ce qui séduit en eux : faire envie, n'importe à quel prix, voilà leur bonheur. L'orgueil ronge l'Angleterre, la vanité rouille la Russie.

Je sens le besoin de vous rappeler ici que les généralités passent toujours pour des injustices. Toutefois le retour périodique de cette précaution oratoire doit vous ennuyer autant qu'il me fatigue; je voudrais donc, une fois pour toutes, faire réserve des exceptions, et protester de mon respect, de mon admiration pour les mérites et les agréments individuels qui échappent naturellement à mes critiques. Après tout, je me rassure en pensant que nous ne sommes pas à la Chambre, et que nous ne discutons pas mes opinions à coups d'amendements et de sous-amendements.

D'autres voyageurs ont dit avant moi que moins on connaît un Russe et plus on le trouve aimable : on leur a répondu qu'ils parlaient contre eux-mêmes, et que le refroidissement dont ils se plaignaient ne prouvait que leur peu de mérite : « Nous vous avons bien accueillis d'abord, leur disent les Russes, parce que nous sommes naturellement hospitaliers; et si nous avons ensuite changé pour vous, c'est que nous vous avions estimé plus que vous ne valez. » Cette réponse a été faite il y a longtemps à un voyageur français, écrivain habile, mais d'une excessive réserve, commandée par sa position, et dont je ne veux citer ici ni le livre ni le nom. Le petit nombre de vérités qu'il avait laissé entrevoir dans ses récits pâles de prudence, lui ont attiré néanmoins beaucoup de désagréments. C'était bien la peine de se refuser l'usage de l'esprit qu'il avait pour se soumettre à des vanités qu'on ne peut jamais désarmer, pas plus en les flattant qu'en en faisant justice! Il n'en coûte pas davantage de les braver : c'est ce que je fais, comme vous le voyez. Sûr de déplaire, je veux que ce soit pour avoir dit la vérité tout entière.

Moscou s'enorgueillit du progrès de ses fabriques; les soieries russes luttent ici avec celles de l'Orient et de l'Occident. La ville des marchands, le Kitaigorod, ainsi que la rue surnommée le Pont des Maréchaux, où se trouvent les boutiques les plus élégantes, sont comptés parmi les curiosités de cette capitale. Si j'en fais mention, c'est parce que je pense que les efforts du peuple russe pour s'affranchir du tribut qu'il paye à l'industrie des autres peuvent avoir de graves conséquences politiques et commerciales en Europe.

La liberté qui règne à Moscou n'est qu'une illusion; cependant on ne peut nier que, dans les rues de cette ville, il n'y ait des hommes qui paraissent se mouvoir spontanément, des hommes qui pour penser et pour agir n'attendent l'impulsion que d'eux-mêmes. Moscou est en cela bien différent de Pétersbourg.

Parmi les causes de cette singularité, je mets en première ligne la vaste étendue et les accidents du territoire au milieu duquel Moscou a pris racine. L'espace et l'inégalité (je prends ici ce mot dans toutes ses acceptions) sont des éléments de liberté, car l'égalité absolue est synonyme de tyrannie, puisque c'est la minorité mise sous le joug; la liberté et l'égalité s'excluent, à moins de réserves et de combinaisons plus ou moins fausses, plus ou moins habiles, qui dénaturent ou neutralisent les choses tout en conservant les mots.

Moscou reste comme enterré au milieu même du pays dont il est la capitale. De là le cachet d'originalité empreint sur ses édifices; de là l'air de liberté qui distingue ses habitants; de là enfin le peu de goût des Czars pour cette résidence à physionomie indépendante.

Les Czars, ces anciens tyrans, mitigés par la mode qui les a métamorphosés en Empereurs, bien plus, en hommes aimables, fuient Moscou. Ils préfèrent Pétersbourg malgré tous ses inconvénients, parce qu'ils ont besoin d'être en rapport continuel avec l'occident de l'Europe. La Russie, telle que Pierre le Grand l'a faite, ne se fie pas à elle-même pour vivre et pour s'instruire. A Moscou, on ne pourrait recevoir en sept jours des pacotilles d'anecdotes de Paris, et rester au courant des moindres commérages relatifs à la société, à la littérature éphémère de l'Europe. Ces détails, tout misérables qu'ils nous paraissent, sont cependant ce qui intéresse le plus la cour, et par conséquent la Russie.

Si les neiges glacées et les neiges fondantes ne rendaient les chemins de fer nuls en ce pays pendant six à huit mois de l'année, vous verriez le gouvernement russe devancer les autres dans la construction de ces routes qui rapetissent la terre; car, plus que

(1) La publication de la correspondance de Napoléon avec son frère Joseph a réalisé cette prédiction. (*Note de l'Auteur pour cette édition.*)

tout autre, il souffre de l'inconvénient des distances. Mais on aura beau multiplier les lignes de fer, augmenter la vitesse des transports, une vaste étendue de territoire est et sera toujours le plus grand obstacle à la circulation de la pensée, car le sol ne se laisse pas sillonner en tous sens comme la mer; l'eau, qui au premier coup d'œil paraît destinée à diviser les habitants de ce monde, est ce qui les unit. Merveilleux problème : l'homme prisonnier de Dieu n'en est pas moins le roi de la nature.

Certes, si Moscou était un port de mer, ou seulement le centre d'un vaste réseau de ces ornières de métal, conducteurs électriques de la pensée humaine, et qui semblent destinées à satisfaire quelques-unes des impatiences du siècle où nous vivons, on n'y verrait pas ce que j'ai vu hier au club anglais : des militaires de tout âge, des messieurs élégants, des hommes graves et de jeunes étourdis, faire le signe de la croix et se recueillir quelques instants avant de se mettre à table, non pas en famille, mais à table d'hôte, entre hommes. Les personnes qui s'abstiennent de ce devoir religieux (il y en avait un assez grand nombre) regardaient faire les autres sans s'étonner : vous voyez bien qu'il y a encore huit cents bonnes lieues de Paris à Moscou.

Le palais où ce club est installé me paraît grand et beau, tout l'établissement est conçu et dirigé convenablement; on y trouve à peu près ce qu'on trouve ailleurs dans les clubs. Ceci ne m'a pas surpris; mais ce que j'admire de très-bonne foi, c'est la piété des Russes. Je l'ai dit à la personne qui m'avait présenté à ce cercle.

Nous causions en tête-à-tête après le dîner, au fond du jardin du club. « Il ne faut pas nous juger sur l'apparence, me répondit mon interlocuteur qui est un Russe des plus éclairés, comme vous l'allez voir. — C'est justement cette apparence, repris-je, qui m'inspire de l'estime pour votre nation. Chez nous, on ne craint que l'hypocrisie; le cynisme est pourtant bien plus funeste aux sociétés. — Oui, toutefois il révolte moins les cœurs nobles. — Je le crois, repris-je; mais par quelle bizarrerie est-ce surtout l'incrédulité qui crie au sacrilége dès qu'elle suppose au fond du cœur d'un homme un peu moins de piété qu'il n'en affiche dans ses actes et dans ses paroles? Si nos philosophes étaient conséquents, ils toléreraient l'hypocrisie comme un des étais de la machine de l'État. La foi est plus accommodante que le matérialisme : elle croit les dévots sur parole. — Je ne m'attendais pas à vous entendre faire l'apologie de l'hypocrisie. — Je la déteste comme le plus odieux de tous les vices; mais je dis que ne nuisant à l'homme que dans ses rapports avec Dieu, l'hypocrisie est moins pernicieuse pour les sociétés que l'incrédulité effrontée, et je soutiens que les âmes vraiment pieuses auraient seules le droit de la qualifier de profanation; tandis que les esprits irréligieux, les hommes d'État philosophes devraient la traiter avec indulgence, et pourraient même s'en servir comme d'un puissant auxiliaire politique; néanmoins, c'est ce qui n'est arrivé en France que rarement et à de longs intervalles parce que la sincérité gauloise se refuse à tirer parti du mensonge pour gouverner les hommes; mais le génie calculateur d'une nation rivale a su se plier mieux que nous au joug des fictions salutaires. La politique de l'Angleterre, pays où règne l'esprit pratique par excellence, n'a-t-elle pas généreusement rémunéré l'inconséquence théologique et l'hypocrisie religieuse? L'Église anglicane est certes beaucoup moins [illegible] que ne l'est l'Église catholique, depuis que le concile de Trente a fait droit aux réclamations légitimes des princes et des peuples; il est absurde de détruire l'unité, sous prétexte d'abus, tout en perpétuant ces mêmes abus pour l'abolition desquels on s'est arrogé le droit funeste de faire secte; pourtant, cette Église fondée sur des contradictions patentes et appuyée par l'usurpation, aide encore aujourd'hui le pays à poursuivre la conquête du monde, et le pays la récompense par une protection hypocrite; cela peut paraître révoltant, mais c'est un moyen de force. Aussi je soutiens que ces inconséquences et ces hypocrisies monstrueuses ne devraient choquer des philosophes ni des hommes d'État. — Vous ne prétendez pas dire qu'il n'y ait nuls chrétiens de bonne foi chez les anglicans? — Non, j'admets des exceptions, il y en a toujours à tout; je soutiens seulement que, chez ces chrétiens-là, le grand nombre manque de logique, ce qui n'empêche pas, je vous le répète, que je n'envie pour la France la politique religieuse de l'Angleterre, de même qu'ici j'admire à chaque pas que je fais la piété extérieure du peuple russe. Chez les Français, tout prêtre est [illegible] aux yeux des esprits forts qui gouvernent le pays [illegible] depuis tantôt cent trente ans, soit ouvertement par leur fanatisme révolutionnaire, soit tacitement par leur indifférence philosophique. »

L'homme distingué avec qui je causais parut réfléchir sérieusement; puis, après un silence assez long, il reprit : « Je ne suis pas si loin que vous le pensez de partager votre opinion; car depuis l'expérience que j'ai acquise pendant mes voyages, une chose m'a toujours paru [illegible] contradiction, c'est l'éloignement des libéraux pour la religion catholique. Je parle même de ceux qui se disent chrétiens. Comment ces esprits-là (il y en a qui [illegible] justes, et [illegible] jusqu'à leurs dernières conséquences), comment ne [illegible] à la re-

ligion romaine, ils se privent d'une garantie contre le despot[illegible] local que tout gouvernement, de quelque nature qu'il soit, [illegible] toujours à exercer chez soi? — Vous avez bien raison, [illegible] mais le monde se conduit par la routine, et pendant des [illegible] les meilleurs esprits ont tellement crié contre l'ambition [illegible] dité de Rome, que personne encore n'a pu s'habituer [illegible] changer de point de vue, et à regarder le pape ou le [illegible] spirituel de l'Église, comme l'[illegible] appui de la liberté [illegible] gieuse dans toute la chrétienté; et ce [illegible] pareil, comme une puissance [illegible] devoirs de double nature, [illegible] conserver son indépendance au vicaire de Jésus-Christ, dont la [illegible] tique est devenue inoffensive au dehors, à force de [illegible] dans. Comment ne voit-on pas d'un coup d'œil qu'[illegible] nation fût simplement catholique pour devenir [illegible] versaire de l'Angleterre, dont la puissance [illegible] quement sur l'hérésie? Que la France adopte [illegible] forcé de sa conviction la bannière de l'Église catholique [illegible] par cela seul, d'un bout du monde à l'autre, une [illegible] l'Angleterre (1). Ce sont de ces vérités qui devraient [illegible] yeux de tout le monde aujourd'hui, et qui ne paraissent [illegible] jusqu'à présent, chez nous, que l'esprit de quelques personnes [illegible] téressées, et dès lors sans autorité, car, et c'est une [illegible] zarrerie de notre époque, on se figure en France qu'un homme [illegible] tort dès qu'on soupçonne qu'il a quelque intérêt à avoir raison [illegible] bon sens aurait plus de crédit, s'il était bien prouvé qu'il ne rap[illegible] porte jamais rien... (2).

« Tel est le désordre d'idées produit par cinquante ans de révo[illegible] lutions et cent ans et plus de cynisme philosophique et littéraire. N'ai-je pas raison de vous envier votre foi?

— Mais le résultat de votre politique religieuse serait de mettre la nation aux pieds de ses prêtres.

— Les exagérations pieuses ne sont pas ce que je vois de plus [illegible] redouter dans notre siècle; toutefois quand la piété des fidèles [illegible] aussi menaçante qu'elle me le paraît peu, je ne reculerais pas pour cela devant les conséquences de mes principes; tout homme qui veut obtenir ou faire quelque chose de positif en ce monde se met nécessairement aux pieds de quelqu'un, pour me servir de votre expression.

— D'accord, mais j'aime encore mieux flatter le gouvernement des journalistes que celui des prêtres; la liberté de la pensée a plus d'avantages que d'inconvénients.

— Si vous aviez vu de près, comme je l'ai vue, la tyrannie de l'esprit, résultat du pouvoir arbitraire de la plupart des hommes qui dirigent la presse périodique en France, vous ne vous contenteriez pas de ce beau mot : liberté de la pensée; vous demanderiez la chose, et bientôt vous reconnaîtriez que le sacerdoce des journalistes s'exerce avec autant de partialité et beaucoup moins de moralité que l'autorité des ecclésiastiques. Laissant un moment de côté la politique, allez demander aux journaux ce qui les décide dans la part de renommée qu'ils accordent à chacun... la moralité d'un pouvoir dépend de l'école par laquelle sont obligés de passer les hommes qui se destinent à en user. Or, vous ne croyez pas que l'école du journalisme soit plus capable d'inspirer aux ambitieux des sentiments vraiment indépendants, vraiment humains, que ne l'est l'école sacerdotale. Croyez-vous que le monde puisse jamais être gouverné par des hommes qui dédaignent le pouvoir? Non! Il ne s'agit donc pas d'exclure les ambitieux, mais de former de bonnes écoles d'ambitieux, afin d'y choisir ceux de la plus honnête espèce pour les mettre à la tête de la société. Or, en toute simplicité, je vous avoue que la politique des prêtres me paraît de meilleur aloi que celle des journalistes; ils sont moins charlatans, plus studieux, mieux disciplinés, et ils ont plus de probité publique et particulière. Enfin, ils sont plus disposés à exercer l'autorité avec douceur; l'humilité est un bon contre-poids à la puissance.

« Ceci ne veut pas dire que les prêtres doivent oublier leur mission divine pour se jeter dans les affaires; mais je pense que les gouvernements feraient bien d'accorder aux ministres de Jésus-Christ une influence morale et intellectuelle telle qu'à la longue elle se fasse reconnaître par ses bienfaits, non-seulement dans les transactions particulières de la vie sociale, mais encore et surtout dans la marche des affaires intérieures et extérieures des États. Le désir d'arriver au pouvoir, non pour jouir avec égoïsme des priviléges de l'autorité, mais pour répandre la vérité, pour étendre le règne de la vertu, est le propre des ambitieux que j'appelle honnêtes, et cette ambition trop rare se nomme du zèle. Loin de la proscrire, il faut la propager par tous les moyens légitimes; et le premier de ces moyens c'est, sans contredit, le crédit que le gouvernement doit accorder au clergé. Des hommes qui, par état, sont forcés de rapporter à Dieu les honneurs qu'on leur rend sur la terre, me parai-

(1) Voyez l'Avant-Propos.
Notre religion perdra toujours quelque chose à une alliance trop intime entre les deux pays. (Note de l'Auteur pour cette édition.)

(2) Les derniers événements de Taïti justifient l'opinion émise par l'auteur dans ce dialogue.

tront toujours moins exposés que les esprits mondains à tomber dans le vertige de l'orgueil, si souvent cause des excès et de la perte des chefs des peuples (1). Toute la question est là ; et la France d'aujourd'hui est appelée à la résoudre ainsi que bien d'autres questions, par des transactions conformes à l'esprit du temps, car quelle que soit l'opinion qui prévaudra, je me rassure en pensant que Dieu n'applique jamais rigoureusement la logique humaine à la direction des choses de ce monde, et que les hommes à sentiments inflexibles, à idées absolues, exclusives, ne gardent que pendant bien peu de moments le pouvoir qu'ils usurpent quelquefois. Pour conserver longtemps l'autorité, il faut l'exercer de manière à mécontenter tout le monde.

« Mais laissons là les considérations générales, et donnez-moi une idée de l'état de la religion dans votre pays; dites-moi quelle est la culture d'esprit des hommes qui enseignent et qui expliquent l'Evangile en Russie? »

Bien qu'adressée à un homme fort supérieur, cette question eût été indiscrète à Pétersbourg; à Moscou, je sentis qu'on pouvait la risquer par la raison qu'ici règne cette liberté mystérieuse dont on use sans s'en rendre compte, qu'on ne peut motiver ni définir, mais qui est réelle, quoique la trompeuse confiance qu'elle inspire puisse parfois se payer bien cher (2). Voici en résumé ce que m'a répondu mon Russe philosophe, j'emploie le mot dans l'acception la plus favorable. Vous savez déjà de quelle nature sont ses opinions : après des années de séjour dans les divers pays de l'Europe, il est revenu en Russie très-libéral, mais très-conséquent. Voici donc ce qu'il m'a dit :

« On a toujours prêché fort peu dans les églises schismatiques grecques, et chez nous, l'autorité politique et religieuse s'est opposée plus qu'ailleurs aux discussions théologiques; sitôt qu'on a voulu commencer à expliquer les questions débattues entre Rome et Byzance, le silence a été imposé aux deux partis. Les sujets de dispute ont si peu de gravité que la querelle ne peut se perpétuer qu'à force d'ignorance. Dans plusieurs institutions de filles et de garçons, à l'instar des jésuites, on a fait donner quelques instructions religieuses; mais l'usage de ces conférences n'est que toléré, et de temps à autre on l'abrége : un fait qui vous paraîtra incompréhensible, quoiqu'il soit positif, c'est que la religion n'est pas enseignée publiquement en Russie (3). Il résulte de là une multitude de sectes dont le gouvernement ne vous laisse pas soupçonner l'existence.

« Il y en a une qui permet la polygamie : une autre va plus loin; elle pose en principe et met en pratique la communauté des femmes pour les hommes, et des hommes pour les femmes.

« Il est défendu à nos prêtres d'écrire, même des chroniques : à chaque instant un paysan interprète un passage de la Bible, qui, pris isolément et appliqué à faux, donne aussitôt lieu à une nouvelle hérésie, calviniste le plus souvent. Quand le pope du village s'en aperçoit, l'hérésie a déjà gagné une partie des habitants de la commune, et grâce à l'opiniâtreté de l'ignorance, elle s'est même enracinée jusque chez les voisins : si le pope crie, aussitôt les paysans infectés sont envoyés en Sibérie, ce qui ruine le seigneur, lequel, lorsqu'il est prévoyant, fait taire le pope par plus d'un moyen; et quand, malgré tant de précautions, l'hérésie arrive au point d'éclater aux yeux de l'autorité suprême, le nombre des dissidents est si considérable qu'il n'est plus possible d'agir : la violence ébruiterait le mal sans l'étouffer, la persuasion ouvrirait la porte à la discussion, le pire des maux aux yeux d'un gouvernement absolu; on n'a donc recours qu'au silence qui cache le mal sans le guérir, et qui, au contraire, le favorise.

« C'est par les divisions religieuses que périra l'Empire russe; ainsi, nous envier, comme vous le faites, la puissance de la foi, c'est nous juger sans nous connaître ! »

Telle est l'opinion des hommes les plus clairvoyants et les plus sincères que j'aie rencontrés en Russie.....

Un étranger digne de foi, établi depuis longtemps à Moscou, vient aussi de me raconter qu'un marchand de Pétersbourg le fit dîner, il y a quelques années, avec ses *trois femmes*; non pas ses concubines, mais ses femmes légitimes : ce marchand était un dissident, sectateur secret d'une nouvelle église. Je pense que les enfants que lui ont donnés ses trois épouses n'ont pas été reconnus pour légitimes par l'État, mais sa conscience de chrétien était tranquille.

Si je tenais ce fait d'un homme du pays, je ne voudrais le raconter pas, de crainte d'être dupe d'un mystificateur : vous savez qu'il est des hommes de Russie qui s'amusent à mentir pour dérouter les voyageurs trop curieux et trop crédules, ce qui ne laisse pas que d'entraver un métier difficile partout pour qui veut l'exercer en conscience, mais plus difficile ici que partout ailleurs : le métier d'observateur.

Le corps des négociants est très-puissant, très-ancien et très-considéré à Moscou; l'existence de ces riches trafiquants rappelle la condition des marchands de l'Asie : nouveau rapport entre les mœurs moscovites et les usages de l'Orient, si bien retracés dans les contes arabes. Il y a tant de points de ressemblance entre Moscou et Bagdad, que lorsqu'on voyage en Russie, on perd la curiosité de voir la Perse : on la connaît.

J'ai assisté à une fête populaire autour du monastère de Devitchéipol. Là les acteurs sont des soldats et des moujiks; les spectateurs sont des gens du monde qui ne laissent pas que d'accourir en grand nombre. Les tentes et les baraques où l'on boit sont plantées près du cimetière : le culte des morts sert de prétexte au plaisir du peuple. La fête a lieu en commémoration de je ne sais quel saint dont on visite scrupuleusement les reliques et les images entre deux libations de *kwas*. Il se fait ce soir-là une consommation fabuleuse de cette boisson nationale.

La Vierge miraculeuse de Smolensk, d'autres disent sa copie, est conservée dans ce couvent qui renferme huit églises.

Vers la fin du jour, je suis entré dans la principale; elle m'a paru imposante : l'obscurité ajoutait à l'impression du lieu. Les nonnes ont le soin d'orner les autels de leurs chapelles, elles s'acquittent très-exactement de ce devoir, le plus facile de leur état, sans doute; quant aux devoirs les plus difficiles, ils sont, à ce qu'on m'assure, assez mal observés, car, s'il en faut croire des personnes bien instruites, la conduite des religieuses de Moscou n'est rien moins qu'édifiante.

Cette église renferme les tombeaux de plusieurs Czarines et princesses, notamment celui de l'ambitieuse Sophie, sœur de Pierre le Grand, et le tombeau de la czarine Eudoxie, la première épouse de ce prince. Cette malheureuse femme répudiée, je crois, en 1696, fut forcée de prendre le voile à Souzdal.

L'Église catholique a tant de respect pour l'indissoluble nœud du mariage, qu'elle ne permet à une femme mariée de se faire religieuse que lorsque son époux entre en même temps dans les ordres ou prononce comme elle des vœux monastiques. Telle est la règle; mais chez nous comme ailleurs, les lois ont souvent plié sous les intérêts; toutefois, l'histoire atteste que le clergé catholique est encore celui qui, dans le monde entier, sait le mieux défendre les droits sacrés de l'indépendance sacerdotale contre les usurpations de la politique humaine.

L'impératrice nonne mourut à Moscou, au monastère de Devitchéipol, en 1731.

Le préau de l'église est en partie consacré au cimetière, qui est beau. En général, les couvents russes ont plutôt l'air d'une agglomération de petites maisons, d'un quartier de ville muré que d'une retraite religieuse. Souvent détruits et rebâtis, ils ont une apparence moderne; sous ce climat où rien ne dure, nul édifice ne peut résister à la guerre des éléments. Tout s'use en peu d'années, et tout se refait à neuf; aussi le pays a-t-il l'apparence d'une colonie fondée de la veille. Le Kremlin seul semble destiné à braver les hivers, et à vivre autant que l'Empire dont il est l'emblème et le boulevard.

Mais si les couvents russes n'imposent pas par le style de l'architecture, l'idée de l'irrévocable inspire toujours le respect et la crainte. En sortant de cette enceinte, je n'étais guère en train de me mêler à la foule dont le bruit m'importunait. La nuit montait doucement jusqu'au faîte des églises; je me mis à examiner un des plus beaux sites de Moscou et des environs; je vous le répète : dans cette ville, les points de vue abondent. Du milieu des rues, vous n'apercevez que les maisons qui les bordent; mais traversez une grande place, montez quelques degrés, ouvrez une fenêtre, sortez sur un balcon, sur une terrasse, vous découvrez aussitôt une ville nouvelle, immense, répandue sur des collines assez profondément séparées les unes des autres, par des champs de blé, des étangs, des bois même : l'enceinte de cette cité est un pays, et ce pays se prolonge jusque vers les campagnes lointaines, mais dont les ondulations ressemblent aux vagues de la mer. La mer, vue de loin, fait toujours l'effet d'une plaine.

Moscou est la ville des peintres de genre; mais les architectes, les sculpteurs et les peintres d'histoire n'ont rien à y voir, rien à y faire. Des masses d'édifices espacés dans des déserts y forment une multitude de jolis tableaux, et marquent hardiment les premiers plans des grands paysages qui rendent cette ville originale entre toutes dans le monde, parce qu'elle est la seule grande ville qui, tout en se peuplant, soit encore restée pittoresque comme une campagne. On y compte autant de routes que de rues, de champs cultivés que de collines bâties, de vallons déserts que de places publiques. Dès qu'on s'éloigne du centre on se trouve dans un amas de villages, d'étangs, de forêts plutôt que dans une ville; là vous apercevez de distance en distance d'immenses monastères qui s'élèvent avec leurs multitudes d'églises et de clochers; là vous verrez des coteaux bâtis, d'autres coteaux ensemencés, ailleurs une rivière presque à sec en été; un peu plus loin ce sont des files d'édifices [illegible] autant que variés; des salles de spectacle, avec leurs péristyles antiques, sont environnées de palais de bois, les seules habitations d'architecture nationale, et toutes ces masses de constructions diverses sont à moitié cachées sous la verdure; enfin cette poétique décora-

(1) Voir l'Avant-Propos.
(2) Voir, plus loin, au dernier [illegible], le danger d'une telle illusion, et la [illegible] d'un Français.
(3) Je connais ce fait, et je l'ai [illegible].

ville est toujours dominée par le vieux Kremlin aux murailles dentelées, aux tours extraordinaires, et dont la couronne rappelle la tête chenue des chênes d'une forêt. Ce Parthénon des Slaves commande et protége Moscou; on dirait d'un doge de Venise assis au milieu de son sénat.

Ce soir les tentes où s'entassaient les promeneurs de Devitchepol étaient empestées de senteurs diverses dont le mélange produisait un air fétide; c'était du cuir de Russie parfumé, c'étaient des boissons spiritueuses, de la bière aigre, du chou fermenté, c'étaient de la graisse aux bottes des Cosaques, du musc et de l'ambre sur la personne de quelques seigneurs venus par là par désœuvrement, et qui paraissaient décidés à s'ennuyer, ne fût-ce que par orgueil aristocratique; il m'eût été impossible de respirer longtemps cet air méphitique.

Le plus grand des plaisirs de ce peuple, c'est l'ivresse, autrement dit, l'oubli. Pauvres gens! il leur faut rêver pour être heureux; mais ce qui prouve l'humeur débonnaire des Russes, c'est que lorsque ces mougiks se grisent, ces hommes, tout abrutis qu'ils sont, s'attendrissent au lieu de se battre et de s'entre-tuer selon l'usage des ivrognes de nos pays; ils pleurent et s'embrassent: intéressante et curieuse nation!... Il serait doux de la rendre heureuse. Mais la tâche est rude, pour ne pas dire impossible à remplir. Trouvez-moi le moyen de satisfaire les vagues désirs d'un géant jeune, paresseux, ignorant, ambitieux et garrotté au point de ne pouvoir bouger ni des pieds ni des mains!... Jamais je ne m'attendris sur le sort du peuple de ce pays sans plaindre également l'homme tout-puissant qui le gouverne.

Je m'éloignai des tavernes et me mis à parcourir la place: des nuées de promeneurs y soulevaient des flots de poussière. L'été d'Athènes est long, mais les jours en sont courts, et, grâce à la brise de mer, l'air n'y est guère plus chaud qu'il ne l'est à Moscou pendant le rapide été du Nord. Cette saison est en Russie d'une chaleur insupportable; elle tire à sa fin, la nuit revient et l'hiver la suit à grands pas; il va me forcer d'abréger mon séjour, malgré l'intérêt que je trouverais à prolonger ce voyage

On ne souffre pas du froid à Moscou, c'est le refrain de tous les apologistes du climat de la Russie; peut-être disent-ils vrai, mais huit mois d'emprisonnement, de fourrures, de doubles fenêtres et de précautions pour se garantir d'une gelée de 15 à 30 degrés, n'y a-t-il pas là de quoi nous faire hésiter?

Le couvent de Devitchepol est situé près de la Moskowa qu'il domine; le champ de foire, comme on dit en Normandie, c'est-à-dire la place où se donne la fête, est un terrain vague, descendant en pente, tantôt douce, tantôt rapide, jusqu'au lit de la rivière qui, cette année, ressemble à une route inégalement large, sablonneuse, sillonnée dans toute sa longueur par un filet d'eau. D'un côté, vers la campagne, s'élèvent les tours du couvent qui bornent l'espace, et du côté opposé apparaissent les édifices du vieux Moscou, qu'on entrevoit dans le lointain; les échappées de vue sur la plaine et les masses de maisons coupées par des masses d'arbres, les planches grises des cabanes à côté du plâtre et de la chaux des splendides palais, les lointaines forêts de pins entourant la ville d'une ceinture de deuil, les teintes lentement décroissantes d'un long crépuscule: tout concourt ici à grandir l'effet des monotones paysages du Nord. C'est triste, mais c'est imposant. Il y a là une poésie écrite dans une langue mystérieuse que je ne connais pas: en foulant cette terre opprimée, j'écoute sans les comprendre les lamentations d'un Jérémie ignoré; le despotisme doit enfanter ses prophètes: l'avenir est le paradis des esclaves et l'enfer des tyrans! Quelques notes d'un chant douloureux, des regards obliques, fourbes, furtifs, rusés, me font interpréter la pensée qui germe dans le cœur de ce peuple, mais le temps et la jeunesse, qui, bien qu'on la calomnie, est plus favorable à l'étude que ne l'est l'âge mûr, pourraient seuls m'enseigner utilement tous les mystères de cette poésie de la douleur.

A défaut de documents positifs je m'amuse au lieu de m'instruire; la physionomie du peuple, son costume moitié oriental, moitié finlandais, contribuent incessamment à divertir le voyageur; je m'applaudis d'être venu à cette fête si peu gaie, mais si différente de tout ce que j'ai vu ailleurs.

Les Cosaques se trouvaient mêlés en grand nombre parmi les promeneurs et les buveurs qui remplissaient la place. Ils formaient des groupes silencieux autour de quelques chanteurs dont les voix chevrotantes psalmodiaient des paroles mélancoliques sur une mélodie très-douce, quoique le rhythme en soit fortement marqué. Cet air est le chant national des Cosaques du Don. Il a quelque analogie avec la vieille mélodie des Folies d'Espagne; mais il est plus triste; c'est doux et pénétrant comme la tenue du rossignol quand on l'entend de loin, la nuit, au fond des bois. Quelquefois les assistants répétaient en chœur les dernières paroles de la strophe.

Un Russe vient de m'en apporter la traduction en prose vers par vers; la voici:

LE JEUNE COSAQUE.

Ils poussent le cri d'alarme.
J'entends mon cheval frapper la terre;
Je l'entends hennir,
Ne me retiens pas.

LA JEUNE FILLE.

Laisse les autres courir à la mort;
Toi, trop jeune et trop doux,
Tu veilleras encore cette fois sur notre chaumière;
Tu ne passeras pas le Don.

LE JEUNE COSAQUE.

L'ennemi, l'ennemi, aux armes!
Je vais me battre pour vous;
Brave avec toi, fier avec l'ennemi,
Je suis jeune, mais j'ai du courage;
Le vieux Cosaque rougirait de honte et de colère
S'il partait sans moi.

LA JEUNE FILLE.

Vois ta mère pleurer,
Vois ses genoux trembler;
C'est elle et moi que va frapper ta lance
Avant d'avoir atteint l'ennemi.

LE JEUNE COSAQUE.

En racontant la campagne,
On me nommerait comme un lâche;
Si je meurs, mon nom, célébré par mes frères,
Te consolera de ma mort.

LA JEUNE FILLE.

Non, le même tombeau nous réunira;
Si tu meurs, je te suivrai;
Tu pars seul, mais nous succomberons ensemble.
Adieu; je n'ai plus de pleurs.

Le sens de ces paroles me paraît moderne, mais la mélodie leur prête un charme d'ancienneté, de simplicité qui fait que je passerais des heures sans ennui à les entendre répéter par les voix du pays.

A chaque refrain, l'effet augmente: autrefois on dansait à Paris un pas russe que cette musique me rappelle; mais sur les lieux les mélodies nationales produisent une tout autre impression; au bout de quelques couplets on se sent pénétré d'un attendrissement irrésistible.

Il y a plus de mélancolie que de passion dans le chant des peuples du Nord; mais l'impression qu'il cause ne peut s'oublier, tandis qu'une émotion plus vive s'évanouirait bientôt. La mélancolie dure plus longtemps que la passion. Après avoir écouté cet air plusieurs fois, je le trouvais moins monotone et plus expressif; c'est l'effet que produit ordinairement la musique simple, la répétition lui donne une puissance nouvelle. Les Cosaques de l'Oural ont aussi des chants particuliers; je regrette de ne les avoir pas entendus.

Cette race d'hommes mériterait une étude à part; mais ce travail n'est pas facile à faire pour un étranger pressé comme je le suis. Les Cosaques, mariés pour la plupart, sont une famille militaire, une horde domptée plutôt qu'une troupe assujettie à la discipline du régiment. Attachés à leurs chefs comme un chien l'est à son maître, ils obéissent au commandement avec plus d'affection et moins de servilité que les autres soldats russes. Dans un pays où rien n'est défini, ils se croient les alliés, ils ne se sentent pas les esclaves du gouvernement impérial. Leur agilité, leurs habitudes nomades, la vitesse et le sort de leurs chevaux, la patience et l'adresse de l'homme et de la bête identifiés l'un à l'autre, endurcis ensemble à la fatigue, aux privations, sont une puissance. On ne peut s'empêcher d'admirer quel instinct géographique aide ces sauvages éclaireurs de l'armée à se guider sans routes dans les contrées qu'ils envahissent: dans les plus désertes, les plus stériles, comme dans les plus civilisées et les plus peuplées. A la guerre, ce seul nom de Cosaque ne répand-il pas d'avance la terreur chez les ennemis? Des généraux qui savent bien employer une telle cavalerie légère ont un grand moyen d'action que n'ont pas les capitaines des armées plus civilisées.

Les Cosaques sont, dit-on, d'un naturel doux; ils ont plus de sensibilité qu'on n'aurait droit d'en attendre d'un peuple aussi grossier; mais l'excès de leur ignorance me fait de la peine pour eux et pour leurs maîtres.

Quand je me rappelle le parti que les officiers tirent ici de la crédulité du soldat, tout ce que j'ai de dignité dans l'âme se révolte contre un gouvernement qui descend à de tels subterfuges, ou qui ne punit pas ceux de ses serviteurs qui osent y recourir.

Je tiens de bonne part que plusieurs chefs des Cosaques conduisant leurs hommes hors du pays, lors de la guerre de 1814 à 1815, leur disaient: « Tuez beaucoup d'ennemis, frappez vos adversaires sans crainte. Si vous mourez dans le combat, vous serez avant trois jours revenus auprès de vos femmes et de vos enfants; vous ressusciterez en chair et en os, corps et âme; qu'avez-vous donc à redouter? »

Des hommes habitués à reconnaître la voix de Dieu le Père dans celle de leurs officiers, prenaient à la lettre les promesses qu'on leur faisait, et se battaient avec l'espèce de courage que vous leur connaissez, c'est-à-dire qu'ils fuient en maraudeurs tant qu'ils peuvent échapper au danger; mais si la mort est inévitable, ils l'affrontent en soldats.

Quant à moi, s'il fallait nécessairement recourir à de tels moyens ou à des moyens semblables pour conduire ces pauvres braves gens, je ne consentirais pas à rester huit jours leur officier; tromper les hommes, dût le mensonge créer des héros, me paraîtrait une tâche indigne d'eux et de moi; je veux bien user du courage de ceux que je commande, mais je veux pouvoir l'admirer tout en en profitant; les exciter par des moyens légitimes à braver le danger, c'est le devoir d'un chef; les décider à mourir en leur cachant la mort, c'est ôter la vertu à leur courage, la dignité morale à leur dévouement; c'est agir en escamoteur de corps: escobarderie militaire qui ne vaut pas mieux qu'une escobarderie religieuse. Si la guerre exigeait tout comme certaines gens le prétendent, qui excuserait la guerre?

Mais peut-on se figurer sans épouvante et sans dégoût l'état moral d'une nation dont les armées étaient dirigées de la sorte il n'y a pas vingt-cinq ans? Ce qui se passe aujourd'hui, je l'ignore, et je crains de l'apprendre.

Ce trait est venu à ma connaissance, mais vous pouvez penser combien d'autres ruses pires que celle-ci peut-être ou semblables à celle-ci, me sont restées inconnues. Quand une fois on a recours à la puérilité pour gouverner les hommes, où peut-on s'arrêter? Toutefois la supercherie n'a qu'un effet borné; mais un mensonge par campagne, et la machine de l'État marche: à chaque guerre suffit sa fraude.

Je finis par une fable qui semble avoir été faite exprès pour justifier ma colère. L'idée est d'un Polonais, l'évêque de Warmie, fameux par son esprit, sous le règne de Frédéric II; l'imitation en français est du comte Elzéar de Sabran.

L'ATTELAGE. — FABLE.

Un habile cocher menait un équipage,
Avec quatre chevaux deux par deux accouplés;
Après les avoir attelés,
En les guidant il leur tint ce langage:
Ne vous laissez pas devancer,
Disait-il à ceux de derrière;
Ne vous laissez pas dépasser,
Ni même atteindre, en si belle carrière,
Disait-il à ceux de devant,
Qui l'écoutaient le nez au vent.
Un passant, dans cette occurrence,
Lui dit alors à ce propos:
Vous trompez ces pauvres chevaux,
Il est vrai, reprit-il, mais la voiture avance.

LETTRE VINGT-NEUVIÈME.

SOMMAIRE. — La mosquée tatare. — Comment vivent à Moscou les descendants des Mongols. — Leur portrait. — Importance des races. — Tolérance humiliante. — Points de vue pittoresques. — Le Kremlin vu de loin. — [illegible] — Tour de [illegible] — Vaste réservoir d'eau. — Architecture byzantine. — [illegible] — L'Empereur [illegible] — Antipathie du caractère des Slaves et des Allemands. — Grand manège de Moscou. — Le club des nobles. — [illegible] de Pierre Ier [illegible] — Goût des Russes pour le [illegible] — [illegible] — [illegible] de France dans une [illegible] — Un café russe. — [illegible] — Leur croyance [illegible] — Le [illegible] de Moscou. — Maison de campagne dans l'enceinte de la ville. — [illegible] de bois. — Dîner sous une tente. — Vraie politesse. — [illegible] des Russes. — Leur mépris pour le [illegible] — L'Empereur [illegible] — [illegible] des Russes. — Leur [illegible] — [illegible] des Russes et des Polonais. — Vie des [illegible] du grand monde à Moscou. — Ce qui explique leurs excès. — [illegible] — Ce qui sert d'excuse au despotisme. — Conséquences morales de ce régime. — [illegible] — Notre littérature [illegible] — Le respect pour la parole. — [illegible] du grand monde. — [illegible] — [illegible] — [illegible] — Conversation [illegible] — Le [illegible] du Kremlin. — Une [illegible] — [illegible] de campagne. — Adieux du prince *** dans une cour d'auberge. — Description de cette scène. — Le cocher d'épouse. — [illegible] — Les libéraux bien vus en ce pays. — Pourquoi. — [illegible] — Erreur commune sur les conséquences de l'a [illegible] — Ce qui fait la force de ce gouvernement. — [illegible] du système de Pierre Ier. — Vraie puissance de la Russie. — Ce qui a fait la grandeur du [illegible] — [illegible] — Comment je cache mes lettres. — [illegible] — Révolution [illegible] opérée par [illegible] — [illegible] — Opéra russe. — Comédie en [illegible] — [illegible] — Un Russe dans sa bibliothèque. — [illegible] — La [illegible] — Ce qu'est pour un Russe un voyage de quatre cents lieues. — [illegible]

Moscou, ce . . août 1839.

Depuis deux jours j'ai vu beaucoup de choses: d'abord la mosquée tatare. Le culte des vainqueurs est aujourd'hui toléré dans un coin de la capitale des vaincus; encore ne l'est-il qu'à condition de laisser aux chrétiens la libre entrée du sanctuaire mahométan.

Cette mosquée est un petit édifice d'apparence mesquine, et les hommes à qui l'on permet d'y adorer Dieu et le prophète ont la mine chétive, l'air sale, pauvre, craintif. Ils viennent se prosterner dans ce temple tous les vendredis sur un mauvais morceau de laine que chacun apporte là soi-même. Leurs beaux habits asiatiques sont devenus des haillons, leur arrogance de la ruse inutile, leur toute-puissance de l'abjection; ils vivent le plus séparés qu'ils peuvent de la population qui les environne et les étouffe. Certes, à voir ces figures de mendiants ramper au milieu de la Russie actuelle, on ne se douterait guère de la tyrannie exercée par leurs pères contre les Moscovites.

Renfermés autant que possible dans la pratique de leur religion, ces malheureux fils de conquérants trafiquent à Moscou des denrées et des marchandises de l'Asie, et afin de rester le plus mahométans qu'ils peuvent, ils évitent de faire usage de vin et de liqueurs fortes, et ils tiennent leurs femmes en prison ou tout au moins voilées, pour les dérober aux regards des autres hommes qui pourtant ne pensent guère à elles, car la race mongole est peu attrayante. Des joues aux pommettes saillantes, des nez écrasés, des yeux petits, noirs, enfoncés, des cheveux crépus, une peau bise et huileuse, une taille au-dessous de la moyenne, misère et saleté: voilà ce que j'ai remarqué chez les hommes de cette race abâtardie, ainsi que chez le petit nombre de femmes dont j'ai pu entrevoir les traits.

Ne dirait-on pas que la justice divine, si incompréhensible quand on considère le sort des individus, devient éclatante lorsque l'on réfléchit sur la destinée des nations? La vie de chaque homme est un drame qui se noue sur un théâtre et se dénoue sur un autre, mais il n'en est pas ainsi de la vie des nations. Cette instructive tragédie commence et finit sur la terre, voilà pourquoi l'histoire est une lecture sainte; c'est la justification de la Providence.

Saint Paul avait dit: « Respect aux puissances; elles sont instituées de Dieu. » L'Église, avec lui, a tiré l'homme de son isolement, il y a bientôt deux mille ans, en le baptisant citoyen d'une société éternelle, et dont toutes les autres sociétés n'étaient que des modèles imparfaits: ces vérités ne sont point démenties, au contraire, elles sont confirmées par l'expérience. Plus on étudie le caractère des différentes nations qui se partagent le gouvernement de la terre, et plus on reconnaît que leur sort est la conséquence de leur religion; les malheurs des races opprimées ne sont que la punition de leurs infidélités ou de leurs erreurs volontaires en matière de foi; telle est la croyance que je me suis formée à la suite de mes nombreux pèlerinages. Tout voyageur est forcé de devenir philosophe et plus que philosophe, car il faut être chrétien pour pouvoir contempler sans vertige la condition des différentes populations dispersées sur le globe, et pour méditer sans désespoir sur les jugements de Dieu, cause mystérieuse des vicissitudes humaines.

Je vous dis mes réflexions dans la mosquée pendant la prière des enfants de Bati, devenus des parias chez leurs esclaves...

Aujourd'hui, la condition d'un Tatar en Russie ne vaut pas celle d'un serf moscovite.

Les Russes s'enorgueillissent de la tolérance qu'ils accordent au culte de leurs anciens tyrans; je la trouve plus fastueuse que philosophique, et pour le peuple qui la subit, c'est une humiliation de plus. A la place des descendants de ces implacables Mongols qui furent si longtemps les maîtres de la Russie et l'effroi du monde, j'aimerais mieux prier Dieu dans le secret de mon cœur que dans une ombre de mosquée due à la pitié de mes anciens tributaires.

Quand je parcours Moscou sans but et sans guide, le hasard me sert toujours bien. On ne peut s'ennuyer d'errer dans une ville où chaque rue, chaque maison a son échappée de vue sur une autre ville, qui semble bâtie par les génies, ville toute hérissée de murailles brodées, crénelées, découpées, qui supportent une multitude de vigies, de tours, de tourelles et de flèches, enfin sur le Kremlin, forteresse poétique par son aspect, historique par son nom. J'y reviens sans cesse par l'attrait qu'on éprouve pour tout ce qui frappe vivement l'imagination; mais répétez-vous souvent qu'il faut se garder d'examiner en détail l'amas incohérent de monuments dont est encombrée cette montagne murée. Ce mot de montagne n'est applicable au Kremlin que si on le voit d'en bas et du côté de la Moscowa; vu du milieu de la ville et de l'intérieur de la forteresse, cet amas de bâtiments est très-plat et perd son caractère de grandeur. Le sens exquis de l'art, c'est-à-dire le talent de trouver la seule expression parfaitement juste d'une pensée originale, manque aux Russes; cependant lorsque les géants copient, leurs imitations ont toujours un genre de beauté; les œuvres du génie sont grandioses, celles de la force matérielle sont grandes: c'est encore quelque chose.

Voici comment l'auteur du meilleur guide de Moscou que nous ayons, Lecointe Laveau, décrit la vieille capitale de la Russie: « Moscou, dit-il, doit sa beauté originale aux murs crénelés du

« Kitaïgorod et du Kremlin (1), à la singulière architecture de ses « églises, à ses coupoles dorées et à ses nombreux jardins; que l'on « prodigue des millions pour élever le palais de Bajenoff au Krem- « lin qu'on dépouille de ses murs (2); que l'on édifie des églises « régulièrement belles, à la place de ces clochers en lanternes, et « de ces cinq coupoles qui s'élèvent de toutes parts; que la manie « de bâtir convertisse les jardins en maisons, et alors on aura, au « lieu de Moscou, une des plus grandes villes européennes, mais « qui n'attirera plus la curiosité des voyageurs. »

Ces lignes expriment des idées qui s'accordent avec les miennes, et qui par conséquent m'ont frappé par leur justesse.

Pour me distraire un instant du terrible Kremlin, j'ai été visiter la tour de Soukareff, bâtie sur une hauteur, près d'une des entrées de la ville. Le premier étage est une vaste construction où l'on a pratiqué un immense réservoir; on pourrait se promener en petit bateau dans ce bassin qui distribue aux différents quartiers de la ville presque toute l'eau qu'on boit à Moscou. La vue de cette espèce de mare murée et suspendue à une grande hauteur, produit une impression singulière. L'architecture de l'édifice, assez moderne d'ailleurs, est lourde et triste; mais des arcades byzantines, de solides rampes d'escaliers, des ornements dans le style du Bas-Empire, en rendent l'ensemble imposant. Ce style se perpétue en Moscovie; appliqué avec discernement, il eût donné naissance à la seule architecture nationale possible chez les Russes; inventé dans un climat tempéré, il s'accorde également avec les besoins de l'homme du Nord, et avec les habitudes de l'homme des pays chauds. Les intérieurs des édifices byzantins sont assez semblables à des caves ornées, et grâce à la solidité des murailles massives, à l'obscurité des voûtes, on y trouve un abri contre le froid aussi bien que contre le soleil.

On m'a fait voir l'Université, l'École des cadets, les Instituts de Sainte-Catherine et de Saint-Alexandre, les Veuves, enfin l'Institut Alexandrinien, les Enfants trouvés; tout cela est vaste et pompeux; les Russes s'enorgueillissent d'avoir un grand nombre de beaux établissements publics à montrer aux étrangers; pour ma part, je me contenterais d'une moindre magnificence en ce genre, car rien n'est plus ennuyeux à parcourir que ces blancs palais somptueusement monotones, où tout marche militairement; la vie humaine y semble réduite à l'action d'une roue de pendule. Demandez à d'autres ce que j'ai vu dans ces utiles et superbes pépinières d'officiers, de mères de famille et d'institutrices; ce n'est pas moi qui vous le dirai; sachez seulement que ces congrégations moitié politiques, moitié charitables, m'ont paru des modèles de bon ordre, de soin, de propreté; ceci fait honneur aux chefs de ces diverses écoles, ainsi qu'au chef suprême de l'Empire.

On ne peut un seul instant oublier cet homme unique par qui la Russie pense, juge et vit; cet homme, la science et la conscience de son peuple, qui prévoit, mesure, ordonne, distribue tout ce qui est nécessaire et permis aux autres hommes, auxquels il tient lieu de raison, de volonté, d'imagination, de passion; car sous son règne pesant, il n'est loisible à nulle créature de respirer, de souffrir, d'aimer, de se mouvoir hors des cadres tracés d'avance par la sagesse suprême qui pourvoit ou qui est censée pourvoir à tous les besoins des individus comme à ceux de l'État.

Chez nous on est fatigué de licence et de variété, ici on est découragé par l'uniformité, glacé par la pédanterie qu'on ne peut séparer de l'idée de l'ordre, d'où il arrive qu'on hait ce qu'on devrait aimer. La Russie, cette nation enfant, n'est qu'un immense collége: tout s'y passe comme à l'école, si ce n'est que les écoliers n'en sortent qu'à la mort.

Ce qu'il y a d'allemand dans l'esprit du gouvernement russe est antipathique au caractère des Slaves; ce peuple oriental, nonchalant, capricieux, poétique, s'il disait ce qu'il pense, se plaindrait amèrement de la discipline germanique qui lui est imposée depuis Alexis, Pierre le Grand et Catherine II, par une race de souverains étrangère. La famille impériale a beau faire, elle sera toujours trop tudesque pour conduire tranquillement les Russes et pour se sentir d'aplomb chez eux (3); elle les subjugue, elle ne les gouverne pas. Les paysans seuls s'y trompent.

J'ai poussé le scrupule de voyageur jusqu'à me laisser conduire à un manége, le plus grand, je crois, qui existe; le plafond en est soutenu par des arceaux de fer légers et hardis: c'est un édifice étonnant dans son genre.

Le club des nobles est fermé pendant cette saison; je m'y suis rendu également par acquit de conscience. On voit dans la salle principale une statue de Catherine II. Cette salle est ornée de colonnes et se termine d'un côté par une demi-rotonde. Elle peut contenir environ 3000 personnes: il s'y donne pendant l'hiver des fêtes fort brillantes, dit-on; je crois sans peine à la magnificence des bals de Moscou; les grands seigneurs russes entendent à merveille l'art de varier autant que possible ces monotones divertissements obligés; leur luxe est réservé aux plaisirs d'apparat; leur imagination s'y complaît; ils prennent l'éclat pour la civilisation, le clinquant pour l'élégance, et ceci me prouve qu'ils sont plus incultes encore que nous ne l'imaginons. Il y a un peu plus de cent ans que Pierre le Grand leur dictait des lois de politesse applicables à chaque classe de la société; il ordonnait des réunions à l'instar des bals et des assemblées de la vieille Europe. Il forçait les Russes à s'inviter les uns les autres à ces réunions imitées des assemblées en usage chez les nations de l'Occident, puis il les obligeait d'admettre leurs femmes dans ces cercles en les exhortant à ôter leur chapeau pour entrer dans la chambre. Mais tandis que ce grand précepteur de son peuple enseignait si bien la civilité puérile aux boyards et aux marchands de Moscou, il s'abaissait lui-même à la pratique des métiers les plus vils, à commencer par celui de bourreau; on lui a vu couper vingt têtes de sa main dans une soirée; et on l'a entendu se vanter de son adresse à ce métier, qu'il exerça avec une rare férocité lorsqu'il eut triomphé des coupables mais encore plus malheureux strélitz: telle est l'éducation, tels sont les exemples qu'on donnait aux Russes il y a un peu plus d'un siècle, pendant qu'on représentait *Athalie* et le *Misanthrope* à Paris; et c'est de l'homme dont ils recevaient ces leçons, de ce digne héritier des Ivan, qu'ils ont fait leur dieu, le modèle du prince russe à tout jamais!

Aujourd'hui ces nouveaux convertis à la civilisation n'ont pas encore perdu leur goût de parvenus pour tout ce qui attire les yeux.

Les enfants et les sauvages aiment ce qui brille: les Russes sont des enfants qui ont l'habitude, non l'expérience du malheur. De là, pour le dire en passant, le mélange de légèreté et de causticité qui les caractérise. L'agrément d'une vie égale, calme, arrangée pour satisfaire les affections intimes, pour le plaisir de la conversation, pour les jouissances de l'esprit, ne leur suffirait pas longtemps.

Ce n'est pas cependant que les grands seigneurs se montrent tout à fait insensibles à ces plaisirs raffinés, mais pour captiver l'arrogante frivolité de ces satrapes travestis, pour fixer leur imagination divagante, il leur faut des intérêts plus vifs. L'amour du jeu, l'intempérance, le libertinage et les jouissances de la vanité peuvent à peine combler le vide de leurs cœurs blasés. Pour occuper l'insouciance de ces esprits fatigués de stérilité, usés d'oisiveté, pour remplir la journée de ces malheureux riches, la création de Dieu ne suffit plus: dans leur orgueilleuse misère, ils appellent à leur secours l'esprit de destruction.

Toute l'Europe moderne s'ennuie; c'est ce qu'atteste la manière de vivre de la jeunesse actuelle; mais la Russie souffre de ce mal plus qu'aucune autre société; car ici tout est excessif: vous peindre les ravages de la satiété dans une population comme celle de Moscou, ce serait difficile. Nulle part les maladies de l'âme engendrées par l'ennui, par cette passion des hommes qui n'ont point de passions, ne m'ont paru aussi graves ni aussi fréquentes qu'elles le sont en Russie parmi les grands: on dirait qu'ici la société a commencé par les abus. Quand le vice ne suffit plus pour aider le cœur de l'homme à secouer l'ennui qui le ronge, ce cœur va au crime. C'est ce que je vous prouverai plus tard.

L'intérieur d'un café russe est assez singulier: figurez-vous une grande salle basse et mal éclairée qui se trouve ordinairement au premier étage d'une maison. On y est servi par des hommes vêtus d'une chemise blanche, laquelle est liée au-dessus des reins, et retombe en guise de tunique; ou, pour parler moins noblement, de blouse sur de larges pantalons également blancs. Ces garçons de café ont les cheveux longs et lisses, comme tous les hommes du peuple en Russie, et leur ajustement les fait ressembler aux théophilanthropes de la République française, ou à des prêtres d'opéra du temps où le paganisme était à la mode au théâtre. Ils vous servent en silence du thé excellent, et tel qu'on n'en trouve en aucun autre pays, du café, des liqueurs; mais ce service se fait avec une solennité et un mystère bien différents de la bruyante gaîté qui règne dans les cafés de Paris. En Russie tout plaisir populaire est mélancolique, la joie y devient un privilége; aussi la trouvé-je presque toujours outrée, affectée ou grimaçante, et pire que la tristesse.

En Russie, un homme qui rit est un comédien, un flatteur ou un ivrogne.

Ceci me rappelle le temps où les serfs russes croyaient, dans leur naïve abjection, que le ciel n'était fait que pour leurs maîtres: terrible humilité du malheur! Vous voyez comment l'Église grecque enseigne le christianisme au peuple.

(*Suite de la même lettre.*)

Moscou, ce 10 août 1839, au soir.

La société de Moscou est agréable; le mélange des traditions patriarcales de l'ancien monde et des manières aisées de l'Europe moderne y produit quelque chose d'original. Les habitudes hospitalières de l'antique Asie et le langage élégant de l'Europe civilisée

(1) Le Kitaïgorod, ville des marchands. (Voir la description qui en a été faite lettre vingt-cinquième.) (Note du Voyageur.)

(2) Plan qui fut projeté par Catherine II, et qu'on exécute en partie aujourd'hui, au grand regret de tous les hommes de goût. (Ibid.)

(3) Les Romanoff étaient Prussiens d'origine, et depuis que l'élection les a mis sur le trône, ils se sont le plus souvent mariés à des princesses allemandes, contre l'usage des anciens souverains moscovites.

se sont donné rendez-vous sur ce point du monde pour y rendre la vie douce et facile. Moscou, planté sur la limite de deux continents, marque, au milieu de la terre, un point de repos entre Londres et Pékin. Ici l'esprit d'imitation n'a pas encore totalement effacé le caractère national; quand le modèle n'est vu que de loin, la copie redevient presque originale.

Un petit nombre de lettres de recommandation suffit à Moscou pour mettre un étranger en rapport avec une foule de personnes distinguées, soit par leur fortune, soit par leur rang, soit par leur esprit. Le début d'un voyageur est donc facile dans ce séjour.

On m'a invité, il y a peu de jours, à dîner dans une maison de campagne. C'est un pavillon situé dans l'enceinte de Moscou: mais, pour y arriver, vous côtoyez pendant une lieue des étangs solitaires, vous traversez des champs qui ressemblent à des steppes; puis, en approchant de l'habitation, vous apercevez au delà du jardin une forêt de sapins, sombre et profonde, qui n'appartient pas au parc, et qui même ne dépend plus de la ville, dont elle borde seulement la limite extérieure: qui n'eût été charmé comme je le fus, à la vue de ces ombres profondes, de ce site majestueux, de cette vraie solitude dans une ville? qui n'eût rêvé là d'un camp, d'une horde voyageuse, enfin de toute autre chose que d'une capitale, où se trouve tout le luxe, toutes les recherches de la civilisation moderne? De tels contrastes sont caractéristiques; rien de semblable ne peut se rencontrer ailleurs.

On m'a reçu dans une maison de bois..... Autre singularité. A Moscou, le riche est abrité comme le mougik par des planches; tous deux dorment sous des madriers équarris et échancrés du bout, à la manière des solives employées dans les chaumières primitives. Mais l'intérieur de ces grandes cabanes rappelle le luxe des plus beaux palais de l'Europe. Si je vivais à Moscou, j'y voudrais avoir une maison de bois. C'est la seule habitation qui soit d'un style national, et, ce qui m'importe davantage encore, la seule qui convienne à ce climat. La maison de bois passe, parmi les vieux Moscovites, pour plus saine et plus chaude que la maison de pierre. Celle où l'on me reçut me parut commode et élégante: elle n'est cependant habitée que pendant l'été par le propriétaire, qui retourne passer les mois d'hiver dans un quartier plus central.

Nous avons dîné au milieu du jardin, et pour que rien ne manquât à l'originalité de la scène, je trouvai la table mise sous une tente. La conversation, quoique entre hommes et fort animée, fort libre, fut décente; chose rare même chez les peuples qui se croient maîtres en fait de civilisation. Il y avait là des personnes qui ont beaucoup vu, beaucoup lu; leurs jugements sur toutes choses m'ont paru justes et fins; les Russes sont singes dans les habitudes de la vie élégante; mais ceux qui pensent (il est vrai qu'on les compte) redeviennent, dans les entretiens familiers, ce qu'ils ont toujours été: des Grecs doués d'une finesse et d'une sagacité héréditaires.

Le dîner me parut court, pourtant il dura longtemps; notez qu'au moment de nous mettre à table je voyais les convives pour la première fois, et le maître de la maison pour la seconde.

Ceci n'est pas une remarque indifférente, car une grande et vraie politesse peut seule mettre si vite à son aise un étranger. Entre tous les souvenirs de mon voyage, celui de cette journée me restera comme un des plus agréables.

Au moment de quitter Moscou pour n'y revenir qu'en passant, je ne crois pas inutile de vous peindre le caractère des Russes tel que j'ai pu me le représenter après un séjour assez court, à la vérité, dans leur pays, mais employé sans relâche à observer attentivement une multitude de personnes et de choses, et à comparer avec un soin scrupuleux beaucoup de faits divers (1). La variété des objets qui passent sous les yeux d'un voyageur aussi favorisé par les circonstances et aussi actif que je le suis quand ma curiosité est excitée, supplée jusqu'à un certain point au loisir et au temps qui m'ont manqué. Vous savez, je vous l'ai dit souvent, que je ne comptais dans l'admiration; ce penchant naturel doit donner quelque crédit à mes jugements quand je n'admire pas.

En général les hommes de ce pays ne me paraissent pas disposés à la probité; ils n'y croient guère, ils la nieraient s'ils l'osaient, et s'ils ne la nient pas, ils la méprisent, parce qu'ils n'en ont pas la mesure en eux-mêmes. Ils ont plus de finesse que de délicatesse, [illegible] que de [illegible], plus de souplesse que de laisser-aller, plus de grâce que de tendresse, de perspicacité que d'invention, plus d'esprit que d'imagination, plus d'observation que d'esprit, et de calcul plus que tout. Ils travaillent non pour arriver à un résultat utile aux autres, mais pour obtenir une récompense; le feu créateur leur est refusé, l'enthousiasme qui produit la [illegible] leur manque, la source des sentiments qui n'ont besoin que d'eux-mêmes [illegible] et pour [illegible] leur est inconnue. [illegible] le mobile de l'intérêt, de la crainte et de la vanité, vous leur ôtez l'action; s'ils entrent dans l'empire des arts, ce sont des esclaves de service dans un palais; les saintes solitudes du génie leur restent inaccessibles; le chaste amour du beau ne leur suffit pas.

Il en est de leurs actions dans la vie pratique comme de leurs créations dans le monde de la pensée; où triomphe la ruse, la magnanimité passe pour duperie.

La grandeur d'âme, je le sais, cherche sa récompense en elle-même; mais si elle ne demande rien, elle commande beaucoup, car elle veut rendre les hommes meilleurs: ici elle les rendrait pires, parce qu'on la prendrait pour un masque. La clémence s'appelle faiblesse chez un peuple endurci par la terreur, rien ne le désarme que la peur; la sévérité implacable lui fait plier les genoux, le pardon au contraire lui ferait lever la tête; on ne saurait le convaincre, on ne peut que le subjuguer; incapable de fierté, il peut être audacieux: il se révolte contre la douceur, il obéit à la férocité, qu'il prend pour de la force.

Ceci m'explique le système de gouvernement adopté par l'Empereur, sans toutefois me le faire approuver: ce prince sait et fait ce qu'il faut pour être obéi; mais en politique je n'admire pas le nécessaire; c'est l'école des nations que je demande aux gouvernements. Ici la discipline est le but, ailleurs elle n'est que le moyen. Est-il pardonnable à un prince de ne pas suivre les bonnes inspirations de son cœur, parce qu'il croirait dangereux de manifester des sentiments trop supérieurs à ceux de son peuple? A mes yeux, la pire des faiblesses c'est celle qui rend impitoyable. Rougir de la magnanimité, c'est s'avouer indigne de la toute-puissance.

Les peuples ont besoin qu'on leur rappelle incessamment ce qui vaut mieux que le monde; comment leur faire croire en Dieu, si ce n'est par le pardon? La prudence ne devient une vertu qu'autant qu'elle n'en exclut pas une plus haute. Si l'Empereur n'a pas dans le cœur plus de clémence qu'il n'en fait paraître dans sa politique, je plains la Russie; et si ses sentiments sont supérieurs à ses actes, je plains l'Empereur.

Les Russes, lorsqu'ils sont aimables, ont dans les manières une séduction qu'on subit en dépit de toute prévention, d'abord sans la remarquer, plus tard sans pouvoir ni vouloir s'y soustraire; définir une telle influence, ce serait expliquer l'imagination, régulariser le charme; c'est un attrait impérieux, quoique secret, une puissance souveraine qui tient à la grâce innée des Slaves, à ce don qui, dans la société, remplace tous les autres dons, et que rien ne remplace, car on peut définir la grâce pour ces mots: c'est précisément ce qui sert à se passer de tout ce qu'on n'a pas.

Figurez-vous donc la politesse française ressuscitée, et devenue réellement tout ce qu'elle paraissait; figurez-vous la plus parfaite aménité non étudiée, l'oubli de soi-même, involontaire, non appris, l'ingénuité dans le bon goût, l'apparence de l'irréflexion dans le choix, l'aristocratie élégante sans morgue, la facilité sans impertinence, l'instinct de la supériorité tempéré par la sécurité qui accompagne la grandeur... J'ai tort de chercher à définir des nuances trop fugitives, ce sont de ces délicatesses qui se sentent, il faut les deviner, et se garder de fixer par la parole leur rapide apparition; mais enfin sachez qu'on les retrouve toutes et d'autres encore dans les manières et dans la conversation des Russes vraiment distingués; et plus complétement chez ceux qui n'ont pas voyagé, mais qui, restés en Russie, se sont pourtant trouvés en contact avec quelques étrangers spirituels.

Ces agréments, ce prestige, leur donnent un souverain pouvoir sur les cœurs; tant que vous demeurez en la présence de ces êtres privilégiés, vous êtes sous le joug; et le charme est double, car vous vous imaginez être pour eux tout ce qu'ils sont pour vous, c'est là leur triomphe. Le temps, le monde n'existent plus; les engagements, les affaires, les ennuis, les plaisirs, sont oubliés, les devoirs de société abolis; un seul intérêt subsiste, celui du moment; une seule personne survit, la personne présente, qui est toujours la personne aimée. Le besoin de plaire poussé à cet excès réussit infailliblement: c'est le sublime du bon goût, c'est l'élégance la plus raffinée; et tout cela naturel comme l'instinct; cette amabilité suprême n'est point fausseté, c'est un talent qui ne demande qu'à s'exercer; pour prolonger votre illusion, il suffirait peut-être de ne pas partir; mais vous partez, tout est évanoui, excepté le souvenir que vous emportez.... Partez, partez; c'est encore le plus sûr.

Les Russes sont les premiers comédiens du monde; pour faire effet, ils n'ont pas besoin du prestige de la scène.

Tous les voyageurs leur ont reproché leur versatilité; ce reproche n'est que trop motivé: on se sent oublié au [illegible]; j'attribue ce tort à la légèreté du caractère, à l'inconsistance du cœur, mais aussi au manque d'instruction solide. Ils aiment qu'on les quitte parce qu'ils craindraient de se laisser pénétrer en se laissant approcher un peu longtemps de suite; de là l'engouement et l'indifférence qui se succèdent si rapidement chez eux. Cette inconstance apparente n'est qu'une précaution de vanité bien entendue, et assez commune parmi les personnes du grand monde dans tous les pays. Ce qu'on cache avec le plus de soin, ce n'est pas le mal, c'est le vide; on ne rougit pas d'être pervers, on est humilié

(1) [illegible] des Russes, résumé du voyage.

d'être nul; d'après ce principe, les Russes du grand monde montrent volontiers de leur esprit, de leur caractère, ce qui plaît au premier venu, ce qui nourrit la conversation pendant quelques heures; mais si vous essayez de passer derrière la décoration qui vous a ébloui d'abord, ils vous arrêtent comme un indiscret qui s'aviserait d'écarter le paravent de leur chambre à coucher, dont l'élégance aussi est tout en dehors. Ils vous accueillent par curiosité, puis ils vous repoussent par prudence.

Ceci s'applique à l'amitié comme à l'amour, à la société des hommes comme à celle des femmes. En faisant le portrait d'un Russe, on peint la nation; comme un soldat sous les armes nous donne l'idée de tout son régiment. Nulle part l'influence de l'unité dans le gouvernement et dans l'éducation n'est plus sensible qu'elle ne l'est ici. Tous les esprits y portent l'uniforme. Ah! pour peu qu'on soit jeune et facile à émouvoir, on doit bien souffrir quand on apporte chez ce peuple un cœur froid, à l'esprit aiguisé par la nature et par l'éducation sociale, la simplicité des autres peuples! Je me figure la sensibilité allemande, la naïveté confiante, l'étourderie des Français, la constance des Espagnols, la passion des Anglais, l'abandon, la bonhomie des vrais, des vieux Italiens, aux prises avec la coquetterie innée des Russes; et je plains les pauvres étrangers qui croiraient un moment pouvoir devenir acteurs dans le spectacle qui les attend ici. En affaire de cœur, les Russes sont les plus gracieuses bêtes féroces qu'il y ait sur la terre, et leurs griffes bien cachées n'ôtent malheureusement rien à leurs agréments.

Je n'ai jamais éprouvé un charme semblable, si ce n'est dans la société polonaise : nouveau rapport qui se découvre entre les deux familles! Les haines civiles ont beau séparer ces peuples, la nature les réunit en dépit d'eux-mêmes. Si la politique ne forçait l'un à opprimer l'autre, ils se reconnaîtraient et s'aimeraient.

Les Polonais sont des Russes chevaleresques et catholiques, avec la différence qu'en Pologne ce sont les femmes qui vivent, ou, pour parler avec plus de précision, qui commandent; et qu'en Russie, ce sont les hommes.

Mais ces mêmes gens, si naturellement aimables, si bien doués, ces personnes si charmantes, tombent quelquefois dans des écarts que des hommes du caractère le plus vulgaire éviteraient.

Vous ne sauriez vous représenter la vie de plusieurs des jeunes gens les plus distingués de Moscou. Ces hommes qui portent des noms et appartiennent à des familles connues dans l'Europe entière, se perdent dans des excès inqualifiables; on les voit hésiter jusqu'à la mort entre le sérail de Constantinople et la halle de Paris.

On ne comprend pas qu'ils résistent six mois au régime qu'ils adoptent pour toute la vie, et continuent avec une constance qui serait digne du ciel, si elle s'appliquait à la vertu. Ce sont des tempéraments faits exprès pour l'*enfer anticipé* : c'est ainsi que je qualifie la vie d'un débauché de profession à Moscou.

Au physique le climat, au moral le gouvernement de ce pays dévorent en germe ce qui est faible; tout ce qui n'est pas robuste ou stupide succombe en naissant; il ne reste debout que les brutes et les natures fortes dans le bien comme dans le mal. La Russie est la patrie des passions effrénées ou des caractères débiles, des révoltés ou des automates, des conspirateurs ou des machines; ici point d'intermédiaire entre le tyran et l'esclave, entre le fou et l'animal; le juste milieu est inconnu, la nature n'en veut pas; l'excès du froid comme celui du chaud pousse l'homme dans les extrêmes. Ce n'est pas à dire que les âmes fortes soient moins rares en Russie qu'ailleurs, au contraire, elles y sont plus rares, grâce à l'apathie du grand nombre. Les Russes n'ont pas toutes les facultés qui répondent à toutes leurs ambitions; l'exagération est un symptôme de faiblesse.

Nonobstant les contrastes que je viens de vous indiquer, tous se ressemblent sous un rapport : tous sont légers; parmi ces hommes du moment, l'oubli fait chaque matin avorter au réveil quelques-uns des projets du soir. On dirait que chez eux le cœur est l'empire du hasard; rien ne tient contre leur facilité à tout adopter comme à tout abandonner. Ce sont des reflets; ils rêvent et font rêver : ils ne naissent pas, ils apparaissent; ils vivent et meurent sans avoir aperçu le côté sérieux de l'existence. Ni le bien ni le mal, rien chez eux n'a de réalité. Ils peuvent pleurer, ils ne peuvent pas être malheureux. Palais, montagnes, géants, sylphes, passions, solitude, foule brillante, bonheur suprême, douleur sans bornes : un quart d'heure de conversation avec eux vous fait passer devant les yeux de l'esprit tout un univers. Leur regard prompt et dédaigneux parcourt sans y rien admirer les produits de l'intelligence humaine pendant des siècles; ils pensent se mettre au-dessus de tout, parce qu'ils méprisent tout; leurs éloges sont des insultes : ils louent en envieux, ils se prosternent, mais toujours à regret, devant ce qu'ils croient les idoles de la mode. Puis au premier coup de vent, le nuage encensé au tableau, et le nuage se dissipe à son tour. Poussière et fumée, chaos et néant, voilà tout ce qui peut sortir de ces têtes inconsistantes.

Rien ne prend racine sur un sol si profondément mouvant. Là, tout s'efface, tout s'égalise, et le monde vaporeux où ils vivent et nous font vivre paraît et disparaît au gré de leur infirmité. Mais aussi dans cet élément fluide, rien ne finit; l'amitié, l'amour, qu'on croyait perdus, revivent évoqués d'un regard, d'un mot, à l'instant qu'on y pense le moins; à la vérité, c'est pour être révoqués aussitôt que l'on a repris à la confiance. Sous la baguette toujours agissante de ces magiciens, la vie est une fantasmagorie continuelle, c'est un jeu fatigant, mais les maladroits seuls s'y ruinent, car où tout le monde triche, personne n'est trompé : en un mot, ils sont faux comme l'eau, selon la poétique expression de Shakspeare, dont les larges coups de pinceau sont des révélations de la nature!!

Ceci m'explique pourquoi, jusqu'à présent, ils ont semblé voués par la Providence au gouvernement despotique : c'est par pitié autant que par habitude qu'on les tyrannise.

Si je ne m'adressais qu'à un philosophe tel que vous, ce serait ici le lieu d'insérer des détails de mœurs qui ne ressemblent à rien de ce que vous avez jamais lu, même en France, où l'on écrit et décrit tout; mais derrière vous je vois le public, et cette complication m'arrête : vous vous figurerez donc ce que je ne vous dis pas ou, pour parler plus juste, vous ne vous le figurerez jamais. Les excès du despotisme qui, seuls, peuvent donner lieu à l'anarchie morale que je vois régner ici, ne vous étant connus que par ouï dire, les conséquences vous en paraîtraient incroyables.

Où la liberté légale manque, la liberté illégitime ne manque jamais; où l'usage est interdit, l'abus s'introduit; déniez le droit vous suscitez la fraude; refusez la justice, vous ouvrez la porte au crime. Il en est de certaines constitutions politiques et de certaines sévérités sociales comme de la censure servie par des douaniers, lesquels ne laissent passer que les livres pernicieux parce qu'on ne se donne pas la peine de tromper pour les écrits inoffensifs.

Il suit de là que Moscou est la ville de l'Europe où le mauvais sujet du grand monde a le plus ses coudées franches. Le gouvernement de ce pays est trop éclairé pour ne pas savoir que, sous le pouvoir absolu, il faut que la révolte éclate quelque part; or il l'aime mieux dans les mœurs que dans la politique. Voilà le secret de la licence des uns et de la tolérance des autres. Néanmoins la corruption des mœurs a ici plusieurs autres causes que je n'ai ni le temps ni le moyen de discerner.

En voici pourtant une à laquelle je dois vous rendre attentif. C'est le grand nombre de personnes bien nées, mais mal famées, qui, tombées en disgrâce pour leurs déportements, se retirent et se fixent à Moscou.

Après les orgies que notre littérature moderne s'est plue à nous dépeindre, vous savez avec quels détails, mais dans une intention morale, s'il faut en croire nos écrivains, nous devrions nous trouver experts en matière de mauvaise vie. Hé mon Dieu! je passe condamnation sur la soi-disant utilité de leur but; je tolère leurs prédications; mais j'y attache peu d'importance, vu qu'en littérature il y a quelque chose de pis que ce qui est immoral : c'est ce qui est ignoble. L'antiquité classique n'est pas morale dans le sens chrétien du mot : elle est noble, à tel point qu'elle restera éternellement le modèle du beau. Si, sous le prétexte de provoquer des réformes salutaires aux dernières classes de la société, on corrompt le goût des classes supérieures, on fait du mal. Faire parler ou seulement faire entendre aux femmes le langage des tabagies, faire aimer la grossièreté aux hommes du monde, c'est causer aux mœurs d'une nation un dommage qu'aucune réforme légale ne peut compenser. La littérature est perdue chez nous parce que nos auteurs les plus spirituels, oubliant tout sentiment poétique, tout respect du beau qu'ils écrivent pour les habitués des omnibus et des barrières, et qu'au lieu d'élever ces nouveaux juges jusqu'aux aperçus des esprits délicats et nobles, ils s'abaissent jusqu'aux appétits des esprits les plus incultes, et qui, grâce au régime où on les met, sont blasés d'avance sur tous les plaisirs raffinés. On fait de la littérature à l'eau forte, parce qu'avec la sensibilité on a perdu la faculté de s'intéresser aux choses simples; ceci est un mal plus grave que toutes les inconséquences qu'on prétend signaler dans les lois et dans les mœurs des vieilles sociétés; c'est encore une suite du matérialisme moderne, qui réduit tout à l'utile et ne voit l'utile que dans les résultats les plus immédiats, les plus positifs de la parole. Malheur au pays où les maîtres de l'art se réduisent au rôle de substitut du préfet de police!!! Lorsqu'un écrivain se voit contraint de peindre le vice, il faut au moins qu'il redouble de respect pour le goût, et qu'il se propose la vérité idéale pour type de ses figures même les plus vulgaires. Mais trop souvent, sous les protestations de nos renonciateurs moralistes, ou pour mieux dire moralisants, on reconnaît moins d'amour pour la vertu que de cynisme d'opinion, que d'indifférence pour le bon goût. La poésie manque à leurs œuvres parce que la foi manque à leur cœur. Ennoblir la peinture du vice comme l'a fait Richardson dans *Lovelace*, ce n'est pas corrompre les âmes, c'est éviter de salir les imaginations, de dégrader les esprits. Il y a là une intention morale au point de vue de l'art, et ce respect pour la délicatesse du lecteur me paraît bien autrement essentiel aux sociétés civilisées que la connaissance exacte des turpitudes de leurs bandits et des vertus et des naïvetés de leurs prostituées! Qu'on me pardonne cette excursion sur le terrain de la critique contemporaine; je me hâte de me renfermer dans les étroites et pénibles de voirs du voyageur véridique, lesquels malheureusement sont trop souvent en opposition avec les lois de la composition littéraire que je viens de vous rappeler par respect pour ma langue et pour mon pays.

Les écrits de nos peintres de mœurs les plus hardis ne sont que de bien faibles copies des originaux que j'ai journellement sous les yeux depuis que je vis en Russie.

La mauvaise foi nuit à tout, et surtout aux affaires de commerce; ici elle s'étend plus loin, elle gêne même les libertins dans l'exécution de leurs contrats les plus secrets.

Les continuelles altérations de la monnaie favorisent à Moscou tous les subterfuges, rien n'est précis dans la bouche d'un Russe, nulle promesse n'en sort bien définie ni bien garantie, et sa bourse gagne toujours quelque chose à l'incertitude de son langage. Cette confusion universelle arrête jusqu'aux transactions amoureuses, parce que chacun des deux amants connaissant la duplicité de l'autre, veut être payé d'avance; de cette défiance réciproque il résulte l'impossibilité de conclure malgré la bonne volonté des parties contractantes.

Les paysannes sont plus rusées que les femmes de la ville; quelquefois ces jeunes sauvages doublement corrompues manquent même aux premières règles de la prostitution, et ces gâte-métier se sauvent avec leur butin avant d'avoir acquitté la dette déshonorante contractée pour le recueillir.

Les bandits des autres pays tiennent à leurs serments; ils ont la bonne foi du brigandage, les courtisanes russes ou les filles perdues qui rivalisent de mauvaise conduite avec ces créatures, n'ont rien de sacré, pas même la religion de la débauche, garantie nécessaire à l'exercice de leur profession. Tant il est vrai que le commerce même le plus honteux ne peut se passer de probité.

Un officier, homme d'un grand nom et de beaucoup d'esprit, me racontait ce matin que depuis les leçons qu'il avait reçues et chèrement payées, nulle beauté villageoise, quelque ignorante, quelque ingénue qu'elle lui paraisse, ne peut le décider à risquer plus qu'une promesse : « Si tu ne te fies pas à moi, je ne me fie pas à toi : » telle est la phrase qu'il impose imperturbablement à toutes les instances qu'on lui fait.

La civilisation qui ailleurs élève les âmes, les pervertit ici. Les Russes vaudraient mieux s'ils restaient plus sauvages; policer des esclaves, c'est trahir la société. Il faut dans l'homme un fonds de vertu pour porter la culture.

Grâce à son gouvernement, le peuple russe est devenu taciturne et trompeur, tandis qu'il était naturellement doux, gai, obéissant, pacifique et beau : certes voilà de grands dons : partout où la sincérité manque, tout manque. L'avidité mongolique de cette race et son incurable défiance se révèlent dans les moindres circonstances de la vie comme dans les affaires les plus graves. Dans les pays latins la promesse est regardée comme une chose sacrée, et la parole devient un gage qui se partage également entre celui qui le donne et celui qui le reçoit. Chez les Grecs et leurs disciples les Russes, la parole d'un homme n'est que la fausse clef d'un voleur : elle sert à entrer chez les autres.

Faire le signe de la croix à tout propos dans la rue devant une image, le faire en se mettant à table, en se levant de table (ceci a lieu même chez les gens du grand monde), voilà tout ce qu'on enseigne de la religion grecque; le reste se devine.

L'intempérance (je ne parle pas seulement de l'ivrognerie des gens du peuple) est ici poussée à un degré tel qu'un des hommes les plus aimés à Moscou, un des boute-en-train de la société, disparaît chaque année pendant six semaines, ni plus, ni moins. On se demande alors ce qu'il est devenu : « Il est allé se griser!!... » et cette réponse satisfait à tout!!...

Les Russes sont trop légers pour être vindicatifs; ce sont des dissipateurs élégants. Je me plais à vous le répéter : ils sont souverainement aimables; mais leur politesse, tout insinuante qu'elle est, dégénère parfois en une exagération fatigante. Alors elle me fait regretter la grossièreté, qui du moins aurait le mérite du naturel. La première loi pour être poli, c'est de ne se permettre que les éloges qui peuvent être acceptés, les autres sont des insultes. La vraie politesse n'est qu'un code de flatteries bien déguisées; rien de si flatteur que la cordialité, car, pour pouvoir la manifester, il faut éprouver de la sympathie.

S'il y a des Russes très-polis, il y en a aussi de très-impolis; ceux-ci sont d'une indiscrétion choquante, à la manière des sauvages. Ils s'informent de but en blanc des choses les plus graves comme des bagatelles les moins intéressantes; ils vous font à la fois des questions d'enfants et d'espions; ils vous accablent de demandes inconvenantes ou puériles, ils s'enquièrent de tout. Naturellement bienveillants, les Russes ne répriment leur curiosité que par la bonne éducation et par l'habitude du grand monde; mais ceux qui ne possèdent pas ces avantages ne se lassent jamais de vous mettre sur la sellette; ils veulent savoir le but et le résultat de votre voyage; ils vous demanderont hardiment et répéteront ces interrogatoires jusqu'à satiété : « Si vous préférez la Russie aux autres pays, si vous trouvez Moscou plus beau que Paris, le palais d'hiver à Pétersbourg plus magnifique que le château des Tuileries, Tzarscoeselo plus grand que Versailles, » et avec chaque nouvelle personne à laquelle on vous présente il faut recommencer à réciter ces espèces de chapitres de catéchisme, où l'amour-propre national interroge hypocritement l'urbanité de l'étranger. Cette vanité mal déguisée m'impatiente d'autant plus qu'elle se revêt toujours d'un masque de modestie grossièrement mielleuse, destiné à me duper. Je crois m'entretenir avec un écolier rusé, mais mal appris, et qui met son indiscrétion à l'aise, vu qu'il profite dans ses rapports avec les autres de la politesse qu'il n'a pas lui-même.

On m'a fait faire connaissance avec un personnage qui m'était annoncé comme un type assez curieux à observer : c'est un jeune homme d'un nom illustre, le prince ***, fils unique d'un homme fort riche; mais ce fils dépense le double de ce qu'il a, et il traite son esprit et sa santé comme sa fortune. La vie de cabaret lui prend dix-huit heures sur vingt-quatre, le cabaret est son empire; c'est là qu'il règne, c'est sur cet ignoble théâtre qu'il déploie tout naturellement et sans le vouloir de grandes et nobles manières; il a une figure spirituelle et charmante, ce qui est un avantage partout, même dans ce monde-là où cependant le sentiment du beau ne domine pas; il est bon et malin; on cite de lui plusieurs traits d'une rare serviabilité, même d'une sensibilité touchante.

Ayant eu pour gouverneur un homme très-distingué, un vieil abbé français émigré, il est remarquablement instruit : son esprit vif est doué d'une grande sagacité, il plaisante d'une façon qui n'est qu'à lui, mais son langage et ses actions sont d'un cynisme qui paraîtrait intolérable partout ailleurs qu'à Moscou; sa physionomie agréable, mais inquiète, révèle la contradiction qu'il y a entre sa nature et sa conduite : usé de débauche avant d'avoir vécu, il est courageux dans une vie de dégradation, qui pourtant nuit au courage.

Ses habitudes de libertinage ont imprimé sur son visage les traces d'une décadence prématurée; toutefois ces ravages de la folie, non du temps, n'ont pu altérer l'expression presque enfantine de ses traits nobles et réguliers. La grâce innée dure autant que la vie; et quelque effort que fasse pour la perdre l'homme qui la possède, elle lui reste fidèle malgré lui. Vous ne trouveriez en aucun autre pays un homme qui ressemble au jeune prince ***... Mais il y en a plus d'un ici.

On le voit entouré d'une foule de jeunes gens, ses disciples, ses émules, et qui sans valoir ce qu'il vaut pour l'esprit et pour l'âme, ont tous entre eux un certain air de famille : ce sont des Russes enfin, et l'on reconnaît du premier coup d'œil qu'ils ne peuvent être que des Russes. Voilà pourquoi je vais m'astreindre à vous donner quelques détails sur la vie qu'ils mènent. Mais déjà la plume me tombe des mains, car il faut vous révéler les liaisons de ces libertins, non pas avec des filles perdues, mais avec de jeunes religieuses très-mal cloîtrées, comme vous l'allez voir; j'hésite à vous faire le récit de ces faits qui rappellent un peu notre littérature révolutionnaire de 1793 : vous vous croirez aux Visitandines de Feydeau; et à quoi bon, direz-vous, lever un coin du voile dont on devrait au contraire couvrir avec soin de tels désordres? Peut-être ma passion pour la vérité m'aveugle-t-elle, mais il me semble que le mal triomphe quand il reste secret, tandis que le mal publié est à demi vaincu; d'ailleurs, n'ai-je pas résolu de vous faire le tableau de ce pays, tel que je le vois? Ne m'accusez pas de tomber dans le défaut que je reprochais tout à l'heure aux modernes romanciers français : en montrant ce qui blesse ici la morale, je tâcherai de respecter votre goût. Après tout, ceci n'est pas une composition, c'est une description la plus complète possible. Si je voyage, c'est pour peindre les sociétés comme elles sont, non pour les représenter comme elles devraient être. La seule loi que je m'impose par délicatesse, c'est de ne faire aucune allusion aux personnes qui désirent rester inconnues. Quant à l'homme que je choisis pour modèle des mauvais sujets les plus effrontés de Moscou, vous saurez qu'il pousse le dédain du blâme jusqu'à désirer, m'a-t-il dit, de vous être représenté par moi tel que je le vois, aussi me parut-il contrarié d'échapper à la publicité quand je lui répondis que je n'écrivais rien sur la Russie. Si j'ai cité plusieurs faits racontés par lui, ce n'est pas sans me les faire confirmer par d'autres. Je ne veux pas vous laisser croire aux mensonges patriotiques des Russes bons sujets; vous finiriez par leur accorder que la discipline de l'Église grecque est plus sévère et plus efficace que ne le fut autrefois celle de l'Église catholique en France et ailleurs.

Donc, quand le hasard me fait connaître un acte atroce comme celui dont vous allez lire le récit très-abrégé, je me crois obligé de ne pas vous cacher ce crime énorme. Apprenez qu'il ne s'agit de rien moins que de la mort d'un jeune homme, tué dans le couvent de *** par les religieuses elles-mêmes. Le récit m'en fut fait hier en pleine table d'hôte, devant plusieurs personnages âgés et graves, devant des employés, des hommes en place, qui écoutaient avec une patience extraordinaire cette histoire et plusieurs autres histoires de même genre, toutes fort contraires aux bonnes mœurs; notez qu'ils n'eussent pas souffert la plus légère plaisanterie offensante pour leur dignité. Je crois donc à la vérité du fait, attesté d'ailleurs par plusieurs des personnes qui font partie du cortége du prince ***.

J'ai surnommé ce singulier jeune homme le don Juan de l'Ancien Testament, tant la mesure de sa folie et de son audace me paraît dépasser les bornes ordinaires du dévergondage chez les nations modernes : je ne saurais assez vous le répéter, rien n'est petit ni modéré en Russie ; si ce n'est pas un pays de miracles, selon l'expression de mon cicerone italien, c'est un pays de géants !...

Voici donc comment le fait m'a été raconté : un jeune homme, après avoir passé un mois entier caché dans l'enceinte du couvent de nonnes de ***, finit par s'ennuyer de l'excès de son bonheur au point d'ennuyer à son tour les saintes filles auxquelles il était redevable de ses joies et de la satiété qui leur avait succédé. Il paraissait mourant : c'est alors que les nonnes, voulant se défaire de lui, mais craignant le scandale si elles le renvoyaient se faire enterrer dans le monde, s'imaginèrent, puisqu'il était condamné, qu'il valait mieux l'achever tout de suite chez elles. Aussitôt fait que pensé.... au bout de quelques jours, le cadavre du malheureux a été retrouvé coupé en morceaux au fond d'un puits. L'affaire n'a point fait d'éclat.

S'il faut s'en rapporter aux mêmes autorités, la règle de la clôture n'est guère observée dans plusieurs des couvents de Moscou ; l'un des amis du jeune prince *** montrait hier devant moi à toute la cohorte des mauvais sujets le rosaire d'une novice oublié, disait-il, le matin même dans sa chambre, à lui ; un autre faisait trophée d'un livre de prières qu'il assurait avoir appartenu à l'une des sœurs réputées les plus saintes de la communauté de *** ... et l'auditoire applaudissait !!...

Je n'en finirais pas si je m'imposais la loi de vous redire tous les récits du même genre auxquels ces histoires ont donné lieu pendant le dîner de la table d'hôte ; chacun avait son anecdote scandaleuse à joindre à celle des autres ; et tous ces contes n'excitaient que de grands éclats de rire ; la gaieté, toujours plus exaltée par le vin d'Aï qui coulait à flots dans des coupes évasées et plus capables de satisfaire l'intempérance moscovite que nos anciens cornets à vin de Champagne, est devenue de l'ivresse ; au milieu du désordre général, le jeune prince *** et moi, nous avons seuls conservé la raison : lui, parce qu'il peut boire plus que tout le monde ; moi, parce que je ne puis pas boire du tout : je n'avais donc pas bu.

Tout à coup, le Lovelace du Kremlin se lève d'un air solennel, et, avec l'autorité que lui assurent sa fortune, son grand nom, sa jolie figure, mais surtout la supériorité de son esprit et de son caractère, il demande à l'assemblée le silence, et, à ma grande surprise, il l'obtient. Je croyais lire la description poétique d'une tempête calmée à la voix de quelque dieu païen. Le jeune dieu propose à ses amis apaisés soudain par la gravité de son aspect, d'apostiller une supplique adressée à l'autorité compétente, au nom de toutes les courtisanes de Moscou, qui remontreraient humblement que les anciens couvents de filles rivalisant de la plus damnable manière avec les *communautés profanes*, cette concurrence rend le métier facile au point qu'il ne peut plus être lucratif : les pauvres filles de joie ajouteraient respectueusement, disait le prince, que, leurs charges n'étant pas diminuées dans la même proportion que leur lucre, elles osent espérer de l'équité de messieurs *tels et tels* qu'ils voudront bien prélever sur les revenus desdits couvents une subvention devenue nécessaire, si l'on ne veut pas voir incessamment les religieuses soi-disant cloîtrées forcer les recluses civiles à leur céder la place. La motion mise aux voix est adoptée aux acclamations générales ; on demande de l'encre et du papier, et, séance tenante, le jeune fou, avec une dignité magistrale, rédige en très bon français un manifeste trop scandaleusement burlesque pour que je me permette de vous le transcrire ici mot à mot. J'en possède une copie ; mais c'est bien assez, et ce n'est trop, pour vous et pour moi, de l'analyse que vous venez de lire.

La communication de cette pièce d'éloquence fut ordonnée, et elle eut lieu séance tenante. L'auteur en fit la lecture à trois reprises et à haute et intelligible voix, en présence de toute l'assemblée, non sans recevoir les marques d'approbation les plus flatteuses.

Voilà ce qui s'est passé, ce que j'ai vu et entendu hier dans l'auberge de ***, l'une des plus achalandées de Moscou. C'était le lendemain de l'agréable dîner que j'avais fait au joli pavillon de ***. Vous le voyez, l'uniformité a beau être une loi de l'État, la nature vit de variété et défend ses droits à tout prix.

Pensez, je vous prie, que je vous épargne bien des détails, et que j'adoucis beaucoup ceux que je ne vous épargne point. Si j'étais plus vrai, on ne me lirait pas ; Montaigne, Rabelais, Shakspeare, et tant d'autres grands peintres châtieraient leur style s'ils écrivaient pour notre siècle ; à plus forte raison faut-il que ceux qui n'ont pas les mêmes droits à l'indépendance surveillent leurs expressions.

Pour raconter les mauvaises choses, l'ignorance trouve certaines paroles innocentes, qui échappent à des esprits avertis (1), comme nous le sommes ; et la pruderie des temps actuels, si elle n'est respectable, est au moins redoutable. La vertu rougit, mais l'hypocrisie rugit ; c'est plus effrayant.

Le chef de la troupe des débauchés qui campent à l'auberge de ***, car on ne peut dire qu'ils y logent, est doué d'une si parfaite élégance, son air est si distingué, sa tournure si agréable, il a tant de bon goût jusque dans ses folies, tant de bonté se peint sur son visage, tant de noblesse perce dans son maintien, et jusque dans ses discours les plus audacieux, enfin il a si bien l'air d'un mauvais sujet de grande maison, qu'on le plaint plus qu'on ne le blâme. Il domine de très-haut les compagnons de ses excès ; il ne paraît nullement fait pour la mauvaise compagnie, et l'on ne peut s'empêcher de le plaindre et de prendre intérêt à lui, quoiqu'il soit en grande partie responsable des écarts de ses imitateurs ; la supériorité, même dans le mal, exerce toujours son prestige ; que de talents, que de dons perdus ! pensais-je en l'écoutant...

Il m'avait engagé pour aujourd'hui à une partie de campagne qui doit durer deux jours. Mais je viens d'aller le trouver à son bivouac pour me dégager.

J'ai prétexté la nécessité d'avancer mon voyage à Nijni, et il m'a rendu ma liberté.

Avant de l'abandonner au cours de la folie qui l'entraîne, je veux vous le dépeindre tel qu'il vient de m'apparaître. Voici le spectacle qui m'était préparé dans la cour de l'auberge où l'on me força de descendre pour assister au décampement de la horde des libertins. Cet adieu était une vraie bacchanale.

Figurez-vous une douzaine de jeunes gens déjà plus qu'à moitié ivres, se disputant bruyamment les places de trois calèches, chacune attelée de quatre chevaux : leur chef les écrasait du geste, de la voix et de la mine. Un groupe de curieux, l'aubergiste à leur tête, suivi de tous les valets de la maison et de l'écurie, l'admiraient, l'enviaient et le bafouaient, mais s'ils se moquaient de lui, c'était tout bas et avec une apparente révérence. Lui, cependant, debout dans sa voiture découverte, jouait son rôle avec une gravité qui ne paraissait nullement affectée ; il dominait de la tête tous les groupes ; il avait placé entre ses pieds un seau, ou pour mieux dire un grand baquet plein de bouteilles de vin de Champagne frappé de glace. Cette espèce de cave portative était la provision de la route ; il voulait, disait-il, se rafraîchir le gosier, que la poussière du chemin allait dessécher. Près de partir, un de ses adjudants, qu'il appelait le général des bouchons, en avait déjà fait sauter deux ou trois, et le jeune fou prodiguait par flots aux assistants le vin des adieux, vin précieux, car c'était du meilleur vin de Champagne qu'on pût trouver à Moscou. Dans ses mains deux coupes toujours vides étaient incessamment remplies par le général des bouchons, le plus actif de ses satellites. Il buvait l'une et offrait l'autre au premier venu. Ses gens portaient la grande livrée, excepté son cocher, jeune serf qu'il avait récemment amené de ses terres. Cet homme était habillé avec une recherche peu ordinaire, et plus remarquable dans son apparente simplicité que la magnificence galonnée des autres valets. On lui voyait une chemise de soie écrue, précieux tissu qui vient de la Perse, et par-dessus cette étoffe brillait un cafetan de casimir le plus fin, bordé du plus beau velours de soie : le cafetan s'ouvrait sur la poitrine et laissait voir la soie de l'Orient, plissée à plis imperceptibles tant ils sont fins. Les dandys de Pétersbourg veulent que les plus jeunes et les plus beaux de leurs gens soient ainsi parés aux jours de fête. Le reste du costume répondait à tant de luxe ; des bottes de cuir de Torjeck, brodées au passé en superbes fils d'or et d'argent dessinant des fleurs, étincelaient aux pieds du manant ébloui de sa propre parure, et tellement parfumé que même en plein air à quelques pas de la voiture, j'étais offusqué des essences qui s'exhalaient de ses cheveux, de sa barbe et de ses habits. L'homme le plus élégant dans un salon ne porte pas chez nous d'aussi belles étoffes que celles qu'on voyait sur le dos de ce cocher modèle.

Après avoir donné à boire à toute l'auberge, le jeune maître en fait de folie se penche vers cet homme ainsi paré et lui présente une coupe écumante prête à déborder : Bois, lui dit-il... Le pauvre mougik doré ne savait, dans son inexpérience, quel parti prendre... « Bois donc, lui dit son seigneur (on m'a traduit la phrase), bois donc, maraud : ce n'est pas pour toi, coquin, que je te donne ce vin de Champagne, c'est pour les chevaux qui n'auront jamais la force de fournir toute la course au grand galop si le cocher n'est pas ivre : » et toute l'assemblée d'éclater de rire et de répondre par des hourras et des applaudissements. Le cocher ne fut pas difficile à persuader : il en était à la troisième rasade, quand son maître, le chef de la bande des étourdis, donna le signal du départ, en me renouvelant, avec une politesse exquise, l'expression de ses regrets de n'avoir pu me décider à l'accompagner dans cette partie de plaisir. Il me paraissait si noble dans ses manières que, tandis qu'il parlait, j'oubliais et son dévergondage et le lieu de la scène ; je me croyais à Versailles au temps de Louis XIV.

Il part enfin pour le château où il devait passer trois jours. Ces messieurs appellent cela une *chasse d'été*.

Vous devinerez comment ils se distraient à la campagne des ennuis de la ville ; c'est en faisant toujours la même chose : ils continuent là leur train de vie de Moscou... *tout au moins* ; ce sont les

(1) 1839.

mêmes scènes, mais avec de nouvelles figurantes. Ils emportent dans ces voyages des cargaisons de gravures d'après les plus célèbres tableaux de la France et de l'Italie, qu'ils se proposent de faire représenter avec quelques modifications de costume, par des personnages vivants.

Les villages et tout ce qu'ils contiennent sont à eux ; or, vous voyez bien que le droit du seigneur, en Russie, va plus loin qu'à l'Opéra-Comique de Paris.

L'auberge de ***, accessible à tout le monde, est située sur une des places publiques de la ville, à deux pas d'un corps de garde rempli de Cosaques dont la tenue roide, l'air triste et sévère, donne aux étrangers l'idée d'un pays où personne n'oserait rire, même le plus innocemment du monde.

Puisque je me suis imposé le devoir de vous donner de ce pays l'idée que j'en ai moi-même, je suis encore forcé de joindre au tableau que je viens de vous esquisser quelques nouveaux échantillons de la conversation des hommes que je fais passer pour un moment devant vos yeux.

L'un se vante d'être, ainsi que ses frères, fils des heiduques et des cochers de leur père, et il boit et fait boire les convives à la santé de tous ses parents... inconnus !... L'autre réclame l'honneur d'être frère... (de père) de toutes les filles de service de sa mère.

Ces turpitudes ne sont pas toutes également vraies, il y a là beaucoup de fanfaronnade sans doute ; mais inventer de pareilles infamies pour s'en targuer, c'est une corruption d'esprit qui dénote un mal profond, et pire, ce me semble, que les actions mêmes de ces libertins, tout insensées qu'elles sont.

Si l'on en croit ces messieurs, les bourgeoises de Moscou ne se conduisent pas mieux que les grandes dames.

Pendant les mois où les maris vont à la foire de Nijni, les officiers de la garnison n'ont garde de quitter la ville. C'est l'époque des rendez-vous faciles : elles y viennent ordinairement accompagnées de quelques respectables parentes à la garde desquelles les ont confiées les maris absents. On va jusqu'à payer les complaisances et le silence de ces duègnes de famille ; cette espèce de galanterie ne peut s'appeler de l'amour : point d'amour sans pudeur, tel est l'arrêt prononcé de toute éternité contre les femmes qui se trompent de bonheur et qui se dégradent au lieu de se purifier par la tendresse. Les défenseurs des Russes prétendent qu'à Moscou les femmes n'ont pas d'amants : je dis comme eux ; il faudrait se servir de quelque autre terme pour désigner *les amis* qu'elles vont ainsi chercher en l'absence des maris.

Je suis, je vous le répète, très-disposé à douter de tout ce qu'on me raconte en ce genre, mais je ne puis douter qu'on ne le raconte plaisamment et complaisamment au premier étranger venu devant vingt témoins..., et l'air de triomphe du conteur signifie : *ed anch' io, son pittore* !... et nous aussi, nous sommes civilisés !...

Plus je considère la manière de vivre de ces débauchés de haut parage, et moins je m'explique la position sociale, pour parler le langage du jour, qu'ils conservent ici malgré des écarts qui, dans d'autres pays, leur feraient fermer toutes les portes. J'ignore comment ces mauvais sujets affichés sont vus dans leurs familles, mais j'atteste qu'en public chacun leur fait fête, leur apparition est le signal de la joie générale, leur présence fait plaisir même aux hommes plus âgés qui ne les imitent pas, sans doute, mais qui les encouragent par leur tolérance. On court au-devant d'eux, c'est à qui leur donnera la main, à qui les plaisantera sur *leurs prouesses*, enfin c'est à qui leur témoignera de l'admiration à défaut d'estime.

En voyant l'accueil qu'ils reçoivent généralement, je me demande ce qu'il faudrait faire ici pour perdre la considération.

Par une marche contraire à celle des peuples libres, dont les mœurs deviennent toujours plus puritaines, si ce n'est plus pures, à mesure que la démocratie gagne du terrain dans les constitutions, on confond ici la corruption avec une institution libérale, et les mauvais sujets distingués y sont admirés autant que les hommes de la minorité le sont chez nous, quand ils ont du mérite. On les salue comme des libérateurs.

Le jeune prince *** n'a commencé sa carrière de libertin qu'à la suite d'un exil de trois ans au Caucase où le climat a ruiné sa santé. C'est au sortir du collége qu'il encourut cette peine pour avoir cassé des carreaux de vitre dans quelques boutiques de Pétersbourg ; le gouvernement, ayant voulu voir une intention politique dans ce désordre innocent, a fait, par son excessive sévérité, d'un étourdi encore enfant un homme corrompu, perdu pour son pays, pour sa famille et pour lui-même (1).

Telles sont les aberrations dans lesquelles le despotisme, le plus immoral des gouvernements, peut faire tomber les esprits.

Ici toute révolte paraît légitime, même la révolte contre la raison, contre Dieu ! Rien de ce qui sert à l'oppression n'est respectable, pas même ce qui s'appelle saint par toute la terre. Où l'ordre est oppressif, tout désordre a ses martyrs, et tout ce qui tient de l'insurrection passe pour du dévouement. Un Lovelace, un don Juan et pis encore, s'il est possible, seront érigés en réformateurs, uniquement parce qu'ils auront encouru des châtiments légaux ; tant la considération s'attache au délit quand la justice abuse !... Alors le blâme ne tombe que sur le juge. Les excès du commandement sont si énormes que toute espèce d'obéissance est en exécration, et qu'on avoue la haine des bonnes mœurs comme on dirait ailleurs : « Je déteste le gouvernement arbitraire. »

J'avais apporté en Russie un préjugé que je n'ai plus : je croyais, avec beaucoup de bons esprits, que l'autocratie tirait sa principale force de l'égalité qu'elle fait régner au-dessous d'elle ; mais cette égalité est une illusion ; je me disais et l'on me disait : Quand un seul homme peut tout, les autres hommes sont tous égaux, c'est-à-dire également nuls ; ce n'est pas un bonheur, mais c'est une consolation. Cet argument était trop logique pour n'être pas démenti par le fait. Il n'y a pas de pouvoir absolu en ce monde ; mais il y a des pouvoirs arbitraires et capricieux, or, quelque absolus que puissent devenir de tels pouvoirs, ils ne sont jamais assez puissants pour établir l'égalité parfaite parmi leurs sujets.

L'empereur de Russie peut tout en principe. Mais si cette faculté du souverain contribue à la patience de quelques grands seigneurs dont elle apaise l'envie, croyez bien qu'elle n'influe guère sur l'esprit de la masse. L'Empereur ne fait pas tout ce qu'il peut, car s'il le faisait souvent, il ne le pourrait pas longtemps ; or, tant qu'il ne le fait pas, la condition du noble qu'il laisse debout reste terriblement différente de celle du mougik ou du petit marchand écrasé par le seigneur. Je soutiens qu'il y a aujourd'hui en Russie plus d'inégalité réelle dans les conditions que dans tout autre pays de l'Europe. L'égalité au-dessous du joug est ici la règle, l'inégalité est l'exception, mais, sous le régime du caprice, l'exception l'emporte.

Les faits humains sont trop compliqués pour les soumettre à la rigueur d'un calcul mathématique, aussi vois-je régner sous l'Empereur, entre les castes qui composent l'Empire, des haines qui n'ont leur source que dans l'abus des pouvoirs secondaires, et j'y cherche en vain cette égalité fabuleuse qu'on m'annonçait.

En général, les hommes ont ici le langage doucereux : ils vous disent d'un air mielleux que les serfs russes sont les paysans les plus heureux de la terre. Ne les écoutez pas, ils vous trompent ; beaucoup de familles de serfs, dans les cantons reculés, souffrent même de la faim ; plusieurs périssent par la misère et les mauvais traitements ; partout l'humanité pâtit en Russie, et les hommes qu'on vend avec la terre pâtissent plus que les autres ; mais ils ont droit aux choses de première nécessité, nous dit-on : droit illusoire pour qui n'a aucun moyen de le faire valoir.

Il est, dit-on encore, dans l'intérêt des seigneurs de subvenir aux besoins de leurs paysans. Mais tout homme entend-il toujours bien ses intérêts ? Chez nous celui qui se conduit déraisonnablement perd sa fortune, voilà tout ; or comme ici la fortune d'un homme c'est la vie d'une foule d'hommes, celui qui régit mal ses biens fait mourir de faim des villages entiers. Le gouvernement, quand il voit des excès trop criants, et Dieu sait combien de temps il lui faut pour les apercevoir, met, pour guérir le mal, le mauvais seigneur en tutelle : mais cette mesure toujours tardive ne ressuscite pas les morts. Vous figurez-vous la masse de souffrances et d'iniquités inconnues qui doit être produite par de telles mœurs, sous une telle constitution et sous un pareil climat ? Il est difficile de respirer librement en Russie lorsqu'on songe à tant de douleurs.

Les Russes sont égaux, non devant les lois qui sont nulles, mais devant la fantaisie du souverain qui ne peut pas tout, quoi qu'on en dise ; c'est-à-dire que sur soixante millions d'hommes, il y aura un homme en dix ans choisi pour servir à prouver que cette égalité subsiste. Mais le souverain n'osant pas souvent user d'une marotte pour sceptre, succombe lui-même sous le faix du pouvoir absolu : homme borné, il se laisse dominer par des distances de lieux, par des ignorances de faits, par des coutumes, par des subalternes.

Or, remarquez que chaque grand seigneur a dans sa sphère étroite les mêmes difficultés à vaincre, avec des tentations auxquelles il lui est plus difficile encore de résister, parce qu'étant moins en vue que l'Empereur, il est moins contrôlé par l'Europe et par son propre pays : il résulte de cet ordre, ou pour parler plus juste, de ce désordre social, solidement fondé, des disparates, des inégalités, des injustices inconnues aux sociétés où la loi seule peut changer les rapports des hommes entre eux.

Il n'est donc pas vrai de dire que la force du despotisme réside dans l'égalité de ses victimes, elle n'est que dans l'ignorance de la liberté, et dans la peur de la tyrannie. Le pouvoir d'un maître absolu est un monstre toujours prêt d'en enfanter un pire : la tyrannie du peuple.

A la vérité l'anarchie démocratique ne peut durer ; tandis que la régularité produite par les abus de l'autocratie perpétue de génération en génération sous l'apparence de la bienfaisance, l'anarchie morale, le pire des maux, et l'ordonnance matérielle, le plus dangereux des biens : l'ordre civil qui voile ce désordre inhumain est un ordre trompeur.

(1) On m'assure que depuis mon retour en France il s'est marié et qu'il vit très-raisonnablement. (*Note de l'Auteur.*)

La discipline militaire appliquée au gouvernement de l'État est encore un puissant moyen d'oppression, et c'est elle qui plus que la passion de l'égalité fait en Russie la force abusive du souverain. Mais cette force redoutable ne se tourne-t-elle pas souvent contre celui qui en use? Tels sont les maux dont la Russie est incessamment menacée : anarchie populaire poussée jusqu'à ses dernières conséquences, si la nation se révolte; et si elle ne se révolte pas, prolongation de la tyrannie qu'elle subit avec plus ou moins de rigueur selon les temps et les localités.

N'oubliez pas, pour bien apprécier les difficultés de la situation politique de ce pays, que le peuple sera d'autant plus terrible dans sa vengeance qu'il est plus ignorant, et que sa patience a duré plus longtemps. Un gouvernement qui ne rougit de rien, parce qu'il se pique de faire ignorer tout et qu'il s'en arroge la force, est plus effrayant que solide : dans la nation, malaise; dans l'armée, abrutissement; dans le pouvoir, terreur partagée par ceux même qui se font craindre le plus; servilité dans l'Église, hypocrisie dans les grands, ignorance et misère dans le peuple, et la Sibérie pour tous : voilà le pays tel que l'ont fait la nécessité, l'histoire, la nature, la Providence, toujours impénétrable en ses desseins...

Et c'est avec un corps si caduc que ce géant, à peine sorti de la vieille Asie, s'efforce aujourd'hui de peser de tout son poids dans la balance de la politique européenne (1)!...

Par quel aveuglement, avec des mœurs bonnes à civiliser les Boukares et les Kirguises, ose-t-on bien s'imposer la tâche de gouverner le monde? Bientôt on voudra être non-seulement au niveau, mais au-dessus des autres nations. On voudra, on veut dominer dans les conseils de l'Occident, tout en comptant pour rien les progrès qu'a faits la diplomatie depuis trente ans en Europe.

Elle est devenue sincère : ici on ne respecte la sincérité que chez les autres, et comme une chose utile à qui n'en use pas.

À Pétersbourg, mentir c'est faire un acte de bon citoyen; dire la vérité, même sur les choses les plus indifférentes en apparence, c'est conspirer. Vous perdrez la faveur de l'Empereur, si vous avouez qu'il est enrhumé du cerveau, et vos amis, au lieu de vous plaindre, diront : Il faut convenir qu'il a été bien imprudent (2). Le mensonge, voilà le repos, voilà le bon ordre, l'ami de la constitution; voilà le vrai patriote!.... La Russie est un malade qu'on traite par le poison.

Vous voyez d'un coup d'œil toute la résistance que devait opposer à cette invasion masquée l'Europe rajeunie par cinquante ans de révolutions et mûrie par trois cents ans de discussions plus ou moins libres. Elle remplit ce devoir, vous savez comment!

Mais encore une fois qui a pu forcer ce colosse si mal armé à venir se battre ainsi sans cuirasse, à guerroyer ou du moins à lutter en faveur d'idées qui ne l'intéressent pas, d'intérêts qui n'existent pas encore pour lui? car l'industrie même ne fait que de naître en Russie.

Ce qui l'y force, c'est uniquement le caprice de ses maîtres, et la gloriole de quelques grands seigneurs qui ont voyagé. Ainsi ce jeune peuple et ce vieux gouvernement courent ensemble tête baissée au-devant des embarras qui font reculer les sociétés modernes et leur font regretter le temps des guerres politiques, les seules connues dans les anciennes sociétés. Malencontreuse vanité de parvenu! vous êtes à l'abri des coups, vous vous y exposez sans mission.

Quelles seront les terribles conséquences de la vanité politique de quelques hommes?.... Ce pays, martyr d'une ambition qu'à peine il comprend, tout bouillonnant, tout saignant, tout pleurant au dedans, veut paraître calme pour devenir fort; blessé, il cache ses plaies!.... et quelles plaies? un cancer dévorant! Cependant ce gouvernement chargé d'un peuple qui succombe sous le joug ou qui brise tout frein, s'avance d'un front serein contre des ennemis qu'il va chercher gratuitement; il leur oppose un air calme, une allure fière, un langage ferme, menaçant, ou du moins un langage qui peut faire soupçonner une pensée menaçante..... et tout en jouant cette comédie politique il se sent le cœur piqué des vers (3).

Ah! je plains la tête d'où partent et où répondent les mouvements d'un corps si peu sain!.... Quel rôle à soutenir! Défendre par de continuelles supercheries une gloire fondée sur des fictions ou tout au moins sur des espérances!! Quand on pense qu'avec moins d'efforts on ferait un vrai grand peuple, de vrais grands hommes, un vrai héros, on n'a plus assez de pitié pour le malheureux objet des appréhensions et de l'envie de l'univers, pour l'empereur de Russie, qu'il s'appelle Paul, Pierre, Alexandre ou Nicolas!

Ma pitié va plus loin, elle s'étend jusqu'à la nation tout entière : il est à craindre que cette société, égarée par l'aveugle orgueil de ses chefs, ne s'enivre du spectacle de la civilisation avant d'être civilisée : il en est d'un peuple comme d'un homme : pour que le génie moissonne, il faut qu'il laboure, il faut qu'il se soit préparé par de profondes et solitaires études à porter la renommée.

La vraie puissance, la puissance bienfaisante n'a pas besoin de finesse. D'où vient donc toute celle que vous dépensez? elle vient du venin que vous renfermez en vous-même et que vous ne nous cachez qu'à peine. Que de ruses, que de tromperies toujours trop innocentes! que de voiles toujours trop transparents ne faut-il pas mettre en usage pour déguiser une partie de votre but et pour vous faire tolérer dans un rôle usurpé! Vous, les régulateurs des destinées de l'Europe, y pensez-vous? Vous, défendre la cause de la civilisation chez des nations supercivilisées quand le temps n'est pas loin où vous étiez vous-mêmes une horde disciplinée par la terreur, et commandée par des sauvages.... à peine masqués! Ah! c'est un problème trop dangereux à résoudre; vous vous êtes immiscés dans un emploi qui passe les forces humaines. En remontant à la source du mal, on trouve que toutes ces fautes ne sont que l'inévitable conséquence du système de fausse civilisation adopté il y a cent cinquante ans par Pierre Ier. La Russie ressentira les suites de l'orgueil de cet homme plus longtemps qu'elle n'admirera sa gloire; je le trouve plus extraordinaire qu'héroïque, et c'est ce que beaucoup de bons esprits reconnaissent déjà sans oser l'avouer tout haut.

Si le czar Pierre, au lieu de s'amuser à habiller des ours en singes, si Catherine II, au lieu de faire de la philosophie de boudoir, si tous les souverains de la Russie enfin eussent voulu civiliser leur nation par elle-même, en cultivant lentement les admirables germes que Dieu avait déposés dans le cœur de ces peuples, les derniers venus de l'Asie, ils auraient moins ébloui l'Europe, mais ils auraient acquis une gloire plus durable et plus universelle, et nous verrions aujourd'hui cette nation continuer sa tâche providentielle, c'est-à-dire la guerre aux vieux gouvernements de l'Asie. La Turquie d'Europe elle-même subirait cette influence sans que les autres États pussent se plaindre de l'accroissement d'un pouvoir réellement bienfaisant; au lieu de cette force irrésistible, la Russie n'a aujourd'hui chez nous que la puissance que nous lui accordons, c'est-à-dire celle d'un parvenu plus ou moins habile à faire oublier son origine, sa fortune, et valoir son crédit apparent. La souveraineté sur des peuples plus barbares et plus esclaves qu'elle-même lui est due, elle est dans ses destinées, elle est écrite, passez-moi l'expression, dans les fastes de son avenir; son influence sur des peuples plus avancés est précaire.

Mais à présent que cette nation a *dérayé* (1) sur la grande voie de la civilisation, nul homme ne peut lui faire reprendre sa ligne. Dieu seul sait où il l'attend : voilà ce que je pressentais à Pétersbourg, et ce que je vois clairement à Moscou.

Il faut le répéter, Pierre le Grand, ou plutôt l'impatient, fut la cause première de cette erreur, et l'admiration aveugle dont il est encore aujourd'hui l'objet justifie l'émulation de ses successeurs, qui croient lui ressembler, parce qu'ils éternisent la fausse politique de ce demi-génie, rival acharné des Suédois, plutôt que régénérateur des Russes. Copier éternellement les autres nations, afin de paraître civilisé avant de l'être, voilà la tâche imposée par lui à son pays.

Il faut l'avouer, le résultat immédiat de ses plans tient du prodige. Comme directeur de spectacle, le czar Pierre est le premier des hommes; mais l'action positive de ce génie aussi barbare, aussi dénué de cœur, quoique plus instruit que les esclaves qu'il discipline, est lente et pernicieuse; c'est aujourd'hui seulement qu'elle s'accomplit et qu'on peut la juger définitivement. Le monde n'oubliera pas que les seules institutions d'où la liberté russe pouvait naître, les deux chambres, ont été abolies par ce prince.

Dans tous les genres, dans les arts, dans les sciences, dans la politique, il n'y a de grands hommes que par comparaison. Voilà pourquoi il y est tel pays où à certaine époque on fut grand homme à peu de frais. Le czar Pierre est arrivé dans un de ces pays-là, non qu'il n'eût un caractère élevé et d'une force extraordinaire, mais son esprit minutieux bornait ses vues et ses volontés. Le mal qu'il a fait lui survit, car il a forcé ses héritiers de jouer la comédie sans cesse comme il la jouait lui-même. Quand il n'y a point d'humanité dans les lois, et, ce qui est pis, point d'inflexibilité dans l'application des lois, le souverain succombe à sa propre justice; ce qui n'empêche pas les Russes de nous répéter avec emphase, à tout propos, que la peine de mort est abolie chez eux; d'où ils nous

(1) Nous ne cessons de rappeler à l'esprit du lecteur la date de ces lettres.

(2) C'est ce qui arrive en ce moment au prince Dolgorouki, auteur de la brochure intitulée : *Notice sur les principales familles de la Russie*. Dans cette brochure, l'écrivain, en faveur duquel proteste le *Journal des Débats*, vient d'oser imprimer ce que tout le monde sait : c'est que les Romanow, moins nobles que lui, sont montés sur le trône au commencement du XVII.e siècle, par l'effet d'une élection [illegible] contre les Troubetzkoï, élus d'abord, et contre les prétentions de plusieurs autres grandes familles. Cet avènement fut opéré, dit-il, moyennant quelques lettres [illegible] dans la [illegible]. Le monde a vu où ces [illegible] libérés par Pierre Ier, ont mené la Russie. Tel est le crime pour lequel un grand seigneur peut être aujourd'hui exilé en Sibérie, à Viatka!

Il n'est point exilé, l'Empereur lui a [illegible] [illegible], [illegible], qui ne [illegible] en [illegible] [illegible] [illegible]. (*Voir le Journal de Francfort et la Gazette d'Augsbourg*.)

(3) Au point de [illegible], ce gouvernement n'a pas fait un pas : je le retrouve où je l'ai laissé alors. (*Note de l'Auteur*.)

(1) *Voir ce mot dans Rabelais, Pantagruel*, livre III, chapitre [illegible], page [illegible]. Dans la première édition j'avais mis *déraillé*.

Paris — Imprimerie Walder, rue Bonaparte, 44.

obligent à conclure, selon eux, que la Russie est de toutes les nations de l'Europe la plus civilisée... juridiquement parlant.

Ces hommes d'apparence comptent pour rien le knout où libèrera et son cent un coups! Ils en ont le droit : l'Europe ne les voit pas donner. Ainsi dans ce royaume des façades, des misères ignorées, des cris sans échos, des réclamations sans résultat, la jurisprudence même sera devenue une illusion d'amour-propre, et contribuera pour sa part à l'heureux effet d'optique de la grande mécanique à coulisses qu'on montre aux étrangers sous le nom de l'Empire russe. Et voilà où peuvent tomber la politique, la religion, la justice, l'humanité, la sainte vérité, chez une nation si pressée de monter sur le vieux théâtre du monde, qu'elle aime mieux n'être rien pour agir tout de suite, que de se préparer lentement dans une féconde obscurité à devenir quelque chose pour agir plus tard! Les rayons du soleil mûrissent le fruit, mais ils brûlent la graine.

Je pars demain pour Nijni. Si je prolongeais mon séjour à Moscou, je ne pourrais plus voir cette foire dont le terme approche. Je ne finirai ma lettre que ce soir, en revenant de Pétrowski, où je vais entendre les bohémiens russes.

Je viens de choisir dans l'auberge une chambre que je garderai pendant mon absence, parce que je suis parvenu à m'y faire une cachette pour y déposer tous mes papiers, car je n'oserais m'aventurer sur le chemin de Kazan avec tout ce que j'ai écrit depuis mon départ de Pétersbourg; et je ne connais personne ici à qui je voulusse confier ces dangereuses lettres. L'exactitude dans le récit des faits et l'indépendance dans les jugements, la vérité enfin, est ce qu'il y a de plus suspect en Russie; c'est de cela qu'est peuplée la Sibérie... sans oublier pourtant le vol et l'assassinat, association qui aggrave d'une manière infâme le sort des condamnés politiques et contribue à fausser le jugement des peuples.

(*Suite de la même lettre.*)

Le même jour, à minuit.

Je reviens de Pétrowski, où j'ai vu la salle de danse qui est belle : elle s'appelle, je crois, le Waux-Hall. Avant l'ouverture d'un bal qui m'a paru assez triste, on m'a fait entendre les bohémiens russes. Ce chant sauvage et passionné a quelques rapports éloignés avec celui des gitanos d'Espagne. Les mélodies du Nord sont moins voluptueuses, moins vives que les mélodies andalouses, mais elles produisent une impression de mélancolie plus profonde. Il y en a qui veulent être gaies, et celles-ci ont plus de tristesse que les autres. Les bohémiens de Moscou chantent sans instruments des chœurs qui ont de l'originalité, mais quand on n'entend pas le sens des paroles de cette musique expressive et nationale, on perd beaucoup.

Duprez m'a dégoûté du chant qui ne rend l'idée que par des sons; sa manière de phraser la musique et d'accentuer la parole pousse l'expression aussi loin qu'elle peut aller; la force des sentiments est centuplée par ce chant passionné, et la pensée portée sur les ailes de la mélodie, atteint aux dernières limites de la sensibilité humaine, qui prend sa source sur les confins de l'âme et du corps; ce qui ne parle qu'à l'esprit va moins loin; il y a là une admirable fusion de la sensation et de la pensée. Voilà ce que Duprez a fait de la poésie chantée; il a réalisé la tragédie lyrique, si longtemps et si vainement cherchée en France par des talents incomplets; c'est que pour réussir à faire révolution dans l'art, il fallait d'abord savoir le métier mieux que personne. Quand on a pu admirer cette merveille, on devient difficile et souvent injuste pour le reste. Il y a une foule de voix qui me font regretter les instruments. Négliger la parole comme moyen d'expression musicale, c'est abdiquer, c'est méconnaître la vraie puissance de la musique vocale, c'est en borner la puissance qui n'a été complétement et systématiquement révélée au public français que par Duprez lorsqu'il a prononcé Guillaume Tell. Voilà pourquoi ce grand artiste a sa place marquée dans l'histoire de l'art.

La nouvelle école de chant en Italie, dont Rubini est aujourd'hui le chef, revient aussi aux grands effets de l'ancienne musique par l'expression de la parole, et c'est encore Duprez qui, depuis ses brillants débuts sur le théâtre de Naples, a contribué à ce retour; car il poursuit son œuvre à travers toutes les langues et pousse ses conquêtes chez tous les peuples.

Les femmes qui faisaient les parties de dessus dans les chœurs des bohémiens ont des physionomies orientales; leurs yeux sont d'un éclat et d'une vivacité extraordinaires. Les plus jeunes m'ont paru charmantes; les autres, avec leurs rides déjà profondes quoique prématurées, leur teint de bistre, leurs cheveux noirs, pourraient servir de modèles à des peintres. Elles expriment dans leurs diverses mélodies plusieurs sentiments; elles peignent surtout admirablement la colère. On me dit que la troupe de chanteurs bohémiens que je vais trouver à Nijni est la plus distinguée de la Russie. En attendant que je puisse rendre justice à ces virtuoses ambulants, je dois dire que ceux de Moscou m'ont fait grand plaisir, surtout lorsqu'ils chantaient en chœur des morceaux dont l'harmonie m'a paru savante et compliquée.

J'ai trouvé l'opéra national un détestable spectacle représenté dans une belle salle, c'était *le Dieu et la Bayadère*, traduit en russe!... A quoi bon employer la langue du pays pour ne donner qu'un libretto de Paris défiguré?

Il y a aussi à Moscou un spectacle français où M. Hervet, dont la mère avait un nom connu à Paris, joue les rôles de Bouffé fort naturellement. J'ai vu *Michel Perrin* rendu par cet acteur avec une simplicité et une rondeur qui m'a fait grand plaisir, malgré mes souvenirs du Gymnase. Quand une pièce est vraiment spirituelle, il y a plusieurs manières de la jouer : *les ouvrages qui perdent tout en pays étranger sont ceux où l'auteur demande à l'acteur l'esprit du personnage*, et c'est ce que n'ont pas fait MM. Mélesville et Duveyrier dans le *Michel Perrin* de madame de Bawr.

J'ignore jusqu'à quel point les Russes entendent notre théâtre : je ne me fie pas trop au plaisir qu'ils ont l'air de prendre à la représentation des comédies françaises; ils ont le tact si fin qu'ils devinent la mode avant qu'elle soit proclamée; ceci leur épargne l'humiliation d'avouer qu'ils la suivent. La délicatesse de leur oreille et les sons variés de leurs voyelles, la multitude des consonnes, les divers genres de sifflements auxquels il faut s'exercer pour parler leur langue, les habituent dès l'enfance à vaincre toutes les difficultés de la prononciation. Ceux mêmes qui ne savent dire que peu de mots français les articulent comme nous. Par là ils nous font une illusion perfide; nous croyons qu'ils entendent notre langue aussi bien qu'ils la prononcent et nous sommes dans l'erreur. Le petit nombre de ceux qui ont voyagé ou qui sont nés dans un rang où l'éducation est nécessairement très-soignée, comprennent seuls la finesse de l'esprit parisien; nos plaisanteries et nos délicatesses échappent à la masse. Nous nous défions des autres étrangers, parce que leur accent nous est désagréable ou nous paraît ridicule, et pourtant, malgré la peine qu'ils ont à parler notre langue, ceux-ci nous comprennent au *fond* mieux que les Russes, dont l'imperceptible et douce *cantilène* nous séduit d'abord et les aide à nous tromper, tandis qu'ils n'ont le plus souvent que l'apparence des idées, des sentiments et de la compréhension que nous leur attribuons. Dès qu'il faudrait causer avec un peu d'abandon, conter une histoire, dépeindre une impression personnelle, le prestige cesse et la fraude apparaît au grand jour. Mais ils sont les hommes les plus habiles du monde à cacher leurs bornes : dans l'intimité, ce talent diplomatique fatigue.

Un Russe me montrait hier dans son cabinet une petite bibliothèque portative qui me paraissait un modèle de bon goût. Je m'approche de cette collection pour ouvrir un volume qui me paraît étrange; c'était un manuscrit arabe recouvert en vieux parchemin. « Vous êtes bien heureux, vous savez l'arabe? dis-je au maître de la maison. — Non, me répondit-il; mais j'ai toujours toutes sortes de livres autour de moi : cela donne bon air à une chambre. »

A peine cette naïveté lui était-elle échappée, que l'expression de mon visage lui fit sentir, malgré moi, qu'il venait de s'oublier. Alors, bien assuré qu'il était de mon ignorance, il se mit à me traduire d'invention quelques passages de ce manuscrit, et il le fit avec une volubilité, une loquèle dignes du latin du *Médecin malgré lui*; son adresse m'aurait trompé, si je n'eusse été sur mes gardes; mais je vis clairement qu'il voulait réparer sa franchise et me donner à penser, *sans le dire*, que l'aveu qu'il venait de me faire n'était qu'une plaisanterie. Cette finesse, toute profonde qu'elle était, fut perdue.

Tels sont cependant les jeux d'enfants où se réduisent les peuples, quand leur amour-propre souffrant les met en rivalité de civilisation avec des nations plus anciennes!...

Il n'y a ni ruse ni mensonge dont leur dévorante vanité ne devienne capable dans l'espoir que nous dirons en retournant chez nous : « On a pourtant eu tort d'appeler ces gens-là : les barbares du Nord. » Cette qualification ne leur sort pas de la tête : ils la rappellent à tout propos aux étrangers avec une humilité ironique; et ils ne s'aperçoivent pas que, par cette susceptibilité même, ils donnent des armes contre eux à leurs détracteurs.

Ce qui m'a le plus étonné dans la petite scène que vous venez de lire, c'est l'imperturbable sang-froid de l'homme qui la jouait. Rien ne se peint sur la figure d'un Russe qui s'observe, et tout Russe s'observe presque toujours. Son visage fut de bonne heure moulé pour toute sa vie dans la peur et dans l'intérêt; son teint presque toujours plombé, — je parle des Russes du grand monde, — ou même cuivré, se refuse à laisser percer l'émotion; sur ce front impassible comme un bronze, vous ne lisez jamais rien qui vienne du cœur, vous ne savez si l'homme qui vous parle vous aime ou s'il vous hait, si celui qui vous écoute le fait avec plaisir, ou s'il se moque de ce que vous lui dites; sur ses traits totalement privés de mouvements involontaires, tantôt arrêtés et muets comme la mort, tantôt menteurs comme la peinture, je défie l'observateur le plus expert de pénétrer au delà de ce que l'homme qui les fait jouer vous montre; or il ne vous montre jamais que ce qui suffit pour vous induire à douter de ce qu'il veut vous cacher, à douter même qu'il vous cache quelque chose. Il simule le bien, il dissimule le mal; rien n'égale son art de feindre, si ce n'est celui par lequel il sait cacher ce qu'il fait; et tout ce travail s'accomplit avec une grâce charmante; chez lui, la douceur va jusqu'aux précautions superflues, comme un chat qui se garderait d'égratigner les souris qu'il mange.

— Étonnez-vous, avec de tels talents naturels, que ce peuple ne cesse de fournir d'habiles diplomates..... du second ordre.

J'ai loué une voiture du pays pour aller à Nijni afin de ménager la mienne; mais cette espèce de tarantasse à ressorts (1) n'est guère plus solide qu'une calèche, c'est la remarque que faisait tout à l'heure une personne du pays qui était venue assister aux apprêts de mon départ. « Vous m'inquiétez, lui répliquai-je, car je suis censé de casser à chaque poste.

— Pour une longue route, je vous conseillerais d'en prendre une autre, si toutefois vous en pouviez trouver à Moscou dans cette saison; mais le voyage est si court que celle-ci vous suffira. »

Ce court voyage pour aller et revenir avec le détour que je compte faire par Troïtza et Yaroslaf est de quatre cents lieues; notez que dans ces quatre cents lieues, il y en a bien à ce qu'on m'assure cent cinquante de chemins détestables : rondins, couches d'arbres enfoncées dans la tourbe, sables profonds avec des pierres mouvantes, etc., etc., etc. A la manière dont les Russes apprécient les distances, on s'aperçoit qu'ils habitent un pays grand comme l'Europe, la Sibérie à part.

Un des traits les plus séduisants de leur caractère, à mon avis, c'est leur aversion pour les objections; ils ne connaissent ni difficultés, ni obstacles. Ils savent vouloir. En cela l'homme du peuple participe à l'humeur tant soit peu gasconne des grands seigneurs; avec sa hachette qu'il ne quitte jamais, un paysan russe triomphe d'une foule d'accidents et d'embarras qui arrêteraient les villageois de nos contrées, et il dit oui à tout ce qu'on lui demande.

LETTRE TRENTIÈME.

SOMMAIRE. — Départ de Moscou pour Nijni. — Route de l'intérieur de la Russie. — Fermes, maisons de campagne. — Aspect des villages. — Monotonie des sites. — Vie pastorale des paysans. — Femmes de la campagne bien habillées et belles. — Beauté des vieillards russes. — Aspect qu'ils donnent aux villages. — Rencontre d'un voyageur. — [illegible], attribuées aux Polonais. — Nuit d'auberge à Troïtza. — [illegible] de la [illegible]. — Pestalozzi. — Intérieur du couvent. — Pèlerins. — La Sibérie. — Saint Serge. — Souvenirs historiques. — Image de saint Serge. — Tombeau de Boris Godounoff. — Bibliothèque du couvent : les moines refusent de la montrer. — Inconvénients d'un voyage dans l'intérieur de la Russie. — Mauvaise qualité de l'eau dans toute la Russie. — Pourquoi on voyage dans ce pays. — Ce qu'est en Russie la passion du vol.

Au couvent de Troïtza, à vingt lieues de Moscou, ce 17 août 1839.

Si l'on en croyait les Russes, tous les chemins seraient bons chez eux pendant l'été, même ceux qui ne sont pas des grandes routes : moi, je les trouve tous mauvais. Une voie inégale, quelquefois large comme un champ, quelquefois fort étroite, passe à travers des sables où les chevaux s'enfoncent jusqu'au-dessus du genou, perdent haleine, rompent leurs traits, et refusent de tirer tous les vingt pas; et si l'on sort du sable, c'est pour tomber dans des boues où se jouent de grosses pierres et d'énormes souches de bois qui brisent les voitures en dansant sous les roues, et en éclaboussant les voyageurs; voilà les chemins de ce pays en toutes saisons, excepté aux époques de l'année où ils deviennent absolument impraticables par l'excès du froid dont la rigueur rend les voyages périlleux, ou par la fonte des neiges et par les inondations, tourbillons [illegible], qui transforment les basses plaines en lacs pendant deux ou trois mois de l'année, six semaines après l'hiver et autant après l'été... le reste du temps ce sont des marécages. Ces routes, toutes semblables entre elles, sont bordées de paysages, toujours les mêmes. Deux rangées de petites maisons de bois plus ou moins ornées de ciselures peintes et le pignon regardant inévitablement la rue, comme un soldat qui présente les armes; chaque maison est flanquée d'un bâtiment à deux fins, espèce de cour couverte, ou de vaste hangar clos de trois côtés : voilà le village russe. Toujours et partout cet unique aspect vous frappe. Les paroisses sont plus ou moins rapprochées selon que la province est plus ou moins peuplée; mais entre ces nombreux types se répètent; il en est de même du site : plaine ondulée, tantôt marécageuse, tantôt sablonneuse : quelques champs, quelques pâturages ceints de forêts de pins, tantôt éloignés, tantôt rapprochés du chemin; quelquefois bien venants, le plus souvent étiolés et grêles : voilà la nature dans ces vastes contrées..... On rencontre de loin en loin quelques maisons de campagne, quelques fermes d'assez belle apparence : deux grandes allées de bouleaux servent d'avenues à ces habitations qui sont des seigneuries, et que le voyageur salue de la route comme des oasis.

Il y a quelques provinces où la chaumière est bâtie en terre; mais alors son apparence plus misérable est pourtant encore semblable à celle des cabanes de bois; d'un bout de l'Emp[ire à] l'autre le plus grand nombre des habitations rurales est cons[truit] en longues et grosses solives mal équarries et soigneusement feutrées avec de la mousse et de la résine. La Crimée, p[a]ys to[ut] fait méridional, fait exception; d'ailleurs comparée à l'étendu[e de] l'Empire, ce n'est qu'un point perdu dans l'immensité.

La monotonie est la divinité de la Russie : néanmoins, [la] monotonie même a quelque charme pour les âmes capable[s de] jouir de la solitude : le calme est profond dans ces sites inva[riables]; il devient quelquefois sublime au milieu de la plaine dé[serte] qui n'a de bornes que celles de notre vue.

La forêt lointaine ne varie pas; elle n'est pas belle, mais [qui] peut la sonder? Quand on pense qu'elle ne finit qu'à la muraill[e de] la Chine, on est saisi de respect : la nature comme la musique [tire] une partie de sa puissance des répétitions. Étrange mystère! [c'est] par l'uniformité qu'elle fortifie les impressions; en cherchant à [en] renouveler les effets, on tombe dans le fade et dans le lo[urd]; c'est ce qui arrive aux musiciens modernes lorsqu'ils sont p[rivés] de génie; mais au contraire si l'artiste brave l'écueil de la s[im]plicité l'art redevient grand comme la nature. Le style classi[que] (ce mot est ici employé dans l'ancienne acception), n'est pas va[...]

La vie pastorale a toujours du charme : ses occupations paisi[bles] et régulières conviennent à l'homme primitif; elles maintienn[ent] longtemps la jeunesse des races. Les pâtres qui ne s'éloignent [ja]mais de leur terre natale sont sans contredit les moins à plai[ndre] des Russes. Leur beauté même, qui devient plus frappante en [ap]prochant du gouvernement d'Yaroslaf, prouve pour leur man[ière] de vivre.

J'ai rencontré, chose nouvelle pour moi en Russie, quelq[ues] paysannes fort jolies, aux cheveux d'or, au teint blanc, à la p[eau] délicate et à peine colorée, aux yeux d'un bleu pâle, mais exp[res]sifs par leur coupe asiatique et par leurs regards languissants. [Si] ces jeunes vierges, avec leurs traits semblables à ceux des [ma]dones grecques, avaient la tournure et la vivacité de mouvem[ents] des femmes espagnoles, elles seraient les créatures les plus séd[ui]santes de la terre. Un grand nombre de femmes de ce gouvern[e]ment m'ont paru bien habillées. Elles portent par-dessus leur j[upe] de drap une petite redingote bordée de fourrures. Cette cou[rte] houppelande, finissant au-dessus du genou, prend bien la taille [et] donne de la grâce à toute la personne.

Je n'ai vu en aucun pays autant de beaux fronts chauves ou [de] nobles cheveux que dans cette partie de la Russie. Les têtes [de] Jéhova, ces chefs-d'œuvre du premier élève de Léonard de Vi[nci], ne sont pas des conceptions aussi idéales que je le croyais lorsq[ue] j'admirais les fresques de Luini à Lainate, à Lugano, à Milan. [Ces] têtes se retrouvent ici vivantes au seuil de chaque cabane : de be[aux] vieillards au teint frais, aux joues pleines, aux yeux bleus et b[ril]lants, à la physionomie reposée, à la barbe d'argent qui luit [au] soleil autour d'une bouche dont elle rehausse le sourire serein [et] bienveillant, semblent autant de dieux protecteurs placés à l'ent[rée] des villages. Le voyageur, à son passage, est salué par ces nob[les] figures majestueusement assises sur la terre qui les a vues naît[re]; vraies statues antiques, emblèmes de l'hospitalité, un païen [les] adorerait; les chrétiens les admirent avec un respect involontai[re]; car, dans la vieillesse, la beauté n'est plus physique, c'est le cha[nt] triomphal de l'âme après la victoire.

Il faut venir chez les paysans russes pour retrouver la pure ima[ge] de la société patriarcale et pour remercier Dieu de l'heureuse ex[is]tence qu'il a départie, malgré les fautes des gouvernements, à c[es] créatures inoffensives dont la naissance et la mort ne sont sépar[ées] que par une longue suite d'années d'innocence.

Ah!... que l'ange ou le démon de l'industrie et des lumières [me] pardonne! je ne puis m'empêcher de trouver un grand charm[e à] l'ignorance lorsque j'en vois le fruit dans la physionomie céleste d[es] vieux paysans russes.

Ces patriarches modernes se reposent noblement au déclin [de] leur vie; travailleurs exempts de la corvée, ils se débarrassent [de] leur fardeau vers la fin du jour, et s'asseyent avec dignité sur [le] seuil de la chaumière qu'ils ont peut-être rebâtie plusieurs fois; [car] sous ce rude climat la maison de l'homme ne dure pas autant q[ue] sa vie. Quand je ne rapporterais de mon voyage en Russie que [le] souvenir de ces vieillards sans remords, appuyés contre ces port[es] sans serrures, je ne regretterais pas la peine que j'ai prise pour v[e]nir voir des créatures si différentes de tous les autres paysans [du] monde. La noblesse de la chaumière m'inspire toujours un profo[nd] respect.

Tout gouvernement fixe, quelque mauvais qu'il soit d'ailleurs, [a] son bon résultat, et tout peuple policé a de quoi se consoler des s[a]crifices qu'il fait à la vie sociale.

Néanmoins, au fond de ce calme que je partage et que j'admir[e], quel désordre! que de violence! quelle sécurité trompeuse!... (1)

(1) La voiture russe est une caisse de calèche posée, sans ressorts, sur deux brancards qui unissent le train de devant à celui de derrière.

(1) Depuis que la première édition de ce livre a paru, le fait suivant est venu [à] ma connaissance. Il est bien fait pour tempérer l'admiration que m'inspirent [...]

J'en étais là de ma lettre, quand un homme de ma connaissance, aux discours duquel on peut ajouter foi, parti de Moscou quelques heures après moi, arrive à la poste de Troïtza. Sachant que je devais passer la nuit dans ce lieu, il a fait demander à me voir pendant qu'il relayait; il vient de me confirmer ce que je savais : c'est que quatre-vingts villages ont été incendiés tout dernièrement dans le gouvernement de Sembirsk, à la suite de la révolte des paysans. Les Russes attribuent ces troubles aux intrigues des Polonais. « Quel intérêt les Polonais ont-ils à brûler la Russie? dis-je à la personne qui me racontait le fait. — Aucun, me répondit-elle, si ce n'est qu'ils espèrent attirer contre eux-mêmes la colère du gouvernement russe; tout ce qu'ils craignent, c'est qu'on les laisse en paix. — Vous me rappelez, m'écriai-je, les bandes d'incendiaires qui, au commencement de notre révolution, accusaient les aristocrates de brûler leurs propres châteaux. — Vous n'en croyez pas ma parole, répliqua le Russe; cependant j'observe de près les choses, et je sais par expérience que chaque fois que les Polonais voient l'Empereur pencher vers la clémence, ils forment de nouveaux complots; ils envoient chez nous des émissaires déguisés, et à défaut de crimes réels, ils simulent des conspirations, le tout uniquement pour attiser la haine des Russes, et pour provoquer de nouvelles condamnations contre eux et leurs concitoyens; en un mot, ils ne redoutent rien tant que le pardon, parce que la douceur du gouvernement russe changerait le cœur de leurs paysans, qui finiraient par aimer l'ennemi, s'ils en recevaient des bienfaits. — Ceci me paraît du machiavélisme héroïque, répliquai-je, mais je n'y crois pas. D'ailleurs, que ne leur pardonnez-vous, pour les punir? Vous seriez en même temps plus adroits et plus grands qu'eux. Mais vous les haïssez; et je crois bien plutôt que les Russes, pour justifier leur rancune, accusent la victime, et cherchent dans tout ce qui arrive de malheureux chez eux, quelque prétexte pour appesantir leur joug sur des adversaires dont l'ancienne gloire est un crime irrémissible; d'autant qu'il faut en convenir, la gloire polonaise n'était pas modeste. — Non plus que la gloire française, reprit malignement mon ami... (je le connaissais de Paris); mais vous jugez mal notre politique, parce que vous ne connaissez ni les Russes ni les Polonais. — Refrain ordinaire de vos compatriotes lorsqu'on ose leur dire des vérités déplaisantes; les Polonais sont faciles à connaître, ils parlent toujours, je me fie aux bavards qui disent tout, plus qu'aux hommes taciturnes qui ne disent que ce qu'on ne se soucie pas de savoir. — Il faut pourtant que vous ayez bien de la confiance en moi. — En vous personnellement, oui; mais quand je me souviens que vous êtes Russe, j'ai beau vous connaître depuis dix ans, je me reproche mon imprudence, c'est-à-dire ma franchise. — Je prévois que vous nous arrangerez mal, à votre retour chez vous. — Si j'écrivais, peut-être; mais, comme vous le dites, je ne connais pas les Russes, et je me garderai de parler au hasard de cette impénétrable nation. — C'est ce que vous pouvez faire de mieux. — A la bonne heure; mais n'oubliez pas qu'une fois connus pour être dissimulés, les hommes les plus réservés sont appréciés comme s'ils étaient démasqués. — Vous êtes trop satirique et trop pénétrant pour des barbares tels que nous. » Là-dessus mon ancien ami remonte en voiture et part au galop, et moi je remonte à ma chambre pour vous transcrire notre dialogue. Je cache mes nouvelles lettres parmi des papiers d'emballage; car j'ai toujours peur de quelque perquisition secrète ou même à force ouverte pour découvrir le fond de mes pensées; mais je me figure que ne trouvant rien dans mon écritoire ni dans mon portefeuille, on se tranquilliserait. Je vous ai dit ailleurs le soin que je prends pour éloigner le feldjæger lorsque je veux écrire; de plus, j'ai établi qu'il n'entre jamais dans ma chambre sans m'en faire demander la permission par Antonio. Un Italien peut lutter de finesse avec un Russe. Celui-ci est depuis quinze ans auprès de moi comme valet de chambre; il a la tête politique des Romains modernes, et le noble cœur des anciens. Je ne me serais pas hasardé dans ce pays avec un domestique ordinaire, ou je me serais abstenu d'écrire; mais Antonio contre-minant l'espionnage du feldjæger m'assure quelque liberté.

(*Suite de la même lettre.*)

Troïtza, ce 18 août 1839.

S'il fallait m'excuser des redites et de la monotonie, il faudrait vous demander pardon de voyager en Russie. Le retour fréquent des mêmes impressions est inévitable dans tous les voyages consciencieux; mais il l'est dans celui-ci plus que dans tout autre... Voulant vous donner l'idée la plus exacte possible du pays que je parcours, il faut que je vous dise exactement, heure par heure, ce que j'éprouve : c'est le seul moyen de justifier ce que je penserai plus tard. D'ailleurs, chaque nouvel objet qui me rappelle les mêmes idées me sert à prouver que ces idées sont justes : le décousu de la vérité est essentiel aux récits du voyageur. La méthode m'épargnerait des critiques, mais elle m'ôterait des lecteurs.

Troïtza est, après Kiew, le pèlerinage le plus célèbre et le plus fréquenté de la Russie. Situé à vingt lieues de Moscou, ce monastère historique m'a paru valoir la peine de m'y arrêter un jour, et d'y passer la nuit afin de voir en détail les sanctuaires révérés des chrétiens russes.

Mais pour m'acquitter de ma tâche, il m'a fallu ce matin un effort de raison : après une nuit comme celle que je viens de passer, on n'a plus la moindre curiosité; le dégoût physique l'emporte sur tout.

Des personnes réputées à Moscou pour impartiales, m'avaient assuré que je trouverais à Troïtza un gîte fort supportable. En effet, le bâtiment où l'on reçoit les étrangers, espèce d'auberge appartenant au couvent, mais située hors de l'enceinte sacrée, est un corps de logis spacieux et qui contient des chambres assez habitables en apparence : néanmoins à peine couché, mes précautions ordinaires se sont trouvées en défaut; j'avais gardé de la lumière selon ma coutume, et ma nuit s'est passée à me battre contre des nuées de bêtes; elles étaient noires, brunes, il y en avait de toutes les formes, et, je crois, de toutes les espèces. Elles m'apportaient la fièvre et la guerre : la mort de l'une d'entre elles semblait attirer la vengeance de son peuple, qui se ruait sur moi à la place où le sang avait coulé; je luttais en désespéré, m'écriant dans ma rage : « Il « ne leur manque que des ailes pour faire de ce lieu l'enfer! » Ces insectes laissés là par les pèlerins qui affluent à Troïtza de toutes les parties de l'Empire, pullulent à l'abri de la châsse de saint Serge, le fondateur de ce fameux couvent. La bénédiction du ciel se répand sur leur postérité, qui multiplie en cet asile sacré plus qu'en aucun autre lieu du monde. Voyant les légions que j'avais à combattre se renouveler sans cesse, je perdais courage et le mal de la peur devint pire pour moi que le mal réel; car je ne pouvais me persuader que cette hideuse armée ne renfermât pas quelques escadrons invisibles à la lueur de ma lampe et dont la présence me serait révélée au grand jour. L'idée que la couleur de leur armure protégeait ceux-ci contre mes recherches, me rendait fou : ma peau était brûlante, mon sang bouillonnait, je me sentais dévoré par d'imperceptibles ennemis : et dans ce moment, je crois que, si l'on m'eût donné le choix, j'aurais mieux aimé combattre des tigres que cette milice des gueux, qui fait leur richesse; car on jette l'argent aux mendiants de peur des présents en nature que le pauvre, s'il était rebuté, pourrait faire au riche dédaigneux. Cette milice fait souvent aussi la gloire des saints, car l'extrême austérité marche quelquefois de compagnie avec la malpropreté, alliance impie et contre laquelle les vrais amis de Dieu ne peuvent tonner assez haut. Et que deviendrai-je, moi, pécheur, stigmatisé sans profit pour le ciel par la vermine de la pénitence? me disais-je avec un accent de désespoir qui m'aurait paru comique dans un autre; me lever, marcher au milieu de ma chambre, ouvrir les fenêtres, tout cela me calmait un instant : mais le fléau me poursuivait partout. Les chaises, les tables, les plafonds, les pavés, les murs, étaient vivants; je n'osais m'approcher d'un meuble, de peur de revenir infecter ensuite tout ce qui est à moi. Mon valet de chambre est entré chez moi avant l'heure convenue, il avait éprouvé les mêmes angoisses et de plus grandes, car le malheureux ne voulant, ne pouvant pas grossir nos bagages, n'a pas de lit; il pose sa paillasse à terre afin d'éviter les canapés et les meubles du pays avec tous leurs accessoires. Si j'insiste sur ces inconvénients, c'est qu'ils vous donnent la mesure des vanteries des Russes, et du degré de civilisation matérielle où sont parvenus les habitants de la plus belle partie de cet Empire. En voyant entrer ce pauvre Antonio les yeux rapetissés, le visage enflé, je n'eus pas besoin de le questionner; sans parler, il me montra un manteau devenu brun de bleu qu'il était la veille. Ce manteau étendu sur une chaise me paraissait mobile, c'était une broderie dont les fleurs rappelaient les dessins des tapis de Perse; à cette vue, l'effroi nous saisit l'un et l'autre; l'eau, l'air, le feu, tous les éléments dont nous pouvions disposer furent mis à contribution; mais dans une pareille guerre la victoire elle-même est encore une douleur; enfin, purifié et habillé du mieux que je pus, je fis semblant de déjeuner et me rendis au couvent, où m'attendait une autre armée d'ennemis; mais cette fois la cavalerie légère, cantonnée dans les plis du froc des moines grecs, ne me causait plus la moindre frayeur, je venais de soutenir l'assaut de bien d'autres soldats; après les combats de géants de la nuit, la guerre en plein jour et les escarmouches des éclaireurs me paraissaient un jeu : pour parler sans figures, la morsure des punaises et la peur des poux m'avaient tellement aguerri contre les puces,

[illegible] des paysans russes. C'est un extrait de la *Gazette de Pétersbourg*, 4/16 mars 1839.

« Le [illegible] les fonctions de gouverneur civil de Riasan a fait rapport à M. le ministre de l'intérieur que Marie Nikiforof, paysanne du village d'[illegible], [illegible], a présenté à l'autorité des lettres qu'elle venait de recevoir de son fils [illegible] Nikiforof, soldat dans le bataillon de [illegible], et dans lesquelles il lui annonçait son projet de déserter, parce qu'il ne peut supporter plus longtemps les rigueurs de la vie militaire. Comme ce projet a été mis à exécution, Marie Nikiforof a donné avis à l'autorité du village de l'arrivée de son fils chez elle. M. le ministre de l'intérieur a fait part de ceci à M. le ministre de la guerre, qui a rapporté à S. M. l'Empereur le trait ci-dessus mentionné de la paysanne Nikiforof, sur quoi le très-clément Empereur a daigné ordonner que la femme Nikiforof, pour son [illegible] et [illegible], fût récompensée par le don d'une médaille d'argent portant cette inscription : « Pour son zèle, » et attachée au cordon de Sainte-Anne, pour être portée sur la poitrine. »

Vous voyez à quoi servent les décorations en Russie.

que je ne m'inquiétais pas plus des légères morsures de ces bêtes sacriléges, à chaque pas dans les églises et autour des trésors du couvent, que de la poudre du chemin ou de la cendre de l'âtre. Mon indifférence était telle qu'elle me fait honte à moi-même : il y a des maux auxquels on rougit de se résigner ; c'est presque avouer qu'on les mérite... Cette matinée et la nuit qui l'a précédée ont réveillé toute ma pitié pour les pauvres Français restés prisonniers en Russie, après l'incendie et la retraite de Moscou. La vermine, cet inévitable produit de la misère, est de tous les maux physiques celui qui m'inspire la plus profonde compassion. Quand j'entends dire d'un homme : il est si malheureux qu'il en est sale, mon cœur se fend. La malpropreté est quelque chose de plus que ce qu'elle paraît ; elle décèle aux yeux d'un observateur attentif une dégradation morale pire que les maux du corps ; cette lèpre, pour être jusqu'à un certain point volontaire, n'en devient que plus lamentable ; c'est un phénomène qui procède de nos deux natures : il y a en elle du moral et du physique, elle est le résultat des infirmités combinées de l'âme et du corps ; c'est tout ensemble un vice et une maladie.

J'ai eu bien souvent dans mes voyages l'occasion de me rappeler les observations pleines de sagacité de Pestalozzi ; ce grand philosophe pratique fut le précepteur des ouvriers bien avant Fourier et les saint-simoniens ; il résulte de ses observations sur la manière de vivre des gens du peuple que de deux hommes qui ont les mêmes habitudes, l'un peut être sale et l'autre propre. La netteté du corps tient à la santé, au tempérament de l'homme autant qu'au soin qu'il prend de sa personne. Dans le monde, ne voit-on pas des individus fort recherchés, et cependant fort malpropres ? Quoi qu'il en soit, il règne parmi les Russes un degré de négligence sordide ; toute nation policée devrait s'abstenir d'un tel excès de résignation : je crois qu'on est dressé la vermine à survivre au bain.

Malgré ma mauvaise humeur je me suis fait montrer en détail l'intérieur du couvent patriotique de la Trinité. Son enceinte n'a pas l'aspect imposant de nos vieux monastères gothiques. On a beau dire que ce n'est pas l'architecture qu'on vient chercher en un lieu sacré : si ces fameux sanctuaires valaient la peine d'être regardés, ils ne perdraient rien de leur sainteté ni les pèlerins de leur mérite.

Sur une éminence très-peu saillante, s'élève une ville entourée de fortes murailles crénelées : c'est le couvent. Comme les cloîtres de Moscou, il a des flèches et des coupoles dorées qui brillent au soleil, surtout vers le soir, et qui annoncent de loin aux pèlerins le but de leur pieux voyage.

Pendant la belle saison, les chemins d'alentour sont couverts de voyageurs qui marchent en procession ; et dans les villages des groupes de fidèles, couchés sous des bouleaux, mangent ou dorment à l'ombre ; à chaque pas, on rencontre un paysan chaussé d'une espèce de sandale en écorce de tilleul ; ce rustre marche souvent près d'une femme qui porte ses souliers à la main, tandis qu'elle se garantit avec une ombrelle des rayons du soleil que les Moscovites redoutent en été plus que les habitants des pays méridionaux. Une kibitka attelée d'un cheval suit au pas le ménage ambulant ; ils ont dans cet équipage de quoi se coucher et de quoi faire du thé ! La kibitka doit ressembler au chariot des anciens Sarmates. Cette voiture est d'une simplicité primitive ; la moitié d'un tonneau coupé en long est posée sur deux brancards à essieux semblables à un affût de canon : voilà le corps du char ; il est quelquefois muni d'une capote, c'est-à-dire d'une grande écuelle de bois renversée. Cette couverture d'un aspect un peu barbare est ordinairement placée en long, de côté, sur les brancards, et elle forme tout un pan de la voiture, à la façon de l'impériale d'un char à bancs suisse.

Les hommes et les femmes de la campagne qui savent se coucher partout, excepté dans des lits, cheminent étendus tout de leur long dans ces voitures légères et pittoresques ; parfois l'un des pèlerins veillant sur ceux qui dorment, s'assied les jambes pendantes au bord de la kibitka et berce de songes patriotiques ses compagnons endormis. Il fait alors entendre des chants sourds et plaintifs où le regret parle plus haut que l'espérance, regret mélancolique et jamais passionné : tout est prudent et réprimé chez ce peuple naturellement léger et enjoué, mais rendu taciturne par son éducation. Si le sort des races ne me paraissait écrit au ciel, je dirais que les Slaves étaient nés pour peupler une terre plus généreuse que celle qu'ils sont venus habiter lorsqu'ils sortirent de l'Asie, la grande pépinière des nations.

En sortant de l'hôtellerie du couvent, on traverse une place et l'on entre dans l'enceinte religieuse. On trouve là d'abord une allée d'arbres, puis quelques petites églises surnommées *cathédrales*, de hauts clochers séparés des églises dont ils dépendent, et plusieurs chapelles, sans compter de nombreux corps de logis parsemés dans l'espace, sans ordre ni dessin : c'est dans ces bâtiments dénués de style et de caractère que sont logés aujourd'hui les disciples de saint Serge.

Ce fameux solitaire fonda en 1338 le couvent de Troïtza, dont l'histoire se confond souvent avec celle de la Russie tout entière : dans la guerre contre le khan Mamaï, ce saint homme aida de ses conseils Dmitry Ivanowitch et la victoire du prince reconnaissant enrichit les moines politiques ; plus tard, leur monastère fut détruit par de nouvelles hordes de Tatars, mais le corps de saint Serge miraculeusement retrouvé sous les décombres, donna un nouveau renom à cet asile de la prière, qui fut rebâti par Nicon à l'aide des dons pieux des Czars ; plus tard encore, en 1609, les Polonais assiégèrent pendant seize mois le couvent de Troïtza, devenu à cette époque l'asile des défenseurs de la patrie ; l'ennemi ne put emporter d'assaut la sainte forteresse, il fut forcé d'en lever le siége, à la plus grande gloire de saint Serge, et à la joie pieuse de ses successeurs, qui surent bien mettre à profit l'efficacité de leurs prières. Les murailles sont surmontées d'une galerie couverte : j'en ai fait le tour ; elles ont près d'une demi-lieue et sont garnies de tourelles. Mais de tous les souvenirs patriotiques qui rendent ce lieu célèbre le plus intéressant, ce me semble, c'est celui de la fuite de Pierre le Grand, sauvé par sa mère de la fureur des strélitz, qui le poursuivirent depuis Moscou jusque dans la cathédrale de la Trinité au pied de l'autel de saint Serge, où l'attitude du jeune héros de dix ans fit rendre les armes aux soldats révoltés.

Toutes les églises grecques se ressemblent : les peintures qu'elles renferment sont toujours byzantines, c'est-à-dire sans naturel, sans vie et dès lors sans variété ; la sculpture manque partout : elle est remplacée par des dorures, des ciselures sans style : c'est riche, mais n'est pas beau ; enfin je n'y vois que des cadres où les tableaux disparaissent : c'est insipide autant que magnifique.

Tous les personnages marquants de l'histoire de Russie ont pris plaisir à enrichir ce couvent, dont le trésor regorge d'or, de diamants, de perles : l'univers a été mis à contribution pour grossir cet amas de richesses réputé une merveille, mais que je contemple avec un étonnement approchant de la stupéfaction plus que de l'admiration. Les Czars, les Impératrices, les grands seigneurs dévots, les libertins, les vrais saints eux-mêmes ont lutté de libéralité pour enrichir, chacun à sa manière, le trésor de Troïtza. Dans cette collection historique, les simples habits et les calices de bois de saint Serge brillent par leur rusticité au milieu des plus magnifiques présents, et contrastent dignement avec les pompeux ornements d'église offerts par le prince Potemkin, qui lui non plus n'a pas dédaigné Troïtza.

Le tombeau de saint Serge, dans la cathédrale de la Trinité, est d'une richesse éblouissante. Ce couvent aurait fourni un riche butin aux Français ; depuis le XIVe siècle, il n'a pas été pris.

Il renferme neuf églises qui, avec leurs clochers et leurs coupoles brillent d'un vif éclat ; mais elles paraissent petites et se perdent dans la vaste enceinte où elles sont dispersées.

La châsse du saint est en vermeil ; des colonnes d'argent et un baldaquin de même métal, don de l'impératrice Anne, la protégent. L'image de saint Serge passe pour miraculeuse ; Pierre le Grand s'en fit accompagner dans ses campagnes contre Charles XII.

Non loin de cette châsse, à l'abri des vertus du solitaire, repose le corps de l'usurpateur assassin, Boris Godounoff, entouré des restes de plusieurs personnes de sa famille. Ce couvent renferme beaucoup d'autres tombeaux fameux. Ils sont informes : c'est tout à la fois l'enfance et la décrépitude de l'art.

J'ai vu la maison de l'Archimandrite et le palais des Czars. Ces édifices n'ont rien de curieux. Aujourd'hui le nombre des moines ne s'élève, m'a-t-on dit, qu'à cent ; ils étaient autrefois plus de trois cents.

Malgré mes vives et longues instances, on n'a pas voulu me montrer la bibliothèque ; mon interprète m'a toujours fait la même réponse : « C'est défendu !... »

Cette pudeur des moines qui cachent les trésors de la science tandis qu'ils étalent ceux de la vanité, m'a paru singulière. J'ai conclu de là qu'il y avait moins de poussière sur leurs joyaux que sur leurs livres.

> Le même jour, au soir, Dernicki, hameau entre Péréslavle, petite ville de province, et Yaroslaf, capitale du gouvernement auquel cette ville donne son nom.

Il faut convenir que c'est une singulière manière d'entendre son plaisir que de voyager pour s'amuser dans un pays où il n'y a pas de grandes routes (1), pas d'auberges, pas de lits, pas même de paille pour se coucher ; car je suis obligé de remplir de foin mon matelas, ainsi que la paillasse de mon domestique ; pas de pain blanc, pas de vin, pas d'eau à boire, pas un site à contempler dans les campagnes, pas une œuvre d'art à étudier dans les villes, où le froid de l'hiver, si vous n'y prenez garde, vous gèle les joues, le nez, les oreilles, la peau du crâne, les pieds ; où, pendant la canicule, vous grillez le jour et vous grelottez la nuit ; voilà pourtant les choses divertissantes que je suis venu chercher au cœur de la Russie !

S'il fallait justifier mes plaintes, je le ferais facilement. Laissons là, pour cette fois, le mauvais goût qui règne dans les arts. J'ai parlé et je parlerai peut-être encore ailleurs du style des tableaux

(1) Ce qu'on appelle de ce nom dans le reste de l'Europe n'existe encore en Russie qu'entre Pétersbourg et Moscou, et en partie entre Pétersbourg et Riga.

lygnation et de l'espèce de joug qu'il impose à l'imagination des peintres, dont il fait des manœuvres; je ne veux m'occuper maintenant que du matériel de la vie... On ne peut appeler route un champ labouré, un gazon raboteux, un sillon tracé dans le sable, un abîme de fange, bordé de forêts maigres et mal venantes; il y a aussi des encaissements de rondins, longs parquets rustiques où les voitures et les corps se brisent en dansant comme sur une bascule, tant ces grossières charpentes ont d'élasticité. Voilà pour les chemins. Venons aux gîtes. Pouvez-vous qualifier d'auberge un nid d'insectes, un tas d'ordures? Les maisons qu'on trouve sur cette route ne sont pas autre chose : les murs y sucent les bêtes; le jour on y est mangé aux mouches, vu que les jalousies et les volets dénotant un luxe méridional sont à peu près inconnues dans un pays où l'on n'imite que ce qui brille; la nuit... vous savez quels ennemis attendent le voyageur qui ne veut pas dormir en voiture... Enfin sous un climat où les champs de froment sont des merveilles, le pain blanc n'est pas connu dans les villages. Le vin des auberges ordinairement blanc, et qu'on baptise du nom de vin de Sauterne, est rare, cher et mauvais; l'eau est malsaine à peu près dans toutes les parties de la Russie; vous perdez votre santé si vous vous fiez aux protestations des habitants, qui vous engagent à la boire sans la corriger avec des poudres effervescentes. À la vérité, dans toutes les grandes villes vous trouverez de l'eau de Seltz, luxe de boisson étrangère qui confirme ce que je vous dis de la mauvaise qualité de l'eau du pays. Toutefois cette eau de Seltz est une ressource précieuse; mais l'obligation d'en faire provision pour une route souvent assez longue est fort incommode. Pourquoi vous arrêtez-vous? disent les Russes. Faites comme nous, nous voyageons de suite... Charmant plaisir que de faire cent cinquante, deux cents, trois cents lieues sur les routes que je viens de vous décrire, sans descendre de voiture!

Quant aux paysages, ils ont peu de variété; les habitations sont si uniformes, qu'on dirait qu'il n'y a qu'un village et qu'une maison de paysan dans toute la Russie. Les distances y sont incommensurables; à la vérité les Russes les diminuent par leur manière de voyager; ne sortant de voiture qu'en arrivant au lieu de leur destination, ils s'imaginent être restés couchés chez eux pendant tout le temps du voyage, et ils s'étonnent de ne pas nous voir partager leur goût pour cette manière d'errer en dormant, qu'ils ont empruntée à leurs ancêtres les Scythes. Il ne faut pas croire que leur course soit toujours également rapide; ces gascons du Nord, au moment où ils débarquent, ne nous disent pas tout ce qui les a retardés sur la route. Les postillons mènent vite, quand ils peuvent; mais ils sont arrêtés ou du moins contrariés souvent par des difficultés insurmontables, ce qui n'empêche pas les Russes de nous vanter tous les agréments qui attendent les voyageurs dans leur pays. C'est une conspiration nationale : ils luttent d'éloges mensongers pour éblouir les étrangers, et rehausser leur patrie dans l'opinion des nations lointaines.

Moi, j'ai trouvé que même sur la chaussée de Pétersbourg à Moscou, on est mené inégalement; ce qui fait qu'au bout du voyage on n'a guère épargné plus de temps que dans les autres pays. Hors de la chaussée les inconvénients sont centuplés, les chevaux deviennent rares, et les chemins rudes à tout rompre; le soir, on demande grâce; or, quand on n'a d'autre but que de voir du pays, on se croit fou de s'imposer gratuitement tant d'ennuis, et l'on s'interroge avec une sorte de honte pour savoir ce qu'on est venu chercher dans une contrée sauvage et pourtant dénuée des poétiques grandeurs du désert. C'est la question que je me suis adressée à moi-même ce soir. Je me voyais surpris par la nuit dans un chemin doublement incommode, parce qu'il est à moitié abandonné pour une chaussée non encore achevée, qui le traverse tous les cinquante pas : à chaque instant l'on quitte et l'on retrouve cette grande route ébauchée; l'on en sort et l'on y rentre sur des ponts provisoires en rondins; ponts chancelants comme le clavier d'un vieux piano et aussi rudes que périlleux, car il y manque souvent les pièces de bois les plus essentielles; or, voici la réponse qu'une voix intérieure a fait entendre à ma question : Pour venir ici comme tu y viens, sans but déterminé, sans y être obligé, il faut avoir un corps de fer et une imagination d'enfer.

Cette réponse m'a décidé à m'arrêter, et, au grand scandale de mon postillon et de mon feldjæger, j'ai choisi mon gîte dans une petite maison de villageois d'où je vous écris. Cet asile est moins dégoûtant qu'une véritable auberge; nul voyageur ne s'arrête dans un village pareil à celui-ci, et le bois des cabanes n'y sert de refuge qu'aux insectes apportés de la forêt; ma chambre, qui est un grenier où l'on accède par une douzaine de degrés en bois, ressemble à une boîte, elle a de neuf à dix pieds en carré et de six à sept de hauteur; ce grossier réduit ressemble assez à l'entre-pont d'un petit navire, il rappelle la chaumière du fou dans l'histoire de Télémaf : toute l'habitation est faite de troncs de sapin, dont les interstices sont calfatés comme une chaloupe avec de la mousse enduite de poix; l'odeur qu'exhale ce goudron combiné avec la puanteur des choux aigres, et le parfum de l'inévitable cuir musqué qui domine dans les villages russes, m'incommode; mais j'aime mieux le mal de tête que le mal de cœur, et je préfère de beaucoup cette couchée à la grande halle replâtrée où j'ai logé dans l'auberge de Troïtza.

Cependant il n'y a pas de lits dans cette maison-ci, pas plus qu'ailleurs; les paysans dorment enveloppés dans leurs peaux de mouton sur des bancs fixés autour de la salle du rez-de-chaussée. Je viens de faire dresser dans le soupente mon lit de fer, qu'on m'a rempli d'un foin nouveau dont le parfum augmente ma migraine.

Antonio couche dans ma voiture, gardée par lui et par le feldjæger, qui n'a pas quitté son siége. Les hommes sont assez en sûreté sur les grands chemins de la Russie; mais les équipages et tous leurs accessoires paraissent de bonne prise aux paysans slaves; et sans une extrême surveillance, je pourrais bien retrouver demain matin ma calèche privée de capote, mise à nu, sans soupentes, sans rideaux, sans tablier, enfin changée en tarantasse primitive, en une vraie téléga; et pas une âme dans tout le village ne saurait ce que serait devenu le cuir volé; et si, à force de perquisitions, on le découvrait au fond de quelque hangar, le larron en serait quitte pour dire qu'il l'a trouvé! C'est l'excuse reçue en Russie; le vol y a passé dans les mœurs; aussi les voleurs conservent-ils une entière sûreté de conscience et une physionomie qui, jusqu'à la fin de la vie, exprime une sérénité à laquelle se tromperaient les anges. Leur naïf et caractéristique dicton me revient sans cesse à la pensée, comme il leur revient à la bouche : « Notre Seigneur aussi volerait s'il n'avait pas les mains percées (1). »

Ne croyez pas que le vol soit seulement le vice des paysans : il y a autant d'espèces de vol qu'il y a de rangs dans la hiérarchie sociale. Un gouverneur de province sait qu'il est menacé, comme la plupart de ses confrères, d'aller finir ses jours en Sibérie. Mais, si durant le temps qu'on le laisse en place, il a l'esprit de voler suffisamment pour pouvoir se défendre dans le procès qu'on lui fera avant de l'exiler, il se tirera d'affaire, tandis que si, par impossible, il était resté honnête homme et pauvre, il serait perdu. Cette remarque n'est pas de moi, je la tiens de la bouche de plusieurs Russes que je crois dignes de foi, mais que je m'abstiens de vous nommer. Vous jugerez comme vous pourrez du degré de confiance que méritent leurs récits.

Les commissaires des guerres trompent les soldats, et s'enrichissent en les affamant; enfin, la probité administrative serait ici dangereuse comme une satire, et ridicule comme une niaiserie.

J'espère arriver demain à Yaroslaf; c'est une ville centrale; je m'y arrêterai un jour ou deux pour trouver enfin dans l'intérieur du pays des Russes vraiment Russes; aussi ai-je eu soin, à Moscou, de me munir de plusieurs lettres de recommandation pour cette capitale d'un des gouvernements les plus intéressants de l'Empire, par sa position ainsi que par l'industrie des habitants.

LETTRE TRENTE ET UNIÈME.

SOMMAIRE. — Importance d'Yaroslaf pour le commerce intérieur. — Opinion d'un Russe sur l'architecture de son pays. — Ridicule du parvenu reproduit en grand. — Aspect d'Yaroslaf. — Promenade en terrasse au-dessus du Volga. — La campagne vue de la ville. — Toujours la passion des Russes pour l'imitation servile de l'architecture classique. — Ressemblance d'Yaroslaf et de Pétersbourg. — Beauté des villageois et de leurs habitants. — Aspect [illegible] des campagnes. — Chant lointain des mariniers du Volga. — Ton cérémonieux des gens du monde. — Nouveau coup d'œil sur le caractère des Russes. — Duplicité primitive. — Chaussure des paysans. — Sculpteurs antiques. — Insuffisance des bains russes pour entretenir la propreté. — Visite au gouverneur d'Yaroslaf. — Enfant russe, enfant allemand. — Salon du gouverneur. — Ma surprise. — Souvenirs de Versailles. — Madame de Polignac. — Rencontre invraisemblable. — Politesse exquise. — Influence de notre littérature. — Visite au couvent de la Transfiguration. — Ferveur du prince *** qui me servait de guide. — Traditions de l'art byzantin perpétuées chez les Russes modernes. — Situation de l'Église grecque. — Distinctions puériles. — Dispute sur la manière de donner la bénédiction. — Zakouska, petit repas qui précède immédiatement le dîner. — Le sterled, poisson du Volga. — Chère russe. — Bon goût de la conversation. — Souvenir de l'ancienne France. — Soirée en famille. — Conversation d'une dame française. — Supériorité des femmes russes sur leurs maris. — Justification de la Providence. — Usage d'une loterie de charité. — Ton du monde en France changé par la politique. — Profonde séparation du riche et du pauvre en Russie. — Absence d'une aristocratie bienfaisante. — Par qui en réalité la Russie est gouvernée. — L'Empereur lui-même gêné dans l'exercice de son pouvoir. — Bureaucratie russe. — Enfants des popes. — Influence de Napoléon sur l'administration russe. — Machiavélisme. — Plan de l'empereur Nicolas. — Gouvernement des étrangers. — Problème à résoudre. — [illegible] [illegible].

Yaroslaf, ce 18 août 1839.

La prédiction qu'on m'a faite à Moscou s'accomplit déjà; à peine au quart de mon voyage, j'arrive à Yaroslaf dans une voiture dont

(1) « Lycurgue considéra au larcin la vivacité, diligence, hardiesse et adresse qu'il y a à surprendre quelque chose de son voisin, et l'utilité qui revient au public que chacun en regarde plus curieusement à la conservation de ce qui est sien; et estima que de cette double institution à assaillir et à défendre, il s'en tirait du fruit à la discipline militaire (qui était la principale science et vertu à quoi il voulait dresser cette nation) de plus grande considération que n'était le désordre et l'injustice de se prévaloir de la chose d'autrui. » (Essais de Montaigne, liv. II, chap. XII, Apologie de Raimond Sebond, page [illegible]. Paris, chez F. Didot frères, [illegible].)

par une pièce s'est enfilée; on va la raccommoder, mais je doute qu'elle me porte au but.

Il fait un temps d'automne; on prétend ici que c'est celui de la saison; une pluie froide nous a emporté la canicule en un jour. L'été ne reviendra, dit-on, que l'année prochaine; cependant je suis tellement habitué aux inconvénients de la chaleur, à la poussière, aux mouches, aux mousquites, que je ne puis me croire délivré de ces fléaux par un orage... ce serait de la magie... Cette année est extraordinaire pour la sécheresse, et je me persuade que nous aurons encore des jours brûlants et étouffants, car la chaleur du Nord est plus lourde que vive.

Cette ville est un entrepôt important pour le commerce intérieur de la Russie. C'est par elle aussi que Pétersbourg communique avec la Perse, la mer Caspienne et toute l'Asie. Le Volga, cette grande route naturelle et vivante, passe à Yaroslaf, chef-lieu de la navigation nationale, navigation savamment dirigée, sujet d'orgueil pour les Russes, et l'une des principales sources de leur prospérité. C'est au Volga que se rapporte le vaste système des canaux qui fait la richesse de la Russie.

La ville d'Yaroslaf, capitale d'un des gouvernements les plus intéressants de l'Empire, s'annonce de loin comme un faubourg de Moscou. Ainsi que toutes les villes de province, en Russie, elle est vaste et paraît vide. Si elle est vaste, c'est moins par le nombre des habitants et des maisons qu'à cause de l'énorme largeur des rues, de l'étendue des places et de l'éparpillement des édifices qui sont en général séparés les uns des autres par de grands espaces où se perd la population. Le même style d'architecture règne d'un bout de l'Empire à l'autre. Le dialogue suivant vous prouvera le prix que les Russes attachent à leurs édifices soi-disant classiques.

Un homme d'esprit me disait, à Moscou, deux jours avant mon départ pour Nijni, qu'il n'avait rien vu en Italie qui lui parût nouveau.

« Parlez-vous sérieusement? m'écriai-je.

— Très-sérieusement, répliqua-t-il.

— Il me semble pourtant, repris-je, que nul homme ne peut descendre pour la première fois la pente méridionale des Alpes, sans que l'aspect du pays fasse révolution dans son esprit.

— Pourquoi cela? dit le Russe avec le ton et l'air dédaigneux qu'on prend trop souvent ici pour une preuve de civilisation.

— Quoi! répliquai-je, la nouveauté de ces paysages, qui doivent à l'architecture leur principal ornement; ces coteaux où croissent les vignes, les mûriers, les oliviers, et dont les pentes font suite aux couvents, aux palais, aux villages; ces longues rampes de piliers blancs qui supportent les treilles appelées *pergole*, et continuent les merveilles de l'architecture jusqu'au sein des montagnes les plus âpres; tout ce pompeux aspect qui vous donne l'idée d'un parc dessiné par Lenôtre, afin de servir de promenoir à des princes, plutôt que d'un pays cultivé pour fournir du pain à des laboureurs; tous ces magnifiques couvents, créations de la pensée de l'homme, appliquée à embellir la pensée de Dieu, ne vous ont pas semblé nouvelles? Les églises avec leur élégant dessin, avec leurs clochers où se reconnaît le goût classique, modifié par les habitudes féodales, tant d'édifices singuliers et grandioses dispersés dans ce superbe jardin naturel comme des fabriques placées à dessein au milieu d'un paysage, pour en faire ressortir les beautés; le grand style qui caractérise les monuments de l'Italie, et la simplicité, qui est un des traits dominants du caractère des habitants de ce beau pays d'où nous est venu tout ce que nous savons, tout ce que nous admirons et tout ce que nous adorons, ne vous ont causé nulle surprise?

« Mais ces tableaux seuls feraient deviner l'histoire. Partout d'énormes substructions, des routes portées sur des arcades aussi solides qu'elles sont légères à l'œil (1); partout des monts qui servent de base à des monastères, à des villages, à des palais annoncent un pays où l'art traite en souverain la nature. Malheur à quiconque peut poser le pied en Italie sans reconnaître à la majesté des sites, comme à celle des édifices, que ce pays est le berceau de la civilisation.

— Je me félicite, continua ironiquement mon adversaire, de n'avoir rien vu de tout cela, puisque mon aveuglement sert de prétexte à votre éloquence.

— Peu m'importerait, repris-je plus froidement, que mon enthousiasme vous eût paru ridicule, si je parvenais à réveiller en vous le sentiment du beau... Le choix seul des sites où brillent les villages, les couvents et la plupart des villes de l'Italie, me révèle le génie d'un peuple né pour les arts : dans les contrées où le commerce accumula des richesses comme à Gênes, à Venise, et comme au pied de tous les grands passages des Alpes, quel usage les habitants ont-ils fait des trésors qu'ils amassaient? Ils ont bordé les lacs, les fleuves, la mer, les précipices, de palais enchantés, espèces de quais fantastiques, remparts de marbre bâtis par des fées : ce n'est pas seulement sur les rives de la Brenta qu'on admire ces merveilles; mais on retrouve de nouveaux prodiges à tous les étages des montagnes. Tant d'églises élevées les unes sur les autres attirent les curieux par leur élégance et par le grand style de leurs peintures, tant de ponts étonnent les regards par leur hardiesse et leur solidité; le luxe de l'architecture qui brille dans tous les couvents, dans toutes les villes, dans tous les châteaux, dans les villages, dans les villas, dans les ermitages, dans les retraites de la pénitence comme dans les asiles du plaisir, du luxe et de la volupté, frappe tellement l'imagination, que la pensée du voyageur est charmée comme ses yeux dans ce pays fameux entre tous les pays du monde. La grandeur des masses, l'harmonie des lignes, là tout est nouveau pour un homme du Nord; la connaissance de l'histoire ajoute aux plaisirs des étrangers en Italie, mais la vue seule des lieux suffirait à les intéresser... La Grèce elle-même, malgré ses sublimes, et trop rares reliques, malgré la sévérité de lignes de ses paysages classiques, mais déserts, étonne moins le grand nombre des pèlerins, parce que la Grèce, telle que les âges de barbarie nous l'ont faite, paraît vide, et parce qu'elle a besoin d'être étudiée pour être appréciée; l'Italie, au contraire, n'a besoin que d'être regardée...

— Comment voulez-vous, s'écrie le Russe impatienté, que nous autres habitants de Pétersbourg et de Moscou, nous nous étonnions comme vous autres de l'architecture italienne? N'en voyons-nous point les modèles à chaque pas que nous faisons dans les moindres de nos villes? »

Confondu de cette explosion de vanité nationale, je me tus; j'étais à Moscou, l'envie de rire me gagnait et il eût été dangereux de m'y livrer : il m'en coûta pour être prudent : encore une preuve de l'influence de ce gouvernement, même sur un étranger qui prétend comme moi, à l'indépendance.

C'est absolument, pensais-je sans le dire, comme si vous ne vouliez pas regarder l'Apollon du Belvédère à Rome parce que vous en avez vu des plâtres ailleurs, ni les Loges de Raphaël parce qu'on aurait mis le Vatican en décoration sur le théâtre de l'Opéra. Ah! l'influence des Mongols survit chez vous à leur domination!! Était-ce donc pour adopter leurs préjugés que vous les avez chassés? on ne va pas loin dans les arts ni en général dans la civilisation par le dénigrement. Vous observez avec malveillance parce que le sens de la perfection vous manque. Tant que vous envierez vos modèles, vous ne les égalerez jamais. Votre Empire est immense, d'accord; mais qu'y a-t-il là dont je doive être émerveillé? je n'admire point le colosse d'un singe. C'est dommage pour vos artistes que le bon Dieu ait mis encore autre chose que de l'obéissance et de l'autorité dans les fondements des sociétés destinées à éclairer le genre humain.

Telle était la colère dont je réprimais l'explosion, mais les pensées vives se font jour à travers le front; mon dédaigneux voyageur les devina, je crois, car il ne m'adressa plus la parole, si ce n'est pour me dire nonchalamment qu'il avait vu des oliviers en Crimée et des mûriers à Kiew.

Quant à moi, je me félicite de n'être venu en Russie que pour peu de temps; un long séjour dans ce pays m'ôterait non-seulement le courage, mais l'envie de dire la vérité sur ce que j'y vois et sur ce que j'y entends. Le despotisme inspire l'indifférence et le découragement, même aux esprits les plus déterminés à lutter contre ses abus criants. D'abord il les révolte, puis il les paralyse.

Le dédain de ce qu'ils ne connaissent pas me paraît un des traits les plus prononcés du caractère des Russes. Au lieu de tâcher de comprendre, ils essaient de se moquer. S'ils réussissent jamais à mettre au jour leur vrai génie, le monde verra, non sans quelque surprise, que c'est celui de la caricature. Depuis que j'étudie l'esprit des Russes et que je parcours la Russie, ce dernier venu des États inscrits sur le grand livre de l'histoire européenne, je vois que les ridicules du parvenu peuvent exister en masse et devenir l'apanage d'une nation tout entière.

Les clochers peints et dorés, presque aussi nombreux que les maisons d'Yaroslaf, brillent de loin comme ceux de Moscou, mais la ville est moins pittoresque que ne l'est la vieille capitale de l'Empire. Le Volga la borde, et du côté de ce fleuve elle se termine par une terrasse élevée et plantée d'arbres; un chemin de service passe sous ce large boulevard, il descend de la ville au fleuve dont il coupe à angle droit le chemin de halage. Cette communication nécessaire n'interrompt pas la terrasse, qui se continue par un beau pont, au-dessus du passage ouvert aux besoins du commerce. Le pont déguisé sous la promenade ne s'aperçoit que d'en bas; cet ensemble est d'un bon effet, il ne manque à la scène, pour paraître imposante, que du mouvement et de la lumière; mais, malgré son importance commerciale, cette ville, si plate, si régulière, paraît morte; elle est triste, vide et silencieuse; moins triste, moins vide, moins silencieuse encore que la campagne qu'on aperçoit du haut de sa terrasse. Je me suis imposé l'obligation de vous faire voir tout ce que je vois : il faut donc vous décrire ce tableau, au risque de vous paraître insipide, et de vous ennuyer comme je m'ennuie à le contempler.

C'est un immense fleuve gris, aux rives abruptes comme des falaises, mais sablonneuses, peu élevées et nivelées à leur partie supérieure par d'immenses plaines grises entrecoupées de forêts de pins

(1) Témoin la ville de Bergame, les lacs Majeur et de Côme, etc., et toutes les routes [illegible] des Alpes.

et de bouleaux, unique végétation permise à ce sol glacé; c'est un ciel métallique et gris où quelques lames d'argent élargies par le vent de la pluie interrompent la monotonie des nuages de plomb qui se reflètent dans une eau gris-de-fer : tels sont les froids et durs paysages qui se déroulent aux environs d'Yaroslaf.... Ce pays est cependant aussi bien cultivé qu'il puisse l'être, et il est vanté par les Russes comme le plus riche et le plus riant de leur Empire, excepté la Crimée, qui, à ce que m'assurent des voyageurs dignes de foi, est elle-même bien loin de valoir les corniches de Gênes et les côtes de la Calabre; d'ailleurs, quelle est l'étendue et l'importance de la Crimée, comparée aux plaines de cette vaste partie du monde? Les steppes des environs de Kiew ont un beau caractère, dit-on, mais c'est une beauté dont on se lasse vite.

L'arrangement intérieur des habitations russes est raisonnable; leur aspect extérieur et le plan général des villes ne le sont pas. Yaroslaf n'a-t-il pas sa colonne comme Pétersbourg, et en face, quelques édifices percés d'un arc de triomphe en forme de porte cochère pour imiter le bâtiment de l'état-major de la capitale? Tout cela est du plus mauvais goût, et contraste d'une manière étrange avec l'architecture des églises et des clochers; ces édifices semblent appartenir à d'autres villes qu'à celles pour lesquelles on les a faits.

Plus on approche d'Yaroslaf, plus on est frappé de la beauté de la population. Les villages sont riches et bien bâtis; j'y ai même vu quelques maisons de pierre, mais ces dernières sont encore en trop petit nombre pour varier l'aspect des campagnes, dont nul objet n'interrompt la monotonie.

Le Volga est la Loire de la Russie, si ce n'est qu'au lieu de nos riants coteaux de la Touraine, glorieux de porter les plus beaux châteaux du moyen âge et de la renaissance, on ne trouve ici que des rives unies, formant des quais naturels, des terrains couverts de maisons grises, alignées comme des tentes, et qui, par leur apparence mesquine, uniforme, et leurs petites dimensions, appauvrissent le paysage plus qu'elles ne l'égaient : voilà le pays que les Russes recommandent à notre admiration.

Tantôt en me promenant le long du Volga, j'avais à lutter contre le vent du nord tout-puissant sur cette terre où il règne par la destruction, balayant devant lui la poussière avec violence pendant trois mois et la neige pendant le reste de l'année. Ce soir, dans les intervalles des bourrasques, durant les pauses où l'ennemi semblait respirer, les mélodies lointaines des mariniers du fleuve arrivaient jusqu'à mon oreille. A cette distance, les sons nasillards qui déparent le chant populaire des Russes se perdaient dans l'espace, et je n'entendais qu'une plainte vague dont mon cœur devinait le sens. Sur un long train de bois qu'ils conduisaient habilement, quelques hommes descendaient le cours du Volga, leur fleuve natal; arrivés devant Yaroslaf, ils ont voulu mettre pied à terre; quand je vis ces indigènes amarrer leur radeau pour s'avancer au-devant de moi, je m'arrêtai : ils passèrent sans regarder l'étranger, sans même échanger entre eux quelques paroles. Les Russes sont taciturnes et ne sont pas curieux; je le comprends, ce qu'ils savent les dégoûte de ce qu'ils ignorent.

J'admirais leurs physionomies fines et leurs nobles traits. Hors les hommes de race calmouke, au nez cassé, aux pommettes des joues saillantes, je vous l'ai répété souvent, les Russes sont parfaitement beaux.

Un autre agrément qui leur est naturel, c'est la douceur de la voix, la leur est toujours basse et vibrante sans effort. Ils rendent euphonique une langue qui, parlée par d'autres, serait dure et sifflante; c'est la seule des langues de l'Europe qui me paraisse perdre quelque chose dans la bouche des personnes bien élevées. Mon oreille préfère le russe des rues au russe des salons; dans les rues, le russe est la langue naturelle; dans les salons, à la cour, c'est une langue nouvellement importée, et que la politique du maître impose aux courtisans.

La mélancolie déguisée sous l'ironie est en ce pays la disposition la plus ordinaire des esprits; dans les salons surtout, car c'est là plus qu'ailleurs qu'il faut dissimuler la tristesse; de là un ton sarcastique, persifleur, et des efforts pénibles pour ceux qui les font comme pour ceux qui les voient faire. Les hommes du peuple noient leur tristesse dans l'ivrognerie silencieuse, les grands seigneurs dans l'ivrognerie bruyante. Ainsi, le même vice prend des formes diverses chez le serf et chez le maître. Celui-ci a une ressource de plus contre l'ennui : c'est l'ambition, ivresse de l'esprit. Au surplus, il règne chez ce peuple, dans toutes les classes, une élégance innée, une délicatesse naturelle; ni la barbarie, ni la civilisation, pas même celle qu'il affecte, n'ont pu lui faire perdre cette grâce primitive dont le charme est puissant.

Il faut avouer cependant qu'il lui manque une qualité plus essentielle : la faculté d'aimer. Cette faculté n'est rien moins que dominante en son cœur; aussi, dans les circonstances ordinaires, dans les petites choses, les Russes n'ont-ils nulle bonhomie; dans les grandes, nulle bonne foi; un égoïsme élégant, une indifférence polie, voilà ce qu'on trouve en eux quand on les examine de près. Cette absence de cœur est ici l'apanage de toutes les classes, et se révèle sous diverses formes, selon le rang des hommes qu'on observe; mais le fond est le même dans tous. La facilité de s'attendrir et de s'attacher, si rare parmi les Russes, domine chez les Allemands, qui l'appellent gemüth. Nous la nommerions sensibilité expansive, cordialité, si nous avions besoin de définir ce qui n'est guère plus commun chez nous que chez les Russes. La fine et naïve plaisanterie, la sociabilité française est ici remplacée par une surveillance hostile, par une malignité observatrice, par une causticité envieuse, par une tristesse satirique enfin, qui me paraît bien autrement redoutable que ne l'est notre frivolité rieuse. Ici la rigueur du climat qui oblige l'homme à une lutte continuelle, la sévérité du gouvernement, l'habitude de l'espionnage rendent les caractères mélancoliques, les amours-propres défiants. On craint toujours quelqu'un et quelque chose; le pis, c'est que cette crainte est fondée; elle ne s'avoue pas, mais elle ne se cache pas non plus, surtout aux regards d'un observateur un peu attentif et habitué, comme je le suis, à comparer entre elles des nations diverses.

Jusqu'à un certain point, la disposition d'esprit peu charitable des Russes envers les étrangers me paraît excusable. Avant de nous connaître, ils viennent au-devant de nous avec un empressement apparent, parce qu'ils sont hospitaliers comme des Orientaux, et qu'ils s'ennuient comme des Européens; mais tout en nous accueillant avec une prévenance où il y a plus d'ostentation que de cordialité, ils scrutent nos moindres paroles, ils soumettent nos actions les plus insignifiantes à un examen critique, et comme ce travail leur fournit nécessairement beaucoup à blâmer, ils triomphent intérieurement et se disent : « Voilà donc les hommes qui « se croient en tout supérieurs à nous! »

Il faut ajouter que ce genre d'étude leur plaît, car leur nature étant plus fine que tendre, il leur en coûte peu pour rester sur la défensive vis-à-vis des étrangers. Cette disposition n'exclut ni une certaine politesse, ni une sorte de grâce, mais elle est contraire à l'amabilité véritable. Peut-être qu'à force de soins et de temps, on parviendrait à leur inspirer quelque confiance, néanmoins, je doute que tous mes efforts puissent me faire atteindre à ce but, car la nation russe est une des plus légères et en même temps des plus impénétrables du monde. Qu'a-t-elle fait pour aider la marche de l'esprit humain? elle n'a pas encore eu de philosophes, de moralistes, de législateurs, de savants dont le nom marquât dans l'histoire; mais à coup sûr elle n'a jamais manqué ni ne manquera jamais de bons diplomates, d'habiles têtes politiques; et si les classes inférieures ne fournissent pas des ouvriers inventifs, elles abondent en manœuvres excellents; enfin si les domestiques capables d'ennoblir leur profession par des sentiments élevés y manquent, on y trouve en abondance d'excellents espions.

Je vous conduis à travers le dédale des contradictions, c'est-à-dire que je vous montre les choses de ce monde telles qu'elles m'apparaissent au premier et au second coup d'œil; c'est à vous que je laisse le soin de résumer, de coordonner mes remarques, afin de conclure de mes opinions personnelles à une opinion générale. Mon ambition sera satisfaite, si, en comparant et en élaguant de ce recueil une foule d'arrêts hasardés et précipités, vous pouvez formuler une opinion solide, impartiale et mûre. Je ne l'ai pas fait parce que j'aime mieux voyager que travailler; un écrivain n'est pas libre, un voyageur l'est; je raconte le voyage et vous laisse le livre à compléter et à corriger.

Les nouvelles réflexions que vous venez de lire sur le caractère russe m'ont été suggérées par plusieurs visites que j'ai faites en arrivant à Yaroslaf. Je regardais ce point central comme l'un des plus intéressants de mon voyage; voilà pourquoi, avant de quitter Moscou, je m'étais muni de diverses recommandations pour cette ville.

Vous saurez demain le résultat de ma visite chez le principal personnage du pays, car je viens d'envoyer une lettre au gouverneur. On m'a dit, ou pour parler plus juste, fait penser de lui beaucoup de mal dans les diverses maisons où j'ai été reçu ce matin. La haine qu'il excite m'inspire une curiosité bienveillante. Il me semble que les étrangers étant plus exempts de préventions, doivent juger les individus avec plus de justice que ne le font les gens du pays. Demain j'aurai une opinion sur le premier personnage du gouvernement d'Yaroslaf, et je vous la communiquerai franchement et hardiment. En attendant, occupons-nous des gens du peuple.

Les paysannes russes marchent en général nu-pieds : les hommes se servent le plus souvent d'une espèce de sabots de jonc grossièrement natté; de loin cette chaussure ressemble assez aux sandales antiques. La jambe est entourée d'un pantalon large, dont les plis arrêtés à la cheville par des bandelettes à l'antique, se perdent dans le soulier. Cet ajustement rappelle tout à fait les statues des Scythes par les sculpteurs romains. Je ne crois pas que les mêmes artistes aient jamais représenté des femmes barbares dans leur costume.

Je vous écris d'une mauvaise auberge; il n'y en a que deux qui vaillent quelque chose en Russie, et elles sont tenues par deux étrangers : la pension anglaise à Saint-Pétersbourg et madame Howard à Moscou.

Il y a même bien des maisons de particuliers où je ne m'assieds sur un divan qu'en tremblant.

J'ai vu plusieurs bains publics à Saint-Pétersbourg et à Moscou; on s'y baigne de diverses manières; quelques personnes entrent dans des chambres chauffées à un degré de chaleur qui me paraît insupportable : une vapeur pénétrante vous suffoque dans ces étuves; ailleurs des hommes nus sur des planches brûlantes sont lavés et savonnés par d'autres hommes nus; les élégants ont des baignoires comme partout; mais tant de gens affluent dans ces établissements, l'humidité chaude qu'on y fait régner incessamment y nourrit tant d'insectes, les habits qu'on y dépouille servent d'asile à tant de vermine, que rarement vous en sortez sans rapporter chez vous quelque preuve irrécusable de la sordide négligence des gens du peuple en Russie. Ce seul souvenir et la continuelle inquiétude qu'il me laisse me rend sévère dans mes jugements sur le pays entier.

Avant de se nettoyer elles-mêmes, les personnes qui font usage des bains publics devraient songer à nettoyer les maisons de bains, les baigneurs, les planches, le linge, et tout ce qu'on touche, et tout ce qu'on voit, et tout ce qu'on respire dans ces antres où les vrais Moscovites vont entretenir leur soi-disant propreté, et hâter la vieillesse par l'abus de la vapeur et de la transpiration qu'elle provoque.

Il est dix heures du soir : le gouverneur me fait dire que son fils et sa voiture vont venir me chercher; je réponds par des excuses et des remercîments; j'écris qu'étant couché, je ne puis profiter ce soir de la bonté de M. le gouverneur, mais que demain je passerai la journée tout entière à Yaroslaf, et que je m'empresserai d'aller le remercier. Je ne suis pas fâché de profiter de cette occasion de faire une étude approfondie de l'hospitalité russe en province.

A demain donc.

(Suite de la même lettre.)

Yaroslaf, ce 19 août 1839, après minuit.

Ce matin vers onze heures, le fils du gouverneur qui n'est encore qu'un enfant, est venu en grand uniforme me prendre dans une voiture coupée, attelée de quatre chevaux. Cette élégante apparition à la porte de mon auberge me déconcerta; je sentis tout d'abord que ce n'était pas à de vieux Russes que j'allais avoir affaire, et que mon attente serait encore trompée cette fois : ce ne sont pas là des Moscovites purs, de vrais boyards, pensais-je. Je craignais de me retrouver chez des voyageurs, chez des courtisans de l'empereur Alexandre, parmi des grands seigneurs cosmopolites.

« Mon père connaît Paris, me dit le jeune homme; il sera charmé de recevoir un Français.

— A quelle époque a-t-il vu la France? »

Le jeune Russe garda le silence; il me parut déconcerté de ma question, qui pourtant m'avait semblé bien simple; d'abord je ne pus m'expliquer son embarras; plus tard je le compris, et je lui en sus gré comme d'une preuve de délicatesse exquise, sentiment rare par tout pays et à tout âge.

M. ***, gouverneur d'Yaroslaf, avait fait en France à la suite de l'empereur Alexandre les campagnes de 1813 et de 1814, et c'est ce dont son fils ne voulait pas me faire souvenir. Cette preuve de tact me rappelle un trait bien différent : un jour dans une petite ville d'Allemagne, je dînais chez l'envoyé d'un petit pays allemand; le maître de la maison en me présentant à sa femme, lui dit que j'étais Français...

« C'est donc un ennemi, » interrompit leur fils qui paraissait âgé de treize à quatorze ans.

Cet enfant n'avait pas été envoyé à l'école en Russie.

En entrant dans le vaste et brillant salon où m'attendaient le gouverneur, sa femme et leur nombreuse famille, je me crus à Londres ou plutôt à Pétersbourg, car la maîtresse de la maison se tenait à la russe dans le petit cabinet qui occupe un coin du salon, et qui s'appelle l'ostrow : il est élevé de quelques degrés; on dirait d'un théâtre de société fermé par des treillages. Je vous ai décrit ailleurs cette brillante clairevoie, dont l'effet est aussi original qu'élégant. Le gouverneur me reçut avec politesse; puis passant à travers le salon devant plusieurs femmes et plusieurs hommes de ses parents qui se trouvaient là réunis, il me conduisit dans le cabinet de verdure qui occupe un coin du même salon, et où j'aperçus enfin sa femme.

A peine m'eut-elle fait asseoir au fond de ce sanctuaire, qu'elle me dit en souriant : « Monsieur de Custine, Elzéar fait-il toujours des fables? »

Le comte Elzéar de Sabran, mon oncle, était devenu, dès son enfance, célèbre dans la société de Versailles par son talent poétique, et il le serait dans le public si ses amis et ses parents avaient pu obtenir de lui qu'il publiât le recueil de ses fables, espèce de code poétique, grossi par l'expérience et par le temps, car chaque circonstance de sa vie, chaque événement public et particulier, chaque rêverie lui inspire un de ces apologues toujours ingénieux et souvent profonds, auxquels une versification élégante, faci un débit original et piquant prêtent un charme particulier (1). moment où j'entrais chez le gouverneur d'Yaroslaf, ce souve était loin de moi, car j'avais l'esprit tout occupé de l'espoir t rarement satisfait de trouver enfin de vrais Russes en Russie.

Je réponds à la femme du gouverneur par un sourire d'étonn ment qui voulait dire : Ceci ressemble au conte d'Aline; expliqu moi ce mystère.

L'explication ne se fit pas attendre.

« J'ai été élevée, continua la dame, par une amie de madame Sabran, votre grand'mère; cette amie m'a parlé souvent des gr naturelles et du charmant esprit de madame de Sabran, de l'esp et des talents de votre oncle, de votre mère; elle m'a même so vent parlé de vous, quoiqu'elle eût quitté la France avant vo naissance; c'est madame de ***; elle suivit en Russie la famille Polignac, émigrée, et depuis la mort de la duchesse de Polign elle ne m'a jamais quittée. »

En achevant ces mots, madame *** me présenta à sa gouve nante, personne âgée qui parlait français mieux que moi, et do la physionomie exprimait la finesse et la douceur.

Je sentis qu'il fallait renoncer pour cette fois à mon rêve boyards, rêve qui, malgré sa niaiserie, ne laissait pas que de m'i pirer quelques regrets; mais j'avais de quoi me dédommager mon mécompte. Madame ***, la femme du gouverneur, est d'u des grandes familles originaires de la Lithuanie; elle est née pri cesse ***. Outre la politesse commune à presque toutes les perso nes de ce rang dans tous les pays, elle a pris le goût et le ton la société française du meilleur temps, et quoique jeune enco elle me rappelle, par la noble simplicité de son maintien, les m nières des personnes âgées que j'ai connues dans mon enfance. sont les traditions de la vieille cour, le respect de toutes les conv nances, le bon goût dans sa perfection, car il s'élève jusqu'à bonté, jusqu'au naturel; enfin c'est le grand monde de Paris de ce qu'il avait de plus séduisant au temps où notre supériorité s ciale était incontestée; au temps où madame de Marsan, se réd sant à une modeste pension, s'enfermait volontairement dans petit appartement, à l'Assomption, et engageait pour dix ans immenses revenus afin d'aider son frère, le prince de Guémen à payer ses dettes en atténuant autant qu'il dépendait d'elle, par noble sacrifice, le scandale d'une banqueroute de grand seigne

Tout cela ne m'apprendra rien sur le pays que je parcours, pe sais-je; mais j'y trouve un plaisir dont je me garde de me défend car il est devenu plus rare peut-être que la satisfaction de sim curiosité qui m'attirait ici.

Je me crois dans la chambre de ma grand'mère (2), à la vé les jours où le chevalier de Boufflers n'y était pas, ni madame Coislin, ni même la maîtresse de la maison, car ces brillants m dèles de l'espèce d'esprit qui se dissipait autrefois en France da la conversation, ont disparu sans retour, même en Russie; mais me retrouve dans le cercle choisi de leurs amis et de leurs di ciples rassemblés chez eux pour les attendre les jours où ils avai été forcés de sortir. Il me semble qu'ils vont reparaître.

Je n'étais nullement préparé à ce genre d'émotion; certes, toutes les surprises du voyage, celle-ci est pour moi la plus in tendue.

La maîtresse de la maison, qui partageait mon étonnement, raconta l'exclamation qu'elle avait faite la veille en apercevant m nom au bas du billet par lequel j'envoyais au gouverneur les l tres de recommandation qu'on m'avait données pour lui à Mosc La singularité de cette rencontre dans un pays où je me croy aussi inconnu qu'un Chinois, donna tout de suite un tour famili presque amical à la conversation, qui devint générale sans ces d'être facile. Tout cela me parut très-original; il n'y av rien d'apprêté, rien d'affecté dans le plaisir qu'on paraissait tro ver à me recevoir. La surprise avait été réciproque, un v coup de théâtre. Personne ne m'attendait à Yaroslaf; je ne me décidé à prendre cette route que la veille du jour où je quit Moscou, et malgré les minuties de l'amour-propre russe, je n'é pas un homme assez important aux yeux de la personne à j'avais demandé au dernier moment quelques lettres de recomman dation pour supposer qu'elle m'eût fait devancer par un courri

La femme du gouverneur a pour frère un prince ***, qui de parfaitement notre langue; il a publié des ouvrages en vers çais, et il a bien voulu me faire présent d'un de ses recueils. ouvrant le livre, j'ai trouvé ce vers plein de sentiment; il est da une pièce intitulée : *Consolations à une mère* :

Les pleurs sont la fontaine où notre âme s'épure.

Certes, on est heureux d'exprimer si bien sa pensée dans langue étrangère.

A la vérité les Russes du grand monde, surtout ceux de l'âge

(1) Il est mort depuis plusieurs années.

(2) La comtesse de Sabran, depuis marquise de Boufflers, morte à Paris en [illegible] à soixante-dix-huit ans.

prince ***, ont deux laquais; mais je ne prends pas ce luxe pour de la richesse.

Toutes les personnes de la famille *** se sont empressées à l'envi de me faire les honneurs de la maison et de la ville.

On m'a comblé d'éloges détournés et ingénieux sur mes livres, qu'on citait en se rappelant une foule de détails que j'avais oubliés. La manière délicate et naturelle dont ces citations étaient ramenées m'aurait plu, quand elle m'aurait moins flatté. J'aurais voulu être admis dans ce cercle élégant, même pour y voir fêter un autre. Les livres en petit nombre que la censure laisse arriver si loin, vivent longtemps ici une fois qu'ils y sont parvenus. Je dois dire, non pas à ma gloire personnelle, mais à la louange du temps où nous vivons, qu'en parcourant l'Europe, je n'ai reçu d'hospitalité vraiment digne de gratitude que celle que j'ai due à mes ouvrages; ils m'ont fait, parmi les étrangers, un petit nombre d'amis inconnus dont la bienveillance toujours nouvelle n'a pas peu contribué à prolonger mon goût inné pour les voyages et pour la poésie. Si une place aussi peu importante que celle que j'occupe dans notre littérature m'a valu de tels avantages, il est facile de se figurer l'influence que doivent exercer au loin des talents comme ceux qui dominent chez nous la société pensante. Cet apostolat de nos écrivains est la vraie puissance de la France; mais quelle responsabilité une telle vocation n'entraîne-t-elle pas avec elle? A la vérité, il en est de cette charge comme de toutes les autres : l'espoir de l'obtenir fait oublier le danger de l'exercer. Quant à moi, si dans le cours de ma vie j'ai compris et senti une ambition, c'était celle de participer, selon mes forces, à ce gouvernement de l'esprit, aussi supérieur au pouvoir politique que l'électricité l'est à la poudre à canon.

On m'a beaucoup parlé de Jean Sbogar; et lorsqu'on a su que j'avais le bonheur d'être personnellement connu de l'auteur, on m'a fait mille questions à son sujet : que n'avais-je pour y répondre le talent de conter qu'il possède à un si haut degré!

Un des beaux-frères du gouverneur m'a mené voir en détail le couvent de la Transfiguration, qui sert de résidence à l'archevêque d'Yaroslaf. Ce monastère, comme tous les couvents grecs, est une espèce de citadelle basse renfermant plusieurs églises et des édifices petits, nombreux et de tous les styles, excepté du bon. L'effet général de ces amas de maisons, soi-disant pieuses, est mesquin; c'est une quantité de bâtiments blancs éparpillés sur un grand terrain vert : cela ne fait pas un ensemble. J'ai retrouvé la même chose dans tous les couvents russes.

Ce qui m'a paru frappant et nouveau pendant la visite que j'ai faite à celui-ci, c'est la dévotion de mon guide, le prince de ***. Il approchait avec une ferveur surprenante son front et sa bouche de tous les objets offerts à la vénération des fidèles; et dans ce couvent qui renferme différents sanctuaires, il a fait la même chose en vingt endroits. Cependant sa conversation de salon n'annonçait rien moins que cette dévotion de cloître. Il a fini par m'inviter moi-même à baiser les reliques d'un saint dont un moine nous ouvrait le tombeau; je lui ai vu faire... non pas une fois, mais cinquante le signe de la croix, il a baisé vingt images et reliques; enfin il n'y a pas chez nous de nonne au fond d'un couvent qui répéterait tant de génuflexions, de salutations, d'inclinations de tête en passant et repassant devant le maître-autel de son église, qu'en a fait dans le monastère de la Transfiguration en présence d'un étranger, ce prince russe, ancien militaire, aide-de-camp de l'empereur Alexandre.

Les Grecs couvrent les murs de leurs églises de peintures à fresque dans le style byzantin. Un étranger respecte d'abord ces images, parce qu'il les croit anciennes, mais quand il vient à s'apercevoir que telle est encore la manière des peintres russes d'aujourd'hui, sa vénération se change en un profond ennui. Les églises qui nous paraissent les plus vieilles, sont rebâties et coloriées d'hier : leurs madones, même les plus nouvellement peintes, ressemblent à celles qui furent apportées de Constantinople en Italie vers la fin du moyen âge pour y réveiller le goût de la peinture. Mais depuis lors les Italiens ont marché, leur génie, électrisé par l'esprit conquérant de l'Église romaine et nourri des souvenirs de l'antiquité, a compris et poursuivi le grand et le beau; il a produit dans tous les genres ce que le monde a vu de plus sublime en fait d'art. Pendant ce temps-là les Grecs du Bas-Empire, et après eux les Russes, continuaient de calquer fidèlement leurs vierges du VIIIe siècle.

L'Église d'Orient n'a jamais été favorable aux arts. Depuis que le schisme fut déclaré, elle n'a fait comme auparavant qu'engourdir les esprits dans les subtilités de la théologie. A l'heure qu'il est, les vrais croyants en Russie disputent très-sérieusement entre eux pour savoir s'il est permis de donner le ton naturel de la chair à la tête des vierges, ou s'il faut continuer de les colorier comme les soi-disant madones de saint Luc, d'une teinte de bistre qui n'a rien de vrai; on s'inquiète aussi de la manière de représenter le reste de la personne; il n'est pas certain que le corps doive être peint, il vaudrait mieux peut-être l'imiter en métal et l'enfermer dans une cuirasse ciselée qui ne laisse voir que le visage, et n'est même parfois percée qu'aux yeux, et coupée qu'au poignet pour rendre les mains libres. Vous vous expliquerez comme vous pourrez pourquoi un corps de métal paraît plus décent aux yeux des prêtres grecs qu'une toile peinte en couleur de robe de femme.

Vous n'êtes pas au bout : certains docteurs dont le nombre est assez grand pour faire secte, se séparent consciencieusement de l'Église mère, parce que celle-ci renferme aujourd'hui d'impies novateurs qui permettent aux popes de donner la bénédiction sacerdotale avec trois doigts de la main, tandis que la vraie tradition veut que l'index et le doigt du milieu soient seuls chargés du soin de répandre les grâces du ciel sur les fidèles, parce que ces doigts sont consacrés dans l'ordination.

Telles sont les questions agitées aujourd'hui dans l'Église gréco-russe, et ne croyez pas qu'elles y passent pour puériles : elles enflamment les passions, provoquent l'hérésie et décident du sort des populations dans ce monde et dans l'autre. Si je connaissais mieux le pays, je recueillerais pour vous bien d'autres documents. Revenons à nos hôtes (1).

Les grands seigneurs russes me paraissent plus aimables en province qu'à la cour.

La femme du gouverneur d'Yaroslaf a, dans ce moment, toute sa famille réunie chez elle; plusieurs de ses sœurs avec leurs maris et leurs enfants sont logées dans sa maison : elle admet à sa table les principaux employés de son mari qui sont des habitants de la ville; enfin son fils (celui qui est venu me chercher en voiture) est encore d'âge à avoir un gouverneur : aussi au dîner de famille étions-nous vingt personnes à table.

Il est d'usage dans le Nord de faire précéder le repas principal par un petit repas qui se sert dans le salon, un quart d'heure avant qu'on se mette à table; ce préliminaire, espèce de déjeuner qui touche au dîner, est destiné à aiguiser l'appétit, et s'appelle en russe, si mon oreille ne m'a pas trompé : zakuska. Des domestiques apportent sur des plateaux de petites assiettes couvertes de caviar frais et tel qu'on n'en mange qu'en ce pays; de poisson fumé, de fromage, de viande salée, de biscuits de mer et d'autres pâtisseries, sucrées et non sucrées; on sert aussi des liqueurs amères, du vermout, de l'eau-de-vie de France, du porter de Londres, du vin de Hongrie et de l'or potable de Dantzik, et l'on mange et l'on boit tout cela debout en se promenant. Il ne tiendrait qu'à un étranger ignorant des usages du pays, et d'un appétit facile à contenter, de se rassasier ainsi tout d'abord, et de rester ensuite simple spectateur du véritable dîner, qui ne serait pour lui qu'un hors-d'œuvre. On mange beaucoup en Russie, et l'on fait bonne chère dans les bonnes maisons; mais on aime trop les hachis, la farce et les boulettes de viande ou de poisson dans des pâtés à l'allemande, à l'italienne, ou dans des pâtés chauds à la française.

Un des poissons les plus délicats du monde (le sterlet) se pêche dans le Volga où il est abondant; il tient du poisson de mer et du poisson d'eau douce, sans toutefois ressembler à aucun de ceux que j'ai mangés ailleurs : il est grand, sa chair est fine, légère, sa peau d'un goût exquis, et sa tête pointue, toute composée de cartilages, passe pour délicate : on assaisonne ce monstre d'une manière recherchée, mais sans trop d'épices : la sauce à laquelle on le sert a tout à la fois le goût du vin et du bouillon et celui du jus de citron. Je préfère ce mets national à tous les autres ragoûts du pays, et surtout à la soupe froide et aigre, espèce de bouillon de poisson à la glace, détestable régal des Russes. Ils font aussi des soupes au vinaigre sucré, dont j'ai goûté pour n'y plus revenir.

Le dîner du gouverneur était bon et bien servi, sans superfluité, sans recherche inutile. L'abondance et la bonne qualité des melons d'eau m'étonne; on dit qu'ils croissent aux environs de Moscou, je croyais qu'on les allait chercher plus loin et jusqu'en Crimée, où le sol est plus fécond en pastèques que celui de la Russie centrale. Il est d'usage en ce pays de poser le dessert sur la table dès le commencement du dîner, et de servir plat à plat. Cette méthode a des avantages et des inconvénients; elle ne me paraît parfaitement convenable que pour les grands dîners.

Les dîners russes sont d'une longueur raisonnable, et les convives se dispersent presque tous au sortir de table. Quelques personnes ont l'habitude de faire la sieste à l'orientale; d'autres vont à la promenade ou retournent à leurs affaires après avoir pris le café. Le dîner n'est pas ici le repas qui finit les travaux de la journée; aussi quand je pris congé de la maîtresse de la maison, eut-elle la bonté de m'engager à revenir passer la soirée chez elle; j'ai accepté cette invitation qu'il m'eût paru impoli de refuser : tout ce qui m'est offert ici l'est avec tant de bon goût, que ni la fatigue ni l'envie de me retirer afin de vous écrire ne me suffisent pour défendre ma liberté : une pareille hospitalité est une douce tyrannie; je sens qu'il serait indélicat de s'y soustraire. On met une voiture à quatre chevaux, une maison à ma disposition, une famille entière s'occupe à me distraire, à me montrer le pays : c'est à qui s'empressera de me faire les honneurs de quelque chose; et cela se

(1) Voir à la fin du voyage les extraits cités du livre des Vicissitudes de l'Église catholique en Russie.

passe sans compliments affectés, sans protestations superflues, sans empressement importun, avec une simplicité souveraine : je n'ai pas appris à résister à tant de bonne grâce, à dédaigner tant d'élégance ; je céderais, ne fût-ce que par instinct patriotique, car il y a au fond de ces manières si agréables un souvenir d'ancienne France qui me touche et me séduit ; il me semble que je ne suis venu jusqu'aux frontières du monde civilisé que pour y recueillir une part de l'héritage de l'esprit français au XVIIIe siècle, esprit depuis longtemps perdu chez nous. Ce charme inexprimable des bonnes manières et du langage simple me rappelle le paradoxe d'un des hommes les plus spirituels que j'aie connus : « Il n'y a pas, disait-il, une mauvaise action ou un mauvais sentiment qui n'aient leur source dans un défaut de savoir-vivre ; aussi la vraie politesse est-elle de la vertu : c'est toutes les vertus réunies. » Il allait plus loin : il prétendait qu'il n'y a de vice que la grossièreté.

Ce soir, à neuf heures, je suis retourné chez le gouverneur. On s'est mis d'abord à faire de la musique, ensuite on a tiré une loterie.

Un des frères de la maîtresse de la maison joue du violoncelle de manière à faire grand plaisir ; il était accompagné sur le piano par sa femme, personne pleine d'agréments. Grâce à ce duo, ainsi qu'à des airs nationaux chantés avec goût, la soirée m'a paru courte.

La conversation de madame de ***, l'ancienne amie de ma grand'mère et de madame de Polignac, n'a pas peu contribué à l'abréger pour moi. Cette dame vit en Russie depuis quarante-sept ans ; elle a vu et jugé ce pays avec un esprit fin et juste ; elle raconte la vérité sans hostilité, mais sans précautions oratoires ; c'était nouveau pour moi : sa franchise contraste avec la dissimulation universelle pratiquée par les Russes. Une Française spirituelle et qui a passé sa vie chez eux doit, je crois, les connaître mieux qu'ils ne se connaissent eux-mêmes ; car ils s'aveuglent pour mieux mentir. Madame de *** m'a dit et répété qu'en ce pays le sentiment de l'honneur n'est puissant que dans le cœur des femmes ; elles se sont fait un culte de la fidélité à leur parole, du mépris du mensonge, de la délicatesse en affaires d'argent, de l'indépendance en politique ; enfin, selon madame de ***, la plupart d'entre elles possèdent ce qui manque ici à la plupart des hommes : la probité appliquée aux circonstances de la vie, même aux moins graves. En général, les femmes en Russie pensent plus que les hommes, parce qu'elles n'agissent pas. Le loisir, cet avantage inhérent à la manière de vivre des femmes, profite par tout pays à leur caractère autant qu'à leur esprit ; elles ont plus d'instruction, moins de servilité, plus d'énergie de sentiment que les hommes. Souvent l'héroïsme lui-même leur semble naturel, et leur devient facile. La princesse Troubetskoï n'est pas la seule femme qui ait suivi son mari en Sibérie ; beaucoup d'hommes exilés ont reçu de leurs épouses cette sublime preuve de dévouement, qui ne perd rien de son prix pour être moins rare que je ne la croyais ; malheureusement leur nom m'est inconnu. Qui leur trouvera un historien et un poëte ? c'est surtout pour les vertus ignorées qu'on a besoin de croire au jugement dernier. La glorification des bons manquerait à la justice de Dieu. La vertu n'est vertu que parce qu'elle ne peut être récompensée par les hommes. Elle perdrait de sa perfection et deviendrait un calcul servile si elle était assurée de se voir toujours appréciée et rémunérée sur la terre : la vertu qui n'irait pas jusqu'au surnaturel, serait incomplète. Si le mal n'existait pas, y aurait-il des saints ? le combat est nécessaire à la victoire, et la victoire force Dieu même à couronner le vainqueur. Ce beau spectacle justifie la Providence, qui pour le procurer au ciel attentif, tolère les égarements du monde. Et puis... la meilleure raison pour que cela soit ainsi, c'est que cela est.

Vers la fin de la soirée, avant de me permettre de me retirer, on a, pour me faire honneur, avancé de quelques jours une solennité attendue depuis six mois dans cette famille : c'était le tirage d'une loterie de charité ; tous les lots composés d'ouvrages faits par la maîtresse de la maison elle-même et par ses parents ou ses amis, furent étalés avec goût sur des tables ; celui qui m'est échu, je n'ose dire par hasard, car on avait choisi mes billets avec soin, est un joli petit livre de notes avec une couverture en laque. Je me suis hâté d'y écrire le jour du mois, l'année, et d'ajouter quelques mots de souvenir en forme de notes. Du temps de nos pères, on eût improvisé là des vers ; mais aujourd'hui que l'improvisation publique envahit l'existence, la mode des impromptu de salon est passée. On ne va chercher dans le monde que du repos d'esprit ; et il y paraît. Les discours, la littérature éphémère, la politique ont détrôné le quatrain et la chanson, et même les correspondances intimes, lesquelles se font aujourd'hui par la voie du feuilleton. Je n'eus pas l'esprit d'écrire un seul couplet ; mais je me dois la justice d'ajouter que je n'en eus pas l'envie.

Après avoir pris congé de mes aimables hôtes que je dois retrouver à la foire de Nijni, je suis retourné à mon auberge, fort satisfait de la journée que je viens de vous raconter. La maison de paysan d'avant-hier où j'étais hébergé, vous savez comment, et le salon d'aujourd'hui ; le Kamtchatka et Versailles, à trois heures de distance : voilà la Russie. Je vous sacrifie mes nuits pour vous peindre ce pays tel que je le vois. Ma lettre n'est pas finie, et l'aube paraît.

Les contrastes sont brusques en ce pays ; tellement que le pays et le seigneur ne me semblent pas appartenir à la même terre. Il y a une patrie pour le serf et une patrie pour le maître. L'État est divisé en lui-même, et l'unité n'y est qu'apparente : les grands ont l'esprit cultivé comme s'ils devaient vivre dans un autre pays, et le paysan est ignorant, sauvage, comme s'il était soumis à des seigneurs qui lui ressemblent.

C'est bien moins l'abus de l'aristocratie que je reproche au gouvernement russe, que l'absence d'un pouvoir aristocratique autorisé et dont les attributions seraient nettement et constitutionnellement définies. Les aristocraties politiquement reconnues m'ont toujours paru bienfaisantes, tandis que l'aristocratie qui n'a de fondement que les chimères ou les injustices des privilégiés, est pernicieuse parce que ses attributions restent indécises et mal réglées. Il est vrai que les seigneurs russes sont maîtres et maîtres trop absolus dans leurs terres : de là il résulte des excès que la peur et l'hypocrisie déguisent sous des phrases d'humanité prononcées d'un ton doucereux, qui trompe les voyageurs et trop souvent les chefs du gouvernement eux-mêmes. Mais à vrai dire, ces hommes bien que souverains dans leurs domaines les plus éloignés du centre d'action politique, ne sont rien dans l'État ; chez eux ils abusent de tout, ils se moquent de l'Empereur, parce qu'ils corrompent ou qu'ils intimident les agents secondaires du pouvoir suprême, mais pour cela la nation n'en est pas plus gouvernée par eux, tout puissants pour le mal qui se fait chez eux en détail et à l'insu de l'autorité supérieure, ils sont sans force comme sans considération dans la direction générale du pays. Un homme du plus grand nom en Russie ne représente réellement que lui-même ; il ne jouit d'aucune considération étrangère à son mérite individuel dont l'Empereur est l'unique juge, et tout grand seigneur qu'il est, il n'a d'autorité que celle qu'il usurpe chez lui. Mais il a du crédit et ce crédit peut devenir immense s'il est habile à le faire valoir et s'il sait s'avancer à la cour et par la cour dans le tchinn (1) ; la flatterie est une industrie comme une autre, mais comme une autre, et plus qu'une autre, elle ne procure à celui qui l'exerce qu'une existence précaire ; cette vie de courtisan exclut l'élévation des sentiments, l'indépendance de l'esprit, les vues vraiment humaines et patriotiques, les grands desseins politiques, qui sont le propre des corps aristocratiques légalement constitués dans les États organisés pour étendre au loin leur domination et pour vivre longtemps. D'un autre côté, elle exclut la juste fierté de l'homme qui fait sa fortune par son travail : elle réunit donc les désavantages de la démocratie et ceux du despotisme, en excluant ce qu'il y a de bon sous ces deux régimes.

Il y a ici une classe de personnes qui répond à la bourgeoisie chez nous, moins la fermeté de caractère que permet une situation indépendante, et moins l'expérience que donne la liberté de la pensée et la culture de l'esprit : c'est la classe des employés subalternes ou de la seconde noblesse. Les idées de ces hommes sont en général tournées vers les innovations, tandis que leurs actes sont ce qu'il y a de plus despotique sous le despotisme ; sortie des écoles publiques pour entrer dans les administrations publiques, cette classe gouverne l'Empire en dépit de l'Empereur. Chacun de ces gens-là, le plus souvent fils d'un père venu des pays étrangers, est noble dès qu'il a une croix à sa boutonnière, et notez que ce n'est pas l'Empereur seul qui donne les décorations ; munis de ce signe magique, ils deviennent propriétaires ; ils possèdent de la terre et des hommes ; et ces nouveaux seigneurs, parvenus au pouvoir sans avoir reçu par héritage la magnanimité d'un chef habitué de père en fils à commander, usent de leur autorité en parvenus qu'ils sont. Ils ont la prétention d'illuminer le peuple, et en attendant ils divertissent à leurs dépens les grands et les petits ; leurs ridicules sont devenus proverbiaux ; quiconque a besoin de ces demi-seigneurs nouvellement élevés par leurs charges et par leur rang dans le tchinn aux honneurs de la propriété territoriale, se dédommage de leur morgue par des moqueries sanglantes. Ces hommes exercent leur droit de suzeraineté avec une rigueur qui les rend un objet d'exécration pour leurs malheureux paysans. Singulier phénomène social : c'est l'élément mobile introduit dans le système du gouvernement despotique qui rend ici ce gouvernement intolérable ! « S'il n'y avait que d'anciens seigneurs, disent les paysans, nous ne nous plaindrions pas de notre condition. » Ces hommes nouveaux, si hais du petit nombre de leurs serfs, sont aussi les maîtres du maître suprême, car ils forcent la main à l'Empereur dans une foule d'occasions ; ce sont eux qui préparent une révolution à la Russie par deux voies, la voie directe à cause de leurs idées, la voie indirecte à cause de la haine et du mépris qu'ils excitent dans le peuple pour une aristocratie au niveau de laquelle de tels hommes peuvent parvenir, et pour le régime du servage définitivement établi dans ce pays à l'époque où la vieille Europe commençait à ruiner chez elle l'édifice féodal. Une domination subalterne, une

(1) Voir la Lettre dix-neuvième.

tyrannie républicaine sous la tyrannie autocratique, quelle combinaison de maux !...

Voilà les ennemis que se sont créés bénévolement les empereurs de Russie par leur défiance envers leur ancienne noblesse ; les mêmes combinaisons d'élément produisent partout les mêmes phénomènes : chaque société arrive à une phase politique analogue au règne de Richelieu chez nous ; une aristocratie avouée, enracinée depuis longtemps dans le pays, mais mitigée par le progrès des mœurs et l'adoucissement des coutumes, n'eût-elle pas été un moyen de civilisation préférable à l'hypocrite obéissance, à l'influence dissolvante d'une armée de commis pour la plupart d'origine étrangère, et tous plus ou moins imbus, dans le fond du cœur, d'idées révolutionnaires, tous aussi insolents dans le secret de leur pensée, qu'obséquieux dans leurs habitudes et dans leurs paroles ?

Du fond de leurs chancelleries ces despotes invisibles, ces pygmées tyrans oppriment le pays impunément, puisqu'ils gênent jusqu'à l'Empereur qui s'aperçoit bien qu'il n'est pas aussi puissant qu'on lui dit qu'il l'est, mais qui, dans son étonnement, qu'il voudrait se dissimuler à lui-même, ne sait pas toujours où est la borne de son pouvoir. Il la sent et il en souffre sans même oser s'en plaindre : cette borne, c'est la bureaucratie, force terrible partout parce que l'abus qu'on en fait s'appelle l'amour de l'ordre, mais plus terrible en Russie que partout ailleurs. Quand on voit la tyrannie administrative substituée au despotisme impérial, on frémit pour l'avenir d'un pays où s'est établi sans contre-poids ce système de gouvernement propagé en Europe sous l'Empire français.

La Russie n'avait ni les mœurs démocratiques, fruit des révolutions sociales et judiciaires que la France a subies, ni la presse, fruit et germe de la liberté politique qu'elle perpétue après avoir été enfantée par elle. Les Empereurs de Russie, également mal inspirés dans leur défiance et dans leur confiance, n'ont vu que des rivaux dans les nobles et n'ont voulu trouver que des esclaves dans les hommes qu'ils prenaient pour ministres ; ainsi, doublement aveuglés par la haine qu'ils portent aux grands et par la flatterie de leurs créatures dont leur orgueil n'a jamais su se passer, ils ont laissé aux directeurs de l'administration et surtout aux employés subalternes qui ne leur faisaient nul ombrage, la liberté de jeter leurs réseaux sur un pays sans défense et sans protecteurs. Il est né de là une fourmilière d'agents obscurs travaillant à régir ce pays d'après des idées qui ne sont pas sorties de lui : d'où il arrive qu'elles ne peuvent satisfaire ses besoins réels. Cette classe d'employés, hostiles dans le fond du cœur à l'ordre de choses qu'ils administrent, se recrute en grande partie parmi les fils de popes (1). C'est une espèce d'ambitieux vulgaires, de parvenus sans talent parce qu'ils n'ont pas besoin de mérite pour forcer l'État à s'embarrasser d'eux, gens approchant de tous les rangs et qui n'ont pas de rang, esprits qui participent à la fois de toutes les préventions des hommes populaires, et de toutes les préventions des esprits aristocratiques, moins l'énergie des uns et la sagesse des autres ; bref, pour tout dire en un mot : les fils de prêtres en Russie sont des révolutionnaires qui se trouvent chargés de maintenir l'ordre établi.

Vous comprenez que de tels administrateurs deviennent le fléau du pays.

Éclairés à demi, libéraux comme des ambitieux, despotes comme des esclaves, imbus d'idées philosophiques mal coordonnées et entièrement inapplicables dans le pays qu'ils appellent leur patrie, bien que tous leurs sentiments et toutes leurs demi-lumières viennent d'ailleurs, ces hommes poussent la nation vers un but qu'ils ne connaissent peut-être pas eux-mêmes, que l'Empereur ignore, et qui n'est pas celui où doivent tendre les vrais Russes, les vrais amis de l'humanité.

Cette conspiration permanente remonte, à ce qu'on m'assure, au temps de Napoléon. Le politique italien, s'il faut en croire quelques Russes excessivement fins, aurait pressenti le danger de la puissance moscovite ; et voulant affaiblir le futur ennemi de l'Europe révolutionnée, il aurait recouru d'abord à la puissance des idées. Il profita de ses rapports d'amitié avec l'empereur Alexandre, et du penchant inné de ce prince vers les institutions libérales, pour envoyer à Pétersbourg, sous prétexte d'aider à l'accomplissement des desseins de l'Empereur, un grand nombre d'ouvriers politiques, espèce d'armée masquée chargée de préparer en secret la voie à nos soldats. Ces intrigants habiles avaient eu mission de s'ingérer dans le gouvernement, de s'emparer surtout de l'éducation publique et d'infiltrer dans l'esprit de la jeunesse des doctrines contraires à la religion politique du pays. Ainsi le grand homme de guerre, l'héritier de la révolution française et l'ennemi de la liberté du monde, jetait au loin des semences de trouble, là par haine de la liberté, ici parce que l'unité despotique lui paraissait prêter un ressort dangereux au gouvernement militaire qui fait l'immense pouvoir de la Russie. C'est, dit-on, de cette époque que date la formation des sociétés secrètes qui se sont étendues en Russie pendant les campagnes de France et depuis encore, grâce aux fréquents rapports qu'ont eus les Russes avec l'Europe, au point que bien des gens regardent ce pouvoir occulte comme une cause inévitable de révolution.

Cet Empire recueille aujourd'hui le fruit de la lente et profonde politique de l'adversaire qu'il a cru vaincre, mais dont le machiavélisme posthume survit à des revers inouïs dans l'histoire des guerres humaines.

J'attribue en grande partie à l'influence inaperçue de ces éclaireurs de nos armées, et à celle de leurs enfants et de leurs disciples, les idées révolutionnaires qui germent dans beaucoup de familles et jusque dans les régiments russes, et dont l'explosion a produit les conspirations que nous avons vues jusqu'ici échouer contre la force du gouvernement établi. Je me trompe peut-être, mais je me persuade que l'Empereur actuel triomphera de ces idées en écrasant ou en éloignant jusqu'au dernier tous les hommes qui les défendaient.

J'étais loin de m'attendre à trouver en Russie ces vestiges de notre politique et à entendre sortir de la bouche des Russes des reproches analogues à ceux que nous font les Espagnols depuis trente-cinq ans. Si les malignes intentions que les Russes attribuent à Napoléon furent réelles, nul intérêt, nul patriotisme ne les peut justifier. On ne sauve pas une partie du monde en trompant l'autre. Autant notre propagande religieuse me paraît sublime, parce que le gouvernement de l'Église catholique s'accorde avec chaque forme de gouvernement et chaque degré de civilisation qu'il domine de toute la supériorité de l'âme sur le corps, autant m'est odieux le prosélytisme politique, c'est-à-dire l'étroit esprit de conquête, ou pour parler plus juste encore, l'esprit de rapine justifié par un trop habile sophiste qu'on appelle la gloire ; loin de rallier le genre humain, cette ambition étroite le divise : l'unité ne peut naître que de l'élévation et de l'étendue des idées : or, la politique de l'étranger est toujours petite, sa libéralité est hypocrite ou tyrannique ; ses bienfaits sont toujours trompeurs : chaque nation doit puiser en elle-même les moyens de perfectionnement dont elle est susceptible. La connaissance de l'histoire des autres peuples est utile comme science, elle est pernicieuse quand elle provoque l'adoption d'un symbole de foi politique : c'est substituer un culte superstitieux à un culte vrai.

Je me résume : voici le problème proposé non par les hommes, mais par les événements, par la succession des circonstances, par les choses enfin, à tout Empereur de Russie : favoriser parmi la nation les progrès de la science, afin de hâter l'affranchissement des serfs ; et tendre à cette fin par l'adoucissement des mœurs, par l'amour de l'humanité, de la liberté légale, en un mot améliorer les cœurs pour adoucir les destinées : c'est une condition sans laquelle nul homme ne peut régner aujourd'hui, pas même à Moscou ; mais ce qu'il y a de particulier dans la charge imposée aux Empereurs de Russie, c'est qu'il leur faut marcher vers ce but en échappant d'un côté à la tyrannie muette et bien organisée d'une administration révolutionnaire, et de l'autre à l'arrogance et aux conspirations d'une aristocratie vague d'autant plus ombrageuse et plus redoutable que sa puissance est moins définie.

Il faut avouer qu'aucun souverain ne s'est encore acquitté de cette terrible tâche avec autant de fermeté, de talent et de bonheur que l'empereur Nicolas.

Il est le premier des princes de la Russie moderne qui ait enfin compris qu'il faut être Russe pour faire du bien aux Russes. Sans doute l'histoire dira : Ce fut un grand souverain.

Il n'est plus temps de dormir, les chevaux sont à ma voiture, je pars pour Nijni.

LETTRE TRENTE-DEUXIÈME.

SOMMAIRE. — Aspect des rives du Volga. — Manière dont les Russes enrayent les voitures sur les routes montueuses. — Violence des cahots. — Maison de poste. — Serrure russe portative. — Kostroma. — Souvenir d'Alexis Romanow. — Bac sur le Volga à Kunitcha. — Vertu qui devient vice. — Halte forcée dans une forêt. — La civilisation a nui aux Russes. — Rousseau justifié. — Traits distinctifs du caractère et de la figure des Russes. — Étymologies du mot [illegible]. — [illegible] de Tecks. — Élégance des paysans. — Leur industrie. — La hache du moujik. — Tarandasse. — Simplicité d'esprit du paysan russe. — Différence de manière de voir de cet homme et des paysans des autres pays. — Caractère des [illegible]. — Musique [illegible]. — Imprévoyance du gouvernement. — Manière de suppléer à une roue cassée. — Route de Sibérie. — Paysages russes. — Bords du Volga. — Rencontre de trois exilés. — [illegible]. — Derniers relais pour arriver à Nijni. — Difficulté du chemin.

Yourewitch-Powolskoï, petite ville entre Yaroslaf et Nijni-Novgorod, ce 21 août 1839.

Notre route longe le Volga. J'ai passé hier ce fleuve à Yaroslaf, et l'ai repassé aujourd'hui à Kunitcha. Dans beaucoup d'endroits, les deux rives qui le bordent sont différentes l'une de l'autre ; d'un côté s'étend une plaine immense qui vient finir à fleur d'eau ; de

(1) Prêtres grecs.

l'autre, c'est un mur coupé à pic. Cette espèce de digue naturelle a quelquefois de cent à cent cinquante pieds de haut; elle forme muraille du côté du fleuve, tandis que, du côté de la terre, c'est un plateau qui s'étend assez loin dans les broussailles de l'intérieur du pays où il s'abaisse en talus prolongé. Ce rempart, hérissé de cépées d'osiers et de bouleaux, est déchiré de distance en distance par les affluents du grand fleuve. Ces cours d'eau forment des espèces de sillons très-profonds dans la berge qu'ils traversent pour déboucher au Volga. Cette berge, comme je viens de vous le dire, est si large qu'elle ressemble à un vrai plateau de montagnes : c'est comme un pays élevé et boisé, et les déchirements qu'opèrent dans son épaisseur les eaux tributaires du fleuve, sont de vraies vallées adjacentes au cours principal du Volga. On ne peut éviter ces abîmes lorsqu'on veut voyager le long du grand fleuve; car pour les tourner il faudrait à chaque instant faire des zigzags d'une lieue et plus : voilà pourquoi on a trouvé plus facile de tracer la route de manière à descendre du haut de la berge dans le fond des ravins latéraux; après avoir traversé la petite rivière qui le sillonne, cette route remonte sur la côte opposée qui fait la continuation de la jetée élevée par la nature le long du principal fleuve de la Russie.

Les postillons, ou pour parler plus juste, les cochers russes, si adroits qu'ils soient en plaine, deviennent dans les chemins montueux les plus dangereux conducteurs du monde. La route que nous suivons en côtoyant le Volga met leur prudence et mon sang-froid à l'épreuve. Ces continuelles montées et descentes, si elles étaient plus longues, deviendraient périlleuses, vu la manière de mener des hommes de ce pays. Le cocher commence la côte au pas; arrivé au tiers de la descente, qui d'ordinaire est l'endroit le plus rapide, l'homme et les chevaux, peu habitués à retenir, s'ennuient réciproquement de la prudence, la voiture part au triple galop et roule avec une vitesse toujours croissante jusqu'au milieu d'un pont de madriers peu solides, disjoints, inégaux et mouvants, car ils sont posés et non fixés sur les poutres qui les portent et sous les gaules qui servent à peine de garde-fou au tremblant édifice; là, si la caisse, les roues, les ressorts et les soupentes tiennent encore ensemble (on ne s'embarrasse pas des personnes), la voiture continue d'un train plus modéré sa marche cahotante. Un pont semblable se trouve au fond de chaque ravin; si les chevaux lancés au galop ne l'enfilaient pas droit, l'équipage serait culbuté; bêtes et hommes deviendraient ce qu'ils pourraient : c'est un tour d'adresse d'où dépend la vie des voyageurs. Qu'un cheval bronche, qu'un clou manque, qu'une courroie casse, tout est perdu. Votre vie repose sur les jambes de quatre bêtes courageuses, mais faibles et fatiguées.

Au troisième coup de ce jeu de hasard, j'exigeai qu'on enrayât, mais il se trouve que ma voiture louée à Moscou, n'a pas de sabot; on m'avait assuré en partant que jamais il n'était nécessaire d'enrayer en Russie. Pour suppléer le sabot, il a fallu dételer un des quatre chevaux et prendre les traits de l'animal un moment mis en liberté. J'ai fait recommencer la même opération, au grand étonnement des postillons, chaque fois que la longueur et la rapidité des côtes me paraissaient pouvoir compromettre la sûreté de la voiture dont je n'ai déjà que trop éprouvé le peu de solidité. Les postillons, tout surpris qu'ils paraissent, ne font jamais la moindre objection à mes étranges fantaisies, ils n'opposent nulle résistance aux ordres que je leur fais donner par mon feldjæger; mais je lis leur pensée sur leur visage. La présence d'un employé du gouvernement me vaut en tous lieux des marques de déférence; on respecte en moi la volonté qui m'a donné ce protecteur. Une telle marque de faveur de la part de l'autorité me rend l'objet des égards du peuple. Je ne conseillerais à aucun étranger aussi peu expérimenté que je le suis de se hasarder sans un tel guide sur les chemins de la Russie, surtout s'il veut parcourir des gouvernements un peu éloignés de la capitale.

Quand vous êtes parvenu au fond du ravin, il s'agit de regrimper sur la terrasse en gravissant la pente opposée à celle que vous venez de descendre; le cocher, qui ne sait franchir les côtes qu'en les escaladant à la volée, rajuste ses harnais et lance encore une fois ses quatre chevaux contre l'obstacle. Les chevaux russes ne connaissent que le galop; si le chemin n'est pas tirant, si le roidillon est court et la voiture légère, du premier bond vous arrivez au sommet; mais si la pente est sablonneuse, ce qui arrive souvent, ou si elle excède l'espace que les chevaux peuvent parcourir d'une haleine, ceux-ci s'arrêtent bientôt, essoufflés, haletants, au milieu de la montée; ils se battent sous les coups de fouet, ruent et reculent immanquablement au risque de jeter l'équipage dans les fossés; à chaque embarras de ce genre, je répète en me moquant de la prétention des Russes : Il n'y a pas de distance en Russie !!!

Cette manière de cheminer par à-coup est conforme au caractère des hommes, analogue au tempérament des bêtes, et presque toujours d'accord avec la nature du sol. Cependant s'il arrive par hasard que le terrain que vous avez à parcourir soit profondément inégal, vous vous trouvez arrêté à chaque pas par la fougue des chevaux et par l'inexpérience des hommes. Ceux-ci sont lestes et adroits, mais leur intelligence ne peut suppléer aux connaissances qui leur manquent; nés pour la plaine, ils ignorent la vraie manière de dresser les chevaux pour voyager dans les montagnes. A la première marque d'hésitation tout le monde met pied à terre, les domestiques poussent à la roue, de trois en trois pas on est forcé de laisser souffler l'attelage; alors on retient la voiture avec une grosse bûche jetée derrière; puis pour aller plus loin, on excite les bêtes de la bride, de la voix, de la main, on les prend par la tête, on leur frotte les naseaux avec du vinaigre afin de les aider à respirer; enfin, moyennant ces précautions, et des cris de sauvage, et des coups de fouet assenés ordinairement avec un à-propos que je ne me lasse pas d'admirer, vous atteignez à grand'peine la cime de ces formidables falaises, que dans d'autres pays vous gravirez sans seulement les remarquer.

La route d'Yaroslaf à Nijni est une des plus montueuses de toutes celles de l'intérieur de la Russie; pourtant, dans les points mêmes où le plateau qui borde un des côtés du Volga est le plus profondément entaillé par les affluents de ce fleuve, je ne crois pas que de la rive au sommet de la côte ce rempart naturel surpasse la hauteur d'une maison de cinq ou six étages à Paris. Cette espèce de jetée, coupée par les filets d'eau qui dévalent vers le courant principal, est d'un effet imposant, mais triste : elle pourrait servir de base à une magnifique route, mais ne pouvant tourner les ravins, il fallait ou les franchir sur des arceaux qui auraient coûté autant que des voûtes d'aqueducs, ou descendre jusqu'au fond de ces étroits abîmes : or, comme on n'a pas tracé ces descentes en pentes douces, elles sont parfois dangereuses à cause de la rapidité de la côte.

Les Russes m'avaient vanté comme riants et variés les paysages qu'on découvre en suivant les bords du Volga; c'est toujours la campagne des environs d'Yaroslaf, et c'est toujours la même température.

S'il y a quelque chose d'inattendu dans un voyage en Russie, ce n'est assurément pas l'aspect du pays; mais ce que ni vous ni moi nous n'aurions pu prévoir, c'est un danger que je vais vous signaler : le danger de se casser la tête contre la capote de sa calèche. Ne riez pas : le péril est positif et imminent; les rondins dont on fait les ponts de ce pays, et souvent les chemins eux-mêmes, exposent les voitures à de tels chocs que les voyageurs non avertis seraient jetés dehors si leur calèche était découverte, ou se briseraient le crâne si la capote était levée. Il est donc prudent de se servir en Russie de voiture dont l'impériale est le plus élevée possible. Une cruche d'eau de Seltz (vous savez qu'elles sont solides) bien emballée dans du foin, vient d'être cassée au fond du coffre de mon siége par la violence des secousses.

Hier j'ai couché dans une maison de poste où je manquais de tout : ma voiture est tellement dure et les chemins sont si raboteux que je ne puis guère voyager plus de vingt-quatre heures de suite sans éprouver de violentes douleurs de tête; alors, comme j'aime mieux un mauvais gîte qu'une fièvre cérébrale, je m'arrête quelque part que je me trouve. Ce qu'il y a de plus rare dans ces gîtes improvisés et dans toute la Russie, c'est le linge blanc. Vous savez que je voyage avec mon lit, mais je n'ai pu me charger d'une grande provision de linge, et les serviettes qu'on me donne dans les maisons de poste ont toujours servi; j'ignore à qui est réservé l'honneur de les salir. Hier, à onze heures du soir, le maître de poste a envoyé chercher pour moi du linge blanc à un village distant de sa maison de plus d'une lieue. J'aurais protesté contre cet excès de zèle du feldjæger, mais je l'ai ignoré jusqu'au matin. Par la fenêtre de mon chenil, à travers le demi-jour qu'on appelle la nuit en Russie, je pouvais admirer à loisir l'inévitable péristyle romain avec son fronton de bois blanchi à la chaux, et ses colonnes de mortier qui ornent du côté de l'étable la façade des maisons de poste russes. Cette architecture maladroite est un cauchemar qui me poursuivra d'un bout de l'Empire à l'autre. La colonne classique est devenue le cachet de l'édifice public en Russie.

Précaution indispensable pour voyager en ce pays : — vous ne vous attendez guère à celle-ci : — c'est une serrure russe avec ses deux anneaux; la serrure russe est une mécanique aussi simple qu'ingénieuse. Vous arrivez dans une auberge remplie de gens de plusieurs sortes; vous savez d'ailleurs que tous les paysans slaves sont voleurs, si ce n'est de grands chemins, au moins de maison; vous faites déposer vos paquets dans votre chambre, puis vous vous apprêtez à vous aller promener. Toutefois avant de sortir vous voulez, non sans raison, fermer votre porte et tirer votre clef : point de clef... pas même de serrure ! à peine un loquet, un clou, une ficelle; enfin rien : c'est l'âge d'or dans une caverne... l'un de vos gens garde votre voiture; si vous ne voulez pas faire de l'autre une seconde sentinelle à la porte de votre chambre, ce qui ne serait ni très-sûr, car une sentinelle assise s'endort, ni très-humain, vous avez recours à l'expédient que voici : vous fichez un grand anneau de fer à vis dans le chambranle de la porte, un autre anneau de même dimension dans la porte, piqué le plus près possible du premier, puis vous passez dans ces deux anneaux qui font pitons, le col d'un cadenas également à vis; cette vis qui ouvre et ferme le cadenas, lui sert de clef; vous l'emportez, et votre porte est parfaitement close; car les anneaux, une fois vissés, ne peuvent s'enlever qu'en les faisant tourner un à un sur eux-mêmes, opération qui ne saurait avoir lieu tant qu'ils sont liés ensemble par le cadenas. La clôture s'opère assez vite et fort aisément : la nuit, dans une maison suspecte, vous pouvez vous enfermer en un moment moyennant cette serrure, invention habile et digne d'un pays où fourmillent les plus habiles et les plus effrontés des voleurs. Les délits sont tellement fréquents que la justice n'ose être rigoureuse, et puis tout se fait ici par exception, par boutades, régime capricieux, qui malheureusement n'est que trop d'accord avec l'imagination fantasque d'un peuple aussi indifférent à l'équité qu'à la vérité.

J'ai visité hier matin le couvent de Kostroma où l'on m'a fait voir les appartements d'Alexis Romanow et de sa mère; c'est de cette retraite qu'Alexis est sorti pour monter sur le trône et pour fonder la dynastie actuellement régnante. Ce couvent ressemble à tous les autres : un jeune moine, qui n'était pas à jeun, car de très-loin il sentait le vin assez fort, m'a montré la maison en détail; j'aime mieux les vieux moines à barbe blanche et les popes à têtes chenues que les jeunes solitaires bien nourris. Ce trésor aussi ressemble à tous ceux qui m'ont été montrés ailleurs. Voulez-vous savoir en deux mots ce que c'est que la Russie? la Russie, c'est un pays où l'on trouve et où l'on voit la même chose et les mêmes gens partout. Cela est si vrai, qu'en arrivant dans un lieu, on croit toujours y retrouver les choses et les personnes qu'on vient de quitter ailleurs.

A Kouitcha, le bac dans lequel nous avons repassé le Volga n'est pas rassurant; la barque a si peu de bord que la moindre chose la ferait chavirer. Rien ne m'a paru triste comme l'aspect de cette petite ville par un ciel gris, une température humide et froide et pendant une pluie battante qui retenait les habitants prisonniers dans leurs maisons : un vent violent soufflait; si la tourmente eût augmenté, nous eussions couru des risques. Je me suis rappelé qu'à Pétersbourg personne ne s'émeut pour repêcher les gens qui tombent dans la Néva, et je me disais : si je me noie dans le Volga à Kouitcha, nul homme ne se jettera à l'eau afin de me secourir... pas un cri ne sera poussé pour moi sur ces bords populeux, mais qui paraissent déserts, tant les villes, le sol, le ciel et les habitants sont tristes et silencieux. Les Russes ont l'air si mélancolique, que je les crois indifférents à leur propre vie autant qu'à celle des autres.

C'est le sentiment de sa dignité, c'est la liberté qui attache l'homme à la patrie, à lui-même, à tout; ici, l'existence est tellement accompagnée de gêne que chacun me paraît nourrir en secret le désir de changer de place sans le pouvoir. Les grands n'ont point de passeports, les paysans pas d'argent, et l'homme reste comme il est, patient par désespoir, c'est-à-dire aussi indifférent à sa vie qu'à sa mort. La résignation, qui partout ailleurs est une vertu, devient un vice en Russie parce qu'elle y perpétue la violente immobilité des choses.

Il n'est pas ici question de liberté politique, mais d'indépendance personnelle, de facilité de mouvement, et même de l'expression spontanée d'un sentiment naturel; voilà pourtant ce qui n'est à la portée de personne en Russie, excepté du maître. Les esclaves ne se disputent qu'à voix basse; la colère est un des priviléges du pouvoir. Plus je vois les gens conserver l'apparence du calme sous ce régime, plus je les plains; la paix ou le knout!!... telle est ici la condition de l'existence. Le knout des grands, c'est la Sibérie!!... et la Sibérie n'est elle-même que l'exagération de la Russie.

(Suite de la même lettre.)

Au milieu d'un bois, le même jour, au soir.

Me voici retenu dans un chemin de sable et de rondins : le sable est si profond que les plus grosses pièces de bois s'y perdent. Nous nous trouvons arrêtés au milieu d'une forêt, à plusieurs lieues de toute habitation. Un accident arrivé à ma voiture, qui pourtant est du pays, nous retient dans ce désert, et tandis que mon valet de chambre, avec l'aide d'un paysan que le ciel nous envoie, raccommode le dommage, moi, humilié du peu de ressources que je trouve en moi-même dans cette occurrence, moi qui sens que je ne ferais que gêner les travailleurs si je m'avisais de les aider, je me mets à vous écrire pour vous prouver l'inutilité de la culture d'esprit, lorsque l'homme, privé de tous les accessoires de la civilisation, est obligé de lutter corps à corps, sans autres ressources que ses propres forces, contre une nature sauvage et encore tout armée de la puissance primitive qu'elle avait reçue de Dieu. Vous savez cela mieux que moi, mais vous ne le sentez pas comme je le sens en ce moment.

Les jolies paysannes sont rares en Russie; c'est ce que je répète chaque jour; pourtant celles qui sont belles le sont parfaitement. Leurs yeux, taillés en amande, ont une expression particulière; la coupe de leurs paupières est pure et nette, mais le bleu de la prunelle est souvent trouble, ce qui rappelle le portrait des Sarmates, par Tacite, qui dit qu'ils ont les yeux *glauques*; cette teinte donne à leur regard voilé une douceur, une innocence dont le charme devient irrésistible. Elles ont à la fois la délicatesse des vaporeuses beautés du Nord, et la volupté des femmes de l'Orient. L'expression de bonté de ces ravissantes créatures inspire un sentiment singulier; c'est un mélange de respect et de confiance. Il faut venir dans l'intérieur de la Russie pour savoir tout ce que valait l'homme primitif, et tout ce que les raffinements de la société lui ont fait perdre. Je l'ai dit, je le répète, et je le répéterai peut-être encore avec plus d'un philosophe : dans ce pays patriarcal, c'est la civilisation qui gâte l'homme. Le Slave était naturellement ingénieux, musical, presque compatissant; le Russe policé est faux, oppresseur, singe et vaniteux. Un siècle et demi sera nécessaire pour mettre ici d'accord les mœurs nationales avec les nouvelles idées européennes, en supposant toutefois que, pendant cette longue succession de temps, les Russes ne soient gouvernés que par des princes éclairés, et amis du progrès, comme on dit aujourd'hui. En attendant cet heureux résultat, la complète séparation des classes fait de la vie sociale en Russie une chose violente et immorale; on dirait que c'est dans ce pays que Rousseau est venu chercher la première idée de son système, car il n'est pas même nécessaire d'employer les ressources de sa magnifique éloquence pour prouver que les arts et les sciences ont fait plus de mal que de bien aux Russes. L'avenir apprendra au monde si la gloire militaire et politique doit dédommager ce peuple du bonheur dont le privent son organisation sociale et les emprunts qu'il ne cesse de faire aux étrangers.

L'élégance est innée chez les hommes de pure race slave. Ils ont dans le caractère un mélange de simplicité, de douceur et de sensibilité qui maîtrise les cœurs; il s'y joint souvent beaucoup d'ironie et un peu de fausseté, mais dans les bons naturels ces défauts sont tournés en grâce : il n'en reste qu'une physionomie dont l'expression de finesse est incomparable; on est dominé par un charme inconnu, c'est une mélancolie tendre et qui n'a rien d'amer, une douceur souffrante qui naît presque toujours d'un mal secret que l'homme se cache à soi-même pour le mieux déguiser aux yeux des autres. Bref, les Russes sont une nation résignée... cette simple parole dit tout. L'homme qui manque de liberté — ici ce mot exprime des droits naturels, des besoins véritables, — eût-il d'ailleurs tous les autres biens, est comme une plante privée d'air; on a beau arroser la racine, la tige produit tristement quelques feuillages sans fleurs.

Les vrais Russes ont quelque chose de particulier dans l'esprit, dans l'expression du visage et dans la tournure. Leur démarche est légère, et tous leurs mouvements dénotent un naturel distingué. Ils ont les yeux très-fendus, peu ouverts et dessinés en forme d'ovale allongé; le trait qu'ils ont presque tous dans le regard donne à leur physionomie une expression de sentiment et de malice singulièrement agréable. Les Grecs, dans leur langue créatrice, appelaient les habitants de ces contrées sauromates, mot qui veut dire œil de lézard, le nom latin Sarmates est venu de là. Ce trait dans l'œil a donc frappé tous les observateurs attentifs. Le front des Russes n'est ni très-élevé ni très-large; mais il est d'une forme gracieuse et pure; ils ont à la fois dans le caractère de la méfiance et de la crédulité, de la fourberie et de la douceur; et tous ces contrastes sont pleins de charme; leur sensibilité voilée est plutôt communicative qu'expansive, c'est d'âme à âme qu'elle se révèle; car c'est sans le vouloir, sans y penser, sans parler, qu'ils se font aimer. Ils ne sont ni grossiers ni apathiques comme la plupart des hommes du Nord. Poétiques comme la nature, ils ont de l'imagination, et cette faculté se mêle à toutes leurs affections; pour eux l'amour tient de la superstition : leurs attachements ont plus de délicatesse que de vivacité; toujours fins, même quand ils se passionnent, on peut dire qu'ils ont de l'esprit dans le sentiment. Ce sont toutes ces nuances fugitives qu'exprime leur regard, si bien caractérisé par les Grecs.

C'est que les anciens Grecs étaient doués du talent exquis d'apprécier les hommes et les choses, et de les peindre en les nommant; faculté qui a rendu leur langue féconde entre toutes les langues et leur poésie divine entre toutes les poésies.

Le goût passionné des paysans russes pour le thé me prouve l'élégance de leur nature et s'accorde bien avec la peinture que je viens de vous faire de leur caractère. Le thé est un breuvage raffiné. Cette boisson est devenue en Russie une chose de première nécessité. Les gens du peuple, quand ils veulent vous demander pour boire poliment, disent : pour du thé, na tchaï, comme on dit ailleurs : pour un verre de vin.

Cet instinct de bon goût est indépendant de la culture de l'esprit; il n'exclut même pas la barbarie, la cruauté, mais il exclut ce qui est vulgaire.

Le spectacle que j'ai dans ce moment sous les yeux me prouve la vérité de ce qu'on m'a toujours dit : c'est que les Russes sont singulièrement adroits et industrieux.

Un paysan russe a pour principe de ne reconnaître nul obstacle, non pas à ses désirs... pauvre aveuglé!... mais à l'ordre qu'il reçoit. Armé de la hache qu'il porte partout avec lui, il devient une espèce de magicien qui crée en un moment tout ce qui manque au désert. Il saura vous faire retrouver les bienfaits de la civilisation dans la solitude; il raccommodera votre voiture; il suppléera même à une roue cassée et qu'il remplacera par un arbre habilement posé sous la caisse, attaché d'un bout à une traverse, et de l'autre traînant à terre; si malgré cette industrie votre télèga est hors d'état de marcher, il en substituera une autre qu'il met sur pied en un moment, sachant faire servir avec beaucoup d'intelligence les débris de l'ancienne à la construction de la nouvelle. On m'avait conseillé à Moscou de voyager en tarandasse, et j'aurais bien fait de suivre cet avis, car, avec cette sorte d'équipage, on ne risque jamais de rester en chemin..... il peut être raccommodé, même reconstruit par chaque paysan russe.

Si vous voulez camper, cet homme universel vous bâtira une maison pour la nuit : et votre cabane improvisée vaudra mieux qu'aucune auberge de ville. Après vous avoir établi aussi confortablement que vous pouvez l'être, il s'enveloppera dans sa peau de mouton retournée et se couchera sur le seuil nouveau de votre porte, dont il défendra l'entrée avec la fidélité d'un chien; ou bien il s'assiéra au pied d'un arbre devant la demeure qu'il vient de créer pour vous, et, tout en regardant le ciel, il vous désennuiera dans la solitude de votre gîte par des chants nationaux dont la mélancolie répond aux plus doux instincts de votre cœur, car le talent inné pour la musique est encore une des prérogatives de cette race privilégiée dans son malheur;... et jamais l'idée ne lui viendra qu'il serait juste qu'il prît place à côté de vous dans la cabane qu'il vient de vous construire.

Ces hommes d'élite resteront-ils longtemps cachés dans les déserts où la Providence les tient en réserve... à quel dessein? elle seule le sait!... Quand sonnera pour eux l'heure de la délivrance, et bien plus, du triomphe? c'est le secret de Dieu.

J'admire la simplicité d'idées et de sentiments de ces hommes. Dieu, le roi du ciel : le Czar, le roi de la terre : voilà pour la théorie; les ordres, les caprices même du maître, sanctionnés par l'obéissance de l'esclave : voilà pour la pratique. Le paysan russe croit se devoir corps et âme à son seigneur.

Conformément à cette dévotion sociale, il vit sans joie, mais non pas sans orgueil; or, la fierté suffit à l'homme pour subsister; elle prend toute sorte de formes, même celle de l'humilité, de cette modestie religieuse découverte par les chrétiens.

Un Russe ne sait ce que c'est que de dire non à ce maître qui lui représente deux autres maîtres bien plus grands, Dieu et l'Empereur, et il met toute son intelligence, toute sa gloire à vaincre les petites difficultés de l'existence que respectent, qu'invoquent, qu'amplifient les hommes du commun chez les autres nations, vu qu'ils considèrent ces ennuis comme des auxiliaires de leur vengeance contre les riches, qu'ils regardent en ennemis parce qu'ils les supposent les heureux de ce monde.

Les Russes sont trop dénués de tous les biens de la vie pour être envieux; les hommes vraiment à plaindre ne se plaignent plus : les envieux de chez nous sont des ambitieux manqués; la France, ce pays du bien-être facile, des fortunes rapides, est une pépinière d'envieux; je ne puis m'attendrir sur les regrets haineux de ces hommes à l'âme énervée par les douceurs de la vie; tandis que la patience de ce peuple-ci m'inspire une compassion, j'ai presque dit une estime profonde. L'abnégation politique des Russes est abjecte et révoltante : leur résignation domestique est noble et touchante. Le vice de la nation devient la vertu de l'individu.

La tristesse des chants russes frappe tous les étrangers : mais cette musique n'est pas seulement mélancolique, elle est savante et compliquée : elle se compose de mélodies inspirées, et en même temps de combinaisons d'harmonie très-recherchées et qu'on n'obtient ailleurs qu'à force d'étude et de calcul. Souvent en traversant les villages, je m'arrête pour écouter des morceaux d'ensemble exécutés à trois et à quatre parties avec une précision et un instinct musical que je ne me lasse pas d'admirer. Les chanteurs de ces rustiques quatuors devinent les lois du contre-point, les règles de la composition, l'harmonie, les effets des diverses natures de voix, et ils dédaignent les unissons. Ils exécutent des suites d'accords recherchés, inattendus, entrecoupés de roulades et d'ornements délicats. Mais malgré la finesse de leur organisation, ils ne chantent pas toujours parfaitement juste; ce qui n'est pas surprenant lorsqu'on s'attaque à une musique difficile avec des voix rauques et fatiguées; mais lorsque les chanteurs sont jeunes, les effets qu'ils produisent par l'exécution de ces morceaux savamment travaillés, me paraissent très-supérieurs à ceux des mélodies nationales qu'on entend dans les autres pays.

Le chant des paysans russes est une lamentation nasillarde, fort peu agréable à une voix; mais exécutées en chœur, ces complaintes prennent un caractère grave, religieux, et produisent des effets d'harmonie surprenants. Malgré ou peut-être à cause de leur rudesse, nous applaudirions sur un théâtre ces modulations des accords savants. La manière dont les différentes parties sont respectivement placées, la succession inattendue des modulations, le dessin de la composition, les entrées de voix : tout cela est touchant et n'est jamais commun; ce sont les seuls chants populaires où j'aie entendu prodiguer les roulades. De tels ornements, toujours mal exécutés par des paysans, sont désagréables à l'oreille; néanmoins l'ense de ces chœurs rustiques est original et même beau.

Je croyais la musique russe apportée de Byzance en Mosco on m'assure au contraire qu'elle est indigène; ceci expliquera profonde mélancolie de ces airs, surtout de ceux qui affecten gaieté par la vivacité du mouvement. Si les Russes ne savent pa révolter contre l'oppression, ils savent soupirer et gémir.

A la place de l'Empereur, je ne me contenterais pas d'interdi mes sujets la plainte, je leur défendrais aussi le chant, qui est plainte déguisée; ces accents si douloureux sont un aveu et p vent devenir une accusation, tant il est vrai que, sous le de tisme, les arts eux-mêmes, lorsqu'ils sont nationaux, ne saura passer pour innocents; ce sont des protestations détournées.

De là sans doute le goût du gouvernement et des courti russes pour les ouvrages, les littérateurs et les artistes étrang la poésie empruntée a peu de racines. Chez les peuples esclaves, craint les émotions profondes causées par les sentiments patri ques; aussi tout ce qui est national y devient-il un moyen d'op sition, même la musique. C'est ce qu'elle est en Russie où, coins les plus reculés du désert, la voix de l'homme élève au ses plaintes vengeresses pour demander à Dieu la part de bonh qui lui est refusé sur la terre..... Je conclus que si l'on est a puissant pour opprimer les hommes, il faut être assez conséqu pour leur dire : Ne chantez pas. Rien ne révèle la souffrance h tuelle d'un peuple comme la tristesse de ses plaisirs. Les Ru n'ont que des consolations, ils n'ont pas de plaisirs. Je suis surp que personne avant moi n'ait averti le pouvoir de l'imprude qu'il commet en permettant aux Russes un délassement qui tr leur misère et donne la mesure de leur résignation : une résignat profonde, c'est un abîme de douleur.

(Suite de la lettre précédente.)

Ce 23 août 1839, de la dernière poste avant Nijni.

Nous sommes arrivés ici sur trois roues et sur une gaule de sa traînante pour remplacer la quatrième. Je n'ai cessé d'adm l'ingénieuse simplicité de cette manière de voyager; il est fa d'adapter l'arbre au train de devant, en l'attachant à l'encastr avec des cordes; on le laisse ainsi traîner au loin, en passant s le lisoir de derrière, où on le fixe pour remplacer celle des gran roues qui manque : la perte d'une des petites serait plus emb rassante.

Une grande partie de la route d'Yaroslaf à Nijni est une v allée de jardin; ce chemin, tracé presque toujours en ligne dro est plus large que notre grande allée des Champs-Elysées à Par et il est bordé de deux autres allées tapissées de gazons natur et plantées de bouleaux. Cette route est douce, car on y ro presque toujours sur l'herbe, excepté quand on traverse des mar sur des ponts élastiques, espèce de parquets flottants plus singuli que commodes. Ces assemblages de pièces de bois inégales s dangereux pour les chevaux et pour les voitures. Une route croît tant de gazon doit être peu fréquentée; ce qui la rend d'aut plus facile à entretenir. Hier, avant de casser, nous avancions grand galop sur un chemin dont je m'avisai de vanter la beaut mon feldjæger. « Je crois bien qu'il est beau, me répondit homme aux membres grêles, à la taille de guêpe, à la tenue ro et militaire, à l'œil gris et vif, aux lèvres pincées, à la peau na rellement blanche, mais tannée, brûlée et rougie par l'habitude voyages en voitures découvertes, homme à l'air tout à la fois timi et redoutable, comme la haine réprimée par la peur; — Je le cr bien... c'est la grande route de Sibérie! »

Ce mot me glaça. C'est pour mon plaisir que je fais ce chem pensais-je; mais quels étaient les sentiments et les idées de t d'infortunés qui l'ont fait malgré eux? et ces sentiments et idées évoqués par mon imagination revenaient m'obséder. Je v chercher une distraction, un divertissement sur les traces du d espoir des autres.... La Sibérie!.. cet enfer russe est incessamme devant moi... et avec tous ses fantômes, il me fait l'effet du reg du basilic sur l'oiseau fasciné!... Quel pays!... la nature y comptée pour rien, car il faut oublier la nature dans une pla sans limite, sans couleur, sans pente, sans figure, et ce n'est ligne toujours égale, tracée par le cercle de plomb du ciel sur surface de fer de la terre...... Telle est, à quelques inégalités p la plaine que j'ai traversée depuis mon départ de Pétersbourg d'éternels marais entrecoupés de quelques champs d'avoine ou seigle, qui sont de niveau avec les joncs; quelques carrés de te cultivés en concombres, en melons et en divers légumes aux en rons de Moscou, culture qui n'interrompt pas la monotonie paysage; puis, dans les lointains, des bois de pins noirs vo quelques bouleaux maigres, noueux; puis enfin, le long des rout des villages de planches grises, à maisons plates, données tou les vingt, trente ou cinquante lieues par des villes un peu p élevées, quoique plates aussi, villes où l'espace fait disparaître hommes, rues qui ressemblent à des casernes, bâties pour un j de manœuvres : pour la centième fois voilà la Russie telle qu est. Ajoutez-y quelques décorations, quelques dorures et beaucoup de gens aux discours flatteurs, aux pensers moqueurs, et vous l'aurez telle qu'on nous la veut montrer; il faut tout dire : on y assiste à de superbes revues. Savez-vous ce que c'est que les manœuvres russes? ces mouvements de troupes équivalent à des guerres, moins la gloire; mais la dépense n'en est que plus grande, car l'armée impériale n'y peut pas vivre aux dépens de l'ennemi.

Dans ce pays sans paysages coulent des fleuves immenses, mais sans couleur; ils coulent à travers un pays grisâtre, dans des terrains sablonneux, et disparaissent sous des coteaux pas plus hauts que des digues, et brunis par des forêts marécageuses. Les fleuves du Nord sont tristes comme le ciel qu'ils reflètent; le Volga est, dans certaines parties de son cours, bordé de villages qu'on dit assez riches; mais ces piles de planches grises aux faîtes moussus n'égaient pas la contrée. On sent l'hiver et la mort planer sur tous ces sites : la lumière et le climat du Nord donnent aux objets une teinte funèbre; au bout de quelques semaines, le voyageur épouvanté se croit enterré vif; il voudrait déchirer son linceul et fuir ce cimetière sans clôture, et qui n'a de bornes que celles de la vue; il lutte de toutes ses forces pour soulever le voile de plomb qui le sépare des vivants. N'allez jamais dans le Nord pour vous amuser, à moins que vous ne cherchiez votre amusement dans l'étude : car il y a beaucoup à étudier ici.

Je suivais donc, désenchanté, la grande route *de Sibérie*, quand j'aperçus de loin un groupe d'hommes d'armes arrêté sous une des contre-allées de la route.

« Que font là ces soldats? dis-je à mon courrier.

— Ce sont, me répondit cet homme, des Cosaques qui conduisent des exilés en Sibérie...... »

Ainsi ce n'est pas un rêve, ce n'est pas de la mythologie de gazettes; je vois là de vrais malheureux, de véritables déportés qui vont à pied chercher péniblement la terre où ils doivent mourir oubliés du monde, loin de tout ce qui leur fut cher, seuls avec le Dieu qui ne les avait pas créés pour subir un tel supplice. J'ai peut-être rencontré leurs mères, leurs femmes, ou je les rencontrerai; ce ne sont pas des criminels, au contraire; ce sont des Polonais, des héros de malheur et de dévouement; et les larmes me venaient aux yeux en approchant de ces infortunés auprès de qui je n'osais pas même m'arrêter de peur de devenir suspect à mon argus. Ah!... devant de tels revers, le sentiment de mon impuissante compassion m'humiliait, et la colère refoulait l'attendrissement dans mon cœur! J'aurais voulu être bien loin d'un pays où le misérable qui me sert de courrier pouvait devenir assez formidable pour me forcer par sa présence à dissimuler les sentiments les plus naturels de mon cœur. J'ai beau me répéter que nos forçats sont peut-être plus à plaindre que ne le sont les colons de la Sibérie, il y a dans cet exil lointain une vague poésie qui prête à la sévérité de la loi toute la puissance de l'imagination, et cette alliance inhumaine produit un résultat terrible. D'ailleurs, nos forçats sont jugés sérieusement; mais après quelques mois de séjour en Russie, on ne croit plus aux juges (1).

Il y avait là six exilés, et ces condamnés bien qu'enchaînés étaient innocents à mes yeux, car sous le despotisme il n'y a de criminel que l'homme qui punit. Ces six coupables étaient conduits par douze hommes à cheval, douze Cosaques. La capote de ma voiture était fermée, et plus nous approchions du groupe, plus mon courrier observait attentivement ce qui se passait sur ma figure; il me dévisageait. Je fus singulièrement frappé des efforts qu'il faisait pour me persuader que les gens devant lesquels nous passions étaient de simples malfaiteurs, et que pas un condamné politique ne se trouvait parmi eux. Je gardais un morne silence; le soin qu'il prenait de répondre à ma pensée me parut très-significatif. Il la lit donc sur mon visage, me disais-je, ou la sienne lui fait deviner la mienne.

Affreuse sagacité des sujets du despotisme! tous sont espions, même en amateurs et sans rétribution.

Les derniers relais de la route qui conduit à Nijni sont longs et difficiles, à cause des sables qui deviennent de plus en plus profonds (2), tellement qu'on y reste comme enterré; et dans ces sables, d'énormes blocs de bois et de pierres se remuent sous les roues des voitures et sous les pieds des chevaux; on dirait d'une plage jonchée de débris. Cette partie de la route est bordée de forêts, où campent, de demi-lieue en demi-lieue, des postes de Cosaques destinés à protéger le passage des marchands qui vont à la foire. Cet appareil est plus sauvage que rassurant. On se croit au moyen âge.

Ma roue est raccommodée : on la remet en place, ce qui me fait espérer que nous arriverons à Nijni avant ce soir. Le dernier relais est, dit-on, de huit lieues, par un chemin dont je viens de vous décrire tous les inconvénients, sur lesquels j'insiste, parce que les mots qui vous les peignent passent trop vite, en comparaison du temps que me prennent les choses.

LETTRE TRENTE-TROISIÈME.

SOMMAIRE. — Site de Nijni-Novgorod. — Mot de l'empereur Nicolas. — Prédilection de ce prince pour Nijni. — Le Kremlin de Nijni. — Peuples accourus à cette foire. — Nombre des étrangers. — Le gouverneur de Nijni. — Pavillon du gouverneur à la foire. — Le pont de l'Oka. — Bateaux qui obstruent le fleuve. — Aspect de la foire. — Peine qu'on a pour se loger. — Je m'installe dans un café. — Insectes inconnus. — Orgueil de mon feldjäger. — Emplacement de la foire. — Aspect des populations. — Terrain de la foire. — Ville souterraine. — Cloaques magnifiques : ouvrage imposant. — Aspect singulier des femmes. — Les alentours de la foire. — Ville du thé. — Ville des chiffons. — Ville des bois de charronnage. — Ville des fers de Sibérie. — Origine de la foire de Nijni. — Voiturage persan. — Poissons salés de la mer Caspienne. — Cuirs. — Fourrures. — Lazzaronis du Nord. — Intérieur de la foire. — Site mal choisi. — Crédit commercial des serfs russes. — Manière de calculer des gens du peuple. — Bonne foi des paysans. — Comment les seigneurs trompent leurs serfs. — Rivalité de l'autocratie et de l'aristocratie. — Prix des denrées à la foire de Nijni. — Turquoises apportées par les Boukares. — Chevaux kirguises : leur attachement les uns pour les autres. — La foire après le coucher du soleil. — Convoi de rouliers debout sur leur essieu. — Gravité des Russes. — Encore des chants russes.

Nijni-Novgorod, ce 22 août 1839, au soir.

Le site de Nijni est le plus beau que j'aie vu en Russie : il y a là non plus de petites falaises, de basses jetées qui se prolongent au bord d'un grand fleuve, des ondulations de terrain qualifiées de collines, au sein d'une vaste plaine : il y a une montagne, une vraie montagne qui fait promontoire au confluent du Volga et de l'Oka, deux fleuves également imposants, car, à son embouchure, l'Oka paraît aussi considérable que le Volga, et s'il perd son nom, c'est parce qu'il ne vient pas d'aussi loin. La ville haute de Nijni, bâtie sur cette montagne, domine une plaine immense comme la mer : un monde sans bornes s'ouvre au pied de cette crique devant laquelle se tient la plus grande foire de la terre; pendant six semaines de l'année le commerce des deux plus riches parties du monde s'est donné rendez-vous au confluent du Volga et de l'Oka. C'est un lieu à peindre; jusqu'à présent je n'avais admiré de vues vraiment pittoresques en Russie que dans les rues de Moscou et le long des quais de Pétersbourg, encore ces sites étaient-ils de création humaine; mais ici la campagne est belle en elle-même; cependant l'ancienne ville de Nijni, au lieu de regarder les fleuves et de profiter des moyens de richesse qu'ils lui offrent, reste entièrement cachée derrière la montagne : là, perdue dans l'intérieur du pays, elle semble fuir ce qui ferait sa gloire et sa prospérité : cette maladresse a frappé l'empereur Nicolas, qui s'écria la première fois qu'il vit ce lieu : « A Nijni la nature a tout fait, les hommes ont tout gâté. » Pour remédier à l'erreur des fondateurs de Nijni-Novgorod, un faubourg en forme de quai se bâtit aujourd'hui sous la côte où il occupe l'une des deux pointes de terre qui séparent le Volga de l'Oka. Ce faubourg s'agrandit chaque année, il devient plus important et plus populeux que la cité; et le vieux Kremlin de Nijni (chaque ville russe a le sien) sépare l'ancien du nouveau Nijni, situé sur la rive droite de l'Oka.

La foire se tient de l'autre côté de ce fleuve sur une terre basse qui fait triangle entre la rivière et le Volga. Cette terre d'alluvion marque le point où les deux cours d'eau se réunissent, par conséquent d'un côté elle sert de rive à l'Oka et de l'autre au Volga; c'est aussi ce que fait le promontoire de Nijni sur la rive droite de l'Oka. Les deux bords de cette rivière sont joints par un pont de bateaux qui conduit de la ville à la foire, et qui m'a paru aussi long que celui du Rhin devant Mayence. Ces deux angles de terre, quoique séparés seulement par un fleuve, sont bien différents l'un de l'autre : l'un domine de toute la hauteur d'une montagne le sol nivelé de la plaine qu'on appelle Russie, et il est pareil à une borne colossale, à une pyramide naturelle : c'est le promontoire de Nijni qui s'élève majestueusement au milieu de ce vaste pays; l'autre angle, celui de la foire, se cache au niveau des eaux qui l'inondent une partie de l'année; la beauté singulière de ce contraste n'a point échappé au coup d'œil de l'empereur Nicolas; ce prince, avec la sagacité qui le caractérise, a senti que Nijni était un des points importants de son Empire. Il aime particulièrement ce lieu central favorisé par la nature et devenu le lieu de réunion des populations les plus lointaines qui s'y pressent de toutes parts, attirées par un puissant intérêt commercial. Dans sa minutieuse vigilance, l'Empereur ne néglige rien pour embellir, étendre et enrichir cette ville : il a ordonné des terrassements, des quais, et commandé pour dix-sept millions de travaux qui ne sont contrôlés que par lui. La foire de Makarief qui se tenait autrefois dans les terres d'un boyard à vingt lieues plus bas, en suivant le cours du Volga vers l'Asie, a été confisquée au profit de la couronne et du pays; puis l'empereur Alexandre l'a transportée à Nijni. Je regrette la foire asiatique tenue dans les domaines d'un ancien prince moscovite : elle devait

(1) Plusieurs des écrivains qui ont réfuté ce livre ont cru devoir protester contre l'idée que nous nous faisons du malheur des exilés en Sibérie. Ils nous font des peintures idylliques de ces colonies lointaines. C'est dommage que la mère patrie n'ait pas quelques-uns de ces charmes que les Russes attribuent à leurs possessions d'Asie.

(2) On fait une chaussée de Moscou à Nijni : elle sera terminée bientôt.

être plus pittoresque et plus originale, quoique son site fût moins grandiose et que ses lignes de boutiques fussent moins régulières que ce qu'on admire au champ de foire de Nijni.

Je vous ai dit que chaque ville russe a son Kremlin, comme chaque ville espagnole a son Alcazar; le Kremlin de Nijni-Novogorod avec ses tours d'aspects divers et ses murailles crénelées qui serpentent sur une montagne bien plus élevée que ne l'est la colline du Kremlin de Moscou, a près d'une demi-lieue de tour.

Lorsque le voyageur aperçoit, du fond de la plaine, cette forteresse, il est frappé d'étonnement; il découvre par moments, au-dessus de la cime des pins mal venants, les flèches brillantes et les lignes blanches de cette citadelle : c'est le phare vers lequel il se dirige à travers les déserts sablonneux qui gênent l'abord de Nijni par la route d'Iaroslaf. L'effet de cette architecture nationale est toujours puissant; ici les tours bizarres, les minarets chrétiens, ornements obligés de tous les Kremlins, sont encore embellis par la singulière coupe du terrain, qui dans certains endroits oppose de véritables précipices aux fantaisies des architectes. Dans l'épaisseur des murailles on a pratiqué, comme à Moscou, des escaliers qui servent à monter de créneaux en créneaux jusqu'au sommet de la côte et des hauts remparts qui la couronnent : ces imposants degrés avec les tours dont ils sont flanqués, avec les rampes, les voûtes, les arcades qui les soutiennent, font tableau de quelque point des environs qu'on les aperçoive.

La foire de Nijni, devenue aujourd'hui la plus considérable de la terre, est le rendez-vous des peuples les plus étrangers les uns aux autres, et par conséquent les plus divers dans leur aspect, dans leur costume et leur langage, dans leurs religions et dans leurs mœurs. Des hommes du Thibet, de la Boukarie, des pays voisins de la Chine, viennent rencontrer là des Persans, des Finois, des Grecs, des Anglais, des Parisiens : c'est le jugement dernier du commerce. Le nombre des étrangers constamment présents à Nijni pendant le temps que dure la foire est de deux cent mille; les hommes qui composent cette foule se renouvellent plusieurs fois, mais le chiffre reste toujours à peu près le même; cependant à certains jours de ce congrès du négoce, il se trouve dans Nijni jusqu'à trois cent mille personnes à la fois; le taux moyen de la consommation de pain, dans ce camp pacifique, est de quatre cent mille livres par jour : passé ces saturnales de l'industrie et du trafic, la ville est morte. Jugez de l'effet singulier que doit produire une transition si brusque!... Nijni contient à peine vingt mille habitants qui se perdent dans ses vastes rues et dans ses places nues, tandis que le terrain de la foire reste abandonné pour neuf mois.

Cette foire occasionne peu de désordre; en Russie, le désordre est chose inconnue; il serait un progrès, car il est fils de l'indépendance. L'amour du gain et les besoins du luxe toujours croissants, jusque chez les nations barbares, font que même des populations à demi sauvages, telles que celles qui viennent ici de la Perse et de la Boukarie, trouvent du bénéfice à la tranquillité, à la bonne foi : d'ailleurs il faut avouer qu'en général les mahométans ont de la probité en affaires d'argent.

Il n'y a que peu d'heures que je suis dans cette ville et j'ai déjà vu le gouverneur : on m'avait donné pour lui plusieurs lettres de recommandations très-pressantes; il m'a paru hospitalier et communicatif pour un Russe. La foire de Nijni montrée par lui, et vue de son point de vue, sera pour moi un double intérêt : celui qui s'attache aux choses mêmes, presque toutes nouvelles pour un Français, et celui que je mets à pénétrer la pensée des hommes employés par ce singulier gouvernement.

Cet administrateur porte un nom anciennement illustré dans l'histoire de Russie : il s'appelle Boutourline. Les Boutourline sont une famille de vieux boyards; illustration qui devient rare. Je vous raconterai demain mon arrivée à Nijni, la peine que j'ai eue à trouver un gîte et la manière dont j'ai fini par m'établir, si tant est que je puisse me dire établi.

(*Suite de la même lettre.*)

Ce 23 août 1839, au matin.

Je n'ai rencontré de foule en Russie qu'à Nijni sur le pont de l'Oka; à la vérité ce défilé est l'unique chemin qui conduit de la ville à la foire; c'est aussi par là qu'on arrive à Nijni quand on vient d'Iaroslaf. A l'entrée de la foire on tourne à droite pour passer sur le pont, en laissant à gauche tous les magasins et le palais de jour du gouverneur qui descend tous les matins de sa maison de la ville haute dans ce pavillon, espèce d'observatoire administratif d'où il surveille toutes les rues, toutes les files de boutiques et toutes les affaires de la foire. La poussière qui aveugle, le bruit qui assourdit, les voitures, les piétons, les soldats chargés de maintenir l'ordre, tout embarrasse le passage du pont, et comme l'eau du fleuve disparaît sous une multitude de barques, on se demande à quoi sert ce pont, car au premier coup d'œil on croit la rivière à sec. Les bateaux sont si serrés au confluent du Volga et de l'Oka, qu'on pourrait traverser ce dernier fleuve à pied en enjambant de jonque en jonque. J'emploie ce terme chinois qu'une grande partie des bâtiments qui affluent à Nijni sert à p ter à la foire des marchandises de la Chine et surtout du thé. T cela captive l'imagination, mais je ne trouve pas que les y soient également satisfaits. Les tableaux pittoresques manque cette foire dont tous les bâtiments sont neufs et réguliers.

Hier à mon arrivée, j'ai cru que nos chevaux écraseraient vi personnes avant d'atteindre le quai de l'Oka : ce quai est la nouv Nijni, faubourg qui d'ici à peu d'années deviendra considérab C'est une longue rangée de maisons resserrées entre l'Oka qui s' proche de son embouchure dans le Volga et la côte qui l'encai de ce côté de son cours; la crête de cette côte est hérissée de m railles formant l'enceinte extérieure du Kremlin de Nijni; la v haute disparaît derrière ces murailles et derrière la montag Quand j'eus touché au bord désiré, je trouvai bien d'autres di cultés qui m'attendaient; il fallait avant tout me loger, et les a berges étaient combles. Mon feldjæger frappait à toutes les por et revenait toujours me dire avec le même sourire, *féroce* à fo d'immobilité, qu'il n'avait pu trouver une seule chambre. Il me co seillait d'aller demander l'hospitalité au gouverneur; c'est ce q je ne voulais pas faire.

Enfin, arrivés à l'extrémité de cette longue rue, au pied de route qui monte à la vieille ville par une pente très-rapide et q passe sous un arc obscur, pratiqué à travers un des pans de l'épai muraille crénelée de la forteresse, nous aperçûmes, dans un cadr où la rue s'enfonce et se resserre, entre la jetée de la rivière et substructions de la côte, un café, le dernier de la ville vers le Vol Les abords de ce café sont obstrués par un marché public, espè de petite halle couverte, d'où s'exhalent des odeurs qui ne sont ri moins que des parfums. Là je me fis descendre de voiture et co duire à ce café, lequel ne consiste pas en une seule salle, ma en une espèce de marché qui occupe toute une suite d'appart ments. Le maître m'en fit les honneurs en m'escortant poliment travers la foule bruyante qui remplissait cette longue enfilade chambres; parvenu avec moi à la dernière de ces salles, obstru comme toutes les autres de tables où des buveurs en pelisses pr naient du thé et des liqueurs, il me prouva qu'il n'avait pas u seule chambre qui fût libre.

« Cette salle fait le coin de votre maison, lui dis-je; a-t-elle u sortie particulière?

— Oui.

— Eh bien, condamnez la porte qui la sépare des autres salles votre café, et donnez-la-moi pour chambre à coucher. »

L'air que j'y respirais me suffoquait déjà; c'était un mélange in fect d'émanations les plus diverses : la graisse des fourrures mouton, le musc des peaux préparées, qu'on appelle *cuir de Ru sie*, le suif des bottes, le chou aigre, principale nourriture d paysans, le café, le thé, les liqueurs, l'eau-de-vie épaississaient l'a mosphère. On respirait du poison! mais que pouvais-je faire? c'éta ma dernière ressource. J'espérais d'ailleurs qu'une fois la chamb déblayée et bien lavée, les mauvaises odeurs se dissiperaient av la foule des convives. J'insistais donc pour que mon feldjæge expliquât nettement ma proposition au maître du café.

« J'y perdrai, répondit l'homme.

— Je vous paierai ce que vous voudrez; seulement vous me trou verez quelque part un asile pour mon valet de chambre et pour mo courrier. »

Le marché se conclut, et me voici tout fier d'avoir pris d'assau un cabaret infect, qu'on me fait payer plus cher que le plus bel a partement de l'hôtel des Princes à Paris. Je me consolais de la dé pense en songeant à la victoire que je venais de remporter. Il fa être en Russie, dans ce pays où les fantaisies des hommes qu'o croit puissants ne connaissent pas d'obstacles, pour changer en u moment une salle de café en une chambre à coucher.

Mon feldjæger engage les buveurs à se retirer; ils sortent san faire la moindre objection, et on les parque comme on peut dans l salle voisine, dont on condamne la porte avec une serrure de l'espèc de celle que je vous ai décrite. Une vingtaine de tables étaient ran gées autour de la chambre; un essaim de prêtres en robes, autre ment dit une troupe de garçons de café en chemises, se précipite dans la salle et la démeublent en un instant. Mais qu'est-ce que j vois? de dessous chaque table, de dessous chaque tabouret, sorten des nuées de bêtes telles que je n'en avais jamais aperçu : c'est u insecte noir, long d'un demi-pouce, assez gros, mou, rampant gluant, infect et courant assez vite. Ce fétide animal est conn une partie de l'Europe orientale, en Volhynie, en Ukraine, en Russie et je crois dans la grande Pologne, où on l'appelle, ce me semble *prusak* ou *tarakan*. Je n'ai pu distinguer le nom que lui donnen les garçons du café Nijni. Cette vilaine bête fut, dit-on, apporté d'Asie. En voyant le pavé de mon gîte tout marbré de ces insecte grouillants et qu'on y écrasait involontairement et volontairement non par centaines, mais par milliers; en m'apercevant surtout d nouveau genre de mauvaise odeur produite par ce massacre, le dé sespoir me prit; je me sauvai de la chambre, de la rue, et je cour me présenter au gouverneur. Je ne rentrai dans mon désolable gît

Paris. — Imprimerie Walder, rue Bonaparte, 44.

que lorsque l'on m'eut dit et répété qu'il était aussi net qu'il pouvait l'être. Mon lit, rempli de foin frais, à ce qu'on m'assura, était dressé au milieu de la salle, les quatre pieds posés dans quatre terrines pleines d'eau, et je m'entourai de lumière pour la nuit. Malgré tant de précautions, je n'en ai pas moins trouvé au sortir d'un sommeil inquiet, lourd, agité, deux ou trois punaises sur mon oreiller. Ces bêtes ne sont pas malfaisantes; mais je ne saurais vous dire le dégoût qu'elles m'inspirent. La malpropreté, l'apathie que dénote la présence de pareils insectes dans les habitations des hommes, me fait regretter d'être venu parcourir cette partie de la terre. Il me semble que c'est une dégradation morale que de se laisser approcher par des animaux immondes : il y a telle répulsion physique dont aucun raisonnement ne peut triompher.

Maintenant que je vous ai avoué ma misère et décrit mes infortunes, je ne vous en parlerai plus. Seulement, pour compléter le tableau de cette chambre usurpée sur le café, vous saurez qu'on m'a fait des rideaux avec des nappes dont les coins sont cloués aux fenêtres par des fourchettes de fer; des ficelles servent d'embrasses à ces draperies; deux malles sous un tapis de Perse me tiennent lieu de canapé; le reste à l'avenant.

Un négociant de Moscou qui tient un magasin de soieries des plus magnifiques et des plus considérables de la foire, doit venir me chercher ce matin pour me montrer toutes choses avec ordre et détail; je vous dirai le résultat de cette revue.

(Suite de la même lettre.)

Ce 24 août 1839, au soir.

Je retrouve ici une poussière méridionale et une chaleur suffocante; aussi m'avait-on bien conseillé de ne me rendre à la foire qu'en voiture; mais l'affluence des étrangers est telle en ce moment à Nijni, que je n'ai pu trouver une voiture à louer; j'ai été réduit à me servir de celle dans laquelle j'ai voyagé depuis Moscou, et à l'atteler de deux chevaux seulement, ce qui m'a contrarié comme un Russe : ce n'est pas par vanité qu'on va ici à quatre chevaux; la race a du nerf, mais elle n'est pas robuste : les chevaux russes courent longtemps lorsqu'ils n'ont rien à traîner, mais ils se fatiguent bientôt de tirer. Quoi qu'il en soit, mes deux chevaux et ma calèche composaient un équipage plus commode qu'élégant; ils m'ont promené tout le jour dans la foire et dans la ville.

En montant dans cette voiture avec le négociant qui voulait bien me servir de *cicerone* et avec son frère, je dis à mon feldjæger de nous suivre. Celui-ci, sans hésiter, sans m'en demander la permission, s'élance dans la calèche d'un air délibéré, puis, avec un aplomb qui me surprend, il s'établit à côté du frère de M***, lequel, malgré mes instances, avait absolument voulu s'asseoir sur le devant de ma voiture.

En ce pays, il n'est pas rare de voir le maître d'une voiture établi dans le fond, même lorsqu'il n'est pas à côté d'une femme, tandis que ses amis se placent sur le devant. Cette impolitesse qu'on ne se permet chez nous que dans la plus étroite intimité, n'étonne ici personne.

Craignant que la familiarité du courrier ne parût choquante à mes obligeants conducteurs, je crus devoir faire descendre cet homme, en lui disant fort doucement de monter sur le siége de devant, à côté du cocher.

« Je n'en ferai rien, me répond le feldjæger avec un sang-froid imperturbable.

— Pourquoi ne m'obéissez-vous pas? » répliquai-je d'un ton encore plus calme; car je sais que chez cette nation à demi orientale, il faut faire montre d'impassibilité pour conserver son autorité.

Nous parlions allemand. « Ce serait déroger, » me répondit le Russe toujours du même ton.

Ceci me rappelait les disputes de préséance entre boyards, disputes dont les conséquences ont souvent été bien graves sous les règnes des Ivan, et remplissent des pages entières de l'histoire de Russie à cette époque.

« Qu'entendez-vous par déroger? repris-je. Cette place n'est-elle pas celle que vous avez occupée depuis notre départ de Moscou?

— Il est vrai, monsieur, que c'est ma place en voyage; mais à la promenade, je dois monter dans la voiture. Je porte l'uniforme. »

Cet uniforme que j'ai décrit ailleurs est l'habit d'un facteur de la poste.

« Je porte l'uniforme, monsieur, j'ai mon rang dans le tchinn; je ne suis pas un domestique; je suis serviteur de l'Empereur.

— Je m'occupe fort peu de ce que vous êtes; au surplus je ne vous ai pas dit que vous êtes un domestique.

— J'en aurais l'air si je m'asseyais à cette place quand monsieur se promène dans la ville. J'ai plusieurs années de service et pour récompense de ma bonne conduite, on m'a fait espérer la noblesse : j'aspire à l'obtenir, car je suis ambitieux. »

Cette confusion de nos vieilles idées aristocratiques et de la nouvelle vanité inoculée par des despotes ombrageux à des peuples naïvement d'accès, m'épouvantait. J'avais sous les yeux un échantillon de la pire espèce d'émulation, de celle du parvenu qui veut se donner des airs de parvenu.

Après un instant de silence, je repris : « J'approuve votre fierté, si elle est fondée; mais étant peu au fait des usages de votre pays, je veux, avant de vous permettre d'entrer dans ma voiture, soumettre votre réclamation à M. le gouverneur. Mon intention est de n'exiger de vous rien de plus que ce que vous me devez, d'après les ordres qu'on vous a donnés en vous envoyant auprès de moi; dans le doute, je vous dispense de votre service pour aujourd'hui : je sortirai sans vous. »

J'avais envie de rire du ton d'importance dont je parlais; mais je croyais cette dignité de comédie nécessaire à ma sûreté pendant le reste de mon voyage. Il n'y a pas de ridicule qui ne soit excusé par les conditions et les conséquences inévitables du despotisme.

Cet aspirant à la noblesse, si scrupuleux observateur de l'étiquette du grand chemin, me coûte, en dépit de son orgueil, trois cents francs *de gages* par mois; je le vis rougir en écoutant mes dernières paroles, et sans répliquer un mot, il descendit enfin de ma voiture où il était resté jusque-là fort insolemment campé; il rentra dans la maison en silence. Je ne manquerai pas de raconter au gouverneur le résumé du colloque que vous venez de lire.

L'emplacement de la foire est très-vaste, et j'habite fort loin du pont qui conduit à cette ville d'un mois. J'eus donc lieu de m'applaudir d'avoir pris des chevaux, car, par la chaleur qu'il fait, je me serais senti sans force avant même d'être arrivé à la foire, s'il avait fallu faire à pied ce trajet dans des rues poudreuses, le long d'un quai découvert et sur un pont où le soleil darde des rayons ardents pendant des jours qui sont encore environ de quinze heures, malgré la promptitude avec laquelle ils vont commencer à décroître dans la saison avancée où nous entrons.

Des hommes de tous les pays du monde, mais surtout des dernières extrémités de l'Orient, se donnent rendez-vous à cette foire; mais ces hommes sont plus singuliers de nom que d'aspect. Tous les Asiatiques se ressemblent, ou du moins on peut les partager en deux classes : les hommes à figure de singes : Calmouks, Mongols, Baskirs, Chinois; les hommes à profil grec : Circassiens, Persans, Géorgiens, Indiens, etc., etc., etc.

La foire de Nijni se tient, comme je l'ai déjà dit, sur un immense triangle de terre sablonneuse et parfaitement plane qui forme pointe entre l'Oka, près d'arriver à son embouchure dans le Volga, et le large cours de ce fleuve. Cet espace est donc borné de deux côtés par l'une des deux rivières. Le sol où se déposent tant de richesses ne s'élève presque pas au-dessus du niveau de l'eau, aussi ne voit-on sur les rives de l'Oka et sur celles du Volga que des hangars, des baraques et des dépôts de marchandises, tandis que la ville foraine proprement dite est située assez avant dans les terres à la base du triangle formé par les deux fleuves; elle n'a de bornes que celles qu'on a voulu lui assigner du côté de la plaine aride qui s'étend à l'ouest et au nord-ouest vers Yaroslaf et Moscou. Cette ville marchande, encore toute neuve, est un vaste assemblage de longues et larges rues tirées au cordeau; disposition qui nuit à l'effet pittoresque de l'ensemble : une douzaine de pavillons censés chinois, dominent les boutiques, mais leur style fantastique ne suffit pas pour corriger la tristesse et la monotonie de l'aspect général de la foire. C'est un bazar en carré long qui paraît solitaire, tant il est grand : on ne voit plus de foule dès qu'on a pénétré dans l'intérieur des lignes où sont rangées les boutiques, tandis que les abords de ces rues sont obstrués par des populations diverses. La ville foraine est comme toutes les autres villes russes modernes, trop vaste pour sa population, et pourtant vous avez déjà vu que le taux moyen de cette population quotidienne était de deux cent mille âmes : il est vrai que, dans ce nombre immense d'étrangers, il faut comprendre tous ceux qui sont dispersés sur les fleuves dans les barques qui servent d'asile à toute une nation amphibie, et dans les camps volants qui environnent la foire proprement dite. Les maisons des marchands reposent sur une ville souterraine, superbe cloaque voûté, immense labyrinthe où l'on se perdrait, si l'on y pénétrait sans un guide expérimenté. Chaque rue de la foire est doublée par une galerie souterraine qui la suit dans toute sa longueur et sert d'issue aux immondices. Ces égouts construits en pierre de taille sont nettoyés plusieurs fois par jour au moyen d'une multitude de pompes qui servent à tirer l'eau des rivières voisines. On pénètre dans ces galeries par de larges escaliers en belles pierres. Toute personne qui se disposerait à salir les rues du bazar est invitée poliment par les Cosaques chargés de la police de la foire, à descendre dans ces catacombes d'ordures. C'est un des ouvrages les plus imposants que j'aie vus en Russie. Il y a là des modèles à proposer aux faiseurs d'égouts de Paris. Tant de grandeur et de solidité rappelle Rome. Ces souterrains sont l'œuvre de l'empereur Alexandre qui prétendit vaincre la nature en établissant la foire sur un sol inondé pendant la moitié de l'année. Ses prédécesseurs ont fait la même chose en d'autres occasions : triompher des éléments est une manie de prince. Dans la suite, Alexandre a prodigué des millions pour remédier aux inconvénients du choix peu judicieux qu'il fit le jour où il ordonna que la foire de Makarief fût transportée à Nijni.

L'Oka, près de son embouchure dans le Volga, est bien quatre fois large comme la Seine ; ce fleuve sépare la ville permanente de la ville foraine ; il est tellement couvert de bateaux que, pendant l'espace de plus d'une demi-lieue, l'eau disparaît sous les barques. Quarante mille hommes bivouaquent toutes les nuits et se nichent comme ils peuvent sur ces embarcations devenues les baraques d'un camp, mais d'un camp mobile. Ce peuple aquatique fait lit de toutes choses ; un sac, une tonne, un banc, une planche, un fond de bateau, une caisse, une bâche, une pierre, un tas de voiles, tout est bon à des hommes qui ne se déshabillent point pour dormir ; ils étendent leur pelisse de peau de mouton sur la couche qu'ils choisissent et ils dorment comme sur un matelas. Cet amas de bateaux est un parquet volant. Du fond de la ville humide, le soir, on entend sortir des voix sourdes, des murmures humains qui se confondent avec le bouillonnement des flots ; quelquefois des chants s'élèvent du milieu d'une île de barques qui paraissait inhabitée ; car ce qu'il y a de plus singulier, c'est que les navires où se produisent ces bruits semblent vides au moins pendant le jour ; leurs hôtes n'y demeurent que pour dormir, et même alors ils s'enfouissent dans les cales des bateaux et disparaissent sous l'eau comme les fourmis sous la terre. Des agglomérations de canots toutes semblables se forment sur le Volga aux approches de l'embouchure de l'Oka, et en remontant le cours de ce dernier fleuve au-dessus du pont de bateaux de Nijni on en voit d'autres encore qui s'étendent à des distances considérables. Enfin quelque part que l'œil se repose, il s'arrête sur des séries de barques dont plusieurs ont des formes et des couleurs singulières ; toutes ces barques sont mâtées ; c'est un marécage américain, et cette forêt submergée est peuplée d'hommes accourus là de tous les coins de la terre, vêtus d'habits aussi bizarres que leurs figures et leurs physionomies sont étranges. Voilà ce qui m'a le plus frappé dans cette foire immense ; ces fleuves habités nous retracent les descriptions des villes de la Chine où les rivières sont changées en rues par des hommes qui vivent sur l'eau faute de terrain.

Certains paysans de cette partie de la Russie portent des chemises-blouses toutes blanches et ornées de broderies rouges : c'est un costume emprunté aux Tatars. On le voit briller de loin sous les rayons du soleil, et la nuit, le blanc du linge fait apparition dans les ténèbres ; l'ensemble de toutes ces choses produit des tableaux fort extraordinaires, mais si vastes et si plats qu'au premier coup d'œil ils dépassent la force d'attention de mon esprit et trompent ma curiosité. Malgré tout ce qu'elle a de singulier et d'intéressant, la foire de Nijni n'est point pittoresque : c'est la différence d'un plan à un dessin ; l'homme qui s'occupe d'économie politique, d'industrie, d'arithmétique, a plus affaire ici que le poète ou que le peintre, il s'agit de la balance et des progrès commerciaux des deux principales parties du monde : rien de plus, rien de moins. D'un bout de la Russie à l'autre, je vois un gouvernement minutieux, lourd, hollandais, faisant hypocritement la guerre aux facultés primitives d'un peuple ingénieux, gai, poétique, oriental, et né pour les arts.

On trouve toutes les marchandises de la terre rassemblées dans les immenses rues de la foire, mais elles s'y perdent : la denrée la plus rare, ce sont les acheteurs ; je n'ai encore rien vu dans ce pays sans m'écrier : « Il y a trop peu de monde ici pour un si vaste espace. » C'est le contraire des vieilles sociétés où le terrain manque à la civilisation. Les boutiques françaises et anglaises sont les plus élégantes de la foire et les plus recherchées ; on se croit à Paris, à Londres : mais ce Bond-Street du Levant, ce Palais-Royal des steppes n'est pas ce qui fait la richesse véritable du marché de Nijni ; pour avoir une juste idée de l'importance de cette foire, il faut se souvenir de son origine, et du lieu où elle se tint d'abord. Avant Makarief c'était Kasan ; on venait à Kasan des deux extrémités de l'ancien monde : l'Europe occidentale et la Chine se donnaient rendez-vous dans l'ancienne capitale de la Tartarie russe pour échanger leurs produits. C'est encore ce qui arrive à Nijni ; mais on n'aurait qu'une idée bien incomplète de ce marché où deux continents envoient leurs produits, si l'on ne s'éloignait des boutiques tirées au cordeau et des élégants pavillons qui ornent le moderne bazar d'Alexandre ; il faut avant tout visiter quelques-uns des divers camps dont la foire élégante est flanquée. L'équerre et le cordeau ne poursuivent pas la régularité jusque dans les faubourgs de la foire : ces faubourgs sont comme la basse-cour ou la ferme d'un château ; quelque pompeuse, quelque magnifique que soit l'habitation principale, l'irrégularité de la nature, le désordre de la nécessité règnent dans les dépendances.

Ce n'est pas un petit travail que de parcourir, même rapidement, ces dépôts extérieurs, car ils sont eux-mêmes grands comme des villes. Là règne un mouvement continuel et vraiment imposant : véritable chaos mercantile où l'on aperçoit des choses qu'il faut avoir vues de ses yeux, et entendu chiffrer par des hommes graves et dignes de foi pour y croire.

Commençons par la ville du thé : c'est un camp asiatique qui s'étend sur les rives des deux fleuves vers la pointe de terre où s'opère leur réunion. Le thé vient de la Chine en Russie par Kiachta, qui est au fond de l'Asie ; dans ce premier dépôt, on l'échange contre des marchandises : il est transporté de là en ballots qui ressemblent à de petites caisses en forme de dés d'environ deux pieds en tous sens : ces ballots carrés sont des châssis couverts de peaux dans lesquelles les acheteurs enfoncent des espèces d'éprouvettes pour connaître, en retirant leur sonde, la qualité de la marchandise. De Kiachta, le thé chemine par terre jusqu'à Tomsk ; il est chargé là dans des barques et voyage sur plusieurs rivières, dont l'Irtitch et le Tobol sont les principales ; il arrive ainsi à Tourmine, de là on le transporte de nouveau par terre jusqu'à Perm en Sibérie, où il est embarqué sur la Kama, qui le fait descendre jusqu'au Volga, d'où il remonte en bateau vers Nijni : la Russie reçoit chaque année soixante-quinze à quatre-vingt mille caisses de thé, dont la moitié reste en Sibérie pour être transportée à Moscou pendant l'hiver par le traînage, et dont l'autre moitié arrive à cette foire.

C'est le principal négociant de thé de la Russie qui m'a écrit l'itinéraire que vous venez de lire. Je ne réponds pas de l'orthographe ni de la géographie de ce richard : mais un millionnaire a toujours beaucoup de chances pour avoir raison, car il achète la science des autres.

Vous voyez que ce fameux thé de caravanes, si délicat parce qu'il vient par terre, dit-on, voyage presque toujours par eau ; il est vrai que c'est de l'eau douce, et que les brouillards des rivières sont loin de produire les effets de la brume de mer... d'ailleurs quand je ne puis expliquer les faits, je me contente de les noter.

Quarante mille caisses de thé !... c'est bientôt dit : mais vous ne pouvez vous figurer comme c'est long à voir, même ne fît-on que passer devant les monceaux de ballots sans les compter. Cette année on en a vendu trente-cinq mille en trois jours. Je viens de contempler les hangars sous lesquels on les a déposées ; un seul homme, mon négociant géographe, en a pris quatorze mille, moyennant dix millions de roubles d'argent (il n'y a plus de roubles de papier), payables une partie comptant, une partie dans un an.

C'est le taux du thé qui fixe le prix de toutes les marchandises de la foire ; tant que ce taux n'est pas publié, les autres marchés ne se font qu'à condition.

Il y a une ville aussi vaste, mais moins élégante et moins parfumée que la ville du thé : c'est celle des chiffons. Heureusement qu'avant de porter les loques de toute la Russie à la foire, on les fait blanchir. Cette marchandise, nécessaire à la fabrication du papier, est devenue si précieuse que les douanes russes en défendent l'exportation avec une extrême sévérité.

Une autre ville m'a paru remarquable entre tous les bourgs annexés à cette foire : c'est celle des bois écorcés. A l'instar des faubourgs de Vienne ces villes secondaires sont plus considérables que la ville principale. Celle dont je vous parle sert d'abri aux bois apportés de la Sibérie, et destinés à faire des roues aux charrettes russes, et des colliers aux chevaux. C'est ce demi-cercle qu'on voit fixé d'une manière si originale et si pittoresque aux extrémités du brancard, et qui domine la tête de tous les limoniers russes ; il est d'un seul morceau de bois ployé à la vapeur ; les jantes de roues apprêtées par le même procédé sont aussi d'une seule pièce ; les approvisionnements nécessaires pour fournir ces jantes et ces colliers à toute la Russie occidentale font ici des montagnes de bois pelé dont nos plus grands chantiers de Paris ne donnent pas même une idée.

Une autre ville, et c'est, je crois, la plus étendue et la plus curieuse de toutes, sert de dépôt aux fers de Sibérie. On marche pendant un quart de lieue sous des galeries où sont artistement rangées toutes les espèces de barres de fer connues, puis viennent des grilles, puis vient du fer travaillé ; on voit des pyramides toutes bâties en instruments aratoires et en ustensiles de ménage. On voit des maisons pleines de vases de fonte ; c'est une cité de métal ; on peut évaluer là une des principales sources de la richesse de l'Empire. Cette richesse fait peur. Que de coupables ne faut-il pas pour exploiter de tels trésors ! Si les criminels manquent, on en fait : on fait au moins des malheureux ; dans ce monde souterrain d'où sort le fer, la politique du progrès succombe, le despotisme triomphe et l'État prospère...... Une étude curieuse à faire, si on la permettait aux étrangers, ce serait celle du régime imposé aux mineurs de l'Oural ; mais il faudrait voir par ses yeux et ne pas s'en rapporter à ce qui est écrit. Cette tâche serait aussi difficile à accomplir pour un Européen de l'Occident que l'est le voyage de la Mecque à un chrétien.

Toutes ces villes foraines, succursales de la ville principale, ne sont que l'extérieur de la foire ; elles s'étendent sans plan autour du centre commun ; en les comprenant toutes dans la même enceinte, leur circonférence serait celle d'une des grandes capitales de l'Europe. Une journée ne suffirait pas pour parcourir tous ces faubourgs provisoires qui sont autant de satellites de la foire proprement dite. Dans cet abîme de richesses, on ne peut tout voir ; il faut donc choisir ; d'ailleurs la chaleur étouffante des derniers jours caniculaires, la poussière, la foule, les mauvaises odeurs ôtent les forces au corps et l'activité à la pensée. Cependant j'ai vu comme on verrait à vingt ans, sous le rapport de l'exactitude, mais avec moins d'intérêt.

J'abrégerai mes descriptions ; en Russie on se résigne à la monotonie : c'est une condition de la vie ; mais c'est en France que vous me lirez, et je n'ai pas le droit d'espérer que vous preniez votre parti d'aussi bonne grâce que je prends ici le mien. Vous n'êtes pas obligé à la patience, comme si vous aviez fait mille lieues pour apprendre à pratiquer cette vertu des vaincus.

J'oubliais de noter une ville de laine de cachemire. En voyant ce vilain poil poudreux, ficelé par énormes ballots, je songeais aux belles épaules qu'il recouvrira un jour, aux magnifiques parures qu'il complétera, quand il sera changé en châles de Ternaux et autres.

J'ai vu aussi une ville de fourrure et une ville de potasse : c'est à dessein que je me sers de ce mot ville : lui seul peut vous dépeindre l'étendue des divers dépôts qui entourent cette foire et qui lui donnent un caractère de grandeur que n'aura jamais aucune autre foire.

Ce phénomène commercial ne pouvait se produire qu'en Russie : il fallait, pour créer une foire de Nijni, un extrême besoin de luxe chez des populations encore à demi barbares, vivant dans des contrées séparées les unes des autres par des distances incommensurables, sans moyens de communication faciles ni prompts ; il fallait un pays où il résulte de l'intempérie des saisons que chaque localité se trouve isolée pendant une partie de l'année ; la réunion de ces circonstances et de bien d'autres, sans doute, que je n'ai pu discerner, était nécessaire pour empêcher dans un empire déjà opulent le débit journalier dont le détail dispense les négociants des frais et des fatigues occasionnés par l'entassement annuel, à une époque fixe, de toutes les richesses du sol et de l'industrie sur un seul point du pays. On peut prédire le temps qui, je crois, n'est pas très-éloigné, où les progrès de la civilisation matérielle, en Russie, diminueront infiniment l'importance de la foire de Nijni. Aujourd'hui, je le répète, elle est la plus grande foire du monde.

Dans un faubourg séparé par un bras de l'Oka, se trouve un village persan dont les boutiques sont uniquement remplies de marchandises venant de Perse : parmi les plus remarquables de ces objets lointains j'ai surtout admiré des tapis qui m'ont paru magnifiques, des pièces de soie écrue et des termolamas, espèce de cachemire de soie qui ne se fabrique, dit-on, qu'en Perse ; je ne serais pas surpris cependant si les Russes en faisaient chez eux pour vendre cette étoffe comme un produit étranger. Ceci est une pure supposition, et je ne pourrais la justifier par aucun fait.

Les figures persanes font peu d'effet en ce pays où la population indigène est elle-même asiatique et conserve les traces de son origine.

On m'a fait traverser une ville uniquement destinée à servir de dépôt aux poissons séchés et salés qui sont envoyés de la mer Caspienne pour les carêmes russes. Les Grecs dévots font une grande consommation de ces momies aquatiques. Quatre mois d'abstinence chez les Moscovites enrichissent les mahométans de la Perse et de la Tartarie. Cette ville des poissons est située au bord de l'eau ; on voit les peaux de ces monstres divisées par moitié, les unes sont rangées à terre, les autres restent entassées dans la cale des vaisseaux qui les apportent : si l'on ne comptait pas ces corps morts par millions, on se croirait dans un cabinet d'histoire naturelle. On les appelle, je crois, sordacs. Ils exhalent même en plein air une odeur désagréable. Une autre ville est la ville des cuirs, objets de la plus haute importance à Nijni, parce qu'on en apporte là suffisamment pour fournir à la consommation de toute la Russie occidentale.

Une autre, c'est la ville des fourrures ; on y voit des peaux de toutes sortes de bêtes, depuis la zibeline, le renard bleu et certaines fourrures d'ours qu'il faut payer douze mille francs pour s'en faire une pelisse, jusqu'aux renards communs et aux loups qui ne coûtent rien : les gardiens de ces trésors se font pour la nuit des tentes de leurs marchandises, sauvages abris dont l'aspect est pittoresque. Ces hommes, quoiqu'ils habitent des pays froids, vivent de peu : ils se vêtent mal et dorment en plein air quand il fait beau ; quand il pleut, ils sont nichés sous des piles de marchandises, dans des tanières ; véritables lazzaroni du Nord, ils sont moins gais, moins brillants, moins mimes et plus malpropres que ceux de Naples, parce qu'à la saleté de leurs personnes se joint celle de leurs habits qu'ils ne peuvent quitter.

Ce que vous venez de lire suffit pour vous donner une idée de l'extérieur de la foire : l'aspect de l'intérieur, je vous le répète, est beaucoup moins intéressant ; il fait un contraste singulier et peu agréable avec celui du dehors. Au dehors, roulent les chars, les brouettes ; là règnent le désordre, le bruit, la foule, les cris, les chants, la liberté enfin. Au dedans, on retrouve la régularité, le silence, la solitude, l'ordre, la police, en un mot la Russie.

D'immenses files de maisons, ou plutôt de boutiques, séparent de longues et larges rues, au nombre de douze ou treize, je crois, qui se terminent à une église russe et à douze pavillons chinois. Pour suivre chaque rue et parcourir la foire entière, en circulant de boutique en boutique, il faut faire dix lieues. Voilà ce que je sais ; mais quand je vois les lieux je ne le crois pas. Notez que je ne vous parle ici que de la ville foraine proprement dite, et non plus des faubourgs dont nous avons fui le tumulte pour nous réfugier dans la paix du bazar gardé par les Cosaques qui, pour le sérieux, la roideur et l'exacte obéissance, équivalent, du moins pendant les heures de service, aux muets du sérail.

L'empereur Alexandre, après avoir choisi le nouvel emplacement de cette foire, ordonna les travaux nécessaires à son établissement ; il ne l'a jamais vue, il a donc ignoré les sommes immenses qu'on fut obligé d'ajouter à son budget, et qui ont été enfouies depuis sa mort dans ce terrain trop bas pour l'usage auquel on l'avait destiné. Grâce à des efforts inouïs et à des dépenses énormes, la foire est maintenant habitable pendant l'été, c'est tout ce qu'il faut au commerce. Mais il n'en est pas moins vrai qu'elle est mal située, poudreuse ou fangeuse au premier rayon de soleil, à la moindre pluie, et malsaine quelque temps qu'il fasse ; ce qui n'est pas un mince inconvénient pour les marchands, obligés de coucher au-dessus de leurs magasins pendant six semaines.

Malgré le goût des Russes pour la ligne droite, bien des gens pensent ici comme moi, qu'il aurait mieux valu mettre la foire à côté de la vieille ville, sur la crête de la montagne, dont on aurait rendu le sommet abordable par de belles rampes d'une pente insensible et d'un effet grandiose dans le paysage, quitte à déposer au pied du coteau, sur les bords de l'Oka, les objets trop pesants et trop volumineux pour être hissés sur la colline. Ainsi les fers, les bois, les laines, les chiffons, les thés, seraient restés près des bateaux qui les apportent, et la foire marchande et brillante se serait tenue sur un plateau spacieux à la porte de la ville haute ; disposition plus convenable sous tous les rapports que ne l'est l'arrangement actuel ! Vous figurez-vous une côte habitée par les représentants de toutes les nations de l'Asie et de l'Europe ? cette montagne peuplée ferait un effet prodigieux ; le marais où grouillent ces populations voyageuses en produit peu.

Les ingénieurs modernes, si habiles dans tous les pays, auraient trouvé là de quoi exercer leur talent ; les admirateurs de la mécanique n'eussent pas manqué d'objets dignes de piquer leur curiosité, car on eût inventé des machines pour aider les marchandises à grimper la montagne ; les poëtes, les peintres, les amateurs de beaux sites les curieux qui sont devenus un peuple dans ce siècle où l'abus de l'activité produit des fanatiques de fainéantise, tous ces hommes, utiles par l'argent qu'ils dépensent, auraient joui d'une promenade magnifique, et bien autrement intéressante que celle qu'on leur a ménagée dans un bazar uni d'où l'on n'a point de vue et où l'on respire un air méphitique ; enfin ceci mérite considération : ce résultat aurait coûté à l'Empereur beaucoup moins d'argent qu'il n'en a dépensé pour sa foire aquatique, île d'un mois, plate comme une table, chaude l'été comme une savane, humide l'hiver comme un bas-fond.

Les paysans russes sont les principaux agents du commerce de cette foire prodigieuse. La loi défend pourtant à un serf de demander, et aux hommes libres de lui accorder du crédit pour plus de *cinq roubles*. Eh bien, on traite sur parole avec plusieurs de ces hommes pour deux cent mille, pour cinq cent mille francs, et les termes de paiement sont fort reculés. Ceci me prouve qu'en Russie il y a de la bonne foi quelque part. Il faut venir à Nijni pour faire cette découverte. Ces esclaves millionnaires, ces Aguado attachés à la glèbe ne savent pas lire. Aussi arrive-t-il en Russie que l'homme dépense prodigieusement d'intelligence pour suppléer à son ignorance. Dans les pays éclairés, les bêtes savent à dix ans ce que, dans les sociétés arriérées, les hommes d'esprit seuls parviennent à apprendre, et encore ne l'apprennent-ils qu'à trente ans.

En Russie, le peuple ignore l'arithmétique ; depuis des siècles il fait ses comptes avec des cadres qui contiennent des séries de boules mobiles. Chaque ligne a sa couleur, laquelle désigne les unités, les dizaines, les centaines, etc., etc. Cette manière de calculer est sûre et prompte.

N'oubliez pas que le seigneur des serfs millionnaires peut les dépouiller demain de tout ce qu'ils possèdent, pourvu qu'il ait soin de leurs personnes : à la vérité, ces actes de violence sont rares, mais, encore une fois, ils sont possibles.

On ne se souvient pas qu'il y ait eu un seul négociant trompé dans sa confiance en la bonne foi des paysans avec lesquels il a traité d'affaires : tant il est vrai que dans toute société, pourvu qu'elle soit stable, le progrès des mœurs corrige les défauts des institutions.

On m'a pourtant conté que le père d'un comte Tcheremitcheff, aujourd'hui vivant, j'ai presque dit régnant, avait un jour promis la liberté à une famille de paysans, moyennant l'exorbitante somme de cinquante mille roubles. Il reçoit l'argent, puis il maintient parmi ses serfs la famille dépouillée.

Telle est l'école de bonne foi et de probité où s'instruisent les paysans russes, sous le despotisme aristocratique qui les écrase, malgré le despotisme autocratique qui les gouverne, mais celui-ci se trouve bien souvent sans force contre son rival. L'orgueil impéciel se contente des mots, des formes, des chiffres; l'ambition aristocratique vise au… choses, et fait bon marché des paroles. Nulle part maître plus adulé ne fut moins obéi et plus trompé que ne l'est le souverain soi-disant absolu de l'empire de Russie; pourtant la désobéissance est périlleuse, mais le pays est vaste et la solitude muette.

Le gouverneur de Nijni, M. Boutourline, m'a invité avec beaucoup de politesse à dîner chez lui tous les jours pendant le temps que je compte passer à Nijni; demain il m'expliquera comment des traits pareils à la fausse promesse du comte Tchermilcheff, rares partout et en tout temps, ne peuvent aujourd'hui se renouveler en Russie. Je vous ferai le résumé de sa conversation si toutefois j'en puis tirer quelque chose; jusqu'à présent je n'ai recueilli de la bouche des Russes que des discours confus. Est-ce défaut de logique, est-ce volonté arrêtée d'embrouiller les idées des étrangers? c'est, je crois, l'un et l'autre. A force de vouloir déguiser la vérité aux yeux des autres, on finit par ne plus l'apercevoir soi-même qu'à travers un voile qui, chaque jour, s'épaissit davantage. Aussi les Russes qui vieillissent vous trompent-ils innocemment et sans s'en douter; le mensonge sort de leur bouche naïf comme un aveu. Je serais curieux de savoir à quel âge la fraude cesse d'être un péché à leurs yeux. La fausse conscience commence de bonne heure chez des hommes qui vivent de peur.

Rien ne se vend bon marché à la foire de Nijni, si ce n'est ce que personne ne se soucie d'acheter. L'époque des grandes différences de prix, selon les diverses localités, est passée; on sait partout la valeur de toutes choses; les Tatars eux-mêmes qui viennent du centre de l'Asie à Nijni pour payer très-cher, parce qu'ils ne peuvent faire autrement, les objets de luxe envoyés de Paris et de Londres, y portent en échange des denrées dont ils connaissent parfaitement la valeur. Les marchands peuvent encore abuser de la situation où se trouvent les acheteurs, mais ils ne peuvent plus les tromper. Ils ne surfont pas, comme on dit en langage de boutique; ils rabattent encore moins, mais ils demandent imperturbablement trop cher; leur probité consiste à ne se départir jamais de leurs prétentions les plus exagérées.

Je n'ai trouvé à Nijni aucune étoffe de soie de l'Asie, si ce n'est quelques rouleaux de vilain satin de la Chine, d'une couleur fausse, d'un tissu peu épais, et fripé comme une vieille soierie. J'en avais vu de plus beau en Hollande; et ces rouleaux se vendent ici plus cher que les plus belles étoffes de Lyon.

Sous le rapport financier, l'importance de cette foire croît tous les ans, mais l'intérêt qui s'attachait à la singularité des marchandises, à la figure étrange des hommes, diminue. En général, il faut le répéter, la foire de Nijni trompe l'attente des curieux sous le rapport pittoresque et amusant; tout est morne et roide en Russie; les esprits mêmes y sont tirés au cordeau, excepté le jour où ils envoient tout promener. Dans ces moments, l'instinct de la liberté, si longtemps comprimé, fait explosion; alors les paysans mettent leur seigneur à la broche et le font rôtir à petit feu, ou le seigneur épouse une esclave; c'est la fin du monde; mais ces rares bouleversements produisent peu d'effet au loin, personne n'en parle; les distances et l'action de la police permettent que les faits isolés restent ignorés des masses; l'ordre ordinaire n'est pas troublé par des révoltes impuissantes; ils reposent sur une prudence et sur un silence universels, qui sont synonymes d'ennui et d'oppression.

Dans ma promenade aux boutiques de la foire proprement dite, j'ai vu des Boukares. Ce peuple habite un coin du Thibet, voisin de la Chine. Les marchands boukares viennent à Nijni vendre des pierres précieuses. Les turquoises que je leur ai achetées sont chères comme celles qu'on vend à Paris, encore n'est-on pas sûr qu'elles soient véritables; toutes les pierres de quelque valeur montent ici à des prix très-élevés. Ces hommes passent leur année dans le voyage, car il leur faut, disent-ils, plus de huit mois, rien que pour aller et venir. Ni leurs figures, ni leurs costumes ne m'ont paru très-remarquables. Je ne crois guère à l'authenticité des Chinois de Nijni; mais les Tatars, les Persans, les Kirguises et les Calmouks suffisent à la curiosité.

A propos de Kirguises et de Calmouks, ces barbares amènent ici, du fond de leurs steppes, des troupeaux de petits chevaux sauvages pour les vendre à la foire de Nijni. Ces animaux ont beaucoup de qualités physiques et morales, mais ils n'ont pas de figure; ils sont précieux pour la selle, et leur caractère les fait estimer. Pauvres bêtes! ils ont plus de cœur que bien des hommes; ils s'aiment les uns les autres avec une tendresse et une passion telles qu'ils sont inséparables. Tant qu'ils restent ensemble, ils oublient l'exil, l'esclavage; ils se croient toujours dans leur pays; pour en vendre un, il faut l'abattre et le traîner de force avec des cordes hors de l'enceinte où sont enfermés ses frères, qui, pendant cette exécution, ne cessent de tenter la fuite ou la révolte, de gémir et de hennir douloureusement en s'agitant dans leur parc. Jamais, que je sache, les chevaux de nos contrées n'ont donné de telles preuves de sensibilité. J'ai rarement été touché comme je le fus hier par le désespoir de ces malheureuses bêtes arrachées à la liberté du désert, et violemment séparées de ce qu'elles aiment; répondez-moi, si vous voulez, par le joli vers de Gilbert:

Un papillon souffrant lui fait verser des larmes,

peu m'importent vos moqueries, je suis sûr que si vous étiez témoins de ces cruels marchés qui en rappellent de plus impies, vous partageriez mon attendrissement. Le crime, reconnu crime par les lois, a des juges en ce monde; mais la cruauté permise n'est punie que par la pitié des honnêtes gens pour les victimes, et, je l'espère, par l'équité divine. C'est cette barbarie tolérée qui me fait regretter les bornes de mon éloquence; un Rousseau, même un Sterne, sauraient bien vous faire pleurer sur le sort de mes pauvres chevaux kirguises, destinés à venir en Europe porter des hommes esclaves comme eux, mais de qui la condition ne mérite pas toujours autant de pitié que celle des bêtes quand elles sont privées de la liberté.

Vers le soir, l'aspect de la plaine devient imposant. L'horizon se voile légèrement sous la brume, qui plus tard retombe en rosée; et sous la poussière du sol de Nijni, espèce de petit sable brun, qui répand dans le ciel une teinte rougeâtre, ces accidents de lumière ajoutent à l'effet du site dont la grandeur est imposante. Du sein des ombres sortent des lueurs fantastiques, une multitude de lampes s'allument dans les bivouacs dont la foire est environnée; tout parle, tout murmure; la forêt lointaine prend une voix, et du milieu même des fleuves habités, les bruits de la vie viennent encore frapper l'oreille attentive. Quelle imposante réunion d'hommes! Quelle confusion de langues, quels contrastes d'habitudes!... mais quelle uniformité de sentiments et d'idées!...

Le but de ce rassemblement immense n'est pour chaque individu que de gagner un peu d'argent. Ailleurs, la gaieté des populations voile leur cupidité; ici, le commerce est à nu, et la stérile rapacité du marchand domine la frivolité du promeneur: rien n'est poétique; tout est lucratif. Je me trompe: la poésie de la crainte et de la douleur est au fond de tout en ce pays; mais quelle est la voix qui l'ose exprimer!...

Pourtant quelques tableaux pittoresques consolent par moments l'imagination et récréent les regards.

Sur les chemins qui servent de communications aux divers campements des marchands dont la foire est entourée, sur les ponts, le long des grèves, aux abords des rivières, vous rencontrez d'immenses files d'équipages singuliers; ce sont des trains qui marchent à vide. Ces roues, réunies par un essieu, reviennent des dépôts où elles ont servi à transporter de longues pièces de bois de construction. Les troncs d'arbres, en allant, étaient portés sur quatre et quelquefois sur six roues, mais quand le train retourne au magasin, chaque essieu avec ses deux roues est séparé du reste et chemine ainsi, traîné par un cheval guidé par un homme. Ce cocher, en équilibre, se tient debout sur l'essieu, et mène son coursier à peine dressé avec une grâce sauvage, avec une dextérité que je n'ai vue qu'aux Russes. Ces Franconi bruts me retracent les cochers du cirque à Byzance; ils sont vêtus de la tunique grecque: c'est vraiment antique. En Russie on se reporte au Bas-Empire, comme en Espagne on se rappelle l'Afrique, et en Italie, Rome ancienne et Athènes.

En errant la nuit autour de la foire, on est frappé de loin de l'éclat des boutiques de comestibles, de celui des petits théâtres, des auberges et des cafés.... Mais au milieu de tant de clarté, on n'entend que des bruits sourds; le contraste de l'illumination des lieux et de la taciturnité des hommes tient de la magie; on se croit chez un peuple touché de la baguette d'un enchanteur.

Les hommes de l'Asie, graves et taciturnes, restent sérieux jusque dans leurs divertissements; les Russes sont des Asiatiques policés, si ce n'est civilisés.

Je ne me lasse pas d'écouter leurs chants populaires. La musique double de prix dans un lieu où cent peuples divers, réunis par un intérêt commun, sont divisés par leurs langues et leurs religions: la parole ne servirait qu'à séparer les hommes, ils chantent pour s'entendre. La musique est l'antidote des sophismes. De là la vogue toujours croissante de cet art en Europe. Il y a dans les chœurs exécutés par les moujicks du Volga une facture extraordinaire; ce ne sont pas des mélodies suaves et inspirées; mais, de loin, ces masses de voix qui se contrarient produisent des impressions profondes et neuves pour nous autres Occidentaux. La tristesse des sons n'est pas mitigée par la décoration de la scène. Une forêt profonde, formée par les mâts de vaisseaux ancrés le long des berges des deux fleuves, borne la vue des deux côtés, et voile en certains endroits une partie du ciel; le reste du tableau n'est qu'une plaine solitaire toujours enfermée dans une forêt de sapins sans bornes: peu à peu on voit les lumières diminuer, elles s'éteignent enfin, et l'obscurité, accroissant le silence éternel qui règne dans ces pâles contrées, répand dans l'âme une nouvelle surprise: la nuit est mère de l'étonnement. Toutes les scènes qui, peu d'instants auparavant, animaient encore le désert, s'effacent graduellement et s'oublient dès que le jour disparaît; les souvenirs indécis succèdent au mouvement de la vie: le voyageur reste seul avec la police russe, qui rend l'obscurité doublement effrayante ; on croit avoir rêvé, et l'on regagne son gîte l'esprit rempli de poésie, c'est-à-dire de crainte vague et de pressentiments douloureux.

LETTRE TRENTE-QUATRIÈME.

SOMMAIRE. — Singularité financière. — Ici l'argent représente le papier. — Réforme ordonnée par l'Empereur. — Comment le gouverneur de Nijni décide les marchands à obéir. — Habileté des sujets pour désobéir sans en avoir l'air. — Analyse de leurs motifs. — Probité : l'ukase sur les monnaies. — Générosité apparente. — Où est l'esprit de justice et de conservation sous les gouvernements despotiques. — Beaux travaux ordonnés par l'Empereur pour embellir Nijni. — Histoire. — Singuliers rapports du serf avec son seigneur. — Opinion du gouverneur de Nijni sur le régime despotique. — Douceur de l'administration russe. — Comment on punit les seigneurs qui abusent de leur autorité. — Difficulté qu'éprouve le voyageur pour arriver à la vérité. — Promenade en voiture avec le gouverneur. — Vue de la foire prise du haut d'un pavillon chinois. — Valeur des marchandises. — Progrès imposés au peuple par son gouvernement. — Portraits de certains Français : leurs ridicules en pays étranger. — Rencontre d'un Français aimable. — Société réunie pour dîner chez le gouverneur. — Les femmes russes ; la femme du gouverneur. — Bizarrerie anglaise. — Anecdote racontée par une Polonaise. — A quoi servent les manières faciles. — Promenade avec le gouverneur. — Sa conversation. — Employés subalternes ; ce qu'ils sont dans l'Empire. — Deux aristocraties : la moderne et l'ancienne. — Quelle est la plus odieuse au peuple. — Mon [illegible]. — Drapeau de Minine. — Manque de foi du gouvernement. — Église déplacée, malgré le tombeau de Minine qu'elle renferme. — Pierre le Grand. — Erreur des peuples. — Caractère français. — La vraie gloire des nations. — Réflexions sur la politique. — Le Kremlin de Nijni. — Vente des meubles du palais des Empereurs au Kremlin de Moscou. — Couvent de femmes. — Camp du gouverneur de Nijni. — Manie des manœuvres. — Chant des soldats. — Église des Strogonoff à Nijni. — Vaudeville en russe.

Nijni, ce 25 août 1839.

Cette année, au moment de l'ouverture de la foire, le gouverneur fit venir chez lui les plus fortes têtes commerciales de la Russie, réunies alors à Nijni, et il leur exposa en détail les inconvénients depuis longtemps reconnus et déplorés du système monétaire établi dans cet Empire.

Vous savez qu'il y a en Russie deux signes représentatifs des denrées : le papier et l'argent monnayé ; mais vous ne savez peut-être pas que celui-ci, par une singularité unique, je crois, dans l'histoire financière des sociétés, varie sans cesse de valeur, tandis que les assignats restent fixes. Il résulte de cette bizarrerie qu'une étude approfondie de l'histoire et de l'économie politique du pays pourrait seule expliquer, un fait très-extraordinaire : c'est qu'en Russie l'argent représente le papier, quoique celui-ci n'ait été institué, et ne subsiste légalement que pour représenter l'argent.

Ayant expliqué cette aberration à ses auditeurs, et déduit toutes les fâcheuses conséquences qui en dérivent, le gouverneur ajouta que, dans sa sollicitude constante pour le bonheur de ses peuples et le bon ordre de son Empire, l'Empereur venait enfin de mettre un terme à un désordre dont les progrès menaçaient d'entraver le commerce intérieur d'une manière effrayante. Le seul remède reconnu pour efficace est la fixation définitive et irrévocable de la valeur du rouble monnayé. L'édit que vous lirez plus loin, car j'ai conservé le numéro du journal de Pétersbourg dans lequel il fut inséré, accomplit cette révolution en un jour, du moins en paroles ; mais afin de réaliser la réforme, lui gouverneur conclut sa harangue en disant que la volonté de l'Empereur étant que l'ukase fût immédiatement mis à exécution, les agents supérieurs de l'administration, et le gouverneur de Nijni, en particulier, espéraient que nulle considération d'intérêt personnel ne prévaudrait contre le devoir d'obéir sans retard à la volonté suprême du chef de l'Empire.

Les prud'hommes, consultés dans cette grave question, répliquèrent que la mesure, bonne en elle-même, allait bouleverser les fortunes commerciales les plus assurées, si on l'appliquait aux marchés précédemment conclus et qui ne devaient avoir leur accomplissement qu'à la foire actuelle. Tout en *bénissant et admirant* la profonde sagesse de l'Empereur, ils représentèrent humblement au gouverneur que ceux des négociants qui avaient effectué des ventes de denrées pour un prix fixé selon l'ancien taux de l'argent, et stipulé leurs transactions de bonne foi, d'après les rapports existants lors de la foire précédente entre le rouble de papier et le rouble monnayé, allaient par la nouvelle loi, se voir exposés à des remboursements frauduleux, bien qu'autorisés légalement, et que ces tromperies permises les frustrant de leur profit, ou tout au moins diminuant notablement les bénéfices sur lesquels ils ont droit de compter, pourraient les ruiner si l'on accordait au présent édit un effet rétroactif, lequel motiverait une foule de petites banqueroutes partielles, qui ne manqueraient pas d'en entraîner de totales.

Le gouverneur reprit, avec le calme et la douceur qui président en Russie à toutes les discussions administratives, financières et politiques, qu'il entrait *parfaitement* dans les vues de MM. les principaux négociants intéressés aux affaires de la foire ; mais qu'après tout, le fâcheux résultat redouté par ces messieurs ne menaçait que quelques particuliers qui *d'ailleurs* conserveraient pour garantie *la sévérité des lois existantes* contre les banqueroutiers, tandis qu'un retard ressemblerait toujours un peu à de la résistance, et que cet exemple donné par la place de commerce la plus importante de l'Empire, entraînerait des inconvénients bien autrement redoutables pour le pays que quelques faillites qui, en fin de compte, ne font de mal qu'à un petit nombre d'individus, tandis que la désobéissance approuvée, justifiée, il faut bien le dire, par des hommes qui jusque-là jouissaient de la confiance du gouvernement, serait une atteinte portée au respect du souverain, à *l'unité* administrative et financière de la Russie, c'est-à-dire aux principes vitaux de cet empire ; il ajouta que, d'après ces considérations péremptoires, il ne doutait pas que ces messieurs ne s'empressassent, par leur condescendance, d'éviter le reproche *monstrueux* de sacrifier l'intérêt de l'État à leur avantage particulier, redoutant l'ombre d'un crime de lèse-civisme plus que tous les sacrifices pécuniaires auxquels ils allaient s'exposer glorieusement par leur soumission volontaire et leur zèle patriotique.

Le résultat de cette *pacifique* conférence fut que le lendemain la foire s'ouvrit sous le régime *rétroactif* du nouvel ukase, dont la publication solennelle se fit d'après l'assentiment et les promesses des premiers négociants de l'Empire.

Ceci m'a été conté, je vous le répète, par le gouverneur lui-même, dans l'intention de me prouver la douceur avec laquelle fonctionne la machine du gouvernement despotique, si calomnié chez les peuples régis par des institutions libérales.

Je me permis de demander à mon obligeant et intéressant précepteur de politique orientale, quel avait été le résultat de la mesure du gouvernement, et de la manière cavalière dont on avait jugé à propos de la mettre à exécution.

« Le résultat a passé mes espérances, repartit le gouverneur d'un air satisfait. Pas une banqueroute !... Tous les nouveaux marchés ont été conclus d'après le nouveau régime monétaire ; mais ce qui vous étonnera, c'est que nul débiteur n'a profité, pour solder d'anciennes dettes, de la faculté accordée par la loi de frauder ses créanciers. »

J'avoue qu'au premier abord ce résultat me parut étourdissant, puis, en réfléchissant, je reconnus l'astuce des Russes ; la loi publiée, on lui obéit... sur le papier : c'est assez pour le gouvernement. Il est facile à satisfaire, j'en conviens, car ce qu'il demande avant tout, au prix de tout, c'est le silence. On peut définir d'un mot l'état politique de la Russie : c'est un pays où le gouvernement parle comme il veut, parce que lui seul a le droit de parler. Ainsi, dans la circonstance qui nous occupe, le gouvernement dit : Force est restée à la loi ; tandis que, de fait, l'accord des parties intéressées annule l'action de cette loi dans ce qu'elle aurait d'inique si on l'eût appliquée aux créances anciennes. Dans un pays où le pouvoir serait patient, le gouvernement n'eût pas exposé l'honnête homme à se voir frustré par des fripons d'une partie de ce qui lui est dû ; en bonne justice, la loi n'eût réglé que l'avenir. Eh bien, principe à part, ce même résultat a été obtenu de fait ici, par des moyens différents. Il a fallu, pour atteindre au but, que l'habileté des sujets suppléât à l'aveugle brusquerie de l'autorité, afin d'éviter les maux qui pouvaient résulter pour le pays des boutades du pouvoir suprême.

Il existe dans tout gouvernement à théories exagérées une action cachée, un fait qui s'oppose presque toujours à ce que la doctrine en elle-même, a d'insensé. Les Russes possèdent à un haut degré l'esprit du commerce ; tout ceci vous explique comment les marchands de la foire ont senti que les vrais négociants ne vivant que de confiance, tout sacrifice fait à leur crédit leur rapporte cent pour cent. Ce n'est pas tout : une autre influence encore aura refoulé la mauvaise foi et fait taire la cupidité aveugle. Les velléités de banqueroute auront été réprimées tout simplement par la peur, la véritable souveraine de la Russie. Cette fois les malintentionnés auront pensé que s'ils s'exposaient à quelques procès, ou seulement à des plaintes trop scandaleuses, les juges ou la police se tourneraient contre eux, et qu'en ce cas, ce qu'on appelle ici la loi serait appliqué à la rigueur. Ils ont redouté l'incarcération, les coups de roseau dans la prison, que sais-je ? pis encore. D'après tous ces motifs, qui fonctionnent librement dans le silence universel, état normal de la Russie, ils ont donné ce bel exemple de probité commerciale dont le gouverneur de Nijni se plaisait à m'éblouir. A la vérité, je ne fus ébloui qu'un instant, car je ne tardai pas à reconnaître que si les marchands russes ne se ruinent pas les uns les autres, leurs égards réciproques ont précisément la même source que la mansuétude des mariniers du lac Ladoga, des crocheteurs et des cochers de fiacre de Pétersbourg, et de tant d'autres gens du peuple, qui font taire leur colère non par des motifs d'humanité, mais par la crainte de voir l'autorité supérieure intervenir dans leurs affaires. Comme je gardais le silence, je vis que M. Boutourline jouissait de ma surprise. « On ne connaît pas toute la supériorité de l'Empereur, continua-t-il, quand on n'a pas vu ce prince à l'œuvre, particulièrement à Nijni, où il fait des prodiges.

— J'admire beaucoup, repartis-je, la sagacité de l'Empereur.

— Quand nous visiterons ensemble les travaux ordonnés par Sa

Majesté, répliqua le gouverneur, vous l'admirerez bien davantage. Vous le voyez, grâce à l'énergie de son caractère, à la justesse de ses vues, la régularisation des monnaies qui, ailleurs, aurait exigé des précautions infinies, vient de s'opérer chez nous comme par enchantement. »

L'administrateur courtisan eut la modestie de ne pas mettre en ligne de compte sa propre finesse ; il se garda également de me laisser le temps de lui dire ce que les mauvaises langues ne cessent de me répéter à voix très-basse, c'est que toute mesure financière du genre de celle que vient de prendre le gouvernement russe, donne à l'autorité supérieure des moyens de profit à elle connus, mais dont on n'ose se plaindre tout haut sous un régime autocratique ; j'ignore quelles ont été les secrètes manœuvres auxquelles on a eu recours cette fois ; mais pour m'en faire une idée, je me figure la situation d'un dépositaire vis-à-vis de l'homme qui lui confie une somme considérable : si celui qui l'a reçue a le pouvoir de tripler à volonté la valeur de chacune des pièces de monnaie dont la somme se compose, il est évident qu'il peut rembourser le dépôt tout en conservant dans ses mains les deux tiers de ce qu'on lui a remis. Je ne dis pas que tel ait été le résultat de la mesure ordonnée par l'Empereur, mais je fais cette supposition entre tant d'autres pour m'aider à comprendre les médisances, ou si l'on veut, les calomnies des mécontents, ou seulement leurs réticences. Ils ajoutent que le profit de cette opération si brusquement exécutée, et qui consiste à enlever par un décret au papier une partie de son ancienne valeur, pour accroître dans la même proportion celle du rouble d'argent, est destiné à dédommager le trésor particulier du souverain des sommes qu'il en a fallu tirer pour rebâtir à ses *frais* son palais d'hiver, et pour refuser, avec la magnanimité que l'Europe et la Russie ont admirée, les offres des villes, de plusieurs particuliers et des principaux négociants jaloux de contribuer à la reconstruction d'un édifice national, puisqu'il sert d'habitation au chef de l'Empire.

Vous pouvez juger par l'analyse détaillée que j'ai cru devoir vous faire de cette tyrannique charlatanerie, du prix qu'on attache ici à la vérité, du peu de valeur des plus nobles sentiments et des plus belles phrases, enfin de la confusion d'idées qui doit résulter de cette éternelle comédie. Pour vivre en Russie, la dissimulation ne suffit pas, la feinte est indispensable. Cacher est utile, simuler est nécessaire, enfin je vous laisse à présumer et à apprécier les efforts que s'imposent les âmes généreuses et les esprits indépendants pour se résigner à subir un régime où la paix et le bon ordre sont payés par le déni de la parole humaine, le plus sacré de tous les dons du ciel pour l'homme qui a quelque chose de sacré. Dans les sociétés ordinaires, c'est la nation qui est poussée, le peuple fouette et le gouvernement enraye ; ici, c'est le gouvernement qui fouette et le peuple qui retient, car pour que la machine politique subsiste, il faut bien que l'esprit de conservation soit quelque part. Ce déplacement d'idées que je note à ce propos est un phénomène politique dont jusqu'à ce jour la Russie seule m'a fourni l'exemple. Sous le despotisme absolu c'est le gouvernement qui est révolutionnaire, parce que révolution veut dire régime arbitraire et pouvoir violent (1).

Le gouverneur a tenu sa promesse, il m'a mené voir dans le plus grand détail les travaux ordonnés par l'Empereur pour faire de Nijni tout ce qu'on peut faire de cette ville, et pour réparer les erreurs des hommes qui l'ont fondée. Une route magnifique montera des bords de l'Oka dans la ville haute, séparée de la basse, comme je vous l'ai déjà dit, par une colline très-élevée ; des précipices sont comblés, des rampes tracées, on fera de magnifiques percées dans la terre même de la montagne ; des substructions immenses soutiendront des places publiques, des rues et des édifices ; ces travaux sont dignes d'une grande cité commerciale. Les esplanades qui se pratiquent dans la falaise, les ponts, les esplanades, les terrasses changeront un jour Nijni en une des plus belles villes de l'Empire ; tout ceci est grand, mais voici qui vous paraîtra petit : comme Sa Majesté a pris la ville de Nijni sous sa protection spéciale, chaque fois qu'une légère difficulté s'élève sur la manière de construire une muraille, ou bien dès que l'on répare la façade d'une ancienne maison, ou lorsqu'on en veut bâtir une nouvelle dans quelque rue ou sur l'un des quais de Nijni, le gouverneur a l'ordre de faire lever un plan spécial et de soumettre la question à l'Empereur. Quel homme ! s'écrient les Russes. Quel pays ! m'écrierai-je, si j'osais parler !

Chemin faisant, M. Boutourline, dont je ne saurais assez louer l'obligeance et reconnaître l'hospitalité, m'a donné d'intéressantes notes sur l'administration russe et sur l'amélioration que le progrès des lumières apporte chaque jour dans la condition des paysans.

Aujourd'hui un serf peut posséder même des terres sous le nom de son seigneur, sans que celui-ci ose s'affranchir de la garantie morale qu'il doit à son opulent esclave. Dépouiller cet homme du fruit de son labeur et de son industrie, ce serait un abus de pouvoir que le boyard le plus tyrannique n'oserait se permettre sous le règne de l'empereur Nicolas ; mais qui m'assure qu'il ne l'osera pas sous un autre souverain ? Qui m'assure même que malgré le retour à l'équité, glorieux caractère du règne actuel, il ne se trouve pas des seigneurs avares et pauvres qui, sans spolier ouvertement leurs vassaux, savent employer avec habileté tour à tour la menace et la douceur pour tirer peu à peu des mains de l'esclave une partie des richesses qu'il n'ose lui enlever d'un seul coup ?

Il faut venir en Russie pour apprendre le prix des institutions qui garantissent la liberté des peuples, sans égard au caractère des princes. Un boyard ruiné peut, il est vrai, prêter l'abri de son nom aux possessions de son vassal enrichi ... à qui l'État n'accorde pas le droit de posséder un pouce de terre, ni même l'argent qu'il gagne...... Mais cette protection équivoque, et qui n'est pas autorisée par la loi, dépend uniquement des caprices du protecteur.

Singuliers rapports du maître et du serf ! Il y a là quelque chose d'inquiétant. On a peine à compter sur la durée des institutions qui ont pu produire une telle bizarrerie sociale ; pourtant elles sont solides.

En Russie, rien n'est défini par le mot propre, la rédaction n'est qu'une tromperie continuelle dont il faut se garder avec soin. En principe, tout est tellement absolu qu'on se dit : Sous un tel régime la vie est impossible ; en pratique, il y a tant d'exceptions qu'on se dit : Dans la confusion causée par des coutumes et des usages si contradictoires tout gouvernement est impossible.

Il faut avoir découvert la solution de ce double problème, c'est-à-dire le point où le principe et l'application, la théorie et la pratique s'accordent, pour se faire une idée juste de l'état de la société en Russie.

A entendre l'excellent gouverneur de Nijni, rien de plus simple : l'habitude d'exercer le pouvoir rend les formes du commandement douces et faciles. La colère, les mauvais traitements, les abus d'autorité, sont devenus extrêmement rares, précisément parce que l'ordre social repose sur des lois excessivement sévères ; chacun sent que pour conserver à de telles lois le respect sans lequel l'État serait bouleversé, on ne doit les appliquer que rarement et avec prudence. Il faut voir de près l'action du gouvernement despotique pour comprendre toute sa douceur (vous concevez que c'est le gouverneur de Nijni qui parle de la sorte) ; si l'autorité a été exercée quelque force en Russie, c'est grâce à la modération des hommes qui l'exercent. Constamment placés entre une aristocratie qui abuse d'autant plus aisément de son pouvoir que ses prérogatives sont moins définies, et un peuple qui méconnaît d'autant plus volontiers son devoir que l'obéissance qu'on lui demande est moins ennoblie par le sentiment moral, les hommes qui commandent ne peuvent conserver à la souveraineté son prestige qu'en usant le plus rarement possible de moyens violents ; ces moyens donneraient la mesure de la force du gouvernement, et il juge plus à propos de cacher que de dévoiler ses ressources. Si un seigneur commet quelque acte répréhensible, il sera plusieurs fois averti en secret par le gouverneur de la province avant d'être admonesté officiellement ; si les avis et les réprimandes ne suffisent pas, le tribunal des nobles le menacera de le mettre en tutelle, et plus tard on exécutera la menace, si elle est restée sans résultat.

Tout ce luxe de précautions ne me paraît pas très-rassurant pour le serf, qui a le temps de mourir cent fois sous le knout de son maître avant que celui-ci, prudemment averti et dûment admonesté, soit obligé à rendre compte de ses injustices et de ses atrocités. Il est vrai que du jour au lendemain, seigneur, gouverneur, juges peuvent être culbutés et envoyés en Sibérie ; mais je vois là plutôt un motif de consolation pour l'imagination du pauvre peuple qu'un moyen efficace et réel de protection contre les actes arbitraires des autorités subalternes, toujours disposées à faire abus du pouvoir qui leur est délégué.

Les gens du peuple ont fort rarement recours aux tribunaux dans leurs disputes particulières, instinct éclairé qui me paraît un indice du peu d'équité des juges. La rareté des procès peut avoir deux causes : l'esprit d'équité des sujets, l'esprit d'iniquité des tribunaux. En Russie presque tous les procès sont étouffés par une décision administrative qui le plus souvent, *conseille* une transaction onéreuse aux deux parties, mais celles-ci préfèrent le sacrifice réciproque d'une partie de leurs prétentions et même de leurs droits les mieux fondés au danger de plaider contre l'avis d'un homme investi de l'autorité par l'Empereur. Vous voyez pourquoi les Russes ont lieu de se vanter de ce qu'on plaide fort peu dans leur pays. La peur produit partout le même bien, la paix sans tranquillité.

Mais n'aurez-vous pas quelque compassion du voyageur perdu au milieu d'une société où les faits ne sont pas plus concluants que les paroles ? La forfanterie des Russes a produit sur moi un effet absolument contraire à celui qu'ils s'en promettent ; je vois tout d'abord l'intention de m'éblouir, et aussitôt je me tiens sur mes gardes ; il suit de là que, de spectateur impartial que j'eusse été sans leurs fanfaronnades, je deviens malgré moi observateur hostile.

Le gouverneur m'a voulu montrer toute la foire, mais cette fois-

(1) [illegible] sur les monnaies, extrait du *Journal de Pétersbourg* d[illegible] [illegible] 1839, à la suite de cette lettre.

nous en avons fait le tour rapidement en voiture; j'ai admiré un point de vue digne d'un panorama : c'est un magnifique tableau; pour en jouir, il faut monter au sommet d'un des pavillons chinois qui dominent dans son ensemble cette ville d'un mois. J'ai été frappé encore une fois de l'immensité des richesses accumulées annuellement sur ce point de la terre, foyer d'industrie d'autant plus remarquable qu'il est, pour ainsi dire, perdu au milieu des déserts qui l'entourent à perte de vue et d'imagination.

La valeur des marchandises apportées cette année à la foire de Nijni est de plus de cent cinquante millions, au dire du gouverneur et d'après la déclaration des marchands eux-mêmes, qui, selon la méfiance naturelle aux Orientaux, cachent toujours une partie du prix de ce qu'ils apportent. Quoique tous les pays du monde envoient le tribut de leur sol ou de leur industrie à la foire de Nijni, l'importance de ce marché annuel est due surtout aux denrées, aux pierres précieuses, aux étoffes, aux fourrures apportées de l'Asie. L'affluence des Tatars, des Persans, des Boukares, est donc ce qui frappe le plus l'imagination des étrangers attirés par la réputation de cette foire; néanmoins, malgré son résultat commercial, moi, simple curieux, je vous le répète, je la trouve au-dessous de sa réputation; tout est morne et silencieux en Russie; partout la défiance réciproque du gouvernement et des sujets fait fuir la joie. Ici les esprits eux-mêmes sont tirés au cordeau, les sentiments prisés, compassés, coordonnés, comme si chaque passion, chaque plaisir avait à rendre compte de ses conséquences à quelque rigide confesseur déguisé en agent de police. Tout Russe est un écolier sujet à la férule. Dans ce vaste collége qui s'appelle la Russie, tout marche avec poids et mesure jusqu'au jour où la gêne et l'ennui devenant par trop insupportables, tout tombe sens dessus dessous. Ce jour-là on assiste à des saturnales politiques. Mais encore une fois, ces monstruosités isolées ne troublent pas l'ordre général. Cet ordre est d'autant plus stable, il paraît d'autant plus fermement établi qu'il ressemble à la mort; on n'extermine que ce qui vit. En Russie le respect pour le despotisme se confond avec la pensée de l'éternité.

Il se trouve en ce moment plusieurs Français réunis à Nijni. Malgré mon amour passionné pour la France, pour cette terre que, dans mon dépit contre les extravagances des hommes qui l'habitent, j'ai tant de fois quittée avec serment de n'y plus revenir, mais où je reviens toujours, où j'espère mourir, malgré cet aveugle patriotisme, en dépit de cet instinct de la plante qui domine ma raison, je n'ai pas laissé, depuis que je voyage et que je rencontre au loin une foule de compatriotes, de reconnaître les ridicules des jeunes Français et de m'étonner du relief que prennent nos défauts chez les étrangers. Si je parle exclusivement de la jeunesse, c'est parce qu'à cet âge l'empreinte de l'âme étant moins usée par le frottement des circonstances, le jeu des caractères est plus frappant. Il faut donc en convenir, nos jeunes compatriotes prêtent à rire à leurs dépens par la bonne foi avec laquelle ils croient éblouir les hommes simples des autres nations. La supériorité française, supériorité si bien établie à leurs yeux qu'elle n'a même plus besoin d'être discutée, leur paraît un axiome sur lequel on peut désormais s'appuyer sans qu'il soit nécessaire de le prouver. Cette foi inébranlable en son mérite personnel, cet amour-propre si complétement satisfait qu'il en deviendrait naïf à force de confiance, si tant de crédulité ne se joignait le plus souvent à une sorte d'esprit, produit la pertinence. Ce que j'entends par ce mot est un composé de présomption, de persiflage et de causticité, qui tient de très-près à l'impertinence, et c'est le naturel des Français de peu de valeur. Leur instruction, la plupart du temps, est dépourvue d'imagination et fait de l'intelligence un grenier à dates, à faits plus ou moins bien classés, mais toujours créés avec une sécheresse qui ôte tout son prix à la vérité, car sans âme on ne peut pas être vrai, on n'est qu'exact; la surveillance continuelle qu'exerce leur vanité, sentinelle avancée de la conversation, épiant chaque pensée exprimée ou non exprimée par les autres pour en tirer avantage, espèce de chasse aux louanges tout au profit de celui qui ose se vanter le plus effrontément sans jamais rien dire ni laisser dire, rien faire ni laisser faire qui ne tourne à l'avantage de sa république, l'oubli des autres poussé au point de les humilier innocemment sans s'apercevoir que l'opinion qu'on entretient de soi-même et qu'on qualifie tout bas ou tout haut de justice rendue à qui de droit, est insultante pour autrui; cet appel constant à la politesse du prochain, qui n'est, après tout, que le mépris des égards qu'on lui devrait, l'absence totale de sensibilité qui ne sert que d'aiguillon à la susceptibilité, l'hostilité acerbe érigée en devoir patriotique, l'impossibilité de n'être pas choqué à tout propos, quelle que soit la préférence dont on se croit l'objet, celle d'être corrigé, quelque leçon qu'on reçoive; enfin tant d'infatuation servant de bouclier à la sottise contre la vérité : tous ces traits et bien d'autres que vous suppléerez mieux que je ne pourrais le faire, me semblent caractériser les jeunes Français d'il y a dix ans, lesquels sont des hommes faits aujourd'hui. Ces caractères nuisent à notre considération parmi les étrangers; ils font peu d'effet à Paris, où le nombre des modèles de ce genre de ridicule est si grand qu'on ne prend plus garde à eux; ils s'effacent dans la foule de leurs semblables, comme des instruments se fondent dans un orchestre; mais lorsqu'ils sont isolés et que les individus se détachent sur un fond de société où règnent d'autres passions et d'autres habitudes d'esprit que celles qui s'agitent dans le monde français, ils ressortent d'une manière désespérante pour tout voyageur attaché à son pays comme je le suis au mien. Jugez donc de ma joie en retrouvant ici, à dîner chez le gouverneur, M***, l'un des hommes les plus capables de donner bonne idée de la jeune France aux étrangers. À la vérité, il est de la vieille par sa famille; et c'est au mélange des idées nouvelles avec les anciennes traditions qu'il doit l'élégance de manière et la justesse d'esprit qui le distinguent. Il a bien vu et dit bien ce qu'il a vu; enfin il ne pense pas plus de bien de lui-même que les autres n'en pensent, peut-être même un peu moins; aussi m'a-t-il édifié et amusé, en sortant de table, par le récit de tout ce qu'il apprend journellement depuis son séjour en Russie. Dupe d'une coquette à Pétersbourg, il se console de ses mécomptes de sentiment en étudiant le pays avec un redoublement d'attention. Esprit clair, il observe bien, il raconte avec exactitude, ce qui ne l'empêche pas d'écouter les autres, et même — ceci rappelle les beaux jours de la société française — de leur inspirer l'envie de parler. En causant avec lui on se fait illusion; on croit que la conversation est encore un échange d'idées, que la société élégante est toujours fondée chez nous sur l'échange des plaisirs réciproques; enfin on oublie l'invasion de l'égoïsme brutal et démasqué dans nos salons modernes, et l'on se figure que la vie sociale est comme autrefois un commerce avantageux pour tous : erreur surannée qui se dissipe à la première réflexion, et vous laisse en proie à la plus triste réalité, c'est-à-dire au pillage des idées, des bons mots, à la trahison littéraire, aux lois de la guerre enfin, devenues, depuis la paix, le seul code reconnu dans le monde élégant. Tel est le désolant parallèle dont je ne puis me distraire en écoutant l'agréable conversation de M***, et en la comparant à celle de ses contemporains. C'est de la conversation qu'on peut dire, à bien plus juste titre que du style des livres, que c'est l'homme même. On arrange ses écrits, on n'arrange pas ses reparties, ou si on les arrange, on y perd plus qu'on n'y gagne, car dans la causerie l'affectation n'est plus un voile, elle devient une enseigne.

La société réunie hier à dîner chez le gouverneur était un singulier composé d'éléments contraires : outre le jeune M***, dont je viens de vous faire le portrait, il y avait là un autre Français, un docteur R***, parti, m'a-t-on dit, sur un vaisseau de l'État pour une expédition au pôle, débarqué, je ne sais pourquoi, en Laponie, et arrivé tout droit d'Archangel à Nijni, sans même avoir passé par Pétersbourg, voyage fatigant, inutile, et qu'un homme de fer seul pouvait supporter; aussi ce voyageur a-t-il une figure de bronze; on m'assure qu'il est un savant naturaliste, sa physionomie est remarquable, elle a quelque chose d'immobile et tout à la fois de mystérieux qui occupe l'imagination. Quant à sa conversation, je l'attends en France; en Russie il ne dit rien, rien du tout. Les Russes sont plus habiles, ils disent toujours quelque chose, à la vérité le contraire de ce qu'on attend d'eux; mais c'est assez pour qu'on ne puisse remarquer leur silence; enfin il y avait encore à ce dîner une famille de jeunes élégants anglais du plus haut rang, et que je suis comme à la piste depuis mon arrivée en Russie, les rencontrant partout, ne pouvant les éviter, et cependant n'ayant jamais trouvé l'occasion de faire directement connaissance avec eux. Tout ce monde trouvait place à la table du gouverneur, sans compter quelques employés et diverses personnes du pays qui n'ouvraient la bouche que pour manger. Je n'ai pas besoin d'ajouter que la conversation générale était impossible dans un pareil cercle. Il fallait, pour tout divertissement, se contenter d'observer la bigarrure des noms, des physionomies et des nations. Dans la société russe, les femmes n'arrivent au naturel qu'à force de culture; leur langage est appris, c'est celui des livres; et pour perdre la pédanterie qu'ils inspirent, il faut une mûre expérience des hommes et des choses. La femme du gouverneur est restée trop provinciale, trop elle-même, trop russe, trop vraie enfin pour paraître simple comme les femmes de la cour; d'ailleurs elle parle français sans facilité. Hier, dans son salon, son influence se bornait à recevoir ses hôtes avec des intentions de politesse les plus louables du monde, mais elle ne faisait rien pour les mettre à leur aise, ni pour établir entre eux des rapports faciles. Aussi fus-je très-content, au sortir de table, de pouvoir causer tête à tête avec M***. Notre entretien tirait à sa fin, car tous les hôtes du gouverneur se disposaient à sortir, quand le jeune lord ***, qui connaissait mon compatriote, s'approche de lui d'un air cérémonieux, et lui demande de nous présenter l'un à l'autre. Cette avance flatteuse fut faite par lui avec la politesse de son pays, qui, sans être gracieuse, ou même parce qu'elle n'est pas gracieuse, n'est point dépourvue d'une sorte de noblesse qui tient à la réserve des sentiments, à la froideur des manières.

« Il y a longtemps, milord, lui dis-je, que je désirais trouver une occasion de faire connaissance avec vous, et je vous rends grâce de me l'avoir offerte. Nous sommes destinés, ce me semble, à nous rencontrer souvent cette année, et j'espère à l'avenir profiter de la chance mieux que je n'ai pu le faire jusqu'à présent.

— J'ai bien du regret de vous quitter, répliqua l'Anglais; mais je pars à l'instant. — Nous nous reverrons à Moscou. — Non, je vais en Pologne; ma voiture est à la porte, et je n'en descendrai qu'à Wilna. »

L'envie de rire me prit en voyant sur le visage de M*** qu'il pensait comme moi, qu'après avoir patienté trois mois, à la cour, à Péterhoff, à Moscou, partout enfin où nous nous voyions sans nous parler, le jeune lord aurait pu se dispenser d'imposer inutilement à trois personnes l'ennui d'une présentation d'étiquette sans profit pour lui ni pour nous. Il nous semblait que, venant de dîner ensemble, s'il n'eût voulu que causer un quart d'heure, rien ne l'empêchait de se mêler à notre conversation. Cet Anglais scrupuleux et formaliste nous laissa stupéfaits de sa politesse tardive et superflue; en s'éloignant, il avait l'air également satisfait d'avoir fait connaissance avec moi, et de ne tirer aucun parti de cet AVANTAGE, si avantage il y avait.

Ce trait de gaucherie m'en rappelle un autre arrivé à une femme.

C'était à Londres. Une dame polonaise d'un esprit charmant a joué le premier rôle dans cette histoire qu'elle m'a contée elle-même. La grâce de sa conversation et la solide culture de son esprit la feraient rechercher dans le grand monde, quand elle ne serait pas appelée à y primer, malgré les malheurs de son pays et de sa famille. C'est bien à dessein que je dis malgré, car, quoi qu'en pensent ou qu'en disent les faiseurs de phrases, le malheur ne sert à rien dans la société, même dans la meilleure; au contraire, il y empêche beaucoup de choses. Il n'empêche pourtant pas la personne dont je parle de passer pour une d[illegible] femmes les plus distinguées et les plus aimables de notre temps, à Londres comme à Paris. Invitée à un grand dîner de cérémonie, et placée entre le maître de la maison et un inconnu, elle s'ennuyait; elle s'ennuya longtemps; car, bien que la mode des dîners éternels commence à passer en Angleterre, ils y sont toujours plus longs qu'ailleurs; la dame, prenant son mal en patience, cherchait à varier la conversation, et sitôt que le maître de la maison lui laissait un instant de répit, elle tournait la tête vers son voisin de droite, mais elle trouvait toujours visage de pierre; et, malgré sa facilité de grande dame et sa vivacité de femme d'esprit, tant d'immobilité la déconcertait. Le dîner se passa dans ce découragement; un morne sérieux s'ensuivit; la tristesse est pour les visages anglais ce que l'uniforme est pour les soldats. Le soir, quand tous les hommes furent de nouveau réunis aux femmes dans le salon, celle de qui je tiens cette histoire n'eut pas plutôt aperçu son voisin, l'homme de pierre du dîner, que celui-ci, avant de la regarder en face, s'en alla chercher à l'autre bout de la chambre le maître de la maison, pour le prier, d'un air solennel, de l'*introduire* auprès de l'aimable étrangère. Toutes les cérémonies requises, dûment accomplies, le voisin de gauche prit enfin la parole, et tirant sa respiration du plus profond de sa poitrine, tout en s'inclinant respectueusement : « J'étais bien *empressé*, madame, lui dit-il, de faire *votre* connaissance. »

Cet *empressement* pensa causer à la dame un fou rire, dont elle triompha pourtant à force d'habitude du monde, et elle finit par trouver dans ce personnage cérémonieux un homme instruit, intéressant même, tant les formes sont peu significatives dans un pays où l'orgueil rend la plupart des hommes timides et réservés.

Ceci prouve à quel point la facilité des manières, la légèreté de la conversation, la véritable élégance, en un mot, qui consiste à mettre toute personne qu'on rencontre dans un salon aussi à son aise qu'on l'est soi-même, loin d'être une chose indifférente et frivole, comme le croient certaines gens qui ne jugent le monde que par ouï-dire, est utile et même nécessaire dans les rangs élevés de la société, où des rapports d'affaires ou de pur plaisir rapprochent à chaque instant des gens qui ne se sont jamais vus. S'il fallait toujours, pour faire connaissance avec les nouveaux visages, dépenser autant de patience qu'il nous en a fallu, à la dame polonaise et à moi, pour avoir le droit d'échanger une parole avec un Anglais, on y renoncerait... et souvent on perdrait de précieuses occasions de s'instruire ou de s'amuser.

Ce matin de bonne heure, le gouverneur, dont je n'ai pu lasser l'obligeance, est venu me prendre pour me mener voir les curiosités de la vieille ville. Il avait ses gens, ce qui m'a dispensé de mettre à une seconde épreuve la docilité de mon feldjæger, dont ce même gouverneur respecte les prétentions.

Mon courrier ne voulant plus faire son métier, parce qu'il pressent les prérogatives de la noblesse à laquelle il aspire, est le type profondément comique d'une espèce d'hommes que j'ai décrite plus haut et qui ne peut se trouver qu'en Russie.

Je voudrais vous peindre cette taille fluette; ces habits soignés, non comme moyen d'avoir la meilleure mine possible, mais comme signe dénotant l'homme parvenu à un rang respectable; cette physionomie fine, impitoyable, sèche et basse, en attendant qu'elle puisse devenir arrogante; enfin, ce type d'un sot, dans un pays où la sottise n'est point innocente comme elle l'est chez nous, car en Russie la sottise est assurée de faire son chemin pour peu qu'elle appelle à son aide la servilité; mais ce personnage échappe aux paroles comme la couleuvre aux regards... Cet homme me fait peur à l'égal d'un monstre; c'est le produit des deux forces politiques les plus opposées en apparence, quoiqu'elles aient beaucoup d'affinité, et les plus détestables quand elles sont combinées : le despotisme et la révolution!!... Je ne puis le regarder et contempler son œil d'un bleu trouble, bordé de cils blonds, presque blancs, son teint bronzé par les rayons du soleil et bruni par les bouillonnements intérieurs d'une colère toujours refoulée; je ne puis voir ces lèvres pâles et minces, écouter cette parole doucereuse, mais saccadée, et dont l'intonation dit précisément le contraire de la phrase, sans penser que c'est un espion protecteur qu'on m'a donné là, et que cet espion est respecté du gouverneur de Nijni lui-même : à cette idée je suis tenté de prendre des chevaux de poste et de fuir la Russie pour ne m'arrêter qu'au delà de la frontière.

Le puissant gouverneur de Nijni n'ose forcer cet ambitieux courrier à monter sur le siége de ma voiture, et sur la plainte que j'ai portée à un magistrat qui représente l'autorité suprême, ce personnage, tout important et puissant qu'il est, m'a engagé à patienter!!... Où donc est la force dans un pays ainsi fait?

Vous allez voir que la mort même n'est pas un garant de repos dans cet Empire incessamment travaillé par les caprices du despotisme.

Minine, le libérateur de la Russie, ce paysan héroïque dont la mémoire est devenue célèbre surtout depuis l'invasion des Français, est enterré à Nijni. On voit son tombeau dans la cathédrale parmi ceux des grands ducs de Nijni.

C'est de Nijni que partit le cri de la délivrance au temps de l'occupation de l'Empire par les Polonais.

Minine, simple serf, alla trouver Pojarski, noble russe; les discours du paysan respiraient l'enthousiasme et l'espérance. Pojarski, électrisé par l'éloquence saintement rude de Minine, réunit quelques hommes; le courage de ces grands cœurs en gagna d'autres, on marcha sur Moscou, et la Russie fut délivrée.

Depuis la retraite des Polonais, le drapeau de Pojarski et de Minine fut toujours un objet de grande vénération chez les Russes; des paysans habitants d'un village entre Yaroslaf et Nijni le conservaient comme une relique nationale. Mais lors de la guerre de 1812, on sentit le besoin d'enthousiasmer les soldats; il fallut ranimer les souvenirs historiques, surtout celui de Minine, et l'on pria le gardien de son drapeau de prêter ce palladium aux nouveaux libérateurs de la patrie, et de le faire porter à la tête de l'armée. Les anciens dépositaires de ce trésor national ne consentirent à s'en séparer que par dévouement à leur pays, et sur la parole solennellement jurée de leur rendre la bannière après la victoire, alors qu'elle serait encore illustrée par de nouveaux triomphes. Ainsi le drapeau de Minine poursuivit l'armée française dans sa retraite; mais plus tard, reporté à Moscou, il ne fut pas rendu à ses légitimes possesseurs : on le déposa dans le trésor du Kremlin, au mépris des promesses les plus solennelles; toutefois, pour satisfaire aux justes réclamations des paysans spoliés, on leur envoya une *copie* de leur miraculeuse enseigne; copie, ajouta-t-on par une condescendance dérisoire, exactement semblable à l'original.

Telles sont les leçons de morale et de bonne foi données au peuple russe par son gouvernement lui-même. A la vérité, un pareil gouvernement ne se conduirait pas de cette façon ailleurs s'il y pouvait naître, en fait de fourberie, on sait à qui l'on s'adresse, il y a ici parfaite analogie entre le trompeur et le trompé : la force seule établit entre eux une différence.

C'est peu! vous allez apprendre qu'en ce pays la vérité historique n'est pas plus respectée que ne l'est la religion du serment; l'authenticité des pierres est aussi impossible à établir ici que l'autorité des paroles ou des écrits. A chaque nouveau règne, les édifices sont repétris comme de la pâte au gré du souverain; et grâce à l'absurde manie qu'on décore du beau titre de mouvement progressif de la civilisation, nul édifice ne demeure à la place où l'a mis le fondateur; les tombeaux eux-mêmes ne sont pas à l'abri de la tempête du caprice impérial. Les morts en Russie sont assujettis eux-mêmes aux fantaisies de l'homme qui régit les vivants. L'empereur Nicolas, qui aujourd'hui tranche de l'architecte à Moscou pour y refaire le Kremlin, n'en est pas à son coup d'essai en ce genre; Nijni l'a déjà vu à l'œuvre.

Ce matin, en entrant dans la cathédrale, je me sentis ému en voyant l'air de vétusté de cet édifice; puisqu'il contient le tombeau de Minine, il a du moins été respecté depuis plus de deux cents ans, pensais-je; et cette assurance m'en faisait trouver l'aspect plus auguste.

Le gouverneur me fit approcher de la sépulture du sauvage héros, sa tombe est confondue avec les monuments des anciens souverains de Nijni, et, lorsque l'empereur Nicolas est venu la visiter, il a voulu descendre patriotiquement dans le caveau même où le corps est déposé.

« Voilà une des plus belles et des plus intéressantes églises que j'aie visitées dans votre pays, dis-je au gouverneur.

— C'est moi qui l'ai bâtie, me répondit M. Boutourline.

— Comment! que voulez-vous dire? vous l'avez restaurée, sans doute?

— Non pas; l'ancienne église tombait en ruines : l'Empereur a mieux aimé la faire reconstruire en entier que la réparer; il n'y a pas deux ans qu'elle était *cinquante pas plus loin* et formait une saillie qui nuisait à la régularité de l'intérieur de notre Kremlin.

— Mais le corps et les os de Minine? m'écriai-je.

— On les déterra avec ceux des grands-ducs qu'ils ont suivis; tous sont maintenant dans le nouveau sépulcre dont vous voyez la pierre. »

Je n'aurais pu répliquer sans faire révolution dans l'esprit d'un gouverneur de province aussi scrupuleusement attaché aux devoirs de sa charge que l'est celui de Nijni : je l'ai suivi en silence vers le petit obélisque de la place et vers les immenses remparts du Kremlin de Nijni.

Vous venez de voir comment on entend ici la vénération pour les morts, le respect pour les monuments historiques et le culte des beaux-arts. Cependant l'Empereur, qui sait que les choses antiques sont vénérables, veut qu'une église faite d'hier reste honorée comme un vieux monument; or comment s'y prend-il? il dit qu'elle est vieille, et elle le devient; ce pouvoir tranche du divin. La nouvelle église de Minine à Nijni est l'ancienne, si vous doutez de cette vérité, vous êtes un séditieux, et c'est ce que l'Empereur vous prouvera.

Le seul art où les Russes excellent est l'art d'imiter l'architecture et la peinture de Byzance; ils font du vieux mieux qu'aucun peuple moderne, voilà pourquoi ils n'en ont pas.

C'est toujours, c'est partout le même système, celui de Pierre le Grand, perpétué par ses successeurs, qui ne sont que ses disciples. Cet homme de fer a cru et prouvé qu'on pouvait substituer la volonté d'un Czar de Moscovie aux lois de la nature, aux règles de l'art, à la vérité, à l'histoire, à l'humanité, aux liens du sang, à la religion, à tout. Si les Russes vénèrent encore aujourd'hui un homme si peu humain, c'est qu'ils ont plus de vanité que de jugement. « Voyez, disent-ils, ce qu'était la Russie en Europe avant l'avénement de ce grand prince, et ce qu'elle est devenue depuis son règne : voilà ce qu'un souverain de génie peut faire... » Fausse manière d'apprécier la gloire d'une nation. Cette influence orgueilleuse exercée chez les étrangers, c'est du matérialisme politique. Je vois, parmi les pays les plus civilisés du monde, des États qui n'ont de pouvoir que sur leurs propres sujets, lesquels sont même en petit nombre; ces États-là comptent pour rien dans la politique universelle; ce n'est ni par l'orgueil de la conquête, ni par la tyrannie politique exercée chez les étrangers que leurs gouvernements acquièrent des droits à la reconnaissance universelle; c'est par de bons exemples, par des lois sages, par une administration éclairée, bienfaisante. Avec de tels avantages, un petit peuple peut devenir, non le conquérant, non l'oppresseur, mais le flambeau du monde, ce qui est cent fois préférable.

On ne peut assez s'affliger de voir combien ces idées si simples, mais si sages, sont encore loin des meilleurs et des plus beaux esprits, non-seulement de la Russie, mais de tous les pays, et surtout du pays de France. Chez nous la fascination de la guerre et de la conquête dure toujours, en dépit des leçons du Dieu du ciel, et de celles du dieu de la terre, l'intérêt; cependant j'espère!... parce que malgré les écarts de nos philosophes, malgré le cynisme de notre langage, et malgré notre habitude de nous calomnier nous-mêmes, nous sommes une nation essentiellement religieuse... Certes, ceci n'est pas un paradoxe; nous nous dévouons aux idées avec plus de générosité qu'aucun peuple du monde; et les idées ne sont-elles pas les idoles des populations chrétiennes?

Malheureusement nous manquons de discernement et d'indépendance dans nos choix; nous ne distinguons pas entre l'idole de la veille, devenue méprisable aujourd'hui, et celle qui mérite tous nos sacrifices. J'espère vivre assez longtemps pour voir briser chez nous cette sanglante idole de la guerre, la force brutale. On est toujours une nation assez puissante, on a toujours un assez grand territoire, lorsqu'on a le courage de vivre et de mourir pour la vérité, lorsqu'on poursuit l'erreur à outrance, lorsqu'on verse son sang pour exterminer le mensonge et l'injustice, et qu'on peut à juste titre du renom de tant et de si hautes vertus! Athènes était un point sur la terre : ce point est devenu le soleil de la civilisation antique; et tandis qu'il brillait de tout son éclat, combien de nations, puissantes par leur nombre et par l'étendue de leur territoire, vivaient, guerroyaient, conquéraient et mouraient, épuisées, inutiles et obscures!!! le fumier des générations humaines n'est bon que lorsqu'il engraisse un terrain cultivé par la civilisation. Où en serait l'Allemagne dans le système arriéré de la politique conquérante? Pourtant, malgré ses divisions, malgré la faiblesse matérielle des petits États qui la composent, l'Allemagne avec ses poëtes, ses penseurs, ses érudits, ses souverainetés diverses, ses républiques et ses princes, non rivaux en puissance, mais émules en culture d'esprit, en élévation de sentiments, en sagacité de pensée, est au moins au niveau de la civilisation des pays les plus avancés du monde (1).

Ce n'est pas à regarder au dehors avec convoitise que les peuples acquièrent des droits à la reconnaissance du genre humain, c'est en tournant leurs forces sur eux-mêmes et en devenant tout ce qu'ils peuvent devenir sous le double rapport de la civilisation spirituelle et de la civilisation matérielle. Ce genre de mérite est aussi supérieur à la propagande de l'épée que la vertu est préférable à la gloire.....

Cette expression surannée : *puissance du premier ordre*, appliquée à la politique, fera longtemps encore le malheur du monde. L'amour-propre est ce qu'il y a de plus routinier dans l'homme; aussi le Dieu qui a fondé sa doctrine sur l'humilité est-il le seul Dieu véritable, considéré même du point de vue d'une saine politique; seul il a connu la route du progrès indéfini; progrès tout spirituel, c'est-à-dire tout intérieur; pourtant, voilà dix-huit cents ans que le monde doute de sa parole; mais toute contestée, toute discutée qu'est cette parole, elle le fait *vivre*; que ferait-elle donc pour ce monde ingrat si elle était universellement reçue avec foi? La morale de l'Évangile appliquée à la politique des nations, tel est le problème de l'avenir! L'Europe, avec ses vieilles nations profondément civilisées, est le sanctuaire d'où la lumière religieuse se répandra de nouveau sur l'univers (2).

Les murs épais du Kremlin de Nijni serpentent sur une côte bien autrement élevée et bien plus âpre que la colline de Moscou. Les remparts en gradins, les créneaux, les rampes, les voûtes de cette forteresse produisent des points de vue pittoresques; mais malgré la beauté du site, on serait trompé si l'on s'attendait ici à éprouver le saisissement que produit le Kremlin de Moscou; là l'histoire est écrite en morceaux de rochers. Ce monument est une chose unique en Russie et dans le monde.

A ce propos je veux insérer ici un détail que j'ai négligé de vous marquer dans mes lettres précédentes.

Vous vous rappelez l'ancien palais des Czars au Kremlin, vous savez qu'avec ses étages en retraite, ses ornements en relief, ses peintures asiatiques, il fait l'effet d'une pyramide de l'Inde. Les meubles de ce palais étaient sales et usés : on a envoyé à Moscou des ébénistes et des tapissiers habiles qui ont fait de ces vieux meubles *des copies exactement pareilles*. Ainsi le mobilier, *toujours le même*, quoique renouvelé de fond en comble, est devenu l'ornement du palais restauré, recrépi, repeint, quoique toujours antique; c'est un miracle. Mais depuis que les nouveaux vieux meubles parent le palais rebâti, replâtré, les débris authentiques des anciens ont été vendus à l'encan dans Moscou même, sous les yeux de tout le monde. En ce pays, où le respect pour la souveraineté est une religion, il ne s'est trouvé personne qui voulût sauver les dépouilles royales du sort des meubles les plus vulgaires, ni protester contre une impiété révoltante. Ce qu'on appelle ici entretenir les vieilles choses, c'est baptiser des nouveautés sous des noms anciens; soigner, c'est refaire des œuvres modernes avec des débris, espèce de soin qui équivaut, ce me semble, à de la barbarie.

Nous avons visité un joli couvent de femmes; elles sont pauvres, mais leur maison est d'une propreté tout à fait édifiante. En sortant de cette pieuse retraite le gouverneur m'a mené voir son camp, la manie des manœuvres, des revues, des bivouacs est ici générale. Les gouverneurs de provinces passent leur vie comme l'Empereur, à jouer au soldat, à commander l'exercice à des régiments; et plus ces rassemblements sont nombreux, plus les gouverneurs sont fiers de se sentir semblables au maître. Les régiments qui forment le camp de Nijni sont composés d'enfants de soldats; c'est le soir que nous sommes arrivés près de leurs tentes dressées dans une plaine qui est la continuation du plateau de la côte où s'élève le vieux Nijni.

Six cents hommes chantaient la prière, et de loin, en plein air, ce chœur religieux et militaire produisait un effet étonnant; la prière sortie du cœur de l'homme, de cet abîme de passions et de douleurs, peut être comparée à la colonne de feu et de fumée qui s'élève entre le cratère déchiré du volcan et la voûte du firmament qu'elle atteint. Qui sait si ce n'est pas là ce que signifiait la colonne des Israélites si longtemps égarés dans le désert? Les voix des pauvres soldats slaves, adoucies par la distance, semblaient venir d'en haut; lorsque les premiers accords frappèrent nos oreilles, un pli de la plaine nous cachait encore la vue des tentes. Les échos affaiblis de la terre répondaient à ces voix célestes; et la musique était interrompue par de lointaines décharges de mousqueterie, orchestre belliqueux, qui ne me semblait guère plus bruyant que les grosses caisses de l'Opéra et qui me paraissait mieux à sa place. Quand les cases d'où sortaient tant de sons harmonieux se découvrirent à nos regards, le soleil couchant qui reluisait sur la toile des tentes

(1) Malheureusement depuis quelques années les Princes allemands se sont faits les vassaux de l'empire de Russie.

(2) Ne dirait-on pas que depuis quinze ans le monde n'a marché que pour justifier cette prévision?

(*Note de l'Auteur.*)

déployées, vint joindre la magie des couleurs à celle des sons pour nous enchanter.

Le gouverneur, qui voyait le plaisir que je prenais à écouter cette musique en plein air, m'en laissa jouir, et il en jouit lui-même assez longtemps, car rien ne cause plus de joie à cet homme vraiment hospitalier que les divertissements qu'il procure à ses hôtes. Le meilleur moyen de lui témoigner votre reconnaissance, c'est de lui laisser voir que vous êtes satisfait.

Nous avons achevé notre tournée au crépuscule, et revenus à la ville basse nous nous sommes arrêtés devant une église qui n'a cessé d'attirer mes yeux depuis que je suis à Nijni. C'est un vrai modèle d'architecture russe; ce n'est ni grec antique, ni grec du Bas-Empire, mais c'est un joujou de faïence dans le style du Kremlin ou de l'église de Vassili Blagennoï, avec moins de variété dans les couleurs et dans les formes. La plus belle rue de Nijni, la rue d'en bas, est embellie par cet édifice moitié de briques, moitié de plâtre; il faut dire que ce plâtre est moulé d'après des dessins si bizarres et qu'il forme tant de colonnettes, de fleurons, de rosaces, qu'on ne peut s'empêcher, devant une église aussi chargée de ciselures, de penser à un surtout de dessert en porcelaine de Saxe. Ce petit chef-d'œuvre du genre capricieux n'est pas ancien, il est dû à la magnificence de la famille des Strogonoff, grands seigneurs descendants des premiers négociants au profit desquels se fit la conquête de la Sibérie sous Ivan IV. Les frères Strogonoff de ce temps-là levèrent eux-mêmes l'aventureuse armée qui conquit un royaume pour la Russie. Leurs soldats étaient des flibustiers de terre ferme.

L'intérieur de l'église des Strogonoff ne répond pas à l'extérieur, mais tel qu'il est je préfère de beaucoup dans son ensemble ce bizarre monument aux maladroites copies des temples romains dont Pétersbourg et Moscou sont encombrés.

Pour compléter la journée, nous avons été entendre un vaudeville en russe à l'Opéra de la foire. Ces vaudevilles sont encore des traductions du français. Les gens du pays me paraissent très-fiers de ce nouveau moyen de civilisation importé chez eux. Je n'ai pu juger de l'efficacité de ce spectacle sur l'esprit de l'assemblée, attendu que la salle était vide à la lettre. Outre l'ennui et la pitié qu'on éprouve en présence de pauvres comédiens sans public, j'ai éprouvé à ce spectacle l'impression désagréable que m'a toujours causée sur nos théâtres le mélange des scènes parlées et des scènes chantées; figurez-vous cette barbarie, moins le sel et le piquant de l'esprit français. Sans la présence du gouverneur, j'aurais fui dès le premier acte; il m'a fallu tenir bon jusqu'à la fin du spectacle.

Je viens de passer la nuit à vous écrire pour dissiper mon ennui, mais cet effort m'a rendu malade. J'ai la fièvre, et je vais me coucher.

LETTRE TRENTE-CINQUIÈME.

SOMMAIRE. — Assassinat d'un seigneur allemand. — Jusqu'où les Russes portent l'aversion des nouveautés. — Désordres partiels : leurs conséquences. — Influence du gouvernement ; cercle vicieux. — Servilité grotesque des paysans. — Contradictions entre les institutions et les coutumes. — Illusion des serfs russes. — Exil de M. Guibal en Sibérie. — Histoire d'une sorcière. — Mot d'un grand seigneur, petit-fils d'un paysan. — Manière dont un jeune étranger malade est [illegible] par un [illegible] russe. — Accident arrivé à une dame française tombée dans une trappe. — Charité russe. — Passion d'une dame russe pour les tombeaux de ses morts. — Trait de vanité d'un officier [illegible]. — Derniers jours passés à Nijni. — Chant des bohémiennes de la foire. — Réhabilitation des classiques dénigrés et des auteurs [illegible]. — Idée dominante du théâtre de Victor Hugo. — Orage du soir à Nijni. — Malaise causé par l'air de Nijni. — Projet d'aller à Kazan abandonné. — Conseil d'un médecin. — Le feldjæger et le domestique. — Opinion des Russes sur l'état de la France. — Vladimir. — Aspect du pays. — [illegible] des [illegible]. — Difficultés du voyage pour qui n'a pas [illegible]. — Fausse délicatesse que les Russes voudraient imposer aux étrangers. — Contradiction sensible. — Rencontre du grand éléphant noir envoyé à l'empereur par le schah de Perse. — Danger que je cours. — Présence d'esprit de mon valet de chambre italien. — Description de l'éléphant. — Retour à Moscou. — Adieux au Kremlin. — Effet produit par le voisinage de l'Empereur. — Contagion de l'exemple. — Fêtes militaires à Borodino. — Villes improvisées. — Comment l'Empereur fait représenter la bataille de la Moskowa, dite de Borodino. — Pourquoi je n'assiste pas à l'Empereur. — Monument élevé en l'honneur du prince Bagration, le prince [illegible] oublié. — Mensonge en action. — Ordre du jour de l'Empereur. — Travestissement de l'histoire.

Vladimir, entre Nijni et Moscou, ce 3 septembre 1839.

Un M. Jasmont m'a conté à Nijni qu'un Allemand, nouveau seigneur de village, grand agriculteur et zélé propagateur de méthodes d'assolement encore inusitées en ce pays, vient d'être assassiné dans ses domaines, voisins de la terre d'un M. Merlino, autre étranger par qui le fait est parvenu à notre connaissance.

Deux hommes se sont présentés chez ce seigneur allemand sous prétexte de lui acheter des chevaux, et le soir ils sont entrés dans sa chambre et l'ont tué. C'était, à ce qu'on assure, un coup monté par les paysans de la victime pour se venger des innovations que l'étranger avait voulu introduire dans la culture de leur terre. Le peuple de ce pays a en aversion tout ce qui n'est pas russe. J'entends souvent répéter qu'un beau jour on le verra éventrer d'un bout de l'Empire à l'autre les hommes sans barbe; c'est à la barbe que les Russes se reconnaissent.

Aux yeux des paysans, un Russe au menton rasé est un traître vendu aux étrangers dont il mérite de partager le sort. Mais quel sera le châtiment infligé par les survivants aux auteurs de ces vêpres moscovites? la Russie entière ne pourra pourtant pas être envoyée en Sibérie. Si l'on déporte des villages, on n'exile pas des provinces. Il est à remarquer que ce genre de punition frappe ici les paysans sans les atteindre. Un Russe reconnaît sa patrie partout où règnent les longs hivers; la neige a toujours le même aspect; le linceul de la terre est également blanc, qu'il ait six pouces ou six pieds d'épaisseur; aussi pourvu qu'on lui laisse refaire son traîneau et sa cabane, le Russe se retrouve chez lui en quelque lieu qu'il soit exilé. Dans les déserts du Nord on peut se créer une patrie à peu de frais. Pour l'homme qui n'a jamais vu que des plaines glacées et parsemées d'arbres verts plus ou moins mal venants, tout pays froid et désert représente son pays. D'ailleurs, les habitants de ces latitudes ont les mœurs des peuples nomades, et sont naturellement disposés à quitter leur terre natale.

Les scènes de désordre se multiplient dans les campagnes : chaque jour on entend parler de quelque forfait nouveau; mais quand on apprend le crime, il est déjà ancien, ce qui en atténue l'impression; et de tant de forfaits isolés, il ne résulte pas que le repos du pays soit profondément troublé. Je vous ai dit ailleurs que la tranquillité se maintient chez ce peuple par la lenteur et la difficulté des communications, et par l'action secrète et avouée du gouvernement, lequel perpétue le mal par amour de l'ordre établi. J'ajoute à ces motifs de sécurité l'aveugle obéissance des troupes; cette soumission tient surtout à l'ignorance des gens de la campagne. Mais, singulière conjoncture!... ce remède est en même temps la première cause du mal; on ne voit donc pas comment la nation sortira du cercle vicieux où l'ont engagée les circonstances. Jusqu'à présent le mal et le bien, la perte et le salut lui viennent de la même source : de l'isolement et de l'ignorance qui se favorisent, se reproduisent et se perpétuent réciproquement.

Vous ne sauriez vous figurer la manière dont un seigneur prenant possession du domaine qu'il vient d'acquérir, est reçu par ses nouveaux paysans : c'est une servilité qui doit paraître incroyable aux habitants de nos contrées : hommes, femmes, enfants, tous tombent à genoux devant leur nouveau maître, tous baisent les mains, quelquefois les pieds du propriétaire; ô misère!... ô profanation de la foi!... ceux qui sont en âge de faillir confessent volontairement leurs péchés à ce maître, qui, pour eux est l'image de Dieu sur la terre et qui représente à lui seul et le roi du ciel et l'Empereur! Ce fanatisme dans le servage, cet enthousiasme d'esclave doit finir par faire illusion, même à celui qui en est l'objet, surtout s'il est parvenu depuis peu au rang qu'il occupe : un tel changement de fortune l'éblouit au point de lui persuader qu'il n'est pas de la même espèce que ces hommes abattus devant lui, que ces hommes auxquels il se trouve soudain avoir droit de commander. Ce n'est point un paradoxe que je mets en avant quand je soutiens que l'aristocratie de la naissance pouvait seule adoucir la condition des serfs en Russie et les disposer à profiter de l'affranchissement, par des transitions douces et insensibles. Leur asservissement actuel leur devient insupportable à l'égard des nouveaux riches. Les anciens naissent au-dessus d'eux, c'est dur : mais ils naissent chez eux, avec eux, c'est une consolation; et puis l'habitude de l'autorité est naturelle aux uns comme celle de l'esclavage l'est aux autres, et l'habitude émousse, atténue tout : elle adoucit l'injustice chez les forts, elle allége le joug chez les faibles : voilà pourquoi la mobilité des fortunes et des conditions produit des résultats monstrueux dans un pays soumis au régime du servage; c'est une intolérable contradiction et cependant c'est cette mobilité qui fait la durée de l'ordre de choses actuel en Russie, parce qu'elle lui concilie une foule d'hommes qui savent en tirer parti : second exemple du remède puisé à la source du mal. Terrible cercle dans lequel tournent fatalement toutes les populations de ce vaste Empire!!... Un tel état social est un inextricable filet dont chaque maille devient un nœud qui se resserre par les efforts tentés pour le délier. Ce seigneur, ce Dieu nouveau, à quel titre l'adore-t-on? on l'adore parce qu'il a eu assez d'argent, qu'il a su intriguer assez habilement pour pouvoir acheter la glèbe où sont attachés tous ces hommes prosternés à ses pieds. Le parvenu me paraît un monstre dans un pays où l'homme est la fortune de l'homme, où le riche a pour ainsi dire droit de vie et de mort sur le pauvre. Le mouvement industriel et l'immobilité du servage combinés dans la même société, y produisent des résultats révoltants; mais le despote aime le parvenu : c'est sa créature!.... Vous figurez-vous ici la condition d'un nouveau seigneur? hier son esclave était son pareil; son industrie plus ou moins honnête, ses flatteries plus ou moins basses, plus ou moins habiles, l'ont mis en état d'acheter un certain nombre de ses camarades qui aujourd'hui

aussi ses serfs. Devenir la bête de somme de son égal, c'est un mal intolérable. Voilà pourtant le résultat que peut amener chez un peuple l'alliance impie de coutumes arbitraires et d'institutions libérales, ou pour parler plus juste insaisissables; ailleurs, l'homme qui fait fortune ne se fait pas baiser les pieds par les rivaux qu'il a vaincus la veille. L'incohérence la plus choquante est devenue la base de la constitution russe.

Remarquez en passant une confusion singulière produite dans l'esprit du peuple russe, par le régime auquel il est soumis. Sous ce régime, l'homme se trouve lié à la terre par des nœuds indissolubles, puisqu'on le vend avec elle; or, au lieu de reconnaître que c'est lui qui est fixe et la terre qui est mobile; en un mot, au lieu de savoir et d'avouer qu'il appartient à cette terre au moyen de laquelle d'autres hommes disposent de lui despotiquement, il s'imagine que c'est la terre qui lui appartient. À la vérité, cette erreur de jugement se réduit à une véritable illusion d'optique; car tout possesseur qu'il croit être du sol, il ne comprend pas qu'on puisse vendre la terre sans vendre les hommes qui l'habitent. Ainsi quand il change de maître, il ne se dit pas qu'on a vendu le sol au nouveau propriétaire; il se figure que c'est sa personne qui a été vendue d'abord, et puis il pense qu'on a livré par-dessus le marché sa terre, la terre qui l'a vu naître, et qu'il cultive pour se nourrir. Donnez donc la liberté à des hommes qui par leur intelligence des lois sociales sont à peu près au niveau des arbres et des plantes!...

M. Guibal (toutes les fois que je suis autorisé à citer un nom, j'use de la permission), M. Guibal, fils d'un maître d'école, fut exilé sans motif, du moins sans explication, et sans qu'il pût deviner ce dont on l'accusait, dans un village de Sibérie, aux environs d'Orembourg. Une chanson qu'il a composée pour tromper son ennui, est recueillie d'abord par un inspecteur; mise sous les yeux du gouverneur, elle attire l'attention de ce personnage auguste; celui-ci envoie son aide-de-camp près de l'exilé, afin de s'informer de son affaire, de sa position, de sa conduite, et de juger s'il peut être employé à quelque chose. Le malheureux parvient à inspirer de l'intérêt à l'aide-de-camp, qui, à son retour dans la ville, fait un rapport très-favorable sur le compte de Guibal. Aussitôt celui-ci est rappelé. Il n'a jamais pu savoir la vraie cause de son malheur; peut-être était-ce une première chanson.

Telles sont les circonstances d'où peut dépendre le sort d'un homme en Russie!!...

Voici une histoire d'un genre différent :

Dans les terres du prince ***, au delà de Nijni, vit une paysanne qui se fait passer pour sorcière : bientôt sa réputation s'étend au loin. On raconte des prodiges opérés par cette femme, mais son mari se plaint; le ménage est négligé, le travail abandonné. L'intendant confirme dans son rapport l'accusation intentée contre la paysanne sorcière.

Le prince fait un voyage dans ses domaines : à peine arrivé chez lui, ce qui le préoccupe avant tout, c'est la fameuse démoniaque. Le pope lui dit que l'état de cette femme empire tous les jours, qu'elle ne parle plus et qu'il a résolu de l'exorciser. La cérémonie a lieu, mais sans résultat, en présence du seigneur; celui-ci, décidé à savoir le fond de cette singulière affaire, a recours au remède russe par excellence : il condamne la folle aux verges. Ce traitement ne manque pas son effet.

Au vingt-cinquième coup elle demande grâce et jure de dire la vérité.

Elle est mariée à un homme qu'elle n'aime pas, et c'est pour ne pas travailler au profit de son mari, dit-elle, qu'elle a feint d'être possédée.

Cette comédie servait sa paresse en même temps qu'elle avait rendu la santé à une foule de malades, qui sont venus à elle pleins d'espoir et de confiance, et s'en sont retournés guéris.

Les sorciers ne sont pas rares parmi les paysans russes, auxquels ils tiennent lieu de médecins; ces fourbes font des cures nombreuses et fort belles, au dire même des gens de l'art!!

Quel triomphe pour Molière! et quel abîme de doutes pour tout le monde!... L'imagination!.. qui sait si l'imagination n'est pas un levier dans la main de Dieu pour élever au-dessus d'elle-même la créature emprisonnée dans la matière? Quant à moi, je pousse le doute au point d'en revenir à la foi, car je crois, malgré ma raison, que le sorcier peut guérir même des incrédules, par un pouvoir dont je ne saurais nier l'existence, quoique je ne puisse le définir (1). Avec le mot imagination, nos savants se dispensent d'expliquer les phénomènes qu'ils ne peuvent ni révoquer en doute ni comprendre. L'imagination devient, pour certains métaphysiciens, ce que sont les nerfs pour certains docteurs.

L'esprit est continuellement forcé à réfléchir devant un spectacle aussi extraordinaire que celui qui lui est offert par la société constituée comme elle l'est ici. À chaque pas qu'on fait dans ce pays, on admire ce que les États gagnent à rendre l'obéissance absolue;

(1) Les tables tournantes et les esprits frappeurs donnent raison au voyageur. (*Note de l'éditeur.*)

mais on regrette tout aussi souvent de n'y pas voir ce que le pouvoir gagnerait à rendre cette obéissance noble et morale.

À ce propos, je me rappelle un mot qui vous prouvera si je suis fondé à penser qu'il y a, et même en assez grand nombre, des hommes dupes du culte que le serf rend ici au seigneur. La flatterie a tant de puissance sur le cœur humain, qu'à la longue les plus maladroits de tous les flatteurs, la peur et l'intérêt, trouvent le moyen d'arriver à leur but et de se faire écouter comme les plus habiles : voilà pourquoi beaucoup de Russes des classes élevées se croient d'une autre nature que les hommes du commun.

Un Russe immensément riche, mais qui déjà devrait être éclairé sur les misères de l'opulence et du pouvoir, car la fortune de sa famille date de deux générations, passait d'Italie en Allemagne. Il tombe assez gravement malade dans une petite ville, et il fait appeler le meilleur médecin de l'endroit; d'abord il se soumet à ce qu'on lui ordonne, mais au bout de quelques jours de traitement le mal empirant, le patient s'ennuie de son obéissance, se lève avec colère, puis déchirant le voile de civilisation dont il avait cru nécessaire de s'affubler dans l'habitude de la vie, il redevient lui-même, et s'écrie, tout en arpentant sa chambre à grands pas : « Je ne conçois pas la manière dont on me traite : voilà trois jours qu'on me drogue sans me faire le moindre bien; quel médecin m'avez-vous été chercher là? il ne sait donc pas qui je suis? »

Puisque j'ai commencé ma lettre par des anecdotes, en voici une moins piquante, mais qui peut vous servir à vous former une juste idée du caractère et des habitudes des personnes du grand monde en Russie. On n'aime ici que les gens heureux, et cet amour exclusif produit quelquefois des scènes comiques.

Un jeune Français avait parfaitement réussi dans une société de personnes réunies à la campagne. C'était à qui lui ferait fête : des dîners, des promenades, des chasses, des spectacles de société, rien n'y manquait; l'étranger était enchanté. Il vantait à tout venant l'hospitalité russe et l'élégance des manières de ces barbares du *Nord* tant calomniés! À quelque temps de là le jeune enthousiaste tombe malade dans la ville voisine; tant que le mal se prolonge et s'aggrave, ses amis les plus intimes ne lui donnent pas signe de vie. Plusieurs semaines, deux mois se passent ainsi, à peine envoie-t-on de loin en loin savoir de ses nouvelles; enfin la jeunesse triomphe, et, malgré le médecin du lieu, le voyageur guérit. Sitôt qu'il est rétabli, on afflue chez lui pour fêter sa convalescence, comme si l'on n'eût pensé qu'à lui durant tout le temps de sa maladie; il fallait voir la joie de ses anciens hôtes; vous eussiez dit que c'était eux qui venaient de ressusciter!.. on le comble de protestations d'intérêt, on l'accable de nouveaux projets de divertissements, on le caresse à la manière des chats; la légèreté, l'égoïsme, l'oubli, font patte de velours; on vient jouer aux cartes près de son fauteuil, on lui propose doucereusement de lui envoyer un canapé, des confitures, du vin... depuis qu'il n'a plus besoin de rien, tout est à lui... Cependant, sans se laisser prendre à cet appât usé désormais, il met à profit la leçon, et fort de son expérience, il monte en voiture à la hâte, pressé qu'il est de fuir une terre qui n'est hospitalière que pour les gens heureux, amusants ou utiles!...

Une dame française émigrée, âgée et spirituelle, était établie dans une ville de province. Un jour elle alla faire une visite à une personne du pays. Il y a dans plusieurs maisons russes des escaliers couverts de trappes et qui sont dangereux. La dame française, qui n'avait pas remarqué une de ces soupapes trompeuses, tombe d'une quinzaine de pieds de haut sur des marches de bois. Que fait la maîtresse de la maison? vous auriez peine à le deviner. Sans même vouloir s'assurer si la malheureuse est morte ou vivante, sans courir à elle pour s'informer de son état, sans appeler du secours, sans envoyer au moins chercher un chirurgien, elle plante là l'accident, et court dévotement s'enfermer dans son oratoire pour y prier la sainte-Vierge de venir en aide à la pauvre morte... morte ou blessée, selon ce qu'il aura plu au bon Dieu d'en ordonner. Cependant la blessée, non morte, et qui n'avait rien de cassé, eut le temps de se relever, de remonter dans l'antichambre et de se faire ramener chez elle, avant que sa pieuse amie eût quitté son prie-Dieu. On ne put même arracher celle-ci de cet asile qu'en lui criant à travers la porte que l'accident n'avait eu aucune suite grave, et que la malade était retournée chez elle, où elle venait de se coucher, mais par pure précaution. Aussitôt la charité active se réveille dans le cœur désolé de la bonne dévote russe qui, reconnaissante de l'efficacité de ses prières, court officieusement chez son amie, insiste pour entrer, arrive auprès du lit de la patiente et l'accable de protestations d'intérêt qui la privent pendant une heure au moins du repos dont elle a besoin.

Ce trait d'enfantillage m'a été conté par la personne même à qui l'accident est arrivé. Si elle se fût cassé la jambe ou évanouie, elle aurait pu mourir sans secours à la place où l'avait laissée sa dévote amie.

Après cela on s'étonne de voir des hommes tomber dans la Néva, et s'y noyer sans que personne pense à leur porter secours, sans même qu'on ose parler de leur mort!!!

Les bizarreries de sentiment abondent en Russie dans tous les genres chez les personnes du grand monde, parce que les cœurs et les esprits y sont blasés sur toutes choses. Une grande dame de Pétersbourg a été mariée plusieurs fois; elle passe les étés dans une maison de campagne magnifique à quelques lieues de la ville, et son jardin est rempli des tombeaux de tous ses maris, qu'elle commence à aimer avec passion sitôt qu'ils sont morts; elle leur élève des monuments, des chapelles, pleure sur leurs cendres, elle charge leurs tombes d'épitaphes sentimentales.... en un mot, elle rend aux morts un culte offensant pour les vivants. C'est ainsi que le parc de la dame devient un vrai Père Lachaise; et ce lieu paraît tant soit peu triste à quiconque n'a pas, comme la noble veuve, l'amour des morts défunts et des pompeux mausolées.

On ne doit être surpris de rien en fait d'insensibilité, ou ce qui est synonyme, de *sensiblerie* de la part d'un peuple qui étudie l'étiquette aussi minutieusement qu'on s'instruit dans l'art de la guerre ou du gouvernement. Voici un exemple de ce grave intérêt que les Russes mettent aux choses les plus puériles, dès qu'elles les touchent personnellement.

Un descendant des anciens boyards, riche et âgé, habitait la campagne aux environs de Moscou. Un détachement de hussards avec ses officiers était logé dans sa maison. C'était le temps de Pâques. Les Russes célèbrent cette fête avec une solennité particulière. Toutes les personnes d'une même famille, et leurs amis et leurs voisins, se réunissent pour assister à la messe que, ce jour-là, on dit à minuit précis.

Le châtelain dont je vous parle étant la personne la plus considérable du pays, attendait une grande affluence de monde pour la nuit de Pâques, d'autant plus qu'il avait fait restaurer cette année-là son église paroissiale avec beaucoup de luxe.

Deux ou trois jours avant la fête, il est réveillé par un train de chevaux et de voitures passant sur une jetée voisine de son habitation. Ce château, selon l'usage le plus ordinaire, est situé tout au bord d'un petit étang; l'église du village s'élève du côté opposé, tout au bout de la jetée qui sert de route pour aller du château à la paroisse.

Étonné d'entendre un bruit inusité au milieu de la nuit, le maître de la maison se lève, court à sa fenêtre, et là, quel est son étonnement lorsqu'il aperçoit, à la lueur d'une quantité de torches, une belle calèche attelée de quatre chevaux et suivie de deux piqueurs!

Il reconnaît cet équipage tout neuf, ainsi que l'homme auquel il appartient: c'était un des officiers de hussards logé dans sa maison, grave étourdi, tout nouvellement enrichi par un héritage; cet écervelé pédant venait d'acheter des chevaux et une voiture qu'il avait fait amener au château. Le vieux seigneur le voyant se pavaner dans sa calèche ouverte, tout seul, la nuit, au milieu d'une campagne déserte et silencieuse, le croit devenu fou; il suit des yeux l'élégant équipage et le groupe de valets qui l'entourent; il les voit se diriger en bon ordre vers l'église et s'arrêter devant le porche; là, le maître descend gravement de voiture, aidé de ses domestiques qui se précipitent à la portière pour donner le bras au jeune officier, quoique celui-ci, plus leste que ses gens et aussi jeune, parût capable de se passer de leur assistance.

A peine eut-il touché terre qu'il remonta lentement et majestueusement en voiture, fit encore un tour sur la jetée, revint à l'église et recommença, lui et son monde, la même cérémonie que la première fois. Ce jeu se renouvela jusqu'à l'aube du jour. A la dernière répétition, l'officier donne l'ordre de rentrer au château sans bruit et au pas. Quelques instants plus tard, tout le monde était recouché.

Le lendemain, le maître de la maison n'a rien de plus pressé que de questionner son hôte le capitaine de hussards, pour savoir ce que signifiaient sa promenade nocturne et les évolutions de ses gens autour de sa voiture et de sa personne: « Rien du tout, reprit le jeune officier sans trahir le plus léger embarras; mes valets sont novices, vous aurez beaucoup de monde le jour de Pâques, on affluera ici de tous les environs et même de très-loin; j'ai voulu seulement faire la répétition de mon *entrée* à l'église. »

Il me reste, à moi, à vous faire le récit de ma sortie de Nijni; vous verrez qu'elle fut moins brillante que la promenade nocturne du capitaine de hussards.

Le soir du jour où j'avais assisté avec le gouverneur au spectacle russe, dans une salle entièrement vide, je rencontrai, en sortant du théâtre, un homme de ma connaissance, qui me mena au café des bohémiennes, situé dans la partie la plus animée de la ville foraine; il était près de minuit, cette maison était encore pleine de monde, de bruit et de lumières. Les femmes me semblèrent charmantes; leur costume, quoiqu'en apparence le même que celui des autres femmes russes, prend un caractère étrange porté par elles; elles ont de la magie dans le regard, dans les traits, et leurs attitudes sont gracieuses quoiqu'imposantes. En un mot, elles ont du style comme les sibylles de Michel-Ange.

Leur chant est à peu près le même que celui des bohémiens de Moscou, mais il m'a paru plus expressif encore, plus fort et plus varié. On m'assure qu'elles ont de la fierté dans l'âme; elles sont passionnées, mais elles ne sont ni légères ni vénales et elles repoussent souvent avec dédain, dit-on, des offres avantageuses.

Plus je vis, plus je m'étonne de ce qui reste de vertu aux gens qui n'en ont pas. Les personnes le plus décriées à cause de leur état, sont souvent comme les nations qu'on dit dégradées par leurs gouvernements, pleines de grandes qualités méconnues, tandis qu'au contraire on est désagréablement surpris en découvrant les faiblesses des gens fameux et le puéril caractère des peuples soi-disant bien gouvernés. Les conditions des vertus humaines sont presque toujours des mystères impénétrables à la pensée des hommes. Pour moi le meilleur gouvernement n'est pas celui qui fait faire au dehors les plus grandes choses à la nation; c'est celui qui produit chez soi le plus d'hommes vraiment distingués.

L'idée de réhabilitation que je ne fais ici qu'indiquer, a été mise dans tout son jour et défendue avec l'éclat d'un talent puissant par l'un des esprits les plus hardis de notre époque et de toutes les époques. Il semble que Victor Hugo ait voulu consacrer son théâtre à révéler au monde ce qui reste d'humain, c'est-à-dire de divin, dans l'âme des créatures de Dieu réprouvées par la société; ce but révolutionnaire à première vue, est au fond plus que moral, il est religieux. Étendre la sphère de la pitié, c'est faire une œuvre pie; la foule est souvent cruelle par légèreté, par habitude, par principe; plus souvent elle l'est par mégarde; guérir les plaies des cœurs méconnus, si cela est possible, sans en faire de plus profondes à d'autres cœurs dignes aussi de compassion, c'est s'associer aux desseins de la Providence, c'est agrandir le royaume de Dieu.

La nuit était avancée quand nous sortîmes du café des bohémiennes; un nuage orageux qui venait de crever sur la plaine avait subitement changé la température. De grandes flaques d'eau inondaient les larges et longues rues de la foire déserte, et nos chevaux traversant, sans ralentir leur train, ces espèces de mares creusées dans la terre détrempée, nous éclaboussaient au fond de ma calèche ouverte; des nuées noires annonçaient de nouvelles averses pour le reste de la nuit, tandis que des rafales intermittentes nous envoyaient par bouffées au visage l'eau qui débordait des gouttières. « Voilà l'été passé, me dit mon cicerone. — Je ne le sens que trop, » lui répondis-je. J'avais froid comme en hiver. J'étais sans manteau, le matin on étouffait, quand je rentrai, on gelait; je vous écrivis pendant deux heures, puis je me couchai glacé. Le lendemain, au moment où je voulus me lever, j'avais des vertiges; je retombai sur mon lit sans pouvoir m'habiller ni sortir.

Ce contre-temps me fut d'autant plus désagréable que je devais partir ce jour-là même pour Kazan; j'aurais voulu mettre au moins le pied en Asie, et je venais d'arrêter un bateau pour descendre le Volga, tandis que mon feldjæger eût été chargé de mener ma voiture vide à Kazan, pour me reconduire à Nijni en remontant le cours du fleuve par terre. Toutefois mon zèle s'était un peu ralenti depuis que le gouverneur de Nijni m'avait orgueilleusement montré des vues de Kazan. C'est toujours la même ville d'un bout de la Russie à l'autre: la caserne, les cathédrales en manière de temples avec leurs frontons et leurs péristyles, rien n'y manquait; je sentais que tout ce rabâchage d'architecture soi-disant classique ne valait guère la peine d'allonger mon voyage de deux cents lieues. Mais la frontière de Sibérie et les souvenirs du siége au temps d'Ivan IV me tentaient encore. Il fallut renoncer à cette course et me tenir coi pendant quatre jours.

Le gouverneur m'est venu voir sur mon grabat avec beaucoup de politesse, enfin le quatrième jour, sentant mon malaise augmenter, je me décidai à faire appeler un médecin. Ce docteur me dit:

« Vous n'avez pas de fièvre, vous n'êtes pas encore malade, mais vous allez le devenir gravement si vous restez trois jours de plus à Nijni. Je connais l'influence de cet air sur certains tempéraments; partez, vous n'aurez pas fait dix lieues que vous vous sentirez soulagé, puis, le lendemain, vous serez guéri.

— Mais je ne puis ni manger, ni dormir, ni me tenir debout, ni remuer sans vives douleurs à la tête, répliquai-je; et que deviendrai-je si je suis forcé de m'arrêter en chemin?

— Faites-vous porter dans votre voiture: les pluies d'automne commencent; je ne réponds pas de vous, vous dis-je, si vous restez à Nijni. »

Ce docteur a de la science et de l'expérience; il a passé plusieurs années à Paris, après avoir fait de bonnes études en Allemagne. Je me fiai à son coup d'œil, et le lendemain du jour où il me donna ce conseil, je montai en voiture par une pluie battante et par un vent glacial. Il y aurait eu de quoi décourager le voyageur le plus dispos. Cependant dès la seconde poste la prédiction du docteur s'accomplit; je commençai à respirer plus librement, mais la fatigue m'accablait. Il fallut m'arrêter pour la nuit dans un mauvais gîte;... le lendemain j'étais guéri.

Durant le temps que j'ai passé dans mon lit à Nijni, mon espion protecteur s'ennuyait de la prolongation de notre séjour à la foire et de son inaction forcée. Un matin il vint trouver mon valet de chambre, et lui dit en allemand:

« Quand partons-nous?

— Je ne sais; monsieur est malade.

— Est-il malade?

— Pensez-vous que ce soit pour son plaisir qu'il reste dans son lit sans sortir d'un appartement comme celui que vous lui avez trouvé ici?

— Qu'est-ce qu'il a?

— Je n'en sais rien.

— Pourquoi est-il malade?

— Ma foi! allez le lui demander. »

Ce pourquoi m'a paru digne d'être noté.

Cet homme ne m'a pas pardonné la scène de la voiture. Depuis ce jour, ses manières et sa physionomie sont changées; ce qui me prouve qu'il reste toujours un coin de naturel et de sincérité dans les caractères le plus profondément dissimulés. Aussi lui sais-je quelque gré de sa rancune. Je le croyais incapable d'un sentiment primitif.

Les Russes, comme tous les nouveaux venus dans le monde civilisé, sont d'une susceptibilité excessive; ils n'admettent pas même les généralités, ils prennent tout pour des personnalités; nulle part la France n'est plus mal appréciée: la liberté de penser et de parler est ce que l'on comprend le moins en Russie; ceux qui font semblant de juger notre pays me disent qu'ils ne croient pas que le roi s'abstienne de châtier les écrivains qui l'injurient journellement à Paris.

« Cependant, leur dis-je, le fait est là pour vous convaincre.

— Oui, on parle de tolérance, répliquent-ils d'un air malin; c'est bon pour la foule et pour les étrangers; mais on punit en secret les journalistes trop audacieux. »

Quand je répète que tout est public en France, on rit finement, on se tait poliment, et l'on ne me croit pas.

La ville de Vladimir est souvent nommée dans l'histoire; son aspect est celui de l'éternelle ville russe, dont le type ne vous est que trop connu. Le pays que j'ai traversé depuis Nijni est semblable aussi à ce que vous connaissez de la Russie: c'est une forêt sans arbres, interrompue de loin à loin par une ville sans mouvement. Figurez-vous des casernes dans des marais ou dans des bruyères, selon la nature du sol; et l'esprit du régiment pour animer tout cela..... Quand je dis aux Russes que leurs bois sont mal aménagés, et que leur pays finira par manquer de combustible, ils me rient au nez. On a calculé combien de milliers de milliers d'années il faudrait pour abattre les bois qui couvrent le sol d'une immense partie de l'Empire, et ce calcul répond à tout. C'est qu'on se paie de mots en ceci comme en tout le reste. Il est *écrit* dans les états envoyés par chaque gouverneur de province, que tel gouvernement contient tant d'arpents de forêts. Là-dessus, la statistique exécute son travail d'arithmétique, mais le calculateur, avant d'additionner ses sommes pour en faire un total, ne va pas sur les lieux voir de quoi se composent les forêts enregistrées sur le papier. Il y trouverait le plus souvent un amas de broussailles bonnes à faire des bourrées, ou bien il s'y perdrait dans des landes entrecoupées de champs d'ajoncs et de fougères. Cependant l'appauvrissement des fleuves se fait déjà sentir, et ce symptôme, inquiétant pour la navigation, ne peut être attribué qu'à la quantité d'arbres abattus dans le voisinage des sources et le long des cours d'eau qui facilitent le flottage. Mais avec leurs cartons pleins de rapports satisfaisants, les Russes s'inquiètent peu de la dilapidation des seules richesses naturelles de leur sol. Leurs bois sont immenses... dans les bureaux du ministère; ceci leur suffit. Grâce à cette quiétude administrative, on peut prévoir le moment où ils se chaufferont au feu des paperasses entassées dans leurs chancelleries; cette richesse-là s'accroît tous les jours.

Ce que je vous dis est hardi, révoltant même, sans qu'il y paraisse; l'amour-propre chatouilleux des Russes impose aux étrangers des devoirs de convenances auxquels je ne me soumets pas et dont vous ne vous doutez guère. Ma sincérité me rend coupable d'un crime dans la pensée des hommes de ce pays. Voyez l'ingratitude!!! le ministre me donne un feldjæger: la présence de cet uniforme suffit pour m'épargner les ennuis du voyage; me voilà engagé dans l'esprit des Russes à tout approuver chez eux. Cet étranger-là, pensent-ils, manquerait à toutes les lois de l'hospitalité s'il se permettait de critiquer un pays où l'on a tant d'égards pour lui... quelle énormité!... Mais moi je me crois libre encore de vous peindre ce que je vois et de le juger!! Aussi crieront-ils à l'indignité... Oui, quoique mon argent ou mes lettres de recommandation m'aient procuré un courrier pour parcourir le pays, je veux que vous sachiez que si je m'étais mis en chemin pour Nijni avec un simple domestique, sût-il le russe comme je sais le français, nous aurions été arrêtés par les ruses et les friponneries des maîtres de poste à tous les relais un peu écartés. On nous aurait d'abord refusé des chevaux, puis, sur nos instances, nous aurions été conduits de hangar en hangar dans toutes les écuries de la poste; l'on nous eût prouvé qu'elles sont vides, ce qui nous eût plus contrariés que surpris, puisque nous aurions su d'avance, mais sans pouvoir porter plainte, que le maître de poste aurait eu soin, dès notre arrivée au relais, de faire retirer tous ses chevaux dans des cachettes inaccessibles aux étrangers. Au bout d'une heure de pourparlers, on nous eût amené un attelage soi-disant libre, et que le paysan auquel il eût été censé appartenir, aurait eu la condescendance de nous céder à un prix deux ou trois fois plus élevé que le tarif des postes impériales. Nous l'aurions refusé et renvoyé d'abord; puis, de guerre lasse, nous aurions fini par implorer le retour de ces précieuses bêtes, et par payer aux hommes tout ce qu'ils auraient voulu. La même scène se serait renouvelée à chaque poste. Voilà comment voyagent en ce pays les étrangers inexpérimentés et dénués de protection. Il n'en est pas moins établi et reconnu que la poste, en Russie, coûte fort peu de chose et qu'on y voyage très-vite.

Ne vous semble-t-il pas, comme à moi, qu'après avoir apprécié comme je le dois la faveur qui m'a été accordée par le directeur général des postes, je conserve le droit de vous dire quels sont les ennuis que son obligeance m'épargne?

Les Russes sont toujours en garde contre la vérité qu'ils redoutent; mais moi qui appartiens à une société où la vie se passe au grand jour, où tout se publie et se discute, je ne m'embarrasse nullement des scrupules de ces hommes chez lesquels rien ne se dit. Parler est en Russie une action de mauvaise compagnie: murmurer quelques sons vides de sens à l'oreille les uns des autres, et finir chaque phrase insignifiante par demander le secret de ce qu'on vient de ne pas dire, c'est faire preuve de tact et de bon ton... Toute parole nette et précise fait événement dans un pays où non-seulement l'expression des opinions est interdite, mais où l'on défend même le récit des faits les plus avérés; un Français doit noter ce ridicule; il ne peut l'imiter.

La Russie est policée; Dieu sait quand elle sera civilisée.

Comptant pour rien la persuasion, le prince attire tout à lui, sous prétexte qu'une centralisation rigoureuse est indispensable au gouvernement d'un empire prodigieusement étendu comme la Russie: ce système est peut-être le complément nécessaire du principe de l'obéissance aveugle: mais l'obéissance éclairée combattrait la fausse idée de simplification qui depuis plus d'un siècle domine l'esprit des successeurs du czar Pierre, et même l'esprit de leurs sujets. La simplification poussée à cet excès n'est plus la puissance, c'est la mort. L'autorité absolue cesse d'être réelle et devient elle-même un fantôme quand elle ne s'exerce que sur des simulacres d'hommes.

Je l'ai dit, je le répète et le répéterai jusqu'à satiété: la Russie ne deviendra véritablement une nation que le jour où son prince réparera volontairement le mal fait par Pierre Ier. Mais se trouvera-t-il en un tel pays un souverain assez courageux pour avouer qu'il n'est qu'un homme?

Il faut venir en Russie pour croire à toute la difficulté de cette réformation politique, et à la force de caractère nécessaire pour l'opérer.

(*Suite de la lettre précédente.*)

D'une maison de poste entre Vladimir et Moscou, ce 3 septembre 1839.

Je vous défie de vous figurer l'espèce de danger que j'ai couru ce matin. Cherchez entre tous les incidents qui peuvent exposer un voyageur à périr sur une grande route en Russie, votre science ni votre imagination ne suffiront pas à deviner ce qui vient de menacer ma vie. Le péril était si grand, que sans l'adresse, la force et la présence d'esprit de mon domestique italien, ce n'est pas moi qui vous écrirais le récit que vous allez lire.

Il faut que le schah de Perse ait intérêt à se concilier l'amitié de l'empereur de Russie, et que dans ce but, comptant sur les plus grands présents, il envoie au Czar l'un des plus énormes éléphants noirs de l'Asie; il faut que cette tour ambulante soit revêtue de superbes tapis qui servent de caparaçons au colosse, et qui de loin représentent des tentures de cathédrale agitées par le vent; il faut que la bête monstrueuse soit escortée d'un cortége d'hommes à cheval qui ressemblent à une nuée de sauterelles, le tout suivi d'une file de chameaux qui paraissent des ânes à côté de cet éléphant, le plus démesurément grand que j'aie vu et l'un des plus grands qui existent; il faut de plus qu'au sommet du monument vivant, on aperçoive un homme de couleur olivâtre, en costume oriental, portant un parasol ouvert, et que cet homme soit bizarrement juché les jambes croisées sur des carreaux posés au milieu du dos du monstre comme sur le parquet d'une chambre, il faut enfin que, tandis qu'on force ce potentat du désert de s'acheminer à pied vers Moscou et Pétersbourg, où le climat va bientôt le ranger dans la collection des mastodontes et des mammouths, je m'achemine, moi, en poste, de Nijni à Moscou par la route de Vladimir, et que mon départ coïncide exactement avec celui des Persans, de façon qu'à certain point de la route déserte, qu'ils suivent au pas majestueux de leur royal animal, j'arrive derrière eux au galop de mes chevaux russes, forcés de passer à côté du géant; il ne faut rien moins, vous dis-je, que toutes ces circonstances réunies pour vous expliquer la peur homérique de mes coursiers en voyant devant sur la pyramide animée se mouvoir comme par magie au milieu d'une troupe d'étranges figures d'hommes et de bêtes.

La frayeur de mes quatre chevaux en approchant de ce colosse aux pieds couleur de fer, aux flancs revêtus de pourpre, se manifesta d'abord par un tressaillement universel, par des hennissements, des ronflements extraordinaires et par le refus de passer outre. Mais bientôt la parole, le fouet, la main du postillon-cocher les maîtrisèrent au point de les obliger à devancer le fantastique objet de leur terreur : ils se montrèrent en frissonnant, leurs crins se hérissaient ; mais à peine eut-ils subi cette lutte de deux effrois contraires et fait l'effort d'affronter le monstre, en passant d'un train modéré le long de ses flancs superbes, que se reprochant, pour ainsi dire, leur courage qui n'était que de la peur comprimée, ils laissent cette terreur faire explosion : la voix et les rênes de leur conducteur demeurent sans force. L'homme est vaincu au moment qu'il se croit vainqueur ; à peine les chevaux ont-ils senti le monstre derrière eux, qu'ils prennent le mors aux dents, et partent au triple galop sans savoir où se dirigera leur aveugle emportement. Cette furie de la frayeur allait nous coûter la vie ; le cocher, surpris et impuissant, restait immobile sur son siége et lâchait les rênes ; le feldjæger, assis sur le même siége, partageait sa stupeur et imitait son inaction. Antonio et moi, immobiles dans le fond de la calèche fermée à cause de l'incertitude du temps et de mon indisposition, nous étions pâles et muets : notre espèce de tarantasse n'a pas de portières, c'est un bateau, il faut enjamber par-dessus le bord pour entrer et pour sortir, ce qui devient assez difficile quand la capote relevée est appuyée sur le siége de devant ; tout à coup les chevaux, dans leur vertige, quittent la route et commencent à monter sur une berge de huit pieds de hauteur presque à pic ; une des petites roues s'engage dans le gravier de cette berge ; déjà deux des chevaux ont gravi sur la crête sans rompre leurs traits ; je vois leurs pieds au niveau de nos têtes ; encore un coup de collier, la voiture suivra ; mais comme elle ne peut arriver, elle versera, elle sera brisée, et ses morceaux dispersés seront traînés avec nous en divers sens, jusqu'à la mort de tous, bêtes et hommes ; je crus que c'en était fait de nous. Les Cosaques qui escortaient le puissant personnage, cause du péril, voyant la situation critique où nous étions, avaient eu la prudence d'éviter de nous suivre de crainte d'animer notre attelage : prudence insuffisante ! moi, sans même songer à sauter hors de la voiture, je recommandais mon âme à Dieu lorsque Antonio disparut... je le crus tué : la capote et les rideaux de cuir de la calèche me cachaient la scène, mais au même instant je sens les chevaux s'arrêter. « Nous sommes sauvés ! » me crie Antonio ; ce nous me toucha, car lui-même était hors de danger depuis qu'il avait pu sortir de la voiture sans accident. Sa rare présence d'esprit lui avait fait discerner le seul moment favorable pour sauter au moindre risque possible, puis, avec cette agilité que les vives émotions peuvent donner et ne peuvent expliquer, il s'était trouvé, sans savoir lui-même par quel moyen, sur la berge, à la tête des deux chevaux qui venaient de l'escalader, et dont les efforts désespérés menaçaient de tout exterminer. La voiture allait verser quand les bêtes furent arrêtées ; mais le postillon et le courrier, ranimés par l'exemple d'Antonio, avaient eu le temps à leur tour de sauter à terre ; le postillon en un clin d'œil fut à la tête des deux chevaux restés sur la route et séparés de leurs compagnons par la rupture d'une des chaînettes du timon tandis que le courrier soutenait la voiture. Presque au même moment, les Cosaques de l'éléphant ayant lancé leurs chevaux au grand galop, arrivèrent à notre secours ; ils me firent descendre de voiture, et aidèrent mes gens à contenir l'attelage toujours frémissant. Jamais on ne fut plus près du dernier malheur, mais jamais accident ne fut évité à moins de frais : pas un clou de la voiture, et, ce qu'il y a de plus étonnant, pas un trait des harnais n'a manqué ; l'une des chaînettes rompue, quelques morceaux de cuir déchirés, des guides cassées, un mors brisé, voilà tout ce que nous eûmes à réparer.

Au bout d'un quart d'heure, Antonio était replacé tranquillement près de moi dans le fond de la calèche, et un autre quart d'heure plus tard, il dormait comme s'il ne nous eût pas sauvé la vie à tous.

Pendant qu'on rajustait nos harnais, je voulus m'approcher de la cause de tout ce dégât. Le cornac avait prudemment fait retirer l'éléphant dans le bois voisin d'une des contre-allées de la route. Cette terrible bête me parut encore grandie depuis le péril auquel elle m'avait exposé ; sa trompe, engagée dans la cime des bouleaux, me faisait l'effet d'un boa noué dans les branches d'un palmier. Je commençai à donner raison à mes chevaux ; il y avait là de quoi ressentir une grande épouvante. En même temps, le dédain que nos petits corps devaient inspirer à cette masse prodigieuse, me paraissait comique : du haut de sa tête puissante, l'éléphant, avec son œil fin et vif, jetait sur les hommes un regard inattentif ; je me sentais fourmi : effrayé de la métamorphose, je me hâtai de fuir ce curieux spectacle, en rendant grâce à Dieu de m'avoir fait échapper à une mort affreuse, et qui pendant un moment m'avait paru inévitable.

(Suite de la même lettre.)

Moscou, ce 5 septembre 1839, au soir.

Une excessive chaleur n'a pas discontinué de régner à Moscou depuis plusieurs mois : j'y retrouve la température que j'y ai laissée ; c'est un été tout à fait extraordinaire. Cette sécheresse fait monter dans l'air, au-dessus des quartiers les plus populeux de la ville, une poussière rougeâtre, qui, vers le soir, produit des effets aussi fantastiques que la lumière des feux de Bengale : ce sont de vrais nuages d'opéra. Aujourd'hui, vers le coucher du soleil, j'ai voulu contempler ce spectacle au Kremlin, dont j'ai fait le tour extérieurement avec autant d'admiration et presque autant de surprise que la première fois.

La ville des hommes était séparée du palais des géants par une gloire du Corrége : c'était une sublime réunion des merveilles de la peinture et de la poésie.

Le Kremlin, comme le point le plus élevé du tableau, recevait les dernières lueurs du jour, tandis que les vapeurs de la nuit enveloppaient déjà le reste de la ville. L'imagination ne sentait plus ses bornes ; l'univers, l'infini, Dieu même, appartenaient au poëte témoin d'un si majestueux spectacle... c'était Martin, coloriste, ou plutôt c'était le vivant modèle de ses tableaux les plus extraordinaires. Le cœur me battait de crainte et d'admiration ; je voyais se relever toute la cohorte des hôtes surnaturels du Kremlin ; leurs figures brillaient pareilles à des démons peints sur un fond d'or, ils s'avançaient flamboyants vers les régions de la nuit, dont ils s'apprêtaient à déchirer le voile ; je n'attendais plus que la foudre : c'était terriblement beau.

Les masses blanches et irrégulières du palais reflétaient inégalement l'oblique lumière d'un crépuscule agité ; ces variétés de teintes étaient le résultat des divers degrés d'inclinaison de certains pans de murailles, et des pleins et des vides qui font la beauté de cette architecture barbare, mais dont les hardis caprices, s'ils ne charment les sens, parlent bien haut à la pensée. C'était si étonnant, si beau, que je n'ai pu résister à vous nommer encore une fois le Kremlin :

Mais rassurez-vous, ceci est un adieu.

Quelques plaintifs chants d'ouvriers, répétés par les échos des meurtrières, tombaient du haut des terrasses à demi cachées sous des échafaudages, et retentissaient de voûte en voûte, de créneaux en créneaux, de précipices en précipices, précipices bâtis de main d'homme et d'où les sons revenaient frapper mon cœur pénétré d'une inexprimable mélancolie. Des lumières errantes apparaissaient dans les profondeurs de l'édifice royal ; ces galeries désertes, ces longues percées avec leurs barbacanes vides et leurs mâchicoulis abandonnés, se renvoyaient la voix de l'homme, qu'on était étonné d'entendre retentir à cette heure, au milieu des palais solitaires, et l'oiseau de nuit, troublé dans ses mystérieuses amours, fuyait la lueur des torches en s'envolant au plus haut des clochers et des tours, pour y porter la nouvelle de quelque désordre inouï.

Ce bouleversement était l'effet des travaux commandés par l'*Empereur* pour fêter la prochaine arrivée de l'*Empereur* : il se fête lui-même et fait illuminer son Kremlin quand il vient à Moscou ; tandis qu'une madone, avec une lampe qui ne s'éteint jamais, l'attend dans une niche au-dessus d'une des principales portes du sacré palais ; cependant, à mesure que l'ombre croissait, la ville s'illuminait ; ses boutiques, ses cafés, ses rues, ses théâtres sortaient des ténèbres comme par magie. Ce jour était aussi l'anniversaire du couronnement de l'Empereur ; encore un motif de fête et d'illumination : les Russes ont tant de jours de joie à célébrer par an, qu'à leur place je n'éteindrais pas mes lampions.

On commence à se ressentir ici de l'approche du magicien : Moscou il y a trois semaines n'était habité que par des marchands qui vaquaient à leurs affaires en droschki ; maintenant les beaux coursiers, les voitures à longs attelages de quatre chevaux, les uniformes dorés pullulent dans les rues devenues brillantes ; les grands seigneurs, les valets obstruent les théâtres et leurs portiques. « L'Empereur est à trente lieues d'ici ; qui sait si l'Empereur ne va pas arriver ; l'Empereur pourrait venir cette nuit : peut-être l'Empereur sera-t-il à Moscou demain ; on assure que l'Empereur y était hier incognito ; qui nous prouve qu'il n'y est pas maintenant ? » Et ce doute, et cet espoir, et ce souvenir agitent les cœurs, animent les lieux, changent l'aspect de toutes les choses, le langage de toutes les personnes, et la physionomie de tous les visages. Moscou naguère ville marchande, ville occupée d'affaires, est maintenant agitée et troublée comme une petite bourgeoise attendant la visite d'un grand seigneur. Des palais presque toujours déserts s'ouvrent et s'illuminent ; des jardins s'embellissent partout ; des fleurs et des flambeaux luttent à l'envi d'éclat et de gaieté forcés ; des murmures flatteurs parcourent tout bas la foule, des pensers plus flatteurs et plus secrets encore s'éveillent dans les esprits ; tous les cœurs battent d'une joie sincère, car les ambitieux se séduisent eux-mêmes, et les plaisirs qu'ils affectent beaucoup, ils les ressentent un peu.

Cette magie du pouvoir m'épouvante, j'ai peur d'éprouver moi-même les effets du prestige et de devenir courtisan, si ce n'est par calcul, au moins par amour du merveilleux.

Un Empereur de Russie à Moscou, c'est un roi d'Assyrie à Babylone.

La présence de celui-ci opère en ce moment, dit-on, bien d'autres miracles à Borodino. Une ville entière vient de naître, et cette ville, à peine sortie du désert, est destinée à durer une semaine : on a planté jusqu'à des jardins autour du palais; ces arbres, qui vont mourir, ont été transportés là de bien loin et à grands frais pour représenter des ombrages antiques; ce qu'on s'applique surtout à imiter en Russie, c'est l'œuvre du temps; les hommes de ce pays où le passé manque, ressentent toutes les transes d'amour-propre des parvenus éclairés, et qui savent fort bien ce qu'on pense de leur fortune subite. Dans ce monde des fées, ce qui dure est imité par ce qu'il y a de plus éphémère : un vieux arbre par un arbre déraciné!... des palais par des baraques tapissées d'étoffes; des jardins par des toiles peintes. Plusieurs théâtres se sont élevés dans la plaine de Borodino, et la comédie y sert d'intermède aux pantomimes guerrières : ce n'est pas tout encore, une ville bourgeoise est sortie de la poussière dans le voisinage de la ville impériale et militaire. Mais les entrepreneurs qui ont improvisé ces auberges sont ruinés par la police, laquelle n'accorde que très-difficilement aux curieux la permission d'approcher de Borodino.

Le programme de la fête est la répétition exacte de la bataille que nous avons appelée de la Moskowa, et que les Russes ont nommée bataille de Borodino; voulant approcher autant que possible de la réalité, on a convoqué, des parties les plus reculées de l'Empire, tout ce qui reste parmi les vétérans de 1812 d'hommes ayant pris part à l'action. Vous figurez-vous l'étonnement et les angoisses de ces pauvres vieux braves, arrachés tout d'un coup à la douceur de leurs souvenirs, à la tristesse de leur repos et forcés d'accourir du bout de la Sibérie, du Kamtschatka, du Caucase, d'Archangel, des frontières de la Laponie, des vallées du Caucase, des côtes de la mer Caspienne, sur un théâtre qu'on leur dit être le théâtre de leur gloire? Ils vont recommencer là la terrible comédie d'un combat auquel ils ont dû, non leur fortune, mais leur renommée, mesquine rétribution d'un dévouement surhumain : une obscurité fatiguée, voilà le fruit qu'ils ont recueilli de leur obéissance qu'on qualifie de gloire pour la récompenser aux moindres frais possibles. Pourquoi remuer ces questions et ces souvenirs? pourquoi cette téméraire évocation de tant de spectres oubliés et muets? c'est le jugement dernier des conscrits de l'an 1812. On voudrait faire une satire de la vie militaire qu'on ne s'y prendrait pas autrement; c'est ainsi qu'Holbein dans sa danse des morts a fait la caricature de la vie humaine. Plusieurs de ces hommes, réveillés en sursaut au bord de leur tombe, n'avaient pas monté à cheval depuis nombre d'années, et les voilà forcés, pour plaire à un maître qu'ils n'ont jamais vu, de rejouer leur rôle, bien qu'ils aient désappris leur métier; les malheureux ont tellement peur de ne pas répondre à l'attente du capricieux souverain qui trouble leur vieillesse, que la représentation de la bataille leur paraît, disent-ils, plus effrayante que ne le fut la réalité. Cette solennité inutile, cette guerre de fantaisie achèvera de tuer les soldats que l'événement et les années avaient épargnés, plaisirs cruels et dignes d'un des successeurs de ce Czar qui fit introduire des ours vivants dans la mascarade ordonnée par lui pour les noces de son bouffon : ce Czar était Pierre le Grand. Tous ces divertissements prennent leur source dans la même pensée : le mépris de la vie humaine.

Voilà jusqu'où peut aller la puissance d'un homme sur les hommes; croyez-vous que celle des lois sur un citoyen puisse jamais l'égaler? Il y aura toujours entre les deux espèces de pouvoirs une énorme distance.

Je suis émerveillé de ce qu'il faut dépenser de fiction pour faire aller ensemble un peuple et un gouvernement tels que le gouvernement et le peuple russes. C'est le triomphe de la fantaisie. De semblables tours de force, des victoires si singulières remportées sur la raison devraient hâter la ruine des nations qui s'exposent à de semblables luttes; cependant qui peut calculer la portée d'un miracle?

L'Empereur m'avait permis, ce qui veut dire ordonné, de venir à Borodino. C'est une faveur dont je me sens devenu indigne; je n'avais pas réfléchi d'abord à l'extrême difficulté du rôle d'un Français dans cette comédie historique; et puis, je n'avais pas vu les monstrueux travaux du Kremlin qu'il me faudrait vanter; j'ignorais enfin l'histoire de la princesse Troubetzkoï, dont je pourrais d'autant moins me distraire que je n'en pourrais parler : toutes ces raisons réunies me décident à rester oublié. C'est facile, car le contraire me donnerait de la peine, si j'en juge par les inutiles agitations d'une foule de Français et d'étrangers de tous pays qui sollicitent en vain la permission d'aller à Borodino.

Tout d'un coup, la police du camp est devenue d'une extrême sévérité; on attribue ce redoublement de précautions à des révélations inquiétantes. Partout le feu de la révolte couve sous les cendres de la liberté. J'ignore même si, dans les circonstances actuelles, il me serait encore possible de faire valoir la parole que l'Empereur m'a dite à Pétersbourg, et répétée à Péterhoff, quand je pris congé de lui : « Je serai bien aise que vous assistiez à la cérémonie de Borodino, où nous posons la première pierre d'un monument en l'honneur du général Bagration. » Ce fut son dernier mot (1).

Je vois ici des personnes invitées et qui n'ont pu approcher du camp; on refuse des permissions à tout le monde, excepté à quelques Anglais privilégiés et à quelques membres du corps diplomatique, spectateurs désignés de cette grande pantomime. Tous les autres, vieux, jeunes, militaires, diplomates, étrangers et russes, sont revenus à Moscou, harassés de leurs inutiles efforts. J'ai écrit à une personne de la maison de l'Empereur que je regrettais de ne pouvoir profiter de la grâce que m'avait accordée Sa Majesté, en me permettant d'assister aux manœuvres, et j'ai donné pour raison le mal d'yeux, dont je ne suis pas guéri.

La poussière du camp est, dit-on, insupportable, même aux personnes bien portantes; elle me ferait perdre l'œil.

Il faut que le duc de Leuchtenberg soit doué d'une forte dose d'indifférence pour pouvoir assister de sang-froid à la représentation qu'on va lui donner. On assure que, dans ce simulacre de bataille, l'Empereur commande le corps du prince Eugène, le père du jeune duc.

Je regretterais un spectacle si curieux sous le rapport moral et anecdotique, si je pouvais y assister en spectateur désintéressé; mais, sans avoir ici la renommée d'un père à soutenir, je suis enfant de la France, et je sens que ce n'est pas à moi de prendre plaisir à voir cette répétition d'une guerre représentée à grands frais, uniquement dans l'intention d'exalter l'orgueil national des Russes à l'occasion de nos désastres. Quant au coup d'œil, je me le figure de reste, j'ai vu assez de lignes droites en Russie. D'ailleurs, aux revues et aux petites guerres, l'œil ne va jamais au delà d'un grand nuage de poussière.

Encore si les acteurs chargés de jouer l'histoire étaient véridiques cette fois!... Mais comment espérer que la vérité va être respectée soudain par des hommes qui ont passé leur vie à la compter pour rien?

Les Russes s'enorgueillissent avec raison de l'issue de la campagne de 1812; mais le général qui en a tracé le plan, celui qui le premier avait conseillé de faire retirer graduellement l'armée russe vers le centre de l'Empire pour y attirer les Français exténués; l'homme enfin au génie duquel la Russie dut sa délivrance, le prince Wilgenstein n'est pas représenté dans cette répétition générale; c'est que, malheureusement pour lui, il est vivant... A demi disgracié, il vit dans ses terres, son nom ne sera donc pas prononcé à Borodino, et l'on va élever sous ses yeux un monument éternel à la gloire du général Bagration, tombé sur le champ de bataille.

Sous les gouvernements despotiques, les guerriers morts ont beau jeu; voilà celui-ci déifié le héros d'une campagne où il a péri en brave, mais qu'il n'avait pas dirigée.

Cette absence de probité historique, cet abus de la volonté d'un seul homme qui impose ses vues à tous, qui dicte aux populations jusqu'à leurs jugements sur des faits d'un intérêt national, me paraît la plus révoltante de toutes les impiétés du gouvernement arbitraire!!... Frappez, torturez les corps, mais ne faussez pas les esprits; laissez l'homme juger de toutes choses selon les vues de la Providence, d'après sa conscience et sa raison. On doit qualifier d'impies les peuples qui souffrent dévotement cette continuelle violation du respect dû à ce qu'il y a de plus saint aux yeux de Dieu et des hommes : à la vérité.

(*Suite de la même lettre.*)

Moscou, ce 6 septembre 1839.

On m'envoie une relation des manœuvres de Borodino qui n'est pas faite pour calmer ma colère.

Tout le monde a lu le récit de la bataille de la Moskova, et l'histoire l'a comptée parmi celles que nous avons gagnées, puisqu'elle fut hasardée par l'empereur Alexandre contre l'avis de ses généraux, comme un dernier effort pour sauver sa capitale, laquelle fut prise quatre jours plus tard; mais un incendie héroïque, et un froid mortel pour des hommes nés sous un climat plus doux; enfin l'imprévoyance de notre chef, aveuglé cette fois par un excès de confiance en son heureuse étoile, ont décidé de nos désastres, et, grâce à l'issue de cette campagne, voilà qu'aujourd'hui l'empereur de Russie se plaît à compter pour une victoire la bataille perdue par son armée à quatre journées de sa capitale! C'est abuser de la liberté de mentir accordée au despotisme parce qu'il se l'arroge; et, pour confirmer cette fiction, l'Empereur vient de défigurer la scène militaire qu'il prétendait reproduire avec une scrupuleuse exactitude. Voici le démenti qu'il a donné à l'histoire aux yeux de l'Europe entière.

Au moment où les Français, foudroyés par l'artillerie russe,

(1) J'ai appris plus tard à Pétersbourg que des ordres avaient été donnés pour qu'on me laissât arriver jusqu'à Borodino, où j'étais attendu.

marchant sur les batteries qui les déciment pour emporter les canons ennemis avec le courage et le succès que vous savez, l'empereur Nicolas, au lieu de laisser exécuter une manœuvre célèbre, et qu'il était de sa justice de permettre et de sa dignité d'ordonner, l'empereur Nicolas, devenu le flatteur des derniers de son peuple, fait reculer de trois lieues le corps qui représente celui de notre armée auquel nous avons dû la défaite des Russes, notre marche en avant, et la prise de Moscou. Jugez si je rends grâce à Dieu d'avoir eu le bon esprit de refuser d'assister à cette pantomime trompeuse!...

Cette comédie militaire vient de donner lieu à un ordre du jour impérial dont on sera scandalisé en Europe, si la pièce y est publiée telle que nous l'avons eue ici sous les yeux. On ne saurait mieux démentir les faits les plus avérés, ni se jouer plus audacieusement des consciences, à commencer par la sienne. D'après ce curieux exposé des idées d'un homme, non des événements d'une campagne, « c'est volontairement que les Russes ont reculé jusqu'au delà de Moscou, ce qui prouve qu'ils n'ont pas perdu la bataille de Borodino (*mais alors pourquoi l'ont-ils livrée?*), et *les ossements de leurs présomptueux ennemis*, dit l'ordre du jour, semés depuis la ville sainte jusqu'au Niémen, attestent le triomphe des défenseurs de la patrie. »

Sans attendre l'entrée solennelle de l'Empereur à Moscou, je pars dans deux jours pour Pétersbourg.

Ici finit la correspondance du voyageur; le récit qu'on va lire complète ses souvenirs : il fut écrit en divers lieux, d'abord à Pétersbourg en 1839, puis en Allemagne et plus tard à Paris.

RÉCIT.

SOMMAIRE. — Retour de Moscou à Berlin par Saint-Pétersbourg. — Un Français, M. Louis Pernet est arrêté dans une auberge au milieu de la nuit. — Rencontre singulière. — Prudence extrême d'un autre Français, compagnon de voyage du prisonnier. — Le consul de France à Moscou. — Son indifférence au sort du prisonnier. — Mes démarches inutiles. — Effet de l'imagination. — Conversation avec un Russe. — Ce qu'il me conseille au sujet du prisonnier. — Départ pour Pétersbourg. — Lenteur du voyage. — Novgorod-la-Grande. — Ce qui reste de la ville antique. — Souvenirs d'Ivan IV. — Dernier vestige de la gloire de cette république. — Arrivée à Pétersbourg. — Mes démarches auprès de M. de Barante. — Suite. — Conclusion de l'histoire de M. Pernet. — Intérieur des prisons de Moscou. — Protection d'un général russe au prisonnier. — Derniers moments passés à Pétersbourg. — Course à Kolpina. — Magnificence de cet arsenal. — [illegible]. — Anecdote racontée en voiture. — Origine de la famille de Laval en Russie. — Trait de sensibilité de l'empereur Paul. — L'écusson effacé. — Académie de peinture. — Élèves enrégimentés. — Paysagistes. — Peintre d'histoire : Brulow, son tableau du Dernier jour de Pompéi. — Superbes copies de Raphaël par Brulow. — Influence du climat et du ciel du Nord sur l'esprit des artistes. — La poésie perd moins que la peinture sous cette latitude. — Mademoiselle Taglioni à Pétersbourg. — Abolition des uniates. — Persécutions souffertes par l'Église catholique. — Avantages incontestables du gouvernement représentatif. — Sortie de la Russie, passage du Niémen. Tilsit. — Lettre [illegible]. — Trait de caractère d'un Allemand et d'un Anglais. — Pourquoi je ne suis pas revenu en Allemagne par la Pologne.

Berlin, dans les premiers jours d'octobre 1839.

Au moment où j'allais quitter Moscou, un fait singulier attira toute mon attention et me força de retarder mon départ.

J'avais fait demander des chevaux de poste pour sept heures du matin; à mon grand étonnement, mon valet de chambre me réveille avant quatre heures : je m'informe de la cause de cet empressement, il me répond qu'il n'a pas voulu tarder à m'instruire d'un fait qu'il vient d'apprendre, et qui lui paraît assez grave pour l'obliger à venir me le raconter en toute hâte. Voici le résumé de son récit :

Un Français, nommé M. Louis Pernet, arrivé depuis peu de jours à Moscou, et logé à l'auberge de Kopp, vient d'être arrêté au milieu de la nuit (de cette nuit même); on s'est saisi de sa personne, après lui avoir enlevé ses papiers, et on l'a conduit à la prison de la ville, où on l'a mis au cachot : tel est le récit que le garçon de notre auberge, qui parle allemand, venait de faire à mon domestique. Celui-ci, après diverses questions, avait encore appris que ce M. Pernet est un jeune homme d'environ vingt-six ans, qu'il est d'une faible santé, ce qui redouble les craintes qu'on a pour lui; qu'il avait déjà passé par Moscou l'année dernière, et que même il y avait séjourné avec un Russe de ses amis, lequel plus tard l'avait mené chez lui à la campagne : ce Russe est absent en ce moment, et le malheureux prisonnier n'a plus ici d'autre appui qu'un Français, nommé M. R***, dans la compagnie duquel il vient, dit-on, de faire un voyage à travers le nord de la Russie. Ce M. R*** logeait dans la même auberge que le prisonnier. Son nom me frappa tout d'abord, parce que c'est celui de l'homme de bronze avec lequel j'avais dîné, peu de jours auparavant, chez le gouverneur de Nijni. Vous vous rappelez que sa physionomie m'avait donné beaucoup à penser. Retrouver ce personnage mêlé à l'événement de cette nuit me parut une circonstance romanesque; à peine pouvais-je croire à tout ce qu'on me racontait. Je pensai que le récit d'Antonio était une invention faite à plaisir pour nous éprouver; néanmoins, je me hâtai de me lever et d'aller m'informer moi-même auprès des garçons d'auberge de la vérité des faits, ainsi que de l'exactitude du nom de M. R***, dont je tenais avant tout à constater l'identité. Le garçon me répondit qu'ayant été chargé d'une commission pour un étranger qui devait quitter Moscou la nuit précédente, il s'était rendu dans l'auberge de Kopp au moment même où venait d'avoir lieu la descente de la police, et il ajouta que M. Kopp lui avait conté la chose dans des termes qui se rapportaient exactement au premier récit d'Antonio.

Dès que je fus habillé, je me rendis chez M. R***. Je reconnus effectivement que c'était bien mon homme de bronze de Nijni. Seulement, à Moscou l'homme de bronze n'était plus impassible; je le trouvai levé; il paraissait agité. Nous nous reconnûmes au premier abord, puis, lorsque je lui dis le motif de ma très-matinale visite, il me parut embarrassé.

« Il est vrai que j'ai voyagé, me dit-il, avec M. Pernet, mais c'était par hasard; nous nous sommes rencontrés à Archangel, de là nous avons fait route ensemble; il est d'une chétive complexion, et sa faible santé (1) m'a donné des inquiétudes pendant le voyage; je lui ai rendu les services que l'humanité m'imposait, voilà tout; je ne suis nullement de ses amis, je ne le connais pas.

— Je le connais encore moins, répliquai-je, mais nous sommes Français tous les trois, et nous nous devons réciproquement assistance dans un pays où notre liberté, notre vie peuvent être à chaque instant menacées par un pouvoir qu'on ne reconnaît qu'aux coups qu'il frappe.

— Peut-être M. Pernet, reprit M. R***, se sera-t-il attiré cette mauvaise affaire par quelque imprudence. Étranger ici comme lui, sans crédit, qu'ai-je à faire? S'il est innocent, l'arrestation n'aura pas de suite; s'il est coupable, il subira sa peine. Je ne puis rien pour lui, je ne lui dois rien, et je vous engage, monsieur, à mettre vous-même beaucoup de réserve dans les démarches que vous tenterez en sa faveur, ainsi que dans vos paroles.

— Mais qui décidera de sa culpabilité? m'écriai-je. Avant tout, il faudrait le voir pour savoir à quoi il attribue cette arrestation, et pour lui demander ce qu'on peut faire et dire pour lui.

— Vous oubliez le pays où nous sommes, reprit M. R***; il est au cachot; comment arriver jusqu'à lui? c'est impossible.

— Ce qui est impossible aussi, repris-je en me levant, c'est que des Français, que des hommes laissent un de leurs compatriotes dans une situation critique, sans seulement s'enquérir de la cause de son malheur. »

En sortant de chez ce très-prudent compagnon de voyage, je commençai à croire le cas plus grave que je ne l'avais jugé d'abord, et je pensai que pour m'éclaircir de la vraie position du prisonnier, il fallait m'adresser au consul de France. Forcé d'attendre l'heure convenable pour me rendre chez ce personnage, je fis demander des chevaux de remise, au vif déplaisir et à la grande surprise de mon feldjæger; car ceux de la poste étaient déjà dans la cour de l'auberge quand je donnai ce contre-ordre.

Vers dix heures, j'allai faire à M. le consul de France le récit de ce que vous venez de lire. Je trouvai ce protecteur officiel des Français tout aussi prudent et encore plus froid que ne m'avait paru le docteur R***. Depuis le temps qu'il vit à Moscou, le consul de France est devenu presque Russe. Je ne pus démêler si ses réponses étaient dictées par une crainte fondée sur la connaissance qu'il a des usages du pays, ou par un sentiment d'amour-propre blessé, de dignité personnelle, mal appliqué.

« M. Pernet, me dit-il, a passé six mois à Moscou et aux environs, sans que, pendant tout ce temps, il ait jugé à propos de faire la moindre démarche auprès du consul de France. M. Pernet ne peut donc compter aujourd'hui que sur lui-même pour se tirer de la situation où l'a placé son insouciance. Ce mot, ajouta M. le consul, est peut-être trop faible; » puis il finit en me répétant qu'il ne pouvait, ne devait ni ne voulait se mêler de cette affaire.

J'eus beau lui faire observer qu'en sa qualité de consul de France, il devait protection à tous les Français sans acception de personnes, et même à ceux qui manqueraient aux lois de l'étiquette; qu'il ne s'agissait pas ici d'une question de bon goût, d'une affaire de cérémonie, mais de la liberté, peut-être de la vie d'un de nos compatriotes; qu'en présence d'un pareil malheur tout ressentiment devait se taire au moins pendant le temps du danger, je n'en tirai pas une parole, pas un geste d'intérêt pour le prisonnier; j'ajoutai que je le priais de considérer que la partie n'était rien moins qu'égale, puisqu'assurément le tort que M. Pernet avait fait à M. le consul de France en négligeant la visite qu'il lui devait, n'approchait pas de la punition que lui infligeait celui-ci en le laissant mettre au cachot sans s'informer des causes de cet emprisonnement arbitraire, et sans parer aux suites bien plus graves que pourrait avoir cet acte de sévérité; je conclus en disant que, dans cette circonstance, nous n'avions pas à nous occuper du degré de compassion que M. Pernet méritait d'inspirer, mais de la dignité de la France et de la sûreté de tous les Français qui voyageaient et voyageraient en Russie.

(1) Ces détails m'ont valu plus tard des reproches assez comiques de la part du héros de cette histoire. (*Note de l'auteur.*)

Paris. — Imprimerie Walder, rue Bonaparte, 44.

Mes raisons ne firent nul effet, et cette seconde visite m'avança aussi peu que m'avait avancé la première.

Néanmoins, bien que je ne connusse pas même de nom M. Pernet, et que je n'eusse aucun motif personnel pour prendre intérêt à lui, il me semblait que, puisque le hasard m'avait fait connaître son malheur, mon devoir était de lui porter tous les secours qu'il dépendait de moi de lui offrir.

A ce moment, je fus fortement frappé d'une vérité qui, sans doute, s'est souvent présentée à la pensée de tout le monde, mais qui ne m'était jusqu'alors apparue que vaguement et passagèrement; c'est que l'imagination sert à étendre la pitié et à la rendre plus vive. J'allai même jusqu'à penser qu'un homme entièrement dénué d'imagination serait impitoyable. Tout ce que j'ai de puissance de création dans la pensée s'employait malgré moi à me montrer ce pauvre inconnu aux prises avec les fantômes de la solitude et de la prison; je souffrais avec lui, comme lui, j'éprouvais ce qu'il éprouvait, je craignais ce qu'il craignait; je le voyais abandonné de tout le monde, déplorant son isolement et reconnaissant qu'il était sans remède, car qui s'intéresserait jamais à un prisonnier dans un pays si éloigné, si différent du nôtre, dans une société où les amis s'unissent pour le bonheur et se séparent dans l'adversité? Que de stimulants à ma commisération! « Tu te crois seul au monde, tu es injuste envers la Providence qui t'envoie un ami, un frère; » voilà ce que je répétais tout bas, et bien d'autres choses encore, en croyant m'adresser à la victime.

Cependant le malheureux n'espérait nul secours, et chaque heure écoulée dans une ignorance cruelle, en silence, sans incident, le plongeait plus avant dans son désespoir; la nuit viendrait avec son cortége de spectres, alors que de terreurs, que de regrets ne le martyriseraient-ils pas! Combien je désirais lui faire savoir que le zèle d'un inconnu lui tenait lieu des infidèles protecteurs sur lesquels il ne devait plus compter! Mais tout moyen de communication m'était refusé; d'où il suit que je me sentais doublement obligé de le servir par l'impossibilité même où j'étais de le consoler; les lugubres hallucinations du cachot me poursuivaient au soleil, et mon imagination renfermée sous une voûte étroite, obscure, me voilait le ciel qui brillait sur ma tête et m'ôtait ma liberté en me représentant incessamment les apparitions de la nuit dans des souterrains ou des donjons ténébreux; enfin, dans mon trouble, oubliant que les Russes appliquent l'architecture classique même à la construction des prisons, je me voyais confiné sous terre; je rêvais non de colonnades romaines, mais de trappes gothiques; je devenais conspirateur, j'étais coupable, exilé, frappé, j'étais fou avec le prisonnier... inconnu!... Eh bien, si mon imagination m'eût retracé moins vivement toutes ces choses, j'aurais mis moins d'activité, moins de persévérance dans mes démarches en faveur d'un malheureux qui n'avait que moi pour appui, et qui ne pouvait m'intéresser qu'à ce titre. J'étais poursuivi par un spectre, et pour m'en délivrer j'aurais percé des murs; le désespoir de mon impuissance me jetait dans une rage égale, peut-être, aux tourments de l'infortuné dont je partageais le supplice en m'efforçant inutilement de le faire cesser.

Insister pour pénétrer dans la prison, c'eût été une démarche dangereuse autant qu'inutile. Après de longues et douloureuses incertitudes, je m'arrêtai à une autre pensée; j'avais fait connaissance avec quelques personnes prépondérantes à Moscou; et bien que, dès l'avant-veille, j'eusse pris congé de tout le monde, je résolus de tenter une confidence auprès d'un des hommes qui m'avaient inspiré le plus de confiance.

Non-seulement je dois éviter ici de le nommer, mais je ne puis parler de lui que de manière à ne le point désigner.

Quand il me vit entrer dans sa chambre, il savait déjà ce qui m'amenait; et sans me laisser le temps de m'expliquer, il me dit que par un hasard singulier il connaissait personnellement M. Pernet, qu'il le croyait innocent, d'où il suit que son affaire lui paraissait inexplicable; mais qu'il était sûr que des considérations politiques pouvaient seules motiver un tel emprisonnement, parce que la police russe ne se démasque jamais à moins d'y être forcée; que sans doute on avait cru l'existence de cet étranger tout à fait ignorée à Moscou; mais qu'à présent que le coup était porté, les amis ne pourraient que nuire en se montrant, car si l'on venait à penser qu'il eût des protecteurs, on se hâterait d'aggraver sa position en l'éloignant pour éviter tout éclaircissement et pour étouffer les plaintes; il ajouta qu'on devait donc dans l'intérêt même du patient ne le défendre qu'avec une extrême circonspection. « Si une fois il part pour la Sibérie, Dieu sait quand il en reviendra, » s'écria mon conseiller; puis ce personnage s'efforça de me faire comprendre qu'il ne pouvait avouer l'intérêt qu'il prenait à un Français suspect, parce que, soupçonné lui-même d'attachement aux idées libérales, il lui suffirait de solliciter en faveur d'un prisonnier ou seulement de dire qu'il l'avait connu, pour faire exiler le malheureux au bout du monde. Il conclut en ces mots: « Vous n'êtes ni son parent ni son ami; vous ne prenez à lui que l'intérêt que vous croyez devoir prendre à un compatriote, à un homme que vous savez dans la peine: vous vous êtes acquitté déjà du devoir que vous impose ce louable sentiment; vous avez quitté au compagnon de voyage du prisonnier, à votre consul, à toute maintenant, si vous m'en croyez, vous vous abstiendrez de toute démarche ultérieure; ce que vous feriez n'irait pas au but, vous vous compromettriez sans fruit pour l'homme dont vous prenez gratuitement la défense. Il ne vous connaît pas, il n'attend rien de vous, partez donc; vous ne pouvez craindre de tromper un espoir qu'il n'a pas: moi j'aurai l'œil sur lui; je ne dois point paraître dans l'affaire, mais j'ai des moyens détournés d'en connaître et jusqu'à un certain point d'en diriger la marche; je vous promets de les employer le mieux que je pourrai; encore une fois, suivez mon conseil et partez.

— Si je partais, m'écriai-je, je n'aurais plus un instant de repos: je serais poursuivi comme d'un remords par l'idée que ce malheureux n'avait que moi pour le servir, et que je l'ai abandonné sans avoir rien fait pour lui.

— Encore une fois votre présence ici, me répondit-on, ne sert même pas à le consoler, puisqu'il l'ignore ainsi que l'intérêt que vous prenez à lui, et que cette ignorance durera autant que sa détention.

— Il n'y a donc aucun moyen d'arriver jusqu'à son cachot? repartis-je.

— Aucun, » répliqua, non sans quelque marque d'impatience, la personne auprès de laquelle je croyais devoir insister avec tant d'opiniâtreté. « Vous seriez son frère, ajouta-t-elle, que vous ne pourriez faire ici plus que ce que vous avez fait. Votre présence à Pétersbourg, au contraire, peut devenir utile à M. Pernet. Vous instruirez M. l'ambassadeur de France de ce que vous savez sur cet emprisonnement, car je doute qu'il apprenne l'événement par la correspondance de votre consul. Une démarche auprès du ministre de la part d'un personnage placé comme l'est votre ambassadeur et d'un homme du caractère de M. de Barante, fera plus pour hâter la délivrance de votre compatriote que tout ce que vous et moi, et vingt autres personnes, nous pourrions tenter à Moscou.

— Mais l'Empereur et ses ministres sont à Borodino ou à Moscou, repris-je encore sans vouloir me laisser éconduire.

— Tous les ministres n'ont pas suivi Sa Majesté dans ce voyage, » me répliqua-t-on, toujours sur le ton de la politesse, quoique avec une mauvaise humeur croissante et dissimulée, mais non sans peine. « D'ailleurs, au pis aller, il faudrait attendre leur retour. Vous n'avez, je vous le répète, aucune autre marche à suivre, si vous ne voulez pas nuire à l'homme que vous désirez sauver, en vous exposant vous-même à beaucoup de tracasseries; peut-être à quelque chose de pis, » ajouta-t-on d'un air significatif.

Si la personne à laquelle je m'adressais eût été un homme en place, j'aurais déjà cru voir les Cosaques s'avancer pour s'emparer de moi et pour me conduire dans un cachot tout pareil à celui de M. Pernet.

Je sentis que la patience de mon interlocuteur était à bout; j'étais resté moi-même interdit et je ne pouvais trouver une parole contre ses arguments; je me retirai donc en promettant de partir, et en remerciant avec reconnaissance mon conseiller de l'avis qu'il venait de me donner.

Puisqu'il est avéré que je ne puis rien faire ici, pensai-je, je partirai sans retard. Les lenteurs de mon feldjæger, qui, sans doute, avait un dernier rapport à faire sur mon compte, me prirent le reste de la matinée; je ne pus obtenir le retour des chevaux de poste que vers quatre heures du soir; à quatre heures et un quart, j'étais sur la route de Pétersbourg.

La mauvaise volonté de mon courrier, divers accidents, fruits du hasard ou de la malveillance, les chevaux qui manquaient partout à cause des relais retenus pour la maison de l'Empereur et pour les officiers de l'armée, ainsi que pour les courriers allant et venant continuellement de Borodino à Pétersbourg, rendirent mon voyage lent et pénible; dans mon impatience, je ne voulais pas m'arrêter la nuit; mais je ne gagnai rien à me presser, car je fus contraint par le manque de chevaux, réel ou supposé, de passer six heures entières à Novgorod-la-Grande, à cinquante lieues de Pétersbourg.

Je n'étais guère en train de visiter ce qui reste du berceau de l'empire des Slaves devenu le tombeau de leur liberté. La fameuse église de Sainte-Sophie renferme les tombes de Vladimir Iaroslawitch, mort en 1051, d'Anne sa mère, d'un empereur de Constantinople et quelques autres sépultures intéressantes. Elle ressemble à toutes les églises russes: peut-être n'est-elle pas plus authentique que la cathédrale soi-disant ancienne où reposent les os de Minine à Nijni-Novgorod; je ne crois plus à la date d'aucun des vieux monuments qu'on me fait voir en Russie. Je crois encore au nom des fleuves; le Volkoff m'a représenté les affreuses scènes du siége de cette ville républicaine, prise, reprise et décimée par Ivan le Terrible. L'hyène impériale présidant au carnage, à la peste, à la vengeance, m'apparaissait là, couchée sur des ruines; et les cadavres sanglants de ses sujets ressortaient du fleuve comblé de morts pour attester à mes yeux les horreurs des guerres intestines, et les fureurs qui s'allument dans les sociétés qu'on appelle civilisées parce que des forfaits qualifiés d'actes de vertu s'y commettent en sûreté de conscience. Chez les sauvages, les passions déchaînées sont les mêmes et plus brutales, et plus féroces encore, mais elles ont moins de portée : là l'homme réduit à peu près à ses forces individuelles y fait le mal sur une plus petite échelle ; d'ailleurs, l'atrocité des vaincus explique, si elle n'excuse la cruauté des vainqueurs ; mais dans les États policés, le contraste des horreurs qui se commettent et des belles paroles qui se débitent rend le crime plus révoltant et montre l'humanité sous un point de vue plus décourageant. La, trop souvent certains esprits tournés à l'optimisme, et d'autres qui, par intérêt, par politique ou par duperie, se font les flatteurs des masses, prennent le mouvement pour le progrès. Ce qui me paraît digne de remarque, c'est que ce sont les correspondances de [illegible] l'archevêque et de plusieurs des principaux citoyens de Novgorod avec les Polonais, qui attirèrent la foudre sur la ville ; on trente mille innocents périrent dans les combats ainsi que dans les supplices et les massacres inventés et présidés par le Czar. Il y eut des jours où six cents victimes furent exécutées sous ses yeux, et toutes ces horreurs avaient lieu pour punir un crime, irrémissible dès cette époque : le crime de communication clandestine avec les Polonais[illegible] se passait il y a près de trois cents ans, en 1570.

Novgorod la Grande ne s'est jamais relevée de cette dernière [illegible] elle aurait remplacé ses morts, elle n'a pu survivre à l'abolition de ses institutions démocratiques ; ses murailles, badigeonnées avec le soin qu'emploient partout les Russes pour effacer sous le fard d'une régénération menteuse, les trop véridiques vestiges de l'histoire, ne sont plus tachées de sang ; elles paraissent bâties [illegible] ses larges rues tirées au cordeau sont désertes, et les [illegible] de ses ruines, dispersées hors de son étroite enceinte, [illegible] dans les plaines d'alentour, où elles achèvent de crouler [illegible] la actuelle qui n'est elle-même qu'une ombre et un nom. [illegible] qui reste de la fameuse république du moyen âge [illegible] souvenirs effacés, gloire, puissance, fanatismes [illegible] dans [illegible] pour toujours, vous n'avez pu défendre ces murs jadis [illegible] le feu des révolutions qui n'ont cessé d'arroser de [illegible] terre maintenant presque déserte ! quel succès [illegible] que les passions politiques ont fait couler dans cette [illegible] ? Dieu nous apprend trop souvent que ce que les hommes [illegible] l'orgueil regardent comme un digne but à leurs efforts [illegible] qu'un moyen d'occuper le superflu de leurs forces [illegible] l'effervescence de la jeunesse. Voilà le principe de plus d'une [illegible] héroïque !

Novgorod la Grande est aujourd'hui un tas de pierres qui [illegible] au milieu d'une plaine stérile [illegible] et dont l'eau est trouble [illegible] marécage. Il y eut là pourtant [illegible] turbulente [illegible] des scènes [illegible] des catastrophes [illegible] de sang, de toutes [illegible] aujourd'hui [illegible] d'un peuple de soldats la [illegible] dans une ville qui ne s'intéresse plus à rien de ce qui se passe dans le monde [illegible] à la paix ni à la guerre. En Russie [illegible] séparé du présent par un abîme.

[illegible] trois cents ans la cloche du vetche[1] n'appelle plus [illegible] jadis le plus glorieux, le plus ombrageux des peuples russes, [illegible] sur ses affaires, la volonté du Czar étouffe dans tous les cœurs jusqu'au regret, jusqu'au souvenir de la gloire effacée. [illegible] quelques années que des scènes atroces se sont passées entre [illegible] les habitants du pays dans les colonies militaires établies aux environs de cette triste ville. Mais l'émeute étouffée [illegible] dans l'ordre accoutumé, c'est-à-dire dans le silence et dans la paix du tombeau. La Turquie n'a rien à envier à [illegible] (2).

Je fus donc vraiment heureux, pour le prisonnier de Moscou et pour moi-même, de quitter ce séjour jadis fameux par les désordres de [illegible] aujourd'hui désolé par ce qu'on appelle le bon ordre, mot qui équivaut ici à celui de mort.

[illegible] au faîte diligence, je n'arrivai à Pétersbourg que le [illegible] à peine descendu de voiture, je courus chez M. de Barante.

[illegible] encore l'arrestation de M. Pernet, et il me parut surpris de l'apprendre par moi, surtout quand il sut que j'avais mis près de quatre jours à faire la route. Son étonnement redoubla lorsque je lui contai mes inutiles instances auprès de notre consul pour déterminer ce défenseur officiel des Français à tenter une démarche en faveur du prisonnier.

L'attention avec laquelle m'écoutait M. de Barante, l'assurance qu'il me donna de ne rien négliger pour éclaircir cette affaire, la promesse de ne la point perdre de vue un moment, tant qu'il n'aurait pas [illegible] le fond de l'intrigue, l'importance qu'il me parut attribuer aux moindres faits qui pouvaient intéresser la dignité de la France et la sûreté de nos concitoyens, mirent ma conscience en paix et dissipèrent les fantômes de mon imagination. Le sort de M. Pernet était dans les mains de son protecteur naturel, de qui l'esprit et le caractère devenaient pour ce malheureux des garants plus sûrs que mon zèle et que mes impuissantes sollicitations.

Je sentis que j'avais fait tout ce que je pouvais et devais faire pour venir en aide au malheur, et pour défendre l'honneur de mon pays selon la mesure de mes forces, et sans sortir des bornes que m'imposait ma position de simple voyageur. *La folle de la maison* avait servi à quelque chose. Durant les douze ou quinze jours que je demeurai encore à Pétersbourg, je crus donc devoir m'abstenir de prononcer le nom de M. Pernet devant M. l'ambassadeur de France, et je quittai la Russie sans savoir la suite d'une histoire dont le commencement m'avait préoccupé et intéressé comme vous venez de le voir.

Mais tout en m'acheminant rapidement et *librement* vers la France, ma pensée se reportait souvent dans les cachots de Moscou. Si j'avais su ce qui s'y passait, j'aurais été encore plus agité (1).

[1] Assemblée populaire.

(2) Voyez la Lettre dix-huitième, histoire de Tetenef.

(1) Pour ne pas laisser le lecteur dans l'ignorance où je suis resté près de six mois sur le sort du prisonnier de Moscou, j'insère ici ce que je n'ai appris que depuis mon retour en France, touchant l'emprisonnement de M. Pernet et sa délivrance.

Un jour, vers la fin de l'hiver de 18[illegible], on m'annonce qu'un inconnu est à ma porte et désire me parler. Je fais demander son nom ; il répond qu'il ne le dira qu'à moi-même. Je refuse de le recevoir ; il insiste, je refuse de nouveau. Enfin, renouvelant ses instances, il m'écrit deux mots non signés, pour me dire que je ne puis me dispenser d'écouter un homme qui me doit la vie et qui ne désire que me remercier.

Ce langage me paraît nouveau, je donne l'ordre de faire monter l'inconnu. En entrant dans ma chambre, il me dit : « Monsieur, je n'ai appris votre adresse qu'hier et aujourd'hui j'accours chez vous. Je m'appelle Pernet, et je viens vous exprimer ma reconnaissance, car on m'a dit à Pétersbourg que c'est à vous que j'ai dû la liberté, et par conséquent la vie. »

Après la première émotion que devait me causer un tel début, je me mis à observer M. Pernet ; c'est un des types de cette classe nombreuse de jeunes Français qui ont l'aspect et l'esprit des hommes du Midi ; il a les yeux et les cheveux noirs, le [illegible] d'une pâleur [illegible], il est petit, maigre, grêle, et il paraît souffrant, mais plutôt moralement que physiquement. Il se trouve que je connais des personnes de sa famille établies en Savoie, personnes qui sont des plus recommandables de ce pays d'honnêtes gens. Il me dit qu'il était avocat, et il me raconta qu'on l'avait retenu dans la prison de Moscou pendant trois semaines, dont quatre jours au cachot. Vous allez voir, d'après son récit, de quelle manière un prisonnier est traité dans ce séjour. Mon imagination n'avait pas approché de la réalité.

Les deux premiers jours on l'a laissé sans nourriture ; jugez de ses angoisses ! Personne ne l'interrogeait ; il était seul ; il se crut pendant quarante-deux heures destiné à mourir de faim, ignoré dans sa prison. L'unique bruit qu'il entendit, c'était le retentissement des coups de verges dont on frappait, depuis cinq heures du matin jusqu'au soir, les malheureux esclaves envoyés par leurs maîtres dans cette caverne pour y recevoir correction. Ajoutez à ce bruit affreux les sanglots, les pleurs, les hurlements des victimes, les menaces, les imprécations d[illegible], et vous aurez une légère idée du traitement moral auquel notre malheureux compatriote fut soumis pendant quatre mortelles journées ; et toujours sans savoir pourquoi.

Après avoir ainsi pénétré, bien malgré lui, dans le profond mystère des prisons russes, il se crut à trop juste titre condamné à y finir ses jours, se disant non sans fondement : « Si on avait l'intention de me relâcher, ce n'est pas ici que m'auraient enfermé des hommes qui ne craignent rien tant que de voir divulguer le secret de leur barbarie. »

Un mince et aigre cloison séparait seule son étroit cachot de la cour intérieure où se faisaient les exécutions.

Les verges qui, depuis l'adoucissement des mœurs, remplacent le plus ordinairement le knout, de [illegible] mémoire, sont un roseau fendu en trois, instrument [illegible] à cinquante coups, au quinzième, le patient perd presque toujours la force de crier ; alors sa voix affaiblie ne peut plus faire entendre qu'un gémissement sourd et prolongé ; ces horribles râles des suppliciés perçaient le cœur du prisonnier et lui présageaient un sort qu'il n'osait envisager.

M. Pernet entend le son ; d'abord il assista sans les voir à bien des tortures ignorées ; c'étaient deux jeunes filles, ouvrières chez une modiste en vogue à Moscou, où [illegible] ces malheureuses sous les yeux mêmes de leur maîtresse, celle-ci leur reprochant d'avoir des amants et de s'être oubliées jusqu'à les amener dans sa maison, [illegible] la maison d'une marchande de modes [illegible] que c'est énorme ! Cependant cette mégère exhortait les bourreaux à frapper plus fort ; une des jeunes filles demandait grâce, on [illegible] mourir, qu'elle était en sang, n'importe ; elle avait poussé l'audace jusqu'à dire [illegible] qu'elle était moins coupable que sa maîtresse, celle-ci redoublait de sévérité. M. Pernet m'assura en ajoutant toutefois qu'il pensait bien que je douterais de son assertion, que chacune de ces malheureuses reçut à plusieurs reprises, cent quatre-vingts coups de verges : « J'ai trop souffert à les compter, me dit le prisonnier, pour m'être trompé sur le chiffre. »

On sent la douleur s'approcher quand on assiste à de telles horreurs et qu'on ne peut rien faire pour secourir les victimes.

Ensuite c'étaient des paysans envoyés là par l'intendant de quelque seigneur, c'était un serf, domestique dans la ville, puni à la sollicitation de son maître, tirant des vengeances atroces, quelquefois de désespoirs ignorés[1]. Le malheureux prisonnier espérait à l'obscurité de la nuit, parce que l'heure des ténèbres amenait aussi le silence ; mais alors sa pensée devenait un fer rouge ; pourtant il préférait encore les atroces douleurs de l'imagination aux souffrances que lui causaient les trop réels tourments des malfaiteurs ou des innocentes victimes amenées près de lui durant le jour. Les vrais malheureux ne redoutent pas la pensée autant que le font les rêveurs bien couchés et bien nourris prétendent seule que les peines qu'on se figure passent celles qu'on éprouve.

Enfin, après quatre fois vingt-quatre heures d'un supplice dont l'horreur passe, je crois, tous les efforts que nous faisons pour nous le figurer, M. Pernet fut tiré de son cachot, toujours sans explication, et transféré dans une autre partie de la prison.

De là il écrivit à M. de Barante par le général ***, sur l'amitié duquel il croyait pouvoir compter.

Cette lettre n'est point parvenue à son adresse, et quand, plus tard, quelqu'un l'avait [illegible] demanda l'explication d'une telle [illegible], le général s'excusa par des subterfuges, et finit en jurant sur l'Évangile, à M. Pernet, que sa lettre n'avait pas été remise au ministre de la police, et qu'elle ne le serait jamais. Tel fut le plus grand effort de dévouement que le prisonnier put obtenir de son ami. Voilà ce que deviennent les affections humaines en passant par la filière du despotisme.

Trois semaines s'écoulèrent dans une inquiétude toujours croissante, car il semblait que tout était à redouter, et que rien n'était à espérer.

[1] Voir à la suite du Voyage en Amérique de Duhamel, les extraits des journaux américains concernant le traitement des esclaves aux États-Unis, rapprochement remarquable entre les excès du despotisme et les abus de la démocratie.

Les derniers moments de mon séjour à Pétersbourg furent employés à visiter divers établissements que je n'avais pu voir à mon premier passage par cette ville.

Le prince *** me fit montrer en autres curiosités les immenses usines de Kolpino. Cet arsenal des arsenaux russes est situé à quelques lieues de la capitale. C'est dans cette fabrique que se confectionnent tous les objets nécessaires à la marine impériale. On arrive à Kolpino par une route de sept lieues dont la dernière moitié est détestable. L'établissement est dirigé par un Anglais, M. Wilson, honoré du grade de général (toute la Russie est enrégimentée [illegible] il nous fit les honneurs de ses machines en véritable ingénieur russe, c'est-à-dire qu'il ne nous permit pas de négliger un clou ni un écrou; escortés par lui, nous avons passé en revue près de vingt ateliers d'une grandeur immense. Cette extrême complaisance du directeur méritait sans doute beaucoup de reconnaissance; je l'en exprimai peu, c'était encore plus que je n'en ressentais; la fatigue rend ingrat presque autant que l'ennui.

Ce que nous trouvâmes de plus admirable dans la longue revue qu'on nous obligea de faire des mécaniques de Kolpino, c'est une machine de Bramah destinée à éprouver la force des chaînes qui servent à porter les ancres des plus gros navires; les énormes anneaux qui ont pu résister aux efforts de cette machine, peuvent ensuite maintenir les bâtiments contre les coups de vent et de mer les plus violents. Dans la machine de Bramah on fait un ingénieux usage de la pression de l'eau pour mesurer la force du fer, cette invention me parut merveilleuse.

Nous examinâmes aussi des écluses destinées à servir de trop plein dans les crues d'eau extraordinaires. C'est au printemps surtout que ces [illegible] écluses fonctionnent; sans elles le fleuve qui sert de moteur aux machines, au lieu de porter la vie partout, ferait des ravages incalculables. Le fond des canaux et les piles de ces écluses sont revêtus d'épaisses feuilles de cuivre, parce que ce métal, dit-on, résiste aux hivers mieux que le granit. On nous assure que nous ne verrons rien de semblable ailleurs.

J'ai retrouvé à Kolpino l'espèce de grandeur et en même temps de luxe qui m'a frappé dans toutes les constructions utiles ordonnées par le gouvernement russe. Ce gouvernement ne manque presque jamais de joindre au nécessaire beaucoup de superflu. Il a tant de puissance réelle qu'il ne faut pas se laisser aller au dédain parce qu'il emploie la ruse pour éblouir les étrangers; cette finesse doit s'attribuer à un penchant inhérent au caractère national: ce n'est pas toujours par faiblesse qu'on ment, on ment quelquefois parce qu'on a reçu de la nature le don de bien mentir: c'est un talent et tout talent veut s'exercer.

Quand nous montâmes en voiture pour retourner à Saint-Pétersbourg, il faisait [illegible] et froid. La longueur de [illegible] route fut diminuée par une conversation charmante dont j'ai retenu l'anecdote [illegible] voici. Elle sert à prouver jusqu'où s'étend la puissance de création d'un souverain absolu. Jusqu'ici j'avais vu le despotisme russe exercer son action sur les morts, sur les églises, sur les faits de l'histoire, sur les condamnés, sur les prisonniers, enfin sur tout ce qui ne peut prendre la parole pour protester contre un abus de pouvoir: cette fois nous verrons un Empereur de Russie [illegible]

Au bout de ce temps, qui avait paru une éternité à M. Pernet, il fut élargi sans autre forme de procès, et sans jamais avoir pu savoir à cause de son emprisonnement [illegible].

Les questions réitérées à trois reprises par lui au directeur de la police à Moscou [illegible] on lui dit que son ambassadeur l'avait [illegible], et on lui intima sim[illegible] l'ordre de quitter la Russie. Il demanda et [illegible] la permission de prendre la route de Pétersbourg.

Il désirait remercier l'ambassadeur de France de la liberté qu'il lui devait. Il [illegible] quelques éclaircissements sur la cause du traitement qu'il venait de subir. M. de Barante le reçut, mais en vain il [illegible] du pays [illegible] chez M. de Benkendorf, le ministre de la police impériale. Le prisonnier délivré demanda une audience, elle lui fut accordée. Il dit au ministre qu'il ignorait la cause de la peine qu'il avait subie, il désirait savoir son crime avant de quitter la Russie.

Le ministre lui répondit brièvement qu'il ferait bien de ne pas pousser plus loin ses investigations à ce sujet, et il le congédia en lui réitérant l'ordre de sortir de l'Empire sans retard.

Tels sont les seuls renseignements que j'ai pu obtenir moi-même de M. Pernet. Ce jeune homme, ainsi que toutes les personnes qui ont vécu pendant un peu de temps en Russie, a pris le ton mystérieux, réservé, [illegible] les étrangers qui séjournent dans cette contrée n'échappent pas plus que les habitants du pays aux [illegible] On dirait qu'en Russie un secret pèse sur toutes les existences.

Sur mes instances M. Pernet finit par me dire qu'à son premier voyage on lui avait donné dans son passe-port le titre de négociant [illegible] celui d'avocat au second voyage; il ajouta quelque chose de plus grave [illegible] c'est qu'avant d'arriver à Pétersbourg, voguant sur un des bateaux à vapeur de la mer Baltique, il avait exprimé librement son opinion contre le despotisme russe devant plusieurs individus qu'il ne connaissait pas.

Il m'assura, en me quittant, que ses souvenirs ne lui retraçaient nulle autre circonstance qui pût motiver le traitement qu'il avait éprouvé à Moscou.

Je ne l'ai jamais revu. Mais, par un hasard assez singulier, que les [illegible] m'ont fait jouer un rôle dans cette [illegible] contre une personne de sa famille, qui me dit qu'elle savait le service que j'avais rendu à son jeune parent, et qu'elle m'en remerciait. Je dois ajouter que cette personne a des opinions conservatrices, religieuses, et je répète qu'elle et sa famille sont [illegible] et respecteurs de tout ce qui est consacré dans le royaume de Sardaigne.

(1) On se rappelle ce que j'ai dit du schisme. Lettre dix-neuvième.

* Fn [illegible] par des [illegible] de personnes que la [illegible] [illegible] qu'on parle de la lettre [illegible] que [illegible] [illegible] que la [illegible] est [illegible] (Note de l'auteur pour cette édition.)

à l'une des plus illustres familles de France une parenté dont elle ne se doutait ni ne se souciait.

Sous le règne de Paul Ier, un Français du nom de Laval, d'autres disent Lovel, se trouvait à Pétersbourg: il était agréable de sa personne, il était jeune: il plut à une demoiselle fort riche dont il devint amoureux: la famille de cette jeune personne était alors assez puissante et assez distinguée; aussi s'opposa-t-elle au mariage par la raison que l'étranger n'avait ni nom ni fortune. Les deux amants, réduits au désespoir, eurent recours à un moyen de roman. Ils attendirent l'Empereur à son passage dans une rue, se jetèrent à ses pieds, et lui demandèrent protection. Paul Ier, qui était bon quand il n'était pas fou, promit le consentement de la famille, qu'il décida par plus d'un moyen sans doute, mais surtout par celui-ci: « Mademoiselle *** épouse, dit l'Empereur, *M. le comte de Laval*, jeune émigré français d'une famille illustre, et possesseur d'une fortune considérable (1). »

Doté de la sorte, mais bien entendu en paroles seulement, le jeune Français épousa mademoiselle *** dont la famille se serait bien gardée de donner un démenti à l'Empereur.

Pour prouver le dire du souverain, le nouveau *M. de Laval* fit sculpter fièrement son écusson sur la porte de l'*hôtel* où il s'établit avec sa nouvelle épouse.

Malheureusement quinze ans plus tard, sous la restauration, je ne sais quel M. de Montmorency-Laval voyageait en Russie; voyant par hasard ses armes sur une porte, il s'informe; on lui conte l'histoire de M. de Laval.

A sa demande, l'empereur Alexandre fit aussitôt enlever l'écusson des Laval et la porte resta découronnée...

Le lendemain de ma course à Kolpino, je visitai en détail l'Académie de peinture, superbe et pompeux édifice qui, jusqu'à présent, renferme peu de bons ouvrages: mais que peut-on espérer de l'art dans un pays où les jeunes artistes portent l'uniforme? j'aimerais mieux renoncer de bonne foi à tout travail d'imagination. J'ai trouvé tous les élèves de l'Académie de peinture enrégimentés, costumés, commandés comme des cadets de marine. Ce fait seul dénote un profond mépris pour ce qu'on prétend protéger, ou plutôt une grande ignorance des lois de la nature et des mystères de l'art: l'indifférence affichée serait moins barbare; il n'y a de libre en Russie que ce dont le gouvernement ne se soucie pas: il ne se soucie que trop des arts, mais il ignore que l'art a besoin de liberté, et que cette accointance entre les œuvres du génie et l'indépendance de l'homme attesterait à elle seule la noblesse de la profession d'artiste.

Je parcourus beaucoup d'ateliers et j'y trouvai des paysagistes distingués: ils ont de l'imagination dans leurs compositions et même de la couleur. J'ai admiré surtout un tableau représentant Saint-Pétersbourg pendant une nuit d'été, par M. Vorobieff: c'est beau, [illegible] la nature, poétique comme la vérité. En voyant ce tableau [illegible] en Russie, je me suis reporté à l'époque de l'année [illegible] les nuits d'été n'étaient qu'un composé de deux crépuscules: on ne peut mieux rendre l'effet de ce jour persistant et qui triomphe de l'obscurité comme une lampe éclaire à travers une gaze légère.

Je me suis éloigné à regret de cette toile où la nature est prise sur le fait par un homme dont l'imagination s'applique à l'imitation exacte de ce qu'il a sous les yeux. Ses ouvrages m'ont rendu les premières impressions que j'éprouvai à la vue de la mer Baltique: c'était la clarté poétique que je revoyais, ce n'était pas la lumière des tableaux ordinaires. Il y a un grand mérite à caractériser, d'une manière aussi précise, les phénomènes particuliers de la nature.

On fait beaucoup de bruit en Russie du talent de Brulow. Son *Dernier jour de Pompéi* a produit, dit-on, quelque effet en Italie. Cette énorme toile fait maintenant la gloire de *l'école russe* à Saint-Pétersbourg: ne riez pas de cette qualification, j'ai vu, en parcourant l'Académie de peinture, une salle sur la porte de laquelle sont inscrits ces mots: *École russe* [illegible]. Le tableau de Brulow me paraît d'une couleur fausse à la vérité: le sujet choisi par l'artiste était propre à voiler ce défaut, car qui peut savoir la couleur qu'avaient les [illegible] de Pompéi à leur dernier jour? Ce peintre a le pinceau sec, la touche dure, mais il a de la force: ses conceptions ne manquent ni d'imagination ni d'originalité. Ses têtes ont de la variété et de la vérité, s'il entendait l'usage du clair-obscur, il mériterait peut-être [illegible] la réputation qu'on lui fait ici: en attendant il manque de naturel, de coloris, de légèreté, de grâce, de noblesse, et le sentiment du beau lui est totalement étranger: il ne manque pas d'une

(1) Après la publication de la première édition de cet ouvrage, j'ai reçu de madame la comtesse Kosakowska, fille du comte de Laval de Pétersbourg, une lettre dans laquelle on insiste sur les erreurs dont je me suis rendu complice en rapportant cette anecdote de la manière dont je l'avais entendu raconter. On y convient cependant que M. de Laval de Pétersbourg n'appartient pas à l'illustre famille française qui, par alliance, joignit à son nom celui de Montmorency; on ajoute même, pour le prouver, qu'il a été fait comte de Laval par le roi Louis XVIII, fait qui à lui seul, suffit pour établir que les Laval fixés en Russie depuis l'émigration n'ont rien de commun avec l'ancienne maison de Laval, ni avec l'ancienne noblesse de France. Mais ils n'ont rien à envier à personne en fait d'illustration; leur nom est devenu historique par un fait moderne des plus glorieux: ce comte de Laval de Pétersbourg est le père de la princesse Troubetzkoï, l'exilée volontaire en Sibérie.

J'ignorais, en publiant mon ouvrage, la part d'honneur que la France avait à revendiquer dans l'héroïsme de cette sainte victime du devoir conjugal.

sorte de poésie sauvage ; toutefois, l'effet général de ses tableaux est désagréable à l'œil, et son style roide, mais qui n'est pas dépourvu d'énergie, rappelle les imitateurs de l'école de David ; c'est dessiné comme d'après la bosse avec assez de soin et colorié au hasard.

Dans un tableau de l'Assomption, qu'on est convenu à Pétersbourg d'admirer parce qu'il est du *fameux* Brulow, j'ai remarqué des nuages si lourds qu'on pourrait les envoyer à l'Opéra pour représenter des rochers.

Il y a pourtant dans *Pompéi* des expressions de têtes qui promettent un vrai talent. Ce tableau, malgré les défauts de composition qu'on y découvre, gagnerait à être gravé, car c'est surtout par la couleur qu'il pèche.

On dit que depuis son retour en Russie, l'auteur a déjà beaucoup perdu de son enthousiasme pour l'art. Que je le plains d'avoir vu l'Italie, puisqu'il devait revenir dans le Nord ! Il travaille peu, et malheureusement sa facilité, dont on lui fait un mérite, paraît trop dans ses ouvrages. C'est par des études assidues et forcées qu'il parviendra à vaincre la roideur de son dessin et la crudité de ses couleurs (1). Les grands peintres savent la peine qu'il se faut donner pour ne plus dessiner avec le pinceau, pour peindre par la dégradation des tons, pour effacer de dessus la toile les lignes qui n'existent nulle part dans la nature, pour montrer l'air qui est partout, pour cacher l'art, enfin pour apprendre à reproduire la réalité sans cesser de l'ennoblir. Il semble que le Raphaël russe ne se doute pas de la rude tâche de l'artiste.

On m'assure qu'il passe sa vie à s'enivrer plus qu'à travailler ; je le blâme moins que je ne le plains. Ici tous les moyens sont bons pour se réchauffer, même la boisson ; le vin est le soleil de la Russie. Si l'on joint au malheur d'être Russe celui de se sentir peintre, il faut s'expatrier. N'est-ce pas un lieu d'exil pour les peintres qu'une ville où il fait nuit trois mois, et où la neige a plus d'éclat que le soleil ?

En s'appliquant à reproduire les singularités de la nature sous cette latitude, quelques peintres de genre pourraient se faire honneur et obtenir sur les marches du temple des arts une petite place où ils feraient bande à part, mais un peintre d'histoire, s'il veut développer les dispositions qu'il a reçues du ciel, doit fuir un tel climat. Pierre le Grand avait beau dire et beau faire, la nature mettra toujours des bornes aux fantaisies de l'homme, fussent-elles justifiées par les ukases de vingt Czars.

J'ai vu de M. Brulow un ouvrage vraiment admirable ; c'est sans contredit ce qu'il y a de mieux à Saint-Pétersbourg parmi les tableaux modernes ; à la vérité, c'est la copie d'un chef-d'œuvre assez ancien, de l'*École d'Athènes*. Elle est grande comme l'original au moins. Quand on sait reproduire ainsi ce que Raphaël a fait peut-être de plus inimitable après ses madones, on est obligé de retourner à Rome pour y apprendre à faire mieux que *le Dernier jour de Pompéi* et que *l'Assomption de la Vierge* (2).

Le voisinage du pôle est contraire aux arts, excepté à la poésie, à laquelle l'âme humaine suffit ; alors c'est le volcan sous la glace. Mais pour les habitants de ces âpres climats, la musique, la peinture, la danse, tous les plaisirs de sensation qui jusqu'à un certain degré sont indépendants de la pensée, perdent de leurs charmes en perdant leurs organes. Que me feraient Rembrant la nuit, et le Corrége, et Michel-Ange, et Raphaël dans une chambre sans lumière ? Le Nord a des beautés sans doute, mais c'est un palais mal éclairé. L'amour plus dégagé des sens y naît des désirs physiques moins que des besoins du cœur, mais n'en déplaise à l'éclat du luxe, du pouvoir et de l'opulence, tout le séduisant cortége de la jeunesse avec ses jeux, ses grâces, ses ris, ses danses, s'arrête aux régions lointaines où les rayons du soleil, sans se contenter de glisser sur la terre qu'à peine ils effleurent, la réchauffent et la fécondent en l'illuminant du haut du ciel.

En Russie tout se ressent d'une double tristesse, la peur du pouvoir, l'absence du soleil !... Les danses nationales y ressemblent tantôt à une ronde menée par des ombres défilant tristement à la lueur d'un crépuscule qui ne finit jamais, tantôt et c'est lorsqu'elles sont vives, à un exercice qu'on s'impose de peur de s'endormir et de geler en dormant. Mademoiselle Taglioni elle-même... hélas ! Mademoiselle Taglioni ne s'est-elle pas métamorphosée à Saint-Pétersbourg en une danseuse parfaite ? Quelle chute pour la Sylphide ! C'est l'histoire d'Ondine devenue simple femme... Mais quand elle marche dans les rues,... car elle marche à présent ! elle est suivie par des laquais en grande livrée avec de belles cocardes à leurs chapeaux et des galons d'or, et on l'accable tous les matins dans les journaux d'articles pleins de louanges les plus ridicules que j'aie lues. Voilà ce que les Russes, avec tout leur esprit, savent faire pour les arts et pour les artistes. Ce qu'il faut aux artistes, c'est un ciel qui les fasse naître, un public qui les comprenne, une société qui les inspire. Voilà le nécessaire ; les récompenses sont de surérogation, on les leur donne par surcroît, comme dit l'Évangile. Ce n'est pas dans un empire dont le peuple, refoulé de force non loin de la terre des Lapons, est policé de force par Pierre Ier, qu'il faut aller chercher ces choses. J'attends les Russes à Constantinople pour savoir ce dont ils sont capables en fait de beaux-arts et de civilisation.

La meilleure manière de protéger les arts, c'est d'avoir sincèrement besoin des plaisirs qu'ils procurent ; une nation parvenue à ce point de civilisation ne sera pas longtemps contrainte à demander des artistes aux étrangers.

Au moment où j'allais quitter Saint-Pétersbourg, quelques personnes déploraient tout bas l'abolition des uniates (1), et racontaient les mesures arbitraires qui avaient amené de longue main cet acte irréligieux célébré comme un triomphe par l'Église russe. Les persécutions cachées qu'on a fait endurer à plusieurs prêtres des uniates révoltent les cœurs les plus indifférents, mais dans un pays où les distances et le secret favorisent l'arbitraire et prêtent leur secours constant aux actes les plus iniques, toutes les violences restent couvertes. Ceci me rappelle le mot significatif trop souvent répété par les Russes privés de protecteurs : « Dieu est si haut ! l'Empereur est si loin (2) ! »

Voici donc les Grecs qui se mettent à faire des martyrs. Qu'est devenue la tolérance dont ils se vantaient devant les hommes qui ne connaissent pas l'Orient ? Aujourd'hui les glorieux confesseurs de la foi catholique languissent dans des couvents-prisons, et leur lutte, admirée dans le ciel, reste ignorée même de l'Église pour laquelle ils militent généreusement sur la terre, de cette Église, mère de toutes les Églises, et la seule universelle, car elle est la seule qui ne soit pas entachée de localité, qui soit restée libre et qui n'appartienne à aucun pays (3).

Quand le soleil de la publicité se lèvera sur la Russie, ce qu'il éclairera d'injustices non-seulement anciennes, mais de chaque jour, fera frémir le reste du monde. On ne frémira pas assez, car tel est le sort de la vérité sur la terre : tant que les peuples ont le plus grand intérêt à la connaître, ils l'ignorent, et lorsqu'ils l'apprennent, elle ne leur importe déjà plus guère. Les abus d'un pouvoir renversé n'excitent que de froides exclamations ; ceux qui les relatent passent pour des acharnés qui battent l'ennemi à terre, tandis que d'un autre côté les excès de ce pouvoir inique demeurent soigneusement cachés tant qu'il est debout, car avant tout il emploie sa force à étouffer les plaintes de ses victimes ; il extermine, il anéantit, mais il se garde d'irriter, et il s'applaudit encore de sa mansuétude, parce qu'il ne se permet que les cruautés indispensables. Néanmoins, c'est à tort qu'il vante sa douceur : lorsque la prison est muette et fermée comme la tombe, on se passe aisément de l'échafaud.

L'idée que je respirais le même air que tant d'hommes injustement opprimés, et séparés du monde, me privait du repos le jour et la nuit. J'étais parti de France effrayé des abus d'une liberté menteuse, je retourne dans mon pays, persuadé que si le gouvernement représentatif n'est pas le plus moral, logiquement parlant, il est sage et modéré dans la pratique, quand on voit que d'un côté il préserve les peuples de la licence démocratique, et de l'autre des abus les plus criants du despotisme, abus d'autant plus hideux que les sociétés qui les tolèrent sont plus avancées dans la civilisation matérielle, on se demande s'il ne faut pas imposer silence à ses antipathies et subir sans se plaindre une nécessité politique qui, après tout, apporte aux nations préparées pour elle plus de bien que de mal.

A la vérité, jusqu'à présent cette nouvelle et savante forme de gouvernement n'a pu se consolider que par l'usurpation. Peut-être ces usurpations définitives, suivies d'une hypocrisie indispensable pour suppléer la légitimité, avaient-elles été rendues inévitables par toutes les fautes précédentes ; c'est une question de politique religieuse que le temps, le plus sage des ministres de Dieu sur la terre, résoudra pour nos neveux (4). Ceci me rappelle une pensée profonde exprimée par un des esprits les plus éclairés et les plus cultivés de l'Allemagne, M. de Varnhagen d'Ense : « J'ai bien cherché, m'écrivait-il un jour, par quels hommes se font en dernière analyse les révolutions, et, après trente ans de méditations, j'ai trouvé ce que j'avais pensé dès ma jeunesse, qu'elles se font par ceux contre qui elles sont dirigées. »

Jamais je n'oublierai ce que j'ai senti en passant le Niémen pour entrer à Tilsit ; c'est surtout dans ce moment-là que j'ai donné raison à l'aubergiste de Lubeck. Un oiseau échappé de sa cage, ou sortant de dessous la cloche d'une machine pneumatique, serait moins joyeux. Je puis dire, je puis écrire ce que je pense, je suis libre !...

(1) Il est mort peu d'années après mon voyage en Russie.

(2) M. Brulow a copié d'une manière fort remarquable plusieurs ouvrages de Raphaël ; mais j'ai surtout été frappé de la beauté de celui-ci.

(1) Les uniates sont des Grecs réunis à l'Église catholique, et dès lors regardés comme des schismatiques par l'Église grecque.

(2) Voir le Livre des persécutions et souffrances de l'Église catholique en Russie, les beaux articles du *Journal des Débats* au mois d'octobre 1842, et les extraits ajoutés au récit. Les extraits sont tirés d'un livre allemand traduit par M. le comte de Montalembert.

(3) Il a fallu trois ans pour faire arriver jusqu'à Rome le cri de quelques-uns de ces infortunés.

(4) On voit que dès l'époque où ce livre fut écrit l'auteur était un partisan très froid du gouvernement parlementaire. (*Note de l'Auteur pour cette édition.*)

m'écriai-je. La première lettre vraie que j'ai adressée à Paris est partie de cette frontière, elle aura fait événement dans le petit cercle de mes amis, qui, jusque-là sans doute, avaient été les dupes de ma correspondance officielle. Voici la copie de cette lettre :

Tilsit, ce jeudi 26 septembre 1839.

« Cette date vous fera, j'espère, autant de plaisir à lire qu'elle m'en fait à écrire ; me voici hors de l'Empire de l'uniformité, des minuties et des difficultés. Ici on parle librement et l'on se croit dans un tourbillon de plaisir et dans un monde emporté par les idées nouvelles vers une liberté désordonnée. C'est pourtant en Prusse qu'on est ; mais sortir de la Russie c'est retrouver des maisons dont le plan n'a pas été commandé à un esclave par un maître inflexible, mais moins pauvres encore, mais librement bâties ; c'est voir une campagne gaie et librement cultivée (n'oubliez pas que c'est de la Prusse ducale que je parle), et ce changement épanouit le cœur. En Russie l'absence de la liberté se ressent dans les pierres toutes taillées à angles droits, dans les poutres toutes équarries régulièrement, comme elle se ressent dans les hommes... Enfin je respire ! .. je puis vous écrire sans les précautions oratoires commandées par la police : précautions presque toujours insuffisantes, car il y a autant de susceptibilité d'amour-propre que de prudence politique dans l'espionnage des Russes. La Russie est le pays le plus triste de la terre habité par les plus beaux hommes que j'aie vus ; un pays où l'on aperçoit à peine les femmes ne peut être gai... Enfin m'en voici dehors, et sans le moindre accident ! Je viens de faire deux cent cinquante lieues en quatre jours, par des chemins souvent détestables, souvent magnifiques, car l'esprit russe, tout ami qu'il est de l'uniformité, ne peut atteindre à l'ordre véritable ; le caractère de cette administration, c'est le tâtillonnage, la négligence et la corruption. On est révolté à l'idée de s'habituer à tout cela, et pourtant on s'y habitue. Un homme sincère, dans ce pays-là, passerait pour fou.

A présent, je vais me reposer en voyageant à loisir. J'ai deux cents lieues à faire d'ici à Berlin ; mais des lits où l'on peut coucher et de bonnes auberges partout, une grande route douce et régulière rendent ce voyage une vraie promenade.

La propreté des chambres, l'ordre des ménages dirigés par des femmes, tout me semblait charmant et nouveau. J'étais surtout frappé de l'air de liberté des paysans et de la gaieté des paysannes ; leur bonne humeur me causait presque de l'effroi ; c'était une indépendance dont je craignais pour eux les conséquences ; j'en avais perdu le souvenir. On voit là des villes qui sont nées spontanément, on reconnaît qu'elles étaient bâties avant qu'aucun gouvernement en eût fait le plan. Assurément, la Prusse ne passe pas pour le pays de la licence, eh bien, en traversant les rues de Tilsit et plus tard celles de Kœnigsberg, je croyais assister au carnaval de Venise. Je me suis souvenu alors qu'un Allemand de ma connaissance, après avoir passé, pour ses affaires, plusieurs années en Russie, parvint enfin à quitter ce pays pour toujours ; il était dans la compagnie d'un de ses amis ; à peine eurent-ils mis le pied sur le bâtiment anglais qui venait de lever l'ancre, qu'on les vit tomber dans les bras l'un de l'autre en disant : « Dieu soit loué, nous pouvons respirer librement et penser tout haut ! » »

Beaucoup de gens, sans doute, ont éprouvé la même sensation ; pourquoi nul voyageur ne l'a-t-il exprimée ? C'est ici que j'admire sans le comprendre le prestige que le gouvernement russe exerce sur les esprits. Il obtient le silence, non-seulement de ses sujets, c'est peu, mais il se fait respecter même de loin par les étrangers échappés à sa discipline de fer. On le loue, ou au moins l'on se tait ; voilà un mystère que je ne puis m'expliquer. Si un jour la publication de ce voyage m'aide à en trouver la clef, j'aurai une raison de plus pour m'applaudir de ma sincérité.

Je devais retourner de Pétersbourg en Allemagne par Wilna et Varsovie. J'ai changé de projet.

Des malheurs tels que ceux de la Pologne ne sauraient être attribués uniquement à la fatalité ; dans les infortunes prolongées, il faut toujours faire la part des fautes aussi bien que celle des circonstances. Jusqu'à un certain point les nations comme les individus deviennent complices du sort qui les poursuit ; elles paraissent comptables des revers qui les atteignent coup sur coup, car à des yeux attentifs les destinées ne sont que le développement des caractères. En apercevant le résultat des erreurs d'un peuple puni avec tant de sévérité, je ne pourrais m'abstenir de quelques réflexions dont je me repentirais ; dire leur fait aux oppresseurs, c'est une charge qu'on s'impose avec une sorte de joie, soutenu qu'on se sent par l'apparence de courage et de générosité qui s'attache à l'accomplissement d'un devoir périlleux, ou tout au moins pénible ; mais contrister la victime, accabler l'opprimé, fût-ce à coups de vérités, c'est une exécution à laquelle ne s'abaissera jamais l'écrivain qui ne veut pas mépriser sa plume.

Voilà pourquoi j'ai renoncé à voir la Pologne.

Ces extraits relatifs aux mesures prises par Catherine II et ses successeurs contre les Grecs unis ne confirment que trop tous les faits que j'ai cités à ce sujet, et toutes les suppositions qu'ils m'ont suggérées.

Extrait des vicissitudes de l'Église catholique des deux rites en Pologne et en Russie, traduits de l'allemand par le comte de Montalembert.

« Il n'y eut pas de cruautés qu'on n'exerçât contre ces malheureux (les Grecs réunis) pour les contraindre à embrasser le schisme ; s'ils refusaient d'abandonner leurs églises, on les frappait à coups de fouet et de knout, jusqu'à ce que, réduits à la douleur, ils consentissent à satisfaire les exigences de leur persécuteur. Ces odieux traitements ne suffisaient point, on les dépouillait de leurs biens, on leur enlevait leurs troupeaux, qui faisaient toute leur fortune ; on alla même quelquefois jusqu'à leur couper le nez et les oreilles, à leur arracher les cheveux et à leur casser les dents à coups de crosse de fusil. » (Vol. I, page 196.)

« Si le sens des lois de l'Impératrice est qu'on ne doit opposer aucun obstacle à ceux qui embrassent librement la religion russe, pourquoi serait-il défendu aux prêtres unis de répandre les consolations religieuses parmi les ouailles qui veulent rester fidèles à la foi de leurs pères ? Telles ne peuvent pas être les intentions de l'Impératrice, qui a tant de fois proclamé publiquement sa tolérance pour toutes les religions, qui a promis si solennellement aux Ruthéniens unis de ne jamais attenter à leur religion et aux droits qui en dépendent, et qui a promis enfin de leur conserver leurs églises. » (Vol. I, page 198.)

« La mort vint saisir Catherine, comme pour sauver l'Église ruthénienne unie. L'impératrice mourut en novembre 1796 : encore une courte période, et les faibles restes de cette Église étaient entièrement détruits ; et Catherine épargnait à l'un de ses successeurs (l'empereur Nicolas Ier) le triste destin de se rendre coupable devant Dieu et les hommes d'un crime dont son nom restera à jamais souillé (1). » (Vol. I, pages 200, 201.)

« Si la persécution a été cruelle sous Catherine II, elle l'est devenue beaucoup plus sous le règne actuel. Catherine II avait au moins laissé aux prêtres et aux croyants ruthéniens unis la triste alternative de passer à l'Église latine ou d'embrasser le schisme. Grâce à l'activité et au zèle d'un grand nombre de curés, qui embrassèrent le rite latin, un grand nombre de paroisses furent conservées à l'Église. Le gouvernement actuel, non-seulement défend aux prêtres d'embrasser le rite latin, mais il contraint même tous les Ruthéniens unis qui, sous Catherine II, Paul Ier, et Alexandre, ont embrassé le rite latin de retourner au schisme.

« Un ukase de Catherine II, de l'année 1799, fut remis en vigueur en 1833, et renforcé par de sévères additions. « Cet ukase ordonne de punir comme rebelle tout catholique, fût-il prêtre ou laïque, d'une condition basse ou élevée, toutes les fois qu'on le verra s'opposer, soit par des paroles, soit par des actions, au progrès du culte dominant, ou empêcher, de quelque manière que ce soit, la réunion à l'Église russe de familles ou villages séparés. »

« Appuyé sur cette effroyable loi, le gouvernement envoyait ses prêtres, en qualité de missionnaires bibliques, dans les propriétés de ceux des nobles qui se distinguent par leur attachement aux dogmes de leur Église ; ces prêtres emploient toute sorte de moyens pour forcer les campagnards à embrasser le culte schismatique ; leur tâche est facile, car tout individu qui leur résiste, et qui provoque ses coreligionnaires à rester fidèles au culte catholique, est aussitôt traité de rebelle et jeté dans les prisons. Mais cette loi est insuffisante, malgré sa tyrannie, à détruire partout le zèle des fidèles. Parmi une foule d'exemples, nous en choisirons un seul. En 1836, des prêtres russes arrivent dans les terres de M. Makowiecki, riche propriétaire du district de Vitepsk, et commencent à y remplir leur mission ; une vigoureuse résistance leur est opposée par les paysans soutenus de leur seigneur. Les prêtres russes (popes) en informent le gouvernement, et aussitôt l'Empereur donne ordre de dépouiller M. Makowiecki de toutes ses possessions et de l'exiler en Sibérie ; soutenus par des troupes russes, les prêtres recommencent leur mission ; malgré des cruautés inouïes, ces malheureux paysans résistent encore, mais, après deux ans, ils embrassent le rite schismatique ! L'Empereur envoie alors au ministre de l'intérieur, Nikolajovicz Bloudow, l'ukase suivant, dans lequel se peint l'expression d'une amère moquerie : « Rendez à Makowiecki sa liberté et ses terres, car tous ses paysans sont devenus Russes orthodoxes. »

« Des scènes pareilles eurent lieu dans les paroisses ruthéniennes unies de Radomil et Oszmiana. Les habitants de Radomil avaient résisté pendant trois jours et trois nuits contre des soldats russes, et avaient défendu leur église avec un héroïsme rare ; mais enfin, vaincus par le nombre, ils cédèrent et embrassèrent le schisme. A Oszmiana, M. Mirski, propriétaire, fut dépouillé de ses biens et exilé en Sibérie, pour n'avoir pas voulu livrer les clefs de l'église après que ses paysans, forcés par les moyens ordinaires, avaient embrassé le culte schismatique.

« Des prêtres russes sont fréquemment envoyés dans les terres de ceux des nobles qui ont embrassé le culte latin ; ils s'y permettent les plus grandes cruautés pour forcer les habitants à adopter le schisme ; car, suivant une dialectique toute particulière du gouvernement russe, les nobles, pour avoir embrassé le culte latin, n'ont plus aucun droit sur leurs paysans ruthéniens unis. Dans les villages où les paysans, pour sauver leur culte, ont, depuis Catherine II, embrassé le rite latin, les prêtres se présentent armés de l'ukase de 1833, qui dit : « Toutes les familles qui, sous Catherine II et sous ses saints successeurs, les empereurs Paul Ier et Alexandre Ier, ont embrassé le rite latin sont présentement reconnues appartenir au culte russe orthodoxe. » Des villages entiers sont ainsi forcés de passer du rite latin dans le schisme. Les popes russes et les agents du gouvernement ont recours aux plus grandes cruautés pour mettre cette loi en vigueur. Citons-en un seul exemple : « Un certain

(1) Le poète polonais Niemcewicz raconte la manière singulière dont cette nouvelle lui fut annoncée par le geôlier de la prison où le faisait retenir l'Impératrice depuis près de trois ans. Cet homme lui dit un beau matin : « Apprenez que notre immortelle souveraine a daigné mourir. »

Voyez *Notes sur ma captivité à Saint-Pétersbourg en 1794, 1795, 1796*, par Julien Ursin Niemcewicz.

(*Note de l'Auteur.*)

« M. Buraczek, qui appartenait au rite ruthénien uni, avait, parce qu'il » descendait d'une famille schismatique, [illegible] en mariage une demoiselle » qui, de même que lui, appartenait à l'Église unie, mais lorsqu'il demanda à être marié, son prêtre et tous les prêtres unis auxquels il s'adressa refusèrent, disant que les ordres de l'Empereur leur défendaient » de consacrer de pareils mariages; il courut de ville en ville, et finit par » trouver dans le voisinage de Smolensk un prêtre ruthénien uni qui, » touché de son attachement pour la religion, le maria secrètement. Le » gouvernement eut connaissance de ce mariage et le déclara nul. » M. Buraczek et le prêtre furent dépouillés de leurs biens et exilés en » Sibérie. »

« Le gouvernement russe essaye de justifier ces violences, en soutenant que déclarer schismatique telle ou telle famille, tel ou tel individu, ce n'est point violenter les consciences; c'est simplement les ramener à la religion de leurs ancêtres, religion qu'ils ont, dit-il, abandonnée par ignorance et sans en avoir le droit. » (Vol. I, pages 240, 241, 242.)

« Des violences pareilles et de plus terribles encore furent exercées par les agents russes dans les colonies militaires, pour la plupart composées de Polonais et de Ruthéniens catholiques. Il suffit de citer un seul fait qui est [illegible] en 1835, dans une de ces colonies à Starosiel, gouvernement de Vitepsk. « Le commandant rassembla un jour tous les soldats soumis à » ses ordres, et après leur avoir adressé un discours qui leur rappelait » leurs devoirs envers la personne sacrée de l'Empereur, il leur déclara » que la volonté immuable de ce souverain était qu'ils reconnussent le » [illegible]. Le plus grand nombre résista, et déclara qu'il leur » serait moins difficile de mourir que de trahir leur religion. A peine eut-il » [illegible] cette résolution héroïque, que les soldats russes de » cette colonie [illegible] l'ordre de se précipiter sur leurs compagnons, » [illegible] les frapper à coups de bâton et à coups de sabre. Beaucoup » [illegible] à la suite des blessures qu'ils avaient reçues. » (Vol. I, pages 244, 245.)

« Plus de cent soixante prêtres expièrent leur héroïsme religieux par des traitements indignes et par la Sibérie, où le plus grand nombre trouva la mort. » (Vol. I, page 249.)

« Écoutons le chant de victoire qu'entonna le gouvernement russe lors de la défection des Grecs unis; ce passage fut bientôt après inséré dans [illegible] *du Nord*.

« [illegible] dans cet événement merveilleux, dit cet acte [illegible] vérité [illegible] en effet [illegible] l'Église orthodoxe [illegible] Aujourd'hui [illegible] d'une seule et même [illegible] » Très Haut [illegible] les éparchies réunies [illegible] périrent tant de victimes d'une superstition barbare. Aux [illegible] temps passés [illegible] se sépara [illegible] mère, autant a été facile et joyeux leur retour actuel. Les anciennes [illegible] sont fermées, les préceptes de la religion affermis, l'esprit et la conscience du peuple tranquillisés. Une branche entière de l'Église russe, [illegible] prétendue, est revenue [illegible]. » Et la Russie [illegible] à la sage [illegible] et au pieux exemple de son » monarque, a fait de si grands progrès dans [illegible] de la religion, » [illegible] d'exprimer [illegible] grand [illegible] » [illegible] triomphe, dont les suites bienfaisantes [illegible] » [illegible] On peut [illegible] désormais, avec raison, qu'à l'exception de la [illegible] proprement dite, et de la Samogitie, la population entière [illegible] de l'Empire est [illegible] russe [illegible]. Des [illegible] s'efforceront en vain de [illegible] histoire [illegible] des faits [illegible] pas [illegible] dans les vrais habitants de ces provinces [illegible] de leur [illegible], de leur langue et de leur ancienne croyance. » (Vol. I, pages 257, 258.)

« L'ukase du 2 janvier 1839 accorde pardon à tout catholique qui pour meurtre, vol ou autre crime, a été condamné au knout, aux mines ou aux [illegible], s'il se fait schismatique. [illegible] obtiennent [illegible] la permission de porter, en guise de la décoration [illegible], une médaille frappée en mémoire de l'événement. L'Église catholique perd ainsi ses enfants, ses biens et ses droits. » (Vol. I, page 333.)

LETTRE TRENTE-SIXIÈME.

SOMMAIRE. — Retour à Ems. — Ce qui caractérise les environs. — L'automne aux environs du Rhin. — Comparaison des paysages russes et allemands. — Souvenir de [illegible]. — Madame Sand. — [illegible] — Secret de la vie des saints. — [illegible] par le voyageur en Russie. — Résumé du voyage. — Dernier portrait des Russes. — But [illegible] de tous leurs efforts. — Secret de leur politique. — Coup d'œil sur toutes les Églises [illegible]. — Danger qu'on court en Russie à dire la vérité sur la religion grecque. — Parallèle de l'Espagne et de la Russie.

Des eaux d'Ems, ce 22 octobre 18[illegible].

J'ai pris l'habitude de ne laisser jamais passer beaucoup de temps sans vous obliger à vous souvenir de moi : un homme tel que vous devient nécessaire à ceux qui ont pu l'apprécier une fois et qui savent profiter de ses lumières sans les craindre. Il y a plus de peur encore que d'envie dans la haine qu'inspire le talent aux petits esprits : qu'en feraient-ils s'ils l'avaient? Mais ils sont toujours à portée de redouter son influence et sa pénétration. Ils ne voient pas que la supériorité de l'intelligence qui sert à connaître l'essence des choses et à reconnaître leur nécessité, promet l'indulgence : l'indulgence éclairée, c'est adorable comme la Providence; mais les petits esprits n'adorent pas.

Parti d'Ems pour la Russie, il y a près de cinq mois, je reviens dans cet élégant village après une tournée de quelque mille lieues. Le séjour des eaux m'était désagréable au printemps, à cause de la foule inévitable des baigneurs et des buveurs; je le trouve délicieux à présent que j'y suis *seul à la lettre*, occupé à jouir du progrès d'un bel automne, au milieu des montagnes dont j'admire la tristesse, tout en recueillant mes souvenirs et en cherchant le repos dont j'ai besoin après le rapide voyage que je viens de terminer.

Quel contraste! en Russie, j'étais privé du spectacle de la nature : il n'y a point là de nature; pourtant ces vues de plaines, dénuées de paysages pittoresques, ont bien aussi leur genre de beauté; mais une grandeur sans charme fatigue vite : quel plaisir y a-t-il à voyager au travers d'immenses espaces nus, à perte de vue, où l'on ne découvre qu'une vaste étendue toute vide? cette monotonie aggrave la fatigue du déplacement, parce qu'elle la rend infructueuse. La surprise entre pour quelque chose dans tous les plaisirs du voyage et dans le zèle du voyageur.

C'est avec bonheur que je me retrouve à la fin de la saison dans un pays montueux et dont les beautés frappent d'abord les regards. Je ne saurais vous dire quel charme j'éprouvais il n'y a qu'un instant à m'égarer sous de grands bois dont une neige de feuilles mortes avait jonché le sol et couvert les sentiers effacés. Je me reportais aux descriptions de René, le cœur me battait comme il avait battu jadis en lisant ce douloureux et sublime entretien d'une âme avec la nature.

Cette prose religieuse et lyrique n'avait rien perdu de son pouvoir sur moi, et je me disais étonné de mon attendrissement : La jeunesse ne finit donc jamais!

J'apercevais à travers le feuillage éclairci par les premières gelées blanches, les horizons vaporeux du val où de la Lahn, voisin du plus beau fleuve de l'Europe, et j'admirais le calme et la grâce du paysage.

Les points de vue formés par les ravins qui servent d'écoulement aux affluents du Rhin sont variés; ceux des environs du Volga se ressemblent tous : mais l'aspect des plaines élevées qu'on appelle ici montagnes, parce qu'elles font plateaux et qu'elles séparent de profondes vallées, est en général froid et monotone. Cependant, ce froid et cette monotonie sont du feu, de la vie, du mouvement auprès des marécages sans bornes et des steppes sans végétation de la Moscovie : ce matin, la lumière scintillante du soleil des derniers beaux jours se répandait sur toute la nature et prêtait un éclat méridional à ces paysages du Nord qui, grâce aux vapeurs de l'automne, avaient perdu leur sécheresse de contours et la roideur de leurs lignes brisées.

Le repos des bois dans cette saison est frappant, il contraste avec l'activité des champs où l'homme, averti par le calme précurseur de l'hiver, presse la fin des travaux.

Ce spectacle instructif et solennel, car il doit durer autant que le monde, m'intéresse comme si je ne faisais que de naître, ou comme si j'allais mourir; c'est que la vie intellectuelle n'est qu'une succession de découvertes. L'âme, lorsqu'elle n'a point dissipé ses forces dans les affectations, trop habituelles aux gens du monde, conserve une inépuisable faculté de surprise et de curiosité; des puissances toujours nouvelles l'excitent à de nouveaux efforts, cet univers ne lui suffit plus : elle appelle, elle comprend l'infini; sa pensée mûrit, elle ne vieillit pas, et voilà ce qui nous promet quelque chose au delà de ce que nous voyons.

C'est l'intensité de notre vie qui fait la variété; ce qu'on sent profondément paraît toujours neuf; le langage se ressent de cette [illegible] la fraîcheur d'impressions, chaque affection nouvelle prête son harmonie particulière aux paroles destinées à l'exprimer; voilà pourquoi le coloris du style est la mesure la plus certaine de la nouveauté, je veux dire de la sincérité des sentiments. Les idées s'empruntent, on cache leur source, l'esprit ment à l'esprit, mais l'harmonie du discours ne trompe jamais, preuve assurée de la sensibilité de l'âme, c'est une révélation involontaire; elle sort immédiatement du cœur et va droit au cœur, l'art ne la supplée qu'imparfaitement, elle naît de l'émotion, enfin cette musique de la parole porte plus loin que l'idée, c'est ce qu'il y a de plus involontaire, de plus vrai, de plus fécond dans l'expression de la pensée : voilà pourquoi madame Sand a si vite obtenu chez nous la réputation qu'elle mérite.

Saint amour de la solitude, tu n'es qu'un vif besoin de réalité!... Le monde est si menteur, qu'un caractère passionné pour le vrai doit être disposé à fuir les lieux habités. La misanthropie est un sentiment calomnié : c'est la haine du mensonge. A vrai dire, il n'y a pas de misanthropes, il y a des âmes qui aiment mieux fuir que feindre.

Seul avec Dieu, l'homme dans sa retraite devient humble à force

1 Cette union est uniquement russe; le synode de Pétersbourg n'étant pas plus d'accord avec Byzance qu'avec Rome.

de sincérité ; là il expie, par le silence et la méditation, toutes les heureuses fraudes des esprits mondains, leurs duplicités triomphantes, leurs vanités, leurs trahisons ignorées et trop souvent récompensées par la foule ; ne pouvant être dupe, ne voulant point être trompeur, il se fait victime volontaire et cache son existence avec autant de soin que les courtisans de la mode en prennent pour se mettre en lumière : tel est, sans nul doute, le secret de la vie des saints, secret facile à pénétrer, mais difficile à imiter. Si j'étais un saint, je n'aurais plus la curiosité de voyager, j'aurais encore moins l'envie de raconter mes voyages ; les saints ont trouvé ; je cherche.

Tout en cherchant, j'ai parcouru la Russie ; je voulais voir un pays où règne le calme d'un pouvoir assuré de sa force ; mais arrivé là, j'ai reconnu qu'il n'y règne que le silence de la peur, et j'ai tiré de ce spectacle un enseignement tout différent de celui que j'étais venu lui demander. C'est un monde à peu près ignoré des étrangers : les Russes qui voyagent pour le fair payent de loin, en éloges astucieux, leur tribut à la patrie, et la plupart des voyageurs qui nous l'ont décrit n'ont voulu y découvrir que ce qu'ils allaient y chercher. Si l'on défend ses préventions contre l'évidence, à quoi bon voyager ? Lorsqu'on est décidé à voir les nations comme on les veut, on n'a pas besoin de sortir de chez soi.

Je vous envoie le résumé de mon voyage, écrit depuis mon retour à Ems ; vous étiez présent à ma pensée pendant que je faisais ce travail, il m'est donc bien permis de vous l'adresser.

RÉSUMÉ DU VOYAGE

En Russie, tout ce qui frappe vos regards, tout ce qui se passe autour de vous, est d'une régularité effrayante. La première pensée qui vient à l'esprit du voyageur lorsqu'il contemple cette symétrie, c'est qu'une si complète uniformité [illegible] si contraire aux penchants naturels de l'homme, [illegible] ne peut subsister sans violence. L'imagination [illegible] variété, mortellement, comme un oiseau déploie ses ailes dans une cage. Sous un tel régime, l'homme peut savoir et sait, le premier jour de sa vie, ce qu'il verra, ce qu'il fera jusqu'au dernier. Une si rude tyrannie [illegible] en langage officiel [illegible] l'amour de l'ordre [illegible] du despotisme [illegible] aux esprits méthodiques [illegible]

[illegible] esprits vigoureux, [illegible] j'ai vécu sous la [illegible] la population [illegible] je l'avoue, j'aime encore mieux un peu de désordre qui annonce la force, qu'un ordre parfait qui [illegible]

[illegible] tout et ne vivifie rien. Dans [illegible] est muet [illegible] capricieusement ; [illegible] à ceux certains [illegible] la tombe. Les mères y doivent pleurer la naissance plus que la mort de leurs enfants.

Je ne crois pas que le suicide y soit commun : on y souffre trop pour se tuer. Singulière disposition de l'homme ! quand la terreur préside à sa vie, il ne cherche pas la mort, il sait déjà ce que c'est (1).

Dussé-je le nombre des hommes qui se tuent serait grand en Russie [illegible] des chiffres est un [illegible] exacte à l'Empereur [illegible] c'est que nul malheur ne se [illegible] à cet humiliant aveu de la [illegible] Providence. L'orgueil du despotisme est si grand qu'il rivalise avec la puissance de Dieu. Monstrueuse jalousie [illegible] dans quels [illegible] as-tu fait tomber les rois et les sujets ? Pour que le prince soit plus qu'un homme, que faut-il que [illegible] peuple ?

Aimez donc la vérité, défendez-la dans un pays où l'idolâtrie est le principe de la constitution ! Un homme qui peut tout, c'est le mensonge couronné.

Vous comprenez que ce n'est pas de l'empereur Nicolas que je m'occupe en ce moment, mais de l'empereur de Russie. On vous parle beaucoup des coutumes qui bornent son pouvoir ; j'ai été frappé de l'abus et n'ai point vu le remède.

Aux yeux du véritable homme d'État et de tous les esprits pratiques, les lois, j'en conviens, sont moins importantes que ne le croient nos logiciens rigoureux, nos philosophes politiques, car, en dernière analyse, c'est la manière dont elles sont appliquées qui décide de la vie des peuples. Oui, mais la vie des Russes est plus triste que celle d'aucun des autres peuples de l'Europe ; et quand je dis le peuple, ce n'est pas seulement des paysans attachés à la glèbe que je veux parler, c'est de tout ce qui compose l'Empire.

Un gouvernement soi-disant vigoureux et qui se fait impitoyablement respecter en toute occasion, doit nécessairement rendre les hommes misérables. Dans les sociétés, tout peut servir au despotisme, quelle que soit d'ailleurs la fiction, monarchique ou démocratique, qu'on y laisse dominer. Partout où le jeu de la machine publique est rigoureusement exact, il y a despotisme. Le meilleur des gouvernements est celui qui se fait le moins sentir ; mais on n'arrive à cet oubli du joug que par un génie et une sagesse supérieurs, ou par un certain relâchement de la discipline sociale. Les gouvernements, toujours bienfaisants dans la jeunesse des peuples, lorsque les hommes à demi sauvages honorent tout ce qui les arrache au désordre, le redeviennent dans la vieillesse des nations. À cette époque, on voit naître les constitutions mixtes. Mais ces gouvernements fondés sur un pacte entre l'expérience et la passion ne peuvent convenir qu'à des populations déjà fatiguées, à des sociétés dont les ressorts sont usés par les révolutions. On doit conclure de là que s'ils ne sont pas les plus solides, ils sont les plus doux ; donc, les peuples qui les ont une fois obtenus n'en sauraient trop prolonger la durée ; c'est celle d'une verte vieillesse. Qu'on ne dise pas que les nations sans cesse renouvelées ne vieillissent point : il y a des pays où, après de longs siècles de civilisation, les enfants naissent vieux. Mais la vieillesse des États, [illegible] des hommes, est l'âge le plus paisible quand elle couronne une vie glorieuse : c'est l'âge moyen d'une nation qui est toujours rude à passer : la Russie l'éprouve.

Dans ce pays, différent de tous les autres, la nature elle-même est devenue complice des caprices de l'homme qui a tué la [illegible] pour divinisér l'unité ; elle aussi, elle est partout la même : [illegible] arbres *mal venants* et clair-semés [illegible] de vue dans les plaines marécageuses ou sablonneuses, le bouleau et le pin, voilà toute la végétation naturelle de la Russie septentrionale, c'est-à-dire des environs de Pétersbourg et des provinces circonvoisines, ce qui comprend une immense étendue de pays.

Où trouver un refuge contre les inconvénients de la société dans un climat où l'on ne peut jouir de la campagne que trois mois par an ? et quelle campagne ! Ajoutez que, pendant les six mois les plus rigoureux de l'hiver, on n'ose respirer l'air libre que deux heures par jour, à moins d'être un paysan russe. Voilà ce que Dieu avait fait pour l'homme dans ces contrées.

Voyons ce que l'homme a fait pour lui-même : une des merveilles du monde, sans contredit, c'est Saint-Pétersbourg ; Moscou est aussi une ville très-pittoresque, mais que dire de l'aspect des provinces ?

Vous verrez dans mes lettres l'excès de l'uniformité engendrée par l'abus de l'unité. Un seul homme dans tout l'Empire a le droit de vouloir ; il résulte de là que lui seul a la vie propre. L'absence d'âme se trahit dans toutes choses ; à chaque pas que vous faites, vous sentez que vous êtes chez un peuple privé d'indépendance. De vingt en trente lieues sur toutes les routes, une seule ville vous attend, c'est toujours la même. La tyrannie n'invente que les moyens de s'affermir, elle se soucie peu du bon goût dans les arts.

La passion des princes russes et des hommes du métier en Russie pour l'architecture païenne, pour la ligne droite, pour les bâtisses peu élevées et pour les rues espacées, est en contradiction avec les lois de la nature et avec les besoins de la vie dans un pays froid, brumeux et sans cesse exposé à de grands coups de vent qui vous glacent le visage. Pendant tout le temps de mon voyage, je me suis efforcé vainement de concevoir comment cette manie a pu s'emparer des habitants d'une contrée si différente des pays où naquit cette architecture dite classique et dont l'importation est le fléau de la Russie : les Russes ne le conçoivent probablement pas plus que moi, car ils ne sont pas plus maîtres de leurs goûts que de leurs actions. On leur a imposé ce qu'on appelle les beaux-arts comme on leur commande l'exercice. Le régiment et son minutieux esprit, tel est le moule de cette société.

Les remparts élevés, les hauts édifices très-rapprochés les uns des autres, les rues tortueuses des villes du moyen âge conviendraient mieux que des caricatures de l'antique au climat et aux habitudes de la Russie ; mais le pays auquel les Russes influents pensent le moins, celui dont ils consultent le moins le génie et les besoins, c'est le pays qu'ils gouvernent.

(1) Dickens le dit : « Le suicide est rare parmi les prisonniers, même il est presque inconnu. Mais nul argument en faveur du système ne peut être raisonnablement déduit de cette circonstance, quoiqu'on en prévale souvent. Tous les hommes qui ont fait leur étude des maladies de l'esprit savent parfaitement, bien qu'un abattement, qu'un désespoir assez profonds pour changer entièrement le caractère et pour [illegible] toute force d'élasticité, toute résistance propre, peuvent travailler [illegible] d'un homme, et s'arrêtent pourtant devant l'idée de la destruction volontaire ; c'est un cas fréquent. »

(Philadelphie et sa prison solitaire. Voyage en Amérique, par Charles Dickens.)

« Suicides are rare among the prisoners : are almost indeed unknown. But no « argument in favour of the system can reasonably be deduced from this circum- « stance, although it is very often urged. All men who have made diseases of the « mind their study know perfectly well that such extreme depression and despair « as to change the whole character and beat down all its powers of elasticity and « self resistance, may be at work within a man, and yet stop short of self destruc- « tion. This is a common case. »

(Philadelphia and its solitary prison. American Notes for general circulation, by Charles Dickens. Paris, Baudry's edition, p. 13[illegible], 1842.)

Le grand écrivain, le profond moraliste, le philosophe chrétien auquel j'emprunte ces lignes a non-seulement l'autorité du talent et d'un style qui grave ses pensées sur l'esprit, mais son opinion fait loi dans cette matière si scrupuleusement étudiée par lui.

Note du Voyageur.

* La prison solitaire.

Quand Pierre le Grand publiait, depuis la Tartarie jusqu'en Laponie, ses édits de civilisation, les créations du moyen âge étaient depuis longtemps passées de mode en Europe; or, les Russes, même ceux qu'on a qualifiés du surnom de *grands*, n'ont jamais su que suivre la mode.

Cette disposition à l'imitation ne s'accorde guère avec l'ambition que nous leur attribuons, car on ne domine pas ce que l'on copie; mais tout est contradictoire dans le caractère de ce peuple superficiel d'ailleurs ce qui le distingue particulièrement, c'est le manque d'invention. Pour inventer il faudrait de l'indépendance. Il y a de la singerie jusque dans ses passions : s'il veut avoir son tour sur la scène du monde, ce n'est pas pour employer des facultés [illegible] et qui le tourmentent dans son inaction : c'est uniquement [illegible] recommencer l'histoire des sociétés illustres; son ambition [illegible] une puissance, elle est une prétention : il n'a nulle force [illegible] la comparaison, voilà son talent, l'imitation, voilà son [illegible] son automne il paraît doué d'une sorte d'originalité, c'est [illegible] que nul peuple sur la terre n'a jamais eu un tel besoin de [illegible] naturellement porté à observer, il ne redevient lui-même [illegible] les créations des autres. Ce qu'il a d'originalité [illegible] de contrefaire qu'il possède plus que tout autre peuple. Sa seule faculté primitive est l'aptitude à reproduire les inventions des étrangers. Il sera [illegible] tout ce qu'est, dans la littérature, un traducteur habile. Les Russes sont chargés de traduire la civilisation européenne aux Asiatiques.

Le talent d'imiter peut devenir utile et même admirable dans les [illegible] pourvu qu'il s'y développe tard, mais il tue tous les autres [illegible] lorsqu'il les précède. La Russie est une société d'imitateurs. Tout homme qui ne sait que copier tombe nécessairement dans [illegible]

[illegible] depuis quatre siècles entre l'Europe et l'Asie, la Russie [illegible] parvenir encore à marquer par ses œuvres dans [illegible] humain, parce que son caractère national s'est effacé sous [illegible]

[illegible] de l'Occident par son adhésion au schisme grec, elle [illegible] après bien des siècles, avec l'inconséquence de l'amour-[illegible] demander à des nations formées par le catholicisme [illegible] dont l'avait privée une religion toute politique. Cette [illegible] sortie d'un palais pour aller maintenir l'ordre [illegible] ne répond pas aux besoins les plus sublimes de [illegible] humaine; elle aide la police à tromper la nation. Voilà [illegible] a rendu d'avance ce peuple indigne du degré de culture auquel il aspire. Des pasteurs esclaves ne peuvent guider que des esprits stériles : un pape n'instruira jamais les nations qui se prosternent devant la force.

L'indépendance de l'Église est nécessaire au mouvement de la sève [illegible] car le développement de la plus noble faculté des peuples [illegible] dépend de la dignité du sacerdoce.

[illegible] toujours, elle sera toujours guidée par des hommes [illegible] les prêtres, docteurs, savants, poëtes, tyrans, peu importe [illegible] l'esprit du peuple est dans la main de ses chefs, quels qu'ils [illegible] liberté religieuse pour les masses est donc une chimère, [illegible] qui décide du sort des âmes c'est la liberté de l'homme [illegible] d'office de prêtre : or, il n'y a au [illegible] de prêtre libre que le prêtre catholique. Tout prêtre révolté [illegible] chef spirituel perd sa force [illegible] des [illegible] culte est elle la première [illegible] de l'hérésie. Voilà [illegible] dans tous les pays se [illegible] on voit les prêtres [illegible] du peuple, malgré la protection des rois, ou pour mieux [illegible] de cette protection qui les place dans la dépendance [illegible] même en ce qui concerne leur mission divine.

[illegible] connaissent en liberté; [illegible] jamais du [illegible] un clergé dépendant. Ils n'ont rien à en attendre; [illegible] n'apprendra jamais à ses disciples qu'à se courber [illegible]

[illegible] que le monde aura fait un grand pas lorsqu'il aura [illegible] en matière de religion, ce qu'il y a d'essentiel, ce n'est [illegible] la liberté [illegible] c'est d'assurer [illegible] du pasteur. [illegible] plus d'on vient que les Russes n'imaginent [illegible] pourquoi les Russes ne savent que copier sans pré-[illegible]

[illegible] en Occident les descendants des Barbares étudiaient les [illegible] avec une vénération qui tenait de l'idolâtrie, ils les modifiaient pour se les approprier : qui peut reconnaître Virgile dans le [illegible] Homère dans le Tasse? Justinien et les lois romaines dans les codes de la féodalité? L'imitation de maîtres entièrement [illegible] mœurs modernes, pouvait polir les esprits en formant [illegible] elle ne pouvait les réduire à une reproduction stérile. Le [illegible] qu'ils professaient pour le passé, loin d'étouffer [illegible] le réveilla [illegible] mais ce n'est pas ainsi que les Russes se sont [illegible]

[illegible] contrefait la forme d'une société sans se pénétrer de [illegible] quand on va demander des leçons de civilisation, [illegible] aux antiques instituteurs du genre humain, [illegible] on envie les richesses sans respecter leur caractère quand l'imitation est hostile et qu'elle tombe en même temps dans la puérilité, lorsqu'on va prendre chez un voisin, qu'on affecte de dédaigner, jusqu'à la manière d'habiter sa maison, de s'habiller, de parler, on devient un calque, un écho, un reflet, on n'existe plus par soi-même.

Les sociétés du moyen âge, vivantes de leurs croyances renouvelées, fortes de leurs besoins à elles, pouvaient adorer l'antiquité sans risquer de la parodier; parce que la force de création, quand elle existe, ne se perd jamais à quelque usage que l'homme l'applique... que d'imagination dans l'érudition des XVe et XVIe siècles!...

Le respect pour les modèles est le cachet d'un esprit créateur.

C'est pourquoi l'étude des classiques dans l'Occident à l'époque de la renaissance, n'a guère influé que sur les belles lettres et sur les beaux-arts : le développement de l'industrie, du commerce, des sciences naturelles et des sciences exactes, est uniquement l'œuvre de l'Europe moderne, qui pour ces choses a tiré presque tout d'elle-même. L'admiration superstitieuse qu'elle professa longtemps pour la littérature païenne n'a pas empêché que sa politique, sa religion, sa philosophie, la forme de ses gouvernements, sa manière de faire la guerre, son point d'honneur, ses mœurs, son esprit, ses habitudes sociales ne soient à elle.

La Russie elle seule civilisée tard, s'est vue, par l'impatience de ses chefs, privée d'une fermentation profonde et du bénéfice d'une culture lente et naturelle. Le travail intérieur qui forme les grands peuples et prépare une nation à dominer, c'est-à-dire à éclairer les autres, a manqué à la Russie; je l'ai souvent remarqué, dans ce pays, la société, telle que ses souverains l'ont faite, n'est qu'une immense serre chaude remplie de jolies plantes exotiques. Là, chaque fleur rappelle son sol natal, mais on se demande où est la vie, où est la nature [illegible] sont les productions indigènes dans cette collection de souvenirs qui dénote le choix plus ou moins heureux de quelques voyageurs curieux, mais qui n'est pas l'œuvre sérieuse d'une nation libre.

La nation russe se ressentira éternellement de cette absence de vie propre dont elle souffrait à l'époque de son réveil politique. L'adolescence, cet âge laborieux où l'esprit de l'homme assume toute la responsabilité de son indépendance, a été perdue pour elle : ses princes et surtout Pierre le Grand, comptant pour rien le temps, l'ont fait passer violemment de l'enfance à la virilité. A peine échappée au joug étranger, tout ce qui n'était pas domination des Mongols lui semblait liberté; c'est ainsi que, dans la joie de son inexpérience, elle accepta comme une délivrance le servage lui-même, parce qu'il lui était imposé par ses souverains légitimes. Ce peuple, avili sous la conquête, se trouvait assez heureux, assez indépendant pourvu que son tyran s'appelât d'un nom russe au lieu d'un nom tatar.

L'effet d'une telle illusion dure encore; l'originalité de l'esprit a fui de ce sol dont les enfants, rompus à l'esclavage, n'ont pris au sérieux, jusqu'à ce jour, que la terreur et l'ambition. Qu'est-ce que la mode pour eux, si ce n'est une chaîne élégante et qu'on ne porte qu'en public? [illegible] La politesse russe, quelque bien jouée qu'elle nous paraisse, est plus cérémonieuse que naturelle, tant il est vrai que l'urbanité est une fleur qui ne s'épanouit qu'au sommet de l'arbre social : cette plante ne se greffe pas, elle s'enracine, et la tige qui doit la supporter, comme celle de l'aloès, met des siècles à pousser; il faut que bien des générations à demi barbares soient mortes dans un pays avant que les couches supérieures de la terre sociale y fassent naître des hommes réellement polis : plusieurs âges de souvenirs sont nécessaires à l'éducation d'un peuple civilisé; l'esprit d'un enfant né de parents polis, peut seul mûrir assez vite pour comprendre ce qu'il y a de réel au fond de la politesse. C'est un échange secret de sacrifices volontaires. Rien de plus délicat, on peut dire de plus véritablement moral, que les principes qui constituent l'élégance parfaite des manières. Une telle politesse, qui [illegible] à la guerre des passions, ne peut être entièrement distincte de la noblesse des sentiments, que nul homme n'acquiert à lui seul, car c'est surtout sur l'âme qu'influe la première éducation : en un mot, la véritable urbanité est un héritage; notre siècle a [illegible] compter le temps pour rien, la nature, dans ses œuvres les plus merveilleuses, le compte pour beaucoup.

Jadis un certain raffinement de goût caractérisait les Russes du Midi et, grâce aux rapports entretenus de toute antiquité, pendant les siècles les plus barbares, avec Constantinople par les souverains de Kiew, l'amour des arts régnait dans cette partie de l'Empire slave, en même temps que les traditions de l'Orient y avaient maintenu le sentiment du grand et perpétué une certaine dextérité parmi les artistes et les ouvriers : mais ces avantages, fruits d'anciennes relations avec des peuples avancés dans une civilisation héritée de l'antique, ont été perdus lors de l'invasion des Mongols.

Cette crise a forcé, pour ainsi dire, la Russie primitive d'oublier son histoire. L'esclavage produit la bassesse, qui exclut la vraie politesse, celle-ci n'a rien de servile, puisqu'elle est l'expression des sentiments les plus élevés et les plus délicats. Or, ce n'est que lorsque la politesse devient en quelque sorte une monnaie courante chez un peuple entier qu'on peut dire que ce peuple est civilisé; alors la rudesse originelle, la personnalité brutale de la nature humaine se trouvent effacées dès le berceau par les leçons que chaque individu reçoit dans sa famille, quelque part qu'il naisse, l'homme enfant n'est point pitoyable, et si, dès le début de la vie, il n'est détourné de ses penchants cruels, jamais il ne sera réellement poli. La politesse n'est que le code de la pitié appliqué aux relations journalières de la société; ce code enseigne surtout la compassion pour les souffrances de l'amour-propre : c'est aussi le remède le plus universel, le plus applicable, le plus pratique qu'on ait trouvé jusqu'ici contre l'égoïsme.

On dira ce qu'on voudra, tous ces raffinements, résultat naturel de l'œuvre du temps, sont méconnus aux Russes actuels, qui se souviennent bien plus de Saraï que de Byzance, et qui, à peu d'exceptions près, ne sont encore que des Barbares bien habillés. Ils me paraissent des portraits mal peints, mais très-bien vernis. Pour que votre politesse fût vraie, il faudrait avoir été longtemps humains avant d'être devenus polis.

C'est Pierre le Grand qui, avec toute l'imprudence d'un génie inculte, toute la témérité d'un homme d'autant plus impatient qu'il est censé tout-puissant, avec la persévérance d'un caractère de fer, est allé dérober bien vite à l'Europe les fruits de la civilisation tout venus, au lieu de se résigner à en cultiver lentement les semences dans son propre terrain ; cet homme trop vanté n'a produit qu'une œuvre factice : c'est étonnant ; mais le bien qu'a fait ce génie sauvage fut passager, le mal est irréparable.

Qu'importe à la Russie de se sentir peser sur l'Europe? d'influer sur la politique de l'Europe? Intérêts factices, passions vaniteuses! Ce qui lui importait, c'était d'avoir en elle-même le principe de la vie et de le développer ; une nation qui n'a rien telle que son obéissance n'est pas vivante. On a mis celle-ci à la fenêtre ; elle regarde, elle écoute, elle agit comme un homme assis au spectacle agit; quand fera-t-on cesser ce jeu (1)?

Il faudrait s'arrêter et recommencer : un tel effort est-il possible? peut-on reprendre en sous-œuvre un si vaste édifice? La trop récente civilisation de l'Empire russe, toute factice qu'elle est, a déjà produit des résultats réels, et que nul pouvoir humain ne saurait annuler ; vouloir diriger l'avenir d'un peuple en comptant pour rien le présent, c'est une entreprise chimérique. Mais le présent, quand il a été violemment séparé du passé, ne promet que du malheur ; éviter ces malheurs à la Russie, en la forçant de tenir compte de son ancienne histoire qui n'était que l'expression de son caractère primitif : telle sera désormais la tâche ingrate, et plus utile que brillante, des hommes appelés à gouverner ce pays.

Le génie éminemment pratique et tout national de l'empereur Nicolas a compris ce problème ; pourra-t-il le résoudre? je ne le crois pas : il ne laisse pas assez faire ; il se fie trop à lui-même et trop peu aux autres pour réussir. D'ailleurs, en Russie, la volonté la plus absolue ne suffit pas pour faire le bien.

Ce n'est pas contre un tyran, c'est contre la tyrannie que les amis des hommes ont à lutter ici. Il serait injuste d'accuser l'Empereur des malheurs de l'Empire et des vices du gouvernement : la force d'un homme n'est pas égale à la tâche imposée au souverain qui tout à coup voudrait régner par l'humanité sur un peuple inhumain.

Il faut aller en Russie, il faut voir de près ce qui s'y passe pour apprendre tout ce que ne peut pas faire l'homme qui peut tout, surtout quand c'est le bien qu'il veut faire.

Les fâcheuses conséquences de l'œuvre de Pierre Ier ont encore été aggravées sous le grand ou, pour mieux dire, sous le long règne d'une femme qui n'a gouverné ses peuples que pour s'amuser à étonner l'Europe ; ... l'Europe, toujours l'Europe!!! ... jamais la Russie!

Pierre Ier et Catherine II ont donné au monde une grande et utile leçon que la Russie a payée : ils nous ont montré que le despotisme n'est jamais si redoutable que lorsqu'il prétend faire du bien, car alors il croit excuser ses actes les plus révoltants par ses intentions ; et le mal qui se donne pour remède n'a plus de bornes. Le crime à découvert ne triomphe qu'un jour ; mais les fausses vertus, voilà ce qui égare à jamais l'esprit des nations. Les peuples éblouis par les brillants accessoires du crime, par la grandeur de certains forfaits que l'événement a justifiés, croient à la fin qu'il y a deux scélératesses, deux morales, et que la nécessité, la raison d'État, comme on disait jadis, disculpe les criminels de haut parage, pourvu qu'ils aient su mettre leurs excès d'accord avec les passions du pays.

La tyrannie avouée m'effrayerait peu auprès d'une oppression déguisée en amour de l'ordre. La force du despotisme est uniquement dans le masque du despote. Que le souverain soit contraint de ne plus mentir, le peuple est libre ; aussi n'ai-je reconnu en ce monde d'autre mal que le mensonge. Si vous ne craignez que l'arbitraire violent et avoué, allez en Russie, vous apprendrez à redouter surtout la tyrannie hypocrite (1).

Je ne puis le nier, je rapporte de mon voyage des idées qui n'étaient pas les miennes lorsque je l'ai entrepris. Aussi ne donnerais-je pour rien au monde la peine qu'il m'a coûtée ; si j'en imprime la relation, ce sera précisément parce qu'il a modifié mes opinions sur plusieurs points. Elles étaient connues de tout ce qui me lira ; mon désappointement ne l'est pas : c'est un devoir que de le publier.

En partant, je comptais me dispenser d'écrire ce dernier voyage ; ma méthode est fatigante, parce qu'elle consiste à retracer pour mes amis, pendant la nuit, mes souvenirs de la journée. Durant ce travail, qui ressemble à une confidence, le public apparaît à ma pensée, mais dans un lointain vaporeux... si vaporeux que je m'obstine à douter de sa présence, et voilà pourquoi le ton de familiarité qu'on prend malgré soi dans une correspondance intime se conserve dans mes lettres imprimées.

Quelque légère que puisse vous paraître cette tâche, je ne suis plus assez jeune pour me l'imposer impunément ; une fois l'entreprise commencée, je tiens à la compléter, je ne me permets ni paresse ni négligence : c'est une rude fatigue. Aussi me plaisais-je à penser que je pourrais cette fois voyager pour moi tout seul, c'était le moyen de voir avec tranquillité. Mais la préoccupation où j'ai trouvé les Russes à mon égard, depuis les plus grands personnages jusqu'aux plus petits particuliers, m'a donné la mesure de mon importance, du moins de celle que j'ai pu acquérir à Pétersbourg. « Que pensez-vous, ou plutôt que direz-vous de nous? » voilà le fond de tous les discours qu'on m'adressait ; ils m'ont tiré de mon inaction ; je faisais le modeste par apathie, peut-être par lâcheté ; d'ailleurs, Paris rend humbles ceux qu'il ne rend pas excessivement présomptueux ; j'avais donc lieu de me défier de moi-même, mais l'amour-propre inquiet des Russes a rassuré le mien.

J'ai été soutenu dans ma nouvelle résolution par un désenchantement toujours croissant. Certes, il faut que la cause du mécompte soit profonde et active pour que le dégoût m'ait atteint au milieu des fêtes les plus brillantes que j'aie vues de ma vie, et malgré l'éblouissante hospitalité des Russes. Mais j'ai reconnu du premier coup d'œil qu'il y a dans les démonstrations d'intérêt qu'ils vous prodiguent plus d'envie de passer pour prévenants qu'il n'y a de vraie cordialité. La cordialité est inconnue aux Russes ; ce n'est pas là ce qu'ils ont emprunté des Allemands. Ils occupent tous vos instants, ils vous distraient, ils vous absorbent, ils vous tyrannisent à force d'empressement, ils s'enquièrent de l'emploi de vos journées, ils vous questionnent avec des instances qui n'appartiennent qu'à eux, et de fêtes en fêtes, ils vous empêchent de voir leur pays. Ils ont fait un mot français pour exprimer le résultat de cette tactique soi-disant obligeante : c'est ce qu'ils appellent enguirlander (2) les étrangers. Par malheur, ces soins empressés sont tombés sur un homme que les fêtes ont toujours moins distrait que fatigué. Mais viennent-ils à s'apercevoir que leur effet direct est manqué sur l'esprit de l'étranger, ils ont recours à des moyens détournés pour discréditer ses récits auprès des lecteurs éclairés : ils l'abusent avec une dextérité merveilleuse. Ainsi, afin de lui montrer les choses sous un faux jour, ils mentent en mal comme ils mentaient en bien, tant qu'ils croyaient pouvoir compter sur une crédulité bienveillante. Souvent, dans la même conversation, j'ai surpris la même personne changeant deux ou trois fois de tactique à mon égard. Je ne me flatte pas d'avoir toujours pu discerner le vrai, en dépit des efforts combinés avec tant d'art par des gens dont c'est le métier de le déguiser ; mais c'est déjà beaucoup que de savoir qu'on est trompé ; si je ne vois pas la vérité, je vois qu'on me la cache (3) ; et si je ne suis éclairé, je suis armé.

La gaieté manque à toutes les cours ; mais à celle de Saint-Pétersbourg on n'a même pas la permission de s'ennuyer. L'Empereur, qui voit tout, prend l'affectation du plaisir pour un hommage, ce qui rappelle le mot de M. de Talleyrand sur Napoléon : « L'Empereur ne plaisante pas, il veut qu'on s'amuse. »

Je blesserai des amours-propres, mon incorruptible bonne foi m'attirera des reproches ; mais est-ce ma faute, à moi, si en allant demander à un gouvernement absolu des arguments nouveaux contre le despotisme de chez nous, contre le désordre baptisé du nom de liberté, je n'ai été frappé que des abus de l'autocratie, c'est-à-dire de la tyrannie qualifiée de bon ordre? Le despotisme russe est un faux ordre comme notre républicanisme est une fausse liberté. Je fais la guerre au mensonge partout où je le reconnais, mais il y a plus d'un genre de mensonges ; j'avais oublié ceux du pouvoir absolu ; je les raconte en détail aujourd'hui, parce qu'en décrivant mes voyages, je dis toujours ingénument ce que je vois.

Je hais les prétextes ; j'ai vu qu'en Russie l'ordre sert de prétexte à l'oppression, comme en France la liberté à l'envie. En un mot, j'aime la vraie liberté, la liberté possible dans une société d'où toute

(1) La Russie est un immense théâtre. Si le spectateur veut conserver quelque illusion, il ne faut pas qu'il aille regarder dans les coulisses. Peut-être le jour n'est-il pas loin où le charlatanisme ou le savoir qui a fait la puissance ... de Russie, sera jugée par l'Europe entière comme je l'ai jugée en 1839.

(Note de l'Auteur pour cette édition.)

(1) « Et est d'opinion que n'erroyent les Perses estimans le second vice estre mentir, le premier estre debvoir, car debtes et mensonges sont ordinairement ensemble ralliez. » Rabelais, livre III, chap. v, *Pantagruel*, p. [illegible].

(2) Voyez Lettre quinzième.

(3) Voyez la relation de la course à Schlusselbourg.

élégance n'est pas exclue : je ne suis donc ni démagogue ni despote, je suis aristocrate dans l'acception la plus large du mot. L'élégance que je désire conserver aux sociétés n'est point frivole, elle n'est point cruelle, elle est réglée par le goût, le goût exclut les abus, il en est le plus sûr préservatif car il craint toute exagération. Une certaine élégance est nécessaire aux arts, et les arts sauvent le monde, puisque c'est par eux surtout que les peuples s'attachent à la civilisation dont ils sont la dernière expression et la plus précieuse récompense. Par un privilége unique entre tout ce qui peut répandre de l'éclat sur une nation, leur gloire plaît et profite à la fois à toutes les classes de la société.

L'aristocratie telle que je l'entends, loin de s'allier avec la tyrannie en faveur de l'ordre, ainsi que le lui reprochent les démagogues qui la méconnaissent, ne peut subsister avec l'arbitraire. Elle a pour mission de défendre, d'un côté, le peuple contre le despote, et de l'autre, la civilisation contre la révolution, le plus redoutable des tyrans. La barbarie prend plus d'une forme : vous la frappez dans le despotisme, elle renaît dans l'anarchie ; mais la vraie liberté, sous la garde de la vraie aristocratie, n'est ni violente ni désordonnée.

Malheureusement aujourd'hui, les partisans de l'aristocratie modératrice en Europe s'aveuglent et prêtent des armes à leurs adversaires ; dans leur fausse prudence, ils s'en vont chercher du [illegible] chez les ennemis de toute liberté politique et religieuse, comme si le danger ne pouvait venir que du côté des nouveaux [illegible]naires, pourtant les souverains arbitraires étaient d'anciens usurpateurs tout aussi redoutables que le sont les Jacobins [illegible].

L'aristocratie féodale est finie, moins l'éclat indélébile dont brillent [illegible] les grands noms historiques, mais dans les sociétés [illegible] vivre, la noblesse du moyen âge sera remplacée, comme [illegible] depuis longtemps chez les Anglais, par une magistrature [illegible] ; et cette nouvelle aristocratie, héritière de toutes les [illegible] aristocraties, combinée de plusieurs éléments divers, [illegible] la charge, la naissance et la richesse en sont les bases, ne [illegible] son crédit que lorsqu'elle s'appuiera sur une religion [illegible], je l'ai dit et je le répète aussi souvent que je le crois né[illegible] la seule religion libre est celle qui est enseignée par l'[illegible] catholique, la plus libre de toutes les Églises, puisqu'elle [illegible] seule qui ne dépende d'aucune souveraineté temporelle, celle [illegible] n'étant plus aujourd'hui destinée qu'à défendre l'indépen[illegible] sacerdotale. L'aristocratie est le gouvernement des esprits [illegible], et l'on ne peut trop le redire : le catholicisme est la [illegible] des prêtres libres.

Vous le savez : dès qu'une vérité m'apparaît, je la dis sans en [illegible] les conséquences, persuadé que le mal ne vient pas des [illegible] qu'on publie, mais des vérités qu'on déguise, aussi ai-je [illegible] regardé comme pernicieux le proverbe de nos pères : [illegible] vérités ne sont pas bonnes à dire.

[illegible] parce que chacun tire dans la vérité ce qui sert à ses passions, à sa peur, à sa servilité, à son intérêt, qu'on la rend plus [illegible] que l'erreur, aussi, quand je voyage, je ne choisis pas [illegible] faits que je recueille, je ne repousse pas ceux qui com[illegible] mes croyances les plus chères. Tout que je raconte, je n'ai [illegible] religion que le culte du vrai, je m'efforce de n'être pas [illegible], je ne suis pas même peintre, car les peintres composent, je [illegible] devenir miroir ; enfin je veux être impartial avant tout, et [illegible] intention suffit, du moins aux yeux des lecteurs spirituels ; [illegible] je ne veux m'avouer qu'il en existe d'autres, cette [illegible] rendrait la tâche de l'écrivain trop fastidieuse.

Toutes les fois que j'ai eu l'occasion de communiquer avec les [illegible], la première pensée que m'avait inspirée leurs procédés [illegible] moi, c'est qu'ils avaient plus d'esprit que moi, qu'ils savaient mieux se défendre, mieux dire et mieux faire. Tel a été jusqu'[illegible] pour le résultat de mes expériences, je ne méprise donc [illegible] à plus forte raison suis-je loin de mépriser mes lecteurs. [illegible] je ne les flatte jamais.

[illegible] est des hommes pour lesquels il m'est difficile d'être équi[illegible] c'est pour ceux qui m'ennuient : mais je n'en connais guère, [illegible] les amis.

Je vous ai dit qu'il n'y avait qu'une ville en Russie : à Pétersbourg il n'y a qu'un salon, c'est toujours et partout la cour ou des [illegible] de la cour. Vous changez de maison, vous ne changez pas [illegible] cercle, et dans ce cercle unique on s'interdit tout sujet de conversation intéressante ; mais ici je trouve qu'il y a compensation, [illegible] à l'esprit aiguisé des femmes, qui s'entendent merveilleusement à nous faire penser ce qu'elles ne disent pas.

Les femmes sont en tous lieux les moins serviles des esclaves, [illegible] que, usant habilement de leur faiblesse, dont elles se font [illegible] puissance, elles savent mieux que nous échapper aux mauvaises lois ; aussi sont-elles destinées à sauver la liberté individuelle partout où manque la liberté publique.

Qu'est-ce que la liberté, si ce n'est la garantie du droit du plus faible, que les femmes sont chargées par la nature de représenter dans la société ! En France, aujourd'hui, on s'enorgueillit de tout décider à la majorité ;... belle merveille!!!...!! quand je verrai qu'on a quelque égard aux réclamations de la minorité, je crierai à mon tour : Vive la liberté !

Il faut tout dire, les faibles de maintenant étaient les puissants d'autrefois, et alors ils n'ont que trop donné l'exemple de l'abus de la force dont je me plains aujourd'hui ! Mais une erreur n'en excuse pas une autre.

Malgré la secrète influence des femmes, la Russie est encore plus loin de la liberté que ne le sont la plupart des pays de la terre ; non du mot, mais de la chose. Demain dans une émeute, dans un massacre, à la lueur d'un incendie, on peut crier vive la liberté jusque sur les frontières de la Sibérie ; un peuple aveugle et cruel peut éventrer ses maîtres, il peut se révolter contre des tyrans obscurs, et faire rougir de sang les eaux du Volga, il n'en sera pas plus libre : la barbarie est un joug.

Aussi, le meilleur moyen d'émanciper les hommes n'est-il pas de proclamer leur affranchissement avec pompe, c'est de rendre la servitude impossible en développant dans le cœur des nations le sentiment de l'humanité ; il manque en Russie. Parler libéralisme aujourd'hui à des Russes, de quelque condition qu'ils soient, ce serait un crime, leur prêcher l'humanité à tous, sans exception, c'est un devoir.

La nation russe, il faut bien le dire, n'a pas encore de justice (1) ; aussi m'a-t-on cité un jour à la louange de l'empereur Nicolas le gain d'un procès par un particulier obscur, contre des grands seigneurs. Dans ce cas, l'admiration pour le caractère du souverain me paraissait une satire contre la société. Ce fait trop vanté m'a prouvé positivement que l'équité n'est qu'une exception en Russie.

Tout bien considéré, je ne conseillerais pas à tous les hommes de peu, comme on disait jadis en France, de se fier au succès de ce personnage, favorisé peut-être par exception pour assurer l'impunité aux injustices courantes : espèce de moulin de Sans-Souci, échantillon d'équité dont les régulateurs de la loi se plaisent à faire montre pour répondre aux reproches de corruption et de servilité.

Un autre fait dont nous devons tirer une induction peu favorable à la magistrature russe, c'est qu'on ne plaide guère en Russie : chacun sait où cela mène ; on recourrait plus souvent à la justice si les juges étaient plus équitables. C'est ainsi qu'on ne se querelle pas, qu'on ne se bat pas dans les rues, de peur du cachot et des fers, indistinctement réservés, la plupart du temps, aux deux parties.

Malgré les tristes tableaux que je vous trace, deux choses et une personne valent la peine du voyage. La Néva de Pétersbourg, pendant les jours sans nuits, le Kremlin de Moscou, au clair de lune, et l'empereur de Russie : c'est la Russie pittoresque, historique et politique ; hors de là tout n'est que fatigue et qu'ennui sans dédommagement : vous en jugerez en lisant mes lettres.

Plusieurs de mes amis m'ont écrit déjà qu'ils sont d'avis de ne les pas faire paraître.

Lorsque je m'apprêtais à quitter Pétersbourg, un Russe me demanda, comme tous les Russes, ce que je dirais de son pays. « J'y ai été trop bien reçu pour en parler, » lui ai-je répondu.

On se fait contre moi des armes de cet aveu, où j'avais cru cacher à peine poliment une épigramme. « Traité comme vous l'avez été, m'écrit-on, il est certain que vous ne pouvez dire la vérité, or, comme vous ne savez écrire que pour elle, vous feriez mieux de vous taire. » Telle est l'opinion d'une partie des personnes que j'ai l'habitude d'écouter. En tous cas, elle n'est pas flatteuse pour les Russes.

La mienne est que sans blesser la délicatesse, sans manquer à la reconnaissance qu'on doit aux personnes, quand on leur en doit, ni au respect qu'on se doit toujours à soi-même, il y a une manière convenable de parler sincèrement des choses et des hommes publics ; j'espère avoir trouvé cette manière-là. Il n'y a que la vérité qui choque, à ce qu'on prétend, c'est possible, mais en France, du moins, nul n'a le droit ni la force de fermer la bouche à qui la dit. Mes cris d'indignation ne pourront passer pour l'expression déguisée de la vanité blessée. Si je n'avais écouté que mon amour-propre, il m'aurait dit d'être enchanté de tout : mon cœur n'a été satisfait de rien.

Tant pis pour les Russes si tout ce qu'on raconte de leur pays et de ses habitants tourne en personnalités : c'est un malheur inévitable ; car, à vrai dire, les choses n'existent pas en Russie, puisque c'est le bon plaisir d'un homme qui les fait et qui les défait, ceci n'est pas la faute des voyageurs.

L'Empereur me paraît peu disposé à se démettre d'une partie de son autorité : qu'il subisse donc la responsabilité de l'omnipotence ; c'est une première expiation du mensonge politique par lequel un seul homme est déclaré maître absolu d'un pays, souverain tout-puissant de la pensée d'un peuple.

Les adoucissements dans la pratique n'excusent pas l'impiété d'une telle doctrine. J'ai trouvé chez les Russes que le principe de la monarchie absolue, appliqué avec une conséquence inflexible, mène à

(1) Voir la brochure de M. Tolstoï citée dans le cours du voyage.

des résultats monstrueux. Et cette fois, mon quiétisme politique ne m'empêche pas de reconnaître et de proclamer qu'il est des gouvernements que les peuples ne devraient jamais subir.

L'empereur Alexandre causant confidentiellement avec madame de Staël sur les améliorations qu'il projetait, lui dit : « Vous louez mes intentions philanthropiques, je vous remercie; néanmoins, dans l'histoire de Russie, je ne suis qu'un accident heureux. » Ce prince disait vrai, les Russes vantent en vain la prudence et les ménagements des hommes qui dirigent leurs affaires, le pouvoir arbitraire n'en est pas moins chez eux la base fondamentale de l'État, et ce principe fonctionne de telle sorte que l'Empereur fait ou fait faire, ou laisse faire, ou laisse subsister des lois — pardonnez-moi si je donne ce nom sacré à des arrêts impies, mais je me sers du mot usité en Russie — l'Empereur laisse subsister des lois qui, par exemple, permettent à l'Empereur de déclarer que les enfants légitimes d'un homme légitimement marié n'ont point de père, point de nom, enfin qu'ils sont des chiffres, et ne sont point des hommes (1). Et vous voulez m'empêcher de traduire à la barre du tribunal de l'Europe un prince qui, tout distingué, tout supérieur qu'il est, consent à régner sans abolir une telle loi!!

Son ressentiment est implacable : avec des haines si vives, on peut encore être un grand souverain, on ne saurait plus être un grand homme : le grand homme est clément, l'homme politique est vindicatif : on règne par la vengeance, on convertit par le pardon.

Je viens de vous dire mon dernier mot sur un prince qu'on hésite à juger lorsqu'on connaît le pays où il est condamné à régner : car les hommes y sont tellement dépendants des choses, qu'on ne sait à qui remonter, ni jusqu'où descendre pour demander compte des faits. Et ce sont les grands seigneurs d'un tels pays qui prétendent ressembler aux Français!!...

Les rois de France, dans les temps de barbarie, ont fait souvent couper la tête à leurs grands vassaux, l'un d'eux, de tyrannique mémoire, a voulu, par un raffinement de cruauté, que le sang du père fût versé sur les enfants placés au-dessous de l'échafaud, néanmoins, quelle que fût la rigueur de ces princes absolus, lorsqu'ils tuaient leur ennemi, lorsqu'ils le dépouillaient de ses biens, ils se gardaient d'avilir en lui, par un arrêt dérisoire, sa caste, sa famille, son pays : un tel oubli de toute dignité aurait révolté les peuples de France, même ceux du moyen âge. Mais le peuple russe souffre bien autre chose. Disons mieux il n'y a pas de peuple russe..... Il y a des empereurs qui ont des serfs, et des courtisans qui ont aussi des serfs : tout cela ne fait pas un peuple.

La classe moyenne, jusqu'à ce jour peu nombreuse en proportion des autres, se compose presque uniquement des étrangers. Quelques paysans affranchis par leur richesse, et les plus petits employés, montés de quelques degrés, commencent à la grossir : l'avenir de la Russie dépend de ces nouveaux bourgeois, d'origines tellement diverses, qu'ils ne peuvent guère s'accorder dans leurs vues, les sociétés secrètes travaillent à les réunir.

L'Empereur s'efforce aujourd'hui de créer une nation russe : mais la tâche est rude pour un homme. Le mal se fait vite, il se répare lentement, les dégoûts du despotisme doivent souvent éclairer le despote sur les abus du pouvoir absolu, je le crois. Mais les embarras de l'oppresseur n'excusent pas l'oppression : et si ses crimes même m'inspirent quelque pitié — le mal est toujours à plaindre — ils m'en inspirent beaucoup moins que les souffrances de l'opprimé. En Russie, quelle que soit l'apparence des choses, il y a au fond de tout la violence et l'arbitraire. On y a rendu la tyrannie calme à force de terreur : voilà, jusqu'à ce jour, la seule espèce de bonheur que ce gouvernement ait su procurer à ses peuples.

Et lorsque le hasard me rend témoin des maux inouïs qu'on souffre sous une constitution à principe exagéré, la crainte de blesser je ne sais quelle délicatesse m'empêcherait de dire ce que j'ai vu? Mais je serais indigne d'avoir eu des yeux si je cédais à cette partialité pusillanime, qu'on me déguise cette fois sous le nom de respect pour les convenances sociales, comme si ma conscience n'avait pas le premier droit à mon respect. Quoi! on m'aura laissé pénétrer dans une prison, j'aurai compris le silence des victimes terrifiées, et je n'oserai raconter leur martyre, de peur d'être accusé d'ingratitude, à cause de la complaisance des geôliers à me faire les honneurs du cachot? Une telle prudence serait loin d'être une vertu, je vous déclare donc, qu'après avoir bien regardé autour de moi pour voir ce qu'on me cachait, bien écouté pour entendre ce qu'on ne voulait pas me dire, bien essayé d'apprécier le faux dans ce qu'on me disait, je ne crois pas exagérer en vous assurant que l'empire de Russie est le pays de la terre où les hommes sont le plus malheureux, parce qu'ils y souffrent à la fois des inconvénients de la barbarie et de ceux de la civilisation. Quant à moi, je me croirais un traître et un lâche, si, après avoir tracé déjà en toute liberté d'esprit le tableau d'une grande partie de l'Europe, je me refusais à le compléter de peur de modifier certaines opinions qui étaient les miennes, et de choquer certaines personnes par le tableau véridique d'un pays qui n'a jamais été peint tel qu'il est. Sur quoi se fonderait, je vous prie, mon respect pour de mauvaises choses? Suis-je lié par quelque autre chaîne que par l'amour de la vérité?

En général, les Russes m'ont paru des hommes doués de beaucoup de tact, des hommes très fins, mais peu sensibles : je l'ai dit; une extrême susceptibilité unie à beaucoup de dureté, voilà, je crois, le fond de leur caractère, je l'ai dit, une vanité prévoyante, une perspicacité d'esclave, une finesse sarcastique, tels sont les traits dominants de leur esprit, je l'ai dit et répété, car ce serait pure duperie que d'épargner l'amour-propre des gens quand ils sont eux-mêmes si peu miséricordieux; la susceptibilité n'est pas de la délicatesse. Il est temps que ces hommes qui démêlent avec tant de sagacité les vices et les ridicules de nos sociétés, s'habituent à supporter la sincérité des étrangers : le silence officiel qu'on fait régner autour d'eux les abuse, il énerve leur intelligence, s'ils veulent se faire reconnaître des nations de l'Europe et traiter avec nous d'égaux à égaux, il faut qu'ils commencent par se résigner à s'entendre juger. Cette sorte de procès, toutes les nations le soutiennent sans en faire beaucoup d'état. Depuis quand les Allemands ne reçoivent-ils les Anglais qu'à condition que ceux-ci diront du bien de l'Allemagne? Les nations ont toujours de bonnes raisons pour être comme elles sont : et la meilleure de toutes, c'est qu'elles ne peuvent pas être autrement.

À la vérité, cette excuse ne va pas aux Russes, du moins pas à ceux qui lisent. Comme ils singent tout, ils pourraient être autrement, et c'est justement cette possibilité qui rend leur gouvernement ombrageux jusqu'à la férocité! : ce gouvernement sait trop qu'on n'est sûr de rien avec des caractères tout en reflets.

Un motif plus puissant aurait pu m'arrêter; c'est la peur d'être accusé d'apostasie : « Il a longtemps protesté, dira-t-on, contre les déclamations des libéraux, maintenant le voilà qui cède au torrent et qui cherche la fausse popularité après l'avoir dédaignée. »

Je ne sais si je m'abuse, mais plus je réfléchis et moins je crois que ce reproche puisse m'atteindre, ni même que personne pense à me l'adresser.

Ce n'est pas d'aujourd'hui que la crainte d'être blâmé par les voyageurs préoccupe l'esprit des Russes. Ce peuple bizarre unit une extrême jactance à une excessive défiance de lui-même; en dehors suffisance, au fond humilité inquiète : voilà ce que j'ai vu dans la plupart des Russes. Leur vanité, qui ne se repose jamais, est toujours en souffrance comme l'est l'orgueil anglais; aussi les Russes manquent-ils de simplicité. La naïveté, ce mot français dont aucune autre langue que la nôtre ne peut rendre le sens exact parce que la chose nous est propre, la naïveté, cette simplicité qui pourrait devenir malicieuse, ce don de l'esprit qui fait rire sans jamais blesser le cœur, cet oubli des précautions oratoires qui va jusqu'à prêter des armes contre soi à ceux auxquels on parle, cette équité de jugement, cette justesse d'expression tout involontaire, cet abandon de la personnalité dans l'intérêt de la vérité, la simplesse gauloise, en un mot, ils ne la connaissent pas. Un peuple d'imitateurs ne sera jamais naïf : le calcul chez lui tuera toujours la sincérité.

J'ai trouvé dans le testament de Monomaque des conseils sages et curieux adressés à ses enfants : voici un passage qui m'a particulièrement frappé, c'est un aveu précieux à recueillir : « Respectez « surtout les étrangers, de quelque qualité, de quelque rang qu'ils « soient, et si vous n'êtes pas à même de les combler de présents, « prodiguez-leur au moins des marques de bienveillance, puisque « *de la manière dont ils sont traités dans un pays dépend le bien* « *et le mal qu'ils en disent en retournant dans le leur.* » (Tiré des conseils de Vladimir Monomaque à ses enfants en 1126.) Ce prince avait été baptisé sous le nom de Basile. (*Histoire de l'Empire de Russie* par Karamsin, traduite par MM. Saint-Thomas et Jauffret; tome II, page 205. Paris, 1820.)

Un tel raffinement d'amour-propre, vous en conviendrez, ôte beaucoup de son prix à l'hospitalité. Aussi cette charité calculée m'est-elle revenue malgré moi plus d'une fois à la mémoire pendant mon voyage. Ce n'est pas qu'on doive priver les hommes de la récompense de leurs bonnes actions; mais il est immoral, il est ignoble de donner cette récompense pour premier mobile à la vertu.

Voici quelques autres passages extraits du même auteur, et qui serviront d'appui à mes propres observations.

Karamsin lui-même raconte les fâcheux résultats de l'invasion des Mongols sur le caractère du peuple russe : si l'on me trouve sévère dans mes jugements, on verra qu'ils sont autorisés par un auteur grave et plutôt disposé à l'indulgence.

« L'orgueil national, dit-il, s'anéantit parmi les Russes; ils « eurent recours aux artifices qui suppléent à la force chez des « hommes condamnés à une obéissance servile : *habiles à tromper* « *les Tatars, ils devinrent aussi plus savants dans l'art de se trom-* « *per mutuellement, achetant des Barbares leur sécurité person-* « *nelle, ils furent plus avides d'argent et moins sensibles aux in-* « *jures, à la honte, exposés sans cesse à l'insolence de tyrans étran-* « *gers!* » (Extrait du même ouvrage, tome V, chapitre 4, page 447 et suivante.)

(1) Voyez l'histoire de la princesse Troubetzkoï.

Plus loin :

« *Il se pourrait que le caractère actuel des Russes conservât quel-*
« *ques-unes des taches dont l'a souillé la barbarie des Mongols.* . »

« Nous remarquons qu'avec plusieurs sentiments élevés *on vit*
« *s'affaiblir en nous le courage*, alimenté surtout par l'orgueil na-
« tional. . . . . »

« . . . . L'autorité du peuple favorisait aussi celle des
« boyards, qui à leur tour pouvaient, à l'aide des citoyens, avoir
« influence sur le prince, ou réciproquement par le prince sur les
« citoyens. Ce soutien ayant disparu, il fallut obéir au souverain,
« sous peine d'être regardé comme traître ou comme rebelle; *et il*
« *n'existe plus aucune voie légitime de s'opposer à ses volontés; en*
« *un mot, on vit naître l'autocratie.* »

Je terminerai ces extraits en copiant deux passages du règne d'Ivan III : ils se trouvent également dans Karamsin, tome VI, [illegible].

Après avoir raconté comment le Czar Ivan III hésite à choisir son fils ou son petit-fils pour l'héritier du trône, l'historien continue en ces termes :

« Il est à regretter qu'au lieu de nous développer toutes les circonstances de ce curieux événement, » il parle [illegible] du repentir du Czar qui rend sa tendresse à sa femme et à son fils, et qui abandonne son petit-fils après l'avoir couronné. « Les annalistes se contentent de dire qu'après un plus mûr examen des accusations intentées contre son épouse, Jean lui rendit toute sa tendresse ainsi qu'à son fils; ils ajoutent qu'instruit enfin des trames ourdies par leurs ennemis et persuadé qu'il avait été trompé, il voulut sévir et donner un exemple sur les seigneurs les plus distingués. Le prince Ivan Patrikeeff, ses deux fils et son gendre, le prince Siméon Riapolwski, furent condamnés à mort comme INTRIGANTS (1). »

Ivan III qui faisait supplicier les *intrigants*, est compté encore parmi les plus grands hommes.

Des choses semblables ou analogues se passent encore aujourd'hui en Russie. Grâce à l'omnipotence autocratique, le respect de la chose jugée n'y existe pas; et l'Empereur, bien informé, a toujours le droit de défaire ce qu'a fait l'Empereur mal informé (1).

Ce passage de Karamsin m'a paru doublement significatif dans la bouche d'un historien aussi courtisan, aussi timide qu'il l'était. J'aurais pu multiplier les citations, mais je pense en avoir fait assez pour justifier le droit que je crois avoir de dire ingénument ma manière de penser, qui se trouve justifiée par l'opinion d'un écrivain si peu suspect de partialité.

Dans un pays où dès le berceau les esprits sont façonnés à la dissimulation et aux finesses de la politique orientale, le naturel doit être plus rare qu'ailleurs; aussi quand on l'y rencontre, est-il d'un charme particulier. J'ai vu en Russie quelques hommes qui [illegible] se sentir opprimés par [illegible] sous lequel ils sont [illegible] de vivre sans oser s'en plaindre; ces hommes [illegible] de l'ennemi; ils sont [illegible] du [illegible] se reposer du joug qu'on leur impose chez eux. La tristesse [illegible] imprime perpétuellement sur leur front un cachet [illegible] qui contraste avec leurs habitudes mondaines et avec l'insouciance de leur âge. Les [illegible] et elles [illegible] une grande [illegible] sont empreints [illegible] d'Orient [illegible] à la rêverie : ils sont très malheureux et très [illegible] nul habitant des autres pays ne leur ressemble.

Si les Russes ont de la grâce, il faut bien qu'ils aient du naturel; et ce naturel que je n'ai pu discerner sous la nature de ce peuple, est insaisissable pour un étranger qui passe par ce pays comme j'ai passé en Russie. Nul caractère n'est aussi difficile à peindre que celui de ce peuple.

Sans moyen âge, sans souvenirs anciens, sans catholicisme, sans chevalerie, sans respect pour sa parole (2); toujours Grecs du Bas-Empire, polis par formule comme les Chinois, grossiers du moins [illegible] comme des Kalmouks, sales comme des Lapons, beaux comme des anges, ignorants comme des sauvages, à l'exception des femmes et quelques diplomates, fins comme des [illegible], intrigants comme des affranchis, doux et graves dans leurs manières comme des Orientaux, cruels dans leurs sentiments comme des Barbares, sarcastiques et dédaigneux par désespoir, doublement moqueurs par nature et par sentiment de leur infériorité, légers, mais en apparence seulement, les Russes sont essentiellement propres aux affaires sérieuses : tous ont l'esprit nécessaire pour acquérir un tact extraordinairement aiguisé; mais nul n'est assez magnanime pour s'élever au-dessus de la finesse; aussi m'ont-ils dégoûté de cette faculté indispensable pour vivre chez eux. Avec leur continuelle surveillance d'eux-mêmes, ils me paraissent les hommes les plus à plaindre de la terre. Le tact des convenances, cette police de l'imagination, est une qualité triste, au moyen de laquelle on sacrifie sans cesse son sentiment à celui des autres, une qualité négative qui en exclut de positives bien supérieures; c'est le gagne-pain des courtisans ambitieux qui sont là pour obéir à la volonté d'un autre, pour suivre, pour deviner l'impulsion, mais qui se feraient chasser le jour où ils prétendraient à la donner. C'est que pour donner l'impulsion, il faut du génie : le génie est le tact de la force, le tact n'est que le génie de la faiblesse. Les Russes sont tout tact ! Le génie agit, le tact observe, et l'abus de l'observation mène à la défiance, c'est-à-dire à l'inaction. Le génie peut s'allier avec beaucoup d'art, jamais avec un tact très raffiné, parce que le tact, cette flatterie à feu couvert, cette suprême vertu des subalternes qui respectent l'ennemi, c'est-à-dire le maître, tant qu'ils n'osent pas le frapper, est toujours uni à un peu d'artifice. Grâce à cette supériorité de sérail, les Russes sont impénétrables; il est vrai qu'on voit toujours qu'ils cachent quelque chose, mais on ne sait ce qu'ils cachent, et cela leur suffit. Ils seront des hommes bien redoutables et bien fins lorsqu'ils parviendront à masquer même leur finesse.

Déjà quelques-uns d'entre eux en sont arrivés là : ce sont les plus avancés du pays, tant par le poste qu'ils occupent que par la supériorité d'esprit avec laquelle ils remplissent leur charge. Ceux-là je n'ai pu les juger que de souvenir, leur présence a un prestige qui me fascinait.

Mais, bon Dieu ! à quoi peut aboutir tout ce manége? Quel motif suffisant assignerons-nous à tant de feinte? Quel devoir, quelle récompense peut faire si longtemps supporter à des visages d'homme la fatigue du masque?

Le jeu de tant de batteries ne serait-il destiné qu'à défendre un pouvoir réel et légitime? Un tel pouvoir n'en a pas besoin; la vérité se défend d'elle-même. Veut-on protéger de misérables intérêts de vanité? peut-être. Cependant, prendre de tels soucis pour arriver à un résultat si misérable, ce serait un travail indigne des hommes graves qui se l'imposent; je leur attribue une pensée plus profonde; un but plus grand m'apparaît et m'explique leurs prodiges de dissimulation et de longanimité.

Une ambition désordonnée, immense, une de ces ambitions qui ne peuvent germer que dans l'âme des opprimés, et se nourrir que du malheur d'une nation entière, fermente au cœur du peuple russe (1). Cette nation, essentiellement conquérante, avide à force de privations, expie d'avance chez elle, par une soumission avilissante, l'espoir d'exercer la tyrannie chez les autres; la gloire, la richesse qu'elle attend la distraient de la honte qu'elle subit, et, pour se laver du sacrifice impie de toute liberté publique et personnelle, l'esclave, à genoux, rêve la domination du monde.

Ce n'est pas l'homme qu'on adore dans l'empereur Nicolas, c'est le maître ambitieux d'une nation plus ambitieuse que lui. Les passions des Russes sont taillées sur le patron de celles des peuples antiques; chez eux tout rappelle l'Ancien Testament; leurs espérances, leurs tortures sont grandes comme leur empire.

Là, rien n'a de bornes, ni douleurs, ni récompenses, ni sacrifices, ni espérances : leur pouvoir peut devenir énorme, mais ils l'auront acheté au prix que les nations de l'Asie paient la fixité de leurs gouvernements : au prix du bonheur.

La Russie voit dans l'Europe une proie qui lui sera livrée tôt ou tard par nos dissensions; elle fomente chez nous l'anarchie dans l'espoir de profiter d'une corruption favorisée par elle, parce qu'elle est favorable à ses vues (2) : c'est l'histoire de la Pologne recommencée en grand. Depuis longues années Paris lit des journaux révolutionnaires, révolutionnaires dans tous les sens, payés par la Russie. « L'Europe, dit-on à Pétersbourg, prend le chemin qu'a suivi la Pologne; elle s'énerve par un libéralisme vain, tandis que nous restons puissants, précisément parce que nous ne sommes pas libres : patientons sous le joug, nous ferons payer aux autres notre honte. »

Le plan que je vous révèle ici peut paraître chimérique à des yeux distraits; il sera reconnu pour vrai par tout homme initié à la marche des affaires de l'Europe et aux secrets des cabinets pendant les vingt dernières années. Il donne la clef de bien des mystères, il explique en un mot l'extrême importance que des personnes sérieuses par caractère et par position attachent à n'être vues des étrangers que du beau côté. Si les Russes étaient, comme ils le disent, les appuis de l'ordre et de la légitimité, se serviraient-ils d'hommes et, qui pis est, de moyens révolutionnaires?

Le monstrueux crédit de la Russie à Rome est un des effets du prestige contre lequel je voudrais nous prémunir. Rome et toute la catholicité n'a pas de plus grand, de plus dangereux ennemi que l'empereur de Russie (3). Tôt ou tard, sous les auspices de l'autocratie grecque, le schisme régnera seul à Constantinople, alors le monde

(1) Voyez plus haut l'histoire de Pawlow et bien d'autres faits semblables.

(2) Malgré tout ce qui précède, il peut être utile de dire que ceci ne s'adresse qu'aux Russes, qui en Russie ne sont conduits que par la peur et la force.

(1) Je prie encore une fois le lecteur de se rappeler la date de cet écrit.
(Note de l'Auteur.)

(2) Elle se vantait de travailler au maintien de l'ordre, mais en même temps elle soudoyait les fauteurs de l'anarchie. Avant la révolution de Juillet, le *National* était subventionné à Paris par Pozzo di Borgo.
(Note de l'Auteur pour cette édition.)

(3) A l'heure qu'il est, beaucoup de Romains partagent encore cette illusion.
(Note de l'Auteur.)

chrétien, partagé en deux camps, reconnaîtra le tort fait à l'Église romaine par l'aveuglement politique de son chef (1).

Ce prince, effrayé du désordre où tombaient les sociétés lors de son avénement au trône pontifical, épouvanté du mal moral causé à l'Europe par nos révolutions, sans soutien, éperdu au milieu d'un monde indifférent ou railleur, ne craignait rien tant que les soulèvements populaires dont il avait souffert et vu souffrir ses contemporains; alors, cédant à la funeste influence de certains esprits étroits, il a pris conseil de la prudence humaine, il s'est montré sage selon le monde, habile à la manière des hommes : c'est-à-dire aveugle et faible selon Dieu, et voilà comment la cause du catholicisme en Pologne fut désertée par son avocat naturel, par le chef visible de l'Église orthodoxe. Est-il aujourd'hui beaucoup de nations qui sacrifieraient leurs soldats pour Rome? Et lorsque dans son dénûment le pape trouve encore un peuple prêt à se faire égorger pour lui... il l'excommunie!!... lui, le seul prince de la terre qui devait l'assister jusqu'à la mort, il l'excommunie pour complaire au souverain d'une nation schismatique! Les fidèles se demandent avec effroi ce qu'est devenue l'infatigable prévoyance du saint siége; les martyrs, frappés d'interdiction, voient la foi catholique sacrifiée par Rome à la politique grecque : et la Pologne, découragée dans sa sainte résistance, subit son sort sans le comprendre (2).

Le représentant de Dieu sur la terre n'a-t-il pas encore reconnu que depuis le traité de Westphalie, toutes les guerres de l'Europe sont des guerres de religion? Quelle prudence charnelle a pu troubler son regard au point de lui faire appliquer à la direction des choses du ciel des moyens assez bons pour les rois, mais indignes du Roi des rois? Leur trône n'a qu'une durée passagère, le sien est éternel, oui, éternel, parce que le prêtre assis sur ce trône serait plus grand et plus clairvoyant dans les catacombes qu'il ne l'est au Vatican. Trompé par la subtilité des enfants du siècle, il n'a point aperçu le fond des choses, et dans les aberrations où l'a jeté sa politique de peur, il a oublié de puiser sa force où elle est, dans la politique de foi (3).

Mais patience, les temps mûrissent, bientôt toute question sera posée nettement, et la vérité, défendue par ses champions légitimes, reprendra son empire sur l'esprit des nations. Peut-être la lutte qui se prépare servira-t-elle à faire comprendre aux protestants une vérité essentielle, que j'ai déjà exprimée plus d'une fois, mais sur laquelle j'insiste incessamment, parce qu'elle me paraît l'unique vérité nécessaire pour hâter la réunion de toutes les communions chrétiennes : c'est que le seul prêtre réellement libre qui existe au monde, c'est le prêtre catholique. Partout ailleurs que dans l'Église catholique le prêtre est assujetti à d'autres lois, à d'autres lumières qu'à celles de sa conscience et de sa doctrine. On frémit en voyant les inconséquences de l'Église anglicane (4), et l'on tremble en voyant l'avilissement de l'Église grecque à Pétersbourg; que l'hypocrisie cesse de triompher en Angleterre, la plus grande partie du royaume redevient catholique. L'Église romaine seule a sauvé la pureté de la foi, en défendant par toute la terre avec une générosité sublime, avec une patience héroïque, avec une inflexible conviction, l'indépendance du sacerdoce contre l'usurpation des souverainetés temporelles quelles qu'elles fussent. Où est l'Église qui ne se soit pas laissé rabaisser par les divers gouvernements de la terre au rang d'une police pieuse? il n'y en a qu'une, une seule, c'est l'Église catholique, et cette liberté qu'elle a conservée au prix du sang de ses martyrs, est un principe éternel de vie et de puissance. L'avenir du monde est à elle, parce qu'elle a su rester pure d'alliage. Que le protestantisme s'agite, c'est dans sa nature; que les sectes s'inquiètent et discutent, c'est leur jeu : l'Église catholique attend!!!

Le clergé grec russe n'a jamais été, il ne sera jamais qu'une milice revêtue d'un uniforme un peu différent de l'habit des troupes séculières de l'Empire. Sous la direction de l'Empereur, les popes et leurs évêques sont un régiment de clercs : voilà tout.

La distance qui sépare la Russie de l'Occident a merveilleusement servi jusqu'à ce jour à nous voiler toutes ces choses. Si l'astucieuse politique grecque craint tant la vérité, c'est parce qu'elle sait merveilleusement profiter du mensonge; mais ce qui me surprend, c'est qu'elle parvienne à en perpétuer le règne.

Comprenez-vous maintenant l'importance d'une opinion, d'un mot sarcastique, d'une lettre, d'une moquerie, d'un sourire, à plus forte raison d'un livre aux yeux de ce gouvernement favorisé par la crédulité de ses peuples, et par la complaisance de tous les étrangers?... Un mot de vérité lancé en Russie, c'est l'étincelle qui tombe sur un baril de poudre.

Qu'importent aux hommes qui mènent la Russie le dénûment, la pâleur des soldats de l'Empereur? Ces spectres vivants ont les plus beaux uniformes de l'Europe; qu'importent les sarraux de buré sous lesquels se cachent dans l'intérieur de leurs cantonnements ces fantômes dorés? Pourvu qu'ils ne soient pauvres et sales qu'en secret, et qu'ils brillent lorsqu'ils se montrent, on ne leur demande ni ne leur donne rien. Une misère drapée : telle est la richesse des Russes : pour eux l'apparence est tout, et l'apparence chez eux ment plus que chez d'autres. Aussi quiconque ose lever un coin du voile est-il pour jamais perdu de réputation à Pétersbourg.

La vie sociale en ce pays est une conspiration permanente contre la vérité.

Là, quiconque n'est pas dupe passe pour traître : là, rire d'une gasconnade, réfuter un mensonge, contredire une vanterie politique, *motiver l'obéissance* est un attentat contre la sûreté de l'État et du prince, c'est encourir le sort d'un révolutionnaire, d'un conspirateur, d'un ennemi de l'ordre, d'un criminel de lèse-majesté... d'un Polonais, et vous savez si ce sort est cruel! Il faut avouer qu'une SUSCEPTIBILITÉ qui se manifeste de la sorte est plus redoutable que moquable : la surveillance minutieuse d'un tel gouvernement, d'accord avec la vanité éclairée d'un tel peuple, devient épouvantable; elle n'est plus ridicule.

On peut et l'on doit s'astreindre à tous les genres de précautions sous un maître qui ne fait grâce à aucun ennemi, qui ne méprise aucune résistance, et qui, dès lors, s'impose la vengeance comme un devoir. Cet homme, ou plutôt ce gouvernement personnifié, prendrait le pardon pour une apostasie, la clémence pour l'oubli de soi-même, l'humanité pour un manque de respect envers sa propre majesté... que dis-je? envers sa divinité!... Il n'est pas le maître de renoncer à se faire adorer.

La civilisation russe est encore si près de sa source qu'elle ressemble à de la barbarie. La Russie n'est qu'une société conquérante; sa force n'est pas dans la pensée, elle est dans la guerre, c'est-à-dire dans la ruse et la férocité.

La Pologne, par sa dernière insurrection, a retardé l'explosion de la mine : elle a forcé les batteries de rester masquées; on ne pardonnera jamais à la Pologne la dissimulation dont on est forcé d'user, non pas avec elle, puisqu'on l'immole impunément, mais avec des amis dont il faut continuer de faire des dupes, en ménageant leur ombrageuse philanthropie. On intéresse à ce ressentiment magnanime et passionné, notez ces deux points-ci, la sentinelle avancée du nouvel Empire romain qui s'appellera l'Empire grec; et le plus circonspect, mais le plus aveugle des rois de l'Europe (1), pour plaire à son voisin, qui est son maître, commence une guerre de religion... (2) il n'est pas près de s'arrêter dans la route où on le pousse, si l'on a pu égarer celui-là, on en séduira bien d'autres.

Considérez, je vous prie, que si jamais les Russes parvenaient à dominer l'Occident, ils ne le gouverneraient pas de chez eux, à la manière des anciens Mongols; tout au contraire, ils n'auraient rien de si pressé que de sortir de leurs plaines glacées, et sans imiter leurs anciens maîtres, les Tatars, qui pressuraient de loin les Slaves, leurs tributaires, — le climat de la Moscovie effrayait même les Mongols, — les Moscovites sortiraient en foule de leur pays dès que les chemins des autres contrées leur seraient ouverts.

En ce moment, ils parlent modération, ils protestent contre la conquête de Constantinople, ils craignent, disent-ils, tout ce qui peut agrandir un empire où les distances sont déjà une calamité; ils redoutent même... jugez jusqu'où va leur prudence!.. ils redoutent les climats chauds!... Attendez un peu, vous verrez à quoi aboutiront toutes ces craintes.

Et je ne signalerais pas tant de mensonges, tant de périls, tant de fléaux? Non, non; j'aime mieux me tromper et parler que d'avoir vu juste et de me taire. S'il y a témérité à dire ce que j'ai observé, il y aurait crime à le cacher. Je me fais donc un devoir, tout en reconnaissant ma faiblesse, et tout en regrettant mon peu d'autorité, de rappeler à l'Europe occidentale que son salut dépend de la fondation d'un empire grec indépendant et fort, dont avec le temps Constantinople deviendrait la capitale. Tel est le seul but légitime de l'alliance de la France avec l'Angleterre. Tel est aussi l'unique moyen de remédier au démembrement de la Pologne (3).

A tout cela les Russes ne me répondront pas; ils diront : « Trois mois de voyage, il a mal vu. »

Il est vrai, j'ai mal vu, mais j'ai bien deviné.

Ou s'ils me font l'honneur de me réfuter, ils nieront les faits; les faits, matière brute de tout récit, et qu'on est accoutumé de

(1) Les conseillers de Grégoire XVI ont été longtemps dévoués à l'empereur de Russie.
(*Note de l'Auteur.*)

(2) Les lignes écrites ici, qui n'outre-passaient pas, ce semble, les bornes du respect, ont été justifiées par les dernières allocutions de la cour de Rome.

(3) L'ignorance des choses religieuses est telle aujourd'hui qu'un catholique, homme de beaucoup d'esprit, à qui je lisais ce passage, m'interrompit : « Vous êtes plus catholique, me dit-il, vous blâmez le pape!!! » Comme si le pape était impeccable parce qu'il est infaillible en matière de foi. Encore cette infaillibilité même est-elle soumise à certaines restrictions par les gallicans, qui pourtant croient être catholiques. Le Diable a-t-il jamais été accusé d'hérésie? cependant quel langage ne tient-il pas à ceux des papes qu'il place dans son enfer! Les meilleurs esprits de notre temps tombent dans une confusion d'idées qui eût fait rire les écoliers aux siècles passés. Je répondis à mon critique en le renvoyant à Bossuet. Son exposition de la doctrine catholique, confirmée, approuvée, vantée en tout temps, et adoptée par la cour de Rome, justifie suffisamment mes principes.

(4) Quand j'écrivais ceci, Pie IX n'avait pas encore planté sur le sol de la Grande-Bretagne la bannière de la vérité.
(*Note de l'auteur.*)

(1) Écrit du vivant du feu roi de Prusse, en 1839.

(2) Les persécutions contre l'archevêque de Cologne.

(3) Dieu veuille que la guerre actuelle serve à préparer cet avenir à la Turquie d'Europe!
(*Note de l'auteur pour cette édition.*)

compter pour rien à Pétersbourg, où le passé comme l'avenir, comme le présent, est à la disposition du maître; car, encore une fois, les Russes n'ont rien à eux que l'obéissance et l'imitation; la direction de leur esprit, leur jugement, leur libre arbitre, appartiennent au souverain. En Russie, l'histoire fait partie du domaine de la couronne : c'est la propriété morale du prince comme les hommes et la terre y sont sa propriété matérielle; on la range dans les garde-meubles avec les trésors impériaux, et l'on n'en montre que ce qu'on en veut bien faire connaître. Le souvenir de ce qui s'est fait la veille est le bien de l'Empereur; il modifie selon son bon plaisir les annales du pays, et dispense chaque jour à son peuple les vérités historiques qui s'accordent avec la fiction du moment. Voilà comment Minine et Pojarski, héros oubliés depuis deux siècles, furent exhumés tout d'un coup et devinrent à la mode au moment de l'invasion de Napoléon; c'est que, dans ce moment-là, le gouvernement permettait l'enthousiasme patriotique.

Toutefois ce pouvoir exorbitant se nuit à lui-même; la Russie ne le subira pas éternellement : un esprit de révolte couve dans l'armée. Je dis comme l'Empereur, les Russes ont trop voyagé; la nation est devenue avide d'enseignements : la douane n'a pas de prise sur l'esprit, les armées n'exterminent pas la pensée, les remparts ne l'arrêtent pas, elle passe sous terre; les idées sont dans l'air, elles sont partout, et les idées changent le monde (1).

De tout ce qui précède, il résulte que l'avenir, cet avenir si brillant, rêvé par les Russes, ne dépend pas d'eux, qu'ils n'ont point d'idées à eux, et que le sort de ce peuple d'imitateurs se décidera chez les peuples à idées personnelles : si les passions se calment dans l'Occident, si l'union s'établit entre les gouvernements et les sujets, l'avide espoir des Slaves conquérants devient une chimère (2). De là le danger de les laisser s'immiscer dans notre politique et dans les conseils de nos voisins.

Est-il à propos de vous répéter que je parle sans animosité, que j'ai décrit les choses sans accuser les personnes, et que dans les déductions que j'ai tirées de certains faits qui m'épouvantent, j'ai tâché de faire la part de la nécessité? j'accuse moins que je ne raconte.

J'étais parti de Paris avec l'opinion que l'alliance intime de la France et de la Russie pouvait seule accommoder les affaires de l'Europe; mais depuis que j'ai vu de près la nation russe et que j'ai reconnu le véritable esprit de son gouvernement, j'ai senti qu'un puissant intérêt politique, appuyé sur le fanatisme religieux, la tient isolée du reste du monde; et je suis de l'avis que la France doit chercher ses appuis parmi les nations dont les besoins s'accordent avec ses besoins. On ne fonde pas des alliances sur des opinions contre des intérêts. Où sont en Europe les besoins qui s'accordent? ils sont chez les Français et les Allemands et chez les peuples naturellement destinés à servir de satellites à ces deux grandes nations (3). Les destinées d'une civilisation progressive, sincère et raisonnable, se décideront au cœur de l'Europe : tout ce qui concourt à hâter le parfait accord de la politique allemande avec la politique française est bienfaisant : tout ce qui retarde cette union, quelque spécieux que soit le motif du délai, est pernicieux.

La guerre éclatera entre la philosophie et la foi, la politique et la religion, entre le protestantisme et l'Église catholique, et de la bannière qu'arborera la France dans cette lutte colossale, dépendra le sort du monde, de l'Église, et avant tout de la France.

La preuve que le système d'alliance auquel j'aspire est bon, c'est qu'un temps viendra où nous n'aurons pas la liberté d'en choisir un autre. La politique russe met tout en jeu pour retarder ce moment : si elle réussit elle forcera les peuples de l'Allemagne à faire une révolution pour recouvrer leur indépendance.

Comme étranger, surtout comme étranger qui écrit, j'ai été accablé de protestations de politesse par les Russes; mais leur obligeance s'est bornée à des promesses, personne ne m'a donné la facilité de regarder au fond des choses. Une foule de mystères sont restés impénétrables à mon intelligence.

Un an passé dans le pays m'aurait peu avancé; les inconvénients de l'hiver m'ont semblé d'autant plus à craindre que les habitants m'assuraient qu'on en souffre moins. Ils comptent pour rien les membres paralysés, les traits du visage gelés; je pourrais pourtant vous citer plus d'un exemple de ce genre d'accidents arrivés même à des femmes de la société, soit étrangères, soit russes; et une fois atteint, on se ressent toute sa vie du coup qu'on a reçu; quand on ne risquerait que d'incurables névralgies, le danger serait grand : je n'ai pas voulu braver inutilement ces maux et l'ennui des précautions qu'il faut s'imposer pour les éviter. D'ailleurs, dans cet Empire du profond silence, des grands espaces vides, des campagnes nues, des villes solitaires, des physionomies prudentes et dont l'expression peu franche fait trouver vide la société elle-même, la tristesse me gagnait : j'ai fui devant le spleen aussi bien que devant le froid. On a beau dire, quiconque veut passer l'hiver à Pétersbourg, doit se résigner pendant six mois à oublier la nature pour vivre emprisonné parmi des hommes qui n'ont point de naturel (1).

Je l'avoue ingénument, j'ai passé entre Pétersbourg et Moscou un été terrible, parce que je n'ai pu parvenir à bien comprendre qu'une très-petite partie de ce que j'y ai vu. J'espérais arriver à des solutions, je vous rapporte des problèmes.

Il est un mystère surtout que je regrette de n'avoir pu pénétrer, c'est le peu d'influence de la religion en Russie. Malgré l'asservissement politique de l'Église grecque, ne pourrait-elle pas conserver du moins quelque autorité morale sur les peuples? elle n'en a aucune. A quoi tient la nullité d'une Église que tout semble favoriser dans son œuvre? Voilà le problème. Est-ce le propre de la religion grecque de rester ainsi stationnaire en se contentant de marques extérieures du respect? Un tel résultat est-il inévitable partout où le pouvoir spirituel tombe dans la dépendance absolue du temporel? je le crois, mais c'est ce que j'aurais voulu pouvoir vous prouver à force de documents et de faits. Pourtant, je résumerai en peu de mots le dernier résultat des observations que j'ai faites sur les rapports du clergé russe avec les fidèles.

J'ai vu en Russie une Église chrétienne, que personne n'attaque, que tout le monde respecte, du moins en apparence; une Église que tout favorise dans l'exercice de son autorité morale, et pourtant cette Église n'a nulle autorité, nul pouvoir sur les cœurs; elle ne sait faire que des hypocrites ou des superstitieux.

Dans les pays où la religion n'est point respectée, elle n'est point responsable, mais ici, où tout le prestige d'un pouvoir absolu aide le prêtre dans l'accomplissement de son œuvre, où la doctrine n'est attaquée ni par des écrits ni par des discours, où les pratiques religieuses sont, pour ainsi dire, passées en lois de l'État, où les coutumes servent la foi, comme elles la contrarient chez nous, on a le droit de reprocher à l'Église sa stérilité. Cette Église est morte, et pourtant, à en juger d'après ce qui se passe en Pologne, elle peut devenir persécutrice, tandis qu'elle n'a ni d'assez hautes vertus, ni d'assez grands talents pour être conquérante par la pensée; en un mot, il manque à l'Église russe ce qui manque à tout dans ce pays : la liberté, sans laquelle l'esprit de vie se retire et la lumière s'éteint.

L'Europe occidentale ignore tout ce qu'il entre d'intolérance religieuse dans la politique russe. Le culte des Grecs réunis vient d'être aboli à la suite de longues et sourdes persécutions. L'Europe catholique sait-elle qu'il n'y a plus d'uniates chez les Russes? sait-elle seulement, éblouie qu'elle est des lumières de sa philosophie, ce que c'est que les uniates (2)?

Voici un fait qui vous prouvera le danger qu'on court en Russie à dire ce qu'on pense de la religion grecque et de son peu d'influence morale.

Il y a quelques années qu'un homme d'esprit, bien vu de tout le monde à Moscou, noble de naissance et de caractère, mais, malheureusement pour lui, dévoré de l'amour de la vérité, passion dangereuse partout, et mortelle dans ce pays-là, s'avisa d'imprimer que la religion catholique est plus favorable au développement des esprits, au progrès des arts, que ne l'est la religion byzantine russe; il pensait là-dessus ce que je pense, et il a osé le dire, crime irrémissible pour un Russe. La vie du prêtre catholique, est-il dit dans son livre, vie toute surnaturelle ou qui du moins doit l'être, est un sacrifice volontaire et journalier des penchants grossiers de la nature; c'est la preuve en action et incessamment renouvelée aux yeux d'un monde incrédule de la supériorité de l'esprit sur la matière; sacrifice chaque jour recommencé sur l'autel de la foi, pour prouver aux plus impies que l'homme n'est pas soumis en tout à la force physique, et qu'il peut recevoir d'une puissance supérieure le moyen d'échapper aux lois du monde matériel; puis il ajoute : « Grâce aux réformes opérées par le temps, la religion catholique ne peut plus employer sa virtualité qu'à faire le bien; » en un mot, il prétendait que le catholicisme avait manqué aux grandes destinées de la race slave, parce que là seulement se trouve à la fois, enthousiasme soutenu, dévouement sans cesse renouvelé, charité parfaite et discernement pur. il appuyait son opinion d'un grand nombre de preuves, et s'efforçait de montrer les avantages

(1) Depuis que ceci a été écrit l'Empereur permet le séjour de Paris à une foule de Russes. Il croit peut-être guérir les novateurs de leurs rêves en leur montrant de près la France qu'on leur a représentée comme un volcan de révolutions, comme un pays dont le séjour doit à jamais dégoûter les Russes des réformes politiques : il se trompe.

(2) L'événement justifie cet aperçu. (*Note de l'Auteur.*)

(3) Dès 1830, je ne voyais de salut pour le monde que dans une alliance intime entre la France et l'Autriche. Des préjugés de plus d'une sorte retardent le triomphe de cette politique, mais elle l'emportera sur toute autre, parce qu'elle est une nécessité. (Id.)

(1) *Je trouve dans les lettres de lady Montagu, nouvellement publiées, une maxime des courtisans turcs applicable à tous les courtisans, mais surtout aux courtisans russes, ce qui veut dire à tous les Russes; elle peut servir à marquer les rapports de plus d'une sorte qui existent entre la Turquie et la Moscovie : « Caressez les favoris, évitez les malheureux et ne vous fiez à personne. » Lady Mary Wortley Montagu's letters*, p. 120, t. II.

(2) Depuis que ceci est écrit, plusieurs journaux ont publié l'allocution du pape aux cardinaux au sujet du fait que je viens de citer. Ce discours, inspiré par la plus haute sagesse, montre que le saint-père est enfin éclairé sur les points que je signale, et que les vrais intérêts de la foi l'emportent aujourd'hui à Rome sur les considérations d'une politique mondaine. *Voir plus haut la traduction de M. de Montalembert.*

d'une religion indépendante, c'est-à-dire universelle, sur les religions locales, c'est-à-dire bornées par la politique ; bref, il professait une opinion que je n'ai cessé de défendre de toutes mes forces.

Il n'est pas jusqu'aux défauts du caractère des femmes en Russie, dont cet écrivain n'accuse la religion grecque. Il prétend que, si elles sont légères, si elles n'ont pas su conserver sur leur famille l'autorité qu'il est du devoir d'une épouse chrétienne et d'une mère d'exercer chez elle, c'est qu'elles n'ont jamais reçu un véritable enseignement religieux.

Ce livre, échappé, je ne sais par quel miracle ou par quel subterfuge, à la surveillance de la censure, mit la Russie en feu. Pétersbourg et Moscou la sainte jetèrent des cris de rage et d'alarmes ; enfin la conscience des fidèles se troubla tellement que d'un bout de l'Empire à l'autre on demandait la punition de cet imprudent avocat de la mère des Églises chrétiennes, ce qui n'empêchait pas l'écrivain téméraire d'être conspué comme novateur, car..... et ceci n'est pas une des moindres inconséquences de l'esprit humain presque toujours en contradiction avec lui-même dans les comédies qui se jouent en ce monde, le mot d'ordre de tous les sectaires et schismatiques, c'est qu'il faut respecter la religion sous laquelle on est né, vérité trop oubliée de Luther et de Calvin, qui ont fait en religion ce que bien des héros républicains voudraient faire en politique : de l'autorité à leur profit, enfin, il n'y avait pas assez de knout, pas assez de Sibérie, de galères, de mines, de forteresses, de solitudes dans toutes les Russies pour rassurer Moscou et son orthodoxie byzantine contre l'ambition de Rome, servie par la doctrine impie d'un homme traître à Dieu et à son pays.

On attend avec anxiété l'arrêt qui va décider du sort d'un si grand criminel ; cette sentence, tardant à paraître, on désespérait déjà de la justice suprême, lorsque l'Empereur, dans son impassibilité miséricordieuse, déclare qu'il n'y a point lieu à punir, qu'il n'y a point de criminel à frapper ; mais qu'il y a un fou à enfermer : il ajoute que *le malade sera livré aux soins des médecins.*

Cette torture d'un nouveau genre fut appliquée sans délai, mais d'une façon si sévère que le fou supposé pensa justifier l'arrêt dérisoire du chef absolu de l'Église et de l'État. Le martyr de la vérité fut près de perdre la raison à lui déniée par une décision d'en haut. Aujourd'hui *au bout de trois années* d'un traitement rigoureusement observé, traitement aussi avilissant qu'il était cruel, le malheureux théologien du grand monde commence seulement à jouir d'un peu de liberté ; mais... ceci pourrait passer pour un miracle... maintenant il doute de sa propre raison, et sur la foi de la parole impériale il s'avoue lui-même insensé !... O profondeurs des misères humaines !... En Russie, la parole souveraine, lorsqu'elle réprouve un homme, équivaut aujourd'hui à l'excommunication papale du moyen âge !!...

Le fou supposé peut, dit-on, maintenant communiquer avec quelques amis ; on m'a proposé, pendant mon séjour à Moscou, de me mener dans sa retraite, la peur m'a retenu et même la pitié, car ma curiosité lui aurait paru insultante. On ne m'a pas dit quelle persécution subie les censeurs du livre qu'il a publié.

C'est un exemple tout récent de la manière dont les affaires de conscience se traitent aujourd'hui en Russie. Je vous le demande une dernière fois, le voyageur assez malheureux ou assez heureux pour avoir recueilli de tels faits, a-t-il le droit de les laisser ignorer ? En ce genre, ce que vous savez positivement vous éclaire sur ce que vous supposez, et de toutes ces choses, il résulte une conviction que vous avez l'obligation de faire partager au monde si vous le pouvez.

J'ai parlé sans haine personnelle, mais aussi sans crainte ni restriction, car j'ai bravé même le danger d'ennuyer.

Le pays que je viens de parcourir est sombre et monotone, autant que celui que j'ai peint autrefois était brillant et varié. En faire le tableau exact c'est renoncer à plaire. En Russie, la vie est aussi terne qu'elle est gaie en Andalousie ; le peuple russe est morne, le peuple espagnol plein de verve. En Espagne, l'absence de liberté politique était compensée par une indépendance personnelle qui n'existe peut-être nulle part au même degré et dont les effets sont surprenants, tandis qu'en Russie, l'une est aussi inconnue que l'autre. Un Espagnol vit d'amour, un Russe vit de calcul ; un Espagnol raconte tout, et s'il n'a rien à raconter, il invente, un Russe cache tout, et s'il n'a rien à cacher, il se tait pour avoir l'air discret, même il se tait sans calcul, par habitude ; l'Espagne est infestée de brigands, mais on n'y vole que sur les grands chemins ; les routes de Russie sont sûres, mais on est volé immanquablement dans les maisons ; l'Espagne est remplie de souvenirs et de ruines qui datent de tous les siècles ; la Russie est née d'hier, son histoire n'est riche qu'en promesses ; l'Espagne est hérissée de montagnes qui varient les sites à chaque pas du voyageur ; la Russie n'a qu'un paysage d'un bout de la plaine à l'autre ; le soleil illumine Séville, il vivifie tout dans la Péninsule, la brume voile les lointains des paysages de Pétersbourg qui restent ternes, même pendant les plus belles soirées de l'été : enfin les deux pays sont en tous points l'opposé l'un de l'autre, c'est la différence du jour à la nuit, du feu à la glace, du midi au nord.

Il faut avoir vécu dans cette solitude sans repos, dans cette prison sans loisir, qu'on appelle la Russie, pour sentir toute la liberté dont on jouit dans les autres pays de l'Europe, quelque forme de gouvernement qu'ils aient adoptée. On ne saurait trop le répéter, en Russie, la liberté manque à tout, si ce n'est, m'a-t-on dit, au commerce d'Odessa. Aussi l'Empereur, grâce au tact prophétique dont il est doué, n'aime-t-il guère l'esprit d'indépendance qui règne dans cette ville dont la prospérité est due à l'intelligence et à l'intégrité d'un Français (1) ; c'est pourtant la seule de tout son vaste Empire où l'on puisse de bonne foi bénir son règne.

Quand votre fils sera mécontent en France, usez de ma recette, dites-lui : « Allez en Russie. » C'est un voyage utile à tout étranger ; quiconque aura bien vu ce pays, se trouvera content de vivre partout ailleurs. Il est toujours bon de savoir qu'il existe une société où nul bonheur n'est possible parce que, par une loi de sa nature, l'homme ne peut être heureux sans liberté.

Un tel souvenir rend indulgent ; le voyageur rentré dans ses foyers peut dire de son pays ce qu'un homme d'esprit disait de lui-même : « Quand je m'apprécie, je suis modeste ; mais je suis fier quand je me compare. »

APPENDICE.

SOMMAIRE. — Histoire de la captivité de MM. Girard et Grassini, prisonniers en Russie. — Récit de M. Girard. — Conversation du Voyageur avec M. Grassini. — Récit officiel de la captivité en Russie et du renvoi en Danemark des princes de Brunswick sous l'impératrice Catherine II (extrait de la première partie des Actes de l'Académie impériale russe). — Extrait de la Description de Moscou, par Lecointe de Laveau. — Prisons de Moscou.

Novembre 1842.

Pendant le cours de cette année, le hasard m'a *fait* rencontrer deux hommes qui servaient dans notre armée à l'époque de la campagne de 1812, et qui vécurent l'un et l'autre pendant plusieurs années en Russie, après y avoir été faits prisonniers. L'un est Français, actuellement professeur de langue russe à Paris ; il se nomme M. Girard, l'autre est un Italien, M. Grassini, le frère de la célèbre cantatrice du même nom, laquelle fit sensation en Europe par sa beauté et contribua par son talent dramatique à la gloire de l'école moderne en Italie (2).

Ces deux personnes m'ont raconté des faits qui se confirment les uns par les autres, et qui me paraissent assez intéressants pour mériter d'être publiés.

Ayant noté, sans y retrancher un seul mot, ma conversation avec M. Grassini, je la rapporterai textuellement ; mais comme je n'avais pas eu le même soin relativement aux détails qui m'avaient été communiqués par M. Girard, je ne puis donner de ceux-ci qu'un résumé. Les deux récits se ressemblent tellement qu'on les dirait calqués l'un sur l'autre ; et cette similitude n'a pas laissé que d'ajouter à la confiance que m'inspiraient les personnes de qui je tiens les faits qu'on va lire. Remarquez que ces deux hommes sont complétement étrangers l'un à l'autre, qu'ils ne se sont jamais vus, et qu'ils ne se connaissent pas même de nom.

Voici d'abord ce que m'a conté M. Girard :

Il fut fait prisonnier pendant la retraite, et envoyé immédiatement dans l'intérieur de la Russie, sous la conduite d'un corps de Cosaques. Le malheureux faisait partie d'un convoi de trois mille Français. Le froid devenait de jour en jour plus intense, et, malgré la saison, les prisonniers furent dirigés au delà de Moscou, pour être dispersés ensuite dans divers gouvernements de l'intérieur.

Mourant de faim, exténués, la fatigue les forçait souvent de s'arrêter en chemin ; aussitôt de nombreux et violents coups de bâton leur tenaient lieu de nourriture, et leur donnaient la force de marcher jusqu'à la mort. A chaque étape, quelques-uns de ces infortunés, peu vêtus, mal nourris, dénués de tout secours et cruellement traités, restaient sur la neige ; une fois tombés, la gelée les collait à terre, et ils ne se relevaient plus. Leurs bourreaux eux-mêmes étaient épouvantés de l'excès de leur misère...

Dévorés de vermine, consumés par la fièvre, par la misère, portant partout avec eux la contagion, ils étaient des objets d'horreur pour les villageois chez lesquels on les faisait séjourner. Ils avançaient à coups de bâton vers les lieux qui leur étaient assignés comme points de repos ; c'était encore à coups de bâton qu'on les y recevait, sans leur permettre d'approcher des personnes, ni même d'entrer dans les maisons. On en a vu qui furent réduits à un tel dénûment que dans leur désespoir furieux ils tombaient à coups de poing, de bâche, de pierres, les uns sur les autres pour s'entre-tuer comme dernière ressource, parce que ceux qui sortaient vivants de la mêlée mangeaient les jambes des morts !!!... C'est à ces horribles excès que l'inhumanité des Russes poussait nos infortunés compatriotes.

On n'a pas oublié que, dans le même temps, l'Allemagne donnait d'autres exemples au monde chrétien. Les protestants de Francfort se souviennent encore du dévouement de l'évêque de Mayence, qui, bravant la contagion, vint lui-même dans une barque, suivi de son clergé, chercher jusqu'à Francfort nos malheureux soldats, qu'il menait à Mayence pour

(1) M. le duc de Richelieu, ministre sous Louis XVIII.

(2) Tous les anciens amateurs de musique se rappellent l'effet incomparable qu'elle produisait dans les beaux chants de Mayer, de Zingarelli, de Paisiello, et surtout dans les récitatifs obligés. Après avoir fait époque dans l'histoire de l'art, elle a servi de modèle aux plus grands talents modernes par son expression tragique, par son accent vraiment noble, vraiment italien, par son large style de chant et par l'énergie de sa déclamation.

[illegible] au moins pour les soigner jusqu'à la mort ; et les camarades [illegible] se rappellent avec gratitude les secours qu'ils ont reçus [illegible] de la Suisse.

[illegible] dans les bivouacs, les hommes qui se sentaient près de mourir [illegible] pour lutter debout contre l'agonie ; surpris par [illegible] dans les contorsions de la mort, ils restaient appuyés contre des [illegible], raidis et gelés. Leur dernière sueur se glaçait sur leurs membres [illegible] ; on les voyait les yeux ouverts pour toujours, le corps fixé dans l'attitude convulsive où la mort les avait surpris et congelés. Les cadavres restaient là jusqu'à ce qu'on les arrachât de leur place pour les brûler : et la cheville se détachait du pied plus aisément que la semelle ne se détachait du sol. Quand le jour paraissait, leurs camarades, en levant la tête, se trouvaient sous la garde d'un cercle de statues à peine refroidies, et qui paraissaient postées autour du camp comme des sentinelles avancées de l'autre monde. L'horreur de ces réveils ne peut s'exprimer.

Tous les matins, avant le départ de la colonne, les Russes brûlaient les morts, et, le dirai-je, quelquefois ils brûlaient les mourants !...

Voilà ce que M. Girard a vu, voilà les souffrances qu'il a partagées, et auxquelles il a survécu, grâce à sa jeunesse et à son étoile.

Ces faits, tout affreux qu'ils sont, ne me paraissent pas plus extraordinaires qu'une foule de récits constatés par les historiens ; mais ce qu'il m'est impossible d'expliquer ni de croire, c'est le silence d'un Français sorti de ce pays inhumain, et rentré pour toujours dans sa patrie.

M. Girard n'a jamais voulu publier la relation de ce qu'il a souffert, par respect, disait-il, pour la mémoire de l'empereur Alexandre, qui l'a retenu près de dix années en Russie, où, après avoir appris la langue du pays, il fut employé comme maître de français dans les écoles impériales. De combien d'actes arbitraires, de combien de fraudes n'a-t-il pas été témoin dans ces vastes établissements ? Rien n'a pu l'engager à parler et à faire connaître à l'Europe tant d'abus criants !

Avant de lui permettre de retourner en France, l'empereur Alexandre le rencontra un jour pendant une visite que faisait ce prince dans je ne sais quel collége de province. Alors, lui adressant quelques paroles gracieuses sur son désir de quitter la Russie, désir depuis longtemps manifesté par le prisonnier à ses supérieurs, il lui accorda enfin la permission tant de fois demandée de revenir en France : il lui fit même donner quelque argent pour son voyage. M. Girard a une physionomie douce qui sans doute aura plu à l'Empereur.

Voilà comment, après dix ans, le malheureux, échappé à la mort par miracle, vit finir sa captivité. Il quitta le pays de ses bourreaux et de ses geôliers en chantant hautement les louanges des Russes, et en protestant de sa reconnaissance pour l'*hospitalité* qu'il avait reçue chez eux.

« Vous n'avez rien écrit ? lui dis-je après avoir écouté attentivement sa narration.

— J'avais l'intention de dire tout ce que je sais, me répondit-il ; mais, n'étant pas connu, je n'aurais pu trouver ni libraire ni lecteur.

— La vérité finit par se faire jour toute seule, repris-je.

— Je n'aime pas à la dire contre ce pays-là, me répliqua M. Girard ; l'Empereur a été si bon pour moi !

— Oui, repartis-je... mais considérez qu'il est bien aise de paraître bon en Russie.

— En me donnant mon passe-port, on m'a recommandé la discrétion. »

Voilà ce que dix ans de séjour dans ce pays-là peuvent produire sur l'esprit d'un homme né en France, d'un homme brave et loyal. Calculez, d'après cela, quel doit être le sentiment moral qui se transmet de génération en génération parmi les Russes.

Au mois de février 1842, j'étais à Milan, où je rencontrai M. Grassini, qui me raconta qu'en 1812, servant dans l'armée du vice-roi d'Italie, il avait été fait prisonnier aux environs de Smolensk pendant la retraite. Depuis lors, il a passé deux années dans l'intérieur de la Russie. Voici notre dialogue : je le copie ici avec une exactitude scrupuleuse, car je l'avais noté le jour même.

« Vous avez dû bien souffrir dans ce pays-là, lui dis-je, de l'inhumanité des habitants et des rigueurs du climat ?

— Du froid, oui, me répondit-il ; mais il ne faut pas dire que les Russes manquent d'humanité.

— Si cela était vrai, pourtant, quel mal y aurait-il à le dire ? Pourquoi faudrait-il laisser les Russes se vanter partout des vertus qu'ils n'auraient pas ?

— Nous avons reçu, dans l'intérieur du pays, des secours inespérés. Des paysannes, des grandes dames nous envoyaient des vêtements pour nous garantir du froid, des remèdes pour nous guérir, des aliments et jusqu'à du linge ; plusieurs d'entre elles bravaient, pour venir nous soigner dans nos bivouacs, la contagion que nous portions avec nous, car la misère nous avait donné d'affreuses maladies qui se répandaient à notre suite dans les pays qu'on nous faisait traverser. Il fallait, pour arriver jusqu'à nos haltes, non pas une compassion légère, mais un grand courage, une véritable vertu ; j'appelle cela de l'humanité.

— Je ne prétends pas dire qu'il n'y ait nulle exception à la dureté de cœur qu'en général j'ai reconnue chez les Russes. Partout où il y a des femmes, il y a de la pitié ; les femmes de tous les pays sont quelquefois héroïques dans la compassion ; mais il n'en est pas moins vrai qu'en Russie les lois, les habitudes, les mœurs, les caractères sont empreints d'une cruauté dont nos malheureux prisonniers ont eu trop à souffrir pour que nous puissions célébrer l'humanité des habitants de ce pays-là.

— J'ai souffert chez eux comme les autres et plus que bien d'autres, car, revenu dans ma patrie, je suis resté presque aveugle ; depuis trente ans j'ai eu recours, sans succès, à tous les moyens de l'art pour guérir mes yeux : ma vue est à moitié perdue ; l'influence des rosées de la nuit en Russie, même dans la belle saison, est pernicieuse pour quiconque dort en plein air.

— On vous faisait camper ?

— Il le fallait bien pendant les marches militaires qu'on nous imposait.

— Ainsi, par des froids de vingt à trente degrés, vous manquiez d'abris ?

— Oui, mais c'est l'inhumanité du climat, ce n'est pas celle des hommes qu'il faut accuser de nos souffrances dans ces haltes obligées.

— Les hommes n'ajoutaient-ils pas quelquefois leurs inutiles rigueurs à celles de la nature ?

— Il est vrai que j'ai été témoin de traits d'une férocité digne des peuples sauvages. Mais je me distrayais de ces horreurs par mon grand amour de la vie ; je me disais : Si je me laisse emporter à l'indignation, je serai doublement exposé ; ou la colère m'étouffera, ou nos gardiens m'assommeront pour venger l'honneur de leur pays. L'amour-propre humain est si bizarre que des hommes sont capables d'assassiner un homme pour prouver à d'autres qu'ils ne sont pas inhumains.

— Vous avez bien raison... Mais tout ce que vous me dites là ne me fait pas changer d'avis sur le caractère des Russes.

— On nous faisait voyager par bandes : nous couchions hors des villages dont l'entrée nous était interdite à cause de la fièvre d'hôpital que nous traînions après nous. Le soir nous nous étendions à terre, enveloppés dans nos manteaux, entre deux grands feux. Le matin, avant de recommencer la marche, nos gardiens comptaient les morts, et, au lieu de les enterrer, ce qui eût exigé trop de temps et de peine à cause de l'épaisseur et de la dureté de la neige et de la glace, ils les brûlaient ; par ce moyen on pensait arrêter les progrès de la contagion ; on brûlait vêtements et corps tout ensemble ; mais, le croiriez-vous ? il est arrivé plus d'une fois que des hommes en vie ont été jetés au milieu des flammes ! Un instant ranimés par la douleur, ces malheureux achevaient leur agonie dans les cris et dans les tourments du bûcher !

— Quelle horreur !

— Il s'est commis bien d'autres atrocités. Chaque nuit la rigueur du froid nous décimait. Quand on trouvait quelque édifice abandonné à l'entrée des villes, on s'emparait de ces mauvais bâtiments pour y établir notre gîte. On nous entassait à tous les étages de ces maisons. Mais les nuits que nous passions ainsi abrités n'étaient guère moins rudes que les nuits du bivouac, parce que, dans l'intérieur du bâtiment, on ne pouvait faire du feu qu'à certaines places, tandis qu'en plein air au moins nous en allumions tout autour de notre campement. Ainsi, beaucoup de nos gens mouraient de froid dans leurs chambrées faute de moyens de se réchauffer.

— Mais pourquoi vous faire voyager pendant l'hiver ?

— Nous aurions donné la peste aux environs de Moscou ; souvent j'ai vu emporter des morts que les soldats russes avaient été prendre au second étage des édifices où nous étions parqués ; ils traînaient ces corps par les pieds avec des cordes liées autour des chevilles, et la tête suivait, frappant et rebondissant de marche en marche tout le long de l'escalier depuis le haut de la maison jusqu'au *rez-de-chaussée*. Ils ne souffrent plus, disait-on, ils sont morts !

— Et vous trouvez cela très-humain ?

— Je vous raconte ce que j'ai vu, monsieur ; il est même arrivé quelque chose de pis, car j'ai vu des vivants achevés de cette sorte, et laissant, sur les degrés ensanglantés par leur tête brisée, les preuves hideuses de la férocité des soldats russes. Je dois le dire, quelquefois un officier assistait à ces brutales exécutions ; mais si l'on permettait ces horreurs, c'était dans l'espoir d'arrêter la contagion en hâtant la mort des hommes atteints du mal. Voilà ce que j'ai vu, ce que mes compagnons voyaient journellement sans réclamer, tant la misère abrutit les hommes ! La même chose m'arrivera demain, pensais-je ; cette communauté de péril mettait ma conscience en repos, et favorisait mon inertie.

— Elle dure encore, à ce qu'il me semble, puisque vous avez pu être témoin de faits pareils et vous taire pendant vingt-huit ans.

— J'employai les deux années de ma captivité à écrire soigneusement mes Mémoires. J'avais ainsi complété deux volumes de faits plus curieux et plus extraordinaires que tout ce qu'on a imprimé sur le même sujet. J'avais décrit le régime arbitraire dont nous étions les victimes, la cruauté des mauvais seigneurs aggravant notre sort et renchérissant sur la brutalité des hommes du peuple ; les consolations et les secours que nous recevions des bons seigneurs ; j'avais montré le hasard et le caprice disposant de la vie des prisonniers comme de celle des indigènes ; enfin, j'avais tout dit !

— Eh bien !

— Eh bien ! j'ai brûlé ma relation avant de repasser la frontière russe lorsqu'on me permit de retourner en Italie.

— C'est un crime !

— On m'a fouillé ; si l'on eût saisi et lu ces papiers, on m'aurait donné le knout et envoyé finir mes jours en Sibérie, où mon malheur n'aurait pas mieux servi la cause de l'humanité que mon silence ne la sert ici.

— Je ne puis vous pardonner cette résignation.

— Vous oubliez qu'elle m'a sauvé la vie, et qu'en mourant je n'eusse fait de bien à personne.

— Mais au moins depuis votre retour vous auriez dû récrire votre récit.

— Je n'aurais pu le faire avec la même exactitude : je ne crois plus à mes propres souvenirs.

— Où avez-vous passé vos deux années de captivité ?

— Aussitôt que j'arrivai dans une ville où je pus trouver un officier supérieur, je demandai à prendre service dans l'armée russe, c'était le moyen d'éviter le voyage de la Sibérie ; on accueillit ma requête, et au bout de quelques semaines, je fus envoyé à Toula, où j'obtins la place d'instituteur chez le gouverneur civil de la ville ; j'ai passé deux ans chez cet homme.

— Comment avez-vous vécu dans son intérieur ?

— Mon élève était un enfant de douze ans, que j'aimais, et qui s'était fort attaché à moi, tout enfant qu'il était. Il me raconta que son père était veuf, qu'il avait acheté à Moscou une paysanne dont il avait fait sa concubine (1), et que cette femme rendait leur intérieur désagréable.

(1) On dit en Russie que les nouvelles lois ne permettent plus de vendre des hommes sans la terre ; mais on dit en même temps qu'il y a toujours des moyens d'échapper à la sévérité de ces lois. (*Note de l'Auteur.*)

LA RUSSIE, PAR LE MARQUIS DE CUSTINE.

— Quel homme était ce gouverneur?

— Un tyran de mélodrame. Il faisait consister la dignité dans le silence : pendant deux ans que j'ai dîné à sa table, nous n'avons jamais causé ensemble. Il n'était pourtant pas un aveugle qu'il fallait chanter tout le temps des repas, et qu'il excitait à parler devant moi contre les Français, contre l'armée, contre les prisonniers ; je savais assez de russe pour deviner une partie de ces indécentes et brutales plaisanteries, dont mon élève achevait de m'expliquer le sens quand nous étions retournés dans notre chambre.

— Quel manque de délicatesse! et l'on vante l'hospitalité russe! Vous avez tout à l'heure de mauvais seigneurs qui aggravaient la position des prisonniers, en avez-vous rencontré?

— Avant d'arriver à Toula, je faisais partie d'un peloton de prisonniers confiés à un sergent, vieux soldat dont nous eûmes à nous louer. Un soir nous fîmes halte dans les domaines d'un baron redouté au loin pour ses cruautés. Ce forcené voulait nous tuer de sa propre main, et le sergent chargé de nous escorter pendant notre marche eut de la peine à défendre notre vie contre la rage patriotique du vieux boyard.

— Quels hommes! ce sont vraiment les fils des serviteurs d'Ivan IV. Ai-je tort de me récrier contre leur inhumanité? Le père de votre élève vous donnait-il beaucoup d'argent?

— Quand j'arrivai sous son toit, j'étais dépouillé de tout ; pour me vêtir, il ordonna généreusement à un tailleur de retourner un de ses vieux habits ; il n'eut pas honte de faire endosser au gouverneur de son propre fils un vêtement dont un laquais italien n'eût pas voulu s'affubler.

— Cependant les Russes veulent passer pour magnifiques.

— Oui, mais ils sont vilains dans leur intérieur : un Anglais venait-il à traverser Toula, tout était bouleversé dans les maisons où l'étranger devait être reçu. On substituait des bougies aux chandelles sur les cheminées, on nettoyait les chambres, on habillait les gens : enfin les habitudes de la vie étaient changées.

— Tout ce que vous dites là ne justifie que trop mes jugements ; au fond, monsieur, je vois que vous pensez comme moi, nous ne différons que de langage.

— Il faut avouer qu'on devient d'une grande insouciance quand on a passé deux années de sa vie en Russie.

— Oui, vous m'en donnez la preuve : cette disposition est-elle générale?

— A peu près ; on sent que la tyrannie est plus forte que les paroles, et que la publicité ne peut rien contre une telle masse de faits.

— Il faut cependant qu'elle ait quelque efficacité, puisque les Russes la redoutent. C'est votre coupable inertie, permettez-moi de vous le dire, et celle des personnes qui pensent comme vous, qui perpétue l'aveuglement de l'Europe et du monde, et qui donne le champ libre à l'oppression. »

— Elle l'aurait, malgré tous nos livres et tous nos cris. Pour vous prouver que je ne suis pas le seul de mon avis, je veux vous raconter encore l'histoire d'un de mes compagnons d'infortune ; c'était un Français (1). Un soir, ce jeune homme arriva malade au bivouac : tombé en léthargie pendant la nuit, il fut traîné le matin au bûcher avec les autres morts ; mais avant de le jeter dans le feu, on voulait réunir tous les cadavres. Les soldats le laissèrent à terre un instant pour aller chercher les corps oubliés ailleurs. On l'avait couché tout habillé sur le dos, le visage tourné vers le ciel ; il respirait encore, même il entendait tout ce qu'on faisait et disait autour de lui ; la connaissance lui était revenue, mais il ne pouvait donner aucun signe de vie. Une jeune femme, frappée de la beauté des traits et de l'expression touchante de la figure de ce mort, s'approche de notre malheureux camarade, elle reconnaît qu'il vit encore, appelle du secours, et fait emporter, soigner, guérir l'étranger qu'elle a ressuscité. Celui-ci, revenu en France après plusieurs années de captivité, n'a pas non plus écrit son histoire.

— Mais vous, monsieur, vous, homme instruit, homme indépendant, pourquoi n'avez-vous pas publié le récit de votre captivité? Des faits de cette nature, bien avérés, auraient intéressé le monde entier.

— J'en doute : le monde est composé de gens si occupés d'eux-mêmes que les souffrances des inconnus les touchent peu. D'ailleurs j'ai une famille, un état, je dépends de mon gouvernement, qui est en bons rapports avec le gouvernement russe, et qui ne verrait pas avec plaisir un de ses sujets publier ici des faits qu'on s'efforce de cacher dans le pays où ils se passent (2).

— Je suis persuadé, monsieur, que vous calomniez votre gouvernement ; vous seul, pardonnez-moi ma franchise, vous me paraissez à blâmer en tout ceci par votre excès de prudence.

— Peut-être ; mais je n'imprimerai jamais que les Russes manquent d'humanité.

— Je me trouve bien heureux de n'avoir séjourné en Russie que pendant quelques mois, car je remarque que les hommes les plus francs, les esprits les plus indépendants, lorsqu'ils ont passé plusieurs années dans ce singulier pays, craignent tout le reste de leur vie qu'ils y sont encore ou qu'ils sont exposés à y retourner. Et voilà ce qui nous explique l'ignorance où on nous a laissés jusqu'ici de tout ce qui s'y passe. Le vrai caractère des hommes qui habitent l'intérieur de cet immense et redoutable Empire est une énigme pour la plupart des Européens. Si tous les voyageurs, par des motifs divers, se donnent le mot pour taire, ainsi que vous le faites, les vérités désagréables qu'on peut dire à ce peuple et aux hommes qui le gouvernent, il n'y a pas de raison pour que l'Europe sache jamais à quoi s'en tenir sur cette prison modèle. Vanter les douceurs du despotisme, même lorsqu'on est hors de ses atteintes, c'est un degré de prudence qui me paraît criminel. Certes, il y a là un mystère inexplicable ; si je ne l'ai pas pénétré, j'ai du moins échappé à la fascination de la peur, et c'est ce que je prouverai par la sincérité de mes narrations. »

(1) Il [illegible] ne m'a jamais voulu me dire le nom de ce prisonnier.

(2) Par quel art le cabinet russe, ce gouvernement révolutionnaire par essence, est-il parvenu à persuader à presque tous les cabinets de l'Europe qu'il représentait le principe anti-révolutionnaire dans le monde entier? Ceci est un prodige dont j'ai jusqu'à présent demandé en vain l'explication. Où en serions-nous si l'ordre social était définitivement confondu avec le gouvernement despotique?

En terminant ces longs récits, je crois devoir [illegible] une pièce que je regarde comme authentique. [illegible] dire par quel moyen j'ai pu me la procurer ; [illegible] russes seraient maintenant en danger de [illegible] Pétersbourg d'avouer qu'on s'en occupe ; ce serait se rendre coupable d'inconséquence ; c'est le mot d'ordre pour [illegible] conspirations. Tout le monde sait cela, dit-on [illegible] mais personne n'en a jamais entendu parler [illegible] prince Ivan III, on montrait sur l'échafaud [illegible] comme un homme pouvait bien aller expier en [illegible] connu.

Cette pièce, traduite du russe par la personne [illegible] la relation de la captivité et du renvoi en Danemark [illegible] des princes et des princesses de Brunswick [illegible] d'Ivan VI, le prisonnier de Schlusselbourg. On frémit en [illegible] de l'abrutissement de ces malheureuses créatures, chez [illegible] les idées de la vie se confondaient avec les habitudes de la prison, [illegible] pouvaient sentir leur position. Le trône auquel elles [illegible] occupé par l'épouse de Pierre III succédant à sa victime, qui elle-même n'avait régné que par l'usurpation.

La généalogie de la maison de Romanoff prouve que les prisonniers descendaient en droite ligne du czar Ivan V. La famille du prince de Brunswick fut la victime des souverains par lesquels elle avait été dépossédée ; car, dans l'histoire de Russie, le droit s'expie et le crime se récompense.

Si l'on veut apprécier l'hypocrisie de la Czarine dans sa conduite envers ses prisonniers, il ne faut pas oublier que le présent récit est écrit pour l'impératrice elle-même, et que par conséquent chaque fait y est présenté sous le point de vue le plus convenable, et en même temps le plus satisfaisant pour la *grande âme* de Catherine II. Ce morceau doit être lu comme une œuvre de chancellerie, comme une pièce officielle, et non comme un récit impartial et naïf.

C'est un épisode de l'histoire du règne de Catherine II, rédigé par ordre supérieur, et destiné à prouver l'*humanité* de la Sémiramis du Nord. Le triomphe des astucieux employés du gouvernement russe consiste à faire périr le bourreau par la victime. Le succès de Melgunof en ce genre a été complet, et l'impératrice a récompensé en lui le triomphe du mensonge et de l'hypocrisie.

Renvoi en Danemark de la famille de Brunswick qui résidait à Cholmogory. Tiré de la première partie des Actes de l'Académie impériale russe.

I.

La famille de Brunswick languit longtemps dans l'exil. Le dernier lieu de sa résidence en Russie fut Cholmogory, ancienne ville du gouvernement d'Archangel, construite dans une île de la Dwina, à 73 verstes d'Archangel. Elle vivait éloignée de toute autre habitation dans une maison expressément destinée à elle et aux employés, aux gens attachés à son service. La promenade ne lui était permise que dans le jardin attenant à la maison.

Le malheureux père, Antoine Ulric de Brunswick, ayant perdu sa femme, l'ex-régente de l'Empire de Russie, et étant devenu aveugle à la suite de ses malheurs, mourut le 4-16 mai 1774, n'ayant pas vécu assez pour recevoir la liberté qu'il avait demandée avec larmes. La politique du temps n'avait pas permis qu'on lui accordât sa demande. Il laissa après lui deux fils et deux filles.

L'aînée des deux filles, la princesse Catherine, était née à Saint-Pétersbourg avant les malheurs de sa famille ; la princesse Élisabeth, à Dunamunde ; les princes Pierre et Alexis, à Cholmogory. La naissance de ce dernier avait coûté la vie à sa mère. Pour les surveiller, on avait nommé un officier d'état-major, et pour leur service, on avait désigné quelques personnes de condition inférieure. Toute communication avec les voisins leur était interdite. Le gouverneur d'Archangel seul avait la permission de les visiter de temps à autre pour s'informer de leur situation. Ayant reçu l'éducation des gens du peuple, ils ne connaissaient d'autre langue que la langue russe.

Pour l'entretien de la famille de Brunswick et pour celui des personnes qui la composaient, comme pour l'établissement de la maison qu'elle occupait, on n'avait alloué aucune somme ; mais on recevait pour cela du magistrat d'Archangel de dix à quinze mille roubles. On envoyait de la garde-robe impériale les choses nécessaires pour la famille, et pour les militaires, les objets d'uniforme étaient fournis par le commissaire des guerres.

II.

Dès que l'impératrice Catherine II fut montée sur le trône, elle jeta un regard de pitié sur ses prisonniers, et adoucit la sévérité de leur régime ; s'étant assurée enfin que l'élargissement des enfants d'Antoine Ulric ne pouvait avoir aucune suite sérieuse, elle résolut de les renvoyer dans les États danois et de les remettre sous la garde de la sœur de leur père, la Reine douairière de Danemark, Julienne Marie. Désirant exécuter son projet sans participation d'autrui, l'impératrice entama avec la Reine une correspondance directe. La première lettre autographe de l'impératrice sur ce sujet fut envoyée le 18-30 mars 1780. Catherine proposait à la Reine d'envoyer la famille de Brunswick en Norwége.

La Reine reçut l'offre de l'impératrice avec un sentiment de reconnaissance et les marques d'une satisfaction particulière ; elle lui répondit que le Roi son beau-fils consentait aux propositions de Sa Majesté concernant la famille de Brunswick.

Le Roi lui-même écrivit à l'impératrice, l'assurant qu'il était prêt à faire tout ce qu'elle désirait. Mais ensuite la Reine informa l'impératrice qu'il n'y avait pas en Norwége une seule ville qui n'eût un port, et ne fût située au bord de la mer. On reconnut qu'il serait mieux de transporter la

(1) Voyez au Résumé.

famille de Brunswick dans l'intérieur du Jutland, dans un district également éloigné de la mer et des grandes routes. La petite ville de Gorsens fut choisie pour sa résidence, et le Roi y acheta pour elle deux maisons.

III.

Pendant que cette correspondance avait lieu avec la Reine, on faisait les arrangements nécessaires pour le renvoi de la famille de Brunswick. L'Impératrice désirait accomplir son projet autant que possible en secret, pour ne pas exciter de rumeur dans le peuple, *et pour ne point donner lieu à de longs et inutiles commentaires*. Pour cela on ne mit dans le secret que très-peu de personnes. Le principal exécuteur de cette affaire fut le brigadier Bezborodko, qui était attaché à la personne de l'Impératrice, et qui fut dans la suite conseiller privé de première classe et chancelier.

Dans le même temps le conseiller privé Melgunof fut nommé gouverneur général de Yaroslaw et Vologda, et d'Archangel. On lui enjoignit de se rendre de Saint-Pétersbourg droit à Archangel, sous prétexte d'examiner de près le pays dont l'administration lui était confiée. En même temps on lui ordonna de faire personnellement connaissance avec les princes et princesses, de tâcher d'acheter ou de construire un bon bâtiment sous prétexte qu'il en avait besoin pour naviguer sur les rivières du gouvernement d'Archangel ; ensuite d'acheter un bon bâtiment marchand ; il lui fut ordonné, dans le cas où il n'en trouverait pas un qui fût propre à tenir la mer, de faire construire en hâte sur le lac Onéga un vaisseau marchand à trois mâts, sous prétexte de faire des découvertes dans les mers septentrionales, et de choisir pour le faire manœuvrer d'anciens matelots accoutumés au service, avec d'habiles officiers de marine.

IV.

Melgunof, arrivé à Archangel, reçut de l'ancien gouverneur Golowtsin des renseignements sur la famille de Brunswick, et de là il se transporta à Cholmogory.

A l'entrée de Melgunof dans la maison où demeuraient les princes et les princesses, ils vinrent tous à sa rencontre dans l'antichambre, et tout effrayés ils se jetèrent à ses pieds en le conjurant de leur accorder sa protection. Melgunof tâcha de les rassurer ; il leur dit qu'il avait été nommé chef du gouvernement d'Archangel par la volonté suprême de l'Impératrice, et que, comme il était obligé de connaître tout ce qui existait dans la province qu'il devait administrer, il était venu leur faire une visite, sachant l'intérêt que l'Impératrice prenait à leur situation. A ces mots, tous tombèrent de nouveau à ses pieds, et les deux sœurs fondirent en larmes. La plus jeune dit que depuis le commencement du règne de l'Impératrice, ils renaissaient par la grâce de Sa Majesté ; mais qu'avant son règne, ils étaient dans le besoin. Elle pria humblement Melgunof de témoigner à Sa Majesté leur reconnaissance sans bornes.

Melgunof resta à Cholmogory six jours et il vit habituellement les princes et les princesses ; il dînait tous les jours chez eux avec le gouverneur, et quelquefois il y soupait. Après le dîner il passait avec eux une bonne partie de la journée, employant le temps à jouer aux cartes, au jeu appelé *trésette* (1), fort ennuyeux pour lui à ce qu'il dit, mais pour eux très-amusant.

Pendant cet espace de temps, il tâcha, d'après les ordres qu'on lui avait donnés, de s'assurer de l'état de la santé des prisonniers, de leurs caractères et de leurs facultés intellectuelles.

Voici comment Melgunof dépeint les membres de la famille de Brunswick :

« La sœur aînée, Catherine, a trente-six ans ; elle est d'une taille mince « et petite ; elle a le teint blanc et ressemble à son père. Dans son enfance, « elle a perdu l'ouïe et elle a la parole tellement embarrassée, qu'il n'est « pas possible de comprendre ce qu'elle dit. Ses frères et sa sœur corres- « pondent avec elle par signes. Malgré cela, elle a tant d'intelligence que « lorsque ses frères et sa sœur, sans faire aucun geste, lui disent quelque « chose, elle les comprend par le seul mouvement de leurs lèvres. Elle « leur répond quelquefois tout bas, quelquefois tout haut, tellement que « celui qui n'est pas accoutumé à un tel langage, n'y peut rien compren- « dre. On voit, par sa conduite, qu'elle est timide, polie et modeste, d'un « caractère doux et gai : voyant que les autres rient en parlant, quoiqu'elle « ne comprenne pas le sujet de leur conversation, elle rit avec eux. Au « reste, elle est d'une forte constitution ; seulement le scorbut a fait noircir « ses dents, dont quelques-unes même sont gâtées.

« La sœur cadette, Élisabeth, a trente ans. En tombant du haut en bas « d'un escalier de pierre, à l'âge de neuf ans, elle s'est blessée à la tête, et « depuis ce temps-là, elle a souvent des maux de tête, particulièrement « à l'époque des changements de température. Pour combattre ce mal, on « lui a fait un cautère au bras droit. Elle est sujette aussi à de fréquentes « attaques de maux d'estomac. Pour sa taille et ses traits, elle ressemble « à sa mère. Elle surpasse de beaucoup ses frères et sa sœur en facilité « d'élocution et en intelligence. Ils lui obéissent en tout ; le plus souvent, « c'est elle qui parle et répond au nom de tous, et elle relève quelquefois « leurs fautes de langage. En 1777, à la suite d'une fièvre et d'une maladie « de femme elle fut quelques mois aliénée ; mais elle s'est rétablie, et à « présent elle est en bonne santé. On ne peut s'apercevoir qu'il y ait en « elle quelque chose d'extraordinaire ; sa prononciation et celle de ses « frères fait reconnaître le lieu où ils sont nés et où ils ont été élevés.

« L'aîné des frères, Pierre, a trente-cinq ans. Dès son enfance, et par « suite de négligence, il est devenu bossu par devant et par derrière ; mais « cette difformité est presque imperceptible. Il a le côté droit un peu de « travers, et une de ses jambes est torse. Il est très-simple d'esprit, timide « et silencieux. Toutes ses idées, ainsi que celles de son frère, ne sont que « des idées d'enfants ; son caractère est assez gai : il rit et même aux éclats « lorsqu'il n'y a rien de risible. De temps en temps il a des attaques hé- « morroïdales ; du reste, il est d'une bonne constitution ; cependant il est « épouvanté, et même il s'évanouit lorsqu'on parle [illegible] « cette crainte excessive à ce que sa mère, lorsqu'e[lle] [illegible] « sein, s'effraya extraordinairement de ce qu'elle s'é[tait] [illegible] « voyait couler son sang.

« Le plus jeune des frères, Alexis, a trente-quatre [illegible] « simplicité d'esprit que son frère aîné, il semble e[tre] [illegible] « peu plus adroit, plus hardi et plus sérieux. Sa cons[titution] [illegible] « son naturel assez gai. Les deux frères sont de p[illegible] « teint clair et ressemblent à leur père.

« Les frères et les sœurs vivent entre eux en bon[ne] [illegible] « sont-ils doux et humains. Pendant les étés ils trav[aillent] [illegible] « din, gardent les poules et les canards et leur donn[ent] [illegible] « hiver ils glissent à qui mieux mieux sur l'étang [illegible] « jardin. Ils lisent dans leurs livres de prières d'églis[e] [illegible] « et aux échecs. Outre cela, les deux filles s'occupent [illegible] « c'est en cela que consistent toutes leurs occupation[s] [illegible]

V.

La supériorité qu'Élisabeth avait sur ses frères fi[t] [illegible] cette princesse avec plus d'attention, et qu'il entra [illegible] versation avec elle. Entre autres choses, elle dit à M[elgunof] [illegible] son père fût devenu aveugle, il s'était souvent adress[é] [illegible] pératrice, mais que leurs requêtes avaient été renvo[yées] [illegible] plus en adresser d'autres et craignaient d'avoir irr[ité] [illegible] demande de Melgunof en quoi consistaient ces pétition[s] [illegible]

« Notre père et nous, quand nous étions encore je[unes] [illegible] « mandé qu'on nous élargît ; quand notre père es[t] [illegible] « que nous sommes devenus grands, nous avons de[mandé] [illegible] « de nous promener, mais nous n'avons reçu aucune [illegible]

Melgunof ayant assuré Élisabeth qu'elle avait tort [illegible] [impéra]trice fût irritée contre eux, lui demanda : « Où do[illegible] il dessein d'aller avec vous? » Elle lui dit : « Notre p[illegible] « dans son pays ; alors nous aurions bien désiré vivre [illegible] « Dans notre jeunesse, nous désirions encore acquéri[r] [illegible] « mais dans notre situation actuelle, il ne nous reste [illegible] « sinon de vivre et de mourir ici dans la solitude. [illegible] « l'Impératrice, notre bienfaitrice, nous sommes tout [illegible] « vous-même : pouvons-nous désirer quelque ch[ose] [illegible] « sommes nés ici, nous sommes accoutumés à ce [illegible] « vieilli. A présent nous n'avons pas besoin du monde [illegible] « insupportable, car nous ne savons pas comment n[ous] [illegible] « gens, et il est trop tard pour l'apprendre. Ainsi nous [illegible] « t-elle avec des larmes et des génuflexions, de nou[s] [illegible] « merci de Sa Majesté, afin qu'il nous soit permis se[illegible] « la maison pour aller nous promener dans la pra[irie] [illegible] « tendu dire qu'il y a là des fleurs qu'on ne trouve [illegible] « din. Le lieutenant-colonel et les officiers qui sont [illegible] « près de nous sont mariés ; nous demandons qu'[illegible] « femmes de venir chez nous, et à nous d'aller chez [illegible] « temps, car nous nous ennuyons quelquefois. Nous [illegible] « nous donne un tailleur qui puisse coudre pour nou[s] [illegible] « grâce de l'Impératrice, on nous envoie de Pétersb[ourg] [illegible] « des coiffes et des toques, mais nous ne nous en se[rvons] [illegible] « ni nous ni nos servantes nous ne savons comment l[illegible] « ter. Faites-nous la grâce de nous envoyer un hom[me] [illegible] « conseiller en cela. Le bain dans le jardin est trop [illegible] « ments de bois ; nous craignons que le feu qu'on y [illegible] « cendie ; ordonnez qu'on le transporte plus loin. » [illegible] *avec larmes* d'augmenter les appointements des dom[estiques] [illegible] vantes, et de leur permettre la libre sortie de la mai[son] [illegible] permis aux autres employés. Elle ajouta : « Si vous [illegible] « nous serons satisfaits, et nous n'élèverons plus auc[une] [illegible] « ne désirons rien de plus et nous serons contents de [illegible] « situation toute notre vie. »

Melgunof conseilla à Élisabeth *d'écrire une pétitio[n]* [illegible] d'y expliquer tout ce qu'elle désirait, mais elle n'y [illegible] écrivit seulement dans sa requête : « qu'elle portait [illegible] « reconnaissance *d'esclave* pour sa grâce suprême, et [illegible] « les avait *confiés au grand homme lieutenant de Sa* [illegible] « *trowitsch Melgunof*, qu'elle osait déposer sa demand[e] [illegible] « pératrice, et qu'*Alexis Petrowitsch l'informerait de* « *pétition*. »

Le dernier jour du séjour de Melgunof chez les pr[inces] [illegible] comme il prenait congé d'eux, ils se mirent à pleurer [illegible] ils tombèrent à ses pieds, et la jeune sœur, au nom d[illegible] de ne pas oublier sa requête.

VI.

Pendant ce temps, Melgunof avait fait tous les prépa[ratifs] [illegible] les ordres qu'on lui avait donnés. Voyant l'impossibili[té] [illegible] bâtiment sur l'Onéga, Melgunof résolut de confier l'e[illegible] ques au commandant général du port d'Archangel, le major [illegible] Wrangel, sans cependant lui découvrir à quoi elles ét[aient] [illegible] eut bientôt fait une barque de rivière, et au lieu d'un vaiss[eau] [illegible] pératrice permit de se servir, pour le transport de la fam[ille] [illegible] d'une de ses frégates arrivant à Archangel, appelée [illegible] capitaine Stépanof fut choisi pour la commander ; m[ais] [illegible] dangereusement malade, Melgunof prit à sa place un [illegible] fidèle et habile, l'ex-capitaine Michel Arseniel, présiden[t] du tribunal [illegible] d'Yarowslaw ; il était d'autant plus propre à remplir cette charge [illegible] avait fait sur mer plusieurs campagnes, qu'il avait p[illegible] le cercle polaire et connaissait le lieu où l'on devait envoyer la famille de Brunswick.

(1) C'est une espèce de Pharaon actuellement oublié.

[illegible]

[illegible] des princes et des princesses [illegible] pension à vie [illegible] roubles [illegible] à cette somme tout ce qui serait nécessaire [illegible] manière convenable.

[illegible] particulièrement surveillés pendant la traversée [illegible] du bailli de Livonie, Lilienfeld, avec ses deux filles [illegible] famille de Brunswick jusqu'au lieu de sa destination [illegible] remettre à celui qui serait muni d'un plein pouvoir de [illegible]

[illegible] était permis de rentrer en Russie. On leur assigne une [illegible] pour aller et revenir.

[illegible] parmi les gens de la famille de Brunswick trois domes-[illegible] ; cinq de ces personnages étaient nés à Cholmo-[illegible] andi avec les princes et les princesses. Les deux autres [illegible] parmi les paysans. Ils étaient tous de bonne conduite. De [illegible] était arrangé et approuvé par l'Impératrice ; il ne res-[illegible] ter le moyen de ne pas effaroucher les prisonniers en [illegible] de partir.

VII.

[illegible] er allé à Cholmogory avec le gouverneur Golowtzin, [illegible] les princes et les princesses, il leur dit, de la part de [illegible] pendant son séjour à la cour, il n'avait pas manqué [illegible] ratrice de leur requête, et que Sa Majesté augmentait [illegible] de leurs serviteurs, et permettait gracieusement à la [illegible] it colonel Polasof de venir chez eux, qu'elle ordonnait [illegible] tout ce qui leur serait nécessaire. Entre autres choses [illegible] ntôt ils verraient jusqu'où allait la bonté de Sa Ma-[illegible] ments après, on envoya aux princes et aux prin-[illegible] enfeld, avec quelques habits pour leur toilette. Lors-[illegible] er et la femme du lieutenant-colonel Polasof vinrent [illegible] fut extrême, surtout lorsqu'ils apprirent la bonté de [illegible] eux.

[illegible] lui-même arriva à Cholmogory. Ayant d'abord com-[illegible] t princesses les paroles de Ziegler, il les instruisit en-[illegible] n, de la résolution de l'Impératrice de les mettre en [illegible] voyer en Danemark, sous la protection de leur tante, [illegible] fres que l'Impératrice avait dessein de leur faire. La [illegible] du changement de leur existence fut pour eux une [illegible] rirent que Catherine, qui les avait déjà fait renaître, [illegible] une heureuse situation. Ne s'attendant pas à une [illegible] ils ne pouvaient prononcer un seul mot ; leurs cœurs [illegible] ressaillant de bonheur. Cette voix du cœur ne fut pas [illegible] rs traits et leurs yeux levés au ciel, des torrents de [illegible] leurs yeux, et de fréquentes génuflexions en disaient [illegible] paroles, et témoignaient de leur reconnaissance pour [illegible] ine. Alors Meigunof leur fit comprendre combien ils [illegible] issants à la maison impériale qui leur donnait la li-[illegible] xistence de luxe, rare même parmi les personnes de [illegible] outa à cela que s'ils oubliaient les bienfaits de l'Impé-[illegible] ent foi à des propos malveillants et suivaient des [illegible] ne voulant plus résider en Danemark, ils perdraient [illegible] pension, mais encore tout droit à l'assistance de Sa

[illegible] dit avec larmes : « Dieu nous préserve, nous qui ve-[illegible] une si grande grâce, d'être ingrats ! Croyez-moi, [illegible], nous ne nous opposerons jamais à la volonté de [illegible] notre mère et notre protectrice. Nous n'espérons [illegible] rait il possible d'oser fâcher Sa Majesté en quelque [illegible] exposer à perdre pour toujours ses bonnes grâces ? » [illegible] le à Meigunof : « Notre tante nous prend-elle chez [illegible] era-t-elle dans quelque ville ? Nous désirerions plutôt [illegible] une ville quelconque, car jugez vous-même comment [illegible] vour. Nous ne savons pas du tout comment nous con-[illegible], et de plus nous ne comprenons pas leur langue. » [illegible] t qu'ils pourraient à leur arrivée en Danemark de-[illegible] ante, et il promit de tâcher de son côté que leurs dé-[illegible] plir.

[illegible] illisé la princesse, Meigunof fut extrêmement satis-[illegible] ss, contre son attente, consentants à ce qu'il avait [illegible] d'un air joyeux les préparatifs de départ. Le trajet [illegible] ourtant, surtout les princesses, qui depuis leur nais-[illegible] s été sur mer et qui n'avaient même jamais vu com-[illegible] bateau. Quoique Meigunof les assurât qu'il n'y avait [illegible] lui-même les accompagnerait à la distance de cent [illegible] lles montrèrent de la crainte à ce sujet et dirent : [illegible] mes et n'avez peur de rien, mais si votre femme ve-[illegible] us irions volontiers dans le bateau. »

[illegible] é de leur donner sa parole qu'il amènerait sa femme. [illegible] promenèrent avec une satisfaction d'autant plus grande [illegible] eld et ses fils n'avaient non plus jamais voyagé par [illegible] pas moins de crainte que les princesses.

VIII.

[illegible]

Dans le même temps les princes et les princesses [illegible] saisis d'une grande frayeur en voyant [illegible] ce devait être là leur demeure et que [illegible] n'étaient que des mensonges. L'arrivée d'un courrier [illegible] eut lieu dans le même moment, les confirma [illegible] pensée. Ils crurent que le courrier apportait l'ordre [illegible] forteresse de Nowodwinskoï, tandis qu'au contraire il [illegible] gunof avec la confirmation des ordres précédents à leur égard. Pour les rassurer, Meigunof les ayant logés dans la maison du commandant, leur donna la permission de se promener sur les remparts et [illegible] en bateau.

Le jour de leur arrivée à Nowodwinskoï était le jour anniversaire du commencement du règne de l'Impératrice. Sur leur demande, le prêtre qui les accompagnait dit la messe dans l'église de la forteresse ; il fit ensuite la litanie et des prières en actions de grâces.

La frégate *l'Etoile polaire* était déjà prête à mettre à la voile : les princes et les princesses montèrent à bord avec leur suite. En prenant congé d'eux, Meigunof leur fit de nouvelles recommandations et leur dit à la fin *qu'ils seraient toujours malheureux, s'ils se montraient ingrats*. En entendant ces mots ils fondirent en larmes, et tombèrent à genoux. La princesse Elisabeth, au nom de tous, dit : « Que Dieu nous punisse si nous oublions « la grâce que nous fait notre mère ! Nous serons toujours les esclaves de « Sa Majesté et jamais nous ne désobéirons à sa volonté. Elle est notre « mère et notre protectrice. Nous n'espérons qu'en elle et en personne « autre. » Ensuite elle pria Meigunof de porter aux pieds de Sa Majesté leurs remerciements. En se séparant d'eux, Meigunof ordonna de lever l'ancre, de hisser le pavillon et de partir.

La frégate partit à deux heures après minuit, le 30 juin, sous pavillon marchand. Meigunof les suivit des yeux jusqu'à ce que la frégate fût hors de vue.

IX.

Après le renvoi des princes et des princesses, l'Impératrice les sout... encore de sa main impériale. (Suit l'inventaire des habits, fourrures, services à thé, montres, bagues, etc., donnés à chacun des princes.) A Bergen, le colonel Ziegler leur remit pour argent de poche 2,000 ducats de Hollande. L'article finit par la phrase suivante : En Danemark on fut étonné de la générosité et de la munificence avec lesquelles avait été traitée la famille de Brunswick. La reine elle-même en parla avec reconnaissance.

L'article X n'a rien d'intéressant si ce n'est la phrase suivante : l'Impératrice fut extrêmement satisfaite de la manière dont Meigunof avait exécuté ses ordres. *Cependant elle lui fit observer qu'il avait eu tort d'outrepasser ses instructions en amenant sa femme sur le vaisseau où était la famille de Brunswick*.

X.

La navigation de la frégate *l'Etoile polaire* fut retardée par des vents contraires et de fortes tempêtes. L'Impératrice, ne recevant depuis longtemps aucune nouvelle sur le sort des voyageurs, commença à craindre pour eux. A la fin, on reçut la nouvelle de l'arrivée de la frégate à Bergen, le 10 septembre (nouveau style). Un vaisseau de guerre danois, *le Mars*, commandé par le capitaine Lutchen, depuis longtemps l'attendait à Bergen. Le lendemain, la famille de Brunswick fut remise au grand bailli de Bergen, M. Schulen, et là, elle fut embarquée à bord du vaisseau de guerre. Les vents contraires arrêtèrent le vaisseau à quatre milles de Bergen jusqu'au 23 septembre. Après quoi il eut encore à lutter contre une violente tempête qui dura sans interruption du 26 septembre au 1er octobre ; ce ne fut que le 3 octobre qu'on put arriver à Hunstrand. Les princes et princesses Brunswick, fatigués de cette navigation difficile, furent mis à terre à Aalbourg, où ils restèrent trois jours pour se reposer ; et ils arrivèrent à Gorsens le 13 octobre en santé et fort gais, bénissant l'Impératrice qui leur donnait une nouvelle existence. Pendant ce temps-là, la frégate *l'Etoile polaire* resta à Bergen pour y passer l'hiver. En arrivant à ce port, la princesse Elisabeth avait distribué 3,000 roubles pris sur les 500 ducats à elle alloués. Des 3,000 roubles, le capitaine Amenief en reçut 1,000.

Le choix des personnes qui accompagnèrent la famille de Brunswick fut heureux. Le colonel Ziegler et la veuve Lilienfeld, quoiqu'ils n'eussent demeuré que fort peu de temps avec les princes et princesses, surent cependant se concilier leur amitié et leur respect. La plus jeune des princesses fut particulièrement contente des attentions de Ziegler, etc.

XI.

L'Impératrice et la Reine continuèrent longtemps leur correspondance touchant la famille de Brunswick. La Reine parlait toujours avec satisfaction de la conduite des princes et des princesses, et faisait l'éloge de leur bon cœur et de leur politesse.

La Reine voulut voir les princes et les princesses ; elle en écrivit à Catherine. *L'Impératrice laissa cela à son choix* ; mais dans la suite la

(1) Feldjæger.

[illegible] elle ne voulut pas [illegible] la payer les 16,000 [illegible]

XII.

[illegible] à Gorsens dans la paix et en bonne [illegible] ne donnèrent jamais aucun sujet de [illegible] de Danemark avait mises auprès d'eux; [illegible] de ces dernières.

[illegible] était la conductrice de ses frères et de [illegible] rien sans leur consentement. Au reste, [illegible] qu'elle vécut, ils se soumirent à ses pen-[illegible]

[illegible] vint voir la famille de Brunswick à [illegible] eux. Dès que les princes et les prin-[illegible] d'aller dans la maison qui leur [illegible]

[illegible] de la famille de Brunswick.

Le séjour de [illegible] ner en Russie et se faire religieuse. [illegible] le service divin et dans les prières. [illegible] qu'on lui avait faits, et écrivit à l'empereur [illegible] curder des pensions aux gens qui l'entouraient. Sa requête fut [illegible] donna à tous les employés et domestiques qui avaient été longtemps à la cour de Gorsens des pensions sur le trésor russe, et après leur mort à leurs femmes; et à ceux qui n'avaient été que peu de temps auprès de Catherine, on donna des marques de satisfaction.

Elle laissa après elle un testament par lequel elle léguait au prince héréditaire de Danemark Frédéric et à sa postérité tous ses biens meubles et immeubles.

La princesse Catherine mourut le 9 avril 1807, et fut enterrée à Gorsens dans le même endroit que ses frères et sa sœur. Avec elle s'éteignit la postérité du tsar Jean Alexiewitch, qui mérite une mention particulière par les revers de fortune qu'elle a subis.

Signé B. [illegible]

FIN.

Dépôt légal : 4ème trimestre 1972

Paris. — Imprimerie [illegible]

www.ingramcontent.com/pod-product-compliance
Lightning Source LLC
Chambersburg PA
CBHW070401090426
42733CB00009B/1484
9782012683907